Flöther
Konzerninsolvenzrecht

Konzerninsolvenzrecht

von

Prof. Dr. Georg Anuß, RA München; Dr. Helmut Balthasar, RA/Dipl.-Kfm., Essen;
Prof. Dr. Lucas F. Flöther, RA, Halle/Berlin/Mannheim; Dr. Michael Frege, RA,
Frankfurt a. M.; Arndt Geiwitz, WP/StB, Neu-Ulm; Prof. Dr. Urs Gruber, Univ.
Mainz; Stefan Hoffmann, Brüssel; Dr. Thomas Hoffmann, RA, Frankfurt a. M.;
Dr. Günther Kahlert, RA/StB, Hamburg; Prof. Dr. Matthias Lehmann, DEA, LL. M.,
J. S. D., Univ. Bonn; Prof. Dr. Stephan Madaus, Univ. Halle-Wittenberg;
Prof. Dr. Matthias Nicht, HWR Berlin; Dr. Christoph Niering, RA, Köln;
Dr. Christian Pelz, RA, München; Prof. Dr. Christian C.-W. Pleister, RA, Frankfurt a. M.;
Detlef Specovius, RA, Achern; Dr. Ingo Theusinger, RA, Düsseldorf; Prof. Dr. Christoph
Thole, Dipl.-Kfm., Univ. Tübingen; Dr. Sven-Holger Undritz, RA, Hamburg;
Dr. Christoph von Wilcken, RA, Berlin; Dr. Lars Westpfahl, RA, Hamburg.

Herausgegeben von
Prof. Dr. Lucas F. Flöther

2. Auflage 2018

C.H.BECK

Zitiervorschlag
Flöther/*Kahlert*, Konzerninsolvenz § 6 Rn. 12

www.beck.de

ISBN 978 3 406 71686 7

© 2018 Verlag C. H. Beck oHG
Wilhelmstraße 9, 80801 München
Druck und Bindung: Beltz Bad Langensalza GmbH
Am Fliegerhorst 8, 99947 Bad Langensalza
Satz: Druckerei C. H. Beck Nördlingen

Gedruckt auf säurefreiem, alterungsbeständigem Papier
(hergestellt aus chlorfrei gebleichtem Zellstoff)

Vorwort zur 2. Auflage

Nachdem das Handbuch in der ersten Auflage noch den *„Entwurf eines Gesetzes zur Erleichterung der Bewältigung von Konzerninsolvenzen"* (BT-Drs. 18/407) beleuchtete, behandelt die Neuauflage nun das im Frühjahr 2017 vom Bundestag verabschiedete **Gesetz zur Erleichterung der Bewältigung von Konzerninsolvenzen**. Das neue Konzerninsolvenzrecht ist am 21.4.2018 in Kraft getreten.

Der Erfolg der ersten Auflage dürfte sich nicht zuletzt dadurch erklären, dass das Thema schon in der Gesetzgebungsphase vielfältig aufgegriffen und so eine neue Rechtsmaterie umfassend beleuchtet wurde, bevor sie in Kraft getreten ist. Das Handbuch konnte so eine Vorreiterrolle in der Diskussion um das neue Konzerninsolvenzrecht einnehmen.

Die praktische Relevanz der Materie hat sich seit der ersten Auflage im Jahr 2015 noch erhöht. Dies zeigen schon die spektakulären Großinsolvenzen der jüngsten Zeit. Grenzüberschreitende Sachverhalte führen zu einer noch höheren Komplexität und Internationalität. Gerade auch wegen dieser Bedeutung und Aktualität hat mir die Arbeit an der zweiten Auflage besondere Freude bereitet.

In der zweiten Auflage wurden die – moderaten – Änderungen berücksichtigt, mit welchen der Gesetzesentwurf letztlich verabschiedet wurde. Außerdem konnten sowohl die weit fortgeschrittene ESUG-Evaluation als auch die Diskussion zu dem Richtlinienentwurf der EU-Kommission zu Präventiven Restrukturierungsrahmen vom 22.11.2016 für das Handbuch fruchtbar gemacht werden. Ferner wurden für die Bearbeitung von Fragen zu grenzüberschreitenden Sachverhalten die Impulse der „neuen" EUInsVO aufgenommen. Gerade bei Konzerninsolvenzen werden diese Aspekte in der Regel eine ganz wesentliche Rolle spielen. Die Ausarbeitung befindet sich auf dem Stand vom 1. Mai 2018; vereinzelt wurde auch noch spätere Rechtsprechung eingearbeitet.

Danken möchte ich zunächst den Autoren. Auf das hochkarätige Team, bestehend aus Professoren, Rechtsanwälten, Wirtschaftsprüfern, Steuerberatern, darunter Insolvenzverwalter, Sachwalter und Sanierungsberater, ist die hohe Qualität des Buches zurückzuführen. Die Autoren konnten ihre Erfahrungen aus der Betreuung von großen – zum Teil auch spektakulären – Konzerninsolvenzen in das Buch einfließen lassen.

Außerdem danke ich erneut Herrn Dr. Klaes und Frau Wolfer vom Verlag C. H. Beck. Nur die vertrauensvolle und enge Zusammenarbeit zwischen Verlag und Herausgeber kann so ein Projekt erst zum Gelingen führen.

Ich verbleibe nun mit einer Bitte an Sie, liebe Leser: Sollten Sie Hinweise oder Anmerkungen zu dem Ihnen vorliegenden Handbuch haben, würde ich mich freuen, wenn Sie mir diese an *konzerninsolvenzrecht@floether-wissing.de* übermitteln. So tragen Sie dazu bei, dass das Handbuch auch in Zukunft ein für den Praktiker und Wissenschaftler gleichermaßen wertvoller Begleiter bleibt.

Lucas F. Flöther   Halle an der Saale, im Juni 2018

Vorwort zur 1. Auflage

Die Konzerninsolvenz ist im Alltag der insolvenzrechtlichen Praxis angekommen und stellt die Verfahrensbeteiligten vor immer neue Herausforderungen. Dies gilt nicht nur im Kontext nationaler oder internationaler Großverfahren. Fragen der Konzerninsolvenz, seien sie betriebswirtschaftlicher oder rechtlicher Natur, stellen sich vielmehr immer, sobald mehrere

Unternehmen in eine Unternehmensgruppe eingebunden sind und simultan oder sukzessive in Schieflage geraten.

Deshalb verwundert es nicht, dass sich das Recht der Konzerninsolvenz mehr und mehr zu einer eigenständigen Regelungsmaterie verdichtet. Bislang fehlt es allerdings an einer systematischen Darstellung des Konzerninsolvenzrechts, die den internationalen, insbesondere aber auch den europäischen Kontext einbindet. Ein renommiertes Autorenteam aus Wissenschaft und Praxis hat sich daher zusammengefunden, um diese Lücke zu schließen.

Dabei werden sämtliche für die Sanierung und Abwicklung einer Unternehmensgruppe zentralen rechtlichen und betriebswirtschaftlichen Aspekte analysiert und vor dem Hintergrund der steigenden praktischen Relevanz sowie der zunehmenden Internationalisierung der Märkte aufgearbeitet. Das Handbuch bleibt dabei nicht allein auf die insolvenzrechtlichen Inhalte beschränkt. Vielmehr werden neben den betriebs- und finanzwirtschaftlichen Aspekten auch arbeits-, steuer- und strafrechtliche Gesichtspunkte unter Berücksichtigung der unterschiedlichen Verfahrensstadien der Konzerninsolvenz in die Betrachtung einbezogen. Die Verwerfungen auf den internationalen Finanzmärkten und nicht zuletzt die Krise in einzelnen Eurostaaten haben schließlich den Anlass dazu gegeben, das Handbuch um einen zusätzlichen Abschnitt zu erweitern. Dieser widmet sich den rechtlichen Rahmenbedingungen für die Krisenbewältigung konzernangehöriger Unternehmen ausgewählter regulierter Branchen, namentlich dem Banken- und Versicherungssektor.

Das Handbuch richtet sich in erster Linie an den Insolvenzrechtspraktiker. Deshalb wird ein bewusst lösungsorientierter Ansatz gewählt, der einen raschen Zugriff auf sämtliche für die Bewältigung der Konzerninsolvenz relevanten Fragestellungen ermöglichen soll und durch zahlreiche praktische Hinweise flankiert wird.

Angesichts der hohen Aktualität und aufgrund der neuerlichen Vorstöße auch auf der europäischen Ebene haben sich der Verlag und der Herausgeber dazu entschlossen, das Projekt auf der Grundlage des gegenwärtig noch diskutierten „*Entwurf(s) eines Gesetzes zur Erleichterung der Bewältigung von Konzerninsolvenzen*" (BT-Drs. 18/407) umzusetzen. Ein weiterer Grund für diese Entscheidung war, dass für eine Vielzahl der konzerninsolvenzrechtlichen Fragestellungen ohnehin weder auf nationaler und europäischer Ebene ausdrückliche Regelungen zu erwarten sind.

Rechtsprechung und Literatur wurden bis Juni 2014 berücksichtigt, vereinzelt auch darüber hinaus.

Ganz herzlicher Dank gilt allen Autoren und deren Unterstützern, die die Umsetzung dieses Projekts erst ermöglicht haben.

Danken möchte ich schließlich den Mitarbeitern des Verlags C. H. Beck, insbesondere Herrn Dr. Roland Klaes, Frau Christina Wolfer sowie Frau Astrid Stanke, die diesem Projekt mit beachtlichem Engagement und stets großer Unterstützung zu einem erfolgreichen Start verholfen haben.

Lucas F. Flöther   Halle (Saale), November 2014

Autorenverzeichnis

Prof. Dr. Georg Annuß, LL. M.:
Prof. Dr. Georg Annuß, LL. M., Rechtsanwalt, ist Partner der Staudacher Annuß Arbeitsrecht. Rechtsanwaltsgesellschaft mbH in München und verfügt über umfassende praktische Erfahrungen bei der arbeitsrechtlichen Restrukturierung von Unternehmen einschließlich der Begleitung von Betriebsübernahmen, Personalanpassungsmaßnahmen sowie der Verhandlung von Interessenausgleichen und Sozialplänen sowie bei der primär unternehmensseitigen Beratung von Aufsichtsräten und Vorständen in Organangelegenheiten. Er ist darüber hinaus außerplanmäßiger Professor an der Universität Regensburg für Bürgerliches Recht, Arbeits- und Sozialrecht.

Dr. Helmut Balthasar:
Dipl.-Kfm. Dr. Balthasar ist seit 1995 als Rechtsanwalt in der Sozietät GÖRG tätig. Schwerpunkt seiner Tätigkeit ist die vorinsolvenzliche Beratung von Unternehmen in insolvenz- und sanierungsrechtlichen Fragen und die Übernahme von Organfunktionen in Unternehmen in der Krise. Größere Bekanntheit hat er erstmals als Finanzvorstand der Babcock Borsig AG in der Insolvenz erlangt, prominentester Fall der jüngeren Zeit war die Arcandor Insolvenz, an deren Abwicklung er in maßgeblicher Funktion mit beteiligt war. Dr. Balthasar verfügt über langjährige Erfahrung als Dozent insolvenzrechtlicher und bankbetriebswirtschaftlicher Seminar- und Fortbildungsveranstaltungen. Zudem ist er Mitautor im Nerlich/Römermann, einem Kommentar zur InsO.

Prof. Dr. Lucas F. Flöther:
Prof. Dr. Lucas F. Flöther ist Rechtsanwalt, Fachanwalt für Insolvenzrecht und Partner der auf Sanierung und Insolvenzverwaltung spezialisierten Kanzlei Flöther & Wissing mit Niederlassungen u. a. in Halle, Berlin und Mannheim. Die Sozietät zählt im Bereich der Insolvenzverwaltung zu den führenden überregional tätigen Kanzleien Deutschlands und hat sich auf die Sanierung großer Unternehmen spezialisiert. Lucas Flöther war Mitglied der vom Bundesministerium der Justiz (BMJ) eingesetzten Expertengruppe zur Erarbeitung des Entwurfes eines Gesetzes zum Konzerninsolvenzrecht. Er berät und vertritt Unternehmen und Unternehmensgruppen regelmäßig in komplexen insolvenz- und sanierungsrechtlichen Fragestellungen. Seit 2012 ist er Honorarprofessor für Bürgerliches Recht und Insolvenzrecht an der Martin-Luther-Universität Halle-Wittenberg.

Dr. Michael C. Frege:
Dr. Michael C. Frege ist Rechtsanwalt, Fachanwalt für Insolvenzrecht, Insolvenzverwalter und Wirtschaftsmediator. Er ist Partner der Kanzlei CMS Hasche Sigle. Seinen beruflichen Schwerpunkt hat er in der Insolvenzverwaltung, insbesondere von international tätigen Konzernunternehmen, von Finanzdienstleistern und Kreditinstituten. Er ist Autor zahlreicher Fachbeiträge und Fachbücher, u. a. Frege/Riegel *„Schlussbericht und Schlussrechnung"*, Frege/Keller/Riedel *„HRP Handbuch der Rechtspraxis Insolvenzrecht"*, Frege *„Verhandlungserfolg in Unternehmenskrise und Sanierung"* und Frege *„Der Sonderinsolvenzverwalter"*.

Arndt Geiwitz:
Dipl.-Kfm. Arndt Geiwitz trat nach dem Abschluss seines betriebswirtschaftlichen Studiums mit 23 Jahren in die Geschäftsführung des elterlichen Schuheinzelhandelsunternehmens ein, bevor er 1995 in die Kanzlei Schneider eintrat. Nach der klassischen Ausbildung zum Steuerberater und Wirtschaftsprüfer legte er ab 1999 seine beruflichen Schwerpunkte

auf Restrukturierung und Insolvenzverwaltung sowie die Begleitung von M&A-Prozessen. Er berät mittelständische und teilweise auch börsennotierte Unternehmen in den Bereichen Risikomanagement, Unternehmensorganisation und -strategie. Seit 2000 ist Arndt Geiwitz selbst bestellter Insolvenzverwalter, Sachwalter und Treuhänder. 2004 wurde Geiwitz Partner. Seit dem firmiert die Kanzlei auch unter dem Namen Schneider, Geiwitz & Partner. Sie hat ihren Stammsitz in Neu-Ulm, verfügt über 14 Niederlassungen und beschäftigt 240 Mitarbeiter.

Prof. Dr. Urs Peter Gruber:
Prof. Dr. Urs Peter Gruber studierte ab 1990 Rechtswissenschaften an den Universitäten Frankfurt am Main und Mainz. Seine Promotion an der Universität Mainz erfolgte 1999 mit einer Arbeit zum internationalen Versicherungsvertragsrecht. 2002 habilitierte er sich an der Universität Mainz mit der Arbeit „Methoden des Internationalen Einheitsrechts". 2002 folgte Gruber einem Ruf an die Martin Luther-Universität Halle-Wittenberg. Von 2007 bis zu seinem Weggang 2009 war er Richter am Oberlandesgericht Naumburg im 1. Zivilsenat. 2008 war Prof. Gruber zusätzlich Gastprofessor an der Bilkent-Universität in Ankara. Nachdem er 2008 zunächst einen Ruf an die Johann Wolfgang Goethe-Universität Frankfurt am Main abgelehnt hatte, folgte Prof. Gruber einem Ruf an die Johannes Gutenberg-Universität Mainz. 2013 nahm er eine Gastprofessur an der University of Georgia wahr. Seine Forschungsschwerpunkte liegen u. a. im allgemeinen bürgerlichen Recht, im nationalen und internationalen Zivilverfahrensrecht, im internationalen Privatrecht und im internationalen Einheitskaufrecht.

Stefan Hoffmann:
Stefan Hoffmann ist als Bank Recovery and Resolution Expert beim Single Resolution Board in Brüssel beschäftigt. Die Arbeitsschwerpunkte von Herrn Hoffmann liegen dort vor allem in der rechtlichen Begleitung und Vorbereitung akuter Krisensituationen sowie des Abwicklungsplanungsprozesses u. a. für deutsche Kreditinstitute. Zuvor war Herr Hoffmann für die Bundesanstalt für Finanzmarktstabilisierung u. a. als Mitglied des Internal Resolution Teams für eine deutsche Großbank tätig. Bis Dezember 2013 war Herr Hoffmann überdies Mitglied des interdisziplinären Graduiertenkollegs „Foundations of Global Financial Markets – Stability and Change" der Universitäten Halle und Jena sowie wissenschaftlicher Assistent von Prof. Dr. Lucas F. Flöther.

Dr. Thomas Hoffmann:
Dr. Thomas Hoffmann ist Rechtsanwalt und seit 2002 Partner der Anwaltssozietät Noerr und leitet dort die Praxisgruppe Restrukturierung & Insolvenz. Er vertritt regelmäßig Gläubiger in komplexen Sanierungsfällen wie sie in Konzerninsolvenzen häufig anzutreffen sind. Dr. Thomas Hoffmann wurde 1964 in Tübingen geboren. Vor seiner juristischen Ausbildung in Passau, Tübingen und London absolvierte er eine Ausbildung zum Bankkaufmann. Seine Promotion zum Dr. rer. pol. erfolgte 1996 an der betriebswirtschaftlichen Fakultät der Universität Stuttgart.

Dr. Günther Kahlert:
Dr. Günter Kahlert ist Rechtsanwalt (1995) und Steuerberater (2000). Nach Tätigkeiten für eine internationale Wirtschaftsprüfungsgesellschaft, für eine auf M&A spezialisierte Anwaltskanzlei und für eine internationale Anwaltskanzlei ist Dr. Kahlert seit Herbst 2015 für Flick Gocke Schaumburg am Hamburger Standort tätig. Dr. Kahlert begleitet Unternehmen und Unternehmer aus gesellschaftsrechtlicher und steuerrechtlicher Sicht bei M&A-Transaktionen, Umstrukturierungen und Sanierungen. Weitere Schwerpunkte sind die steuerliche Beratung und Vertretung von Insolvenzverwaltern sowie die Verteidigung gegen steuerliche Haftungsansprüche. Dr. Kahlert veröffentlicht und referiert regelmäßig zu Themen des Sanierungs- und Insolvenzsteuerrechts. Dr. Kahlert ist Mitglied des He-

rausgeberbeirats der ZIP, Gastdozent an der Bundesfinanzakademie und Vorsitzender des Hamburger Kreis für Sanierungs- und Insolvenzsteuerrecht e. V.

Prof. Dr. Matthias Lehmann, D. E. A., LL. M., J. S. D.:

Professor Dr. Matthias Lehmann, D. E. A. (Paris II), LL. M., J. S. D. (Columbia) ist Inhaber des Lehrstuhls für Bürgerliches Recht, Europäisches und Internationales Privat- und Wirtschaftsrecht an der Friedrich-Wilhelms-Universität Bonn. Er ist Autor zahlreicher Veröffentlichungen in deutscher, englischer, französischer und spanischer Sprache. Seine Forschungsinteressen liegen im Bereich des Internationalen und Europäischen Privatrechts, des Bank- und Kapitalmarktrechts und der Rechtsvergleichung. Er ist regelmäßig Gastdozent an verschiedenen europäischen Universitäten.

Prof. Dr. Stephan Madaus:

Prof. Dr. Stephan Madaus ist Inhaber des Lehrstuhls für Bürgerliches Recht, Zivilprozess- und Insolvenzrecht an der Martin-Luther-Universität Halle-Wittenberg. Er ist Mitherausgeber der NZI und Autor zahlreicher Veröffentlichungen mit Schwerpunkt im Recht des Insolvenzplans und der Unternehmenssanierung. Zuletzt leitete er gemeinsam mit Prof. Bob Wessels (Leiden University) das „European Law Institute's Project on Rescue of Business in Insolvency Law". Er war Mitglied der Bietergemeinschaft, die für das BMJV das Forschungsvorhaben „ESUG Evaluierung" durchgeführt hat.

Prof. Dr. Matthias Nicht:

Prof. Dr. Matthias Nicht ist Professor für Bürgerliches Recht, Vollstreckungs- und Insolvenzrecht, Registerrecht an der Hochschule für Wirtschaft und Recht (HWR) in Berlin. Zuvor war er in der Insolvenzverwaltung vorwiegend international handelnder Konzernunternehmen tätig und Lehrbeauftragter in den Fachgebieten Kreditsicherungsrecht und Insolvenzrecht an der Hochschule für Wirtschaft und Recht (HWR) in Berlin. Er ist Autor zahlreicher Fachbeiträge, u. a. in Keller *„Handbuch Zwangsvollstreckungsrecht"*, Kübler *„HRI Handbuch Restrukturierung in der Insolvenz"*, Theiselmann *„Praxishandbuch des Restrukturierungsrechts"*.

Dr. Christoph Niering

Dr. Christoph Niering ist Fachanwalt für Insolvenzrecht und Partner von Niering Stock Tömp Insolvenzverwaltungen, eine der großen deutschen Insolvenzverwalterkanzleien. Seit mehr als 20 Jahren ist er überwiegend als Insolvenzverwalter tätig und hat seitdem über 2000 Insolvenzverfahren betreut. Aus dieser Erfahrung heraus berät er seit Jahren erfolgreich vor allem große mittelständische Unternehmen bei der Sanierung und Restrukturierung. Neben seiner vielfältigen Autoren- und Vortragstätigkeit ist er auch als Sachverständiger des deutschen Bundestags für insolvenzrechtliche Fragestellungen tätig. Seit 2011 ist er zudem Vorsitzender des Verbandes der Insolvenzverwalter Deutschlands e. V.

Dr. Christian Pelz:

Dr. Christian Pelz ist Rechtsanwalt, Fachanwalt für Strafrecht und Fachanwalt für Steuerrecht in der internationalen Sozietät Noerr LLP, München. Dr. Pelz verteidigt und vertritt Unternehmen und Unternehmensleiter in Wirtschafts- und Steuerstrafverfahren und berät Unternehmen in Compliance Angelegenheiten. Einen Schwerpunkt seiner Tätigkeit stellt das Insolvenzstrafrecht dar. Christian Pelz ist Lehrbeauftragter für Strafrecht an der Universität Augsburg und Mitglied des Center for Criminal Compliance der Universität Gießen. Er veröffentlicht regelmäßig zu wirtschafts- und steuerstrafrechtlichen, insbesondere zu insolvenzstrafrechtlichen Themen.

Prof. Dr. Christian C.-W. Pleister:

Prof. Dr. Christian C.-W. Pleister ist seit 1999 als zugelassener Rechtsanwalt tätig und seit 2005 Partner der internationalen Anwaltssozietät Noerr LLP an den Standorten Berlin/

Frankfurt. Er ist Spezialist für komplexe Transaktionen und Restrukturierungen. Er leitet Noerrs Corporate und M+A Team. Prof. Dr. Pleister absolvierte die Journalistenschule Axel Springer, studierte Rechtswissenschaften an der Ludwig-Maximilians-Universität in München und arbeitete als wissenschaftlicher Mitarbeiter des Max-Planck-Instituts für Geistiges Eigentum, Wettbewerbs- und Steuerrecht. Er veröffentlicht und referiert regelmäßig zu den Themen Restrukturierung/Sanierung. Er wird regelmäßig als Leading Lawyer für Corporate, Restructuring & Insolvency und führender Experte für M&A und Media empfohlen.

Detlef Specovius:
Seit 1993 ist Rechtsanwalt Detlef Specovius, Fachanwalt für Insolvenzrecht, bei Schultze & Braun in den Bereichen Insolvenzverwaltung und Restrukturierung tätig, zunächst als Insolvenzverwalter, dann in der Sanierungsberatung mit der Entwicklung und Umsetzung von Insolvenzplänen sowie als Restrukturierer. Neben der Beratung in insolvenznahen Mandaten übernimmt er auch operative Verantwortung als Aufsichtsratsmitglied und Sanierungsgeschäftsführer (CRO), auch in der Eigenverwaltung von insolventen Unternehmen. Detlef Specovius verfügt über eine besondere Expertise im Bereich Schutzschirmverfahren im Rahmen von ESUG-Verfahren.

Dr. Ingo Theusinger:
Dr. Ingo Theusinger ist seit 2002 als zugelassener Rechtsanwalt tätig und seit 2014 Partner der internationalen Anwaltssozietät Noerr LLP am Standort Düsseldorf. Seine Tätigkeitsschwerpunkte liegen im Gesellschaftsrecht, insbesondere im Aktien- und Kapitalmarktrecht und dort auch an der Schnittstelle zum Insolvenzrecht. Er referiert und veröffentlicht regelmäßig zu den gesellschaftsrechtlichen Themen.

Prof. Dr. Christoph Thole:
Prof. Dr. Christoph Thole, Dipl.-Kfm. ist seit 2016 Direktor des Instituts für Verfahrensrecht und Insolvenzrecht sowie des Instituts für Internationales und Europäisches Insolvenzrecht an der Universität zu Köln. Zuvor war er seit 2010 Inhaber des Lehrstuhls für Bürgerliches Recht, Zivilprozessrecht, Europäisches und Internationales Privat- und Verfahrensrecht an der Eberhard Karls Universität Tübingen. Seine Habilitation erfolgte 2009 an der Universität Bonn mit einer Schrift zum „Gläubigerschutz durch Insolvenzrecht – Anfechtung und verwandte Regelungsinstrumente in der Unternehmensinsolvenz". Seine Forschungsschwerpunkte liegen im deutschen und Europäischen Insolvenzrecht sowie im internationalen Zivilverfahrensrecht und im Haftungsrecht. Er ist durch zahlreiche Veröffentlichungen hervorgetreten und ist Autor in renommierten Kommentaren sowie ab der 8. Auflage Mitherausgeber des Heidelberger Kommentars zur InsO.

Dr. Sven-Holger Undritz:
Dr. iur. Sven-Holger Undritz ist Rechtsanwalt und Partner der internationalen Sozietät White & Case. Er ist als Jurist und graduierter Betriebswirt auf dem Gebiet des Insolvenz- und Sanierungsrechts tätig. Im Rahmen seiner langjährigen Tätigkeit als Insolvenzverwalter hat Dr. Sven-Holger Undritz zahlreiche Gesellschaften durch die Insolvenz geführt. Bei einer Vielzahl von Unternehmen ist es ihm gelungen, diese im Rahmen des Insolvenzverfahrens zu sanieren. Zu den namhaften Insolvenzverfahren zählen der Schieder Möbel-Konzern, die internationale Solar-Gruppe Conergy AG, die Logistik-Gruppe Paul Günther AG sowie die Fluglinie HI Hamburg International. Darüber hinaus verfügt Dr. Sven-Holger Undritz über umfassende sanierungsrechtliche Kenntnisse, die er z. B. bei Insolvenzplangestaltungen und Unternehmenskäufen aus der Insolvenz einbringt. Dr. Sven-Holger Undritz schreibt regelmäßig über aktuelle insolvenzrechtliche Themen in der führenden Fach- und Wirtschaftspresse und referiert darüber vor juristischen Vereinigungen. Er wird laufend als führender Anwalt für Restrukturierung und Insolvenz von JUVE,

Chambers, IFLR und Best Lawyers ausgezeichnet. Er ist Mitglied des anerkannten Gravenbrucher Kreises, eines Zusammenschlusses überörtlich tätiger Insolvenzverwalter in Deutschland.

Dr. Lars Westpfahl:
Dr. Lars Westpfahl ist Rechtsanwalt und Partner im Hamburger Büro der internationalen Wirtschaftskanzlei Freshfields Bruckhaus Deringer LLP, deren Fachgruppe Restrukturierung/Insolvenz er leitet. Er ist Mitautor des RWS-Skripts Grenzüberschreitende Insolvenzen und Vorstandsmitglied der Gesellschaft für Restrukturierung TMA e. V. Er hat in jüngster Zeit verschiedene börsennotierte Unternehmen bei ihrer Restrukturierung vor und in der Insolvenz, Unternehmen bzw. deren Gesellschafter oder Kreditgeber bei der finanziellen Sanierung über ein englisches Scheme of Arrangement sowie Käufer beim Erwerb von Unternehmen aus der Insolvenz bzw. den Insolvenzverwalter beraten.

Dr. Christoph von Wilcken:
Rechtsanwalt Dr. Christoph von Wilcken ist seit 2009 bei Schultze & Braun im Bereich Restrukturierung, auch im internationalen Kontext, tätig. Besondere Schwerpunkte seiner Mandatsbearbeitung liegen in der Beratung zur Insolvenzvorbereitung, bei Finanzrestrukturierungen sowie zu Haftungsrisiken von Gesellschaftsorganen. Darüber hinaus verfügt Dr. Christoph von Wilcken über spezifische Expertise in der Beratung von internationalen Sachverhalten in Restrukturierung und Insolvenz von multinationalen Konzernen, sowohl im Zusammenhang mit britischem als auch US-amerikanischen Recht.

Inhaltsübersicht

Inhaltsübersicht

Inhaltsverzeichnis

Abkürzungsverzeichnis

Abkürzungsverzeichnis

BGH .... Bundesgerichtshof
BGHSt .... Entscheidungen des Bundesgerichtshofs in Strafsachen
BGHZ .... Entscheidungen des Bundesgerichtshofs in Zivilsachen
BJM .... Bundesministerium der Justiz
BRAO .... Bundesrechtsanwaltsordnung
BRAK .... Bundesrechtsanwaltskammer
BR-Drs .... Bundesrats-Drucksache
BSG .... Bundessozialgericht
BStBl .... Bundessteuerblatt
BT-Drs. .... Deutscher Bundestags-Drucksache
Buchst .... Buchstabe
BVerfG .... Bundesverfassungsgericht
BVerfGE .... Entscheidungen des Bundesverfassungsgerichts
bzgl. .... bezüglich
bzw .... beziehungsweise
CA Aix .... Cour d´appel d´Aix-en-Provence
CCZ .... Cooperate Compliance Zeitschrift
CRD .... Capital Requirements Directive
CRO .... Chief Restructuring Officer
CRR .... Capital Requirements Regulation
COMI .... center of main interest
DAV .... Deutscher Anwaltverein
DB .... Der Betrieb (Zeitschrift)
DepotG .... Gesetz über die Verwahrung und Anschaffung von Wertpapieren
dh .... das heißt
DiskE .... Diskussionsentwurf
ders .... derselbe
dies .... dieselbe(n)
DIP-Financing .. Debtor-In-Possession-Financing
DNotI-Report .. Informationsdienst des Deutschen Notarinstituts
DRiZ .... Deutsche Richterzeitung
DStR .... Deutsches Steuerrecht (Zeitschrift)
DStRE .... Deutsches Steuerrecht – Entscheidungsdienst
DZWiR .... Deutsche Zeitschrift für Wirtschafts- und Insolvenzrecht (bis 12/1998 DZWiR, Deutsche Zeitschrift für Wirtschaftsrecht)
EBIT .... Earnings Before Interest and Taxes
EBITDA .... Earnings Before Interest, Taxes, Depreciation and Amor tization
EBRG .... Gesetz über Europäische Betriebsräte
ECFR .... European Company and Financial Law Review
EDV .... Elektronische Datenverarbeitung
EFG .... Entscheidungen der Finanzgerichte
EG .... Europäische Gemeinschaft
EGV .... Vertrag zur Gründung der Europäischen Gemeinschaft
EL .... Ergänzungslieferung
endg .... endgültig
ErbStG .... Erbschaftssteuergesetz
ERP .... Enterprise-Ressource-Planning
EStG .... Einkommenssteuergesetz
ESUG .... Gesetz zur Erleichterung der Sanierung von Unternehmen
etc .... et cetera
EU .... Europäische Union
EuGH .... Gerichtshof der Europäischen Union

Hdb .... Handbuch
HGB .... Handelsgesetzbuch
HKInsO .... Heidelberger Kommentar zur Insolvenzordnung
hM .... herrschende Meinung
HRB .... Handelsregisterblatt
HRI .... Handbuch Restrukturierung in der Insolvenz
Hrsg .... Herausgeber
Hs .... Halbsatz
idF .... in der Fassung
idR .... in der Regel
IDW .... Institut der Wirtschaftsprüfer
IFSt .... Institut Finanzen und Steuern
IILR .... The new platform for International Insolvency Law
Inc. .... Incorporated
INDat .... Datenservice und Informationen zum Insolvenzgeschehen
insb .... insbesondere
InsO .... Insolvenzordnung
InsO-E .... Änderungsentwurf zur Insolvenzordnung
InsO-RegE ...... Regierungsentwurf zur Insolvenzordnung
InsVerw .... Insolvenzverwaltung
InsVV .... Insolvenzrechtliche Vergütungsverordnung
InsVZ .... Zeitschrift für Insolvenzverwaltung und Sanierungsberatung
IPRax .... Praxis des Internationalen Privat- und Verfahrensrechts
iR .... im Rahmen
iRd .... im Rahmen der
iS .... im Sinne
iSd .... im Sinne des/der
iStR .... Internationales Steuerrecht (Zeitschrift)
ISU .... Institut für die Standardisierung von Unternehmenssanierungen
iSv .... im Sinne von
IT .... Informationstechnologie
iVm .... in Verbindung mit
jurisPR .... juris Praxisreport
JZ .... Juristenzeitung
KAGB .... Kapitalanlagegesetzbuch
Kap. .... Kapitel
KG .... Kommanditgesellschaft
KGaA .... Kommanditgesellschaft auf Aktien
KIG .... Gesetz zur Erleichterung der Bewältigung von Konzerninsolvenzen
KInsR .... Konzerninsolvenzrecht
KO .... Konkursordnung;
.... Kommentar
KonzernR .... Konzernrecht
krit .... kritisch
KSchG .... Kündigungsschutzgesetz
KStG .... Körperschaftsteuergesetz
KSzW .... Kölner Schriften zum Wirtschaftsrecht
KTS .... Zeitschrift für Insolvenzrecht
KWG .... Gesetz über das Kreditwesen
KWG-E .... Änderungsentwurf zum KWG
Leipziger-
KommStGB ...... Leipziger Kommentar Strafgesetzbuch

Lfg	Lieferung
LG	Landgericht
lit	litera
Lit.	Literatur
LMK	Kommentierte BGH-Rechtsprechung Lindenmaier- Möhning
L. Rev.	Law Review
Ltd	Limited
mAnm	mit Anmerkung
MaS	Mindestanforderungen an Sanierungskonzepte
max	maximal
MDR	Monatszeitschrift für Deutsches Recht
MoMiG	Gesetz zur Modernisierung des GmbH-Rechts und zur Bekämpfung von Missbräuchen
MünchHdbGesR	Münchener Handbuch des Gesellschaftsrechts
MüKoAktG	Münchener Kommentar zum Aktiengesetz
MüKoBGB	Münchener Kommentar zum Bürgerlichen Gesetzbuch
MüKoGmbHG	Münchener Kommentar zum Gesetz betreffend die Gesellschaften mit beschränkter Haftung
MüKoHGB	Münchener Kommentar zum Handelsgesetzbuch
MüKoInsO	Münchener Kommentar zur Insolvenzordnung
MüKoStGB	Münchener Kommentar zum Strafgesetzbuch
MüKoVVG	Münchener Kommentar zum Versicherungsvertragsgesetz
mwN	mit weiteren Nachweisen
MwStR	Zeitschrift für das gesamte Mehrwertsteuergesetz
MwStSystRL	RL 2006/112/EG des Rates vom 28. Nov. 2006 über gemeinsame Mehrwertsteuersysteme
M&A	Mergers and Acquisitions
NIVD	Neue Insolvenzverwaltervereinigung eV
NJW	Neue Juristische Wochenschrift
NJW-RR	NJW Rechtsprechungs-Report
Nr.	Nummer
NStZ	Neue Zeitschrift für Strafrecht
NStZ-RR	NStZ Rechtsprechungs-Report
NZA	Neue Zeitschrift für Arbeitsrecht
NZA-RR	NZA- Rechtsprechungs-Report
NZG	Neue Zeitschrift für Gesellschaftsrecht
NZI	Neue Zeitschrift für das Recht der Insolvenz und Sanierung
NZV	Neue Zeitschrift für Verkehrsrecht
NZWiSt	Neue Zeitschrift für Wirtschafts-, Steuer- und Unternehmensstrafrecht
OECD	Organization for Economic Co-operation and Development
OFD	Oberfinanzdirektion
OGAW	Organismus für die gemeinsame Anlage von Wertpapieren
OHG	offene Handelsgesellschaft
ÖJZ	Österreichische Juristen-Zeitung
OLG	Oberlandesgericht
PR	Public Relations
Pkw	Personenkraftwagen
Rn.	Randnummer
RegE	Regierungsentwurf
Rev. crit. dr. int. pr.	Revue critique de droit international privé

RGZ	Entscheidungssammlung der Entscheidungen des Reichsgerichts in Zivilsachen
RIW	Recht der Internationalen Wirtschaft
RL	Richtlinie
RpflG	Rechtspflegergesetz
Rs	Rechtssache
Rspr	Rechtsprechung
S	Seite
SCEBG	Gesetz über die Beteiligung der Arbeitnehmer und Arbeitnehmerinnen in einer Europäischen Genossenschaft
SEBG	Gesetz über die Beteiligung der Arbeitnehmer in einer Europäischen Gesellschaft
SGB	Sozialgesetzbuch
Slg	Sammlung
sog.	sogenannte(r)
SolvV	Solvabilitätsverordnung
SolzG	Solidaritätszuschlaggesetz
SRM	Single Resolution Mechanism
StGB	Strafgesetzbuch
StPO	Strafprozessordnung
str	strittig
TVG	Tarifvertragsgesetz
Tz.	Teilziffer
ua	unter anderem
uä	und ähnliche
UmwG	Umwandlungsgesetz
UNCITRAL	United Nations Commission on International Trade Law
UNO	United Nations Organizations
UR	Umsatzsteuer-Rundschau
Urt. v	Urteil vom
USC	United States Code
UStAE	Verwaltungsregelung zur Anwendung des Umsatzsteuergesetzes (Umsatzsteuer-Anwendungserlass)
UStG	Umsatzsteuergesetz
v.	von;
	vom
VersR	Zeitschrift für Versicherungsrecht, Haftungs- und Schadensrecht
vgl.	vergleichend
VAG	Versicherungsaufsichtsgesetz
VglO	Vergleichsordnung
VID	Verband Insolvenzverwalter Deutschlands eV
VO	Verordnung
Vor	Vorbemerkung
VVG	Versicherungsvertragsgesetz
VwVfG	Verwaltungsverfahrensgesetz
Wistra	Zeitschrift für Wirtschafts-, Steuer- und Strafrecht
WiWo	Wirtschaftswoche
WM	Wertpapier-Mitteilungen
WpAIV	Verordnung zur Konkretisierung von Anzeige-, Mitteilungs- und Veröffentlichungspflichten sowie der Pflicht zur Führung von Insiderverzeichnissen nach dem Wertpapierhandelsgesetz
WpHG	Gesetz über den Wertpapierhandel

WPg	Die Wirtschaftsprüfung
WpPG	Wertpapierprospektgesetz
Ziff	Ziffer
ZEuP	Zeitschrift für Europäisches Privatrecht
ZGR	Zeitschrift für Unternehmens- und Gesellschaftsrecht
ZHR	Zeitschrift für das gesamte Handels- und Wirtschaftsrecht
Ziff	Ziffer
ZInsO	Zeitschrift für das gesamte Insolvenzrecht
ZIP	Zeitschrift für Wirtschaftsrecht
ZPO	Zivilprozessordnung
ZR	Zivilrecht
ZRP	Zeitschrift für Rechtspolitik
ZStW	Zeitschrift für die gesamte Strafrechtswissenschaft
zust.	zustimmend
ZVI	Zeitschrift für Verbraucher- und Privatinsolvenz
ZWH	Zeitschrift für Wirtschaftsstrafrecht und Haftung im Unternehmen
ZZP	Zeitschrift für Zivilprozeß
ZZPInt	Zeitschrift für Zivilprozeß International

§ 1 Einleitung

Übersicht

Schrifttum:

Pleister/Sturm, Die Herausforderungen des neuen Konzerninsolvenzrechts, ZIP 2017, 2329 ff; Laroche, Das neue Konzerninsolvenzrecht nach InsO und EuInsVO – Probleme und Fragen aus gerichtlicher Sicht, ZInsO 2017, 2585 ff; *Mock,* Das neue Konzerninsolvenzrecht nach dem Gesetz zur Erleichterung der Bewältigung von Konzerninsolvenzen, DB 2017, 951 ff; *Görling,* Die Verbreitung zwei- und mehrstufiger Unternehmensverbindungen, AG 1993, 538 ff.; *Hielscher,* Aufmarsch der Praktiker-Verwalter, WiWo Kommentar vom 30.7.2013; *Jaeger,* Konkursordnung, §§ 207 f, 9. Aufl.; *Uhlenbruck,* Insolvenzordnung, 13. Aufl. 2010.

I. Die Konzerninsolvenz und deren Bedeutung für die Praxis

Der Eröffnung von Insolvenzverfahren über das Vermögen konzernverbundener Unterneh- **1** men wird regelmäßig ein besonderes mediales Interesse zuteil – sei es aus Anlass der im Raum stehenden wirtschaftlichen Werte oder aufgrund der Vielzahl der hierdurch gefährdeten Arbeitsplätze. Man denke an die *Kirch Media*-Gruppe, *Babcock Borsig, Arcandor/Quelle, Praktiker* oder jüngst *Unister, Beate Uhse, Air Berlin* oder die Insolvenz der Reederei *Rickmers.* Jeder dieser Fälle hat Verwalter, Gerichte und sonstige Verfahrensbeteiligte vor überaus komplexe Herausforderungen gestellt. Dabei sind die mit der Insolvenz einer Unternehmensgruppe verbundenen betriebswirtschaftlichen und insolvenzrechtlichen Fragestellungen keineswegs auf spektakuläre Großverfahren beschränkt. Ganz im Gegenteil: Sie können sich vielmehr in sämtlichen Situationen ergeben, in denen **Unternehmen zu einem Verbund zusammengeschlossen** sind und simultan oder sukzessive in eine wirtschaftliche Schieflage geraten. Schätzungen zeigen, dass bereits in der Mitte der neunziger Jahre des vergangenen Jahrhunderts die Mehrzahl der als AG oder GmbH verfassten Kapitalgesellschaften in einen Unternehmensverbund eingegliedert waren.[1] Nach einem Gutachten der Monopolkommission entfielen im Jahr 2007 rund 53 % aller Beschäftigten auf konzernintegrierte Unternehmen. Ihr Anteil am Umsatz sämtlicher Unternehmen in Deutschland wurde seinerzeit mit etwa 70 % beziffert – ein aus volkswirtschaftlicher Sicht beachtlicher Wert, der mittlerweile nach oben zu korrigieren sein dürfte und nicht zuletzt verdeutlicht, dass auch die Konzerninsolvenz **im Alltag des Insolvenzpraktikers** angekommen ist.[2]

II. Bislang ungeregelte Konzerninsolvenz im nationalen Recht

Umso mehr verwunderte es den unbefangenen Beobachter, dass das deutsche Recht bislang **2** keine besonderen Regelungen für die Insolvenz einer Unternehmensgruppe vorsah. Die

---

[1] *Görling* AG 1993, S. 538 ff.
[2] Vgl. BT-Drs. 17/2600 S. 80 f.

Insolvenzordnung geht grundsätzlich von einer **isolierten Verfahrensabwicklung** hinsichtlich der Unternehmen eines Konzernverbundes aus. Es gilt der Grundsatz: „Ein Rechtsträger, ein Vermögen, ein Verfahren" – ein Prinzip, das schon den Reichsjustizgesetzen von 1879 zugrunde lag.[3] Konkret bedeutet dies, dass für jeden Rechtsträger im Falle der (drohenden) Zahlungsunfähigkeit oder der Überschuldung ein **eigenständiges Verfahren am Sitz des Unternehmens** zu eröffnen ist. Schwierigkeiten ergeben sich aus dieser ausschließlich rechtsträgerbezogenen Struktur immer dann, wenn der **Konzern eine wirtschaftliche Einheit** bildet. Es entsteht dann ein Spannungsverhältnis zwischen der rechtlich vermittelten Eigenständigkeit der gruppenangehörigen Gesellschaften und der wirtschaftlichen Realität. Dies gilt namentlich in denjenigen Fällen, in denen konzernwichtige betriebs- oder finanzwirtschaftliche Prozesse auf unterschiedliche Gruppenunternehmen verteilt sind. Gedacht sei beispielsweise an das Liquiditätsmanagement im Rahmen sogenannter *cash pooling*-Systeme oder an gruppeninterne Leistungs- und Lieferbeziehungen. Durch die Aufspaltung der faktischen oder rechtlich begründeten Konzernleitungsmacht und der Beteiligung verschiedener Insolvenzverwalter und Gerichte war es enorm schwierig – zuweilen auch unmöglich –, die wirtschaftliche Konzerneinheit aufrechtzuerhalten. Hinderlich war dies vor allem im Kontext der Unternehmenssanierung, bei der die Nutzung wertvoller Verbundvorteile tragende Bedeutung erlangt. Reibungsverluste drohten hier insbesondere durch nicht aufeinander abgestimmte Verfahrensstrategien und gruppeninterne Rechtsstreitigkeiten, die eine Realisierung des im Gruppenverbund angelegten Mehrwerts zulasten der Gläubiger torpedierten. Insolvenzrechtspraxis und Wissenschaft haben diese Defizite erkannt und mit teils beachtlichen Koordinierungsstrategien zur Minderung der entstehenden Ineffizienzen beigetragen. So wurde beispielsweise durch die Begründung einheitlicher Gerichtsstände und die Bestellung sogenannter Einheitsverwalter versucht, das Konfliktpotenzial in der Konzerninsolvenz so gering wie möglich zu halten. Das Fehlen rechtlich bindender Grundlagen führte allerdings dazu, dass die entsprechenden Strategien stets mit einer gewissen Unsicherheit belastet blieben. Dies zeigte nicht zuletzt der Fall der *Praktiker*-Gruppe.[4] Während die Insolvenzverfahren über die Vermögen der operativen Tochtergesellschaften beim Amtsgericht Hamburg geführt und durch einen einheitlichen Insolvenzverwalter betreut werden, wurde der Insolvenzantrag für die Konzernobergesellschaft *Praktiker* AG in Saarbrücken gestellt. Dort ist ein weiterer Verwalter bestellt worden. Ein dritter Insolvenzverwalter wurde schließlich in dem ebenfalls beim Amtsgericht Hamburg geführten Verfahren über das Vermögen der Tochtergesellschaft *Max Bahr* eingesetzt.

III. Gesetz zur Erleichterung der Bewältigung von Konzerninsolvenzen

3 Den Regelungsbedarf hat man auch auf politischer Ebene erkannt und mit dem „Gesetz zur Erleichterung der Bewältigung von Konzerninsolvenzen"[5] reagiert. Bereits im Jahr 2007 hatte das Bundesministerium der Justiz (BMJ) eine Expertenrunde zur Erarbeitung eines Entwurfs eines Gesetzes zum Konzerninsolvenzrecht eingesetzt.[6] Kurz vor dem Ablauf der 17. Legislaturperiode, am 28.8.2013, wurde schließlich ein entsprechender

---

3 Uhlenbruck/*Hirte* InsO § 11 Rn. 394; vgl. *Jaeger* KO §§ 207, 208, Anm 10.
4 WiWo, Aufmarsch der Praktiker-Verwalter, Kommentar vom 30.7.2013.
5 Bundesgesetzblatt Nr. 22 2017, 866.
6 Dieser Expertenrunde gehörten insbesondere folgende Personen an (alphabetische Reihenfolge): *Angelika Wimmer-Amend, Dr. Helmut Balthasar, Dr. Siegfried Beck, Dr. Eberhard Braun, Dr. Reinhard Dammann, Prof. Dr. Ulrich Ehricke, Prof. Dr. Horst Eidenmüller, Vors. RiBGH aD Dr. Gero Fischer, Prof. Dr. Lucas F. Flöther, RiAG Dr. Axel Herchen, Prof. Dr. Heribert Hirte, LL. M., Dr. Michael Jaffé, Dr. Frank Kebekus, Thomas Kind, Dr. Karen Kuder, Dr. Bruno M. Kübler, Dr. Manfred Obermüller, Prof. Dr. Christoph G. Paulus, Horst Piepenburg, Vors. RiBGH aD Dr. h. c. Volker Röhricht, Ursula Schlegel, RiAG Prof. Dr. Heinz Vallender.*

Regierungsentwurf vorgelegt, der nach den Wahlen zum 18. Deutschen Bundestag unverändert übernommen wurde. Am 9.3.2017 hat der Deutsche Bundestag den Gesetzentwurf in der Ausschussfassung[7] beraten und angenommen. Die Neuerungen sind am 21.4.2018 in Kraft getreten.

Nach dem ESUG[8] und dem „Gesetz zur Verkürzung des Restschuldbefreiungsverfahrens 4 und zur Stärkung der Gläubigerrechte"[9] hat das neue Konzerninsolvenzrecht als dritte und vorerst letzte Stufe die Reform des nationalen Insolvenzrechts abgeschlossen. Ziel der Neuregelungen war es, Reibungsverluste bei der insolvenzförmigen Liquidation und Sanierung von „Unternehmensgruppen" zu vermeiden ohne eine Schlechterstellung von Gläubigern anderer Konzerngesellschaften zu provozieren.[10] Das neue Konzerninsolvenzrecht sollte dabei nicht etwa einen eigenständigen und von den übrigen Bestimmungen der Insolvenzordnung losgelösten Regelungsbereich bilden. Vielmehr wurde das bisher geltende Recht lediglich punktuell den Anforderungen an die Bewältigung der Insolvenz einer Unternehmensgruppe angepasst und durch ein besonderes Koordinierungsverfahren ergänzt. Dies bedeutet vor allem, dass am bestehenden Rechtsträgerprinzip festgehalten wird.[11] Nach wie vor wird über jeden (gruppenangehörigen) Schuldner ein eigenständiges Insolvenzverfahren zu eröffnen sein. Man hat bewusst am Grundsatz der gesellschafts- und konzernrechtlichen Haftungstrennung festgehalten und sich gegen eine materielle Konsolidierung der Vermögensmassen, wie man sie beispielsweise im Recht der Vereinigten Staaten antrifft *(„substantive consolidation")*, entschieden. Ungeachtet aller positiven Implikationen, die im Zusammenhang mit einer Zusammenlegung der Insolvenzmassen diskutiert werden, ist die Entscheidung des Gesetzgebers zu begrüßen. So werden Umverteilungseffekte zulasten solcher Gläubiger vermieden, die sich im Rahmen eines isolierten Verwertungsprozesses an eine finanziell vergleichsweise gut ausgestattete Konzerngesellschaft halten und damit höhere Befriedigungsquoten erzielen können.

Um den Herausforderungen bei der Bewältigung der Insolvenz eines Unternehmens- 5 verbundes dennoch Rechnung tragen zu können, sehen die Neuregelungen die Abstimmung der Einzelverfahren auf der Grundlage spezieller Koordinations- und Kooperationsinstrumentarien vor.

Dabei setzt das neue Recht im Wesentlichen vier Regelungsschwerpunkte: 6

1. Gruppen-Gerichtsstand, §§ 3a bis 3e InsO:

Zunächst wurden die Voraussetzungen zur Errichtung eines sogenannten Gruppen-Ge- 7 richtsstandes geschaffen. Dies soll die verfahrensmäßige Konzentration der über die gruppenangehörigen Schuldner eröffneten Einzelverfahren bei einem Gericht ermöglichen.[12] Entgegen den Empfehlungen zahlreicher Experten und Interessenverbände konnte sich die Anknüpfung des Gerichtsstandes an den Sitz der Konzernmutter nicht durchsetzen. Vielmehr folgen die Regelungen dem sogenannten Prioritätsprinzip. Zuständig für sämtliche Verfahren über das Vermögen gruppenangehöriger Schuldner ist hiernach dasjenige Gericht, an dem ein Gruppenschuldner zuerst einen zulässigen Eröffnungsantrag gestellt hat. Die Errichtung des Gruppen-Gerichtsstandes muss im gemeinsamen Interesse der Gläubiger liegen. Erforderlich ist weiter, dass der antragstellende Schuldner gemessen an der Bilanzsumme, der Höhe seiner Umsatzerlöse und der Anzahl der beschäftigten Arbeitneh-

---

7 BT-Drs. 18/11436.
8 „Gesetz zur weiteren Erleichterung der Sanierung von Unternehmen (ESUG)", BGBl 2011, Teil 1 Nr. 64, S. 2582.
9 BGBl 2013, Teil I Nr. 38, S. 2379.
10 BT-Drs. 18/407, S. 15f.
11 BT-Drs. 18/407, S. 16.
12 Allgemein zu den Gestaltungsmöglichkeiten bezüglich des Gerichtsstandes nach dem neuen Konzerninsolvenzrecht: *Grell/Spittelberger* DB 2017, 1497 ff.

mer[13] eine nicht lediglich untergeordnete Bedeutung innerhalb des Unternehmensverbundes einnimmt.

8   Um die so angestrebte Verfahrenskonzentration auch innerhalb des Insolvenzgerichts zu erreichen, flankiert § 3c InsO diese allgemeinen Gerichtsstandsbestimmungen noch durch eine innergerichtliche Zuständigkeitsregel. Die Führung sogenannter Gruppen-Folgeverfahren wird hiernach demjenigen Richter zugewiesen, der für das Verfahren zuständig ist, kraft dessen der Gruppen-Gerichtsstand begründet wurde.

9   Für Anträge, die bei anderen Gerichten als jenem des Gruppen-Gerichtsstandes gestellt werden, besteht schließlich die Möglichkeit der Verweisung an den Gruppen-Gerichtsstand, vgl § 3d InsO. Dies steht grundsätzlich im pflichtgemäßen Ermessen des Gerichts, § 3d Abs. 1 S. 1 InsO. Etwas anderes gilt nur bei einem entsprechenden Verweisungsantrag des Schuldners, soweit dieser unmittelbar nach Kenntniserlangung über den Eröffnungsantrag eines Gläubigers, einen zulässigen Eröffnungsantrag bei dem Gericht des Gruppen-Gerichtsstands stellt. In diesem Fall besteht eine Verweisungspflicht, § 3d Abs. 1 S. 2 InsO.

2. Einheitsverwalter, § 56b InsO:

10   Eng mit der Frage der gerichtlichen Zuständigkeit ist die Bestellung eines sogenannten Einheits- oder Konzerninsolvenzverwalters verbunden. In der insolvenzrechtlichen Praxis gilt dieser als eines der zentralen Instrumente für eine (möglichst) konfliktfreie und abgestimmte Verfahrensabwicklung im Konzern. Soweit die Einzelverfahren trotz der Möglichkeit zur Begründung des Gruppen-Gerichtsstandes an unterschiedlichen Insolvenzgerichten geführt werden, regelt § 56b InsO nunmehr eine entsprechende Prüfungs- und zwischengerichtliche Abstimmungspflicht. Hiernach haben die für die Abwicklung der Gruppenverfahren zuständigen Gerichte darüber zu urteilen, ob es im Interesse der Gläubiger liegt, einen einzigen Verwalter für mehrere oder sämtliche Verfahren zu bestellen.

3. Pflicht zur Kooperation, §§ 269a ff. InsO:

11   Sind entgegen der Regelung in § 56b InsO mehrere Verwalter für die gruppenangehörigen Schuldner bestellt oder werden die Verfahren trotz der durch § 3c InsO eingeräumten Möglichkeit zur Errichtung des Gruppen-Gerichtsstandes an unterschiedlichen Gerichten geführt, hängt der Erfolg der Verwaltung der einzelnen Gruppenschuldner von einer möglichst engen Kooperation der Verfahrensbeteiligten ab.

12   Für die bestellten *Insolvenzverwalter* trifft § 269a InsO eine entsprechende Regelung. Diese werden untereinander zur Unterrichtung und Zusammenarbeit verpflichtet.[14] Insbesondere sind **auf Anforderung** unverzüglich **alle Informationen mitzuteilen**, die für das jeweils andere Verfahren eines Gruppenschuldners von Bedeutung sein können. Neben der grundsätzlichen Frage, ob eine Sanierung oder Liquidation des Unternehmens angestrebt wird, zählen hierzu beispielsweise Informationen über die **beabsichtigten Verwertungsmaßnahmen** oder den **Umgang mit schwebenden Vertragsverhältnissen**. Dessen ungeachtet ist die Kooperationspflicht nicht auf den reinen Informationsaustausch beschränkt. So können sich vor allem Mitwirkungspflichten bei der Abstimmung der Verwertungs- und Restrukturierungsstrategien sowie der Beilegung gruppeninterner Streitigkeiten ergeben.[15] Wie auch im bislang gelebten Alltag der Verwaltungspraxis sind überdies **vertragliche Gestaltungen, sogenannte *protocols*, zwischen den Insolvenzverwaltern** denkbar, vgl § 269h Abs. 2 S. 2 Nr. 3 InsO.[16] Im

---

[13] Zu arbeitsrechtlichen Aspekten in der Kozerninsolvenz: *Mückl/Götte* ZInsO 2017, 623 ff.
[14] KPB/*Thole* InsO § 269a Rn. 17 f.
[15] Vgl. Begr RegE KInsR, S. 34 f.
[16] KPB/*Thole* InsO § 269h, Rn. 20.

Übrigen ist die Kooperationspflicht stark von den Umständen des Einzelfalls abhängig. **Grenzen** werden in jedem Fall durch **die berechtigten Interessen der Gesellschaftsgläubiger** an einem optimalen Verfahrensergebnis gesetzt. Durch diesen auch gesetzlich ausdrücklich formulierten Vorbehalt wird klargestellt, dass der Verwalter ungeachtet der Regelung in § 269a InsO einer **bestmöglichen Verwertung der Masse „seiner"Gesellschaft verpflichtet** bleibt. Zu beachten ist schließlich, dass die Kooperationspflicht – abweichend von der bisherigen Rechtslage – nicht erst dann entsteht, wenn dies für die Verwertung der Masse von Vorteil sein kann. Vielmehr entsteht die Pflicht zur Zusammenarbeit auch dann, wenn diese **für die Masse neutral ist**, im Einzelfall also weder Vor- noch Nachteile erwarten lässt.[17]

Die effektive Koordinierung der Verfahren für eine Mehrzahl gruppenangehöriger Ge- **13** sellschaften setzt neben der Kooperation der beteiligten Verwalter eine **enge Zusammenarbeit der für die jeweiligen Verfahren zuständigen** *Gerichte* voraus. Dem gerichtlichen Koordinierungserfordernis trägt § 269b InsO nunmehr ausdrücklich Rechnung. Ebenso wie die Kooperationspflichten auf Verwalterebene, lässt sich die zwischengerichtliche Pflicht zur Zusammenarbeit im Regelfall aus den Zielen des Insolvenzverfahrens ableiten. § 269b InsO bestätigt dies und schafft künftig Rechtsklarheit. Kooperationspflichten ergeben sich auch in diesem Zusammenhang insbesondere im Kontext des Informationsaustauschs. So haben sich die Gerichte beispielsweise über insolvenzgerichtliche Sicherungsmaßnahmen, die Verfahrenseröffnung oder sonstige für das Verfahren wesentliche Entscheidungen zu informieren, vgl die Regelbeispiele des § 269b Abs. 1 S. 2 InsO. Grenzen für die Kooperationspflichten ergeben sich indes ebenfalls aus den allgemeinen insolvenzrechtlichen Verfahrenszielen. So darf die Kooperation nicht dazu führen, dass die Gläubiger in dem am kooperationsverpflichteten Gericht geführten Verfahren benachteiligt werden.[18]

§ 269c InsO soll künftig auch die **Gläubigerausschüsse** einbeziehen. Auf Antrag des **14** (vorläufigen) Gläubigerausschusses eines gruppenangehörigen Schuldners besteht die Möglichkeit, einen sogenannten **Gruppen-Gläubigerausschuss** zu errichten. Die Entscheidung über die Einsetzung eines solchen steht im Ermessen des Gerichts. Der Gruppen-Gläubigerausschuss wird aus Vertretern der einzelnen (vorläufigen) Gläubigerausschüsse der gruppenangehörigen Schuldner sowie eines Vertreters aus dem Kreise der Arbeitnehmer gebildet. Um die Abwicklung der Verfahren auf der Ebene der jeweiligen Gruppenschuldner zu erleichtern, kommt diesem Gremium die Aufgabe zu, die Insolvenzverwalter und Einzelgläubigerausschüsse zu unterstützen. Die Frage, inwieweit eine Pflicht zur Zusammenarbeit zwischen den einzelnen Gläubigerausschüssen besteht, bleibt gesetzgeberisch unbeantwortet.[19] *Thole* verneint eine Pflicht zur Zusammenarbeit unter Hinweis auf die Aufgabe des Gläubigerausschusses als Überwachungsorgan des Insolvenzverwalters.[20] *Hoffmann* verneint die Pflicht ebenfalls als mit dem Grundsatz der Gläubigerautonmie im Widerspruch stehend.[21]

4. Koordinationsverfahren, §§ 269d ff. InsO:

Als Kernelement der Reform wird die Einführung eines sogenannten Koordinationsver- **15** fahrens bezeichnet,[22] §§ 269d ff. InsO. In Ergänzung der allgemeinen Kooperationspflichten werden hiermit die **verfahrensrechtlichen Voraussetzungen für die Koordinie-**

---

[17] BT-Drs. 18/407, S. 21.
[18] BT-Drs. 18/407, S. 33.
[19] KPB/*Thole* InsO § 269c Rn. 21.
[20] KPB/*Thole* InsO § 269c Rn. 23.
[21] *Hoffmann* § 4 Rn. 114; ebenda auch weitere Nachweise zur Problematik.
[22] Vgl. *Leutheusser-Schnarrenberger* auf dem Neunten Deutschen Insolvenzrechtstag der AG Insolvenzrecht im DAV am 22.3.2012 in Berlin, abrufbar unter: http://www.bmj.de/SharedDocs/Reden/DE/2012/20120322_9_Insolvenzrechtstag.html.

rung der Einzelverfahren geschaffen. Dies ist als ein „Angebot" des Gesetzgebers zu verstehen.[23] Auf Konsolidierungslösungen wird auch insoweit verzichtet. Anders als im Rahmen der sogenannten *„joint administration"* nach US-amerikanischem Vorbild, bleibt die **prozessuale Selbstständigkeit der Einzelverfahren damit erhalten.** Die Einleitung des Koordinationsverfahrens erfolgt durch das Gericht, das auch für die Durchführung der Gruppen-Folgeverfahren zuständig ist („Koordinationsgericht"). Antragsberechtigt ist der Schuldner (im Eröffnungsverfahren und iRd Eigenverwaltung, vgl § 270d S. 2 InsO), ein („starker" vorläufiger) Insolvenzverwalter oder ein Gläubigerausschuss. Das Fundament des Koordinationsverfahrens bildet die Einsetzung eines **Verfahrenskoordinators,** § 269e InsO. Der Regierungsentwurf verwandte ursprünglich den Begriff Koordinationsverwalter.[24] Auf Drängen des Rechtsausschusses wurde er in Verfahrenskoordinator umbenannt. So sollte zum Ausdruck gebracht werden, dass sich seine Aufgaben grundlegend von den Aufgaben eines Insolvenzverwalters unterscheiden.[25]

Im Rahmen der **Verfahrensabwicklung fungiert der Verfahrenskoordinator** in gewisser Weise als **Mediator,** der die eröffneten Einzelverfahren im Interesse der Gruppengläubiger zu harmonisieren versucht. Zu diesem Zweck kann er insbesondere einen sogenannten Koordinationsplan vorlegen, § 269h InsO. Dieser ist durch das Koordinationsgericht zu bestätigen und bedarf der Zustimmung des Gruppen-Gläubigerausschusses, sofern ein solcher bestellt ist. Bestandteil des Koordinationsplans können grundsätzlich sämtliche Maßnahmen sein, die sachdienlich und erforderlich sind, um eine weithin konfliktfreie und auf ein übergeordnetes Sanierungsziel[26] ausgerichtete Abwicklung der Verfahren auf der Ebene der jeweiligen Gruppenschuldner voranzubringen. Neben einer Analyse der Krisenursachen, des Krisenverlaufs und entsprechend hierauf aufbauender Restrukturierungsstrategien zur Wiedererlangung der Wettbewerbsfähigkeit,[27] kann der Koordinationsplan beispielsweise Vorschläge zur Beilegung gruppeninterner Konflikte enthalten, vgl § 269h Abs. 2 InsO. Der Koordinationsplan besitzt dabei nur darstellenden Charakter. Man spricht deshalb auch von einem „kupierten Insolvenzplan", dem ein rechtsgestaltender Teil fehlt.[28] Die Umsetzung des Plans erfolgt stets im Rahmen von Einzelplänen auf der Ebene der jeweiligen Gruppengesellschaft. Direkte Bindungswirkung entfaltet der Koordinationsplan indes grundsätzlich nicht.[29] Etwas anderes gilt nur dann, wenn der Koordinationsplan kraft eines entsprechenden Beschlusses der Gläubigerversammlung dem Insolvenzplan im Rahmen des jeweiligen Einzelverfahrens zugrunde zu legen ist, § 269i Abs. 2 InsO. Dessen ungeachtet wird sich eine gewisse mittelbare Bindungswirkung aber aus dem Haftungsrisiko ableiten lassen, dem sich der Insolvenzverwalter durch eine Abweichung vom Koordinationsplan aussetzt.[30]

16 Trotz aller positiven Implikationen bleibt abzuwarten, inwieweit das Koordinationsverfahren in der Insolvenzpraxis tatsächlich den gewünschten Mehrwert zeitigen wird. Dies gilt vor allem mit Blick auf eine Verfahrensabwicklung in Eigenverwaltung.[31] Aber auch die zusätzlich anfallenden Verfahrenskosten könnten abschreckend wirken. Neben einer zunehmenden Bürokratisierung der Verfahrensabwicklung könnte sich insbesondere die schwache Stellung des Verfahrenskoordinators als hinderlich erweisen. Rechtlich durchsetzbare

---

[23] *Wimmer* auf dem Insolvenzverwalterkongress am 1. November 2013 im Rahmen der Diskussion des Vortrags von *Specovius* „Regierungsentwurf Konzerninsolvenz".
[24] Vgl. § 269 InsO-E in BT-Drs. 18/407, S. 11.
[25] BT-Drs. 18/11436, S. 25.
[26] Vgl. die BT-Drs. 18/407, S. 38 f.
[27] BT-Drs. 18/407, S. 39.
[28] BT-Drs. 18/407, S. 38.
[29] KPB/*Thole* InsO § 269i Rn. 1; Braun/*Esser* InsO § 269i Rn. 1.
[30] KPB/*Thole* InsO § 269i Rn. 1; *Pleister/Sturm,* ZIP 2017, 2329, 2336 f.
[31] Vgl. die Regelung in § 270d S. 2 InsO, wonach dem eigenverwaltenden Schuldner insbesondere das Recht zusteht, die Durchführung eines Koordinationsverfahrens gemäß §§ 269d ff InsO zu beantragen; zu den Auswirkungen bei der Eigenverwaltung von Konzerngesellschaften: *Stahlschmidt/Bartelheimer* ZInsO 2017, 1010 ff.

Weisungs- und Verfügungsbefugnisse, mittels derer Einfluss auf die jeweiligen Einzelverfahren genommen werden könnte, sind im neuen Recht nicht vorgesehen.

IV. Internationaler Kontext

Die Regelungsvorstöße des nationalen Gesetzgebers stehen im Zeichen internationaler **17** Tendenzen. Bereits im Jahr 2010 hat die *United Nations Commission on International Trade Law* (UNCITRAL) ihre Anleitungen für die nationalen Insolvenzrechtsgesetzgebungen um ein Kapitel zur Behandlung von Unternehmensgruppen ergänzt.[32] Neben der Formulierung grundlegender Standards für die nationalen Insolvenzrechtsregime adressieren die dort enthaltenen Empfehlungen insbesondere den **Umgang mit grenzüberschreitenden Sachverhalten.** Angesichts der fortschreitenden Liberalisierung des Welthandels und der hiermit verbundenen Internationalisierung seiner Märkte und Akteure sind es gerade Auslandsberührungen, die im Rahmen der insolvenzrechtlichen Praxis zunehmend an Bedeutung gewinnen. Allem voran ist dies für den Europäischen Wirtschaftsraum festzustellen, was sich jüngst im Insolvenzverfahren *Air Berlin Group*, insbesondere der *NIKI Luftfahrt GmbH* zeigte. Dem hieraus resultierenden Regelungsbedarf hat sich die Europäische Kommission angenommen und konzernspezifische Bestimmungen in die Europäische Insolvenzverordnung (EuInsVO) integriert, vgl Art 42a ff. EuInsVO 2015. Ebenso wie die nationalen Regelungen der InsO sieht die EuInsVO 2015 Koordinationsmechanismen vor, die es ermöglichen sollen, die Insolvenz europäisch-multinationaler Konzerne besser aufeinander abzustimmen. Eine bedeutende Annäherung an die insolvenzspezifischen Regelungstendenzen in den Mitgliedstaaten ist schließlich in der Erweiterung des Anwendungsbereichs der EuInsVO auf vorinsolvenzliche Restrukturierungskonzepte und das Modell der Eigenverwaltung zu erblicken. Der **Anknüpfungspunkt für die internationale Zuständigkeit** für ein Insolvenzverfahren **bleibt jedoch der COMI, Art. 3 EuInsVO 2015.** Den Weg den der nationale Gesetzgeber mit der Einführung des Grupppen-Gerichtsstands geht, bleibt bei EU-grenzüberschreitetenden Sachverhalten verschlossen.[33] Eine Konzentration eines Verfahrens an einem deutschen Gericht ist erst möglich, wenn für die verschiedenen Gesellschaften eines Konzerns der COMI in Deutschland festgestellt wurde. Eine Konzentrationswirkung über nationale Grenzen hinaus liegt mit der EuInsVO 2015 nicht vor.

---

[32] UNCITRAL, Legislative Guide on Insolvency Law, Part three: Treatment of enterprise groups in insolvency, 2012.
[33] *Laroche* ZInsO 2017, 2585, 2589.

§ 2 Der Konzern im insolvenzrechtlichen Sinn

Übersicht

Schrifttum:

Andres/Möhlenkamp, Konzerne in der Insolvenz – Chance auf Sanierung?, BB 2013, 579, 586 f; *Baird,* Substantive Consolidation Today, Boston College Law Review (B. C. L.), 47/1, Rev. 5 (2005), 19 ff.; *Baumbach/Hopt,* Handelsgesetzbuch Kommentar, 35. Aufl. 2012; *Bous,* Die Konzernleitungsmacht im Insolvenzverfahren konzernverbundener Kapitalgesellschaften, 2001; *Brünkmans,* Die Koordinierung von Insolvenzverfahren konzernverbundener Unternehmen nach deutschem und europäischem Insolvenzrecht, 2009; *Brünkmans,* Entwurf eines Gesetzes zur Erleichterung der Bewältigung von Konzerninsolvenzen: Kritische Analyse und Anregungen aus der Praxis, ZIP 2013, 193 ff.; *Eidenmüller,* Verfahrenskoordination bei Konzerninsolvenzen, ZHR 169 (2005), 528 ff.; *Eidenmüller/Frobenius,* Ein Regulierungskonzept zur Bewältigung von Gruppeninsolvenzen: Verfahrenskonsolidierung im Kontext nationaler und internationaler Reformvorhaben, ZIP 2013, Beilage 3 zu Heft 22/2013, 6 ff.; *Emmerich/Habersack,* Aktien- und GmbH-Konzernrecht, 8. Aufl. 2016; *Frege,* INDAT-Report, Heft 4 2013, 18 ff.; *Frind,* Die Überregulierung der „Konzern"insolvenz, ZInsO 2013, 429; *Goette/Habersack,* Münchener Kommentar zum Aktiengesetz, Band 1 (3. Aufl. 2008), Band 4 (3. Aufl. 2010); *Henssler/Strohn,* Gesellschaftsrecht, 3. Aufl. 2016; *Hirte,* Die Tochtergesellschaft in der Insolvenz der Muttergesellschaft als Verpfändung von „Konzern"- Aktiva an Dritte. Überlegungen zur Entwicklung eines Konzerninsolvenzrechts, FS Schmidt (2009), 641 ff.; *Hirte,* Towards a Framework for the Regulation of Corporate Groups' Insolvencies, ECFR 2008, 213 ff.; *Kirchhof/Stürner/Eidenmüller,* Münchener Kommentar zur Insolvenzordnung, Band 1 (3. Aufl. 2013), Band 3 (3. Aufl. 2014); Band 4 (3. Aufl. 2015 im

Erscheinen); *Kirchner,* Ökonomische Überlegungen zum Konzernrecht, ZGR 1985, 214 ff.; *Kuhlmann/Ahnis,* Konzern- und Umwandlungsrecht, 3. Aufl. 2010; *Leutheusser-Schnarrenberg,* Dritte Stufe der Insolvenzrechtsreform – Entwurf eines Gesetzes zur Erleichterung der Bewältigung von Konzerninsolvenzen, ZIP 2013, 97 ff.; *Lienau,* Der Diskussionsentwurf eines Gesetzes zur Erleichterung der Bewältigung von Konzerninsolvenzen, Der Konzern 2013, 157 ff.; *Lutter,* Gefahren persönlicher Haftung für Gesellschafter und Geschäftsführer einer GmbH, DB 1994, 129 ff.; *Lutter/Scheffler/Schneider,* Handbuch der Konzernfinanzierung, 1998; *Paulus,* Wege zu einem Konzerninsolvenzrecht, ZGR 2010, 270 ff.; *Paulus,* Überlegungen zu einem modernen Konzerninsolvenzrecht, ZIP 2005, 1948 ff.; *Penrose,* The Theory of the Growth of the Firm, 1959; *Prager/Keller,* Der Vorschlag der Europäischen Kommission zur Reform der EuInsVO, NZI 2013, 57 ff.; *Prosteder,* Der Begriff der Unternehmensgruppe – § 3e InsO nF, NZI-Beilage 2018,.9: *Raiser/Sauermann,* Das Verhältnis der Wirtschaftswissenschaft zur Rechtswissenschaft, Soziologie und Statistik, 1964; *Reuß,* Europäisches Insolvenzrecht 3.0 oder doch nur Version 1.1?, EuZW 2013, 165; *K. Schmidt,* Münchener Kommentar zum Handelsgesetzbuch, Band 4 (3. Aufl. 2013); *K. Schmidt* Gesellschaftsrecht, 4. Aufl. 2002; *K. Schmidt,* Insolvenzordnung, 18. Aufl. 2013; *K. Schmidt,* Konzern-Insolvenzrecht – Entwicklungsstand und Perspektiven, KTS 2010, 1 ff.; *Sester,* Plädoyer gegen ein materielles Konzerninsolvenzrecht, ZIP 2005, 2099; *Simon/Frind,* Der Konzern in der Insolvenz, NZI 2013, 1 ff.; *Thole,* Gläubigerschutz durch Insolvenzrecht, 2010; *Thole,* Die Reform der Europäischen Insolvenzverordnung – Zentrale Aspekte des Kommissionsvorschlags und offene Fragen –, ZeuP 2014, 39; *Thole,* Die Haftung des Koordinationsverwalters und der Einzelverwalter bei der koordinierten Konzerninsolvenz, Der Konzern 2013, 182 ff.; *Uhlenbruck,* Konzerninsolvenzrecht über einen Sanierungsplan?, NZI 1999, 41 ff.; *Wimmer,* Konzerninsolvenzen im Rahmen der EuInsVO – Ausblick auf die Schaffung eines deutschen Konzerninsolvenzrechts, DB 2013, 1343 ff.; *Worthington,* Commercial Law and Commercial Practice, 2003; *Zöller/Greger,* Zivilprozessordnung, 30. Aufl. 2014.

I. Der Begriff der Unternehmensgruppe und des Konzerns

1. Der Konzern als betriebswirtschaftliche Einheit

1 Ein „Konzern" oder eine „Unternehmensgruppe" ist selbst keine juristische Person, sondern kennzeichnet sich durch **rechtliche Vielfalt bei wirtschaftlicher Einheit**.[1] Der Konzern ist mehr Phänomen denn ein eigenständiges Gebilde. Für ihn ist die Polarität zwischen Einheit des Ganzen und Vielheit der Glieder charakteristisch.[2] Dabei liegt aus der rechtlichen Perspektive die Betonung auf dem Rechtsträgerprinzip und damit auf der rechtlichen Vielfalt.[3] Die ökonomische Sichtweise stellt den Gedanken der Wirtschaftseinheit in den Vordergrund.[4] Betont wird, dass die Konzernierung einen Ressourcenpool begründet, der die in den Unternehmen angesiedelten Produktionsfaktoren zusammenfasst. Betriebswirtschaftliches Ziel muss es unter dieser Perspektive sein, die Leistungs- und Zahlungsflüsse und die Ressourcenallokation so zu steuern, dass der größtmögliche Konzerngesamtertrag erwirtschaftet wird.[5] Die Ökonomie weist auf die Vorzüge einer Konzernstruktur hin, die in der Haftungssegmentierung und zugleich in einer Erhöhung der Flexibilität liegen, weil die jeweiligen Konzernunternehmen als eigenständige Subsysteme auf unterschiedlichen Märkten agieren können.[6] In ihren rechtlichen Konsequenzen führt die **Haftungssegmentierung** freilich auch zu (volkswirtschaftlichen) Nachteilen, weil sie ua die Frage nach dem Gläubigerschutz beim konzerninternen Leistungsaustausch und bei Vermögensverschiebungen innerhalb der Konzernglieder aufwirft.[7]

---

[1]   *K. Schmidt,* GesR, § 17 I 2b), S. 490 f; *Kuhlmann/Ahnis,* Konzern- und Umwandlungsrecht, § 1 Rn. 3.
[2]   *L. Raiser* in ders, Das Verhältnis der Wirtschaftswissenschaft zur Rechtswissenschaft, Soziologie und Statistik, 1964, 51, 54.
[3]   *Kirchner* ZGR 1985, 214, 216 f.
[4]   *Kirchner* ZGR 1985, 214, 216 f.
[5]   *Kirchner* ZGR 1985, 214, 221; *Bous* Konzernleitungsmacht, S. 15; *Brünkmans* Koordinierung, S. 28. Vgl. schon *Penrose* Growth of the Firm 1959, S. 24.
[6]   *Kirchner* ZGR 1985, 214, 225.
[7]   Dazu → § 4 VII.

2. Phänotypik des Konzerns

Phänotypisch können verschiedene Konzernstrukturen unterschieden werden. Obwohl der 2 Gedanken der wirtschaftlichen Einheit tragend ist, können die Erscheinungsformen und der Grad der wirtschaftlichen Verdichtung zwischen den Konzerngliedern unterschiedlich sein. Differenzierungskriterien liefert ua der Grad der organisatorischen und leistungswirtschaftlichen Verflechtung und Integration im Konzern.

a) Zentrale und dezentrale; horizontale und vertikale Konzernstrukturen

Es kann nach **zentralen und dezentralen Konzernen** unterschieden werden, wobei die 3 Leitungsdichte und damit die Ausübung der Konzernleitungsmacht den Maßstab vorgibt.[8] Sie ist meist durch eine personale Verflechtung zwischen Mutter- und Tochtergesellschaft abgesichert. Ist das damit geknüpfte Band eher eng, kann man von einem zentral geleiteten Konzern sprechen; sind die Zügel locker, liegt eine dezentrale Struktur vor.

Es kann auch zwischen horizontalen und vertikalen Konzernen unterschieden werden, 4 die in der Praxis mitunter in Mischformen übergehen. Das Differenzierungskriterium sind hier die von den einzelnen Konzerngliedern hergestellten Produkteinheiten. Beim **horizontal organisierten Konzern** stellen die Konzerngesellschaften Produkte gleicher Art her, so dass sich die wechselseitige Verknüpfung zum Zwecke der Erzielung von Synergie effekten vor allem auf tragende Bereiche wie Finanzierung, Forschung & Entwicklung, Verwaltung uam beschränkt.

Beim **vertikal organisierten Konzern** sind die vor- und nachgelagerten Produktions- 5 stufen innerhalb der bei der Produktherstellung zu durchlaufenden Wertschöpfungskette erfasst und in den Konzernverbund eingegliedert. Das betrifft beispielsweise eigenständige Endprodukte wie etwa Autozubehör und den fertigen PKW, aber darüber hinaus – bezogen auf ein entsprechendes Produktionsobjekt – Positionen wie EDV, Finanzierung, Forschung, Vertrieb uam, die jeweils eigenständig in Tochtergesellschaften organisiert sind.[9]

b) Funktionale Gliederung des Konzerns, Diversifizierungsgrad

In der letztgenannten rechtlichen Verselbständigung von für die Ertragsgewinnung zen- 6 tralen Einheiten liegt zugleich ein **funktionaler Ansatz.**[10] Man spricht von einem funktional gegliederten Konzern, wie er gerade im grenzüberschreitenden Bereich häufig ist, etwa bei Gründung eigener Vertriebsgesellschaften in einem jeweiligen Absatzgebiet.[11]

Unterscheiden lässt sich weiter nach dem Diversifizierungsgrad. Mischkonzerne, deren 7 Glieder auf unterschiedlich, wenig interdependenten Märkten tätig sind, weisen häufig nur einen unbedeutenden konzerninternen Leistungsaustausch auf. Entscheidendes Motiv für die Konzernierung in dieser Weise ist weniger die Schaffung von Synergien innerhalb des Konzernverbunds als vielmehr die Risikostreuung. In diesem Fall mag aus insolvenzrechtlicher Sicht beispielsweise die Einsetzung eines einheitlichen Verwalters ebenso wenig zwingend sein wie die Verfolgung einer **Gesamtsanierungsstrategie,** weil die Konzerngesellschaften als autonome Wirtschaftseinheiten gesehen werden können.

Aus **insolvenzrechtlicher Warte** erweisen sich demgegenüber funktional-vertikale 8 Konzerne, die zugleich zentralisiert sind, als die wohl komplexesten Fälle für eine sachgerechte Abwicklung des oder der Insolvenzverfahren, weil die Konzernleitungsmacht vor-

---

[8] Lutter/Scheffler/Schneider/*dies* Handbuch Konzernfinanzierung Rn. 1.8 ff; *Brünkmans* Koordinierung, S. 30.
[9] Vgl. zu rechtlichen Folgerungen bei solchen spezifizierten Töchtern noch unter dem qualifiziert faktischen Urteil nach dem TBB-Urteil *Lutter* DB 1994, 129, 130.
[10] *Sester,* ZIP 2005, 2099, 2100; *Brünkmans* Koordinierung, S. 34.
[11] Zur funktionalen Wirtschaftseinheit vgl. *Bous* Konzernleitungsmacht, S. 16 mwN.

insolvenzlich eher kraftvoll ausgeübt wird, die gegenseitige Abhängigkeit der Konzerngesellschaften hoch ist und damit einzelne Konzernglieder ihre Lebensfähigkeit nur erhalten
können, wenn der Gesamtkonzern gerettet wird. Zugleich ist der konzerninterne Leistungsaustausch hoch, was die insolvenzrechtliche (Rück-)Abwicklung verkompliziert.

3. Der Konzern im deutschen Recht als Rechtsbegriff

a) Verbundene Unternehmen und Konzernunternehmen

9 Wenn im Kontext des deutschen Rechts vom „Konzern" die Rede ist, so ist damit kein
einheitlicher, technisch starr festgelegter Begriff gemeint. Neben anderen ist der Konzern
vor allem als **aktienrechtlicher Begriff bei § 18 AktG** sowie als handelsrechtlicher, für
die Rechnungslegung relevanter **Begriff bei § 290 HGB** bekannt. Davon ist nunmehr der
insolvenzrechtliche Begriff zu unterscheiden, der wiederum in § 3e InsO und in Art 2
Nr. 13 f. EuInsVO unterschiedlich definiert wird.[12]

10 Aber auch der aktienrechtliche Begriff des Konzerns findet sich im allgemeinen Sprachgebrauch häufig nur ungenau wieder. Das Gesetz spricht vom Konzern und Konzernunternehmen nur in den Fällen des § 18 AktG, dh solchen, in denen eine einheitliche
Leitung besteht. Der aktienrechtliche Oberbegriff ist demgegenüber jener des § 15 AktG
und damit jener der **verbundenen Unternehmen**. Eine Unternehmensverbindung in
diesem Sinne setzt zwar (bei Unterordnungskonzernen) eine Abhängigkeit zwischen den
Konzerngesellschaften oder Mutter- und Tochtergesellschaft voraus, verlangt aber gerade
keine einheitliche Leitung iSd § 18 AktG. Insofern wird häufig und untechnisch schon bei
Vorliegen einer solchen Abhängigkeit iSd §§ 16, 17 AktG von einem Konzern gesprochen,
obwohl dann zunächst nur ein verbundenes Unternehmen vorliegt.[13] Auch das Gesetz selbst
knüpft die Rechtsfolgen meist schon an die Abhängigkeit, wie § 97 Abs. 1 S. 1 AktG und
§ 100 Abs. 2 S. 2 AktG belegen, so dass der Konzernbegriff des § 18 AktG heute an
Bedeutung eingebüßt hat.[14] Die sprachliche Ungenauigkeit ist bei den folgenden Ausführungen zu berücksichtigen.

b) Konzern im aktienrechtlichen Sinne

11 Das Konzernrecht des Aktiengesetzes sieht in § 18 Abs. 1 AktG drei Voraussetzungen für
das Vorliegen eines Konzerns vor. 1. Es muss sich um ein Unternehmen im Sinne des § 15
AktG handeln, 2. die in Rede stehenden Unternehmen müssen (im Falle eines Unter-
ordnungskonzerns) abhängig nach § 17 AktG sein, und 3. sie müssen unter einheitlicher
Leitung zusammengefasst sein. Daneben ist auch ein Gleichordnungskonzern denkbar (§ 18
Abs. 2 AktG), der gerade keine Abhängigkeit iSd § 17 AktG aufweist oder voraussetzt.

12 Der Unternehmensbegriff ist in § 15 AktG nicht selbst definiert. Das aktienrechtliche
Konzernrecht ist aber **rechtsformneutral** ausgestaltet. Im Grundsatz können sowohl
juristische Personen als auch natürliche Personen, Kapital- oder Personengesellschaften ein
Unternehmen in diesem Sinne sein.[15] Bei natürlichen Personen sind allerdings reine Pri-
vatgesellschafter nicht erfasst. Unternehmensqualität gewinnen sie dadurch, dass sie auch
außerhalb ihrer Beteiligung noch weitergehende unternehmerische Interessen verfolgen,
dh auch anderweitig maßgeblich beteiligt sind und nachteilig Einfluss nehmen können.[16]
Ungeklärt ist nach wie vor, ob Formkaufleute, wie es die Handelsgesellschaften nach § 6

---

[12] → Rn. 28 ff.
[13] Vgl. *Kuhlmann/Ahnis,* Konzern- und Umwandlungsrecht § 1 Rn. 15.
[14] Emmerich/Habersack Aktien-/GmbH-KonzernR/*Emmerich* § 18 Rn. 2.
[15] Emmerich/Habersack Aktien-/GmbH-KonzernR/*Emmerich* § 18 Rn. 5, 11; *Kuhlmann/Ahnis* Konzern-
und Umwandlungsrecht, § 2 Rn. 30.
[16] BGHZ 148, 123, 125 = NJW 2001, 2973, 2974 [MLP]; näher zur Diskussion MüKoAktG/*Bayer* § 15
Rn. 20 mwN.

Abs. 2 HGB sind, ohne weitere Voraussetzungen ein Unternehmen bilden. Die hM verneint dies und verlangt auch insoweit – was bei Holding-Gesellschaften zu verneinen sein kann – zusätzlich, dass auch eine anderweitige wirtschaftliche Interessenbindung besteht; dh der Formkaufmann darf sich nicht auf eine einzige Beteiligung beschränken.[17] Konzernmutter kann richtigerweise auch die öffentliche Hand sein, soweit sie auf die von ihr privatrechtlich betriebenen Unternehmen einwirkt.[18]

Das **Merkmal der Abhängigkeit** in § 17 AktG verlangt in Abs. 1 die positive Fest- **13** stellung, dass ein Unternehmen, das sodann das herrschende ist, auf ein anderes einen beherrschenden Einfluss ausüben kann. Diese Abhängigkeit des anderen Unternehmens wird nach § 17 Abs. 2 AktG widerlegbar vermutet, wenn es sich im Mehrheitsbesitz des potentiell herrschenden Unternehmens befindet. Dieser Mehrheitsbesitz bestimmt sich wiederum nach § 16 AktG, der auf die Mehrheit der Anteile oder der Stimmrechte abstellt. Dabei werden nach § 16 Abs. 4 AktG zum Zwecke des Umgehungsschutzes auch mittelbare Beteiligungen unter bestimmten Kautelen zugerechnet.

Es genügt für § 17 AktG die Möglichkeit zur Herrschaft, ohne dass sie tatsächlich **14** ausgeübt werden müsste. Inhaltlich verlangt Abhängigkeit nach § 17 Abs. 1 AktG auch bei bloßer Minderheitsbeteiligung eine Einflussnahmemöglichkeit, die jener des § 17 Abs. 2 qualitativ entspricht. Genannt wird hier insbesondere der verlässliche, umfangreiche und beständige Einfluss auf die personelle Besetzung der Verwaltungsorgane des untergeordneten Unternehmens und darüber vermittelt zugleich auf die inhaltliche Führung des Unternehmens, und zwar auf gesellschaftsrechtlich fundierter, dh aus dem Innenverhältnis abgeleiteter Grundlage. Dies kann aufgrund der Beteiligung, aber auch über einen Beherrschungs- oder Gewinnabführungsvertrag (§ 291 AktG) vermittelt sein.

Zu einem Konzernunternehmen iSd § 18 AktG werden die Konzernunternehmen bei **15** bestehender Abhängigkeit dann, wenn sie **unter einheitlicher Leitung** zusammengefasst sind. Für den Unterordnungskonzern ist die Feststellung der einheitlichen Leitung wegen der unwiderleglichen Vermutung beim Beherrschungsvertrag oder Eingliederung unproblematisch (§ 18 Abs. 1 S. 2 AktG); im Übrigen wird sie durch die widerlegliche Vermutung des § 18 Abs. 1 S. 3 AktG erleichtert, die bei Abhängigkeit iSd § 17 wiederum auch die einheitliche Leitung vermutet. Die Konzernierung in einem zentralen unternehmerischen Bereich, insbesondere im Personalwesen, kann hier nach Maßgabe eines weiten Konzernbegriffs genügen.[19] Eine einheitliche Planung für fast alle zentralen unternehmerischen Bereiche ist nicht erforderlich (so der enge Konzernbegriff).[20]

Ob sodann dem Merkmal der „Zusammenfassung" noch eine eigenständige Bedeutung **16** zukommt, indem es eine beständige, verlässlich und auf Dauer angelegte Einheitlichkeit des geschaffenen wirtschaftlichen Gebildes verlangt, ist umstritten.[21]

c) Konzern im handelsrechtlichen Sinne

Der handelsrechtliche Konzernbegriff ist für Fragen der Rechnungslegung maßgeblich. **17** Nach **§ 290 HGB** haben die gesetzlichen Vertreter einer Kapitalgesellschaft (Mutterunternehmen) mit Sitz im Inland in den ersten fünf Monaten des Konzerngeschäftsjahrs für das vergangene Konzerngeschäftsjahr einen Konzernabschluss und einen Konzernlagebericht aufzustellen, wenn diese auf ein anderes Unternehmen (Tochterunternehmen) unmittel- oder mittelbar einen beherrschenden Einfluss ausüben kann. Dazu sieht § 290 Abs. 2 HGB eine unwiderlegliche Vermutung vor, das einem **control-Konzept** folgt.[22] § 290 Abs. 2 HGB lautet:

---

[17] Henssler/Strohn/*Maier-Reimer* GesR 2. Aufl 2014, § 15 Rn. 4 mwN.
[18] BGHZ 135, 107, 113 = WM 1997, 967, 970 – VW; MüKoAktG/*Bayer* § 15 Rn. 38.
[19] Emmerich/Habersack Aktien-/GmbH-KonzernR/*Emmerich* § 18 Rn. 14 f.
[20] Vgl. die Darstellung bei Emmerich/Habersack Aktien-/GmbH-KonzernR/*Emmerich* § 18 Rn. 10.
[21] Dafür Emmerich/Habersack Aktien-/GmbH-KonzernR/*Emmerich* § 18 Rn. 15a.
[22] Baumbach/Hopt/*Merkt* HGB 38. Aufl 2018 § 290 Rn. 5.

18   Beherrschender Einfluss eines Mutterunternehmens besteht stets, wenn

1. ihm bei einem anderen Unternehmen die Mehrheit der Stimmrechte der Gesellschafter zusteht;
2. ihm bei einem anderen Unternehmen das Recht zusteht, die Mehrheit der Mitglieder des die Finanz- und Geschäftspolitik bestimmenden Verwaltungs-, Leitungs- oder Aufsichtsorgans zu bestellen oder abzuberufen, und es gleichzeitig Gesellschafter ist;
3. ihm das Recht zusteht, die Finanz- und Geschäftspolitik auf Grund eines mit einem anderen Unternehmen geschlossenen Beherrschungsvertrages oder auf Grund einer Bestimmung in der Satzung des anderen Unternehmens zu bestimmen oder
4. es bei wirtschaftlicher Betrachtung die Mehrheit der Risiken und Chancen eines Unternehmens trägt, das zur Erreichung eines eng begrenzten und genau definierten Ziels des Mutterunternehmens dient (Zweckgesellschaft).

19   Von § 18 AktG unterscheidet sich § 290 HGB insbesondere dadurch, dass auf die Zusammenfassung unter einer einheitlichen Leitung verzichtet wird, wie es noch § 290 Abs. 1 HGB aF vorsah. Die Möglichkeit, einen beherrschenden Einfluss auszuüben, genügt, so dass § 290 HGB im Wesentlichen eine Parallele nur zu § 17 AktG darstellt, nicht aber zu § 18 AktG. Umgekehrt ist § 290 HGB insoweit enger als das Aktienrecht, als er nicht rechtsformneutral ausgestaltet ist. Das Mutterunternehmen muss zwingend eine Kapitalgesellschaft sein.

d) Unterscheidungsformen des Konzerns in rechtlicher Hinsicht

aa) Vertragskonzern und faktischer Konzern

20   Beim Konzern wird gemeinhin zwischen dem Vertragskonzern und dem faktischen Konzern unterschieden.

21   Ein Vertragskonzern wird durch Eingliederung nach § 319 AktG, insbesondere aber durch Abschluss eines Beherrschungsvertrags nach § 291 Abs. 1 S. 1 Alt 1 AktG begründet. Mit diesem organisationsrechtlichen Vertrag wird zugunsten der Obergesellschaft die Weisungsbefugnis nach § 308 Abs. 1 AktG geschaffen, mit der zugleich der Verlustausgleichsanspruch nach § 302 AktG einhergeht. Das Weisungsrecht erlaubt dem herrschenden Unternehmen auch der Untergesellschaft nachteilige Weisungen. Es ist insofern grundsätzlich nicht beschränkt, solange die Solvenz des herrschenden Unternehmens und damit die Durchsetzbarkeit des Verlustausgleichsanspruchs gesichert ist.[23] Zugleich liegt dann stets ein Konzern iSd § 18 AktG vor, weil § 18 Abs. 1 S. 2 AktG an das Bestehen des Beherrschungsvertrags eine unwiderlegliche Vermutung für das Vorliegen eines Konzerns knüpft.

22   Wird nur ein Gewinnabführungsvertrag gemäß § 291 Abs. 1 S. 1 Alt 2 AktG geschlossen, ist damit nicht zwingend, aber regelmäßig ein **Vertragskonzern** verbunden. Zwar greift § 18 Abs. 1 S. 2 AktG nicht, wohl aber die Vermutung des § 18 Abs. 1 S. 3 AktG, wenn und weil der Gewinnabführungsvertrag zur Abhängigkeit nach § 17 AktG führt.

23   Obwohl der Begriff des Vertragskonzern auf die Fälle des § 291 AktG beschränkt ist, so stellt doch ein Gleichordnungskonzern nach § 18 Abs. 2 AktG gleichfalls eine vertragliche Konzernierung dar, soweit die Unternehmen zum Zwecke ihrer Zusammenfassung unter eine einheitliche Leitung einen entsprechenden Vertrag schließen.

24   Ein **faktischer Konzern** liegt vor, wenn die im § 18 Abs. 1 S. 1 AktG verlangten Voraussetzungen vorliegen, ohne dass eine Eingliederung nach § 319 AktG oder ein Beherrschungsvertrag nach § 291 Abs. 1 S. 1 Alt 1 AktG gegeben ist, also abhängiges und ein herrschendes Unternehmen unter einer einheitlichen Leitung zusammengefasst sind. Soweit man ungenau bei lediglich verbundenen Unternehmen auch bereits von einem Konzern spricht, kann schon bei Abhängigkeit iSd § 17 AktG von einem solchen faktischen „Konzern" gesprochen werden. Das ist letztlich auch der Standpunkt des Gesetz-

---

[23] MüKoAktG/*Altmeppen* § 302 Rn. 38; § 308 Rn. 122 mwN.

gebers des AktG, der (für das Aktienrecht)[24] in § 311 AktG für diesen Fall die Weisungsbefugnisse eines herrschenden Unternehmens einschränkt, gerade ohne eine echte Konzernierung iSd § 18 AktG zu verlangen. § 311 AktG gilt daher schon bei bloßer Abhängigkeit
iSd § 17 AktG. Entscheidend für einen faktischen Konzern ist somit, dass sich die Leitungsmacht hier nicht aus einer vertraglichen Abrede ergibt. Es kann allerdings auch einen
faktischen Gleichordnungskonzern geben, dh einen faktischen Konzern ohne entsprechende Abhängigkeit und Weisungsmacht.

Unterschiede in den Rechtsfolgen zwischen einem Vertragskonzern und einem fak- **25**
tischen Konzern liegen jedenfalls partiell in der Abwägung von Konzern- und Eigeninteressen. Während im Vertragskonzern wegen § 308 AktG grundsätzlich eine vollständige
Unterwerfung der Untergesellschaft möglich ist, muss im faktischen Konzern ausweislich
§ 311 AktG das eigenständige Interesse der Tochter grundsätzlich gewahrt bleiben. Allerdings ist auch insoweit eine Durchbrechung möglich, wenn der entstehende Nachteil
ausgeglichen wird (§ 311 Abs. 1 2. Hs AktG), was auch schadensersatzrechtlich abgesichert
ist (§ 317 AktG).

Die Rechtsfigur des **qualifiziert faktischen Konzerns** gibt es seit der Entwicklung der **26**
Existenzvernichtungshaftung nicht mehr.[25]

bb) Gleichordnungs- und Unterordnungskonzern

Eine weitere, bereits angesprochene Unterscheidung ist jene zwischen Unterordnungs- und **27**
Gleichordnungskonzernen. Beide fallen unter § 18 AktG. Jedoch zeichnen sich Gleich-
ordnungskonzerne gerade dadurch aus, dass zwischen den verbundenen Unternehmen
keine Abhängigkeit besteht, so dass eben kein **Über-Unterordnungsverhältnis** entsteht,
sondern lediglich eine Zusammenfassung unter eine einheitliche Leitung.

4. Erweiterter insolvenzrechtlicher Begriff der Unternehmensgruppe, § 3e InsO

a) Anlehnung an § 290 HGB

Das Gesetz definiert in § 3e InsO den Begriff der Unternehmensgruppe. Diese Definitions- **28**
norm ist bei § 3e InsO insoweit irreführend platziert, als sie nicht nur für den Gruppen-
Gerichtsstand des § 3a InsO,[26] sondern auch für die Kooperationspflichten nach §§ 269a ff.
InsO beachtlich ist. Sie hätte auch bei § 11 InsO eingefügt werden können; freilich ist sie
im Zusammenhang mit §§ 3a, b InsO und dem dort normierten Gruppen-Gerichtsstand
natürlich gleichfalls unerlässlich.

Eine Unternehmensgruppe besteht danach aus rechtlich selbständigen Unternehmen, die **29**
den Mittelpunkt ihrer wirtschaftlichen Tätigkeit im Inland haben und die unmittelbar oder
mittelbar miteinander verbunden sind durch 1. die Möglichkeit der Ausübung eines
beherrschenden Einflusses oder 2. eine Zusammenfassung unter einheitlicher Leitung. Der
Regierungsentwurf will damit einen Begriff schaffen, der sich angesichts der Vielzahl
rechtlicher Gestaltungsmöglichkeiten bei Unternehmensverbindungen hinreichend flexibel
erweist und zugleich bei der Prüfung im Eröffnungsverfahren nicht zu Verzögerungen
führt.[27] Er ist **angelehnt an § 290 Abs. 1 HGB** und folgt mithin einem control-Konzept.[28] Folgerichtig kommt es nicht auf Vorliegen eines Konzerns iSd § 18 AktG an. Über

---

[24] Zum Schutz beim GmbH-Konzern *Brünkmans* Koordinierung S. 46 ff.
[25] BGHZ 149, 10, 16 [Bremer Vulkan].
[26] Dazu näher *v. Wilcken* § 4 Abschnitt II.
[27] *Leutheusser-Schnarrenberger* ZIP 2013, 97, 100; *Lienau* Der Konzern 2013, 157, 159; *Brünkmans* ZIP 2013, 193, 195.
[28] Begr RegE KInsR, S. 23.

§ 3e Nr. 2 InsO wird allerdings auch der Gleichordnungskonzern erfasst. Über § 3 Abs. 2 InsO wird die **GmbH & Co. KG** ausdrücklich einbezogen.

b) Beschränkung auf Inland und Reichweite des § 3e InsO im Verhältnis zur EuInsVO

aa) Mittelpunkt der wirtschaftlichen Tätigkeit in Deutschland

30   Die eingeführten Vorschriften der InsO zur Konzerninsolvenz beschränken sich auf Unternehmen, die ihren Mittelpunkt der wirtschaftlichen Tätigkeit im Inland aufweisen. Damit wird in § 3e InsO auf das in § 3 InsO verankerte Anknüpfungsmerkmal für die örtliche Zuständigkeit rekurriert („Mittelpunkt der selbständigen wirtschaftlichen Tätigkeit"). Prima facie wird zudem auch auf die Selbständigkeit der wirtschaftlichen Tätigkeit verzichtet, was indes nur so scheint, weil Unternehmen in diesem Sinne nur rechtlich selbständige Unternehmen sein können. Das Merkmal des Mittelpunkts der wirtschaftlichen Tätigkeit ist nach denselben Maßstäben auszulegen wie bei § 3 InsO. Der Begriff kann danach wiederum in Anlehnung an den COMI-Begriff des Art 3 EuInsVO ausgelegt werden.[29] Entscheidend ist damit im Zweifel der tatsächliche Verwaltungssitz und die Erkennbarkeit für potentielle Gläubiger,[30] mithin der Ort, an dem die Entscheidungen der Unternehmensleitung in das operative Geschäft umgesetzt werden, wenn dies zugleich für Gläubiger feststell- und erkennbar ist.[31]

31   Maßgeblich ist ausschließlich der Mittelpunkt der wirtschaftlichen Tätigkeit, **nicht der Satzungssitz**. So kann auch eine unter ausländischem Gesellschaftsstatut gegründete Konzerngesellschaft, auch die Muttergesellschaft, als inländisches Unternehmen im Sinne des § 3e InsO gelten, wenn nur der Mittelpunkt der wirtschaftlichen Tätigkeit im Inland belegen ist.

bb) Unternehmensgruppe auch bei Vorhandensein einer Konzerngesellschaft im Ausland?

32   Fraglich ist, ob die Vorschriften über Unternehmensgruppen in der InsO auch dann noch gelten, wenn **eine Konzerngesellschaft** ihren Mittelpunkt der wirtschaftlichen Tätigkeit im **Ausland** hat. Dann wäre jedenfalls ein Gruppenunternehmen gerade nicht Bestandteil der von § 3e InsO geregelten Unternehmensgruppe. Folgt daraus, dass dann insgesamt keine Unternehmensgruppe im insolvenzrechtlichen Sinne vorliegt? Dies könnte man annehmen, wenn man darauf abstellen wollte, dass etwa das Koordinationsverfahren und der Gruppen-Gerichtsstand nur dann sinnvoll seien, wenn restlos alle gruppenangehörigen Unternehmen im Inland ihren Mittelpunkt der wirtschaftlichen Tätigkeit haben und mithin von der Regelung erfasst werden können.

33   Die Frage verlangt aber eine differenzierte Antwort. Wegen der Vorgaben der Art. 3 und 7 EuInsVO kann die deutsche InsO, soweit sie das Insolvenzstatut ausfüllt, nur zur Anwendung kommen, wenn das Verfahren in Deutschland geführt wird. § 3e InsO bringt dies nicht deutlich genug zum Ausdruck. In Wahrheit kommt es insoweit weniger auf den Mittelpunkt der wirtschaftlichen Tätigkeit im Inland als vielmehr darauf an, dass das **Verfahren für die jeweilige Gesellschaft im Inland** geführt wird bzw eröffnet werden muss, und zwar richtigerweise als Hauptinsolvenzverfahren. Dies ist bei ausländischen Gesellschaften nur dann der Fall, wenn der Mittelpunkt der hauptsächlichen Interessen in Deutschland belegen ist. Die EuInsVO kennt **keinen Konzerngerichtsstand**.[32] Folglich können die Regelung über die örtliche Zuständigkeit in § 3a InsO und über das Koor-

---

[29] K. Schmidt/*Stephan* InsO, § 3 Rn. 8.
[30] So auch K. Schmidt/*Stephan* InsO § 3 Rn. 8, eher zurückhaltend zu einer Außenwirkung MüKoInsO/ *Ganter/Lohmann,* § 3 Rn. 10.
[31] Für den COMI MüKoInsO/*Thole* Art. 3 EuInsVO Rn. 34.
[32] Zu Überlegungen im Reformvorgang *Wimmer* DB 2013, 1343; *Thole* ZEuP 2014, 39, 67.

dinationsverfahren überhaupt nur solche Verfahren binden, die nach Art 3 EuInsVO auch in Deutschland zu führen sind, bei denen also die internationale Eröffnungszuständigkeit deutscher Gerichte gegeben ist und bei denen sodann über Art 7 EuInsVO deutsches Insolvenzrecht zur Anwendung gelangt.

Die weitere Frage ist dann, ob der Umstand, dass ein Konzernunternehmen bzw ein **34** Einzelverfahren nicht dem deutschen Insolvenzrecht unterworfen ist, die Anwendung des § 3e InsO bezogen auf die anderen Unternehmen ausschließt. Der Wortlaut des § 3e InsO legt dies zwar möglicherweise nahe, weniger aber der Zweck der geschaffenen Neuregelungen. Denn für die inländischen Gesellschaften kann es durchaus den Bedarf für eine Zuständigkeitskonzentration am Gruppen-Gerichtsstand und zugleich auch an einem Koordinationsverfahren geben, selbst wenn eine ausländische bzw im Ausland ihren Mittelpunkt der Tätigkeit aufweisende Gesellschaft gruppenangehörig ist. Daher ist davon auszugehen, dass § 3e InsO auch dann in Bezug auf die inländischen Unternehmen anwendbar bleibt, wenn ein Teil der Unternehmensgruppe ihren Mittelpunkt der wirtschaftlichen Tätigkeit im Deutschland hat, dort das Verfahren zu eröffnen und mithin über Art 7 EuInsVO deutsches Recht insoweit nicht die lex fori concursus ist.

cc) Konzernmutter mit Mittelpunkt der wirtschaftlichen Tätigkeit im Ausland

Ob das eben gewonnene Ergebnis auch dann trägt, wenn **gerade das beherrschende** **35** **Unternehmen** jenes im Ausland ist, zB eine ausländische Holding-Gesellschaft, ist freilich fragwürdig, weil dann beispielsweise § 290 HGB, an den § 3e InsO angelehnt ist, nach seinem ausdrücklichen Wortlaut nicht gelten würde. Im Ergebnis dürfte jedoch auch dann nichts anderes gelten. Immerhin ist § 3e InsO sogar offen für den Gleichordnungskonzern. Damit wird aber das Beherrschungsmoment gewissermaßen für nicht unerlässlich angesehen. Vielmehr wird der Umstand, dass überhaupt eine Verbindung zwischen den Unternehmen besteht, zu der zentralen Eingangsvoraussetzung für die Zuständigkeitskonzentration und das Verfahren nach §§ 269a ff. InsO erhoben. Unter diesen Prämissen ist mithin in Bezug auf die inländischen, verbleibenden Unternehmen eine Anwendung des § 3e InsO und der daran geknüpften Vorschriften möglich. Eine andere Frage ist, ob dann ein Antrag auf ein Koordinationsverfahren sinnvoll ist.

Fraglich ist freilich, wie überhaupt bei der Prüfung, ob der Mittelpunkt der wirtschaftli- **36** chen Tätigkeit im Inland belegen ist, der Umstand zu berücksichtigen ist, dass die Muttergesellschaft im Ausland residiert. Denn man könnte ja prima facie meinen, eine Tochtergesellschaft habe ihren Mittelpunkt nicht im Inland, wenn die Konzernmutter vom Ausland aus die Fäden in der Hand hält. Dies ist jedoch in Wahrheit keine Frage allein des deutschen Rechts, sondern zuvörderst des Art 3 EuInsVO. Ob nämlich der COMI einer „an sich" deutschen Tochtergesellschaft deshalb am Sitz der Mutter in einem anderen Mitgliedstaat lokalisiert werden kann, weil die Konzernmutter ihre Konzernleitungsmacht ausnutzt, ist eine Frage der EuInsVO und richtigerweise eher zurückhaltend zu beantworten.[33] Erst wenn nach diesen Maßgaben feststeht, dass die internationale Zuständigkeit für die Eröffnung des Verfahrens über die Tochtergesellschaften bei deutschen Gerichten liegt, stellt sich dann die Frage nach der örtlichen Zuständigkeit und/oder nach der Koordination der deutschen Verfahren über das Vermögen der Tochtergesellschaften.

Nur nach dieser Weichenstellung kommt es dann bei § 3 InsO, der wahlweise neben **37** dem Gruppen-Gerichtsstand möglich ist, sowie bei der Frage, welche örtliche Zuständigkeit in Bezug auf die „**Ankergesellschaft**", die den Gruppen-Gerichtsstand begründet, besteht (denn § 3a InsO setzt bezogen auf diesen Schuldner einen zulässigen Antrag voraus), darauf an, ob die Konzernierung – und für § 3a InsO dann gewissermaßen erneut – mit in die Bestimmung des konkreten Orts des Mittelpunkts der wirtschaftlichen Tätigkeit bezogen auf das jeweilige Konzernunternehmen einfließen darf. Man könnte sich auf

---

[33] *Thole*, Gläubigerschutz durch Insolvenzrecht, 2010 S. 795 f; K. Schmidt/*Brinkmann* InsO Art. 3 EuInsVO Rn. 13; die Frage ist bei *Undritz* → § 8 Rn. 32 behandelt.

den Standpunkt stellen, dass dieser Gesichtspunkt auszuklammern wäre, weil er ja in dem Umstand, dass es einen Gruppen-Gerichtsstand gibt, schon implizit berücksichtigt ist. Tatsächlich sind jedoch keine Besonderheiten ersichtlich, sondern es gelten die allgemeinen Regeln zu § 3 InsO. Auch insoweit bleibt es dabei, dass die Konzernleitungsmacht als solche nicht genügt, um den Gerichtsstand an den Sitz der Mutter zu verlegen. Denkbar ist mithin die Verankerung des Mittelpunkts der Tochter am Sitz der Mutter nur bei stark integrierten und zentralisierten Konzernstrukturen und entsprechender Erkennbarkeit und Feststellbarkeit für die Gläubiger.

c) Insolvenz aller Konzerngesellschaften nicht erforderlich

38 Die Definition des § 3e InsO verlangt zwar nicht, dass alle gruppenangehörigen Unternehmen tatsächlich insolvent sind oder sich bereits in einem Verfahren befinden bzw der Antrag eingereicht ist. Allerdings bleibt **die rechtliche Selbständigkeit der Verfahren** unberührt. Das nicht insolvente Unternehmen darf – im Grundsatz – nicht in das Insolvenzverfahren der anderen Verfahren einbezogen oder sonst insolvenzrechtlichen Vorschriften unterworfen werden.[34] Unberührt bleibt die mit § 269d Abs. 2 S. 1 InsO verbundene Antragsbefugnis für einen „gruppenangehörigen Schuldner", der noch nicht insolvent ist. Sie stellt sich als Erweiterung der Handlungsbefugnisse für den nicht insolventen Schuldner dar und ist insofern unproblematisch.

d) Rechtlich selbständige Unternehmen

39 § 3e InsO differenziert – anders als § 290 HGB – nicht danach, ob es sich bei dem jeweiligen (herrschenden) Unternehmen um Kapitalgesellschaften handelt. Das ist eine folgerichtige Konsequenz aus § 11 InsO, der – wie überhaupt das Insolvenzrecht – nicht auf Kapitalgesellschaften oder juristische Personen beschränkt ist. Entscheidend muss letztlich in erster Linie sein, dass das jeweilige Unternehmen überhaupt **insolvenzfähig** ist, und dies bestimmt § 11 InsO sehr weitreichend. Erfasst ist also in erster Näherung jede natürliche oder juristische Person oder auch eine „Gesellschaft ohne Rechtspersönlichkeit". Die Fälle des § 11 Nr. 2 InsO dürften dagegen für den Fall einer Unternehmensgruppe keinen praktischen Anwendungsbereich haben.

40 Freilich ist Insolvenzfähigkeit nur eine notwendige Bedingung, denn gerade **bei einer natürlichen Person** kann die bloße Beteiligung, selbst als **Alleingesellschafter,** nicht für sich genommen genügen, um die Eigenschaft als Unternehmen zu rechtfertigen. Selbst wenn es hier um andere Zwecke als bei §§ 15 ff. AktG geht, so wäre es befremdlich, wenn schon an das bloße Halten der Beteiligung spezifisch konzerninsolvenzrechtliche Folgen geknüpft würden, denn ersichtlich zielt das Gesetz auf diese Fälle nicht, jedenfalls nicht in erster Linie ab. Auch insofern sollte es daher wie bei den §§ 15 ff. AktG darauf ankommen, ob der Gesellschafter noch anderweitig unternehmerisch engagiert und maßgeblich beteiligt ist.[35] Wie bei §§ 15 ff. AktG könnten daher prima facie auch **öffentliche Unternehmen,** die in privatrechtlicher Form betrieben werden, gruppenangehörig iSd § 3e InsO sein, wenn die öffentliche Hand denn die Insolvenz solcher Gesellschaften zulässt. Doch sollte man die Anwendbarkeit des neuen Konzerninsolvenzrechts insoweit, wenn überhaupt, in Fällen erwägen, in denen mehrere privatrechtliche Unternehmen der öffentlichen Hand untereinander einen (faktischen) Gleichordnungskonzern bilden, dh auf § 3e Nr. 2 InsO. Demgegenüber kann die öffentliche Hand in ihrer Funktion als Muttergesellschaft wegen § 12 InsO in aller Regel selbst nicht tauglicher Schuldner sein und sie wäre daher schon selbst a priori nicht erfasst. Eine Koordinierung der Verfahren über das Vermögen der von der öffentlichen Hand beherrschten Gesellschaften hat keinen rechten Sinn, wenn

---

[34] Begr RegE KInsR, S. 17.
[35] → Rn. 12.

die Mutter nicht einmal potentiell selbst insolvenzfähig wäre und wenn die Tochtergesellschaften im Verhältnis zueinander völlig unabhängig voneinander sein können (was freilich ja sonst die Konzernierung nicht ausschließt). Der Fall scheint anders zu liegen als Fälle, in denen die Mutter im Ausland ansässig ist, denn dann scheitert deren Einbeziehung „nur" aus räumlichen Gründen, nicht aus sachlichen Gründen.

Eine Mindestgröße der beteiligten Unternehmen setzt § 3e InsO nicht voraus. Lediglich **41** bei § 3a Abs. 1 InsO kommt es in negativer Abgrenzung für den Gruppen-Gerichtsstand auf die Bedeutung des jeweiligen Konzernglieds und Bilanzsumme sowie Umsatzerlöse an; daraus ergibt sich im Umkehrschluss, dass § 3e InsO im Allgemeinen **keine Anforderungen** an die **Größe, Gewichtigkeit oder Bedeutung** des einzelnen gruppenangehörigen Schuldners anlegt. Auf die Bilanzsumme kommt es auch bei mehreren Anträgen an, § 3a Abs. 1 S. 3 InsO.[36]

e) Unmittelbare oder mittelbare Verbindung

§ 3e InsO lässt eine **mittelbare Verbindung** genügen, soweit sie über einen beherr- **42** schenden Einfluss oder die einheitliche Leitung vermittelt wird. Das aus § 290 HGB entnommene Merkmal soll mithin Offenheit gegenüber den vielfachen Gestaltungen in der Praxis zeigen. Das entspricht etwa der Funktion, die auch § 16 Abs. 4 AktG hat, wenn danach mittelbare Beteiligungen und Anteilskumulationen ebenfalls eine Abhängigkeit begründen können. Es geht freilich nicht um Umgehungsschutz, weil § 3a InsO eher ein Angebot an den Konzern darstellt und weniger eine zwingende Einschränkung der Konzernleitungsbefugnisse nach dem Vorbild des Aktienrechts bedeutet. Eine mittelbare Verbindung kann sich insbesondere auch bei mehrstufigen Konzernen ergeben, wobei die eigenständige Bedeutung als Tatbestandsvoraussetzung insofern beschränkt ist, als es dann auf die Möglichkeit der Ausübung eines beherrschenden Einflusses ankommt und in diesem Tatbestandsmerkmal bereits implizit der Fall einer nur mittelbar erzielten Einflussnahmemöglichkeit zum Ausdruck kommt.

f) Möglichkeit der Ausübung beherrschenden Einflusses, § 3e Nr. 1 InsO

Die Parallelität zu § 290 HGB kommt auch in der Soll-Pflicht, dem Antrag einen kon- **43** solidierten Abschluss beizufügen (§ 13a InsO), indirekt zum Ausdruck. Daher kann bei der Prüfung, ob die Ausübung eines beherrschenden Einflusses möglich ist, auf die Regel des § 290 Abs. 2 HGB zurückgegriffen werden. Es kommt dabei nicht darauf an, ob die Möglichkeit, beherrschenden Einfluss auszuüben, auch tatsächlich genutzt wird, wohl aber darauf, dass der beherrschende Einfluss als solcher möglich und ausübbar ist und nicht lediglich pro futuro als denkbare, aber noch ungewisse Entwicklung erscheint. Selbst **potentielle Stimmrechte,** zB bei Wandelschuldverschreibungen, können ggf reichen, oder auch eine dauernde Präsenzmehrheit auf der Hauptversammlung.[37] Eine faktische Einflussnahmemöglichkeit genügt daher, rein wirtschaftliche Abhängigkeiten aber natürlich nicht (zB bei gleichzeitiger Insolvenz des Autoherstellers und seines unabhängigen Zulieferers). Der beherrschende Einfluss kann durch eine Beteiligung oder sonst durch die Möglichkeit, auf Personalentscheidungen, Geschäfts- und Finanzpolitik einzuwirken, vermittelt werden. Dass Dritte (Betriebsrat etc.) noch mitbestimmen können, muss den beherrschenden Einfluss nicht ausschließen.[38] Soweit eine einheitliche Leitung besteht, wie im Gleichordnungskonzern, muss die Möglichkeit beherrschenden Einflusses nicht eigens geprüft werden, weil dann Nr. 2 als Alternative bereitsteht. Die Regelung erleichtert daher die Feststellung des Gruppenbestands.[39]

---

[36] Dazu *Specovius* → § 3 Rn. 48 ff.
[37] MüKoHGB/*Busse von Colbe* § 290 Rn. 23 und 58 mwN.
[38] Baumbach/Hopt/*Merkt* HGB § 290 Rn. 6.
[39] *Leutheusser-Schnarrenberger* ZIP 2013, 97, 100; zustimmend *Brünkmans* ZIP 2013, 193, 195.

g) Zusammenfassung unter einheitlicher Leitung, § 3e Nr. 2 InsO

44 Mit § 3e Nr. 2 InsO will das Gesetz insbesondere auch den **Gleichordnungskonzern** erfassen. Dabei kommt es nicht darauf an, ob die Zusammenfassung unter einer einheitlichen Leitung auf der Grundlage einer vertraglichen Abrede erfolgt oder rein faktisch, etwa aufgrund personeller Verflechtungen besteht. Ein rein faktischer Gleichordnungskonzern scheidet freilich möglicherweise aus, weil dies möglicherweise einen koordinierenden Mehrheitsgesellschafter voraussetzt.[40] Wenn dieser sodann seine Konzernleitungsmacht nicht nutzt, sondern nur die Voraussetzungen für eine einheitliche Leitung schafft, ist fraglich, ob ein Gleichordnungskonzern iSd § 18 Abs. 2 AktG noch gegeben sein kann, weil ja bereits eine Abhängigkeit (im weiteren Sinne) besteht.[41] Für § 3e InsO ist die Frage bedeutungslos, weil es bei vorhandener Allein- oder Mehrheitsgesellschafterstellung einer „Konzernspitze" für Nr. 1 nicht darauf ankommt, ob die **Konzernleitungsmacht** auch tatsächlich ausgenutzt wird. Daher würde hier meist jedenfalls Nr. 1 greifen. Zu beachten bleibt, dass eine **bloße Unternehmenskooperation** nicht zu § 3e Nr. 2 InsO führt. Die einheitliche Leitung muss die verbundenen Unternehmen in ihrer Gesamtheit erfassen, nicht lediglich Teile der Geschäftspolitik.[42]

45 Im Ergebnis ist es sinnvoll, dass der Gesetzgeber auch den Gleichordnungskonzern einbezieht, weil auch insoweit Koordinationsfragen zwischen den Verfahren auftreten können.

h) GmbH & Co. KG (§ 3e Abs. 2 InsO)

46 Auch bei einer klassischen **GmbH & Co KG** kann eine für § 3e InsO ausreichende mittelbare Verbindung bestehen. Die KG selbst, möglicherweise aber auch die GmbH, kann die einheitliche Leitung ausüben. Dass eine GmbH & Co KG *stets* unter § 3e InsO fällt, war nach dem RegE nicht gesichert, ist aber nunmehr durch in letzter Minute eingefügten § 3e Abs. 2 InsO klargestellt.

i) Konzern im Konzern – mehrfache Konzernzugehörigkeit?

47 Fraglich erscheint, ob es unter Art 3e InsO eine **mehrfache Gruppenzugehörigkeit** geben kann. Dies wird für § 18 AktG und § 290 HGB unter dem Stichwort Konzern im Konzern diskutiert.[43] Gedacht ist hier vor allem an Fälle, in denen beispielsweise bezogen auf eine Tochtergesellschaft T eine Obergesellschaft X die Mehrheit der Stimmrechte hält (Fall des § 290 Abs. 2 Nr. 1 HGB), während eine andere Obergesellschaft Y die einheitliche Leitung ausübt (§ 290 Abs. 1 HGB). Unter § 290 HGB wird für diesen Fall eine zweifache Einbeziehung der Tochtergesellschaft (Gemeinschaftsunternehmen) für unumgänglich gehalten.[44]

48 Unter § 3e InsO könnten sich hier theoretisch Probleme stellen. Wird eine der Obergesellschaften nicht insolvent, sollte das einen Gruppen-Gerichtsstand bezogen auf die andere Obergesellschaft und die Tochter nicht ausschließen. Schwierig ist es dagegen, wenn im eben gebildeten Beispiel neben der Tochter T beide Obergesellschaften insolvent werden und ein Verfahren eröffnet wird oder werden soll. In dieser Situation könnte ein Fall des § 3e Nr. 2 InsO vorliegen, so dass letztlich alle genannten Gesellschaften als Angehörige derselben Gruppe anzusehen sind. Das wäre allerdings nur bei wirklich einheitlicher

---

[40] Einen weiteren Anwendungsbereich als gemeinhin angenommen für das Aktienkonzernrecht Emmerich/ Habersack Aktien-/GmbH-KonzernR/*Emmerich* § 18 Rn. 30.
[41] Vgl. MüKoAktG/*Bayer* § 18 Rn. 57.
[42] Emmerich/Habersack Aktien-/GmbH-KonzernR/*Emmerich* § § 18 Rn. 27.
[43] Emmerich/Habersack Aktien-/GmbH-KonzernR/*Emmerich* § 18 Rn. 17 f; MüKoAktG/*Bayer* § 18 Rn. 39 ff; Henssler/Strohn/*Maier-Reimer* GesR, § 18 Rn. 7.
[44] Emmerich/Habersack Aktien-/GmbH-KonzernR/*Emmerich* § 18 Rn. 17 f; MüKoAktG/*Bayer* § 18 Rn. 39 ff; Henssler/Strohn/*Maier-Reimer* GesR, § 18 Rn. 7.

Leitung und koordiniertem Auftreten der beiden Obergesellschaften der Fall[45] und nur dann, wenn man andere Tochtergesellschaften ausklammert.

Problematisch ist dann aber, wie es um weitere Tochtergesellschaften der jeweiligen **49** Obergesellschaften, die anders als T keine gemeinsamen Töchter sind, bestellt ist und ob dann beispielsweise zwischen einer Tochter A, deren Mutter allein X ist, und einer Tochter B, deren Mutter allein Y ist, zB auch Kooperationspflichten und ob Kooperationspflichten zwischen T und den weiteren Töchtern A und B bestehen können.

Die erstgenannte Frage wird man verneinen müssen. Denn die Töchter A und B stehen **50** gerade nicht unter einheitlicher Leitung auch bezogen auf die andere Obergesellschaft. Gibt es aber ersichtlich **zwei Gruppen mit jeweils einer Muttergesellschaft,** so sollte man diese „**Tannenbäume**" auch insolvenzrechtlich **getrennt** halten. Dies empfiehlt sich, um die Verfahrenskomplexität nicht noch weiter zu erhöhen als es das Koordinationsverfahren ohnehin tut. Anders ist es dagegen für die gemeinsam regierte Tochter T. Sie steht kraft ihrer Verbindung zu sowohl X als auch Y im Verhältnis zu A und B wie eine Schwestergesellschaft und ist daher „als janusköpfige Medaille" in beide Gruppen eingebunden. Allerdings bleiben es richtigerweise zwei im Übrigen getrennt voneinander zu beurteilende Gruppen mit jeweils einer Muttergesellschaft, nämlich X und Y.

j) Maßgeblicher Zeitpunkt

Zu welchem Zeitpunkt die beschriebenen Merkmale wie insbesondere die Möglichkeit der **51** Ausübung eines beherrschenden Einflusses vorliegen müssen, hängt entscheidend vom jeweiligen Sachkontext ab. Bei § 3a InsO und damit im Bereich der Zuständigkeit kommt es nach allgemeinen zivilprozessualen Regeln zunächst auf den **Antrag** an und zwar jenen, der spezifisch auf Verfahrenskonzentration gerichtet ist. War eine Gesellschaft zu diesem Zeitpunkt gruppenangehörig, kann ihr Verfahren an den Gruppen-Gerichtstand gebracht werden, selbst wenn die Gesellschaft – theoretisch – nach dem Antrag ihre Eigenschaft als gruppenangehöriger Schuldner verliert iSd § 3e InsO (perpetuatio fori).[46] Denkbar wäre nach allgemeinen Regeln des Zivilprozessrechts auch der umgekehrte Fall, dass bis zur Entscheidung über den Antrag die Gruppenzugehörigkeit erst hergestellt wird. Dies genügte nach allgemeinen Regeln ebenfalls.[47] Entsprechendes gilt für § 3d InsO. Dort ist bei späterem Wegfall der Gruppenangehörigkeit der Zeitpunkt des Verweisungsantrags bei § 3d Abs. 1 S. 2 InsO maßgeblich. Im Übrigen kommt es bei § 3d Abs. 1 S. 1 InsO auf den Zeitpunkt an, in dem das Gericht über die **Verweisung** entscheidet.

Außerhalb der Zuständigkeitsfragen, etwa bei den Kooperationspflichten nach §§ 269a ff. **52** InsO, ist in der Regel entscheidend, ob die Verfahren über die jeweiligen Konzerngesellschaften eröffnet wurden. Die Gruppenangehörigkeit des jeweiligen Schuldners ist dann ein Tatbestandsmerkmal für die Entstehung der Kooperationspflichten nach §§ 269a–c InsO. Fällt sie weg, ist auch die Pflichtenbindung beseitigt.

5. Der Konzernbegriff nach Art 2 Nr. 13 und 14 EuInsVO[48]

Einen Rechtsbegriff des Konzerns kennt auch die EuInsVO bisher nicht. Es gibt nach der **53** EuInsVO auch keinen Konzerngerichtstand. Zu beachten ist zudem, dass eine Konzerntochter keine Niederlassung der Muttergesellschaft darstellt, deren Vorhandensein in der Insolvenz der Mutter ein Sekundärverfahren rechtfertige.[49] Auch die EuInsVO folgt dem Rechtsträgerprinzip und dem Prinzip der rechtlichen Selbständigkeit. Es sind nunmehr

---

[45] → Rn. 44.
[46] Rechtsgedanke des § 261 Abs. 3 Nr. 1 ZPO.
[47] Statt aller für das deutsche Recht: Zöller/*Greger* ZPO § 253 Rn. 9.
[48] Was generell unter einem „internationalen Konzern" zu verstehen ist, wird von *Undritz,* § 8 erläutert.
[49] K. Schmidt/*Brinkmann* InsO Art. 2 EuInsVO Rn. 21.

ebenfalls Regelungen zur „Insolvenz von Mitgliedern einer Unternehmensgruppe" vorgesehen, Art 56 ff. EuInsVO. Sie schaffen aber anders als §§ 3a, b InsO **keinen Gerichtsstand,** sondern begründen lediglich Kooperationspflichten. Der Begriff der Unternehmensgruppe wird in Art 2 Nr. 13 und 14 legaldefiniert. Es handelt sich um eine Anzahl
von Unternehmen bestehend aus Mutter- und allen Tochtergesellschaften. Nach Art 2
Nr. 14 EuInsVO ist unter einem Mutterunternehmen eine Gesellschaft zu verstehen, die
ein oder mehrere Tochterunternehmen entweder unmittelbar oder mittelbar kontrolliert.

54   Der **Gleichordnungskonzern** ist **nicht erfasst.** Die Definition lehnt sich an Art 1 der
Konzernabschlussrichtlinie (RL 83/349/EWG) bzw jetzt der konsolidierten Fassung der
RL 2013/34/EU an und hat damit europäische Vorbilder. Gleichwohl wird die Beschränkung kritisiert, weil auch im Gleichordnungskonzern Koordinationsfragen auftreten.[50] Das
ist sicher richtig, doch immer dürften zugegebenermaßen bei Subordinationskonzernen die
durch Kooperation und Information zu lösenden Abhängigkeiten größer sein als bei einem
Gleichordnungskonzern.

55   Für das **Zusammenspiel von nationalem und dem Europäischen Konzerninsolvenzrecht** nach Maßgabe der Neuregelung ist zu berücksichtigen, dass die Art 56 ff.
EuInsVO ggf die §§ 269a ff. InsO verdrängen können. Hier sind mehrere Situationen zu
unterscheiden. §§ 269a ff. InsO kann jeweils nur in Bezug auf die inländischen Verfahren
und im Verhältnis dieser Verfahren zueinander eingreifen. Sie werden allerdings ggf verdrängt, wenn noch ein weiteres ausländisches Verfahren geführt wird. Dann nämlich ist
Art 56 ff. EuInsVO-E anwendbar, und zwar richtigerweise wegen seiner **Vorrangwirkung**
auch im Verhältnis der deutschen Verfahren zueinander. Allerdings stellt Art 56 EuInsVO
schon tatbestandlich den Vorbehalt zugunsten des nationalen Rechts auf. Denn Art 56
EuInsVO limitiert die Pflicht zur Zusammenarbeit auf Fälle, in denen die Zusammenarbeit
„mit den für die einzelnen Verfahren geltenden Vorschriften vereinbar ist". Daher wird
man § 269a InsO zwar technisch nicht *neben* Art 56 EuInsVO stellen können, wohl aber als
dessen implizite Begrenzung ansehen können. Wenn es also in § 269a InsO heißt, dass die
Interessen des jeweiligen Verfahrens nicht beeinträchtigt werden dürfen und liegt ein Fall
vor, in dem dies so wäre, wäre auch die Pflicht zur Zusammenarbeit nach Art 56 EuInsVO
begrenzt. Details sind andernorts ausgeführt.[51]

II. Koordinierung versus Konsolidierung

1. Die unterschiedlichen Modelle eines Konzerninsolvenzverfahrens

56 Konzerninsolvenzen sind der Lackmustest für die Leistungsfähigkeit des Insolvenzrechts,
weil hier die wirtschaftliche Einheit und die rechtliche Selbständigkeit der jeweiligen
Konzernglieder ihr Spannungsfeld voll entfalten. Eine voneinander abgeschirmte, getrennte
Verfahrenseröffnung und -abwicklung für die einzelnen Konzerngesellschaften würde eine
Gesamtverwertungsstrategie, die regelmäßig für alle beteiligten Gläubiger mit einem höheren Nutzen verbunden ist, scheitern lassen. Umgekehrt kann das unterschiedslose Zusam-
menwerfen der verschiedenen Verfahren und des Vermögens der Konzernglieder in einen
Topf und damit eine Art Verschmelzung jedenfalls nicht ohne weiteres möglich sein, weil
sonst das Rechtsträgerprinzip nur auf dem Papier stünde und es sich gerade im Ernstfall,
der Insolvenz, nicht bewährte. Daher ist unstreitig, dass innerhalb dieser Pole eine irgendwie geartetete Koordinierung der Insolvenzen der Konzerngesellschaften erfolgen muss.
Für die genaue Ausgestaltung kommen (rechtspolitisch) mehrere Modelle in Betracht.[52]

---

[50] *Reuß* EuZW 2013, 165, 168.
[51] Kübler/Prütting/Bork/*Thole,* InsO, 72. Lfg. 6/17, § 269a Rn. 5 ff.; *Thole* ZEuP 2014, 39, 71 ff; HK/
      Thole 9. Aufl. 2018, Art. 56 Rn. 2.
[52] Spezifische Fragen der Zuständigkeitskonzentration werden bei *v. Wilcken,* → § 4 Rn. 30 ff behandelt.

a) Das Modell der materiellen Konsolidierung (substantive consolidation)

Denkbar wäre eine materielle Konsolidierung der Haftungsmassen nach dem Vorbild der **57** sog **„substantive consolidation"** US-amerikanischer Provenienz[53] und damit mithin die „Verschmelzungslösung", wobei dann über die Anordnungsvoraussetzungen Klarheit geschaffen werden müsste. Sie müssten jedenfalls höchst restriktiv ausgestaltet werden.

Eine abgeschwächte materielle Konsolidierung ist auch denkbar, wenn ein Insolvenzplan **58** als Gesamtkonzernplan aufgestellt würde, so dass die Reorganisationsstrategie die gesamte Gruppe beträfe. Hier läge die Grundlage für die Konsolidierung allerdings in der privatautonomen Entscheidung der Gläubigerschaft. Das geltende deutsche Recht sieht einen **konsolidierten Insolvenzplan** allerdings nicht vor.[54] Denkbar wäre lediglich die Abstimmung über jeweils gleichlautende oder aufeinander abgestimmte Pläne in den Einzelverfahren.[55]

Es sind dann innerhalb dieses Systems auch Abschwächungen denkbar, etwa nach Art **59** einer Trennung der Vermögensmassen innerhalb der Konsolidierung. Hirte vertritt den Ansatz einer **abgeschwächten materiellen Konsolidierung**.[56] die letztlich an der Grenze zur bloß verfahrensmäßigen Konsolidierung angesiedelt ist. Danach sollen die jeweiligen Gläubiger der Tochtergesellschaften ähnlich einer Absonderung ein Vorrecht an „ihrer" nunmehr in den Topf geworfenen Masse haben. Die Tochtergesellschaft bzw deren Vermögen in der Insolvenz der Muttergesellschaft sei wie ein an Dritte (hier die Gläubiger der Tochter) verpfändetes Aktivum zu behandeln, so dass bei deren erfolgter Verwertung im Rahmen eines einheitlichen Verfahrens an die Gläubiger der Tochter ein Ausgleich nach § 168 Abs. 2 2. Hs InsO zu zahlen sei. Dies geht mit dem gleich zu behandelnden Ansatz der verfahrensmäßigen Konsolidierung insoweit konform, als das Zugriffsrecht der Gläubiger der Tochter und ihr Vorrangrecht gegenüber den Gläubigern der Mutter gewahrt bleibt. Allerdings wird damit die rechtliche Selbständigkeit der Tochter wiederum insofern negiert. Die Tochtergesellschaft wird einem sonstigen Vermögensgegenstand der Mutter gleichgestellt.

b) Das Modell der verfahrensmäßigen Koordinierung

Als Gegenmodell und als eher weiches Steuerungsinstrument ist eine reine verfahrens- **60** mäßige Koordinierung denkbar, die es bei selbständigen Verfahren belässt, aber über Personen und Institutionen eine Koordinierung der Verfahren schafft. Dies ist das Modell des neuen deutschen Konzerninsolvenzrechts, das mit den Kooperationspflichten und dem Koordinationsverfahren eine Koordinierung der Verfahren erreichen will. Mit den Kooperationspflichten werden freilich schon materielle Pflichten, wenngleich auf verfahrensrechtlicher Grundlage geschaffen.

c) Das Modell der verfahrensmäßigen Konsolidierung

Einen Schritt weiter als eine reine Koordinierung der Verfahren geht die namentlich von **61** Eidenmüller favorisierte Lösung einer verfahrensmäßigen Konsolidierung. Sie zeichnet sich dadurch aus, dass ein **Einheitsverfahren,** dh ein einziges Verfahren geführt wird, in dem aber die Haftungsmassen der Gesellschaften getrennt bleiben. Da nur ein Verfahren geführt

---

[53] Dazu im US-Recht: S. Worthington (Hrsg.)/*Baird,* Commercial Law and Commercial Practice, 2003, S. 565, 574 f; Leading cases sind In re Augie/Restivo Baking Co., 860 F.2d 515, 518 (2d Cir. 1988); In re Bonham, 229 F.3d 750, 764 (9th Cir. 2000); In re WorldCom, Inc, 2003 Bankr LEXIS 1401, 102 ff (Bankr DNY 2003); aus jüngerer Zeit *Baird,* Substantive Consolidation Today, 47 BCL Rev 5 (2005), vgl. auch *Brünkmans* Koordinierung, S. 93 ff.

[54] Anders *Uhlenbruck* NZI 1999, 41, 43. Wie hier *Eidenmüller* ZHR 169 (2005), 528, 546.

[55] MüKoInsO/*Eidenmüller* Vor §§ 217 ff Rn. 36.

[56] So *Hirte* FS K. Schmidt 2009, S. 641, 649 ff; *ders* ECFR 2008, 213, 222, 224 ff.

wird, gibt es grundsätzlich nur einen Verwalter, soweit nicht ein Sonderverwalter eingesetzt werden muss. Außerdem ist nur ein einziges Gericht zuständig. Der Verfahrenskoordinierung bedarf es insoweit nicht. Lediglich die Trennung der Vermögensmassen muss aufrechterhalten und dann auch rechtstechnisch, etwa über Repräsentationsregeln, sichergestellt sein. Damit würde auch ein echter Gruppeninsolvenzplan möglich werden.[57]

2. Die Koordinierungsmodelle im Vergleich

a) Vor- und Nachteile der materiellen Konsolidierung

62 Das deutsche Recht folgt dem Ansatz einer substantive consolidation nicht. Es stößt hierzulande auf allgemeine **Ablehnung**.[58] Im US-amerikanischen Insolvenzrecht ist es demgegenüber im Einzelfall vorstellbar, dass die Vermögensmassen materiell konsolidiert werden. Davon zu unterscheiden ist die auch im US-amerikanischen Recht verbreitete, rein verfahrensmäßige joint administration in Gestalt einer Verfahrenskonzentration. Die substantielle Konsolidierung kommt demgegenüber nur in Betracht, wenn eine Vermögens- und Sphärenvermischung vorliegt, die Konzerngesellschaft funktional hochgradig verflochten sind und die Konsolidierung unter Abwägung aller Vor- und Nachteile gerechtfertigt ist.[59]

63 Substantive consolidation kann bei starker Vermögensvermischung Schwierigkeiten bei der Wertermittlung bezogen auf die einzelnen Rechtsträger beseitigen.[60] Es hat den Charme der vermeintlichen Einfachheit. Die Möglichkeit eines konsolidierten Plans wird geschaffen.

64 Allerdings führt es zu negativen Rückwirkungen auf das vorinsolvenzliche Stadium. Das **Rechtsträgerprinzip** hat den Vorzug, dass das Haftungssubjekt, das sich die (vertraglichen) Gläubiger ausgesucht haben, den Gläubigern identifizierbar gegenüber tritt. Die Gläubigerkonkurrenz besteht nur zu den anderen Gläubigern eben dieser Gesellschaft. Der Gläubiger trägt nur das Risiko haftungsvermeidender Transaktionen oder Verhaltens durch seinen Schuldner. Diese Risiken werden bei der Kreditvergabe über das Ausfallrisiko berücksichtigt. Würde nun im Insolvenzverfahren eine – zudem noch unsichere – materielle Konsolidierung erfolgen, führte diese zu einer Umverteilung innerhalb der Gläubigerschaft. Gläubiger von Gesellschaften mit wenig Haftungssubstrat und hohen Verbindlichkeiten würden tendenziell bevorteilt, Gläubiger von (ex post) massereicheren Gesellschaften und geringer Gläubigerkonkurrenz würden benachteiligt. Diese Änderung der Haftungsverhältnisse müsste dann ex ante schon bei der Kreditvergabe berücksichtigt werden. Die Erhöhung der Kreditrisiken ist nicht nur schwierig zu berechnen, wenn die spätere Anordnung der Konsolidierung unklar bleibt. Materielle Konsolidierung führt auch ex ante zu erhöhten **Transaktionskosten,** weil der Gläubiger die Konzernrisiken in stärkerem Maße mit berücksichtigen muss. Dies betrifft nicht nur die Preisgestaltung, sondern auch vertragliche Vorkehrungen (zB covenants) für bestimmte default-Ereignisse oder Krisenmerkmale. Damit wird der Kredit des Schuldners tendenziell verteuert, was den Insolvenzeintritt wiederum tendenziell begünstigt, weil die Lebensfähigkeit der lebenden Unternehmung tendenziell beeinträchtigt wird. Es entsteht auch die Gefahr von sozial unproduktiven *rent seeking investments.*[61] Gläubiger und Schuldnergesellschaften, die durch das Einheitsverfahren aufgrund der Zunahme an Haftungsmasse profitieren könnten, versuchen auf eine rasche

---

[57] *Eidenmüller/Frobenius,* ZIP 2013, Beilage 3 zu Heft 22/2013, S. 6.
[58] *K. Schmidt,* KTS 2010, 1, 15; *Eidenmüller,* ZHR 169 (2005), 528, 531 f; kritisch schon Erster Bericht der Kommission für Insolvenzrecht, 1985, S. 291 f; offener *Paulus,* ZGR 2010, 270, 281, 291 f, *ders* ZIP 2005, 1948, 1953.
[59] *Baird,* 47 BCL Rev 5, 19 ff (2005); *Brünkmans* Koordinierung, S. 96 f.
[60] *Brünkmans* Koordinierung S. 97.
[61] *Eidenmüller* ZHR 169 (2005), 528, 532.

Insolvenzeinleitung hinzuwirken; die tendenziell benachteiligten Gläubiger und Schuldner versuchen dies hinauszuzögern.

Das Modell kann daher kaum überzeugen. Für Sonderfälle mag es zwar angebracht sein, **65** doch besteht auch bei Vermögens- und Sphärenvermischung kein eigentlicher Grund, die materielle Konsolidierung zum Leitbild eines Konzerninsolvenzrechts zu machen.[62] Zu berücksichtigen ist, dass die bereits anerkannte Durchgriffshaftung ggf eine materielle Konsolidierung im engeren Sinne und damit die den Gläubigern durch derartige Strategien entstehenden Nachteile abzumildern versucht.[63]

Auch in der von Hirte vertretenen Spielart kommt eine Konsolidierung kaum in **66** Betracht. Sie negiert wiederum die Eigenständigkeit der Tochtergesellschaft, passt allenfalls auf den Fall einer 100 %-Beteiligung der Muttergesellschaft und setzt vorschnell den von der Muttergesellschaft gehaltenen Vermögensgegenstand – die Kapitalanteile – mit dem Vermögen der Tochtergesellschaft gleich. Zudem muss notgedrungen der Fall ausgeklammert bleiben, in dem die Tochtergesellschaft nicht insolvent ist, weil in einem solchen Fall eine Verwertungsbefugnis nicht bestehen könnte.[64]

b) Vor- und Nachteile der verfahrensmäßigen Koordinierung nach der InsO

Das Modell der InsO ist jenes einer verfahrensmäßigen Koordinierung über Kooperations- **67** pflichten und über ein zusätzliches Verfahren, soweit nicht, wie es § 56b InsO vorsieht, über die Bestellungen eines personenidentischen Verwalters bereits ein Koordinationseffekt eintritt.[65] Dieses Modell hat Vorteile, aber auch Nachteile.

Ein Vorteil liegt darin, Transaktionskosten und indirekte Insolvenzkosten zu verringern, **68** indem die jeweiligen Einzelverfahren nicht beziehungslos nebeneinander geführt werden. Die rechtliche Selbständigkeit der Schuldner und der jeweiligen Verfahren wird gewahrt. Negative Rückwirkungen auf die Kreditfinanzierungsfähigkeit der Gruppenmitglieder werden vermieden. Über den Gruppen-Gerichtsstand kann ggf die Zuständigkeit eines einzigen Gerichts erreicht werden, was widersprechende Entscheidungen und Konflikte verringert. Die Durchführung einer Gesamtverwertungsstrategie wird über das Koordinationsverfahren und die wechselseitigen Kooperationspflichten zumindest erleichtert. Dabei ist freilich abschwächend zu bemerken, dass Kooperation eher keine Sache der rechtlichen Verpflichtung und harten zwangsweisen Durchsetzung, sondern der tatsächlichen Kooperationsbereitschaft aller Beteiligten ist.[66]

Was die Nachteile angeht, so erhöht die Einführung eines zusätzlichen Koordinations- **69** verfahrens die **Verfahrenskomplexität** wieder und wiegt damit den Kooperationsgewinn mit zusätzlichen Kosten zumindest zum Teil wieder auf.[67] Das gilt auch und erst recht für die umständliche und letztlich übertriebene Einsetzung eines Gruppen-Gläubigerausschusses.

Es kann darüber hinaus auch zu Interessenkonflikten kommen. Auch Haftungsfragen sind **70** noch ungeklärt.[68] Zugleich mag auch aus Sicht beteiligter Groß(Gläubiger) der jeweiligen Konzerngesellschaften das Koordinationsverfahren als unattraktiv erscheinen, weil ex ante größere Unsicherheit über die Person des Koordinationsverwalters als (wegen der Einflussnahmemöglichkeit über § 56a InsO) im Einzelverfahren besteht. Über die wechselseitige Öffnung der (Plan-)Verfahren wird (aus Sicht der Gläubiger) zumindest vermeintliches Störpotential in das jeweilige Verfahren hineingetragen.

---

[62] *Eidenmüller/Frobenius* ZIP Beilage Nr. 3 zu Heft 22/2013, S. 3.
[63] Vgl. BGH NZG 2006, 350.
[64] *Hirte* FS K. Schmidt, S. 641, 653.
[65] Siehe hierzu *Flöther,* § 4 Rn. 173 ff.
[66] *Frege* INDAT-Report, Heft 4/2013, S. 18.
[67] Kritisch *Simon/Frind* NZI 2013, 1, 3; *Frind* ZInsO 2013, 429; *Andres/Möhlenkamp* BB 2013, 579, 586 f.
[68] *Thole* Der Konzern 2013, 182, 183.

c) Vor- und Nachteile einer verfahrensmäßigen Konsolidierung

71 Das von Eidenmüller favorisierte Gegenmodell einer echten verfahrensmäßigen Konsolidierung, dh eines einzigen Verfahrens und Beibehaltung getrennter Vermögensmassen und Befriedigungen hat den Vorzug, dass – da es eben nur ein Verfahren gibt – stets nur ein Gericht mit dem Verfahren betraut ist, nur ein Verwalter eingesetzt wird und damit die indirekten Insolvenzkosten geringer erscheinen als bei Einführung eines zusätzlichen Koordinationsverfahrens.

72 Sein Nachteil liegt in einem **Verlust an Transparenz,** weil dann innerhalb eines einzelnen Verfahrens nach verschiedenen Massen und Verteilungen unterschieden werden muss, und zwar entgegen der Annahme nicht nur materiell-rechtlich, sondern auch in verfahrensmäßiger Hinsicht. Wenn beispielsweise ein Verfahrensbeteiligter Einwände gegen die Verteilung erhebt, der Feststellung einer Forderung widerspricht, Anträge stellt, so kommt man, wenn man die Trennung der Vermögensmassen ernst nimmt, nicht darum herum, zumindest fiktiv auch verfahrensmäßig aufzuspalten. Ein Gläubiger einer Konzerngesellschaft dürfte nicht der Feststellung einer Forderung in Bezug auf eine andere Vermögensmasse widersprechen, weil er durch deren Verteilung überhaupt nicht tangiert wird. Ob dies die Übersichtlichkeit fördern wird, ist durchaus fraglich. Anders formuliert ist die vermeintliche Distinktion zwischen Einheits*verfahren* einerseits bei gleichzeitiger *materieller* Trennung der Vermögensmassen andererseits gar nicht so groß, weil aus materiellen Berechtigungen auch Verfahrensrechte folgen. Im Übrigen dürfte auch schwierig sein, die zu bildenden Sondermassen etwa hinsichtlich der maßgeblichen Zeitpunkte für die Gläubigerstellung, aber auch in ihrer Wertermittlung sachgerecht zu bilden. Eine vernünftige Abwicklung erscheint zwar nicht unmöglich; über die Details des Verfahrensgangs ist den befürwortenden Ausführungen aber bisher wenig zu entnehmen. Stünde die Konsolidierung nur auf dem Papier, würde das Verfahren aber trotz gemeinsamen Aktenzeichens doch faktisch aufgespalten, und beschränkten sich die Vorteile auf die Zuständigkeit eines einzigen Gerichts und die Einsetzung eines einzigen Verwalters, wären diese Vorteile auch bei getrennten Verfahren erreichbar.

73 Hinzu kommen schließlich noch **denkbare Interessenkonflikte,** die allerdings beim Koordinationsverfahren gleichermaßen entstehen. Sie sind aber bei der verfahrensmäßigen Konsolidierung bei Einsetzung eines einzigen Verwalters stets vorhanden, weil der Verwalter denklogisch nicht die Interessen der Masse X und der Masse Y, soweit sie konfligieren, auflösen kann, wenn man ihn nicht von vornherein auf ein „Gruppeninteresse" oder das Ziel der Pareto-Effizienz einschwört.[69] Gerade dies ist andererseits aber ohne Abstriche an der rechtlichen Selbständigkeit der Massen wiederum nicht zu machen, etwa in einer Situation, in der beispielsweise die Geltendmachung eines der Tochter X zustehenden, also in ihrer vermeintlich eigenständigen Masse vorhandenen Anfechtungsanspruchs gegen die Tochter Y dem Gruppeninteresse widerspräche. Im Übrigen mag es so liegen, dass bei einer verfahrensmäßigen Konsolidierung häufiger als bei dem Modell des Koordinationsverfahrens ein Sonderinsolvenzverwalter eingesetzt werden muss.[70]

---

[69] Zu diesem Ziel eines Konzerninsolvenzrechts *Eidenmüller/Frobenius* ZIP 2013 Beilage Nr. 3 zu Heft 22/2013, S. 3.

[70] Dies als Remedur anerkennend *Eidenmüller/Frobenius* ZIP 2013 Beilage Nr. 3 zu Heft 22/2013, S. 11.

§ 3 Der Konzern im Vorfeld der Insolvenz

Übersicht

Schrifttum:

Altmeppen, Cash Pooling und Kapitalerhaltung bei bestehendem Beherrschungs- oder Gewinnabführungsvertrag, NZG 2010, S. 361 ff.; *Ammelung/Kaeser,* Cash-Management-Systeme in Konzernen, DStR 2003,
S. 655 ff.; *Bachmann,* Kapitalmarktrechtliche Probleme bei der Zusammenführung von Unternehmen, ZHR
172 (2008), S. 597 ff.; *Bauer,* Die GmbH in der Krise, 5. Aufl. 2016; *Baumbach/Hopt* (Hrsg.), HGB, Kommentar, 37. Aufl. 2016; *Baumbach/Hueck,* GmbHG, 18. Aufl. 2006, 20. Aufl. 2013; *Beck/Depré,* Praxis der
Insolvenz, 2. Aufl. 2010; *Becker,* Kooperationspflichten in der Konzerninsolvenz, 2012; *Bickhoff et. Alt,* Die
Unternehmenskrise als Chance, 2004; *Bitter,* Insolvenzvorsorge durch Rangrücktritt und Patronatsverein-
barung, ZHR 181, 428 ff.; *Bitter/Kresser,* Positive Fortführungsprognose trotz fehlender Ertragsfähigkeit? Zur
Überschuldung nach § 19 Abs. 2 Satz 1 InsO, insbesondere bei krisenden Assetfinanzierungen, ZIP 2012,
1733 ff.; *Bitz/Hemmerde/Rausch,* Gesetzliche Regelungen und Reformvorschläge zum Gläubigerschutz, 1986;
Blasche, Umwandlungsmöglichkeiten bei Auflösung, Überschuldung oder Insolvenz eines der beteiligten
Rechtsträger, GWR 2010, S. 441 ff.; *Böckenförde,* Unternehmenssanierung, 2. Aufl. 1996, S. 49 ff.; *Bormann,*
Die Kapitalaufbringung nach dem Regierungsentwurf des MoMiG, GmbHR 2007, 897 f; *Bork,* Genussrechte
und Zahlungsunfähigkeit, ZIP 2014, 997 ff.; *Bork,* Wie erstellt man eine Fortbestehensprognose?, ZIP 2000,
1709 ff.; *Bork,* Zahlungsunfähigkeit, Zahlungsstockung und Passiva II, ZIP 2008, 1749 ff.; *Bork,* Grundlagen
der Zahlungsunfähigkeit (§ 17 InsO), KTS 2005, 1 ff.; *Böckenförde,* Unternehmenssanierung, 2. Aufl. 1996;
Böttcher/Kautzsch, Vorstandsdoppelmandate im Personengesellschaftskonzern, NZG 2009, S. 819 ff.; *Bötzel,*
Diagnose von Konzernkrisen, 1992; *Brahmstaedt,* Die Feststellung der Zahlungsunfähigkeit, 2012; *Brambring/
Jerschke,* Beck'sches Notar-Handbuch, 5. Aufl. 2009; *Bratschitsch/Schnellinger,* Unternehmenskrisen: Ursachen,
Frühwarnung, Bewältigung, 1981; *Braun,* Insolvenzordnung (InsO), 5. Aufl. 2012, 6. Aufl. 2014, 7 Aufl.
2017; *Bultmann,* Der Gewinnabführungsvertrag in der Insolvenz, ZInsO 2007, S. 785 ff.; *Burg/Westerheide,*
Praktische Auswirkungen des MoMiG auf die Finanzierung von Konzernen, BB 2008, S. 62 ff.; *Burger/
Schellberg,* Die Auslösetatbestände im neuen Insolvenzrecht, BB 1995, 261 ff.; *Buth/Hermanns,* Restrukturierung, Sanierung, Insolvenz, 2. Aufl. 2004, 3. Aufl. 2009, 4. Aufl. 2014; *Decker,* Der Cashpool als Gesellschaft
bürgerlichen Rechts, ZGR 2013, S. 392 ff.; *Deyda,* Der Konzern im europäischen internationalen Insolvenzrecht, 2008; *Dittmer,* Die Feststellung der Zahlungsunfähigkeit von Gesellschaften mit beschränkter Haftung,
2013; *Drukarczyk,* Finanzierung, 11. Aufl. 2014; *Drukarczyk,* Bilanzielle Überschuldungsmessung – Zur
Interpretation der Vorschriften von § 92 Abs. 2 AktG und § 64 Abs. 1 GmbHG, ZGR 1979, 553 ff.;
Ebenroth/Boujong/Joost/Strohn, Handelsgesetzbuch, Kommentar 2. Aufl. 2009; *Egner/Wolff,* Zur Unbrauch-
barkeit der Überschuldungstatbestands als gläubigerschützendes Instrument, AG 1978, 99 ff.; *Ehlers,* Anforde-
rungen an die Fortführungsprognose, NZI 2011, 161 ff.; *Ekkenga,* Individuelle Entscheidungsprozesse im
Recht der Ad-hoc-Publizität, NZG 2013, S. 1081 ff.; *Erne,* Praxisleitfaden für GmbH-Geschäftsführer zur
Haftungsvermeidung bei Cash Pooling-Systemen, GWR 2009, 387 ff.; *Emmerich/Habersack,* Aktien- und
GmbH-Konzernrecht, 7. Aufl. 2013; *Evertz/Krystek,* Restrukturierung und Sanierung von Unternehmen,
2010; *Fedke,* Konzerninnenfinanzierung nach dem MoMiG in insolvenznahen Szenarien, NZG 2009,
S. 928 ff.; *Fischer,* Fortbestehungprognose und Sanierung, NZI 2016, 665 ff.; *Fischer,* Zur Feststellung der
Zahlungsunfähigkeit – Folgerungen aus der Rechtsprechung des IX. Zivilsenats, FS Ganter (2010), 153 ff.;
Fischer, Die Überschuldungsbilanz, 1980; *Fischer,* Krisenbewältigung durch Insolvenzrecht, ZGR 2006, 403 ff.;
Fleischer, Handbuch des Vorstandsrechts, 2006; *Fleischer/Goette:* Münchener Kommentar zum Gesetz betref-
fend die Gesellschaften mit beschränkter Haftung – GmbHG, Band 3 (1. Aufl. 2011); *Flesner,* Die GmbH-
Reform (MoMiG) aus Sicht der Akquisitions- und Restrukturierungspraxis, NZG 2006, S. 641 ff.; *Fonk,* Zur
Vertragsgestaltung bei Vorstandsdoppelmandaten, NZG 2010, S. 368 ff.; *Frege,* Der Streit ist selten eine
Alternative, INDat-Report 2013, Heft 04, S. 18 ff.; *Frege/Keller/Riedel,* Insolvenzrecht, 8. Aufl. 2015; *Frys-
tatzki,* Die insolvenzrechtliche Fortführungsprognose – Zahlungsfähigkeits- oder Ertragsfähigkeitsprognose?,
NZI 2011, 173 ff.; *Frystatzki,* Der Tatbestand der Überschuldung gem. § 19 II InsO nach dem 31.12.2013 –
Die Handlungsoptionen des Gesetzgebers, NZI 2011, 521 ff.; *Garth,* Krisenmanagement und Kommunikation, 2008; *Gäde,* Gesellschafts- und steuerrechtliche Konsequenzen der Insolvenz für die steuerliche Organschaft 2006; *Gehrlein,* Insolvenzrechtlice Überschuldung trotz Bilanzierung zur Fortführungswerten, WM
2018, 1 ff.; *Geißler,* Haftungsrisiken für Geschäftsleiter bei Konzernfinanzierung, Grundlagen und Praxis des
Cash-Pooling im europäischen und internationalen Kontext, 2011; *Goette,* Zur Frage, welche Anforderungen
an die Geschäftsleitung und ihre Berater bei der Fertigung und Fortführungsprognose zu stellen sind (Teil I)
DStR 2016, 1684 ff. und (Teil II) 1752 ff. *Goette/ Habersack,* Münchener Kommentar zum Aktiengesetz,
3. Aufl. 2010 und 2011; *Gottwald,* Insolvenzrechts-Handbuch, 5. Aufl. 2015; *Göcke/Rittscher,* Cash-Pooling
in Krise und Insolvenz, DZWIR, 2012, 355 ff; *Götz,* Überschuldung und Handelsbilanz, 2004; *Graf-Schlicker,*
InsO – Kommentar zur Insolvenzordnung, 4. Aufl. 2014; *Greil/Herden,* Die Überschuldung als Grund für die
Eröffnung des Insolvenzverfahrens, ZInsO 2010, 833 ff; *Grell/Splittgerber,* Gestaltungsmöglichkeiten bei der
nationalen Konzerninsolvenz, DB 2017, 1497ff; *Gummert/Weipert,* Münchener Handbuch des Gesellschaftsrechts, 3. Aufl. 2007; *Gunßer,* Ad-hoc-Veröffentlichungspflicht bei zukunftsbezogenen Sachverhalten, NZG

2008, S. 855 ff; *Haag/Tiberius*, Interimsmanagement – rechtliche Aspekte und Einordnung, NZA 2004, S. 190 ff; *Haarmeyer/Wutzke/Förster*, Handbuch der vorläufigen Insolvenzverwaltung, 2011; *Habersack*, Ad-hoc-Publizität beim Unternehmenskauf, ZIP 2005, S. 1898 ff; *Harder/Lojowsky*, Der Diskussionsentwurf für ein Gesetz zur Erleichterung der Bewältigung von Konzerninsolvenzen – Verfahrensoptimierung zur Sanierung von Unternehmensverbänden?, NZI 2013, S. 327 ff; *Harz*, Kriterien der Zahlungsunfähigkeit und der Überschuldung unter Berücksichtigung der Änderungen nach dem neuen Insolvenzrecht, ZInsO 2001, 193 ff; *Hauschka*, Corporate Compliance, Handbuch der Haftungsvermeidung im Unternehmen, 3. Aufl. 2016; *Heerma/Bergemann*, Sicherheitenbestellung an Dritte für Verbindlichkeiten des Gesellschafters als verbotene Auszahlung i. S. d. § 30 Abs. 1 GmbHG, ZIP 2017, 1261 ff.; *Helfs*, Weiter im Blindflug – Zur Ad-hoc-Pflicht bei gestreckten Geschehensabläufen aus Sicht der Praxis, DB 2013, S. 1650 ff; *Henssler/Strohn*, Gesellschaftsrecht: GesellschaftsR, 3. Aufl. 2016; *Hermanns/Krummen*, Sanierungskonzepte für kleinere und mittlere Unternehmen (KMU) – ein Praxisfall im Lichte der aktuellen Rechtsprechung und zeitgleich die Suche auf die Frage: Gibt es einen IDW S 6 „light"? Sind derartige Standards bei KMU erfüllbar?, ZInsO 2017, 461 ff.; *Hess*, Sanierungshandbuch, 6. Aufl. 2013; *Hirte/Knof/Mock*, Überschuldung und Finanzmarktstabilisierungsgesetz, ZInsO 2008, 1217 ff; *Holzborn/v. Vietinghoff*, Haftung und Insolvenz im GmbH-Recht, 2013; *Hölters*, AktG, Kommentar, 2. Aufl. 2014; *Humbeck*, Plädoyer für ein materielles Konzerninsolvenzrecht, NZI 2013, S. 957ff; *Hüffner*, AktG, Kommentar, 10. Aufl. 2012; *Jäger*, Investor Relations und Publizität, NZG 2000, S. 186 ff; *Hüttemann*, Überschuldung, Überschuldungsstatus und Unternehmensbewertung, FS Schmidt (2009), 761 ff; *Institut für die Standardisierung von Unternehmenssanierungen*, Mindestanforderungen an Sanierungen (MaS), 2. Aufl. 2012; *Jaeger*, Konkursordnung, 9. Aufl. 1997; *Jaeger*, Insolvenzordnung, 2006; *Joecks/Miebach*, Münchener Kommentar zum Strafgesetzbuch, 2. Aufl. 2014; *Karollus/Huemer*, die Fortbestehensprognose im Rahmen der Überschuldungsprüfung, 2. Aufl. 2006; *Kiefner/Theusinger*, Aufsteigende Darlehen und Sicherheitenbegebung im Aktienrecht nach dem MoMiG, NZG 2008, S. 801 ff; *Kiesewetter/Parmentier*, Verschärfung des Marktmissbrauchsrechts – ein Überblick über die neue EU-Verordnung über Insidergeschäfte und Marktmanipulation, BB 2013, S. 2371 ff; *Kilger/Schmidt*, Insolvenzgesetze, 17. Aufl. 1997; *Kirchhof/Stürner/Eidenmüller*, Münchener Kommentar zur Insolvenzordnung, Band 1 (3. Aufl. 2013); *Klar*, Überschuldung und Überschuldungsbilanz, 1987; *Klein*, Abgabenordnung, Kommentar, 11. Aufl. 2012; *Knolle/Tetzlaff*, Zahlungsunfähigkeit und Zahlungsstockung, ZInsO 2005, 897 ff; *Koch*, Die Patronatserklärung, 2005; *Kocher/Schneider*, Zuständigkeitsfragen im Rahmen der Ad-hoc-Publizität, ZIP 2013, S. 1607 ff; *Kocher/Widder*, Ad-hoc-Publizität in Unternehmenskrise und Insolvenz, NZI 2010, S. 925 ff; *Kreft*, Heidelberger Kommentar Insolvenzordnung, 7. Aufl. 2014; *Krüger/Pape*, Patronatserklärungen und Beseitigung von Zahlungsunfähigkeit, NZI 2011, 617 ff; *Krystek/Klien*, Erstellung von Sanierungskonzepten (Teil 1): Kritische Würdigung bestehender Standards, speziell IDW S 6, DB 2010, 1769 ff; *Kuhn/Uhlenbruck*, Konkursordnung, 11. Aufl. 1994; *Kuthe*, Änderungen des Kapitalmarktrechts durch das Anlegerschutzverbesserungsgesetz, ZIP 2004, 883 ff; *Kübler*, Handbuch Restrukturierung in der Insolvenz, 2. Auflage 2015; *Kübler*, Konzern und Insolvenz, ZGR 1984, 560 ff; *Kübler/Prütting/Bork*, InsO Kommentar zur Insolvenzordnung, Band 1 1. Lfg. 8/98; *Leinekugel/Skauradszun*, Geschäftsführerhaftung bei eigenmächtig gestelltem Insolvenzantrag wegen bloß drohender Zahlungsunfähigkeit, GmbHR 2011, 1121 ff; *Lutter/Hommelhoff*, GmbHG, 19. Aufl. 2016; *Lutter/Scheffler/Schneider*, Handbuch der Konzernfinanzierung, 1998; *Mennicke*, Ad-hoc-Publizität bei gestreckten Entscheidungsprozessen und die Notwendigkeit einer Befreiungsentscheidung des Emittenten, NZG 2009, S. 1059 ff; *Merkner/Sustmann*, Reform des Marktmissbrauchsrechts: Die Vorschläge der Europäischen Kommission zur Verschärfung des Insiderrechts, AG 2012, S. 315ff; *Möhlmann*, Die Überschuldungsprüfung nach der neuen Insolvenzordnung, DStR 1998, 1843 ff; *Möhlmann-Mahlau/Schmitt*, Der vorübergehende Begriff der Überschuldung, NZI 2009, 19 ff; *Möhrle*, Krisen-PR, 2. Aufl., 2007; *Mückl*, Steuerliche Transaktionsrisiken bei Unternehmenssanierungen in der Praxis, GWR 2010, S. 262 ff; *MüKo InsO Bd. 3*, §§ 217 -359, 3. A. 2014; *MüKo InsO Bd. 4*, EuInsVO 2000, Art 102–102a EGInsO, EuInsVO 2015, 3. A. 2016; *MüKo AktG, Bd. 1*, §§ 1–75, 4. A. 2016; *MüKo AktG, Bd. 2* §§ 76–117, 4. A. 2014; *MüKo AktG, Bd. 5* §§ 278–328, 4. A. 2015; *Münchener Hdb GesR IV, Aktiengesellschaft*, 4.A. 2015; *MüKo StGB, Bd 5*, §§ 263 – 358, 2.A. 2014; *Nerlich/Römermann*, Insolvenzordnung: InsO, 3. EL 2002; *Neumaier*, Wann wird eine Zahlungsstockung zur Zahlungsunfähigkeit?, NJW 2005, 3041 ff; *Nietsch*, Schadensersatzhaftung wegen Verstoßes gegen Ad-hoc-Publizitätspflichten nach dem Anlegerschutzverbesserungsgesetz, BB 2005, S. 785 ff; *Nikoleyczik*, Ad-hoc-Publizitätspflicht bei zukunftsbezogenen Sachverhalten – der Fall „Schrempp", GWR 2009, S. 82 ff; *Noack*, „Holzmüller" in der Eigenverwaltung – Zur Stellung von Vorstand und Hauptversammlung im Insolvenzverfahren, ZIP 2002, S. 1873 ff; *Nodoushani*, Das Doppelmandat-Urteil des BGH aus der konzernrechtlichen Perspektive, GWR 2009, 309 ff; *Pape*, Zahlungsunfähigkeit in der Gerichtspraxis, WM 2008, 1949 ff; *Parmentier*, Die Entwicklung des europäischen Kapitalmarktrechts 2012–2013, EuZW 2014, S. 50 ff; *Passarge*, Vorstands-Doppelmandate – ein nach wie vor aktuelles Thema!, NGZ 2007, 441 ff; *Parzinger*, Fortführungsfinanzierung in der Insolvenz, 2013; *Pattberg/Bredol*, Der Vorgang der Selbstbefreiung von der Ad-hoc-Publizitätspflicht, NZG 2013, S. 87 ff; *Patzina/Bank/Schimmer/Simon-Widmann*, Haftung von Unternehmensorganen, 2010; *Penzlin*, Kritische Anmerkungen zu den Insolvenzeröffnungsgründen der drohenden Zahlungsunfähigkeit und der Überschuldung (§§ 18 und 19 InsO), NZG 2000, 464; *Philippi/Neveling*, Unterjährige Beendigung von Gewinnabführungsverträgen im GmbH-Konzern – Beendigungsgründe und Rechtsfolgen, BB 2003, S. 1685 ff; *Piepenburg*, Faktisches Konzerninsolvenzrecht am Beispiel Babcock Borsig, NZI 2004, S. 231 ff; *Plagens/Wilkes*, Betriebswirtschaftliche Aspekte und offene Fragen im Zusammenhang mit der Definition des Begriffs „Zahlungsunfähigkeit" aufgrund der jüngeren BGH-Entscheidungen, ZInsO 2010, 2107 ff; *Plankert/Zerres*, Unternehmenskommunikation – Die

Kunst, gestärkt aus der Krise hervorzugehen, 2009; *Plate,* Eignung von Zahlungsunfähigkeit und Überschuldung als Indikatoren für die Insolvenzreife einer Unternehmung, DB 1980, 217 ff; *Prager/Keller,* Der Vorschlag der Europäischen Kommission zur Reform der EuInsVO, NZI 2013, S. 57 ff; *Prütting,* Der neue IDW-Standard zur Erstellung von Sanierungskonzepten (IDW S 6) in der rechtlichen Beurteilung, ZIP 2013, 203 ff; *Puttenat,* Praxishandbuch Krisenkommunikation – Von Ackermann bis Zumwinkel: PR-Störfälle und ihre Lektionen, 2009; *Reul/Heckschen/Wienberg,* Insolvenzrecht in der Gestaltungspraxis, 2012; *Rittscher,* Cash-Management-Systeme in der Insolvenz, 2006; *Rotstegge,* Zuständigkeitsfragen bei der Insolvenz in- und ausländischer Konzerngesellschaften, ZIP 2008, S. 955 ff; *Saenger/Inhester,* GmbHG, 3. Aufl. 2016; *Saenger/ Koch,* Cash-Pooling und Feststellung der Zahlungsunfähigkeit, GmbHR 2010, 113 ff; *Schade/Nissen,* Insolvenzanfechtung von Upstream Guarantees in der Insolvenz der Konzernmutter, NZI 2015, 1010ff; *Schäfer,* Darlehensgewährung an Gesellschafter als verbotene Ausschüttung i. S. v. § 30 GmbHG – Todesstoß für das konzernweite Cash Pooling?, GmbHR 2005, S. 133 ff; *Scherler,* Kommunikation mit externen Anspruchsgruppen als Erfolgsfaktor im Krisenmanagement eines Konzerns – Erfahrungen aus dem Fall Brent Spar, 1996; *Schimansky/Bunte/Lwowski,* Bankrechts-Handbuch, 5. Aufl. 2017; *Schmidt,* Hamburger Kommentar zum Insolvenzrecht, 6. Aufl. 2017; *Schmidt, K.,* InsO, Kommentar, 19. Aufl. 2016; *Schmidt,* Konzern-Insolvenzrecht – Entwicklungsstand und Perspektiven, KTS 2010, S. 1 ff; *Schmidt,* GmbH-Reform auf Kosten der Geschäftsführer?, GmbHR 2008, 449 ff; *Schmidt,* Überschuldung und Insolvenzantragspflicht nach dem Finanzmarktstabilisierungsgesetz, DB 2008, 2467 ff; *Schmidt,* Konkursgründe und präventiver Gläubigerschutz, AG 1978, 334 ff; *Schmidt/Uhlenbruck,* Die GmbH in Krise, Sanierung und Insolvenz, 5. Aufl. 2016; *Schneider,* Pflichtenkollisionen und GewissensFKrfkonflikte im Vorstand, NZG 2009, 1413 ff; *Schneider,* Selbstbefreiung von der Pflicht zur Ad-hoc-Publizität, BB 2005, 897 ff; *Schneider,* Das Recht der Konzernfinanzierung, ZGR 1984, 497 ff; *Schneider/Gilfrich,* Die Entscheidung des Emittenten über die Befreiung von der Ad-hoc-Publizität, BB 2007, S. 53 ff; *Schnorrenberg,* Investor Relations Management – Praxisleitfaden für erfolgreiche Finanzkommunikation, 2008; *Schüppen/Schaub,* Münchener Anwalts-Handbuch, 2. Aufl. 2010; *Schwark/Zimmer,* Kapitalmarktrechts-Kommentar, 4. Aufl. 2010; *Schwarz,* Krisen-PR aus Sicht der Stakeholder – Der Einfluss von Ursachen- und Verantwortungszuschreibungen auf die Reputation von Organisationen, 2010; *Seidl/Paulick,* Sekundärinsolvenz und Sanierungsinsolvenzplan: Das Zustimmungserfordernis des Art. 34 Abs. 2 EuInsVO, ZInsO 2010, 125ff; Siemon, Konzerninsolvenzverfahren – wird jetzt alles besser?, NZI 2014, S. 55ff; *Siemon,* Das ESUG und § 270b in der Anwendung, ZInsO, 2012, S. 1045 ff; *Siemon/ Frind,* Der Konzern in der Insolvenz, NZI 2013, 1 ff; *Sieder,* Cash-Pooling im GmbH-Konzern, 2009; *Simon/ Leuering,* M&A: Veräußerung von abhängigen Unternehmen, NJW-Spezial 2006, 123 f; *Smid,* Praxishandbuch Insolvenzrecht, 5. Auf. 2007; *Specovius-Uffmann,* Interim Management in der Unternehmenskrise, ZIP 2016, 295ff; *Speidel,* Elemente und Strukturen der Kommunikation im internationalen Unternehmensverbund, 1982; *Spindler/Stilz,* AktG, Kommentar, 2. Aufl. 2010; *Staufenbiel/Hoffmann,* Die Ermittlung des Eintritts der Zahlungsunfähigkeit Teil 1, ZInsO 2008, 785 ff; Theiselmann, Praxishandbuch des Restrukturierungsrechts, 2. Aufl. 2013; *Theisen,* Der Konzern, 2. Aufl. 2000; *Thießen,* Organisationskommunikation in Krisen – Reputationsmanagement durch situative, integrierte und strategische Krisenkommunikation, 2011; *Timm,* Die Sanierung von Unternehmen, ZIP 1983, S. 225 ff; *Trendelenburg,* Der Gewinnabführungs- und Beherrschungsvertrag in der Krise der Obergesellschaft, NJW 2002, S. 647 ff; *Uhlenbruck,* Insolvenzordnung, 14. Aufl. 2015; *Uhlenbruck,* Grundzüge eines künftigen Insolvenzrechts nach den Vorstellungen der Reformkommission, BB 1984, 1949 ff; *Ulmer,* Vom Umgang mit rechtsfortbildenden BGH-Urteilen (Editorial), ZHR 169 (2005), S. 1 ff; *Ulmer/Hachenburg,* GmbHG, 8. Aufl. 1992; *Vallendar,* Weiterer Reformbedarf aus Sicht eines Insolvenzrichters, WPG 2011, Sonderheft 1, 31 ff; *Veil/Koch,* Auf dem Weg zu einem Europäischen Kapitalmarktrecht: Die Vorschläge der Kommission zur Neuregelung des Marktmissbrauchs, WM 2011, S. 2297 ff; *Veith,* Die Befreiung von der Ad-hoc-Publizitätspflicht nach § 15 Abs. 3 WpHG; NZG 2005, S. 254 ff; *von Ilberg/Tschesche,* Rechtliche und steuerliche Betrachtung des Rückkaufs von Schulden (Debt-Buy-Back), BB 2010, S. 259 ff; *von Marwyk,* Anfechtungsfeste Zahlungen im Cashpool – bedenkenlose Anwendung aktueller Kontokorrentrechtsprechung?, ZInsO 2015, 335ff; *Wabnitz/Janovsky,* Handbuch des Wirtschafts- und Steuerstrafrechts, 4. Aufl. 2014; *Weber,* Anforderungen an den Inhalt von Sanierungskonzepten nach der Rechtsprechung insbesondere des Bundesgerichtshofes, ZInsO 2011, 904 ff; *Wellensiek,* Risiken von Beteiligungen in (durch) Insolvenzverfahren in Muttergesellschaften, ZIP 1984, S. 541 ff; *Wengel,* Die Insolvenztatbestände Überschuldung, Zahlungsunfähigkeit und drohende Zahlungsunfähigkeit, DStR 2001, 1769 ff; *Widder,* Vorsorgliche Ad-hoc-Meldungen und vorsorgliche Selbstbefreiung nach § 15 Abs. 3 WpHG, DB 2008, S. 1480 ff; *Willemsen/Rechel,* Cash-Pooling und die insolvenzrechtliche Anfechtbarkeit absteigender Darlehen – Unterschätzte Risiken für Gesellschafter, BB 2009, 2215 ff; *Wimmer,* FK-InsO – Frankfurter Kommentar zur Insolvenzordnung, 7. Aufl. 2013; *Witzer,* Kommunikation in Konzernen – Konstruktives Menschenbild als Basis neuer Kommunikationsstrukturen, 1992; *Wolf,* Mythos Fortführungsprognose, DStR 2009, 2682 ff; *Wolf/Kurz,* Die Feststellung der Zahlungsunfähigkeit: Was sind 100 % bei Berücksichtigung eines Schwellenwerts?, DStR, 2006, 1339 ff; *Zeidler,* Ausgewählte Probleme des GmbH-Vertragskonzernrechts, NZG 1999, S. 692 f.

I. Sanierungsfähigkeit des Konzerns

1. Begriffliche Grundlagen

Sanierung ist im Ausgangspunkt ein betriebswirtschaftliches, kein rechtliches Thema. **1** Sanierungsbedürftigkeit und -fähigkeit sind demzufolge zuvörderst betriebswirtschaftliche Termini. Rechtliche Relevanz erhalten diese Begriffe indes dann, wenn an das tatsächliche Vorliegen einer betriebswirtschaftlichen Sanierungsbedürftigkeit und die Erfolgsaussichten der Sanierung Rechtsfolgen anknüpfen. Die Sanierung bzw. Sanierungsbedürftigkeit und –fähigkeit wird dann auch zum Rechtsbegriff. Dies bedeutet jedoch nicht, dass die jeweiligen Begrifflichkeiten inhaltlich auch deckungsgleich sind. Anders als in der Betriebswirtschaftslehre geht es rechtlich nicht darum, eine in sich geschlossene Theorie oder Praxis der Sanierung zu beschreiben. Nicht die Sanierung ist Gegenstand der rechtlichen Betrachtung, sondern die an sie anknüpfenden Rechtsfolgen. Dieselbe Begrifflichkeit hat also unterschiedliche Funktionen. Und dies muß notwendigerweise inhaltliche Konsequenzen haben.

Knüpft die Rechtsordnung an den Sanierungsbedarf rechtliche Konsequenzen, so ist dies **2** mit Eingriffen in die Rechte der Handelnden verbunden, was einer besonderen Rechtfertigung aus dem Schutzzweck der jeweiligen Rechtsnorm bedarf. Nicht alles was betriebswirtschaftlich sinnvoll erscheint, kann Gegenstand rechtlicher Konsequenzen sein. Sanierungsbedürftigkeit im Rechtssinne muss inhaltlich daher deutlich später ansetzen, als die betriebswirtschaftliche. Zudem ist nicht jeder betriebswirtschaftliche Sanierungsbedarf bereits konkret genug, um justitiabler Anknüpfungspunkt für Rechtsnormen zu sein. Hierfür muß er frei von subjektiven Einschätzungen und inhaltlichen Unschärfen sein. Trotz gleicher Terminologie ist die rechtliche Begrifflichkeit der Sanierung daher restriktiver[1] und weniger homogen als die betriebswirtschaftliche. Gleichwohl muß das betriebswirtschaftliche Verständnis der Sanierung auch Ausgangspunkt jeder rechtlichen Betrachtung sein.

a) Krise und Sanierung in der Betriebswirtschaftslehre

In der Betriebswirtschaftslehre besteht – trotz mannigfacher Unterschiede im Detail – **3** Konsens darüber, was im Kern unter einer Sanierung zu verstehen ist:[2] Das Ergreifen von Maßnahmen, die dazu dienen eine Krise des Unternehmens zu überwinden und die Lebensfähigkeit des Unternehmens nachhaltig wieder herzustellen. Sanierungsbedürftigkeit liegt demzufolge vor, wenn eine Krise vorliegt, Sanierungsfähigkeit wenn es möglich ist die Krise zu überwinden.

Das Verständnis der Sanierung wird damit maßgeblich von dem der unternehmerischen **4** Krise bestimmt. Die unternehmerische Krise ist Voraussetzung einer Sanierung und bestimmt diese inhaltlich und praktisch. Ausgangspunkt jeder Sanierung ist eine Analyse der Krise und Ziel die Formulierung des Leitbildes eines lebensfähigen Unternehmens. Die Art und Ausprägung der Krise determinieren die Sanierung. Und ebenso wie für die Sanierung besteht auch über den Begriff der Krise – trotz vieler Unterschiede im Detail – im Kern Konsens: Er beschreibt eine Verfassung des Unternehmens, die bei fortschreitender Ent-

---

[1] Ähnlich: *Prütting* ZIP 2013, 203, 204 f.; *Meißner* in ISU (Institut für die Standardisierung von Unternehmenssanierungen); Mindestanforderungen an Sanierungen (MaS), 2. Aufl. 2012, S. 354.

[2] Ausführlich zum betriebswirtschaftlichen Begriff der Sanierung etwa *Bockenförde* Unternehmenssanierung, 2. Aufl. Suttgart, 1996 S. 49 ff.; Hess/*Hess*/*Gross* Sanierungshandbuch, 6. Aufl. 2013, Kap. 1 Rn. 100. Buth/Hermanns/*Kraus* Restrukturierung, Sanierung, Insolvenz, 4. Aufl. 2014, S. 72 ff., Bratschisch/*Witte* Unternehmenskrisen, 1981, S. 14 ff. und speziell für den Konzern; *Bötzel* Diagnose von Konzernkrisen, 1992, S. 151 jeweils mwN.

wicklung dazu geeignet ist, die Existenz des Unternehmens zu gefährden.[3] Je nach Ursache und Verlauf lassen sich unterschiedliche Ausprägungen und Verlaufsstrukturen beschreiben. Idealtypisch durchläuft eine Krise dabei drei Hauptstadien:[4]

(1) Strategische Krise, die sich dadurch auszeichnet, dass sich die Wettbewerbsfähigkeit des Unternehmens verschlechtert, etwa weil es dem technologischen Wandel nicht folgt oder die Marktstrukturen sich verändern.

(2) Erfolgskrise, die durch den Rückgang der Gewinne gekennzeichnet ist und im Falle von Verlusten in einen vorlaufenden Substanzverzehr mündet.

(3) Liquiditätskrise, die durch zunehmende Knappheit an finanziellen Mitteln bis hin zur Zahlungsunfähigkeit gekennzeichnet ist.

5   Diese idealtypischen Stadien der Krise stehen in der unternehmerischen Praxis nicht unverbunden nebeneinander, sondern können parallel verlaufen und sich gegenseitig beeinflussen. So kann mangelnde Liquidität Rückwirkungen auf die strategische Position und den Ertrag haben, weil Investitionen zur Verbesserung der Marktposition und Ertragskraft nicht mehr durchgeführt werden können. Theoretisch wie praktisch steht die Liquiditätskrise aber am Ende der Krisenentwicklung: Solange das Unternehmen noch Erträge ausweist und über hinreichende Substanz verfügt, wird es sich im Regelfall noch Liquidität verschaffen können (sei es durch Aufnahme von Krediten gegen Sicherheiten, sei es durch Veräußerung von Vermögenswerten oder Abbau des Working Capital).

6   Grundlegendes Merkmal für die Diskussion von Krise und Sanierung in der Betriebswirtschaftslehre ist, dass ein Sanierungsbedarf betriebswirtschaftlich nicht erst dann besteht, wenn die Krise sich soweit zugespitzt hat, dass das Unternehmen akut in seiner Existenz gefährdet ist und unmittelbarer Handlungsbedarf zur Abwendung des zeitnah drohenden Zusammenbruchs besteht. Sanierungsbedarf, in unterschiedlicher Ausprägung und Dringlichkeit, besteht vielmehr immer (bereits) dann, wenn Krisensymptome gleich welcher Art erkannt sind. Dem liegt die Annahme zugrunde, dass der Erfolg der Sanierung umso größer ist, je früher mit Maßnahmen zur Krisenbewältigung begonnen wird. Dabei wird eine nur kurzfristige Bewältigung der Krisensymptome jedoch nicht als ausreichend erachtet. Der Begriff der Sanierung beinhaltet vielmehr ein Element der Dauerhaftigkeit. All das führt dazu, dass sich die Betriebswirtschaftslehre mit einem sehr weiten Spektrum an möglichen Krisen und Maßnahmen zu deren Bewältigung befassen muß.

7   Die Betriebswirtschaftslehre unterscheidet zudem nicht nach der Sanierung von Konzernen und Einzelgesellschaften. Zentrale betriebswirtschaftliche Frage der Sanierung ist nicht der Rechtsträger in der Krise. Die Fragestellung zielt vielmehr auf die wirtschaftlichen Ursachen, die zur Sanierungsbedürftigkeit geführt haben sowie Möglichkeit und notwendige Maßnahmen zur Realisierung der angestrebten Sanierung. Die betriebswirtschaftlichen Begriffe der Krise und Sanierung knüpfen entsprechend nicht an den rechtlichen Begriffen von Gesellschaft und Konzern an. Betrachtet wird das Unternehmen, das als rechtsformneutraler Träger der wirtschaftlichen Aktivitäten verstanden wird.[5] Dies ist aus betriebswirtschaftlicher Sicht auch sinnvoll, denn für die Frage, ob die existenzbedrohende Krise überwunden werden kann und welche Maßnahmen dafür ergriffen werden müssen, spielt die rechtliche Organisation der unternehmerischen Tätigkeit eine untergeordnete Rolle. Rechtsformspezifische und konzernrechtliche Aspekte sind in der betriebswirtschaftlichen Sanierungslehre und -praxis daher nur dann relevant, wenn sich hieraus betriebswirtschaftliche Folgewirkungen für die Verfassung und die Möglichkeit der Sanierung des Unternehmens ergeben.

---

[3] Vgl., Bickhoff et al/*Bickhoff/Eilenberger*, Die Unternehmenskrise als Chance, 2004, S. 3 ff.; Gottwald InsO-HdB/*Drukarczyk/Schöntag;* 5. Aufl. 2015, § 2 Rn. 1 ff.; *Maus*, Die GmbH in Krise, Sanierung und Insolvenz, 5. Aufl. 2016, S. 2; Bratschitsch/Schnellinger/*Witte*, Unternehmenskrisen: Ursachen, Frühwarnung, Bewältigung, 1981, S. 9 f.; jeweils m. w. N.

[4] Vgl. etwa *Evertz/Krystek* Restrukturierung und Sanierung von Unternehmen, 2010, S. 26 f.; Buth/Hermanns Restrukturierung/*Kraus* 4. Aufl. 2014, S. 70 ff.

[5] Vgl. nur *Böckenförde* Unternehmenssanierung S. 7 ff.; Gottwald InsO-HdB/*Drukarczyk/Schöntag* § 2 Rn. 2; das IDW im IDW S 6.

b) Krise und Sanierung in der Rechtswissenschaft

Die Entwicklung der rechtlichen Begriffe der Sanierungsbedürftigkeit und -fähigkeit ist vor **8** allem vor allem durch die Rechtsprechung des BGH geprägt. Rechtsprechung bezieht sich notwendigerweise immer auf einzelne Rechtsfragen und konkrete Sachverhalte. Es kann daher durchaus bezweifelt werden, ob es überhaupt einen einheitlichen rechtlichen Begriff der Sanierungsbedürftigkeit und -fähigkeit oder den vorgelagerten Begriff der Krise gibt.[6] Denn das Verständnis dessen, was rechtlich unter Krise und daraus folgendem Sanierungs-bedarf- und -fähigkeit zu verstehen ist, entzieht sich aufgrund der tatsächlichen Komplexi-tät und Vielfalt der praktischen Ausprägung einer gleichzeitig generalisierenden wie justiti-ablen Definition. Gleichwohl sind auch für die rechtlichen Begriffe von Krise, Sanierungs-bedürftigkeit und Sanierungsfähigkeit einige Grundstrukturen erkennbar.

aa) Krise

Der Begriff der Unternehmenskrise ist im Gesellschaftsrecht – zuvörderst bei den Organ- **9** pflichten und dem vormaligem Eigenkapitalersatzrecht – von Relevanz:

Im Gesellschaftsrecht folgen aus einer Krise zum einen verstärkte Überwachungspflich- **10** ten, zum anderen Handlungspflichten zur Krisenbeseitigung. Während die Überwachungs-pflichten zumindest bei der Aktiengesellschaft in § 91 Abs. 2 AktG eine ausdrückliche Kodifizierung gefunden haben, finden sich kodifizierte Handlungspflichten nur rudimentär. Allein für einen besonderen Fall der Erfolgskrise, den des Verlusts des hälftigen Grund-kapitals bei der AG (§ 92 Abs. 1 AktG) bzw. des hälftigen Stammkapitals der GmbH (§ 49 Abs. 3 GmbHG) – ist ausdrücklich die Pflicht zur Einberufung der Gesellschafterversamm-lung geregelt. Die für das Überleben des Unternehmens viel bedeutendere Frage, ob die Organe im Falle des Erkennens einer Krise dazu verpflichtet sind, dieser entgegenzuwirken und Maßnahmen zu ergreifen, ist jedoch nicht explizit geregelt. Letztlich handelt es sich bei dieser Pflicht an sich aber auch um eine solch unternehmerische Selbstverständlichkeit, dass sie keiner ausdrücklichen Regelung bedarf, sondern ohne weiteres aus den allgemeinen Sorgfaltspflichten der Organe aus § 43 GmbH bzw. § 93 Abs. 1 AktG resultiert. Höchst unklar ist jedoch, ab wann die Organe rechtlich dazu verpflichtet sind, Sanierungsmaß-nahmen zu ergreifen. Die Auffassung, dass dies schon dann erfolgen muß, wenn bei pflicht-gemäßer Beobachtung des Unternehmens Krisensignale erkennbar sind, deckt sich zwar mit der betriebswirtschaftlichen Auffassung (s. o.), dürfte aber ob der Komplexität und Vielzahl von Krisenursachen und Ausprägungen kaum zu einer justiziablen Fassung des Krisenbegriffs taugen. Will man die Pflicht zur Einleitung von Sanierungsmaßnahmen justiziabel halten, so wird jedenfalls die Beurteilung und Bewältigung von strategischen Krisen (Fragen der richtigen Platzierung im Markt, der technologischen Ausrichtung etc.) dem außerrechtlichen Bereich zuzuweisen sein. Die Unternehmensstrategie sowie den richtigen Zeitpunkt und Umfang für strategische Maßnahmen zu finden, ist Aufgabe der Geschäftsführungs- und Aufsichtsorgane und der Gesellschafter der Gesellschaft, nicht aber der Justiz. Im Kompetenzbereich der Aufsichtsorgane und Gesellschafter liegt es dann entsprechend, die Geschäftsführungsorgane auszutauschen, so sie denn einer sich abzeich-nenden strategischen Krise nicht entgegenwirken. Es spricht daher alles dafür, auch gesell-schaftsrechtlich eine rechtliche Krise erst dann einsetzen zu lassen, wenn sich diese in einem Rückgang der Erträge manifestiert.

Deutlich justiziabler war der Krisenbegriff dagegen im vormaligen Eigenkapitalersatz- **11** recht. Der durch das MoMiG abgeschaffte § 32a GmbH enthielt in Abs. 1 eine Legalde-finition für den eigenkapitalersatzrechtlichen Krisenbegriff: Der Zeitpunkt, zu dem ein Gesellschafter der Gesellschaft als ordentlicher Kaufmann Eigenkapital zugeführt hätte. Dieser Zeitpunkt wurde in Literatur und Rechtsprechung allgemein nicht erst dann als

---

[6] Ähnlich K. Schmidt/Uhlenbruck/*Maus* Die GmbH in Krise, Sanierung und Insolvenz, 5. Aufl. 2016, S. 3; *Prütting* ZIP 2013, 203, 205.

erreicht angesehen, wenn die Insolvenzreife drohte, sondern wenn die Kreditunwürdigkeit des Unternehmens oder Unwürdigkeit der längerfristigen Überlassung von Anlagegütern (Überlassungsunwürdigkeit) eingetreten war.[7] Zwar war eben die Problematik des Zeitpunkts des Eintrittes der Krise im vormaligen Eigenkapitalersatzrecht einer der maßgeblichen Gründe dafür, dass der Gesetzgeber für die nunmehr generelle Nachrangigkeit von Gesellschafterdarlehen im § 39 Abs. 1 Nr. 5 InsO auf jedes Krisenmerkmal verzichtet hat. Es lassen sich dennoch einige Grundgedanken der damaligen Rechtslage auf die rechtliche Krise als Auslöser einer Sanierung übertragen

12   Eine zur Sanierungsbedürftigkeit und zur Pflicht zum Ergreifen von Sanierungsmaßnahmen führende Krise liegt

(1) nicht erst vor, wenn die Insolvenzantragsreife der Gesellschaft bereits eingetreten ist, sondern ist deutlich vorher gegeben.

(2) jedenfalls dann vor, wenn Dritte das Unternehmen für kreditunwürdig oder für überlassungsunwürdig erachten.

13   Gegen den zweiten Punkt lässt sich zwar einwenden, dass er auf eine Wiedereinführung des Eigenkapitalersatzrechtes, „durch die Hintertür" hinausläuft. Jedenfalls bei manifesten Krisen, also solchen Krisen, die für einen sachkundigen Dritten bereits so weit zutage treten, dass dieser darauf mit der Verweigerung eines Kredits oder der Gebrauchsüberlassung von Gegenständen des Anlagevermögens reagiert, laufen nach dieser Wertung aber die betriebswirtschaftliche und rechtliche Sanierungspflicht parallel. Betriebswirtschaftlich wie rechtlich ist dann, wenn Dritte dem Unternehmen die Zusammenarbeit verweigern, die Notwendigkeit und Pflicht zum Handeln evident. Und trotz aller Kritik an der fehlenden Präzision beider Merkmale, vermag die dazu ergangene Rechtsprechung jedenfalls mehr Rechtssicherheit zu liefern als die Annahme, jegliche Krise löse auch eine rechtliche Sanierungsnotwendigkeit und Sanierungspflicht aus

bb) Sanierungsfähigkeit

14   Ähnlich problematisch wie der rechtliche Begriff der Krise ist auch der rechtliche Begriff der Sanierungsfähigkeit. Die größte Relevanz hat der Begriff der Sanierungsfähigkeit notwendigerweise im Insolvenzrecht. Scheitert die Sanierung, stellt sich dort die Frage, ob sich an dieses Scheitern Rechtsfolgen knüpfen, weil die Sanierungsfähigkeit von vornherein fehlte oder nicht hinreichend geprüft wurde. Dementsprechend betreffen die wesentlichen Entscheidungen insolvenzrechtliche Fragestellungen. Dabei dominieren die Entscheidungen zu anfechtungsrechtlichen Fragestellungen.

15   Die Rechtsprechung hat in einer Reihe von Entscheidungen zum Anfechtungstatbestand des § 31 KO (heute § 133 I InsO)[8] und dem Sanierungsprivileg nach §§ 32a Abs. III Satz 3 GmbHG[9] (heute § 39 Abs. IV Satz 2 InsO) eine Reihe von Kriterien aufgezeigt, die als Mindestanforderungen für ein Sanierungskonzept anzusehen sind. Diese umfassen insbesondere[10]

(1) die Vollständigkeit der zugrunde gelegten Unterlagen;

(2) die Analyse der Unternehmenskrise;

(3) die zutreffende Beurteilung der Vermögens-, Ertrags- und Finanzlage des Unternehmens;

(4) die ex ante Sanierungsfähigkeit des Unternehmens aus Sicht eines sachkundigen Dritten;

(5) die Schlüssigkeit des Konzepts und die objektive Tauglichkeit der Maßnahmen

---

[7]   Vgl. Baumbach/Hueck/*Hueck/Fastrich* GmbHG § 32a Rn. 48 ff.; Ulmer/Hachenburg/*Ulmer* GmbHG § 32a Rn. 46 ff.

[8]   Insbes. BGH v. 4.12.1997 – IX ZR 47/97, ZIP 1998, 248 und BGH v. 12.5.2016, IX ZR 65/14, ZInsO 2010, 238; und aus jüngerer Zeit BGH v. 12.5.2016 – IX ZR 65/14, ZIP 2016, 1235

[9]   Insb OLG Köln v. 24.9.2009 – 18 U 134/05, ZInsO 2010, 238.

[10]   Vgl. *Bauer* Die GmbH in der Krise Rn. 312 ff.; *Hermanns/Krummen* ZInsO 2017, 461f; *Weber* ZInsO 2011, 904 f.

Diese für anfechtungsrechtliche Fragestellungen entwickelten Grundsätze werden in der **16** Literatur und Praxis zunehmend für eine Reihe ähnlich gelagerter Fragestellungen heran-gezogen.[11] Unmittelbar einleuchtend ist dieser Rekurs auf die anfechtungsrechtliche Sanierungsfähigkeit bei der Frage der Gläubigerbenachteiligung nach § 826 BGB durch unzureichende Sanierungsfinanzierung. Der dort notwendigen vorsätzlich sittenwidrigen Schädigung liegt letztlich dieselbe Wertung zugrunde wie der vorsätzlichen Gläubiger-benachteiligung des § 133 Abs. 1 InsO. Hier wie dort sollte eine den Grundsätzen der Rechtsprechung zum Anfechtungsrecht entsprechende Prüfung der Sanierungsfähigkeit die Schädigungsabsicht ausschließen.[12]

Deutlich problematischer ist die Anwendung dieser Grundsätze dagegen auf die Frage, **17** ob Vorstände oder Geschäftsführer einer Gesellschaft mit Unternehmen in der Krise noch kontrahieren dürfen. Diese gerade für Konzerngesellschaften hoch bedeutsame Frage beur-teilt sich gesellschaftsrechtlich nach den allgemeinen Sorgfaltsmaßstäben in § 43 GmbHG und §§ 93, 116 AktG und strafrechtlich nach dem eng damit im Zusammenhang stehenden Tatbestand der Untreue gem. § 266 StGB. Befindet sich das Unternehmen selbst oder der Vertragspartner in der Krise, so droht den Organen immer dann eine zivilrechtliche oder gar strafrechtliche Haftung, wenn sich aus dem Scheitern der Sanierung später ein Schaden daraus ergibt, dass die Organe auf das Gelingen der Sanierung vertrauten.[13] Dieses Risiko ist vor allem bei Kreditvergaben in der Krise einschlägig und hat seit Rückkehr des MoMiG zur sogenannten bilanziellen Betrachtung erhebliche praktische Konsequenzen im Kon-zern. Bis zum MoMiG war die konzerninterne Gewährung aufsteigender Darlehen, also Darlehen der Tochtergesellschaften an die Obergesellschaft oder eine gleichgestellte Schwestergesellschaft, durch die sogenannte Novemberrechtsprechung des BGH[14] beträg-lich begrenzt auf das nicht zum Erhalt des statutarischen Kapitals notwendige Eigenkapital. Durch das MoMiG wurde diese starre – aber klare – betragliche Grenze vom Gesetzgeber ausdrücklich aufgehoben. Die Zulässigkeit konzerninterner Darlehen ist nun vor allem danach zu beurteilen, ob sie im Zeitpunkt der Kreditgewährung mit den Sorgfaltspflichten eines ordentlichen Geschäftsführers vereinbar war.[15] Eine Kreditgewährung ist folglich ausgeschlossen, wenn infolge mangelnder Bonität der anderen Konzerngesellschaft ein Ausfall droht. Der Geschäftsführer muß also, ähnlich einer Bank, bei konzerninterner Darlehensgewährungen die Bonität der Kreditnehmerin prüfen.[16] Dies wird in aller Regel die sachlichen Ressourcen der konzernabhängigen Gesellschaft und die persönlichen Fähig-keiten der Geschäftsführer im Konzern übersteigen. Jedenfalls wäre dann aber folgerichtig, die Aufrechterhaltung der konzerninternen Kreditgewährung bei Bestätigung der Sanie-rungsfähigkeit durch ein der anfechtungsrechtlichen Rechtsprechung entsprechendes Sa-nierungsgutachten für grundsätzlich zulässig zu erachten. Sollte sich die Rechtsprechung dahin entwickeln, ein solches Gutachten ähnlich wie bei Überbrückungsdarlehen von Banken Voraussetzung für die aufsteigende Darlehensgewährung im Konzern in der Krise ist, so ist die heutige Praxis mit erheblichen Risiken für die Geschäftsführer verbunden.[17]

Inhaltlich eng verbunden mit der Sanierungsfähigkeit ist die insolvenzrechtliche Fort- **18** bestehensprognose gem. § 19 Abs. 2 S. 1 InsO. Gleichwohl können beide nicht gleichge-setzt werden. Geht man von dem herrschenden Begriff der Fortbestehensprognose aus, so geht es hierbei um das finanzielle Gleichgewicht der Gesellschaft (s. u.). Dies ist ein deutlich

---

[11] Vgl. etwa *Bauer* Die GmbH in der Krise Rn. 312 ff.; Ausführlich zur Bedeutung dieser Entscheidungen insbes. *Prütting*, ZIP 2013, 205 ff.; *Weber* ZInsO 2011, 904 f.

[12] So auch KG Berlin v. 4.11.2015 – 24 U 112, 14, BKR 2016, 386; Kritisch etwa *Weber* ZinsO 2011, 904 f.

[13] Vgl. etwa BGH v. 15.11.2001 – 1 StR 185/01, NJW 2002, 1211 für die Kreditvergabe durch Bank-organe.

[14] BGH v. 24.11.2003 – II ZR 171/01, BGHZ 157, 72.

[15] Vgl. BegrRegE MoMiG, BT-Drucks. 16/6140 S. 41.

[16] So für den analogen Fall der Bestellung von Sicherheiten im Konzern jüngst auch BGH v. 21.3.2017 – II ZR 93/16, ZIP 2017, 917, dazu u. a. *Heerma/Bergmann* ZIP 2017, 1261, 1263.

[17] Ausführlich und kritisch zu der damit verbundenen Risikoerhöhung für die Geschäftsführer konzern-gebundener Gesellschaften K. *Schmidt* GmbHR 2008, 449 ff.

engerer Begriff, der aufgrund der geringeren Komplexität auch nicht denselben Anforderungen wie dem dargestellten Nachweis der Sanierungsfähigkeit unterliegt und infolge der zeitlichen Restriktionen bei der Feststellung der Insolvenzantragsreife auch nicht unterliegen kann. Umgekehrt ist die Aufrechterhaltung oder Wiederherstellung der positiven Fortbestehensprognose selbstverständlicher Bestandteil jeder Sanierungsfähigkeit.[18] Dementsprechend wird die Herstellung einer positive Fortbestehensprognose durch Beseitigung der Insolvenzantragsgründe im IDW S 6 und in Teilen der Literatur zu Recht als erste Stufe jeder Prüfung der Sanierungsfähigkeit bezeichnet.[19]

19   Seit dem ESUG hat die Sanierungsfähigkeit schließlich ausdrücklich rechtliche Bedeutung für das sogenannte Schutzschirmverfahren nach § 270b InsO. Dieses darf nach § 270b Abs. 1 S. 1, S. 3 InsO nur angeordnet werden, wenn der Schuldner nachweist, dass eine angestrebte Sanierung nicht offensichtlich aussichtslos ist. Der Gesetzgeber hat ausdrücklich darauf verzichtet, einen bestimmten Standard hierfür vorzuschreiben.[20] Daraus folgt zwar nicht automatisch, dass die zum Anfechtungsrecht entwickelten Grundsätze der Rechtsprechung keine Anwendung finden. Doch ergibt sich dies aus dem Wortlaut und Sinn des Gesetzes. Denn die oben dargestellte Rechtsprechung ist darauf gerichtet, Maßstäbe für einen positiven Nachweis der Sanierungsfähigkeit vorzugeben, im Rahmen von § 270b InsO geht es dagegen nur um die nicht offensichtliche Aussichtslosigkeit der Sanierung. Dies ist ein deutlich reduzierter Maßstab. Es geht allein um eine vorläufige und in sich plausible Einschätzung der Sanierungsfähigkeit.[21]

c) Der IDW Standard S 6

20   Bereits der vom IDW entwickelte Standard S 6 „Anforderungen an die Erstellung von Sanierungskonzepten" in der Fassung vom 15.10.2009[22] hatte in der sanierungsrechtlichen Praxis erhebliche Verbreitung erfahren. Der regelmäßig überarbeitete Standard[23] hat sich binnen kurzer Zeit faktisch zum betriebswirtschaftlichen Marktstandard entwickelt. Zwar kommt dem IDW S 6 keinerlei Qualität als Rechtsnorm zu, denn der IDW ist ein rein privatrechtlicher Verein. Doch ist die faktische Bedeutung des IDW S 6 nicht weit von der einer Rechtsnorm entfernt. Dies aus einer Reihe von Gründen:

21   Der IDW S 6 legt die Auffassung des Berufsverbandes zu den Standards einer Sanierungsfähigkeit fest. Allen, dem IDW angeschlossenen Wirtschaftsprüfern sind qua Satzung fachliche Richtlinien vorgegeben, von denen nur in Ausnahmefällen abgewichen werden kann. Damit entfaltet der Standard hohe faktische Bindungswirkung.[24] Der Standard bemüht sich seit seiner Neufassung im Jahre 2012 zudem ausdrücklich um eine strikte Ausrichtung an den Grundsätzen der oben dargestellten Rechtsprechung.[25] Ungeachtet der Frage, ob diese Ausrichtung als gelungen anzusehen ist, stellt er einen weithin akzeptierten Versuch dar, die ergangene Rechtsprechung in einer in sich schlüssigen Konzeption praktisch umzusetzen.[26] Und schließlich gibt die ebenso strukturierte wie detaillierte Vorgabe des Standards zum Aufbau des Sanierungskonzepts die Gewißheit, keine wesentlichen Aspekte zu übersehen.

22   Der Detaillierungsgrad des Standards und der in der Folge erforderliche Aufwand bei der Gutachtenerstellung sind allerdings in der Praxis zugleich auch Ansatzpunkte für erhebliche Kritik. Auch wenn der Standard selbst die Konzentration auf das Wesentliche fordert, so haben IDW S 6 Gutachten einen Umfang, dass dessen Erstellung erhebliche Zeit in

---

[18] Vgl. nur *Hess*, Sanierungshandbuch Kap. 4 Rn. 3.
[19] IDW S 6 Rn. 11 ff., ähnlich *Evertz/Krystek* Restrukturierung und Sanierung von Unternehmen S. 71.
[20] BT Drucks. 17/5712 S. 40; *Graf-Schlicker* InsO § 270b Rn. 12.
[21] Ähnlich *Prütting* ZIP 2013, 203, 205.
[22] IDW Fachnachrichten Heft 12/2012, S. 719.
[23] Zuletzt mit Datum vom 8.9.2017
[24] Ähnlich *Prütting* ZIP 2013, 203, 205.
[25] Vgl.insbes. *Steffan* ZIP 2016, 1712.
[26] Ähnlich *Prütting* ZIP 2013, 203 f.

Anspruch nimmt und bei kleineren Unternehmen auch oft überdimensioniert erscheint.[27]

In einer Entscheidung aus 2016 hat der BGH[28] nunmehr ausdrücklich zum Nachweis der Sanierungsfähigkeit durch ein Gutachten nach IDW S 6 Stellung genommen. Er kommt dabei einerseits zum Ergebnis, dass ein Sanierungsgutachten nach IDW S 6 den Anforderungen der Rechtsprechung im Regelfall genügt, andererseits stellt er klar, dass es nicht zwangsläufig eines Gutachtens nach IDW S 6 bedarf. Die erforderlichen Inhalte richten sich nach den Umständen des Falles, gerade bei kleineren Unternehmen könne auch weniger ausreichend sein. Da bei läßt er aber offen, auf welche Elemente des Standards IDW S 6 möglicherweise verzichtet werden kann.

Diese Entscheidung wird jedenfalls bei größeren Sanierungen in der Praxis dazu führen, dass an einem Sanierungsgutachten nach IDW S 6[29] selten ein Weg vorbei führen. Denn auch wenn möglicherweise weniger ausreichen würde, ein Gutachten nach IDW S 6 gibt allen Beteiligten die höchste Gewähr einer haftungsrechtlichen Exkulpation.[30]

Es steht zu erwarten, dass mit dieser höchstrichterliche Rechtsprechung der IDW S 6 faktisch wie eine rechtliche Normierung der Anforderungen an die Sanierungsfähigkeit wirkt.

2. Der Konzern als Sanierungsobjekt

Wie oben bereits kurz angesprochen, unterscheiden sich der betriebswirtschaftliche und **23** der rechtliche Sanierungsbegriff hinsichtlich ihres Anknüpfungspunkts. Während die Betriebswirtschaftslehre durch einen wirtschaftlich geprägten Unternehmensbegriff weitgehend vom Rechtsträger abstrahiert, stellt der rechtliche Sanierungsbegriff im Ausgangspunkt auf die Einzelgesellschaft ab. Evident ist dies für die Begründung von besonderen Sorgfalts- und Handlungspflichten der Organe in der Unternehmenskrise: Handlungspflichten können nur jeweils gegenüber Rechtsträgern, denen das Organ verantwortlich ist, bestehen. Die Organe der zum Konzern gehörenden Gesellschaft sind rechtlich in erster Linie der jeweiligen Einzelgesellschaft – und nicht dem Konzern als unternehmerischem Verbund – verpflichtet. Und auch im Anfechtungsrecht, zu dem die maßgeblichen Entscheidungen für die rechtlichen Anforderungen an die Sanierungsfähigkeit ergangen sind, geht es immer um die Einzelgesellschaft, denn es werden Rechtshandlungen einer konkreten Gesellschaft angefochten.

Bei der Beurteilung der Sanierungsfähigkeit ganzer Unternehmensgruppe und konzern- **24** zugehöriger Gesellschaft müssen sich die Anknüpfungspunkte des betriebswirtschaftlichen und rechtliche Sanierungsbegriff jedoch einander annähern. Denn die Gesellschaften eines Konzerns stehen im Regelfall nicht losgelöst nebeneinander, sondern sind rechtlich, wirtschaftlich und organisatorisch miteinander verbunden und aufeinander bezogen. Je nach Ausprägung und Umfang der Verbundeffekte, kann eine sinnvolle betriebswirtschaftliche Aussage zur Sanierungsfähigkeit nur für den Konzern im Ganzen oder nur für Teilbereiche des Konzerns, nicht aber für Einzelgesellschaften des Konzerns, gemacht werden. Die Lebensfähigkeit einzelner Gesellschaften läßt sich dann nicht isoliert, sondern nur im Zusammenhang mit der anderer Konzerngesellschaften beurteilen.[31] Zwar resultiert die rechtliche Sanierungsfähigkeitsprüfung in aller Regel aus Fragestellungen, die an Rechtsbeziehungen zu oder Pflichten von einzelnen Rechtsträgern anknüpfen. Die rechtliche Prüfung der Frage der Sanierungsfähigkeit eines Rechtsträgers, der für sich nicht wirtschaftlich lebensfähig ist und auf welche es daher betriebswirtschaftlich keine sinnvolle

---

[27] Vgl. *Pape* ZInsO 2017, 213
[28] BGH vom 12.5.2016 – IX ZR 65/14, NIZ 2017, 636.
[29] Oder analog IDW S 6 durch die Sanierungsberater, die mangels Zulassung als Wirtschaftsprüfer nicht dem IDW angeschlossen sind.
[30] Gleiches gilt für die Mindestanforderungen an Sanierungen (MaS) des ISU (Institut für die Standardisierung von Unternehmenssanierungen.
[31] Vgl. etwa die Beispiele bei *Kübler* ZGR 1984, S. 560 ff.; *Siemon* NZI 2014, 55, 56 f.

Antwort gibt, wäre aber eine reine Fiktion. Das Außerachtlassen von Verbundeffekten bei Konzerngesellschaften im Rahmen der rechtlichen Prüfung der Sanierungsfähigkeit ist daher weder sinnvoll noch justitiabel.

25   Jedenfalls dann, wenn gezeigt werden kann, dass die einzelne, für die jeweilige Rechtsfrage relevante, Einzelgesellschaft infolge von Verbundeffekten so stark in den Konzern integriert ist, dass eine selbständige Betrachtung des Rechtsträgers keine wirtschaftlich sinnvolle Aussage ergeben kann, muss auch die rechtliche Prüfung des Sanierungsfähigkeit auf den Konzern oder einen Teilbereich des Konzerns bezogen sein. Dagegen kann es rechtlich bei einer Einzelbetrachtung der Gesellschaft oder von Teilgruppen von Gesellschaften verbleiben, wenn der Rechtsträger sich theoretisch aus dem Konzernverbund herauslösen lässt, ohne dass seine Lebensfähigkeit darunter leidet. Doch auch in solchen Fällen kann es sinnvoll sein, die Betrachtung der Sanierungsfähigkeit in erster Linie auf den Gesamtkonzern zu beziehen. Denn ist der Gesamtkonzern sanierungsfähig, so gilt dies als Minus dann in der Regel auch für die Einzelgesellschaft. Die betriebswirtschaftliche Fokussierung der Sanierungsfähigkeit auf den Gesamtkonzern stellt dann zwar keine Notwendigkeit, aber eine sinnvolle Vereinfachung dar. Allerdings laufen in solchen Fällen selbständig lebensfähiger Unternehmen das Untersuchungsobjekt der betriebswirtschaftlichen und der juristischen Sanierungsfähigkeitsprüfung auseinander.

26   Bei der rechtlichen Prüfung der Sanierungsfähigkeit eines Konzerns ist daher zunächst der Prüfungsgegenstand zu eruieren: Ist eine sinnvolle Aussage noch für Einzelgesellschaften möglich oder muss auf den Gesamtkonzern oder Teile davon abgestellt werden? Dies erfolgt idealerweise im Rahmen der Darstellung des vorgefundenen Istzustandes des Konzerns im Sanierungsgutachten. Hier sollte ausgeführt werden, welche Verbundeffekte vorliegen und welche Auswirkungen diese auf die Selbständigkeit und isolierte Lebensfähigkeit der konzernzugehörigen Gesellschaften haben. Sind die Verbundeffekte so ausgeprägt, dass keine sinnvolle Aussage zu den Einzelunternehmen mehr möglich ist, laufen die unternehmensorientierte Betrachtung der Betriebswirtschaftslehre und die rechtliche Betrachtung insoweit zusammen.[32]

a) Rechtliche Relevanz der Verbundeffekte

27   Die im Rahmen einer solchen Analyse sanierungsrechtlich relevanten Verbundeffekte lassen sich systematisch in leistungswirtschaftliche, organisatorische, finanzwirtschaftliche und haftungsrechtliche Ursachen unterteilen:

aa) Leistungswirtschaftliche Verbundeffekte

28   Leistungswirtschaftliche Verbundeffekte entstehen typischerweise in vertikalen Konzernstrukturen. Hier sind die einander vor- und nachgelagerten unterschiedlichen Fertigungsstufen in eigenständigen Gesellschaften angesiedelt. Werden die vorgelagerten Fertigungsstufen ausschließlich oder vorrangig für konzerninterne Abnehmer erbracht, also für die jeweils nachgelagert Fertigungsstufe, so fehlt der vorgelagerten Konzerngesellschaft die eigene Marktpräsenz. Damit fehlt der betreffenden Gesellschaft zumindest aktuell eine für eine eigenständige Lebensfähigkeit notwendige Voraussetzung. Ist die Schaffung einer eigenen Marktpräsenz auch theoretisch unmöglich, etwa weil es keinen eigenständigen Markt für die jeweiligen Vorprodukte gibt, so muss dies auch in einer Langfristbetrachtung Berücksichtigung finden: Eine sinnvolle Aussage zur isolierten Sanierungsfähigkeit solcher Produzenten von Zwischenprodukten ist dann nicht möglich. Entsprechendes gilt u. U. für den Produzenten des letztlichen Endproduktes: Kann die Gesellschaft die jeweiligen Zulieferungen aus den vorgelagerten Fertigungsstufen nur intern und nicht am Markt beschaf-

---

[32] Ähnlich *Theisen* Der Konzern, S. 683.

fen, so verfügt diese Konzerngesellschaft zwar über eine Marktbasis, nicht aber über die Voraussetzungen, um alleine ein marktfähiges Produkt zu erstellen.

Im vertikalen Konzern beurteilt sich die selbständige Lebensfähigkeit und damit die Sanierungsfähigkeit in leistungswirtschaftlicher Hinsicht – stark vereinfacht – also danach, ob (1) es für die jeweiligen Vor- und Endprodukte Märke gibt und ob (2) die Gesellschaft auf diesen Märkten bereits präsent ist oder im zeitlichen Rahmen der Sanierung präsent werden kann. Je weniger dies der Fall ist, umso zwingender ist betriebswirtschaftlich wie rechtlich die Betrachtung des gesamten Konzerns bei der Sanierungsfähigkeitsprüfung.

Ähnlich gelagert ist die Problematik, wenn im Konzern die elementaren leistungswirt- **29** schaftlichen Funktionen Einkauf (Beschaffung), Produktion und Absatz (Vertrieb) auf unterschiedliche Gesellschaften verteilt sind. Dies trifft man vor allem dann an, wenn sich durch Bündelung der Beschaffung und des Vertriebs ähnlicher Produkte Größen- und Kostenvorteile erzielen lassen. Es ist unmittelbar einleuchtend, dass bei einer solchen Verteilung der elementaren Funktionen keine der jeweiligen Gesellschaften für sich lebensfähig ist, eine Aussage zur Sanierungsfähigkeit also nur für den Verbund insgesamt möglich ist.

bb) Administrative Verbundeffekte

Ähnlich gelagert ist die Problematik, wenn nicht die unmittelbar produktiven leistungswirt- **30** schaftlichen Funktionen, sondern die administrativen Funktionen auf unterschiedliche Rechtsträger verlagert sind. Dies trifft im Konzern vor allem für das interne und externe Rechnungswesen und EDV-Dienstleistungen zu. Beide finden sich häufig nicht in jeder Einzelgesellschaft, sondern sind typischerweise bei der Konzernobergesellschaft oder einer gesonderten Servicegesellschaft angesiedelt. Eine eigenständige Lebensfähigkeit einzelner Konzerngesellschaften ist dann nur gegeben, wenn auch die Obergesellschaft oder Service-gesellschaft lebensfähig ist oder es möglich ist, die jeweils benötigten Funktionen schnell aus den jeweiligen Dienstleistungsgesellschaften herauszulösen oder neu aufzubauen. Beides ist angesichts der zumeist hohen Komplexität des Rechnungswesens und der EDV im Regelfall nicht oder nicht kurzfristig möglich.

cc) Finanzwirtschaftlich Verbundeffekte

Typischerweise wird im Konzern die Beschaffung und Verwendung der finanziellen Mittel **31** nicht den jeweiligen Einzelgesellschaften überlassen, sondern bei der Konzernobergesell-schaft oder einer eigens dafür geschaffenen, konzerninternen Finanzierungsgesellschaft gebündelt. Ziel dieser Konzentration ist es,

(1) die Kosten der Mittelbeschaffung zu senken, indem durch Zentralisation und Bünde-lung bessere Zinssätze verhandelt werden können und die Transaktionskosten reduziert werden.

(2) die vorhandenen Mittel effektiver einzusetzen, so dass die Mittel immer dort zur Ver-fügung stehen, wo ein entsprechender Bedarf besteht und insbesondere vermieden wird, dass sich Gesellschaften im Konzern schon in der (hochverzinslichen) Kredit-aufnahme befinden, während andere noch über in (niedrigverzinsliche) Geldanlagen überschüssiger Mittel verfügen.

(3) das Liquiditätsrisiko (Zahlungsunfähigkeitsrisiko) des Konzerns und der zugehörigen Gesellschaften durch eine bessere Steuerung und Prognose der Liquiditätsflüsse zu reduzieren.

Oft geht diese Konzentration der externen Finanzierungsbeziehungen einher mit der **32** Einrichtung eines sogenannten Cash Pool. Hierbei führen sämtliche angeschlossenen Ge-sellschaften taggleich positive Kontensalden (Bankguthaben) an eine zentrale Gesellschaft – den sogenannten Cash-Pool Führer – im Regelfall die Obergesellschaft oder die konzern-interne Finanzierungsgesellschaft – ab und erhalten negative Kontensalden von dieser aus-geglichen. Anstelle des abgeführten Bankguthabens tritt eine konzerninterne Forderung der Einzelgesellschaft gegen den Cash-Pool Führer, an die Stelle der Bankverbindlichkeiten eine konzerninterne Verbindlichkeit.

33   Diese Konzentration der externen Finanzierung und Zahlungsflüsse geht häufig einher mit einer ähnlich strukturierten Konzentration der internen Finanzierung und Zahlungsflüsse. Sämtliche konzerninternen Forderungen und Verbindlichkeiten werden am Ende jedes Tages saldiert und im Wege der Novation durch eine Forderung an oder Verbindlichkeit gegenüber der konzerninternen Finanzierungsgesellschaft, die zumeist identisch mit dem Cash-Pool Führer ist, ersetzt. An die Stelle einer Vielzahl wechselseitiger Forderungen und Verpflichtungen zwischen den jeweiligen Konzerngesellschaften tritt eine einzige Beziehung der konzerninternen Forderung oder Verbindlichkeit gegen die Finanzierungsgesellschaft. Die konzerninternen Finanzierungsbeziehungen werden so stark vereinfacht und ohne tatsächlichen Liquiditätsfluss leicht abwickelbar und beherrschbar.

34   Im Extremfalle führt diese Konzentration der externen und internen Finanzierung und Zahlungsflüsse im Konzern soweit, dass bis auf die Obergesellschaft (oder die konzerninterne Finanzierungsgesellschaft) kein weiteres Unternehmen Finanzverbindlichkeiten und eigenen Kreditlinien gegenüber konzernexternen Kreditgebern hat. Soweit die Einzelgesellschaften noch über eigene Bankkonten verfügen, dienen diese nur noch zur Durchleitung der für die im Außenverhältnis für Zahlungsverpflichtungen erforderlichen Mittel bzw. aus Zahlungseingängen erzielten Überschüsse

35   Unabhängig von der Frage, ob eine solch weitgehende finanzielle Unselbständigkeit mit den Sorgfaltspflichten des Geschäftsführers einer konzernzugehörigen Gesellschaft überhaupt vereinbar ist,[33] sind ihre Konsequenzen für die selbständige Lebensfähigkeit des Einzelunternehmens evident: Ohne eigene Liquiditätsreserven und ohne Zugang zu externen Finanzierungsquellen sind Überleben und Sanierungsfähigkeit der Konzerngesellschaft eine unmittelbare Resultante der des Konzerns. Kann dieser über die Finanzierungsgesellschaft die zum Überleben notwendige Liquidität nicht mehr bereitstellen, droht die Zahlungsunfähigkeit.[34]

36   In finanzwirtschaftlicher Hinsicht ist eine selbständige Sanierungsfähigkeit einzelner Konzerngesellschaften daher nur dann gegeben, wenn diese über eigene Kreditlinien verfügen oder sich schnell beschaffen können, oder aus den leistungswirtschaftlichen Beziehungen mit Abnehmern oder Lieferanten einen solch hohen Liquiditätsüberschuss erzielen können, dass hieraus die im stand-alone Fall notwendige Liquidität dargestellt werden kann. Beides ist in der Praxis eher selten der Fall.

dd) Haftungsrechtliche Verbundeffekte („Haftungsbrücken")

37   Von erheblicher praktischer Bedeutung sind schließlich haftungsrechtliche Verbundeffekte. Im Konzern bestehen im Regelfall eine Vielzahl von Rechtsbeziehungen der Gesellschaften untereinander und zu Dritten, die dazu führen, dass ein haftungsrechtlicher Verbund entsteht. Diese „Haftungsbrücken" führen dann dazu, dass im Falle des Scheiterns einer Gesellschaft die Verpflichtungen auf die übrigen Gesellschaften durchschlagen, es kommt zum sogenannten „Dominoeffekt". Rechtsgründe solcher „Haftungsbrücken" können sein

(1) vertragliche Mithaften aus Bürgschaften, Garantien, als Gesamtschuldner und ähnlichem. Diese stehen zumeist im Zusammenhang mit der dargestellten Konzentration der externen Finanzierung. Denn im Falle einer Insolvenz der Holding oder Finanzierungsgesellschaft sind die Befriedigungserwartungen dort eher überschaubar, da die realen Vermögenswerte typischerweise in den operativen Gesellschaften liegen. Die Mittelgeber drängen daher spätestens dann, wenn sich die Krise abzeichnet, darauf dass auch die übrigen Konzerngesellschaften für die Finanzverbindlichkeiten mit haften und Sicherheiten an ihren Vermögenswerten einräumen. Vor der Krise noch selbständige

---

[33] Kritisch insoweit *Schneider* ZGR 1984, 497, 533 f., der ein Rest an finanzieller Eigenständigkeit fordert.
[34] Vgl. *Erne* GWQR 2009, 387, 388.

und für sich lebensfähige Unternehmen werden so bei beginnender Krise durch Einbeziehung in einen Haftungsverbund oft ihrer selbständigen Sanierungsfähigkeit beraubt.

Nicht selten in der Praxis sind aber auch Patronate und Bürgschaften nur der Obergesellschaft für einzelne krisenbehaftete Unternehmen des Konzerns gegenüber deren Finanzmittelgebern, Lieferanten oder Warenkreditversicherern. Die Krise einzelner Bereiche infiziert so dann die Obergesellschaft und weitere Bereiche des Konzerns

(2) gesellschaftsrechtliche Mithaftungen: Diese können einerseits aus gesellschaftsrechtlichen Verträgen (insbes. Ergebnisabführungsverträgen) und gesellschaftsrechtlichen Haftungsverhältnissen (etwa der Gesellschafterstellung als Vollhafter einer KG) resultieren. Andererseits aus den Risiken vergangener Handlungen, sei es Reorganisationen nach dem Umwandlungsgesetz, die über §§ 133, 134 UmwG eine Nachhaftung begründen, sei es über die Rechtsprechung des BGH zum sogenannten existenzvernichtenden Eingriff, der sich nunmehr auf § 826 BGB stützt.[35]

In diesem Zusammenhang wird oft übersehen, dass auch beendete Ergebnisabführungsverträge zu krisenbehafteten Konzerngesellschaften Nachlaufrisiken beinhalten. Stellt sich heraus, dass das abhängige Unternehmen im Zeitpunkt der Beendigung des Ergebnisabführungsvertrages schon nicht mehr lebensfähig war, so ist ein gleichwohl auf Basis des Jahresabschlusses zu Fortbestehenswerten ermittelter letzter Verlustausgleichsanspruch möglicherweise unzureichend. Nach der Rechtsprechung des BGH muß der Verlustausgleichsanspruch unabhängig vom tatsächlich festgestellten Jahresabschluß auf der Basis eines „richtigen" Jahresabschlusses errechnet werden.[36] Bei Unternehmen, die ohne Verlustausgleich nicht mehr lebensfähig sind, führt dies zu Liquidationswerten. Der Verlustausgleichanspruch kann auch vom späteren Insolvenzverwalter geltend gemacht werden.

(3) insolvenzrechtliche Haftungen: Dies betrifft insbesondere anfechtungsrechtliche Ansprüche aus § 135 InsO wegen der Tilgung konzerninterner Finanzierungen innerhalb des letzten Jahres vor dem Eröffnungsantrag und Absichtsanfechtungen konzerninterner Geschäfte und Gestaltungen nach § 133 Abs. 1 InsO. Letzteres ist im Konzern gerade bei krisenbehafteten Gesellschaften, die über gesunde Teilbereiche verfügen, häufig vorzufinden. Die verständlichen Bemühungen, die gesunden Teile aus dem krisenbehafteten Einzelunternehmen herauszulösen und für den Konzern zu retten sind insolvenzanfechtungsrechtlich selten zu halten. Entsprechende Maßnahmen in Sanierungskonzepten aus rechtlicher Sicht daher von höchst zweifelhaftem Wert.

(4) steuerrechtliche Organschaften: Von erheblicher praktischer Relevanz ist dabei vor allem die umsatzsteuerliche Organschaft gem. (§ 2 Abs. 2 Nr. 2UStG). Diese umfasst nicht nur die laufenden Umsatzsteuerverpflichtungen, sondern auch Verpflichtungen aus einer Umsatzsteuerrückrechnung wegen nachträglicher Veränderung der Bemessungsgrundlage durch Ausfall der Lieferanten gem. § 17 UStG. In der Praxis läßt sich zwar eine gewisses Tendenz der Finanzbehörden beobachten, im Falle einer Insolvenz von konzernverbundenen Gesellschaften jede Gesellschaft nur für die bei ihr verursachte Umsatzsteuer haftbar zu machen, um so eine Folgeinsolvenz allein aus umsatzsteuerlichen Gründen zu verhindern. Rechtlich gesichert ist eine solche Beschränkung aus Billigkeitsgesichtspunkten jedoch nicht. Ohne große praktische Bedeutung sind – jedenfalls bei Unternehmen die sich bereits seit einiger Zeit in einer Ertragskrise befinden –die körpersteuerliche (§§ 14 ff. KStG) und gewerbesteuerliche (§ 2 Abs. 2 Satz 2 GewStG) Organschaft.

---

[35] Grundlegend BGH v. 16.7.2007 – II ZR 3/04 (Trihotel), BGHZ 173, 246; fortgesetzt u. a. in BGH v. 23.4.2012 – II ZR 252/10, BGHZ 193, 96.

[36] grundlegend BGH v. 11.10.1999 – II ZR 120/98, BGHZ 142, 382; weiter BGH v. 14.2.2005 – II ZR 361/02, NZG 2005, 481.

b) Einzelgesellschaftliche (Rest-)pflichten und Restriktionen

38 Liegen die dargestellten Verbundeffekte in ausreichendem Maße vor, so ist die Sanierungsfähigkeit nicht mehr auf der Ebene der Einzelgesellschaft beurteilbar. Hieraus folgt allerdings nicht, dass die sanierungsrechtlichen Pflichten der Organe der Einzelgesellschaft aus
§ 43 GmbHG und §§ 93, 116 AktG damit obsolet wären. Diese bestehen fort, sind aber
inhaltlich so auszugestalten, dass das Organ ihnen im Rahmen des dargestellten Verbundes
sinnvollerweise nachkommen kann.

39 Im Rahmen der aufgezeigten Reduktion der Pflichten sind nämlich nur solche Verbundeffekte zu berücksichtigen, die sich aus tatsächlichen und objektiven Notwendigkeiten
ergeben. Weisungen der Obergesellschaft, die auf die Ignorierung der rechtlichen Pflichten
durch die Organe der abhängigen Gesellschaften hinauslaufen oder Folgewirkungen vorausgegangenen rechtswidrigen, weil sorgfaltswidrigen, Tuns sind unbeachtlich. Dies führt
in der Praxis häufig zu kaum auflösbaren Kollisionen zwischen rechtlichen Pflichten und
den tatsächlichen Machtverhältnissen und faktischen Gegebenheiten. Dieser Konflikt wird
– nicht zuletzt seit den Änderungen der konzerninternen Darlehensgewährung in Folge
des MoMiG – vor allem auf dem Rücken der Geschäftsführer der abhängigen Gesellschaften ausgetragen.

40 Dies beginnt bereits mit der aus § 43 GmbHG hergeleiteten Verpflichtung des Geschäftsführers, sich hinreichend über den Zustand seines Unternehmens zu informieren, das
Ausmaß der Krise einzuschätzen und Maßnahmen zu ihrer Bewältigung zu entwickeln.
Wie soll er dieser Verpflichtung nachkommen, wenn (1) seine Gesellschaft im Rahmen der
zentralistischen Organisation des Konzerns nicht mehr über ein eigenes Rechnungswesen
und Controlling verfügt (2) er selbst – als Techniker, Einkäufer oder Vertriebsfachmann –
nicht über die erforderliche Kompetenz verfügt, und (3) die erforderlichen Mittel für die
Beauftragung externer Dritter im Rahmen der zentralen Finanzierung von der Obergesellschaft zur Verfügung gestellt werden müssten? Die rechtlichen Anforderungen an die
Organe laufen hier Gefahr, an den tatsächlichen Gegebenheiten vorbei zu gehen.

41 Hinsichtlich der Pflichten zur Beobachtung der Krise und Entwicklung von Sanierungskonzepten läßt sich dieser Konflikt allerdings im Regelfall dadurch – jedenfalls rechtlich –
lösen, dass die Geschäftsführer der abhängigen Gesellschaften von der Obergesellschaft in
die Berichterstattung über die Gesamtlage des Konzerns und die Strukturen des Sanierungskonzepts eingebunden werden.[37] Jedenfalls dann, wenn diese Informationen in einer Form
vorliegen, die aus sich heraus und ohne Hilfe Dritter nachvollziehbar und plausibel ist,
sollte hierin eine hinreichende Exkulpationsmöglichkeit bestehen.

42 Deutlich problematischer liegt der Fall dagegen, wenn aufgrund der gesellschaftsrechtlichen Sorgfaltsmaßstäbe in § 43 GmbHG / § 93 AktG rechtliche Handlungspflichten
entstehen, die gegen die Konzernobergesellschaft und/oder andere Konzerngesellschaften
gerichtet sind. Besonders problematisch und zugleich praxisrelevant ist diese Fragestellung
bei aufsteigenden Darlehensgewährungen durch Tochtergesellschaften, insbesondere im
Zusammenhang mit Cash Pooling. Seit dem MoMiG wird zumeist die Auffassung vertreten, dass der Geschäftsführer der abhängigen Gesellschaft die Bonität des Cash-Pool
Führers beobachten und bei Zweifeln an der Rückzahlung Sicherheiten verlangen oder die
Forderungen fällig stellen muß.[38] Diese Forderungen stößt in der Praxis auf erhebliche
Probleme.

43 Aufgrund der konzerntypischen Konzentration von administrativen Funktionen bei der
Obergesellschaft sind die Geschäftsführer der Tochtergesellschaft in aller Regel gar nicht in
der Lage, die Bonität des Cash-Pool Führers zu beurteilen, es fehlt Ihnen hierfür zumeist
schon an den notwendigen Informationen. Und selbst wenn ihnen die notwendigen

---

[37] Ähnlich wohl *Willemsen/Rechel* BB 2009, 2215, 220.
[38] *Bormann*, GmbHR, 2007, 897, 903; *Geißler* Haftungsrisiken für Geschäftsleiter bei Konzernfinanzierung
104 f.; *Willemsen/Rechel* BB 2009, 2215, 2220.

Informationen durch den Konzern bereitgestellt werden[39], scheidet eine sachgerechte Bonitätsprüfung im Regelfall an den notwendigen Ressourcen und der fehlenden fachliche Kompetenz.

Noch problematischer ist die Forderung nach einer Kündigung bei erkannter Krise. **44** Denn dies läuft auf eine unlösbare Aufgabe hinaus: Solange der Konzern sich nicht in der Krise befindet, ist die Darlehensgewährung uneingeschränkt zulässig, sobald die Krise eintritt und den Geschäftsführern erkennbar wird, sind Sicherheiten nicht mehr verfügbar und Darlehensrückzahlungen aufgrund mangelnder Liquidität im Gesamtkonzern nicht mehr möglich. Eine Pflicht zur Kündigung und Rückforderung konzerninterner Darlehen läuft dann schnell auf eine Rechtspflicht zum „kollektiven Suizid" hinaus. Der Geschäftsführer wird verpflichtet, die in der Krise ohnehin schon knappe bis unzureichende Liquidität des Konzerns weiter zu reduzieren. Infolge der oben dargestellten Verbundeffekte läuft er damit Gefahr, in den von ihm selbst mitverursachten Zusammenbruch auch mit hineingezogen zu werden. Man mag dieser Kritik entgegenhalten, dass der Geschäftsführer dann eben schon vor Eintritt einer Liquiditätskrise agieren muß oder – wenn er hierzu nicht in der Lage ist – von vornherein keine konzerninternen Darlehen gewähren darf. Eine solche rigorose Auffassung geht an den Realitäten vorbei. Sie ist zur Lösung dieser rechtlichen Problematik aber auch nicht erforderlich:

Betriebswirtschaftlich befindet sich der Geschäftsführer der Einzelgesellschaft in der Krise **45** des Konzerns in derselben Lage wie ein außenstehender Kreditgeber. Und dieser außenstehende Kreditgeber wägt im Falle einer Krise sinnvollerweise und rechtlich zulässig – unter Berücksichtigung von Sanierungschancen – ab, ob ihm durch eine Kreditkündigung nicht ein höherer Schaden droht, als bei Aufrechterhaltung der bereits bestehenden Kreditverbindlichkeiten. Diese Abwägung der Chancen und Risiken führt regelmäßig dazu, dass externe Kreditgeber in der Krise des Konzerns ihre bestehenden Darlehnsforderungen „einfrieren" – oft als „standstill" bezeichnet – und keine oder nur am Sanierungskonzept orientierte Neukredite vergeben. Ein gleiches Verhalten wird man auch dem Geschäftsführer der abhängigen Gesellschaften zubilligen müssen. Begründet ein solches Verhalten bei externen Kreditgebern keinen Verstoß gegen Sorgfaltspflichten, so muss dies doch erst Recht für den konzerninternen Kreditgeber gelten, der aufgrund der aufgezeigten Abhängigkeiten schon aus Eigeninteresse Rücksicht auf die übrigen Gesellschaften des Konzerns nehmen muß.

Dennoch erwachsen auch bei Zugrundelegung dieser weniger restriktiven Auffassung für **46** die Struktur eines Sanierungskonzeptes und die Beurteilung der Sanierungsfähigkeit im Konzern erhebliche betriebswirtschaftliche Einschränkungen. Denn legt man diese Auffassung zugrunde, so wird es in der manifesten Krise früher oder später zum Erliegen des Cash-Pools kommen. Freie Liquidität ist dann zunächst in den Gesellschaften, die im Außenverhältnis Liquiditätsüberschüsse erzielen „gefangen" (betriebswirtschaftlich zumeist als „trapped cash" bezeichnet). Die im Konzern vorhandenen liquiden Mittel sind also nicht mehr ohne weiteres dort im Konzern verfügbar, wo sie aufgrund fälliger Verpflichtungen benötigt werden. Und diese Mittel werden auch durch Konzernweisungen zur Gewährung eines Einzeldarlehens nicht wieder verfügbar, denn der Geschäftsführer der abhängigen Gesellschaft wird im Regelfall dazu berechtigt (und verpflichtet) sein, die Liquidität, die er innerhalb des Sanierungszeitraums für die vollständige Begleichung seiner eigenen Verbindlichkeiten benötigt, aus Vorsichtsgründen zurückzuhalten.

Im Ergebnis führt dies dazu, dass der Konzern in der Krise aufgrund einzelgesellschaftli **47** cher Restriktionen einen höheren Finanzierungsbedarf hat, als ein gesunder Konzern. In der sanierungsrechtlichen Praxis wird ein solches Ergebnis allerdings auf erhebliche Probleme stoßen, denn es läuft darauf hinaus, dass die durch „trapped cash" in den Einzelgesellschaften erst geschaffene Liquiditätslücke durch externe Kreditgeber geschlossen werden muß. Hierzu werden diese aber in den seltensten Fällen bereit sein. Die gesellschafts-

---

[39] Dies fordert etwa *Willemsen/Rechel* BB 2009, 2215, 2220.

rechtlichen Restriktionen, welchen die Einzelgesellschaft unterliegt, begründen also die Gefahr, ein ansonsten erfolgversprechendes Sanierungskonzept zu vereiteln. Dem kann rechtlich nur begegnet werden, wenn mit Vorlage eines schlüssigen und erfolgversprechenden Sanierungskonzeptes die konzerninterne Darlehensgewährung auch einzelgesellschaftlich wieder als zulässig erachtet wird.

II. Voraussetzungen für die Eröffnung des Insolvenzverfahrens

1. Einleitung

48   Die Insolvenzordnung normiert in §§ 16 ff. InsO drei Insolvenzantragsgründe: die drohende (§ 18 InsO) und die eingetretene Zahlungsunfähigkeit (§ 17 InsO) sowie die Überschuldung (§ 19 InsO). Die gesetzlichen Insolvenzantragsgründe knüpfen mangels Insolvenzfähigkeit des Konzerns ausschließlich an die Einzelgesellschaft als allein insolvenzfähiges Rechtssubjekt an. Gleichwohl werden im Konzern die Insolvenzgründe der Einzelgesellschaft von der wirtschaftlichen Verfassung des Konzerns mitbestimmt. Denn die wirtschaftliche Verfassung des Einzelunternehmens, die den Insolvenzantragsgründen zugrunde liegt, wird im Konzern maßgeblich von der Verfassung des Gesamtkonzerns beeinflußt. Trotz einzelgesellschaftsbezogener Definition bedarf die Konkretisierung im Konzern typischerweise einer Anpassung, deren Strukturen nach einer Zusammenfassung der jeweiligen Tatbestandsmerkmale nachfolgend dargestellt werden

2. Zahlungsunfähigkeit

49   Die Zahlungsunfähigkeit ist ein allgemeiner Antragsgrund. Das bedeutet, dieser gilt nicht nur für juristische Personen – wie die Überschuldung – sondern auch für natürliche. Die Zahlungsunfähigkeit zeichnet sich durch eine reine Liquiditätsbetrachtung aus. Mit Einführung der InsO wurde in § 17 InsO eine Legaldefinition eingeführt, die jedoch auf der Definition beruht, die die Rechtsprechung unter Geltung der Konkursordnung (KO) entwickelte.[40]

a) Begriff

50   Gemäß der Legaldefinition in § 17 Abs. 2 InsO liegt Zahlungsunfähigkeit dann vor, wenn der Schuldner nicht in der Lage ist, seine fälligen Verbindlichkeiten zu erfüllen.[41]

51   Dem auf Grundlage dieser Legaldefinition entwickelten rechtlichen Begriff der Zahlungsfähigkeit liegt – jedenfalls im Ausgangspunkt – ein anderes Verständnis zugrunde als in der Betriebswirtschaftslehre: In der betriebswirtschaftlichen Finanzierungslehre wird Zahlungsfähigkeit vor allem als Zeitraumgröße verstanden.[42] Sie ist gegeben, wenn das Unternehmen innerhalb des zugrunde gelegten Planungszeitraums jederzeit in der Lage sein wird, die Verbindlichkeiten zu erfüllen. Demgegenüber ist der rechtliche Begriff der Zahlungsfähigkeit zweistufig aufgebaut.[43] In der 1. Stufe ist er eine reine Zeitpunktbetrachtung: Es

---

[40] Vgl. die Gesetzesbegründung in BT-Drucks. 12/2443 S. 114.

[41] Dieser Legaldefinition liegt in weiten Teilen der vor der InsO von Rechtsprechung und Literatur zum früheren Konkursrecht entwickelte Begriff zugrunde, so dass für viele Detailfragen auf die ältere Rechtsprechung rekurriert werden kann. Zur Zahlungsunfähigkeit im Konkursrecht Vgl. die Übersichten bei *Kuhn/Uhlenbruck* KO § 102; *Kilger/K. Schmidt* Insolvenzgesetze § 102 und ausführlich *Jaeger/Weber* KO § 102.

[42] Vgl. etwa *Drukarczyk/Lobe* Finanzierung S. 422 ff.; *Hess/Hess/Reeh* Sanierungshandbuch Kap. 12 Rn. 31 ff., ähnlich aber auch MüKoInsO/*Eilenberger* § 17 Rn. 10 ff.

[43] Vgl. zur Zweistufigkeit der rechtlichen Konzeption insbes. *Harz*, ZInsO 2001, 193, 196 ff. und der Fachausschuss Recht des IDW, in IDW- Fachnachrichten, Nr. 3 (1999) S. 85 ff.

kommt darauf an, ob zum Stichtag der Betrachtung die Fähigkeit zur Erfüllung der zu diesem Stichtag fälligen Verbindlichkeiten besteht.[44] Ist dies der Fall, so endet die rechtliche Prüfung bereits hier. Lediglich dann, wenn die Zeitpunktbetrachtung zu einer Unterdeckung führt, das heißt die liquiden Mittel nicht zur Erfüllung aller fälligen Verbindlichkeiten ausreichen, kommt es in der 2. Stufe zu einer Zeitraumbetrachtung. Die Unterdeckung im Betrachtungszeitpunkt ist als bloße Zahlungsstockung unerheblich, wenn sie nur vorübergehend ist und in angemessener Zeit wieder mit hinreichender Liquidität zur Erfüllung der Verbindlichkeiten gerechnet werden kann.[45] In dieser 2. Stufe der Abgrenzung der Zahlungsstockung zur Zahlungsunfähigkeit gehen betriebswirtschaftliche und rechtliche Betrachtung also ineinander über, so dass jedenfalls auf dieser 2. Stufe dann auch in vollem Umfange auf betriebswirtschaftliche Instrumente zurückgegriffen werden kann.[46]

aa) Stichtagsbezogene Geldilliquidität

Bei der Feststellung der rechtlichen Zahlungsunfähigkeit kommt es auf der ersten – zeit- **52** punktbezogenen – Stufe nur darauf an, ob die verfügbaren Zahlungsmittel die fälligen Verbindlichkeiten tatsächlich nicht decken. Maßgeblich ist die sogenannte objektive Geldilliquidität.[47]

Jedwede subjektiven Elemente sind für die Beurteilung unerheblich. Denn es geht nicht **53** um die Frage des subjektiven Vorwerfbarkeit der Illiquidität gegenüber den Organen, sondern um den Schutz des Rechtsverkehrs. Ob die Unfähigkeit zur Zahlung aufgrund schuldhaften Verhaltens entstand, ist nicht relevant.[48] Umgekehrt bleibt bei der Feststellung außer Acht, ob der Schuldner zwar objektiv über genügend Zahlungsmittel verfügt, er jedoch zahlungsunwillig ist und die vorhandenen Mittel deshalb nicht zur Erfüllung seiner fälligen Verpflichtungen einsetzt. Denn es ist nicht Zweck des Insolvenzverfahrens, zahlungsunwillige Schuldner zur Zahlung zu zwingen.[49] Dies ist Aufgabe des Zivilprozesses.

Ebenso wenig kommt es darauf an, ob der Schuldner zum Stichtag gegen Dritte fällige **54** Ansprüche auf Zahlung hat, bei deren Eingang er seinerseits seine fälligen Verbindlichkeiten begleichen könnte. Eben weil es nicht um subjektive Vorwerfbarkeit und Ursachen geht, ist irrelevant, ob der Schuldner zur Erfüllung in der Lage wäre, wenn auch seine Schuldner fristgerecht zahlen. Allein maßgeblich ist, ob er erfüllen kann.

Zur Ermittlung der Zahlungsunfähigkeit bedarf es folglich in der 1. Stufe einer Gegen- **55** überstellung der liquiden Mittel (Zahlungsmittel) und fälligen Verbindlichkeiten im Betrachtungszeitpunkt, also eines stichtagsbezogenen sogenannten Liquiditäts- oder Finanzstatus.[50]

(1) Zahlungsmittel. Die in diesen Status als liquide Mittel einzustellenden Zahlungsmittel **56** sind im Einzelunternehmen[51] weitgehend unproblematisch: Neben den gesetzlichen Zahlungsmitteln (Bargeld) umfassen liquide Mittel alles, was im Rechtsverkehr üblicherweise als Zahlungsmittel ("Geld") anerkannt wird. Einzustellen ist alles, war im Rechtsverkehr zur Erfüllung einer Geldschuld – rechtlich oder faktisch – taugt.[52]

---

[44]   Deutlich zum Stichtagsbezug *Fischer* FS Ganter, 2010, S. 153, 159 f.
[45]   Zur Zahlungsstockung näher unten A. II.1.b.
[46]   Daher auch betriebswirtschaftliche Methode genannt. Siehe zu anderen Feststellungsmethoden *Brahmstaedt* Die Feststellung der Zahlungsunfähigkeit S. 192 ff.
[47]   So ausdrücklich: HambKommInsO/*Schröder* § 17 Rn. 6; FKInsO/*Schmerbach* § 17 Rn. 31; *Staufenbiel/ Hoffmann* ZInsO 2008, 785, 787; *Dittmer* Die Feststellung der Zahlungsunfähigkeit von GmbHs S. 120 mwN.
[48]   Kreft/*Kirchhof* InsO § 17 Rn. 5.
[49]   HambKommInsO/*Schröder* § 17 Rn. 14a; Kreft/*Kirchhof* InsO § 17 Rn. 13.
[50]   Vgl. *Harz* ZInsO 2001, 193, 196 ff.; Fachausschuss Recht des IDW, in IDW- Fachnachrichten, Nr. 3 (1999) S. 86 f.; Hess//*Hess/Reeh* Sanierungshandbuch Kap. 12 Rn. 31 ff.
[51]   Zum konzerngebundenen Unternehmen s. u.
[52]   Uhlenbruck/*Mock* InsO § 17 Rn. 39 ff.; *Knolle/Tetzlaff* ZInsO 2005, 897, 898.

57   Die rechtstatsächlich bedeutendsten Posten sind dabei Bankguthaben und freie Kredit-linien. Rechtlich handelt es sich dabei zwar um Forderungen des Schuldners gegen seine Bank und Ansprüche auf Kreditgewährung.[53] Also um schuldrechtliche Ansprüche gegen Dritte auf die Verschaffung von Zahlungsmitteln. Fällig Forderungen sind grundsätzlich zwar nicht als Zahlungsmittel anzusehen. Gleichwohl ist die Einordnung solcher schuld-rechtlichen Ansprüche gegen Kreditinstitute als Zahlungsmittel systemkonform, denn sie ermöglichen es dem Schuldner im Rahmen des sogenannten Giralgeldverkehrs seinem Gläubiger durch Überweisung, Scheck oder Lastschrift einen Anspruch gegen dessen Bank zu verschaffen. Dies wird in einer weitgehend bargeldlosen Wirtschaft als wirtschaftliches Äquivalent zu den gesetzlichen Zahlungsmitteln angesehen und rechtlich konkludent als Leistungsform vereinbart. Insolvenzrechtlich wird als eigentliches Zahlungsmittel also nicht der schuldrechtliche Anspruch gegen die Bank als solcher angesehen, sondern die damit verbundene Möglichkeit, dem Gläubiger einen Anspruch gegen seine eigene Bank zu verschaffen. Forderungen gegen Kreditinstitute haben in einer bargeldlosen Wirtschaft also einen allgemein anerkannten Zahlungsmittelcharakter ("Giralgeld"). Dem hat ein am realen Rechts- und Wirtschaftsverkehr orientiertes Insolvenzrecht Rechnung zu tragen. Hinzu kommt, dass solchen Forderungen – durch die Aufsicht über Kreditinstitute gem. KWG und Erhaltung jedenfalls systemrelevanter Kreditinstitute durch die Zentralbanken – eine größere Gewähr der jederzeitigen fristgerechten Erfüllung zukommt, als sonstigen Forde-rungen.[54]

58   Unter der Geltung der Konkursordnung wurden oft auch Schecks und Wechsel als liquide Mittel angesehen.[55] Es spricht jedoch viel dafür, dies für die InsO nicht mehr zu tun. Sowohl Wechsel als auch Scheck haben ihre wirtschaftliche Funktion weitestgehend eingebüßt. Die Weitergabe von Wechseln Dritter an eigene Gläubiger findet faktisch nicht mehr statt. Der, einer ungenutzten Kreditlinie gleiche, Ankauf (re-)diskontfähiger Wechsel durch Kreditinstitute hat seit Aufgabe des Rediskontgeschäfts als Instrument der Geld-politik keine wirtschaftliche Bedeutung mehr. Ein Bestand an Wechseln Dritter hat daher heute keine Zahlungsmittelfunktion mehr. Entsprechendes gilt für Schecks. Schecks im Bestand sind schon deshalb problematisch, weil sie bis zu ihrer Einlösung nur eine ver-briefte Forderung darstellen, deren Einlösung durch die bezogene Bank nicht gesichert ist. Hinzu kommt, dass Scheckzahlungen, infolge gesunkener wirtschaftlicher Bedeutung, heute als Indiz mangelnder Leistungsfähigkeit angesehen werden können, denn sie werden oft gerade mit dem Ziel ausgestellt, aus der Schecklaufzeit Liquidität schöpfen zu können. Das alles spricht dafür, Wechsel und Schecks heute wie normale Forderungen zu be-handeln.

59   **(2) Fällige Verbindlichkeiten.** Den liquiden Mitteln (Zahlungsmitteln) sind die zum Stichtag fälligen Verbindlichkeiten gegenüber zu stellen. Aufgrund der Begründung der InsO ging das Schrifttum zunächst davon aus, dass sich die Fälligkeit auch im Rahmen von § 17 InsO nach dem allgemeinen zivilrechtlichen Fälligkeitsbegriff des § 271 BGB rich-tet.[56] Dem ist der BGH mit einer Leitentscheidung vom 19.7.2007[57] entgegengetreten. Er hält es zur Vermeidung einer voreiligen Insolvenzantragstellung – wie schon im Geltungs-bereich der Konkursordnung – für erforderlich, dass die Verbindlichkeiten auch ernsthaft eingefordert werden. Hierzu bedarf es einer Gläubigerhandlung, aus der sich der Wille, vom Schuldner Erfüllung zu verlangen, im Allgemeinen ergibt.[58] Die insolvenzrechtliche Fälligkeit wird demzufolge nicht nur durch ausdrückliche oder konkludente Stundungen,

---

[53] Schimansky/Bunte/Lwowski/*Hadding/Häuser* Bankrechts-Handbuch § 35 Rn. 10.
[54] Ähnlich *Göcke/Rittscher* DZWIR 2012, 355, 358; *Rittscher* Cash-Management-Systeme in der Insolvenz, 35.
[55] Siehe zu Schecks etwa *Plate* DB 1980, 217, 219; dies unter Geltung der InsO befürwortend *Smid* Praxishandbuch Insolvenzrecht § 3 Rn. 47.
[56] *Burger/Schellberg* BB 1995, 261, 263; KPB/*Pape* InsO 1. Lfg. 8/98, § 17 Rn. 6; *Bork*, KTS 2005, 1, 4 f.
[57] BGH v. 19.7.2007 – IX ZB 36/07, BGHZ 173, 286 = NZI 2007, 579.
[58] BGH v. 19.7.2007 – IX ZB 36/07, BGHZ 173, 286 = NZI 2007, 579, Rn. 19.

sondern auch durch rein tatsächliche Stundungserklärungen ausgeschlossen.[59] Hierunter fallen neben Stillhalteabkommen (pactum de non petendo)[60] auch Nachrangverbindlichkeiten, wenn der Nachrang dazu führt, dass die Forderungen auch in der vorinsolvenzlichen Krise nicht geltend gemacht werden dürfen.[61]

Ebenfalls nicht einzustellen sind nach zutreffender Ansicht Verbindlichkeiten, denen **60** aufrechenbare fällige Gegenansprüche gegenüberstehen. Denn hier besteht ein der Zahlung äquivalentes Erfüllungssurrogat.[62] Dies kann im Konzern erhebliche Bedeutung haben, da es oft möglich ist, durch Abtretungen von Gegenforderungen im Konzern Aufrechnungslagen zu schaffen.

(3) Wesentlichkeit der Unterdeckung. Reichen die liquiden Mittel nicht zur Deckung **61** aller fälligen Verbindlichkeiten, besteht eine Unterdeckung. Eine solche begründet nach der Rechtsprechung des BGH nur dann eine Zahlungsunfähigkeit, wenn sie wesentlich ist. Grundsätzlich unbeachtlich, weil unwesentlich, sind Unterdeckungen bis zu 10 % der am Stichtag fälligen Verbindlichkeiten.[63]

Es mag angesichts der breiten Zustimmung in Literatur und Rechtsprechung[64] dahin- **62** stehen, ob sich dieser Schwellenwert tatsächlich mit dem ausdrücklichen Verzicht des Gesetzgebers auf das Kriterium der Wesentlichkeit[65] vereinbaren lässt. Problematisch ist es jedoch, diesen Schwellenwert bereits bei der stichtagsbezogenen 1. Stufe der Zahlungsfähigkeitsprüfung anzuwenden. Denn die stichtagsbezogene Anwendung läuft Gefahr, unredliche Schuldner zu prämieren und redliche zu benachteiligen·

Liegt zum Stichtag die Deckungslücke über 10 %, so kann sich der unredliche Schuldner **63** in vielen Fällen recht einfach unter die 10 % Schwelle retten, indem er in den Folgetagen systematisch Liquidität aus eingehenden Zahlungen zurückhält. Dadurch wachsen dann zwar auch die fälligen Verbindlichkeiten an, doch dies ist gewollt. Denn hierdurch wird die Berechnungsbasis für die 10 % Schwelle größer. Eine zunächst erhebliche Zahlungslücke wird unerheblich. Den redliche Schuldner hingegen, der im Interesse seiner Gläubiger bezahlt soviel er kann, treibt selbst eine kleine Lücke in die Erheblichkeit. Denn er verwendet alle Mittel zur höchstmöglichen Tilgung, so dass der verbleibenden Unterdeckung keinerlei liquide Mittel mehr gegenüber stehen. Der Stichtagsbezug des Schwellenwerts schafft also erhebliches Missbrauchspotential. Bei geschickter Gestaltung des Zahlungsverhaltens lässt sich der Missbrauch kaum von legitimem Verhalten in der Krise – wie der verstärkten Prüfung der Rechnungen auf formale Mängel und Zurückbehaltungsrechte – unterscheiden. Es spricht daher viel dafür, die Wesentlichkeitsprüfung nicht bereits in der stichtagsbezogenen 1. Stufe vorzunehmen, sondern sie in die zeitraumorientierte 2. Stufe zu verschieben.[66] Dort ist die Gefahr des Missbrauchs durch die geringere Gestaltungsmöglichkeit der Bemessungsgrundlage deutlich geringer.

bb) Zeitraumbezogene Abgrenzung zur Zahlungsstockung

Liegt eine (wesentliche) Unterdeckung vor, so ist diese insolvenzrechtlich dennoch un- **64** erheblich, wenn sie sich nur als vorübergehend erweist. Ist der Schuldner demnächst in der

---

[59] BGH v. 14.5.2009 – IX ZR 63/08, NJW 2009, 2600, 2602 Rn. 22
[60] BGH v. 20.12.2007 – IX ZR 93/06, NZI 2008, 231, 232 Rn. 25 f.
[61] Ausführlich *Bork* ZIP 2014, 997 f.
[62] Ähnlich Uhlenbruck/*Mock* InsO § 17 Rn. 45; *Staufenbiel/Hoffmann* ZInsO 2008, 785, 789.
[63] BGH v. 24.5.2005 – IX ZR 123/04, ZIP 2005, 1426.
[64] Siehe nur OLG Frankfurt v. 3.2.2010 – 4 U 184/09, ZInsO 2010, 1328; LG Köln v. 27.2.2008 – 4 O 272/07; FG Düsseldorf v. 16.3.2006 – 11 K 2442/03 F; *Neumaier* NJW 2005, 3041; Uhlenbruck/*Mock* InsO § 17 Rn. 21 ff.
[65] BT-Drucks. 12/2443 S. 114.
[66] So wohl auch MüKoInsO/*Eilenberger* § 17 Rn. 22; und möglicherweise auch der BGH in einer Entscheidung v. 8.10.2009 – IX ZR 173/07, ZIP 2009, 2253, 2254, indem er die 10 % Grenze auf die fälligen Verbindlichkeiten im Zeitraum der Zahlungsstockung bezieht, geht er implizit auf eine Zeitraumbetrachtung über.

Lage, sämtliche fällige Verbindlichkeiten zu erfüllen, so liegt nur eine für die Gläubiger ungefährliche Zahlungsstockung vor.[67] Die zur Insolvenzantragsreife führende Liquiditätslücke bedarf also einer gewissen Nachhaltigkeit. Dabei hat der BGH in einer Leitentscheidung vom 24.5.2005[68] eine pragmatische Abgrenzung gefunden: eine bloße Zahlungsstockung liegt demnach grundsätzlich dann vor, wenn sich die Zahlungslücke binnen 3 Wochen voraussichtlich durch Zahlungseingänge oder die Beschaffung zusätzlicher Kredite wieder auflöst. In Ausnahmefällen, etwa bei Saisonbetrieben, kann sogar ein längerer Zeitraum als 3 Wochen unbeachtlich sein, sofern die Liquiditätslücke mit an „Sicherheit grenzender Wahrscheinlichkeit"[69] geschlossen werden kann. Damit schafft der BGH jedenfalls für einen Zeitraum von 3 Wochen weitgehende Rechtssicherheit, für längere Zeiträume hilft die Entscheidung dagegen wenig. Denn was in Fällen, in denen die Insolvenz dann doch eintritt, ex ante eine an Sicherheit grenzende Wahrscheinlichkeit ist, läßt sich jedenfalls in der Beratungspraxis kaum rechtssicher beantworten. Die Gründe des späteren Scheiterns werden ex post einer solch hohen Gewißheit immer entgegengehalten werden.

65   Ebenfalls noch nicht geklärt ist, welche Nachhaltigkeit die Schließung der Zahlungslücke haben muß. Dies ist vor allem dann relevant, wenn sich in der Planung des Unternehmens immer wieder Liquiditätslücken auftun, die nur kurzzeitig – manchmal nur für wenige Tage – durch Zahlungseingänge geschlossen werden können. Liegt dann eine Aneinanderreihung von Zahlungsstockungen oder eine anfängliche Zahlungsunfähigkeit vor? Es spricht einiges dafür, jedenfalls innerhalb der 3-Wochenfrist eine Nachhaltigkeit zu fordern, die nur dann eingehalten ist, wenn im Laufe der 3-Wochenfrist der 10 %-Schwellenwert (bezogen auf die fälligen Verbindlichkeiten der Gesamtperiode) nicht überschritten wird und am Ende der Periode die Liquiditätslücke vollständig geschlossen ist.[70]

66   Betriebswirtschaftliches Instrument zur Abgrenzung der Zahlungsstockung von der Zahlungsunfähigkeit in dieser 2. Stufe ist ein Finanz- oder Liquiditätsplan.[71] Dieser ist als Liquiditätsflußrechnung über den Planungszeitraum aufzubauen. Dabei ist der gesamte Planungshorizont so in Teilperioden zu untergliedern, dass die Entwicklung der Liquidität im Zeitverlauf erkennbar wird.[72]

67   In der Betriebswirtschaft werden sämtliche im Planungszeitraum erwarteten Mittelzuflüsse und Mittelabflüsse in den Plan eingestellt. Dies gilt auch für die rechtliche Betrachtung. Für die allein erhebliche Frage, ob es voraussichtlich gelingen wird, die Zahlungslücke zu schließen, muss es unerheblich sein, woraus die erwarteten Mittelzuflüsse stammen. Dies gilt insbesondere auch für Mittelzuflüsse aus Desinvestitionen im Planungszeitraum. Diese sind, ebenso wie Mittelzuflüsse aus dem operativen Geschäft oder aus der Aufnahme zusätzlicher Kredite, tauglich die Liquiditätslücke zu schließen, wenn mit dem Zufluss mit hinreichender Wahrscheinlichkeit zu rechnen ist.[73] Ob die Desinvestition wirtschaftlich nicht sinnvoll ist oder gar der Verschleuderung von Vermögenssubstanz gleichkommt, muss bei der Betrachtung außer Acht bleiben. § 17 InsO ist allein auf die Zahlungsfähigkeit gerichtet, nicht auf den Schutz der Vermögenssubstanz vor verlustträchtigem Verhalten.

68   Analoges gilt für die zu erwartenden Mittelabflüsse. Hier sind sämtliche zu Beginn der Planung fälligen Verbindlichkeiten einzustellen wie auch sämtliche Verbindlichkeiten, die

---

[67] BGH v. 24.5.2005 – IX ZR 123/04, ZIP 2005, 1426; OLG Düsseldorf v. 8.3.2012 – I-12 U 34/11, ZInsO 2012, 786; *Plagens/Wilkes* ZInsO 2010, 2107, 2109; *Frege/Keller/Riedel* Insolvenzrecht Rn. 311; *Hauschka/Pelz* Corporate Compliance § 31 Rn. 7; MüKoGmbHG/*Wißmann* § 84 Rn. 134.

[68] BGH v. 24.5.2005 – IX ZR 123/04, ZIP 2005, 1426 mit Erläuterung *Fischer* ZGR 2006, 403 ff.

[69] So wörtlich BGH v. 24.5.2005 – IX ZR 123/04, ZIP 2005, 1426.

[70] Ähnlich *Dittmer* Die Feststellung der Zahlungsunfähigkeit von GmbHs S. 42 f., 59, 152.

[71] Etwas unglücklich ist die manchmal anzutreffende Bezeichnung als Liquiditätsbilanz, denn eine Bilanz ist dem Wesen nach eine Zeitpunktbetrachtung. Hier geht es aber gerade nicht um den Zeitpunkt, sondern einen Zeitraum.

[72] Zur Struktur einer solchen Liquiditätsplanung etwa Drukarczyk Finanzierung, 11. Aufl. 2015, S. 86 ff., MüKoInsO/*Eilenberger* § 17 Rn.; IDW, PS 800 Ziff. 30 ff., WPg Supplement 2/2009, 42, 46 f.

[73] Vgl. IDW, PS 800 Ziff. 30 ff., WPg Supplement 2/2009, 42, 46 f., *Dittmer* Die Feststellung der Zahlungsunfähigkeit von GmbHs, 2013, S. 145 ff.; *Wengel* DStR 2001, 1769, 1772.

innerhalb des Planungszeitraums fällig werden. Nur so lässt sich ausschließen, dass der Schuldner nicht konstant eine „Bugwelle" fälliger Verbindlichkeiten vor sich herschiebt, indem er die zu Beginn der Planung fälligen Verbindlichkeiten sukzessive durch fällig werdende Verbindlichkeiten substituiert.[74]

b) Konzern

Soll die Zahlungsfähigkeit einer konzernzugehörigen Gesellschaft geprüft werden, so führt **69** der oben dargestellte einzelgesellschaftsbezogene Ansatz vor allem dann zu praktischen Problemen, wenn die Gesellschaft in ein konzernweites Finanzmanagement einbezogen ist, das die Einzelgesellschaft der autonomen Steuerung seiner Liquidität und seiner Bestände an liquiden Mittel beraubt. Dies ist insbesondere dann der Fall, wenn die Einzelgesellschaften über keine eigenen Kreditlinien mehr verfügen und im Rahmen eines konzernweiten Cash-Pools täglich sämtliche Bankkonten glatt gestellt werden.[75] Die zur Begleichung fälliger Verbindlichkeiten notwendigen Mittel können von der Einzelgesellschaft weder beschafft noch gesteuert werden. Hinzu kommen leistungswirtschaftliche Verflechtungen, die dazu führen, dass Höhe und Fristigkeit der Forderungen und Verbindlichkeiten aus dem operativen Geschäft nicht allein von der Verfassung des Einzelunternehmens, sondern der des Gesamtkonzerns abhängen. Je intensiver die finanz- und leistungswirtschaftlichen Verflechtungen im Konzern sind, umso weniger ist betriebswirtschaftlich eine autonome Steuerung und Überprüfung der Liquidität des Einzelunternehmens möglich. Dies hat jedenfalls dort notwendigerweise Rückwirkungen auf den rechtlichen Begriff der Zahlungsfähigkeit, wo sich dieser zur Feststellung der Zahlungsfähigkeit der Methoden der Betriebswirtschaft bedient.

aa) Cash-Pooling

Im Schrifttum wird im Zusammenhang mit Konzernen vor allem die Frage diskutiert, ob **70** und wo die aus Cash-Pooling resultierenden Forderungen der Einzelgesellschaften gegen den Cash-Pool Führer auf Bereitstellung von Liquidität – sei es durch Rückzahlung zuvor im Cash-Pool abgezogener Mittel, sei es durch Einräumung kurzfristiger Darlehen – rechtlich zu berücksichtigen ist.[76]

Das ganz überwiegende Schrifttum geht davon aus, dass solche Forderungen nicht als **71** liquide Mittel anzusehen sind, also nicht im Rahmen der Stichtagsbetrachtung auf der 1. Stufe als Zahlungsmittel in den Liquiditätsstatus einzustellen sind.[77] Zwar hat der Cash-Pool Führer innerhalb des Konzerns dieselbe Funktion wie ein Kreditinstitut, indem er liquide Überschüsse der Einzelgesellschaften als kurzfristige Einlage annimmt und im Rahmen der Cash-Pool Vereinbarung kurzfristig Kredite bereitstellt. Doch haben diese Ansprüche nicht dieselbe Qualität wie funktionsgleiche Ansprüche gegen Kreditinstitute: weder ist der Cash-Pool Führer in gleicher Form wie eine Bank in der Lage Dritten „Giralgeld" zu verschaffen, denn er nimmt am Zahlungsverkehr unter Banken nicht teil, noch genießen diese Ansprüche und die Funktionsfähigkeit des Systems dieselbe Sicherheit wie das der Bankenaufsicht unterliegende Kreditwesen.

---

[74] Vgl. Bork ZIP 2008, 1749, 1752; Pape WM 2008, 1949, 1951 f.; Wolf/Kurz DStR 2006, 1339, 1342 f.; kritisch aber Fischer FS Ganter, 2010, S. 153, 158.

[75] Zur finanzwirtschaftlichen Verflechtung im Konzern siehe schon oben; ausführlich zu Cash-Management Systemen Sieder Cash-Pooling im GmbH-Konzern, S. 36 ff.; zu insolvenzrechtlichen Aspekten Rittscher Cash-Management-Systeme in der Insolvenz, 2006, 24 ff. und 51 ff.

[76] Vgl. insbes. Erne GWR 2009, 387 f.; Göcke/Rittscher DZWIR 2012, 355; Rittscher Cash-Management-Systeme in der Insolvenz 51 ff.; Saenger/Koch GmbHR 2010, 113 f.; aus der Rechtsprechung soweit ersichtlich nur BGH v. 21.2.2013 – IX ZR 52/10, NZI 2013, 500, allerdings nicht zu § 17 InsO, sondern zur Erkennbarkeit einer drohenden Zahlungsunfähigkeit im Rahmen von § 133 I InsO.

[77] Vgl. Erne GWR 2009, 387, 388; Göcke/Rittscher DZWIR 2012, 355, 358; Rittscher Cash-Management-Systeme in der Insolvenz, 2006, 63; Saenger/Koch GmbHR 2010. 113, 115; ähnlich IDW PS 800, Ziff. 37, WPg Supplement 2/2009, 42, 47; aA dagegen wohl Braun/Bußhardt InsO § 17 Rn. 31.

72   Von wesentlicher Bedeutung ist das Cash-Pooling dagegen für die Abgrenzung der Zahlungsunfähigkeit von der Zahlungsstockung, also auf der 2. Stufe der Prüfung. Denn für die Frage, ob es voraussichtlich gelingen wird, die fälligen Verbindlichkeiten künftig zu bezahlen, kommt es bei konzernabhängigen Gesellschaften ohne eigene Finanzbeziehungen darauf an, ob der Cash-Pool Führer in der Lage sein wird, die erforderliche Liquidität bereitzustellen. Dies gilt entsprechend für die Frage, ob im Rahmen der Liquiditätsplanung Mittelzuflüsse aus fällig werdenden Forderungen gegen Konzernunternehmen eingestellt werden dürfen. Dies hängt wiederum davon ab, ob den anderen Konzerngesellschaften vom Cash-Pool Führer genügend Liquidität bereitgestellt wird.[78] Die Liquiditätsprognose in der 2. Stufe ist allein auf Basis der Einzelgesellschaft nicht sinnvoll darstellbar, es bedarf vielmehr einer Einbettung in die Liquiditätsplanung des Gesamtkonzerns. Nur dann, wenn (1) die Gesamtliquidität des Konzerns zur Befriedigung sämtlicher fälligen und fällig werdender Verbindlichkeiten ausreicht und (2) erwartet werden kann, dass auch der konzerngebundenen Einzelgesellschaft im Rahmen des Cash-Pools die erforderlichen Mittel bereitgestellt werden, kann davon ausgegangen werden, dass auch jede Einzelgesellschaft im Konzern ihren Verpflichtungen nachkommen kann.

73   **(1) Objektiv ausreichende Gesamtliquidität.** Im Rahmen der Liquiditätsplanung des Gesamtkonzerns sind grundsätzlich sämtliche anfänglichen Liquiditätsbestände im Konzern sowie die im Planungszeitraum bei allen Konzerngesellschaften von konzernexternen Dritten erwarteten Mittelzuflüsse und die dort fällig werdenden Verbindlichkeiten gegenüber Dritten einzustellen. Denn nur dann, wenn auch sämtliche fällig werdenden Verbindlichkeiten in die Betrachtung einbezogen werden, ist sichergestellt, dass auch alle Konzerngesellschaften die zur Aufrechterhaltung der Zahlungsfähigkeit erforderliche Liquidität erhalten.[79] Zudem würde durch eine nur teilweise Berücksichtigung der fälligen Verbindlichkeiten – etwa nach Aspekten der Dringlichkeit der Zahlung – ein erhebliches Missbrauchspotential eröffnet werden. Eine insgesamt bestehende Unterdeckung könnte dann im Konzern im Kreis immer dorthin geschoben werden, wo die Zahlungen vorgeblich nicht dringend sind. Obwohl der Konzern dauerhaft nicht über hinreichende Mittel zur Begleichung aller Verbindlichkeiten verfügt, wären die Einzelunternehmen bei einer solchen Betrachtung jeweils nur wenige Tage nicht zahlungsfähig.

74   Etwas anderes kann allerdings dann gelten, wenn sich im Konzern auch Gesellschaften befinden, die nicht dem deutschen Insolvenzrecht unterliegen. Die Einbeziehung von Auslandsgesellschaften in die Gesamtbetrachtung führt implizit dazu, dass auf diese der deutsch-rechtliche Begriff der Zahlungsunfähigkeit angewandt wird. Dies ist aber nur dann sinnvoll, wenn das jeweilige nationale Recht eine dem deutschen Recht vergleichbare Regelung kennt. Ist dies nicht der Fall, so sind die fälligen Verbindlichkeiten dieser Gesellschaften, aber auch deren Zahlungsmittelbestände und Mittelzuflüsse außer Acht zu lassen. Zahlungen an und von Auslandsgesellschaften sind wie Zahlungen Dritter zu behandeln.

75   Notwendige Bedingung der Zahlungsfähigkeit der konzernabhängigen Gesellschaft ist also, dass im deutschen Teil des Konzerns genügend Zahlungsmittel und Mittelzuflüsse vorhanden sind, um sämtliche im Planungszeitraum fälligen und fällig werdenden Verbindlichkeiten zu erfüllen. Damit ist jedoch noch nicht sichergestellt, dass diese Mittel im Konzern auch dorthin bewegt werden können, wo sie gerade benötigt werden. Der Fähigkeit des Konzerns, die liquiden Mittel frei zu bewegen, können kreditvertragliche Verpflichtungen mit Banken entgegenstehen, Einzelgesellschaften, die den Banken als Kreditsicherheit dienen, immer eine Mindestliquiditätsausstattung zu belassen. Es kommt dann zu „gefangener Liquidität“[80]. Den gleichen Effekt haben in den Cash-Pool Vereinbarungen enthaltene Regelungen, die eine Obergrenze der Mittelabführung durch die angeschlossenen Gesellschaften oder eine Mindestliquiditätsausstattung vorsehen. Die freie Liquidität

---

[78] Ebenso *Erne* GWR 2009, 387, 389.
[79] Ebenso *Rittscher* Cash-Management-Systeme in der Insolvenz S. 68.
[80] In der Praxis oft auch als „trapped cash“ bezeichnet.

des Konzerns ist dann um diese nicht zur freien Verfügung stehenden Beträge zu kürzen. Hinreichende Bedingung für eine objektiv ausreichende Gesamtliquidität ist also, dass diese auch nach Abzug „gefangener Liquidität" ausreicht, um die fälligen Verbindlichkeiten im Konzern zu erfüllen. Allerdings müssen im Rahmen dieser hinreichenden Bedingung dann auch fällige Verbindlichkeiten der Gesellschaften, in denen die Liquidität gefangen ist, bis zur Höhe der gefangenen Liquidität abgezogen werden, denn ihre Erfüllung muß nicht aus dem Gesamtliquiditätsbestand eliminiert werden.

(2) Wahrscheinlichkeit der Liquiditätsausstattung. Ist der Konzern aufgrund objektiv 76 ausreichender Gesamtliquidität in der Lage alle fälligen Verbindlichkeiten zu erfüllen, so kommt es für die konzerngebundenen Einzelgesellschaften darauf an, ob mit der erforderlichen überwiegenden Wahrscheinlichkeit damit zu rechnen ist, dass der Cash-Pool Führer die erforderliche Liquidität auch bereit stellt.

Es bedarf also einer ex ante Prognose des Verhaltens des Konzerns und dessen Eintritts- 77 wahrscheinlichkeit. Eine solche Prognose ist notwendigerweise tatsächlicher, nicht rechtlicher Natur. Ein Rechtsanspruch auf die Bereitstellung von Liquidität wird die Wahrscheinlichkeit der tatsächlichen Bereitstellung in Erfüllung dieser Verpflichtung zwar erhöhen. Gerade aber bei Konzernen in der Krise wird es häufiger gleichermaßen auf die faktische Bedeutung der Einzelgesellschaft für den Gesamtkonzern ankommen. Ist die Gesellschaft Kernbestandteil der Tätigkeit des Konzerns oder würde eine Insolvenz der Einzelgesellschaft infolge von Haftungsbrücken[81] dazu führen, dass der Gesamtkonzern zusammenbricht, so wird die Bereitschaft, Liquidität zur Verfügung zu stellen, im Regelfall zu vermuten sein. Denn es wäre für den Konzern unsinnig, durch die Zurückhaltung vorhandener Liquidität die Insolvenz der Einzelgesellschaft und des Gesamtkonzerns zu provozieren. Irrationales, weil „suizidales", Verhalten wird man bei der Prognose des Konzernverhaltens im Regelfall ausschließen dürfen.

Anders ist dies bei untergeordneter Bedeutung der Einzelgesellschaft für den Konzern. 78 Hier bedarf es für die Erwartung, dass der Konzern mit überwiegender Wahrscheinlichkeit die Liquidität im Rahmen des Cash-Pools zur Verfügung stellt, einer näheren Begründung. Hierfür wird das Bestehen eines Rechtsanspruches auf Mittelbereitstellung, aber auch die Interessenlage der Konzernführung und das Verhalten in der Vergangenheit eine Rolle spielen. Entgegen einer Entscheidung des BGH zu § 133 Abs. I InsO[82] ist es im Rahmen der Liquiditätsplanung für die Zahlungsfähigkeit aber unerheblich, ob der Cash-Pool kurzfristig kündbar ist oder ob überhaupt ein rechtlicher Zahlungsanspruch besteht: Diese Auffassung verkennt, dass eine Liquiditätsplanung nicht primär die Erfüllung rechtlicher Ansprüche prognostiziert, sondern rein tatsächliches Zahlungsverhalten. So wird ein Handelsunternehmen zulässigerweise Mittelzuflüsse aus künftigen Verkäufen einplanen, ohne dass bis zum Abschluß des Geschäfts ein irgendwie gearteter Anspruch darauf besteht. Und umgekehrt Zahlungen, mit deren rechtzeitiger Erfüllung trotz eines fälligen Anspruchs nicht zu rechnen ist, nicht in die Planung einstellen. Auch werden kurzfristig kündbare Ansprüche typischerweise angesetzt, wenn mit ihrer Erfüllung zu rechnen ist. So insbesondere etwa bis auf weiteres gewährte Kreditlinien – und diese nicht nur im Rahmen der Planung auf der 2. Stufe, sondern sogar als Zahlungsmittel auf der 1. Stufe.[83] Dies zeigt, dass das Bestehen eines Rechtsanspruchs nicht das entscheidende Kriterium der Liquiditätsplanung ist. Es ist nicht erkennbar, warum dies für erwartete Zahlungen im Cash-Pooling, gänzlich anders sein soll, zumal hier bei Transparenz der Gesamtliquidität (s. o.) die Leistungsfähigkeit zuverlässiger beurteilbar ist, als bei Dritten.

Bei konzernabhängigen Gesellschaften ist folglich die Abgrenzung der Zahlungsstockung 79 von der Zahlungsunfähigkeit in einem zweistufigen Prozeß aus der Gesamtliquidität des Konzerns abzuleiten:

---

[81] Zum Begriff und den Ursachen von Haftungsbrücken siehe oben → Rn. 37.
[82] BGH v. 21.2.2013 – IX ZR 52/10 NZI 2013, 500, 501 Rn. 13.
[83] Ebenso *Rittscher* Cash-Management-Systeme in der Insolvenz S. 68.

(1) Zunächst ist darzulegen, dass der Konzern insgesamt im Planungszeitraum über eine objektiv ausreichende Gesamtliquidität verfügt, da die Zahlungsmittel die fälligen Verbindlichkeiten im Konzern decken (notwendige Bedingung) und diese Mittel auch in ausreichendem Maße im Konzern einsetzbar sind (hinreichende Bedingung)
(2) Sodann ist darzulegen, warum die Einzelgesellschaft mit überwiegender Wahrscheinlichkeit davon ausgehen darf, im Rahmen des Cash-Pooling aus der Gesamtliquidität mit ausreichenden Mittel versorgt zu werden.

80   Da die Zahlungsmittelbestände und die erwarteten Zahlungsflüsse der Einzelgesellschaft bereits in die Gesamtplanung eingegangen sind, wird es auf der Ebene der Einzelgesellschaft keiner ausführlichen Liquiditätsplanung mehr bedürfen. Zumindest bei existenznotwendiger Bedeutung der Einzelgesellschaft für den Konzern wird es ausreichend sein darzulegen, warum der Konzern einen Zusammenbruch der Einzelgesellschaft in der Vergangenheit nicht riskiert hat und auch künftig bei Unterstellung rationalen Verhaltens nicht riskieren kann.

bb) Patronatserklärungen

81   Im Konzern werden zur Stützung krisenbehafteter Tochtergesellschaften häufig sogenannte Patronatserklärungen abgegeben. Dieses gesetzlich nicht geregelte Instrument kann unterschiedlichste Ausprägungen haben.[84] Von Interesse im Zusammenhang mit der Zahlungsunfähigkeitsfeststellung sind allein solche Erklärungen, in denen die Konzernobergesellschaft (oder eine andere Konzerngesellschaft) erklärt, die Tochtergesellschaft so mit Liquidität auszustatten, dass diese ihren Zahlungsverpflichtungen nachkommen kann.

82   Bei solchen Liquiditätszusagen handelt es sich nicht um Zahlungsmittel. Ihre Berücksichtigung ist daher im Rahmen der Ermittlung der Zahlungsfähigkeit nur im Rahmen der oben dargelegten zeitraumbezogenen 2. Stufe, also der Liquiditätsplanung zur Abgrenzung von Zahlungsstockung und Zahlungsunfähigkeit, beachtlich.[85]

83   In die Liquiditätsplanung wird eine solche Zusage von vornherein nur einstellbar sein, wenn die Konzernobergesellschaft tatsächlich dazu in der Lage ist, sie zu einzuhalten.[86] Dabei wird man ähnlich wie beim Cash-Pool[87] nicht allein auf die Liquiditätssituation der Konzernobergesellschaft abstellen können, sondern auf die Liquiditätslage im Gesamtkonzern. Anderenfalls wäre es nämlich möglich, einen bei der Konzernobergesellschaft vorhandenen Liquiditätsüberhang rechnerisch für die Unterlegung einer Vielzahl von Liquiditätszusagen heranzuziehen. Die Konzernobergesellschaft ist hinsichtlich jeder Einzelgesellschaft jedoch nur dann tatsächlich in der Lage, die Liquiditätszusagen einzuhalten, wenn ihre verfügbaren und im Konzern beschaffbaren Mittel dazu ausreichen, sämtliche derartige Zusagen und auch faktische Ausstattungsverpflichtungen zu erfüllen.

84   Ist die Erfüllbarkeit gegeben, so kommt es für die Einstellung in die Liquiditätsplanung weiter darauf an, wann mit einer hinreichenden Wahrscheinlichkeit von der Erfüllung ausgegangen werden kann. Der BGH[88] geht in einer – allerdings zur Vermeidung und Beseitigung einer Zahlungsunfähigkeit im Rahmen des Anfechtungsrechts ergangenen – Entscheidung davon aus, dass eine solche Zusage dann die Zahlungsunfähigkeit vermeiden kann, wenn sie (1) nicht gegenüber einem Dritten, sondern direkt gegenüber der Tochtergesellschaft abgegeben wurde, (2) eine Verpflichtung begründet (sogenannte „harte

---

[84] Aus dem umfangreichen Schrifttum insbes. *Bitter* ZHR 181 (2017), 428 ff. und *Koch* Die Patronatserklärung S. 75 ff., über Google auch elektronisch einsehbar.
[85] Anderer Ansicht wohl *Krüger/Page* NZI 2011, 617, 619, der aufgrund der Rechtsprechung des BGH zu Patronatserklärungen (BGH v. 19.11.2011 – IX ZR 9/10, NZI 2011, 536) eine Ähnlichkeit sämtlicher werthaltiger und kurzfristig durchsetzbarer Drittsicherungsrechte zu kurzfristig abrufbaren Bankkrediten sieht.
[86] Vgl. *Nasall* jurisPR-BGH ZivilR 13/2011; *Krüger/Pape* NZI 2011, 617, 618.
[87] → Rn. 70 ff.
[88] BGH v. 19.11.2011 – IX ZR 9/10, NZI 2011, 536 mit zustimmenden Anm. *Krüger/Page* NZI 2011, 617; *Nasall* jurisPR-BGH ZivilR 13/2011.

Patronatserklärung") und (3) der Tochtergesellschaft einen unmittelbaren Zugriff auf die Zahlungsmittel der Mutter eröffnet oder die Verpflichtung später erfüllt wird.

Die beiden ersten Kriterien gleichen der Auffassung der Rechtsprechung, dass Cash- **85** Pooling Ansprüche nur dann zu berücksichtigen sind, wenn sie auf einem nicht kurzfristig kündbaren Anspruch beruhen. Hier wie dort gilt dieselbe Kritik: es kommt im Rahmen der Liquiditätsplanung darauf an, ob tatsächlich mit einem Mittelzufluß zu rechnen ist. Worauf dieser beruht ist zweitrang. Warum also soll etwa eine Liquiditätszusage, die von der Konzernobergesellschaft in der Vergangenheit regelmäßig erfüllt wurde nur deshalb in der Liquiditätsplanung zu ignorieren sein, weil sie gegenüber einem Dritten abgegeben wurde oder nicht rechtlich bindend ist? Wenn auch künftig mit ihrer Erfüllung zu rechnen ist, etwa weil die Nichterfüllung auch die Muttergesellschaft in die Folgeinsolvenz treiben würde, dann wird die Tochtergesellschaft im Rahmen der Liquiditätsplanung zur Abgrenzung von Zahlungsstockung und Zahlungsunfähigkeit solche als sicher anzunehmende Zahlungen ansetzen dürfen.[89]

Noch problematischer ist die von der Rechtsprechung statuierte dritte Voraussetzung: **86** die Einräumung des freien Zugriffs der Tochtergesellschaft auf die liquiden Mittel dürfte ebenso praxisfern wie gesellschaftsrechtlich problematisch sein.[90] Verbliebe also nur die Anerkennung, wenn die Konzernobergesellschaft „ihrer Ausstattungsverpflichtung tatsächlich nachkommt."[91] Dies scheint darauf hinzudeuten, dass eine Patronatserklärung erst dann relevant sein soll, wenn die notwendige Liquidität gezahlt wurde. Dieses − allerdings in anderem Kontext − aufgestellte Kriterium läuft Gefahr, der Patronatserklärungen als solcher die Berücksichtigungsfähigkeit im Rahmen von § 17 InsO zu versagen. Ist die Erfüllung ausschlaggebend, so ist die Berücksichtigung der dann aus der Patronatserklärung zugeflossenen Mittel eine Selbstverständlichkeit, die keiner Erwähnung bedarf: Zahlungen der Mutter an die Tochter befähigen diese ihrerseits zur Zahlung und sind als Zahlungsmittel schon auf der 1. Stufe relevant. Woher die Zahlungsmittel stammen − ob von der Konzernobergesellschaft oder einem Dritten, ob aufgrund einer Patronatserklärung, einer sonstigen Verpflichtung oder gar ohne Rechtsgrund − ist für die Prüfung der Zahlungsunfähigkeit nach § 17 InsO unerheblich. Entscheidend ist allein das Bestehen der tatsächlichen Verfügungsgewalt über die Zahlungsmittel. Ein Abstellen auf die nachgelagerte tatsächliche Erfüllung als entscheidendes Kriterium für die Berücksichtigung von Patronatserklärungen führt also zu einem trivialen Ergebnis und macht eine Auseinandersetzung mit deren Berücksichtigungsfähigkeit obsolet. Die tatsächliche Erfüllung läßt sich nur ex post feststellen. Im Rahmen der Liquiditätsplanung geht es aber um die ex ante Betrachtung der Frage, ob mit dem Mittelzufluß gerechnet werden kann. Es ist kaum vorstellbar, dass dies vom BGH gemeint war. Daher spricht alles dafür, das 3. Kriterium der tatsächlichen Erfüllung allein für die Frage heranzuziehen, ob eine bereits eingetretene Zahlungsunfähigkeit wieder beseitigt wurde. Und im Rahmen der vorgelagerten Prüfung, ob eine Zahlungsstockung oder Zahlungsunfähigkeit vorliegt, auf die Wahrscheinlichkeit der späteren Erfüllung abzustellen.[92]

3. Überschuldung

Überschuldung ist gemäß § 19 Abs. 1 InsO Insolvenzeröffnungsgrund bei allen juristischen **87** Personen. § 19 Abs. 3 InsO erweitert den Anwendungsbereich des Eröffnungsgrundes der Überschuldung auf Gesellschaften ohne Rechtspersönlichkeit, bei denen kein persönlich haftender Gesellschafter eine natürliche Person ist; also insbesondere die GmbH & Co. KG.[93]

---

[89] Ebenso Bitter ZHR 181 (2017), 428, 461.
[90] Ähnlich *Krüger/Page* NZI 2011, 617, 618.
[91] So wörtlich BGH v. 19.11.2011 − IX ZR 9/10, Ziff. 21, NZI 2011, 536, 538.
[92] So wohl auch *Krüger/Page* NZI 2011, 617, 619.
[93] Vgl. nur HambKommInsO/*Schröder* § 19 Rn. 2.

88   Dahinter steht der Gedanke, dass für die Gläubiger am Geschäftsverkehr teilnehmender, haftungsbeschränkter Rechtsträger eine erhebliche Gefahr besteht, sobald das Eigenkapital des Rechtsträgers aufgezehrt ist. Denn dann schlagen zum einen – mangels eines Nettoreinvermögens als Risikopuffer – Verluste sofort auf die Werthaltigkeit der Gläubigeransprüche durch. Zum anderen besteht für den Eigentümer ein erheblicher Anreiz zur Erhöhung der unternehmerischen Risiken. Denn infolge der Wertlosigkeit der Gesellschaftsanteile hat er selbst nichts mehr zu verlieren. Der Insolvenzgrund der Überschuldung in § 19 InsO ist also eine präventive Terminierungsregel und Korrelat des Privilegs der Haftungsbeschränkung, um eine Verlagerung von Risiken auf die Gläubiger zu verhindern.[94] Diese Gründe erscheinen zunächst unmittelbar plausibel als Begründung der Überschuldung als substanz- und zeitpunktorientiertem Insolvenzeröffnungsgrund. Auf erhebliche praktische wie konzeptionelle Probleme stieß jedoch, wie das als rechtlich notwendiger Risikopuffer dienende Nettoreinvermögen zu quantifizieren ist. Ein substanzorientierter Überschuldungsbegriff erlangte als Insolvenzantragsgrund in der Folge keine nennenswerte praktische Bedeutung.[95] An seine Stelle trat ein stark prognostischer, zahlungsorientierter Begriff der Überschuldung. Damit mag zwar der „Dreißigjährige Krieg"[96] um den Überschuldungsbegriff ein Ende gefunden haben. Sehr viel justitiabler ist der Begriff bei den zwangläufig gegebenen Unsicherheiten einer Prognose und der Unklarheit darüber, ob es neben der Liquiditäts- auch einer Ertragsprognose bedarf,[97] jedoch nicht geworden. Gerade bei konzerntypisch komplexen Gemengelagen resultiert hieraus im Falle des Scheiterns der Sanierung eine erhebliche Rechtsunsicherheit für die im Haftungsprozess ex post zu beurteilende Tragfähigkeit der – in der Krise – ex ante durchgeführten Prognose.

a) Begriff

89   Überschuldung liegt gem. der Legaldefinition in § 19 Abs. 2 Satz 1 InsO vor, wenn das Vermögen die Verbindlichkeiten nicht mehr deckt, es sei denn, die Fortführung des Unternehmens ist überwiegend wahrscheinlich. Zentrales Moment der Überschuldungsprüfung ist damit die Fortbestehensprognose. Fällt diese positiv aus, kommt es auf den Vermögensstatus nicht mehr an. Die Vermögenssubstanz des Unternehmens hat damit nur noch für den Fall einer negativen Fortbestehensprognose eine insolvenzrechtliche Bedeutung.

90   Diese prognoseorientierte Fassung des § 19 Abs. 2 InsO wurde im Zuge der Finanzmarktkrise 2008[98] zunächst befristet, und dann 2012[99] – durch Aufhebung der Befristung – dauerhaft eingeführt. Damit bekennt sich der Gesetzgeber nunmehr zum sogenannten modifiziert zweistufigen Überschuldungsbegriff und verwirft den bis dahin der InsO zugrunde gelegten „klassischen" zweistufigen Überschuldungsbegriff. Beide Auffassungen gehen zurück auf eine 1978 begonnene[100] Auseinandersetzung in der Literatur.

91   Im Kern ging es bei dieser Auseinandersetzung darum, welche Bedeutung der Fortbestehensprognose zukommt. Im klassischen zweistufigen Überschuldungsbegriff wird der Fortbestehensprognose eine ähnliche Funktion beigemessen, wie der handelsbilanziellen

---

[94] Betriebswirtschaftlich werden solche asymmetrischen Verteilungen von Chance und Risiko auch als „moral hazard" Risiken bezeichne. Hierauf stellt auch *K. Schmidt* in DB 2008, 2467 ab, wenn er in dem Überschuldungstatbestand die Grenzlinie zum verbotenen „wrongful trading" sieht.

[95] Vgl. *Greil/Herden* ZInsO 2010, 833, 840; *Vallendar* WPG 2011, Sonderheft 1, 31, 32 f. und *Bitter/Kresser* ZIP 2012, 1733, 1734 m. w. N.

[96] So *K. Schmidt* DB 2008, 2467.

[97] Dazu sogleich unter III. 2 b.

[98] Art. 5 FMStG, Gesetz zur Umsetzung eines Maßnahmenpakets zur Stabilisierung des Finanzmarktes, Finanzmarktstabilisierungsgesetz vom 17.10.2008, BGBl. I 2008, S. 1982.

[99] Gesetz zur Einführung einer Rechtsbehelfsbelehrung im Zivilprozess und anderer Vorschriften, Gesetz vom 5.12.2012, BGBl. I 2012, S. 2418.

[100] Diese ist auf die Aufsätze von *Egner/Wolf* AG 1978, 99 ff. und *K. Schmidt* AG 1978, 334 ff. zurückführen. Hierzu und zur weiteren Entwicklung insbesondere *Frytatzki* NZI 2011, 521 ff. Ausführliche Monographien zum Überschuldungsbegriff etwa: *Fischer* Die Überschuldungsbilanz, 1980; *Götz* Überschuldung und Handelsbilanz, 2004; *Klar* Überschuldung und Überschuldungsbilanz, 1987.

Fortführungsprognose[101] nach § 252 Abs. 1 Nr. 2 HGB: Sie ist erste Stufe der Überschuldungsprüfung und ihr Ergebnis gibt (lediglich) den Bewertungsmaßstab für den insolvenzrechtlichen Vermögensstatus vor. Ist die Prognose negativ, so sind Vermögenswerte und Verbindlichkeiten einander zu Liquidationswerten gegenüberzustellen. Ergibt sich eine positive Prognose, so sind Fortführungswerte anzusetzen. Unabhängig vom (positiven oder negativen) Prognoseergebnis, muss nach dem klassischen zweistufigen Überschuldungsbegriff also in einer 2. Stufe die Vermögenssubstanz ermittelt werden. Der modifiziert zweistufige Überschuldungsbegriff verzichtet für den Fall der positiven Fortbestehensprognose dagegen auf den Substanzvergleich im 2. Schritt.

Dieser Verzicht auf einen Vermögenstatus im 2. Schritt stellt eine Rückkehr zu herrschenden Meinung vor Einführung der InsO dar.[102]   **92**

Rechtsdogmatisch liegt dem die Annahme zugrunde, dass es nicht möglich ist, ein **93** gleichermaßen theoretisch schlüssiges, wie justitiables Konzept eines Überschuldungsstatus zu Fortführungswerten zu finden. Denn im Falle des Fortbestehens des Unternehmens werden die Gläubiger nicht aus der Realisierung der Substanz des Unternehmens, sondern den künftigen Erträgen befriedigt. Aus Sicht der Betriebswirtschaftslehre ist dem Gläubigerschutz daher dann hinreichend Rechnung getragen, wenn der Unternehmenswert, ermittelt als Barwert der künftigen Erträge oder Einzahlungsüberschüsse, höher ist als die bestehenden Verbindlichkeiten.[103] Eine solche Gesamtbewertung widerspricht indes der in der Rechtswissenschaft ganz herrschenden Meinung, dass eine justitiable Messung des Vermögens nur auf der Grundlage der Ermittlung von Substanzwerten auf und einer Einzelbewertung der Vermögenswerte möglich ist.[104] Von allen Versuchen, dieses Schisma zwischen theoretischer Schlüssigkeit und Justitiabilität zu überbrücken,[105] hat keiner allgemeine Anerkennung gefunden.

Rechtspolitisch beruht die Rückkehr auf dem Bestreben des Gesetzgebers, eine breite **94** Insolvenzwelle infolge des Einbruchs der Immobilien- und Aktienpreise durch die Finanzmarktkrise zu verhindern. Bloße Buchverluste sollten keine Insolvenz auslösen[106] und zudem sollte sämtlichen Unternehmen bei Erwartung profitabler Aufträge das Verbleiben am Markt ermöglicht werden.[107] Diese Begründung galt zunächst zwar nur für die vorübergehende Aussetzung des klassischen zweistufigen Überschuldungsbegriffs in der Finanzmarktkrise, doch hat sich hieran durch die Entfristung im Jahr 2012 nicht viel geändert.

b) Fortbestehensprognose

Zentrales Element der Überschuldungsprüfung ist damit die Fortbestehensprognose. Sie **95** gibt kein rein rechnerisches, sondern ein wertendes Gesamturteil darüber, ob in der überschaubaren Zukunft vom Überleben des Unternehmens ausgegangen werden kann.[108] Dies setzt den subjektiven Fortführungswillen und die objektive Fortbestehensfähigkeit voraus.[109] Der subjektive Fortbestehenswille wirft in der Regel keine nennenswerten Fragen auf, oft kann er einfach unterstellt werden. Hinsichtlich der Voraussetzungen und Maßstäbe

---

[101] Beide Prognosen sind inhaltlich eng verwandt. Denn wenn ein Unternehmen insolvenzantragspflichtig ist, scheidet einen Bilanzierung nach going concern-Ansätzen im Regelfall aus. Doch kommt ihnen durch die Neufassung des § 19 Abs. 2 InsO eine unterschiedliche Funktion zu. Es empfiehlt sich daher, beide Themen auch begrifflich klar zu trennen (ähnl. *Frystatzki* NZI 2011, 173). Ausführlich zum Verhältnis beider zueinander insbes. *Gehrlein* WM 2018, 1f.

[102] Vgl. MüKoInsO/*Drukarczyk/Schüler* § 19 Rn. 15 ff., *Frystatzki* NZI 2011, 521, 523 jeweils m. w. N.

[103] Vgl. insbes. Bitz/Hemmerde/Rausch/*Bitz* Gesetzliche Regelungen und Reformvorschläge zum Gläubigerschutz, S. 313 ff.; *Drucarczyk* ZGR 1979, 553, 556 f.

[104] Vgl. etwa Nerlich/Römermann/*Mönning* InsO 3. EL 2002, § 19 Rn. 25; Jaeger/*Müller* InsO § 19 Rn. 26, 48; HK-InsO/*Rüntz* § 19 Rn. 14.

[105] Einen guten Überblick gibt insbes. *Frystatzki* NZI 2011, 521, 523.

[106] BT Drucks. 16/10600, S. 12 f.; dazu auch *Frystatzki* NZI 2011, 521, 523.

[107] So ausdrücklich eine Pressemitteilung des BMJ vom 13.10.2008.

[108] So jüngst *Bittner/Kresser* ZIP 2012, 1733, 1735 mwN.

[109] So insbes. BGH v. 9.10.2006 – II ZR 303/05, DStR 2006, 2186.

der objektiven Fortbestehensfähigkeit bestehen dagegen, vor allem bei Unternehmen in der Krise, eine Reihe streitiger Fragen.[110]

aa) Liquiditätsprognose

96 Die Fortbestehensprognose umfasst nach allgemeiner Auffassung[111] in jedem Falle eine Liquiditätsprognose. Diese ist – wie die Liquiditätsplanung zur Abgrenzung der Zahlungsstockung von der Zahlungsunfähigkeit[112] – als Finanzplan aufzubauen. In diesen sind alle künftigen Ein- und Auszahlungen, von denen mit überwiegender Wahrscheinlichkeit ausgegangen werden kann, einzustellen.[113]

Dieser Planung sind nachvollziehbare und realistische Annahmen zugrunde zu legen.[114] Bei deren Erstellung muß die Geschäftsleitung sämtliche wesentlichen Informationen beschaffen und berücksichtigen. Zugleich kommt ihr dabei aber nach zutreffender Auffassung ein Beurteilungs- oder Ermessensspielraum zu.[115] Es kommt daher nicht darauf an, ob ein sachkundiger Dritter die Planungsannahmen ebenso treffen würde oder gar, ob sich diese ex post als richtig herausstellten.

Der Planungszeitraum muss zumindest das laufende und das nächste Geschäftsjahr umfassen.[116] Dem liegt das Streben nach einer hinreichend langen, aber noch justitiablen Planungsperiode zugrunde.[117] Unterstellt wird unausgesprochen, dass in ordentlich geführten Unternehmen für das laufende und das nächste Jahr Ertrags-und Liquiditätsplanungen vorhanden sind oder jedenfalls sein sollten. Die Fortbestehensprognose sollte sich daher ohne größeren Aufwand aus den ohnehin vorhandenen Unterlagen erstellen lassen.

97 Im Konzern ist die Erstellung einer Liquiditätsprognose im Rahmen der Überschuldungsprüfung (entsprechend der kurzfristigen Liquiditätsprognose im Rahmen der Zahlungsunfähigkeitsprüfung) auf einer isolierten Basis häufig nicht sinnvoll möglich, weil die einzelne Gesellschaft durch finanz- und leistungswirtschaftliche Verflechtungen mit den übrigen Konzerngesellschaften nicht isoliert lebensfähig ist. Dann gilt für die Liquiditätsprognose im Rahmen der Fortbestehensprognose dasselbe, wie für die Abgrenzung der Zahlungsstockung von der Zahlungsunfähigkeit. Eine positive Liquiditätsprognose der Einzelgesellschaft setzt voraus,

(1) dass im Konzern objektiv ausreichend Liquidität zur Erfüllung aller im Prognosezeitraum fälligen Verbindlichkeiten vorhanden ist (notwendige Bedingung) und diese Liquidität im Konzern auch frei bewegt werden kann (hinreichende Bedingung)

(2) dass die Einzelgesellschaft davon ausgehen kann, dass diese im Konzern vorhandene Liquidität ihr auch tatsächlich im benötigten Umfange zur Verfügung gestellt werden kann.

98 Dabei wird es im Konzern notwendig sein, zumindest für die wesentlichen konzerngebundenen Einzelunternehmen, neben der Konzernliquiditätsplanung eine eigenständige Liquiditätsplanung zu erstellen. Denn nur so lässt sich die Liquiditätsentwicklung und die ggf. vom Konzern auszugleichende Liquiditätslücke über einen Planungshorizont von 12–24 Monate verlässlich beurteilen.

---

[110] Vgl. dazu aus jüngerer Zeit vor allem *Goette* DStR 2016, 1684 ff. und 1752 ff. sowie *Fischer* NZI 2016, 665 ff., weiter jeweils m. w. N.

[111] Siehe etwa Baumbach/Hueck/*Haas* GmbHG § 19 Rn. 46 ff. m. w. N.; Nerlich/Römermann/*Mönning* InsO § 19 Rn. 20; *Hirte/Knof/Mock* ZInsO 2008, 1217, 1222.

[112] Siehe oben II 1 b.

[113] Vgl. MüKoInsO/*Drukarczyk/Schüler* Rn. 15 ff.; IDW FAR 1/1996, Ziff. 3.2, WPg 1997, 22, 24.

[114] BGH v. 23.2.2004 – II ZR 207/01; NZI 2005, 284.

[115] Ausführlich *Fischer* NZI 2016, 665ff; *Goette* DStR 2016, 1752f.

[116] HK-InsO/*Mock* 8. Aufl. 2016, § 19 Rn. 10; Jaeger/*Müller* InsO § 19 Rn. 37; Saenger/Inhester/*Kolmann* GmbHG Vor § 64 GmbHG Rn. 39; Henssler/Strohn/*Arnold* GesR § 19 InsO Rn. 6; Bork, ZIP 2000, 1709, 1710; MüKoInsO/*Drukarczyk/Schüler* § 19 Rn. 64.

[117] *Bork* ZIP 2000, 1709, 1710; *Götte* DStR 2016, 1752, 1757.

bb) Ertragsprognose

Höchst streitig ist, ob die Fortbestehensprognose neben der Liquiditätsprognose auch eine **99** Ertragsprognose enthalten muss. Derartige Überlegungen fanden sich schon in der älteren Literatur.[118] Dabei lassen sich Anhaltspunkte für die Notwendigkeit einer solchen Ertragskomponente bereits in den Materialen zur InsO finden.[119]

Angesichts der großen Bedeutung der Fortbestehensprognose für den in § 19 Abs. 2 **100** InsO Gesetz gewordenen modifizierten zweistufigen Überschuldungsbegriff hat diese Diskussion deutlich zugenommen.

Hintergrund der Diskussion ist die Befürchtung, dass sich durch den Verzicht auf einen **101** Vermögensstatus im Falle einer positiven Fortbestehensprognose ein Gefährdungspotential für die Gläubiger auftut: Allein mit Hilfe einer auf 2 Jahre gerichteten Liquiditätsprognose ist es nicht möglich, auf Dauer nicht lebensfähige Unternehmen zu identifizieren und durch eine Insolvenz aus dem Rechtsverkehr auszusortieren. So kann etwa ein Unternehmen zwar hoch verschuldet sein, die Fälligkeit der Verbindlichkeiten aber so weit in der Zukunft liegen, dass sie im Planungshorizont der Liquiditätsprognose nicht berücksichtigt werden. Eine solche Situation resultiert typischerweise aus hohen Pensionslasten oder in die Zukunft verschobene Zins- und Tilgungslasten (sogenannte PIK-Darlehen).[120] Weist in diesen Fällen ein Unternehmen im laufenden Geschäft hohe Verluste aus, so löst dies vor allem dann Unbehagen aus, wenn die Verluste auch liquiditätswirksam sind und der daraus resultierende Liquiditätsbedarf nur durch sukzessive Verwertung von noch vorhandenen Vermögenswerten gedeckt werden kann. Es kommt dann zu einer schleichenden Auszehrung des Unternehmens.[121] Extreme Züge kann eine solche Situation dann annehmen, wenn die kreditgebenden Banken damit beginnen, ihre anfänglich besicherten Darlehen weit unter Nennwert zu verkaufen und Anleiheverbindlichkeiten des Unternehmens am Kapitalmarkt weit unter par gehandelt werden. Die allein auf die kurzfristige Liquiditätsbetrachtung gestützte insolvenzrechtliche Fortbestehensprognose wird dann vom Markt widerlegt.

Begreift man die Kodifizierung des modifizierten zweistufigen Überschuldungsbegriff **102** zugleich als Ausdruck einer vom Gesetzgeber gewollten Risikoverlagerung[122] so werden

---

[118] *Möhlmann* DStR 1998, 1843, 1844; *Penzlin* NZG 2000, 464.

[119] Vgl. Erster Bericht der Kommission für Insolvenzrecht, Hrsg. BMJ, 1985, S. 112, „Die Prognose zum Fortbestand wird als Prüfung gekennzeichnet. Ob die Ertragsfähigkeit wieder hergestellt wird. Ertragsfähig ist ein Unternehmen, wenn es fortgeführt werden kann, ohne daß Verluste entstehen, es muß aus den wirtschaftlichen Erträgen mindestens Verbindlichkeiten und Kosten des laufenden Betriebes decken können" wobei allerdings durch die Vermischung von Begriffen unterschiedlicher betriebswirtschaftlicher Bedeutungsebenen (Ertrag = handelsbilanzielle Vermögensveränderung; Kosten = kalkulatorische Vermögensminderung, Verbindlichkeiten = Bestand an Zahlungsverpflichtungen) nicht wirklich klar wird, was gemeint ist. Man kann dies als Forderung nach einer ausreichenden Innenfinanzierung verstehen (so *Frystatzki* NZI 2011, 173, 174), also der Forderung nach Liquiditätsüberschüssen aus dem laufenden Geschäft. Doch eindeutig ist dies nicht und lässt zudem die Frage offen, weshalb die Möglichkeit zur Außenfinanzierung rechtlich unbeachtlich sein soll. Ohnehin findet sich auch in anderen Quellen eine wenig präzise Nutzung der betriebswirtschaftlichen Begriffspaare (Aus-/Einzahlungen oder Ausgaben/Einnahmen als Veränderung von Zahlungsmittel, Aufwand/Ertrag als Veränderung des bilanziellen Vermögens und Kosten/Erlöse als kalkulatorischen Vermögensänderung), was das Verständnis des Gemeinten wegen der Unterschiede und Überschneidungen der Begriffe bei genauer Betrachtung oft erheblich erschwert.

[120] Vgl. *Bitter/Kresser* ZIP 2012, 1733, 1735.

[121] *Ehlers* NZI 2011, 161, 162.

[122] Hierfür spricht insbesondere eine Pressemitteilung des BMJ vom 13.10.2008. Hierin wird die Insolvenzreife abgelehnt, wenn das Unternehmen den Zuschlag für einen Großauftrag erhalten hat. Dies ist zwar etwas mehr als die unzureichende bloße Aussicht auf künftige Geschäfte (so insbesondere *Uhlenbruck* BB 1984, 1949, 1951 „Auftrag aus Utopia"). Doch wird man sich bei defizitären Unternehmen fragen müssen, was zur Annahme berechtigt, dass das Unternehmen nunmehr an diesem Großauftrag gesundet, wenn es in der Vergangenheit durch Verluste doch hinreichend unter Beweis gestellt hat, dass es – auch welchen Gründen auch immer – nicht in der Lage war, seine Aufträge profitabel abzuwickeln. Das der erwarteten Gesundung durch den Großauftrag immanente Risiko wird den Gläubigern auferlegt.

solche Fälle hinzunehmen sein. Lehnt man eine solche Risikoverlagerung ab, so tut sich eine Schutzlücke auf. Ob diese durch eine Ertragsprognose geschlossen werden kann, ist durchaus zweifelhaft. Denn zum einen besagt eine im Planungszeitraum negative Ertragsprognose nichts darüber, ob das Unternehmen in der Lage ist, den hieraus resultierenden Substanzverzehr durch hinreichendes Eigenkapital oder Nachschüsse der Gesellschafter aufzufangen.[123] Außerdem würde bei Notwendigkeit einer positiven Ertragsprognose vielen Unternehmensneugründungen[124] oder anderen Unternehmen, die typischerweise über längere Zeiträume ertragsarm sind,[125] die Existenzberechtigung abgesprochen. Dies ist nicht sinnvoll. Auch bei Annahme einer Schutzlücke kann eine negative Ertragsprognose allein also keine Insolvenzantragsreife begründen. Dies führt zur Diskussion differenzierter Lösungen.[126]

103   Eine solche differenzierte Lösung kann darin bestehen, im Prognosezeitraum zwar Verluste hinzunehmen, aber die Rückkehr des Unternehmens zur Profitabilität innerhalb des Prognosezeitraums zu fordern. Dieses Verlangen nach einem „Turnaround" in absehbarer Zukunft hat seine Rechtfertigung in der schlichten Erkenntnis, dass ein dauerhaft defizitäres Unternehmen nicht lebensfähig ist.[127] Notwendige Konsequenz eines solches Ansatzes wird in einer Vielzahl von Fällen dann aber auch eine Verlängerung des Prognosezeitraums nicht nur für die Ertragsprognose, sondern auch für die Liquiditätsprognose sein. Denn was hilft die Erkenntnis, dass in 3 oder 4 Jahren das Unternehmen wieder profitabel sein wird, wenn es diesen Zeitraum mangels hinreichender Liquidität nicht mehr überlebt. Auch wenn damit nicht dargelegt ist, dass eine Gläubigerbefriedigung dauerhaft gesichert ist, so lässt sich so zumindest eine schleichende Substanzauszehr verhindern. Eine solche Orientierung am erwarteten „Turnaround" ist notwendigerweise auf die Fälle defizitärer Unternehmen zu beschränken, bei denen nicht erkennbar ist, dass der Verlustausgleich durch die Gesellschafter oder aus anderen Quellen erfolgt.

104   Methodisch läuft das auf eine zweistufige Prüfung hinaus, wie sie auch dem österreichischen Recht eigen ist. Dort wird zwischen der rein liquiditätsorientierten Primärprognose und der ertragsorientierten Sekundärprognose unterschieden.[128] Da dem österreichischen Recht seit einer Grundsatzentscheidung des OHG aus dem Jahr 1986[129] der modifizierten zweistufigen Überschuldungsbegriff zugrunde liegt,[130] ist die Rechtslage in Österreich und in Deutschland insoweit strukturgleich. Dies spricht dafür, die österreichische, fast 30-jährige Diskussion und Entwicklung für das Verständnis des neuen § 19 Abs. 2 InsO heranziehen.

105   Sollte sich eine Tendenz abzeichnen, dass sich die Rechtsprechung der Forderung nach einer Ertragskomponente anschließt,[131] so wird jedenfalls die Beratungspraxis um eine Ergänzung der Liquiditätsprognose um eine Ertragsprognose nicht umhinkommen.

106   Geht man also in der Beratungspraxis davon aus, dass jedenfalls bis zur höchstrichterlichen Klärung der Frage aus Gründen der Vorsicht eine Ertragsprognose zu erstellen ist, so dürfte für die Mehrzahl der konzerngebundenen Gesellschaften dasselbe wie für die Liquiditätsprognose gelten: Je stärker eine Gesellschaft mit dem Konzern verflochten ist, um so weniger ist eine isolierte Ertragsprognose sinnvoll darstellbar. Dies gilt insbesondere für den

---

[123] Und dies zu berücksichtigen, liefe auf eine dem Willen des Gesetzgebers widersprechende Erstellung eines Vermögensstatus im Fortführungsfall und damit Rückkehr zum alten zweistufigen Überschuldungsbegriff „durch die Hintertür" hinaus.

[124] Vgl. den Ersten Bericht der Kommission für Insolvenzrecht, Hrsg. BMJ, 1985, S. 112.

[125] Genannt werden in diesem Zusammenhang unter anderem Unternehmen der Daseinsvorsorge in öffentlich-rechtlicher Hand, deren Verluste vom Gesellschafter aufgefangen werden (*Hüttemann* FS K. Schmidt, 2009, S. 761, 777).

[126] Siehe hierzu etwa *Wolf* DStR 2009, 2682; *Bitter/Kresser* ZIP 2012, 1733.

[127] Genauer: Oder sich jemand findet, der bereit ist die Verluste ausgleicht.

[128] Vgl. *Karollus/Huemer* Die Fortbestehensprognose im Rahmen der Überschuldungsprüfung S. 79 ff.

[129] OGH v. 3.12.1986, 1 Ob 655/86, 1101 = ÖJZ 1987/104, 368.

[130] Ausführlich zur Entwicklung des Überschuldungsbegriffs im österreichische Recht *Karollus/Huemer* Die Fortbestehensprognose im Rahmen der Überschuldungsprüfung S. 44 f.

[131] So ausdrücklich AG Hamburg v. 2.12.2011 – 67c IN 421/11 – NZI 2012, 85.

Fall vertikaler Konzernierung oder Fälle, bei denen die betriebswirtschaftlichen Funktionen des Leistungserstellungsprozesses auf unterschiedliche Rechtsträger verteilt sind.[132] Die Erträge der Einzelunternehmen lassen sich hier durch die Festlegung der konzerninternen Verrechnungspreise im Regelfall so stark beeinflussen, dass nur eine Gesamtbetrachtung aller am Leistungserstellungsprozess beteiligten Unternehmen sinnvoll ist.

c) Liquidationsstatus

Ist die Fortbestehensprognose negativ, so ist weiter zu prüfen, ob aus der Liquidation des **107** Unternehmens Erlöse in einem Umfang zu erzielen sind, dass sämtliche Gläubiger befriedigt werden können. Nur wenn dies nicht gelingt, besteht die Notwendigkeit, in die Privatautonomie der Beteiligten durch ein hoheitliches Verfahren einzugreifen. Technisch erfolgt diese Prüfung durch Gegenüberstellung der zu Liquidationswerten bewerteten Aktiva und den aus dem Liquidationserlösen zu befriedigenden Verbindlichkeiten in einem sogenannten Liquidationsstatus.

Die Bewertung der Aktiva in einem solchen Liquidationsstatus – wie auch die, der **108** aufzunehmenden Verbindlichkeiten – ist zum Teil höchst streitig. In der Rechtspraxis sind die meisten Zweifelsfragen aber ohne Belang, da die ganz überwiegende Mehrzahl aller Unternehmen deutlich überschuldet ist. Und dies zumeist in einem Ausmaß, dass selbst größere Veränderungen der zugrundeliegenden Bewertungen für das Ergebnis letztlich keine Rolle spielen. In der Praxis genügt daher zumeist ein grober Status. Auf eine detaillierte Darstellung der tatsächlichen oder rechtlichen Situation wird es nur in seltenen Fällen ankommen.

Der Liquidationsstatus wird im Regelfall als Überleitungsrechnung aus der Bilanz des **109** Unternehmens ermittelt.[133] Bilanzen haben – ungeachtet ob nach HGB oder IFRS – den Vorteil, dass sie klar gegliedert und in ihnen die Vermögenswerte und Verbindlichkeiten weitgehend vollständig erfasst sind. Den Positionen der Bilanz liegen die Summen- und Saldenlisten des internen Rechnungswesens zugrunde, in denen sämtliche vergangenen Geschäftsvorfälle abgebildet und die Bestände durch regelmäßige Inventur verifiziert sind. Das Gliederungs- und Mengengerüst der Bilanz ist damit eine ebenso praktikable wie theoretisch schlüssige Ausgangsbasis des Liquidationsstatus.

Die Aktiv- und Passivpositionen der Bilanz werden sodann

(1) umbewertet,
(2) um, in der Liquidation irrelevante, Positionen bereinigt und
(3) um liquidationspezifische Werte ergänzt.

Die Aktiva der Bilanz sind im Liquidationsstatus einer Einzelbewertung[134] zu Liquidati- **110** onswerten zu unterziehen. Dabei ist eine geordnete außergerichtliche Liquidation zugrunde zu legen. Denn es ist zu prüfen, ob mangels hinreichender Befriedigungserwartung aus den Liquidationserlösen ein Insolvenzverfahren erforderlich ist. Prüfungsgegenstand ist dagegen nicht, was bei einer Zerschlagung im Rahmen einer Insolvenz herauskommt. Dies kann dazu führen, dass bei Veräußerbarkeit von fortführungswürdigen Betriebsteilen Fortführungs- und Liquidationswert nicht auseinanderfallen. Probleme bereitet es aber, wenn der durch eine Gesamtveräußerung von Betriebsteilen entstehende Wert nicht auf die zu veräußernden Einzelaktiv aufteilbar ist. Hier wird es dann erforderlich sein, einen Firmenwert anzusetzen.[135]

Auf der Passivseite finden im Regelfall keine größeren Umbewertungen statt. Die zu **111** tilgenden Verbindlichkeiten ändern sich im Regelfall durch die Liquidation nicht. Eine

---

132 Dazu ausführlich oben III. 2 a.
133 IDW FAR 1/1996, Ziff. 4.1, WPg 1997, 22, 24; Gottwald InsO-HdB/*Gundlach* § 6 Rn. 44; *Möhlmann-Mahlau/Schmitt* NZI 2009, 19, 22.
134 Lutter/Hommelhoff/*Kleindiek* GmbHG, 19. Aufl. 2016, Anh. § 64 Rn. 31.
135 Zur Veräußerung als Ganzes HKInsO/*Kirchhof* § 19 Rn. 15.

Ausnahme hiervon stellen regelmäßig nur Rückstellungen dar, die für Risiken gebildet wurden, die in der Liquidation rechtlich keinen Verbindlichkeitscharakter aufweisen.[136]

112   Auf der Passivseite finden im Regelfall keine größeren Umbewertungen statt. Die zu tilgenden Verbindlichkeiten ändern sich im Regelfall durch die Liquidation nicht. Eine Ausnahme hiervon stellen regelmäßig nur Rückstellungen dar, die für Risiken gebildet wurden, die in der Liquidation rechtlich keinen Verbindlichkeitscharakter aufweisen.[137]

113   Auf der Aktivseite sind alle Positionen zu eliminieren, die keine verwertbaren Vermögensgegenstände darstellen. Praktisch relevant sind insbesondere Firmenwerte (§ 246 Abs. 1 Satz 4 HGB) und latente Steuern (§ 274 HGB). Zu ergänzen sind Vermögenswerte, die aufgrund eines Bilanzierungsverbotes oder -wahlrechts nicht bilanziert wurden, gleichwohl aber veräußerbar sind. Typischer Fall hierfür sind selbstgeschaffene immaterielle Vermögenswerte (§ 255 Abs. 2a HGB).

114   Auf der Passivseite stellt sich vor allem die Frage der Ergänzung der bilanziellen Verbindlichkeiten um Verbindlichkeiten aus Abwicklungskosten. Die Antwort auf diese Frage ergibt sich zwangläufig aus dem Zweck der Berechnung: Ziel ist zu klären, ob im Falle der außergerichtlichen Liquidation mit einer Befriedigung aller Gläubiger aus den Liquidationserlösen gerechnet werden kann. Ob die Verbindlichkeiten zum Stichtag des Status bereits bestehen oder sich im Zuge der Liquidation aus einem zum Stichtag bestehenden Dauerschuldverhältnisses ergeben, ist für diese Frage ohne Bedeutung. Denn eines Insolvenzverfahrens bedarf es im Interesse der Gläubiger auch und gerade dann, wenn zum Stichtag die Liquidationserlöse zwar zur Befriedigung der schon bestehenden Verbindlichkeiten noch ausreichen, es aber bereits klar ist, dass aufgrund der vorzeitigen Beendigung aus bereits bestehenden Schuldverhältnissen weitere Verbindlichkeiten entstehen werden. Es besteht die Gefahr, dass Gläubiger, deren Forderungen aus Dauerschuldverhältnissen resultieren, bei einer außergerichtlichen Abwicklung später leer ausgehen. Die insolvenzrechtliche gebotene Behandlung im Status unterscheidet sich insoweit nicht wesentlich von Sachverhalten, für die handelsbilanziell gem. § 259 Abs. 1 Satz 1 HGB Drohverlustrückstellungen gebildet werden.[138] Kosten des Insolvenzverfahrens dagegen sind nicht anzusetzen. Ansonsten würde die Frage, ob die Berücksichtigung erforderlich ist, mit den dann anfallenden Kosten begründen. Diese Argumentation ist jedoch ein Zirkelschluss.

115   Vorstehende rechtliche Fragestellungen werden im Falle der Liquidation konzernzugehöriger Unternehmen von erheblichen rechentechnischen Problemen überlagert. Ob in der außergerichtlichen Liquidation mit einer Gläubigerbefriedigung gerechnet werden kann, lässt sich nicht aus der Vermögenslage der einzelnen Gesellschaft beurteilen.

116   Bereits die Frage, welche Liquidationserlöse aus den Aktiva der Einzelgesellschaft zu erwarten sind, hängt von der Vermögenslage der anderen Gesellschaften ab: Die Werthaltigkeit konzerninterner Forderungen richtet sich nach den zu erwartenden Befriedigungsquoten schuldnerischer Gesellschaften; der Liquidationswert von Gesellschaftsanteilen bei den Obergesellschaften danach, ob in der Liquidation der Tochtergesellschaft mit einem Liquidationsüberschuss zu rechnen ist.

117   Hinzu kommt, dass diese liquidationsunspezifischen Verflechtungen im Falle der Liquidation durch zusätzliche Verpflichtungen, etwa aus Verlustübernahmeverpflichtungen und Mithaftungsverpflichtungen, überlagert werden.

118   Derartige Verflechtungen lassen sich – wenn es denn darauf ankommt – in aller Regel nur noch iterativ durch komplexe Rechenmodelle bewältigen.

---

[136] Ein typischer Fall hierfür sind Kulanzrückstellungen oder Rückstellungen für Tantiemen, die in der Liquidation nicht mehr anfallen.

[137] Ein typischer Fall hierfür sind Kulanzrückstellungen oder Rückstellungen für Tantiemen, die in der Liquidation nicht mehr anfallen.

[138] Ähnlich *Frystatzki* NZI 2011, 521, 525.

4. Drohende Zahlungsunfähigkeit

Neben den beiden obligatorischen Insolvenzantragsgründen der Zahlungsunfähigkeit und **119** Überschuldung kennt das deutsche Insolvenzrecht seit der Einführung der InsO den fakultativen Insolvenzgrund der drohenden Zahlungsunfähigkeit gem. § 18 Abs. 2 InsO. Drohende Zahlungsunfähigkeit ist gem. der Legaldefinition gegeben, wenn der Schuldner zwar gegenwärtig zahlungsfähig ist, voraussichtlich aber künftig nicht in der Lage sein wird, die fälligen Verbindlichkeiten zu erfüllen.

Der Gesetzgeber wollte mit Einführung eines solch fakultativen Insolvenzantragsgrundes **120** sanierungsfähigen Schuldnern die Möglichkeit geben, sich freiwillig in ein Insolvenzverfahren zu begeben, um unter dem Schutz des Insolvenzrechts eine Sanierung durchzuführen.[139] Die Bedeutung der drohenden Zahlungsunfähigkeit in der Praxis der Antragsstellungsgründe ist jedoch gering.

Zum einen lässt sich schon bezweifeln, ob es überhaupt einen praktisch bedeutsamen **121** Anwendungsbereich für die drohende Zahlungsunfähigkeit gibt. Denn, wenn mit überwiegender Wahrscheinlichkeit die Situation droht, dass das Unternehmen nicht in der Lage sein wird, seine fällig werdenden Verbindlichkeiten zu erfüllen, entfällt auch die positive Fortbestehensprognose. Dann aber liegt in der Mehrzahl der Fälle auch Überschuldung vor, so dass hieraus bereits die Antragspflicht besteht.[140] Ein eigenständiger Anwendungsbereich für den Antragsgrund der drohenden Zahlungsunfähigkeit verbleibt dann nur für die wenigen Fälle, in denen zu Liquidationswerten keine Überschuldung gegeben ist oder aber in Fällen, in denen die erwartete Zahlungsmittellücke außerhalb des Prognosehorizontes des laufenden und nächsten Geschäftsjahres liegt.[141]

Darüber hinaus ist höchst fraglich, ob die Gesellschaftsorgane ohne Zustimmung ihrer **122** Gesellschafter gesellschaftsrechtlich überhaupt berechtigt sind, einen Insolvenzantrag zu stellen, ohne dazu verpflichtet zu sein. Denn jedenfalls der Fremdgeschäftsführer oder -vorstand einer Gesellschaft ist dazu verpflichtet die Sanierungsfähigkeit eines krisenbehafteten Unternehmens zu prüfen und notwendige Sanierungsmaßnahmen zu ergreifen.[142] Solange das Unternehmen nicht mangels fehlender, positiver Fortbestehensprognose antragsreif ist, kann er sich dieser Sanierungspflicht nicht dadurch entziehen, dass er ohne rechtliche Verpflichtung einen Insolvenzantrag stellt. Entstehen der Gesellschaft durch die Antragstellung weitere Schäden – wovon im Regelfall auszugehen ist – so laufen die Organe Gefahr, sich gegenüber der Gesellschaft und den Gesellschaftern haftbar zu machen.[143]

Da im Konzern die Fremdgeschäftsführung der Regelfall sein wird, dürfte die drohende **123** Zahlungsunfähigkeit hier daher auch nach der Reform der InsO durch das ESUG ohne große praktische Bedeutung bleiben.

III. Konzernspezifische Gefahren und besondere Probleme in der Krise einer Unternehmensgruppe

1. Der sogenannte Dominoeffekt als spezielles Konzernphänomen

Der wirtschaftliche Erfolg eines Unternehmens wird sowohl durch exogene als auch durch **124** endogene Faktoren bestimmt. Zu jenen gehören etwa der Markt- und Markenauftritt eines

---

[139] Vgl. BT-Drucks. 12/2444, S. 114.
[140] Zu sich hieraus ergebenden Missbrauchsversuchen *Drukarczyk* in MünchKommInsO, 3. Aufl. 2013, § 18 Rn. 85 f.
[141] MüKoInsO/*Drukarczyk* § 18 Rn. 86.
[142] *K. Schmidt*, ZIP 1988, 1497, 1505; *Lutter/Hommelhoff/Timm*, BB 1980, 737, 739.
[143] Vgl. *Bauer* Die GmbH in der Krise Rn. 271 *Leinekugel/Skauradszun*, GmbHR 2011, 1121, 1126 f.

Unternehmens sowie die vielfältigen Beziehungen, die es nach außen hin zu anderen Marktteilnehmern unterhält, namentlich zu Kunden, Lieferanten und Banken bzw sonstigen Kreditgebern. Zu den für den unternehmerischen Erfolg nicht weniger bedeutenden endogenen Faktoren können einerseits die einzelnen, internen Verhältnisse eines Unternehmens gezählt werden, andererseits die Art und Weise wie das Unternehmen selbst als wirtschaftliche Einheit strukturiert und organisiert ist. Aufgrund der Offenheit des deutschen Konzernrechts,[144] die letztlich Ausfluss der Privatautonomie ist, steht sowohl die Entscheidung darüber, ob diese wirtschaftliche Einheit einem oder mehreren Rechtsträgern zugeordnet wird als auch diejenige über die Wahl der Rechtsform im freien Ermessen der Leitung und den Inhabern des Unternehmens. Sie können daher „ihr" Unternehmen als strenge, hierarchische Organisation strukturieren, in der die einzelnen Konzerngesellschaften unter der einheitlichen Leitungsmacht der Muttergesellschaft zusammengefasst sind, als voneinander abhängige Gesellschaften iSd §§ 15 ff AktG, im Grundsatz jedoch weitgehend selbstständig agierende und im Markt auftretende Rechtsträger oder aber auch als eher lose miteinander verbundene Mutter-, Tochter-, Enkel- und Schwestergesellschaften, die nur gelegentlich miteinander in wirtschaftliche Wechselwirkung treten. Weiterhin steht es auch in ihrer freien Verantwortung, ob sie einen Groß- oder einen Kleinkonzern,[145] einen rein nationalen oder einen internationalen[146] gründen bzw entwickeln wollen. Das Konzernrecht regelt nicht den Konzern als Einheit,[147] sondern lediglich Haftungsverhältnisse zwischen einzelnen Konzerngesellschaften, die durch das Bestehen („Vertragskonzern") oder Nichtbestehen („faktischer Konzern"[148]) von Unternehmensverträgen geprägt sind.[149] Es ist daher auch möglich, innerhalb einer „Konzernfamilie"[150] das gesamte Spektrum der eingangs dargestellten Konzernstrukturen vorzufinden.

125   Die Gründe für eine „Ver- oder Auslagerung" unternehmerischer Aktivitäten von einem Rechtsträger auf einen mit diesem verbundenen anderen Rechtsträger, mithin eine **Konzernbildung,** sind vielfältig, vornehmlich jedoch regelmäßig haftungsrechtlicher und/oder steuerlicher Natur. So haben Konzernarchitekten bei der Bündelung unternehmerischer Risiken in einer bzw mehreren eigenständigen Tochtergesellschaft(en) oftmals im Blick, im Falle der Verwirklichung dieses Risikos in Form einer Insolvenz der Tochtergesellschaft das Vermögen der Muttergesellschaft weitgehend unbeschädigt zu erhalten. Da nur der jeweilige Rechtsträger und nicht die Einheit „Konzern" *de lege lata,*[151] vgl § 11 Satz 1 InsO, daran ändert auch das neue Konzerninsolvenzrecht nichts, insolvenzfähig ist, haben die Gläubiger der jeweiligen Tochtergesellschaft auch nur „Zugriff" auf die Haftungsmasse dieser Tochtergesellschaft,[152] so dass in Anbetracht der Bestrebungen jener Konzernarchitekten, die Muttergesellschaft im Falle der Insolvenz der Tochter schadlos zu halten, grundsätzlich von einer erfolgsversprechenden Strategie gesprochen werden kann. Durch Konzernbildung kann in der Regel nahezu jedes unternehmerische Abenteuer in einer eigenständigen Gesellschaft erprobt werden, ohne dass die Mutter- bzw andere

---

[144] *K. Schmidt* KTS 2010, 1, 6 f.

[145] Der Begriff „Konzern" wird nachfolgend nicht technisch iSd § 18 AktG gebraucht werden, sondern iSd §§ 15, 16 AktG; unter ihn fallen alle verbundenen Unternehmen.

[146] Zu den internationalen Aspekten einer Konzerninsolvenz siehe Beiträge zu § 8.

[147] *K. Schmidt* KTS 2010, 1, 6 ff.

[148] Natürlich nur bei Bestehen entsprechenden (herrschenden) Einflusses des herrschenden Unternehmens iSd §§ 311 ff AktG.

[149] Die Entscheidungskompetenz zum Abschluss eines Unternehmensvertrages ist sowohl aufseiten des abhängigen Unternehmens als auch aufseiten des herrschenden Unternehmens den Aktionären bzw Gesellschaftern zugeordnet, vgl. § 293 Abs. 1 und Abs. 2 AktG (analog).

[150] Zum Vergleich der Einheit „Konzern" mit der Einheit „Familie" siehe *K. Schmidt* KTS 2010, 1, 6.

[151] Dabei wird es wohl auch bleiben. Zum Stand des Gesetzgebungsverfahrens zum Konzerninsolvenzrecht *von Wilcken* → § 4 Rn. 45.

[152] Anders stellt sich dies nur im Falle der sogenannten und teilweise in den USA durch Richterrecht (Ausnahme: Ehegatten) fortgebildeten *„substantive consolidation"* dar, die jedoch *de lege lata* nicht umzusetzen ist und *de lege ferenda* (vgl. Regierungsentwurf, dazu ausführlich *von Wilcken* → § 4 Rn. 44 ff aller Voraussicht nach auch nicht Einzug ins Gesetz halten wird.

Tochter- oder Schwestergesellschaften im Falle des Scheiterns Vermögenseinbußen zu befürchten hätten.

Durch eine solche Auslagerung von Betriebsteilen wird jedoch nur *prima facie* das Risiko **126** einer Haftung der Muttergesellschaft vermieden. Der Preis für die oben dargestellte Freiheit zur Konzernbildung ist, dass die wirtschaftliche Einheit eines Unternehmens als einer der wesentlichen endogenen Erfolgsfaktoren im Falle der „Verteilung" der Einheit „Unternehmen" auf verschiedene, zwar miteinander verbundene, aber dennoch rechtlich selbstständige Unternehmensträger in Mitleidenschaft gezogen wird. Selbst wenn eine Tochtergesellschaft nur verlängerter Arm der Muttergesellschaft sein sollte, wird aufgrund der Trennung und Organisation des Unternehmens in zwei oder mehrere separate Rechtsträger die wirtschaftliche Einheit nicht in demselben Maße vorliegen können als dies der Fall wäre bei Organisation in nur einer Gesellschaft. Sollte die abhängige Tochtergesellschaft als AG strukturiert sein, dann handelt der Vorstand grundsätzlich nach § 76 AktG in freier Verantwortung und die Muttergesellschaft kann – vorbehaltlich des Vorliegens eines Beherrschungsvertrages – nur[153] über die ihr als Aktionärin nach den §§ 119, 23 Abs. 5 AktG zur Entscheidung zugewiesenen Gegenstände Beschluss fassen. Eine Einflussnahme der Muttergesellschaft über die Verwaltungsorgane auf das Vermögen der Tochtergesellschaft ist daher nur bedingt möglich. Aber auch im Falle der Organisation der abhängigen Tochtergesellschaft in der Rechtsform der GmbH wird zunächst einmal in die wirtschaftliche Einheit des Unternehmens eingegriffen. Beispielsweise kann zum Schutze der Gläubiger der Tochtergesellschaft aufgrund des Auszahlungsverbotes des § 30 GmbHG gebundenes Vermögen nur dann an die Muttergesellschaft ausgezahlt werden, wenn die Tochtergesellschaft im Wege eines Aktivtausches einen vollwertigen Rückzahlungsanspruch erhält, was gerade in Krisensituationen in der Regel nicht der Fall sein wird.

Zur Wiederherstellung dieser für den unternehmerischen Erfolg wesentlichen wirtschaft- **127** lichen Einheit bedient sich die Praxis der unterschiedlichsten Instrumente. An erster Stelle sind hier die zwei Arten der **Unternehmensverträge** zu nennen: Der Beherrschungsvertrag sowie der Gewinnabführungsvertrag. Bei Vorliegen der erforderlichen Mehrheiten sowohl aufseiten des herrschenden als auch des abhängigen Unternehmens kann durch Vereinbarung und entsprechende Ausgestaltung dieser Verträge die wirtschaftliche Einheit bis zu einem gewissen Grad auf rechtsgeschäftlichem Wege wieder hergestellt werden. Der Abschluss von Unternehmensverträgen ist insbesondere vor dem Hintergrund zu sehen, dass in der Praxis häufig die Verwaltung des auf den Konzern „verteilten" Unternehmens durch die Muttergesellschaft bzw Holdinggesellschaft geleistet wird. Auf diese Weise können Skaleneffekte erzielt werden. So werden häufig sämtliche, konzernweite Rechts- und Finanzangelegenheiten zentral durch die Holdinggesellschaft gesteuert, was regelmäßig eine weitaus kostengünstigere Alternative darstellt als jeder einzelnen Tochtergesellschaft eine eigene Rechts- und Controlling-Abteilung zur Verfügung zu stellen. Charakteristisch für eine Holdinggesellschaft ist daher jedoch auch, dass diese in der Regel über kein operatives Geschäft verfügt und daher (nahezu) keine Erträge generiert, so dass diese auf eine finanzielle Versorgung aus dem Gewinnabführungsvertrag, aus einem gegebenenfalls integrierten Cash-Pool[154] und/oder auf – gegebenenfalls im Rahmen des Beherrschungsvertrages – zu erbringende Darlehensleistungen seitens einzelner Tochtergesellschaften angewiesen ist.

Weiterhin werden in der Praxis häufig mit denjenigen Tochtergesellschaften, in denen **128** die Produktions- und Vertriebskapazitäten organisiert sind, umfangreiche, schuldrechtliche Liefer- und Leistungsbeziehungen bestehen, um auch in leistungswirtschaftlicher Hinsicht

---

[153] Aufgrund der Satzungsstrenge in der Aktiengesellschaft, vgl. § 23 Abs. 5 AktG, kann die Hauptversammlung nur über die ihr nach § 119 AktG (sowie nach der Holzmüller-Doktrin) zugewiesenen Entscheidungsgegenstände Beschluss fassen.

[154] Zum Cash-Pooling etwa Kübler/*Pleister/Theusinger* HRI § 50 Rn. 66; MüKoAktG/*Altmeppen* § 311 Rn. 225 ff; *Ammelung/Kaeser* DStR 2003, 655 ff; *Altmeppen* NZG 2010, 361 ff; *Decker* ZGR 2013, 392 ff sowie *Geiwitz* § 4 Rn. 520 f.

die wirtschaftliche Einheit des Gesamtunternehmens gewährleisten zu können. Dadurch, dass bei der Konzernarchitektur regelmäßig verschiedene, unter betriebswirtschaftlichen Gesichtspunkten zusammengehörende Einheiten, wie etwa Planung, Produktion und Vertrieb, eigenen Rechtsträgern zugeordnet sind, ist die Liquidität im Konzern häufig asymmetrisch verteilt. An der einen Stelle können Liquiditätsüberschüsse, an anderer Stelle Liquiditätsengpässe entstehen. Um diesem Problem gerecht zu werden, und um auch in dieser Hinsicht die wirtschaftliche Einheit des Unternehmens wiederherzustellen bzw zu erhalten, werden in der Praxis **Cash-Pool-Systeme** auferlegt. Diese sind dadurch gekennzeichnet, dass mögliche Liquiditätsüberschüsse auf den sogenannten Ursprungskonten der Tochtergesellschaften auf das bei der Holding- bzw Betreibergesellschaft eingerichtete sogenannte Zielkonto überwiesen werden, um dann wiederum an die liquiditätsarmen Tochtergesellschaften verteilt zu werden.[155] In rechtstechnischer Hinsicht stellen die Zahlungsströme von den Tochtergesellschaften an die Mutter- bzw Betreibergesellschaft *Upstream Loans* dar, diejenigen von der Muttergesellschaft an die entsprechende Tochtergesellschaft *Downstream Loans*. Jene werfen Rechtsfragen der Kapitalerhaltung auf, diese solche der Gesellschafterdarlehen bzw der insolvenzrechtlichen Anfechtung iSd § 135 InsO.[156]

129   Auch nach außen hin möchte ein durch Konzerngesellschaften organisiertes Unternehmen als geschlossene wirtschaftliche Einheit auftreten, insbesondere um sich so günstig(er) finanzieren zu können. In der **Finanzierungspraxis** ist vermehrt zu beobachten, dass Fremdkapitalgeber nur noch dann bereit sind, einer Unternehmensgruppe zinsgünstig Darlehen zur Verfügung zu stellen, wenn der Kreditnehmerin einzelne Tochtergesellschaften als Garantiegeber, Gesamtschuldner oder Bürgen beiseite stehen bzw wenn im Falle, dass einzelne Tochtergesellschaften den Kredit in Anspruch nehmen, die Muttergesellschaft für die Rückzahlung von Zins- und Tilgungsleistungen der entsprechenden Tochter- und gegebenenfalls auch der Enkelgesellschaft einsteht. Ebenso gängig in der modernen Finanzierungspraxis ist die Bestellung von Realsicherheiten zugunsten der jeweils anderen Konzerngesellschaft. Im Ergebnis steht den Finanzgläubigern durch die Gewährung von sowohl Personal- als auch Realsicherheiten durch weitere Konzerngesellschaften neben der Haftungsmasse des jeweiligen Kreditnehmers zusätzliche Haftungsmasse des konzernierten Gesamtunternehmens zur Verfügung, was letzten Endes das Ausfallrisiko der Kreditgeber mindert und diesen somit erst die Ausreichung von Darlehen mit günstigeren Zinskonditionen ermöglicht.

130   Es ist also festzuhalten, dass die (rechtsgeschäftliche) Wiederherstellung bzw der Erhalt der auf verschiedene, miteinander verbundene Unternehmen iSd Konzernrechts verteilten wirtschaftlichen Einheit nicht unwesentlich zu dem wirtschaftlichen Erfolg eines Unternehmens beitragen kann. Genau in diesem rechtsgeschäftlichen Zusammenhalt und in dieser haftungsrechtlichen Verzahnung der einzelnen, in rechtlicher Hinsicht eigenständigen Träger der verschiedenen Betriebssparten liegt aber auch eine nicht gering zu schätzende Gefahr für den Bestand des gesamten Konzerns, welche sich durch die Insolvenz einzelner, zum Konzern gehörender Gesellschaften verwirklichen kann. Die Gefahr besteht darin, dass durch die oben dargestellten, vielfältigen, dem Zusammenhalt der wirtschaftlichen Einheit dienenden Haftungsverstrickungen im Falle der Insolvenz einer Konzerngesellschaft diese auf die Vermögensmassen der übrigen Gesellschaften „übergreift", diese aufzehrt und die Geschäftsleitungsorgane dieser betroffenen verbundenen Unternehmen gezwungen sind, Insolvenzantrag zu stellen. Eine ursprünglich nur bei einer Konzerngesellschaft entstandene Feuersbrunst kann sich so zu einem Flächenbrand entwickeln, der sich umso schneller ausbreitet, je dichter und enger die Verstrickungen innerhalb der einzelnen Gesellschaften sind. Die einzelnen Konzerngesellschaften fallen wie Dominosteine, stößt

---

[155] Zur Funktionsweise des Cash-Pooling Theiselmann/*Cahn* Praxishandbuch des Restrukturierungsrechts Kapitel 7 Abschnitt A Rn. 41; *Ammelung/Kaeser* DStR 2003, 655 ff.
[156] Theiselmann/*Cahn* Praxishandbuch des Restrukturierungsrechts Kapitel 7 Abschnitt A Rn. 2 f, 34 ff. *Schade/Nissen* NZI 2015, 1010 ff; Ausführlich zur Insolvenzanfechtung im Konzern *Thole* § 4 Rn. 402 ff, *von Marwyk* ZInsO 2015, 335 ff.

man nur einen an und stehen sie nur eng genug beisammen. Insoweit hat sich für dieses hier erörterte Konzernphänomen auch der Begriff des sogenannten **Dominoeffektes**[157] etabliert.

So sind die vielfältigsten Haftungsverstrickungen denkbar, die als Auslöser dieses Domi- **131** noeffektes in Frage kommen.[158] Um der nachfolgenden Untersuchung vorwegzugreifen, sei an dieser Stelle bereits auf die eingangs dargestellten Verflechtungen beim Vertragskonzern hingewiesen.[159] Nach § 302 AktG bzw nach den durch Richterrecht fortgebildeten Regelungen trifft das herrschende Unternehmen die Pflicht, grundsätzlich jeden während der Vertragsdauer bei der abhängigen Gesellschaft entstehenden Jahresfehlbetrag auszugleichen, wobei dieser Anspruch des abhängigen Unternehmens erst nach zehn Jahren ab Eintragung der Beendigung des Vertrages ins Handelsregister verjährt. Sollte daher über das Vermögen des abhängigen Unternehmens das Insolvenzverfahren eröffnet werden, dann wird spätestens der bestellte Insolvenzverwalter diesen Ausgleichsanspruch gegenüber dem herrschenden Unternehmen bzw der Muttergesellschaft geltend machen. Betreibt diese wie üblich kein operatives Geschäft und ist gegebenenfalls auch schon der Cash-Pool-Mechanismus ausgesetzt,[160] dann wird die Holding- bzw Muttergesellschaft dieser Forderung nicht nachkommen können, was im Ergebnis zur Zahlungsunfähigkeit, mithin zur Insolvenzantragsstellung derselben führen kann. Die bei einem faktischen Konzern nach §§ 311, 317 AktG bestehende Nachteilsausgleichspflicht kann Ähnliches bewirken,.[161] ebenso die vielfältigen leistungswirtschaftlichen Beziehungen zwischen den Konzerngesellschaften,[162] die wechselseitig abgegebenen Personalsicherheiten[163] sowie die dinglichen Haftungsverstrickungen[164] zugunsten der Finanzkreditgläubiger sowie die mannigfaltigen Beziehungen, die bei der Konzerninnenfinanzierung[165] entstehen können. Weiterhin können auch steuerrechtliche Haftungstatbestände Auslöser des Dominoeffektes sein.[166] Nicht gering zu schätzen sind auch die Folgen, die die Insolvenz der Konzernmutter auf das Geschäftsmodell der übrigen Konzerngesellschaften haben kann.[167] Zusätzlich können die hier erörterten, konzernspezifischen Gefahren auch bei internationalen Konzerninsolvenzen auftreten.[168] Insbesondere können die unterschiedlichen rechtlichen Wertungen in selbigen zu einem Dominoeffekt führen.[169] Zu guter Letzt können derartige konzernspezifische „Flächenbrandgefahren" durch die insolvenzrechtliche Anfechtung im Konzern ausgelöst werden.[170] Denkbar ist auch, dass das einer Insolvenz wohl immer noch anhaftende Stigma bei der Insolvenz einer Konzerngesellschaft sich auf die übrigen Konzerngesellschaften überträgt, folglich auch diese mit in die Insolvenz „reißt".[171]

Generell kann gesagt werden: Je mehr die ursprüngliche wirtschaftliche Einheit des **132** Gesamtunternehmens durch rechtsgeschäftliche Verflechtungen wieder hergestellt bzw erhalten werden soll, desto mehr besteht aufgrund dieser Haftungsverstrickungen und -verflechtungen der einzelnen Rechtsträger sowie aufgrund der gegenseitigen Leistungs-

---

[157] Siehe zum Dominoeffekt insbesondere *Siemon/Frind* NZI 2013, 1 ff.; *Siemon* NZI 2014, 55 ff.
[158] Diese werden nachfolgend unter → Rn. 134 ff im Einzelnen erörtert.
[159] → Rn. 134 ff.
[160] Zu den Auswirkungen der Insolvenzanfechtung auf Cash-Pooling-Systeme: *Thole* § 4 Rn. 452 ff.
[161] Siehe hierzu eingehend → Rn. 140 ff.
[162] → Rn. 156 f.
[163] → Rn. 151.
[164] → Rn. 152 f.
[165] Siehe hierzu eingehend Theiselmann/*Cahn,* Praxishandbuch des Restrukturierungsrechts Kapitel 7 Abschnitt A Rn. 1 ff.
[166] → Rn. 158.
[167] → Rn. 146 sowie *Siemon* NZI 2014, 55, 55 f. (am Beispiel der Konzerninsolvenzverfahren von General Motors und der ATEC-Industries AG, Wien).
[168] Insbesondere bei größeren Konzerninsolvenzen wird die internationale Dimension eher die Regel als die Ausnahme darstellen. → Rn. 159 ff.
[169] Dazu *Frege* INDat Report 04/2013, 18, 19.
[170] Hierzu Kübler HRI/*Kübler* § 19 Rn. 54 ff sowie *Thole* → § 4 Rn. 402 ff.
[171] → Rn. 146.

beziehungen zwischen diesen Rechtsträgern, die ja gerade zum Zwecke der Erhaltung der wirtschaftlichen Einheit unternommen wurden, die Gefahr einer gegenseitigen Beeinträchtigung der rechtlich getrennten Haftungsmassen derart, dass durch die Zahlungsunfähigkeit und/oder Überschuldung einer Konzerngesellschaft diejenige einer anderen bedingt wird.

133 Diese Gefahr hängt häufig von der – in der Regel[172] – rechtsgeschäftlichen Verzahnung der einzelnen Konzerngesellschaften ab. Hätten jene Konzernarchitekten das Unternehmen nicht auf verschiedene Rechtsträger verteilt, dann hätte es im Insolvenzfalle nur eine Haftungsmasse gegeben, auf die die Gläubiger hätten zugreifen können. Je eigenständiger die einzelnen Rechtsträger des Konzerns sind, dh desto weniger sie miteinander verzahnt sind und desto weniger sie eine wirtschaftliche Einheit bilden, desto geringer ist die Gefahr einer Ketteninsolvenz. Im Gegensatz dazu werden konzernintegrierte Tochtergesellschaften, dh Tochtergesellschaften, die derart[173] in den Konzern eingebunden sind, dass sie alleine nicht „lebensfähig" sind, im Falle der Insolvenz der Mutter- bzw Holdinggesellschaft regelmäßig zahlungsunfähig sein und Insolvenzantrag stellen müssen. Das Phänomen des Dominoeffektes bzw der Ausbreitung eines insolvenzrechtlichen Flächenbrandes hängt also wesentlich von der wirtschaftlichen Verzahnung und Einheit der einzelnen Konzerngesellschaften ab, ist dieser daher immanent. Dieses Phänomen zu unterbinden, kann nur dadurch gelingen, dass man die einzelnen Konzerngesellschaften nicht miteinander verstrickt, was jedoch stets mit einer Einbuße der für den unternehmerischen Erfolg so wichtigen wirtschaftlichen Einheit einhergeht. Maxime ist daher nicht, den Dominoeffekt zu vermeiden,[174] sondern eher die zur Verfügung stehenden Haftungsmassen der einzelnen Konzerngesellschaften durch Verfahrenskoordination in der Insolvenz zu maximieren.[175]

2. Den Dominoeffekt auslösende Konzernkonstellationen

a) Konzernspezifische Gefahren im Vertragskonzern

134 Wie bereits eingangs dargestellt, kann die wirtschaftliche Einheit eines in verschiedenen Konzerneinheiten organisierten Unternehmens dadurch konserviert werden, dass zwischen dem herrschenden Rechtsträger[176] und dem abhängigen ein **Unternehmensvertrag** iSd § 291 Abs. 1 AktG geschlossen wird, wozu nach § 293 Abs. 1 und Abs. 2 AktG sowohl ein Beschluss der Hauptversammlung mit einer Mehrheit von drei Viertel des bei der Beschlussfassung vertretenen Grundkapitals der abhängigen Aktiengesellschaft als auch des anderen Vertragsteils erforderlich ist, sofern dieser eine Aktiengesellschaft oder eine Kommanditgesellschaft auf Aktien ist.[177] Nach § 291 Abs. 1 Satz 1 AktG kann die abhängige AG durch einen Beherrschungsvertrag ihre Leitung einem anderen Unternehmen unterstellen oder sich durch einen Gewinnabführungsvertrag verpflichten, ihren ganzen Gewinn an ein anderes Unternehmen abzuführen. Im Aktienkonzern sind diese rechtsgeschäftlichen Instrumente gerade deshalb von herausragender Bedeutung, weil der Vorstand der abhängi-

---

[172] Nennenswerte Ausnahme in diesem Zusammenhang ist die Haftungsverstrickung im Konzern aufgrund steuerlicher Organschaft, → Rn. 146. Ausführlich zu den steuerlichen Aspekten der Konzerninsolvenz Beitrag von *Kahlert* § 6.

[173] Beispielsweise durch Einbindung in ein Cash-Management-System.

[174] *Siemon/Frind* NZI 2013 1 ff, insb 9 f, sowie *Siemon* NZI 2014, 55 ff, möchten dies *de lege ferenda* durch ein sogenanntes Sachwalterverfahren erreichen.

[175] Eine solche Verfahrenskoordination ist im Regierungsentwurf vorgesehen, vgl. *von Wilcken* § 3 Rn. 71 ff; *Pleister* § 4 Rn. 365 ff. Zur Koordination verschiedener Insolvenzverfahren ausführlich *Frege* → § 4 Rn. 222 ff.

[176] Richtigerweise handelt es sich bei verbundenen „Unternehmen" iSd Aktienrechts um verbundene Rechtsträger, vgl. *K. Schmidt* KTS 2010, 1, 5 f.

[177] Nach hM gelten die Zustimmungserfordernisse im GmbH-Konzern nicht entsprechend. Vielmehr bedarf es der Einstimmigkeit der (aller) Gesellschafter, vgl. Emmerich/Habersack Aktien-/GmbH-KonzernR/*Emmerich* § 293 Rn. 43a. Zum Streitstand auch MüKoGmbHG/*Liebscher* Die GmbH als Konzernbaustein Rn. 712 ff.

gen AG nach § 76 Abs. 1 AktG in eigener und freier Verantwortung handelt, daher grundsätzlich nicht den Weisungen der Aktionäre unterworfen ist. Dies stellt sich nur dann anders dar, sofern sich die abhängige AG im Rahmen eines Beherrschungsvertrages der Leitungsmacht einer anderen Gesellschaft unterworfen hat.

Mit **Beherrschungs- und/oder Gewinnabführungsverträgen** können daher Tochtergesellschaften derart an die Muttergesellschaft gekettet werden, dass diese nur noch als verlängerter Arm der Muttergesellschaft fungieren, dementsprechend ohne finanzielle Versorgung durch die Mutter auch nicht lebensfähig sind. Bei Eröffnung eines Insolvenzverfahrens über das Vermögen der Muttergesellschaft wird daher regelmäßig auch die integrierte Tochtergesellschaft aufgrund fehlender Liquiditätsversorgung – gegebenenfalls durch *Downstream Loans* im Rahmen des Cash-Pools – durch die Mutter zahlungsunfähig sein. **135**

Sollte jedoch nicht die Mutter-, sondern die Tochtergesellschaft zahlungsunfähig sein und Insolvenzantrag stellen, dann kann sich bei Bestehen eines Unternehmensvertrages auch in dieser umgekehrten Konstellation die konzernspezifische Gefahr verwirklichen, dass durch die Insolvenz der Tochter diejenige der Mutter bedingt ist. Dies findet seinen Grund insbesondere darin, dass zum Schutze der außenstehenden Aktionäre und Gläubiger der Tochtergesellschaft § 302 Abs. 1 AktG eine **Verlustausgleichspflicht** des anderen Vertragsteils bzw der Muttergesellschaft normiert. Die Muttergesellschaft muss danach bei Bestehen eines Beherrschungs- oder Gewinnabführungsvertrages während der Vertragsdauer grundsätzlich den bei der Tochtergesellschaft entstehenden Jahresfehlbetrag ausgleichen. Dieser Anspruch der Tochtergesellschaft verjährt nach § 302 Abs. 4 AktG erst in zehn Jahren seit dem Tag, an dem die Eintragung der Beendigung des Vertrages in das Handelsregister bekannt gemacht worden ist. Sollte der Vertrag bei Insolvenz der Tochter durch die Mutter gekündigt werden oder dieser gegebenenfalls automatisch bei Eröffnung des Insolvenzverfahrens über das Vermögen der Tochter enden, dann bedeutet dies nicht, dass damit auch der Anspruch auf Ausgleich des Jahresfehlbetrages erlischt. Dieser besteht vielmehr fort und kann gegebenenfalls auch die kumulierten, nicht durch die Muttergesellschaft ausgeglichenen Jahresfehlbeträge vergangener Geschäftsjahre umfassen. Auf den Streit,[178] ob bei Eröffnung des Insolvenzverfahrens über das Vermögen einer der Parteien des Unternehmensvertrages dieser automatisch endet, kommt es bei Analyse derjenigen Konstellationen, welche einen Dominoeffekt auslösen können, daher gar nicht an. Der über das Vermögen der Tochtergesellschaft bestellte (vorläufige) Insolvenzverwalter bzw die Tochtergesellschaft im Falle der Anordnung der (vorläufigen) Eigenverwaltung selbst wird daher angehalten sein, diesen konzernrechtlichen Verlustübernahmeanspruch unverzüglich geltend zu machen.[179] Sollte die Muttergesellschaft, die, wie eingangs dargestellt, in der Regel als Holding fungiert und kein operatives Geschäft betreibt und daher gegebenenfalls aus der Versorgung eines Cash-Pool-Systems angewiesen ist, nicht über die nötigen liquiden Mittel verfügen, diese Forderung zu erfüllen, kann dies zur Zahlungsunfähigkeit und Insolvenzantragstellung der Mutter führen. Bei Bestehen eines konzernweiten Cash-Pool-Mechanismus können daher aufgrund fehlender Liquiditätsversorgung durch die Mutter weitere Konzerngesellschaften gleichsam Dominosteinen umfallen. **136**

Die Ausgleichsforderung der Tochter- gegen die Muttergesellschaft, gegebenenfalls auch der Enkel- gegen die Tochtergesellschaft nach § 302 AktG (analog), kann auch in denjenigen Konzernsachverhalten einen Dominoeffekt auslösen, die die **Konzerninnenfinanzierung** betreffen. Sollte sich die Muttergesellschaft bereits in einer Krisensituation befinden, wird sie von Banken bzw anderen Kreditinstituten in der Regel kein frisches Kapital – *fresh money* – zur Verfügung gestellt bekommen, zumindest nicht zu angemessenen Zinskonditionen. In derartigen Situationen kann jedoch eine Tochtergesellschaft innerhalb des **137**

---

[178] Dazu mit weiteren Nachweisen *Pleister/Theusinger* § 4 Rn. 472 ff. Eingehend zum GmbH-Konzern: MüKoGmbHG/*Liebscher* Die GmbH als Konzernbaustein Rn. 936 ff.

[179] Vgl. Emmerich/Habersack Aktien-/GmbH-KonzernR/*Emmerich* § 302 Rn. 43; MüKoAktG/*Altmeppen* § 302 Rn. 83.

Konzerns als Fremdkapitalgeberin in Betracht kommen.[180] Solche von der Tochter- an die Muttergesellschaft ausgereichten Darlehen werden in der (internationalen) Finanzierungspraxis gewöhnlicherweise als *Upstream Loans*[181] bezeichnet. Nach den Grundsätzen des deutschen Kapitalerhaltungsrechtes ist hierbei zu beachten, dass zum Schutze der Gläubiger der jeweils auszahlenden Tochtergesellschaft nach § 57 AktG die Einlagen der Aktionäre diesen nicht zurückgewährt werden dürfen sowie dass nach dem Auszahlungsverbot des § 30 GmbHG gebundenes Vermögen an die Gesellschafter nicht ausgezahlt werden darf. Sollte die Tochtergesellschaft, gegebenenfalls auf Anweisung der Muttergesellschaft, an diese bzw an eine andere Tochter- oder auch Schwestergesellschaft entgegen des Zahlungsverbotes Darlehensvaluta auszahlen, so sind diese nach § 31 Abs. 1 GmbHG bzw 62 Abs. 1 AktG zur sofortigen Rückzahlung fällig, wobei die Geschäftsführer der auszahlenden Tochtergesellschaft für eine Überschuldung nach § 43 Abs. 3 GmbHG bzw § 93 Abs. 3 Nr. 1 AktG und für den zur Zahlungsunfähigkeit führenden Liquiditätsentzug nach § 64 Satz 3 GmbHG bzw nach § 92 Abs. 2 Satz 3 AktG haften, es sei denn, die Auszahlung führt nicht zu einer Überschuldung, weil die Tochtergesellschaft einen vollwertigen und gedeckten Gegenleistungs- oder Rückgewähranspruch gegen die Muttergesellschaft erhält, vgl § 30 Abs. 1 Satz 2 bzw § 57 Abs. 1 Satz 3 AktG. Die Vollwertigkeit des Rückzahlungsanspruches, die sich nach der Bonität bzw dem *Rating* des Zahlungsempfängers richtet, wird regelmäßig dann nicht vorliegen, wenn sich die Muttergesellschaft bzw die Kreditnehmerin in einer wirtschaftlichen Krise befindet.[182]

138   Bei Vorliegen eines Beherrschungs- oder Gewinnabführungsvertrages gilt weder das Auszahlungsverbot nach § 30 Abs. 1 Satz 1 GmbHG noch dasjenige des § 57 Abs. 1 Satz 1 AktG, vgl § 30 Abs. 1 Satz 2 Alt 1 GmbHG bzw §§ 57 Abs. 1 Satz 3 Alt 1, 291 Abs. 3 AktG. Die Grundsätze über die kapitalerhaltungsrechtliche Vermögensbindung nach den §§ 30 GmbHG, 57 AktG gelten im Vertragskonzern nicht, werden jedoch durch den Anspruch auf Verlustübernahme nach § 302 AktG ersetzt.[183] Sollten daher in einem Vertragskonzern der Mutter- durch die Tochtergesellschaft *Upstream Loans* ausgereicht worden sein und bei der auszahlenden Tochtergesellschaft dadurch ein Jahresfehlbetrag entstehen bzw ein bestehender vertieft werden, dann kann eine solche konzerninterne Finanzierung ebenso einen Dominoeffekt auslösen, obwohl *prima facie,* vgl § 30 Abs. 1 Satz 2 Alt 1 GmbHG sowie §§ 57 Abs. 1 Satz 3 Alt 1, 291 Abs. 3 AktG, der Kapitalerhaltungsschutz im Vertragskonzern nicht gilt. Ob § 302 AktG dann nicht gilt – mithin auch kein Dominoeffekt ausgelöst werden kann –, wenn dem Verlustübernahmeanspruch ein vollwertiger Rückzahlungsanspruch der Zahlungsempfängerin gegenübersteht, ist umstritten.[184] Im Ergebnis wird, letztlich um die Rechtssicherheit bei der Durchführung von Unternehmensverträgen nicht zu gefährden, eine Vollwertigkeitsprüfung iSd § 30 Abs. 1 Satz 2 Alt 2 GmbHG bzw §§ 57 Abs. 1 Satz 3 Alt 2 AktG zu verneinen sein.[185] Dies dürfte jedoch dann nicht gelten, wenn die Zahlungsempfängerin offensichtlich nicht leistungsfähig bzw zahlungsunfähig und/oder überschuldet ist. Aufsteigende Darlehensgewährungen von der Tochter- an die Muttergesellschaft sind im Vertragskonzern daher grundsätzlich dazu geeignet, einen Verlustausgleichsanspruch nach § 302 AktG auszulösen und können daher bei Insolvenz der Tochtergesellschaft und Geltendmachung des Anspruchs durch den (vorläufigen) Insolvenzverwalter die Insolvenz der Muttergesellschaft, mithin auch weiterer Tochter- und Schwestergesellschaften bedingen.

---

[180] Anschauliche Darstellung am Beispiel der Babcock Borsig AG: *Piepenburg* NZI 2004, 231, 233 f.

[181] Im Gegensatz zu *Downstream Loans,* bei denen die Mutter- der Tochtergesellschaft Darlehen gewährt. Dazu Theiselmann/*Cahn* Praxishandbuch des Restrukturierungsrechts Kapitel 7 Abschnitt A Rn. 33 ff; ferner *Geiwitz* → § 4 Rn. 525 ff.

[182] Zu den Möglichkeiten der Bewertung der Vollwertigkeit: Theiselmann/*Cahn* Praxishandbuch des Restrukturierungsrechts Kapitel 7 Abschnitt A Rn. 7 ff sowie Spindler/Stilz/*Cahn/v. Spannenberg* AktG § 57 Rn. 141 ff.

[183] Theiselmann/*Cahn* Praxishandbuch des Restrukturierungsrechts Kapitel 7 Abschnitt A Rn. 12.

[184] Theiselmann/*Cahn* Praxishandbuch des Restrukturierungsrechts Kapitel 7 Abschnitt A Rn. 12 f.

[185] Theiselmann/*Cahn* Praxishandbuch des Restrukturierungsrechts Kapitel 7 Abschnitt A Rn. 12 f.

Die Verlustübernahmepflicht nach § 302 AktG gilt nach gefestigter Rechtsprechung[186] **139** auch im **GmbH-Konzern.** Hinzuweisen ist an dieser Stelle darauf, dass im GmbH-Konzern Gewinnabführungs- und Beherrschungsverträge nicht die gleiche Bedeutung haben wie im Aktienkonzern. Dies findet seinen Grund darin, dass es aufgrund fehlender Satzungsstrenge, vgl § 23 Abs. 5 AktG, bei der GmbH möglich ist, das Abhängigkeitsverhältnis, dh den Inhalt von aktienrechtlichen Gewinnabführungs- und Beherrschungsverträgen, bereits in der (Gründungs-)Satzung der abhängigen GmbH zu regeln.[187] Daher muss Rechtsgrundlage für einen Verlustübernahmeanspruch im GmbH-Konzern nicht zwingend § 302 AktG analog sein. Die Ausgleichspflicht kann sich vielmehr auch aus der Satzung der GmbH selbst ergeben, was im Ergebnis bedeutet, dass eine den Dominoeffekt auslösende Konzernkonstellation auch dann vorliegen kann,[188] wenn kein Beherrschungs- und Gewinnabführungsvertrag besteht, der Inhalt solcher Unternehmensverträge aber in die Satzung der abhängigen GmbH „transferiert" wurde.

b) Konzernspezifische Gefahren im faktischen Konzern

Die wirtschaftliche Einheit eines Unternehmens ist nicht zwingend durch Unternehmens- **140** verträge zu erhalten. Vielmehr ist es auch möglich, ohne diese Konzern-Instrumentarien allein über die einem (Mehrheits-)Gesellschafter zustehenden Rechte Einfluss auf bestimmte Tochtergesellschaften auszuüben. Nach § 17 Abs. 2 AktG wird vermutet, dass ein selbständiges Unternehmen, dessen Anteilsmehrheit einem anderen Unternehmen zusteht, von diesem abhängig ist und daher seinem Einfluss ausgesetzt sein kann, vgl § 17 Abs. 1 AktG. Diese nicht durch einen Beherrschungsvertrag, sondern allein durch die Gesellschafterstellung vermittelte Einflussnahme kann im Konzern dazu genutzt werden, dass die Muttergesellschaft die Tochtergesellschaft anweist, dieser *Upstream Loans* zu gewähren. Da die Verlustausgleichspflicht des § 302 AktG nur bei Bestehen eines Beherrschungs- oder Gewinnabführungsvertrages Anwendung findet, besteht im Falle der Insolvenz der Tochtergesellschaft jedenfalls nicht die Gefahr, dass die Muttergesellschaft als Zahlungsempfängerin Forderungen des über das Vermögen der Tochter bestellten Insolvenzverwalters aus § 302 AktG ausgesetzt wird und hierdurch in die Zahlungsunfähigkeit und/oder Überschuldung „getrieben" wird. Nichtsdestotrotz besteht auch im faktischen Konzern ein Schutzbedürfnis der außenstehenden Aktionäre und Gläubiger der Tochtergesellschaft dahingehend, dass diese nicht durch die Muttergesellschaft ihrer Haftungsmasse beraubt wird.

Im Aktienkonzern haftet daher der über eine abhängige AG herrschenden Einfluss **141** ausübende Rechtsträger nach den §§ 311, 317 AktG für die der abhängigen AG entstandenen Nachteile. In Bezug auf die Gewährung von *Upstream Loans* der Tochter- an die Muttergesellschaft bedeutet dies, dass die Tochter als abhängige AG die ihr durch die Auszahlung der Darlehensvaluta entstandenen Nachteile auszugleichen hat. In dieser Konstellation werden die §§ 57, 62 AktG durch die spezielleren §§ 311, 317 AktG verdrängt.[189] Diese **Nachteilsausgleichspflicht** umfasst jedoch nur eine der Tochter gewährte unzureichende Gegenleistung, also nur einen unangemessen niedrigen Zinssatz, nicht jedoch die Nichtleistung der Tilgungspflichten.[190] Die Gefahr des Ausfalls des Rückerstattungsanspruchs aus dem Darlehensvertrag ist nach der Rechtsprechung des BGH kein nach §§ 311, 317 AktG ausgleichsfähiger Nachteil.[191] Die §§ 57, 62 AktG werden insoweit also nicht verdrängt. Im faktischen Aktienkonzern kann daher bei Gewährung von aufsteigen-

---

[186] Aus der jüngeren Zeit etwa BGH NJW 2006, 3279; BGH NJW 2002, 822; BAG ZIP 2011, 1433, 1437.
[187] *K. Schmidt* KTS 2010, 1, 10.
[188] Vorbehaltlich der dominoeffektauslösenden Konstellation des faktischen Konzerns, hierzu siehe sogleich.
[189] HM, vgl. Theiselmann/*Cahn* Praxishandbuch des Restrukturierungsrechts Kapitel 7 Abschnitt A Rn. 16.
[190] Theiselmann/*Cahn* Praxishandbuch des Restrukturierungsrechts Kapitel 7 Abschnitt A Rn. 16.
[191] BGH NJW 2009, 850; vgl. auch MüKoGmbHG/*Märtens* § 19 Rn. 304; Theiselmann/*Cahn* Praxishandbuch des Restrukturierungsrechts Kapitel 7 Abschnitt A Rn. 16.

den Darlehen[192] im Falle der Insolvenz der Tochtergesellschaft die Insolvenz der Muttergesellschaft durch Geltendmachung von Ansprüchen sowohl nach §§ 311, 317 AktG als auch nach §§ 57, 62 AktG ausgelöst werden.

142   Da im **GmbH-Konzern** die abhängige Tochtergesellschaft in der Form einer GmbH organisiert ist, kann die Muttergesellschaft über ihre (Mehrheits-)Gesellschafterstellung der Geschäftsführung der GmbH vereinfacht Weisungen erteilen, vgl § 46 Nr. 6 GmbHG, daher diese an die kurze Leine nehmen. Auf Anweisung der Muttergesellschaft hat die Geschäftsführung der Tochtergesellschaft in dieser Konstellation folglich erst recht der Muttergesellschaft *Upstream Loans* zu gewähren. Da das GmbH-Recht keine den §§ 311 ff AktG vergleichbaren Regelungen kennt, werden die kapitalerhaltungsrechtlichen, vermögensbindenden Normen der §§ 30, 31 GmbHG auch nicht verdrängt.[193] Sollten der Muttergesellschaft daher aus dem gebundenen Vermögen der Tochtergesellschaft[194] Darlehen gewährt worden sein und ist dieser Abfluss auf der Aktivseite der Tochtergesellschaft nicht durch einen vollwertigen Gegenleistungs- oder Rückgewähranspruch gegen die Muttergesellschaft gedeckt, dann steht der Tochtergesellschaft nach § 31 Abs. 1 GmbHG ein sofort fälliger Rückzahlungsanspruch[195] zu. Da dieser Anspruch erst in zehn Jahren beginnend mit dem Tage der Leistung der Darlehensvaluta an die Muttergesellschaft verjährt, hat im Falle der Insolvenz der Tochter der über ihr Vermögen bestellte Insolvenzverwalter sozusagen eine geladene Pistole in der Hand, um auch die Muttergesellschaft zu Fall bringen zu können. Sollte die Muttergesellschaft bei Gewährung des Darlehens sich bereits in einer wirtschaftlichen Krise befunden haben, dann ist zum einen anzunehmen, dass die Vermeidung einer Überschuldung und/oder Zahlungsunfähigkeit durch diese zusätzlichen konzerninternen Verbindlichkeiten nicht unbedingt erleichtert wird, zum anderen, dass bedingt durch die Krisensituation der Muttergesellschaft ihr keine solche Bonität und Solvenz bescheinigt werden kann, die erforderlich wäre, damit die Tochtergesellschaft einen vollwertigen Rückzahlungsanspruch erhält. Aber gerade in einer Krisensituation wird eine Muttergesellschaft oftmals auf eine konzerninterne Fremdfinanzierung zurückgreifen müssen. Die Finanzierung von dritter Seite wird ihr in der Regel in derartigen Situationen verwehrt sein. Aber gerade dann, wenn die Muttergesellschaft ohnehin schon strauchelt und auf konzerninterne Finanzierungen angewiesen ist, können *Upstream Loans* gegebenenfalls die Insolvenz der Muttergesellschaft überhaupt erst auslösen.

143   Eine konzernspezifische „Insolvenzansteckungsgefahr" kann im faktischen Konzern auch dann vorliegen, wenn von Tochtergesellschaften an **Schwestergesellschaften** Darlehen ausgereicht werden und die Muttergesellschaft dies veranlasst hat. Eine Veranlassung durch die Muttergesellschaft dahingehend, dass eine bzw mehrere Tochtergesellschaften an bestimmte Schwestergesellschaften Darlehen ausreichen, stellt sich als Zahlungsverkürzung im Konzern dar.[196] Gleiches Ergebnis würde nämlich erreicht werden, wenn die Tochtergesellschaft an die gemeinsame Muttergesellschaft geleistet und diese die Zahlungen wiederum an die Schwestergesellschaft(en) weitergeleitet hätte.[197] Sollte daher bei der ausreichenden Tochtergesellschaft durch die Darlehensgewährung eine Überschuldung entstanden sein und ist die Darlehensgewährung nicht durch einen vollwertigen Rückzahlungsanspruch gedeckt, dann steht der Tochter- gegen die Muttergesellschaft ein sofort fälliger Rückzahlungsanspruch gemäß §§ 31 Abs. 1 GmbHG, 62 Abs. 1 AktG bzw gegebenenfalls ein erst am Ende des Geschäftsjahres fälliger gemäß §§ 311, 317 AktG zu, der abhängig von der Anzahl und der Höhe des Nominalbetrages der den Schwestergesellschaften auf diese

---

[192] Die Gewährung aufsteigender Darlehen ist gerade auch wesentliches Element im Rahmen eines Cash-Pool-Systems.
[193] Theiselmann/*Cahn* Praxishandbuch des Restrukturierungsrechts Kapitel 7 Abschnitt A Rn. 15.
[194] Dies gilt natürlich auch für das Verhältnis von Enkel- zu Tochtergesellschaft, von Urenkel- zu Enkelgesellschaft etc.
[195] Dieser ist vom Rückzahlungsanspruch aus dem zwischen Mutter- und Tochtergesellschaft bestehenden Darlehensvertrag zu unterscheiden und steht der Tochtergesellschaft neben diesem zu.
[196] Theiselmann/*Cahn* Praxishandbuch des Restrukturierungsrechts Kapitel 7 Abschnitt A Rn. 18.
[197] Theiselmann/*Cahn* Praxishandbuch des Restrukturierungsrechts Kapitel 7 Abschnitt A Rn. 18.

Weise gewährten Darlehen einen Umfang erreichen kann, der geeignet ist, die Zahlungsunfähigkeit und/oder Überschuldung der Muttergesellschaft auszulösen, gegebenenfalls durch Hinzutreten weiterer, insolvenzverursachender Faktoren. Eine solche horizontale konzerninterne Finanzierungsverstrickung kann auch eine Ketteninsolvenz auslösen, wenn zu dieser horizontalen Finanzierung noch eine vertikale in Form eines Cash-Pool-Systems hinzutritt.

Eine weitere finanzwirtschaftliche Haftungsverstrickung und damit potentiell eine einen **144** Dominoeffekt auslösende Konstellation kann im faktischen Konzern dadurch entstehen, dass Enkelgesellschaften auf Anweisung der Muttergesellschaft dieser *Upstream Loans* gewähren.

Im Übrigen kann sowohl im Vertragskonzern als auch im faktischen Konzern der **145** Dominoeffekt insbesondere auch **von der Muttergesellschaft ausgelöst** werden. Denn spätestens dann, wenn die Muttergesellschaft in eine wirtschaftliche Krise gerät oder über ihr Vermögen das Insolvenzverfahren eröffnet wird, werden ihre Eingriffsbefugnisse bezüglich ihrer Tochtergesellschaften suspendiert, nach wohl hM bereits vor Insolvenzantragstellung.[198] Dies insbesondere deshalb, weil der Vermögensschutz und damit auch derjenige der Gläubiger sowie der außenstehenden Aktionäre der Tochtergesellschaften bei ungewisser Solvenz der Muttergesellschaft nicht mehr durch die Verlustübernahmepflicht nach § 302 AktG (analog) im Vertragskonzern bzw durch den Nachteilsausgleich nach §§ 311, 317 AktG im faktischen (Aktien-)Konzern gewährleistet ist. Die Muttergesellschaft kann daher die Tochtergesellschaften in einer Krisensituation grundsätzlich nicht mehr anweisen, ihr Darlehen zu gewähren, was dann regelmäßig auch den Kollaps eines eingerichteten Cash-Pool-Systems bedeutet. Konsequenz ist dann, dass die Muttergesellschaft, die als Betreiber- und Finanzierungsgesellschaft innerhalb eines Cash-Pool-Systems fungiert, auch nicht mehr in der Lage ist, die eigentlich von den Tochtergesellschaften zufließenden Zahlungsströme auf die übrigen, am Cash-Pool teilnehmenden Tochtergesellschaften zu verteilen, was letztlich dann auch deren Zahlungsunfähigkeit und Insolvenz zur Folge hat. Gerade dann, wenn die Innenfinanzierung eines Konzerns im Wesentlichen durch ein Cash-Management-System erfolgt und die einzelnen Tochtergesellschaften dabei nicht berechtigt sind, einen Teil der überschüssigen Liquidität zurückzuhalten, um sich gerade vor einer solchen Ketteninsolvenz zu schützen, ist eine solche regelmäßig vorprogrammiert.

c) Weitere konzernspezifische Gefahren

In der Insolvenz eines Konzerns wirkt die Insolvenzsituation der Mutter sich nicht nur auf **146** deren eigenes **Geschäftsmodell** aus, sondern hat auch Einfluss auf die Aktivitäten ihrer Konzerntöchter. Mit dem Vertrauensverlust in die Solvenz der Konzernmutter kann nicht nur die Marktfähigkeit des Geschäftsmodells des Gesamtkonzerns nachhaltig beeinflusst werden, sondern auch die Geschäftsmodelle der jeweiligen Tochtergesellschaften. Dies kann dazu führen, dass die Tochteruntergesellschaften in eine Art „Sippenhaft" genommen werden mit dem Ergebnis, dass nicht nur die Konzernmutter für die Lieferanten auf Vorkasse, allenfalls auch auf Leistung Zug um Zug gesetzt wird, sondern auch, rein vorsorglich um mögliche Schäden dort zu vermeiden, die Tochtergesellschaften sich dem Begehren der Lieferanten ausgesetzt sehen, zukünftig nur noch gegen Vorkasse oder Zug um Zug Ware zu erhalten. Aber nicht nur auf die Lieferanten-, sondern auch auf die Kundenbeziehung kann die Insolvenz einer Konzernmutter Ausfluss haben, indem die Kunden, auch hier aus reiner Selbstvorsorge, davon absehen, die Tochterunternehmen wieder mit Aufträgen zu versehen. Dies wird häufig damit begründet, dass man ja nicht wisse, inwieweit die Insolvenz der Konzernmutter Auswirkungen zu einem späteren Zeitpunkt auf die Solvenz der Tochterunternehmen hat und nicht auszuschließen sei, dass auch

---

[198] Vgl. MüKoGmbHG/*Liebscher* Die GmbH als Konzernbaustein Rn. 1133.

diese in ein Insolvenzverfahren fallen würden und man sich dann als Einkäufer erheblichem Rechtfertigungsdruck ausgesetzt sehe.[199]

147   Schon im Vorfeld einer Konzerninsolvenz sehen sich häufig Geschäftsführer einer Konzerngesellschaft einem erheblichen **Loyalitätskonflikt** ausgesetzt. Dies betrifft die Frage, in welchem Umfang und wie lange sie noch Zahlungen an die bedrohte Mutter oder bedrohte Schwestergesellschaften leisten können und wie lange sie noch Geschäfte mit diesen tätigen dürfen, ohne dass ihnen eine persönliche Haftung nach § 64 GmbHG oder anderen entsprechenden Vorschriften droht. Wird in diesem Verfahrensstadium der Cash-Pool kurzfristig beendet, kann dies die akute Krise erheblich beschleunigen und zu einer dramatischen Verschlechterung der Situation führen und die Insolvenzgefahr realisieren.[200]

148   Werden in dieser Phase die Geschäftsführer der nicht von einer Insolvenz akut bedrohten Gesellschaften anwaltlich beraten, werden sie regelmäßig prüfen, inwieweit einzelne Transaktionen mit den Konzerngesellschaften in der Insolvenz möglicherweise zu einer Anfechtung führen können und inwiefern die Rückabwicklung dann wiederrum zu erheblichen Problemen bei den noch gesunden Gesellschaften führen kann.[201]

149   Einhergehen kann damit eine Illoyalität der Geschäftsführung zu den Eigentümern, also zur Konzernmutter. Nicht selten wird die Geschäftsführung, unter Umständen auch mit Unterstützung der Belegschaft, veranlasst, sich nach einem neuen Eigentümer umzusehen.[202]

150   Die Gefahr besteht auch dann, wenn langjährige Eigenverwaltungsverfahren mit Sanierungsplan durchgeführt werden. Eine Insolvenzgefahr bei der Tochtergesellschaft kann dadurch entstehen, dass die Geschäftsführung nunmehr bestrebt sein könnte, sich durch die Insolvenz der Mutter aus dem Konzernverband zu trennen und auf diese Weise zu retten. Es besteht darüber hinaus auch die Gefahr, dass die Geschäftsführung der Tochtergesellschaft versucht wird, sich ihrerseits durch eine Insolvenz der Tochtergesellschaft unter den Schutz eines Insolvenzverfahrens zu stellen, um aus dem Konzern auszuscheiden.[203] So könnte das Organ der Tochtergesellschaft die Intention verfolgen, durch Einleitung eines Insolvenzverfahrens das Unternehmen günstig an einen Interessenten zu veräußern und den Bestand der Tochtergesellschaft zu sichern.[204] Bei einem solchen Vorgehen werden der Obergesellschaft einer wirtschaftlich gesunden Tochtergesellschaft aufgrund des der Tochtergesellschaft quasi aufoktroyierten Insolvenztatbestandes der Zahlungsunfähigkeit erhebliche Werte entzogen.[205]

151   Neben den oben aufgezeigten Problemen besteht das Kernproblem einer Konzerninsolvenz in dem sogenannten Dominoeffekt.[206] Auslöser sind konzernspezifische Anspruchs- und Sachverhaltssituationen, die in Konzernen üblicherweise anzutreffen sind.[207] Den Dominoeffekt auslösendes Element innerhalb eines Konzerns sind häufig **schuldrechtliche Haftungsverstrickungen** durch Garantien, Bürgschaften und gesamtschuldnerische Mithaftungen.[208] Häufig ist die Konzernmutter zwar Kreditnehmerin, gesichert jedoch wird der Kredit durch die Tochtergesellschaften aus deren Vermögen, zum Beispiel durch eine Bürgschaft (*Upstream*-Finanzierung).[209] Denkbar ist aber auch der umgekehrte Fall, dass die Tochtergesellschaft Kreditnehmerin ist und die Muttergesellschaft eine Bürgschaft zugunsten der Absicherung des Kredites begeben hat (*Downstream*-Finanzierung).[210] Tritt nun die Insolvenz

---

[199] So auch *Siemon* NZI 2014, 55, 56.
[200] *Humbeck* NZI 2013, 957, 959.
[201] Vgl. Kübler HRI/*Kübler* § 19 Rn. 54 ff; *Humbeck* NZI 2013, 957, 959.
[202] *Siemon/Frind* NZI 2013, 1, 7.
[203] *Timm* ZIP 1983, 225, 237 Fn 110.
[204] *Timm* ZIP 1983, 225, 237 Fn 110.
[205] *Timm* ZIP 1983, 225, 237 Fn 110.
[206] *Becker* S. 76 f. Rn. 146 ff; *Deyda* Der Konzern im europäischen internationalen Insolvenzrecht S. 27; *Timm* ZIP 1983, 225 ff; *Wellensiek* ZIP 1984, 541; *Rotstegge* ZIP 2008, 955 ff.
[207] *Siemon/Frind* NZI 2013, 1, 4.
[208] Lutter/Scheffler/Schneider/*Merkel* S. 56.
[209] Lutter/Scheffler/Schneider/*Merkel* S. 543.
[210] Lutter/Scheffler/Schneider/*Merkel* S. 544.

ein und ist die Darlehensnehmerin nicht mehr leistungsfähig und der Kreditgeber läuft Gefahr, seine Kredite aus dem Vermögen des Kreditnehmer nicht zurückgeführt zu bekommen, wird er, dafür wurden sie gewährt, diese schuldrechtlichen Sicherheiten in Anspruch nehmen. Damit laufen die Sicherungsgeber Gefahr, eine nicht ausreichende Leistungsfähigkeit unterstellt, selbst in die Insolvenz zu fallen. Dies kann im Extremfall dazu führen, dass durch die Inanspruchnahme beispielsweise einer Tochtergesellschaft als Bürgin für ein Darlehen der Muttergesellschaft, hochrentable und hochprofitable Tochtergesellschaften bei Fälligkeit der Bürgschaft zahlungsunfähig und gegebenenfalls auch überschuldet werden.

Neben den schuldrechtlichen Haftungsverstrickungen können **dingliche Haftungsver-** 152 **strickungen** bestehen. In der Praxis ist dies häufig der Fall, wenn die Konzernmutter Kreditnehmerin ist und ihr Kredit durch eine Tochtergesellschaft gesichert wird (*Upstream*-Finanzierung).[211] Dingliche Haftungsverstrickungen sind nach der Art und Weise der Besicherung zu unterscheiden. So ist einerseits die Verpfändung von Geschäftsanteilen an Tochterunternehmen durch die Mutter an das das Darlehen ausreichende Kreditinstitut denkbar. Hierdurch erwirbt das Kreditinstitut ein Pfandrecht an den Geschäftsanteilen der Tochter/der Töchter, welches zur Besicherung des Darlehens an die Mutter dienen soll. Diese Art der Sicherheitengewährung impliziert nicht automatisch einen Dominoeffekt und führt somit nicht zwangsläufig zu einer Insolvenz der Tochtergesellschaften. Es ist aber nicht auszuschließen, dass das Kreditinstitut versuchen wird, sein/e Pfandrecht/e zu verwerten. Mit der Verwertung des Pfandrechts wird das Tochterunternehmen aus dem Konzern herausgelöst werden und dies Einfluss auf mögliche Liefer- und Leistungsbeziehungen zwischen den Tochtergesellschaften untereinander haben.

Darüber hinaus können dingliche Haftungsverstrickungen dadurch begründet werden, dass **153** die Tochterunternehmen ihrerseits für die Kredite der Mutter dingliche Sicherheiten an ihrem Vermögen bestellen, zum Beispiel durch Grundpfandrechte, Sicherheitsübereignungen oder Globalzessionen an Forderungen. In diesem Fall ist die Gefahr einer Dominoinsolvenz wesentlich ausgeprägter als im Fall der Verpfändung der Geschäftsanteile, da die Tochterunternehmen mit der Insolvenz der Mutter der Gefahr gewärtig sein müssen, aus den durch sie bestellten Sicherungsrechten in Anspruch genommen zu werden bzw kann dies Auswirkungen auf die Liquidität und damit die Zahlungsfähigkeit der Tochtergesellschaften haben.

Häufig sind in den Kreditverträgen mit Konzerngesellschaften **konzernbezogene Kün-** 154 **digungsrechte** der Kreditgeber vereinbart.[212] In der Praxis sind derartige konzernbezogene Kündigungsrechte regelmäßig für den Fall vereinbart, dass die Konzernmutter den Insolvenzantrag stellt, vermehrt gibt es jedoch Klauseln, die eine Kündigung dann erlauben, wenn über das Vermögen einer Tochtergesellschaft ein Insolvenzverfahren beantragt oder eröffnet worden ist. Begründet wird dies damit, dass die Begründung, Änderung und Beendigung eines Konzernverhältnisses Einfluss auf die Bonität der Unternehmensgruppe haben können.[213]

Werden im Falle der Insolvenz einer Konzerngesellschaft die Kreditverträge gekündigt, **155** kann dies dazu führen, dass selbst ertragreich arbeitende Tochtergesellschaften Liquiditätsprobleme bekommen und gezwungen sind, selbst den Insolvenzantrag zu stellen.

Bestehen **leistungswirtschaftliche Beziehungen** und dementsprechend auch gegen- **156** seitige Forderungen und Verbindlichkeiten, kann die Insolvenz eines Konzernunternehmens dazu führen, dass andere Konzerngesellschaften Forderungen gegen das insolvente Unternehmen ausbuchen müssen und möglicherweise dadurch zahlungsunfähig und/oder überschuldet werden.

Ein weiteres Risiko für Konzerngesellschaften besteht dann, wenn die wirtschaftlichen **157** Verflechtungen zwischen den Konzerngesellschaften so ausgeprägt sind, dass einzelne Gesellschaften eigenständig nicht lebensfähig sind. Dies ist insbesondere, aber nicht nur, im

---

[211] Lutter/Scheffler/Schneider/*Merkel* S. 543.
[212] Lutter/Scheffler/Schneider/*Maier/Reimer* S. 527, 534.
[213] Lutter/Scheffler/Schneider/*Merkel* S. 535.

Falle eines sogenannten bestehenden Cash-Management gegeben.[214] Bei diesen Konstellationen ist zu berücksichtigen, dass die Geschäftsführer von Konzerngesellschaften trotz zentraler Steuerung des Cash-Management-Systemes durch die Konzernmutter nicht davon frei sind, für die Liquidität der eigenen Gesellschaften verantwortlich zu sein und diese sicherzustellen.[215] Zwar hat auch das herrschende Unternehmen bei einer zentralisierten Konzernfinanzierung prinzipiell die Liquidität der Tochterunternehmen sicherzustellen,[216] jedoch sieht in der Praxis die Realisierung häufig anders aus. Gerade in der Krise neigt der Kaufmann dazu, das zu tun, was aus seiner Sicht dringend notwendig ist, um die Insolvenz zu vermeiden und damit die Liquidität des Konzerns, in der Regel der Obergesellschaft, sicherzustellen. Tritt die Insolvenz dann bei der Muttergesellschaft dennoch ein, ergibt sich ein Dominoeffekt unmittelbar in der Regel dadurch, dass die Liquidität bei den Tochtergesellschaften nicht mehr gegeben ist und sie selbst illiquide werden.

158   Bei einer Insolvenz der Konzernmutter können **steuerrechtliche Organschaftsverhältnisse** enden.[217] Für die Töchter können damit bei Insolvenz der Konzernmutter als Organträger Haftungstatbestände gemäß § 73 AO entstehen.[218] Damit kann das Steuerrecht ein wichtiger Auslöser des Dominoeffekts sein. Hierbei ist Kennzeichen, dass dieser Dominoeffekt aufgrund des Steuerrechts nicht durch rechtsgeschäftliche Handlungen beseitigt werden kann. So kann zB mit einem Bürgschaftsgläubiger rechtsgeschäftlich vereinbart werden, dass eine Bürgschaftsverbindlichkeit aus dem Erlös der Verwertung von Gesellschaftsanteilen befriedigt werden kann, dies ist jedoch im Steuerrecht nicht möglich. Die untergeordnete Tochtergesellschaft haftet kraft Gesetzes gemäß § 73 AO für die Steuerverbindlichkeiten des Organträgers, mithin der Konzernmutter.

159   Im Falle einer **internationalen Konzerninsolvenz** besteht, insbesondere in Fällen mit einem Konzern-Cash-Manangement, die sanierungstechnische Notwendigkeit, ausländische Tochtergesellschaften in das Sanierungsverfahren mit einzubeziehen. Auch bei einem nicht integrierten Konzern kann sich die Notwendigkeit ergeben, ausländische Tochtergesellschaften in das Insolvenzverfahren mit einzubeziehen. In der Praxis des internationalen Konzerninsolvenzrechts wurde in der Vergangenheit häufig der Versuch unternommen, dieser Verfahrenssituation dadurch zu begegnen, dass ein Hauptinsolvenzverfahren am COMI der Konzernmutter beantragt wird und zugleich für die konzernintegrierte „ausländische" Tochtergesellschaft ebenfalls der COMI am Sitz der Muttergesellschaft angenommen und am Sitz der Muttergesellschaft ein Hauptinsolvenzverfahren bezüglich der Tochtergesellschaft beantragt wird.

160   Dieser Vorgehensweise ist eine Vielzahl der Gerichte in der Vergangenheit gefolgt.[219] Erreicht werden soll damit, dass die Konzernleitungsmacht und auch die gesamte Konzernstruktur im Wesentlichen erhalten bleibt. Die sanierungstechnische Problematik ist jedoch häufig, dass am Verwaltungssitz der Tochtergesellschaften auch ein Sekundärinsolvenzverfahren beantragt und eröffnet wird.[220]

161   Dies erschwert die Koordination der Sanierung insgesamt und ist nur noch möglich, wenn ein einheitlicher Plan sowohl in dem Haupt- als auch in dem Sekundärinsolvenzverfahren möglich ist. Eine derartige – anspruchsvolle – Koordinierung muss auf Basis der involvierten Rechtsordnungen überhaupt möglich sein. Art 34 Abs. 1 EuInsVO sieht eine sanierende Verfahrensbeendigung des Sekundärinsolvenzfahrens in Abhängigkeit von der Zustimmung des Hauptinsolvenzverwalters vor.[221] Ist die Sanierung mittels Insolvenzplan

---

[214] Lutter/Scheffler/Schneider/*Lutter/Scheffler/Schneider* S. 27; Lutter/Scheffler/Schneider/*Wehlen* S. 745 ff.
[215] Lutter/Scheffler/Schneider/*Wehlen* S. 773.
[216] Lutter/Scheffler/Schneider/*Wehlen* S. 773.
[217] *Gäde* Gesellschafts- und steuerrechtliche Konsequenzen der Insolvenz, S. 41 ff.
[218] BFH DStRE 2005, 51.
[219] High Court Leeds NZI 2004, 219; ZIP 2004, 1220; ZIP 2004, 2295; AG München ZInsO 2004, 691; AG Siegen NZI 2004, 677; AG Offenburg NZI 2004, 673.
[220] AG Köln NZI 2004, 15; AG Düsseldorf NZI 2004, 269, 271; LG Innsbruck ZIP 2004, 172; LG Klagenfurt NZI 2004, 677.
[221] OLG Graz NZI 2006, 660, 662.

beabsichtigt, erfordert dies aufgrund der praxisfremden Zustimmungserfordernisse aus Art 34 Abs. 2 EuInsVO die Notwendigkeit koordinierter länderübergreifender Insolvenzpläne, was realistisch häufig nicht zu bewältigen ist.[222]

Weiteres Hindernis dürfte in Deutschland die Regelung des Art 102 § 9 EGInsO sein. 162 Diese Regelung erfordert bei Eingriffen mit Wirkungen in das Vermögen außerhalb des vom Sekundärinsolvenzverfahren erfassten Vermögens eine Zustimmung aller betroffenen Gläubiger. Dementsprechend muss der Plan als ein sogenannter „länderübergreifender, einheitlicher Insolvenzplan"[223] gegenüber allen Gläubigern wirken oder überhaupt nicht.

Damit können sich bei einem Planverfahren zwei Gefahren durch das Sekundärinsol- 163 venzverfahren ergeben:

Einerseits die Einbeziehung von Schuldnervermögen im Ausland durch den Plan und 164 andererseits die Majorisierung von ausländischen Gläubigern durch die Möglichkeiten der deutschen insolvenzrechtlichen Regelungen (§§ 244, 245, 254 InsO) im Planverfahren. Die Formulierung „Auswirkungen auf das nicht von diesem Verfahren betroffene Vermögen des Schuldners" in Art 34 Abs. 2 EuInsVO ist weit zu verstehen, da ein deutscher Insolvenzplan keine Regelungen über das im Ausland liegende Schuldnervermögen treffen kann, andererseits aber anders in die Forderungen der ausländischen Gläubigers eingreifen könnte. Dies soll ohne deren allseitige Zustimmung selbstverständlicherweise nicht möglich sein.

Eine Sanierung der Tochtergesellschaft mittels Plan im Sekundärinsolvenzverfahren wird 165 daher aufgrund der Koordinierungspflichten kaum gelingen mit der Folge, dass die Verfahrenssituation für den Konzern eine zerstörerische Wirkung haben kann.

Die wesentlichen Sachverhaltssituationen, die zu einem Dominoeffekt führen können, 166 sind vorstehend angesprochen worden. Nachfolgend soll dargelegt werden, wie, eine entsprechende Notwendigkeit vorausgesetzt, eine derartige Insolvenz und Sanierung vorbereitet werden kann.

IV. Vorbereitung der Insolvenz und Sanierung eines Konzerns

Eine gut vorbereitete Insolvenzantragsstellung stellt die Basis für das kommende Verfahren 167 dar und steigert die Sanierungschancen. Verfahrensalternativen ausloten und deren Umsetzung **strategisch planen,** sind entscheidende Erfolgsfaktoren für den weiteren Verfahrensverlauf (Rn. 168–187).[224] Begleitend dazu, sollte eine professionelle Krisenkommunikation[225] frühzeitig gestartet werden (Rn. 188–206).

1. Entscheidung über die Art des Verfahrens

Die Insolvenzordnung bietet **verschiedene Verfahrensvarianten** an, anstatt des Regelins- 168 olvenzverfahrens kann auch ein Insolvenzplanverfahren (§§ 217–269 InsO)[226] durchgeführt werden. Das Regelinsolvenzverfahren ist auch in Eigenverwaltung (§§ 270–285 InsO)[227] möglich. Ein Insolvenzverfahren in Eigenverwaltung eignet sich bei Konzernen ganz besonders, da sie regelmäßig über ausreichende Ressourcen verfügen, um sich professionelle Hilfe zur Vorbereitung und Durchführung des Verfahrens zu beschaffen,[228] allerdings muss

---

[222] *Seidl/Paulick* ZInsO 2010, 125 ff.
[223] MüKoInsO/*Reinhart* Art. 34 EuInsVO Rn. 3.
[224] Aufgrund der Komplexität jedes einzelnen Themas kann hier immer nur ein erster Überblick gegeben werden, zur Vertiefung wird dann auf die anderen Beiträge sowie weiterführende Literatur verwiesen.
[225] „Der Insolvenzverwalter betreibt eine dem Verfahren angemessene, aktive, professionelle Öffentlichkeitsarbeit, um die Verfahrensziele zu fördern": Abschnitt III 25. der *Grundsätze ordnungsgemäßer Insolvenzverwaltung* (GOI, Beschlussfassung 5.5.2012), abgedruckt in: MüKoInsO/*Graeber* Anhang I.
[226] *Pleister* → § 5 Rn. 33 ff.
[227] *Pleister* → § 5 Rn. 1 ff.
[228] *Harder/Lojowsky* NZI 2013, S. 327 ff, 330.

sich der Vorstand in einem Eigenverwaltungsverfahren von dem Ziel der bestmöglichen Befriedigung der Gläubiger leiten lassen.[229] Auch die Kompetenzen der Hauptversammlung werden bei der Eigenverwaltung modifiziert. Zum einen kann die Hauptversammlung keine Übertragung wesentlicher Vermögensteile mehr übernehmen, da sonst die Zwecke des Insolvenzverfahrens und der Sanierung vereitelt werden könnten.[230] Zum anderen ruhen für die Dauer des Insolvenzverfahrens auch sämtliche konzernrechtlichen Weisungsbefugnisse,[231] da mit Verfahrenseröffnung auch die Beherrschungsverträge automatisch beendet werden (siehe hierzu Rn. 181).[232]

169 Darüber hinaus gibt es seit der ESUG-Reform[233] ein eigenständiges Vorbereitungsverfahren zur Sanierung des Unternehmens: das **Schutzschirmverfahren** (§ 270b InsO). Es stellt eine sanierungsorientierte Modifizierung des vorläufigen Insolvenzverfahrens dar und ist auf die Erstellung eines Insolvenzplans in Eigenverwaltung gerichtet.

2. Ansprache der zuständigen Insolvenzgerichte

170 Auch nach der Reform durch das Gesetz zur Erleichterung und Bewältigung von Konzerninsolvenzen[234] gibt es keinen ausschließlichen Gerichtsstand am Sitz der Konzernmutter, sondern wird nach dem Prioritätsprinzip (unter den Voraussetzungen des § 3a InsO) eine Zuständigkeit begründet.[235] Daher ist es für die Verfahrensvorbereitung unerlässlich, die Standortvorteile der verschiedenen Insolvenzgerichte und die Kooperationsfähigkeit der bei ihm gelisteten Insolvenzverwalter in die Betrachtung mit einzubeziehen – das bezieht sich insbesondere auch auf die bei den Gerichten teilweise unterschiedlich behandelten Anträge auf Eigenverwaltung oder das Schutzschirmverfahren. Dies setzt eine gute Kenntnis der Gerichts- und Verwalterszene voraus, um die jeweiligen Vor- und Nachteile eines Standorts gegeneinander abwägen zu können.[236]

3. Vorbereitung der Insolvenzgeldvorfinanzierung

a) Allgemein

171 Die vollumfängliche Ausnutzung des Insolvenzgeldzeitraums hat erhebliche sanierungsstützende Effekte, daher ist der sichere Umgang mit dem Insolvenzgeld **von besonderer Bedeutung für den Erfolg eines Insolvenzverfahrens.**[237] Der Anspruch auf Zahlung des Insolvenzgeldes besteht für die Arbeitnehmer gegen die Bundesagentur für Arbeit für einen Zeitraum von maximal drei Monaten. Der Zeitraum berechnet sich ab dem sog Insolvenzereignis (zB Eröffnung des Insolvenzverfahrens oder Abweisung mangels Masse).[238] Jedoch entsteht der Anspruch gemäß § 165 Abs. 1 SGB III erst mit Eintritt des Insolvenzereignisses. Dies hat zur Folge, dass für die Arbeitnehmer vorher ein Liquiditätsengpass entsteht, der eine Betriebsfortführung gefährden kann.[239] Um diesen Liquiditätsengpass zu überwinden, besteht die Möglichkeit der Insolvenzgeldvorfinanzierung. Ist zur

---

[229] MüKoAktG/*Spindler* § 76 Rn. 62 mwN.

[230] MüKoAktG/*Spindler* § 76 Rn. 63; *Noack* ZIP 2002, 1873 ff, 1876 ff.

[231] Spindler/Stilz/*Veil* AktG, § 297 Rn. 36 ff; Hüffner/*Hüffner* AktG, § 297 Rn. 22a mwN.

[232] MüKoAktG/*Spindler* § 76 Rn. 63.

[233] Gesetz zur weiteren Erleichterung der Sanierung von Unternehmen (BGBl I 2011, S. 2582).

[234] BGBl I 2017 S. 86ff.

[235] Ausführlich *v. Wilcken* → § 4 Rn. 53 f. siehe zu den Gestaltungsmöglichkeiten auch Grell/Splittgerber DB 2017, S. 1497ff

[236] *Harder*/*Lojowsky* NZI 2013, S. 327 ff, 328.

[237] Braun/*Böhm* InsO, § 22 Rn. 37ff; *Haarmeyer*/*Wutzke*/*Förster* InsVerw-HdB § 12 Rn. 51.

[238] *Haarmeyer*/*Wutzke*/*Förster* InsVerw-HdB § 12 Rn. 51, 53: Bereits im Verlauf des Erstgesprächs hat der Gutachter oder vorläufige Verwalter Überlegungen zum Eröffnungszeitpunkt anzustellen, um auf diese Weise eine möglichst optimale Ausnutzung zu gewährleisten (mit Beispielsfall Rn. 54 f).

[239] Braun/*Böhm* InsO, § 22 Rn. 39.

Sicherung der Betriebsfortführung die Insolvenzgeldvorfinanzierung dringend erforderlich, so ist der vorläufige Insolvenzverwalter sogar verpflichtet diese anzustrengen.[240]

b) Vorfinanzierungsverfahren

Zur Vorfinanzierung des Insolvenzgeldes verkaufen die Arbeitnehmer ihre Forderungen an **172** eine Bank,[241] im Gegenzug erhalten sie dafür von der Bank einen Betrag in Höhe ihres Nettogehalts ausgezahlt, die Bank wiederum erhält für ihr Kreditengagement[242] Zinsen und Gebühren aus der Masse.[243] Der Übertragung der Ansprüche der Arbeitnehmer muss die Bundesagentur für Arbeit zustimmen. Dazu stellt die vorfinanzierende Bank gemäß § 170 Abs. 4 SGB III einen Antrag bei der Bundesagentur für Arbeit, (in der Regel übernimmt dies – mit entsprechender Vollmacht – der vorläufige Insolvenzverwalter). Die Zustimmung wird jedoch nur erteilt, wenn der Antragsteller glaubhaft macht, dass die **Fortführung des Betriebes und der dauerhafte Erhalt eines erheblichen Teils der Arbeitsplätze überwiegend wahrscheinlich sind,** denn die Insolvenzgeldvorfinanzierung soll nicht der Ausproduktion dienen, sondern eine Unterstützung zur Unternehmenssanierung sein. Die Bundesagentur für Arbeit muss also eine Prognose anstellen.[244] Der vorläufige Insolvenzverwalter hat dazu die nötigen Informationen liefern, konkret heißt dass, er muss den Antrag detailliert begründen.

Wird die Insolvenzgeldvorfinanzierung bewilligt, kann die Bank **nach Insolvenzeröff-** **173** **nung** im Wege eines Drittantrages das Insolvenzgeld für alle Arbeitnehmeransprüche beantragen, die sie angekauft hat. Die Bundesagentur für Arbeit zahlt dann das Insolvenzgeld an die Bank, die die Vorfinanzierung übernommen hat, aus. Durch die Auszahlung erwirbt die Bundesagentur für Arbeit eine Insolvenzforderung.

4. Organisation eines vorläufigen Gläubigerausschusses

Seit der ESUG-Reform[245] kann – bei Vorliegen der Voraussetzungen des § 22a Abs. 1 **174** InsO – ein vorläufiger Gläubigerausschuss bestellt werden. Das Gericht hat diesen gemäß § 22a Abs. 2 InsO auf Antrag der Schuldnerin, des vorläufigen Insolvenzverwalters oder eines Gläubigers einsetzen und entsprechend der Angaben des Antragstellers zu besetzen, wenn Personen benannt werden, die als Mitglieder in Betracht kommen und entsprechende Einverständniserklärungen dieser Personen vorgelegt werden. Daher sollten die Anträge auf Eröffnung eines Insolvenzverfahrens der insolventen Unternehmensteile insoweit einheitlich ausgestaltet werden.[246]

5. Entscheidung über die Bestellung eines *Chief Restructuring Officers (CRO)*

a) Allgemein

Bedarf das Management in der Krisensituation **Know-how von außen,** dann ist eine **175** Möglichkeit, einen Interim-Manager hinzuzuziehen. Darüber hinaus ist die Bestellung

---

[240] K. Schmidt/*Hölzle* InsO, § 22 Rn. 10; sowie Abschnitt III 4. der *Grundsätze ordnungsgemäßer Insolvenzverwaltung* (GOI, Beschlussfassung 5.5.2012), abgedruckt in: MüKoInsO/*Graeber* Anhang I.

[241] Muster für eine Rahmenvereinbarung, siehe: *Haarmeyer/Wutzke/Förster* InsVerw-HdB § 12 Rn. 56.

[242] Die Vorfinanzierung läuft über einen Kreditvertrag, für dessen Rückführung das schuldnerische Unternehmen und der vorläufige Verwalter als Gesamtschuldner haften.

[243] *Haarmeyer/Wutzke/Förster* InsVerw-HdB § 12 Rn. 57 (mit Modell).

[244] Braun/*Böhm* InsO § 22 Rn. 40: Unter Rückgriff auf die Regelung in § 112a Abs. 1 Nr. 1–4 BetrVG muss bei Betrieben mit weniger als 500 Mitarbeitern der Erhalt von 15–20 % der Arbeitsplätze wahrscheinlich sein und bei Betrieben mit mehr als 500 Mitarbeitern der Erhalt von mindestens 10 % der Arbeitsplätze.

[245] Gesetz zur weiteren Erleichterung der Sanierung von Unternehmen (BGBl I 2011, S. 2582).

[246] Siehe hierzu im Einzelnen auch die Beiträge von *Frege* → § 4 Rn. 275, 354, *Pleister* → § 4 Rn. 383 und *Hoffmann* → § 4 Rn. 77 ff.

eines Interim-Managers sinnvoll, wenn der Ruf nach einer neuen Unternehmensführung laut wird, weil in das bisherige Management kein Vertrauen mehr besteht. In einem Sanierungsprozess spricht man bei dem Interim-Manager neudeutsch von einem **Chief Restructuring Officer (CRO).**[247] Der CRO kann zu jedem Zeitpunkt eingebunden werden: bereits frühzeitig, um den gesamten Sanierungsprozess mit zu planen, oder erst zur Umsetzung. Ebenso ist denkbar, dass er nur die Erstellung des Sanierungskonzeptes übernimmt, dann aber die Umsetzung durch das permanente Management und/oder den Insolvenzverwalter erfolgt.[248]

b) Rechtliche Gestaltung

176 Die **rechtliche Gestaltung**[249] des Interim-Managements sieht in der Regel so aus, dass ein **Dreier-Verhältnis** aus Interim-Management-Gesellschaft, Interim-Unternehmen und Interim-Manager besteht. Zwischen der Interim-Management-Gesellschaft (Agentur) und dem Interim-Unternehmen wird ein Dienstleistungsvertrag geschlossen und zwischen dem Interim-Unternehmen und dem Interim-Manager ein projektbezogener Vertrag.[250] Der in der Praxis weniger relevante Fall ist ein **Zweier-Verhältnis,**[251] nämlich dann, wenn der Interim-Manager direkt vom Interim-Unternehmen beschäftigt wird und nicht über eine vermittelnde Agentur kommt. Die Rechtsbeziehung zwischen dem Interim-Manager und dem Interim-Unternehmen kann als Arbeitsvertrag (wohl eher selten), als Werkvertrag oder – am wahrscheinlichsten – als Dienstvertrag ausgestaltet werden.[252] Hat der Interim-Manager auch eine **Organstellung** im Interim-Unternehmen, dann herrscht zwischen diesen beiden Seiten noch eine Rechtsbeziehung aus dieser Organstellung. Die Bestellung des Interim-Managers erfolgt per Bestellungsakt durch die hierfür zuständigen Gesellschafter, die Gesellschafterversammlung oder Hauptversammlung oder den Aufsichtsrat.[253] Die Bestellung ist ins Handelsregister einzutragen, auch wenn die Eintragung nur deklaratorische Wirkung hat, d h. keine Wirksamkeitsvoraussetzung ist.[254]

6. Einleitung von M&A-Prozessen[255]

a) Allgemein

177 Um eine schnelle Übertragung des Unternehmens bzw von Teilen einer Unternehmensgruppe im Wege eines *Share Deals*[256] oder *Asset Deals*[257] nach Verfahrenseröffnung[258] zu ermöglichen, muss ihre Vorbereitung bereits vom vorläufigen Insolvenzverwalter direkt nach seiner Bestellung begonnen werden. Der vorläufige Insolvenzverwalter sollte über sein Netzwerk potenzielle Kaufinteressen ansprechen (Erstellung einer *Long List*) und eine **Due**

---

[247] Entscheidungsregeln für die Auswahl des passenden Dienstleisters finden sich bei Buth/Hermanns/*Kaufmann* Restrukturierung, Sanierung, Insolvenz, § 23 Rn. 17 ff.

[248] Rund 80 Prozent der Projekte haben die operative oder finanzielle Gesamtleitung der Klienten zum Inhalt, so Buth/Hermanns/*Kaufmann* Restrukturierung, Sanierung, Insolvenz § 23 Rn. 11.

[249] Siehe ausführlich auch: *Specovius/Uffmann* ZIP 2016, 295ff, 303f.

[250] *Haag/Tiberius* NZA 2004, S. 190 ff, 193 f; ausführlich und mit Schaubild: Buth/Hermanns/*Kaufman* Restrukturierung, Sanierung, Insolvenz § 23 Rn. 30.

[251] *Haag/Tiberius* NZA 2004, S. 190 ff, 192.

[252] Siehe im Einzelnen hierzu: *Haag/Tiberius* NZA 2004, S. 190 ff, 193.

[253] *Haag/Tiberius* NZA 2004 S. 190 ff, 194.

[254] *Haag/Tiberius* NZA 2004 S. 190 ff, 194.

[255] Zu den Mitteilungspflichten, die durch M&A-Prozesse ausgelöst werden, siehe zB Hölters/*Hölters* AktG, § 93 Rn. 205 ff; sowie allgemein → Rn. 196, 202.

[256] *Share Deal:* Veräußerung des Unternehmens durch Übertragung seines Rechtsträgers.

[257] *Asset Deal:* Übertragung der Wirtschaftsgüter des Unternehmens ohne seinen Rechtsträger.

[258] Eine Übertragung vor Eröffnung des Insolvenzverfahrens birgt zu viele Nachteile, siehe hierzu im Einzelnen: Reul/Heckschen/Wienberg/*Heckschen* Insolvenzrecht in der Gestaltungspraxis Kapitel O Rn. 9 ff.

Diligence – ggf unter Zuhilfenahme eines M&A-Dienstleisters – durchführen (lassen), um eine Basis für die Verkaufsverhandlungen zu haben. Mit jedem Tag, der verstreicht, verliert das Unternehmen an Wert, so dass der vorläufige Insolvenzverwalter **möglichst in der Insolvenzeröffnungsphase alles ausverhandelt** haben sollte, damit nach Insolvenzeröffnung direkt die Übertragung erfolgen kann. Die Möglichkeiten, die die Insolvenzordnung dem Insolvenzverwalter zur Unternehmensreorganisation, wie zB Abbau von Mitarbeitern, an die Hand gibt, stärken seine Verhandlungsposition und sollten sich auch im Kaufpreis niederschlagen.

b) Vermeidung von Haftungsrisiken

Ist der zu veräußernde Unternehmensteil in einen Konzern eingebunden, dann birgt dies 178 Haftungsrisiken, die durch eine **entsprechende Vertragsgestaltung** minimiert werden können. Dem Veräußerer eines vormals herrschenden Unternehmens einer Konzernbeteiligung ist anzuraten, bei der Gestaltung des Unternehmensverkaufs auch etwaige konzernrechtliche Ansprüche der Zielgesellschaft aus zurückliegenden Geschäftsjahren zu berücksichtigen bzw mit dem Erwerber eine Freistellung bezüglich solcher Ansprüche zu vereinbaren. Darüber hinaus kann sich der Erwerber verpflichten, auf die Zielgesellschaft dahingehend einzuwirken, dass diese keine entsprechenden Ansprüche gegen den Veräußerer geltend macht. Der Erwerber kann auch verpflichtet werden, einen Verzicht der Zielgesellschaft auf diese Ansprüche herbeizuführen, dies ist aber frühestens drei Jahre nach Beendigung des Unternehmensvertrags bzw drei Jahre nach Entstehung des Anspruchs aus § 317 AktG möglich, (jedoch werden in diesem Fall ev gegen den Erwerber Ansprüche aus § 311 AktG gelten gemacht).[259]

7. Prüfung von Interessenkonflikten

Es kann bei Unternehmensgruppen zu verschiedenen Interessenskonflikten kommen, ua 179 durch **Doppelmandate von Vorständen.** Sie bergen großes Konfliktpotenzial, weil das Vorstandsmitglied den Interessen zweier Gesellschaften verpflichtet ist. Einer der typischen Interessenskonfliktfälle, sind Fragen der Restrukturierung und Sanierung innerhalb der Unternehmensgruppe.[260] Vorstandsdoppelmandate gibt es häufig bei konzernverbundenen Aktiengesellschaften, sie dienen einer strafferen Konzernführung und einem verbesserten Informationsfluss im Unternehmen.[261] Doppelmandate sind grundsätzlich zulässig,[262] sie bedürfen jedoch nach § 88 Abs. 1 Satz 2 AktG der *Zustimmung des Aufsichtsrats* beider Gesellschaften. Das Vorstandsmitglied muss sich im Rahmen der sog Pflichtenisolierung[263] bei der Ausübung des jeweiligen Vorstandsmandates ausschließlich auf die jeweilige Gesellschaft konzentrieren. Das beinhaltet jedoch nicht, dass die Verletzung von Organpflichten zulasten des einen Konzernbereichs gerechtfertigt ist, um den Organpflichten für den anderen Konzernbereich nachzukommen.[264] Ist der Interessenskonflikt im konkreten Fall nicht zu lösen, dann besteht die Möglichkeit zur Stimmenthaltung, sofern dadurch die

---

259 Siehe im Einzelnen dazu: *Simon/Leuering* NJW-Spezial 2006 S. 123 f.
260 *Fonk* NZG 2010 S. 368 ff, 369; *Passarge* NGZ 2007 S. 441 ff, 441.
261 *Passarge* NGZ 2007 S. 441 ff, 441.; Spindler/Stilz/*Fleischer* AktG § 76 Rn. 105.
262 BGH NZG 2009, S. 744 ff, 745; Hölters/*Weber* AktG, § 76 Rn. 57; MüKoAktG/*Spindler* § 76 Rn. 56; MünchHdbGesR Band 4/*Wiesner* § 20 Rn. 10; *Fonk* NZG 2010 S. 368 ff, 368; *Schneider* NZG 2009 S. 1413 ff, 1414; *Nodoushani* GWR 2009 S. 309 ff, 309. Zur Zulässigkeit von Doppelmandaten in Personengesellschaftskonzernen: *Böttcher/Kautzsch* NZG 2009 S. 819 ff.
263 Wird abgeleitet aus der Rechtsprechung für Aufsichtsratsdoppelmandate in Unternehmensgruppen: BGH NJW 1962, S. 864 ff; BGH NJW 1980, S. 1629 ff, 1630; BGH NZG 2009, S. 744 ff, 745; Fleischer/ *Fleischer* Handbuch des Vorstandsrechts § 18 Rn. 128. (Auch der Corporate Governance Kodex enthält in Ziff 4.3.4 Regelungen zum Umgang mit Vorstandsdoppelmandaten, jedoch in Hinsicht auf persönliche Interessenkonflikte.)
264 BGH NJW 1980, S. 1629 ff; Spindler/Stilz/*Fleischer* AktG § 76 Rn. 107.

Funktionsfähigkeit des Vorstandes nicht beeinträchtigt wird.[265] Ist der Interessenkonflikt auch nicht durch eine Stimmenthaltung zu lösen bzw nur durch eine wiederholte Stimmenthaltung, so sollte das Doppelmandat aufgegeben werden.[266] Erfolgt die Aufgabe nicht freiwillig, ist das Vorstandsmitglied von dem Aufsichtsrat einer der Gesellschaften abzuberufen.[267]

8. Auflösung von Cash-Pool-Systemen

180 Zur optimalen Nutzung der internen liquiden Mittel und der damit maximalen Minimierung des Fremdkapitals werden von vielen Unternehmensgruppen Cash-Pool-Systeme verwendet.[268] Durch die unternehmensinterne Geldanlage bzw Kreditbereitstellung lässt sich auch die Zinsbildung optimieren. Die Grundkonstruktion des Cash-Pooling sieht folgendermaßen aus: Die Dachgesellschaft führt einen zentralen Account, der alle Geldanlagen und Kreditaufnahmen der Tochtergesellschaften verwaltet. Erst wenn der konzerninterne Liquiditätsausgleich zur Erhaltung der Zahlungsfähigkeit nicht mehr ausreicht, werden externe Geldgeber, etwa Banken, hinzugezogen. Möglich ist auch, dass es mehrere Cash-Pool-Kreisläufe in der Unternehmensgruppe gibt, für die jeweils zentrale Accounts bestehen, die dann wiederum in einen Ober-Account zusammengeführt werden.[269] Bei dem **echten Cash-Pooling** werden die Geldmittel von dem zentralen Account tatsächlich auf die einzelnen Nebenkonten der Konzerntöchter überwiesen, beim **unechten Cash-Pooling**[270] fließen hingegen keine Gelder, der Geldtransfer erfolgt bloß fiktiv. Diese Variante hat insbesondere dann Vorteile, wenn Geldflüsse in verschiedenen Währungen erfolgen. Vom Cash-Pooling abzugrenzen ist die konzerninterne Verrechnung, sie gehört zwar auch zum Cash-Management des Unternehmen ist aber das Aufrechnen konzerninterner auf Leistungen beruhender Forderungen (sog *Netting* bzw *Clearing*).[271] Nach der hM handelt es sich beim Cash-Pooling um **Darlehensvergaben** innerhalb des Konzerns: Darlehen der Töchter an die führende Mutter (sog *Upstream Loans*)[272] und umgekehrt (sog *Downstream Loans*).[273] Entweder werden für jede Transaktion Darlehensverträge abgeschlossen oder es besteht ein entsprechender Rahmenvertrag.[274] Der durch das Cash-Pooling erreichte Liquiditätsausgleich kommt ins Wanken, wenn ein oder mehrere Unternehmensteile in eine finanzielle Schieflage geraten, die Vernetzung der verschiedenen Konten/Gesellschaften wird dann zum Nachteil. Es ist daher sinnvoll, im Krisenfall frühzeitig über die Auflösung des Cash-Pool-Systems nachzudenken, um einem Dominoeffekt zu verhindern.

---

[265] Spindler/Stilz/*Fleischer* AktG § 76 Rn. 110 mwN; kritisch: MünchHdbGesR Band 4/*Wiesner* § 20 Rn. 11.

[266] MünchHdbGesR Band 4/*Wiesner* § 20 Rn. 11; MüKoAktG/*Spindler* § 76 Rn. 58.

[267] Hölters/*Weber* AktG § 76 Rn. 60.

[268] *Geiwitz* → § 4 Rn. 520 f.

[269] Zu den verschiedenen Varianten von *Cash-Management-Systemen* in Konzernen siehe: *Ammelung/Kaeser* DStR 2003 S. 655 ff.

[270] Auch *Notorial Pooling* genannt.

[271] Holzborn/v.Vietinghoff/*Holzborn* Haftung und Insolvenz im GmbH-Recht Rn. 251.

[272] Durch die Erweiterung des § 30 Abs. 1 GmbHG durch das MoMiG (BGBl I 2008, S. 2026) wurden für GmbHs die *Upstream Loans* erstmals rechtlich in der Gestalt abgesichert, dass der Abzug der positiven Salden von den Zahlungsverkehrskonten der Tochtergesellschaft(en) zugunsten des Zielkontos der Muttergesellschaft nicht gegen das Auszahlungsverbot von § 30 GmbHG verstößt, wenn diese bilanziell von einem Rückzahlungsanspruch gedeckt sind. Siehe hierzu: *Flesner* NZG 2006 S. 641 ff, 644 ff; *Kiefner/ Theusinger* NZG 2008 S. 801 ff; *Burg/Westerheide* BB 2008 S. 62 ff; *Fedke* NZG 2009 S. 928 ff. Zur weiteren Entwicklung seit dem MoMiG ausführlich: Holzborn/v.Vietinghoff/*Holzborn* Haftung und Insolvenz im GmbH-Recht, Rn. 246, 267; Reul/Heckschen/Wienberg/*Heckschen* Insolvenzrecht in der Gestaltungspraxis, Rn. 726.

[273] BGH NJW 2006, S. 1736 ff, 1737; Schimansky/Bunte/Lwowski/*Gehrlein*, Bankrechts-Handbuch, § 84 Rn. 22; *Reul/Heckschen/Wienberg/Heckschen* Insolvenzrecht in der Gestaltungspraxis Rn. 726; aA *Ulmer*, ZHR 169 (2005) S. 1 ff, 4 f. (Einordnung als unregelmäßige Verwahrung iSv § 700 BGB); so auch *Schäfer* GmbHR 2005 S. 133 ff, 135 f.

[274] Holzborn/v. Vietinghoff/*Holzborn* Haftung und Insolvenz im GmbH-Recht Rn. 259.

9. Beendigung von Unternehmensverträgen

Zu den in der Praxis wichtigsten Unternehmensverträgen zählen der **Beherrschungsver-** 181 **trag** und der **Gewinnabführungsvertrag.** Unterstellt eine Aktiengesellschaft oder Kommanditgesellschaft auf Aktien die Leitung ihrer Gesellschaft einem anderen Unternehmen, handelt es sich um einen Beherrschungsvertrag, wenn sie sich verpflichtet, ihren ganzen Gewinn an ein anderes Unternehmen abzuführen, erfolgt dies im Rahmen eines Gewinnabführungsvertrages (§ 291 AktG). In § 292 AktG sind weitere Unternehmensverträge genannt, so zB der Teilgewinnabführungsvertrag oder der Betriebsüberlassungsvertrag. Es ist strittig, ob Unternehmensverträge automatisch mit Eröffnung des Insolvenzverfahrens enden – so noch die Ansicht des BGH zu Zeiten der Konkursordnung[275] – oder bestehen bleiben. Teilweise wird auch zwischen den verschieden Unternehmensverträgen differenziert. Mit Inkrafttreten der Insolvenzordnung kam die bis dahin gefestigte Ansicht ins Wanken, weil seit dem nicht mehr die Unternehmensabwicklung, sondern der Erhalt und die Sanierung im Vordergrund stehen und ein automatisches Beenden der Unternehmensverträge damit nicht in Einklang steht. Auch die Möglichkeit eines Insolvenzplanverfahrens wird als Gegenargument für eine automatische Beendigung der Unternehmensverträge genannt.[276] Die heute hM geht davon aus, dass die Verträge nicht automatisch enden,[277] sondern sie für die Dauer des Insolvenzverfahrens **nur suspendiert** sind (und bei erfolgreicher Sanierung wiederaufleben),[278] wohl aber gekündigt werden können.[279]

10. Sicherstellung der Konzerninnenfinanzierung

a) Massekredit

Die Sicherung der Fortsetzungsfinanzierung gehört zu den wichtigsten Voraussetzungen für 182 das Gelingen einer Sanierung.[280] Zur Restrukturierung des Unternehmens muss der **Geschäftsbetrieb aufrecht erhalten** werden können, dies gestaltet sich aufgrund der engen liquiden Mittel jedoch regelmäßig schwierig, daher besteht die Möglichkeit der Aufnahme eines Massekredits, um frische Liquidität zu generieren. Der Massekredit dient der Finanzierung des Schuldners in der Insolvenzeröffnungsphase, in der überwiegenden Zahl der Fälle handelt es sich um ein Bankdarlehen (möglich sind aber zB auch Darlehen von staatlichen Förderinstituten, Lieferanten oder Kunden). Es gibt echte und unechte Massekredite, die sich in ihrer rechtlichen Ausgestaltung und auch in der Risikobewertung für die darlehngebende Bank stark unterscheiden. Der **echte Massekredit** findet sich in der Praxis selten, weil es sich um ein Gelddarlehen gemäß §§ 488 ff BGB handelt, das meistens nicht werthaltig besichert ist, weil die kreditgebende Bank bereits im Vorfeld alle werthaltigen Sicherheiten für andere Darlehen belastet hat. Der **unechte Massekredit** ist für die Banken deutlich attraktiver und kommt daher auch häufiger vor. Hier wird kein „neues" Geld zur Verfügung gestellt, sondern der Insolvenzschuldner verwendet (unter Zustimmung des vorläufigen Insolvenzverwalters) fällige Erlöse aus Sicherheiten – zB aus

---

[275] BGH NJW 1988, S. 1326 ff (als Schlussfolgerung aus § 157 BGB).

[276] So zB: *Trendelenburg* NJW 2002 S. 647 ff, 649.

[277] *Zeidler* NZG 1999 S. 692 ff, 696; *Trendelenburg* NJW 2002 S. 647 ff, 649; *Philippi/Neveling* BB 2003 S. 1685 ff, 1689 f; *Bultmann* ZInsO 2007 S. 785 ff, 786 ff; aA: MüKoAktG/*Altmeppen* § 297 Rn. 106 ff; Spindler/Stilz/*Veil* AktG, § 297 Rn. 38 f; Hüffner/*Hüffner* AktG § 297 Rn. 22a (ausnahmsweise Fortbestehen bei Eigenverwaltung).

[278] *Zeidler* NZG 1999 S. 692 ff, 697; *Trendelenburg* NJW 2002 S. 647 ff, 649; *Philippi/Neveling* BB 2003, 1685 ff, 1689 f; *Bultmann* ZInsO 2007 S. 785 ff, 788.

[279] Daher ist der Meinungsstreit letztlich auch nur von untergeordneter Bedeutung: so Gottwald InsO-HdB/ *Haas* § 95 Rn. 8; *Pleister/Theusinger* → § 4 Rn. 468 ff.

[280] Siehe zu dem ganzen Themenkomplex umfassend und aktuell: *Parzinger* Fortführungsfinanzierung in der Insolvenz.

einer Globalzession zugunsten der Bank – vorläufig als Betriebsmittel für die Unternehmensfortführung.[281] Seit der ESUG-Reform[282] sind Massekredite als Finanzierungsinstrument noch wichtiger geworden, weil seitdem ua die Möglichkeit zur Durchführung eines Schutzschirmverfahrens[283] besteht, und damit der Sanierungsaspekt noch mehr im Vordergrund steht. Außerdem ist seit der Reform die Verfahrensabwicklung in Eigenverwaltung[284] der gesetzliche Regelfall. Neu ist in Bezug auf beide Fälle, dass der Schuldner Partei der Massekreditvereinbarung ist (ggf unter Mitwirkung des vorläufigen Sachwalters) und nicht mehr wie bislang regelmäßig der Fall der vorläufige Insolvenzverwalter.[285]

b) Debtor-In-Possession-Financing

183 Über den Massekredit hinaus, geht das aus dem amerikanischen Recht stammende *Debtor-In-Possession-Financing (DIP-Financing)*. Das *DIP-Financing* ermöglicht ebenfalls kurzfristig – vorrangige – Darlehensverträge abzuschließen und damit die Solvenz des in die Krise geratenen Unternehmens wieder herzustellen,[286] jedoch kann das Insolvenzgericht dem Schuldner sogar erlauben, **bereits mit Rechten Dritter belastende Vermögensgegenstände** nochmals (ggfs sogar vorrangig) zu belasten.[287]

c) Debt-Buy-Backs innerhalb des Konzerns

184 Ebenfalls aus dem amerikanischen Recht stammt der Begriff *Debt-Buy-Backs,* damit ist der **Rückkauf von Schulden** gemeint. Der Rückkauf kann durch den Kreditnehmer selbst, durch seine Gesellschafter oder einen Dritten erfolgen. Es sind hierfür verschiedene Transaktionsstrukturen denkbar, die jeweils unterschiedliche rechtliche, bilanzielle und steuerliche[288] Auswirkungen haben. Am vorteilhaftesten ist der Rückkauf durch einen Gesellschafter des Kreditnehmers. Die Einbeziehung des Gesellschafters in einen Konzern mit dem Kreditnehmer zum Zwecke der Rechnungslegung führt zu einer Verbesserung der Finanzkennzahlen, weil die Kreditforderung nicht mehr in der Konzernbilanz auftaucht.[289]

11. Vorbereitung gesellschafts- und umwandlungsrechtlicher Maßnahmen

185 Vor, während und nach Krisen können zur Unternehmensrestrukturierung Umwandlungsmaßnahmen durchgeführt werden. Rechtlich zulässige Umwandlungsarten sind die **Verschmelzung,** die **Spaltung,** die **Vermögensübertragung** und der **Rechtsformwechsel** (§ 1 UmwG). Die Insolvenzreife stellt grundsätzlich kein Umwandlungshindernis dar, jedoch sind hier einige Besonderheiten zu beachten, Einzelheiten dazu bei *Blasche.*[290] Zur Vorbereitung einer Umwandlungsmaßnahme ist der Entwurf eines Verschmelzungsvertrages (§§ 4–7 UmwG), eines Spaltungs- und Übernahmevertrages (§§ 125 f UmwG) bzw eines Spaltungsplans (§ 136 UmwG) oder eines Übertragungsvertrages (§§ 176 f UmwG) zu erstellen, der Entwurf kann bereits vom vorläufigen Insolvenzverwalter (bzw Sachwalter)

---

[281] Weiterführend zu Massekrediten, insbesondere zur Qualifizierung als Masseverbindlichkeit im eröffneten Verfahren und zu Haftungsfragen, zB Beck/Depré/*Beck* § 19 Rn. 43 ff.
[282] Gesetz zur weiteren Erleichterung der Sanierung von Unternehmen (BGBl I 2011, S. 2582).
[283] → Rn. 169.
[284] → Rn. 168, *Pleister* → § 5 Rn. 1 ff.
[285] Zur Begründung von Masseverbindlichkeiten in Verfahren nach § 270a InsO siehe: LG Duisburg NJW 2013, S. 91 ff (Beschluss vom 29.11.2012).
[286] Chapter 11 Bankruptcy Code: *Super Priority Loans* (absolut vorrangige Darlehen).
[287] MüKoInsO/*Grauke/Youdelman* Band 3 Anhang 4.3.3, Rn. 24.
[288] Zur durch Debt-Buy-Backs ausgelösten Besteuerung und damit ev Gefährdung der Restrukturierung siehe: *Mückl* GWR 2010 S. 262 ff, sowie *v. Ilberg/Tschesche* BB 2010 S. 259 ff.
[289] *v. Ilberg/Tschesche* BB 2010 S. 259 ff, 261 ff.
[290] *Blasche* GWR 2010 S. 441 ff.

ausgearbeitet werden.[291] Die Verträge bzw Pläne müssen gemäß der §§ 5 Abs. 1, 122c, 126 Abs. 1, 136 und 192 iVm § 194 UmwG einen bestimmten Mindestinhalt haben und sind notariell zu beurkunden.[292]

12. Vermeidung strafrechtlicher Risiken

Bei den Insolvenzstraftaten unterscheidet man zwischen Taten im engeren und im weiteren Sinn. Zu den **Insolvenzstraftaten im engeren Sinne** zählen die Insolvenzverschleppung (§ 15a InsO)[293] sowie die Delikte der §§ 283–283d StGB.[294] Unter die **Insolvenzstraftaten im weiteren Sinne** fallen vor allem die verschiedenen Betrugstatbestände (§§ 263, 264, 265, 265b StGB), die Untreue (§ 266 StGB), das Vorenthalten und Veruntreuen von Arbeitsentgelt (§ 266a StGB), die Falsche Versicherung an Eides statt (§ 156 StGB),[295] sowie Steuerhinterziehung (§§ 370 ff AO)[296] und das Unterlassen der Einberufung der Gesellschafterversammlung bei Verlusten in Höhe der Hälfte des Grund- oder Stammkapitals (§ 401 Abs. 1 Nr. 1 AktG, § 84 Abs. 1 Nr. 1 GmbHG, § 148 Abs. 1 Nr. 1 GenG).[297]   **186**

Den Insolvenzstraftaten im engeren Sinne ist gemein, dass sie strafbares Verhalten während oder nach einer Krise des Unternehmens (dh Zahlungsunfähigkeit, Überschuldung oder drohende Zahlungsunfähigkeit oder bei einigen Delikten auch Zahlungseinstellung) voraussetzen.[298] Es handelt sich überwiegend um Sonderdelikte, dh sie können nur durch einen bestimmten **Täterkreis** verwirklicht werden kann. Bei der Insolvenzverschleppung sind dies der (stellvertretende) Geschäftsführer einer GmbH, die Vorstandsmitglieder einer AG oder Genossenschaft, die persönlich haftenden Gesellschafter einer KGaA oder die Liquidatoren,[299] sowie gemäß § 15a Abs. 3 InsO bei Führungslosigkeit der Gesellschaft auch alle Gesellschafter und bei Führungslosigkeit einer Aktiengesellschaft oder Genossenschaft jedes Aufsichtsratsmitglied. Täter eines Bankrotts, der Verletzung der Buchführungspflicht oder der Gläubigerbegünstigung kann nur sein, wer sich in der Krise befindet, diese herbeiführt, seine Zahlungen eingestellt hat, über dessen Vermögen das Insolvenzverfahren eröffnet oder die Eröffnung mangels Masse abgewiesen wurde. Die Schuldnerbegünstigung ist hingegen kein Sonderdelikt, jeder kann Täter sein. So auch bei den Insolvenzdelikten im weiteren Sinne, in der Regel werden diese Delikte (vor allem Betrug und Untreue) meist durch den Schuldner oder die verantwortlichen Organe einer juristischen Person oder sonstigen Gesellschaft begangen. Andere, als die vorgenannten Personen, können dann Täterqualität haben, wenn sie die Voraussetzungen des § 14 Abs. 2 StGB erfüllen („Handeln für einen anderen").[300]   **187**

---

[291] Siehe hierzu Henssler/Strohn/*Decker* GesR § 1 Rn. 4 f.

[292] Beck'sches Notar-Handbuch/*Heckschen* Abschnitt D IV Rn. 12 (auch zu den Umwandlungsphasen, Rn. 9 ff.).

[293] Einzelheiten hierzu zB bei: Beck/Depré/*Köhler* Praxis der Insolvenz § 37 Rn. 14 ff.

[294] Bankrott (§ 283 StGB); Besonders schwerer Fall des Bankrotts (§ 283a StGB); Verletzung der Buchführungspflicht (§ 283b StGB); Gläubigerbegünstigung (§ 283c StGB); Schuldnerbegünstigung (§ 283d StGB). Zu den materiellen Tatbestandsvoraussetzungen siehe zB ausführliche und aktuelle Kommentierung in: MüKoStGB/*Radtke/Petermann* § 283 ff Rn. 1 ff.

[295] Einzelheiten zu diesen Delikten zB bei: MüKoStGB/*Hefendehl* § 263 Rn. 1 ff, MüKoStGB/*Wohlers/Mühlbauer* § 264 Rn. 1 ff, § 265 Rn. 1 ff, § 265b Rn. 1 ff, MüKoStGB/*Dierlamm* § 266 Rn. 1 ff, MüKoStGB/*Radtke* § 266a Rn. 1 ff, MüKoStGB/*Müller* § 156 Rn. 1 ff.

[296] Zu den materiellen Voraussetzungen siehe zB die Kommentierung von Klein/*Jäger* AO § 370 Rn. 1 ff.

[297] *Pelz* → § 7 Rn. 1 ff.

[298] Übersicht dazu bei Wabnitz/Janovsky/*Köhler* Handbuch des Wirtschafts- u. Steuerstrafrechts, Kapitel 7 Rn. 5.

[299] Beck/Depré/*Köhler* § 37 Rn. 20 ff.

[300] Wabnitz/Janovsky/*Köhler* Handbuch des Wirtschafts- u. Steuerstrafrechts Kapitel 7 Rn. 7. Zur Verantwortlichkeit bei Ausscheiden oder Amtsniederlegung siehe: Beck/Depré/*ders* § 37 Rn. 23.

13. Vorbereitung der Krisenkommunikation

188 Wird in einem Krisenfall kommuniziert, dann spricht man von **Krisenkommunikation.**
Der Begriff hat sich ursprünglich aus einer praktischen Auseinandersetzung mit Unternehmenskrisen entwickelt.[301] Die Krisenkommunikation gewinnt zunehmend an Bedeutung.[302] Die Kommunikation in Insolvenzverfahren ist ein Spezialgebiet der Krisenkommunikation. Mehr als andere Krisenkommunikationsarten lässt sie sich planen.[303]

189   Bereits im Vorfeld einer Insolvenz kann (und sollte) die Kommunikation mit den verschiedenen Zielgruppen vorbereitet werden.[304] Bei einem Unternehmen trennt man zwischen den internen (zB Mitarbeiter, Manager, Eigentümer) und den externen (zB Lieferanten, Kunden, Medien) Zielgruppen.[305] Korrespondierend dazu unterscheidet man interne
und externe Kommunikation.

a) Krisenkommunikationsstab

190 Die kontinuierliche Kommunikation mit den verschiedenen Zielgruppen ist bereits außerhalb von Krisenzeiten eine der Kernaufgaben der Unternehmensführung,[306] bestenfalls hat
das Unternehmen hierzu bereits Strukturen geschaffen und Richtlinien erarbeitet. Die
Realität sieht freilich anders aus, kommunizieren viele Unternehmen doch nur wenig oder
beschränken die Kommunikation auf einzelne Zielgruppen. In Krisenfällen wird die Kommunikation – mit allen relevanten Zielgruppen! – dann unumgänglich. Hat das jeweilige
Unternehmen bereits entsprechende Strukturen (intern: Kommunikationsabteilung, oder
extern: Zusammenarbeit mit einer PR-Agentur) aufgebaut, so kann im Krisenfall hierauf
zurückgegriffen werden und bietet die Basis zur Umsetzung der dann anstehenden Kommunikationsmaßnahmen. Wichtig ist dabei jedoch zu beachten, dass dies in der Tat nur die
Basis sein kann, denn in der Regel sind die Kommunikationsexperten, denen sich das
Unternehmen im Normalbetrieb bedient, nicht mit der Kommunikation im Insolvenzfall
und deren speziellen Anforderungen vertraut. Wenn überhaupt, kennen sie die Kommunikation in anderen Krisenszenarien (abhängig von der jeweiligen Branche), nicht aber bei
finanziellen Krisen. Es ist also erforderlich, sich insoweit **spezialisierten Kommunikationsexperten** zu bedienen. Entweder hat der Insolvenzverwalter (haben die Insolvenzverwalter, sofern mehrere bestellt worden sind, und/oder der Koordinationsverwalter)[307] entsprechend geschulte Personen in seinem (ihrem) Team oder man greift auf in Insolvenz-
kommunikation spezialisierte PR-Agenturen zurück. Dies ist auch deshalb erforderlich, da
die in der unternehmenseigenen Kommunikationsabteilung tätigen Personen selbst auch
Mitarbeiter des insolventen Unternehmens sind, es also teilweise an der erforderlichen
Distanz bzw Neutralität zum kommunizierenden Sachverhalt fehlt. Einer nach den vor-

---

[301] *Thießen* Organisationskommunikation in Krisen S. 85.

[302] So bereits: *Schwarz* Krisen-PR aus Sicht der Stakeholder S. 15: In den USA bezifferte das Institut für
Krisenmanagement (2007) die Zahl der Krisenfälle, über die in Wirtschaftsressorts in den Jahren 2001,
2005 und 2006 berichtet wurde auf über 10.000, während diese in den Jahren 1996 bis 2000 nie 7.000
Unternehmenskrisen überstiege.

[303] *Garth* Krisenmanagement und Kommunikation S. 26: Ihre Stärke in der Krise ist ihr Fleiß vor der Krise.
Flöther, → § 4 Rn. 146 ff.

[304] Eine Übersicht über die Erfolgsfaktoren der Krisenkommunikation vor, während und nach der Krise
geben: *Plankert / Zerres,* Unternehmenskommunikation, S. 171 ff; *Scherler* Kommunikation mit externen
Anspruchsgruppen als Erfolgsfaktor im Krisenmanagement eines Konzerns S. 185 ff.

[305] Für die Einteilung der verschiedenen Zielgruppen werden unterschiedliche Begriffe verwendet, so wird
ua auch von Stakeholdern (Personen, die ein besonderes Interesse am Verlauf eines Projektes haben) und
in Abgrenzung dazu von Interessengruppen (lose Vereinigung mehrerer Personen, welche ein gemeinsames Interesse haben) gesprochen.

[306] *Scherler* Kommunikation mit externen Anspruchsgruppen als Erfolgsfaktor im Krisenmanagement eines
Konzerns S. 74.

[307] → Rn. 201.

genannten Grundsätzen aufgestellter Krisenkommunikationsstab, der mit allen Unternehmensteilen vernetzt ist (zB Juristen, IT, Geschäftsführung, Fachabteilungen),[308] erlaubt es, im Ernstfall unverzüglich die richtigen Schritte einzuleiten. Es ist also dringend anzuraten, sich bereits im Vorfeld des Insolvenzverfahrens Gedanken darüber zu machen, wer die Kommunikation übernehmen könnte. Wohl dem, der bereits vorausschauend Personal entsprechend geschult[309] oder externe Anbieter lokalisiert hat – das gilt sowohl für das Unternehmen als auch für den Insolvenzverwalter/seine Kanzlei.

Die **Aufgabenverteilung** innerhalb des Krisenkommunikationsstabs sollte **klar fest-** 191 **gelegt** werden, denn bei der Insolvenz eines großen Konzerns beträgt die Anzahl der im Krisenkommunikationsteam beteiligten Personen schnell fünfzig oder mehr Personen. Je nach Konzernstruktur hat jede Gesellschaft eigene Kommunikationsbeauftragte, arbeitet ggf noch mit externen Agenturen zusammen, hinzu kommt der/die Insolvenzverwalter mit seiner (ihren) ev vorhandenen Kommunikationsabteilung(en)[310] und die im Insolvenzfall hinzutretende, auf Krisenkommunikation spezialisierte PR-Agentur, sowie ggf auch noch Agenturen aus anderen Ländern, wenn der Konzern international aufgestellt ist. So wird es in der – oft hektischen – Insolvenzsituation schnell unübersichtlich, wenn nicht im Vorhinein bereits festgelegt wurde, wer für was zuständig ist.

Neben der klaren Kompetenzzuordnung und auch der Festlegung, wer wenn informiert, 192 ist es in der Krisensituation ebenfalls notwendig, dass die gesamte **Kommunikation zentral gesteuert** wird.[311] Hierein einbezogen werden sollte auch das Reputationsmanagement, das manche Vorstände während eines Insolvenzverfahrens mittels eines PR-Beraters betreiben.

b) Krisenkommunikationsstrategie

Auch die Krisenkommunikationsstrategie kann in guten Zeiten in ihren Ansätzen geplant 193 werden und Eingang in die unternehmenseigenen Kommunikationsrichtlinien finden. In unmittelbarer zeitlicher Nähe der Insolvenz kann sie dann – auf Basis dieser Ansätze – konkretisiert werden. Der durch das Gesetz vorgegebene Ablauf des Insolvenzverfahrens gibt insoweit Planungshilfe und lässt sogar mit einigem zeitlichen Vorlauf viele Kommunikationsmaßnahmen schon detailgenau planen. Wenngleich natürlich der Kommunikationsprozess grundsätzlich ein dynamischer Prozess ist, der den aktuellen Ereignissen immer wieder angepasst werden muss. Als **Grundregel** gilt: So umfassend, offen und schnell als möglich und nötig.

aa) Zielgruppen

Ausgangspunkt der Kommunikationsstrategie ist die Bestimmung der verschiedenen **inter-** 194 **nen und externen Zielgruppen.** Wer die konkreten Zielgruppen eines Unternehmens sind, hängt von seiner Struktur, der Branche, des Standortes usw. ab. Die internen Zielgruppen lassen sich leicht bestimmen. Allen Unternehmen insoweit gemein ist, dass die Mitarbeiter Zielgruppe der internen Krisenkommunikation sind. Darüber hinaus kommt – in klassischen Konzernstrukturen organisierten Unternehmen – noch der Aufsichtsrat. Der Vorstand ist keine Zielgruppe, ist er doch (zusammen mit dem/den Insolvenzverwalter/n)

---

[308] *Witzer* Kommunikation in Konzernen S. 180; Möhrle/*Ahrens*/*Mörle* Krisen-PR S. 48 ff, 52 (mit Fallbeispiel).

[309] Siehe hierzu im Einzelnen: *Scherler* Kommunikation mit externen Anspruchsgruppen als Erfolgsfaktor im Krisenmanagement eines Konzerns S. 224 ff. Sowie: *Hauschka* Corporate Compliance § 35 Rn. 10.

[310] Ausführlich zur Rolle des Rechtsanwalts in der Krisenkommunikation: Möhrle/*Schulte* Krisen-PR S. 154 ff.

[311] *Scherler* Kommunikation mit externen Anspruchsgruppen als Erfolgsfaktor im Krisenmanagement eines Konzerns Möhrle/*Mörle* S. 101; siehe hierzu auch: *Puttenat*, Praxishandbuch Krisenkommunikation S. 55: One-Voice-Prinzip; und Krisen-PR, S. 202 f: Handlungsfähig werden – vom Krisenteam zum One-Voice-Prinzip.

inhaltlicher Lenker der Kommunikation.[312] Die externen Zielgruppen sind hingegen vielfältig, in Krisensituationen können auch weitere, wie beispielsweise potenzielle Investoren, als Zielgruppe hinzukommen. In Konzernen können als externe Zielgruppe aber in jedem Fall die Anteilseigner genannt werden, darüber hinaus zB auch noch die Kunden, Lieferanten, Kreditversicherer, Geschäftspartner, Politik, Kommunen, Behörden und Medien.

bb) Kommunikationsbotschaften

195 Mit der Festlegung der Kommunikationsbotschaften wird bestimmt, welche Information zu welchem Zeitpunkt an die jeweilige Zielgruppe transportiert werden soll.[313] Es kann dabei in Haupt- und Unterbotschaften unterschieden werden, die, ausgehend von der jeweiligen Verfahrenssituation, immer wieder angepasst bzw erweitert werden müssen. Entscheidend ist, dass in der jeweiligen Kommunikationsphase bei allen Maßnahmen, die eine bestimmte Zielgruppe betreffen, die Botschaften gleich sind. Was sich in der Theorie logisch und einfach anhört, ist aufgrund der Vielzahl der Verfahrensbeteiligten in der Praxis oftmals gar nicht so einfach umzusetzen. Ausgehend von den Kommunikationsbotschaften werden die Sprachregelungen entwickelt.

cc) Kommunikationsmaßnahmen

196 Wurden die Zielgruppen bestimmt und die Botschaften für die jeweiligen Zielgruppen festgelegt, können dann die konkreten Kommunikationsmaßnahmen geplant werden. Für die interne und externe Kommunikation sind die zur Verfügung stehenden Maßnahmen vielfältig. Zu den internen Kommunikationsmaßnahmen gehören ua das Intranet, interne Direktmailings, schwarze Bretter, die Mitarbeiterzeitung und Mitarbeiterveranstaltungen. In Insolvenzverfahren stellt – zur Mitarbeiterinformation – die **Betriebsversammlung**[314] eine wichtige Kommunikationsmaßnahme dar. Externe Kommunikationsmaßnahmen sind ua Mailings an Kunden, Lieferanten etc, Q&A, Webseite, Pressemitteilungen, Pressekonferenzen und Interviews. Eine der wichtigsten, bereits gesetzlich vorgeschriebenen Maßnahmen, sind bei klassischen Konzernen unter Beteiligung einer Aktiengesellschaft die **Ad-hoc-Mitteilungen**.[315]

dd) Zeitplanung

197 Wie bereits erwähnt, bildet das Insolvenzverfahren mit seinem vorgegebenen Ablauf bereits das Grundgerüst der Kommunikationsplanung. So sind zentrale Verfahrenspunkte wie die Insolvenzantragstellung, die Eröffnung des Insolvenzverfahrens, und die Verfahrensbeendigung immer kommunikativ zu begleiten. Darüber hinaus, ergeben sich zB fixe Punkte durch die Gläubigerversammlung. Wie engmaschig die Zeitplanung sein muss, hängt vom jeweiligen Verfahren ab, in komplexen Verfahren (bzw intensiven Verfahrensphasen) können Zeitpläne, die bis auf eine stundengenaue Planung herunter gebrochen sind, erforderlich sein.

---

[312] *Witzer* Kommunikation in Konzernen S. 135 f, 181; *Scherler* Kommunikation mit externen Anspruchsgruppen als Erfolgsfaktor im Krisenmanagement eines Konzerns, S. 235.

[313] *Scherler* Kommunikation mit externen Anspruchsgruppen als Erfolgsfaktor im Krisenmanagement eines Konzerns S. 156.

[314] Selbst ein erfahrener Insolvenzverwalter sollte zur Vorbereitung der Betriebsversammlung nicht nur die Unterstützung seines sachbearbeitenden Teams in Anspruch nehmen, sondern sich auch von einem hauseigenen Kommunikationsexperten oder einer externen PR-Agentur beraten lassen. Denn nicht zuletzt ist Ziel der Betriebsversammlung, die Mitarbeiter (weiter) zu motivieren und damit eine Unternehmensumgestaltung bzw -sanierung erst möglich zu machen. Wichtig ist nicht nur die richtige und auch – für Mitarbeiter meist neue und schwer verständliche Insolvenzterminologie – gut zu vermitteln, sondern auch als Insolvenzverwalter den Eindruck zu hinterlassen, dass die angekündigten Maßnahmen kompetent umgesetzt werden. Die Mitarbeiter müssen zum Insolvenzverwalter Vertrauen fassen. Da die juristischen Fakten oft nur schwer nachzuvollziehen sind, steht und fällt das Vertrauen letztlich mit der Rhetorik und dem Auftreten des Insolvenzverwalters.

[315] → Rn. 202 ff.

ee) Evaluierung

Bereits bei Ausarbeitung der Kommunikationsstrategie sollte an die Evaluierung des Erfolgs **198** der Kommunikationsmaßnahmen nach ihrer Umsetzung gedacht werden. Das gilt in der Krisenkommunikation insbesondere in Hinblick auf die Medienresonanz. Dazu werden entweder von der hauseigenen Kommunikationsabteilung oder von externen Ausschnittdiensten Pressespiegel zusammengestellt. Ein entsprechendes Prozedere sollte frühzeitig installiert werden. Das gilt vor allem dann, wenn ein Ausschnittdienst beschäftigt werden soll, denn diese brauchen für die Einarbeitung ihrer Mitarbeiter für das jeweilige Projekt rund drei bis vier Wochen.[316]

c) Weitere Tätigkeiten zur Vorbereitung der Krisenkommunikation

Spätestens mit der Stellung des Insolvenzantrags, in vielen Fällen – wie oben beschrieben – **199** auch schon früher, startet die Vorbereitung der Krisenkommunikation. Lässt sich also absehen, dass ggf eine Phase intensiver Kommunikation folgen wird, dann sind, wenn nicht bereits im laufenden Betrieb durch die Kommunikationsfachleute des Unternehmen bereits erledigt, alle Unterlagen, die zur Kommunikation erforderlich sind, auf den aktuellen Stand zu bringen. Dazu zählt die Aktualisierung der Presseverteiler, die Erarbeitung von Q&A zum Unternehmen, die Aktualisierung der Webseite, das Bereithalten von druckfähigem Fotomaterial etc. Welches Fotomaterial relevant ist, hängt vom Unternehmen ab, in jedem Fall sollten Fotos von Vorständen und soweit interessant, auch Fotos von Betriebsstätten und Produkten vorhanden sein. Alle, die aus dem Krisenstab mit den Medien in Form von Interviews usw. in Kontakt treten sollen, sollten ein Medientraining absolviert haben.[317] Teile dieser Vorbereitungsarbeiten sind zusätzlich auch vom Insolvenzverwalter bzw seiner Kanzlei zu erledigen. Auch er sollte zumindest ein druckfähiges Foto von sich haben, Q&A zum Insolvenzverfahren vorbereiten und sich im Umgang mit den Medien professionell schulen lassen.

d) Besonderheiten der Krisenkommunikation für Konzerne

aa) Allgemein

Der Begriff „Konzern" beschreibt keine feststehende, immer gleiche Unternehmensstruk **200** tur, sondern ist ein Sammelbegriff für eine Vielzahl von ganz unterschiedlichen Unternehmensgruppen.[318] Daraus ergibt sich, dass auch nur ein Teil der Unternehmung insolvent sein kann bzw einen Insolvenzantrag stellt. Insoweit sind an den Krisenkommunikationsstab **besondere Herausforderungen** gestellt, gilt es doch zum einen, in personeller Hinsicht klare Abgrenzungen und Einteilung vorzunehmen, und zum anderen, mit besonderem Sachverstand und Feingefühl für die ggf auftretenden Interessenskonflikte zu kommunizieren.[319] Krisenkommunikation heißt in diesem Fall nicht nur erfolgreich das Insolvenzverfahren/den Sanierungsprozess zu stützen, sondern die gesunden Unternehmensteile nicht zu gefährden. In der Öffentlichkeit wird ein Konzern als Ganzes wahrgenommen, hier liegt es an dem jeweiligen Kommunikator/Pressesprecher, Klarheit reinzubringen.[320] Zudem ist zu beachten, dass das Schicksal der verschiedenen Unternehmensteile, für die ein Insolvenz-

---

[316] Hintergrund ist, dass die Suche nach den vom Kunden vorgegebenen Schlüsselwörtern händisch, also nicht computergesteuert, erfolgt. Die Mitarbeiter des Ausschnittdienstes lernen die Schlüsselwörter auswendig (jeder Mitarbeiter hat mehrere hundert Begriffe aus verschiedenen Projekten) und gehen auf der Suche nach ihnen die Medienberichte durch. Um eine fast hundertprozentige Trefferquote zu garantieren, bedarf es eines mehrwöchigen Vorlaufs.

[317] Zur Bedeutung von Medientrainings: Möhrle/*Messer* Krisen-PR S. 211 ff.

[318] → *Thole* § 2 Rn. 1 ff.

[319] *Scherler* Kommunikation mit externen Anspruchsgruppen als Erfolgsfaktor im Krisenmanagement eines Konzerns S. 157; *Hauschka* Corporate Compliance § 35 Rn. 2.

[320] Einheit und Vielheit im Konzern: *Frege* → § 4 Rn. 222 ff, 231.

antrag gestellt wurde, ganz unterschiedlich sein kann. Insoweit juristisch korrekt, aber dennoch für alle Zielgruppen, insbesondere die Journalisten und die Öffentlichkeit, verständlich zu kommunizieren, ist eine Herausforderung.[321] Hieran ändert auch nichts, dass die geplante Reform des Insolvenzrechts durch das Gesetz zur Erleichterung von Konzerninsolvenzen[322] die Insolvenzverfahren, die bislang – und auch weiterhin – rechtlich selbstständig sein sollen, hinsichtlich der Verfahrensabwicklung besser koordiniert werden sollen.[323]

201   Darüber hinaus müssen in Konzerninsolvenzverfahren der Krisenkommunikationsstab Kommunikationsverantwortliche für und aus allen betroffen Unternehmensteilen enthalten[324] und die Abstimmung über die Kommunikationsstrategie und die Umsetzung der Kommunikationsmaßnahmen mit allen bestellten Insolvenzverwaltern oder dem Verfahrenskoordinator[325] – sofern ein Koordinationsverfahren[326] besteht – erfolgen.[327] Fraglich ist, ob die getroffenen Entscheidungen im Koordinationsplan[328] festzuhalten sind,[329] denn in einem Koordinationsplan können alle Maßnahmen beschrieben werden, die für eine abgestimmte Abwicklung der Verfahren sachdienlich sind (§ 269h Abs. 2 S. 1). Die Aufnahme der Grundsätze für eine aufeinander abgestimmte Öffentlichkeitsarbeit sollte daher zulässig sein, erscheint aber nicht sinnvoll.

bb) Investor Relations im Krisenfall

202   Investor Relations[330] bezeichnet die Kommunikation einer Kapitalgesellschaft mit ihren Investoren, den Finanzanalysten und den Finanzmedien (sog *Finacial Community*).[331] Wie oben beschrieben, ist es nicht zwingend, jedoch sind die meisten Konzerne auch **börsennotierte Aktiengesellschaften,** daraus resultiert, dass der Konzern bereits außerhalb von Krisenzeiten zur Kurspflege Kommunikation mit der *Financial Community* betreibt und teilweise dazu sogar gesetzlich verpflichtet ist. Den gesetzlichen Rahmen für die Investor Relations bilden vor allem das AktG, WpPG,[332] WpHG[333] und WpAIV.[334] Zu den daraus resultierenden Pflichten[335] ist eine im Krisenfall von besonderer Bedeutung: die **Ad-hoc-Publizität.**[336] Die Pflicht zur Versendung von Ad-hoc-Mitteilungen besteht aufgrund von § 15 WpHG für börsennotierte Aktiengesellschaften.[337] Demnach muss das Unternehmen (also der Emittent) unverzüglich alle Tatsachen veröffentlichen, die den Börsenkurs der Wertpapiere erheblich beeinflussen können. Ziel dieser Pflichtmitteilung ist es, alle relevanten Informationen jedem Marktteilnehmer gleichzeitig zugänglich zu machen, so dass

---

[321] Alle Maßnahmen sollten mit der Rechtsabteilung abgestimmt werden: *Hauschka* Corporate Compliance § 35 Rn. 10.

[322] Entwurf eines Gesetzes zur Erleichterung der Bewältigung von Konzerninsolvenzen vom 30.1.2014 (BT-Drs. 18/407).

[323] Der Koordinationsgedanke ist Leitlinie der Reform zum Konzerninsolvenzrecht, siehe hierzu auch: Beitrag von *Frege* § 4 Rn. 222 ff. und bzgl. der Insolvenzverwalter Rn. 310 ff.

[324] → Rn. 190.

[325] §§ 269e ff.

[326] §§ 269d ff.

[327] Pflicht zur wechselseitigen Information und Zusammenarbeit: § 269a.

[328] § 269h.

[329] Hier ist von den Verwalterverträgen abzugrenzen, die Verwalter untereinander schließen können, um rechtlich verbindlich ihre massebezogene Amtsführung festzulegen, siehe hierzu auch: Beitrag von *Pleister* → § 4 Rn. 398 ff, bzgl. der *International Protocols* siehe *Frege* → § 4 Rn. 336 ff.

[330] Auch Finanzkommunikation genannt.

[331] Allgemein hierzu: MüKoAktG/*Bayer* § 67 Rn. 162 f; *Jäger* NZG 2000 S. 186 ff.

[332] Wertpapierprospektgesetz.

[333] Wertpapierhandelsgesetz.

[334] Wertpapierhandelsanzeige- und Insiderverzeichnisverordnung.

[335] *Schnorrenberg* Investor Relations Management, S. 19 ff.

[336] Auch Pflichtveröffentlichung oder Börsenmitteilung genannt.

[337] Eng damit in Zusammenhang steht auch die Meldepflicht bei sog. *Directors' Dealings* gem § 15a WpHG. (Als *Directors' Dealings* werden Wertpapiergeschäfte des Managements einer AG oder diesem nahestehenden Personen oder von einer Gesellschaften mit Wertpapieren des eigenen Unternehmens bezeichnet).

Insider einen Wissensvorsprung nicht zu ihrem Vorteil ausnutzen können.[338] Vor der Veröffentlichung von Ad-hoc-Mitteilungen sind die entsprechenden Informationen zunächst der Bundesanstalt für Finanzdienstleistungsaufsicht (BaFin) und den Börsenführungen mitzuteilen (§ 15 Abs. 4 WpHG), die dann entscheiden, ob ggf der Börsenkurs auszusetzen ist, weil zu extreme Marktreaktionen zu befürchten sind. Nach dieser Vorabmitteilung erfolgt dann – rund 30 Minuten später – die Weiterleitung der Ad-hoc-Mitteilung gemäß §§ 3a, 5 WpAIV über mindestens eine Nachrichtenagentur, einen News-Provider, ein Printmedium und eine Internetseite für den Finanzmarkt, wobei zumindest eines dieser Medien eine aktive europaweite Verbreitung ermöglichen muss (sog Medienbündel).[339] In der Regel läuft der gesamte Veröffentlichungsprozess über sog Ad-hoc-Dienstleister,[340] die auch die Vorabinformation an die BaFin und die Börsenführungen übernehmen.

Die Pflicht zur Versendung von Ad-hoc-Mitteilungen besteht grundsätzlich auch kurz **203** vor und während[341] eines Insolvenzverfahrens. In Krisenzeiten stellt sich aber die Frage nach dem Zeitpunkt der Versendung ganz besonders, soll doch zB ein Sanierungsprozess nicht durch eine Ad-hoc-Mitteilung gefährdet werden.[342] In solchen Fällen besteht der Wunsch, die Versendung möglichst weit nach hinten rauszuzögern.[343] Meist sind kritische Informationen längst vor dem eigentlichen Insolvenzantrag bekannt. Neben der Haftung wegen Insolvenzverschleppung[344] muss dann auch die Haftung[345] für eine unterlassene oder zu spät versandte Ad-hoc-Mitteilung vermieden werden. Liegt bereits ein Insolvenzgrund (§§ 17–19 InsO) vor, besteht zweifelsohne eine Publizitätspflicht. Wie sieht es jedoch mit den Vorstufen dazu aus, die jede sich anbahnende Krise zwingend durchläuft?[346] Zu jedem Zeitpunkt der Krisenphase können Fakten eintreten, die die Publizitätspflicht auslösen können, daher ist bei jeder neuen Faktenlage zu prüfen, ob die Voraussetzungen der §§ 13, 15 Abs. 1 WpHG erfüllt sind. Im Zweifelsfall ist von einer Publizitätspflicht auszugehen.[347] Dem Unternehmen steht aber die Möglichkeit einer **Selbstbefreiung** zur Verfügung (§ 15 Abs. 3 WpHG).[348, 349] Der Gesetzgeber erlaubt den Aufschub von Ad-hoc-Mitteilungen, wenn dies zum Schutz der berechtigten Interessen des Emittenten[350] erforderlich ist, keine Irreführung der Öffentlichkeit zu befürchten ist und der Emittent die Vertraulichkeit der

---

[338] Kritisch hierzu: *Hauschka* Corporate Compliance § 35 Rn. 6.

[339] *Schüppen/Schaub/Sickinger/Kuthe* Münchner Anwalts-Handbuch § 33 Rn. 168.

[340] Das sind vor allem Business Wire, die Deutsche Gesellschaft für Ad-hoc-Publizität, pressetext.adhoc und Hugin.

[341] Während des Insolvenzverfahrens ist der Vorstand weiterhin zur Versendung verpflichtet, der Insolvenzverwalter hat aber gem § 11 WpHG die dazu erforderlichen Mittel zur Verfügung zu stellen, siehe: BaFin, Emittentenleitfaden 2013, S. 50. Zur Frage, welche Informationen während des Insolvenzverfahrens publiziert werden müssen, siehe: *Kocher/Widder* NZI 2010, S. 931 ff.

[342] Gerade durch die Ad-hoc-Mitteilung könnte ein Dominoeffekt entstehen, der die Sanierung unmöglich macht, weil zum Beispiel Investoren, Kunden, Lieferanten etc abspringen. Zum Dominoeffekt im Einzelnen → Rn. 124 ff.

[343] *Kocher/Widder* NZI 2010 S. 925.

[344] § 15a InsO.

[345] Allgemein hierzu: Schwark/Zimmer*Zimmer/Grotheer* WpHG, Kommentierung zu den §§ 37b, c. Ausführlich zu Ansprüchen der Kapitalanleger im Falle unterlassener Ad-hoc-Mitteilungen siehe: Patzina/Bank/Schimmer/Simon/Widmann/*Bank* Haftung von Unternehmensorganen, Kap. 10, Abschnitt II, 9, Rn. 66 ff. Eine kompakte Übersicht mit vielen wN aus Literatur und Rechtsprechung in der Kommentierung von Baumbach/Hopt/*Kumpan* HGB § 15 WpHG Rn. 1 ff.

[346] Ausführlich hierzu: *Kocher/Widder* NZI 2010, S. 925 ff mwN.

[347] *Kocher/Widder* NZI 2010, S. 926.

[348] Eingeführt durch das Anlegerschutzverbesserungsgesetz (AnSVG, BGBl I 2004, S. 2630), dass dem Emittenten ermöglicht, die Entscheidung selbst zu treffen. Nach dem bis dahin geltenden Recht war ein Verwaltungsakt vorgeschaltet, der in einer stattgebenden oder ablehnenden Entscheidung der BaFin endete.

[349] Durch die Entscheidung des EuGH vom 28.6.2012 hat die Selbstbefreiung an neuer Bedeutung gewonnen, da in dieser Entscheidung der Zeitpunkt für die Annahme von Insiderinformationen bei gestreckten Prozessen (im konkreten Fall: das Ausscheiden *Schrempps* aus dem Daimler-Vorstand) nach vorne gezogen wurde, EuGH NJW 2012, S. 2787 ff.

[350] In § 6 WpAIV sind zwei Fälle genannt, in denen das Geheimhaltungsinteresse des Emittenten das Veröffentlichungsinteresse des Kapitalmarktes in der Regel (nicht stets!) überwiegt.

jeweiligen Information gewährleisten kann.[351] Gefestigte Rechtsansicht ist, dass Sachverhalte im Rahmen einer Sanierung oder im Vorfeld einer Insolvenz zu den Standardfällen für die Aufhebung der Publizitätspflicht zählen.[352] Umstritten ist jedoch, ob die Selbstbefreiung automatisch eintritt, wenn die vorgenannten Voraussetzungen vorliegen,[353] oder ob das Unternehmen aktiv handeln muss. Die hM[354] geht von letzterem aus, was sich aber bereits auch schon aus dem Wortlaut des § 15 Abs. 3 S. 4 WpHG iVm § 8 Abs. 5 WpAIV ergibt. Ebenfalls ist anerkannt, dass die Selbstbefreiung **auch vorsorglich** erfolgen kann, da im Vorfeld eines (drohenden) Insolvenzverfahrens oft nicht klar auszumachen ist, ob ein publizitätspflichtiger Sachverhalt vorliegt oder nicht.[355] Die Veröffentlichung muss dann aber nachgeholt werden, sobald eine Voraussetzung des § 15 Abs. 3 WpHG entfallen ist, denn es handelt sich nur um einen Aufschubtatbestand. Die Nachholung erfolgt mit dem dann aktuellen Informationsstand,[356] hat sich der Sachverhalt jedoch gänzlich erledigt und die veröffentlichungspflichtige Insiderinformation liegt nicht mehr vor, braucht nicht veröffentlicht zu werden.[357] Es ist sinnvoll, die Entscheidung über die Selbstbefreiung sogfältig (unter Angabe der Insiderinformation und allen getroffenen Abwägungen) zu dokumentieren, auch wenn das Gesetz keine Pflicht zur **Dokumentation** vorsieht. Denn der Emittent muss der BaFin bei Wegfall der Befreiungsvoraussetzungen zusammen mit der Vorabmitteilung der dann zu veröffentlichenden Ad-hoc-Mitteilung Angaben zu den Gründen der Befreiung sowie den Zeitpunkt der Entscheidung machen, darüber hinaus trägt der Emittent nach allgemeinen zivilprozessualen Grundsätzen die Darlegungs- und Beweislast für das Vorliegen der Befreiungsvoraussetzungen.[358]

204   Alle **Entscheidungen im Ad-hoc-Prozess,** darin inbegriffen auch die Entscheidung über die Selbstbefreiung, können im Unternehmen – zB an einen Ausschuss oder einen weisungsgebundenen Mitarbeiter – delegiert werden, allerdings nicht in der Weise, dass der **Vorstand** dadurch von seiner Verantwortung befreit wird, ihn treffen weiterhin Führungs- und Überwachungspflichten über die delegierten Aufgaben.[359] Darüber hinaus kann die Verantwortlichkeit für die Entscheidung auch auf den **Aufsichtsrat** entfallen, das ist der Fall, wenn der Aufsichtsrat gegenüber dem Vorstand einen Informationsvorsprung in Bezug auf Insiderinformationen hat und ein berechtigtes Interesse besteht, die Informationen nicht an den Vorstand weiterzugeben.[360] Insoweit besteht ausnahmsweise und nur in Bezug auf die Selbstbefreiung auch die Pflicht des besonderen Vertreters zur Entscheidung.[361]

---

[351] Auf die Auslegung der Tatbestandsmerkmale soll hier nicht näher eingegangen werden, sondern wird zB auf die ausführliche Kommentierung von *Schwark/Zimmer/Zimmer/Kruse* WpHG § 15 Rn. 1 ff, oder von *Ebenroth/Boujong/Joost/Strohn/Grundmann* HGB § 15 WpHG Rn. 1 ff verwiesen.

[352] *Schimansky/Bunte/Lwowski/Hopt* Bankrechts-Handbuch § 107 Rn. 105; KölnKommWpHG/*Versteegen* § 15 Anh § 6 WpAIV Rn. 49; *Schäfer/Hamann/Geibel/Schäfer* WpHG § 15 Rn. 69.

[353] So zB: *Kuthe* ZIP 2004, S. 883 ff, 885 („kraft Gesetzes"); KölnKommWpHG/*Versteegen* § 15 Rn. 168 ff; *Bachmann* plädiert für eine weite Auslegung als Korrektiv für die extensive Auslegung des Insiderbegriffs, ZHR 172 (2008), 597, 608 ff; *Veith* NZG 2005 S. 254 ff, 254 („von Gesetzes wegen"); Assmann/Schneider/*Assmann* WpHG § 15 Rn. 165a ff; *Schwark/Zimmer/Zimmer/Kruse* WpHG § 15, Rn. 54; *Nietsch* BB 2005 S. 785 ff, 786.

[354] *Ekkenga* NZG 2013 S. 1081 ff, 1083 („förmliche Entscheidung der AG"); *Pattberg/Bredol* NZG 2013, S. 87 ff, 87; *Schneider* BB 2005 S. 897 ff, 900; *Schneider/Gilfrich* BB 2007 S. 53 ff, 54 f; *Widder* DB 2008 S. 1480 ff, 1481; *Schäfer/Hamann/Geibel/Schäfer* WpHG § 15 Rn. 69; nicht abschließend entschieden, wohl aber schon: BGH NZG 2013, 708 ff mit Anm von *Helfs* DB 2013, S. 1650 ff.

[355] *Habersack* ZIP 2005, S. 1898, 1907; *Schneider* BB 2005, S. 897 ff, 900 f; ausführlich: *Widder* DB 2008, S. 1480 ff; *Pattberg/Bredol* NZG 2013, S. 87 ff, 88 f; aA: *Gunßer* NZG 2008, S. 855, 856.

[356] *Pattberg/Bredol* NZG 2013, S. 87 ff, 91; *Schimansky/Bunte/Lwowski/Hopt* Bankrechts-Handbuch § 107 Rn. 107.

[357] *Schimansky/Bunte/Lwowski/Hopt* Bankrechts-Handbuch § 107 Rn. 107.

[358] *Pattberg/Bredol* NZG 2013 S. 87 ff, 88; *Schneider/Gilfrich* BB 2007, S. 53 ff, 56; *Veith* NZG 2005, S. 254 ff, 259; *Nikoleyczik* GWR 2009, S. 82 ff, 84.

[359] *Schneider/Gilfrich* BB 2007, S. 53 ff, 55; *Schneider* BB 2005, S. 897 ff, 900; *Mennicke* NZG 2009, S. 1059 ff, 1062 f; *Pattberg/Bredol* NZG 2013, S. 87 ff, 88 („Ad-hoc-Komitee"); differenzierter: *Kocher/Schneider* ZIP 2013, S. 1607 ff.

[360] *Kocher/Schneider* ZIP 2013, S. 1610 f. (vor allem bei Personalmaßnahmen).

[361] *Kocher/Schneider* ZIP 2013, S. 1611 f.

cc) Internationale Konzerne

Bei international aufgestellten Konzernen ist der Abstimmungsprozess, sowie die Planung **205** und Umsetzung von Kommunikationsmaßnahmen besonders schwierig.[362] Die **EuInsVO** hat (bislang) keinen konkreten Einfluss auf die Konzern-Krisenkommunikation. Die geplante Reform der EuInsVO,[363] die ebenfalls unter dem Leitgedanken der besseren Koordinierung steht und die Basis für ein Konzerninsolvenzrecht schaffen will,[364] sieht keine Änderungen vor, die – über das bereits Gesagte – direkten Einfluss auf die (Vorbereitung der) Krisenkommunikation hätten.

Jedoch ist durch Erlass einer **Marktmissbrauchs-Verordnung**[365] geplant, das Insider- **206** geschäft in der EU weiter[366] zu verschärfen. Der Begriff der Insiderinformation soll ausgedehnt werden, es soll aber weiterhin – und unverändert – die Möglichkeit zur Selbstbefreiung bestehen bleiben, insgesamt würden sich die Regelungen denen vor dem Anlegerschutzverbesserungsgesetz (AnSVG) aus dem Jahre 2004 annähern.[367] Mit Inkrafttreten der Marktmissbrauchs-VO würden die Bestimmungen des deutschen WpHG zur Bekämpfung von Insidergeschäften und Marktmanipulation hinfällig.[368]

---

[362] Allgemein zum Thema Kommunikation in international aufgestellten Konzernen siehe: *Speidel,* Elemente und Strukturen der Kommunikation im internationalen Unternehmensverbund, S. 25 ff.

[363] Am 12.12.2012 hat die EU-Kommission ihren Vorschlag für eine Änderung der EuInsVO vorgelegt. *Undritz* → § 8 Rn. 81 ff.

[364] Eine kurze Zusammenfassung der geplanten Änderungen geben: *Prager/Keller* NZI 2013, S. 57 ff. *Undritz* → § 8 Rn. 81 ff.

[365] Verordnung des Europäischen Parlaments und des Rates über Insider-Geschäfte und Marktmanipulation (Marktmissbrauchs-VO): insoweit liegt bislang ein Vorschlag der EU-Kommission vom 20.10.2011 zur Reform vor, KOM (2011) 651 endgültig.

[366] Ein erster einheitlicher Rechtsrahmen zur Bekämpfung des Marktmissbrauchs wurde mit der Markmissbrauchsrichtlinie vom 22.12.2003 (2003/6/EG) geschaffen, diese soll durch die Marktmissbrauchsrichtlinie abgelöst werden.

[367] *Veil/Koch* WM 2011, S. 2297 ff; *Kiesewetter/Parmentier* BB 2013, S. 2371 ff; *Pattberg/Bredol* NZG 2013, S. 87 ff, 91; *Merkner/Sustmann* AG 2012, S. 315 ff. Überblick zu allen Entwicklungen im europäischen Kapitalmarktrecht in dem Zeitraum von 1.1.2012-31.12.2013 gibt: *Parmentier* EuZW 2014, S. 50 ff.

[368] Als Verordnungsrecht würden die neuen Regelungen unmittelbar in allen Mitgliedstaaten gelten, Art. 288 Abs. 2 AEUV.

§ 4 Der Konzern im Insolvenzverfahren

Übersicht

Schrifttum:

Ahrens / Gehrlein / Ringstmeier, Fachanwaltskommentar Insolvenzrecht, 2012; *Altmeppen,* Das neue Recht der Gesellschafterdarlehen in der Praxis, NJW 2008, 3601 ff; *Altmeppen,* „Upstream-loans", Cash Pooling und Kapitalerhaltung nach neuem Recht, ZIP 2009, 49 ff; *Altmeppen,* Cash Pooling und Kapitalerhaltung im faktischen Konzern, NZG 2010, 401 ff; *Andres / Leithaus,* Insolvenzordnung, 2. Aufl. 2011; *Andres / Möhlen-kamp,* Konzerne in der Insolvenz – Chance auf Sanierung?, BB 2013, 579 ff; *Annuß / Kühn / Rudolph / Rupp,* EBRG Europäisches Betriebsrätegesetz, 2014; *Bales,* Insolvenzplan und Eigenverwaltung – Chancen für einen Neustart im Rahmen der Sanierung und Insolvenz, NZI 2008, 216 ff; *Bamberger / Roth,* Beck'scher Online-Kommentar BGB, 2014; *Bangha-Szabo,* Anmerkung zu einer Entscheidung des BGH (Urteil vom 7.3.2013, IX ZR 7/12, NZI 2013, 483) – Zur Frage, ob kurzfristige Gesellschafterdarlehen von der Insolvenzanfechtung nach § 135 InsO erfasst werden –, NZI 2013, 486 ff; *Baumbach / Hueck,* GmbHG, 19. Aufl., 2010; *Beck,* Das Konzernverständnis im Gesetzesentwurf zum Konzerninsolvenzrecht, DStR 2013, 2468 ff; *Beck / Depré,* Praxis der Insolvenz, 2. Aufl., 2010; *Becker,* Kooperationspflichten in der Konzerninsolvenz, 2012; *Berger / Frege,* Business Judgment Rule bei Unternehmensfortführung in der Insolvenz – Haftungsprivileg für den Verwalter?, ZIP 2008, 204 ff; *Berger / Frege / Nicht,* Unternehmerische Ermessensentscheidungen im Insolvenz-verfahren – Entscheidungsfindung, Kontrolle und persönliche Haftung, NZI 2010, 321 ff; *Bergmann,* Die Verwaltungsbefugnis des Insolvenzverwalters über einen zur Insolvenzmasse gehörenden GmbH-Geschäfts-antei, ZInsO 2004, 225 ff; *Bitter,* Rezension zu Bous, Die Konzernleitungsmacht im Insolvenzverfahren konzernverbundener Kapitalgesellschaften. Abhandlungen zum deutschen und europäischen Handels- und

Wirtschaftsrecht, Band 127 (Heymanns) 2001, ZHR 166 (2002), 713 ff; *Bitter,* Anfechtung von Sicherheiten für Gesellschafterdarlehen nach § 135 Abs. 1 Nr. 1 InsO, ZIP 2013, 1497 ff; *Bork,* Handbuch des Insolvenzanfechtungsrechts, 2006; *Bork,* Kann der (vorläufige) Insolvenzverwalter auf das Anfechtungsrecht verzichten?, ZIP 2006, 589 ff; *Bork,* Die Unabhängigkeit des Insolvenzverwalters ist nicht disponibel, ZIP 2013, 145 ff; *Böcker,* Insolvenz im GmbH-Konzern (I), GmbHR 2004, 1257 ff; *Böcker,* Insolvenz im GmbH-Konzern (II), GmbHR 2004, 1314 ff; *Bous,* Die Konzernleitungsmacht im Insolvenzverfahren konzernverbundener Kapitalgesellschaften, 2001; *Bous,* Auf dem Weg zu einem europäischen Konzerninsolvenzrecht, ZInsO 2013, 797 ff; *Bous,* Die Sanierung von Konzernen in Europa, Der Konzern 2013, 234 ff; *Braun,* Insolvenzordnung, 5. Aufl. 2012, 6. Aufl. 2014; *Breilmann/Fuchs,* Bankenregulierung, Insolvenzrecht, Kapitalanlagegesetzbuch, Honorarberatung – Bericht über den Bankrechtstag am 28. Juni 2013 in Berlin –, WM 2013, 1437; *Breuer,* Insolvenzrechts-Formularbuch, 3. Aufl. 2007; *Brinkmann/Zipperer,* Die Eigenverwaltung nach dem ESUG aus Sicht von Wissenschaft und Praxis, ZIP 2011, 1337 ff; *Brünkmans,* Die Koordinierung von Insolvenzverfahren konzernverbundener Unternehmen, 2009; *Brünkmans,* Entwurf eines Gesetzes zur Erleichterung der Bewältigung von Konzerninsolvenzen: Kritische Analyse und Anregungen aus der Praxis, ZIP 2013, 193 ff; *Brünkmans,* Die koordinierte Verfahrensbewältigung in Insolvenzverfahren gruppenangehöriger Schuldner nach dem Diskussionsentwurf zur Konzerninsolvenz, Der Konzern 2013, 169 ff; *Brünkmans,* Regierungsentwurf zum Konzerninsolvenzrecht, DB 39/2013, M 1; *Buchalik,* Faktoren einer erfolgreichen Eigenverwaltung, NZI 2000, 294 ff; *Buchalik/Lojowsky,* Vorbesprechungen mit dem Insolvenzgericht – Neue Strategien zur Optimierung der Sanierungschancen von krisenbetroffenen Unternehmen in Eigenverwaltungsverfahren, ZInsO 2013, 1017 ff; *Bultmann,* Der Gewinnabführungsvertrag in der Insolvenz, ZInsO 2007, 785 ff; *Busch/Remmert/Rüntz/Vallender,* Kommunikation zwischen Gerichten in grenzüberschreitenden Insolvenzen, NZI 2010, 417 ff; *Bürgers/Körber,* Aktiengesetz, 3. Aufl. 2014; *Carrara,* The Parmalat case, RabelsZ 70 (2006), 538 ff; *Commandeur/Schaumann,* Neuere Entwicklungen im Insolvenzrecht – Erste praktische Erfahrungen mit dem ESUG, NZG 2012, 620 ff; *Commandeur/Knapp,* Aktuelle Entwicklungen im Insolvenzrecht, Diskussionsentwurf zur Erleichterung der Bewältigung von Konzerninsolvenzen – Ein Meilenstein auf dem Weg zu einer neuen Sanierungskultur?, NZG 2013, 176 ff; *Cranshaw/Paulus/Michel,* Bankenkommentar zum Insolvenzrecht, 2. Aufl. 2012; *Crone/Werner,* Modernes Sanierungsmanagement, 2. Aufl. 2010; *Dahl,* Die Bestellung eines Sonderinsolvenzverwalters nach der InsO, ZInsO 2004, 1014 ff; *Dellit,* Entwurf eines Gesetzes zur Erleichterung der Bewältigung von Konzerninsolvenzen: Der Konzerninsolvenzplan, Der Konzern 2013, 190 ff; *Doliwa,* Die geplante Insolvenz, Unternehmenssanierung mittels Prepackaged Plan und Eigenverwaltung, 2012; *Drukarczyk/Ernst,* Branchenorientierte Unternehmensbewertung, 3. Aufl. 2011; *Ehlers,* Teilnahme und Nutzen einer Mitgliedschaft im Gläubigerausschuss, BB 2013, 259 ff; *Ehricke,* Das abhängige Konzernunternehmen in der Insolvenz. Wege zur Vergrößerung der Haftungsmasse abhängiger Konzernunternehmen im Konkurs und Verfahrensfragen, Tübingen 1998; *Ehricke,* Die Zusammenfassung von Insolvenzverfahren mehrerer Unternehmen desselben Konzerns, DZWiR 1999, 353 ff; *Ehricke,* Zur Begründbarkeit der Durchgriffshaftung in der GmbH, insbesondere aus methodischer Sicht, AcP 199 (1999), 257 ff; *Ehricke,* Verfahrenskoordination bei grenzüberschreitenden Unternehmensinsolvenzen, in: 75 Jahre Max-Planck-Institut für Privatrecht, Mohr Siebeck, Tübingen 2001, 337 ff; *Ehricke,* Zur gemeinschaftlichen Sanierung insolventer Unternehmen eines Konzerns, ZInsO 2002, 393 ff; *Ehricke,* Sicherungsmaßnahmen bei Antrag auf Anordnung einer Eigenverwaltung, insbesondere zur Person des vorläufigen Sachwalters, ZIP 2002, 782 ff; *Ehricke,* Die neue Europäische Insolvenzverordnung und grenzüberschreitende Konzerninsolvenzen, EWS 2002, 101 ff; *Ehricke,* Das Verhältnis des Hauptinsolvenzverwalters zum Sekundärinsolvenzverwalter bei grenzüberschreitenden Insolvenzen nach der EuInsVO, ZIP 2005, 1104 ff; *Ehricke,* Die Zusammenarbeit der Insolvenzverwalter bei grenzüberschreitenden Insolvenzen nach der EuInsVO, WM 2005, 397 ff; *Eidenmüller,* Europäische Verordnung über Insolvenzverfahren und zukünftiges deutsches internationales Insolvenzrecht, IPRax 2001, 1 ff; *Eidenmüller,* Der nationale und internationale Insolvenzverwaltungsvertrag, ZZP 114 (2001), 3 ff; *Eidenmüller,* Der Markt für internationale Konzerninsolvenzen: Zuständigkeitskonflikte unter der EuInsVO, NJW 2004, 3455 ff; *Eidenmüller,* Verfahrenskoordination bei Konzerninsolvenzen, ZHR 169 (2005), 528 ff; *Eidenmüller,* Reformperspektiven im Restrukturierungsrecht, ZIP 2010, 649 ff; *Eidenmüller/Frobenius,* Ein Regulierungskonzept zur Bewältigung von Gruppeninsolvenzen: Verfahrenskonsolidierung im Kontext nationaler und internationaler Reformvorhaben, Beilage 3 zu ZIP 22/2013; *Fichtelmann,* Beendigung der Organschaft durch Eröffnung des Insolvenzverfahrens? GmbHR 2005, 1346 ff; *Emmerich/Habersack,* Konzernrecht, 10. Aufl. 2013; *Fichtner,* Die Anfechtung mittelbarer Zahlungen als unentgeltliche Leistungen in der Konzerninsolvenz, KSzW 2012, 278 ff; *Fleischer/Goette,* Münchener Kommentar zum Gesetz betreffend die Gesellschaften mit beschränkter Haftung – GmbHG, Band 3 (1. Aufl. 2011); *Flöther,* Die aktuelle Reform des Insolvenzrechts durch das ESUG – Mehr Schein als Sein?, ZIP 2012, 1833 ff; *Fölsing,* Konzerninsolvenz: Gruppen-Gerichtsstand, Kooperation und Koordination, ZInsO 2013, 413 ff; *Frege,* Der Sonderinsolvenzverwalter, 1. Aufl. 2008, 2. Aufl. 2012; *Frege,* Die Rechtsstellung des Gläubigerausschusses nach der Insolvenzordnung, NZG 1999, 478 ff; *Frege,* Vergütung des Sonderinsolvenzverwalters, NZI 2008, 487 ff; *Frege/Keller/Riedel,* Insolvenzrecht, 7. Aufl. 2008; *Frege/Nicht,* Informationserteilung und Informationsverwendung im Insolvenzverfahren, InsVZ 2010, 407 ff. = ZInsO 2012, 2217 ff; *Frege/Nicht,* Die Anwendung der Business Judgment Rule auf unternehmerische Ermessensentscheidungen des Insolvenzverwalters, in: FS für Jobst Wellensiek, 291 ff; *Freitag/Leible,* Justizkonflikte im Europäischen Internationalen Insolvenzrecht und (k)ein Ende?, RIW 2006, 619 ff; *Freudenberg,* Der Fortbestand des Beherrschungs- und Gewinnabführungsvertrages in der Insolvenz der Konzernobergesellschaft, ZIP 2009, 2037 ff; *Fridgen,* Das ESUG – Abschluss der ersten Stufe der Insolvenzrechtsreform, GWR 2011, 535 ff; *Frind,* Zum Diskussionsentwurf für ein „Gesetz zur weiteren Erleichterung der Sanierung von Unternehmen", ZinsO 2010, 1524 ff; *Frind*, Die Voraussetzungen zur Einsetzung des vorläufigen Gläubigerausschusses, ZInsO 2012, 2028 ff; *Frind*, Aktuelle Anwendungsprobleme beim „ESUG" – Teil 1, ZInsO 2013, 59 ff; *Frind*, Die Überregulierung der „Konzern"insolvenz, ZInsO 2013, 429 ff; *Gehrlein*, Das Eigenkapitalersatzrecht im Wandel seiner gesetzlichen Kodifikationen, BB 2011, 3 ff; *Gerhardt*, Zur Insolvenzanfechtung eines Vergleichs iS des § 779 BGB, KTS 2004, 195 ff; *Giese/Voda*, Der gastierende Insolvenzverwalter in der Konzerninsolvenz, NZI 2012, 794 ff; *Goette/Habersack*, Münchener Kommentar zum Aktiengesetz, 3. Aufl. 2010 und 2011; *Gogger*, Insolvenzgläubiger-Handbuch, 3. Aufl. 2011; *Gottwald*, Insolvenzrechts-Handbuch, 4. Aufl. 2010; *Göb*, Aktuelle gesellschaftsrechtliche Fragen in Krise und Insolvenz, NZI 2013, 243 ff; *Göpfert*, In re Maxwell Communication, ZZP Int. 1 (1996), 269 ff; *Graeber*, Der Konzerninsolvenzverwalter – Pragmatische Überlegungen zu den Möglichkeiten eines Konzerninsolvenzverfahrens, NZI 2007, 265 ff; *Graeber*, Vergütungsrecht in der Insolvenzpraxis: Vergütung des Sonderinsolvenzverwalters – Zukünftig pro bono?, ZinsO 2008, 847 ff; *Graeber*, Das Konzerninsolvenzverfahren des Diskussionsentwurfs 2013, ZInsO 2013, 409 ff; *Graeber/Pape*, Der Sonderverwalter im Insolvenzverfahren, ZIP 2007, 991 ff; *Graf-Schlicker*, Insolvenzordnung, 3. Aufl. 2012; *Graf-Schlicker*, Mit Blick auf Europa: Ein Konzerninsolvenzrecht schaffen, Regelungen zum Konzerninsolvenzrecht – eine wirtschaftliche und rechtliche Notwendigkeit, AnwBl 2013, 620 ff; *Graf-Schlicker*, Die Entwicklung des ESUG und die Fortentwicklung des Insolvenzrechts, ZInsO 2013, 1765 ff; *Graf/Wunsch*, Die Bestellung eines Sonderinsolvenzverwalters bei drohendem Interessenkonflikt des Insolvenzverwalters, DZWiR 2002, 177 ff; *Grell*, Stimmverbote im Insolvenzrecht, NZI 2006, 77 ff; *Gundlach/Frenzel/Schmidt*, Blick ins Insolvenzrecht, DStR 2004, 45 ff; *Gundlach/Frenzel/Schmidt*, Die Einladung zur Sitzung des Gläubigerausschusses – zugleich ein Beitrag zu § 72 InsO, NZI 2005, 304 ff; *Gundlach/Frenzel/Schmidt*, Das befangene Gläubigerausschussmitglied, ZInsO 2005, 976 ff; *Haarmeyer*, Musterantrag zur Bestellung eines vorläufigen Gläubigerausschusses nach § 22a Abs. 2 InsO, ZInsO 2012, 370 ff; *Haarmeyer/Wutzke/Förster*, Insolvenzordnung, 2. Aufl. 2012; *Haarmeyer/Wutzke/Förster*, Handbuch der vorläufigen Insolvenzverwaltung, 2010; *Haarmeyer/Buchalik/Haase*, Befragung der Insolvenzgerichte zu den §§ 270a und 270b InsO-Verfahren, ZInsO 2013, 26 ff; *Habersack*, Aufsteigende Kredite nach MoMiG, FS Schaumburg (2009), 1291 ff; *Habersack*, Die Erstreckung des Rechts der Gesellschafterdarlehen auf Dritte, insbesondere im Unternehmensverbund, ZIP 2008, 2385 ff; *Haller*, Wertschöpfungsrechnung, 1997; *Harder/Lojowsky*, Der Diskussionsentwurf für ein Gesetz zur Erleichterung der Bewältigung von Konzerninsolvenzen – Verfahrensoptimierung zur Sanierung von Unternehmensverbänden?, NZI 2013, 327 ff; *Haß/Huber/Gruber/Heiderhoff*, EU-Insolvenzordnung (EuInsVO), 1. Aufl. 2005; *Heeseler/Neu*, Plädoyer für die Professionalisierung des Gläubigerausschusses, NZI 2012, 440 ff; *Heidel*, Aktienrecht und Kapitalmarktrecht, 4. Aufl. 2014; *Heidland*, Die Rechtsstellung und Aufgaben des Gläubigerausschusses als Organ der Gläubigerselbstverwaltung in der Insolvenzordnung, Kölner Schrift zur Insolvenzordnung, 2. Aufl. 2000; *Henssler/Strohn*, Gesellschaftsrecht, 2. Aufl. 2014; *Henssler/Willemsen/Kalb*, Arbeitsrecht Kommentar, 6. Aufl. 2014; *Hess*, Großkommentar Insolvenzrecht, 2. Aufl. 2013; *Hess/Laukemann/Seagon*, Europäisches Insolvenzrecht nach Eurofood: Methodische Standortbestimmung und praktische Schlussfolgerungen, IPRax 2007, 89 ff; *Hielscher*, Aufmarsch der Praktiker-Verwalter, WiWo vom 30. Juli 2013; *Hirte*, Insolvenzanfechtung im Konzern: upstream guarentees als anfechtbare Rechtshandlungen, ZInsO 2004, 1161 ff; *Hirte*, Vorschläge für die Kodifikation eines Konzerninsolvenzrechts, ZIP 2008, 444 ff; *Hirte/Knof/Mock*, Das neue Insolvenzrecht nach dem ESUG, 2012; *Holzer*, Die Empfehlungen der UNCITRAL zum nationalen und internationalen Konzerninsolvenzrecht, ZIP 2011, 1894 ff; *Holzer*, Die Reform der InsVV – Ein Plädoyer für die Neustrukturierung des Vergütungsrechts im Insolvenzverfahren, NZI 2013, 1049 ff; *Hölters*, Aktiengesetz, 2011; *Hölzle/Schmidt*, Der Verzicht auf die Unabhängigkeit des Insolvenzverwalters Kein Schutz der Gläubiger vor sich selbst – ein Leitbild zur Anwendung der §§ 56, 56a InsO, ZIP 2012, 2238 ff; *Hoffmann-Becking*, Münchener Handbuch des Gesellschaftsrechts, Band 4 – Aktiengesellschaft, 3. Aufl. 2007; *Hoffmann-Becking*, Vorstands-Doppelmandate im Konzern, ZHR 150 (1986), 570 ff; *Hommelhoff*, Die Konzernleitungspflicht, 1982; *Horstkotte*, Effektiver Rechtsschutz im Verfahren über die Einsetzung eines vorläufigen Gläubigerausschusses, ZInsO 2012, 1930 ff; *Hortig*, Kooperation von Insolvenzverwaltern, 2008; *Huber*, Der deutsch-englische Justizkonflikt- Kompetenzkonflikte im Internationalen Insolvenzrecht, FS für Andreas Heldrich, 2005; *Humbeck*, Plädoyer für ein materielles Konzerninsolvenzrecht, NZI 2013, 957 ff; *Huntemann/Graf Brockdorff*, Der Gläubiger im Insolvenzverfahren, 1999; *Hüffer*, Aktiengesetz: AktG, 11. Aufl. 2014; *Ingelmann/Ide/Steinwachs*, Vorschlag einer Mustersatzung des Gläubigerausschusses, ZInsO 2011, 1059 ff; *Jaeger*, Konkursordnung, 6. Aufl. 1931, 7. Aufl. 1936; *Jaeger*, Insolvenzordnung, Band 1, 2004; *Jaffé*, Die Eigenverwaltung im System des Restrukturierungsrechts, ZHR 175 (2011), 38 ff; *Jaffé/Friedrich*, Verbesserung der Wettbewerbsfähigkeit des Insolvenzstandorts Deutschland, ZIP 2008, 1849 ff; *Keller*, Zur Vergütung für einen Sonderinsolvenzverwalter, DZWIR 2008, 461 ff; *Kesseler*, Probleme der Verwalterwahl nach § 57 InsO, KTS 2000, 491 ff; *Kiethe*, Haftungs- und Ausfallrisiken beim Cash Pooling, DStR 2005, 1573 ff; *Kirchhof/Eidenmüller/Stürner*, Münchener Kommentar zur Insolvenzordnung, Band 1 (3. Aufl. 2013), Band 2, (3. Aufl. 2014); Band 3 (3. Aufl. 2014); *Klinck/Gärtner*, Versetzt das MoMiG dem Cash-Pooling den Todesstoß?, NZI 2008, 457 ff; *Klöhn*, Gesellschaftsrecht in der Eigenverwaltung: Die Grenzen des Einflusses auf die Geschäftsführung gemäß § 267a Satz 1 InsO, NZG 2013, 81 ff; *Knops/Bamberger/Maier-Reimer*, Recht der Sanierungsfinanzierung, 2005; *Kort*, Die konzerngebundene GmbH in der Insolvenz, ZIP 1988, 681 ff; *Körner*, Die Eigenverwaltung in der Insolvenz als bestes Abwicklungsverfahren?, NZI 2007, 270 ff; *Kratzer/Blesgen*, Transfer Pricing in Germany, 2010; *Kreft*, Heidelberger Kommentar zur Insolvenzordnung, 6. Aufl. 2011; *Krieger*, Unternehmensvertrag und Insolvenz, FS Metzler, 2003, 139 ff; *Kropff*, Einlagenrückgewähr und Nachteilsausgleich im faktischen Konzern, NJW 2009, 814 ff; *Kübler*, HRI – Handbuch Restrukturierung in der Insolvenz, 2. Auflage 2014; *Kübler,* Konzern und Insolvenz – Zur Durchsetzung konzernmäßiger Sanierungsziele an den Beispielsfällen AEG und Korf, ZGR 1984, 560 ff; *Kübler/Prütting/Bork,* InsO – Kommentar zur Insolvenzordnung; *Leonhardt/Smid/Zeuner,* Insolvenzordnung, 3. Aufl. 2010; *Leutheusser-Schnarrenberger,* Dritte Stufe der Insolvenzrechtsreform – Entwurf eines Gesetzes zur Erleichterung der Bewältigung von Konzerninsolvenzen, ZIP 2013, 97 ff; *Leithaus/Riewe,* Inhalt und Reichweite der Insolvenzantragspflicht bei europaweiter Konzerninsolvenz, NZI 2008, 598 ff; *Leithaus/Schäfer,* Konzerninsolvenzrecht in Deutschland und Europa, KSzW 2012, 272 ff; *Lienau,* Der Diskussionsentwurf eines Gesetzes zur Erleichterung der Bewältigung von Konzerninsolvenzen, Der Konzern 2013, 157 ff; *LoPucki,* Courting Failure: Das Versagen der Kontrollinstanz in der Konzerninsolvenz, ZInsO 2013, 420 ff; *Lutter/Hommelhoff,* GmbH-Gesetz, 18. Aufl. 2012; *Lüke,* Unabhängigkeit oder „Kernunabhängigkeit" des Insolvenzverwalters? – Zu Gehalt und Feststellung einer wesentlichen Verwalterqualifikation, ZIP 2003, 557 ff; *Lüke,* Der Sonderinsolvenzverwalter, ZIP 2004, 1693 ff; *Lüer,* Art. 3 Abs. 1 EuInsVO – Grundlage für ein europäisches Konzerninsolvenzrecht oder Instrumentarium eines „Insolvenz-Imperialismus"?, in: FS für Günter Greiner, 2005; *Mankowski,* Lässt sich eine Konzerninsolvenz durch Insolvency Planning erreichen?, NZI 2008, 355 ff; *Mankowski,* Anerkennung englischer Solvent Schemes of Arrangement, WM 2011, 1202 ff; *Mankowski,* Der ordre public im europäischen und im deutschen Internationalen Insolvenzrecht, KTS 2011, 185 ff; *Maus,* Schuldnerstrategien in der Unternehmensinsolvenz (Teil II), DStR 2002, 1104 ff; *Mertens,* Empfiehlt sich die Einführung eines konzernbezogenen Reorganisationsverfahrens?, ZGR 1984, 542 ff; *Meyer-Löwy/Ströhmann,* Das Insolvenzverfahren in Sachen Dailycer oder: Wie viel Gläubigermitbestimmung ermöglicht das ESUG?, ZIP 2012, 2432 ff; *Morsch,* Probleme der Kapitalaufbringung und der Kapitalerhaltung im Cash-Pool, NZG 2003, 97 ff; *Möhlenkamp,* Flucht nach vorn in die Insolvenz – funktioniert Suhrkamp?, BB 2013, 2828 ff; *Mössner/Fuhrmann,* Außensteuergesetz Kommentar, 2. Aufl. 2010; *Müller,* Abfindungsansprüche außenstehender Aktionäre in der Insolvenz des herrschenden Unternehmens, ZIP 2008, 1701 ff; *Nerlich/Kreplin,* Münchener Anwaltshandbuch Insolvenz und Sanierung, 2. Auflage 2012; *Nerlich/Römermann,* Insolvenzordnung, 25. Ergänzungslieferung 2013; *Nicht,* Konzernorganisation und Insolvenz, 2009; *Oelrichs,* Gläubigermitwirkung und Stimmverbote im neuen Insolvenzverfahren, 1. Aufl. 1999; *Oldiges,* Die Haftung des Insolvenzverwalters unter der Business Judgment Rule, Baden-Baden 2011; *Pape,* Gläubigerbeteiligung im Insolvenzverfahren, 1. Aufl. 2000; *Pape,* Rechtliche Stellung, Aufgaben und Befugnisse des Gläubigerausschusses im Insolvenzverfahren, ZInsO 1999, 675 ff; *Pape,* Die Gläubigerbeteiligung im Insolvenzverfahren unter besonderer Berücksichtigung der Interessen der Kreditwirtschaft, WM 2003, 361 ff; *Pape,* Schwierigkeiten und Risiken der Mitwirkung im Gläubigerausschuss, WM 2006, 19 ff; *Pape/Gundlach/Vortmann,* Handbuch der Gläubigerrechte, 2. Aufl. 2011; *Pape/Uhlenbruck/Voigt-Salus,* Insolvenzrecht, 2. Aufl. 2010; *Paulsen,* Die Auswahl und Bestellung des Insolvenzverwalters im Spannungsfeld zwischen richterlichem Ermessen, Gläubigerautonomie und Eilbedürftigkeit, Diss. 2006; *Paulus,* Das inländische Parallelverfahren nach der Europäischen Insolvenzverordnung, EWS 2002, 497 ff; *Paulus,* Überlegungen zu einem modernen Konzerninsolvenzrecht, ZIP 2005, 1984 ff; *Paulus,* Der EuGH und das moderne Insolvenzrecht, NZG 2006, 609 ff; *Paulus,* Konturen eines modernen Insolvenzrechts – Überlappungen mit dem Gesellschaftsrecht, DB 2008, 2523 ff; *Palus,* Wege zu einem Konzerninsolvenzrecht, ZGR 2010, 270 ff; *Paulus,* Das englische Scheme of Arrangement – ein neues Angebot auf dem europäischen Markt für außergerichtliche Restrukturierungen, ZIP 2011, 1077 ff; *Paulus,* EuInsVO: Änderungen am Horizont und ihre Auswirkungen, NZI 2012, 297 ff; *Philippi/Neveling,* Unterjährige Beendigung von Gewinnführungsverträgen im GmbH-Konzern – Beendigungsgründe und Rechtsfolgen, BB 2003, 1685 ff; *Piepenburg,* Faktisches Konzerninsolvenzrecht am Beispiel Babcock Borsig, NZI 2004, 231 ff; *Pleister,* Das besondere Koordinationsverfahren nach dem Diskussionsentwurf für ein Gesetz zur Erleichterung der Bewältigung von Konzerninsolvenzen, ZIP 2013, 1013 ff; *Pleister,* Restrukturierung nach dem ESUG: Die wichtigsten Praxisfälle, GWR 2013, 220 ff; *Prager/Keller,* Der Vorschlag der Europäischen Kommission zur Reform der EuInsVO, NZI 2013, 57 ff; *Priester/Mayer/Wicke,* Münchener Handbuch des Gesellschaftsrechts, Band 3 Gesellschaft mit beschränkter Haftung, 4. Aufl. 2012; *Prütting,* Ein Konzerninsolvenzrecht für Deutschland? – Aber bitte mit Augenmaß!, INDat-Report 2006, 27 ff; *Prütting,* Die Unabhängigkeit des Insolvenzverwalters, ZIP 2002, 1965 ff; *Rattunde,* Sanierung von Großunternehmen durch Insolvenzpläne – Der Fall Herlitz, ZIP 2003, 596 ff; *Reinhart,* Die Überarbeitung der EuInsVO, NZI 2012, 304 ff; *Rendels,* Ist die Aufrechnungsbefugnis kraft einer Konzern-Netting-Abrede insolvenzfest?, ZIP 2003, 1328 ff; *Reuter,* Die Anfechtbarkeit der Rückzahlung von Gesellschafterdarlehen im Cash-Pool: Explosive Massemehrung nach § 135 InsO?, NZI 2011, 921 ff; *Reuß,* Europäisches Insolvenzrecht 3.0 oder doch nur Version 1.1?, EuZW 2013, 165 ff; *Richardi,* Betriebsverfassungsgesetz: BetrVG, 14. Aufl. 2014; *Ries,* Insolvenz(anfechtungs)recht auf dem Rückzug?, ZInsO 2005, 848 ff; *Roth/Altmeppen* Gesetz betreffend die Gesellschaften mit beschränkter Haftung: GmbHG, 7. Aufl. 2012; *Rotstegge,* Konzerninsolvenz. Die verfahrensrechtliche Behandlung von verbundenen Unternehmen nach der Insolvenzordnung, 2007; *Rotstegge,* Zuständigkeitsfragen bei der Insolvenz in- und ausländischer Konzerngesellschaften, ZIP 2008, 955 ff; *Römermann,* Die Konzerninsolvenz auf der Agenda des Gesetzgebers, ZRP 2013, 201 ff; *Römermann/Praß,* Rechtsschutz bei Ablehnung eines vorläufigen Gläubigerausschusses, ZInsO, 2012, 1923 ff; *Rönnau/Krezer,* Darlehensverrechnungen im Cash-Pool – nach Inkrafttreten des MoMiG auch ein Untreue-Risiko (§ 266 StGB)?, ZIP 2010, 2269 ff; *Schäfer,* Der Sonderinsolvenzverwalter, 2009; *Scheel,* Konzerninsolvenzrecht, 1995; *Schmidt,* Hamburger Kommentar zum Insolvenzrecht, 4. Aufl. 2012; *Schmidt,* Insolvenzordnung, 18. Aufl. 2013; *Schmidt,* Gesellschaftsrecht, 4. Aufl. 2002; *Schmidt,* Konzern-Insolvenzrecht – Entwicklungsstand und Perspektiven, KTS 2010, 1 ff; *Schmidt,* Konsolidierte Insolvenzabwicklung?, KTS 2011, 161 ff; *Schmidt,* Flexibilität und Praktikabilität im Konzerninsolvenzrecht – Die Zuständigkeitsfrage als Beispiel, ZIP 2012, 1053 ff;

Schmollinger, Der Konzern in der Insolvenz, 2013; *Schneider/Höpfner,* Die Sanierung von Konzernen durch Eigenverwaltung und Insolvenzplan, BB 2012, 87 ff; Scholz/Bitter GmbHG (im Erscheinen); *Schönfelder,* Die Besicherung von Massekrediten im Insolvenzeröffnungsverfahren, WM 2007, 1489 ff; *Schumann,* Die Unabhängigkeit des Insolvenzverwalters – Sicherung der Integrität des Insolvenzverfahrens, in: FS für Reinhold Geimer, 2002; *Schüren,* Arbeitnehmerüberlassungsgesetz: AÜG, 4. Aufl. 2010; *Schweitzer/Küpper,* Systeme der Kosten- und Erlösrechnung, 7. Aufl. 1998; *Sester,* Plädoyer gegen ein materielles Konzerninsolvenzrecht, ZIP 2005, 2099 ff; *Siemon,* Konzerninsolvenzverfahren – wird jetzt alles besser?, NZI 2014, 55 ff; *Siemon/Frind,* Der Konzern in der Insolvenz, NZI 2013, 1 ff; *Smid,* Grenzüberschreitende Insolvenzverwaltung in Europa, in: FS für Reinhold Geimer, 2002; *Smid,* Zum Beweisverfahren im Eröffnungsverfahren der §§ 270a, 270b InsO und im eröffneten Eigenverwaltungsverfahren, ZInsO 2013, 209 ff; *Spahlinger/Wegen,* Internationales Gesellschaftsrecht in der Praxis, 2005; *Spindler/Stilz,* Kommentar zum Aktiengesetz: AktG, 2. Aufl. 2010; *Sterzinger,* Umsatzsteuer im Insolvenzverfahren, NZI 2012, 63 ff; *Steinwachs/Vallender,* Der Gläubigerausschuss in der Insolvenz des Firmenkunden, 1. Aufl. 2012; *Stürner,* Möglichkeiten der Sanierung von Unternehmen durch Maßnahmen im Unternehmens- und Insolvenzrecht, ZIP 1982, 761 ff; *Timm,* Die Aktiengesellschaft als Konzernspitze, 1980; *Thole,* Gläubigerschutz durch Insolvenzrecht, 2010; *Thole,* Grundfragen und aktuelle Problemstellungen der Anfechtung unentgeltlicher Leistungen, KTS 2011, 219 ff; *Thole,* Konzernfinanzierung zwischen Gesellschafts- und Insolvenzrecht, ZInsO 2011, 1425 ff; *Thole,* Nachrang und Anfechtung bei Gesellschafterdarlehen – zwei Seiten derselben Medaille?, ZHR 176 (2012), 513 ff; *Thole,* Die Haftung des Koordinationsverwalters und der Einzelverwalter bei der koordinierten Konzerninsolvenz – zu den haftungsrechtlichen Auswirkungen des Vorschlags von 3.1.2013 –, Der Konzern 2013, 182 ff; *Thole,* Die Anwendung des Art. 13 EuInsVO bei Zahlungen auf fremde Schuld, NZI 2013, 113 ff; *Thole/Swierczok,* Der Kommissionsvorschlag zur Reform der EuInsVO, ZIP 2013, 550 ff; *Trendelenburg,* Der Gewinnabführungs- und Beherrschungsvertrag in der Krise der Obergesellschaft, NJW 2002, 647 ff; *Uhlenbruck,* Insolvenzordnung, 13. Aufl. 2010; *Uhlenbruck,* Konzerninsolvenzrecht als Problem der Insolvenzrechtsreform, KTS 1986, 419 ff; *Uhlenbruck,* Konzerninsolvenzrecht über einen Insolvenzplan?, NZI 1999, 41 ff; *Uhlenbruck,* Ausgewählte Pflichten und Befugnisse des Gläubigerausschusses in der Insolvenz, ZIP 2002, 1373 ff; *Uhlenbruck,* Gefährdet die Eigenverwaltung insolventer Unternehmen die richterliche Unabhängigkeit?, NJW 2002, 3219 ff; *Uhlenbruck,* Corporate Governance, Compliance and Insolvency Judgement Rule als Problem der Insolvenzverwalterhaftung, in: FS für Karsten Schmidt, Köln 2009, 1603 ff; *Uhlenbruck/Hirte/Vallender,* Insolvenzordnung, 13. Aufl. 2010; *Ulmer/Habersack/Winter,* GmbHG – Gesetz betreffend die Gesellschaften mit beschränkter Haftung: GmbH Großkommentar, 2008; *Undritz,* Der vorläufige schwache Insolvenzverwalter als Sanierungsbremse?, NZI 2003, 136 ff; *Vallender,* Gerichtliche Kommunikation und Kooperation bei grenzüberschreitenden Insolvenzverfahren im Anwendungsbereich der EuInsVO – eine neue Herausforderung für Insolvenzgerichte, KTS 2008, 59 ff; *Vallender,* Rechtsstellung und Aufgaben des Gläubigerausschusses, WM 2002, 2040 ff; *Vallender/Deyda,* Brauchen wir einen Konzerninsolvenzgerichtsstand?, NZI 2009, 825 ff; *Vallender/Zipperer,* Der vorbefasste Insolvenzverwalter – ein Zukunftsmodell?, ZIP 2013, 149 ff; *Veith/Schmid,* Abschluss und Beendigung von Beherrschungs- und Gewinnabführungsverträgen im GmbH-Konzern, DB 2012, 728 ff; *Verhoeven,* Die Konzerninsolvenz, 2011; *Verhoeven,* Konzerninsolvenz: Eine Lanze für ein modernes und wettbewerbsfähiges deutsches Insolvenzrecht – Teil I, ZInsO 2012, 1689 ff; *Verhoeven,* Ein Konzerninsolvenzrecht für Europa – Was lange währt, wird endlich gut?, ZInsO 2012, 2369 ff; *Verhoeven,* Konzerne in der Insolvenz nach dem RegE – Ende gut, alles gut. und wenn es noch nicht gut ist, dann ist es noch nicht das Ende!, ZInsO 2014, 217 ff; *Vögele/Borstell/Engler,* Handbuch der Verrechnungspreise, 3 Aufl. 2011; *Wachter,* AktG Kommentar zum Aktiengesetz, 2. Aufl. 2014; *Wackerbarth,* Grenzen der Leitungsmacht in der internationalen Unternehmensgruppe, 2001; *Wellensiek,* Sanieren oder liquidieren? Unternehmensfortführung und –sanierung im Rahmen der neuen Insolvenzordnung, WM 1999, 405 ff; *Weller,* Forum Shopping im Internationalen Insolvenzrecht?, IPRax 2004, 412 ff; *Weller,* Inländische Gläubigerinteressen bei internationalen Konzerninsolvenzen, ZHR 169 (2005), 570 ff; *Wenner/Schuster,* Insolvenzanfechtung im Konzern, ZIP 2008, 1512 ff; *Wiedemann,* Tarifvertragsgesetz: TVG, 7. Aufl. 2007; *Willemsen,* Einbeziehung nicht-arbeitsrechtlicher Verträge in das Arbeitsverhältnis – Zum Geltungsumfang des Arbeitsrechts und zu den Grenzen vertraglicher Gestaltungsfreiheit, FS Wiedemann (2002), 645 ff; *Willemsen/Rechel,* Cash-Pooling und die insolvenzrechtliche Anfechtbarkeit absteigender Darlehen – Unterschätzte Risiken für Gesellschafter, BB 2009, 2215 ff; *Wimmer,* FK-InsO – Frankfurter Kommentar zur Insolvenzordnung, 7. Aufl. 2013; *Wimmer,* Das neue Insolvenzrecht nach der ESUG-Reform, 1. Aufl. 2012; *Wimmer,* Konzerninsolvenzen im Rahmen der EUInsVO – Ausblick auf die Schaffung eines deutschen Konzerninsolvenzrechts, DB 2013, 1343 ff; *Wimmer,* Vom Diskussionsentwurf zum Regierungsentwurf eines Gesetzes zur Erleichterung der Bewältigung von Konzerninsolvenzen, jurisPR-InsR 20/2013, Anm. 1; *Windhöfel/Ziegenhagen/Denkhaus,* Unternehmenskauf in Krise und Insolvenz, 2. Aufl. 2011; *Wittinghofer,* Der nationale und internationale Insolvenzverwaltungsvertrag, 2004; *Wolf,* Der europäische Gerichtsstand bei Konzerninsolvenzen, 2012; *Zeidler,* Ausgewählte Probleme des GmbH-Vertragskonzernrechts, NZG 1999, 692 ff; *Zenker,* Zur Frage der Rückwirkung des § 96 I Nr. 3 InsO, NZI 2006, 16 ff; *Ziemons/Jaeger,* Beck'scher Online-Kommentar GmbHG, 2014; *Zipperer,* Die einheitliche Verwalterbestellung nach dem Diskussionsentwurf für ein Gesetz zur Erleichterung der Bewältigung von Konzerninsolvenzen, ZIP 2013, 1007 ff; *Zöllner/Noack,* Kölner Kommentar zum Aktiengesetz, Band 6, 3. Aufl. 2004.

I. Verfahrensziele

Das Insolvenzverfahren dient dazu, die Gläubiger eines Schuldners gemeinschaftlich zu **1** befriedigen, indem das Vermögen des Schuldners verwertet und der Erlös verteilt wird. So definiert der Gesetzestext die Ziele des Insolvenzverfahrens. Erstmalig wurde mit der Einführung der Insolvenzordnung auch die Möglichkeit einer abweichenden Regelung über einen Insolvenzplan und die Möglichkeit der Befreiung des redlichen Schuldners, von seinen restlichen Verbindlichkeiten befreit zu werden, geschaffen. Damit wird der Insolvenzordnung ein eher rechtspolitischer Leitsatz vorangestellt, der die wesentlichen Reformansätze der Insolvenzordnung, Gläubigergleichbehandlung, Insolvenzplanverfahren und Restschuldbefreiung als Programmsätze voranstellt.[1] Keinesfalls sind damit die Verfahrensziele der Insolvenzordnung abschließend definiert. Die Verfahrensziele sind vielmehr an einer Vielzahl von Einzelvorschriften ablesbar, zu denen etwa die gleichmäßige Befriedigung der Gläubiger, §§ 38, 39 InsO, das in § 245 InsO enthaltene Obstruktionsverbot oder die sich in der Haftungsregelung für den Insolvenzverwalter, §§ 60, 61 InsO wiederspiegelnden Verpflichtungen zur bestmöglichen Verwertung der Insolvenzmasse, gehören. Damit müssen auch im Konzerninsolvenzrecht die Verfahrensziele in einer Gesamtschau aller in der Insolvenzordnung enthaltenen Regelungen gesehen werden.

1. Gläubigerbefriedigung

Die zu Recht geführte Diskussion um ein sanierungsorientiertes Insolvenzrecht darf nicht **2** außer Acht lassen, dass das Insolvenzrecht immer und auch in erster Linie Vollstreckungsrecht ist. Damit liegt der primäre Verfahrenszweck der Insolvenzordnung in der gemeinschaftlichen Befriedigung der am Insolvenzverfahren beteiligten Gläubiger.[2] Dabei ist die Insolvenzordnung, wie der Leitsatz in § 1 InsO und vor allem auch die Vorschriften in §§ 38, 39 InsO zeigen, von der Intention geprägt, alle Beteiligten und damit auch erstmalig die nachrangigen Insolvenzgläubiger in das Verfahren mit einzubeziehen. Dieser generelle Ansatz hat aber auch seine Grenzen, die gerade im Konzerninsolvenzrecht deutlich zu Tage treten. Es werden im Insolvenzverfahren nur die unmittelbar beteiligten Gläubiger in das Insolvenzverfahren einbezogen. Dies bedeutet, dass für die Bildung einer Konzerninsolvenzmasse, dh einer Insolvenzmasse aller von der Insolvenz betroffenen Konzerngesellschaften, zur Befriedigung der Gemeinschaft aller Gläubiger kein Raum eröffnet wird. Jedes Insolvenzverfahren eines zum Konzernverbund gehörenden Unternehmens reflektiert haftungsrechtlich nur auf die Insolvenzgläubiger des eigenen Verfahrens und hat weder im Bezug auf die Haftungsmasse noch im Bezug auf die Befriedigung die Gesamtheit der Gläubiger des Konzernverbundes im Blick. Insoweit hat der Gesetzgeber[3] auch für das Gesetz zur Erleichterung der Bewältigung von Konzerninsolvenzen der Bildung einer einheitlichen Insolvenzmasse eine klare Absage erteilt. Dies mit der durchaus zutreffenden Argumentation, dass „die Gläubiger einer vergleichsweise gut situierten Konzerngesellschaft nicht dadurch geschädigt werden, dass dieser Gesellschaft ohne Kompensationsleistung Vermögenswerte entzogen werden".

Die gemeinschaftliche Befriedigung aller beteiligten Gläubiger bedeutet vor allem, dass **3** der Wettlauf zwischen den Gläubigern im Wege der Einzelzwangsvollstreckung sein Ende findet. Die gemeinschaftliche Befriedigung ist mehr als nur die Befriedigung aller Gläubiger mit ihren individuellen Forderungen und Rechtspositionen in einem einheitlichen Ver-

---

[1] KPB/*Prütting* InsO § 1 Rn. 3; BT-Drs 12/2443 S. 108.
[2] MüKoInsO/*Ehricke*, § 38 Rn. 1; Ahrens/Gehrlein/Ringstmeier/*Ahrens* Fachanwaltskommentar § 1 Rn. 9; BR-Drs 663/13, 2 und 3; BT-Drs. 12/2443, 108; *Niering/Hillebrand* Wege durch die Unternehmenskrise S. 207.
[3] BT-Drs. 18/407 S. 16.

fahren. Gemeinschaftlich im Sinne der Insolvenzordnung bedeutet vor allem auch die gleichmäßige Befriedigung der am Verfahren beteiligten Insolvenzgläubiger.[4] Der darin verankerte Grundsatz der Gläubigergleichbehandlung ist ein wesentlicher Baustein der Insolvenzordnung. Die konsequente Abschaffung der in der Konkursordnung geregelten Gläubigervorrechte hat zu einer deutlichen Verteilungsgerechtigkeit beigetragen. Der Grundsatz der gleichmäßigen Befriedigung der Gläubiger (par conditio creditorum) ergibt sich zum einen aus dieser historischen Entwicklung und vor allem aus der in § 38 InsO dokumentierten einheitlichen Gruppenbildung für alle nicht nachrangigen Insolvenzgläubiger.

4   Die Gläubigerbefriedigung impliziert auch, dass die finanziellen Interessen der Gläubiger bestmöglich berücksichtigt werden. Der Grundsatz der bestmöglichen Gläubigerbefriedigung findet an verschiedenster Stelle seinen Niederschlag. Zu nennen ist etwa das Obstruktionsverbot im Insolvenzplanverfahren, § 245 InsO. Aber auch die Haftungsregelung für den Insolvenzverwalter nach §§ 60, 61 InsO reflektieren auf die Verpflichtung des Insolvenzverwalters, die Insolvenzmasse bestmöglich zu verwerten und somit auch zur bestmöglichen Gläubigerbefriedigung beizutragen. Damit einhergehend gehört schließlich auch die Verpflichtung des Insolvenzverwalters, für eine masseeffiziente Verfahrensabwicklung und damit die optimale, dh bestmögliche Verwertung der Insolvenzmasse[5] zu sorgen. Hinzu kommen weitere Einzelvorschriften, wie etwa die besonderen Regelungen zu einer Betriebsveräußerung unter Wert nach § 163 InsO, die den der Insolvenzordnung immanenten Grundsatz zur bestmöglichen Gläubigerbefriedigung zusätzlich untermauern.

2. Unternehmenserhalt

5   Die Befriedigung der Gläubiger ist aber nicht allein auf die Liquidation des schuldnerischen Vermögens und die Verteilung des Verwertungserlöses beschränkt. Bereits der Gesetzestext des § 1 InsO verdeutlicht, dass in einem Insolvenzplan eine abweichende Regelung insbesondere zum Erhalt des Unternehmens getroffen werden kann.

6   Die Option, das Unternehmen zu erhalten, findet sich nicht nur in den Regelungen zum Insolvenzplanverfahren, §§ 217 ff InsO, sondern wird in vielfältiger Weise auch durch eine Reihe von flankierenden Vorschriften gestützt. Hierzu zählen unter anderem die Verpflichtung zur Fortführung des Geschäftsbetriebes bis zum Termin der Gläubigerversammlung, § 158 Abs. 1 InsO, die Wahlrechte und verkürzten Kündigungsrechte für bestehende Verträge nach §§ 103 ff InsO und die vollstreckungsrechtlichen Einschränkungen zu Gunsten der Nutzung betriebsnotwendigen Vermögens. Dieser Ansatz der Insolvenzordnung erkennt zu Recht, dass ein Unternehmen mehr ist als nur die Summe seiner Vermögenswerte. Zugunsten der beteiligten Gläubiger gilt es, das Unternehmen als Ganzes zu erhalten.[6]

7   Der Unternehmenserhalt ist allerdings kein selbstständiges und erst recht nicht dem Grundsatz der bestmöglichen Gläubigerbefriedigung vorangehendes Verfahrensziel. Vielmehr wird auch eine Verwertungslösung über den Erhalt des Unternehmens im Ganzen sich daran zu orientieren haben, ob diese Lösung wirtschaftlich für die beteiligten Insolvenzgläubiger zumindest gleichwertig zur Liquidation des Unternehmens zu sehen ist. Für das Insolvenzplanverfahren ist dieser Grundsatz des Obstruktionsverbots ausdrücklich in § 245 InsO gesetzlich geregelt. Aber auch außerhalb des Insolvenzplanverfahrens wird der Insolvenzverwalter nicht zuletzt auch im Hinblick auf seine persönliche Haftung die optimale Verwertung der Insolvenzmasse und damit die bestmögliche Befriedigung der Gläubiger in den Blick zu nehmen haben. Der Unternehmenserhalt bleibt damit trotz

---

[4]   Uhlenbruck/*Pape* InsO § 1 Rn. 12.
[5]   BGH, Urteil vom 16.3.2017, IX ZR 253/15; HambKommInsO/*Weitzmann* § 60 Rn. 11; Uhlenbruck/*Uhlenbruck* InsO § 60 Rn. 12.
[6]   MüKoInsO/*Stürner* Einleitung Rn. 2; MüKoInsO/*Ganter/Lohmann* § 1 Rn. 85 mwN.

seiner häufig auch übergeordneten und vor allem auch in der Konzerninsolvenz volkswirtschaftlichen und sozialen Sinnhaftigkeit immer nur eine Variante der bestmöglichen Gläubigerbefriedigung.[7]

Unternehmenserhalt und bestmögliche Gläubigerbefriedigung müssen sich allerdings **8** nicht widersprechen. Dies vor allem, wenn die Befriedigung der Gläubiger nicht nur auf die Höhe der Insolvenzquote beschränkt wird, sondern auch die übrigen wirtschaftlichen Rahmenbedingungen mit in die Überlegungen einbezogen werden. Der Erhalt des Unternehmens im Ganzen oder seiner wesentlichen Teile verhindert eine Vielzahl von Kosten, die bei der Liquidation als Masseverbindlichkeit die Insolvenzmasse belasten und somit die Höhe der an die Gläubiger auszuschüttende Quote reduzieren würden. Hierzu gehören ua die Auslauflöhne der Mitarbeiter, Kosten für den Sozialplan, bessere Verwertungsmöglichkeiten für Warenvorräte und halbfertige Leistungen. Neben diesen ohne Weiteres greifbaren finanziellen Entlastungen müssen auch die oftmals nur schwer kalkulierbaren und die Insolvenzmasse belastenden Verlustrisiken einer Auslaufproduktion gesehen werden.

Vor allem in Bezug auf den Unternehmenserhalt, sei es als übertragende Sanierung oder **9** als Insolvenzplanverfahren, muss man sich von der rückwärts gerichteten Betrachtung der finanziellen Auswirkungen des Unternehmenserhaltes lösen. Es ist zwingend erforderlich, auch auf die zukunftsgerichteten und messbaren Vorteile einer Fortführungslösung für die beteiligten Gläubiger zu reflektieren. Die Vorteile für die wesentlichen Stakeholder gehen häufig über die rein quotale Befriedigung ihrer Ansprüche im Insolvenzverfahren hinaus. Hierzu gehört der Arbeitsplatzerhalt, der Erhalt der wesentlichen Kunden für den Lieferanten und auch in steuerlicher Hinsicht der Erhalt eines wichtigen gewerbesteuerpflichtigen Unternehmens. Es erscheint sinnvoll, diese auf einen Unternehmenserhalt gerichteten Lösungsansätze und deren Mehrwert den Insolvenzgläubigern zu verdeutlichen und diese so ggf davon zu überzeugen, dass auch eine Betriebsveräußerung unter Wert, § 163 InsO, auf Dauer gesehen Sinn machen kann.

Diesen übergreifenden Ansatz sieht auch das Gesetz zur Erleichterung der Bewältigung **10** von Konzerninsolvenzen.[8] Mit dem Konzerninsolvenzrecht sollen Insolvenzbewältigungsstrategien, dh Fortführungsmöglichkeiten, ermöglicht und erleichtert werden, „die den Gesamterlös für alle Gläubiger im Vergleich zur unkoordinierten Abwicklung der Einzelinsolvenzen verbessern". Damit ist vor allem in der Konzerninsolvenz der Ansatz des Unternehmenserhaltes im Sinne einer bestmöglichen Befriedigung aller Gläubiger von besonderer Bedeutung.

3. Erhalt der Konzernstrukturen

Ein wesentlicher Ansatz der Reformbemühungen zum Konzerninsolvenzrecht besteht **11** darin, vorhandene Konzernstrukturen im Kern erhalten zu können. Die Absage an eine einheitliche und konzernübergreifende Haftungsmasse bedeutet nicht, dass nicht gleichzeitig eine Reihe von flankierenden Instrumenten bereitgestellt werden kann, die den Erhalt der Konzernstrukturen fördern.

Die Möglichkeit der Bestellung eines Verwalters für alle zum Konzern gehörende **12** Unternehmen, § 56b RegE InsO, die Schaffung eines gemeinschaftlichen Gläubigerausschusses, § 269c RegE InsO und die Schaffung eines einheitlichen Gerichtsstandes sind Ausdruck des gesetzgeberischen Bemühens, die Konzernstrukturen nicht schon allein aufgrund verfahrensrechtlicher Erschwernisse in Frage zu stellen. Dabei wird man wohl aber nicht soweit gehen können, den Erhalt der Konzernstruktur als solches als eigenes und gleichwertiges Verfahrensziel zu definieren. Vielmehr soll mit den Regelungen verdeutlicht werden, dass die bisherigen strikten Vorgaben zur richterlichen Zuständigkeit, zur örtlichen

---

[7] *Brinkmann/Zipperer* ZIP 2011, 1337; *Jaeger/Henkel* KO § 1 Rn. 2; *Uhlenbruck/Pape* InsO § 1 Rn. 1, HambKommInsO/*Schmidt* § 1 Rn. 23.
[8] BT-Drs. 18/407, S. 16.

Zuständigkeit oder auch der Verschiedenheit der bestellten Insolvenzverwalter nicht schon per se den Erhalt des Konzerns in Frage stellen. Es sollen also mit diesen Vorschriften letztendlich nur Rahmenbedingungen geschaffen werden, um im Unternehmenserhalt und damit der primären Zielsetzung der Insolvenzordnung, für eine bestmögliche und gleichmäßige Befriedigung aller Gläubiger zu sorgen.

13   Die Konzernstruktur und damit das Schicksal einzelner Konzerngesellschaften befindet sich nicht erst bei der Ausarbeitung einer Sanierungslösung, sondern in der Regel schon gleich zu Beginn des Insolvenzverfahrens auf dem Prüfstand. Die gesellschaftsrechtliche Organisation einheitlicher Produktions- und Vertriebsabläufe führt häufig zu wirtschaftlich sehr unterschiedlich ausgestatteten Unternehmenseinheiten. Cash-Pooling, Konzernumlagen, Verrechnungspreise und andere Vehikel konzerninterner Steuer- und Ertragsgestaltung führen nicht selten zu einer eher willkürlich erscheinenden Verlagerung des wirtschaftlichen Erfolges bzw Misserfolges auf einzelne zum Konzern gehörende Unternehmen. Daher muss schon sehr frühzeitig der Insolvenzverwalter darauf achten, ob aus dem Blickwinkel der betroffenen Insolvenzmasse und damit der dahinter stehenden Insolvenzgläubiger, die bisherigen organisatorischen und finanziellen Strukturen im Konzern erhalten bleiben können. Ist dies nicht der Fall, müssen Abläufe und Strukturen verändert oder aber die finanziellen Rahmenbedingungen verbessert werden. Denn eine Konsolidierung des wirtschaftlichen Ergebnisses innerhalb des Konzerns in der Insolvenz findet aufgrund der strikten Trennung der Haftungsmassen nicht statt.

4. Schuldnerschutz

14 Die Insolvenzordnung schützt auch den Schuldner, schützt aber vor allem das schuldnerische Unternehmen.[9] Dieses Verfahrensziel scheint im Gegensatz zum Ziel der bestmöglichen und gleichmäßigen Gläubigerbefriedigung zu stehen. Dies hat der Gesetzgeber vor allem für natürliche Personen bewusst in Kauf genommen und die Konfliktsituation mit der Möglichkeit der Restschuldbefreiung nach §§ 286 ff InsO geregelt. Damit geht der Schuldnerschutz über den reinen Pfändungsschutz der Zivilprozessordnung hinaus.

15   Mit dem Gesetz zur weiteren Erleichterung der Sanierung von Unternehmen (ESUG) wurde zudem eine Diskussion zur Neuausrichtung einer noch mehr sanierungsorientierten Insolvenzordnung in Gang gesetzt. Vor allem die Stärkung der Eigenverwaltung im vorläufigen Verfahren, § 270a InsO und auch das Schutzschirmverfahren nach § 270b InsO werden als Beleg des gesetzgeberischen Willens herangezogen, auch den Schutz des Schuldners als Verfahrensziel, vielleicht sogar als gleichwertiges Verfahrensziel, zu implementieren.[10] Diese Interpretation dürfte weit über den gesetzgeberischen Willen hinausgehen, da letztendlich mit dem Ansatz, die Eigenverwaltung zu stärken, allein die frühere Insolvenzantragstellung gefördert werden sollte, dies im Sinne des Unternehmenserhaltes und damit einer bestmöglichen Verwertung der Insolvenzmasse und somit bestmöglichen Gläubigerbefriedigung.[11] Dies kommt auch insoweit im Gesetz zum Ausdruck, als § 270a Abs. 1 InsO auf die Vorschriften nach §§ 274, 275 und 270 InsO verweist. Nach § 274 Abs. 3 InsO ist Maßstab für die Anordnung der Eigenverwaltung, dass diese nicht zu Nachteilen für die Gläubiger führt bzw solche Nachteile zu befürchten sind. Gleiches wird auch in § 270b Abs. 3 Nr. 3 InsO und in § 270 Abs. 2 Nr. 2 InsO unzweifelhaft geregelt. Damit wird auch in der Eigenverwaltung das Gläubigerinteresse an der bestmöglichen Befriedigung als Maßstab für die gerichtliche Entscheidung heranzuziehen sein.

16   Der ausdrückliche Wortlaut der in § 1 InsO verankerten Zielsetzung macht deutlich, dass nur der redliche Schuldner Gelegenheit haben soll, sich von seinen restlichen Verbindlichkeiten zu befreien. Für natürliche Personen wird dies durch die umfangreichen und

---

[9]   MüKoInsO/*Ganter/Lohmann* § 1 Rn. 97 mwN; Uhlenbruck/*Pape* InsO, § 1 Rn. 16.
[10] HambKommInsO/*Schmidt* InsO § 1 Rn. 27.
[11] BT-Drs. 17/5712, S. 19.

detaillierten Regelungen der Versagungsgründe und der Obliegenheiten in §§ 286 ff InsO verdeutlicht. Vergleichbare Beschränkungen finden sich für juristische Personen im Gesetz nicht. Dies, obgleich der Wortlaut des § 1 InsO in Bezug auf die Redlichkeit des Schuldners nicht zwischen natürlicher und juristischer Person differenziert.

Insoweit ist zu hinterfragen, ob jede juristische Person und damit auch jeder Konzern **17** über einen Insolvenzplan in den Genuss der Entschuldung gelangen kann. Besonders deutlich wird diese Fragestellung bei der Anordnung der Eigenverwaltung. Nicht zu Unrecht wird das Verbleiben der bisherigen Geschäftsführung der Unternehmensleitung trotz des Insolvenzantrages oftmals kritisch durch die Gläubiger hinterfragt.[12] Dies umso mehr dann, wenn die Handelnden es zuvor an der vom Gesetz geforderten Redlichkeit haben vermissen lassen. Erforderlich ist insoweit ein von der Rechtsprechung entwickeltes Korrektiv oder aber eine Gesetzesänderung dahingehend, dass nur derjenige Schuldner sich selbst verwalten darf, der zumindest seinen steuerlichen und handelsrechtlichen Buchführungspflichten fristgemäß nachkommt, der Steuern und Sozialabgaben abgeführt hat und dem Unternehmen als Geschäftsführer oder Vorstand unbelastet von strafrechtlichen Ermittlungen auch zur Verfügung steht.

Die auf die Interessen des Schuldners fokussierte Interpretation des Insolvenzverfahrens **17a** führt daher zu Fehlanreizen. In der logischen Konsequenz könnten die Instrumente der Insolvenz wie etwa das Insolvenzgeld, die Verzichte der nicht gesicherten Insolvenzgläubiger oder aber auch die umsatzsteuerliche Begünstigung der Eigenverwaltung nach § 55 Abs. 4 InsO in erster Linie zur Stärkung der Eigenkapitalquote eingesetzt werden. Dies war weder vom Gesetzgeber der Insolvenzordnung gewollt, noch ist dies durch das Reformvorhaben des ESUG gedeckt. Es ist an dem Gesetzgeber, bestehende „Schlupflöcher" zu schließen. Hierzu zählen vor allem auch die im Gesetzgebungsverfahren zum ESUG nicht durchdachte Privilegierung des Eigenverwaltung durch die Nichtanwendung des § 55 Abs. 4 InsO im vorläufigen Eigenverwaltungsverfahren.

5. Schuldnerschutz versus Gläubigerinteressen

Der Ausgleich zwischen Gläubiger- und Schuldnerinteressen, aber auch der Ausgleich **18** zwischen widerstreitenden Gläubigerinteressen ist in der Insolvenzordnung tief verankert und somit auch als eigenes Verfahrensziel zu identifizieren. Die Berührungspunkte zwischen Interessenssphären sind etwa bei dem Debt to Equity Swap im Insolvenzplanverfahren, § 225a InsO, der Einstellung der Zwangsvollstreckungsmaßnahmen und der Begrenzung von Kündigungsrechten zu Lasten einzelner Gläubiger gesetzlich verankert. Einige dieser Regelungen und vor allem der Debt to Equity Swap stoßen dabei an die verfassungsrechtlichen Grenzen des möglichen Eingriffs in die Interessenssphären der Betroffenen.[13] Der Ausgleich zwischen den verschiedenen Interessenslagen ist auch unter dem Blickwinkel der zunehmend gestärkten Gläubigerautonomie zu sehen. Der Schutz der Minderheiten auf Gläubigerseite, aber auch der Schutz des Schuldners ist eine der wesentlichen Aufgaben des gerichtlich kontrollierten Insolvenzverfahrens.

Besonders deutlich wird der durch die Insolvenzordnung zu verfolgende Zweck eines **19** angemessenen Ausgleichs zwischen Schuldner- und Gläubigerinteressen bei den vom bisherigen Management oder den bisherigen Gesellschaftern initiierten Fortführungslösungen. Gerade bei diesen internen Sanierungsansätzen wird in besonderer Weise zu fragen sein, ob die angestrebten Sanierungsmaßnahmen nachhaltig zur Wiedererstarkung des Unternehmens und zu dessen leistungswirtschaftlicher Stabilisierung beitragen. Einige der im Zuge des Gesetzes zur weiteren Erleichterung der Sanierung von Unternehmen durch die Geschäftsleitung initiierten Insolvenzverfahren hatten primär die finanzwirtschaftliche Sanierung zum Ziel. Gerade anleihefinanzierte Unternehmen oder aber Unternehmen mit

---

[12] BT-Drs. 12/2443, S. 222; HambKommInsO/*Fiebig* InsO § 270 Rn. 2 mwN.
[13] HambKommInsO/*Thies* InsO § 225a Rn. 9 f. mwN.

einem hohen Maß an nichtgesicherten Verbindlichkeiten sollten über einen Insolvenzplan auf der Passivseite saniert werden. Dass dieser Ansatz zu kurz gegriffen ist, zeigt eine Vielzahl an Beispielen, bei welchen es bereits kurz nach der Annahme des Insolvenzplans und Aufhebung des Insolvenzverfahrens zu einer Folgeinsolvenz mit der Konsequenz der endgültigen Einstellung des Geschäftsbetriebes kam.

20   Damit ist auch oder gerade im Fall der Eigenverwaltung oder seitens der Geschäftsführung oder von den Gesellschaftern initiierten Lösungen eine nachhaltige, sowohl finanz- als auch leistungswirtschaftliche Sanierung zu fordern. Deutlich wird diese Notwendigkeit auch aus Sicht der beteiligten Gläubiger am Beispiel des Insolvenzgeldes. Gelingt es trotz eines durchgeführten Insolvenzplanverfahrens nicht, die Krisensituation zu beseitigen und kommt es zu einem weiteren Insolvenzereignis, kann nach § 165 SGB III die Zahlung von Insolvenzgeld verweigert werden.[14] Dies bedeutet, dass die Arbeitnehmer im zweiten Insolvenzfall mit ihren Lohnforderungen ohne Sicherung bleiben und allein auf eine Insolvenzforderung nach § 38 InsO verwiesen werden müssen.

21   Von zentraler Bedeutung für einen erfolgreichen Ausgleich zwischen Schuldner- und Gläubigerinteressen ist vor allem die Vertrauensbildung. Das Interesse der Gläubiger und hier in erster Linie der Vermieter, Lieferanten, aber auch der Arbeitnehmer, ist nicht allein auf den ohnehin in der Regel begrenzten Ausgleich ihrer Insolvenzforderung gerichtet, sondern bei einer Fortführungslösung vor allem auf das Vertrauen in den erfolgreichen Fortbestand des Unternehmens. Daher müssen vor allem die von der bisherigen Unternehmensführung oder den Gesellschaftern initiierten Sanierungslösungen auf die nachhaltige Sanierung des Unternehmens unter Einbeziehung sowohl der finanz- als auch der leistungswirtschaftlichen Aspekte reflektiert werden. Das insolvente Unternehmen muss zeigen, dass es auch ohne weitere Entschuldung oder andere Einmaleffekte, wie etwa das Insolvenzgeld, in der Lage ist, dauerhaft am Markt bestehen zu können.

22   Zu einem angemessenen Ausgleich zwischen Schuldner- und Gläubigerinteressen gehört es auch, dass im Zuge des Insolvenzverfahrens nicht nur die Bewertungsalternativen Insolvenzplan oder Zerschlagung gegenüber gestellt werden. Erforderlich ist vielmehr auch, dass im Interesse der beteiligten Gläubiger Möglichkeiten überprüft oder Wege aufgezeigt werden, die einen Verkauf des Unternehmens an Dritte im Wege der übertragenden Sanierung oder aber über einen Insolvenzplan in die Überlegungen mit einbeziehen. Nur so ist es den Gläubigern möglich, sich einen Überblick darüber zu verschaffen, welcher der eingeschlagenen Wege nicht nur kurzfristig finanziell, sondern auch langfristig im Hinblick auf die Stärkung des Vertragspartners, der angemessene Weg ist.

23   Der Ausgleich zwischen Schuldner- und Gläubigerinteressen findet sich allerdings auch in vielfältiger Weise in der Insolvenzordnung immer dort wieder, wo in bestehende gesetzliche oder vertragliche Beziehungen eingegriffen wird. Hier wird nicht nur zwischen dem Schuldnerinteresse auf der einen Seite und der Gläubigergesamtheit auf der anderen Seite ein Ausgleich geschaffen, sondern auch zwischen der Interessenslage einzelner Gläubiger. Zu nennen sind hier etwa die erweiterten Kündigungsmöglichkeiten und Möglichkeiten der Vertragslösung in §§ 103 ff InsO, das Vollstreckungsverbot nach § 89 InsO, die Unterbrechung der Rechtsstreitigkeiten nach § 240 ZPO und die Aufnahme von Aktiv- und Passivprozessen nach §§ 85, 86 InsO oder die schon zum Unternehmenserhalt näher beschriebenen Möglichkeiten der Nutzung von mit Aussonderungsrechten belasteter Gegenstände nach § 21 Abs. 2 Nr. 5 InsO.

6. Volkswirtschaftliche und soziale Aspekte

24 Das Insolvenzrecht, welches sich als Vollstreckungsrecht versteht, lässt sich scheinbar nur schwer in einen volkswirtschaftlichen oder sozialen Zusammenhang bringen. Wo Insolvenz

---

[14] BSG Urteil vom 21.11.2002 B 11 AL 35/02 R ZInsO 2003, 386.

Marktbereinigung ist oder als solche empfunden wird, werden die volkswirtschaftlichen und sozialen Implikationen nicht oder nicht vollständig wahrgenommen.[15] Diese Einstellung wird noch dadurch verstärkt, dass die Insolvenzordnung den Erhalt von Arbeitsplätzen oder sonstige übergeordnete volkswirtschaftliche Ziele nicht als Verfahrensziel definiert bzw nicht einmal ansatzweise privilegiert.

Dennoch kann das Insolvenzverfahren immer dann von volkswirtschaftlichem und sozia- **25** lem Nutzen sein, wo Unternehmen und somit auch Arbeitsplätze erhalten werden. Ähnlich wie bei dem Unternehmenserhalt sind die finanziellen Interessen der Gläubiger in Einklang zu bringen mit den volkswirtschaftlichen und sozialen Aspekten einer möglichen Zerschlagung des Konzerns bzw der Schließung seiner wesentlichen Standorte. Allein der mit der Schließung verbundene Arbeitsplatzabbau bedeutet höhere Aufwendungen für Auslauflöhne und für Sozialpläne. Damit verbunden sind deutlich höhere Masseverbindlichkeiten, die wiederum zu einer geringeren Insolvenzmasse und damit schließlich auch zu einer geringeren Quote für die beteiligten Gläubiger führen. Hier schließt sich der Kreis von der vermögensorientiert ausgerichteten Insolvenzordnung[16] zu den volkswirtschaftlichen und sozialen Aspekten in der Insolvenz. Die Vermeidung von Werksschließungen führt am Ende nicht nur zu geringeren Masseverbindlichkeiten und damit zu einer höheren Quote, sondern erhält auch Arbeitsplätze, erhält Standorte, sichert Gewerbesteuereinnahmen und fördert strukturschwache Gebiete oder krisengefährdete Schlüsselbranchen.

Gerade in Konzerninsolvenzverfahren wird das Abwägen zwischen der bestmöglichen **26** Befriedigung der Gläubiger einerseits und den volkswirtschaftlichen und sozialen Implikationen andererseits von zentraler Bedeutung sein. Auf der einen Seite gilt es, die allein finanziell orientierten Gläubiger für eine nicht immer risikofreie Fortführung und damit Sanierung des Unternehmens zu gewinnen. Auf der anderen Seite darf nicht allein die Größe des Konzerns oder die Anzahl der von der Insolvenz betroffenen Arbeitsplätze allein ausschlaggebend für die Fortführung des Unternehmens sein. Maßgeblich ist vielmehr, dass das Unternehmen über die Sanierung auch in der Lage ist, sich nachhaltig am Markt zu behaupten. Nur wer aufzeigen kann, dass das Unternehmen mit den umgesetzten Maßnahmen dauerhaft fortgeführt werden kann, ist auch in der Lage von den Stakeholdern, das heißt den Arbeitnehmern, der öffentlichen Hand und schließlich allen Gläubigern, Zugeständnisse einfordern zu können.

7. Ordnungsfunktion

Wo die Sanierung nicht möglich ist oder scheitert, bleibt nur noch die Abwicklung des **27** Unternehmens bzw des Konzerns. Auch in dieser Situation kommt der Insolvenzordnung und vor allem dem Insolvenzverwalter eine wichtige Funktion zu. Das geregelte „Vommarktnehmen" hat aus Sicht vieler Beteiligter eine besondere ordnende Funktion.[17] Dies erst recht dann, wenn selbst börsennotierte Konzerne bzw deren Organe ihren steuer-, handels-, aktien-, arbeits- und sozialversicherungsrechtlichen Verpflichtungen nicht oder nicht vollständig nachgekommen sind. In diesem Fall ist das Interesse der beteiligten Gläubiger nicht nur auf die bestmögliche Durchsetzung ihrer finanziellen Interessen gerichtet. Es ist ihnen vielmehr daran gelegen, auch die nur von dem Unternehmen als Arbeitgeber, als Steuerpflichtigen, als Aktienemmittent oder Vertragspartner zu erhaltenden Erklärungen, Informationen und Unterlagen zu erlangen. Für die Aktionäre und die BaFin sind dies zB die Jahresabschlüsse, für die Arbeitnehmer die Erstellung ihrer Zeugnisse und Herausgabe von Arbeitspapieren, für die Finanzbehörden die Erstellung der Steuererklärung oder aber für die Vertragspartner die Rückgabe von Avalen und Bürgschaften.

---

[15] MüKoInsO/*Stürner* Einleitung Rn. 3.
[16] Uhlenbruck/*Pape* InsO § 1 Rn. 6.
[17] HambKommInsO/*Schmidt* InsO § 1 Rn. 17.

28   Die Insolvenzordnung legt dem Insolvenzverwalter in dieser Hinsicht eine Vielzahl von Verpflichtungen auf, so etwa in steuer- und handelsrechtlicher Hinsicht nach § 155 InsO. In Bezug auf die von der Insolvenz betroffenen Arbeitnehmer rückt der Insolvenzverwalter in die Position des Arbeitgebers ein und hat auch bei Einstellung des Geschäftsbetriebes den Mitarbeitern gegenüber Zeugnisse zu erstellen und Lohnbescheinigungen auszufertigen. Auch aktienrechtlich, insbesondere im Hinblick auf die Beachtung der Publizitätsverpflichtungen, übernimmt der Insolvenzverwalter vielfach die Funktion der bisherigen Organe des schuldnerischen Unternehmens. Diese Aufgabe wird allgemein als die Ordnungsfunktion der Insolvenzordnung verstanden. Auf Seiten des Insolvenzverwalters ist diese ordnende Tätigkeit allerdings zu einem komplexen und bei aktienrechtlichen und steuerrechtlichen Implikationen häufig auch haftungsträchtigen Dienstleistungsmanagement geworden. Diese Dienstleistungen sind für die beteiligten Gläubiger neben einer quotalen Zahlung ein wichtiger Vorteil eines eröffneten und geordnet abgewickelten Insolvenzverfahrens. Denn ohne qualifiziertes Arbeitszeugnis lässt sich für den Arbeitnehmer nur schwer eine neue Anstellung finden. Bei Fehlen der Jahresabschlüsse können Kommanditisten eines Immobilienfonds eigene Steuervorteile nicht geltend machen. Ohne die Mitwirkung des Insolvenzverwalters wäre das Delisting der börsennotierten Aktiengesellschaft mit einem wesentlich größeren Arbeits- und Zeitaufwand verbunden.

29   Das Pflichtenheft des Insolvenzverwalters wird in Bezug auf diese ordnende Tätigkeit immer umfangreicher. Nicht nur über die Generalklausel des § 155 InsO und der damit verbundenen Verpflichtung zur Erfüllung der handels- und steuerrechtlichen Verpflichtungen, sondern auch über die Fortentwicklung der Rechtsprechung werden dem Insolvenzverwalter in einer kaum mehr nachvollziehbaren Weise Handlungspflichten auferlegt. Damit hat sich die Ordnungsfunktion der Insolvenzordnung zu einem wesentlichen Verfahrensziel entwickelt. Dies nicht nur im Fall der Einstellung des Geschäftsbetriebes, sondern auch immer dann, wenn das schuldnerische Unternehmen über einen Asset Deal, das heißt im Wege der übertragenden Sanierung, veräußert wird. Denn auch in diesem Fall wird der Insolvenzverwalter für die bisherige Tätigkeit, vor allem gegenüber den Finanzbehörden, der Staatsanwaltschaft, Sozialversicherungsträgern und anderen Ansprechpartnern, verpflichtet zur Abgabe von Erklärungen und Erteilung von Auskünften sein.

II. Konzerngerichtsstand

1. Einführung des Gruppen-Gerichtsstandes

30 Das Gesetz zur Erleichterung der Bewältigung von Konzerninsolvenzen vom 13.4.2017[18] sieht erstmals einen einheitlichen Gerichtsstand konzernangehöriger Gesellschaften für deren Insolvenzverfahren vor. Der sog. Gruppen-Gerichtsstand ist ein Wahlgerichtsstand. Er ist in § 3a InsO normiert und wird von weiteren Regelungen in den §§ 3b–3e InsO flankiert. Die Konzentration der Insolvenzverfahren über Konzerngesellschaften bei einem Gericht bildet den Kern des Konzerninsolvenzrechts. Der Gesetzgeber folgt damit einer über lange Zeit in der wissenschaftlichen Diskussion erhobenen Forderung. In der Ausgestaltung weicht er allerdings von den bisher diskutierten Lösungsansätzen (a) zum Teil erheblich ab. Dabei bleiben Unsicherheiten erhalten, die weiterhin einen Blick auf den bis dato praktizierten Umgang mit Konzerninsolvenzen (b) lohnenswert erscheinen lassen. Das Gesetzgebungsverfahren (c) hat sich lang hingezogen. Die zuletzt vorgenommenen Änderungen sind aber eher als geringfügig anzusehen. Auf die einzelnen Regelungen zum Gruppen-Gerichtsstand wird im Anschluss (2.) eingegangen.

---

[18] BGBl 2017 Teil I Nr. 22, S. 866.

a) Lösungsansätze in der Literatur

Obwohl die Insolvenz von Konzerngesellschaften regelmäßig besondere Probleme auf- **31** wirft, treten erst im April 2018 Regelungen in Kraft, die deren besonderer Problematik Rechnung tragen. Die bisher allein für den Gerichtsstand maßgeblichen Regelungen des § 3 Abs. 1 InsO sind auf die Insolvenz einzelner Rechtsträger[19] zugeschnitten. Sie erlauben nur ein Anknüpfen an deren allgemeinen Gerichtsstand bzw. den Mittelpunkt ihrer selbstständigen wirtschaftlichen Tätigkeit. Dies führt dazu, dass für die einzelnen Teile eines Konzerns, über deren Vermögen die Eröffnung von Insolvenzverfahren beantragt wird, unterschiedliche Insolvenzgerichte zuständig sind. Das gilt jedenfalls dann, wenn die betroffenen Konzerngesellschaften ihren Sitz an verschiedenen Orten haben und auch der Mittelpunkt der selbstständigen wirtschaftlichen Tätigkeit nicht innerhalb eines Gerichtsbezirks verortet werden kann. Für diese Fälle war es bislang gesetzlich nicht vorgesehen, die Insolvenzverfahren der Gruppengesellschaften an einem Gericht zu konzentrieren. Dass diese Situation unbefriedigend ist, liegt auf der Hand. Es besteht ein Bedürfnis, die Verfahren der gruppenangehörigen Gesellschaften durch die Bestellung eines Insolvenzverwalters (bzw. Sachwalters) und der Zuständigkeit eines Gerichts zu koordinieren, um die wirtschaftliche Einheit des Konzerns zu wahren. Überlegungen zu einem einheitlichen (Gruppen-)Gerichtsstand sind daher Gegenstand einer lang andauernden und in ihren Einzelheiten kaum mehr überschaubaren **rechtswissenschaftlichen Diskussion.** Die dabei vertretenen Positionen lassen sich wie folgt zusammenfassen:

Die Möglichkeit (aa) einer materiellen Konsolidierung wird ganz überwiegend abge- **32** lehnt. Es wird vielmehr eine Verfahrenskonzentration unter Berücksichtigung des Rechtsträgerprinzips angestrebt. Als Modelle bzw. Anknüpfungspunkte werden eine Zuständigkeitsbegründung durch (bb) Gerichtsstandsvereinbarung, das Zulassen eines (cc) Wahlgerichtsstandes, das Abstellen auf (dd) den Sitz der Konzernmutter, das Prioritätsprinzip (ee) sowie die sog. Sitz- und Verweisungslösung (ff) diskutiert. Darüber hinaus wird auch eine über eine bloße Verfahrenskonzentration hinausgehende Verfahrenskonsolidierung (gg) vorgeschlagen. Grundlegender Gedanke ist jeweils, dass eine konzernübergreifende Bewältigung im Vergleich mit einer isolierten Verfahrensdurchführung über die einzelnen Konzerngesellschaften bessere Verwertungsergebnisse verspricht.

aa) Massekonsolidierung

Unter dem Begriff Massekonsolidierung versteht man die Zusammenfassung des Ver- **33** mögens der einzelnen konzernangehörigen Gesellschaften zu einer einheitlichen Masse, so als handele es sich bei dem Konzern um einen (einzigen) Rechtsträger. Überlegungen dieser Art werden vor allem mit Blick auf das US-amerikanische Insolvenzrecht[20] angestellt, das eine Massekonsolidierung in Ausnahmefällen erlaubt.[21] Für das deutsche Konzerninsolvenzrecht lehnt die ganz hL[22] dies jedoch zu Recht ab, weil es nicht mit dem Rechtsträgerprinzip gemäß § 11 Abs. 1 S. 1 InsO vereinbar ist.[23] Der gesellschaftsrechtliche Trennungsgrundsatz und die damit verbundene Haftungsseparierung, die häufig überhaupt Anlass für die Konzernarchitektur eines Unternehmens ist, müssen sich gerade in der

---

[19] Der rechtsträgerbezogene Ansatz der InsO wird durch § 11 Abs. 1 S. 1 InsO zum Ausdruck gebracht.

[20] Grundlegend zum Instrument der „Substantive Consolidation": *Scheel* Konzerninsolvenzrecht 1995, S. 241 ff.

[21] Einschränkend: insbesondere der United States Court of Appeals, Third Circuit, in Owens Corning, 419 F. 3d 195 (2005).

[22] Uhlenbruck/*Hirte* InsO 13. Aufl. 2010 § 11 Rn. 394; *Eidenmüller* ZHR 169 (2005), 528 (532); *Eidenmüller*/*Frobenius* ZIP 2013 Heft 22 Beilage 3; *Hirte* ZIP 2008 444 (449); *K. Schmidt* KTS 2010, Heft 1, 1 (14 f.); *Vallender*/*Deyda* NZI 2009, 825 (826); *Sester* ZIP 2005, 2099; aA: *Humbeck* NZI 2013, 957; *Paulus* ZIP 2005, 1948; *Jawansky*/*Swierczok*, BB 2017, Heft 23.

[23] Etwa *K. Schmidt* KTS 2010 Heft 1, 1 (15); *Sester* ZIP 2005, 2099.

Insolvenz bewähren.[24] Zudem orientiere sich das Beibehalten der Trennung an den Bedürfnissen der Praxis, insbesondere hinsichtlich der Kreditvergabe an Unternehmen. Wäre das Szenario einer materiellen Konsolidierung vom Kreditgeber zu berücksichtigen, ließe dies nicht nur den Bearbeitungsaufwand bei der Risikoanalyse, sondern auch die Zinsen steigen.[25] Es darf dabei allerdings nicht übersehen werden, dass bei der gegenwärtigen Praxis der Kreditvergabe bereits das Trennungsprinzip weitgehend aufgehoben wird, wenn sämtliche Gesellschaften einer Gruppe für die Rückzahlung garantieren.[26]

bb) Prorogation

34 Die rechtswissenschaftliche Diskussion beschäftigt sich auch mit der Gerichtsstandsvereinbarung (Prorogation) für die Zuständigkeitsbegründung.[27] Dabei wird angenommen, dass entweder die einzelnen Unternehmensträger einen einheitlichen Konzerninsolvenzgerichtsstand in Unternehmensverträgen festschreiben oder separat mit einzelnen Gläubigern eine Gerichtsstandsvereinbarung treffen. Bisher war eine Zuständigkeitsbegründung durch Vereinbarung nicht möglich, da § 3 InsO den ausschließlichen Gerichtsstand festlegt und deshalb Gerichtsstandsvereinbarungen gemäß §§ 38 ff. ZPO unzulässig waren, § 40 Abs. 2 S. 1 Ziff. 2 ZPO.[28] Auch nach Einführung der Regelungen zum Gruppen-Gerichtsstand ist in § 3 InsO weiterhin von einer ausschließlichen örtlichen Zuständigkeit die Rede. Das Prorogationsmodell wird aber auch grundsätzlich als Lösung *de lege ferenda* abgelehnt.[29] Zum einen widerspreche das Konzept der Gläubigergleichbehandlung für den Fall, dass eine solche Vereinbarung in die Hand nur eines Gläubigers gelegt werde, und zum anderen sei die Vereinbarung mit unterschiedlichen Gläubigern von ggf. sogar verschiedenen Gerichtsständen nicht praktikabel.[30] Auch das Festschreiben in einen Unternehmensvertrag erscheint nur für den Vertragskonzern durchführbar und ist damit ungeeignet für eine generelle Lösung des Problems. Für den Vertragskonzern ist zu überlegen, ob nach Einführung des Gruppen-Gerichtsstandes, der nunmehr die Wahlmöglichkeit zwischen zwei Wahlgerichtsständen zulässt,[31] eine Festlegung auf einen der Wahlgerichtsstände möglich ist.

cc) Wahlgerichtsstand

35 Über die nunmehr mit dem Gruppen-Gerichtsstand geschaffene Wahlmöglichkeit hinaus, wird vorgeschlagen, den Konzerngerichtsstand als Wahlgerichtsstand auszugestalten.[32] Dies würde in Anlehnung an § 35 ZPO voraussetzen, dass mehrere Gerichtsstände in Frage kommen. Dabei ist ein wahlweises Anknüpfen an den Satzungssitz, den Mittelpunkt der selbstständigen wirtschaftlichen Tätigkeit oder den Sitz der Muttergesellschaft denkbar. Im Schrifttum werden diese Anknüpfungspunkte unter Verweis auf die Möglichkeit einer damit einhergehenden Zuständigkeitserschleichung eines genehmen Konzerninsolvenzgerichts abgelehnt.[33] Jedoch wird – am Beispiel der PIN AG[34] – auch ausgeführt, dass die Auswahl eines bestimmten Gerichts aus strategischen Gründen durchaus von Vorteil sein könne. Deshalb sollten die Lebenssachverhalte rechtzeitig so gestaltet werden,[35] dass die

---

[24] *Brünkmans* ZIP 2013, 193 (194); *Fölsing* ZInsO 2013, 413 (414); *Sester* ZIP 2005, 2099 (2100).
[25] *Brünkmans* ZIP 2013, 193 (194); *Eidenmüller* ZHR 169 (2005), 528 (532); *Fölsing* ZInsO 2013, 413 (414); *Sester* ZIP 2005, 2099 (2100).
[26] So auch *Humbeck* NZI 2013, 957 (958).
[27] Eingehend dazu: *K. Schmidt* KTS 2010, Heft 1, 1 (18 f.).
[28] Braun/*Baumert* InsO, 7. Aufl. 2017 § 3 Rn. 2; K. Schmidt/*Stephan* InsO 19. Aufl. 2016 § 3 Rn. 4.
[29] *K. Schmidt* KTS 2010 Heft 1, 1 (18 f.).
[30] *K. Schmidt* KTS 2010 Heft 1, 1 (18).
[31] MüKoInsO/*Brünkmans* Konzerninsolvenzrecht Rn. 52.
[32] Vgl. *K. Schmidt* KTS 2010 Heft 1, 1 (19 f.).
[33] *Siemon* NZI 2014, 55 (61).
[34] AG Köln Beschl. v. 19.2.2008 – 73 IE 1/08, abgedruckt in NZI 2008, 257.
[35] In Abgrenzung dazu vollziehe sich das sog. echte Forum-Shopping, ohne dass es vorher tatsächliche Veränderungen gegeben hätte, mit der Antragstellung, *Mankowski* NZI 2008, 355, 356.

Verfahrenseröffnung an einem bestimmten Insolvenzgericht zulässig wird.[36] Das an deutschen Gerichten unterschiedlich gelebte Recht könne dafür durchaus Anreize setzen. Eine Rechtfertigung für ein solches Vorgehen solle es jedenfalls dann geben, wenn damit ein einheitliches, konzernweites Sanierungskonzept verfolgt und verwirklicht werde.[37]

dd) Prioritätsgrundsatz

Im Schrifttum wird außerdem vorgeschlagen, die Konzentration des Gerichtsstandes mit **36** dem Prioritätsprinzip[38] zu begründen – wie es im Übrigen auch schon dem geltenden Recht in § 3 Abs. 2 InsO zugrunde liegt. Dasjenige Insolvenzgericht, welches das erste Verfahren über ein konzernangehöriges Unternehmen eröffne, solle auch für alle weiteren Verfahren über dem Verbund angehörige Unternehmen zuständig sein. Dieser Ansatz bewirke eine verlässliche und klar bestimmbare Zuständigkeitsregelung. Maßgeblicher Zeitpunkt solle entweder die Eröffnung oder der Antrag des Insolvenzverfahrens sein. Die wohl hM lehnt diesen Ansatz zwar ab, lässt sich aber zugleich nicht von Verbesserungsvorschlägen abhalten. So wird etwa angemerkt, der Zeitpunkt der Verfahrenseröffnung sei zu spät, daher solle besser auf den Zeitpunkt des Antrages abgestellt werden.[39] Außerdem solle mit der Antragstellung eine Sperrwirkung eingreifen, welche die Anordnung von Sicherungsmaßnahmen durch ein anderes Gericht verhindere, da ansonsten die Gefahr der Bestellung mehrerer vorläufiger Insolvenzverwalter bestünde.[40] Gegen das Anknüpfen an den Prioritätsgrundsatz an sich wird die mangelnde Vorhersehbarkeit des Gerichtsstandes für die Gläubiger angeführt.[41] Zudem bestehe die Gefahr, dass der Antrag auf Eröffnung des Insolvenzverfahrens über das Vermögen einer unbedeutenden Tochter die Zuständigkeit für den Gesamtkonzern bei einem völlig überforderten Gericht nach sich ziehen könne.[42] Das Konzept scheint insbesondere auch nicht dem Umstand Rechnung zu tragen, dass es durchaus in einem Konzern zu mehreren Insolvenzen kommen kann, ohne dass die ganze Gruppe betroffen ist. In diesen Fällen wäre es dann angebracht, den Gerichtsstand nach den allgemeinen Regeln zu bestimmen.

ee) Sitz der Muttergesellschaft

Weiterhin denkbar und wohl von der hM[43] bevorzugt ist ein Anknüpfen an den Sitz der **37** Muttergesellschaft. Dafür spreche, dass der Gerichtsstand für den Gläubiger schon vorab klar und damit vorhersehbar sei. Auch aus strategischen Gründen sei dieser vorteilhaft, da der nach einem einheitlichen Interesse geführte Konzern in den allermeisten Fällen zentral vom Sitz der Muttergesellschaft aus geleitet werde. Hier liefen idR alle für strategische Entscheidungen wichtige Informationen zusammen, deshalb sei nur von der Muttergesellschaft als „Herrin der wesentlichen Informationen" eine Entscheidung über die Fortführung oder eine Abwicklung sinnvoll.[44] Auch unter dem Gesichtspunkt der Identifikation mit dem kriselnden Unternehmen sei das Abstellen auf den Sitz der Mutter zu bevorzugen. Stünden in einer Stadt oder in einer Region Tausende von Arbeitsplätzen auf dem Spiel, sei es nicht unerheblich, ob das Verfahren statt am Muttergerichtsstand am anderen Ende der Republik geführt werde.[45] Zudem sollten gerade bei Großinsolvenzen Gläubiger mit einem

---

[36] Vgl. *Mankowski* NZI 2008, 355 (356).
[37] *Paulus* DB 2008, 2523, 2524.
[38] *Hirte* ZIP 2008, 444. Für ein Modell, dass eine Wahlzuständigkeit mit dem Prioritätsgrundsatz verbindet: *Eidenmüller/Frobenius* ZIP 2013 Heft 22 Beilage, 1 (4 f.).
[39] *Jaffé/Friedrich* ZIP 2008, 1849 (1852).
[40] *Jaffé/Friedrich* ZIP 2008, 1849 (1852).
[41] *Verhoeven* ZInsO 2014, 217 (219); zustimmend: *Eidenmüller/Frobenius* ZIP 2013 Heft 22, Beilage, 1 (5).
[42] *Jaffé/Friedrich* ZIP 2008, 1849 (1852); ebenso: *Vallender/Deyda* NZI 2009, 825 (828).
[43] *Jaffé/Friedrich* ZIP 2008, 1849; *Vallender/Deyda* NZI 2009, 825; *Verhoeven* ZInsO 2014, 217; *ders.*, ZInsO 2012, 1689 (1695).
[44] *Verhoeven* ZInsO 2014, 217 (218 f.).
[45] *Jaffé/Friedrich* ZIP 2008, 1849 (1852).

überschaubaren Aufwand zu den – meist vielzähligen – Gläubigerversammlungen anreisen können.[46] Abgelehnt wird dieser Ansatz hingegen mit dem Argument, dass am Sitz der Muttergesellschaft ein Verfahren eröffnet werde, obwohl diese selbst oder eine ihrer Töchter am gleichen Sitz überhaupt nicht insolvent sei.[47] Überdies sei es möglich, dass deutsche Gerichte ihre internationale und örtliche Zuständigkeit verlören, wenn der Sitz der Mutter im Ausland belegen sei.[48] Aus Gläubigersicht wäre es aber nur verständlich, wenn man den Konzerngerichtsstand an dem Ort festmachen würde, an dem erkennbar die Konzernleitung ausgeübt wird. Die häufig aus steuerlichen Gründen gewählten Holdingstrukturen wären für die Bestimmung des Gruppen-Gerichtsstandes auszuschließen.

ff) Sitz- und Verweisungslösung

38 Nach diesem Modell[49] sollen Insolvenzverfahren nur am Sitz der jeweiligen Gesellschaft beantragt werden können. Maßgebend soll allein der ausschließliche Gerichtsstand des § 3 Abs. 1 S. 1 InsO sein.[50] Auf Antrag soll – in jeder Lage des Verfahrens möglich – eine gerichtliche Verweisung von Insolvenzverfahren innerhalb eines Konzerns an ein anderes, schon angerufenes Gericht erfolgen. Die Verweisung soll dabei nur auf den Gesichtspunkt gestützt werden können, dass der Mittelpunkt der Tätigkeit sich an einem anderen Ort als an dem Sitz befindet. Mit diesem Ansatz soll eine der Rechtsklarheit gerecht werdende Koordinierung der Insolvenzverfahren sowohl in den Fällen einer Simultaninsolvenz als auch in den Fällen einer Sukzessivinsolvenz herbeigeführt werden.

gg) Verfahrenskonsolidierung

39 Vorgeschlagen wird auch ein Konzept, das neben einer Verfahrenskoordination und Verfahrenskonzentration zusätzlich eine verfahrensmäßige Konsolidierung vorsieht.[51] Damit ist gemeint, dass bei einer Konzerninsolvenz nicht nur die einzelnen Verfahren koordiniert (*Verfahrenskoordination*) sowie in die Hände der gleichen Personen und Institutionen gelegt werden sollen (*Verfahrenskonzentration*), sondern dass auch die Möglichkeit besteht, ein einziges, einheitliches Verfahren über alle betroffenen Einzelgesellschaften zu führen (*Verfahrenskonsolidierung*) – ohne freilich eine materielle Konsolidierung herbeizuführen.[52] Zentrales Instrument soll eine sanktionsbewehrte Verpflichtung der Gläubiger und Gesellschafter zur Koordination in Form eines in Anlehnung an § 245 InsO auszugestaltenden Obstruktionsverbotes sein.[53] Das Ersetzen der Einzelverfahren durch ein einziges Verfahren sei unter dem Gesichtspunkt der Transaktionskostenminimierung vorteilhaft, weil so Kosten für relevante Verfahrenshandlungen wie etwa Gläubigerversammlungen und Erörterungstermine nur einmal anfielen.[54] Zudem werde hierdurch auch ein einheitlicher Gruppeninsolvenzplan ermöglicht.[55]

---

[46] *Jaffé/Friedrich* ZIP 2008, 1849 (1852); ebenso: *Vallender/Deyda* NZI 2009, 825 (828).
[47] Etwa *Hirte* ZIP 2008, 444 (445); *K. Schmidt* KTS 2010, Heft 1, 1 (20).
[48] *Vallender/Deyda* NZI 2009, 825 (828).
[49] Erarbeitet von *K. Schmidt* KTS 2010, Heft 1, 1 (22 ff.).
[50] Auch *Eidenmüller* (ZHR 169 [2005], 528, 536 ff.) schlägt vor, allein den allgemeinen Gerichtsstand des Schuldners iSv § 3 InsO für maßgeblich zu erklären und die Vorschrift des § 3 Abs. 1 S. 2 InsO zu streichen. Eine Vergrößerung der Haftungsmasse lasse sich auch durch eine Koordinierung der Verfahren mit verschiedenen, schon vorhandenen Instrumenten erreichen; eines „Konzerngerichtsstandes" bedürfe es *de lege ferenda* nicht.
[51] *Eidenmüller/Frobenius* ZIP 2013, Heft 22, Beilage, 1.
[52] *Eidenmüller/Frobenius* ZIP 2013, Heft 22, Beilage, 1 (3 ff.).
[53] *Eidenmüller/Frobenius* ZIP 2013, Heft 22, Beilage, 1 (4, 6).
[54] *Eidenmüller/Frobenius* ZIP 2013, Heft 22, Beilage, 1 (6 f.).
[55] *Eidenmüller/Frobenius* ZIP 2013, Heft 22, Beilage, 1 (6).

b) Konzerninsolvenzen in der bisherigen Praxis

Die Praxis hat bisher schon Wege gefunden, einen einheitlichen Gerichtsstand in der **40** Insolvenz gruppenzugehöriger Gesellschaften zu begründen. Aus der Vielzahl der Fälle sollen hier nur einige aufgeführt werden, um die Anknüpfungspunkte darzustellen, an Hand derer die Einheitlichkeit des Gerichtsstandes begründet wurde.

Insbesondere im Anwendungsbereich der EuInsVO bietet die dort geltende Ver- **41** mutung, dass der Mittelpunkt des hauptsächlichen Interesses des Schuldners als Anknüpfungspunkt für die internationale Zuständigkeit eines Gerichts sich am Ort seines Satzungssitzes befindet,[56] die Möglichkeit, eine Konzentration des Gerichtsstandes durch Sitzverlegung zu erreichen. Obgleich diese Vermutungsregelung in § 3 Abs. 1 InsO nicht aufgenommen ist, wird auch bei rein nationalen Insolvenzanträgen das Gericht seine Zuständigkeit auf Grund des Satzungssitzes der Gesellschaft anerkennen, wenn ihm nichts Gegenteiliges zum tatsächlichen Mittelpunkt einer selbstständigen wirtschaftlichen Tätigkeit bekannt ist und hierdurch die Zuständigkeit eines Gerichts nicht unlauter erschlichen wird.[57] Der Sitz einer Gesellschaft, der ihren allgemeinen Gerichtsstand nach § 17 Abs. 1 ZPO begründet, auf den in § 3 Abs. 1 S. 1 InsO verwiesen wird, reicht hingegen nicht aus, wenn die tatsächliche, selbstständige wirtschaftliche Tätigkeit an einem anderen Ort ausgeübt wird.

Wird eine selbstständige Tätigkeit durch die Konzerngesellschaften hingegen nicht an **42** einem Ort ausgeübt, der in die Zuständigkeit eines Gerichtes fällt, ist es nach dem oben Gesagten bisher schwierig, einen einheitlichen Gerichtsstand zu begründen. Helfen kann hier, wenn es in Absprache mit den Gläubigern gelingt, die Gruppengesellschaften aus einer Insolvenz herauszuhalten und nur über das Vermögen einer der Gesellschaften, beispielsweise das der Holding, ein Insolvenzverfahren eröffnet wird.[58] Einer Einigung mit den Gläubigern auf ein solches Vorgehen kommt dabei häufig die Struktur der Darlehensverträge entgegen. Zwar bewirken diese aufgrund der wechselseitig gegebenen Garantien, dass sämtliche Gruppengesellschaften für die vollständige Rückzahlung der Darlehen haften und damit gemeinsam in die Krise fallen, wenn die Rückzahlung nicht möglich ist. Allerdings ermöglichen diese Verträge auch eine verbesserte Absprache mit den Gläubigern, soweit jedenfalls die Forderungen sich nicht im Streubesitz befinden. Dabei bietet es den Gläubigern die Möglichkeit, auch in der Krise durch den Verzicht auf eine Inanspruchnahme aus den Garantien oder der Stundung bzw. dem Nicht-Fälligstellen von Ansprüchen, auf die Konzerninsolvenz Einfluss zu nehmen.

Lässt sich die Insolvenz der Gruppengesellschaften nicht vermeiden, ist der Argumenta- **43** tionsaufwand ungleich höher und das Gericht hat, ggf. durch Bestellung eines Sachverständigen, die genaueren Umstände von Amts wegen zu klären.[59] Bei entsprechender Vorbereitung und ggf. auch einer veränderten – schon auf die Sanierung ausgerichteten – Tätigkeit der einzelnen Gruppenmitglieder gelingt es dabei trotz unterschiedlicher Satzungssitze, Gerichte von einer einheitlichen Zuständigkeit zu überzeugen.[60] Der Vollständigkeit halber soll hier schließlich auch auf die Möglichkeit einer Restrukturierung – denn um eine solche wird es im Zweifel immer gehen, wenn sich schon über die Bildung eines Gruppengerichtsstands Gedanken gemacht wird – durch ausländische Insolvenzregime oder Rechtsinstitute, wie das englische *Scheme of Arrangement*, mit deren Hilfe eine Neuregelung der Verschuldung eines Unternehmens erreicht werden kann,[61] verwiesen werden.

---

[56] EuGH Urt. v. 20.10.2011 – Rs. C-396/09 = ZInsO 2011, 2123 ff.
[57] Vgl. Ahrens/Gehrlein/Ringstmeier/*Ahrens* 1. Aufl. 2012, § 3 Rn. 31.
[58] Vgl. hierzu SaarGummi; AG Saarbrücken Beschl. v. 18.5.2011 – 105 IN 27/11.
[59] Ahrens/Gehrlein/Ringstmeier/*Ahrens* 1. Aufl. 2012 § 3 Rn. 31.
[60] AG Köln Beschl. v. 1.2.2008 – 73 IN 682/07 (PIN I) = NZI 2008, 254 ff.
[61] Vgl. u. a. High Court of Justice v. 6.5.2011 [2011] EWHC 1104 (Ch) („Rodenstock") = ZIP 2011, 1017 ff.; hierzu auch *Paulus* ZIP 2011, 1077 ff. oder auch *Mankowski* WM 2011, 1201 ff.

c) Gesetzgebungsverfahren

44 Mit dem am 21.4.2017 verkündeten und am 21.4.2018 in Kraft getretenen „Gesetz zur Erleichterung der Bewältigung von Konzerninsolvenzen" ist ein fast 4-jähriger Gesetzgebungsprozess zum Abschluss gekommen. Zunächst hatte das Bundesministerium der Justiz am 3.1.2013 einen Diskussionsentwurf[62] (InsO-DiskE) vorgelegt und die einschlägigen Fachkreise zur Stellungnahme aufgefordert. Es erfolgte eine rege Diskussion.[63] Im Ergebnis wurde das Vorhaben zwar durchgehend begrüßt, allerdings fielen die Reaktionen auf die gewählte Konzeption eher verhalten aus. Auf die Diskussion folgte am Ende der 17. Legislaturperiode, am 28.8.2013, der nachgebesserte Regierungsentwurf.[64] Dieser brachte einzelne Veränderungen mit sich, ließ aber die Kernpunkte des Diskussionsentwurfes unberührt. Am 11.10.2013 hat der Bundesrat zum Regierungsentwurf Stellung genommen und zu drei Gegenständen um Prüfung gebeten.[65] Zum einen betreffend die Schwellenwerte, bei deren Überschreiten der Schuldner in der Regel nicht als von untergeordneter Bedeutung für die Unternehmensgruppe angesehen werden soll, zum anderen die gerichtsinterne Zuständigkeit des angerufenen Gerichts und schließlich die Kosten des Koordinationsverfahrens. Nach den Wahlen zum 18. Deutschen Bundestag und den daraus folgenden geänderten Mehrheitsverhältnissen wurde am 30.1.2014 der Regierungsentwurf (InsO-E)[66] vorgelegt. Die 1. Lesung des Bundestages fand am 14.2.2014 statt, worauf der Entwurf an die Ausschüsse überwiesen wurde. Die für die öffentliche Anhörung des Ausschusses für Recht und Verbraucherschutz am 2.4.2014 eingeholten Stellungnahmen beurteilten die im Entwurf vorgesehene Zuständigkeitsreglung, soweit sie sich näher damit beschäftigten, überwiegend negativ.[67] Der weitere Gang des Gesetzgebungsverfahrens verzögerte sich, weil zunächst das Anfechtungsrecht einer Reform unterzogen werden sollte.[68]

45   Am 8.3.2017 legte der Ausschuss für Recht und Verbraucherschutz eine Beschlussempfehlung und einen Bericht zum Gesetzentwurf vor.[69] In der Beschlussempfehlung wurden die Schwellenwerte des § 3a Abs. 1 S. 2 InsO angehoben. Die Schwellenwerte der Zahl der vom Schuldner im Jahresdurchschnitt beschäftigten Arbeitnehmer, seiner Bilanzsumme und seiner Umsatzerlöse jeweils im Vergleich zur Unternehmensgruppe sollten demnach von 10 Prozent auf 15 Prozent erhöht werden. Gleichzeitig wurde empfohlen, auf ein kumuliertes Vorliegen aller drei Kriterien zu verzichten. Vielmehr sollte es ausreichen, dass neben der Anzahl der im Jahresdurchschnitt beschäftigten Arbeitnehmer einer der beiden anderen Schwellenwerte überschritten wird, damit in der Regel von keiner untergeordneten Bedeutung des antragstellenden Schuldners für die Unternehmensgruppe auszugehen ist. Dadurch soll der Gefahr begegnet werden, dass bei keinem gruppenangehörigen Schuldner der Schwellenwert erreicht wird. Für den Fall, dass kein Schuldner der Gruppe die Schwellenwerte erreicht, soll bei demjenigen Gericht der Gruppen-Gerichtsstand begründet werden, das für den gruppenangehörigen Schuldner mit den im vorangegange-

---

[62] BMJ (Hrsg.), DiskE vom 3.1.2013, S. 1 ff.; vgl. auch *Leutheusser-Schnarrenberger* ZIP 2013, 97; *Wimmer* DB 2013, 1343; *Graf-Schlicker* ZInsO 2013, 1765.

[63] Etwa Stellungnahme Nr. 9/2013 des Deutschen Anwaltvereins von Februar 2013, www.anwaltverein.de; Stellungnahme des Gravenbrucher Kreises zum Konzerninsolvenzrechtsgesetzesentwurf vom 15.2.2013, www.gravenbrucher-kreis.de; Stellungnahme des Verbandes der Insolvenzverwalter Deutschlands vom 15.2.2013, www.vid.de; Stellungnahme Nr.4/2013 der Bundesrechtsanwaltskammer von Februar 2013, www.brak.de; *Brünkmans* ZIP 2013, 193; *Harder/Lojowsky* NZI 2013, 327; *Graeber* ZInsO 2013, 409; *Fölsing* ZInsO 2013, 413; *Frind* ZInsO 2013, 429; *Andres/Möhlenkamp* BB 2013, 579; *Eidenmüller/Frobenius* ZIP 2013, Heft 22, 1 (7 ff.).

[64] BMJ (Hrsg.), RegE vom 28.8.2013, S. 1 ff.

[65] BR-Drucks. 663/13, S. 1 f.

[66] BT-Drucks. 18/407.

[67] Stellungnahme *Frind* S. 7 ff.; Stellungnahme des VID *Niering* S. 4; Stellungnahme des DAV *Pannen*, S. 4; Stellungnahme *Weiland* S. 2 ff.; anders lediglich Stellungnahme ZDH *Schreiner* S. 3.

[68] BT-Drucks. 18/7054; vgl. *Hirte* Plenarprotokoll Deutscher Bundestag 18/15 S. 1144; BT-Drucks. 18/11436 Fraktion der CDU/CSU S. 20.

[69] BT-Drucks. 18/11436.

nen, abgeschlossenen Geschäftsjahr im Jahresdurchschnitt meisten Mitarbeitern zuständig ist.[70] Auch für die Zweifelsregelung bei mehreren gleichzeitigen Anträgen auf Begründung eines Gruppen-Gerichtsstandes in § 3 Abs. 1 S. 3 InsO sollte es nach der Empfehlung nicht mehr auf die höchste Bilanzsumme, sondern die höchste Beschäftigtenzahl ankommen. Darüber hinaus wurde empfohlen, die GmbH & Co. KG als Unternehmensgruppe im Sinne des § 3e Abs. 1 InsO zu fingieren. Ausweislich der Begründung soll hierdurch die Anwendung der Konzerninsolvenzregeln von in der rechtswissenschaftlichen Literatur bestehenden Streitfrage entlastet werden, ob auch eine Komplementär-GmbH, die nicht am Kommanditkapital beteiligt ist, einen beherrschenden Einfluss auf die KG ausübt.[71]

2. Regelungen zum Gruppen-Gerichtsstand

a) Überblick

Das Konzerninsolvenzrecht war bereits Bestandteil der in der 17. Legislaturperiode ange- **46** strebten umfassenden Reform des Insolvenzrechts, die auf insgesamt drei Stufen verteilt vollzogen werden sollte. Trotz des zunächst eingeschlagenen hohen Tempos konnte das Reformprojekt nicht mehr in der 17., sondern erst am Ende der 18. Legislaturperiode beendet werden. Das „Gesetz zur Erleichterung der Bewältigung von Konzerninsolvenzen" stellt die letzte Stufe der Reform nach dem am 1.3.2012 in Kraft getretenen „Gesetz zur weiteren Erleichterung der Sanierung von Unternehmen" (ESUG) und dem am 1.7.2014 in Kraft getretenen „Gesetz zur Verkürzung des Restschuldbefreiungsverfahrens und zur Stärkung der Gläubigerrechte" dar. Schon mit dem ESUG wurde die Verbesserung der wirtschaftlichen Rahmenbedingungen für die Sanierung von Unternehmen in der Krise angestrebt, um eine Fortführung sanierungsfähiger Unternehmen zu unterstützen. Zu diesem Zweck wurde der Zugang zur Eigenverwaltung erleichtert, das Insolvenzplanverfahren gestrafft und erweitert sowie den Gläubigern ein stärkerer Einfluss auf die Auswahl des Insolvenzverwalters eingeräumt. Die zweite Stufe der Reform betraf dagegen im Wesentlichen das hier zu vernachlässigende Verbraucherinsolvenzrecht. Die dritte Stufe soll nun an die ESUG-Reform anknüpfen und den speziellen Problemen von kriselnden Konzernen begegnen.

Der **Gesetzgebungsbedarf** wird damit begründet, dass das geltende Insolvenzrecht, das **47** auf dem Rechtsträgerprinzip basiert und (nur) auf Insolvenzen einzelner Rechtsträger zugeschnitten ist („eine Person, ein Vermögen, eine Insolvenz"), für die Bewältigung von Konzerninsolvenzen nicht ausreichend sei.[72] Das bisher geltende Recht berge die Gefahr, dass von verschiedenen Insolvenzverwaltern verfolgte Verwertungsstrategien miteinander konkurrieren und dadurch das Ziel der bestmöglichen Befriedigung der Gläubiger verfehlt wird.[73] Mit der Gesetzesänderung als Ergänzung zum ESUG wird darüber hinaus bezweckt, Hindernisse, die einer Sanierung entgegenstehen können, zu beseitigen und insgesamt eine Sanierungskultur zu schaffen.[74] Nicht zuletzt sollte der ursprünglich vorgelegte Entwurf

---

[70] BT-Drucks. 18/11436 S. 21.
[71] BT-Drucks. 18/11436 S. 21 f.
[72] BT-Drucks. 18/407, S. 1; *Leutheusser-Schnarrenberger* ZIP 2013, 97 (97 f.).
[73] So auch im Schrifttum, vgl. *Brünkmans* DB 2013 Heft 39, M1; *Eidenmüller* ZHR 169 (2005), 528 (529).
[74] *Leutheusser-Schnarrenberger* ZIP 2013, 97 (97 f.); *Graf-Schlicker* ZInsO 2013, 1765 (1768). *Siemon* (NZI 2014, 55 ff.) dagegen legt dar, warum aus seiner Sicht die Regelungen nicht geeignet seien, die Sanierungssituation zu verbessern. U. a. spricht er sich dagegen aus, die konzerninsolvenzrechtlichen Regelungen und das Eigenverwaltungsverfahren des ESUG zu trennen. Auch fehle es an Regelungen zum Schutz ertragreicher abhängiger Töchter in der Insolvenz der Mutter, denen infolge des Domino-effektes ebenfalls die Insolvenz drohe (NZI 2014, 57) sowie einem Regelungskomplex zum Schutz vor Distressed Debt Tradern, deren Strategie in Form einer zeitlich begrenzten Investition in die Schulden zum Zwecke der Erzielung einer maximalen Rendite durch Zerlegung des Unternehmens nach Beendigung des Insolvenzverfahrens bestünde (NZI 2014, 58 ff.).

nach dem Willen der Verfasser für die angestrebte Reform der EuInsVO einen wichtigen Diskussionsbeitrag leisten.[75]

48   Die Reform verfolgt mit zwei Ansätzen das Ziel, die Durchführung von Gruppen-insolvenzen zu verbessern.[76] Zum einen soll ermöglicht werden, die Zuständigkeit eines (einzigen) Insolvenzgerichtes zu begründen (§ 3a InsO) und eine einheitliche Verwalter-bestellung für den gesamten Konzern zu erreichen (§ 56b InsO). Mit der Zentralisierung der Insolvenzverfahren bei einem Insolvenzgericht wird einer in der Literatur wiederholt erhobenen Forderung nachgekommen, um eine effektive Abstimmung der Verfahren zu gewährleisten.[77] Zum anderen soll in Fällen, in denen ein einheitliches Verfahren nicht möglich oder sinnvoll ist, die Kommunikation zwischen den Beteiligten verbessert (§§ 269a ff. InsO) sowie ein neu geschaffenes Koordinationsverfahren (§ 269d ff. InsO) genutzt werden. An dem in § 11 Abs. 1 S. 1 InsO zum Ausdruck kommenden Rechts-trägerprinzip wird festgehalten. Eine Konsolidierung der Massen oder der Verfahren ist nicht vorgesehen.[78]

b) Die Regelungen zum Konzerngerichtsstand

49   Regelungen zum Gruppen-Gerichtsstand sind in § 2 Abs. 3, §§ 3a–3e und § 13a InsO aufgenommen.[79] Die §§ 3a, 3b und 3d InsO betreffen die Begründung des Gruppen-Gerichtsstandes, dessen Fortbestehen und die Verweisung an das Gericht des Gruppen-Gerichtsstandes. In § 3e InsO wird der Begriff der Unternehmensgruppe definiert. § 2 Abs. 3 und § 3c InsO regeln die gerichtliche und richterliche Zuständigkeitskonzentration. Die Anforderungen an den Antrag zur Begründung des Gruppen-Gerichtsstandes sind in § 13a InsO enthalten.

50   Der Gruppen-Gerichtsstand ist als **Wahlgerichtsstand** ausgestaltet. Er soll neben dem Gerichtsstand des § 3 InsO als besonderer Gerichtsstand fungieren.[80] Dies bedeutet, dass ein Antrag auf Begründung eines Gruppen-Gerichtsstandes nach § 3a InsO seinerseits keine Sperrwirkung zulasten der nach § 3 Abs. 1 InsO gegebenen Gerichtsstände entfaltet. Auf der anderen Seite sollen die Gerichtstände des § 3 Abs. 1 InsO ihren ausschließlichen Charakter verlieren, wenn ein Antrag nach § 3a InsO erfolgreich ist. Änderungen des § 3 InsO, insbesondere des § 3 Abs. 1 S. 2 InsO, hat der Gesetzgeber nicht vorgenommen. Das Nebeneinander der Zuständigkeiten wird damit begründet, dass eine verdrängende Zustän-digkeit den Fällen nicht gerecht werde, in denen kein besonderer Koordinationsbedarf besteht, etwa weil nur bestimmte Konzerngesellschaften betroffen sind oder weil der Koor-dinierungsbedarf zwischen den Einzelverfahren keine Konzentration der Zuständigkeiten erfordert.[81] Zudem soll den Vertretungsorganen der einzelnen Konzerngesellschaften die Möglichkeit erhalten bleiben, ihren strafbewehrten Pflichten zur Stellung eines Eigen-antrags ordnungsgemäß und rechtzeitig bei dem nach § 3 Abs. 1 InsO zuständigen Gericht nachzukommen, wenn die Antragstellung nicht konzernweit koordiniert wird.[82]

51   Der Antrag auf Begründung eines Gruppen-Gerichtsstandes kann nur als **Eigenantrag** gestellt werden. Da die erforderlichen Informationen und Koordinationsmittel bei der

---

[75]   *Leutheusser-Schnarrenberger,* ZIP 2013, 97 (102); *Graf-Schlicker* ZInsO 2013, 1765 (1768). Eingehend zum europäischen Regelungsvorhaben: *Wimmer* DB 2013, 1343 (1343–1346).
[76]   BT-Drucks. 18/407, S. 1 f.
[77]   BT-Drucks. 18/407, S. 19; *Leutheusser-Schnarrenberger* ZIP 2013, 97 (100).
[78]   BT-Drucks. 18/407, S. 2, 17; *Leutheusser-Schnarrenberger* ZIP 2013, 97 (97 f.). Zustimmend etwa *Fölsing* ZInsO 2013, 413 (414). Kritisch zur Ablehnung eines materiellen Konzerninsolvenzrechts: *Humbeck* NZI 2013, 957.
[79]   Der Diskussionsentwurf sah für den Gruppen-Gerichtsstand insgesamt nur zwei Hausnummern – nämlich §§ 3a und 3b InsO-DiskE – vor. Die Regelungstiefe des Gruppen-Gerichtsstandes nach dem Regierungs-entwurf mit nunmehr fünf Hausnummern ist demgegenüber deutlich gestiegen.
[80]   BT-Drucks. 18/407 S. 20.
[81]   BT-Drucks. 18/407 S. 20.
[82]   BT-Drucks. 18/407 S. 20.

Konzernleitung liegen, erscheint es auch sinnvoll, keinen Fremdantrag zuzulassen.[83] Ob das **Prioritätsprinzip** der zweckmäßigste Lösungsansatz für divergierende Anträge innerhalb eines Konzerns ist, erscheint allerdings fraglich. Das Antragsrecht auf die Muttergesellschaft zu beschränken, wäre durchaus ein Lösungsansatz gewesen. Sowohl Konflikte innerhalb des Konzerns als auch ein befürchtetes Forum-Shopping,[84] wären dadurch ausgeschlossen worden. Die Wahlmöglichkeit auch auf Tochtergesellschaften, die allerdings von nicht völlig untergeordneter Bedeutung sein dürfen, zu erstrecken, überrascht. Auch wenn man das Missbrauchspotenzial als eher gering ansehen mag, wird mit diesem Vorschlag erheblich von der bisher geltenden Rechtslage abgewichen. Während die Gläubigersicht (Stichwort: Vorhersehbarkeit) für die Bestimmung des Gerichtsstandes bisher sowohl im nationalen Recht als auch nach der EuInsVO entscheidend ist, soll dies für den Konzern nicht gelten. In der Praxis wird man damit leben können, da die meisten dieser Verfahren tatsächlich von der Konzernleitung vorbereitet werden dürften. Die vom Gesetzgeber gewählte Regelung kann aber zusätzliches Konfliktpotenzial bergen. Schließlich mag hier auch in der Tat die Frage nach dem gesetzlichen Richter gestellt und einer Aufweichung der Kriterien für die örtliche Zuständigkeit in Insolvenzverfahren insgesamt Vorschub geleistet werden.

aa) Die Begründung des Gruppen-Gerichtsstandes

Gemäß § 3a Abs. 1 S. 1 InsO erklärt sich das angerufene Insolvenzgericht auf Antrag eines **52** Schuldners, der einer Unternehmensgruppe angehört (sog. gruppenangehöriger Schuldner), für die Insolvenzverfahren über die anderen gruppenangehörigen Schuldner (sog. Gruppen-Folgeverfahren) für zuständig, wenn in Bezug auf den Schuldner ein zulässiger Eröffnungsantrag vorliegt und der Schuldner nicht offensichtlich von untergeordneter Bedeutung für die gesamte Unternehmensgruppe ist. Die Zuständigkeitsbegründung eines Gruppen-Gerichtsstandes bei einem örtlich zuständigen Gericht soll damit also von **vier Voraussetzungen** abhängen: (1) es muss ein Antrag auf Begründung des Gruppen-Gerichtstandes gestellt werden, (2) der Eröffnungsantrag muss zulässig sein, (3) der antragstellende Schuldner muss einer Unternehmensgruppe angehören und (4) darf nicht offensichtlich von untergeordneter Bedeutung innerhalb der Unternehmensgruppe sein.

Der Antrag auf Begründung des Gruppen-Gerichtsstandes ist von dem Antrag auf **53** Eröffnung des Insolvenzverfahrens zu trennen. Zuständig für die Gruppen-Folgeverfahren soll sich nach § 3a Abs. 1 InsO das für den Schuldner nach § 3 InsO zuständige Insolvenzgericht nur dann erklären können, wenn ein entsprechender **Eigenantrag** gestellt wird. Dies soll auch in den Fällen gelten, in denen ein Gläubiger den Antrag auf Eröffnung des Insolvenzverfahrens über das Vermögen des (gruppenangehörigen) Schuldners gestellt hat. Von einem Antragsrecht der Gläubiger auf Begründung eines Gruppen-Gerichtsstandes sieht der Gesetzgeber ab. Begründet wird dies damit, dass eine erfolgreiche Sanierung kaum gegen den Willen einer Unternehmensleitung geplant oder durchgeführt werden kann.[85] Zudem dürfte es den Gläubigern der einzelnen Gesellschaften auch an den für eine Entscheidung der Zweckmäßigkeit einer konzernweiten Insolvenzstrategie erforderlichen Informationen und Unterlagen fehlen. Das Antragsrecht des Schuldners geht aber gemäß § 3a Abs. 3 InsO mit der Bestellung eines vorläufigen Insolvenzverwalters, dem die Verwaltungs- und Verfügungsbefugnis über das Vermögen des Schuldners übertragen wurde, auf diesen bzw. mit der Eröffnung des Insolvenzverfahrens auf den Insolvenzverwalter über.[86]

---

[83] BT-Drucks 18/407 S. 20.
[84] Vgl. Stellungnahmen der Sachverständigen *Frind* und *Weiland* zur öffentlichen Anhörung des Rechtsausschusses vom 2.4.2014.
[85] BT-Drucks. 18/407, S. 20; → Rn. 48.
[86] *Römermann* [ZRP 2013, 201 (203)] gibt zu bedenken, es könne nunmehr ein Windhundrennen einsetzen. Wer zuerst als Verwalter eingesetzt werde, werde rasch den Antrag nach § 3a InsO stellen und damit versuchen, die Verwaltung des gesamten Konzerns an sich zu ziehen. Ähnlich: *Andres/Möhlenkamp* BB 2013, 579 (585).

54   Das Gesetz geht für den Antrag vom **Prioritätsprinzip** aus. Zuständigkeitsbegründend soll grundsätzlich allein der erste zulässige Antrag sein. Nur wenn zeitgleich mehrere Anträge durch gruppenangehörige Schuldner gestellt werden oder die Reihenfolge der Antragstellung unklar ist, soll gemäß § 3a Abs. 1 S. 3 InsO die Zahl der Arbeitnehmer entscheidend sein. Der Regierungsentwurf sah in diesem Fall noch die Höhe der Bilanzsumme für ausschlaggebend an.[87] Erst mit der Beschlussempfehlung des Ausschusses für Recht und Verbraucherschutz ist die nunmehr gesetzliche Regelung aufgenommen worden. Eine nähere Begründung hierfür wird nicht gegeben. Allerdings geht aus dem Hinweis der CDU/CSU Fraktion in der Beschlussempfehlung hervor, dass hierdurch die Arbeitnehmerzahl als wesentlicher Faktor für den Konzerngerichtsstand klargestellt werden solle.[88] Die zwingende Schwelle von 15 Prozent der durchschnittlich im vorangegangenen Geschäftsjahr beschäftigten Arbeitnehmer der Unternehmensgruppe für die Bestimmung einer regelmäßig nicht untergeordneten Bedeutung des gruppenangehörigen Schuldners, geht ebenfalls auf die Beschlussempfehlung zurück. Es kommt gemäß § 3a Abs. 1 S. 3 InsO auf die Beschäftigtenzahl im vergangenen abgeschlossenen Geschäftsjahr an. Obgleich im Unterschied zum vorhergehenden Satz nicht auf die durchschnittliche Zahl der Arbeitnehmer abgestellt wird, kann es auch für die Entscheidung, welcher von mehreren Anträgen zulässig ist, auch nur auf die Durchschnittszahl ankommen.[89] Dies ergibt sich schon daraus, dass den Gerichten keine andere Information für ihre Entscheidung vorliegen dürfte als der gemäß § 13a Abs. 1 Nr. 1 bzw. § 13 Abs. 1 S. 5 InsO vorgesehen Angabe des Schuldners über die durchschnittliche Zahl der Arbeitnehmer im vorangegangenen Geschäftsjahr.

55   Der Gesetzgeber hat sich mit der Geltung des Prioritätsprinzips bewusst gegen eine ausschließliche Zuständigkeit am Sitz der Muttergesellschaft ausgesprochen.[90] Dies wird damit begründet, dass durch die Wahlmöglichkeiten, die durch das Prioritätsprinzip angelegt sind, im nationalen Bereich – anders als im internationalen Bereich – keine Möglichkeit für einen *echten* Missbrauch gegeben sei, da keine Einflussmöglichkeit auf das anzuwendende Recht droht.[91] Vielmehr werde der Konzernleitung und den Leitern der einzelnen Unternehmensteile ein Gestaltungsmittel zur Verfügung gestellt, um eine erfolgreiche Sanierung einer Unternehmensgruppe durch ein Insolvenzverfahren zu ermöglichen. Gegenüber diesem Vorteil müsse ein geringfügiges Missbrauchspotenzial hingenommen werden. Die Möglichkeit der beliebigen Antragstellung werde überdies dadurch eingeschränkt, dass nur ein Schuldner von nicht offensichtlich untergeordneter Bedeutung antragsberechtigt ist.

56   Die Begründung des Gruppen-Gerichtsstandes setzt gemäß § 3a Abs. 1 S. 1 InsO einen **zulässigen Eröffnungsantrag** voraus. Hierfür soll das angerufene Gericht im Rahmen der Gruppen-Gerichtsstandzuständigkeitsprüfung lediglich prüfen, ob der Antrag auf Eröffnung des Insolvenzverfahrens zulässig, nicht aber auch, ob er begründet ist. Es soll also nicht festgestellt werden, ob ein Eröffnungsgrund tatsächlich vorliegt. Damit wird bezweckt, zeit- und aufwandsintensive Ermittlungen tatsächlicher und rechtlicher Art zu vermeiden und dem angerufenen Gericht eine rasche Begründung des Gruppen-Gerichtstandes zu ermög-

---

87 BT-Drucks. 18/407 S. 7, 27.
88 BT-Drucks. 18/11436 S. 20.
89 So auch *Mückl/Götte* ZInsO 2017, 623 ff., 626.
90 BT-Drucks. 18/407 S. 19; *Leutheusser-Schnarrenberger* ZIP 2013, 97 (100); zur Kritik → Rn. 51.
91 BT-Drucks. 18/407 S. 19; *Leutheusser-Schnarrenberger* ZIP 2013, 97 (100); ferner *Wimmer* DB 2013, 1343 (1347). *Römermann* [ZRP 2013, 201 (203)] merkt dazu zutreffend an, dass der Missbrauchsvorwurf dennoch auch im nationalen Bereich nicht von der Hand zu weisen sein dürfte. Es drohen zwar keine Auswirkungen auf die *Anwendbarkeit*, jedoch solche in Bezug auf die *Anwendung* der einschlägigen nationalen Vorschriften. Dies ergibt sich – wie die Praxis zeigt – daraus, dass Insolvenzrichter die Vorschriften unterschiedlich interpretieren und anwenden. *Andres/Möhlenkamp* [BB 2013, 579 (584 f.)] sprechen sich – zum Diskussionsentwurf – dafür aus, wegen der mit dem Abstellen auf das Prioritätsprinzip einhergehenden Unsicherheit über die Zuständigkeit an den Sitz der Mutter oder den Mittelpunkt der wirtschaftlichen Tätigkeit iSv § 3 Abs. 1 S. 2 InsO anzuknüpfen. Kritisch auch *Siemon* [NZI 2014, 55 (60 f.)] sowie *Verhoeven* [ZInsO 2014, 217 (218 f.)].

lichen.[92] Für den Fall, dass der Eröffnungsantrag nach der erfolgreichen Begründung des Gruppen-Gerichtsstandes mangels Begründetheit abgelehnt wird, soll der Gruppen-Gerichtsstand fortbestehen, solange ein Verfahren über einen gruppenangehörigen Schuldner anhängig ist, § 3b InsO. Diese Regelung könnte sich als segensreich herausstellen. In Fällen, in denen bei der Holding gar kein Insolvenzgrund vorliegt, man aus Gründen der Koordination aber gerade dort den Gruppen-Gerichtsstand begründet haben möchte, könnte § 3b InsO helfen.

Das Recht zum Antrag auf Begründung des Gruppen-Gerichtsstandes steht nach § 3a **57** Abs. 1 InsO nur dem Schuldner zu, der einer **Unternehmensgruppe** angehört. Ob eine solche gegeben ist, wird nach Maßgabe des § 3e InsO bestimmt. Die dort vorgenommene Legaldefinition soll nicht nur für den Gerichtsstand, sondern für die Anwendbarkeit aller konzernrechtlichen Regelungen im Rahmen der InsO maßgebend sein.[93] Nach § 3e InsO besteht eine Unternehmensgruppe aus rechtlich selbstständigen Unternehmen, die den Mittelpunkt ihrer hauptsächlichen Interessen[94] im Inland haben und die unmittelbar oder mittelbar miteinander durch 1. die Möglichkeit der Ausübung eines beherrschenden Einflusses oder 2. durch die Zusammenfassung unter einer einheitlichen Leitung verbunden sind. Da der Begriff der Unternehmensgruppe[95] weit gefasst ist, kommt ihm als Ausschlussgrund für den Antrag sicherlich keine zentrale Rolle zu. Wer außer einer gruppenangehörigen Gesellschaft käme auf die Idee, einen Antrag auf Begründung eines Gruppen-Gerichtsstandes zu stellen. Zur Fiktion der GmbH & Co. KG als Unternehmensgruppe vgl. bereits Rn. 17. Bedeutender mag insoweit der weite Begriff der Unternehmensgruppe für die Verweisung nach § 3d InsO, also für Folgeanträge, sein.

Ein Gruppen-Gerichtsstand soll schließlich gemäß § 3a Abs. 1 S. 1 InsO nur dann **58** begründet werden können, wenn der den Antrag stellende Schuldner **nicht offensichtlich von untergeordneter Bedeutung** für die gesamte Unternehmensgruppe ist. Ob dies der Fall ist, soll sich aus den Umständen des Einzelfalls ergeben. Eine Möglichkeit für die Annahme einer nicht offensichtlich untergeordneten Bedeutung eines gruppenangehörigen Schuldners aus quantitativen[96] Gründen formuliert der Katalog des § 3a Abs. 1 S. 2 InsO. Danach ist eine untergeordnete Bedeutung in der Regel nicht anzunehmen, wenn im vorangegangenen, abgeschlossenen Geschäftsjahr die Bilanzsumme des Schuldners mehr als 15 Prozent der zusammengefassten Bilanzsumme der Unternehmensgruppe betrug, die Umsatzerlöse des Schuldners mehr als 15 Prozent der zusammengefassten Umsatzerlöse der Unternehmensgruppe betrugen und die Zahl der vom Schuldner im Jahresdurchschnitt beschäftigten Arbeitnehmer mehr als 15 Prozent der in der Unternehmensgruppe im Jahresdurchschnitt beschäftigten Arbeitnehmer ausmachte. Die Schwellenwerte lagen im Regierungsentwurf noch jeweils bei zehn Prozent und wurden erst in der Beschlussempfehlung des Rechtsausschusses angehoben. Dies entsprach der Empfehlung des Bundesrates.[97] Hierdurch sollte der Gefahr begegnet werden, durch Verlagerung von wesentlichen Funktionen innerhalb des Konzerns kurz vor dem Insolvenzantrag einen bestimmten

---

[92] BT-Drucks. 18/407, S. 26.

[93] BT-Drucks. 18/407 S. 28.

[94] Die Diskussionsentwurfsfassung, die die Legaldefinition noch in § 3a Abs. 4 InsO-E enthielt, orientierte sich mit der Formulierung „Mittelpunkt ihrer wirtschaftlichen Interessen" an der Fassung des § 3 Abs. 1 S. 2 InsO („COMI").

[95] Eingehende Auseinandersetzung mit dem Begriff nach der InsO-E: *Beck* DStR 46/2013, 2468. Kritisch zur Reichweite äußert sich *Verhoeven* [ZInsO 2014, 217 (217 f.)]: Es bestünde ein Bedürfnis für eine gesondert geregelte Verfahrensbewältigung für Insolvenzfälle einheitlich und zentral geführter Konzerne, bei denen ein Dominoeffekt drohe. Dagegen ist einzuwenden, dass die weite Fassung unschädlich ist, da kein Zwang zur Begründung des Gruppen-Gerichtsstandes besteht.

[96] Der Begründungstext zum Regierungsentwurf vom 28.8.2013 sah die Möglichkeit vor, auch auf qualitative Kriterien abzustellen. Genannt wurde als Beispiel das Abstellen „… auf die von dem Unternehmen übernommenen Aufgaben und Funktionen (…) im Gruppenkontext …" (BMJ, Begründung zum RegE vom 28.8.2013, S. 28). Dieser Teil des Satzes fehlt indes im Begründungstext des Entwurfes vom 30.1.2014 (BT-Drucks. 18/407, S. 26).

[97] BR-Drucks. 663/13 S. 1.

Konzerngerichtsstand zu begründen.[98] Erst mit der Beschlussempfehlung des Rechtsausschusses wurde darüber hinaus auch die im Gesetzentwurf der Bundesregierung vorgesehene Kumulierung aller drei Kriterien gelockert. Es reicht aus, dass zwei der drei Schwellenwerte überschritten werden. Allerdings wird die Regelannahme nur dann vorliegen, wenn mehr als 15 Prozent der in der Unternehmensgruppe im Jahresdurchschnitt des vorangegangenen abgeschlossenen Geschäftsjahres beschäftigten Arbeitnehmer beim Schuldner beschäftigt waren. Hierdurch soll eine größere Gewichtung auf die Arbeitsplätze hergestellt werden.[99] Sollten bei keinem der gruppenangehörigen Schuldner die Schwellenwerte überschritten werden, soll zudem gemäß § 3 Abs. 1 S. 4 InsO jedenfalls bei dem Gericht der Gruppen-Gerichtsstand begründet werden, das für den gruppenangehörigen Schuldner zuständig ist, der im vorangegangenen, abgeschlossenen Geschäftsjahr im Jahresdurchschnitt die meisten Arbeitnehmer beschäftigt hatte.

59   Auch, wenn die Beschlussempfehlung des Rechtsausschusses von einer Einschränkung der Spielräume spricht, sollte nicht übersehen werden, dass im Gesetz lediglich davon die Rede ist, dass in der Regel bei Überschreiten der Schwellenwerte keine untergeordnete Bedeutung anzunehmen ist. Selbst wenn die Werte nicht überschritten oder erreicht werden, kann es sich also um einen Schuldner von nicht untergeordneter Bedeutung handeln. Umgekehrt kann trotz Überschreiten der Schwellenwerte eine untergeordnete Bedeutung vorliegen, was in der Regel aber nicht der Fall sein dürfte. Für das Gericht muss zudem die untergeordnete Bedeutung des Schuldners für die Unternehmensgruppe offensichtlich sein. Die in § 3 Abs. 1 S. 2 InsO aufgenommenen, quantitativen Merkmale sollen Orientierungspunkte bieten, deren Vorliegen oder Fehlen das Gericht im konkreten Einzelfall nicht binden.[100] In der Begründung des Regierungsentwurfes wird ausgeführt, das Vorliegen der quantitativen Schwellen nach freiem richterlichen Ermessen in den Fällen zu schätzen, in denen die Unternehmensgruppe nicht zur Erstellung von Konzernabschlüssen nach den §§ 290 ff. HGB verpflichtet ist oder Konzernabschlüsse nicht vorliegen.[101] Die Schwellenwerte mögen einen befürchteten Missbrauch verhindern. Für die sinnvolle Bestimmung eines Gruppen-Gerichtsstandes sind sie aber ungeeignet. Bei einer Holdingstruktur kann es leicht sein, dass die Werte durch die Holding-Gesellschaft nicht erreicht werden. Es sollten für die Bedeutung des Schuldners in erster Linie qualitative Merkmale herangezogen werden, insbesondere die beherrschende Stellung des Schuldners in der Unternehmensgruppe. Unabhängig von quantitativen Schwellenwerten, sollte es ausreichen, wenn für den Vertragskonzern die Stellung als Obergesellschaft nachgewiesen und versichert wird, dass der Unternehmensvertrag nicht gekündigt wurde. Gleiches muss auch für die Hauptgesellschaft bei einer Eingliederung nach § 319 AktG gelten und ganz allgemein für das herrschende Unternehmen einer Unternehmensgruppe. Tatsächlich sollte allein das Gläubigerinteresse im Mittelpunkt der Prüfung stehen. Wenn man sich durch das Konzerninsolvenzrecht einen Vorteil für die Gläubigerbefriedigung und den Erhalt eines Wertes, der über die Einzelunternehmen hinausgeht, verspricht, dann sollte jedenfalls ein durch die Konzernleitung beantragtes Konzerninsolvenzverfahren nicht ausgeschlossen werden.

60   Auch wenn ein zulässiger Antrag auf Begründung eines Gruppen-Gerichtstandes vorliegt, soll das Gericht den Antrag gemäß § 3a Abs. 2 InsO ablehnen können, wenn Zweifel daran bestehen, dass eine Verfahrenskonzentration am angerufenen Insolvenzgericht im **gemeinsamen Interesse der Gläubiger** sämtlicher gruppenangehöriger Schuldner liegt.[102] Das gemeinsame Interesse der Gläubiger an einer Verfahrenskonzen-

---

[98] Kritisch dazu *Beck* DStR 46/2013, 2468 (2472).

[99] BT-Drucks. 18/11436, S. 21.

[100] BT-Drucks. 18/407, S. 26. *Beck* (DStR 46/2013, 2468 [2472]) tendiert (auch) dazu, in den Kriterien keine über eine Orientierungshilfe hinausgehende Vermutung zu sehen und begründet dies mit den Gesetzesmaterialien und dem Wortlaut. Dagegen bejaht *Wimmer* [DB 2013, 1343 (1347)] für die ähnlich formulierte Vorschrift des § 3a Abs. 1 S. 1 Nr. 3 letzter Hs. InsO-DisKE das Vorliegen einer gesetzlichen Vermutung.

[101] BT-Drucks. 18/407, S. 27.

[102] Der Diskussionsentwurf verlangte demgegenüber noch einen positiven Nachweis des Gläubigerinteresses, § 3a Abs. 1 Nr. 2 InsO-DiskE. Kritisch sieht das *Römermann* [ZRP 2013, 201 (203)]: Wegen der

tration soll dann zu bejahen sein, wenn sich durch eine Verfahrenskonzentration Gewinne für einige der betroffenen Insolvenzmassen erreichen lassen, ohne die übrigen Insolvenzmassen dabei zu benachteiligen.[103] Obgleich das gemeinsame Interesse der Gläubiger als Maßstab zutrifft, erscheint die Formulierung zu weitgehend. Zweifel kann man immer haben und in einer Konzernstruktur würde sich dies auch immer damit begründen lassen, dass sich eine Gesellschaft findet, deren schnelle Abwicklung durch die Koordination der Gesamtgruppe verzögert wird. Hier mag dann auch ein Einfallstor für dissentierende Gläubiger liegen, die versuchen könnten, mit entsprechenden Schutzschriften eine Sanierung zu verhindern. Selbst in Zweifelsfällen sollten die Gerichte ihr Ermessen konsequent an dem vom Gesetz verfolgten Zweck einer Vereinfachung von Konzerninsolvenzen durch Konzentration ausrichten. Maßgebend für die Entscheidung des Gerichts sollen die Angaben des antragstellenden Schuldners nach § 13a Abs. 1 Nr. 2 InsO über die Gründe sein, warum eine Verfahrenskonzentration am angerufenen Gericht im gemeinsamen Interesse der Gläubiger liegt. Es wird daher zu empfehlen sein, für sämtliche gruppenangehörigen Gesellschaften, Ausführungen im Antrag zu machen und ggf. deren Insolvenzanträge im Entwurf beizufügen. Dabei sollte das beabsichtigte Vorgehen, beispielsweise Vorlage eines oder mehrerer Insolvenzpläne, Durchführung eines Verkaufsprozesses, Stilllegung von Unternehmensteilen, dargelegt werden. Nach Möglichkeit sollte auch bereits bei Antrag eine annähernde Vergleichsrechnung für die gruppenangehörigen Gesellschaften vorgelegt werden. Dass eine Ablehnungsentscheidung schon bei Zweifeln des Gerichts erfolgen kann und nicht rechtsmittelbewährt ist,[104] stellt eine Schwäche des Gesetzes dar. Die ausführlichen Regelungen zu den quantitativen Schwellenwerten bei gleichzeitigem Schweigen zu qualitativen Merkmalen, gepaart mit bestehendem Zweifel am gemeinsamen Interesse der Gläubiger an der Verfahrenskonzentration als Voraussetzung für das Ablehnen eines Gruppen-Gerichtsstandes, bergen erhebliche Unsicherheiten. Im Ergebnis dürften daher auch in Zukunft die bisher praktizierten Wege zur Begründung eines einheitlichen Gerichtsstandes bei der Vorbereitung der Insolvenzverfahren nicht vernachlässigt werden.

bb) Fortbestehen des Gruppen-Gerichtsstandes

§ 3b InsO bestimmt, dass ein (einmal) begründeter Gruppen-Gerichtsstand von der Nicht- **61** eröffnung, Aufhebung oder Einstellung des Insolvenzverfahrens über den antragstellenden Schuldner unberührt bleibt, solange an diesem Gerichtsstand ein weiteres Verfahren über einen anderen gruppenangehörigen Schuldner anhängig ist. Die Regelung bezweckt, die erneute Begründung eines Gruppen-Gerichtstandes zu vermeiden und eine einheitliche Verfahrensführung zu sichern. Für bereits anhängige Verfahren anderer gruppenangehöriger Schuldner ergibt sich das Fortbestehen der Zuständigkeit bereits aus § 4 InsO iVm § 261 Abs. 3 Nr. 2 ZPO. Für den Fall, dass sich der gemäß § 3a Abs. 1 S. 1 InsO erforderliche zulässige Eröffnungsantrag als unbegründet erweist und die Eröffnung des Verfahrens abzulehnen wäre, soll ein zuvor begründeter Gruppen-Gerichtsstand auch für noch nicht anhängige Verfahren anderer gruppenangehöriger Schuldner beibehalten bleiben, solange zumindest auch nur ein Verfahren eines gruppenangehörigen Schuldners vor dem Gruppengericht anhängig ist. Das Gleiche soll gelten, wenn das Verfahren zwar eröffnet, aber später wieder beendet wurde. § 3b InsO perpetuiert den Gerichtsstand damit für noch nicht anhängige Verfahren anderer gruppenangehöriger Schuldner. Mindestanforderung ist,

---

gewählten Entwurfsformulierung des § 3a InsO-E „Schuldner *nicht offensichtlich* von untergeordneter Bedeutung" und der Zweifelsregel in dessen Abs. 2 könnten die Insolvenzgerichte letztlich entscheiden, wie sie wollen. Eine strikte Bindung an feste Tatbestandsmerkmale sei nicht erkennbar. *Verhoeven* [ZInsO 2014, 217 (219)] begrüßt die vorgenommene Abschwächung, hält diese Voraussetzung letztlich aber für überflüssig.
[103] BT-Drucks. 18/407, S. 27.
[104] Vgl. Braun/*Baumert* 7. Aufl. 2017 § 3a Rn. 16 f.

dass überhaupt noch ein Verfahren über einen gruppenangehörigen Schuldner anhängig ist und der Gruppen-Gerichtsstand einmal begründet wurde.

cc) Verweisung an das Gericht des Gruppen-Gerichtsstandes

62 Wird von einer Konzerngesellschaft bei einem anderen Gericht als dem des Gruppen-Gerichtsstandes die Eröffnung eines Insolvenzverfahrens beantragt, bestimmt § 3d Abs. 1 S. 1 InsO, dass das angerufene Gericht das Verfahren an das Gericht des Gruppen-Gerichtsstandes verweisen kann. Ein Verweisungsantrag ist nicht erforderlich.[105] Das Gericht hat im Rahmen seiner Ermessensentscheidung zu prüfen, ob die Verweisung auch im Interesse der Gläubiger des Schuldners liegt.[106] Hier soll der Verfahrensstand zu berücksichtigen sein. Eine Verweisung soll abgelehnt werden können, wenn das Verfahren bereits eröffnet wurde und der eingesetzte Verwalter bereits eine Vielzahl von Dispositionen getroffen hat.[107] Für den Fall des Fremdantrags konstituiert § 3d Abs. 1 S. 2 InsO hingegen eine Verweisungspflicht, soweit die Verweisung vom Schuldner beantragt wird und dieser unverzüglich nach Kenntnis vom Fremdantrag einen zulässigen Eröffnungsantrag beim Gericht des Gruppen-Gerichtsstandes stellt. Der Eröffnungsantrag sollte dabei dem Verweisungsantrag beigefügt werden, um dem verweisenden Gericht eine entsprechende Prüfung zu ermöglichen. Mit dem Erfordernis einer unverzüglichen Antragstellung soll sichergestellt werden, dass sich das Verfahren noch nicht in einem fortgeschrittenen Verfahrensstand befindet.[108] Die Beschränkung des Antragsrechtes auf den Schuldner selbst und nicht auch der Konzernleitung ein solches Recht einzuräumen, erscheint vom Ansatz des Entwurfs her konsequent. Für die Auswahl des Gruppen-Gerichtsstandes wurden erhebliche Freiheiten eingeräumt und nicht etwa an eine Entscheidung der Konzernführung angeknüpft. Man hätte hier immerhin auch an ein Antragsrecht der Muttergesellschaft selbst denken können, um divergierenden Ansichten im Konzern zu begegnen. Erheblicher erscheint in diesem Zusammenhang aber, dass eine eindeutige Verweisungsregelung nur für den Fall vorgesehen ist, dass bereits ein Gruppen-Gerichtsstand begründet wurde. Da die Interessenlage eigentlich keine andere ist, wenn der Fremdantrag vor Errichtung eines Gruppen-Gerichtsstandes erfolgt, sollte die Vorschrift dahingehend ausgelegt werden, dass eine Verweisung auch dann erfolgen sollte, wenn gleichzeitig ein zulässiger Eröffnungsantrag auf Errichtung eines Gruppen-Gerichtsstandes gestellt wird.

dd) Zuständiger Richter und Gerichtskonzentration

63 Eine Zuständigkeitskonzentration soll auch auf Richter- und Gerichtsebene stattfinden. Die § 2 Abs. 3 und § 3c Abs. 1 InsO wurden mit dem Regierungsentwurf in den Gesetzgebungsprozess aufgenommen.

64   § 3c Abs. 1 InsO bestimmt, dass am Gericht des Gruppen-Gerichtsstandes derjenige Richter für ein Gruppen-Folgeverfahren zuständig ist, der für das Verfahren zuständig ist, in dem der Gruppen-Gerichtsstand begründet wurde. Diese Bestimmung soll eine Änderung der Geschäftsverteilungspläne, die originär den Präsidien der Gerichte obliegt, in Form einer gesetzlichen Zuständigkeitszuweisung ermöglichen.[109] Ohne diese Regelung kann es dazu kommen, dass aufgrund der Geschäftsverteilungspläne verschiedene Richter desselben Gerichts mit den Verfahren der gruppenangehörigen Schuldner befasst wären. Diese wären dann gehalten, diese Verfahren wie bei Verfahren an verschiedenen Gerichten wegen des Abstimmungsbedarfs nach § 269b InsO zu koordinieren, um Reibungsverluste zu vermeiden. Eine solche als unvollkommen angesehene Zuständigkeitskonzentration soll durch diese Regelung vermieden werden. Das Gesetz greift mit dieser Vorschrift aber nicht

---

[105] Vgl. *Eidenmüller/Frobenius* ZIP 2013, Heft 22, Beilage, 1 (8); *Graeber* ZInsO 2013, 409 (410).
[106] BT-Drucks. 18/407 S. 28.
[107] BT-Drucks. 18/407 S. 28.
[108] BT-Drucks. 18/407 S. 28.
[109] BT-Drucks. 18/407 S. 20 und 27 f.

in die funktionelle Zuständigkeitsverteilung in Insolvenzverfahren zwischen Richter und Rechtspfleger ein; diese bestimmt sich allein nach den § 3 Ziff. 2e und g iVm §§ 18 und 19a RPflG.[110] Der Bundesrat hatte angeregt, die zwingende Regelung stattdessen als Soll-Vorschrift zu fassen.[111] Dabei sprach er sich nicht grundsätzlich gegen eine Konzentration der Verfahren auf einen Richter aus, wollte aber eine größere Flexibilität erreichen. Im Gesetz hat das keinen Niederschlag gefunden.

Die Möglichkeit einer **Zuständigkeitskonzentration auf gerichtlicher Ebene** soll 65 durch § 2 Abs. 3 InsO geschaffen werden. Demnach *soll* per Rechtsverordnung je Bezirk eines Oberlandesgerichtes ein Insolvenzgericht bestimmt werden, an dem ein Gruppen-Gerichtsstand nach § 3a InsO begründet werden kann. Eine weitergehende Konzentration wird dadurch ermöglicht, dass die Zuständigkeit innerhalb eines Landes auch über den Bezirk eines Oberlandesgerichtes hinaus erstreckt werden kann. Hierdurch soll einerseits für eine Auslastung der insolvenzrechtlichen Dezernate gesorgt und andererseits die besondere Erfahrung und Sachkunde der Richter und Rechtspfleger auch in komplexen Konzerninsolvenzsachverhalten sichergestellt werden.[112]

ee) Inhaltliche Anforderungen an den Antrag

In § 13a InsO sind die Anforderungen an den Antrag zur Begründung eines Gruppen- 66 Gerichtstandes beschrieben. Wie schon ausgeführt, ist der Antrag auf Begründung des Gruppen-Gerichtsstandes von dem Antrag auf Eröffnung des Insolvenzverfahrens zu trennen; dies betrifft auch die inhaltlichen Anforderungen.

Gemäß § 13a Abs. 1 InsO ist in einem Antrag nach § 3a Abs. 1 InsO (Antrag auf 67 Begründung des Gruppen-Gerichtsstandes) Folgendes anzugeben: 1. Name, Sitz, Unternehmensgegenstand sowie Bilanzsumme, Umsatzerlöse und die durchschnittliche Zahl der Arbeitnehmer des letzten Geschäftsjahres der anderen gruppenangehörigen Unternehmen, die nicht lediglich von untergeordneter Bedeutung für die Unternehmensgruppe sind; für die übrigen gruppenangehörigen Unternehmen sollen entsprechende Angaben gemacht werden, 2. aus welchen Gründen eine Verfahrenskonzentration am angerufenen Insolvenzgericht im gemeinsamen Interesse der Gläubiger liegt, 3. ob eine Fortführung oder Sanierung der Unternehmensgruppe oder eines Teils davon angestrebt wird, 4. welche gruppenangehörigen Unternehmen Institute im Sinne des § 1 Abs. 1b des Kreditwesengesetzes, Finanzholding-Gesellschaften im Sinne des § 1 Abs. 3a des Kreditwesengesetzes, Kapitalverwaltungsgesellschaften im Sinne des § 17 Abs. 1 des Kapitalanlagegesetzbuches, Zahlungsdienstleister im Sinne des § 1 des Zahlungsdiensteaufsichtsgesetzes oder Versicherungsunternehmen im Sinne des § 1 Abs. 1 Nr. 1 des Versicherungsaufsichtsgesetzes sind, und 5. die gruppenangehörigen Schuldner, über deren Vermögen die Eröffnung eines Insolvenzverfahrens beantragt oder ein Verfahren bereits eröffnet wurde, einschließlich des zuständigen Insolvenzgerichtes und des Aktenzeichens.

§ 13a Abs. 2 S. 1 InsO bestimmt, dass dem Antrag der letzte konsolidierte Abschluss der 68 Unternehmensgruppe oder in Ermangelung dessen die letzten Jahresabschlüsse der gruppenangehörigen Unternehmen, die nicht lediglich von untergeordneter Bedeutung für die Unternehmensgruppe sind, beizufügen sind. Nach § 13a Abs. 2 S. 2 InsO sollen die Jahresabschlüsse der übrigen gruppenangehörigen Unternehmen beigefügt werden. Mit diesen Regelungen wird bezweckt, das angerufene Gericht so gut wie möglich über die Unternehmensgruppe sowie deren Tätigkeit und Zusammensetzung zu informieren.[113]

Die vorgenannten Angaben sollen das angerufene Gericht in die Lage versetzen, über 69 den Antrag auf Begründung des Gruppen-Gerichtsstandes entscheiden zu können.[114]

---

[110] Dagegen wurde § 18 RPflG im Rahmen des ESUG geändert.
[111] BR-Drucks. 663/13 S. 2.
[112] BT-Drucks. 18/407 S. 25 f.
[113] BT-Drucks. 18/407 S. 29.
[114] BT-Drucks. 18/407 S. 29; *Leutheusser-Schnarrenberger* ZIP 2013, 97 (101).

Fehlende Angaben sollen allerdings weder zur Unzulässigkeit des Antrages auf Eröffnung des Insolvenzverfahrens noch zur zwingenden Ablehnung des Antrages auf Begründung des Gruppen-Gerichtsstandes führen.[115] Allerdings wird das Gericht bei seiner Beurteilung auch die Informationen aus dem Eröffnungsantrag heranziehen müssen. Insbesondere zur Ermittlung der quantitativen Schwellenwerte des § 3a Abs. 1 S. 2 InsO müssen die Angaben des Antragsstellers nach § 13 Abs. 1 S. 5 InsO berücksichtigt werden, die zumindest bei einem nicht eingestellten Geschäftsbetrieb gemacht werden müssen.[116]

c) Zwischengerichtliche Kooperation; Koordinationsgericht

70   Für den Fall, dass die angestrebte Verfahrensvereinheitlichung durch die Begründung eines Gruppen-Gerichtsstandes gemäß §§ 3a ff. InsO nicht möglich oder sinnvoll ist, sieht das Gesetz eine Harmonisierung durch Koordinierung der Einzelverfahren der gruppenangehörigen Schuldner vor.[117]

71   Zu diesem Zweck sind Koordinationspflichten und Koordinationsrechte, die jeweils zwischen den beteiligten Insolvenzverwaltern, Insolvenzgerichten und ferner den Gläubigerausschüssen gelten, in den §§ 269a–269c InsO gesetzlich verankert worden. Die Anforderungen an die **zwischengerichtliche Kooperation** sind in § 269b InsO normiert.[118] § 269b S. 1 InsO bestimmt, dass die Gerichte zur Zusammenarbeit und insbesondere zum Austausch der Informationen verpflichtet sind, die für das andere Verfahren von Bedeutung sein können, wenn die Insolvenzverfahren über das Vermögen von gruppenangehörigen Schuldnern bei verschiedenen Insolvenzgerichten geführt werden. In dem nicht abschließenden Katalog des § 269b S. 2 InsO werden beispielhaft Anwendungsfälle für die Zusammenarbeit und den Informationsaustausch aufgeführt, etwa die Anordnung von Sicherungsmaßnahmen oder die Bestellung eines Insolvenzverwalters. Durch die Fixierung der zwischengerichtlichen Kooperationspflichten soll gesetzlich klargestellt werden, was bisher nach dem geltenden Recht aus den Zielbestimmungen der Insolvenzordnung abgeleitet bzw. im internationalen Kontext durch § 348 Abs. 2 InsO ermöglicht wird sowie eine weitergehende Kooperation erreicht werden.[119] Auf eine Regelung zur Sicherstellung einer effizienten zwischengerichtlichen Zusammenarbeit hat der Gesetzgeber indes verzichtet, weil die Pflicht zur Zusammenarbeit bereits von Amts wegen bestehen soll.[120]

72   Das Herzstück der koordinierten Abstimmung besteht in dem durch §§ 269d–269i InsO neu geschaffenen und für die Beteiligten fakultativen Koordinierungsverfahren. Dieses sieht vor, dass das zuständige Koordinationsgericht einen Verfahrenskoordinator bestellt, welcher mittels eines (vom Koordinationsgericht zu bestätigenden) Koordinationsplanes für die

---

[115] *Fölsing* [ZInsO 2013, 413 (416)] hatte noch in Reaktion auf den Diskussionsentwurf gefordert, der Antrag solle nicht als unzulässig abzuweisen sein, wenn die erforderlichen Informationen/Unterlagen nicht beigebracht werden können. Ausgangspunkt war die Überlegung, dass es für das antragstellende Unternehmen problematisch sein könnte, die verlangten Informationen über die anderen Unternehmen ohne Weiteres beizubringen, sofern diese nicht publizitätspflichtig sind. Die kritische Betrachtung zum Ausgangspunkt dürfte nach wie vor ihre Berechtigung haben und es ist insofern zu begrüßen, dass sich der Entwurfsverfasser zu der Problematik geäußert haben.

[116] Uhlenbruck/*Wegner* § 13, Rn. 107.

[117] Eingehend *Thole* § 2 Rn. 57 → Rn. 60; kritisch – noch zum Diskussionsentwurf – *Graeber* [ZInsO 2013, 409 (413)]: Die lediglich als Appell gefasste Koordinierung sei nicht geeignet, die Interessenkonflikte aufzuheben. Zugestanden wird zwar, dass eine Verbesserung der Situation anderer Verfahren seien ohne Eingriff in die einzelnen Verfahren nicht möglich und auch nicht zu verlangen. Auch nach dem Entwurf habe jeder einzelne Insolvenzverwalter darauf zu achten, für die Gläubiger seines Insolvenzverfahrens das bestmögliche Ergebnis zu erzielen.

[118] Dazu → Rn. 69 f. (→ *Frege/Nicht* Rn.284 f.]; *Siemon* [NZI 2014, 55 (61)] kritisiert die Regelung als zu umfangreich. Die Verpflichtung zur Abstimmung der Insolvenzgerichte untereinander sei selbstverständlich. Ausreichend sei eine Regelung von Kooperationspflichten aller Beteiligten in Form einer Generalklausel.

[119] *Leutheusser-Schnarrenberger* ZIP 2013, 97 (101).

[120] BT-Drucks. 18/407, S. 33.

Abstimmung der Einzelverfahren Sorge tragen soll.[121] Auch hier soll in die Eigenständigkeit der Einzelverfahren nicht eingegriffen werden.[122] Die **Zuständigkeit des Koordinationsgerichtes** ergibt sich aus § 269d InsO. Zuständig ist gemäß § 269d Abs. 1 InsO das für die Eröffnung von Gruppen-Folgeverfahren zuständige Gericht, also das nach § 3a InsO zuständige Gericht des Gruppen-Gerichtsstandes.

Das Koordinationsverfahren soll nur auf Antrag eingeleitet werden können, § 269d **73** Abs. 1 InsO. Antragsberechtigt sind gemäß § 269d Abs. 2 InsO bzw. §§ 269d Abs. 2 iVm § 3a Abs. 3 InsO die gruppenangehörigen Schuldner, der (vorläufige) Insolvenzverwalter sowie die (vorläufigen) Gläubigerausschüsse.

d) Eigenverwaltung

§ 270d InsO enthält eine Regelung zur Anwendbarkeit der konzerninsolvenzrechtlichen **74** Regelungen auf Schuldner, bei denen eine (vorläufige) Eigenverwaltung angeordnet wurde.[123] Demnach sollen einem eigenverwaltenden Schuldner die Antragsrechte nach § 3a Abs. 1 (Antrag auf Begründung des Gruppen-Gerichtsstandes), § 3d Abs. 2 (Antrag auf Verweisung des Verfahrens an das Gericht des Gruppen-Gerichtsstandes) und § 269d Abs. 2 S. 2 (Antrag auf Einleitung des Koordinationsverfahrens) InsO zustehen. Die Normsetzung erfolge allein aus Gründen der Klarstellung; der Regelungsinhalt selbst ergibt sich nach der Begründung zum Regierungsentwurf bereits aus der Anwendung allgemeiner Grundsätze.[124]

Auch wenn sich die Anwendbarkeit der Regelungen zum Gruppen-Gerichtsstand **75** zwanglos aus der Anwendung allgemeiner Grundsätze ergeben sollte, wird man den Eindruck nicht los, dass der Gesetzgeber den häufigsten und durch das ESUG sogar zusätzlich geförderten Anwendungsfall einer koordinierten Konzerninsolvenz aus dem Auge verloren hat. Sinnvoll ist die Einführung des Gruppen-Gerichtsstandes und eine weitgehende Konzentration in erster Linie für Sanierungsfälle. Dies wird vom Gesetzgeber auch anerkannt.[125] Eine Konzernsanierung wird aber in den allerhäufigsten Fällen nur erfolgreich sein, wenn sie unter Mitwirkung der Konzernleitung erfolgt und von ihr ausreichend vorbereitet ist. Es wäre daher durchaus naheliegend gewesen, den Antrag auf Begründung eines Gruppen-Gerichtsstandes von der Vorlage eines Sanierungskonzeptes abhängig zu machen oder ihn insgesamt zwingend mit dem Antrag nach § 270b InsO zu verbinden.

III. Gläubigerbeteiligung – der Gläubigerausschuss in der Insolvenz

1. Einleitung

Der in Konzerninsolvenzen regelmäßig anfallende Abstimmungsaufwand erfordert es, nicht **76, 77** nur auf Ebene der Gerichte und Insolvenzverwalter die Möglichkeit einer koordinierten Verfahrensabwicklung zu eröffnen, sondern auch auf Ebene der Gläubiger. § 269c Abs. 1 InsO sieht zu diesem Zweck die Bildung eines sog „Gruppen-Gläubigerausschusses" vor. Dieser soll den Gläubigerausschüssen der gruppenangehörigen Schuldner die institutionalisierte Zusammenarbeit auf Konzernebene ermöglichen.

---

[121] → Rn. 91 (→ *Frege/Nicht*, Rn. 310)
[122] *Leutheusser-Schnarrenberger* ZIP 2013, 97 (98).
[123] → *Pleister*, § 5 Rn. 24–26.
[124] BT-Drucks. 18/407, S. 42. Im Diskussionsentwurf war die Anwendbarkeit konzerninsolvenzrechtlicher Regelungen auf Fälle in der Eigenverwaltung noch nicht geregelt. Dies wurde im Schrifttum moniert, etwa *Brünkmans* ZIP 2013, 193, und *Harder/Lojowsky* NZI 2013, 327 (330 ff.); *Verhoeven* [ZInsO 2014, 217 (220)] begrüßt die Einbeziehung der Eigenverwaltung in das Konzerninsolvenzrecht, vermisst allerdings eine ausdrückliche Verankerung der Eigenverwaltung im System der formellen Konzentration.
[125] BT-Drucks. 18/407 S. 16.

2. Einsetzung eines Gruppen-Gläubigerausschusses

78 Die Einsetzung eines Gruppen-Gläubigerausschusses erfordert den Antrag eines Gläubigerausschusses, der in einem Verfahren über das Vermögen eines gruppenangehörigen Schuldners bestellt worden ist, vgl § 269c Abs. 1 Satz 1 InsO. Ferner ist die Anhörung aller
anderen Gläubigerausschüsse der in der Unternehmensgruppe zusammengefassten Schuldner erforderlich. Die Entscheidung über die Einsetzung des Gruppen-Gläubigerausschusses
steht im pflichtgemäßen Ermessen des Gerichts.

a) Antrag

79 Der Gruppen-Gläubigerausschuss kann nur auf Antrag eines der beteiligten Gläubigerausschüsse eingesetzt werden. Antragsberechtigt sind dabei nicht nur die teilnahmeberech-
tigten Gläubigerausschüsse – die Teilnahme im Gruppen-Gläubigerausschuss setzt eine
nicht offensichtlich untergeordnete Bedeutung in der Unternehmensgruppe voraus –,
sondern vielmehr jeder Gläubigerausschuss eines gruppenangehörigen Schuldners, § 269c
Abs. 1 Satz 1 InsO. Der Antrag kann daher auch von einem Gläubigerausschuss gestellt
werden, der offensichtlich von untergeordneter Bedeutung für die gesamte Unternehmensgruppe ist.[126] Gegen den Willen der Ausschüsse, die nicht von offensichtlich untergeordneter Bedeutung für die gesamte Unternehmensgruppe sind, ist die Einsetzung eines
Gruppen-Gläubigerausschusses aber nicht möglich, da mindestens zwei dieser Ausschüsse
im Konzerngläubigerausschuss vertreten sein müssen.[127]

80 Der Antrag kann schon im Eröffnungsverfahren durch einen vorläufigen Gläubigerausschuss gestellt werden, vgl § 269c Abs. 1 Satz 1, 3 InsO.[128] Ohne den Antrag eines (vorläufigen) Gläubigerausschusses ist es dem Gericht nicht möglich, einen Gruppen-Gläubigerausschuss zu bestellen. Insbesondere kann das Gericht den Gruppen-Gläubigerausschuss
nicht von Amts wegen einsetzen, auch wenn im Übrigen die Voraussetzungen des
§ 22a Abs. 1 InsO bei der gesamten Unternehmensgruppe oder einem gruppenangehörigen Unternehmen vorliegen.[129] Das Antragsrecht bezieht sich auf den Gläubigerausschuss
als Organ. Er muss als Kollegium handeln.[130] Einzelne Mitglieder des Gläubigerausschusses
sind nicht antragsberechtigt.[131]

81 Die Antragstellung setzt einen nach § 72 InsO ordnungsgemäß zustande gekommenen
Beschluss voraus.[132] Hierfür muss die Mehrheit der Mitglieder des antragstellenden Gläubi-
gerausschusses an der Beschlussfassung teilgenommen und die Mehrheit der abgegebenen
Stimmen für die Stellung des Antrags auf Einsetzung eines Gruppen-Gläubigerausschusses
votiert haben. Einstimmigkeit ist nicht erforderlich. Die Beschlussfassung ist dem Gericht
nachzuweisen.[133] Es empfiehlt sich, dem Gericht hierzu ein von allen teilnehmenden
Gläubigerausschussmitgliedern unterzeichnetes Protokoll der entsprechenden Sitzung im
Original vorzulegen.[134] Da jedoch keine Pflicht zur Protokollierung von Gläubigeraus-

---

[126] → Rn. 86 ff.
[127] → Rn. 90.
[128] Der Gläubigerausschuss auf Konzernebene trägt unabhängig vom Zeitpunkt der Antragstellung die Bezeichnung „Gruppen-Gläubigerausschuss", BR-Drs 633/13 S. 34; *Harder/Lojowsky* NZI 2013, 327, 329.
[129] BT-Drs. 18/407, S. 34.
[130] *Heidland* Kölner Schrift, S. 723 Rn. 22; Braun/*Hirte* InsO § 69 Rn. 13; FKInsO/*Schmitt* § 69 Rn. 13;
Jaeger/*Gerhardt* InsO § 69 Rn. 4; Nerlich/Römermann/*Delhaes* InsO § 69 Rn. 5; *Uhlenbruck* in ders
InsO § 69 Rn. 3.
[131] *Vallender* WM 2002, 2040, 2047; MüKoInsO/*Schmid-Burgk* § 69 Rn. 6; Jaeger/*Gerhardt* InsO § 69 Rn. 4;
Nerlich/Römermann/*Delhaes* InsO § 69 Rn. 5.
[132] Nerlich/Römermann/*Delhaes* InsO § 69 Rn. 5; *Uhlenbruck* in ders, InsO § 69 Rn. 3; MüKoInsO/
Schmid-Burgk § 69 Rn. 6.
[133] Cranshaw/Paulus/Michel/*Bruhn* Bankenkommentar zum Insolvenzrecht § 69 Rn. 23.
[134] LG Stendal ZIP 2012, 2170 Rn. 6 = ZInsO 2012, 2208 mAnm *Hofmann* EWiR 2012, 729; AG Stendal
ZIP 2012, 2030 Rn. 13 mAnm *Harbeck,* jurisPR-InsR 3/2013 Anm 4; HambKommInsO/*Frind* InsO

schusssitzungen besteht,[135] ist auch ein anderweitiger Nachweis nicht ausgeschlossen.[136] Der Antrag auf Einsetzung des Gruppen-Gläubigerausschusses ist nicht zwingend von sämtlichen Mitgliedern des antragstellenden Gläubigerausschusses gemeinsam zu stellen. Der Gläubigerausschuss kann sich auch durch eines seiner Mitglieder vertreten lassen.[137]

aa) Zuständigkeit, Form und Frist

Der Antrag ist beim Gericht des Gruppen-Gerichtsstandes zu stellen, § 269c Abs. 1 Satz 1 **82** InsO. Er ist weder an eine bestimmte Form, noch an eine konkrete Frist gebunden. Eine Begründung des Antrags ist nicht erforderlich. Die Antragstellung ist als Prozesshandlung bedingungsfeindlich.[138] Es ist daher unzulässig, den Antrag auf Einsetzung eines Gruppen-Gläubigerausschusses an die Bedingung zu knüpfen, dass ein bestimmtes Mitglied des antragstellenden Gläubigerausschusses zu dessen Vertreter im Gruppen-Gläubigerausschuss ernannt wird.[139]

bb) Vorschläge zur Person des Vertreters

Der antragstellende Gläubigerausschuss ist frei, dem Gericht eine Person für die Vertretung **83** im Gruppen-Gläubigerausschuss vorzuschlagen. Dies erleichtert dem Gericht die Suche nach geeigneten Mitgliedern.[140] Das Gericht ist an die Vorschläge des Gläubigerausschusses nicht gebunden.[141] Es sollte bei seiner Entscheidung aber berücksichtigen, dass die Akzeptanz des Gruppen-Gläubigerausschusses und seiner Tätigkeit nicht schon an einer Auseinandersetzung über die Person des Vertreters scheitern sollte, zumal keine Pflicht zur Annahme des Amtes besteht.[142]

b) Anhörung

Vor Einsetzung des Gruppen-Gläubigerausschusses hat das Gericht des Gruppen-Gerichts- **84** standes nach § 269c Abs. 1 Satz 1 InsO die „anderen" Gläubigerausschüsse anzuhören. Dies gilt nicht nur für die Gläubigerausschüsse der gruppenangehörigen Schuldner, die nicht offensichtlich von untergeordneter Bedeutung für die gesamte Unternehmensgruppe sind. Mit „anderen" Gläubigerausschüssen nimmt das Gesetz Bezug auf diejenigen Ausschüsse, die ebenfalls zur Stellung eines Antrags auf Einsetzung des Gruppen-Gläubigerausschusses berechtigt sind. Das sind sämtliche Gläubigerausschüsse, die in einem Verfahren über das Vermögen eines gruppenangehörigen Schuldners bestellt worden sind.[143] Diese hat das Gericht anzuhören. Eine Ausnahme von der Anhörungsverpflichtung, wie sie beispielsweise im Rahmen der Verwalterbestellung nach § 56a Abs. 1 InsO vorgesehen ist, existiert nicht. Die Gläubigerausschüsse sollten im Rahmen der Anhörung von der Mög-

---

§ 72 Rn. 7; Haarmeyer/Wutzke/Förster/*Frind* InsO § 72 Rn. 13; Braun/*Hirte* InsO § 72 Rn. 12; kritisch *Meyer-Löwy/Ströhmann* ZIP 2012, 2432, 2433.

[135] Jaeger/*Gerhardt* InsO, § 72 Rn. 5; FKInsO/*Schmitt* § 72 Rn. 12; *Uhlenbruck* in ders InsO § 72 Rn. 15; MüKoInsO/*Schmid-Burgk* § 72 Rn. 7; aA *Smid* in Leonhard/Smid/Zeuner InsO § 72 Rn. 3.

[136] Vgl. hierzu *Meyer-Löwy/Ströhmann* ZIP 2012, 2432, 2433.

[137] *Heidland* Kölner Schrift, S. 723 Rn. 22; Jaeger/*Gerhardt* InsO § 69 Rn. 4; Nerlich/Römermann/*Delhaes* InsO, § 69 Rn. 5.

[138] MüKoInsO/*Haarmeyer* § 22a Rn. 104.

[139] Vgl. zum Antrag auf Einsetzung eines vorläufigen Gläubigerausschusses: MüKoInsO/*Haarmeyer* § 22a Rn. 104.

[140] Braun/*Böhm* InsO § 22a Rn. 4.

[141] Nerlich/Römermann/*Mönning* InsO § 22a Rn. 27; Braun/*Böhm* InsO § 22a Rn. 15 f; MüKoInsO/*Schmid-Burgk* § 67 Rn. 12; K. Schmidt/*Jungmann* InsO § 67 Rn. 14.

[142] *Vallender* WM 2002, 2040, 2042; Jaeger/*Gerhardt* InsO § 67 Rn. 10, § 68 Rn. 4; MüKoInsO/*Schmid-Burgk* § 68 Rn. 12; Nerlich/Römermann/*Delhaes* InsO § 67 Rn. 10, § 68 Rn. 8; K. Schmidt/*Jungmann* InsO, § 67 Rn. 24.

[143] → Rn. 79.

lichkeit Gebrauch machen, dem Gericht Vorschläge zur Person ihres Vertreters im Gruppen-Gläubigerausschuss zu unterbreiten.

c) Ermessen

85 Anders als noch im Diskussionsentwurf vorgesehen,[144] liegt die Einsetzung des Gruppen-Gläubigerausschusses gemäß § 269c Abs. 1 Satz 1 InsO im (pflichtgemäßen) Ermessen des Gerichts.[145] Das Gericht hat seine Entscheidung unter Beachtung sämtlicher Umstände des Einzelfalls und unter Berücksichtigung der Eigenarten des konkreten Verfahrens zu treffen. Dabei wird es insbesondere darauf einzugehen haben, ob der mit der Einsetzung verbundene Aufwand[146] sowie die anfallenden Kosten die Einsetzung eines Gruppen-Gläubigerausschusses zulassen.[147] Hierbei kann es auch berücksichtigen, wie sich die einzelnen Gläubigerausschüsse im Rahmen ihrer Anhörung zur Einsetzung eines Gruppen-Gläubigerausschusses geäußert haben.[148] Entscheidet sich das Gericht für die Bestellung eines Gruppen-Gläubigerausschusses, hat es zugleich auch über die Besetzung des Ausschusses zu befinden.[149]

d) Nicht offensichtlich untergeordnete Bedeutung für die gesamte Unternehmensgruppe

86 Eine nicht offensichtlich untergeordnete Bedeutung für die gesamte Unternehmensgruppe ist nach § 3a Abs. 1 Satz 2 InsO in der Regel anzunehmen, wenn im vorangegangenen abgeschlossenen Geschäftsjahr die Zahl der vom Schuldner im Jahresdurchschnitt beschäftigten Arbeitnehmer mehr als fünfzehn Prozent der in der Unternehmensgruppe im Jahresdurchschnitt beschäftigten Arbeitnehmer ausmachte und alternativ folgende Voraussetzungen vorliegen:
- die Bilanzsumme des Schuldners mehr als fünfzehn Prozent der zusammengefassten Bilanzsumme der Unternehmensgruppe betrug oder
- die Umsatzerlöse des Schuldners mehr als fünfzehn Prozent der zusammengefassten Umsatzerlöse der Unternehmensgruppe betrugen.

87 Aus der Erfüllung dieser Schwellenwerte lässt sich eine nicht offensichtlich untergeordnete Bedeutung für die gesamte Unternehmensgruppe „in der Regel" ableiten. Im Sinne eines Regel-Ausnahme-Verhältnisses ist es aber auch möglich, dass Unternehmen, die die genannten Werte nicht erreichen, dennoch von erheblicher Bedeutung für die gesamte Unternehmensgruppe sein können.[150] Umgekehrt ist es im Einzelfall nicht ausgeschlossen, dass trotz Erfüllung der maßgeblichen Werte einem Unternehmen keine entsprechende Bedeutung zukommt.

88 Das Gericht des Gruppen-Gerichtsstands entscheidet durch Beschluss über die Besetzung des Gruppen-Gläubigerausschusses. Es hat nach pflichtgemäßem Ermessen zu beurteilen, ob ein einzelner Gläubigerausschuss von offensichtlich untergeordneter Bedeutung für die

---

[144] Hiernach war das Gericht verpflichtet, auf Antrag eines (vorläufigen) Gläubigerausschusses einen Gruppen-Gläubigerausschuss einzusetzen, vgl. § 269c Abs. 1 InsO-DiskE.

[145] BT-Drs. 18/407, S. 34; *Wimmer* jurisPR-InsR 20/2013 Anm 1.

[146] Hierzu *Frind* ZInsO 2014, 927, 931.

[147] BT-Drs. 18/407, S. 34; zT wird der Gruppen-Gläubigerausschuss mangels weitreichender Kompetenzen generell für überflüssig gehalten. So *Thole* KTS 2014, 351, 365 f.; Stellungnahme des Deutschen Anwaltsvereins zum Gesetzesentwurf eines Gesetzes zur Erleichterung der Bewältigung von Konzerninsolvenzen. Stand 2.4.2014. https://anwaltverein.de/de/newsroom/sn-19-14?file=files/anwaltverein.de/downloads/newsroom/stellungnahmen/2014/DAV-SN19-14.pdf (abgerufen am 27.6.2017).

[148] BT-Drs. 18/407 S. 34.

[149] BT-Drs. 18/407, S. 34.

[150] So kann möglicherweise die Einbeziehung der Muttergesellschaft ratsam sein, obwohl diese die nach § 3a Abs. 1 Satz 2 InsO erforderliche Zahl an Arbeitnehmern regelmäßig nicht aufbringen wird, vgl. MüKoInsO/*Brünkmans* Konzerninsolvenzrecht Rn. 45.

gesamte Unternehmensgruppe ist. „Ist die Unternehmensgruppe nicht zur Erstellung von Konzernabschlüssen nach den §§ 290 ff HGB verpflichtet oder liegen keine Konzernabschlüsse vor, ist das Vorliegen der quantitativen Schwellen anhand untechnischer Zusammenfassungen der Abschlüsse nach freiem richterlichen Ermessen abzuschätzen".[151] Die Entscheidung des Gerichts unterliegt nicht der sofortigen Beschwerde. Ein Rechtsmittel ist nicht gegeben, § 6 Abs. 1 Satz 1 InsO.

e) Besetzung des Gruppen-Gläubigerausschusses

Das Gericht des Gruppen-Gerichtsstandes entscheidet nach (pflichtgemäßem) Ermessen **89** darüber, ob es einen Gruppen-Gläubigerausschuss bestellt. Mit der Beschlussfassung über die Bestellung entscheidet es zugleich über die Besetzung des Gruppen-Gläubigerausschusses. Anders als bei der grundsätzlichen Entscheidung über die Bestellung steht dem Gericht hinsichtlich der Größe und der Mitglieder des Gruppen-Gläubigerausschusses nur ein eingeschränkter Ermessensspielraum zur Verfügung.

aa) Größe

Der Gruppen-Gläubigerausschuss ist, wie jedes andere Beratungsgremium, auf die Betei- **90** ligung mehrerer Personen[152] angelegt. Für die Einsetzung des Gruppen-Gläubigerausschusses ist es daher erforderlich, dass **mindestens zwei**[153] (vorläufige) Gläubigerausschüsse bestehen. Diese dürfen ferner nicht von offensichtlich untergeordneter Bedeutung für die gesamte Unternehmensgruppe sein, da sie andernfalls nicht im Gruppen-Gläubigerausschuss vertreten sind, vgl § 269c Abs. 1 Satz 2 InsO. Die Größe des Gruppen-Gläubigerausschusses bemisst sich nach der Zahl der (vorläufigen) Gläubigerausschüsse konzernangehöriger Schuldner,[154] die nicht offensichtlich von untergeordneter Bedeutung für die gesamte Unternehmensgruppe sind. Nur diese werden durch jeweils eine Person im Gruppen-Gläubigerausschuss vertreten, § 269c Abs. 1 Satz 2 InsO.[155] Zusätzlich ist ein weiteres Mitglied des Gruppen-Gläubigerausschusses aus dem Kreis der Vertreter der Arbeitnehmer zu bestimmen, § 269c Abs. 1 Satz 3 InsO.

Die Vertretung sämtlicher Gläubigerausschüsse, die nicht offensichtlich von untergeord- **91** neter Bedeutung für die gesamte Unternehmensgruppe sind, kann gerade in großen Konzernen zu einer Vielzahl von Mitgliedern im Gruppen-Gläubigerausschuss führen und die konstruktive Arbeitsweise innerhalb des Ausschusses erschweren.[156] In Einzelinsolvenzverfahren wird daher meist von der Ernennung zu vieler Mitglieder[157] abgeraten.[158] Anders

---

[151] BR-Drs 663/13 S. 25.
[152] BGH NZI 2009, 386; *Frege* NZG 1999, 478, 482; K. Schmidt/*Jungmann* InsO § 67 Rn. 28; Jaeger/ *Gerhard* InsO § 67 Rn. 11; Graf-Schlicker/*Pöhlmann* § 67 Rn. 4; *Frege*/*Keller*/*Riedel* Rn. 1192.
[153] BGHZ 124, 86 Rn. 25 = NJW 1994, 453; LG Neuruppin ZIP 1997, 2130; AG Augsburg NZI 2003, 509; *Pape* ZInsO 1999, 675, 677; Andres/Leithaus/*Andres* InsO §§ 67, 68 Rn. 4; MüKoInsO/*Schmid-Burgk* § 67 Rn. 11; Nerlich/Römermann/*Delhaes* InsO § 67 Rn. 5, § 68 Rn. 4.
[154] Nicht maßgeblich ist die Zahl der in den Einzelausschüssen vertretenen Gläubiger(gruppen). So insbesondere gefordert in: Stellungnahme des Gesamtverbands der Deutschen Versicherungswirtschaft zum (Diskussions-)Entwurf eines Gesetzes zur Bewältigung von Konzerninsolvenzen. Stand: 13.2.2013. http://www.gdv.de/wp-content/uploads/2013/02/GDV_Stellungnahme_Konzerninsolvenz_2013.pdf (abgerufen am 19. Dezember 2013).
[155] Die Gleichstellung von Gläubigerausschüssen und vorläufigen Gläubigerausschüssen dient der Institutionalisierung der Zusammenarbeit auf Konzernebene und ist keine verallgemeinerbare Regel, BT-Drs. 18/407 S. 34; BT-Drs. 663/13, S. 35; Graf-Schlicker/*Bornemann* InsO § 269c Rn. 2.
[156] *Heidland* Kölner Schrift S. 711 Rn. 12; K. Schmidt/*Hölzle* InsO § 22a Rn. 43; Uhlenbruck/*Hirte* InsO § 68 Rn. 6; MüKoInsO/*Schmid-Burgk* § 68 Rn. 8.
[157] Größer 3 nur in Ausnahmefällen, *Pape* ZInsO 1999, 675, 677; *Ehlers* BB 2013, 259, 260; 3–5 Mitglieder: *Pape*/*Gundlach*/*Vortmann*, Hdb Gläubigerrechte Rn. 330; ohne besonderen Grund max. 7 Mitglieder: MüKoInsO/*Schmid-Burgk* § 67 Rn. 11.
[158] Braun/*Hirte* InsO § 67 Rn. 14; MüKoInsO/*Schmid-Burgk* § 67 Rn. 7; *Pape*/*Gundlach*/*Vortmann* Hdb Gläubigerrechte Rn. 330.

als das Insolvenzgericht hat das Gericht des Gruppen-Gerichtsstandes in der Konzerninsolvenz aber nicht die Möglichkeit die Zahl der Mitglieder der Höhe nach zu beschränken. Jeder Gläubigerausschuss, der nicht offensichtlich von untergeordneter Bedeutung für die gesamte Unternehmensgruppe ist, „stellt" ein Mitglied des Gruppen-Gläubigerausschusses, vgl § 269c Abs. 1 Satz 2 InsO. Ein Ermessensspielraum besteht insoweit nicht. Es besteht daher die Gefahr, dass das Gericht des Gruppen-Gerichtsstandes bereits die Einsetzung des Gruppen-Gläubigerausschusses ablehnt, da es aufgrund der hohen Mitgliederzahl eine effiziente Arbeitsweise des Ausschusses nicht für gegeben erachtet.

bb) Mitglieder

92 Setzt das Gericht des Gruppen-Gerichtsstandes einen Gruppen-Gläubigerausschuss ein, hat es zugleich eine Entscheidung über dessen Mitglieder zu treffen.

(1) Vertreter der einzelnen Gläubigerausschüsse. Jeder Gläubigerausschuss oder vorläufige Gläubigerausschuss eines gruppenangehörigen Schuldners, der nicht von offensichtlich untergeordneter Bedeutung für die gesamte Unternehmensgruppe ist, stellt ein Mitglied des Gruppen-Gläubigerausschusses, § 269c Abs. 1 Satz 2 InsO. Vorgaben zur Auswahl der Mitglieder macht § 269c Abs. 1 Satz 2 InsO nicht. Dies wirft die Frage auf, ob auch Personen, die nicht Mitglied in einem der beteiligten Gläubigerausschüsse sind, diese im Gruppen-Gläubigerausschuss vertreten können.

93 Der Wortlaut von § 269c Abs. 1 Satz 2 InsO steht einer Vertretung durch Dritte nicht im Wege. Die Norm macht zu den Vertretern der beteiligten Gläubigerausschüsse keine Vorgaben. In § 269c Abs. 1 Satz 2 InsO ist lediglich geregelt, dass jeder Gläubigerausschuss ein „Mitglied des Gruppen-Gläubigerausschusses" stellt. Dass es sich hierbei um ein „Mitglied" der beteiligten Gläubigerausschüsse handeln muss, wird nicht ausdrücklich verlangt.

94 Gleichwohl spricht viel dafür, dass Gläubigerausschüsse nur durch ihre Mitglieder vertreten werden können. Durch die Einführung von § 269c InsO soll sichergestellt werden, dass neben den Gerichten und Insolvenzverwaltern auch den beteiligten Gläubigerausschüssen die Möglichkeit der institutionellen Zusammenarbeit eröffnet wird. „Über ein geregeltes Zusammenwirken der (vorläufigen) Gläubigerausschüsse sollen die Insolvenzverwalter dazu angehalten werden, sinnvoll abgestimmte Strategien zu verfolgen und von unproduktiven Prozessen gegen Verwalter anderer gruppenangehöriger Schuldner abzusehen". Hierzu ist es zwingend erforderlich, dass die Gläubigerausschüsse unmittelbar im Gruppen-Gläubigerausschuss vertreten werden. Es würde dem Ziel der koordinierten Verfahrensabwicklung widersprechen, könnte das Gericht auch unbeteiligte Dritte zu Vertretern eines Gruppen-Gläubigerausschusses ernennen.[159] Ein geregeltes Zusammenwirken der Gläubigerausschüsse wäre dann nicht mehr gewährleistet.

95 Im Gruppen-Gläubigerausschuss können demnach nur diejenigen Gläubigergruppen vertreten sein, die auch in einem der Gläubigerausschüsse eines konzernangehörigen Schuldners repräsentiert werden. Wurden Gläubigerausschüsse in zusammenhängenden Verfahren bisher zur besseren Koordinierung der verschiedenen Insolvenzverfahren möglichst gleich besetzt,[160] empfiehlt sich zur Beteiligung aller Gläubigergruppen nunmehr eine möglichst vielseitige Besetzung der einzelnen Ausschüsse.

96 Gegen den Willen eines Gläubigerausschusses ist es dem Gericht nicht möglich, für diesen einen Vertreter im Gruppen-Gläubigerausschuss zu bestellen. Eine Verpflichtung zur Übernahme des Amtes besteht nicht,[161] zumal auch die Mitglieder des Gruppen-Gläubigerausschusses zusätzlicher Haftung nach § 71 InsO unterworfen sind, vgl § 269c Abs. 2 Satz 2 InsO.

---

[159] Für die Ernennung neutraler Dritter als vermittelnde Stimme: Braun/*Fendel* InsO § 269c Rn. 9.
[160] Vgl. MüKoInsO/*Brünkmans* Konzerninsolvenzrecht Rn. 87.
[161] *Vallender* WM 2002, 2040, 2042; Jaeger/*Gerhardt* InsO § 67 Rn. 10, § 68 Rn. 4; MüKoInsO/*Schmid-Burgk* § 68 Rn. 12; Nerlich/Römermann/*Delhaes* InsO § 67 Rn. 10, § 68 Rn. 8; K. Schmidt/*Jungmann* InsO § 67 InsO Rn. 24.

(2) Vertreter aus dem Kreis der Arbeitnehmer. Die Beteiligung der Arbeitnehmer des 96a
schuldnerischen Unternehmens im Gläubigerausschuss hat sich in der Praxis bewährt.[162]
Daher sollen auch im Rahmen des Gruppen-Gläubigerausschusses die Interessen der
Arbeitnehmer gewahrt werden.[163] Der Bundestag hat daher am 9.2.2017 dem Gesetzes-
entwurf in der Fassung des Ausschusses für Recht und Verbraucherschutz zugestimmt.
Anders als in der vorherigen Fassung ist in § 269c Abs. 1 Satz 3 InsO nun vorgesehen, dass
neben den von den (vorläufigen) Gläubigerausschüssen entsandten Vertretern ein weiteres
Mitglied des Gruppen-Gläubigerausschusses „aus dem Kreis der Vertreter der Arbeitneh-
mer" bestimmt werden soll. Dies gilt auch dann, wenn sich bereits unter den anderen
Mitgliedern Arbeitnehmervertreter befinden.[164]

Der Begriff der „Vertreter der Arbeitnehmer" wird in § 269c InsO nicht weiter umschrieben. Jedenfalls fallen darunter die Mitglieder bzw. Vorsitzenden des (Konzern-,
Gesamt-)Betriebsrats als betriebliche Vertretung der Arbeitnehmer.[165]

Dritte, die nicht Gläubiger sind, kommen mangels eines Verweises auf § 67 Abs. 3 InsO
oder einer entsprechenden Regelung für den Gruppen-Gläubigerausschuss hingegen nicht
als Mitglieder in Betracht.

Trotz dieser Regelung können jedoch auch Gewerkschaften bzw. deren Mitglieder, die
nicht zugleich betriebsangehörige Arbeitnehmer sind, in den Gruppen-Gläubigerausschusses
berufen werden.[166] Zwar sind diese keine Gläubiger. Hierauf kommt es bei Vertretern der
Arbeitnehmer aber gerade nicht an. Die Arbeitnehmer sollen vielmehr bereits gem. § 269c
Abs. 1 Satz 3 InsO aufgrund ihrer Stellung als Beschäftigte und ihrem Recht auf Mitbestim-
mung im Unternehmen im Gruppen-Gläubigerausschuss repräsentiert sein.[167] Die Gläu-
bigereigenschaft ist hierfür irrelevant. § 67 Abs. 3 InsO, auf den hier nicht verwiesen wird,
bezieht sich daher nur auf Nicht-Gläubiger, die nicht zugleich Arbeitnehmervertreter sind.[168]
Hierdurch soll es ermöglicht werden, in den Gläubigerausschuss externen Sachverstand zu
berufen.[169] Die Arbeitnehmervertreter wie etwa die Gewerkschaften sind hingegen bereits im
Unternehmen involviert und damit von der fehlenden Verweisung auf § 67 Abs. 3 InsO nicht
betroffen.[170] Der Verzicht auf eine Regelung wie in § 67 Abs. 3 InsO soll auch nur verhindern, dass Personen am Gruppen-Gläubigerausschuss teilnehmen, die keinen unmittelbaren Bezug zum schuldnerischen Unternehmen haben.[171] Dies ist bei den im Unternehmen
vertretenen Gewerkschaften aber gerade nicht der Fall.[172] Für die Möglichkeit der Beteiligung
von Arbeitnehmervertretern, die nicht Gläubiger sind, spricht auch, dass der Gesetzgeber für
den Gläubigerausschuss in § 67 Abs. 2 Satz 2 InsO auf das Erfordernis erheblicher Forderungen der Arbeitnehmer gegen den Schuldner verzichtet hat, da die Arbeitnehmer ohnehin
vertiefte Kenntnisse vom Unternehmen hätten und deren Beteiligung unerlässlich sei.[173]

Als Arbeitnehmervertreter kommen sowohl natürliche als auch juristische Personen in
Betracht. Das Insolvenzgericht entscheidet nach Ermessen über die Person des Arbeitneh-
mervertreters. Insolvenzverwalter und Gläubiger können Vorschläge machen, hieran ist das
Gericht jedoch nicht gebunden.

---

[162] BT-Drs. 17/5712 S. 27.
[163] BT-Drs. 18/11436 S. 23, 25.
[164] BT-Drs. 18/11436 S. 25.
[165] *Mückl/Götte* ZInsO 2017, 623, 627; vgl. zum Gläubigerausschuss: *Berscheid* ZInsO 1999, 27, 28.
[166] Vgl. zum vorläufigen Gläubigerausschuss: *Obermüller* ZInsO 2012, 18, 22; *Kolbe* NZI 2015, 400, 403;
     Wroblewski AuR, 2012, 190 f.; MüKoInsO/*Haarmeyer* § 22a, Rn. 54; *Haarmeyer* ZInsO 2012, 2109,
     2115 f.; *Smid* ZInsO, 2012, 757, 760 ff; aA *Mückl/Götte*, ZInsO, 2017, 623, 627; *Huber* ZInsO 2013, 1, 3 f.;
     Frind ZInsO 2011, 2249, 2250; Graf-Schlicker/*Graf-Schlicker* InsO § 22a Rn. 18; Uhlenbruck/*Vallender*
     InsO § 21 Rn. 16c; *Vallender* MDR, 2012, 61, 62.
[167] Vgl. zum vorläufigen Gläubigerausschuss: *Kolbe* NZI 2015, 400, 401 f.
[168] *Wroblewski* AuR, 2012, 190.
[169] BT-Drs. 12/2443 S. 131; Jaeger/*Gerhardt* InsO § 67 Rn. 25.
[170] Vgl. zum vorläufigen Gläubigerausschuss: *Wroblewski* AuR 2012, 191.
[171] Vgl. zum vorläufigen Gläubigerausschuss: BT-Drs. 17/7511 S. 33.
[172] KPB/*Kübler* InsO 60. Lfg. § 67 Rn. 19.
[173] BT-Drs. 17/5712 S. 27; dazu *Wroblewski* AuR 2012, 189 f.

Auch der Arbeitnehmervertreter ist gehalten, im Gruppen-Gläubigerausschuss die Interessen der Gläubigerschaft zu vertreten und nicht ausschließlich Arbeitnehmerinteressen zu verfolgen.[174]

f) Einfluss der Gläubigerversammlungen auf die Beteiligung im Gruppen-Gläubigerausschuss

97   Die Gläubigerversammlungen der im Gruppen-Gläubigerausschuss vertretenen konzern-angehörigen Schuldner können ebenfalls Einfluss auf die Vertretung im Gruppen-Gläubigerausschuss nehmen, allerdings nur mittelbar durch Entscheidungen zu dem jeweiligen Gläubigerausschuss ihres Schuldners. Gemäß § 68 Abs. 1 Satz 2 InsO haben die einzelnen Gläubigerversammlungen die Möglichkeit, einen durch das Gericht bestellten Gläubiger-ausschuss abzuwählen. Macht eine Gläubigerversammlung hiervon Gebrauch, existiert kein Gläubigerausschuss mehr, der im Gruppen-Gläubigerausschuss vertreten sein könnte. Nach § 68 Abs. 2 InsO können die jeweiligen Gläubigerversammlungen auch einzelne Mitglieder des Gläubigerausschusses ihres Amtes entheben. Wird das Gläubigerausschussmit-glied abgewählt, das die Vertretung im Gruppen-Gläubigerausschuss übernommen hat, kann dieses den Gläubigerausschuss mangels fortbestehender Mitgliedschaft nicht mehr im Gruppen-Gläubigerausschuss vertreten. Unklar ist, ob in diesen Fällen die Mitgliedschaft des Vertreters im Gruppen-Gläubigerausschuss automatisch erlischt, oder ob dieser gem § 70 InsO durch das Gericht aus dem Amt entlassen werden muss.

98   Umgekehrt kann die Gläubigerversammlung nach § 68 Abs. 1 Satz 1 InsO auch einen Gläubigerausschuss einsetzen. Sofern der Schuldner, in dessen Verfahren die Gläubiger-versammlung einberufen worden ist, nicht von offensichtlich untergeordneter Bedeutung für die gesamte Unternehmensgruppe ist, wird der Gläubigerausschuss zugleich im Grup-pen-Gläubigerausschuss vertreten. Das Gericht hat einen entsprechenden Vertreter nach-zubestellen, sofern dies beantragt wird.

g) Änderung maßgeblicher Umstände

99   Das Gericht kann auf die Änderung maßgeblicher Umstände im Verfahren regelmäßig nur auf Antrag reagieren.

100   Hat das Gericht einen **Gruppen-Gläubigerausschuss zunächst nicht eingesetzt**, kann eine erneute Entscheidung nur auf erneuten Antrag eines Gläubigerausschusses ergehen. Anlass hierfür kann etwa bestehen, wenn das Bedürfnis für einen Gruppen-Gläubigerausschuss erst im weiteren Verlauf des Verfahrens entstanden ist.[175]

101   Kein Antrag ist erforderlich, wenn bei Mitgliedern des Gruppen-Gläubigerausschusses nachträglich die notwendigen Voraussetzungen für eine Mitgliedschaft wegfallen. Dies ist insbesondere der Fall bei Entlassung aus dem vertretenen Einzelgläubigerausschuss gem § 70 Abs. 1 Satz 1 InsO, bei der Entscheidung einer Gläubigerversammlung, den im Eröffnungsverfahren bestellten vorläufigen Gläubigerausschuss im eröffneten Verfahren nicht beizubehalten sowie bei Aufhebung eines Einzelinsolvenzverfahrens. Das Amt des Gruppen-Gläubigerausschussmitglieds erlischt automatisch. Ein Beschluss des Gerichts ist nicht erforderlich. Ein Antrag ist ferner nicht erforderlich, wenn die Zahl der vertretenen Gläubigerausschüsse auf einen herabsinkt. In diesem Fall ist der Gruppen-Gläubigeraus-schuss aufzulösen. Das Bestehen eines Gläubigerausschusses mit nur einem Mitglied ist nicht möglich und sinnvoll.

102   Unklar ist, ob auch die **Aufnahme weiterer Mitglieder** in den Gruppen-Gläubiger-ausschuss nur auf Antrag erfolgt. Anlass kann dafür bestehen, wenn im Zeitpunkt der Einsetzung des Gruppen-Gläubigerausschusses nicht in allen Verfahren konzernangehöriger

---

[174] Vgl. BT-Drs. 18/407 S. 34; vgl. zum Gläubigerausschuss: MüKoInsO/*Schmid-Burgk* § 67 Rn. 16.
[175] BT-Drs. 18/407 S. 34.

Schuldner Gläubigerausschüsse bestellt waren, diese sich aber im Anschluss hieran konstituiert haben. Aus der Regierungsbegründung ergibt sich, dass das Gericht sein Ermessen, „wie der Gruppen-Gläubigerausschuss besetzt werden soll, nach einer getroffenen Entscheidung nur erneut und abweichend ausüben kann, wenn dies beantragt wird".[176] Nach dem Wortlaut des § 269c Abs. 1 Satz 1 InsO ist ein Antrag jedoch nur für die Einsetzung, nicht aber für die Ergänzung des Gruppen-Gläubigerausschusses erforderlich.[177] Die besseren Gründe sprechen dafür, eine erneute Entscheidung über die Besetzung, auch im Falle der Ergänzung des Gruppen-Gläubigerausschusses, vom Vorliegen eines Antrags abhängig zu machen. Die Mitgliedschaft im Gruppen-Gläubigerausschuss unterfällt der Gläubigerautonomie. Gegen den Willen eines Gläubigerausschuss ist es dem Gericht nicht möglich einen entsprechenden Vertreter zu bestellen. Es widerspräche der Verfahrensökonomie, würde man vom Gericht einen erneuten Beschluss über die Besetzung des Gruppen-Gläubigerausschusses verlangen, bevor überhaupt feststeht, ob der neu konstituierte Gläubigerausschuss in diesem Gremium vertreten sein will. Zudem können im Laufe des Verfahrens auch Gläubigerausschüsse die Aufnahme in den Gruppen-Gläubigerausschuss begehren, die eine Mitgliedschaft zunächst nicht für erforderlich gehalten haben. Das Gericht kann deren geänderte Haltung nicht antizipieren. Es muss den Antrag des entsprechenden Gläubigerausschusses abwarten.

h) Rechtsmittel

Gegen die Entscheidung des Gerichts steht **kein Rechtsmittel** zur Verfügung, § 6 Abs. 1 **103** Satz 1 InsO. Dies gilt für die Einsetzung bzw Nichteinsetzung des Gruppen-Gläubigerausschusses, die Nichtberücksichtigung eines einzelnen Gläubigerausschusses wegen untergeordneter Bedeutung für die gesamte Unternehmensgruppe und die konkrete Besetzung. Wie sich aus der Regierungsbegründung ergibt, entspricht es dem Willen des Gesetzgebers, dass die Entscheidung des Gerichts trotz rechtskräftigen Beschlusses auf Antrag aus wichtigem Grund geändert werden können soll. „Das Gericht kann damit das Ermessen, ob ein Gruppen-Gläubigerausschuss eingesetzt und wie er besetzt werden soll, nach einer getroffenen Entscheidung erneut und abweichend ausüben, wenn dies beantragt wird. Anlass kann dafür etwa dann bestehen, wenn das Bedürfnis für einen Gruppen-Gläubigerausschuss erst im weiteren Verlauf des Verfahrens entstanden ist oder wenn die Interessen einer Gläubigergruppe im Gruppen-Gläubigerausschuss allgemein keine Berücksichtigung finden."[178] Ein wichtiger Grund dürfte jedoch nur für den erneuten Antrag desselben Gläubigerausschusses erforderlich sein. Mangels Vorliegen einer rechtskraftfähigen Entscheidung dürften Gläubigerausschüsse, die noch keine Entscheidung des Gerichts beantragt haben, auch ohne wichtigen Grund einen entsprechenden Antrag stellen.

3. Aufgaben, Rechte und Pflichten des Gruppen-Gläubigerausschusses[179]

Der Gruppen-Gläubigerausschuss erinnert von seinen Aufgaben an den Gläubigerbeirat, **104** wie ihn die Kommission für Insolvenzrecht in ihrem Ersten Bericht 1985 vorgesehen hatte. Hiernach sollte insbesondere bei der Ausarbeitung von Reorganisationsplänen die Einset-

---

[176] BR-Drs 663/13 S. 34.
[177] Nach Auskunft des Bundesministeriums der Justiz handelt es sich hierbei um ein Redaktionsversehen.
[178] BR-Drs 663/13 S. 34 f.
[179] Die Mitglieder des Gruppen-Gläubigerausschusses haben sich, wie die Mitglieder des Gläubigerausschusses auch, über die ihnen obliegenden Rechte und Pflichten zu informieren. Zu diesem Zweck können die Gerichte den betreffenden Personen Merkblätter zur Verfügung stellen, die die bestehenden Aufgaben, Rechte und Pflichten zusammenfasst; BGHZ 71, 253 Rn. 17 = NJW 1978, 742; Braun/*Hirte* InsO § 71 Rn. 3; Nerlich/Römermann/*Delhaes* InsO § 71 Rn. 10; Leonhard/Smid/Zeuner/*Smid* InsO § 71 Rn. 9; Jaeger/*Gerhardt* InsO § 71 Rn. 21; MüKoInsO/*Schmid-Burgk* § 71 Rn. 8; Uhlenbruck/*Uhlenbruck* InsO § 71 Rn. 8.

zung eines Gläubigerbeirats als Beratungs- und Koordinierungsorgan möglich sein.[180] Auch der Gruppen-Gläubigerausschuss dient in erster Linie der Kommunikation und Koordination. Notwendige Beschlüsse fasst er nur im Hinblick auf den Koordinationsplan.

a) Unterstützung der Insolvenzverwalter/Gläubigerausschüsse

105 Gemäß § 269c Abs. 2 Satz 1 InsO ist es Aufgabe des Gruppen-Gläubigerausschusses, die Gläubigerausschüsse und Insolvenzverwalter der konzernangehörigen Schuldner zu **unterstützen**. Hierdurch soll die abgestimmte Abwicklung der einzelnen Insolvenzverfahren erleichtert werden. „Diese Aufgabe kommt dem Gruppen-Gläubigerausschuss auch gegenüber dem Verfahrenskoordinator als dem für eine abgestimmte Abwicklung zuständigen Insolvenzverwalter zu".[181]

b) Einleitung des Koordinationsverfahrens

106 Gemäß § 269d Abs. 1 InsO hat das für die Eröffnung von Gruppen-Folgeverfahren zuständige Gericht, das sog Koordinationsgericht, die Möglichkeit, auf Antrag ein Koordinationsverfahren einzuleiten. Antragsberechtigt ist jeder gruppenangehörige Schuldner, bei Übergang der Verwaltungs- und Verfügungsbefugnis im Eröffnungsverfahren der „starke" vorläufige Insolvenzverwalter und mit Eröffnung des Insolvenzverfahrens der Insolvenzverwalter, vgl § 269d Abs. 2 Satz 1 und 2 InsO iVm § 3a Abs. 3 InsO. Ferner ist jeder (vorläufige) Gläubigerausschuss eines konzernangehörigen Schuldners auf der Grundlage eines einstimmigen Beschlusses antragsberechtigt.

107 Ein Antragsrecht des Gruppen-Gläubigerausschusses ist nicht vorgesehen. Nach zustimmungswürdiger Ansicht in der Literatur[182] sollte auch diesem die Möglichkeit eingeräumt werden, die Einleitung eines Koordinationsverfahrens zu beantragen. Offen ist, ob hierfür, wie im Falle des Antrags eines (vorläufigen) Gläubigerausschusses, ein einstimmiger Beschluss des Gruppen-Gläubigerausschusses erforderlich sein sollte.[183]

c) Bestimmung der Person des Verfahrenskoordinators

108 Vor der Bestellung des Verfahrenskoordinators hat das Koordinationsgericht dem Gruppen-Gläubigerausschuss Gelegenheit zu geben, sich zu der Person des Verfahrenskoordinators und den an ihn zu stellenden Anforderungen zu äußern, § 269e Abs. 2 InsO. Unklar ist, ob dem Gruppen-Gläubigerausschuss auch das Recht zusteht, einstimmig über die Person des Verfahrenskoordinators zu entscheiden.

109 Dieses Recht könnte sich gemäß § 269f Abs. 3 InsO aus dem **Verweis auf § 56a Abs. 2 InsO** ergeben. Nach § 269f Abs. 3 InsO gelten die §§ 56 ff InsO entsprechend für die Bestellung des Verfahrenskoordinators, soweit sich aus den §§ 269a ff InsO nichts anderes ergibt. In den §§ 269a ff InsO findet sich dazu jedoch keine abweichende Regelung.

110 Aus dem Fehlen einer ausdrücklichen Berechtigung wird teilweise der Schluss gezogen, der Gesetzgeber habe sich in Form **„beredten Schweigens"** bewusst gegen die Normierung einer entsprechenden Befugnis entschieden.[184] Dem Gruppen-Gläubigerausschuss wird hiernach lediglich das Recht eingeräumt, sich zu den Anforderungen an die Person des Verfahrenskoordinators zu äußern. Ein das Gericht bindendes Recht, durch einstimmigen Beschluss über dessen Person zu entscheiden, stehe dem Gruppen-Gläubigerausschuss aber nicht zu.

---

[180] Uhlenbruck/*Uhlenbruck* InsO § 67 Rn. 3.
[181] BT-Drs. 18/407 S. 34.
[182] MüKoInsO/*Brünkmans* Konzerninsolvenzrecht Rn. 93.
[183] Für einen Beschluss mit einfacher Mehrheit: MüKoInsO/*Brünkmans* Konzerninsolvenzrecht Rn. 93.
[184] Vgl. *Harder/Lojowsky* NZI 2013, 327, 330.

Dem ist allerdings entgegenzuhalten, dass der Gesetzgeber dem Gruppen-Gläubiger- **111** ausschuss im Rahmen der Abstimmung der einzelnen Verfahren eine „exponierte Stellung" einräumt. „Durch die Verweisung in § 269f Abs. 3 InsO auf § 56a Abs. 2 InsO soll sichergestellt werden, dass die **Anhörung des Gruppen-Gläubigerausschusses nicht im Unverbindlichen** bleibt, sondern die wesentlichen Vorgaben für das Koordinationsgericht festgelegt werden".[185] Dies ist nur möglich, wenn dem Gruppen-Gläubigerausschuss auch das Recht zusteht, über die Person des Verfahrenskoordinators zu entscheiden.[186] Entsprechend § 56a InsO wird eine Bindungswirkung nur bei einstimmigen Vorschlägen anzunehmen sein.[187]

d) Zustimmung zum Koordinationsplan

Zur abgestimmten Abwicklung der einzelnen Insolvenzverfahren können der Verfahrens- **112** koordinator, oder wenn ein solcher nicht bestellt worden ist, die Insolvenzverwalter der gruppenangehörigen Schuldner, einen Koordinationsplan vorlegen. Dieser bedarf nach § 269h Abs. 1 Satz 2 InsO der Zustimmung des Gruppen-Gläubigerausschusses, sofern ein solcher bestellt ist. „Der Gruppen-Gläubigerausschuss nimmt das Gesamtgläubigerinteresse im Konzernkontext wahr, so dass er das berufene Organ ist, um zu entscheiden, ob die vorgeschlagenen Maßnahmen zur Neuausrichtung des Konzerns geeignet sind, der bestmöglichen Gläubigerbefriedigung zu dienen".[188] Das Gericht weist den Koordinationsplan zurück, wenn die Zustimmung des bestellten Gruppen-Gläubigerausschusses nicht eingeholt worden ist, vgl § 269h Abs. 1 Satz 3 InsO.

e) Kooperationspflichten

Mit der Einführung von § 269c InsO wird keine Pflicht zur Zusammenarbeit einzelner **113** Gläubigerorgane oder der Gläubiger begründet.[189] Die Regierungsbegründung weist daraufhin, dass § 269c InsO keine Stellungnahme zu der Frage enthalte, ob zwischen den einzelnen Gläubigern Koordinationspflichten existierten. Damit sei aber auch keine Entscheidung gegen das Bestehen derartiger Verpflichtungen getroffen worden. Vielmehr solle die Klärung dieser Frage der Rechtsprechung und Wissenschaft[190] überlassen bleiben.[191]

Dies ist in der Literatur zum Teil auf Kritik gestoßen. Es sei grundsätzlich zu bedauern, **114** dass der Gesetzgeber nicht von der Möglichkeit Gebrauch gemacht habe, Koordinationspflichten zu statuieren.[192] Die Art und Weise der Zusammenarbeit von Gläubigerorganen oder Gläubigern bleibe völlig ungeregelt.[193] Ein Regelungsbedürfnis hätte aber zumindest im Hinblick auf die Befugnisse nach §§ 157 ff InsO bestanden. Ohne entsprechende Regelung bestehe die Gefahr, dass eine wirtschaftlich optimale Verwertung am Widerstand einzelner Gläubigerorgane scheitere.[194] In Anlehnung an § 245 InsO wird daher vorgeschlagen, eine Regelung in das Gesetz aufzunehmen, wonach das Gericht unter be-

---

[185] BT-Drs. 18/407 S. 36.
[186] Vgl. MüKoInsO/*Brünkmans* Konzerninsolvenzrecht Rn. 100.
[187] Für eine Bindungswirkung auch bei einem mit einfacher Mehrheit gefasstem Vorschlag, *Pleister* ZIP 2013, 1013, 1016.
[188] BT-Drs. 18/407 S. 39.
[189] Vgl. auch *Brünkmans* Der Konzern 2013, 157, 161; *Leutheusser-Schnarrenberger* ZIP 2013, 97, 102.
[190] Für Kooperationspflichten zwischen Gläubigern solchen eines Konzernverbundes: *Eidenmüller*, ZHR 169 (2005), 528, 555 ff; vgl. auch Knops/Bamberger/Maier-Reimer/*Bamberger* Recht der Sanierungsfinanzierung § 16 Rn. 236. Ablehnend: *Grell* NZI 2006, 77, 79; *Heeseler/Neu* NZI 2012, 440, 444.
[191] BT-Drs. 18/407, S. 22.
[192] *Harder/Lojowsky* NZI 2013, 327, 329; *Brünkmans* ZIP 2013, 193, 200; Stellungnahme des Deutschen Steuerberaterverbandes eV zum Diskussionsentwurf eines Gesetzes zur Erleichterung der Bewältigung von Konzerninsolvenzen. Stand 13. Februar 2013. http://www.dstv.de/interessenvertretung/beruf/stellungnahmen-beruf/r–3–13 (abgerufen am 11. Oktober 2013).
[193] *Harder/Lojowsky* NZI 2013, 327, 329.
[194] *Brünkmans* ZIP 2013, 193, 200; zustimmend: *Harder/Lojowsky* NZI 2013, 327, 329.

stimmten Voraussetzungen obstruierende Entscheidungen ersetzen könne.[195] Richtig ist, dass eine Pflicht zur Zusammenarbeit einzelner Gläubigerorgane oder der Gläubiger nicht statuiert werden kann, da eine solche „im klaren Widerspruch zum Grundsatz der Gläubigerautonomie steht".[196]

f) Verhältnis Gruppen-Gläubigerausschuss – Gläubigerausschüsse

115   Das „Machtverhältnis" zwischen Gruppen-Gläubigerausschuss und den einzelnen Gläubigerausschüssen ist in § 269c InsO nicht näher geregelt worden. Dies wird teilweise kritisiert. Mangels einer expliziten Regelung stelle sich die Frage der Durchsetzbarkeit von Beschlüssen des Gruppen-Gläubigerausschusses.[197]

116   Dem Gruppen-Gläubigerausschuss steht keine Befugnis zum Erlass und zur Durchsetzung von Beschlüssen gegenüber den Einzelgläubigerausschüssen zu. Die Kompetenz des Gruppen-Gläubigerausschusses ist nach der Gesetzesbegründung auf die Unterstützung der Insolvenzverwalter und Gläubigerausschüsse in den einzelnen Verfahren sowie die Zustimmung oder Ablehnung eines Koordinationsplanes beschränkt.[198] Der Koordinationsplan bedarf zusätzlich noch der Zustimmung der Gläubigerversammlungen, damit dieser in den jeweiligen Verfahren einem Insolvenzplan zugrunde gelegt werden kann, vgl § 269i Abs. 2 InsO. Auch wenn damit die Gefahr einhergeht, dass aufgrund unterschiedlicher Entscheidungen in den Einzelinsolvenzverfahren „das Gesamtkonzept eines Koordinationsplans ins Wanken geraten könnte und das mit diesem Plan angestrebte Ziel nicht zu erreichen wäre",[199] hat sich der Gesetzgeber bewusst dagegen entschieden, dem Gruppen-Gläubigerausschuss die Entscheidungsbefugnis über die Zugrundelegung des Koordinationsplanes in den jeweiligen Insolvenzverfahren der beteiligten gruppenangehörigen Schuldner zu übertragen. Der Gesetzesentwurf verzichtet ausdrücklich auf Instrumentarien der verfahrensmäßigen oder materiellen Konsolidierung der Einzelverfahren über die Konzerngesellschaften.[200] Ziel ist es vielmehr, die Einzelverfahren auf der Grundlage geeigneter Koordinationsinstrumentarien aufeinander abzustimmen.[201] Grundlegende Entscheidungen sollen weiterhin in den jeweiligen Einzelinsolvenzverfahren getroffen werden. Hiermit ist es nicht vereinbar, dem Gruppen-Gläubigerausschuss auf Konzernebene die Letztentscheidungsbefugnis über die Zugrundelegung des Koordinationsplans in den Einzelinsolvenzverfahren zu übertragen.[202]

---

[195] *Brünkmans* Der Konzern 2013, 169, 178; *Brünkmans* ZIP 2013, 193, 200; MüKoInsO/*Brünkmans* Konzerninsolvenzrecht Rn. 88.

[196] Stellungnahme des Bundesverbands der Deutschen Industrie eV zum Diskussionsentwurf eines Gesetzes zur Erleichterung der Bewältigung von Konzerninsolvenzen. Stand: 15.2.2013. http://www.bdi.eu/download_content/RechtUndOeffentlichesAuftragswesen/Stn_BDI_Konzerninsolvenzrecht.pdf (abgerufen am 11.10.2013), vgl. auch MüKoInsO/*Brünkmans* Konzerninsolvenzrecht Rn. 88.

[197] Stellungnahme des Deutschen Steuerberaterverbandes eV zum Diskussionsentwurf eines Gesetzes zur Erleichterung der Bewältigung von Konzerninsolvenzen. Stand 13.2.2013. http://www.dstv.de/interessenvertretung/beruf/stellungnahmen-beruf/r-3-13 (abgerufen am 14.10.2013); *Harder/Lojowsky* NZI 2013, 327, 330.

[198] BT-Drs. 18/407 S. 34.

[199] Stellungnahme des Deutschen Steuerberaterverbandes eV zum Diskussionsentwurf eines Gesetzes zur Erleichterung der Bewältigung von Konzerninsolvenzen. Stand 13.2.2013. http://www.dstv.de/interessenvertretung/beruf/stellungnahmen-beruf/r-3-13 (abgerufen am 14.1.2014).

[200] BT-Drs. 18/407 S. 2.

[201] BT-Drs. 18/407 S. 17.

[202] Für Letztentscheidungsbefugnis des Gruppen-Gläubigerausschusses: Stellungnahme des Deutschen Anwaltsvereins zum Gesetzesentwurf eines Gesetzes zur Erleichterung der Bewältigung von Konzerninsolvenzen. Stand 2.4.2014. https://anwaltverein.de/de/newsroom/sn-19-14?file=files/anwaltverein.de/downloads/newsroom/stellungnahmen/2014/DAV-SN19-14.pdf (abgerufen am 27.6.2017).

4. Organisation des Gruppen-Gläubigerausschusses

Der Gruppen-Gläubigerausschuss **organisiert sich selbst.**[203] Verpflichtende Vorgaben 117 macht das Gesetz nur hinsichtlich der Beschlussfassung, §§ 269c Abs. 2 Satz 2, 72 InsO. Im Übrigen bestimmt der Gruppen-Gläubigerausschuss selbst über seine Arbeitsweise. Er kann sich eine Geschäftsordnung geben oder jeweils von Fall zu Fall entscheiden.[204] Die Aufstellung einer Geschäftsordnung wird vor allem in größeren Verfahren mit mehreren Ausschussmitgliedern empfohlen.[205]

a) Ladung zur Sitzung

Die Mitglieder des Gruppen-Gläubigerausschusses sind zu dessen jeweiligen Sitzungen zu 118 laden.[206] Das Fehlen einer Einladung hat grundsätzlich die Unwirksamkeit gefasster Beschlüsse zur Folge. Fraglich ist, wer zur Einberufung von Sitzungen des Gruppen-Gläubigerausschusses berechtigt ist. Es bietet sich an zwischen der konstituierenden und den darauf folgenden Sitzungen zu unterscheiden.

aa) konstituierende Sitzung

Zur konstituierenden Sitzung des Gruppen-Gläubigerausschusses sollte das **Gericht des** 119 **Gruppen-Gerichtsstandes,** zweckmäßigerweise schon mit dem Einsetzungsbeschluss, einladen.[207] Das Gericht hat den besten Überblick über die Beteiligten des Gruppen-Folgeverfahrens. Es kann auf Änderungen in der Zusammensetzung des Ausschusses, insbesondere bei Konstituierung weiterer, noch zu beteiligender Gläubigerausschüsse, am schnellsten reagieren. Daneben sind sämtliche **Mitglieder** des Gruppen-Gläubigerausschusses dazu berechtigt, zur konstituierenden Sitzung des Gruppen-Gläubigerausschusses einzuladen. Die Einberufung könnte ferner durch einen bereits bestellten **Verfahrenskoordinator** erfolgen. Dessen Bestellung vor der konstituierenden Sitzung des Gruppen-Gläubigerausschusses ist allerdings nicht sicher. Möglich erscheint auch die Einberufung durch den/die **Insolvenzverwalter** der Insolvenzverfahren der beteiligten gruppenangehörigen Schuldner.

bb) regelmäßige Sitzungen

Zur Einberufung der regelmäßigen Sitzungen des Gruppen-Gläubigerausschusses ist grund- 120 sätzlich **jedes Mitglied** berechtigt.[208] Dieses Recht kann aber auch auf den Vorsitzenden des Ausschusses übertragen werden. Daneben kann das Gericht des Gruppen-Gerichtsstandes zu regelmäßigen Sitzungen des Gruppen-Gläubigerausschusses einladen. Unklar ist, ob auch dem Verfahrenskoordinator oder dem Insolvenzverwalter[209] eines gruppenangehörigen Schuldners das Recht zur Einberufung einer Ausschusssitzung zusteht.

---

[203] *Gundlach/Frenzel/Schmidt* NZI 2005, 304, 305; Braun/*Hirte* InsO § 69 Rn. 6, § 72 Rn. 2; MüKoInsO/ *Schmid-Burgk* § 72 Rn. 5; Nerlich/Römermann/*Delhaes* InsO § 72 Rn. 1, 6; *Pape/Uhlenbruck/Voigt-Salus* Insolvenzrecht Kap. 16, Rn. 58.

[204] Braun/*Hirte* InsO, § 69 Rn. 6 § 72 Rn. 2; FKInsO/*Schmitt* § 72 Rn. 2; Andres/Leithaus/*Andres* InsO, § 69 Rn. 4; Nerlich/Römermann/*Delhaes* InsO § 72 Rn. 1, 6; Huntemann/Brockdorff/*Graf Brockdorff* Kap. 11 Rn. 69.

[205] *Vallender* WM 2002, 2040, 2044; MüKoInsO/*Schmid-Burgk* § 69 Rn. 8, § 72 Rn. 5 f.

[206] HambKommInsO/*Frind* InsO § 72 Rn. 6; kritisch zum Fehlen einer gesetzlichen Regelung: K. Schmidt/*Jungmann* InsO § 72 Rn. 9.

[207] K. Schmidt/*Jungmann* InsO § 72 Rn. 17.

[208] *Pape* WM 2003, 361, 367; Braun/*Hirte* InsO § 72 Rn. 4; MüKoInsO/*Schmid-Burg*, § 72 Rn. 11.

[209] Außerhalb der Konzerninsolvenz ist bereits streitig, ob dem Insolvenzverwalter das Recht zur Einberufung einer Gläubigerausschusssitzung zusteht. Zustimmend: Jaeger/*Gerhardt* InsO § 72 Rn. 3; MüKoInsO/ *Schmid-Burgk* Band 1 § 72 Rn. 11; Ablehnend: K. Schmidt/*Jungmann* InsO § 72 Rn. 12; Braun/*Hirte,* InsO § 72 Rn. 4. nicht eindeutig: FKInsO/*Schmitt* § 72 Rn. 3.

121   Dem Verfahrenskoordinator dürfte ein entsprechendes Recht zustehen. Er „ist die Seele des gesamten Koordinationsverfahrens. Von seinem Geschick hängt es ab, ob es gelingt, die Abwicklung der einzelnen Verfahren zu optimieren, dh zunächst einmal aufeinander abzustimmen. Nach § 269f Abs. 1 InsO kann er dabei alle Maßnahmen ergreifen, die für eine abgestimmte Abwicklung des Verfahrens sinnvoll sind und im Interesse der Gläubiger liegen."[210] Hierzu zählt auch die regelmäßige Einberufung von Sitzungen des Gruppen-Gläubigerausschusses.

122   Dagegen erscheint es nicht zweckmäßig, auch den einzelnen Insolvenzverwaltern das Recht zur Einberufung regelmäßiger Gruppen-Gläubigerausschusssitzungen zuzugestehen. Es ist vielmehr sinnvoll, das Recht zur Anberaumung einer entsprechenden Sitzung bei den Mitgliedern des Gruppen-Gläubigerausschusses, dem Gericht des Gruppen-Gerichtsstandes sowie dem Verfahrenskoordinator zu konzentrieren. Aufgrund der möglichen Vielzahl an Insolvenzverwaltern würde das Verfahren andernfalls unübersichtlich und es bestünde die Gefahr, dass der Gruppen-Gläubigerausschuss bei besonders aktiven Verwaltern für die Interessen einzelner Insolvenzverfahren institutionalisiert wird. Das heißt allerdings nicht, dass die Insolvenzverwalter überhaupt keinen Einfluss auf die Einberufung einer Gruppen-Gläubigerausschusssitzung haben. Bei Bedarf können sie jederzeit den Verfahrenskoordinator um die Einberufung einer Sitzung des Gruppen-Gläubigerausschusses ersuchen.

b) Ladungsfrist

123   Eine gesetzliche Ladungsfrist ist nicht vorhanden. Die Einladung zu Sitzungen des Gruppen-Gläubigerausschusses hat rechtzeitig zu erfolgen.[211] Allgemein wird die Einhaltung einer Ladungsfrist von **zwei Wochen** für angemessen erachtet.[212] In dringenden Fällen kann diese aber auch abgekürzt werden.[213] Einige Geschäftsordnungen sehen eine Mindestfrist von drei Tagen vor.[214]

124   Um eine institutionalisierte Zusammenarbeit mit Blick auf die Gläubigerausschüsse gewährleisten zu können ist es allerdings erforderlich, dass die Mitglieder des Gruppen-Gläubigerausschusses vor den Sitzungen in diesem Gremium die geplanten Maßnahmen zunächst innerhalb des sie entsendenden Gläubigerausschusses zur Beratung stellen. Hierzu ist ggf eine Sitzung dieses Gläubigerausschusses erforderlich. Zudem ist die kurzfristige Einberufung einer Sitzung in größeren Ausschüssen wie dem Gruppen-Gläubigerausschuss häufig nur schwierig zu koordinieren.[215] Vor diesem Hintergrund wird die Einhaltung einer **Mindestfrist von fünf Tagen** angeregt. Zudem sollte sich der Vorsitzende mit den übrigen Mitgliedern des Gruppen-Gläubigerausschusses vor der Festlegung eines Termins abstimmen.[216]

c) Beschlussfassung

125   Beschlüsse des Gruppen-Gläubigerausschusses werden entweder im Rahmen von Sitzungen gefasst,[217] zu denen die Mitglieder zusammenkommen müssen oder mittels E-Mail, per Fax, im Rahmen von Telefon- oder Videokonferenzen sowie im schriftlichen oder telefo-

---

[210] BT-Drs. 18/407, S. 36.
[211] *Oelrichs*, Gläubigermitwirkung S. 46; MüKoInsO/*Schmid-Burgk* § 72 Rn. 9; FKInsO/*Schmitt* § 72 Rn. 3.
[212] Orientierung an der üblichen Frist zur Einberufung des Aufsichtsrates einer AG: MHdBGesR IV/*Hoffmann-Becking*, § 31 Rn. 38; MüKoInsO/*Schmid-Burgk* § 72 Rn. 9; K. Schmidt/*Jungmann* InsO § 72 Rn. 12.
[213] MüKoInsO/*Schmid-Burgk* § 72 Rn. 9; MünchHdbGesR IV/*Hoffmann-Becking* § 31 Rn. 38.
[214] *Haarmeyer* ZInsO 2012, 370, 372; *Ingelmann/Ide/Steinwachs* ZInsO 2011, 1059; *Frege/Keller/Riedel* Rn. 1246; Steinwachs/Vallender/*Steinwachs* Gläubigerausschuss Anhang I S. 340 ff.
[215] Braun/*Hirte* InsO § 72 Rn. 9.
[216] *Haarmeyer* ZInsO 2012, 370, 372.
[217] Nerlich/Römermann/*Delhaes* InsO § 72 Rn. 1, 5.

nischen Umlaufverfahren.[218] Der Gruppen-Gläubigerausschuss ist beschlussfähig, wenn die Mehrheit der Mitglieder anwesend ist. Abzustellen ist auf diejenigen Mitglieder, die ihr Amt bereits angenommen haben.[219] In der Konzerninsolvenz sind daher auch Sitzungen eines „Rumpf"-Ausschusses[220] möglich. Zu einer solchen Konstellation kann es kommen, wenn durch das Gericht des Gruppen-Gerichtsstandes bereits wirksam ein Gruppen-Gläubigerausschuss eingesetzt worden ist, die Konstituierung einzelner Gläubigerausschüsse in den jeweiligen Insolvenzverfahren aber noch aussteht.

Ein Beschluss kommt zustande, wenn er die Mehrheit der Stimmen der anwesenden **126** Mitglieder erhält. Jedem Mitglied steht **nur eine Stimme** zu. Dies hat zur Folge, dass sämtliche Vertreter der einzelnen Gläubigerausschüsse konzernangehöriger Schuldner im Gruppen-Gläubigerausschuss mit gleichem Stimmrecht vertreten sind. Eine Differenzierung nach Größe und Bedeutung eines Unternehmens für den Konzern, wird nicht vorgenommen.[221] „Dem liegt die Erwägung zugrunde, dass die Kompetenz des Gruppen-Gläubigerausschusses auf die Unterstützung der Insolvenzverwalter und Gläubigerausschüsse in den einzelnen Verfahren mit dem Ziel einer abgestimmten Verfahrensabwicklung sowie die Zustimmung oder Ablehnung eines Koordinationsplans beschränkt ist".[222]

d) Verschwiegenheitspflicht

Ein Spannungsfeld besteht zwischen den Verschwiegenheitspflichten, die die Mitglieder **127** sowohl im Gruppen-Gläubigerausschuss als auch im Gläubigerausschuss zu wahren haben. Auf der einen Seite sind die Mitglieder des Gläubigerausschusses gegenüber Dritten zu absoluter Verschwiegenheit verpflichtet. Als Dritte kommen auch die weiteren Mitglieder des Gruppen-Gläubigerausschusses in Betracht. Auf der anderen Seite ist es zur Abstimmung der verschiedenen Verfahren der konzernangehörigen Schuldner erforderlich, dass entsprechende Informationen in den Gruppen-Gläubigerausschuss gelangen. Umgekehrt benötigen die Gläubigerausschüsse Informationen, auf deren Grundlage sie ihre weiteren Beschlüsse zur Koordinierung des Verfahrens fassen können.

Ohne Kommunikation zwischen dem Einzel- und Gruppen-Gläubigerausschuss ist es **128** nicht möglich, sinnvoll abgestimmte Strategien zu verfolgen, um die wirtschaftliche Einheit des Konzerns als solche zu erhalten und ihren vollen Wert für die Gläubiger zu realisieren. Der Gruppen-Gläubigerausschuss kann seinen Aufgaben nur gerecht werden, wenn er über ausreichend Informationen aus den Einzelgläubigerausschüssen verfügt. Ein Gläubigerausschuss, der sich für die Mitgliedschaft im Gruppen-Gläubigerausschuss entscheidet, muss daher auch bereit sein, entsprechende Informationen zu offenbaren.[223] Insoweit ist eine Ausnahme von der Verschwiegenheitspflicht zu machen.[224]

e) Interessenkollision

Der Gruppen-Gläubigerausschuss nimmt das Interesse aller Gläubiger von Schuldnern der **129** Unternehmensgruppe wahr.[225] Die Mitglieder des Gruppen-Gläubigerausschusses haben

---

[218] *Ingelmann/Ide/Steinwachs* ZInsO 2011, 1059; *Commandeur/Schaumann* NZG 2012, 620, 621; *Uhlenbruck*, ZIP 2002, 1373, 1376; *Pape* WM 2003, 361, 367; HambKommInsO/*Frind* InsO § 72 Rn. 6; *Pape* Gläubigerbeteiligung Rn. 328; aA Braun/*Kind* InsO § 72 Rn. 8.
[219] Haarmeyer/Wutzke/Förster/*Frind* InsO § 72 Rn. 6.
[220] Haarmeyer/Wutzke/Förster/*Frind* InsO § 72 Rn. 6.
[221] Kritisch: *Andres/Möhlenkamp* BB 2013, 579, 586, die vorschlagen, das wirtschaftliche Gewicht eines konzernangehörigen Unternehmens bei der Stimmverteilung zu berücksichtigen und zu dessen Bestimmung die Bilanzsumme sowie die Umsatzerlöse des Unternehmens im vorangegangen Geschäftsjahr heranzuziehen.
[222] BT-Drs. 18/407 S. 34.
[223] Für die Statuierung einer ausdrücklichen Informationspflicht der Einzelgläubigerausschüsse gegenüber dem Gruppen-Gläubigerausschuss, *Fölsing* ZInsO 2013, 413, 419.
[224] In vergleichbarer Konstellation hat sich der Gesetzgeber ausdrücklich gegen eine Verschwiegenheitspflicht entschieden, siehe § 79 Abs. 1 Satz 1, 3 und 4 BetrVG.
[225] BT-Drs. 18/407 S. 34.

sich bei ihrer Tätigkeit verfahrensübergreifend zu orientieren. An Vorgaben der sie entsendenden Gläubigerausschüsse sind sie nicht gebunden. Es besteht **kein imperatives Mandat.** Die Vertreter im Gruppen-Gläubigerausschuss sind jedoch gleichzeitig Mitglied in einem der beteiligten Gläubigerausschüsse. In dieser Funktion haben sie die Pflicht, ausschließlich die Interessen der Gläubiger desjenigen Schuldners zu vertreten, in dessen Insolvenzverfahren der jeweilige Gläubigerausschuss bestellt worden ist.[226] Daraus kann sich die Gefahr von Interessenkollisionen ergeben.

130   Das Risiko eines Interessenkonflikts ist im Gruppen-Gläubigerausschuss allerdings gering. Der Gruppen-Gläubigerausschuss dient zur Koordinierung der in den Einzelinsolvenzverfahren beschlossenen Maßnahmen. Seine Kompetenz ist „auf die Unterstützung der Insolvenzverwalter und Gläubigerausschüsse (…) sowie die Zustimmung oder Ablehnung eines Koordinationsplans beschränkt."[227] Das Vorliegen einer Interessenkollision kommt hier nur in Betracht, wenn der Gruppen-Gläubigerausschuss über dessen nach § 269h Abs. 1 Satz 2 InsO notwendige Zustimmung zu einem Koordinationsplan abstimmt. In diesem Fall sollte das Mitglied den Interessenkonflikt offenlegen und sich der Abstimmung enthalten. Mangels klarer gesetzlicher Regelung empfiehlt sich eine Verhaltensanweisung in der Geschäftsordnung des Gruppen-Gläubigerausschusses.

f) Protokoll

131 Über die Sitzungen des Gruppen-Gläubigerausschusses sollte ein Protokoll geführt werden. Eine Pflicht hierzu besteht nicht.[228] Wird in der Sitzung des Gruppen-Gläubigerausschusses ein einstimmiger Beschluss zum Vorschlag über die Person des Verfahrenskoordinators gefasst, sollte dem Gericht zum Nachweis des Beschlusses ein von allen teilnehmenden Gläubigerausschussmitgliedern unterzeichnetes Protokoll der entsprechenden Sitzung im Original vorgelegt werden.[229]

5. Entlassung aus dem Gruppen-Gläubigerausschuss

132 Gemäß §§ 269c Abs. 2 Satz 2, 70 Satz 1 InsO kann das Insolvenzgericht ein Mitglied des Gruppen-Gläubigerausschusses aus **wichtigem Grund** entlassen.[230] Als wichtiger Grund kommt insbesondere die Verletzung der Pflicht zur Wahrnehmung der Interessen aller Gläubiger der Unternehmensgruppe in Betracht.

133   Die Entlassung aus wichtigem Grund kann **von Amts wegen** oder auf **Antrag** erfolgen. Dieser kann durch das zu entlassende Mitglied selbst gestellt werden.[231] Eine eigenmächtige Niederlegung des Amtes ist nicht möglich.[232] Daneben steht den Gläubigerversammlungen

---

[226] BGHZ 124, 86 Rn. 19 = NJW 1994, 453; *Uhlenbruck* ZIP 2002, 1373, 1377; *Frege* NZG 1999, 478, 484; *Jaeger/Gerhardt* InsO § 67 Rn. 4; *Nerlich/Römermann/Delhaes* InsO § 67 Rn. 2, § 68 Rn. 5; *K. Schmidt/Jungmann* InsO § 67 Rn. 6.

[227] BT-Drs. 18/407 S. 34.

[228] Missverständlich: Uhlenbruck/*Uhlenbruck* InsO § 72 Rn. 5.

[229] LG Stendal ZIP 2012, 2170 Rn. 6 = ZInsO 2012, 2208 mAnm *Hofmann* EWiR 2012, 729; AG Stendal ZIP 2012, 2030 Rn. 13 mAnm *Harbeck* jurisPR-InsR 3/2013 Anm 4; HambKommInsO/*Frind* InsO, § 72 Rn. 7; Haarmeyer/Wutzke/Förster/*Frind* InsO § 72 Rn. 13; Braun/*Hirte* InsO § 72 Rn. 12; kritisch *Meyer-Löwy/Ströhmann* ZIP 2012, 2432, 2433.

[230] Ein wichtiger Grund liegt vor, wenn das Verbleiben des Gläubigerausschussmitglieds im Amt die Belange der Gesamtheit der Gläubiger und die Rechtmäßigkeit der Verfahrensabwicklung objektiv nachhaltig beeinträchtigen würde; BGH NZI 2007, 346 Rn. 9; BGH NZI 2008, 306 Rn. 7; BGH ZIP 2012, 876 Rn. 6; Andres/Leithaus/*Andres* InsO § 70 Rn. 2.

[231] Ein wichtiger Grund ist auch hier erforderlich; BT-Drs. 12/2443, S. 132 zu § 81 RegE-InsO; LG Göttingen NZI 2011, 857 Rn. 2; *Pape* WM 2006, 19, 20; *Gundlach/Frenzel/Schmidt* DStR 2004, 45, 48; Braun/*Hirte* InsO § 70 Rn. 5; Nerlich/Römermann/*Delhaes* InsO § 70 Rn. 5.

[232] BGH ZIP 2012, 876 Rn. 6; AG Duisburg NZI 2003, 659; *K. Schmidt/Jungmann* InsO § 70 Rn. 1; Nerlich/Römermann/*Delhaes* InsO § 70 Rn. 2, 5; Andres/Leithaus/*Andres* InsO § 70 Rn. 2; Beck/Depré/*Graber* § 10 Rn. 38.

nach §§ 269c Abs. 2 Satz 2, 70 Satz 1 InsO das Recht zu, die Entlassung eines Mitglieds des Gruppen-Gläubigerausschusses zu beantragen. Dieses Recht gilt nur für Gläubigerversammlungen gruppenangehöriger Schuldner, deren Gläubigerausschüsse einen Vertreter in den Gruppen-Gläubigerausschuss entsandt haben und erstreckt sich nur auf diesen Vertreter.

Ausgeschlossen ist die Antragstellung durch die übrigen Mitglieder des (Gruppen-) **134** Gläubigerausschusses,[233] die Insolvenzverwalter,[234] der einzelnen Verfahren und den Verfahrenskoordinator. Diese können ebenfalls nur die Entlassung eines Mitglieds beim Gericht anregen.[235]

Die Entlassung aus dem Gruppen-Gläubigerausschuss hat nicht zwangsläufig die Ent- **135** lassung aus dem Einzelgläubigerausschuss zur Folge. Sie kann aber insbesondere bei einer schwerwiegenden Pflichtverletzung auch die Entlassung aus dem vertretenen oder bei Mehrfachbesetzung auch aus anderen Gläubigerausschüssen rechtfertigen.[236]

6. Vergütung der Mitglieder des Gruppen-Gläubigerausschusses

Den Mitgliedern des Gruppen-Gläubigerausschusses steht gemäß §§ 269c Abs. 2 Satz 2, 73 **136** InsO grundsätzlich ein Anspruch auf Vergütung ihrer Tätigkeit sowie Erstattung angemessener Auslagen zu. Die §§ 63 Abs. 2, 64, 65 InsO gelten entsprechend. Maßgeblich ist ausschließlich der Zeitaufwand und der Umfang der Tätigkeit

Die Mitgliedschaft im Gruppen-Gläubigerausschuss ist Bestandteil der Tätigkeit als Gläu- **137** bigerausschussmitglied im Einzelverfahren. Es entsteht nur ein einziger Vergütungsanspruch. Dieser ist durch das Insolvenzgericht gemäß § 64 Abs. 1 InsO festzusetzen. Eine getrennte Geltendmachung und Festsetzung der Vergütung der jeweiligen Tätigkeiten findet nicht statt. Die Festsetzung des Vergütungsanspruchs setzt einen Antrag voraus.[237] Der Antrag ist schriftlich beim Gericht einzureichen.[238]

Der Vergütungsanspruch ist in dem Insolvenzverfahren geltend zu machen, in dem der **138** vertretene Gläubigerausschuss bestellt ist.[239] Eine Umlage der Kosten auf sämtliche Schuldner der Unternehmensgruppe ist nicht möglich. Diese können auch nicht zunächst für den gesamten Gruppen-Gläubigerausschuss berechnet und dann nach der Bedeutung der beteiligten Schuldner verteilt werden. Ebenso wenig dürfte es nunmehr zulässig sein, die Vergütung der einzelnen Ausschussmitglieder bei gleicher Besetzung mehrerer Gläubigerausschüsse zunächst einheitlich zu berechnen und dann nach dem wirtschaftlichen Gewicht der Verfahren auf die jeweiligen Insolvenzmassen umzulegen.[240]

Die Vergütung ist grundsätzlich für jedes Mitglied **individuell** festzusetzen.[241] Dabei ist **139** dem Zeitaufwand Rechnung zu tragen. Die Gläubigerausschussmitglieder sollen für ihren geleisteten Mehraufwand entlohnt werden. Die regelmäßige Vergütung eines Gläubigerausschussmitglieds beträgt gem § 17 Abs. 1 Satz 1 InsVV zwischen 35 und 95 EUR je Stunde. Sie umfasst alle Tätigkeiten, die sich aus oder im Zusammenhang mit der Funktion als Ausschussmitglied ergeben.[242] Hierzu ist nunmehr auch die Mitgliedschaft im Gruppen-Gläubigerausschuss zu zählen.

---

[233] *Heidland* Kölner Schrift, S. 721 f. Rn. 20; K. Schmidt/*Jungmann* InsO § 70 Rn. 21.
[234] BGH ZInsO 2003, 751 Rn. 2; Andres/Leithaus/*Andres* InsO § 70 Rn. 4; Nerlich/Römermann/*Delhaes* InsO § 70 Rn. 6; Beck/Depré/*Graber* § 10 Rn. 34.
[235] Nerlich/Römermann/*Delhaes* InsO § 70 Rn. 6; Braun/*Hirte* InsO § 70 Rn. 2; K. Schmidt/*Jungmann* InsO § 70 Rn. 21.
[236] BGH NZI 2008, 308; Braun/*Hirte* InsO § 70 Rn. 6; Andres/Leithaus/*Andres* InsO § 70 Rn. 2.
[237] MüKoInsO/*Schmid-Burgk* § 73 Rn. 24.
[238] MüKoInsO/*Schmid-Burgk* § 73 Rn. 24.
[239] BT-Drs. 18/407 S. 34.
[240] Vgl. AG Hamburg NZI 2003, 502; Uhlenbruck/*Uhlenbruck* InsO § 73 Rn. 13; HambKommInsO/*Frind* InsO § 73 Rn. 5a.
[241] HKInsO/*Eickmann* § 73 Rn. 2.
[242] Nerlich/Römermann/*Delhaes* InsO § 73 Rn. 4; K. Schmidt/*Jungmann* InsO § 73 Rn. 6.

140   Der Regelstundensatz kann auch über- oder unterschritten werden. So hat beispielsweise das Amtsgericht Detmold ua aufgrund komplexer Konzernverflechtungen in einem Insolvenzverfahren über eine Konzernholding einen Stundensatz von 300,00 EUR für gerechtfertigt erachtet.[243]

7. Gläubigerausschüsse im internationalen Konzerninsolvenzrecht

141   Auf europarechtlicher Ebene ist am 26.6.2017 die Neufassung der EUInsVO mit einem Kapitel betreffend die Insolvenz von Mitgliedern einer Unternehmensgruppe in Kraft getreten. Dieses enthält in den Art. 56 ff. EUInsVO Regelungen zur Zusammenarbeit und Kommunikation der Verwalter und Gerichte.

142   Entgegen den Empfehlungen der UN-Kommission für Handelsrecht (UNCITRAL) hat der europäische Gesetzgeber jedoch nicht von der Möglichkeit Gebrauch gemacht, Kooperationspflichten zwischen den Gläubigern oder die Einsetzung eines einzigen Gläubigerorgans zu normieren.[244]

8. Musterantrag auf Einsetzung eines Gruppen-Gläubigerausschusses

143   An das Datum
Amtsgericht ....
– Insolvenzgericht –
Adresse des Amtsgerichts
Antrag auf Einsetzung eines Gruppen-Gläubigerausschusses
In dem Insolvenzverfahren
über das Vermögen der ....,
Az.: .... IN ..../............
Mitglied der Unternehmensgruppe ....,
wird beantragt,
einen Gruppen-Gläubigerausschuss einzusetzen.
Begründung:
Im og Insolvenzverfahren beantragen wir als (vorläufiger) Gläubigerausschuss der Schuldnerin/des Schuldners zur besseren Koordinierung der einzelnen Verfahren über das Vermögen der gruppenangehörigen Schuldner nach § 269c Abs. 1 Satz 1 InsO die Einsetzung eines Gruppen-Gläubigerausschusses.
Wir schlagen vor, Frau/Herrn .... zu unserer Vertreterin/unserem Vertreter im Gruppen-Gläubigerausschuss zu bestellen. Die benannte Person ist über die Rechte und Pflichten eines Mitglieds im Gruppen-Gläubigerausschuss belehrt worden und hat nach der Belehrung schriftlich ihr Einverständnis zur Mitwirkung in diesem Gremium erklärt (Anlage: Original der Einverständniserklärung).
Ort, Datum
Unterschrift(en) (eines Vertreters/aller Gläubigerausschussmitglieder)
Anlagen (zB Protokoll der Sitzung, in der die Antragstellung beschlossen wurde)

---

[243] AG Detmold NZI 2008, 505 *(Schieder)*.
[244] UNCITRAL Legislative Guide on Insolvency Law, Part three: Treatment of enterprise groups in insolvency, S. 33. Stand Juli 2012. http://www.uncitral.org/pdf/english/texts/insolven/Leg-Guide-Insol-Part3-ebook-E.pdf (abgerufen am 14. Oktober 2013); vgl. auch *Paulus* ZGR 2010, 270, 275; *Holzer* ZIP 2011, 1894, 1897; MüKoInsO/*Brünkmans* Konzerninsolvenzrecht Rn. 8.

9. Merkblatt für den Gruppen-Gläubigerausschuss[245]

(Die in Betracht kommenden Bestimmungen sind in den §§ 56a, 64, 71, 72, 73, 269c, 269f, 269h InsO geregelt.) **144**

I.

Die Mitglieder des Gruppen-Gläubigerausschusses haben die Insolvenzverwalter und die Gläubigerausschüsse in den einzelnen Verfahren zu unterstützen, um eine abgestimmte Abwicklung dieser Verfahren zu erleichtern. Diese Aufgabe kommt dem Gruppen-Gläubigerausschuss auch gegenüber dem Verfahrenskoordinator zu.

II.

Das Gesetz bestimmt insbesondere folgende Rechte und Pflichten des Gruppen-Gläubigerausschusses:
1. Der Gruppen-Gläubigerausschuss kann dem Koordinationsgericht durch einstimmigen Beschluss einen Vorschlag zur Person des Verfahrenskoordinators unterbreiten. Von diesem Vorschlag darf das Gericht nur abweichen, wenn die vorgeschlagene Person für die Übernahme des Amtes nicht geeignet ist.
2. Legen der Verfahrenskoordinator oder die Insolvenzverwalter der gruppenangehörigen Schuldner einen Koordinationsplan vor, bedarf dieser der Zustimmung des Gruppen-Gläubigerausschusses.

III.

Jedes Mitglied des Gruppen-Gläubigerausschusses hat bei Abstimmungen eine Stimme. Ein Beschluss ist gültig, wenn die Mehrheit der Mitglieder an der Beschlussfassung teilgenommen hat und der Beschluss mit der Mehrheit der abgegebenen Stimmen gefasst worden ist. Im Falle von Interessenkollisionen muss sich das betreffende Mitglied der Stimme enthalten. Im Übrigen organisiert sich der Gruppen-Gläubigerausschuss selbst. Er kann sich eine Geschäftsordnung geben oder seine Arbeitsweise von Fall zu Fall bestimmen.

IV.

Die Mitglieder des Gruppen-Gläubigerausschusses haben Anspruch auf Vergütung für ihre Tätigkeit und auf Erstattung angemessener Auslagen. Hinsichtlich der Vergütung gilt die Tätigkeit als Mitglied im Gruppen-Gläubigerausschuss als Tätigkeit in dem Gläubigerausschuss, den das Mitglied im Gruppen-Gläubigerausschuss vertritt. Die Entscheidung über die Vergütung und die zu erstattenden Auslagen trifft das Insolvenzgericht.

V.

Die Mitglieder sind zur Verschwiegenheit verpflichtet. Es ist ihnen insbesondere untersagt, im Gruppen-Gläubigerausschuss erlangte Informationen an Dritte weiterzugeben. Mitgliedern der jeweiligen Einzel-Gläubigerausschüsse sind keine Dritte in diesem Sinne. Bei Verstoß gegen die Verschwiegenheitpflicht hat der Gläubigerausschuss das Recht, die Entlassung des Mitgliedes aus wichtigem Grund (§§ 269c Abs. 2 Satz 2, 70 InsO) bei dem Gericht des Gruppen-Gerichtsstandes anzuregen.

---

[245] In Anlehnung an das „Merkblatt für den Gläubigerausschuss im Insolvenzverfahren" bei *Pape* Gläubigerbeteiligung Rn. 688; vgl. auch *Frege/Keller/Riedel* Rn. 1247.

10. Mustergeschäftsordnung[246]

145 Geschäftsordnung

Der mit Beschluss des Gerichts des Gruppen-Gerichtsstands vom .... bestellte Gruppen-Gläubigerausschuss, bestehend aus

– Frau/Herrn

....

– Frau/Herrn

....

– Frau/Herrn

....

(...)

hat sich in seiner Sitzung vom .... folgende Geschäftsordnung gegeben:

§ 1 Selbstverpflichtung

Die Mitglieder des Gruppen-Gläubigerausschusses verpflichten sich, ihr Amt gewissenhaft und einzig zum Wohle der Insolvenzgläubiger aller beteiligten gruppenangehörigen Schuldner auszuüben. Sollten in der Person eines Mitglieds Umstände eintreten, die Zweifel an der unabhängigen Ausübung des Amtes begründen, so verpflichten sich die Mitglieder, dies den übrigen Mitgliedern sogleich mitzuteilen. Die übrigen Mitglieder haben in einer dann anzuberaumenden Sitzung darüber zu befinden, ob das betroffene Mitglied in dem Gruppen-Gläubigerausschuss verbleiben kann oder ob dessen Entlassung nach §§ 269c Abs. 2 Satz 2, 70 InsO bei dem Gericht des Gruppen-Gerichtsstands anzuregen ist.

§ 2 Ladung

Die Ladung zu Sitzungen des Gruppen-Gläubigerausschusses erfolgt durch den Vorsitzenden. Die Ladungsfrist beträgt .... In dringenden Fällen kann die Frist auch abgekürzt werden. Zwischen dem Zugang der Ladung und der Sitzung des Ausschusses sollen mindestens fünf Tage liegen. Der Ladung ist zugleich eine Tagesordnung beizufügen.

§ 3 Tagungsort

Die Sitzungen des Gruppen-Gläubigerausschusses finden jeweils im Bezirk der/des .... in ..../am Geschäftssitz eines in diesem Gremium vertretenen gruppenangehörigen Schuldners statt. Die Reihenfolge ergibt sich aus der obigen Nennung der jeweiligen Vertreter.

§ 4 Beschlussfassung

(a) Beschlussfassungen erfolgen grundsätzlich in den Sitzungen des Gruppen-Gläubigerausschusses. Der Ausschuss ist beschlussfähig, wenn die Mehrheit der Mitglieder an der Sitzung teilnimmt. Ein Beschluss ist gefasst, wenn er die Mehrheit der Stimmen der anwesenden Mitglieder erhält.

(b) In Ausnahmefällen können Beschlüsse auch mittels E-Mail, per Fax, Telefon, Telefon- oder Videokonferenz sowie im schriftlichen oder telefonischen Umlaufverfahren gefasst werden.

§ 5 Protokollierung

Über die Sitzungen des Gruppen-Gläubigerausschusses wird ein Protokoll geführt. Der Protokollführer wird zum Beginn einer jeden Sitzung bestimmt. Werden Beschlüsse außerhalb einer Sitzung gefasst, hat der Vorsitzende des Gruppen-Gerichtsstandes das Protokoll zu fertigen. Dem Gericht des Gruppen-Gerichtsstandes und dem Verfahrenskoordinator ist jeweils eine Kopie des Protokolls zuzuleiten.

§ 6 Stimmverbote

(a) Ein Mitglied des Gruppen-Gläubigerausschusses unterliegt bei Vorliegen einer Interessenkollision einem Stimmverbot. Das ist insbesondere der Fall, wenn die Interessen des Schuldners, dessen Gläubigerausschuss das Mitglied angehört und die Interessen der gesamten Unternehmensgruppe voneinander abweichen oder sich entgegenstehen. Nimmt das entsprechende Mitglied gleichwohl an der Abstimmung teil, ist der Beschluss für die übrigen Mitglieder anfechtbar, sofern ohne Berücksichtigung seiner Stimme ein anderes Ergebnis erzielt worden wäre.

(b) Im Falle des Vorliegens eines Stimmverbotes trifft das betroffene Mitglied zugleich ein Beratungsteilnahmeverbot. Der Gruppen-Gläubigerausschuss darf das betroffene Mitglied außerhalb der

---

[246] Vergleiche auch den Vorschlag einer Mustersatzung des Gläubigerausschusses bei *Ingelmann/Ide/Steinwachs* ZInsO 2011, 1059.

Beratung anhören. Sein Recht zur Teilnahme an der Gruppen-Gläubigerausschusssitzung im Übrigen bleibt hiervon unberührt.

(c) Die Mitglieder verpflichten sich, im Falle des Vorliegens eines Stimmverbotes den Gläubigerausschuss sogleich hierüber zu unterrichten.

§ 7 Wahl des Vorsitzenden

Der Gruppen-Gläubigerausschuss bestellt aus seinen Reihen einen Vorsitzenden und einen stellvertretenden Vorsitzenden. Der Beschluss über deren Wahl erfolgt mit einfacher Mehrheit. Der Vorsitzende hat mit seiner Wahl durch die Mitglieder die Sprecherfunktion des Gruppen-Gläubigerausschusses inne und ist berechtigt, im Rahmen der Beschlussfassungen im Namen des Gläubigerausschusses zu sprechen. Der Vorsitzende ist der Ansprechpartner für den Verfahrenskoordinator, die Insolvenzverwalter der gruppenangehörigen Schuldner und für das Gericht des Gruppen-Gerichtsstandes. Er berichtet den Mitgliedern unverzüglich über die geführten Gespräche und etwaigen getroffenen Absprachen.

§ 8 Teilnahme Dritter

Zu den Sitzungen des Gruppen-Gläubigerausschusses können der Verfahrenskoordinator/die Insolvenzverwalter der gruppenangehörigen Schuldner sowie der für das Gruppen-Folgeverfahren zuständige Richter am Gericht des Gruppen-Gerichtsstandes mit einstimmigem Beschluss eingeladen werden.

Ort, Datum

Unterschriften

IV. Verwalterbestellung

1. Kommunikation zwischen den Verfahrensbeteiligten

Im Rahmen einer Konzerninsolvenz ist es in der Regel aus wirtschaftlicher Sicht sinnvoll, **146** die Verfahren über das Vermögen der einzelnen gruppenangehörigen Rechtsträger zentral an einem Gericht zu konzentrieren und möglichst einen einheitlichen Insolvenzverwalter[247] beziehungsweise Sachwalter für mehrere oder sämtliche Verfahren zu bestimmen. So können die mit einer Dezentralisierung der Verwaltungs- und Verfügungsbefugnis über die konzernweit verfügbaren Ressourcen einhergehenden **Reibungs- und Wertverluste vermieden und vorhandene Synergien** erhalten werden.[248] Voraussetzung für die Bestellung eines Einheitsverwalters, mit dem eine zentrale Verfahrenssteuerung gewährleistet werden kann, ist aber eine enge Zusammenarbeit aller Verfahrensbeteiligten. Dies gilt nicht nur mit Blick auf die hier interessierende Verwalterbestellung, sondern für die Umsetzung praktisch jeder Sanierungsmaßnahme.

Als **zentrale Figur ist der Insolvenzverwalter** maßgebend für den Ausgang eines **147** Verfahrens. *Jaeger* sprach insoweit von der Schicksalsfrage des Verfahrens.[249] Von der Eignung des Insolvenzverwalters hängt es ab, ob die ins Auge gefassten Verfahrensziele realisiert werden und eine optimale Gläubigerbefriedigung gelingt.[250] Gerade bei der Insolvenz einer gesamten Unternehmensgruppe spielen die **Unabhängigkeit**, die **persönlichen und fachlichen Fähigkeiten** des Verwalters und seiner Kanzlei sowie das **Vertrauen der Verfahrensbeteiligten** in seine Person eine nicht zu unterschätzende Rolle. Dies gilt selbst im Rahmen der Eigenverwaltung, bei der der Sachwalter trotz der ihm fehlenden Ver-

---

[247] Soweit im Folgenden der Insolvenzverwalter angesprochen ist, gelten die Ausführungen nach Maßgabe der §§ 270c, 274 Abs. 1 InsO entsprechend für den sogenannten Sachwalter. Gemäß § 274 Abs. 1 InsO sind auf die Bestellung, die Aufsicht des Insolvenzgerichts, die Haftung sowie die Vergütung des Sachwalters die §§ 27 Abs. 2 Nr. 5, 54 Nr. 2, 56 bis 60 sowie 62 bis 65 InsO entsprechend anzuwenden. Entsprechendes gilt gemäß §§ 270b Abs. 2 S. 1, 270a Abs. 1 S. 2 InsO für den vorläufigen Sachwalter.

[248] *Leutheusser-Schnarrenberger* Rede beim 9. Deutschen Insolvenzrechtstag der Arbeitsgemeinschaft Insolvenzrecht im Deutschen Anwaltverein am 22.3.2012 in Berlin, abrufbar im Internet: http://www.bmj.de/ SharedDocs/Reden/DE/2012/20120322_9_Insolvenzrechtstag.html).

[249] *Jaeger* KO § 78 Anm 7., 6. u. 7. Aufl.

[250] Regierungsentwurf eines Gesetzes zur Erleichterung der Bewältigung von Konzerninsolvenzen vom 28. August 2013 (nachfolgend: Begr RegE KInsR), S. 34.

waltungs- und Verfügungsbefugnis und der damit einhergehenden eingeschränkten Kompetenz häufig die zentrale Figur darstellt.[251]

148   Vor diesem Hintergrund **sollte möglichst frühzeitig,** am besten bereits weit im Vorfeld der Insolvenzantragstellung **auf einen Konsens** zwischen Konzernleitung beziehungsweise den Organen des (späteren) Schuldners, dem zuständigen Insolvenzrichter und möglichst allen wesentlichen Gläubigern hingewirkt werden. Die sorgfältige und verantwortungsbewusste Planung der Verfahrenseinleitung haben im Hinblick auf die Komplexität des Antragsverfahrens im Konzernverbund in der Regel insolvenzerfahrene Berater zu übernehmen. Gegebenenfalls kann diese Aufgabe durch einen insolvenzerfahrenen CRO (Chief Restructuring Officer) beziehungsweise Sanierungsgeschäftsführer oder einem Insolvenzrechtler, der zum Vertretungsorgan oder Generalhandlungsbevollmächtigten des Schuldners berufen wurde, wahrgenommen werden.

a) Kommunikation zwischen Konzernleitung und Gläubigern

149   Die Rahmenbedingungen in Insolvenzverfahren haben sich mit dem Inkrafttreten des ESUG am 1. März 2012 wesentlich geändert. Ein zentrales Anliegen des Gesetzgebers war es, den **Einfluss der Gläubiger zu stärken** und diese frühzeitig in die Entscheidungsprozesse, nicht zuletzt bei der Auswahl des (vorläufigen) Insolvenzverwalters, einzubinden. Eines der Instrumente zur Erreichung dieses gesetzgeberischen Ziels bildet der **vorläufige Gläubigerausschuss,** dessen Einsetzung bei Erfüllung von mindestens zwei der drei in § 22a Abs. 1 Nr. 1 bis 3 InsO aufgeführten Kriterien **obligatorisch** ist. Maßgeblich ist insoweit das Erreichen gewisser Schwellenwerte, die ihrerseits an der Bilanzsumme (Nr. 1), den Umsatzerlösen (Nr. 2) oder der Zahl der beschäftigten Arbeitnehmer (Nr. 3) anknüpfen.

150   Sind die entsprechenden Schwellenwerte erreicht, was bei gruppenangehörigen Schuldnern (vgl § 3a Abs. 1 S. 1 InsO) häufig der Fall sein wird, oder wird die Einsetzung eines **fakultativen vorläufigen Gläubigerausschusses** nach Maßgabe der §§ 21 Abs. 2 Nr. 1a, 22a Abs. 2 InsO beantragt, so sind zum einen **Angaben zur Gläubigerstruktur iSv § 67 Abs. 2 InsO** geboten, die über die Pflichtangaben des § 13 Abs. 1 InsO hinausgehen.[252] Nur so kann sich der Insolvenzrichter einen Überblick über die Zusammensetzung der Gläubigerschaft verschaffen und den Gläubigerausschuss – wie vom Gesetz vorgegeben – paritätisch besetzen. Überdies hat der Schuldner gemäß § 22a Abs. 2 InsO die als Mitglieder des vorläufigen Gläubigerausschusses in Betracht kommenden Personen zu benennen und dem Antrag Einverständniserklärungen der benannten Personen beizufügen.[253] Sofern zusätzlich die **Einsetzung eines Gruppen-Gläubigerausschusses**[254] iSd § 269c InsO beabsichtigt ist, sollte für jeden Gläubigerausschuss der gruppenangehörigen Schuldner, die nicht offensichtlich von untergeordneter Bedeutung für die gesamte Unternehmensgruppe sind,[255] jeweils eine den Gläubigerausschuss vertretende Person bestimmt werden.

151   Es ist daher meist erforderlich bereits **vor Insolvenzantragstellung** mit Gläubigern beziehungsweise Gläubigervertretern der jeweiligen Konzerngesellschaften in **Kontakt zu treten und Gespräche zu führen**, um frühzeitig deren Bereitschaft und Geeignetheit für die aktive Teilnahme am Verfahren zu eruieren. Die wesentlichen Gläubiger sind aufzufordern, sich zu den Anforderungen, die an den Verwalter zu stellen sind, und zur Person

---

[251] *Piepenburg/Minuth* HRI § 11 Rn. 9.
[252] K. Schmidt/*Gundlach* InsO § 13 Rn. 18.
[253] Kübler/*Neußner* HRI § 5 Rn. 76 ff.
[254] Die Bestellung des Gruppen-Gläubigerausschusses kann nur auf Antrag eines (vorläufigen) Gläubigerausschusses erfolgen. Nach der Terminologie des § 269c InsO wird er sowohl im Insolvenzeröffnungsverfahren als auch im eröffneten Verfahren als Gruppen-Gläubigerausschuss bezeichnet (vgl. Begr RegE KInsR, S. 37).
[255] Zur „untergeordneten Bedeutung" eines gruppenangehörigen Schuldners siehe *v. Wilcken* § 4 Rn. 57 f.

des Verwalters zu äußern. Im Idealfall kann **verfahrensübergreifend ein einheitlicher (Konzern-) Verwalterkandidat vorgeschlagen** und über dessen Person in allen oder mehreren Verfahren Einigung erzielt werden. Dabei sollte auch frühzeitig diskutiert werden, ob und gegebenenfalls welche Interessenkollisionen bei der Betreuung der Verfahren durch einen Verwalter zu erwarten sind und ob **etwaige Konflikte** die Bestellung eines Einheitsverwalters verbieten oder durch die Bestellung eines Sonderverwalters aufgelöst werden können.

Im Ergebnis sollten daher **die Insolvenzanträge für die Mitglieder** des Konzernver- **152** bundes grundsätzlich **erst eingereicht** werden, wenn alle notwendigen **Abstimmungsarbeiten erledigt** sind, die Zusammensetzung des vorläufigen Gläubigerausschusses und eines möglichen Gruppen-Gläubigerausschusses feststeht, Einverständniserklärungen der Gläubigerausschussmitglieder vorliegen und zumindest eine **informelle Vorabstimmung** in Bezug auf die Person des **Verwalters** stattgefunden hat.[256] Anderenfalls droht bei unabgestimmten Anträgen aufgrund des Prioritätsprinzips und der Möglichkeit der Begründung eines Gruppengerichtsstands nach § 3a InsO ein **Wettlauf** einzusetzen, bei dem der zuerst bestellte (vorläufige) Verwalter eines gruppenangehörigen Schuldners versuchen wird, **die übrigen Verfahren an sich zu ziehen.**[257] Gelingt ihm dies, besteht die Gefahr der Eröffnung der Gruppen-Folgeverfahren an einem Standort, der für einzelne oder mehrere gruppenangehörige Schuldner und ihre Gläubiger strategisch ungünstig liegt. Im schlimmsten Fall wird ein Verwalter bestellt, der nicht über die für eine Konzernsanierung erforderlichen Fähigkeiten oder Kapazitäten verfügt.

Bei diesen **Vorbereitungs- und Abstimmungsarbeiten** können sich die Konzern- **153** leitung beziehungsweise deren Berater durchaus in einem **Dilemma** befinden. Einerseits besteht wie geschildert ein Bedürfnis an der frühzeitigen Information der Gläubiger. Auf der anderen Seite droht, dass einzelne Gläubiger die **erlangte Kenntnis von der wirtschaftlichen Krise** des Konzerns nutzen und Darlehen fällig stellen beziehungsweise die weitere Kreditierung ablehnen oder die Sicherheitenverwertung einleiten.[258] Zur Lösung dieses Problems bedarf es **verantwortungsvoller Vertretungsorgane** beziehungsweise Berater, die das Vertrauen der *stakeholder* genießen und über ausreichende insolvenzrechtliche Erfahrung verfügen.

b) Kommunikation zwischen Konzernleitung und dem Insolvenzgericht

aa) Vorbesprechungen mit dem Insolvenzgericht

Parallel zur Kommunikation mit den Gläubigern sollte im Vorfeld der Antragstellung **die** **154** **Kontaktaufnahme mit dem oder den zuständigen Insolvenzgericht/en** erfolgen. So können neben Problemen der örtlichen Zuständigkeit des angesprochenen Insolvenzgerichts sowie den Anforderungen an eine gegebenenfalls vorzulegende Bescheinigung nach § 270b Abs. 1 S. 3 InsO oder andere Antragsvoraussetzungen **mögliche Bedenken der Richter** gegen die Eignung des in Abstimmung mit den Gläubigern vorgeschlagenen Verwalters kritisch diskutiert werden. Es hat sich gezeigt, dass dieser **Gesprächsbedarf** insbesondere im Rahmen einer geplanten Eigenverwaltung (§§ 270 ff InsO) besteht, wenn die Richter die **Unabhängigkeit der zum (vorläufigen) Sachwalter zu bestellenden Person** zu bewerten haben. So war in einem Verfahren am Amtsgericht Stendal, das ein konzernverbundenes Unternehmen betraf, zunächst ein vorläufiger Sachwalter eingesetzt und sodann ein Massedarlehen unter der Bedingung aufgenommen worden, dass der vorläufige Sachwalter auch zum Sachwalter im eröffneten Verfahren bestimmt wird. Wegen fehlender Unabhängigkeit des bestellten vorläufigen Sachwalters wurde mit Verfahrens-

---

[256] Vgl. *Vallender/Mönning* Vortrag beim 9. Symposium zum Insolvenz- und Arbeitsrecht am 14. Juni 2013 in Ingolstadt.
[257] *Römermann* ZRP 2013, 201, 203.
[258] *Flöther* ZIP 2012, 1833, 1838.

eröffnung ein anderer Sachwalter eingesetzt. Es folgten ein weiterer Verwalterwechsel sowie die Einsetzung eines Sonderverwalters u.a zur Geltendmachung von Schadensersatzforderungen gegen den vormaligen vorläufigen Sachwalter und die Vertretungsorgane der eigenverwaltenden Schuldnerin.[259] Dass eine solche Vorgehensweise einer Sanierung nicht zuträglich ist, liegt auf der Hand.

155 Auf die mit dem ESUG einhergehende **stärkere Einflussmöglichkeit der Gläubiger auf die Einsetzung des Verwalters** müssen sich einige Insolvenzgerichte noch einstellen. Die Bestellung eines nicht gelisteten, möglicherweise noch nicht einmal bekannten Verwalters fällt einigen Insolvenzrichtern nach wie vor schwer. Jedoch verliert die Vorauswahlliste bei Insolvenzen von mittleren und großen Unternehmen an Bedeutung.[260] Eine Vorbesprechung wird sicher nicht in jedem Fall zu einer Überzeugung des Gerichts von der Eignung des vorgeschlagenen Verwalterkandidaten führen. Allerdings kann durch **unaufgeforderte Offenlegung möglicher Interessenkollisionen** hinsichtlich der Unabhängigkeit eines Kandidaten unter gleichzeitigem Hinweis auf entsprechende Möglichkeiten zur Bewältigung dieser Konflikte, beispielsweise durch die Bestellung eines Sonderinsolvenzverwalters,[261] die anfängliche Skepsis oft ausgeräumt werden. Vertrauensbildend dürfte es auch sein, **etwaige Vorbefasstheiten des Verwalterkandidaten**, die jedenfalls nicht die Schwelle des § 56 Abs. 1 S. 3 Nr. 2 InsO überschreiten dürfen, **ohne Aufforderung** des Insolvenzgerichts zu offenbaren. Die Praxis zeigt, dass vor allem Gerichte, die bereits Erfahrungen mit Verfahren nach §§ 270a, 270b InsO gesammelt haben, sich nicht scheuen, mit dem Schuldner und dessen Beratern im Vorfeld offen zu sprechen. Oftmals werden die befassten Gerichte auch dazu bereit sein, schon Tage vor der Antragstellung die nicht unterschriebenen **beziehungsweise als Entwurf vorliegenden Antragsunterlagen** einschließlich der Bescheinigung nach § 270b Abs. 1 S. 3 InsO zu prüfen und **Probleme frühzeitig aufzuzeigen**.[262] Diese sanierungsfreundliche Einstellung einer Vielzahl der Insolvenzgerichte ist zu begrüßen, da sie die einzige Möglichkeit zur **effektiven Vorbereitung des Verfahrens** durch die Konzernleitung und deren Berater bietet. Die Planbarkeit des Verfahrens, die eine gute Kommunikation und Kompromissbereitschaft aller Beteiligten voraussetzt, spielt für den Sanierungserfolg eine ganz entscheidende Rolle.

156 Die Situation des insolventen Konzerns bietet in der Regel die Möglichkeit, **einige Tage abzuwarten,** bevor der Antrag auf Verfahrenseröffnung gestellt wird. Eine zwingende sofortige und unvermittelte Einleitung des Verfahrens dürfte insbesondere bei gut beratenen großen Unternehmenseinheiten die Ausnahme sein. Die verbleibende, meist knappe Zeit muss **intensiv für die Vorbereitung und Koordination der Verfahren genutzt** werden. Eine nicht bereits im Vorfeld angekündigte und abgestimmte Beantragung einer Vielzahl von Insolvenzverfahren unter Betonung des besonderen zeitlichen und wirtschaftlichen Drucks sowie mit dem Hinweis, dass die praktisch einzige Entscheidung der Insolvenzrichter nur lauten könne, der vorgeschlagenen Vorgehensweise möglichst noch am selben Tag nachzukommen, dürfte mit einem enormen Risiko für den Sanierungsversuch verbunden sein.[263] Auch das Aufbauen von öffentlichem Druck auf das Insolvenzgericht oder die versteckte oder gar unverhohlene Drohung mit Amtshaftung dürften einer erfolgreichen Sanierung, die insbesondere eine **Begegnung „auf Augenhöhe"** voraussetzt, nicht zuträglich sein. Kaum ein Insolvenzrichter wird den oft mehrere hundert Seiten umfassenden Antragsschriften ohne vorherige Kenntnis der Besonderheiten des Verfahrens stattgeben. Vielmehr besteht die Gefahr, dass sich das Gericht eher auf formelle Aspekte zurückzieht, was jedoch dem Zweck eines Eilverfahrens und den wirtschaftlichen Erfordernissen einer Konzerninsolvenz nur selten gerecht wird. Die Erfahrung zeigt, dass es gerade bei komplexen (Konzern-)Insolvenzverfahren stets Möglichkeiten gibt, den Insolvenzantrag oder Teile davon formal zu beanstan-

---

[259] Vgl. LG Stendal ZIP 2013, 1389; AG Stendal ZIP 2012, 2171.
[260] K. Schmidt InsO/*Ries InsO* § 56a Rn. 20.
[261] Siehe Rn. 186 ff.
[262] *Haarmeyer/Buchalik/Haase* ZInsO 2013, 26, 27.
[263] MüKoInsO/*Graeber* § 56 Rn. 52.

den. Um dies zu vermeiden, ist eine **vertrauensvolle und kooperative Zusammenarbeit** zwischen Konzernleitung und Gericht unumgänglich.

bb) Praktische Probleme und richterliche Unabhängigkeit

Eine normative **Pflicht** der Insolvenzgerichte, Vorgespräche mit der Konzernleitung, den 157 Vertretungsorganen der jeweiligen Schuldner oder ihren Beratern zu führen, **besteht jedoch nicht**. Denkbar wäre eine Anknüpfung an § 21 Abs. 1 InsO, wonach die Gerichte verpflichtet sind, alle Maßnahmen zu treffen, die erforderlich erscheinen, um nachteilige Veränderungen der Vermögenslage des Schuldners zu verhüten.[264] § 21 Abs. 1 InsO setzt allerdings voraus, dass der Antrag auf Eröffnung des Insolvenzverfahrens bereits gestellt wurde. Der Sinn und Zweck einer Vorbesprechung besteht aber gerade darin, die Erfolgsaussichten eines geplanten Antrags vorab, mithin vor der formellen Insolvenzantragstellung, mit dem Insolvenzgericht zu erörtern. Eine **zeitlich vorgezogene Verpflichtung des Gericht**s zum Tätigwerden lässt sich aus § 21 InsO indes **nicht ableiten**.

Rechtsmittel gegen Ablehnung eines Vorgesprächs sind nicht gegeben. Dies folgt schon 158 daraus, dass es sich bei einem **Vorgespräch nicht um ein rechtsförmliches Verfahren** handelt.[265] Überdies ist zu berücksichtigen, dass ein solches Gespräch von **gegenseitigem Vertrauen** geprägt sein sollte und naturgemäß keine rechtsverbindlichen Zusagen zum Gegenstand haben kann. Eine über ein etwaiges Rechtsbehelfsverfahren **erzwungene Vorbesprechung dürfte insoweit ohnehin kaum sinnvoll** sein.

Ein weiteres praktisches Problem kann sich aus den Regelungen der Geschäftsverteilung 159 ergeben. Über die Zuweisung der richterlichen Geschäfte entscheidet gemäß § 21e Abs. 1 S. 1 GVG der **Geschäftsverteilungsplan**. Sofern bei Dezernaten die Zuweisung nicht durch den Anfangsbuchstaben des betreffenden Schuldners, sondern nach dem Turnus begründet wird, ist **im Vorfeld eine Bestimmung des zuständigen Insolvenzrichters** für das geplante Verfahren nicht möglich. Diesem Zuständigkeitsproblem könnte mit einer sog **Vorstückeregelung** und dem Allgemeinen Register des Amtsgerichts (AR) begegnet werden.[266] In das AR werden Vorgänge aufgenommen, die keinem anderen Register zugeordnet werden können, wie beispielsweise Rechtshilfeersuchen oder Schutzschriften. Ähnlich könnten die bereits schriftlich angekündigten Entwurfsanträge auf Eröffnung eines Insolvenzverfahrens, für die im Zeitpunkt ihres Eingangs beim Insolvenzgericht noch keine insolvenzrechtlichen Aktenzeichen (IN-Aktenzeichen) vorliegen, zunächst im AR aufgenommen und der später in Betracht kommenden Abteilung zugewiesen werden. Daneben bestimmt der Geschäftsverteilungsplan in einer sog Vorstückeregelung, dass sich die Verteilung an die zuständigen Abteilungen nach der Reihenfolge der Verfahrenseingänge sowie nach der von der zentralen Eingangsstelle vergebenen Nummer richtet. Bei jedem Neueingang eines Antrags wird sodann geprüft, ob im AR Angaben zum Schuldner beziehungsweise zur Unternehmensgruppe (Vorstück) bereits aufgeführt sind. Sollte dies der Fall sein, wäre die Abteilung zuständig, die mit der **Bearbeitung des Vorstücks bereits befasst war** oder immer noch ist. Ansonsten bleibt der Konzernleitung beziehungsweise ihren Beratern nichts anderes übrig, als mit sämtlichen Insolvenzrichtern des zuständigen Gerichts das Gespräch zu suchen.

Zu berücksichtigen ist aber auch die **richterliche Unabhängigkeit**. Richter sind gemäß 160 Art 97 Abs. 1 GG nur dem Gesetz unterworfen. Folglich darf der Gesetzgeber in den Kernbereich der richterlichen Entscheidung, zu der auch die Verwalterbestellung iSd § 56 InsO gehört, nicht eingreifen. Dies wird bei der Konzerninsolvenz vor allem dann bedeutsam, wenn die Insolvenzverfahren über das Vermögen von gruppenangehörigen Schuldnern bei verschiedenen Insolvenzgerichten geführt werden. Wenngleich sich die angegangenen Insolvenzgerichte gemäß § 56b Abs. 1 InsO darüber abzustimmen haben, ob es im

---

[264] *Buchalik/Lojowsky* ZInsO 2013, 1017, 1019.
[265] MüKoInsO/*Graeber* § 56 Rn. 52.
[266] Vgl. *Buchalik/Lojowsky* ZInsO 2013, 1017, 1019 f.

Interesse der Gläubiger liegt, lediglich eine Person zum Insolvenzverwalter zu bestellen, regelt die Norm nicht, wie zu verfahren ist, wenn **keine Einigung über die Person des Insolvenzverwalters** erzielt werden kann. Bereits hieran wird deutlich, dass die Pflicht zur Zusammenarbeit der Richter **verfassungsmäßig eingeschränkt** und der Erfolg der einheitlichen Verwalterbestellung und damit letztlich der Sanierung stark **von der Kooperationsbereitschaft der Insolvenzrichter abhängig** ist.[267] So ist es nicht verwunderlich, dass Berater im Vorfeld eines Insolvenzantrags zuweilen die Zuständigkeit eines Richters suchen, der sich ihrem Anliegen gegenüber wohlwollend und den konkreten Vorschlägen zur Person des Insolvenzverwalters gegenüber aufgeschlossen verhält. Hingegen werden andere Insolvenzrichter, die eher den konservativen Ansatz vertreten und das ESUG eng auslegen, gemieden. Dies hat das Insolvenzverfahren der Baumarktgruppe *Praktiker* gezeigt, bei dem – so berichtet die Wirtschaftspresse – wohl aus „Angst vor *Frind*" die Insolvenzanträge zunächst für die Tochtergesellschaften, für die nicht der Hamburger Insolvenzrichter *Frind* sondern sein Kollege *Schmidt* zuständig gewesen sein soll, gestellt wurden und im Anschluss die Antragstellung für die Konzernholding wohl aus demselben Grund anstatt in Hamburg bei dem für die Zweigstelle im saarländischen Kirkel zuständigen Amtsgericht Saarbrücken erfolgte.[268] Im Ergebnis kümmern sich um das Schicksal der havarierten Baumarktkette samt Tochter *Max Bahr* gleich drei Insolvenzverwalter, wobei angesichts der aufgeführten Umstände bezweifelt werden darf, dass unter den Regelungen des neuen Konzerninsolvenzrechts, die weder eine strikte Bestellung nur eines Insolvenzverwalters noch eine klare Gerichtszuständigkeit am Muttergerichtstand vorsehen, die verantwortlichen Sanierungsberater eine abweichende Vorgehensweise gewählt hätten. Das Fallbeispiel zeigt, vor welchen praktischen Schwierigkeiten die Konzernleitung und ihre Berater bereits im Vorfeld der Insolvenz bei der Ansprache des Insolvenzgerichts stehen und dass die vom Gesetzgeber mit dem ESUG geforderte Sanierungskultur gerade in der Konzerninsolvenz auch bereits im ganz frühen Verfahrensstadium Einzug halten muss.

c) Einflussmöglichkeiten der Gläubiger

161 Die Regelungen zur Einsetzung des **vorläufigen Gläubigerausschusses** sind vor allem auf **die Einflussnahmemöglichkeiten** dieses Gremiums auf die Bestellung **des vorläufigen Insolvenzverwalters** ausgerichtet.

aa) Anhörungsrecht des (vorläufigen) Gläubigerausschusses bei der Verwalterbestellung

162 Dem vorläufigen Gläubigerausschuss steht insofern gemäß § 56a Abs. 1 InsO ein Anhörungsrecht zu. Er darf sich zu den Anforderungen, die an den Verwalter zu stellen sind ebenso wie zur Person des Verwalters äußern. Er erhält damit zum einen Gelegenheit, ein **Anforderungsprofil** zu erstellen, das bei der Bestellung des Verwalters zu beachten ist.[269] Für dieses Anforderungsprofil können sowohl positive als auch negative Kriterien formuliert werden. Überdies kann der vorläufige Gläubigerausschuss **eine bestimmte Person als Insolvenzverwalter vorschlagen**.[270] Sowohl die aufgestellten Kriterien als auch die Angaben zur konkreten Person des Insolvenzverwalters sind zu begründen, um die Entscheidung des vorläufigen Gläubigerausschusses für das Gericht transparent und nachvollziehbar zu machen.[271] Das Anhörungsrecht des vorläufigen Gläubigerausschusses wird nach §§ 56, 56a iVm §§ 21 Abs. 2 S. 1 Nr. 1a, 270 Abs. 3, 274 Abs. 1 InsO auch im Rahmen der Eigenverwaltung bei der Sachwalterbestellung gewährleistet.

---

[267] *Zipperer* ZIP 2013, 1007, 1009.
[268] WiWo, Aufmarsch der Praktiker-Verwalter, Kommentar vom 30.7.2013.
[269] Nerlich/Römermann/*Römermann* InsO § 56a Rn. 7.
[270] MüKoInsO/*Graeber* § 56a Rn. 25.
[271] Nerlich/Römermann/*Römermann* InsO § 56a Rn. 7.

bb) Keine vorherige Anhöhrung durch das Insolvenzgericht

Das Insolvenzgericht darf gemäß § 56a Abs. 1 InsO von der Anhörung des vorläufigen 163
Gläubigerausschusses nur dann absehen, wenn dies **offensichtlich zu einer nachteiligen
Veränderung der Vermögenslage** des Schuldners führt. Die Vorschrift dient dem
Schutz vor Vermögenseinbußen, die in der Zeit zwischen Einsetzung und Anhörung
des vorläufigen Gläubigerausschusses entstehen können. In der Praxis ist es bei einem
laufenden Geschäftsbetrieb von maßgebender Bedeutung, **schnellstmöglich einen vor-
läufigen Insolvenzverwalter** zu bestellen, der für eine kurzfristige Insolvenzgeldvorfinanzierung im Interesse der Arbeitnehmer des Schuldners und damit für den Betriebsfrieden
Sorge trägt, der das Vertrauen bei Lieferanten und anderen Geschäftspartnern schafft, erste
Sanierungsmaßnahmen einleitet und Gespräche mit möglichen Investoren führt.[272] Gerade
im Konzern drohen „**Weiterfresserschäden**" und **Dominoeffekte** hinsichtlich weiterer
Konzernglieder.[273] Dabei können bereits Verzögerungen von mehr als einem Tag zu nachteiligen Vermögensveränderungen führen. Insoweit steht die erforderliche Gläubigerbeteiligung in Form der **Anhörung des Gläubigerausschusses** in einem ständigen Spannungsverhältnis zum **Eilcharakter** des Eröffnungsverfahrens und der Notwendigkeit einer
raschen Verwalterbestellung.

cc) Vorschlagsrecht des (vorläufigen) Gläubigerausschusses bei der
Verwalterbestellung

Ein **einstimmiger Vorschlag des vorläufigen Gläubigerausschusses** zur Person des 164
Insolvenzverwalters ist gemäß § 56a Abs. 2 S. 1 InsO für das Gericht grundsätzlich bindend. Ihm steht insoweit nur ein stark eingeschränktes Ermessen zu.[274] Bei einem **nicht
einstimmigen Beschluss** des vorläufigen Gläubigerausschusses zur Person des Verwalters
steht es hingegen **im Ermessen des Insolvenzgerichts**, ob es den nur mehrheitlich
vorgeschlagenen Verwalter ernennt oder nicht.[275]

dd) Abweichung von einstimmigem Vorschlag wegen Ungeeignetheit

Das Insolvenzgericht kann aber auch gemäß § 56a Abs. 2 InsO von einem einstimmigen 165
Vorschlag des vorläufigen Gläubigerausschusses zur Person des Verwalters abweichen, wenn
die vorgeschlagene Person für die **Übernahme des Amtes nicht geeignet ist**, mithin die
Anforderungen des § 56 Abs. 1 InsO nicht erfüllt. Hinsichtlich der Eignung des vorläufigen
Insolvenzverwalters für ein Konzerninsolvenzverfahren kommt es in der Regel darauf an,
dass dieser die erforderliche Erfahrung in gleichwertigen Verfahren gesammelt hat und die
entsprechende Expertise aufweist, sich mit Beteiligungen in- und ausländischer Tochtergesellschaften auskennt, in der Lage ist, die Finanzierungs- und Sicherheitenstruktur schnell
zu erfassen sowie schließlich sachlich und personell über die erforderlichen Mittel verfügt,
die die Bewältigung eines Verfahren der jeweiligen Größenordnung voraussetzt.

Neben diesen **grundsätzlichen Anforderungen** ist bei einem vom vorläufigen Gläubi- 166
gerausschuss **einstimmig vorgeschlagenen Insolvenzverwalter** besonders eingehend
dessen Unabhängigkeit zu prüfen.[276] Diese Prüfung hat auch einzuschließen, ob die
vorgeschlagene Person etwa in einer Anwaltssozietät tätig ist, von der ein Mitglied **den
Schuldner im Vorfeld der Insolvenz beraten** hat, oder in einer internationalen Groß-
kanzlei mit Unternehmensberatern tätig ist, die den Schuldner in der Krise beratend
begleitet haben.[277] Im Rahmen der Konzerninsolvenz gelten diese Prinzipien grundsätzlich
entsprechend. Angesichts der vielschichtigen wirtschaftlichen Verflechtungen im Konzern-

[272] Nerlich/Römermann/*Römermann* InsO § 56a Rn. 10.
[273] Siehe hierzu *Specovius* → § 3 Rn. 124 ff.
[274] MüKoInsO/*Graeber* § 56a Rn. 23.
[275] Nerlich/Römermann/*Römermann* InsO § 56a Rn. 16.
[276] BT-Drs. 17/7511 S. 35.
[277] BT-Drs. 17/7511 S. 35.

verbund dürfte die Beratung einer Gruppengesellschaft, deren Umfang die Schwelle des § 56 Abs. 1 S. 3 Nr. 2 InsO überschreitet, **die Unabhängigkeit des Verwalterkandidaten regelmäßig zumindest stark gefährden.** Nur im Einzelfall wird insoweit die Bestellung einer Person zum Insolvenzverwalter in Betracht kommen, die beziehungsweise deren Kanzlei in der Vergangenheit (krisen)beratende Funktionen für eine andere Gesellschaft der Gruppe wahrgenommen hat.

167   Nach Auffassung von *Hölzle* und *Schmidt* dient die **Unabhängigkeit** des vorgeschlagenen Insolvenzverwalters dem **Schutz der Gläubiger** und ist daher bei einstimmigem Vorschlag des vorläufigen Gläubigerausschusses **disponibel.**[278] Die ganz **hM lehnt es jedoch ab,** die Unabhängigkeit des (vorläufigen) Insolvenzverwalters zur **Disposition der Gläubiger** zu stellen.[279] Dafür spricht insbesondere die Streichung des im Regierungsentwurf enthaltenen, die Mitwirkung des späteren Insolvenzverwalters an der Insolvenzplanerstellung ausdrücklich zulassenden § 56 Abs. 1 S. 1 Nr. 3 InsO-E durch den Rechtsausschuss des Bundestags.[280] Zudem geht es bei der Frage der Unabhängigkeit nicht nur um den Schutz der Gläubiger, sondern auch um den des Schuldners sowie aller sonstigen Verfahrensbeteiligten und um das öffentliche Interesse an einer neutralen Rechtsprechung. Die Unabhängigkeit ist ein vertrauensbildend wirkendes Merkmal deutscher Insolvenzkultur.[281] Deshalb ist die **Prüfung der Unabhängigkeit** des Insolvenzverwalters eine nicht durch das Gläubigervotum suspendierbare **Amtspflicht des Insolvenzrichters.**[282]

ee) Abweichung von einstimmigem Vorschlag gem. § 56b Abs. 2 InsO

168   Um den Besonderheiten des Konzernkontextes Rechnung zu tragen, regelt § 56b Abs. 2 InsO die Fälle, in denen die vorläufigen Gläubigerausschüsse der einzelnen Konzernunternehmen einstimmig unterschiedliche Personen als Insolvenzverwalter vorschlagen. Denn durch die grundsätzliche Bindung der Insolvenzgerichte an die einstimmigen Vorschläge der einzelnen Gläubigerausschüsse wäre eine **einheitliche Verwalterbestellung iSd § 56b InsO** nicht möglich. Deshalb gewährt § 56b Abs. 2 S. 1 InsO den Gerichten die Möglichkeit, von dem Vorschlag oder den Vorgaben eines vorläufigen Gläubigerausschusses nach § 56a InsO abzuweichen, wenn der für einen anderen gruppenangehörigen Schuldner bestellte vorläufige Gläubigerausschuss eine andere Person einstimmig vorschlägt, die sich für eine Tätigkeit nach § 56b Abs. 1 S. 1 InsO eignet.[283]Vor der Bestellung dieser Person ist jedoch der vorläufige Gläubigerausschuss anzuhören (§ 56b Abs. 2 S. 2 InsO). Nach der Begründung zum Gesetzesentwurf wird die in § 56a InsO vorgeschriebene Beteiligung der Gläubiger eines Rechtsträgers bei der Verwalterbestellung jedoch nur in dem Umfang eingeschränkt, wie es im Hinblick auf die Konzernverbindung der Schuldner erforderlich ist.[284] Deshalb dürfte es zu empfehlen sein, dass sich die vorläufigen Gläubigerausschüsse bereits im **Vorfeld der Insolvenzantragstellung abstimmen** und – möglichst einstimmig – einen Einheitsverwalter wählen.[285] Diese Abstimmung ist gegebenenfalls durch die Konzernleitung beziehungsweise deren Berater zu koordinieren.

ff) Handlungsoptionen bei Nichtberücksichtigung von Gläubigerinteressen – Nichteinsetzung eines vorläufigen Gläubigerausschusses

169   Vertritt das Insolvenzgericht die Auffassung, dass die Einsetzung eines **vorläufigen Gläubigerausschusses nicht notwendig** iSd § 22a Abs. 3 InsO ist, kann es die unterbreiteten

[278] *Hölzle/Schmidt* ZIP 2012, 2238 ff.
[279] *Bork* ZIP 2013,145 ff; *Graf-Schlicker* ZInsO 2013, 1765, 1766; *Vallender/Zipperer* ZIP 2013, 149 ff.
[280] BT-Drs. 17/7511 S. 34.
[281] *Vallender/Zipperer* ZIP 2013, 149, 153.
[282] *Frind* ZInsO 2013, 59, 64.
[283] Braun/*Blümle* InsO § 56b Rn. 20.
[284] BT-Drs. 18/407 S. 31.
[285] Siehe oben → Rn. 161 ff.

Vorschläge der Konzernleitung oder der Gläubiger zurückweisen. Denkbar ist auch, dass das Insolvenzgericht den Gläubigerausschuss nach eigenem Belieben zusammensetzt und hinsichtlich der Anzahl der Mitglieder des Ausschusses als auch im Hinblick auf die konkret vorgeschlagenen Mitglieder vom Vorschlag abweicht. Dies dürfte jedoch meist nicht im Sinne der Gläubigergesamtheit sein. Allerdings steht den Gläubigern gegen die Einsetzung eines vorläufigen Gläubigerausschusses **kein Rechtsmittel** zu.[286] Wenngleich noch im DiskE zum ESUG eine sofortige Beschwerde gegen die vom Insolvenzgericht nach § 22a InsO getroffenen Entscheidungen vorgesehen war,[287] hat der Gesetzgeber letztlich bewusst **von einem förmlichen Rechtsbehelf abgesehen.** Auch gegen die Ablehnung der Einsetzung eines vorläufigen Gläubigerausschusses stehen keine Rechtsmittel zur Verfügung.[288] Der Ausschluss jeglicher Rechtsmittel erscheint jedoch nach dem gesetzgeberischen Ansatz des ESUG, welcher insbesondere den Einfluss der Gläubiger im Eröffnungsverfahren stärken sollte, **fragwürdig.**[289]

gg) Handlungsoptionen der Gläubiger bei drohender unabgestimmter Insolvenzantragstellung

In Groß- und in der Regel auch im Konzernverfahren wird die Insolvenzantragstellung **170** durch erfahrene Sanierungsberater vorbereitet und koordiniert. Denkbar sind aber auch Fälle, in denen die Kosten für den Einsatz von Insolvenzrechtsexperten nicht aufgebracht werden können oder eine abgestimmte Insolvenzantragstellung aus anderen Gründen ausscheidet. Dies kann beträchtliche **negative Auswirkungen für die beteiligten Gläubiger** haben. Zum Schutz ihrer Interessen ist die Einreichung einer sogenannten **Schutzschrift** (siehe nachfolgenden Musterschriftsatz) beim zuständigen Insolvenzgericht beziehungsweise bei allen für die Entscheidung über einen etwaigen Insolvenzantrag in Betracht kommenden Gerichten geboten. Überdies sollte die Schutzschrift auch bei den für andere gruppenangehörige Unternehmen zuständigen Gerichten, vor allem am Gerichtsstand der Mutter-/Holdinggesellschaft des Konzerns eingereicht werden.

Schutzschrift **171**
In dem möglichen Insolvenzeröffnungs-, Insolvenzantrags- bzw Schutzschirmverfahren über das Vermögen der

...... GmbH

......

......

(Amtsgericht ...., HR B ......)

(nachfolgend Schuldnerin genannt), die der Unternehmensgruppe .... iSd § 3e InsO angehört, vertreten wir die Interessen der .... (nachfolgend Gläubigerin genannt). Die entsprechende Vollmacht fügen wir als **Anlage** im Original bei.

Für den Fall, dass über das Vermögen der Schuldnerin ein Antrag auf Eröffnung des Insolvenzverfahrens, ein Antrag auf Vorbereitung der Sanierung (Schutzschirmverfahren) oder dass ein Antrag eines anderen konzernangehörigen Schuldners der og Unternehmensgruppe auf Begründung eines Gruppen-Gerichtsstands gem § 3a InsO gestellt wird, bitten wir namens und in Vollmacht der Gläubigerin darum, diese Schutzschrift dem zuständigen Insolvenzrichter vorzulegen und beantragen gleichzeitig, dass das Insolvenzgericht
– die Verfahrensbevollmächtigten der Gläubigerin umgehend über diesen Antrag informiert.
Zudem beantragen wir, dass das Insolvenzgericht

---

[286] LG Dessau-Roßlau Beschluss vom 2.5.2012 – 1 T 116/12 – juris; aA Kübler/*Ampferl* HRI § 8 Rn. 150.
[287] DiskE für ein Gesetz zur weiteren Erleichterung der Sanierung von Unternehmen, S. 24, abrufbar im Internet: http://www.bmj.de/SharedDocs/Downloads/DE/pdfs/Diskussionsentwurf_eines_Gesetzes_zur_weiteren_Erleichterung_der_Sanierung_von_Unternehmen.pdf?__blob=publicationFile.
[288] Vgl. LG München NZI 2003, 215, 216; MüKoInsO/*Haarmeyer* § 22a Rn. 170, hält dies für verfassungswidrig.
[289] *Römermann/Praß* ZInsO 2012, 1923–1929; *Horstkotte* ZInsO 2012, 1930–1933 für effektiven Rechtsschutz bei der Ablehnung der Einsetzung eines vorläufigen Gläubigerausschusses.

– keine Entscheidung, Anordnung oder Verfügung, insbesondere über die Vorbereitung einer Sanierung im Sinne des § 270b InsO, die Anordnung einer vorläufigen Eigenverwaltung (§ 270a InsO), die Bestellung eines vorläufigen Insolvenzverwalters bzw vorläufigen Sachwalters trifft und

– sich nicht für **die Insolvenzverfahren über andere gruppenangehörige Schuldner (Gruppen-Folgeverfahren) für zuständig** erklärt (§ 3a Abs. 1 InsO),

ohne der Gläubigerin die Möglichkeit zur vorherigen Stellungnahme einzuräumen.

Ferner weisen wir darauf hin, dass

– die Gläubigerin, vertreten durch ...., als Mitglied eines vorläufiges Gläubigerausschusses zur Verfügung steht. Die entsprechende Korrespondenz bitten wir mit folgendem Ansprechpartner zu führen:

Institution
Name, Vorname
Tel.-Nr.
Mobilfunk-Nr.
Fax-Nr.
E-Mail

Ausdrücklich einverstanden ist die Gläubigerin auch mit einer telefonischen Anhörung.

Begründung:

I. Beteiligte

1. Schuldnerin

[Ausführungen insbesondere zu Unternehmensgegenstand, Firma, Gesellschafter- und Vertretungsverhältnisse, Umsatz, Bilanzsumme, Mitarbeiterzahl, Aufgaben und Bedeutung für die gesamte Unternehmensgruppe]

2. Unternehmensgruppe/Konzern

[Ausführungen insbesondere zu Namen, (Haupt-)Sitz, Umsatz und Mitarbeiterzahl des Konzerns, ggf zu weiteren gruppenangehörigen Unternehmen, die nicht lediglich von untergeordneter Bedeutung für die Unternehmensgruppe sind]

3. Gläubigerin

[Ausführungen zur antragstellenden Gläubigerin, insbesondere zu Liefer- oder Darlehensverträgen, Fälligkeiten; ggf zu weiteren Verbindlichkeiten der Schuldnerin gegenüber Dritten]

Bei der .... handelt es sich um die Hauptgläubigerin der Schuldnerin/einen der wesentlichen Gläubiger der Schuldnerin.

II. Möglichkeit der Einreichung eines Antrages auf Eröffnung des Insolvenzverfahrens

Die Schuldnerin/die gesamte Unternehmensgruppe/Teile der Unternehmensgruppe befindet/n sich derzeit in einer wirtschaftlichen Krise und führt/en bereits intensive Verhandlungen mit Gläubigern. Für den Fall, dass die Schuldnerin oder ein Gläubiger ohne Wissen der .... einen Eröffnungsantrag stellt oder ein Antrag auf Einleitung eines Gruppen-Folgeverfahrens nach § 3a Abs. 1 InsO gestellt wird, wird das Insolvenzgericht hiermit über die Stellung der ....als wesentliche Gläubigerin in Kenntnis gesetzt.

III. Schutzwürdiges Interesse der Gläubigerin

Aufgrund der Höhe ihrer Forderungen ist die .... der Hauptgläubiger/ein wesentlicher Gläubiger in diesem Verfahren und hat als solcher ein schutzwürdiges Interesse daran, über etwaige Anträge informiert und vor allem in das Verfahren eingebunden zu werden. Wegen der Höhe der Forderungen und der besonderen Stellung der Gläubigerin besteht der Wunsch, dass die .... in einem vorläufigen Gläubigerausschuss repräsentiert wird.

IV. Auswahl des Verwalters

Bei der Auswahl des vorläufiges Insolvenzverwalters/Sachwalters kommt es insbesondere darauf an, dass dieser die erforderlich Expertise in gleichwertigen Verfahren hat, sich mit Konzerninsolvenzverfahren und Beteiligungen in- und ausländischer Tochtergesellschaften auskennt und in der Lage ist, die Finanzierungs- und Sicherheitenstruktur schnell zu erfassen sowie sachlich und personell so aufgestellt ist, ein Verfahren der hier genannten Größe bewältigen zu können.

Wir sind gern bereit, hierzu kurzfristig konkrete Vorschläge zu übermitteln oder auf ein einheitliches Votum eines einzuberufenden vorläufigen Gläubigerausschusses hinzuwirken.

V. Vorläufiger Gläubigerausschuss/vorläufige Eigenverwaltung

Die Gläubigerin vermutet, dass die Voraussetzungen des § 22a Abs. 1 InsO für die Bestellung eines vorläufigen Gläubigerausschusses für die Schuldnerin erfüllt sind [ggf auf die letzte bekannt gewordene oder veröffentliche Bilanz abstellen]. Alternativ regen wir an, dass das Insolvenzgericht bei Stellung eines Eröffnungsantrags einen vorläufigen Gläubigerausschuss nach Maßgabe der §§ 21 Abs. 2 Nr. 1a,

22a Abs. 2 InsO einsetzt. Wie ausgeführt, ist die .... bereit, als Mitglied des vorläufigen Gläubigerausschusses mitzuwirken.

Die .... sieht einen Antrag auf Anordnung der (vorläufigen) Eigenverwaltung oder einen Antrag auf Vorbereitung der Sanierung (Schutzschirmverfahren) sehr kritisch. Gern ist die Gläubigerin bereit, dem Insolvenzgericht vor einer Entscheidung dazu die Gründe für ihre ablehnende Haltung zu einer Eigenverwaltung darzulegen. *[ggf weiter ausführen]*

[Unterschrift]

d) Weitere ESUG-Aspekte

Das ESUG hat den Anforderungen an die Qualifikation des Verwalters eine völlig neue **172** Dimension gegeben.[290] Viele Gläubiger, deren Rechte insbesondere durch die Möglichkeit der Beeinflussung der Verwalterbestellung gestärkt werden, verhalten sich hingegen eher passiv. So ist festzustellen, dass selbst in Groß- und Konzerninsolvenzverfahren Hauptgläubiger nicht bereit sind, in einem (vorläufigen) Gläubigerausschuss mitzuwirken. **Diese Passivität der Gläubiger erscheint bedenklich.** Denn diejenigen, die aktiv ein Verfahren, insbesondere das Auswahlverfahren betreffend die Person des Verwalters lenken, sind nicht immer frei von Eigeninteressen. Vor diesem Hintergrund stellen die Insolvenzgerichte deutlich erhöhte Anforderungen an die Qualifikation und Unabhängigkeit des Verwalters. Die Gerichte dürfen gerade in Verfahren von besonderer Bedeutung nicht als „rubber-stamper" oder „Protokollanten" agieren.[291] Die Aufgaben, die in Konzerninsolvenzverfahren auf der Seite der Insolvenzgerichte im Eröffnungsverfahren anstehen, können in **der Regel nur Vollzeitinsolvenzrichter** leisten. Allerdings sind nicht alle Insolvenzgerichte fachlich und vor allem personell sowie organisatorisch in der Lage, Großinsolvenzen zu betreuen.[292] Erfahrungen aus der Vergangenheit haben gezeigt, dass selbst große deutsche Insolvenzgerichte bei Konzerninsolvenzverfahren rasch an ihre Grenzen stoßen. Deshalb **ist eine Konzentration der Insolvenzgerichte**, die bereits im Zusammenhang mit dem ESUG angestrebt, jedoch aus politischen Gründen aufgegeben wurde, **zwingend geboten**. Nur so können im Interesse der Gläubiger die Voraussetzung für eine sachgemäße Abwicklung von Großinsolvenzen gewährleistet werden. Dieser Gedanke findet sich nun in Form einer Soll-Vorschrift in § 2 Abs. 3 InsO wieder und greift die mit der Gerichtskonzentration in den neuen Bundesländern gesammelten praktischen Erfahrungen auf. Für konzernspezifische Verfahren sieht § 2 Abs. 3 InsO eine mögliche **Zuständigkeitskonzentration auf der Ebene der Oberlandesgerichtsbezirke** vor. Je Oberlandesgerichtsbezirk soll ein Insolvenzgericht bestimmt werden, an dem ein Gruppen-Gerichtsstand nach § 3a Absatz 1 InsO begründet werden kann.[293] Die konzernspezifischen Zuständigkeiten eines Insolvenzgerichts können innerhalb eines Landes auch über die Grenzen der Oberlandesgerichtsbezirke erstreckt werden, sodass insbesondere Lösungen möglich sind, bei denen je Land ein Insolvenzgericht für die konzernspezifischen Verfahren ausschließlich zuständig ist.[294] Die Regelung ist allerdings aufgrund des erneuten **massiven politischen Widerstandes einiger Bundesländer** gegen die Konzentration der Zuständigkeit der Insolvenzgerichte lediglich als Angebot zu verstehen. Es bleibt daher nur zu hoffen, dass die Länder von **dieser Möglichkeit regen Gebrauch** machen werden.[295]

---

[290] Vgl. *Flöther* ZIP 2012, 1833, 1839.
[291] Vgl. *Flöther* ZIP 2012, 1833, 1840.
[292] Vgl. *Flöther* ZIP 2012, 1833, 1840.
[293] Dazu bereits oben: *v. Wilcken* → § 4 Rn. 44 ff, 51 ff.
[294] BT-Drs. 18/407 S. 19.
[295] *Grell/Spittelberger* DB 2017, 1497, 1501.

2. Einheitsverwalter

173 Die Bestellung eines **personenidentischen Insolvenzverwalters** für mehrere oder sämtliche Insolvenzverfahren gruppenangehöriger Schuldner hat sich in der Praxis bewährt und ist zumindest bei zentral organisierten Konzernen als eines der **effektivsten Sanierungsmittel** anzusehen.[296] Denn naturgemäß ist das bei einer Konzerninsolvenz regelmäßig entstehende Abstimmungsbedürfnis zwischen den einzelnen Verfahren umso geringer, desto weniger Personen an der Abwicklung der Verfahren beteiligt sind.

174 Werden **unterschiedliche Insolvenzverwalter** bestellt, so ist die Erarbeitung einheitlicher Strategien zur Bewältigung der Konzerninsolvenz meist mit einem **zeit- und kostenintensiven Informationsaustausch** verbunden.[297] Unterschiedliche Fortführungs- und Abwicklungsstrategien und Kanzleiphilosophien sind der (Konzern-)Sanierung nicht zuträglich. Gespräche zwischen den Verwaltern führen nicht zwingend zum Konsens. Absprachen und Vereinbarungen werden nur mit einem gehörigen Maß Kompromissbereitschaft zu realisieren sein.

175 Durch die Bestellung eines **personenidentischen Insolvenzverwalters** für mehrere oder sämtliche Verfahren können solche aufwendigen Abstimmungsprozesse und Konfliktpotenziale minimiert oder sogar vollständig verhindert werden.[298] Wird nur eine Person zum Insolvenzverwalter bestellt, so äußert sich sein **einheitlicher Gestaltungswille** auch in einer **abgestimmten Entwicklung und Umsetzung von Abwicklungs- und/oder Sanierungsstrategien.**[299]

176 Schwierigkeiten ergeben sich mit Blick auf eine einheitliche Verwalterbestellung vor allem dann, wenn die Insolvenzverfahren über das Vermögen der einzelnen Gruppenschuldner – entgegen dem gesetzlichen Leitbild zur Begründung eines einheitlichen Konzerngerichtsstandes – bei **unterschiedlichen Gerichten** geführt werden.

a) Regel-/Ausnahme-Verhältnis?

177 Der Gesetzgeber hat dieses Problem erkannt. Zwar wurde von der Einführung einer **generellen Pflicht** der Gerichte zur Bestellung des sogenannten „Einheitsverwalters" abgesehen. Allerdings ist in § 56b Abs. 1 InsO eine **Prüfungspflicht** und eine darauf bezogene Pflicht zur Zusammenarbeit zwischen den Gerichten normiert worden. Eine darüber hinausgehende grundsätzliche Pflicht, wie sie zB *Hirte* fordert,[300] erschien dem Gesetzgeber aber zu weitgehend. Ein Anspruch auf die Bestellung eines Einheitsverwalters lässt sich aus § 56b Abs. 1 InsO schließlich nicht ableiten.[301]

178 Die Vielfalt der Konzerne und die Individualität der einzelnen Verfahren erfordert eine **flexible Regelung**. Speziell in den Fällen, in denen der Konzern nur aus losen gesellschaftsrechtlichen Bindungen besteht oder die vollständige Zerschlagung unausweichlich und ein Mehrwert durch eine zusammengefasste Verwertung nicht zu erwarten ist, erscheint die arbeitsteilige Verwaltung der einzelnen Konzerngesellschaften durch mehrere Verwalter vorteilhaft. Des Weiteren kann die Personenidentität des Insolvenzverwalters zu **gravierenden Interessenkonflikten**[302] führen, die eine Einbindung von Sonderinsolvenzverwaltern in einem Umfang erfordern, der außer Verhältnis zu den Vorteilen der einheitlichen Verwalterbestellung steht.[303] Vor diesem Hintergrund erscheint **eine starre**

---

[296] *Brünkmans* Koordinierung S. 126 ff.
[297] BT-Drs. 18/407 S. 30 f.
[298] *Eidenmüller* ZHR 2005, 528, 540 f.
[299] *Brünkmans* ZIP 2013, 193, 198; *Eidenmüller* ZHR 2005, 528, 540 f.
[300] *Hirte* ZIP 2008, 444, 446.
[301] *Mock* DB 2017, 951, 953.
[302] Siehe hierzu → Rn. 184.
[303] BT-Drs. 18/407 S. 30.

Verpflichtung, nur eine Person zum Verwalter in sämtlichen Verfahren zu bestellen, **nicht sachgemäß**. Die Annahme eines **Regel–/Ausnahme-Verhältnisses** für die Bestellung eines Einheitsverwalters kommt dem schon näher, wenngleich sie aufgrund der facettenreichen Ausprägung einzelner Konzerne zu weitgreifend sein dürfte. Trotz alledem sieht der Gesetzgeber ein Konzerninsolvenzverfahren, bei dem es gelingt alle Verfahren gruppenangehöriger Schuldner an einem Gericht zu konzentrieren und **lediglich einen Insolvenzverwalter** für sämtliche Konzerngesellschaften zu bestellen, **als Idealfall** an, den es in der Praxis anzustreben gilt.[304] Insbesondere das aufgrund seiner Praktikabilität mehrfach kritisierte **Koordinationsverfahren** (§§ 269d ff InsO) sollte als **eine Auffanglösung** für all die Fälle verstanden werden, in denen es nicht möglich war, sämtliche Verfahren über das Vermögen der gruppenangehörigen Schuldner unter die Leitung eines Einheitsverwalters zu stellen.

b) Besonderheiten bei Insolvenzantragstellung

Um die Bestellung eines einheitlichen Insolvenzverwalters zu ermöglichen, bedarf es einer **179** umfänglich abgestimmten Vorbereitung der Insolvenzantragstellung im Konzernverbund. Im Vorfeld der Antragstellung ist zunächst **das Interesse der wesentlichen Gläubiger** an der Bestellung eines Einheitsverwalters zu erfragen. Die Gläubiger sind in das Verfahren **einzubeziehen**, um – sofern eine Einheitsentscheidung bei der Personalie mehrheitsfähig ist – die Anforderungen an die zu bestellende Person zu ermitteln und entsprechend diesen Kriterien verfahrensübergreifend mögliche Verwalterkandidaten vorzuschlagen.[305] Neben der **Unabhängigkeit des vorgeschlagenen (vorläufigen) Insolvenzverwalters** erfordert ein Konzerninsolvenzverfahren, wie dargelegt, meist allein schon aufgrund seiner Größe neben einer **umfangreichen Sanierungserfahrung** und der Fähigkeit einer **geschickten Verfahrensleitung** vorhandene Kapazitäten beim Insolvenzverwalter. Die Geeignetheit des ins Auge gefassten Kandidaten sollte im Idealfall parallel dazu in Vorbesprechungen mit dem am Gruppen-Gerichtsstand zuständigen Insolvenzrichter erörtert werden, um dessen **etwaige Bedenken auszuräumen**. Dem Sanierungskonzept zuwiderlaufenden Entscheidungen kann so vorgebeugt werden.[306] Dies umfasst die **bereitwillige Offenlegung möglicher Interessenkonflikte** des Kandidaten sowie entsprechende Hinweise, ob beziehungsweise wie diese durch die Einsetzung eines Sonderinsolvenzverwalters ausgeräumt werden können. Da Interessenkollisionen in praktisch jeder Konzerninsolvenz zu verzeichnen sind – Unterschiede bestehen nur bei der Erheblichkeit der Konflikte –, kann bereits aus formellen Gründen die Unabhängigkeit des Verwalterkandidaten, die der Richter abschließend und rechtsmittelfrei zu prüfen hat, sehr leicht in Zweifel gezogen werden. Umso stärker muss das Augenmerk der Konzernleitung und ihrer Berater auf eine **vertrauensvolle und offene Kommunikation** mit dem zuständigen Insolvenzgericht gelegt werden.

c) Abstimmung der Gerichte über die Person des Einheitsverwalters

Für den Fall, dass über das Vermögen von gruppenangehörigen Schuldnern die Eröffnung **180** eines Insolvenzverfahrens beantragt wird, sind nach § 56b Abs. 1 S. 1 InsO die angegangenen **Gerichte verpflichtet**, sich darüber **abzustimmen**, ob es im Interesse der Gläubiger liegt, **lediglich eine Person zum Insolvenzverwalter** zu bestellen. Bei der Abstimmung ist insbesondere zu prüfen, ob ein personenidentischer Insolvenzverwalter die **gebotene Unabhängigkeit** in allen Verfahren über die gruppenangehörigen Schuldner gewährleisten kann und ob durch die Bestellung von Sonderinsolvenzverwaltern **mögliche Interessen-**

---

[304] Braun/*Blümle* InsO § 56b Rn. 6; *Wimmer* jurisPR-InsR 20/2013 Anm 1, S. 7.

[305] → Rn. 151 f. sowie zum Vorschlagsrecht des (vorläufigen) Gläubigerausschusses bei der Verwalterbestellung → Rn. 161 ff.

[306] Dazu und zu den praktischen Problemen → Rn. 154 ff.

konflikte ausgeräumt werden können (§ 56b Abs. 1 S. 2 InsO). Die Pflicht zu Abstimmung der Insolvenzgerichte gilt über § 56b Abs. 1 S. 1 InsO iVm §§ 21 Abs. 2 S. 2 Nr. 1,
270a Abs. 1 S. 2, 274 Abs. 1 InsO auch bei der Bestellung eines vorläufigen Insolvenzverwalters und (vorläufigen) Sachwalters.

181   Allerdings ist nicht geregelt, wie zu verfahren ist, **wenn sich die Gerichte nicht
einigen können**. Im Hinblick auf die Neigung mancher Gerichte, (nur) die bei ihnen
gelisteten und mit den örtlichen Gegebenheiten vertrauten Insolvenzverwalter zu bestellen,
wird daher der Erfolg einer einheitlichen Verwalterbestellung auch stark von der **Kooperationsbereitschaft der einzelnen Richter** abhängen.

182   **Rechtsmittel** gegen die gemäß § 56b InsO zu treffende Entscheidung **sieht das Gesetz
nicht vor**. Sie sind also unzulässig.[307] Zwar ließe sich mit Blick auf die Ziele des Insolvenzverfahrens bei einem Verstoß gegen das Abstimmungsgebot gegebenenfalls eine **Amts-
pflichtverletzung** der beteiligten Gerichte ableiten, die dann auch mit einer entsprechenden Haftungsfolge verknüpft wäre. Die **Praxis** zeigt allerdings, dass hier in aller Regel ein
Schadensnachweis nicht gelingt. Vor diesem Hintergrund wird man die in § 56b InsO
geregelte Abstimmungspflicht der Gerichte in der Sache eher als eine „**Anregung**" des
Gesetzgebers verstehen dürfen, die – jedenfalls was die tatsächliche Bestellung eines
einzigen Verwalters für sämtliche Konzerngesellschaften angeht – **rechtlich nicht durchsetzbar** ist. Deshalb ist wiederum das besondere Engagement und Fingerspitzengefühl der
Konzernleitung und ihrer Berater gefragt, um den gerichtlichen Entscheidungsprozess im
Interesse einer erfolgreichen Verfahrensbewältigung für den gesamten Unternehmensverbund zu moderieren.

183   Die Abstimmungspflichten zwischen den Gerichten können ähnlich wie die umfassende
Amtsermittlungspflicht im Rahmen des § 13 InsO zu **Zeitverzögerungen** und somit zu
einer verspäteten Verfahrenseinleitung führen. Genauso wie Vorgespräche zwischen Konzernleitung und Insolvenzgericht möglichst frühzeitig vor Insolvenzantragstellung erfolgen
sollen, sind daher **Besprechungen zwischen den Gerichten** untereinander im Vorfeld
der formellen Verfahrenseinleitung zu führen. Dies bedarf auf Gerichtsseite einer **hohen
Professionalität** und eines **gewissen Entgegenkommens**.

d) Mögliche Interessenkonflikte

184   Bei einem einheitlichen Verwalter muss stets gewährleistet sein, dass dieser alle Verfahren
mit der gebotenen Unabhängigkeit wahrnehmen kann. Ansonsten **droht ein massiver
Vertrauensverlust** bei den Gläubigern und dem/den Insolvenzgericht/en, der eine Sanierung erschweren, gegebenenfalls sogar verhindern kann.

185   Die **Personenidentität des Insolvenzverwalters** kann aufgrund der vernetzten Struktur der einzelnen Konzerngesellschaften zu **gravierenden Interessenkonflikten** führen.
Diese können insbesondere im Zusammenhang mit konzerninternen Austauschgeschäften
im Hinblick auf § 181 BGB oder bei Ausübung des Anfechtungsrechts, aber auch beim
Bestehen von *cash pooling*-Systemen auftreten.[308] Nicht zu unterschätzen sind vor allem
**mögliche entgegenstehende wirtschaftliche Interessen der einzelnen Konzern-
gesellschaften**. Obgleich die Gruppenunternehmen oftmals als Glied einer Leistungskette
stark verzahnt sind, sehen Sanierungskonzepte nicht selten den Ausschluss ertragsmindern-
der Gruppenmitglieder und den Rückgriff auf externe Dritte vor. Ohne den Schutz des
Konzerngefüges können sich die ausgeschlossenen Gesellschaften nur selten im freien Wettbewerb behaupten. Im umgekehrten Fall werden zahlreiche Leistungen durch Konzerngesellschaften oft unter dem tatsächlichen Marktpreis erbracht. Der Ausgleich der Nachteile
erfolgt außerhalb der Insolvenz häufig im Rahmen des Verlustausgleichs iSd § 302 AktG.
Angesichts der ungewissen Folgen eines Konzerninsolvenzverfahrens und unter Berück-

---

[307] Braun/*Blümle* InsO § 56b Rn. 26.
[308] *Brünkmans* Koordinierung S. 133 ff.

sichtigung der gesetzlich vorgeschriebenen isolierten Betrachtung der einzelnen Gesellschaften/Vermögensmassen erscheint die weitere Leistungserbringung jedenfalls dann, wenn Alternativen zur Verfügung stehen, nur gegen Zahlung eines angemessenen Marktpreises geboten. Es wird somit deutlich, dass der **Verwalter zur Wahrung der Gläubigerinteressen der einen Konzerngesellschaft gezwungen sein kann,** gegen eine andere, ebenfalls von ihm verwaltete Konzerngesellschaft vorzugehen beziehungsweise **gegen ihre Interessen zu handeln.** Das Kriterium der Unabhängigkeit könnte der Insolvenzverwalter in solchen Konstellationen nur schwerlich erfüllen. Aber bereits die Fortführung, Modifizierung oder Beendigung **gegenseitiger Verträge** ist häufig nicht nur mit Interessenkollisionen verbunden, sondern wegen **§ 181 BGB rechtlich nicht möglich.** Entsprechendes gilt für die Prüfung von gegenseitigen Leistungen auf das Vorliegen von Insolvenzanfechtungstatbeständen beziehungsweise die Durchsetzung von **Insolvenzanfechtungsansprüchen gegen ebenfalls verwaltete Gesellschaften.**

3. Sonderinsolvenzverwalter

a) Lösung von Interessenkonflikten durch Bestellung eines Sonderinsolvenzverwalters

Obgleich das Institut der Sonderinsolvenzverwaltung bisher **gesetzlich nicht ausdrück-** 186
lich geregelt ist, ist die Möglichkeit zur Bestellung eines Sonderinsolvenzverwalters seit geraumer Zeit **allgemein anerkannt.**[309] Für die Bestellung des Sonderinsolvenzverwalters wurde bereits unter der Konkursordnung vorausgesetzt, dass der Insolvenzverwalter tatsächlich oder rechtlich verhindert ist, sein Amt auszuüben.[310] Umfang und Grund der Verhinderung können vielseitig sein.[311]

In § 56b Abs. 2 S. 3 InsO wird der aus der Praxis bereits bekannte Sonderinsolvenz- 186a
verwalter nun erstmals gesetzlich erwähnt. Er kann, wie in § 56b Abs. 1 S. 2 InsO angedeutet, **zur Auflösung von Interessenkonflikten** bestellt werden. Regelmäßig wird auch der Insolvenzverwalter ein Interesse an der Bestellung eines Sonderinsolvenzverwalters haben. Die Interessenkollisionen, die in einem Konzernbund auftreten können, bergen für ihn häufig Haftungsrisiken. Zudem ist der Abschluss konzerninterner Verträge für eine erfolgreiche Sanierung unabdingbar. Die Bestellung von Sonderinsolvenzverwaltern ist jedoch nicht als Allheilmittel zur Bewältigung von konzerninternen Interessenkonflikten zu verstehen. Sofern Zweifel an der Unabhängigkeit des Konzernverwalters durch die Bestellung von Sonderinsolvenzverwaltern nicht hinreichend beseitigt werden können oder die Interessenkonflikte den Einsatz von Sonderinsolvenzverwaltern in einem Umfang erfordern, der außer Verhältnis zu den Vorteilen der einheitlichen Verwalterbestellung steht, erscheint die Bestellung derselben Person zum Verwalter für alle von der Insolvenz betroffenen Konzerngesellschaften nicht zweckmäßig.[312]

Leider **verpasste der Gesetzgeber** die sich ihm mit der Novellierung des Konzernin- 187
solvenzrechts bietende Gelegenheit, zugleich auch die Modalitäten hinsichtlich der **Bestellung** des Sonderinsolvenzverwalters und seiner **Rechtsstellung** sowie seiner **Vergütung** und seiner **Haftung** ausdrücklich **gesetzlich zu regeln.** Bei der Bestellung eines personenidentischen Insolvenzverwalters für alle von der Insolvenz betroffenen Konzerngesellschaf-

---

[309] BGH NZI 2016, 831, 832 Rn. 9; BGH NZI 2006, 474; BGH ZIP 2004, 1218; OLG Dresden ZInsO, 2001, 671; *Graf/Wunsch* DZWir 2002, 177, 179; *Graeber/Pape* ZIP 2007, 991, 992; FKInsO/*Jahntz* § 56 Rn. 54 ff.; Braun/*Blümle* InsO § 56 Rn. 82 ff.; Uhlenbruck/*Zipperer* InsO § 56 Rn. 57 ff; *Frege* Der Sonderinsolvenzverwalter, Rn. 7 ff.
[310] BGH NZI 2006, 474; BGH ZIP 2004, 1218; OLG Dresden ZInsO 2001, 671; *Graf/Wunsch* DZWir 2002, 177, 179; *Graeber/Pape* ZIP 2007, 991, 992; FKInsO/*Jahntz* § 56 Rn. 54 ff; Braun/*Blümle* InsO § 56 Rn. 45 ff.; Uhlenbruck/*Zipperer* InsO § 56 Rn. 57 ff; *Frege* Der Sonderinsolvenzverwalter Rn. 7 ff.
[311] Uhlenbruck InsO/*Zipperer* § 66 Rn. 57 ff.
[312] BT-Drs. 18/407 S. 30.

ten werden sich Konstellationen, in denen dieser tatsächlich oder rechtlich verhindert ist, sein Amt auszuüben, nicht vermeiden lassen. In der Praxis wird es vermehrt und gerade bei Konzerninsolvenzverfahren zur Einsetzung von Sonderinsolvenzverwaltern kommen. Zur Schaffung von **Rechtsklarheit** erscheint daher eine gesetzliche Regelung[313] nicht nur wünschenswert, sondern **dringend geboten**.

b) Aufgaben

188 Die Anordnung der Sonderinsolvenzverwaltung kann aus **diversen Gründen** notwendig sein. So kann der Sonderinsolvenzverwalter beispielsweise mit der Aufgabe **der Amtsermittlung iSd § 5 InsO** betraut werden, um Sachverhalte zu ermitteln, aus denen sich Pflichtverstöße des Insolvenzverwalters ergeben könnten.[314] Solch eine Maßnahme sollte der Einheitsverwalter gegenüber den Gläubigern und dem Insolvenzgericht jedoch erforderlichenfalls aktiv und möglichst frühzeitig anregen und nicht abwarten bis etwaige Pflichtverstöße offen zutage treten. Ferner kommt die Bestellung des Sonderinsolvenzverwalters als **aufsichtsrechtliche Maßnahme** in Betracht, wenn es darum geht, Vermögensgegenstände zu sichern oder **Kontrollmaßnahmen** gegen den Insolvenzverwalter durchzusetzen.[315] Am **häufigsten und am bedeutendsten** im Rahmen von Konzerninsolvenzverfahren ist jedoch die Einsetzung des Sonderinsolvenzverwalters **zur Vermeidung von Interessenkollisionen**,[316] die in der Person des oder im Amt des Insolvenzverwalters liegen.[317] In der Praxis ist die Interessenkollision am häufigsten bei dem Abschluss konzerninterner Verträge zwischen den Gesellschaften und bei der gegenseitigen Forderungsanmeldung gegeben. Auch hier sollte der Einheitsinsolvenzverwalter zur Wahrung seiner Unabhängigkeit und Neutralität und zur Vermeidung einer möglichen Haftung nach § 60 InsO **rechtzeitig und unmissverständlich dem Insolvenzgericht den Sachverhalt aufzeigen,** der seine Amtsführung rechtlich verhindert. Die Sonderinsolvenzverwaltung kann zudem **zur Wahrnehmung von Gesamtinteressen der Gläubigergemeinschaft** angeordnet werden, wenn gegenüber dem Insolvenzverwalter Schadensersatzansprüche zugunsten der Masse geltend gemacht werden.[318] Darüber hinaus kann ein Sonderinsolvenzverwalter zur **Wahrung von Partikularinteressen** einzelner Gläubiger oder Gläubigergruppen mit der Verwaltung von Sondermassen, wie zum Beispiel **nach § 32 Abs. 3 DepotG**, beauftragt werden.[319] Bei der Sondermasse handelt es sich um Teile der Insolvenzmasse, die nur einer bestimmten Gläubigergruppe zugewiesen sind, ohne dass über sie ein weiteres selbstständiges Insolvenzverfahren durchgeführt werden kann.[320]

c) Rechtsstellung

189 Der Sonderinsolvenzverwalter ist nicht Vertreter des Insolvenzverwalters.[321] Er übt sein Amt **als eigenständiges Organ** der Insolvenzverwaltung aus und steht dabei unter der Aufsicht des Insolvenzgerichts.[322] Erfolgt die Einsetzung des Sonderinsolvenzverwalters zur Durchsetzung aufsichtsrechtlicher Maßnahmen, so unterliegt er den Weisungen des Insolvenzgerichts.[323] An Weisungen des Insolvenzverwalters ist der Sonderinsolvenzverwalter hingegen nicht gebunden. Wenn man bedenkt, dass der Sonderinsolvenzverwalter hauptsächlich

---

[313] Braun/*Blümle* InsO § 56b Rn. 23; *Frege* Der Sonderinsolvenzverwalter Rn. 477 ff.
[314] *Frege* Der Sonderinsolvenzverwalter Rn. 21.
[315] LG Göttingen ZIP 2009, 1021; *Frege* Der Sonderinsolvenzverwalter Rn. 21.
[316] Dazu siehe oben → Rn. 186 ff.
[317] *Frege* Der Sonderinsolvenzverwalter Rn. 21, MüKoInsO/*Graeber* § 56 Rn. 155; *Lüke* ZIP 2004, 1693, 1695.
[318] AG Göttingen ZInsO 2006, 50; MüKoInsO/*Graeber* § 56 Rn. 156; *Frege* Der Sonderinsolvenzverwalter Rn. 21.
[319] *Frege* Der Sonderinsolvenzverwalter Rn. 149 ff.
[320] Uhlenbruck/*Hirte* InsO § 35 Rn. 55; Jaeger/*Heckel* InsO § 35 Rn. 141.
[321] MüKoInsO/*Graeber* § 56 Rn. 157; Uhlenbruck/*Zipperer* InsO § 56 Rn. 71.
[322] *Frege* Der Sonderinsolvenzverwalter Rn. 281.
[323] *Frege* Der Sonderinsolvenzverwalter Rn. 403.

Rechte und Pflichten gegenüber dem Insolvenzverwalter wahrnimmt, würde ein Weisungsrecht dem Zweck der Sonderinsolvenzverwaltung zuwiderlaufen. Folglich muss stets die **Unabhängigkeit des Sonderinsolvenzverwalters zum Insolvenzverwalter** gewahrt bleiben. Deshalb ist auch die Bestellung **eines Sozius oder Angestellten** des Insolvenzverwalters zum Sonderinsolvenzverwalter selbst Fällen, in denen es um rein formale Konflikte und einfach gelagerte Sachverhalte geht, **unzulässig**.[324] Zur Führung seines Amtes stehen dem Sonderinsolvenzverwalter gegenüber dem Insolvenzverwalter und dem Schuldner Informations-, Besitz- und Sicherungsrechte zu.[325] Sofern er Sicherungsaufgaben wahrnimmt, verfügt er zudem über Inbesitznahme-, Verpflichtungs- und Verfügungsrechte.[326]

Der Wirkungskreis des Sonderinsolvenzverwalters wird vom Insolvenzgericht festgelegt. **190** Seine **Rechte und Pflichten** sind aus den **konkret im Einsetzungsbeschluss** übertragenen Aufgaben abzuleiten.[327] Im Hinblick hierauf stehen dem Sonderinsolvenzverwalter die gleichen Rechte und Pflichten wie dem Insolvenzverwalter zu. Für besonders bedeutsame Rechtshandlungen hat der Sonderinsolvenzverwalter entsprechend §§ 160 ff InsO die Zustimmung des Gläubigerausschusses oder der Gläubigerversammlung einzuholen.[328] Er ist ferner an die Beschlüsse dieser Gremien gebunden. Mangels entsprechender Anwendbarkeit des § 164 InsO auf den Sonderinsolvenzverwalter bleibt diesem, sofern er einen Beschluss für nichtig hält, nur die Möglichkeit, die gerichtliche Prüfung gemäß § 78 InsO zu beantragen.[329]

d) Bestellung

Die Bestellungsvoraussetzungen des Sonderinsolvenzverwalters sind nicht ausdrücklich ge- **191** regelt. Auf den Sonderinsolvenzverwalter finden die Vorschriften der §§ 56 ff InsO entsprechend Anwendung. Jedoch bieten die Vorschriften über den Insolvenzverwalter keine Antwort darauf, unter welchen Voraussetzungen ein Sonderinsolvenzverwalter zu bestellen ist.[330] Der Insolvenzverwalter wird mit Eröffnung des Insolvenzverfahrens bestellt, § 27 Abs. 1 InsO, deswegen stellt sich bei ihm die Frage nach dem *Ob* einer Bestellung nicht. Jedenfalls ergibt sich aus §§ 27 Abs. 1 i. V. m. 56 ff InsO, dass die Bestellung des Sonderinsolvenzverwalters allein durch das Insolvenzgericht erfolgt.[331] Die Anordnung einer Sonderinsolvenzverwaltung erfolgt von Amts wegen oder auf **Antrag bzw. Anregung.** Das Insolvenzgericht bestellt den Sonderinsolvenzverwalter.[332] Keinesfalls wird ein Sonderinsolvenzverwalter *durch* Beschluss der Gläubigerversammlung eingesetzt.[333] Die Entscheidung, *ob* ein Sonderinsolvenzverwalter bestellt wird, liegt allein bei dem Insolvenzgericht. Bei der Wahl eines anderen Sonderinsolvenzverwalters oder die Entlassung eines Sonderinsolvenzverwalters können die §§ 57, 59 InsO analog angewendet werden.[334]

Die funktionelle Zuständigkeit für die Bestellung des Sonderinsolvenzverwalters **192** richtet sich **nach dem Verfahrensstand.**[335] Der **Insolvenzrichter** ist **bis zur Eröffnung des Verfahrens** zuständig. Über die ausdrückliche Klarstellung in § 56b Abs. 2 InsO, dass § 56a InsO entsprechende Anwendung auf den Sonderinsolvenzverwalter findet, eröffnet der Gesetzgeber im Ergebnis die Möglichkeit, den Sonderinsolvenzverwalter bereits im

---

[324] *Frege/Keller/Riedel* Rn. 1184.
[325] *Frege* Der Sonderinsolvenzverwalter Rn. 403.
[326] *Frege* Der Sonderinsolvenzverwalter Rn. 468.
[327] *Dahl* ZInsO 2004, 1014,115; *Frege* Der Sonderinsolvenzverwalter Rn. 498.
[328] *Frege* Der Sonderinsolvenzverwalter Rn. 377 ff.
[329] *Frege* Der Sonderinsolvenzverwalter Rn. 398.
[330] BGH NZI 2016, 831, 832; BGH NZI 2009, 238.
[331] BGH NZI 2014, 307, 308; Uhlenbruck/*Zipperer* InsO § 56 Rn. 59; Nerlich/Römmermann/*Delhaes*/ *Römmermann* InsO § 56 Rn. 29.
[332] BGH NZI 2016, 831, 832.
[333] BGH NZI 2016, 831, 832.
[334] BGH NZI 2009, 238, Rn. 5.
[335] Uhlenbruck/*Zipperer* InsO § 56 Rn. 57 ff

Eröffnungsverfahren zu bestellen. Bis zur Entscheidung über die Eröffnung des Insolvenzverfahrens einschließlich der Entscheidung über die Ernennung des (vorläufigen) Insolvenzverwalters ist der Insolvenzrichter gemäß § 18 Abs. 1 Nr. 1 RPflG zuständig.

Der **Rechtspfleger** ist **nach Eröffnung** des Insolvenzverfahrens für die Abberufung und Bestellung des Insolvenzverwalters zuständig (Umkehrschluss aus § 18 Abs. 1 Nr. 1 RPflG).[336] Da der Sonderinsolvenzverwalter dem Insolvenzverwalter im Wesentlichen ähnelt[337] und grundsätzlich die für den Insolvenzverwalter geltenden Vorschriften auf ihn Anwendung finden, erscheint es nur konsequent, dem Rechtspfleger im eröffneten Verfahren auch die Zuständigkeit für die Bestellung des Sonderinsolvenzverwalters zu übertragen.[338] In dieser Weise verfährt auch die gerichtliche Praxis.[339]

193   Das Insolvenzgericht entscheidet über die Bestellung des Sonderinsolvenzverwalters im Rahmen einer Verhältnismäßigkeitsprüfung nach pflichtgemäßem Ermessen.[340] Die Bestellung des Sonderinsolvenzverwalters erfolgt durch Beschluss. Dieser ist unter Beachtung von § 27 Abs. 2 InsO entsprechend § 30 InsO bekannt zu machen und zuzustellen.[341]

aa) Antragsrecht der Gläubigerversammlung/Gläubigerausschuss

194   **Antragsberechtigt** sind die **Gläubigerversammlung** und der **Gläubigerausschuss**.[342] Auf den Sonderinsolvenzverwalter findet § 56a InsO entsprechende Anwendung (§ 56b Abs. 2 S. 3 InsO). Das heißt, dass bei der **Bestellung des Sonderinsolvenzverwalters dem vorläufigen Gläubigerausschuss dieselben Rechte** zustehen, wie bei der Bestellung eines (vorläufigen) Insolvenzverwalters.[343] Der Gesetzgeber räumt hierbei einen gewissen verfahrensrechtlichen Aufwand ein. Die uneingeschränkte Geltung von § 56a InsO rechtfertigt er aber zugleich damit, dass sie im Hinblick auf die in § 56b Abs. 2 S. 1 InsO für Konzerninsolvenzen vorgesehene Einschränkung der in § 56a InsO geregelten Gläubigerbeteiligung bei der Verwalterbestellung[344] erforderlich sei und der Wahrung von Gläubigerinteressen diene.[345] Von einer vorherigen Anhörung des vorläufigen Gläubigerausschusses kann jedoch in Fällen, in denen bereits im Eröffnungsverfahren die Einsetzung eines (vorläufigen) Sonderinsolvenzverwalters erforderlich sein sollte, in Anbetracht der gebotenen Eile und der naturgemäß begrenzten Kompetenz des Sonderinsolvenzverwalters abgesehen werden.[346] Dies dürften aber Ausnahmefälle sein, da in der Regel auch insoweit eine Vorabstimmung mit dem Insolvenzgericht durch die Konzernleitung und die wesentlichen Gläubiger beziehungsweise -vertreter erfolgt.

bb) *Anregungs*recht einzelner Gläubiger, des Schuldners, des Insolvenzverwalters

195   Eine **Antragsbefugnis einzelner Gläubiger** besteht **nicht**.[347] Gleiches gilt für den Schuldner[348] und den Insolvenzverwalter.[349] Sie können die Einsetzung des Sonderinsol-

---

[336] K.Schmidt InsO/*Ries* InsO § 56 Rn. 66.

[337] Zur Rechtsstellung des Sonderinsolvenzverwalters noch unten → Rn. 195.

[338] *Frege/Keller/Riedel* Insolvenzrecht Rn. 207a.

[339] Vgl. dazu auch BAKinso eV, Entschließung zum Thema Sonderinsolvenzverwalter im Rahmen der Herbsttagung 2011.

[340] *Frege* Der Sonderinsolvenzverwalter Rn. 176 ff.

[341] Uhlenbruck/*Zipperer* InsO § 56 Rn. 69.

[342] *Frege* Der Sonderinsolvenzverwalter Rn. 219.

[343] Siehe oben → Rn. 161.

[344] Siehe oben → Rn. 169.

[345] BT-Drs. 18/407, S. 31.

[346] *Frind* ZInsO 2013, 429, 432; *Dahl* ZInsO 2004, 1014, 1015 f.

[347] *Frege* Der Sonderinsolvenzverwalter Rn. 192 ff; BGH ZIP 2009, 529, 530; BGH ZInsO 2011, 131, 132; jedoch wird teilweise ein Antragsrecht angenommen, wenn es um die Geltendmachung eines Gesamtschadens iSv § 92 geht, vgl. AG Göttingen ZIP 2006, 629, 630; *Jaeger/Müller* InsO § 92 Rn. 45; *Lüke* ZIP 2004, 1693, 1697; *Graeber/Pape* ZIP 2007, 991, 998.

[348] BGH NZI 2006, 474.

[349] *Frege* Der Sonderinsolvenzverwalter Rn. 176 ff.

venzverwalters jedoch **anregen**.[350] Sofern Anhaltspunkte gegeben sind, die das Vorliegen von Haftungsansprüchen der Masse gegen den Insolvenzverwalter nicht völlig fernliegend erscheinen lassen, hat das Insolvenzgericht im Rahmen seiner Amtsermittlungspflicht zu prüfen, ob von Amts wegen ein Sonderinsolvenzverwalter einzusetzen ist.[351] Die Konzernleitung beziehungsweise deren Berater sollten daher, wie oben bereits ausgeführt, im Hinblick auf das zu wahrende Vertrauensverhältnis zum Insolvenzgericht schon im Vorfeld der Insolvenzantragstellung absehbare Interessenkonflikte des vorgeschlagenen Verwalterkandidaten offenlegen und die Möglichkeit der Einsetzung eines Sonderinsolvenzverwalters ansprechen. Dies ist auch deshalb wichtig, weil Interessenkonflikte bei der Bestellentscheidung für das Insolvenzgericht nicht immer absehbar sind. So entstehen Anfechtungsansprüche erst mit der Eröffnung des Verfahrens. Für die Konzernleitung und ihre Berater sind sie jedoch oftmals schon bei der Verfahrensplanung und -einleitung ersichtlich. Treten die Interessenkollisionen aufgrund der unterlassenen Benachrichtigung erst im eröffneten Verfahren ans Licht, besteht die Gefahr, dass das Insolvenzgericht unabgestimmte Prüfungs- und Kontrollmaßnahmen einleitet, die das Verfahren verzögern und damit den Sanierungserfolg gefährden.

cc) Rechtsmittel

Entscheidungen des Insolvenzgerichts unterliegen gem. § 6 Abs. 1 InsO nur in den Fällen **196** der Rechtsbeschwerde, die in der InsO ausdrücklich vorgesehen sind. **Versagt das Insolvenzgericht dem Antrag der Gläubigerversammlung** oder des Gläubigerausschusses, steht diesem und jedem einzelnen Gläubiger das Rechtsmittel der sofortigen Beschwerde analog §§ 57 S. 4, 59 Abs. 2 S. 2 InsO gegen diese Entscheidung zu. Der einzelnen Gläubiger nimmt insoweit die Rechte der Gläubigerversammlung bzw. des Gläubigerausschusses wahr.[352] Entspricht das Insolvenzgericht dem Antrag auf Einsetzung eines Sonderinsolvenzverwalters, steht dem einzelnem Gläubiger nur das Recht der Beschwerde analog § 78 Abs. 2 S. 3 InsO zu, wenn er geltend macht, der Beschluss der Gläubigerversammlung widerspreche dem gemeinsamen Interesse der Gläubiger.[353] Dem **Schuldner und dem Insolvenzverwalter steht kein Rechtsmittel zu,** wenn ihrer Anregung einen Sonderinsolvenzverwalter einzusetzen durch das Insolvenzgericht nicht entsprochen wird.[354] **Für den Insolvenzverwalter** kann sich gegen die Einsetzung eine Beschwerdeberechtigung ergeben, wenn die Bestellung eines Sonderinsolvenzverwalters eine erhebliche Entmachtung oder entlassungsgleiche Wirkung mit sich bringt, entsprechend § 59 Abs. 2 S. 1 InsO.[355]

e) Haftung

Da der Sonderinsolvenzverwalter in seinem Aufgabenbereich mit den Rechten und Pflich- **197** ten eines Insolvenzverwalters ausgestattet ist, haftet er für seinen Wirkungskreis entsprechend den Bestimmungen zur Haftung des Insolvenzverwalters.

f) Vergütung

Wie der Sonderinsolvenzverwalter für seine Tätigkeit vergütet wird, ist mangels gesetzli- **198** cher Regelung höchst umstritten.[356] Dies hängt vor allem damit zusammen, dass die dem

---

[350] Siehe Vorlage Anregung Bestellung Sonderinsolvenzverwalter Rn. 200.
[351] AG Göttingen ZInsO 2006, 50.
[352] BeckOK InsO/*Göcke* § 56 Rn. 52.
[353] BGH NZI 2016, 831.
[354] Schuldner: BGH NZI 2006, 474, 475; Insolvenzverwalter: BGH NZI 2007, 237.
[355] *Graeber/Pape* ZIP 2007, 991, 998; LG Stendal ZIP 2013, 1389; BGH ZIP 2007, 547.
[356] Zur Darstellung des Streitstands siehe MüKoInsO/*Stephan* § 63 Rn. 58 f.; *Frege/Keller/Riedel* Rn. 935; *Frege* Der Sonderinsolvenzverwalter Rn. 435 ff.

Sonderinsolvenzverwalter übertragenen Aufgaben sowohl inhaltlich als auch vom Umfang her sehr unterschiedlich sein können. Sie reichen von der Prüfung oder Anmeldung einzelner Forderungen bis hin zur vollständigen Übernahme der Verwaltung bei fortdauernder Abwesenheit oder Verhinderung des Insolvenzverwalters. Nach einem grundlegenden Beschluss des Bundesgerichtshofes ist die Vergütung des Sonderinsolvenzverwalters in entsprechender Anwendung der Vorschriften über die Vergütung des Insolvenzverwalters (InsVV) festzusetzen.[357] Die Vergütung wird durch das Insolvenzgericht festgesetzt und gehört zu den Kosten des Insolvenzverfahrens gemäß § 54 InsO. Dabei sind Zu- und Abschläge über § 3 InsVV möglich. Für den Sonderinsolvenzverwalter gilt jedoch die Regelung über die Mindestvergütung nach § 2 Abs. 2 InsVV nicht. Sofern dem Sonderinsolvenzverwalter lediglich die Aufgabe zukommt, einzelne Ansprüche zu prüfen, zur Insolvenztabelle anzumelden oder auf dem Rechtsweg zu verfolgen, kann seine Vergütung nicht höher festgesetzt werden als sie nach § 5 InsVV beansprucht werden könnte, wenn der Sonderinsolvenzverwalter nach dieser Vorschrift für eine Tätigkeit als Rechtsanwalt, Steuerberater oder Wirtschaftsprüfer zu vergüten wäre.[358]

g) Der einheitliche Sonderinsolvenzverwalter

199   Die Möglichkeit der Einsetzung eines einheitlichen Sonderinsolvenzverwalters hat der Gesetzgeber offenbar nicht bedacht. Zumindest fehlt eine Regelung im Gesetz, die vorsieht, dass für **alle Kollisionsfälle im Konzern** und in jedem Verfahren **ein und dieselbe Person** zum Sonderinsolvenzverwalter bestellt wird. Dabei dürfte die Bestellung eines einheitlichen Sonderinsolvenzverwalters ähnliche Vorteile mit sich bringen, wie die Einsetzung eines einheitlichen Insolvenzverwalters.[359] Bedenken gegen die Einsetzung derselben Person zum Sonderinsolvenzverwalter in allen oder mehreren Verfahren könnten insoweit bestehen, als bei der Wahrnehmung der zugewiesenen Aufgaben Interessenkonflikte ähnlich wie bei einem einheitlichen Insolvenzverwalter entstehen könnten.[360] *Zipperer* führt hingegen an, dass auch Fälle denkbar sind, bei denen Ansprüche der Konzerngesellschaften nur in vertikaler Richtung, also zwischen Tochtergesellschaften gegen die Muttergesellschaft bestehen.[361] Im Kern geht es jedoch gar nicht darum, ob die Ansprüche zwischen den Konzerngesellschaften auf horizontaler oder vertikaler Ebene bestehen. Entscheidend ist vielmehr, dass bei der Bestellung des einheitlichen Sonderinsolvenzverwalters, der zugewiesene Aufgabenkreis für jedes Verfahren möglichst eng ausgestaltet und konkret formuliert wird. Durch die geschickte Einsetzung des Sonderinsolvenzverwalters an den richtigen „Stellen" im Konzerngefüge können auch bei gleichgestellten Konzerngesellschaften und selbst beim Bestehen von wirtschaftlichen Dreiecksbeziehungen Interessenkollisionen in der Regel vermieden werden. Die Bestellung eines einheitlichen Sonderinsolvenzverwalters in allen oder mehreren Verfahren wird sicherlich nicht bei jeder Konzerninsolvenz möglich sein. Eine strikte Vorgabe, für die einzelnen Konzerngesellschaften unterschiedliche Sonderinsolvenzverwalter zu bestellen[362] wirkt allerdings zu schematisch und dürfte dem Einzelfall nicht gerecht werden.

---

[357] BGH NZI 2015, 730; BGH ZInsO 2008, 733 ff., mAnm *Frege* NZI 2008, 487 f, mAnm *Graeber* ZinsO 2008, 847 ff, mAnm *Keller* DZWIR 2008, 461 ff.
[358] BGH Beschluss vom 29.5.2008, IX ZB 303/05, Rn. 24 – juris.
[359] Siehe oben → Rn. 173 ff.
[360] Siehe oben → Rn. 184 f.
[361] Vgl. *Zipperer* ZIP 2013, 1007, 1011.
[362] Vgl. MüKoInsO/*Graeber* § 56 Rn. 51.

h) Vorlagen

Nachfolgend sind eine eine Anregung eines Insolvenzverwalters für die Bestellung eines **200** Sonderinsolvenzverwalters zur Verhinderung von Interessenkonflikten und zwei Beispielbeschlüsse des Insolvenzgerichts abgebildet:

Anregung des Insolvenzverwalters: **200a**

An das
Insolvenzgericht
Bestellung eines Sonderinsolvenzverwalters
In dem Insolvenzverfahren über das Vermögen der .... rege ich an, einen Sonderinsolvenzverwalter mit folgenden Aufgabenkreisen zu bestellen:
1. Die Prüfung und die Feststellung des anzuerkennenden Umfangs der von ... zur Insolvenztabelle angemeldeten bzw, nach Aufarbeitung der Buchaltung des Konzerns noch anzumeldenden Forderungen in seiner Eigenschaft als Insolvenzverwalter in Insolvenzverfahren über konzernvernundene Gesellschaften, welche der ... Unternehmensgruppe angehören. Es handelt sich hierbei um folgende Gesellschaften:
[Aufführen aller Gesellschaften]
2. Zustimmung zur Abgabe sowie zum Empfang von Willenserklärungen hinsichtlich des Abschlusses, der Anpassung bzw. der Fortführung und Beendigung von Verträgen mit sämtlichen konzernverbundenen Gesellschaften der ... Unternehmensgurppe der unter 1. genannten Unternhemen, in welcher .... als Insolvenzverwalter bestellt wurde. Zur Vermeidung eigener Interessenkollisionen darf der Sonderinsolvenzverwalter dabei jeweils nur auf der Seite einer von ihm im Einzelfall auszuwählenden Vertragspartei tätig werden.

Begründung:
Mit Beschluss des Amtsgerichtes ... vom .... wurde über das Vermögen der Schuldnerin das Insolvenzverfahren unter meiner gleichzeitigen Bestellung zum Insolvenzverwalter eröffnet.
Auch in den Insolvenzverfahren über das Vermögen zahlreicher weiterer Gesellschaften des ....-Konzerns (siehe unter 1.) bin ich mit Beschlüssen des Amtsgerichtes ... zum Insolvenzverwalter bestellt worden.
Zwischen den Gesellschaften des ....-Konzerns bestanden bereits bei Verfahrenseröffnung Rechtsbeziehungen und gegenseitige Forderungen. Diese Ansprüche werden zum Teil zur Insolvenztabelle anzumelden sein. Die Rechtsbeziehungen werden fortzusetzen, zu modifizieren oder zu beenden sein. Um die Gefahr einer Interessenkollision zu vermeiden, erscheint die Bestellung eines Sonderinsolvenzverwalters notwendig. Zur Glaubhaftmachung der Bestellungen in den unter 1) genannten Verfahren sind diesem Antrag sämtliche Eröffnungsbeschlüsse in Kopie beigefügt.
Zur abschließenden Prüfung oder Anmeldung dieser Forderungen ist die Bestellung eines Sonderinsolvenzverwalters erforderlich. Der zu bestellende Sonderinsolvenzverwalter hat auch zu prüfen, ob es sich bei den Ansprüchen um nachrangige Forderungen nach § 39 Abs. 1 Nr. 5 InsO handelt. *[ggf weiter ausführen]*
Für Rückfragen stehe ich jederzeit zur Verfügung.
[Unterschrift]
Für Rückfragen stehe ich jederzeit zur Verfügung.
Unterschrift

Beschluss Insolvenzgericht
Az.: .... Ort, Datum **200b**
Amtsgericht ....
Beschluss vom ....
In dem Insolvenzverfahren über das Vermögen der
....
....

wird Herr Rechtsanwalt ....zum Sonderverwalter mit folgendem Aufgabegebiet bestellt:
1. Zustimmung zur Abgabe sowie dem Empfang von Willenserklärungen hinsichtlich der Anpassung, bzw Fortführung oder Beendigung des Mietvertrages zwischen der Schuldnerin und der
....

2. Anmeldung der Forderungen der Schuldnerin im Insolvenzverfahren der ....

3. Zustimmung zur Abgabe sowie dem Empfang von Willenserklärungen hinsichtlich der Anpassung, bzw Fortführung oder Beendigung des Dienstleistungsvertrages zwischen der Schuldnerin und der ....

4. Zustimmung zur Verrechnung bestehender Forderungen zwischen der Schuldnerin und der ....

5. Für den Fall, dass eine Verrechnung nicht zustande kommt: Anmeldung der Forderungen der Schuldnerin im Insolvenzverfahren der ....

6. Prüfung nachträglich anzumeldenden Forderungen der ....

7. Anmeldung der Forderung der Schuldnerin im Insolvenzverfahren der ....

Gründe

Aufgrund der vom Insolvenzverwalter dargelegten Verflechtung der Schuldnerin mit den weiteren Gesellschaften der .... ist für die genannten Aufgabengebiete die Bestellung eines Sonderverwalters angezeigt.

Rechtspfleger/in

Beschluss Insolvenzgericht

Az.: ....   Ort, Datum

Amtsgericht ....
– Insolvenzgericht –
In dem Insolvenzverfahren über das Vermögen der
....
....
....
- Schuldnerin –
Verwalter: Herr Rechtsanwalt ....
ergeht am .... folgende Entscheidung:

1. Rechtsanwalt .... zum Sonderverwalter bestellt.

2. Der Aufgabenkreis umfasst des Sonderinsolvenzverwaltes umfasst folgende Tätigkeiten:

a) Prüfung und Feststellung des anzuerkennenden Umfangsder von ....(Insolvenzverwalter), Insolvenzverfahren eröffnet beim AG ...., AZ: .... anzumeldenden Forderungen

b) Abgabe und Empfang von Willenserklärungen hinsichtlich des Abschlusses, der Anpassung bzw. Fortführung und Beendigung von Verträgen mit folgenden konzerverbundenen Gesellschaften der ....Unternehmensgruppe, in welchen .... als Insolvenzverwalter bestellt wurde:
....

Zur Vermeidung von Interessenskollisionen darf der Sonderinsolvenzverwalter dabei jeweils nur auf der Seite einer von ihm im Einzelfall auszuwählenden Vertragspartei tätig werden.

3. Für die Tätigkeit des Sonderinsolvenzverwalters wird eine Vergütung nach den Grundsätzen der Insolvenzrechtlichen Vergütungsverordnung (InsVV) gewährt. Die Vergütung wird durch das Insolvenzgericht nach Abschluss der Tätigkeit festgesetzt. Für die entstehenden Kosten haftet die Insolvenzmasse.

Gründe

Mit Beschluss des Amtsgerichts ... vom ... wurde das Insolvenzverfahren über das Vermögen der Schuldnerin eröffnet unter gleichzeitiger Betsellung von ... als Insolvenzverwalter.

Der Inolvenzverwalter wurde durch das Amtsgericht ... in Insolvenzverfahren, welche die Vermögen der im Tenorpunkt 2.) genannten konzerverbundenen Gesellschaften ebenfalls zum Insolevnzverwalter bestellt.

Zwischen den im Tenorpunkt 2.) genannten Gesellschaften der ....-Unternehmensgruppe und der Schuldnerin bestehen Rechtsbeziehungen und gegenseitige Forderungen, welche durchzusetzen sind. Der Insolvenzverwalter hat dem Gericht angezeigt, dass insoweit die Gefahr der Interessenkollision besteht und die Bestellung eines Sonderinsolvenzverwalters notwendig erscheint.

Die Bestellung eines Sonderverwalters ist gesetzlich nicht geregelt. Nach der Rechtsprechung und Literatur ist ein Sonderverwalter im Verfahren dann zu bestellen, wenn der Verwalter tatsächlich oder rechtlich verhindert ist, vgl hierzu Münchener Kommentar zur InsO, 3. Auflage 2013, Rn. 153 zu § 56 InsO, Uhlenbruck, 15. Auflage 2015, Rn. 57 zu § 56 InsO.

Der bestellte Insolvenzverwalter ist rechtlich verhindert, wenn dieser eine rechtshandlung vornehmen soll, welche die Gefahr einer Interessenkollision birgt.

Eine solche rechtliche Verhinderung besteht bei zu tätigenden Rechtsgeschäften zwischen der Schuldnerin und den im Tenorpunkt 2.) genannten Gesellschaften, über deren Vermögen das Insolvenzverfahren eröffnet und …. als Insolvenzverwalter bestellt wurde.
Rechtsbehelfsbelehrung:
Gegen diese Entscheidung findet die Erinnerung statt. (…)
Rechtspfleger/in

4. Mehrheit von Verwaltern[363]

In all den Fällen, in denen eine einheitliche Verwalterbestellung **keinen konzernspezi-** **fischen Mehrwert** erwarten lässt oder den Einsatz von Sonderinsolvenzverwaltern in einem Umfang erfordert, der völlig außer Verhältnis zu den Vorteilen eines personenidentischen Insolvenzverwalters steht, ist die **Bestellung mehrerer Insolvenzverwalter** geboten.[364] In § 269a InsO wird die Verpflichtung der Verwalter zur Zusammenarbeit normiert. Obgleich sich bereits nach geltendem Recht unter der Zielsetzung der bestmöglichen Gläubigerbefriedigung **Kooperationspflichten der Insolvenzverwalter aus § 1 S. 1 InsO** ableiten lassen, ist die ausdrückliche gesetzliche Regelung positiv zu bewerten. Im Hinblick auf das Koordinationsverfahren muss sich indes erst zeigen, ob die Idee eines **Verfahrenskoordinators iSd § 269e InsO** in der Praxis tatsächlich funktioniert oder möglicherweise mangels Bindungswirkung des Koordinationsplans bereits an den starken Persönlichkeiten der einzelnen Insolvenzverwalter scheitert.

200c

V. Anordnung der Eigenverwaltung in der Konzerninsolvenz

1. Einleitung

Seit Inkrafttreten des ESUG[365] zum 1. März 2012 hat das Instrument der Eigenverwaltung erheblich an Bedeutung gewonnen[366]; dies auch, weil die Fortführung eines Unternehmens in vorläufiger Eigenverwaltung in § 55 Abs. 4 InsO nach h. M. eine steuerliche Privilegierung erfährt.[367] An dieser Stelle sollen die Besonderheiten der Anordnung der Eigenverwaltung in der Konzerninsolvenz behandelt werden.[368] Zusätzliche Gestaltungsmöglichkeiten bietet hierfür das Gesetz zur Erleichterung der Bewältigung von Konzerninsolvenzen (KIG), welches nach seinem Art. 10 am 21. April 2018 in Kraft getreten ist.[369]

201

---

[363] S. im Einzelnen *Pleister* → § 4 VI Rn. 365 ff.

[364] Vgl. oben → Rn. 187.

[365] Gesetz zur weiteren Erleichterung der Sanierung von Unternehmen v. 7.12.2011, BGBl 2011, Teil 1 Nr. 64, S. 2582; vgl. auch die Gesetzesbegründung, BT-Drs. 17/5712.

[366] Kübler HRI/*Kübler* § 19 Rn. 1; Uhlenbruck/*Zipperer* InsO § 270 Rn. 10; KPB/*Thole* InsO § 270 Rn. 8. Als Beispiele für prominente Großinsolvenzverfahren, die seit Inkrafttreten des ESUG erfolgreich mit dem Instrument der Eigenverwaltung durchgeführt worden sind, sind insbesondere die Verfahren über die **Pfleiderer AG**, die **Centrotherm AG**, die **Solarwatt AG** und die **IVG Immobilien AG** zu nennen, vgl. hierzu auch *Pleister* GWR 2013, 220 ff. In der Insolvenz der **Air Berlin PLC & CO Luftverkehrs KG** sowie ihrer Komplementärin, der **Air Berlin PLC** hat das Amtsgericht Berlin-Charlottenburg mit Beschlüssen vom 15. August 2017 die vorläufige Eigenverwaltung angeordnet, AG Charlottenburg, v. 15.8.2017 – 36a IN 4295/17 betreffend die KG und AG Charlottenburg v. 15.8.2017 – 36a IN 4301/17 betreffend die Komplementärin.

[367] Vgl. u. a. *Hobelsberger* DStR 2013, 2545, 2547 ff. sowie die BMF-Schreiben vom 12.4.2013 – IV D 2 – S 7330/09/10001:001 (2013/336253) und vom 17.1.2012 – IV A 3 – S 0550/10/10020-05 (2012/0042691).

[368] Vgl. zur Durchführung der Eigenverwaltung zur Sanierung eines Konzerns *Pleister* → § 5 Rn. 1 ff; vgl. zur Koordination internationaler Konzerninsolvenzverfahren außerhalb des Geltungsbereichs der EuInsVO durch Eigenverwaltung und Insolvenzpläne, *Gruber* → § 8 Rn. 159.

[369] Gesetz verkündet am 21. April 2017 (BGBl. I S. 866), online abrufbar unter www.bgbl.de; Regierungsentwurf, BT-Drs. 18/407, abrufbar auf *www.bmj.de;* der Gesetzesentwurf ist auch als Beilage 1 zu ZIP 37/2013 abgedruckt; dazu *Pleister/Sturm* ZIP 2017, 2329 ff.; *Wimmer* jurisPRInsR 8/2017, Anm 1; Braun/*Specovius* InsO § 270d InsO n. F. Rn. 1–13; KPB/*Thole* InsO § 269a ff n. F.; *Graf-Schlicker* ZIP 2013,

2. Die Anordnung der Eigenverwaltung als Chance für Konzerne

202 Bei der Eigenverwaltung, die in §§ 270 ff. InsO geregelt ist, handelt es sich um ein besonderes Insolvenzverfahren, bei dem der Schuldner für die Dauer des Insolvenzverfahrens die Verwaltungs- und Verfügungsbefugnis über die Insolvenzmasse behält. Dabei wird er von einem Sachwalter unterstützt und überwacht.[370] Die Eigenverwaltung dient insbesondere dazu, das **Know-how** des **bisherigen Managements** zu nutzen. Neben branchenspezifischen Kenntnissen haben die bisherigen Vorstandsmitglieder bzw Geschäftsführer gegenüber einem (vorläufigen) Insolvenzverwalter einen **Informationsvorsprung** bzgl. innerbetrieblicher und konzerninterner Abläufe, Personalfragen und sonstiger Geschäftspraktiken des Unternehmens.[371] Mit der Eigenverwaltung soll die erforderliche **Einarbeitungszeit** des Insolvenzverwalters vermieden werden. Gleichzeitig soll ein **Anreiz** für den Insolvenzschuldner geschaffen werden, **frühzeitig** einen **Insolvenzantrag** zu **stellen.**[372] Schließlich sollte eine Restrukturierung möglichst geräuscharm ablaufen. Ändern sich die Ansprechpartner aufgrund der Eigenverwaltung für die Stakeholder nicht, kann dies gelingen.[373]

203   Die Eigenverwaltung eignet sich besonders für größere Unternehmens- und Konzerninsolvenzen.[374] Anders als bei Kleininsolvenzen gibt es hier weitaus häufiger Fälle, in denen die Insolvenz durch **äußere Ursachen** entstanden ist und die Gläubiger das Management trotz der Insolvenz für zuverlässig und kompetent genug halten, um den Konzern zu sanieren.[375] Gerade in Konzernen ist es von herausragender Bedeutung, dass die Unternehmensleitung die **hochkomplexen Unternehmenszusammenhänge** verinnerlicht hat. Je größer der Konzern ist, desto aufwendiger und langwieriger ist die Einarbeitungszeit für den Insolvenzverwalter (der Großinsolvenzen de facto ohnehin nur mit einem Expertenteam bewältigen kann).[376] Für das sorgfältig geplante Konzerninsolvenzverfahren ist die Eigenverwaltung ideal, weil das Know-how des bisherigen Managements mit den Fähigkeiten von **Restrukturierungsberatern** und Insolvenzverwaltern kombiniert werden kann.[377] Gerade Konzerne verfügen über die **nötigen Mittel und Strukturen,** um ein

---

1765, 1768, 1769; *Wimmer* juris-PR 20/2013 Anm 1; *Beck* DStR 2013, 2468 ff; *Brünkmans* DB 39/2013, M 1; *Möhlenkamp* BB 41/2013, Die Erste Seite; *Römermann* ZRP 2013, 201 ff; vgl. dazu auch die Stellungnahmen der Sachverständigen ua von *Frind* v. 25.3.2014, abrufbar auf der Seite des Deutschen Bundestages; vgl. zum Diskussionsentwurf *Leutheusser-Schnarrenberger* ZIP 2013, 97 ff; *Andres/Möhlenkamp* BB 2013, 579 ff; *Brünkmans* ZIP 2013, 193 ff; *Brünkmans* Der Konzern 2013, 169 ff; *Commander/Knapp* NZG 2013, 176 ff; *Dellit* Der Konzern 2013, 190 ff; *Eidenmüller/Frobenius* Beilage 3 zu ZIP 22/2013, S. 7 ff; *Fölsing* ZInsO 2013, 413 ff; *Frind* ZInsO 2013, 429 ff; *Göb* NZI 2013, 243 ff; *Graeber* ZInsO 2013, 409 ff; *Graf-Schlicker* AnwBl 2013, 620 f; *Lienau* Der Konzern 2013, 157 ff; *Harder/Lojowsky* NZI 2013, 327 ff; *Pleister* ZIP 2013, 1013 ff; *Thole* Der Konzern 2013, 182 ff; *Vallender* Der Konzern 2013, 162 ff; *Westpfahl* NZI-Beilage 2018, 41 ff.; *Wimmer* DB 2013, 1343, 1346 ff; *Zipperer* ZIP 2013, 1007 ff; vgl. auch die Stellungnahmen ua des VID v. 15.2.2013, abrufbar auf www.vid.de; DAV v. 2/2013, abrufbar auf www.anwaltverein.de; Gravenbrucher Kreis v. 15.2.2013, abrufbar auf www.gravenbrucherkreis.de; NIVD ZInsO 2013, 434 ff; BDI v. 15.2.2013, abrufbar auf www.bdi.eu; Stellungnahme des GDV v. 13.2.2013, abrufbar auf www.gdv.de.

[370] *Frege/Keller/Riedel* Rn. 2018; *Gogger/Gogger* Insolvenzgläubiger-Handbuch § 2 Rn. 599; Gottwald InsO-HdB/*Haas* § 86 Rn. 2; Nerlich/Römermann/*Riggert* InsO § 270 Rn. 1 f.

[371] BT-Drs. 12/2443 S. 223; *Jaffé* ZHR 175 (2011), 38, 47; Gottwald InsO-HdB/*Haas/Kahlert* § 86 Rn. 13; *Doliwa* Die geplante Insolvenz, S. 150 f.

[372] BT-Drs. 12/2443 S. 223; Kübler HRI/*Kübler* § 19 Rn. 2; Gogger/*Gogger* Insolvenzgläubiger-Handbuch § 2 Rn. 599; MAH Insolvenz/*Nerlich* § 24 Rn. 179; *Doliwa* Die geplante Insolvenz S. 151.

[373] *Eidenmüller* ZIP 2010, 649, 651; *Jaffé* ZHR 175 (2011), 38, 44.

[374] Kübler HRI/*Kübler* § 19 Rn. 2; Uhlenbruck/*Zipperer* InsO § 270 Rn. 10.

[375] *Frege/Keller/Riedel* Rn. 2020; HKInsO/*Landfermann* Vor § 270 Rn. 14; vgl. hierzu auch *Buchalik* NZI 2000, 294, 295 f.

[376] *Westpfahl* NZI-Beilage 2018, 41, 42; *Piepenburg* NZI 2004, 231, 232.

[377] *Jaffé* ZHR 175 (2011), 38, 43, 47; *Piepenburg* NZI 2004, 231 ff. Dieses Vorgehen kann auch mit dem „mitgebrachten Sachwalter" im Schutzschirmverfahren (§ 270b InsO) kombiniert werden, siehe *Pleister* → § 4 Rn. 220.

Insolvenzverfahren in Eigenverwaltung mit professioneller Hilfe vorzubereiten und Experten in der Unternehmensleitung einzusetzen.[378] Auch wenn das bisherige Management nicht für die Insolvenz verantwortlich ist, wird zumindest die **Unterstützung** der Unternehmensleitung die **Chancen erhöhen,** dass die Eigenverwaltung angeordnet wird. Positive Erfahrungen konnten zum Beispiel bei den Insolvenzverfahren der Konzerne Babcock Borsig, KirchMedia und SinnLeffers gemacht werden.[379]

3. Erhalt des Konzernverbundes mithilfe der Eigenverwaltung

Bekanntlich hält das deutsche Insolvenzrecht auch nach der Änderung zum 21. April 2018 **204** der Insolvenzordnung durch das KIG am **Rechtsträgerprinzip** fest. Für jede Gesellschaft muss ein eigenständiges Insolvenzverfahren eröffnet werden.[380] Eine materielle oder verfahrensrechtliche Konsolidierung findet im deutschen Konzerninsolvenzrecht nicht statt.[381] Das KIG führt erstmals **Regelungen zur Koordination** der Einzelverfahren ein, und zwar neben § 3a InsO n. F. über den Gruppengerichtsstand der neu eingeführten Unternehmensgruppe (§ 3e InsO n. F.) vor allem durch die Kooperationspflichten (§§ 269a-c InsO n. F.) sowie das Kooperationsverfahren (§§ 269d-i InsO n. F.).[382]

Bei Konzerninsolvenzen besteht die Gefahr, dass die bisherige Konzernstruktur aufgrund **205** der Insolvenz aller oder einzelner Konzerngesellschaften beendet und damit auch das einheitliche Durchregieren im gesamten Konzern zurückgedrängt wird, weil keinerlei Weisungs- und/oder Beherrschungsrechte durch die Konzernspitze mehr bestehen.[383] Beherrschungs- und Gleichordnungsverträge werden mit Insolvenzeröffnung automatisch beendet[384] oder sind zumindest kündbar (§ 297 AktG).[385] Daher stellt die Eigenverwaltung von Konzernen einen wichtigen Baustein dar, um – zusammen mit einem Insolvenzplan – komplexe Konzernstrukturen und Projekte mit mehreren beteiligten (insolventen) Unternehmen zu bewerkstelligen.[386] In einem sanierungsfreundlichen Konzerninsolvenzrecht muss „die wirtschaftliche Einheit des Konzerns"[387] erhalten bleiben.[388] Dazu müssen die

---

[378] *Harder/Lojowsky* NZI 2013, 327, 330.

[379] KPB/*Pape* InsO § 270, Rn. 111 ff.; AG Köln v. 22.8.2005 – 71 IN 426/05 – NZI 2005, 633, 635; mit rechtlichen Bedenken dagegen noch AG Duisburg v. 1.9.2002 – 62 W 167/02 – ZIP 2002, 1636.

[380] KPB/*Thole* InsO § 269d n. F. Rn. 1; Gottwald InsO-HdB/*Haas* § 95 Rn. 2; Uhlenbruck/*Hirte* InsO § 11 Rn. 394; *Ehricke* EWS 2002, 101; *Ehricke,* DZWIR 1999, 353; *Haarmeyer/Wutzke/Förster* InsVerw-HdB § 14 Rn. 56; *Vallender/Deyda* NZI 2009, 825, 826; *Graf-Schlicker* ZInsO 2013, 1765, 1768; FK-InsO/*Jaffé* § 217 Rn. 99; *Andres/Möhlenkamp* BB 2013, 579, 580; *Dellit* Der Konzern 2013, 190, 191.

[381] So ausdrücklich Gesetzentwurf der Bundesregierung, BT-Drucks. 18/407 S. 2. Aus der Literatur Beck/Depré/*Depré/Büteröwe* § 32 Rn. 1; MüKoInsO/*Eidenmüller* Vor §§ 217–269 Rn. 39 ff., 42; Gottwald InsO-HdB/*Haas* § 95 Rn. 2; MüKoInsO/*Brinkmans* Konzerninsolvenzrecht Rn. 17 ff; *Haarmeyer/Wutzke/Förster* InsVerw-HdB § 14 Rn. 57; hierfür aber jüngst wieder *Humbeck* NZI 2013, 957 ff. und *Paulus* ZIP 2005, 1948, 1951, 1953, 1955, der die tatsächlich bereits vorhandene verfahrensrechtliche Konsolidierung beschreibt und auch eine materielle Konsolidierung nicht insgesamt ablehnt.

[382] Siehe ausführlich hierzu *Pleister* § 4 Rn. 365 ff. sowie *Pleister/Sturm* ZIP 2017, 2329 ff.

[383] *Haarmeyer/Wutzke/Förster* InsVerw-HdB § 14 Rn. 57; *Rotstegge* Konzerninsolvenz, S. 92; Uhlenbruck/*Hirte* InsO § 11 Rn. 398; Emmerich/Habersack Aktien-/GmbH-KonzernR/*Emmerich* § 297 Rn. 52 ff.; Kübler/Prütting/*Noack* Gesellschaftsrecht Rn. 725; *Schmollinger* Der Konzern in der Insolvenz S. 205 f.

[384] Zur automatischen Beendigung des Vertrags mit Eröffnung des Insolvenzverfahrens über das Vermögen der Tochtergesellschaft BGH v. 14.12.1987 – II ZR 170/87 – ZIP 1988, 229, dazu EWiR 1988, 1149 (*Koch*); OLG Frankfurt/M. v. 11.11.2003 – 11 U 40/03 – ZIP 2004, 777, 778 dazu EWiR 2004, 679 (*Ferslev*); MüKoAktG/*Altmeppen* § 297 Rn. 121; Gottwald InsO-HdB/*Specovius/Kuske* § 95 Rn. 10; Emmerich/Habersack Aktien-/GmbH-KonzernR/*Emmerich* § 297 AktG Rn. 52a; Kübler/*Pleister/Theusinger* HRI § 50 Rn. 20.

[385] Uhlenbruck/*Hirte* InsO § 11 Rn. 398 mwN; *Zeidler* NZG 1999, 692, 696; ausführlich hierzu → *Pleister/Theusinger* § 4 Rn. 466 ff.

[386] KPB/*Pape* InsO § 270 Rn. 20 ff.; § 86 Rn. 15; *Körner* NZI 2007, 270, 273; *Haarmeyer/Wutzke/Förster* InsVerw-HdB § 14 Rn. 60; *Rotstegge* Konzerninsolvenz S. 93.

[387] BT-Drs. 18/407 S. 15.

[388] *Harder/Lojowsky* NZI 2013, 327, 331; *Rotstegge* Konzerninsolvenz S. 93; vgl. hierzu schon *Uhlenbruck* NZI 1999, 41.

Leitungsmacht und die damit verbundenen Eingriffsmöglichkeiten in die Geschäftsführung der Konzerntochterunternehmen zumindest faktisch fortbestehen.[389] Mithilfe der Eigenverwaltung ist das bei Wahrung der Zwecke des § 1 S. 1 InsO möglich. Die faktische Beherrschungsmöglichkeit wird zwar durch § 1 S. 1 InsO verändert, der fortan den Pflichtenkreis von Geschäftsführung und Gesellschaft bestimmt.[390] Gleichwohl kann gewährleistet werden, dass das operative Geschäft der Konzerngesellschaften fortgeführt wird, um weitere Verluste zu verhindern.[391] Zudem können nun umfangreichere Sanierungspläne für den Konzern durchgeführt werden. Insbesondere kann es erforderlich sein, abgestimmte Insolvenzpläne in den Tochterunternehmen zu entwickeln.[392] So können beispielsweise Umstrukturierungsmaßnahmen nicht nur im von der Insolvenz betroffenen Unternehmen, sondern auch in den abhängigen Tochterunternehmen aufgrund der Kenntnisse des Managements und der ggf bestehenden Personenidentität leichter umgesetzt werden. Dazu ist erforderlich, dass einzelne insolvente Konzerngesellschaften nicht aus der Eigenverwaltung ausscheren, weil das den gesamten Sanierungsprozess gefährden kann.[393]

4. Besonderheiten bei der Anordnung der Eigenverwaltung im Konzern, § 270 InsO

206 Die §§ 270 ff InsO sind durch das ESUG reformiert worden. Ziel der Reform war es, das Eigenverwaltungsverfahren sanierungsfreundlicher auszugestalten und „Hindernisse auf dem Weg zur Eigenverwaltung"[394] zu beseitigen.[395] Hier sollen die Besonderheiten der Anordnung der Eigenverwaltung im Konzern dargestellt werden.

a) Besonderheiten bei der Antragstellung

207 Die Voraussetzungen der Anordnung der Eigenverwaltung sind in § 270 Abs. 2 InsO geregelt. Danach muss die Eigenverwaltung zunächst **vom Schuldner beantragt** worden sein, § 270 Abs. 2 Nr. 1 InsO. Ferner dürfen keine Umstände bekannt sein, die erwarten lassen, dass die Anordnung der Eigenverwaltung zu Nachteilen für die Gläubiger führen wird, § 270 Abs. 2 Nr. 2 InsO. Bei Konzerninsolvenzen ergeben sich dabei Besonderheiten.

aa) Antrag des Schuldners, § 270 Abs. 2 Nr. 1 InsO

208 Die Antragstellung sollte **mit** dem **Eigeninsolvenzantrag verbunden** werden.[396] Zwar ist eine spätere Antragstellung – insbesondere bei einem Gläubigerantrag – möglich.[397]

---

[389] *Harder/Lojowsky* NZI 2013, 327, 331.

[390] Vgl. Kübler/*Pleister/Theusinger* HRI § 50 Rn. 20.

[391] ZB der Kraftwerkbau in der Türkei durch den Babcock Borsig Konzern auch während des Eröffnungsverfahrens, vgl. hierzu *Piepenburg* NZI 2004, 231, 235; FKInsO/*Jaffé* § 217 Rn. 101 ff., 108. Auch zur Sanierung des Centrotherm-Konzerns wurde für das Mutterunternehmen, die **centrotherm photovoltaics AG**, sowie für die beiden Tochterunternehmen **centrotherm thermal solutions GmbH & Co KG** und **centrotherm SiTec GmbH** die Eigenverwaltung (schon im Schutzschirmverfahren) angeordnet. Dadurch konnte der Geschäftsbetrieb während des gesamten Verfahrens in vollem Umfang konzernweit fortgeführt werden.

[392] Besonders interessant ist in diesem Zusammenhang die Möglichkeit, den Antrag auf Eigenverwaltung um einen Antrag nach § 270b InsO auf ein Schutzschirmverfahren zu ergänzen, vgl. Kübler/*Pleister/Theusinger* HRI § 50 Rn. 20, 38.

[393] *Harder/Lojowsky* NZI 2013, 327, 331.

[394] BT-Drs. 17/5712 S. 27.

[395] BT-Drs. 17/5712 S. 27 f; Nerlich/Römermann/*Riggert* InsO § 270 Rn. 1; kritisch zu den Neuregelungen des ESUG betreffend die Eigenverwaltung *Frind* ZInsO 2010, 1524 ff.; *Brinkmann/Zipperer* ZIP 2011, 1337 ff.

[396] MüKoInsO/*Tetzlaff* § 270 Rn. 34.

[397] Nerlich/Römermann/*Riggert* InsO § 270 Rn. 18, 19.

Allerdings wird ein Antrag auf Anordnung der Eigenverwaltung (und das sich anschließende Eigenverwaltungsverfahren) in aller Regel nur erfolgversprechend sein, wenn die Eigenverwaltung **sorgfältig vorbereitet** worden ist. Gerade bei komplexen Großinsolvenzverfahren besteht nur eine Chance, die Insolvenz zu bewältigen, wenn zumindest die Grundzüge der Sanierung in Eigenverwaltung gründlich geplant worden sind.[398] Der Insolvenzantrag des Schuldners ist seine Visitenkarte. Schon mit der Antragstellung sollte der Schuldner das Gericht davon überzeugen, dass er das Insolvenzverfahren zu einem erfolgreichen Abschluss bringen kann.[399] Der Antrag kann jedoch nur dann abgelehnt werden, wenn tatsächlich konkrete Umstände bekannt sind, die erwarten lassen, dass die Anordnung zu Nachteilen für die Gläubiger führen wird. Unklarheiten über mögliche Nachteile für die Gläubiger gehen damit − anders als nach der Rechtslage vor der ESUG-Reform − nicht zu Lasten des Schuldners.[400] Dadurch werden die Aussichten des Schuldners auf Eigenverwaltung spürbar erhöht.[401]

bb) Insolvenz- und Eigenverwaltungsantrag nur für Konzernmutter

Bei Konzerninsolvenzen besteht die Möglichkeit, nur für die **Konzernmutter** einen **Insolvenzantrag** zu stellen und diese im Wege der Eigenverwaltung zu sanieren, ohne dass die operativen Geschäfte der Tochterunternehmen verfahrensrechtlich beeinträchtigt werden.[402] Konsequenterweise wird nur für die Konzernmutter ein Sachwalter bestellt. Dadurch lassen sich Interessenkonflikte vermeiden. Für ein solches Vorgehen muss sichergestellt werden, dass die Tochterunternehmen − bedingt durch die Insolvenz der Konzernmutter − nicht materiell insolvent sind, weil sonst eine mit Strafe bedrohte Insolvenzantragspflicht (§ 15a InsO) besteht. Insofern ist für den Fall der Konzerninsolvenz die eingeschränkte Anordnungskompetenz für Sicherungsmaßnahmen relevant. So kann das operative Geschäft des Unternehmens weitergeführt werden, andere Unternehmen des Konzernverbundes werden zunächst nicht negativ beeinflusst.[403]

cc) Einheitliche Eigenverwaltung in allen insolventen Konzerngesellschaften

Wenn mehrere Konzerngesellschaften materiell insolvent sind, ist oftmals die Anordnung der Eigenverwaltung in allen insolventen Konzerngesellschaften mit einem identischen Sachwalter erwünscht. Die Begründung der Bundesregierung zum Gesetzesentwurf KIG sieht diese Möglichkeit des einheitlichen Sachwalters ausdrücklich vor.[404] Die faktische Leitungsmacht liegt dann in den Händen der im Mutter-Insolvenzverfahren eingesetzten Eigenverwalter.[405]

(1) Zuständigkeit desselben Richters gem §§ 3a ff InsO n. F. In Zukunft wird die einheitliche oder zumindest koordinierte Anordnung der Eigenverwaltung in Konzernen bzw Unternehmensgruppen (§ 3e InsO n. F.) erleichtert. Dazu bietet § 3a InsO n. F. die Möglichkeit, einen sog **Gruppen-Gerichtsstand** für alle gruppenangehörigen Schuldner

209

210

211

---

[398] *Bales* NZI 2008, 216, 221; *Buchalik* NZI 2000, 294, 295; *Maus* DStR 2002, 1104, 1108; MüKoInsO/ *Wittig/Tetzlaff*, 2. Auflage, § 270 Rn. 47: Es kann „als positives Beweisanzeichen angesehen werden, wenn der Schuldner ernsthaft die Sanierung seines Unternehmens im Insolvenzverfahren in Angriff nehmen will und dies durch einen Insolvenzantrag wegen drohender Zahlungsunfähigkeit (…) und/oder Vorlage eines Insolvenzplans dokumentiert."

[399] *Buchalik* NZI 2000, 294, 296; vgl. zu Indizien, die gegen eine Anordnung der Eigenverwaltung sprechen, MüKoInsO/ *Tetzlaff* § 270 Rn. 53 ff.

[400] BT-Drs. 17/5712, S. 38; Braun/*Riggert* InsO § 270 Rn. 6; MüKoInsO/ *Tetzlaff* § 270 Rn. 92.

[401] BT-Drs. 17/5712 S. 38.

[402] So geschehen bei der **IVG Immobilien AG,** vgl. die Pressemitteilung des Unternehmens vom 20.8.2013, abrufbar auf www.ivg.de.

[403] Kübler/ *Pleister/Theusinger* HRI § 50 Rn. 23.

[404] BT-Drs. 18/407 S. 42.

[405] MüKoInsO/ *Tetzlaff* Vor §§ 270 bis 285 Rn. 38. Sinnvoll ist es auch hier, den Sachwalter im Schutzschirmverfahren (§ 270b InsO) direkt „mitzubringen", vgl. Kübler/ *Pleister/Theusinger* HRI § 50 Rn. 31.

zu begründen.[406] Der Gruppen-Gerichtsstand kann bei dem Gericht begründet werden, bei dem zuerst ein zulässiger Antrag eines Schuldners der Unternehmensgruppe gestellt wird, der für die gesamte Unternehmensgruppe nicht offensichtlich von untergeordneter Bedeutung ist (§ 3a Abs. 1 S. 1 InsO-E).[407] Werden einzelne sog Gruppen-Folgeverfahren an mehreren Insolvenzgerichten geführt, soll über § 3d InsO n. F. eine **Verweisungs-möglichkeit** an das Gericht des Gruppen-Gerichtsstandes bestehen, mithin ist das zuerst angerufene Gericht für sämtliche anhängigen Insolvenzverfahren über das Vermögen anderer gruppenangehöriger Schuldner zuständig.

Anstelle des (vorläufigen) Insolvenzverwalters stehen in der Eigenverwaltung nach § 270d S. 2 InsO dem Schuldner die Antragsrechte nach §§ 3a Abs. 3 und 3d Abs. 2 InsO n. F. zu. Er kann also die Begründung eines Gruppen-Gerichtsstands und die Verweisung an einen Gruppen-Gerichtsstand beantragen.[408]

Im Zusammenhang mit der Verweisungsmöglichkeit steht die Regelung des § 3d Abs. 3 InsO n. F., wonach das Gericht des Gruppen-Gerichtsstands den Verwalter des Erstverfahrens entlassen kann.[409] Für alle Verfahren soll dort gem § 3c Abs. 1 InsO n. F. der Richter des Verfahrens zuständig sein, in dem der Gruppen-Gerichtsstand begründet wurde.[410] Die **Konzentration** der Verfahren bei **einem Richter** ist eine logische Konsequenz aus der Begründung eines Gruppen-Gerichtsstandes.[411] Bei der Anordnung der Eigenverwaltung muss daher nur ein Richter bewerten, ob Nachteile für die Gläubiger zu erwarten sind. Weil alle Verfahren bei einem Richter zusammenlaufen, kann dieser verfahrensübergreifend rasch beurteilen, ob die Eigenverwaltung anzuordnen ist.

212   Gem. § 2 Abs. 3 InsO n. F. soll je Bezirk eines Oberlandesgerichts ein Insolvenzgericht bestimmt werden, an dem ein Gruppen-Gerichtsstand nach § 3a InsO n. F. begründet werden kann.[412] Die Regelung ermöglicht es, ein Insolvenzgericht für alle konzernspezifischen Verfahren im gesamten Bundesland für zuständig zu erklären.[413] Die Vorschrift ist mit Blick auf die Eigenverwaltung und Konzernsanierung zu begrüßen, weil sie eine professionelle und zügige Behandlung dieser hochkomplexen Insolvenzverfahren durch spezialisierte Richter erwarten lässt.[414]

213   **(2) Folgeprobleme:** Interessenkonflikte zwischen den Konzerngesellschaften. Die Einsetzung desselben Sachwalters kann im Konzern zu **Interessenkonflikten** zwischen den einzelnen Gläubigergruppen führen. Im Regelinsolvenzverfahren lassen sich solche Probleme oft dadurch lösen, dass neben dem personenidentischen Insolvenzverwalter ein bzw. mehrere Sonderinsolvenzverwalter – am besten von Anfang an – eingesetzt werden, um auf Interessenkonflikte möglichst rasch und ohne nennenswerte Zeitverluste reagieren zu können.[415] In der Eigenverwaltung stellt sich daher die Frage, ob ein sog **Sondersach-**

---

[406] BT-Drs. 18/407 S. 19 f; *Pleister/Sturm* ZIP 2017, 2329, 2330; *Wimmer* jurisPRInsR 8/2017, Anm. 1, sub. II. 3.; *Graf-Schlicker* AnwBl 2013, 620; vgl. mit dieser Forderung *Eidenmüller* ZHR 169 (2005), 528, 537 ff.

[407] Sog. Prioritätsprinzip, vgl. BT-Drs. 18/407 S. 19, 27; *Graf-Schlicker* AnwBl 2013, 620; *Lienau* Der Konzern 2013, 157, 160 mwN; zustimmend *Brünkmans* ZIP 2013, 193, 197; *Fölsing* ZInsO 2013, 413, 415; Stellungnahme der NIVD ZInsO 2013, 434, 435; *Vallender* Der Konzern 2013, 162, 164; ablehnend und für einen ausschließlichen Gerichtsstand am Sitz der Konzernmutter *Andres/Möhlenkamp* BB 2013, 579, 585.

[408] So auch Begründung der Bundesregierung zum Gesetzentwurf, BT-Drucks. 18/407 S. 41 f. sowie *Braun/Specovius* InsO § 270d Rn. 3.

[409] *Wimmer* jurisPRInsR 8/2017, Anm. 1, sub. II. 3.

[410] BT-Drs. 18/407 S. 28; *Fölsing* ZInsO 2013, 413, 416; Stellungnahme Nr. 4/2013 der BRAK S. 4.

[411] BT-Drs. 18/407 S. 28; vgl. hierzu auch Kübler/*Pleister/Theusinger* HRI § 50 Rn. 10.

[412] BT-Drs. 18/407 S. 25 f; *Pleister/Sturm* ZIP 2017, 2329, 2335; *Brünkmans* DB 39/2013, M 1; *Möhlenkamp* BB 41/2013, Die Erste Seite; *Vallender* Der Konzern 2013, 162, 167; *Harder* NJW-Spezial 2017, 469, 470.

[413] BT-Drs. 18/407 S. 26.

[414] Vgl. *Pleister/Sturm* ZIP 2017, 2329, 2335; auch *Commandeur/Knapp* NZG 2013, 176, 177; *Verhoeven* ZInsO 2014, 217, 219; kritisch *Frind* ZInsO 2014, 927, 931.

[415] Kübler/*Pleister/Theusinger* HRI § 50 Rn. 33; MüKoInsO/*Graeber* § 56 Rn. 49 f; Leonhardt/Smid/Zeuner/*Rechel* InsO § 56 Rn. 49 ff.; *Graeber* NZI 2007, 265, 269; *Fölsing* ZInsO 2013, 413; vgl. hierzu auch *Schneider/Höpfner* BB 2012, 87, 89; kritisch *Frind* ZInsO 2014, 927, 936.

walter eingesetzt werden kann. Das AG Duisburg hat im Fall des Babcock Borsig Konzerns einen „ständigen Sondersachwalter mit dem Aufgabenkreis bestellt, das Sachwalteramt bei der Vornahme von Rechtsgeschäften des Sachwalters (…) mit sich selbst als Sachwalter oder Insolvenzverwalter eines anderen Schuldners auszuüben."[416] Gerade bei Konzerninsolvenzen, bei denen die Geschäftsführung nicht von § 181 BGB befreit ist, ist per se zu erwarten, dass der Sachwalter ohne einen solchen Sondersachwalter sein Amt nicht ausüben könnte.[417] Daher sollte eine entsprechende Anordnung erfolgen.[418]

Kooperationspflichten zwischen Schuldnern, Sachwaltern und Organen? Hinsichtlich der (vorläufigen) Eigenverwaltung sieht § 270d Abs. 1 InsO n. F. eine Kooperationspflicht der Schuldner anstelle der Kooperationspflicht der Insolvenzverwalter vor. Nicht geregelt ist dagegen, ob auch die (vorläufigen) Sachwalter und die Organe der eigenverwalteten Gesellschaften eines Konzerns eine Kooperationspflicht trifft.[419] Ebenso fehlen Regelungen hinsichtlich der Kooperationspflicht des eigenverwaltenden Schuldners oder des Sachwalters mit dem Verfahrenskoordinator nach § 269f Abs. 2 InsO n. F.

Bis zu einer gesetzlichen Klarstellung müssen die obigen Fragen durch Auslegung des Gesetzes gelöst werden. Besonders bedeutend ist dabei die Kooperationspflicht zwischen den Organen und zwischen den Sachwaltern eigenverwalteter Gesellschaften eines Konzerns. Das Schrifttum ist insoweit uneinheitlich.[420] Überzeugender scheint die Annahme unmittelbarer Kooperationspflichten. Für die Organe muss die Kooperationspflicht schon deshalb gelten, weil § 276a InsO die Konzernleitungsmacht der Eigentümer des Unternehmens über gesellschaftsrechtliche Bindungen aufgehoben hat, sodass eine Koordination durch die Eigentümer im eröffneten Verfahren ausscheidet.[421] Für die Sachwalter ist die Begründung schwieriger. Denn der Gesetzgeber hat die Kompetenzen zwischen Schuldner und Sachwalter aufgeteilt.[422] Das bedeutet aber nicht, dass § 270d InsO abschließend ist. Denn es handelt sich nicht um eine Kompetenzregelung. Vielmehr muss die gläubigerschützende Verfahrensüberwachung auch der Kooperation unterliegen, besonders weil es auch zwischen den Konzerngesellschaften ggf. zu klärende, dem Sachwalter obliegende Anfechtungsfragen gibt. Entsprechendes gilt hinsichtlich der Forderungsanmeldung (§ 270c S. 2 InsO). Diese Lücke dürfte in der Konzerninsolvenz in Eigenverwaltung umso mehr für die Bestellung des gleichen Sachwalters nach §§ 274 Abs. 1, 56b Abs. 1 InsO n. F. für alle konzernangehörigen Schuldner sprechen.[423] Für die Frage der Kooperationspflicht eines eigenverwalteten Schuldners mit dem Verfahrenskoordinator sollte § 269f Abs. 2 InsO n. F. entsprechend angewandt werden,[424] da von einer planwidrigen Regelungslücke auszugehen ist.[425]

---

[416] AG Duisburg v. 1.9.2002 – 62 IN 167/02 – NZI 2002, 556, 560; dazu *Westpfahl* Beilage NZI 2018, 41, 43.

[417] AG Duisburg v. 1.9.2002 – 62 IN 167/02 – NZI 2002, 556, 560.

[418] Zur Möglichkeit der Bestellung eines Sondersachwalters FKInsO/*Foltis* § 274 Rn. 11; HKInsO/*Landfermann* § 274 Rn. 5; Uhlenbruck/*Zipperer* InsO § 274 Rn. 2; zur Bestellung eines Sondersachwalters, um Schadensersatzansprüche gegen den (inzwischen entlassenen) Sachwalter geltend zu machen, Uhlenbruck/*Zipperer* InsO § 280 Rn. 3 mwN.

[419] Kritisch dazu schon VID, Stellungnahme zum Gesetzesentwurf KIG vom 28.3.2014, S. 1, 5 und 7 sowie *Harder/Lojowsky* NZI 2013, 327, 331 f.

[420] Für Kooperationspflichten von Sachwaltern und Organen einzelner Konzerngesellschaften *Brünkmans*, ZIP 2013, 193, 199 f.; nur für die Sachwalter von Konzerngesellschaften KPB/*Thole* InsO § 269a Rn. 16; aA für die Sachwalter dagegen *Stahlschmidt/Bartelheimer*, ZInsO 2017, 1010, 1015. KPB/*Thole* InsO § 269a, Rn. 14 und Braun/*Specovius* InsO § 270d Rn. 8 gehen von einer nur mittelbaren Pflichtenbindung der Organe über die Legalitätspflicht im Innenverhältnis aus.

[421] So auch *Brünkmans* ZIP 2013, 193, 199 f.

[422] MüKoInsO/*Tetzlaff/Kern* § 274, Rn. 42.

[423] Vgl. dazu Flöther/*Pleister* Handbuch zum Konzerninsolvenzrecht, 2015, § 5 Rn. 25; Braun/*Specovius* InsO § 270d, Rn. 12; *Westpfahl,* Beilage NZI 2018, 41, 42 f.; *Harder/Lojowsky* NZI 2013, 327, 331; *Stahlschmidt/Bartelheimer* ZInsO 2017, 1010, 1014 f. sowie Begründung der Bundesregierung zum Gesetzesentwurf, BT-Drucks. 18/407 S. 42.

[424] Insoweit auch Braun/*Specovius* InsO § 270d Rn. 3 und KPB/*Thole* InsO § 269a, Rn. 16, der aber eine Kooperationspflicht von Sachwalter und Verfahrenskoordinator ablehnt; dazu auch *Westpfahl* Beilage NZI 2018, 41, 43 f.

[425] *Pleister/Sturm* ZIP 2017, 2329, 2335 f.

b) Keine Nachteile für die Gläubiger, § 270 Abs. 2 Nr. 2 InsO

214 Die Eigenverwaltung darf durch das Insolvenzgericht nur angeordnet werden, wenn im konkreten Fall hieraus keine Umstände bekannt sind, welche Nachteile für die Gläubiger erwarten lassen, § 270 Abs. 2 Nr. 2 InsO. Im Gegensatz zur alten Fassung des § 270 InsO hat der Richter damit keine positive Prognoseentscheidung mehr zu treffen. Es reicht vielmehr aus, dass der Richter **keine Kenntnis von negativen Umständen** hat, die gegen die Anordnung der Eigenverwaltung sprechen.[426] Eine Nachforschungspflicht besteht indes nicht.[427] Im Konzernzusammenhang ist insbesondere von Bedeutung, dass die Besetzung von Führungspositionen durch Sanierungs- und Insolvenzrechtsexperten kein Nachteil im Sinne von § 270 Abs. 2 Nr. 2 InsO ist, weil dem Schuldner hierdurch gerade zusätzliche Expertise vermittelt wird.[428] Umgekehrt bedeutet es einen offenkundigen Vorteil, wenn der Vorstand bzw die Geschäftsführung mit Personen besetzt ist, die Experten bei der Bewältigung von (Konzern–)Insolvenzen sind.[429]

c) Stellungnahme des vorläufigen Gläubigerausschusses, § 270 Abs. 3 InsO

215 Schließlich hat das Insolvenzgericht dem vorläufigen Gläubigerausschuss die Gelegenheit zur Stellungnahme zu geben, bevor es eine Entscheidung über den Antrag auf Anordnung der Eigenverwaltung trifft, § 270 Abs. 3 InsO. Natürlich gilt § 270 Abs. 3 InsO nur, wenn ein vorläufiger Gläubigerausschuss auch eingesetzt ist. Bei Konzernsachverhalten hat das Insolvenzgericht einen solchen vorläufigen Gläubigerausschuss oft deshalb zwingend eingesetzt, weil zwei der drei Größenmerkmale von § 22a Abs. 1 InsO vorliegen werden.[430]

216 Das Gericht soll auf Antrag des Schuldners, des vorläufigen Insolvenzverwalters oder eines Gläubigers einen vorläufigen Gläubigerausschuss nach § 21 Abs. 2 Nr. 1a InsO einsetzen, wenn Personen benannt werden, die als Mitglieder des vorläufigen Gläubigerausschusses in Betracht kommen und dem Antrag Einverständniserklärungen der benannten Personen beigefügt werden (§ 22a Abs. 2 InsO). Die Vorschrift stellt eine Chance für den Schuldner dar, sich frühzeitig um geeignete Mitglieder zu bemühen, die gewillt sind, das Sanierungskonzept und die geplante Eigenverwaltung zu unterstützen (sog „mitgebrachter vorläufiger Gläubigerausschuss").[431] Denn nach § 270 Abs. 3 S. 2 InsO ist ein **einstimmiger Beschluss** der anwesenden Mitglieder (§ 72 InsO) des vorläufigen **Gläubigerausschusses,** dass keine Gläubigerbenachteiligung vorliegt, für das Insolvenzgericht bindend.[432] Im umgekehrten Fall, dass der vorläufige Gläubigerausschuss einstimmig beschließt, dass die Anordnung einer Eigenverwaltung nachteilig für die Gläubiger wäre, ist das Gericht hieran zwar nicht gebunden, hat die maßgeblichen Gründe des Beschlusses aber zu berücksichtigen.[433] Bezüglich der Auswahl der Mitglieder des vorläufigen Gläubigerausschusses kommt dem Insolvenzgericht nur eine Rechtsaufsicht zu.[434] Insofern kann das Gericht die Zusammensetzung des vorläufigen Gläubigerausschusses insbesondere nicht deshalb rügen, weil der Schuldner Gläubiger benennt, die ein bestimmtes Sanierungskon-

---

[426] Nerlich/Römermann/*Riggert* InsO § 270 Rn. 20; MAH Insolvenz/*Nerlich* § 24 Rn. 179.
[427] Braun/*Riggert* InsO § 270 Rn. 6.
[428] Nerlich/Römermann/*Riggert* InsO § 270 Rn. 21; *Uhlenbruck* NJW 2002, 3219, 3220; mit rechtlichen Bedenken dagegen noch AG Duisburg v. 1.9.2002 – 62 W 167/02 – ZIP 2002, 1636; *Westpfahl* Beilage NZI 2018, 41, 42.
[429] Nerlich/Römermann/*Riggert* InsO § 270 Rn. 21.
[430] MüKoInsO/*Haarmeyer* § 22a Rn. 77.
[431] MüKoInsO/*Haarmeyer* § 22a Rn. 42.
[432] Braun/*Riggert* InsO § 270 Rn. 10.
[433] Nicht bindend sind insofern auch Mehrheitsbeschlüsse des vorläufigen Gläubigerausschusses, vgl. Braun/*Riggert* InsO § 270 Rn. 10.
[434] Vgl. hierzu ausführlich MüKoInsO/*Haarmeyer* § 22a Rn. 41 ff, 47 ff; Nerlich/Römermann/*Mönning* InsO § 22a Rn. 26; *Smid* ZInsO 2013, 209, 211 ff; aA aber *Frind* ZInsO 2012, 2028, 2031.

zept unterstützen, wenn der Grundsatz der Gläubigergleichbehandlung oder Mitwirkungsrechte anderer Gläubiger(-gruppen) nicht beeinträchtigt werden.[435]

5. Vorläufige Eigenverwaltung und Schutzschirmverfahren

Neben der Novellierung von § 270 InsO wurden in diesem Zusammenhang auch die **217** §§ 270a, 270b und 270c InsO in die Insolvenzordnung eingefügt.[436] Die Anordnung der beiden Verfahren nach §§ 270a und 270b InsO soll hier der Vollständigkeit halber kurz dargestellt werden.

a) Anordnung der vorläufigen Eigenverwaltung gem § 270a InsO

Die entscheidenden Weichen für die Anordnung der Eigenverwaltung im Insolvenzver- **218** fahren werden in der Regel im Eröffnungsverfahren gestellt.[437] Auf die vorläufige Eigenverwaltung mit vorläufigem Sachwalter folgt oftmals die Anordnung der Eigenverwaltung mit Sachwalter.[438] Aufgrund dieser Erkenntnis sind die Erfolgsaussichten der Anordnung der Eigenverwaltung schon maßgeblich von der Entwicklung des Insolvenzverfahrens nach Antragstellung geprägt. Wie mehrfach betont worden ist, sollte der Insolvenzschuldner daher die Möglichkeit nutzen, die Weichen für eine Eigenverwaltung zu stellen, wozu sich insbesondere das Verfahren nach § 270a InsO anbietet.

Ganz entscheidend für das Verfahren nach § 270a Abs. 1 InsO ist dabei, dass das **219** Insolvenzgericht einen vorläufigen Sachwalter nur bestellen darf, wenn der Antrag des Schuldners nicht offensichtlich aussichtslos ist. Dabei ist das Gericht bei seiner Prognoseentscheidung auf eine Evidenzkontrolle beschränkt, was die Anordnung der Eigenverwaltung im Eröffnungsverfahren wesentlich erleichtert.[439]

b) Anordnung des Schutzschirmverfahrens gem § 270b InsO

Das Schutzschirmverfahren gem § 270b InsO ist eine besonders sanierungsorientierte **220** Variante des vorläufigen Eigenverwaltungsverfahrens, das in Konkurrenz zur vorläufigen Eigenverwaltung gem § 270a InsO steht.[440] Die wesentlichen beiden Unterschiede zwischen § 270a InsO und dem Schutzschirmverfahren gem § 270b InsO bestehen darin, dass der Schuldner den vorläufigen Sachwalter im Schutzschirmverfahren „mitbringen" und Masseverbindlichkeiten begründen kann (§ 270b Abs. 3 InsO).[441] Dadurch enthält das Schutzschirmverfahren für die Sanierungspraxis von Unternehmensgruppen wertvolle Aspekte. Berater und Insolvenzverwalter können sich schon während der Krise mit konzerninternen Strukturen vertraut machen und dadurch Einarbeitungszeit sparen. Zudem belässt das Schutzschirmverfahren die Verwaltungs- und Verfügungsbefugnis beim Unternehmen, sodass die operativen Geschäfte der Konzerngesellschaften weitergeführt werden können.

Gerade durch die Neuregelungen für Konzernunternehmen könnte das Schutzschirm- **221** verfahren noch attraktiver werden, weil durch die Zuständigkeitskonzentration bei einem Insolvenzrichter die Wahrscheinlichkeit steigt, dass der Schutzschirm über allen Konzerngesellschaften aufgespannt wird. Nach dem Inkrafttreten des ESUG wurde die Befürchtung geäußert, dass das Schutzschirmverfahren bei Konzerninsolvenzen dazu führen könnte, dass sich einzelne Verfahren ganz unterschiedlich entwickeln, weil nur einzelne Gerichte für

---

[435] MüKoInsO/*Haarmeyer* § 22a Rn. 42.
[436] Nerlich/Römermann/*Riggert* InsO § 270 Rn. 1.
[437] Braun/*Riggert* InsO § 270 Rn. 14; Nerlich/Römermann/*Riggert* InsO § 270 Rn. 1.
[438] Braun/*Riggert* InsO § 270 Rn. 14.
[439] Braun/*Riggert* InsO § 270a Rn. 2.
[440] Nerlich/Römermann/*Riggert* InsO § 270a Rn. 1; MAH Insolvenz/*Nerlich* § 24 Rn. 182 ff.
[441] Nerlich/Römermann/*Riggert* InsO § 270a Rn. 1; vgl. auch BT-Drs. 17/5712 S. 60; MAH Insolvenz/ *Nerlich* § 24 Rn. 184.

Gesellschaften desselben Konzerns ein Schutzschirmverfahren anordnen.[442] Dieser Befürchtung kann mit der Zuständigkeitskonzentration sowie mit den Kooperationspflichten und dem Koordinationsverfahren des neuen Konzerninsolvenzrechts sinnvoll begegnet werden.

VI. Koordination verschiedener Insolvenzverfahren über Gesellschaften eines Konzerns

1. Einleitung

a) Vielfalt und Einheit im Konzernunternehmen

222 Der hierarchisch aufgebaute Unterordnungskonzern ist als Organisationsform gekennzeichnet durch eine Mehrzahl verbundener Konzerngesellschaften, die in einem **Abhängigkeitsverhältnis** zueinander stehen und infolge der **einheitlichen Leitung** durch die Konzernobergesellschaft ein Gesamtunternehmen bilden (vgl §§ 15 ff AktG, insbesondere § 18 Abs. 1 S. 1 AktG). Beim Gleichordnungskonzern fehlt es zwar an dem Abhängigkeitsverhältnis, nicht aber an der einheitlichen Leitung (§ 18 Abs. 2 AktG), weshalb die auch dort vorliegende Interessengleichrichtung zur **Bildung eines Gesamtunternehmens** bei rechtlicher Selbständigkeit der beteiligten Konzerngesellschaften führt. Der Konzern stellt aufgrund der einheitlichen Leitung lediglich in wirtschaftlicher Hinsicht eine Unternehmenseinheit dar.[443] Rechtlich verbleibt es bei der an sich eigenständigen Verfassung[444] der verbundenen Rechtsträger, die lediglich infolge der einheitlichen Leitung auf das **Konzerninteresse** ausgerichtet werden können. Dies wird im Rahmen von § 3e Abs. 1 InsO anerkannt. Das Gesetz legt für die Anwendbarkeit konzerninsolvenzrechtlicher Vorschriften den Begriff der **Unternehmensgruppe** zugrunde, die durch die **Möglichkeit** der Ausübung **beherrschenden Einflusses** oder − alternativ − durch die Zusammenfassung der Gruppenmitglieder unter **einheitlicher Leitung** gekennzeichnet ist.[445] Der Begriff der Unternehmensgruppe ist weiter gefasst als der Konzernbegriff. Er bezieht sich gem § 3e Abs. 2 InsO auch auf Organisationsgebilde wie die GmbH & Co. KG.[446]

223   Konzern und Unternehmensgruppe sind keine eigenständigen Rechtssubjekte und als solche in insolvenzrechtlicher Hinsicht nicht selbst Adressaten von Rechten und Pflichten.[447] Sie sind als solche **nicht prozessfähig** und **nicht insolvenzfähig** im Sinne von § 11 Abs. 1 und Abs. 2 InsO, da sie als rechtsträgerübergreifende Organisationsformen weder selbst natürliche oder juristische Personen sind und kein konsolidiertes Konzernvermögen bilden, welches Gegenstand eines Insolvenzverfahrens sein könnte (der Begriff der Insolvenzmasse in § 35 Abs. 1 InsO bezieht sich auch nach der Reform des Konzerninsolvenzrechts durch das Gesetz zur Erleichterung der Bewältigung von Konzerninsolvenzen[448] jeweils auf das Vermögen eines konzernverbundenen Rechtsträgers, über dessen Vermögen das Verfahren eröffnet werden kann).

---

[442] Vgl. in diesem Sinne *Schneider/Höpfner* BB 2012, 87, 89.

[443] § 3e InsO (Unternehmensgruppe) zeigt, dass der Gesetzgeber das Bedürfnis für ein Konzerninsolvenzrecht in der InsO aufgrund der Unternehmenseinheit sieht, denn die tatsächliche Ausübung von Leitungsmacht ist nicht Tatbestandsmerkmal der neuen gesetzlichen Vorschriften.

[444] Zur teilweisen Veränderung der Verfassungen der beteiligten Konzerngesellschaften durch die Konzernintegration siehe nur *Hommelhoff* Konzernleitungspflicht passim; *Timm* Aktiengesellschaft als Konzernspitze passim; im Hinblick auf die Konzernbildungs- und Konzernleitungskontrolle zusammenfassend *Emmerich/Habersack* Konzernrecht § 7 S. 100 ff.

[445] Vgl. *Mock* DB 2017, 951 (951).

[446] *Mock* DB 2017, 951 (951, 952).

[447] Selbst beim Gleichordnungskonzern kann allenfalls eine BGB-Innengesellschaft gegeben sein, wenn die beteiligten Konzernunternehmen zur Herstellung der einheitlichen Leitung entsprechende vertragliche Absprachen treffen; vgl. *Emmerich/Habersack* Konzernrecht § 4 S. 68 Rn. 36.

[448] Gesetz vom 13.4.2017, BGBl. 2017 I S. 866 ff.

Folglich führt das Vorliegen einer Konzerninsolvenz/Gruppeninsolvenz in verfahrens-   **224** rechtlicher Hinsicht dazu, dass mehrere miteinander verbundene Rechtsträger in unmittelbarem sachlichem und zeitlichem Zusammenhang jeweils **eigenständige Insolvenzanträge** stellen (müssen),[449] die zu entsprechenden Einzelverfahren führen können, wenn nicht die Sanierung der Antragsteller vor der Verfahrenseröffnung gelingt.

b) Parallele Insolvenzverfahren im Konzern

In einer Konzern- oder Gruppeninsolvenz werden, soweit nicht die vorinsolvenzlichen   **225** Sanierungsbemühungen während des Eröffnungsverfahrens greifen (vgl §§ 270a, b InsO), parallel verlaufende Insolvenzverfahren über die Vermögen der beteiligten Konzerngesellschaften eröffnet, die entweder als Regelinsolvenzverfahren (vgl §§ 80 Abs. 1, 148 ff InsO), als Eigenverwaltungsverfahren (§§ 270 ff InsO) oder als Insolvenzplanverfahren (§§ 217 ff InsO) durchgeführt werden können.

Es gibt *de lege lata* kein Einheitsinsolvenzverfahren für das Konzernunternehmen/Grup-   **226** penunternehmen, denn die Verfahrenseröffnungen beziehen sich auf die jeweiligen gruppenangehörigen Rechtsträger, über deren Vermögen die Eröffnung von Insolvenzverfahren beantragt wurde (vgl § 27 Abs. 2 InsO), und nicht auf das Konzernunternehmen als Ganzes, denn insoweit fehlt eine einheitliche gerichtliche Eröffnungskompetenz.[450] Es ist auch bei einheitlicher Gerichtszuständigkeit gemäß § 3a InsO für jedes gruppenangehörige Unternehmen gesondert zu prüfen, ob die Eröffnungsvoraussetzungen vorliegen. Das neue Konzerninsolvenzrecht sieht lediglich eine örtliche und funktionelle Zuständigkeitskonzentration vor (§ 3a, c, d InsO).

Zwischen den einzelnen Insolvenzverfahren gruppenangehöriger Rechtsträger bestehen   **227** im Regelfall tatsächliche und rechtliche **Berührungspunkte** aufgrund der Einbindung der Gesellschaften in die Konzern- oder Gruppenstruktur:

- Zunächst sind regelmäßig gesellschaftsrechtliche **Beteiligungsverhältnisse** gegeben und die hiermit verbundenen Rechtsfolgen werden auch durch die materielle Insolvenz zunächst nicht suspendiert (zB Kapitalaufbringungs- und Erhaltungspflichten, Ausübung von Gesellschafterbefugnissen[451] etc). Die Eröffnung der Insolvenzverfahren über die beteiligten Konzernglieder kann in der Folge zur Suspendierung (vgl § 276a InsO)[452], Umgestaltung und schließlich Vernichtung der Gesellschafterkompetenzen führen (vgl §§ 217 S. 2, 225a InsO), wenn die entsprechenden Verfahrensmaßgaben eingreifen.
- Zur Durchsetzung der einheitlichen Leitung im Konzern werden häufig **Gesellschaftsorgane** personenidentisch besetzt, um das Konzerninteresse unmittelbar in der jeweiligen Geschäftätigkeit der verbundenen Unternehmen umsetzen zu können. Auch und gerade in der Insolvenzsituation sind die **Kenntnisse** und **Leitungsfähigkeiten** der Organmitglieder in den jeweiligen Insolvenzverfahren von großer **praktischer Bedeutung**. Dies gilt insbesondere, wenn Eröffnungsverfahren iSv §§ 270a, b InsO und Insolvenzverfahren in Eigenverwaltung gem §§ 270 ff InsO durchgeführt werden und der Verfahrenserfolg maßgeblich von der Performance der zur Eigenverwaltung ermächtigten Geschäftsleitungen abhängt. Zugleich können sich hier aber (deutliche) Interessenkonflikte ergeben, denn ein gruppenübergreifendes **Konzerninteresse** als Leitungsmaßstab für die Geschäftsführungen der insolventen Konzernunternehmen fehlt nach Eintritt der Insolvenz und kann

---

[449] Zur Antragstellung *Leithaus/Riewe* NZI 2008, 598 ff.; *Thole* Gesellschaftsrechtliche Maßnahmen in der Insolvenz S. 14 ff.

[450] Rechtspolitisch wird ein konsolidiertes Insolvenzverfahren diskutiert von *Paulus* ZIP 2005, 1948 ff; dazu *Prütting* INDat-Report 1/2006, 27; *Sester* ZIP 2005, 2099 ff.

[451] Vgl. zu § 276a InsO und dessen Reichweite *Thole* Gesellschaftsrechtliche Maßnahmen in der Insolvenz S. 43 ff.

[452] Nach wohl h. M. ist § 276a InsO im Eröffnungsverfahren nicht anzuwenden, vgl. *Klöhn* NZG 2013, 81 (84), *Zipperer* ZIP 2012, 1492 (1494); **aA** *Brinkmann* DB 2012, 1368 (1368); *Thole* Gesellschaftsrechtliche Maßnahmen in der Insolvenz S. 59, 60.

auch durch das reformierte Konzerninsolvenzrecht nicht unterstellt werden (obgleich der Gesetzgeber hiervon oft auszugehen scheint). An die Stelle von Gesellschafts- und Konzerninteressen,[453] die für die einheitliche Leitung der Unternehmensgruppe vor Eintritt der Insolvenz noch maßgeblich waren, tritt nach zutreffender herrschender Ansicht der jeweilige **Insolvenzzweck** gemäß § 1 S. 1 InsO mit dem vollstreckungsrechtlichen Gebot der bestmöglichen Vermögensverwertung zugunsten der Verfahrensbeteiligten der jeweiligen Konzerngesellschaften, so dass hier strukturelle Rollenkonflikte bei den Geschäftsleitern entstehen können. Dies gilt insbesondere, wenn diese Geschäftsleiter zugleich nicht insolventen Gesellschaften des Konzerns vorstehen, wenn diese eine vom insolventen Konzernteil abweichende Unternehmensstrategie verfolgen.

- Es können ferner Verbindungen im **finanzwirtschaftlichen** und im **leistungswirtschaftlichen** Bereich gegeben sein, zB durch Finanzierungshandlungen der Konzerngesellschaften untereinander (*upstream loans, downstream loans,* Sicherheitenbestellungen etc) und durch konzerninternen **Dienstleistungs- und sonstigen Leistungsaustausch.** Waren die Zentralisierung des Beschaffungswesens bei einer Konzerneinheit oder die Ausgliederung von wesentlichen Unternehmensfunktionen auf **zentrale Service- und Managementgesellschaften** vor dem Eintritt der Insolvenz im Gruppeninteresse (zB zentrale IT-Verwaltung, zentrales Personalwesen, zentrale Buchhaltung etc), kann dies infolge von vorläufigen Sicherungsmaßnahmen und Insolvenzverfahrenseröffnungen Probleme bei anderen (insolventen) Konzerngesellschaften verursachen, denen die ausgelagerten Ressourcen plötzlich fehlen. Soweit vor der Insolvenz zu speziellen **Konzernverrechnungspreisen** geliefert und geleistet wurde, kann hieran in der Insolvenz (mithin bereits ab Antragstellung) grundsätzlich nicht festgehalten werden. Es ist auf marktgerechte Konditionen für den Konzerninnenaustausch umzustellen. Hierbei ist zu beachten, dass die beschriebenen Geschäftsbesorgungsverhältnisse zwischen den Konzerneinheiten infolge der Insolvenzeröffnungen enden können (§§ 115, 116 InsO); für beiderseitig nicht erfüllte Vertragsverhältnisse ist das Wahlrecht gemäß § 103 InsO von besonderer Bedeutung, dessen Ausübung die Einbeziehung von Konzerninteressen erforderlich machen kann. Hinsichtlich der finanziellen Verstrickungen zwischen den Konzerneinheiten sind die §§ 39 Abs. 1 Nr. 5, 44a, 135 InsO im deutschen Recht von großer Bedeutung im Hinblick auf die mögliche Nachrangigkeit und Anfechtbarkeit[454] von Gesellschafterkrediten und entsprechenden Sicherheitenbestellungen.[455]
- Schließlich sind diejenigen Gestaltungsüberlegungen im Hinblick auf die Konzernarchitektur zu berücksichtigen, die zu bestimmten steuerlichen Effekten geführt haben bzw hätten führen sollen. Unter Umständen können die steuerlichen Vorteile in der Konzerninsolvenz erhalten werden, zB infolge der Aufrechterhaltung von Verlustvorträgen bei Sanierungen durch Insolvenzpläne oder durch gemeinsame Verlustnutzung (soweit das jeweilige nationale Recht dies vorsieht).

c) Erhalt des Verbundwertes durch Verfahrenskoordination

228 In dem **Konzernaufbau** spiegelt sich der Versuch wieder, durch den strukturierten und koordinierten Einsatz eigenständiger juristischer Einheiten unter der einheitlichen Leitung einen verbundspezifischen Mehrwert zu schaffen durch Ausnutzung von gruppenspezifischen **Synergieeffekten, Risiko- und Haftungsbegrenzungen, steuerlichen Effek-**

---

[453] Siehe zum Gesellschafts- und Konzerninteresse als Leitungsmaßstab für die Verwaltungsorgane *Hüffer* AktG § 76 Rn. 12.

[454] Sehr häufig kommt es bei Zahlungen von Konzerngesellschaften auf Verbindlichkeiten von verbundenen Unternehmen zur Anwendung der Schenkungsanfechtung gemäß § 134 InsO in der Konzerninsolvenz; siehe BGH NZI 2016, S. 398 ff.; BGH NZI 2017, S. 24; vgl. dazu auch *Fichtner* KSzW 2012, 278 ff; *Haas* ZIP 2017, 545 ff.; *Thole* KTS 2011, 219 ff.

[455] Zur Anwendbarkeit von § 44a InsO in der Konzerninsolvenz vgl. BGHZ 200, S. 210 ff.; BGH NZI 2017, S. 760 ff.; *Frege/Nicht/Schildt* ZInsO 2012, 1961 ff.

ten etc. Vereinfacht gesagt liegt dem die organisatorische Annahme zugrunde, dass im Konzern das Ganze mehr wert ist, als die Summe seiner jeweiligen Einzelteile, weil der Ausrichtung der beteiligten Rechtsträger auf das Konzerninteresse ein eigenständiger Wert zukommt, zumindest solange von einer *going-concern*-Perspektive im Hinblick auf das im Konzern bewirtschaftete Vermögen auszugehen ist. Eine ungeordnete und unkoordinierte Konzerninsolvenz kann dazu führen, dass dieser im Konzernunternehmen verkörperte **Verbundmehrwert** verloren geht, weil das Ziel der Ressourcenbündelung und Ressourcenkoordination nicht mehr erreicht werden kann.

In der Konzerninsolvenz, verstanden als zeitlich und sachlich zusammenhängende Parallelinsolvenz von verbundenen Gesellschaften eines Konzerns (bzw nach § 3e Abs. 1 InsO einer Unternehmensgruppe), geht das Bestreben der Beteiligten deshalb dahin, eine **verfahrensrechtliche Koordinationslösung** zu finden, die diesen Mehrwert unter Einbeziehung aller insolventen Konzerngesellschaften bei gleichzeitiger angemessener Durchsetzung der Gläubigerinteressen realisiert. Damit dürfte regelmäßig eine Maximierung der Haftungsmasse einhergehen, die bei einer komplexen Insolvenzverwaltung im Konzern bzw der Unternehmensgruppe *(„zumindest theoretisch")*[456] alle Gläubiger des Konzerns besser stellt, als diese im Falle singulärer, sich wechselseitig nicht beachtender Insolvenzverfahren stünden. Durch eine solche **Koordination von Insolvenzverfahren** könne es nach Ansicht der Literatur ferner dazu kommen, dass die Einzelverwaltungen **kostengünstiger** und **effizienter** geführt werden können.[457] Auch dieses prozessökonomische Argument sollte sämtliche Beteiligten vom Sinn und Zweck koordinierter Insolvenzverwaltung in der Konzerninsolvenz überzeugen und entsprechende Mitwirkungspotenziale aktivieren können. **229**

Der **Gesetzgeber** hat sich dieser Sichtweise angeschlossen, dass eine koordinierte Verfahrensdurchführung in der Konzern- bzw Gruppeninsolvenz im wohlverstandenen Interesse der Verfahrensbeteiligten grundsätzlich zweckmäßig ist. Im Zuge der Reform der InsO durch das Gesetz zur Erleichterung der Bewältigung von Konzerninsolvenzen[458] (KIG) wurden (mit Wirkung zum 21.4.2018) zahlreiche Abstimmungsmechanismen in die InsO eingefügt, die eine **koordinierte Verwaltung** und Verwertung der beteiligten Vermögensmassen ermöglichen. Dies beginnt bei der **gemeinsamen Zuständigkeit** am Sitz des Gruppen-Insolvenzgerichts (§ 3a InsO), setzt sich über **Koordinationspflichten** der Verfahrensorgane fort (§§ 269a ff InsO) und mündet in das **Koordinationsverfahren** (§§ 269d ff InsO), mit dem gezeigt wird, dass der Verfahrenskoordination in der Konzerninsolvenz ein eigenständiger Wert zuzumessen ist. Die Koordination von Insolvenzverfahren im Konzern ist hiernach ein (weiteres)[459] technisches Mittel zur Erreichung des Zwecks der bestmöglichen Verwaltung und Verwertung des Vermögens im Interesse der jeweiligen Insolvenzgläubiger in den Einzelverfahren über die Gesellschaften der insolventen Unternehmensgruppe (§ 1 InsO). **230**

d) Formelles Koordinationsrecht

Auf der besprochenen organisatorischen Grundlage ist es Aufgabe der folgenden Abschnitte, das **formelle** Konzern- bzw Gruppeninsolvenzrecht[460] als Reaktion des Insolvenzrechts **231**

---

[456] So *Eidenmüller* ZHR 169 (2005), 528, 529.

[457] *Ehricke* EWS 2002, 101, 102; vgl. auch *Ehricke* Konzernunternehmen 497 ff.

[458] BGBl. 2017 I S. 866 ff.

[459] Auch Liquidation und Sanierung des schuldnerischen Unternehmens werden als gleichberechtigte Mittel zur Erreichung des Insolvenzzwecks verstanden; vgl. insbesondere *Wellensiek* WM 1999, 405 ff; *Stürner* ZIP 1982, 761, 764.

[460] Grundlegend hierzu *Kübler* ZGR 1984, 560 ff (zu den Beispielsfällen AEG und Korf); *Mertens* ZGR 1984, 542 ff; *Uhlenbruck* KTS 1986, 419 ff; *Ehricke* Konzernunternehmen, passim; neuerdings *Becker* Kooperationspflichten in der Konzerninsolvenz, passim; *Eidenmüller* ZHR 169 (2005), 528 ff; *Nicht*, Konzernorganisation und Insolvenz passim; *Paulus* ZIP 2005, 1948 ff; *derselbe* EuInsVO, Einleitung IV. 3. Rn. 43 ff; *Prütting* INDat-Report 2006, 27; *Rottegge* Konzerninsolvenz passim; *K. Schmidt* KTS 2010, 1 ff; *K. Schmidt* KTS 2011, 161 ff; *K. Schmidt* ZIP 2012, 1053 ff; *Sester* ZIP 2005, 2099 ff; *Verhoeven* Die Konzerninsolvenz passim.

auf die Ambivalenz von Einheit und Vielheit im Konzern als ein **verfahrensrechtliches Koordinationsrecht** zu entfalten, welches mit den neuen Vorschriften der InsO nun erstmals in geschriebener Form vorliegt. Das Gesetz enthält nunmehr **verfahrensrechtliche Koordinationsmechanismen,** die – mit Ausnahme des neu geschaffenen Koordinationsverfahrens gemäß §§ 269d ff InsO – in der Verwaltungspraxis entwickelt und vom Gesetzgeber adaptiert wurden.[461] Orientiert am gesetzlich angeordneten Primat der Gläubigerinteressen (vgl § 1 S. 1 InsO), werden in Anlehnung an die aus dem Aktiengesetz bekannte *einheitliche Leitung* (§ 18 Abs. 1 S. 1 AktG) die Rahmenbedingungen für eine einheitliche oder zumindest koordinierte Insolvenzverwaltung im Konzern erläutert. Zu beachten ist bei der Rechtsanwendung, dass der Gesetzgeber ausweislich von § 3e InsO dieses Koordinationsrecht nicht ausschließlich an die einheitliche Leitung der Konzerngesellschaften anknüpfen möchte, sondern bereits die **Möglichkeit der Ausübung eines beherrschenden Einflusses** ausreichen lässt. Er schafft mithin ein formelles Gruppeninsolvenzrecht, ohne dass es hierbei darauf ankäme, dass der beherrschende Einfluss der Konzernspitze **tatsächlich durchgesetzt wird.** Insoweit ist tragender Grund der neuen Vorschriften die Zweckmäßigkeit der Verfahrenskoordination aufgrund der Verflechtung der beteiligten Insolvenzschuldner.

232   Im Schrifttum wurden bereits vor Beginn der aktuellen Konzerninsolvenzrechts-Reform mögliche **Koordinationsinstrumente** für die Konzerninsolvenz untersucht.[462] Unter dem Oberbegriff *„Institutionelle und personelle Koordination"* wurden folgende Maßnahmen und Rechtsinstrumente als taugliche Koordinationsmittel erörtert:

- **Zuständigkeitskonzentration** auf der Ebene der beteiligten Insolvenzgerichte (siehe nunmehr §§ 3a ff InsO),
- Begründung von **Koordinationspflichten** zwischen den beteiligten Insolvenzgerichten bei unterschiedlicher Eröffnungszuständigkeit (siehe nunmehr § 269b InsO, Art 57 EuInsVO 2015),
- **einheitliche Insolvenzverwalterbestellung** in mehreren Insolvenzverfahren von verbundenen Konzerngesellschaften (siehe nunmehr § 56b InsO), ergänzt durch Sonderinsolvenzverwalter,[463]
- Einsatz von **Insolvenzverwaltungsverträgen** oder *International Protocols* unter Beteiligung der Insolvenzgerichte und Insolvenzverwalter (siehe nunmehr §§ 269a, b InsO, Art 56, 57, 58 EuInsVO 2015),[464]
- Begründung von **Koordinationspflichten** zwischen den beteiligten Insolvenzverwaltern bei Personenverschiedenheit (siehe nunmehr § 269a InsO, Art 56 EuInsVO 2015),

---

[461] Vgl. zur Reform der InsO und EuInsVO im Hinblick auf das Konzerninsolvenzrecht *Brünkmanns* ZInsO 2013, 797 ff; *Brünkmanns* Der Konzern 2013, 169 ff; *Brünkmanns* ZIP 2013, 193 ff; *Dellit* Der Konzern 2013, 190 ff; *Fölsing* ZInsO 2013, 413 ff; *Frind* ZInsO 2013, 429 ff; *Graeber* ZInsO 2013, 409 ff; *Holzer* ZIP 2011, 1894 ff; *Leutheusser-Schnarrenberger* ZIP 2013, 97 ff; *LoPucki* ZInsO 2013, 420 ff; *Paulus* NZI 2012, 297 ff; *Pleister* ZIP 2013, 1013 ff; *Prager/Keller* NZI 2013, 57 ff; *Reinhart* NZI 2012, 304 ff; *Reuß* EuZW 2013, 165 ff; *K. Schmidt* ZIP 2012, 1053 ff; *Schneider/Höpfner* BB 2012, 87 ff; *Siemon/Frind* NZI 2013, 1 ff; *Thole* Der Konzern 2013, 182 ff; *Thole/Swierczok* ZIP 2013, 550 ff; *Vallender* Der Konzern 2013, 162 ff; *Verhoeven* ZInsO 2012, 2369 ff; *Zipperer* ZIP 2013, 1007 ff; grundlegend zur Konzerninsolvenz: *Hirte* ZIP 2008, 444 ff; *Kübler* ZGR 1984, 560 ff; *Mertens* ZGR 1984, 542 ff; *Paulus* ZGR 2010, 270 ff; *Paulus* ZIP 2005, 1948 ff; *Piepenburg* NZI 2004, 231 ff; *Rattunde* ZIP Report 2003, 596 ff; *K. Schmidt* KTS 2010, 1 ff; *ders,* KTS 2011, 161 ff; *Uhlenbruck* KTS 1986, 419 ff; *ders,* NZI 1999, 41 ff; *Weller* ZHR 169 (2005), 570 ff; monographisch: *Becker* Kooperationspflichten in der Konzerninsolvenz, passim; *Ehricke* Konzernunternehmen, passim; *Nicht* Konzernorganisation und Insolvenz, passim; *Rotstegge* Konzerninsolvenz, passim; *Verhoeven* Die Konzerninsolvenz, 134 ff.

[462] *Eidenmüller* ZHR 169 (2005), 528 ff; vgl. vorher bereits *Ehricke* DZWiR 1999, 353 ff; *Ehricke* ZInsO 2002, 393 ff; *Ehricke* EWS 2002, 101 ff; *Hirte* ZIP 2008, 444 ff; *Kübler* ZGR 1984, 560 ff; *Mertens* ZGR 1984, 542 ff; *Paulus* ZGR 2010, 270 ff; *Paulus* ZIP 2005, 1948 ff; *Piepenburg* NZI 2004, 231 ff; *Rattunde* ZIP Report 2003, 596 ff; *K. Schmidt* KTS 2010, 1 ff; *K. Schmidt* KTS 2011, 161 ff; *Uhlenbruck* KTS 1986, 419 ff; *Uhlenbruck* NZI 1999, 41 ff; *Weller* ZHR 169 (2005), 570 ff.

[463] Hierzu de lege ferenda unter Geltung des Konzerninsolvenzrechts der InsO *Zipperer* ZIP 2013, 1007 ff.

[464] Siehe zum *International Protocol* *Göpfert* ZZP Int. 1996, 269 ff; *Paulus* EuInsVO Einleitung Rn. 41 f; zum Insolvenzverwaltungsvertrag *Eidenmüller* ZZP 114, 3 ff; *Wittinghofer* Insolvenzverwaltungsvertrag passim.

- Einsatz der **Eigenverwaltung** gemäß §§ 270 ff, 270a, 270b InsO auf der Ebene der Tochtergesellschaften zum Zweck der (zumindest vorläufigen) Aufrechterhaltung der Leitungsmacht im Konzern,[465]
- Koordination in der Konzerninsolvenz durch aufeinander abgestimmte Darstellung und Gestaltung in **Insolvenzplänen** (vgl. dazu das Koordinationsverfahren in §§ 269d ff InsO),[466]
- Ausübung der materiell-rechtlichen **Konzernleitungsmacht** aus dem Beherrschungsvertrag gemäß §§ 291 ff AktG.[467]

Bei **grenzüberschreitenden Konzerninsolvenzen** erweitert sich der rechtliche Ord- **233** nungsrahmen durch die Verordnung (EG) Nr. 1346/2000 des Rates vom 29. Mai 2000 über Insolvenzverfahren (**EuInsVO 2000**) und die Verordnung (EU) 2015/848 des Europäischen Parlaments und des Rates vom 20. Mai 2015 über Insolvenzverfahren (**EuInsVO 2015**).

Die EuInsVO 2000 sah keine spezifischen Regelungen für Konzerninsolvenzen vor.[468] **234** Gleichwohl hatte die EuInsVO 2000 im Rahmen von Konzerninsolvenzen besondere Bedeutung erlangt.[469] Ursächlich hierfür war vor allem die Anwendung der Zuständigkeitsvorschrift in Art 3 Abs. 1 EuInsVO durch die Insolvenzgerichte verschiedener Mitgliedstaaten im Rahmen der Bestimmung der jeweiligen Eröffnungszuständigkeit bei verbundenen Konzerngesellschaften, zu der sich zwischenzeitlich auch der **EuGH** mehrfach verhalten hat.[470] Die Rechtsfrage, wann Konzerninsolvenzen an einem *einheitlichen europäischen Gerichtsstand* bearbeitet werden dürfen, hatte der EuGH unter Geltung der EuInsVO 2000 nicht abschließend geklärt.[471] Rechtsprechung, Forschung und Rechtspraxis sind nach wie vor mit der Darstellung operationaler Kriterien befasst.[472] Die **Reform der EuInsVO**[473] hat dazu geführt, dass die bekannten und wenig konturierten Kriterien aus der EuGH-Rechtsprechung in (weitestgehend ebenfalls unbestimmte) gesetzliche Tatbestandsmerkmale überführt worden sind (vgl. Art 3 Abs. 1 EuInsVO 2015).

Da in Art 31 EuInsVO 2000 keine Rechtsgrundlage für Koordinationsmaßnahmen in **235** der grenzüberschreitenden Konzerninsolvenz im Hinblick auf Mutter- und Tochtergesellschaften zu sehen war, weil diese Vorschrift das Rechtsverhältnis zwischen Haupt- und Sekundärinsolvenzverfahren[474] **eines Schuldners** voraussetzte, wurde mit der EuInsVO

---

[465] *Eidenmüller* ZHR 169 (2005), 528.
[466] Vgl. *Uhlenbruck* NZI 1999, 41 ff; *Rattunde* ZIP Report 2003, 596 ff; vgl. zu diesem Ansatz *Ehricke* ZInsO 2002, 393, 394.
[467] *Bous* Konzernleitungsmacht passim; *Eidenmüller* ZHR 169 (2005), 528, 546 ff; *Nicht* Konzernorganisation und Insolvenz 143 ff.
[468] *Virgos/Schmit* Vorschläge und Gutachten, 32, 61; ausführlich *Ehricke* EWS 2002, 101 ff.
[469] Aus der Rechtsprechung: EuGH Slg 2006, I-3813 (Eurofood IFSC Ltd.); EuGH Slg 2011, I-13209 (Rastelli); EuGH Slg 2011, I-09915 (Interedil); Supreme Court of Ireland NZI 2004, 505 ff (Eurofood IFSC Ltd.); High Court of Justice Leeds NZI 2004, 219 (Daisytec-ISA); OLG Düsseldorf NZI 2004, 628 ff (Daisytec-ISA); AG Düsseldorf ZIP 2004, 867 ff (Daisytec-ISA); AG Düsseldorf ZIP 2003, 1363 ff (Daisytec-ISA); AG München ZIP 2004, 962 ff (Hettlage); AG Köln NZI 2008, 423 ff (PIN). Aus dem umfangreichen Schrifttum vgl. nur *Wolf,* Gerichtsstand bei Konzerninsolvenzen, passim; *Ehricke* EWS 2002, 101 ff; *Eidenmüller* ZHR 169 (2005), 528 ff; *Freitag/Leible* RIW 2006, 641 ff; MüKoHGB/*Kindler* IntInsR Rn. 151 ff; *Kübler* FS Gerhardt, 2004, S. 527 ff; *Mankowski* BB 2006, S. 1753 ff; *Paulus* ZIP 2005, S. 1949 ff; *Paulus* EuInsVO Einleitung IV. 3. Rn. 43; *Paulus* NZG 2006, S. 609 ff; *Weller* IPRax 2004, 412 ff; *Weller* ZHR 169 (2005), 570 ff; *Wimmer* ZInsO 2005, 119 ff.
[470] EuGH Slg 2006, I-3813 (Eurofood IFSC Ltd); vgl. auch die Schlussanträge von Generalanwalt Jacobs vom 27.9.2005, ZIP 2005, 1878 ff.
[471] Vgl. insbesondere EuGH Slg 2006, I-3813 (Eurofood IFSC Ltd); EuGH Slg 2011, I-13209 (Rastelli); EuGH Slg 2011, I-09915 (Interedil).
[472] Vor der EuGH-Entscheidung bereits *Kübler* FS Gerhardt, 2004, S. 527 ff und *Lüer* FS Greiner, 2005, S. 201 ff.
[473] Siehe *Prager/Keller* NZI 2013, 57 ff; *Reinhart* NZI 2012, 304 ff.
[474] Die Eröffnung von Haupt- und Sekundärinsolvenzverfahren bezieht sich auf das in unterschiedlichen Mitgliedstaaten liegende Vermögen eines Insolvenzschuldners, wie der als Anknüpfungspunkt für das Sekundärinsolvenzverfahren gewählte Begriff der Niederlassung zeigt. Eine eigenständige Konzerngesellschaft erfüllt nicht die Anforderungen an eine Niederlassung im Sinne der EuInsVO, denn sie ist selbst Insolvenzschuldnerin und damit kann über ihr Vermögen ein Haupt- und Sekundärinsolvenzverfahren eröffnet werden, wenn die gesetzlichen Voraussetzungen der EuInsVO vorliegen.

2015 ein Konzernkoordinationsrecht für grenzüberschreitende Unternehmensgruppen eingeführt (Art 56 ff EuInsVO 2015).

236   Es wurden die **Artikel 56 bis 77 EuInsVO** neu eingeführt, deren Vorgaben hinsichtlich der Verfahrenskoordination sich teilweise mit den nationalen Instrumenten der InsO (§§ 269a ff InsO) überschneiden bzw gleichen Inhaltes sind.

Hier sind folgende **Koordinationsinstrumente** vorgesehen:

- (grenzüberschreitende) Zusammenarbeit und Kommunikation der Verwalter (Art 56 EuInsVO 2015),
- (grenzüberschreitende) Zusammenarbeit und Kommunikation der Insolvenzgerichte (Art 57 EuInsVO 2015),
- (grenzüberschreitende) Zusammenarbeit und Kommunikation zwischen Verwaltern und Gerichten (Art 58 EuInsVO 2015),
- Recht des Insolvenzverwalters zum Antrag auf Aussetzung der Verwertung in einem Insolvenzverfahren eines verbundenen Unternehmens (Art 60 EuInsVO 2015),
- Befugnis zum Antrag auf Eröffnung eines Gruppen-Koordinationsverfahrens (Art. 61 ff EuInsVO).

2. Bisherige Rahmenbedingungen und Koordinationshindernisse

a) Keine Konsolidierung von Vermögensmassen im Konzern nach deutschem und europäischem Recht

237   Eine **materielle Konsolidierung** von Haftungsmassen war und ist weder im nationalen noch im europäischen Insolvenzrecht vorgesehen. Die Reformen durch das KIG und die Neufassung der EuInsVO 2015 haben hieran nichts geändert. Das US-amerikanische Recht kennt eine materielle Konsolidierung mit der *substantive consolidation*, die in eng umgrenzten Ausnahmesituationen vom Insolvenzgericht angeordnet werden kann.

aa) Keine Konsolidierungsvorgaben in der InsO

238   Die InsO sieht eine **materielle Konsolidierung** von Haftungsmassen im Insolvenzverfahren nach dem Vorbild der *substantive consolidation* des US-amerikanischen Rechts nicht vor. Die Ablehnung eines konsolidierten Insolvenzverfahrens *de lege lata* kann auf die Entstehungsgeschichte der InsO gestützt werden:

239   Soweit es die Konzerninsolvenz angeht, haben KO und VerglO ein einheitliches Konzerninsolvenzverfahren und die Zusammenfassung von Insolvenzmassen nicht vorgesehen.

240   Innerhalb der **Reformdiskussion** vor Inkrafttreten der InsO hat der Konsolidierungsaspekt eine Rolle gespielt und ist im Schrifttum ausführlich behandelt worden.[475] Die *Kommission für Insolvenzrecht* hatte im Vorfeld des Gesetzgebungsverfahrens zur InsO verschiedene Zusammenfassungsmöglichkeiten auch mit Blick auf eine Zusammenlegung der Haftungsmassen geprüft. In Ziffer 1. des Leitsatzes 2.4.9.13 der Kommission für Insolvenzrecht findet sich das Votum gegen die *„verfahrens- und verwaltungsmäßige Konzentration der Insolvenzverfahren verschiedener Konzernunternehmen",*[476] welches die Ablehnung der materiellen Konsolidierung als Bestandteil der Verwaltungskonzentration mit umfasst. Der im deutschen Gesellschafts- und Insolvenzrecht geltende **Grundsatz der Haftungstrennung** zwischen Gesellschaft und Gesellschafter mache es nach Ansicht der Kommission erforderlich, die den rechtlich unterschiedlichen Konzerngesellschaften zugewiesenen Vermögen in unterschiedlichen Insolvenzverfahren jeweils zugunsten der dortigen Verfahrensbeteiligten, insbesondere zugunsten der dort beteiligten Gläubiger zu verwalten.[477] Ein besonderes Konzernprivileg existiert demnach nicht.

---

[475] Vgl. *Mertens* ZGR 1984, 542 ff; *Uhlenbruck* KTS 1986, 419 ff.
[476] Kommission für Insolvenzrecht, Erster Bericht, Leitsatz 2.4.9.13, S. 290.
[477] Kommission für Insolvenzrecht, Erster Bericht, Leitsatz 2.4.9.13, S. 290, 292.

Diese Empfehlung der *Kommission für Insolvenzrecht* wurde vom Gesetzgeber aufgegriffen: **241**
In der Begründung zu § 12 des Entwurfs der Insolvenzordnung (der dem jetzigen § 11 **242**
InsO entspricht) ist das Konzernproblem nicht mehr enthalten, was darauf schließen lässt,
dass sich die Bundesregierung den Kommissionsempfehlungen angeschlossen hat.[478] Die
Vorschrift behandelt die **insolvenzfähigen Rechtsträger** und Vermögensmassen, die
Gegenstand eines Insolvenzverfahrens sein können und deren Vermögen in diesem Ver-
fahren verwertet werden soll. Konzerne werden in der offiziellen Begründung nicht
erwähnt. Dieser Enthaltsamkeit muss angesichts des Umstands, dass das Konzernproblem
ein beachtlicher Diskussionsgegenstand gewesen ist, ein **negativer Regelungswille** des
Gesetzgebers entnommen werden. Das Gesetz ist insofern nicht lückenhaft, sondern folgt
lediglich dem traditionellen konkursrechtlichen Grundsatz *„Eine Person, ein Vermögen, ein
Verfahren"*, der die Selbständigkeit von Insolvenzmassen verschiedener Konzerngesellschaften und die Selbständigkeit entsprechender Insolvenzverfahren voraussetzt. Zu einer konzernrechtlichen Fortschreibung dieses Prinzips nach dem Muster *„Ein Konzern, ein Vermögen, ein Verfahren"* hat sich der historische Gesetzgeber nicht entschließen können. Dieses
Ergebnis wird durch die Regierungsbegründung des KIG ausdrücklich bestätigt, in der eine
materielle Konsolidierung ausdrücklich verworfen wurde.[479] Auch in der wissenschaftlichen
Diskussion hat sich der Konsolidierungsgedanke mit Blick auf die InsO bislang nicht durchsetzen können.

Die grundsätzliche Eigenständigkeit der Insolvenzverfahren begründet das Bedürfnis nach **243**
einer gruppenübergreifenden Verfahrenskoordination, denn die regelmäßig vorliegende
wechselseitige Vernetzung der Konzerngesellschaften wirkt sich unmittelbar auf die Verwaltung und Verwertung der jeweils beteiligten Vermögensmassen aus.

bb) Keine Konsolidierungsvorgaben in der EuInsVO

Auf der Ebene des europäischen Insolvenzrechts gilt in gleichem Maße, dass eine materiel- **244**
le Konsolidierung **nicht statthaft** ist. Auch hier wird dies anhand einer historischen
Gesetzesauslegung belegt und durch die Rechtsprechung des EuGH indirekt bestätigt.[480]
Dem Verordnungstext der EuInsVO 2000 (als dem ursprünglichen Regelwerk) sind keine
Hinweise auf die Behandlung der Konzerninsolvenz zu entnehmen, mithin auch keine
Konsolidierungsmaßgaben. Die Verordnung spricht lediglich in unterschiedlichen Zusam-
menhängen von *dem Schuldner* (vgl Art 3 Abs. 1 EuInsVO 2000 und Art 3 Abs. 1 EuIns-
VO 2015). In Art 2 EuInsVO 2000 und EuInsVO 2015 wird dieser Schuldnerbegriff nicht
gesetzlich definiert; die Definition der *Niederlassung* in Art 2 Nr. 10 EuInsVO 2015 ist
allenfalls in einem Umkehrschluss weiterführend. Wird die Ausrichtung der EuInsVO auf
den Schuldner hingegen in einen Kontext mit den Erwägungsgründen und mit dem
Erläuternden Bericht von *Virgos* und *Schmit* zum gescheiterten EU-Übereinkommen
(EuInsÜ)[481] gestellt, erschließt sich die konzernrechtliche Enthaltsamkeit der EuInsVO, die
zugleich eine Aussage gegen jedwede Konsolidierungen enthält.[482] Im Erläuternden Bericht heißt es unter Ziffer 76, dass das Übereinkommen keine Vorschriften für Unter-
nehmenszusammenschlüsse *„in der Form von Mutter- und Tochtergesellschaften"* bereithält.
Diese Passage des Berichts bezieht sich zwar unmittelbar auf die international-insolvenz-
rechtliche Eröffnungszuständigkeit, die *„für jeden der betroffenen Schuldner mit eigener Rechtspersönlichkeit"* auf der Grundlage der EuInsVO gesondert zu bestimmen ist; sie ist jedoch
generell gefasst und beschreibt den Regelungsstatus der EuInsVO insgesamt. Diese Beschreibung des derzeitigen europarechtlichen Regelungszustands wird im Schrifttum ge-

---

[478] BMJ (Hrsg.), Gesetz zur Reform des Insolvenzrechts, Diskussionsentwurf, Begründung zu § 12, B 10.
[479] Vgl. Begr RegE KInsR, S. 2.
[480] EuGH Slg 2006, I-3813 (Eurofood IFSC Ltd.); EuGH Slg 2011, I-13209 (Rastelli); EuGH Slg 2011, I-09915 (Interedil).
[481] Vgl. hierzu *Paulus* EuInsVO Einleitung Rn. 9 ff.
[482] *Virgos/Schmit* Vorschläge und Gutachten 32, 60 f, Ziffer 76.

teilt, wenngleich vereinzelt Kritik an der Zurückhaltung des Verordnungsgebers geübt wird.[483]

b) Keine gemeinsame Verwaltung mehrerer Schuldner innerhalb eines Insolvenzverfahrens nach deutschem und europäischem Recht

245 Unter Verfahrenskonsolidierung kann neben der materiellen (substanziellen) Zusammenfassung von Insolvenzmassen die lediglich **verfahrensmäßige Bündelung** von mehreren Insolvenzverfahren in der Hand eines Insolvenzrichters zu verstehen sein (in Anlehnung an die aus dem US-amerikanischen Insolvenzrecht bekannte *joint administration*), ähnlich der Verbindung von Zivilprozessen nach § 147 ZPO.[484]

aa) Eingeschränkte Möglichkeit zur Bündelung nach §§ 4 InsO, 147 ZPO

246 Die lediglich verfahrensmäßige Zusammenfassung von Insolvenzverfahren in der Hand eines Insolvenzrichters begegnete nach bisherigem Recht, welches nach der Reform des Konzerninsolvenzrechts keine besondere Bedeutung mehr beanspruchen wird, keinen grundsätzlichen rechtlichen Bedenken. Sie musste gemäß §§ 4 InsO iVm 147 ZPO für zulässig gehalten werden, sofern für die zu verbindenden Insolvenzverfahren eine einheitliche insolvenzgerichtliche Zuständigkeit begründet ist.[485] Der eindeutige Wortlaut von § 147 ZPO (*„kann die Verbindung mehrerer bei ihm anhängiger Prozesse…zum Zwecke der gleichzeitigen Verhandlung und Entscheidung anordnen“*) und der Sinn und Zweck von § 147 ZPO, der in einer prozessökonomischen Verfahrensbehandlung gesehen wird, verhinderte jedoch eine Bündelung unterschiedlicher Insolvenzverfahren von Konzernunternehmen über die Gerichtsgrenzen der Insolvenzgerichte hinweg.[486] Abhilfe konnte nunmehr durch die spezialgesetzlichen **Zuständigkeits- und Verweisungsnormen** in **§ 3c Abs. 1 und 3d Abs. 1 InsO** geschaffen werden, die eine Verweisung an den Richter des Gruppen-Folgegerichts zulassen. In den Anwendungsbereich von §§ 4 InsO iVm 147 ZPO fielen vor der Reform verschiedene Insolvenzverfahren lediglich bei originärer Gesamtzuständigkeit des Insolvenzrichters oder bei der Abgabe des Verfahrens innerhalb eines Gerichts (soweit man eine solche Abgabe nicht wegen Verstoßes gegen das Gebot des gesetzlichen Richters für unzulässig hält).[487] Aufgrund der rechtlichen Bedenken gegen eine gerichtsinterne Abgabe wurde mit §§ 3c Abs. 1 und 3d Abs. 1 InsO eine Abgabe- und Konzentrationsvorschrift zur Bündelung der beteiligten Gruppen-Insolvenzverfahren in der Hand eines Insolvenzrichters eingeführt, die zur Verbindung der Gruppen-Folgeverfahren führt.

bb) Keine gemeinsame Verwaltung gemäß EuInsVO

247 Die EuInsVO 2000 und EuInsVO 2015 enthalten keine Vorschriften, mit denen die gemeinsame Verwaltung von Insolvenzverfahren über die Vermögen verbundener Konzerngesellschaften erreicht werden kann. Die Vorschriften der EuInsVO über die Durchführung von **Haupt- und Sekundärinsolvenzverfahren** sind insoweit nicht geeignet, da sie sich auf ein Vermögen eines Rechtsträgers beziehen, welches lediglich in unterschiedlichen Mitgliedstaaten belegen ist. Diese Belegenheit kann zur Folge haben, dass ein universell wirkendes Hauptinsolvenzverfahren im Mitgliedstaat der hauptsächlichen wirtschaftlichen Interessen eröffnet wird, dem sich Sekundärinsolvenzverfahren in anderen Mitglied-

---

[483] Sehr kritisch *Paulus* EuInsVO Einleitung Rn. 43 ff.: „Auslassungssünde"; *Paulus* ZIP 2005, 1948, 1950; vgl. aber *Smid* FS Geimer, 2002, S. 1215, 1218.
[484] Dazu *Ehricke* Konzernunternehmen 482 ff; *Eidenmüller* ZHR 169 (2005), 528, 533 f. Allgemein zur Verfahrensverbindung *Holzer* NZI 2007, 432 ff.
[485] Siehe *Ehricke* Konzernunternehmen S. 482 f; *Eidenmüller* ZHR 169 (2005), 528, 533.
[486] Nochmals *Ehricke* Konzernunternehmen S. 482.
[487] Vgl. *Ehricke* Konzernunternehmen S. 483 f.

staaten anschließen, wenn der Schuldner dort eine Niederlassung unterhält. Dieser Fall ist nach der Rechtsprechung des EuGH[488] nicht vergleichbar mit der Konzerninsolvenz, die verschiedene Vermögen verschiedener Rechtsträger einer Unternehmensgruppe umfasst. Insoweit können die Koordinationsmaßgaben der EuInsVO für Haupt- und Sekundärinsolvenzverfahren nicht auf den Fall der Konzerninsolvenz übertragen werden. Die Reform der EuInsVO 2015 hat an diesem Rechtszustand nichts verändert, da die Art 56 ff EuInsVO 2015 keine entsprechenden Befugnisse der Insolvenzgerichte zur Verfahrensverbindung vorsehen. Jedoch ist die Einführung eines grenzüberschreitenden Koordinationsverfahrens erfolgt (sog. Gruppen-Koordinationsverfahren gem Art 61 ff EuInsVO), welches den §§ 269a ff InsO inhaltlich vergleichbar ist.

c) Keine gesetzliche Konzentration der beteiligten Insolvenzverfahren bei einem Konzerngerichtsstand nach überkommenem Recht

aa) Kein insolvenzrechtlicher Konzerngerichtsstand

Bedeutung im Hinblick auf die Verfahrenskoordination bei Konzerninsolvenzen hat bislang **248** der Versuch in Rechtsprechung und Literatur erlangt, einen einheitlichen insolvenzrechtlichen **Konzerngerichtsstand** zu begründen, der zumeist am Sitz der Konzernobergesellschaft verortet werden sollte. Die Diskussion hierüber ist in der Vergangenheit sowohl auf nationaler Ebene (§ 3 Abs. 1 InsO) als auch auf europarechtlicher Ebene (Art 3 Abs. 1 EuInsVO 2000) intensiv geführt worden.

Auf der Grundlage einer konzernfreundlichen Auslegung von § 3 Abs. 1 S. 2 InsO und **249** von Art 3 Abs. 1 S. 1 EuInsVO 2000 *(„Mittelpunkt der hauptsächlichen Interessen")* wurde erwogen, auch das Insolvenzverfahren über das Vermögen von insolventen Konzerntochtergesellschaften am satzungsmäßigen Sitz der herrschenden Konzerngesellschaft oder an deren effektivem Verwaltungssitz zu eröffnen, weil dort regelmäßig die **wesentlichen unternehmerischen Entscheidungen** für den gesamten Konzern getroffen werden.[489] Gegen eine solche rechtliche Argumentation, die auf interne Leitungsstrukturen in der Unternehmensgruppe abstellte, streiten vor allem Gesichtspunkte des Gläubigerschutzes, die eine Zuständigkeitsanknüpfung hinsichtlich der jeweiligen Konzerngesellschaften an objektiv nachvollziehbare und nach außen erkennbare Umstände nahe legen.[490] Gegen eine Auslegung der Zuständigkeitsvorschriften in § 3 Abs. 1 InsO und Art 3 Abs. 1 EuInsVO 2000 auf der Grundlage konzerninterner Entscheidungsprozesse sind im Schrifttum darüber hinaus Einwände erhoben worden, die sich auf das Gebot des gesetzlichen Richters stützen und in der „konzernfreundlichen Auslegung" eine Überdehnung der gesetzlichen Zuständigkeitstatbestände sehen.[491] Hieran ist auch unter Geltung der EuInsVO 2015 festzuhalten. Ein insolvenzrechtlicher Gruppengerichtsstand – vergleichbar mit §§ 3a, 3b, 3c InsO – wird durch die EuInsO 2015 nicht eingeführt.

---

[488] EuGH Slg 2006, I-3813 (Eurofood IFSC Ltd.); EuGH Slg 2011, I-13209 (Rastelli); EuGH Slg 2011, I-09915 (Interedil).

[489] Gegen einen einheitlichen Konzerngerichtsstand unter Geltung von KO und VerglO bereits BGHZ 138, 40, 45; unter Geltung der InsO OLG Brandenburg NZI 2002, 438 f; unklar LG Dessau ZIP 1998, 1006 ff. Zum europäischen Recht vgl. EuGH Slg 2006, I-3813 (Eurofood IFSC Ltd); Supreme Court of Ireland NZI 2004, 505 ff (Eurofood IFSC Ltd); High Court of Justice Leeds NZI 2004, 219 (Daisytec-ISA); OLG Düsseldorf NZI 2004, 628 ff (Daisytec-ISA); AG Düsseldorf ZIP 2004, 867 ff (Daisytec-ISA); AG Düsseldorf ZIP 2003, 1363 ff (Daisytec-ISA); AG München ZIP 2004, 962 ff (*Hettlage*). Aus dem umfangreichen Schrifttum vgl. nur *Ehricke* EWS 2002, 101 ff; *Eidenmüller* ZHR 169 (2005), 528 ff; *Freitag/Leible* RIW 2006, 641 ff; *Kübler* FS Gerhardt, 2004, S. 527 ff; *Mankowski* BB 2006, 1753 ff; *Paulus* ZIP 2005, 1949 ff; *Paulus* NZG 2006, 609 ff; *Weller* IPRax 2004, 412 ff; *Weller* ZHR 169 (2005), 570 ff; *Wimmer* ZInsO 2005, 119 ff.

[490] Vgl. AG Charlottenburg ZInsO 2018, 62 ff = ZIP 2018, 43 ff.

[491] *Smid* Praxishandbuch Insolvenzrecht § 2 Rn. 26.

bb) Prozessökonomische Erwartungen an den Konzerngerichtsstand

250   Die Vorstellung einer Verfahrenskonzentration mehrerer Insolvenzverfahren über verbundene Unternehmen bei einem *Konzerninsolvenzgericht* ist im Hinblick auf eine **prozessökonomische Verfahrensleitung** zu begründen:

251   Das Insolvenzgericht ist (nach deutschem Recht) zuständig für die Anordnung von Sicherungsmaßnahmen (§§ 21 ff InsO), die Entscheidung über vorläufige Eigenverwaltung und Schutzschirmverfahren (§§ 270a, b InsO), die Bestellung des (vorläufigen) Insolvenzverwalters und die Aufsicht über seine Amtsführung (§§ 56, 58, 59 InsO); es beruft die Gläubigerversammlungen ein, leitet sie und hebt Beschlüsse ggf auf, wenn diese gegen das gemeinsame Interesse der Gläubiger verstoßen (§§ 74 bis 78 InsO); es untersagt auf Antrag die Betriebsstillegung vor dem Berichtstermin (§ 158 Abs. 2 S. 2 InsO); es ordnet die Zustimmungspflichtigkeit der Unternehmensveräußerung im Fall von § 163 Abs. 1 InsO an, es hat Insolvenzpläne zu prüfen und ggf zu bestätigen (§§ 248 ff InsO) und kann die Eigenverwaltung gemäß § 270 Abs. 1 InsO anordnen und beim Vorliegen der gesetzlichen Voraussetzungen aufheben.

252   Insofern erscheint die Vorstellung zweckmäßig, verschiedene Insolvenzverfahren über Konzerngesellschaften an einem Gerichtsort bzw dort in der Hand eines Insolvenzrichters (der möglicherweise über eine erhöhte Sachkunde im Hinblick auf Groß- und Konzerninsolvenzen verfügt) zu **konzentrieren** (so nunmehr geschehen mit §§ 3a, 3b, 3c InsO).[492] Sinnvoll erscheint ferner die Kombination einer solchen einheitlichen gerichtlichen Zuständigkeit mit der Bestellung eines einheitlichen Insolvenzverwalters für verschiedene Konzerngesellschaften (sog *Konzerninsolvenzverwalter*) (hierzu nunmehr § 56b Abs. 1 InsO, der ein Abstimmungsgebot hinsichtlich der einheitlichen Verwalterbestellung enthält).[493] Zieht man das europäische Insolvenzrecht der EuInsVO 2000 und EuInsVO 2015 hinzu, dem bei grenzüberschreitend organisierten Unternehmensgruppen eine wichtige Rolle zuwächst,[494] ist eine mögliche „faktische Rechtswahl" aufgrund der Verknüpfung von Eröffnungsort und anwendbarem Insolvenzrecht *(lex fori concursus)* gemäß Art 3 Abs. 1 und Abs. 2 und Art 4 Abs. 1 EuInsVO 2000 und Art. 7 EuInsVO 2015 in die Überlegungen einzustellen.

253   Auch im rechtspolitischen Diskurs hat sich die Erkenntnis durchgesetzt, dass die Zusammenführung von sachlich und zeitlich zusammenhängenden Parallelverfahren über Gesellschaften eines Konzerns an einem Gerichtsstandort und die dortige Bearbeitung durch einen Insolvenzrichter unter verfahrensökonomischen Gesichtspunkten zweckmäßig ist, weil sie das Insolvenzgericht in die Lage versetzt, die komplexen Zusammenhänge im Unternehmensverbund zügig und effizient aufzuarbeiten und das dabei erworbene Wissen in die gerichtlichen Entscheidungen einfließen zu lassen. Mehrfachbefassungen mit derselben Materie können vermieden werden. Die damit verbundene Schonung justizieller Ressourcen liegt auch im öffentlichen Interesse. Sie liegt im Interesse der Verfahrensbeteiligten, da mit der Konzentration eine **Beschleunigung der Verfahren** und eine **höhere Transparenz** verbunden sind. Im Schrifttum hatte sich bereits die Ansicht etabliert, dass die Verfahrenskonzentration zu einer Vereinfachung des Informationsflusses und zu einer **Informationsbündelung** führen kann, weil in den Konzernsachverhalten regelmäßig die *„dieselben Akteure eine mehr oder weniger große Rolle spielen".*[495] Für den Insolvenzrichter bietet es sich deshalb an, Informationen in einem Insolvenzverfahren umfassend zu erheben und diese in den weiteren Insolvenzverfahren als gerichtsbekannt[496] zu verwerten. Zudem kann das Gruppeninsolvenzgericht im Hinblick auf die Durchführung von Maßnahmen flexibler agieren, mithin auch gemeinsame Gläubigerversammlungen abhalten und hinsichtlich der Besetzung der Gläubigerausschüsse zügiger die erforderlichen gerichtlichen Schritte vornehmen.

---

[492] Siehe auch *Rotstegge* ZIP 2008, 955, 955; vgl. ferner *Leithaus/Riewe* NZI 2008, 598, 598.
[493] Zum Begriff *Graeber* NZI 2007, 265 ff.
[494] Siehe *Leithaus/Riewe* NZI 2008, 598 ff im Hinblick auf Antragsrechte und -pflichten.
[495] *Ehricke* DZWiR 1999, 353, 354.
[496] *Ehricke* DZWiR 1999, 353, 354.

Direkte Kostenvorteile für die beteiligten Gläubiger vermag die Abwicklung an einem 254
Gerichtsstandort mutmaßlich nicht zu bewirken. Im Gegenteil kann es zu erhöhten
Rechtsverfolgungskosten auf Gläubigerseite durch weitere Anfahrtswege und durch den
Einsatz von Korrespondenzanwälten etc kommen. Im Zweifel werden die Gläubiger jedoch
bereit sein, diese Nachteile in Kauf zu nehmen, wenn ihnen die (materiellen) Vorteile der
Bündelung hinreichend kommuniziert werden und soweit diese die Nachteile überwiegen.
Die Positiveffekte sind darin zu sehen, dass die Sachverhalte schneller und vor allem
gründlicher aufgearbeitet werden können, da das Insolvenzgericht umfassende Informationen einholen kann; langwierige Verständigungsversuche zwischen mehreren Gerichten mit
den damit verbundenen Zeit- und Informationsverlusten entfallen. Die Gläubigerversammlungen können hiernach besser geleitet, Sanierungschancen unter Umständen besser beurteilt werden. Insofern bietet sich die Konzentration an einem Gerichtsstand grundsätzlich
an.[497] Letzthin befördert eine solche „Paketlösung" **Rechtssicherheit, Rechtsklarheit
und Gläubigervertrauen,** denn die Gläubiger bekommen zeitnah die Sanierungs- oder
Abwicklungsperspektiven aufgezeigt und können auf dieser Informationsgrundlage disponieren. Darüber hinaus müssen sie keine Informationsasymmetrien durch voneinander
abgeschottete Verfahren befürchten.

d) Kein gesetzlich zwingender einheitlicher „Konzerninsolvenzverwalter"

aa) Bedürfnis einer einheitlichen Insolvenzverwaltung durch den Konzerninsolvenzverwalter

Zur besseren Abstimmung der Insolvenzverfahren im Konzern wurde vorgeschlagen, die 255
verschiedenen insolventen Konzerngesellschaften einem einheitlichen **Konzerninsolvenzverwalter** zu unterstellen, der die Verfahrenskoordination durch Abstimmung der jeweiligen Verfahrensstrategien bewirken soll.[498] Eine solche Rechtsfigur war im Gesetz bislang
nicht bekannt, wenngleich sie in der Praxis gelebt worden ist. Der Konzerninsolvenzverwalter hat infolge der Konzerninsolvenzrechtsreform Eingang in die InsO gefunden (vgl
§ 56b Abs. 1 InsO).

Die Rechtsfigur des Konzerninsolvenzverwalters ist zentral für die Verfahrenskoordinati- 256
on. In einem Beschluss des Amtsgerichts Duisburg zur Insolvenz des *Babcock-Borsig*-Kon-
zerns wird dies deutlich: *„Eine Koordination der wirtschaftlichen Tätigkeit mehrerer insolventer,
früher konzernrechtlich verbundener Unternehmen unter strikter Wahrung des jeweiligen Gläubigerinteresses ist deshalb rechtlich vertretbar nur zu erreichen, wenn die Unternehmen demselben Insolvenzverwalter oder einer ähnlich starken, aber unabhängigen und nicht in konzernrechtlichen Vorstellungen befangenen insolvenzrechtlichen Autorität wie dem mit einem Zustimmungsvorbehalt ausgestatteten Sachwalter unterstellt werden".*

Das Insolvenzrecht ist solchen Koordinationserwägungen unter Zweckmäßigkeits- 257
gesichtspunkten gegenüber aufgeschlossen; im Lichte des verfahrensrechtlichen Grundsatzes
prozessökonomischer Verfahrensgestaltung im Beteiligteninteresse sind sie geradezu geboten (dies zeigt im Übrigen auch die Begründung des Regierungsentwurfes des Gesetzes zur
Erleichterung der Bewältigung von Konzerninsolvenzen). Der Insolvenzverwalter ist in
Ausübung seines privaten Amtes Verfahrensorgan und damit Teil der Rechtspflege,[499] denn
das Insolvenzverfahren wird im Grundsatz als ein staatliches (gerichtliches) Vollstreckungs-
verfahren charakterisiert.[500] Als Inhaber eines privaten Amtes und Verfahrensorgan ist der
Insolvenzverwalter an die Rechtsstaatsprinzipien zu binden, zu denen die Neutralität und

[497] Für eine originäre ausschließliche insolvenzgerichtliche Zuständigkeit *Hirte* ZIP 2008, 444, 445 f.
[498] Dafür *Graeber* NZI 2007, 265 ff; vgl. AG Duisburg ZIP 2002, 1636, 1640 (Babcock Borsig AG);
umfassend *Rotstegge* Konzerninsolvenz 171 ff.
[499] Vgl. *Prütting* ZIP 2002, 1965, 1965 ff; *Schumann* FS Geimer, 2002, S. 1043 ff.
[500] Zur weitergehenden Qualifikation des Insolvenzverfahrens als nichtstreitiges Gerichtsverfahren mit Ele-
menten der freiwilligen Gerichtsbarkeit vgl. *Smid* Praxishandbuch Insolvenzrecht § 1 Rn. 81 mwN.

Unvoreingenommenheit gehören, auch und gerade im Hinblick auf die Abstimmung der Verwaltung mit verbundenen Unternehmen.[501] Er ist zu einer effektiven Amtsführung verpflichtet, welche im Interesse der Verfahrensbeteiligten die betreuten Ressourcen schont, andererseits die Potenziale des jeweiligen Verfahrens und der zugeordneten Masse optimal ausschöpft.[502] Beide Gesichtspunkt lassen sich als Anknüpfungspunkte für Koordinationsüberlegungen heranziehen, die auf eine einheitliche Verwalterbestellung hinauslaufen können.

258   Im Schrifttum hat *Piepenburg* am Beispiel des *Babcock-Borsig*-Konzerns ausgeführt,[503] dass nur ein einheitlicher Konzerninsolvenzverwalter die wirtschaftliche Vernetzung der beteiligten Gesellschaften und deren Potenziale, mithin das *„Gesamtinteresse"* der Unternehmensgruppe, *„überhaupt erkennen"*[504] und sachgemäß realisieren könne. Rivalisierende oder sich wechselseitig nicht beachtende Insolvenzverwalter würden – gerade im Rahmen der einstweiligen Betriebsfortführung – zum Beispiel die *„Werterhaltung eines Auftragsbestands"* zumindest gefährden.[505]

259   Im Schrifttum ist weiterhin auf eine mögliche Effizienzsteigerung bezüglich der Insolvenzverwaltungen hingewiesen worden, die aus dem Umstand resultiert, dass sich nicht verschiedene Insolvenzverwalter in die komplexe wirtschaftliche Materie einarbeiten müssen.[506] Nicht selten liegt eine Häufung konzerninterner Transaktionen mit den gleichen Beteiligten vor, so dass ein – einmal mit der Sache befasster – Insolvenzverwalter in parallelen Verfahren auf bereits vorhandenes Tatsachenwissen zurückgreifen kann.[507]

260   Daneben ist als Organisationsvorteil die **Stärkung des Vertrauensverhältnisses** zwischen Insolvenzgericht und Insolvenzverwalter aufgezählt worden, die auf einer intensiveren und längerfristigeren Kooperation beruhen soll.[508]

261   Die Bestellung eines Konzerninsolvenzverwalters könnte insoweit gerade bei Sanierungen in Insolvenzverfahren tatsächlich Vorteile anbieten, da sie – sofern die Gesellschaftsgläubiger im Rahmen ihrer Beteiligungsrechte zustimmen – zu einem **Gleichlauf der Insolvenzverwaltungsstrategien** führen kann. Aber auch eine geordnete Liquidation der beteiligten Konzerngesellschaften kann aus einer Hand unter Umständen zweckmäßiger gestaltet werden, zB durch koordinierte Veräußerung von Betriebsteilen oder Einzelvermögensgegenständen. Ein Auseinanderdriften der unterschiedlichen Insolvenzverfahren kann im Wesentlichen vermieden werden.

262   Auch wenn die Gesichtspunkte der Justizentlastung, Ressourcenschonung und Verfahrensoptimierung (prozessökonomische Verfahrensgestaltung) im Grundsatz für einen einheitlichen Konzerninsolvenzverwalter streiten, verbleibt es nach bisherigem Recht im Einzelfall beim **Beurteilungsspielraum** des Insolvenzgerichts dahingehend, ob die Vorteile einer einheitlichen Auswahl und Bestellung die möglicherweise auftretenden Nachteile überwiegen. Die konkrete Geeignetheit eines Gesamtverwalters zur bestmöglichen Abwicklung der verbundenen Gesellschaften muss das Insolvenzgericht im Rahmen seines Bestellungsermessens gemäß § 56 Abs. 1 InsO beurteilen; eine Ermessensreduktion *„auf Null"* lässt sich auch unter Beachtung der bislang angestellten Zweckmäßigkeitserwägungen grundsätzlich nicht begründen. Auch im künftigen Recht müssen sich die Insolvenzrichter abstimmen, ob die einheitliche Insolvenzverwaltung durch einen Konzerninsolvenzverwalter im Einzelnen zweckmäßig ist (§ 56b Abs. 1 InsO).

263   Zu beachten ist, dass vorläufige Gläubigerausschüsse in der Konzerninsolvenz gemäß § 56a InsO einen einheitlichen Insolvenzverwalter **vorschlagen** können. Gemäß § 56a

---

[501] *Lüke* ZIP 2003, 557 ff; *Prütting* ZIP 2002, 1965, 1965 ff; *Schumann* FS Geimer, 2002, S. 1043 ff.
[502] Vgl. auch BVerfGE 116, 1 ff (Insolvenzverwaltervorauswahl).
[503] *Piepenburg* NZI 2004, 231, 234.
[504] *Piepenburg* NZI 2004, 231, 234.
[505] *Piepenburg* NZI 2004, 231, 234; vgl. auch *Ehricke* DZWiR 1999, 353, 356.
[506] *Ehricke* DZWiR 1999, 353, 356.
[507] *Ehricke* DZWiR 1999, 353, 356.
[508] *Ehricke* DZWiR 1999, 353, 356.

Abs. 2 S. 1 InsO sind die Insolvenzgerichte an die Vorschläge grundsätzlich gebunden, wenn diese **einstimmig** zustande gekommen sind. Gleichwohl haben die Insolvenzgerichte auch bei einstimmigen Vorschlägen die Eignungskriterien des § 56 Abs. 1 InsO zu prüfen, insbesondere in der Konzerninsolvenz dahingehend, ob die gebotene Objektivität und Neutralität des vorgeschlagenen Insolvenzverwalters gegeben ist (vgl § 56b Abs. 1 InsO).[509]

bb) Auftreten von Interessenkonflikten

In diesem Rahmen muss das Insolvenzgericht die möglichen **Interessenkonflikte** berück- **264** sichtigen, die bei einheitlicher Verwalterbestellung vorliegen können. Denn weil der Konzerninsolvenzverwalter als unabhängiger Insolvenzverwalter (§ 56 Abs. 1 InsO)[510] in den jeweiligen Einzelinsolvenzverfahren seine Rechte treuhänderisch in Bezug auf die *jeweilige* Insolvenzmasse ausübt, für die er bestellt worden ist, sind Interessenkonflikte in Teilbereichen vorauszusehen. Insbesondere beim **Bestreiten** von Forderungen innerhalb des Konzerns (§§ 178 f InsO), bei konzerninternem **Lieferungs- und Leistungsaustausch** und der Ausübung des **Verwalterwahlrechts** (§ 103 InsO) sowie bei der Verfolgung **wechselseitiger Ansprüche** der Konzernunternehmen[511] und bei der Prüfung von **Insolvenzanfechtungen**[512] (§§ 129 ff InsO, insbesondere §§ 134, 135 InsO) wird der Konzerninsolvenzverwalter regelmäßig in einen strukturellen Rollenkonflikt geraten. Dem soll durch die Bestellung eines **Sonderinsolvenzverwalters** oder mehrerer Sonderinsolvenzverwalter begegnet werden,[513] der neben dem Konzerninsolvenzverwalter tätig und in den vorher festzulegenden Kollisionsbereichen zur Amtsführung berufen wird.

Die Möglichkeit solcher Interessenkollisionen zeigt zugleich die Schwierigkeiten im **265** Hinblick auf die neuen gesetzlichen **Koordinationsinstrumente** in der Konzerninsolvenz gemäß §§ 269a ff InsO. Denn die gesetzlichen Koordinationspflichten in §§ 269a ff InsO beruhen auf der Hintergrundannahme der weitgehenden Interessengleichrichtung im Konzern, die jedoch nicht in sämtlichen Gruppeninsolvenzen gegeben ist und gerade mit der Verfahrenseröffnung entfallen kann. So wie die Interessenkonflikte in der Person eines Konzerninsolvenzverwalters auftreten können, der verschiedene Insolvenzmassen verwaltet, stehen sie auch einer Verfahrenskoordination zwischen verschiedenen Organen im Grundsatz entgegen, so dass die neuen gesetzlichen Koordinationsinstrumente entsprechend zurückhaltend und umsichtig einzusetzen sind, sobald ein Kollisionsbereich tangiert wird. Insoweit ist es sinnvoll, die typischerweise auftretenden Konflikte zu benennen:

Es ist grundsätzlich anerkannt, dass der Insolvenzverwalter als Rechtspflegeorgan nicht **266** unter dem Eindruck einer **Interessenkollision** handeln darf.[514] Der Schutz des Vertrauens in die Objektivität und Neutralität der Rechtspflege gebietet es, Interessenkollisionen bei Amtsträgern zu unterbinden. Derartige Interessenkollisionen sind im Hinblick auf die

---

[509] Vgl. HambKommInsO/ *Frind* InsO § 56a Rn. 23.

[510] Der RegE des Gesetzes zur Erleichterung der Bewältigung von Konzerninsolvenzen betont die erforderliche Unabhängigkeit, indem er in § 56b Abs. 1 RegE-InsO die beteiligten Insolvenzgerichte verpflichtet, vor einer einheitlichen Verwalterbestellung die Unabhängigkeit genau zu untersuchen.

[511] *Lüke* ZIP 2004, 1693, 1695.

[512] Siehe zur Unentgeltlichkeitsanfechtung gemäß § 134 InsO, die in Konzernsituationen bei Zahlung auf Verbindlichkeiten verbundener Unternehmen auftreten kann *Fichtner* KSzW 2012, 278 ff; *Thole* KTS 2011, 219 ff.

[513] AG Duisburg ZIP 2002, 1636 ff (Babcock Borsig AG); AG Köln, ZIP 2008, 982 ff (PIN); AG Essen, ZIP 2009, 1826 ff (Arcandor); *Graeber* NZI 2007, 265, 269 f; zum Sonderinsolvenzverwalter vgl. *Graeber/Pape,* ZIP 2007, 991 ff; *Lüke* ZIP 2004, 1693 ff; *Frege,* Der Sonderinsolvenzverwalter, 26 ff; *Schäfer,* Der Sonderinsolvenzverwalter, 35 ff.

[514] Vgl. BGH ZIP 2012, 1187 ff; BGH ZInsO 2012, 928 ff; BGH ZInsO 2012, 269 ff = NZI 2012, 247 ff. Für die entsprechende Anwendung von § 41 ZPO MüKoInsO/ *Graeber* § 56 Rn. 24; für eine „großzügige Heranziehung der ZPO-Vorschriften iS einer Übernahme der Regelungstechnik und der Orientierung an den prozessualen Fallgruppen" *Lüke,* ZIP 2003, 557, 561; noch weitergehend *Graf/Wunsch* DZWiR 2002, 177, 179, die auf den Rechtsgedanken von §§ 41 f ZPO, 6 FGG, 22 ff StPO, 54 VwGO und auf §§ 43a Abs. 4 BRAO, 3 BerufsO verweisen.

Tätigkeit des Insolvenzverwalters bislang angenommen worden, wenn ein Insolvenzverwalter im Rahmen von zwei oder mehr Insolvenzverfahren, in denen er bestellt worden ist, untereinander Rechte geltend machen muss.[515] Beispielhaft hierfür sind Parallelverfahren bezüglich einer GmbH & Co. KG und ihrer eigenen Komplementär-GmbH, in denen derselbe Insolvenzverwalter bestellt wird.[516] Die Konzerninsolvenz ist hiermit zu vergleichen, denn es liegt regelmäßig eine Doppel- bzw Mehrfachinsolvenz unter der Beteiligung von herrschenden und abhängigen Unternehmen vor.[517] In diesen Fällen der Verfahrenshäufung aufgrund der Verbundenheit von Unternehmen sind wechselseitige Ansprüche aus allgemeinem Zivil- und Wirtschaftsrecht, Gesellschaftsrecht und Insolvenzrecht denkbar:

267   Dies können wechselseitige **Ansprüche aus Lieferung und Leistung** sein, die mit der Verfahrenseröffnung jeweils fällig werden (vgl § 41 InsO). Es kann es in der Konzerninsolvenz insoweit auch vermehrt zu sinngemäßen Anwendungsfällen von § 181 BGB (Selbstkontrahieren) dadurch kommen, dass bei Betriebsfortführungen infolge der Fortsetzung der konzerninternen Leistungsbeziehungen neue Verträge zwischen den insolventen Konzerngesellschaften abzuschließen sind.[518] Die Ausübung des Verwalterwahlrechtes bezüglich beiderseitig nicht erfüllter Austauschverträge gemäß § 103 Abs. 1 InsO fällt ebenfalls in diese Kategorie von Rechtsgeschäften. Es besteht hierbei die realistische Gefahr, dass im Rahmen der rechtlich an sich nicht erwünschten Selbstkontraktionen eine Masse zu Lasten einer anderen Masse bevorzugt wird.[519] Im Hinblick auf die prinzipielle Fremdnützigkeit der Amtsführung durch den Insolvenzverwalter muss einer solchen Interessenkollision in der Person des Insolvenzverwalters angemessen begegnet werden. Es kommt die Bestellung eines Sonderinsolvenzverwalters im Hinblick auf die Einzelgeschäfte in Betracht (wenn nicht dem Insolvenzverwalter das Selbstkontrahieren durch alle Beteiligten des Verfahrens gestattet worden ist).

268   Des Weiteren können Ansprüche aus dem **Personen- und Kapitalgesellschaftsrecht** wie diejenigen aus Kapitalaufbringung und Kapitalerhaltung, aus Durchgriffshaftung zB wegen Vermögensvermischung[520] oder wegen existenzvernichtenden Eingriffes in das Gesellschaftsvermögen[521] bestehen. Diese Anspruchsgrundlagen sind in Konzernkonstellationen relevant, da sie sich regelmäßig gegen die beherrschende Mehrheitsgesellschafterin richten, wenngleich der BGH die Beherrschung nicht als Tatbestandsmerkmal voraussetzt.[522] Auch hier kann die Durchsetzung derartiger Rechte einem Sonderinsolvenzverwalter übertragen werden.

269   Darüber hinaus können **Anfechtungsrechte** gegenüber verbundenen Unternehmen gegeben sein. Die Konzerngesellschaften stehen einander rechtlich und faktisch regelmäßig so nahe, dass zumindest die zentralen Konzerngesellschaften, von denen die einheitliche Leitung ausgeht, über die Zahlungsfähigkeit und den Liquiditätsstatus der abhängigen Gesellschaften informiert sind. Diejenigen Anfechtungstatbestände dürften insoweit regelmäßig erfüllt sein, die auf eine besondere Kenntnis der Vermögenslage der Insolvenzschuldnerin abstellen. Zudem wird die positive Kenntnis bestimmter anfechtungsrelevanter Umstände gesetzlich vermutet, wenn der Anfechtungsgegner der Insolvenzschuldnerin nahe stand (vgl §§ 130 Abs. 3, 131 Abs. 2 S. 2, 132 Abs. 3, 133 Abs. 2 S. 1 InsO iVm § 138 InsO). In Konzernlagen ist ein solches Nahestehen gemäß § 138 Abs. 1 Nr. 4 und Abs. 2 Nr. 1 bis 3 InsO regelmäßig gegeben.

---

[515] *Paulsen* Auswahl und Bestellung des Insolvenzverwalters S. 51.
[516] *Paulsen* Auswahl und Bestellung des Insolvenzverwalters S. 51.
[517] Vgl. *K. Schmidt* KTS 2011, 161 ff.
[518] So offenbar auch im Verfahren des AG Duisburg ZIP 2002, S. 1636, 1641 (Babcock Borsig AG).
[519] *Smid* Praxishandbuch Insolvenzrecht, § 2 Rn. 26.
[520] LG Hildesheim ZInsO 2001, 474.
[521] Sog. „*Trihotel*"-Rechtsprechung: BGHZ 151, 181; BGHZ 173, 246 BGHZ 179, 244; BGH ZIP 2005, 1734, 1738; BAG ZIP 2005, 1774, 1776; OLG Dresden ZIP 2005, 1680, 1683.
[522] In Abkehr von der früheren Rspr. gilt dies seit BGHZ 149, 10 (Bremer Vulkan).

In Konzernsituationen sind zudem oftmals **Zahlungen auf die fremde Schuld** eines 270
verbundenen Unternehmens gegeben, die regelmäßig zur Anfechtbarkeit gemäß § 134
InsO führen.[523]

Zudem ist die Anfechtung von Rückzahlungen etc hinsichtlich Gesellschafterdarlehen 271
gemäß §§ 39 Abs. 1 Nr. 5, 135 InsO zu prüfen.

Die Rechtsfolge des Vorliegens einer Anfechtungslage ist, dass Anfechtungsprozesse unter 272
Beteiligung der Insolvenzverwalter auf Rückgewähr des anfechtbar Erlangten zu führen
sind (§§ 143 ff InsO). Als Partei kraft Amtes wäre ein Konzerninsolvenzverwalter auf
beiden Seiten des Prozessrechtsverhältnisses beteiligt. Ein derartiger **Insichprozess** ist
rechtlich unstatthaft, weshalb die Bestellung eines Sonderinsolvenzverwalters in dieser
Situation erforderlich wird.

cc) Bestellung von Sonderinsolvenzverwaltern

In Rechtsprechung und Literatur wird von der Zulässigkeit der Bestellung von Sonderin- 273
solvenzverwalter ausgegangen,[524] obgleich ein derartiges Verfahrensorgan in der InsO nicht
ausdrücklich geregelt ist.[525] Es ist gesicherter Bestand in Rechtsprechung und Schrifttum,
dass vom Insolvenzgericht ein Sonderinsolvenzverwalter mit sachlich begrenztem Aufgabenkreis neben den originären Insolvenzverwalter bestellt werden darf.[526] Das Insolvenzgericht kann hierbei auf die §§ 56 InsO iVm 1915, 1909, 1795 BGB zurückgreifen.[527] Die
Sonderverwaltung ist hiernach anzuordnen, wenn der bestellte Insolvenzverwalter tatsächlich oder rechtlich an der Ausübung des Amtes gehindert ist.[528] Ist wie im Fall der
mangelnden Unparteilichkeit, Unabhängigkeit, Objektivität und Neutralität ein solches
rechtliches Hindernis anzunehmen, welches dem Gericht bereits im Zeitpunkt der Verfahrenseröffnung bekannt war oder später vom Insolvenzverwalter mitgeteilt worden ist,[529]
muss der Sonderinsolvenzverwalter bestellt werden (vgl auch § 56b Abs. 1 S. 2 InsO), der
den Insolvenzverwalter insoweit nicht vertritt, sondern diesem gegenüber völlig selbständig
und unabhängig handelt. Er ist selbst Inhaber eigener Rechte und Pflichten, die sich aus
dem Gesetz und dem Bestellungsbeschluss ergeben.[530] Der Sonderinsolvenzverwalter wird
wie ein Insolvenzverwalter nach der InsVV vergütet, wenn er materiell Verwaltungsauf-
gaben wahrnimmt.[531]

Auch im Hinblick auf die Koordinationspflichten des § 269a InsO kann die Sonderinsol- 274
venzverwaltung Bedeutung erlangen, wenn sich die Insolvenzverwalter im Konzern wechselseitig informieren und koordinieren und sich zu einem späteren Zeitpunkt herausstellt,
dass die Insolvenzmasse entgegengesetzte Interessen verfolgen.

---

[523] Vgl. auch BGH NZI 2016, S. 398 ff.; BGH NZI 2017, S. 24.
[524] BGH NZI 2006, 94, 95; BGH NZI 2006, 474 ff; BGH NZI 2007, 284 ff; BGH NZI 2007, 237 ff; BGH
    NZI 2008, 485 ff; BGH NZI 2009, 238 ff; AG Duisburg ZIP 2002, 1636, 1641 (Babcock Borsig AG); AG
    Köln ZIP 2008, 982 ff (PIN); AG Essen ZIP 2009, 1826 ff (Arcandor); *Dahl* ZInsO 2004, S. 1014 ff; *Frege*
    Der Sonderinsolvenzverwalter, 5 ff; *Graeber/Pape* ZIP 2007, S. 991 ff; *Graf/Wunsch* DZWiR 2002, 177 ff;
    Kesseler KTS 2000, 491, 494; *Lüke* ZIP 2004, 1693 ff; *Schäfer* Der Sonderinsolvenzverwalter 9 ff.
[525] Die in § 77 RegE InsO vorgeschlagene Normierung ist vom Rechtsausschuss gestrichen worden, weil
    man angesichts der bisherigen Übung auf der Grundlage der KO der Überzeugung war, auf eine
    gesetzliche Regelung verzichten zu können; vgl. *Graeber/Pape* ZIP 2007, 991, 991 f; *Kesseler* KTS 2000,
    491, 494; *Paulsen* Auswahl und Bestellung des Insolvenzverwalters S. 52.
[526] BGH NZI 2006, 474, 475; BGH NZI 2006, 94, 95; *Dahl* ZInsO 2004, 1014 ff; AG Duisburg ZIP 2002,
    1636, 1641 Babcock Borsig AG); *Frege* Der Sonderinsolvenzverwalter 5 ff; *Graeber/Pape* ZIP 2007, 991 ff;
    Graf/Wunsch DZWiR 2002, 177 ff; *Kesseler* KTS 2000, 491, 494; *Lüke* ZIP 2004, 1693 ff; *Schäfer* Der
    Sonderinsolvenzverwalter 9 ff.
[527] *Kesseler* KTS 2000, 491, 494; aA *Graf/Wunsch* DZWiR 2002, 177, 180.
[528] BGH NZI 2006, 474, 475 mwN.
[529] Vgl. *Lüke* ZIP 2004, 1693, 1695.
[530] *Graeber/Pape* ZIP 2007, 991 (997); *Graf/Wunsch* DZWiR 2002, 177, 181.
[531] BGH ZIP 2008, 1294 ff.

e) Keine einheitliche Besetzung der Gläubigerausschüsse im Konzern und Koordination der Überwachungsaufgaben

275 Das Insolvenzrecht kannte keinen **Konzerngläubigerausschuss** als Gesamtaufsichtsgremium der Insolvenzgläubiger in der Konzerninsolvenz. Die Überwachungsaufgabe des Gläubigerausschusses gemäß § 69 S. 1 InsO bezog immer auf das Insolvenzverfahren, in dem der Gläubigerausschuss eingesetzt und besetzt worden ist und demzufolge auf die jeweilige Schuldnerin. Ein **übergeordnetes Überwachungsorgan** für die insolvente Unternehmensgruppe kannte die InsO nicht; es war § 269c Abs. 1 InsO vorbehalten, einen solchen **Gruppen-Gläubigerausschuss** in die InsO einzuführen, dessen Mitglieder aus den Gläubigerausschüssen rekrutiert werden, die in den beteiligten Insolvenzverfahren der Konzerngesellschaften gebildet wurden.

276 Nach bisherigem Recht war es gesetzlich nicht vorgesehen, dass im Fall von Parallelverfahren verbundener Gesellschaften eines Konzerns die Gläubigerausschüsse, soweit nach dem Besetzungsschema des § 67 Abs. 2 und Abs. 3 InsO zulässig, einheitlich besetzt werden müssen.

277 Gleichwohl ergibt sich aus der Rechtsprechung des BGH, dass eine solche **einheitliche Besetzung** zumindest nicht gegen die InsO verstößt und insoweit zulässig ist. Der BGH hat im Hinblick auf die Entlassung von Gläubigerausschussmitgliedern in der Gruppeninsolvenz entschieden, dass ein Vertrauensverlust die Entlassung eines Mitglieds zweier personenidentisch besetzter Gläubigerausschüsse in beiden Insolvenzverfahren rechtfertigen kann, wenn zumindest in einem Verfahren Verfehlungen begangen wurden.[532] Hieraus ergibt sich mittelbar, dass solche Doppelmandate zulässig sind.

278 Zu beachten ist dabei, dass bei Doppelmandaten von Gläubigerausschussmitgliedern **Interessenkonflikte** auftreten können (so wie diese in der Person des Konzerninsolvenzverwalters gegeben sein können). Die Mitgliedschaft im Gläubigerausschuss führt zur Begründung einer **Organkompetenz,** die fremdnützig im Interesse der jeweiligen Insolvenzmasse auszuüben ist, auf die sich die Überwachungs- und Beratungsaufgabe des Gläubigerausschusses jeweils bezieht (§ 69 S. 1 InsO).[533] Insoweit sind die Mitglieder des Gläubigerausschusses ihrer jeweiligen Insolvenzmasse, auf die sich das von Ihnen übernommene Amt bezieht, zur Loyalität, Förderung, Vertraulichkeit etc verpflichtet.[534] Das Doppelmandat in Gläubigerausschüssen von Parallelverfahren in der Konzerninsolvenz kann insoweit zu Konflikten führen, wenn die Insolvenzmassen entgegengesetzte Interessen verfolgen und die Verwertung von Informationen oder die Zustimmung zu bestimmten Handlungen des Insolvenzverwalters jeweils Schaden bei der anderen Insolvenzmasse verursachen kann. Der Ausschluss von der Beratungstätigkeit (§ 69 S. 1 InsO) und die Stimmenthaltung bei der Beschlussfassung (§ 72 InsO) sind nur bedingt geeignet, den Gefahren derartiger Interessenkollisionen wirksam zu begegnen. Dies wird auch im Rahmen von § 269c InsO zu beachten sein, der den übergeordneten Gruppen-Gläubigerausschuss und die Informationsdurchlässigkeit im Hinblick auf die zur Unterstützung verpflichteten Einzelausschüsse regelt.

---

[532] BGH ZIP 2008, 655; BGH ZIP 2008, 652ff.
[533] Grundlegend *Frege/Nicht* InsVZ 2010, 407 ff = ZInsO 2012, 2217 ff.
[534] *Frege/Nicht* InsVZ 2010, 407 ff = ZInsO 2012, 2217 ff.

3. Gesetzliche und vertragliche Koordinationsinstrumente in der Konzerninsolvenz

a) Zusammenarbeit der Insolvenzgerichte bei nationalen und internationalen Konzerninsolvenzen

aa) Zusammenarbeit der Insolvenzgerichte bei der konkreten örtlichen und funktionellen Zuständigkeitsermittlung nach der EuInsVO 2015

Die Tendenz der Konzernunternehmen geht dahin, durch strukturelle Maßnahmen wie **279** Satzungsänderungen oder effektive Sitzverlegungen des Verwaltungssitzes und eine abgestimmte Verwaltung der Unternehmensgruppe einen **Gruppengerichtsstand** unter der EuInsVO 2015 zu erreichen (sog. *forum shopping*). Bei grenzüberschreitenden Insolvenzen ist die Festlegung des anwendbaren Insolvenzrechts infolge der Eröffnungszuständigkeit (Art 3 Abs. 1 und Abs. 2 und 4 Abs. 1 EuInsVO 2000 bzw Art 3 Abs. 1 und Art 7 EuInsVO 2015; *lex fori concursus*) ein wichtiges Gestaltungskriterium. Im nationalen Bereich wird das **Ansteuern** eines bestimmten Gerichtsstandes wegen §§ 3a bis 3d InsO in Zukunft keine besondere Rolle spielen, da die Konzentration am Gruppengerichtsstand der Konzerninsolvenz erfolgt und Verweisungen an dieses Gericht zulässig sind.

Diese gezeigten Tendenzen zur Begründung einer bestimmten Zuständigkeit führen auf **280** der Seite der Insolvenzgerichte zu einem erhöhten **Prüfungs- und Abstimmungsbedarf** insbesondere im Zeitfenster unmittelbar nach Antragstellung, denn das zielgerichtete Ansteuern eines bestimmten Gerichtsstands durch Konzerngesellschaften kann es erforderlich machen, im Rahmen der Prüfung der Zulässigkeit der jeweiligen Eröffnungsanträge nach § 3 Abs. 1 InsO (iVm §§ 3a ff InsO) und Art 3 Abs. 1 EuInsVO 2015 und der damit verbundenen Anträge (zB §§ 22a, 270, 270a, 270b InsO) die eigene gerichtliche Zuständigkeit für die Anordnung von Sicherungsmaßnahmen[535] und für die Verfahrenseröffnung zu ermitteln bzw sich mit den potenziell auch für die Eröffnung in Betracht kommenden Gerichten zu koordinieren (siehe insoweit auch Art 57 EuInsVO 2015), denn ein *forum shopping* zu Lasten der Verfahrensbeteiligten soll nach der EuInsVO grundsätzlich unterbunden werden (vgl Erwägungsgrund 4 zu EuInsVO 2000 und Erwägungsgrund 5 zu EuInsVO 2015).

Bei grenzüberschreitenden Konzerninsolvenzen kooperieren die Insolvenzgerichte **281** grundsätzlich auf der Grundlage des Art 81 AEUV, der die **justizielle Zusammenarbeit** der Mitgliedstaaten in Zivilsachen vorsieht (siehe auch Art 102 §§ 2, 3, 4, Art 102c EGInsO), und auf Grundlage der EuInsVO 2000 und EuInsVO 2015, die vom Grundsatz des wechselseitigen Vertrauens der Gerichte und Behörden der Mitgliedstaaten ausgehen. Nach Art 57 EuInsVO 2015 sind die beteiligten Insolvenzgerichte bei insolventen Mitgliedern einer Unternehmensgruppe zur **Zusammenarbeit und Kommunikation berechtigt und verpflichtet**. Die neue Vorschrift der EuInsVO sieht vor, dass die beteiligten Gerichte zusammenarbeiten müssen, soweit diese Zusammenarbeit die **wirksame Verfahrensführung erleichtern** kann (Art 57 Abs. 1 EuInsVO 2015). Voraussetzung ist, dass die Kooperation nicht gegen gesetzliche Vorschriften verstößt und keine Interessenkonflikte hervorruft. Insoweit konkretisiert sich bei grenzüberschreitenden Konzerninsolvenzen die Pflicht zur Zusammenarbeit der Gerichte in zwei an sich unabhängigen Hauptinsolvenzverfahren.[536] Sie verweist in Art 57 Abs. 1 und Abs. 2 EuInsVO 2015 insbesondere auf die **wechselseitige Informationserteilung** (direkte und indirekte Kommunikation) und auf die wechselseitige Unterstützung. Jedoch dürfen die Verfahrensrechte der Beteiligten – Informationsrechte, Rechtsmittelrechte, Teilhabe- und Mitentscheidungsrechte – hierbei nicht verletzt werden (Art 57 Abs. 2 EuInsVO 2015). Zudem muss die Vertraulichkeit der

---

[535] Vgl. AG Charlottenburg, ZInsO 2018, 62 ff. = ZIP 2018, 43 ff.
[536] Vgl. *Wimmer/Bornemann/Lienau* Die Neufassung der EuInsVO S. 176.

überlassenen Informationen hinreichend gewahrt werden (Art 57 Abs. 2 EuInsVO 2015). Die beteiligten Insolvenzgerichte können nach Art 57 Abs. 1 S 2 EuInsVO bei Bedarf eine unabhängige Person oder Stelle bestellen oder bestimmen, die auf Weisung der Gerichte tätig wird. Sinn und Zweck der neuen gesetzlichen Kooperations- und Informationspflicht ist die Identifikation und Durchsetzung möglicher Kooperationsgewinne (Synergien)[537], weshalb eine Abstimmung im Rahmen der Zuständigkeitsermittlung sinnvoll und zweckmäßig erscheint.

282   Die gerichtliche Zuständigkeit richtet sich sowohl gemäß § 3 Abs. 1 InsO (vorbehaltlich §§ 3a bis 3d InsO) als auch gemäß Art 3 Abs. 1 EuInsVO bei verbundenen Unternehmen in erster Linie jeweils nach dem **Satzungssitz** der Antragstellerin, weil dort der Mittelpunkt der geschäftlichen Tätigkeit des Schuldnerunternehmens vom Gesetzgeber vermutet wird. Diese gesetzliche Vermutung kann im Einzelfall widerlegt werden, wenn bei abweichenden tatsächlichen Verhältnissen der **Mittelpunkt der hauptsächlichen geschäftlichen Interessen** zB am effektiven Sitz der Geschäftsleitung und der Belegenheit des Betriebsvermögens zu verorten ist.[538] Insbesondere bei – satzungsmäßigen oder tatsächlichen – Sitzverlegungen im Vorfeld der Insolvenz kann es hier zu Unklarheiten kommen, die die Insolvenzgerichte im Wege der Amtsermittlung beseitigen sollen (vgl § 5 Abs. 1 InsO). Hierzu ist es erforderlich und geboten, dass sich die beteiligten Insolvenzgerichte im Hinblick auf die zuständigkeitsbegründenden Merkmale austauschen und ggf eine gemeinsame Begutachtung und Rechtsbewertung vornehmen.[539] Maßgeblich für die Begründung der Zuständigkeit sind die tatsächlichen Verhältnisse im **Zeitpunkt der Antragstellung**, wobei die vermutungswirkung des Satzungssitzes nach Art. 3 Abs. 1 EuInsVO nur greift, wenn der Sitz nicht in einem Zeitraum von 3 Monaten vor Antragstellung in einen anderen Mitgliedstaat verlegt wurde. Inhaltlich wird man sich hinsichtlich der Zuständigkeitsermittlung auf den sog *business activity*-Ansatz stützen können, wonach die Belegenheit des Betriebsvermögens und der wesentlichen Produktionsfaktoren und *Stakeholder*-Rechtsbeziehungen den Ausschlag gibt (und nicht die Ortsansässigkeit der Verwaltungsorgane). Folglich können und müssen die beteiligten Insolvenzgerichte in den verschiedenen Mitgliedstaaten diejeigen Informationen bereitstellen, die zu einer sachgerechten Beurteilung dieser Umstände und Faktoren erforderlich und geeignet sind. Da es sich bei Art 57 EuInsVO um eine Verpflichtung von Hoheitsträgern zugunsten von Hoheitsträgern handelt, ist selbstverständlich der Grundsatz der Effizienz und Angemessenheit zu beachten. Es muss keine umfassende Information erfolgen, sondern eine Informationserteilung, die eine hinreichend plausible Rechtsbeurteilung des Art 3 EuInsVO möglich macht.

bb) Veröffentlichung von Verfahrensinformationen

283   Ein Element einer Verfahrenskoordination auf der Ebene der (potenziell) beteiligten Insolvenzgerichte kann die Information des Rechtsverkehrs durch die Veröffentlichung von Verfahrensinformationen sein, da dies die potenziell beteiligten Gerichte und Verfahrensbeteiligten in die Lage versetzt, zu erkennen, an welchen Orten das Konzernvermögen potenziell verwaltet und verwertet wird und wer dafür zuständig ist. Im Hinblick auf nationale Konzerninsolvenzen sind die Bekanntmachungs- und Veröffentlichungsvorschriften der §§ 9, 23, 30 ff InsO zu beachten. Im Hinblick auf die grenzüberschreitende Konzerninsolvenz sieht Art 102 §§ 5, 6, 11 EGInsO in Verbindung mit Art 21, 22 EuInsVO 2000 bestimmte Publizitätsvorschriften vor. Diese werden mit der EuInsVO 2015 erheblich erweitert, insbesondere im Hinblick auf die Einrichtung und Vernetzung von Insolvenzregistern gemäß Art 24 ff EuInsVO 2015 (dazu Art 102c §§ 7 ff EGInsO). Es ist hierbei zu beachten, dass diese öffentlichen Bekanntmachungen und Veröffentlichungen in

---

[537] *Wimmer/Bornemann/Lienau* Die Neufassung der EuInsVO S. 199.
[538] Vgl. AG Köln ZIP 2008, 423 ff; AG Köln ZIP 2008, 215 ff; AG Essen ZIP 2009, 1826 ff.
[539] Vgl. AG Köln NZI 2008, 254 ff; AG Köln NZI 2008, 257 ff; *Busch/Remmert/Rüntz/Vallender* NZI 2010, 417 ff; *Vallender* KTS 2008, 59 ff.

Registern etc dann nicht weiterführend sind, wenn die Sanierung einer Unternehmensgruppe oder die zusammengefasste Liquidation an einem Gerichtsort bezweckt wird, da die Kenntnisnahme durch die beteiligten Justizorgane zu spät und unkoordiniert erfolgt und das vorhandene Zeitfenster für Abstimmungen geschlossen ist.

cc) Informationsrechte und Informationspflichten

(1) Rechtliche Schranken für einen Informationsaustausch der beteiligten Insol- 284
venzgerichte. Im Hinblick auf die Koordination der gruppenangehörigen Insolvenzverfahren auf der Ebene der Insolvenzgerichte ist ein frühzeitiger wechselseitiger Austausch im Grundsatz erwünscht, war jedoch rechtlich bislang nicht unproblematisch. Das Insolvenzverfahren ist nach hiesigemRechtsverständnis nach Maßgabe von §§ 4 InsO, 299 ZPO lediglich gegenüber den Verfahrensbeteiligten öffentlich, da lediglich die Beteiligten ein schutzwürdiges rechtliches Interesse an angemessener Informationserteilung haben. Die Weitergabe von Verfahrensinformationen an andere Insolvenzgerichte im In- und Ausland kann und wird dagegen regelmäßig dazu führen, dass diese Informationen in andere Insolvenzverfahren einfließen und dort an Verfahrensbeteiligte übermittelt werden, was wiederum zu Konflikten im Hinblick auf die verwalteten Massen führen kann.

Hierdurch würde der im deutschen Insolvenzrecht geltende Grundsatz der lediglich 285 **begrenzten Öffentlichkeit** des Verfahrens unterlaufen werden.

Gleichwohl wurde es in bestimmten Grenzen auch bislang für zulässig gehalten[540], dass 286 hiesige Insolvenzgerichte mit anderen nationalen oder im Ausland ansässigen Insolvenzgerichten zum Zweck der Verfahrensabstimmung kommunizieren und dies auch durch Abschluss einer Vereinbarung (zB *international protocol*) rechtlich formalisieren dürfen.[541] Hierbei ist jedoch zu beachten, dass die Regelungsgehalte nationaler Verfahrensvorschriften nicht unterlaufen werden.

Die wechselseitige Information ist zulässig, soweit diese durch **gesetzliche Tatbestände** 287 ausdrücklich erlaubt oder gefordert wird (vgl zB §§ 46d ff KWG, Art 102 §§ 5, 6 EGInsO).

(2) Koordinationsvorschrift in der InsO. Im reformierten deutschen Insolvenzrecht 288 sieht § 269b InsO aufgrund der bislang bestehenden rechtlichen Unsicherheiten eine ausdrückliche Koordinationsregel vor, die den Informationsaustausch zwischen verschiedenen Insolvenzgerichten erlaubt und die entsprechenden Koordinationsinhalte vorgibt. Hiernach werden die in Konzerninsolvenzen beteiligten Insolvenzgerichte, denen ein Eröffnungsantrag eines gruppenangehörigen Unternehmens vorliegt, verpflichtet, Informationen auszutauschen, soweit diese für die jeweils anderen Insolvenzverfahren der gruppenangehörigen Schuldner **von Bedeutung** sind. Die Vorschrift beschränkt sich ausdrücklich auf die Insolvenzgerichte, bei denen ein Insolvenzverfahren über ein gruppenangehöriges Unternehmen iSv § 3e InsO anhängig ist. Dies gilt nach dem Wortlaut von § 269b InsO insbesondere für:

• die Anordnung von **Sicherungsmaßnahmen** (§§ 21, 22, 22a InsO),
• die **Eröffnung** von Insolvenzverfahren (§§ 27 ff InsO),
• die Bestellung von **Insolvenzverwaltern** (§§ 56 ff InsO),
• wesentliche **verfahrensleitende Entscheidungen** (zB Terminierungen gemäß § 29 Abs. 1 InsO: Prüfungs- und Berichtstermin),
• den Umfang der **Insolvenzmasse** (§§ 35, 36 InsO),
• die Vorlage von **Insolvenzplänen** (§§ 217 ff InsO),
• Maßnahmen zur **Beendigung** des Insolvenzverfahrens.

---

[540] Zur Anwendung der *protocols* unter Geltung der neuen EuInsVO 2015 vgl. *Wimmer/Bornemann/Lienau* Die Neufassung der EuInsVO S. 201.
[541] *Busch/Remmert/Rüntz/Vallender* NZI 2010, 417 ff.

289   Die Insolvenzgerichte können mithin bereits nach dem Eingang des Eröffnungsantrags sich gegenseitig mitteilen, welche konkreten Sicherungsmaßnahmen angeordnet worden sind und die entsprechenden **Beschlüsse** übermitteln. Insbesondere sollte mit Blick auf die mögliche Sanierung im Konzern mitgeteilt werden, wie die jeweiligen Insolvenzgerichte die Anträge auf Anordnung der einstweiligen **Eigenverwaltung** (§ 270a Abs. 1 InsO) oder des Schutzschirmverfahrens (§ 270b Abs. 1 InsO) bewerten und ob davon abgesehen wurde, ein Verfügungsverbot gegen den Schuldner anzuordnen. Es sollte mitgeteilt werden, wer als **vorläufiger Sachwalter** bestellt wurde. Hinsichtlich der Vorbereitung einer Sanierung (§ 270b InsO) ist anzugeben, innerhalb welcher Fristen ein **Insolvenzplan** vorzulegen ist. Im Hinblick auf die Einsetzung und Besetzung eines vorläufigen Gläubigerausschusses ist von Bedeutung, ob die Voraussetzungen von § 22a InsO vorliegen und wer als Ausschussmitglied eingesetzt worden ist. Von besonderer Bedeutung dürfte im Rahmen des Schutzschirmverfahrens die Bescheinigung gem § 270b Abs. 1 InsO, mit der belegt werden soll, dass die geplante Sanierung nicht offensichtlich ohne Aussicht auf Erfolg ist (vgl dazu den Standard IDW S 9). In der Insolvenz der Unternehmensgruppe darf davon ausgegangen werden, dass die Sanierung nicht stand alone geplant und umgesetzt werden kann, weshalb die Bescheinigung bzw die Bescheinigungen entsprechende Aussagen zur Auswirkung der Verbundintegration enthalten werden. Für die Gerichte gilt insoweit, dass sie die mit dem Eröffnungsantrag eingereichten Bescheinigungen auch austauschen sollten, um sicherzustellen, dass ein einheitlicher Sanierungsansatz gelingen kann.

290   **(3) Koordinationsvorschriften in der EuInsVO.** In der EuInsVO 2015 ist mit Art 57 eine Koordinationsregel für den **grenzüberschreitenden Informationsaustausch** zwischen den Insolvenzgerichten verankert worden. Nach dieser Vorgabe müssen sich die im Konzernverbund beteiligten Insolvenzgerichte informieren und unterstützen. Die gilt ferner für die beteiligten Insolvenzverwalter untereinander (Art 56 EuInsVO 2015) und im Hinblick auf die internationalen Beziehungen zwischen den Insolvenzverwaltern und den Gerichten (Art 58 EuInsVO 2015). Dies gilt jeweils, soweit dies für die beteiligten Verfahren **von Bedeutung** ist und **keine erkennbaren Nachteile** für die Insolvenzmassen verursacht werden, insbesondere keine Interessenkonflikte entstehen und die jeweils geltenden Verfahrensvorschriften eingehalten werden (Art 56, 58 EuInsVO 2015).[542] Nach Art 58 EuInsVO 2015 haben Insolvenzverwalter im Konzern einen Anspruch auf Zusammenarbeit und Informationsaustausch gegenüber Insolvenzgerichten, die nicht für ihr eigenes Insolvenzverfahren zuständig sind, sondern für ein anderes Insolvenzverfahren im Konzern. Die Informationen müssen sich auf das Vermögen der Insolvenzschuldnerin beziehen, für die das Insolvenzgericht zuständig ist (Art 58 lit. b) EuInsVO 2015). Der Insolvenzverwalter kann das jeweils andere Insolvenzgericht auch um Unterstützung im Hinblick auf sein eigenes Verfahren ersuchen (Art 58 lit. b) EuInsVO 2015). Insoweit müssen hier die Insolvenzgerichte Auskünfte erteilen und den Insolvenzverwaltern Dokumente und Informationen zur Verfügung stellen, wenn dies für die Insolvenzbewältigung im Konzern erforderlich ist und nicht zu Nachteilen für die Insolvenzmassen führt. Man könnte in diesem Zusammenhang an die Herausgabe des Eröffnungsgutachtens oder der Verzeichnisse gem §§ 151 ff InsO denken. In der Praxis werden diese Merkmale vermutlich Schwierigkeiten verursachen, denn nicht sämtliche Verhältnisse im Konzern sind zu Verfahrensbeginn zu übersehen und es können im Verlauf Spannungen auftreten (insbesondere mit Blick auf Aufrechnungs- und Anfechtungslagen).

291   Schließlich sind Insolvenzverwalter im Konzern nach Maßgabe des Art 60 EuInsVO 2015 in Insolvenzverfahren von verbundenen Unternehmen anzuhören und können oder dort unter engen Voraussetzungen die Aussetzung einer Verwertungsmaßnahme beantragen. Die Einbindung eines insoweit fremden Insolvenzverwalters eines anderen Konzernunternehmens, der nach der neuen EuInsVO 2015 mit weitreichenden Kompetenzen

---

[542] Siehe zum Verbot der Selbstaufopferung *Wimmer/Bornemann/Lienau* Die Neufassung der EuInsVO S. 199.

ausgestattet ist, dürfte voraussetzen, dass sich die Insolvenzgerichte hinsichtlich der jeweiligen Verfahrensstände und Verfahrensstrategien, die sie zu überwachen haben, vorab ins Benehmen setzen.

dd) Koordiniertes Vorgehen bei einheitlicher Verwalterbestellung und Auswahl von Sonderinsolvenzverwaltern

Das KIG hat zur Einführung eines § 56b InsO geführt, mit dem die einheitliche Verwalter- **292** bestellung in der Konzerninsolvenz ermöglicht bzw erleichtert werden soll. Diese gesetzliche Möglichkeit wirkt sich reflexartig auf die Arbeit der in der Konzerninsolvenz beteiligten Insolvenzgerichte aus.

(1) Einführung einer Abstimmungspflicht. In § 56b Abs. 1 InsO ist geregelt, dass eine **293** **Abstimmungspflicht** der beteiligten Insolvenzgerichte im Hinblick auf die Person des Insolvenzverwalters besteht, die auf das gerichtliche Bestellungsermessen gemäß § 56 Abs. 1 InsO Bezug nimmt. Wird hiernach über das Vermögen von gruppenangehörigen Schuldnern jeweils die Eröffnung eines Insolvenzverfahren beantragt, so haben die angerufenen Insolvenzgerichte sich darüber abzustimmen, ob es **im Interesse der Gläubiger des Konzerns** liegt, lediglich eine Person zum Insolvenzverwalter zu bestellen. Bei der Abstimmung ist nach Vorstellung des Gesetzgebers insbesondere zu erörtern, ob diese Person alle Verfahren über die gruppenangehörigen Schuldner mit der **gebotenen Unabhängigkeit** wahrnehmen kann und ob mögliche **Interessenkonflikte** durch die Bestellung von Sonderinsolvenzverwaltern ausgeräumt werden können. Insoweit nimmt das Gesetz die bisherige Rechtspraxis in Konzerninsolvenzen auf und fasst die in Gesetz (§ 56 Abs. 1 InsO) und Rechtsprechung anerkannten Merkmale zusammen. Insbesonderedas Gesetz, dass auf die zentralen Merkmale der **Objektivität** und **Unabhängigkeit** des Insolvenzverwalters grundsätzlich nicht verzichtet werden kann und dass das Rechtsinstitut der Sonderinsolvenzverwaltung weiterhin als taugliches Mittel angesehen wird, um partielle Interessenkonflikte aufzulösen.

(2) Gläubigerbeteiligung. Mit dem ESUG hatte der Gesetzgeber die Entscheidung über **294** die Auswahl und Bestellung des (vorläufigen) Insolvenzverwalters gemäß § 56a InsO grundsätzlich dem vorläufigen Gläubigerausschuss überantwortet. Dieser ist für die Entwicklung eines **Anforderungsprofils** zuständig und kann einen Insolvenzverwalter **vorschlagen,** wobei dieser Vorschlag dann für das Insolvenzgericht verbindlich ist, wenn er einstimmig erfolgt (§ 56a Abs. 2 InsO). Nach der Reform des Konzerninsolvenzrechts wird das Insolvenzgericht von dem Vorschlag oder den Vorgaben eines vorläufigen Gläubigerausschusses nach § 56a Abs. 1 und Abs. 2 InsO auch dann **abweichen** können, wenn der für einen anderen gruppenangehörigen Schuldner bestellte vorläufige Gläubigerausschuss eine andere Person einstimmig vorschlägt, die sich für eine Tätigkeit nach §§ 56 Abs. 1, 56b Absatz 1 Satz 1 und Satz 2 InsO eignet. Vor der Bestellung dieser anderen Person ist der vorläufige Gläubigerausschuss anzuhören. Ist zur Auflösung von Interessenkonflikten ein Sonderinsolvenzverwalter zu bestellen, findet § 56a InsO entsprechende Anwendung, dh die Definitions- und Vorschlagskompetenz des vorläufigen Gläubigerausschusses bezieht sich nunmehr auf den Sonderinsolvenzverwalter. Insgesamt erhöht sich der Kommunikations- und Abstimmungsbedarf. Auch dürften Meinungskonflikte die Folge sein, insbesondere weil sich **zwei verschiedene Abstimmungsebenen** überschneiden: 1 Insolvenzgericht – vorläufiger Gläubigerausschuss in jedem Insolvenzverfahren über das Vermögen eines gruppenangehörigen Schuldners und 2 Insolvenzgerichte in den Verfahren der Gruppenunternehmen. Es entsteht ein Zielkonflikt, da sich aus dem Gesetz nicht ergibt, ob der Grundsatz der Gläubigerautonomie hinter dem Grundsatz der effektiven Bewältigung von Konzerninsolvenzen zurücktritt. § 269c InsO löst das Problem nicht.[543]

---

[543] Zu den Kompetenzen des Gruppen-Gläubigerausschusses vgl. KPB/*Thole* § 269c Rn. 15.

ee) Abstimmung bei der Durchführung von Gläubigerversammlungen

295 Die Insolvenzgerichte sind im Rahmen ihrer Befugnis zur Verfahrensleitung zuständig für die Einberufung und Leitung der Gläubigerversammlungen (§§ 74 ff InsO, 169 ff GVG).

296 Von besonderer Bedeutung ist diese Kompetenz für die Durchführung des **Berichtstermins** gemäß §§ 29 Abs. 1 Nr. 1, 156 Abs. 1 InsO, in dem die Gläubiger über den Fortgang des Insolvenzverfahrens entscheiden, insbesondere festlegen, ob die jeweilige Schuldnerin in die Liquidation und Vollbeendigung geführt oder deren Sanierung versucht werden soll (§ 157 S. 1 InsO). Die Insolvenzgläubiger können den Insolvenzverwalter im Berichtstermin beauftragen, einen Insolvenzplan zu erstellen und vorzulegen (§ 157 S. 2 InsO). Der Berichtstermin hat mithin grundlegende Bedeutung für das Insolvenzverfahren, da in ihm die Verfahrensstrategie festgelegt wird. Ferner können die Gläubiger gemäß § 57 S. 1 InsO mit Kopf- und Summenmehrheit einen neuen Insolvenzverwalter wählen.

297 Im Fall der Konzerninsolvenz kann es erforderlich sein, die Verfahrensstrategien der beteiligten Insolvenzverfahren aufeinander abzustimmen, indem in den jeweiligen Berichtsterminen nicht lediglich *stand-alone*-Lösungen berichtet werden (vgl § 156 Abs. 1 S. 1 und S. 2 InsO), sondern eine auf den Konzern insgesamt bezugnehmende Verfahrensplanung stattfindet. Gemäß § 156 Abs. 1 S. 1 InsO muss der Insolvenzverwalter jeweils über die wirtschaftliche Lage und die Ursachen berichten. Hierbei kann er auf die entsprechenden Umstände auf Konzernebene Bezug nehmen. Gemäß § 156 Abs. 1 S. 2 InsO hat der Insolvenzverwalter zu berichten, ob und ggf inwieweit Chancen für einen Unternehmenserhalt und ggf für einen Insolvenzplan bestehen. Da häufig die Sanierungschance nicht auf Ebene der Einzelgesellschaft im Konzern zu bewerten ist, sondern die **Verbundeffekte** voraussetzt, kann der Bericht des Insolvenzverwalters die Entwicklungen bei den anderen Konzerngesellschaften nicht ausblenden, sondern muss diese der Sanierungsplanung zugrunde legen, soweit dies Erfolg versprechend ist. Dies bedeutet, dass ein **konzernweites Sanierungskonzept** vor dem Berichtstermin abzustimmen ist und dass die Elemente des Sanierungskonzeptes jeweils konzernspezifisch beurteilt werden.

298 Nach neuem Recht wird der Berichtstermin in der Konzerninsolvenz weiter aufgewertet. Gem § 269i Abs. 1 InsO muss der Insolvenzverwalter eines Konzernunternehmens im Berichtstermin neben den Umständen gemäß § 156 Abs. 1 InsO auch den **Koordinationsplan** erläutern, wenn nicht der Koordinationsverwalter dies unternimmt. Im Anschluss an die beschreibende Darstellung des Koordinationsplans muss der Insolvenzverwalter erläutern und begründen, ob und inwieweit er von den Koordinationsmaßnahmen des Koordinationsplans **abweichen** möchte. Der Koordinationsplan ist mithin für die insolventen Konzerngesellschaften nicht mit seiner Vorlage verbindlich. Als externer Faktor beeinflusst er vielmehr die Entscheidungen der Gläubiger gemäß § 157 S. 1 und S. 2 InsO. Die im Koordinationsplan enthaltenen Maßnahmen können insoweit Bestandteil eines Insolvenzplans oder eines Sanierungskonzeptes auf der Ebene der jeweiligen Einzelgesellschaft im Konzern werden.

299 Diese Einführung des Koordinationsplans in den Berichtstermin führt dazu, dass die Insolvenzgerichte die Terminierungen der Berichtstermine abstimmen müssen, damit sämtliche Gläubigergemeinschaften der beteiligten Konzerneinheiten zeitnah über die konzernweite Insolvenzbewältigungsstrategie abstimmen können.

300 Die Insolvenzverwalter im Konzern sollen nach Maßgabe des Art 60 Abs. 1 EuInsVO 2015 in Insolvenzverfahren von verbundenen Unternehmen gehört werden können oder die **Aussetzung einer Verwertungsmaßnahme** oder die Eröffnung eines Gruppen-Koordinationsverfahrens beantragen können. Die Einbindung eines insoweit fremden Insolvenzverwalters, der nach dem Entwurf der neuen EuInsVO-Vorschriften mit weitreichenden Kompetenzen ausgestattet ist, dürfte voraussetzen, dass sich die Insolvenzgerichte hinsichtlich der jeweiligen Verfahrensstände und Verfahrensstrategien, die sie zu überwachen haben, vorab ins Benehmen setzen.

Das Recht zur Teilnahme an den Gläubigerversammlungen **erweitert** den Kreis der 301 Zutrittsberechtigten gemäß § 74 Abs. 1 S. 1 InsO **unmittelbar**, da die EuInsVO 2015 als europäische Verordnung ohne weitere Zwischenschritte in den Mitgliedstaaten anzuwenden ist und insoweit nationales Recht überlagert. Auch hier durchbricht das Konzerninsolvenzrecht den Grundsatz der Vertraulichkeit des Insolvenzverfahrens in Bezug auf die Verfahrensbeteiligten, denn es lässt einen externen Interessenträger zu den an sich geschützten Beratungen eines Verfahrensorgans zu.

Die Befugnisse der Insolvenzverwalter hinsichtlich der Verwertungsaussetzung sind sehr 302 weitgehend und es ist in hohem Maße fraglich, ob sie im nationalen Recht mit der Eigentumsgarantie des Grundgesetzes vereinbar sind. Offenbar hat sich die Kommission hier von dem Vorbild des Art 33 EuInsVO leiten lassen, der aber lediglich Haupt- und Sekundärinsolvenzverfahren hinsichtlich eines Schuldners betrifft und nicht verschiedene Vermögensmassen verschiedener Rechtspersönlichkeiten mit unterschiedlichen Gläubigern. Insoweit sollten die Insolvenzgerichte bei der Anwendung der Aussetzungsvorschrift zurückhaltend vorgehen und angemessene Vorsorge gegen **Vermögensverschlechterungen** anordnen. Im Zweifel muss der Antragsteller **Sicherheit** leisten für Vermögensverschlechterungen, die aufgrund von Verzögerungen eintreten, die unmittelbare Folge des Verwertungsaufschubs sind.

ff) Zusammenarbeit bei Durchführung des Insolvenzplanverfahrens

Die Insolvenzgerichte sind zuständig für die formale Durchführung des Insolvenzplanver- 303 fahrens, dh für die Durchführung des Erörterungs- und Abstimmungstermins und die formale Rechtmäßigkeitsprüfung im Rahmen der §§ 231 Abs. 1, 248 ff InsO. Die Art und Weise der Erfüllung der Aufgaben liegt grundsätzlich im **Ermessen des Insolvenzgerichts,** soweit nicht das Gesetz selbst verbindliche Vorgaben für das einzuhaltende Verfahren enthält (zB in § 231 Abs. 1 S. 2, 232 Abs. 1 und Abs. 3 InsO). Zuständig ist gemäß § 18 Abs. 1 Nr. 2 RPflG der Insolvenzrichter.

Im Rahmen der Durchführung des Insolvenzplanverfahrens kann sich das Insolvenzge- 304 richt, wenn nicht eine einheitliche örtliche Zuständigkeit gegeben ist, nach neuem Recht (§ 269b InsO, Art 57 EuInsVO 2015) mit anderen Insolvenzgerichten am Sitz verbundener Unternehmen abstimmen. Dies gilt sowohl in inhaltlicher Hinsicht mit Blick auf die Regelungen des Insolvenzplans als auch formal in Bezug auf die Verfahrensführung.

In inhaltlicher Hinsicht sind in der Konzerninsolvenz vor allem relevant: 305

- die Einbeziehung der **Anteilseigner** in den Insolvenzplan (§§ 217 S. 2, 225a InsO), soweit dies zu einer Veränderung der Gesellschafterstruktur und der organisationsrechtlichen Grundlagen im Konzern führen soll (zB Bestellung neuer Gesellschaftsorgane, Veränderung der Anteilsrechte, Umgestaltung der Satzungen, Umwandlungsmaßnahmen wie Verschmelzung, Spaltung oder Formwechsel),
- die Veränderung der Rechte **nachrangiger Insolvenzgläubiger** (§ 225 InsO), soweit dies Gesellschafterdarlehen gemäß § 39 Abs. 1 Nr. 5 InsO betrifft (eine derartige Umgestaltung nachrangiger Rechte ist nur unter Beachtung sehr enger Grenzen im Rahmen der §§ 245, 250 ff InsO zulässig, da grundsätzlich die durch die Rangstufen vorgegebene Befriedigungsreihenfolge eingehalten werden muss),
- die Änderung **sachenrechtlicher Verhältnisse** (§ 228 InsO), soweit insolvente Konzerngesellschaften entsprechende Verfügungen vornehmen (dies kann die Übertragung von Betriebsimmobilien oder sonstigem Anlage- und Umlaufvermögen im Rahmen von Konzentrations- und Neuordnungsprozessen sein),
- die Ausgestaltung der **Verzeichnisse und Erklärungen** (§§ 229, 230 InsO), soweit es zur Unternehmensfortführung im Konzern kommt,
- die Begründung der **Vergleichsrechnung,** wenn der wirtschaftliche Vorteil der Insolvenzplanlösung gegenüber der Durchführung des Regelinsolvenzverfahrens mit der Gesamtlösung im Konzern begründet wird.

306   In formaler Hinsicht sind insbesondere die **Terminierung** und der Ablauf der **Prüfungsarbeiten** des Insolvenzgerichts relevant (§§ 231 ff InsO):

307   Gemäß § 231 Abs. 1 S. 2 InsO soll die inhaltliche und formale **Vorprüfungsentscheidung** des Insolvenzgerichts innerhalb von zwei Wochen nach Planvorlage getroffen werden. Soweit das Insolvenzgericht den Insolvenzplan zulässt, muss es ihn gemäß § 232 Abs. 1 InsO verschiedenen Beteiligten zur Stellungnahme zuleiten (Gläubigerausschuss, Schuldnerin). Die Frist zur Stellungnahme soll zwei Wochen nicht überschreiten (§ 232 Abs. 3 S. 2 InsO). Parallel zur Einholung der Stellungnahmen kann das Insolvenzgericht den **Erörterungs- und Abstimmungstermin** festlegen. Die Frist des Erörterungs- und Abstimmungstermins soll nicht länger als einen Monat betragen (§ 235 Abs. 1 S. 2 InsO); es kann zeitgleich mit der Einholung der Stellungnahmen terminiert werden (§ 235 Abs. 1 S. 3 InsO). Die Entscheidung über die gerichtliche Planbestätigung soll gemäß § 252 Abs. 1 InsO entweder im Erörterungs- und Abstimmungstermin getroffen werden oder alsbald danach.

308   In der Konzerninsolvenz ist es erforderlich, diese formalen Vorgänge auf der Ebene der Insolvenzgerichte – soweit mehrere Gerichte beteiligt sind – zu koordinieren, um einem Zeitverlust vorzubeugen und um Rechtssicherheit für die beteiligten Verfahren herzustellen. Auch wenn nach neuem Recht nur ein Gericht und ein Insolvenzrichter zuständig ist (§§ 3a ff InsO), bleiben die Verfahren grundsätzlich selbstständig und eine Abstimmung der Termine ist erforderlich. Wenn zB **mehrere Insolvenzpläne** vorgelegt werden, die inhaltlich aufeinander Bezug nehmen bzw ineinander verzahnt sind,[544] dann ist es für die Beteiligten von großer Bedeutung zu wissen, ob die Insolvenzgerichte die Insolvenzpläne gemäß § 231 InsO genehmigen und wie die Terminierung der Erörterungs- und Abstimmungstermine erfolgen wird. Hierdurch wird wirtschaftliche Planbarkeit hergestellt.

gg) Schaffung eines institutionellen Rahmens für koordiniertes Vorgehen der beteiligten Insolvenzgerichte

309   Die in der (grenzüberschreitenden) Konzerninsolvenz beteiligten Insolvenzgerichte können einem **Insolvenzverwaltungsvertrag** oder einem *international protocol* beitreten und hierdurch die ihre hoheitlichen Aufgaben koordinieren.[545] Es gelten insoweit die Grundsätze, die für Insolvenzverwaltungsverträge und *international protocols* zwischen Insolvenzverwaltern dargestellt wurden. Denn im Grundsatz bedeutet der Beitritt zu einem vertraglichen Koordinationsinstrument, dass über hoheitliche Kompetenzen verfügt wird. Es ist deshalb mit Blick auf Sinn und Zweck der gesetzlichen Regelungen jeweils im Einzelfall zu prüfen, welche gesetzlichen Vorschriften einer Disposition unterliegen können. Nach neuem Recht ist die Zusammenarbeit der Insolvenzgerichte gemäß § 269b InsO und international nach Art 57 EuInsVO 2015 erlaubt. Insoweit sind die grundsätzliche Zulässigkeit und Inhalt und Reichweite durch diese Vorschriften vorgegeben. Dieser gesetzliche Rahmen kann durch Insolvenzverwaltungsverträge oder Protocols ausgefüllt werden. Denn die jeweiligen Wortlaute in § 269b und Art 57 EuInsVO 2015 sind nicht abschließend.

b) Zusammenarbeit der im Konzern bestellten Insolvenzverwalter

aa) Einleitung

310   Konzernkoordination in der Insolvenz kann durch Abstimmung zwischen den Personen, denen die **Verwaltungs- und Verfügungsbefugnis** zugeordnet ist und die damit legitime Inhaber rechtlicher Gestaltungsmacht in der Insolvenz sind, erreicht werden (vgl § 269a InsO). Dieser Rechtsgedanke ist Hintergrund des Koordinationsverfahrens in §§ 269d ff InsO, welches maßgeblich auf die Verwaltungstätigkeit der im Konzern bestellten Insol-

---

[544] Siehe dazu *Rattunde* ZIP Report 2003, 596 ff.
[545] Vgl. *Wimmer/Bornemann/Lienau* Die Neufassung der EuInsVO 201.

venzverwalter ausgerichtet ist (vgl §§ 269h und 269i InsO). Insoweit sind Adressaten möglicher **Koordinationsbefugnisse und -pflichten** die in der Konzerninsolvenz bestellten Insolvenzverwalter[546] (§ 269a InsO) und der Verfahrenskoordinator als besonderes Verfahrensorgan bei Konzerninsolvenzen (§ 269e InsO). Das Gleiche gilt im Grundsatz für die Insolvenzschuldnerin und deren Gesellschaftsorgane, soweit diese gemäß § 270 Abs. 1 S. 1, 270a, 270b InsO die Verfügungsberechtigung über ihr Vermögen durch Beschluss des Insolvenzgerichts behalten oder mit der Verfahrenseröffnung zurück erhalten hat (§ 269a InsO ist insoweit analog anzuwenden).

Im Einzelnen kann die Verfahrensabstimmung zwischen den Insolvenzverfahren über die   **311** Vermögensmassen der herrschenden und der abhängigen Gesellschaften unterschiedlich realisiert werden:

Zunächst liegt in Anknüpfung an das Instrument der **einheitlichen Leitung** (§ 18   **312** Abs. 1 S. 1 AktG) durch personelle Verflechtung auf der Ebene der Gesellschaftsorgane der Gedanke nahe, auch die beteiligten Insolvenzverfahren faktisch aufeinander abzustimmen, indem ein gemeinsamer **Konzerninsolvenzverwalter** für mehrere insolventen Konzernglieder bestellt wird, der seine jeweilige Verwaltungs- und Verfügungsbefugnis mit Blick auf sein Tätigwerden in den Parallelverfahren ausübt und hierdurch faktisch die Verfahren aufeinander ausrichten kann.[547]

Soweit die Rechtsfigur eines solchen Konzerninsolvenzverwalters aufgrund rechtlich   **313** unerwünschter und letztlich nicht zu bereinigender Interessenkollisionen abgelehnt wird, erscheint die Zusammenarbeit unterschiedlicher Insolvenzverwalter auf informeller Grundlage denkbar, dh im Rahmen des **faktischen Verwaltungshandelns,** wobei die Frage zu beantworten ist, ob die im Konzern beteiligten Insolvenzverwalter nicht nur zur Koordination berechtigt, sondern auch rechtlich verpflichtet sind (so nunmehr § 269a InsO und Art 56 EuInsVO 2015).

Rechtlich formalisiert können die Koordinationshandlungen in sog **Insolvenzverwal-**   **314** **tungsverträgen** oder aufgrund von *international protocols* und deren Vollzug erfolgen. Hiermit können die Kommunikations- und Kooperationspflichten der Insolvenzverwalter gemäß § 269a InsO und Art 56 EuInsVO präzisiert und vertraglich fixiert werden. Insbesondere mit dem Insolvenzverwaltungsvertrag, der verfahrensrechtlich aufgrund der mit ihm verbundenen Verfügung des Insolvenzverwalters über gesetzliche Verfahrensbefugnisse nicht unproblematisch ist, sollen die Insolvenzverwalter ihre massebezogene Amtsführung in Teilen rechtsverbindlich aufeinander abstimmen können und somit zur reibungsloseren Bewältigung der Konzerninsolvenz beitragen. Ob die Verwaltungs- und Verwertungsbefugnis des Insolvenzverwalters gemäß §§ 80 Abs. 1, 148 ff InsO zur vertraglichen Disposition des Amtsträgers[548] gestellt werden kann, erscheint angesichts der Ausgestaltung seiner Rechtsposition im Sinne eines (privaten) Vollstreckungsamtes auf den ersten Blick fraglich. Bislang wurden die grundsätzliche Zulässigkeit und die mögliche Gestaltung von Insolvenzverwaltungsverträgen im Schrifttum auf sehr schmaler Basis diskutiert, hierbei jedoch unter strengen Kautelen für grundsätzlich zulässig erachtet.[549] Zumindest im Falle der Billigung durch das Insolvenzgericht und bei Zustimmung von Gläubigerversammlung und Gläubigerausschuss sollte ein solcher Vertrag zulässig sein.

---

[546] Ausführlich zur koordinierten Insolvenzverwaltung durch Personenidentität oder abgestimmtes Vorgehen verschiedener Verwalter *Rotstegge* Konzerninsolvenz 171–232.
[547] Vgl. AG Duisburg ZIP 2002, 1636 (1640): *„Eine Koordination der wirtschaftlichen Tätigkeit mehrerer insolventer, früher konzernrechtlich verbundener Unternehmen unter strikter Wahrung des jeweiligen Gläubigerinteresses ist deshalb rechtlich vertretbar nur zu erreichen, wenn die Unternehmen demselben Insolvenzverwalter oder einer ähnlich starken, aber unabhängigen und nicht in konzernrechtlichen Vorstellungen befangenen insolvenzrechtlichen Autorität wie dem mit einem Zustimmungsvorbehalt ausgestatteten Sachwalter unterstellt werden".*
[548] Zum Insolvenzverwalter als Amtswalter vgl. BGHZ 104, 151, 153 und BGHZ 116, 233, 238 sowie *Schumann* FS Geimer, 2002, S. 1043, 1047 ff.
[549] Grundlegend *Eidenmüller* ZZP 114 (2001), 3 ff; *Ehricke* FS 75 Jahre Max-Planck-Institut, 2001, S. 337 ff; *Ehricke* WM 2005, 397, 402 ff; monographisch *Rotstegge* Konzerninsolvenz 217 ff; *Wittinghofer* Insolvenzverwaltungsvertrag passim.

bb) Ausgangslage:

315   Verwaltungs- und Verwertungsermessen der bestellten Insolvenzverwalter nach nationalem Recht (§§ 80 Abs. 1, 148, 159 InsO). Grundlage von Koordinationshandlungen kann die Ermächtigung des Insolvenzverwalters zur bestmöglichen Verwaltung und Verwertung des schuldnerischen Vermögens gemäß §§ 1 S. 1, 80 Abs. 1, 148, 159 InsO sein:

316   Hiernach steht dem Insolvenzverwalter im Rahmen des Insolvenzzwecks ein **weites Verwaltungs- und Verwertungsermessen** zur Verfügung, welches von ihm pflichtgemäß auszuüben ist. Bei unternehmerischen Ermessensentscheidungen, die durch tatsächliche und rechtliche Unsicherheit und häufig durch hohen Entscheidungsdruck gekennzeichnet sind, kann der Insolvenzverwalter auf die zu § 93 Abs. 1 S. 2 AktG entwickelten Grundsätze der *business judgment rule* zurückgreifen.[550] Er ist dabei verpflichtet, den durch die InsO gesetzten rechtlichen Rahmen einzuhalten, zu dem insbesondere die Grundsätze der **Prozessökonomie,** des **insolvenzzweckkonformen Handelns,** der inhaltlich begrenzten **Gläubigerautonomie** und der lediglich **beschränkten Beteiligtenöffentlichkeit** des Insolvenzverfahrens gehören.

317   Soweit es zur recht- und zweckmäßigen Verwaltung und Verwertung des insolvenzbefangenen Vermögens erforderlich ist, kann der Insolvenzverwalter sich mit anderen Insolvenzverwalter verbundener Gesellschaften koordinieren. Es existiert kein Rechtssatz, nach dem die isolierte und eigenständige Vermögensverwertung innerhalb eines Insolvenzverfahrens zwingend geboten wäre. Unter Umständen kann sich das Verwalterermessen hierbei sogar soweit verdichten, dass im Lichte der Pflicht zur ordentlichen und gewissenhaften Amtsführung (§ 60 Abs. 1 S. 2 InsO) eine **Rechtspflicht zur Koordination** mit den Verfahren über verbundene Unternehmen entsteht, wenn allein diese Koordination mit Parallelverfahren zur sachgemäßen Verwaltung und Verwertung führt und die Interessen der Verfahrensbeteiligten, insbesondere deren Geheimhaltungs- und Vertraulichkeitsinteresse, dem nicht entgegenstehen (diese Überlegungen stehen als gesetzliche ratio hinter § 269a InsO und Art 56 EuInsVO 2015). Diese Pflicht findet ihre Rechtsgrundlage nach bisherigem Recht in einer gruppenspezifischen Auslegung von §§ 80 Abs. 1, 148, 159 InsO, denn hiernach hat der Insolvenzverwalter die angemessenen Schritte zu unternehmen, um das insolvenzbefangene Vermögen bestmöglich zu verwerten. Nach neuem Recht sind die in der Konzerninsolvenz bestellten Insolvenzverwalter **verpflichtet,** sich wechselseitig zu unterrichten und zusammenzuarbeiten, soweit hierdurch nicht die Interessen ihres jeweiligen Verfahrens nachteilig betroffen sind (§ 269a InsO). Insoweit übernimmt das Gesetz die zu §§ 80 Abs. 1 InsO, 148, 159 InsO entwickelten Grundsätze.[551]

318   Eine Koordinationspflicht ergibt sich dagegen nicht aus **Art 31 EuInsVO 2000** (entspricht **Art 41 EuInsVO 2015**):[552]

319   Das europäische Insolvenzrecht enthält in Art 31 EuInsVO 2000 (Art 41 EuInsVO 2015) eine Rechtsgrundlage zur Koordination von Insolvenzverwaltern, sofern sie in sachlich zusammenhängenden **Haupt- und Sekundärinsolvenzverfahren** bestellt und verwaltungsbefugt sind. Die Insolvenzverwalter trifft gemäß Art 31 Abs. 1 EuInsVO 2000 (Art 41 EuInsVO 2015) die Verpflichtung zur wechselseitigen Unterrichtung durch Weiterleitung von verfahrensrelevanten Informationen. Sie sind darüber hinaus gemäß Art 31 Abs. 2 EuInsVO *zur Zusammenarbeit verpflichtet.*[553] Es handelt sich bei hierbei um insolvenzspezifische Tätigkeitsvorgaben, die im Rahmen von § 60 Abs. 1 S. 1 InsO unmittelbar relevant

---

[550] Vgl. BGH NZI 2017, 442 ff. = ZIP 2017, 779 ff; *Berger/Frege* ZIP 2008, 204 ff; *Berger/Frege/Nicht* NZI 2010, 321 ff; *Frege/Nicht* FS Wellensiek, 2011, S. 291 ff; *Uhlenbruck* FS K. Schmidt, 2009, S. 1603 ff; *Oldiges* Die Haftung des Insolvenzverwalters unter der Business Judgment Rule 114 ff, 135 ff.

[551] Vgl. *Nicht* Konzernorganisation und Insolvenz 325 ff; ausführlich auch *Becker* Kooperationspflichten in der Konzerninsolvenz 236 ff.

[552] *Nicht* Konzernorganisation und Insolvenz 323 ff; hierzu auch *Becker* Kooperationspflichten in der Konzerninsolvenz 165 f.

[553] Die Verordnung enthält selbst keine inhaltlichen Vorgaben zur Konkretisierung des Begriffs Zusammenarbeit; vgl. *Ehricke* ZIP 2005, 1104 ff.

sind und zu einer Ersatzpflicht führen, sofern der Insolvenzverwalter infolge mangelnder Kooperationsbereitschaft einen Schaden bei den Beteiligten verursacht.

Auf Konzernsachverhalte kann Art 31 Abs. 1 und 2 EuInsVO (Art 41 EuInsVO) nicht **320** unmittelbar angewandt werden, denn die Vorschrift behandelt die Kombination aus **Haupt- und Sekundärinsolvenzverfahren,** die über das Vermögen lediglich **eines Rechtsträgers** eröffnet worden sind. Das Sekundärinsolvenzverfahren kann ausschließlich über das Vermögen der Niederlassung eröffnet werden kann, welche zum Vermögen des Verfahrenssubjekts der Hauptinsolvenz gehört und nicht als materiell eigenständiges Rechtssubjekt organisiert ist. Der Verfahrensdualismus der EuInsVO, mithin die Einschränkung des Universalitätsprinzips zugunsten eines territorial beschränkten Verfahrens über das Vermögen der Niederlassung, ist lediglich mit dem Schutz der Gläubiger dieser Niederlassung zu erklären.[554] Dieses System darf nicht im Interesse der Insolvenzschuldnerinnen dahingehend uminterpretiert werden, dass nunmehr über das Vermögen einer abhängigen Gesellschaft ein Sekundärinsolvenzverfahren geführt werden soll. In der Sichtweise der des Verordnungsgebers der EuInsVO und auch in der Sichtweise des EuGH ist jeder Rechtsträger, also auch die abhängige juristische Person im Konzern, Subjekt eines eigenen Hauptinsolvenzverfahrens und, soweit diese Konzerngesellschaft Vermögen im europäischen Ausland besitzt, Subjekt des entsprechenden Sekundärinsolvenzverfahrens am Ort der Niederlassung.

Art 31 EuInsVO (Art 41 EuInsVO) ist als Sondervorschrift, die dem Ausnahmefall der **321** territorial begrenzten Sekundärinsolvenz Rechnung trägt, nicht analogiefähig und als dogmatische Grundlage einer allgemeinen verfahrensrechtlichen Kooperationspflicht von Insolvenzverwaltern unterschiedlicher Verfahren ungeeignet. Hierzu hätte es einer rechtlichen Grundlegung durch die Verordnung selbst bedurft. Denn die Konzerninsolvenz betrifft den Fall **paralleler Hauptinsolvenzverfahren** über die Vermögen lediglich konzernrechtlich verbundener Rechtssubjekte. Für diese Art des konzernrechtlich vermittelten sachlichen Zusammenhangs von Parallelinsolvenzverfahren war in der EuInsVO 2000 bislang keine Regelung enthalten. Der Verordnungsgeber hat mit den Artikeln 56, 58, 60 EuInsVO 2015 entsprechende Koordinationsmaßgaben eingeführt. Hierzu gehören auch die Koordinationspflicht für Insolvenzverwalter gemäß Art 56 EuInsVO 2015 und der Maßnahmenkatalog gemäß Art 56 Abs. 2 EuInsVO 2015. Zudem wurde ein Kooperationsverfahren mit einem Kooperationsverwalter eingeführt (Art 61 ff EuInsVO 2015).

cc) Gegenstände der Koordination der Insolvenzverwalter

(1) Gesetzliche Verankerung von Koordinationsmaßnahmen. Das Gesetz legt nicht **322** fest, welche Koordinationshandlungen der Insolvenzverwalter zulässig und geboten sind. Der **Koordinationsbedarf** und die zulässige Reichweite der **Koordinationshandlungen** sind durch Auslegung zu ermitteln. Hier können die §§ 269h und 269f InsO wichtige Hinweise dazu liefern, welche Koordinationshandlungen die Insolvenzverwalter auf der Grundlage der §§ 80 Abs. 1, 148, 159 InsO vornehmen können, soweit sie hierbei den Insolvenzzweck und die Beteiligteninteressen im Hinblick auf das jeweils geführte Verfahren beachten. Diese neuen Vorschriften orientieren sich an den Koordinationsbedürfnissen in der Konzerninsolvenz und enthalten **Regelbeispiele** für die Verfahrensabstimmung auf der Ebene der Insolvenzverwalter.

In § 269f InsO sind zudem die Aufgaben und die Rechtsstellung des **Verfahrenskoor-** **323** **dinators** beschrieben. Hiernach hat dieser für eine abgestimmte Abwicklung der Verfahren über die gruppenangehörigen Unternehmen zu sorgen, soweit dies im Interesse der Gläubiger liegt (§ 269f Abs. 1 S. 1 InsO). Hierzu haben die Insolvenzverwalter mit dem Verfahrenskoordinator zusammenzuarbeiten und ihm die **erforderlichen Informationen** zur Verfügung zu stellen (§ 269f Abs. 2 InsO). Das Gesetz möchte mithin den **Daten- und**

---

[554] *Eidenmüller* NJW 2004, 3455, 3458.

Dokumentenaustausch legitimieren, soweit dieser im Interesse der jeweiligen Gläubiger erforderlich ist, um eine Verbesserung der Verwertung durch konzernweite Zusammenarbeit zu gewährleisten.

324   In § 269h InsO ist der **Koordinationsplan** als neues verfahrensrechtliches Instrument der strukturierten Insolvenzbewältigung im Konzern beschrieben. Nach § 269h Abs. 2 InsO können in den Koordinationsplan alle Maßnahmen aufgenommen werden, die für eine abgestimmte Abwicklung der Verfahren **sachdienlich** sind. Insbesondere sind hiervon umfasst:

- Maßnahmen zur **Wiederherstellung der wirtschaftlichen Leistungsfähigkeit** der einzelnen Konzernunternehmen und des Konzerns insgesamt (mithin leistungs- und finanzwirtschaftlich erforderliche Handlungen, um die nachhaltige Erfolgserzielung zu gewährleisten),
- Maßnahmen zur Beilegung gruppeninterner Streitigkeiten,
- vertragliche Vereinbarungen der Insolvenzverwalter.

325   Der Gesetzgeber hat bei der Ausgestaltung dieser gesetzlichen Regelbeispiele die ohnehin in der Verwaltungspraxis vorkommenden Abstimmungsmechanismen und -gegenstände zugrunde gelegt und keine neuartigen Instrumente der Verfahrenskoordination entworfen. Hierdurch ist lediglich die bislang bestehende Unsicherheit dahingehend beseitigt worden, in welchem Umfang sich die Insolvenzverwalter tatsächlich abstimmen dürfen, denn die Informationsüberlassung an andere Schuldner und Verfahrensorgane berührt in jedem Fall das informationelle Selbstbestimmungsrecht der Schuldnerin und deren schützenswertes Wirtschaftsgeheimnis.

326 **(2) Prüfung der jeweiligen Sanierungsaussichten.** Gemäß § 156 Abs. 1 InsO hat der Insolvenzverwalter im Berichtstermin über die Möglichkeiten der Verwaltung und Verwertung des schuldnerischen Vermögens zu berichten, insbesondere zu den **Sanierungsaussichten** vorzutragen. Diesem Bericht vorgeschaltet sind die Prüfung der Sanierungsaussichten und die Erstellung eines entsprechenden Gutachtens, welche sich an den Standards des Instituts der Wirtschaftsprüfer orientieren kann. Es ist die Bewertung der **Sanierungsfähigkeit** und **Sanierungswürdigkeit** vorzunehmen und entsprechend zu berichten.

327   In der Konzerninsolvenz ist es geboten (und so will es ausweislich § 269h Abs. 2 InsO auch die Bundesregierung), die Bewertung der **Sanierungsfähigkeit** und der **Sanierungswürdigkeit** nicht anhand einer *stand-alone*-Beurteilung vorzunehmen, sondern die möglichen Verbundeffekte mit einzubeziehen. Hierzu ist ein Informationsaustausch zwischen den Insolvenzverwaltern und ggf eine gemeinsame Sanierungsplanung geboten. Die Insolvenzverwalter müssen sich hinsichtlich der bestehenden und vorhersehbaren Verbindlichkeiten austauschen und die bestehenden Vertragsbeziehungen der Konzerngesellschaften bewerten. Eine Anlehnung an den **IDW Standard** IDW S 9 im Hinblick auf die Erteilung der Bescheinigung gemäß **§ 270b InsO** bietet sich an. Über die Umstände, die einem Bescheiniger gemäß § 270b InsO mitzuteilen und zu erläutern sind, sollten sich auch die Insolvenzverwalter im Konzern austauschen und wechselseitig informieren.

328 **(3) Auffinden und Zuordnen des Vermögens der Schuldner.** Gemäß § 148 Abs. 1 InsO hat der Insolvenzverwalter das Vermögen der Schuldnerin unverzüglich im Anschluss an die Verfahrenseröffnung in Besitz und in Verwaltung zu nehmen. Er muss das Vermögen erfassen und in den gesetzlich vorgegebenen Verzeichnissen dokumentieren (§§ 151 ff InsO). Der Insolvenzverwalter muss das massezugehörige Vermögen schließlich im Rahmen des Insolvenzzwecks bewirtschaften und nach dem Berichtstermin verwerten (§§ 1, 80 Abs. 1, 159 f InsO).

329   In der Konzerninsolvenz kann es vorkommen, dass eine genaue **Zuordnung** des jeweiligen Schuldnervermögens zu den Konzerngesellschaften zunächst nicht oder nur unter erheblich erschwerten Bedingungen möglich ist. Das Gesellschaftsrecht kennt diesen Zu-

stand im Rahmen der Durchgriffshaftung in § 13 Abs. 1 GmbHG und erfasst ihn in der Fallgruppe der **Vermögensvermischung** bei juristischen Personen,[555] die insbesondere dann vorliegen kann, wenn mehrere Konzerneinheiten auf dem gleichen Betriebsgelände unternehmerisch tätig sind und keine klare Abgrenzung der beteiligten Vermögensmassen erfolgt bzw anhand von Unterlagen und Verzeichnissen möglich ist.

Hier ist es aus Sicht der beteiligten Insolvenzverwalter zwingend, sich hinsichtlich der   330 Vermögenszuordnung abzustimmen, insbesondere im sachgerechten Umfang **Daten und Dokumente auszutauschen,** die zur Rechtszuordnung erforderlich sind. Der Informationsaustausch dient der Klärung der Eigentums- und Besitzverhältnisse und bereitet entsprechende Herausgabeverlangen vor. Die Zusammenarbeit kann auf der Grundlage eines Insolvenzverwaltungsvertrags, der die Art und Weise und die Reichweite des Informationsaustauschs sowie Schutzmaßgaben regelt, oder auf der Grundlage eines *international protocol* erfolgen. Hintergrund derartiger Koordinationshandlungen ist die Rechtsbindung des Insolvenzverwalters, der als Verfahrensorgan eines staatlichen Gesamtvollstreckungsverfahrens dem Grundsatz der Gesetzmäßigkeit des Verwalterhandelns unterworfen ist. Soweit er Vermögen in Besitz und Verwaltung genommen hat, welches materiell nicht dem Insolvenzbeschlag unterliegt, da es im Eigentum von anderen Konzernunternehmen steht, ist dieses herauszugeben.

(4) Abstimmung von Verwertungsentscheidungen, gemeinsame Bewirtschaftung.   331 In der Praxis sind Konstellationen anzutreffen, in denen die gemeinsame oder zumindest **koordinierte Bewirtschaftung** und ggf Verwertung des beschlagnahmten Vermögens erforderlich sind, um den darin gebündelten wirtschaftlichen Wert für die Gläubiger und die Schuldnerin bestmöglich zu realisieren. In solchen Situationen haben die Insolvenzverwalter autonom zu entscheiden, ob das Konzernvermögen zusammengeführt oder zumindest koordiniert bewirtschaftet wird. Die Rechtspflicht zu einer möglichen Abstimmung ergibt sich unmittelbar aus dem Postulat der bestmöglichen Verwertung im Interesse der Verfahrensbeteiligten (§ 1 S. 1 InsO iVm § 80 Abs. 1 InsO).

(5) Erfüllungswahl, Preisfestlegungen. Im Hinblick auf die Ausübung des Wahlrechts   332 gemäß § 103 Abs. 1 InsO kann die Abstimmung zwischen den Insolvenzverwaltern geboten sein, soweit es darum geht, vertragliche Liefer- und Leistungsbeziehungen im Vorgriff auf eine koordinierte Verwertung des Konzernvermögens zu erhalten. Häufig lässt sich die wirtschaftliche Zweckmäßigkeit der Erfüllungswahl erst dann sachgemäß beurteilen, wenn die die Verwertungsperspektiven festgestellt sind. Bei Konzernunternehmen, deren Verwertung die Gruppeneffekte berücksichtigt, ist die Entscheidung über die Erfüllungswahl im Lichte der Konzernzugehörigkeit zu treffen.

(6) Keine Querfinanzierung. Der Insolvenzverwalter übt im Rahmen seiner privaten   333 Amtsstellung ein pflichtgemäßes Ermessen gemäß §§ 80 Abs. 1, 148 Abs. 1 InsO aus, welches sich am Insolvenzzweck orientiert. Rechtshandlungen, die gegen den Insolvenzzweck verstoßen sind unwirksam.[556] Hierin liegt eine nach dem Sinn und Zweck der InsO notwendige immanente Begrenzung der Verwalterkompetenz auf Rechtsgeschäfte, die dem Zweck der Vermögenssicherung und Vermögensverwertung dienen, was im Regelfall bedeutet, dass **Spekulationsgeschäfte** mit Massemitteln unzulässig sind,[557] weil hierdurch die Insolvenzmasse einem zusätzlichen Verlustrisiko ausgesetzt wird. Man kann hieraus schlussfolgern, dass Darlehensgewährungen aus der Insolvenzmasse auch an verbundene Unternehmen in der Regel unzulässig sind, denn mit der Überlassung der Kreditvaluta wird ein **Kreditausfallrisiko** im Regelfall begründet.

---

[555] Vgl. *Ehricke* AcP 199 (1999), 257 ff.
[556] BGHZ 150, 353 ff = NJW 2002, 2783 ff = NZI 2002, 375 ff; sich anschließend OLG Celle ZIP 2006, 1364 ff = BeckRS 2008, 09949.
[557] RGZ 29, 80, 94; RGZ 57, 199; RGZ 76, 249; OLG Celle ZIP 2006, 1364 ff.

334   Ein **Ausnahmefall** könnte vorliegen, wenn der Insolvenzverwalter einer Konzernobergesellschaft einer abhängigen Konzerngesellschaft, deren Anteile die Insolvenzmasse der
Konzernobergesellschaft hält, ein Darlehen ausreicht, um diese Gesellschaft im Hinblick auf
eine anstehende Verwertung der selbst gehaltenen Gesellschaftsanteile zu stabilisieren. In
diesem Fall könnten die Aufwendungen unter dem Darlehensvertrag wie Versicherungs-
prämien zu qualifizieren sein, die erforderlich sind, um einen Vermögensgegenstand der
Insolvenzmasse vor einem Verlustrisiko zu schützen. Die konkrete Beurteilung muss im
Einzelfall jeweils im Lichte des Insolvenzzwecks vorgenommen werden. Hierbei ist das
einzugehende Kreditrisiko gegen den drohenden Wertverlust der Beteiligung bzw den
erwarteten Massezufluss zu gewichten.

335   **(7) Insolvenzanfechtung.** Wie § 269h Abs. 2 Nr. 2 InsO zeigt, kann die Streitbeilegung
zwischen Gruppenunternehmen Gegenstand von Koordinationshandlungen der Insolvenzverwalter im Konzern sein. Hierzu gehört grundsätzlich auch die Verständigung über die
Ausübung von potenziellen Anfechtungsrechten (§§ 129 ff InsO).

dd) Schaffung eines institutionellen Rahmens für Koordinationen

336   **(1) International protocol.** Im Fall der Insolvenz grenzüberschreitend organisierter Unternehmensgruppen kann die Verfahrenskoordination durch den Abschluss eines sog *international protocol* gefördert werden. In der Praxis sind solche *international protocols* bislang
zurückhaltend eingesetzt worden, vermutlich da es an einer international anwendbaren
Rechtsgrundlage hierfür fehlt und die Durchsetzungsfähigkeit der im *international protocol*
geregelten Rechte und Pflichten unklar ist. Ein aktuelles Beispiel für ein erfolgreich durchgeführtes *internationale protocol* ist das *Cross-Border Insolvency Protocol for the Lehman Brothers
Group of Companies,* in dem sich zahlreiche Insolvenzverwalter über die Vermögen konzernangehöriger Gesellschaften zur wechselseitigen Zusammenarbeit und zum Informationsaustausch verpflichtet haben.

337   In der Regel soll ein *international protocol* nicht rechtsverbindlich in dem Sinne sein, dass es
vollstreckungsfähige Zusagen der beteiligten Insolvenzverwalter enthält[558] *(„shall not be legally
enforceable").* Es ist vielmehr gedacht als ein *„statement of intentions and guidelines designed to
minimize the costs and maximize recoveries for all creditors of the Proceedings",* dh als ein Koor-
dinationsdokument, welches Richtlinien für die abgestimmte Durchführung der beteiligten
Insolvenzverfahren und den wechselseitigen Umgang der Insolvenzverwaltungen setzt.

338   Das *international protocol* dient zu folgenden Verfahrensmaßgaben:
   • Schaffung einer Basis für wechselseitigen **Informationsaustausch,**
   • Schaffung einer Basis für die **Zuordnung von Vermögen,**
   • Dokumentation des gemeinsames Verständnisses, rechtlichen und tatsächlichen Konflik-
     ten zunächst **konsensual** zu begegnen und auf der Ebene der Insolvenzverwaltungen zu
     kooperieren,
   • Dokumentation eines gemeinsamen Verständnisses, dass **wechselseitiger Respekt** und
     Anerkennung zwischen den Insolvenzverwaltern gegeben sein sollen.

339   Das *international protocol* ist von besonderer Bedeutung, soweit es um den Austausch von
Informationen zwischen den insolventen Konzerngesellschaften geht, insbesondere um die
Übermittlung und den Abgleich von Daten und Dokumenten der Konzerngesellschaften,
denn hiermit wird die sachgerechte Zuordnung von Vermögen oder dessen Bewertung oft
erst ermöglicht. Das *international protocol* kann, wie der Insolvenzverwaltungsvertrag, ferner
vorsehen, dass sich die beteiligten Insolvenzverwalter sich hinsichtlich der Verwaltung und
Verwertung des Vermögens zu koordinieren und wechselseitig zu informieren haben.
Hierzu kann ein **Lenkungsgremium** eingesetzt werden, dem die operative Steuerung der

---

[558] Für einen Rechtsbindungswillen der Parteien *Becker* Kooperationspflichten in der Konzerninsolvenz
S. 109 Rn. 210 unter Rückgriff auf *Eidenmüller* ZHR 169 (2005), 528, 542 und *Wittinghofer* Insolvenzverwaltungsvertrag S. 80 f; anders *Ehricke* ZIP 2005, 1104, 1111.

Protokollaktivitäten obliegt. Das Lenkungsgremium wird aus dem Kreis der beteiligten Insolvenzverwalter besetzt. Es leitet die **Sitzungen der Protokollteilnehmer** und fertigt Berichte über die Protokollaktivitäten, die in den beteiligten Insolvenzverfahren vorgelegt werden. Insoweit hat das Lenkungsgremium sicherlich Vorbildcharakter für die Figur des **Koordinationsverwalters** gemäß §§ 269e ff InsO, der als Steuerungszentrale die einzelnen Gesichtspunkte bündeln soll.

Da mit dem Beitritt eines Insolvenzverwalters zum *international protocol* zumindest teil- **340** weise die Aufhebung des Grundsatzes der Beteiligtenöffentlichkeit des Insolvenzverfahrens verbunden ist, muss dieser Beitritt durch das Insolvenzgericht und den (vorläufigen) Gläubigerausschuss genehmigt werden. Es ist ferner geboten, im Berichtstermin gemäß §§ 29 Abs. 1, 156 Abs. 1 InsO über die Koordination und den Informationsaustausch mit anderen Insolvenzverfahren verbundener Unternehmen zu berichten (in ähnlicher Weise sieht § 269i Abs. 1 S. 1 InsO vor, dass im Berichtstermin über den Koordinationsplan und dessen mögliche Einbettung in das jeweilige Insolvenzverfahren zu berichten ist).

(2) Insolvenzverwaltungsverträge. Insolvenzverwaltungsverträge zwischen den Insol- **341** venzverwaltern[559] unterschiedlicher insolventer Konzerngesellschaften werden ebenfalls als ein Instrument zur Abwendung derjenigen verfahrensrechtlichen Nachteile diskutiert, die aus der Zersplitterung des Konzernunternehmens resultieren können. Weil jede Konzerngesellschaft Subjekt eines eigenen Insolvenzverfahrens mit eigenen Verfahrensorganen und prinzipiell eigener Ausrichtung ist, kann eine vertragliche Regelung zwischen den Insolvenzverwaltern *„ein gewisses Maß an Synchronität der Verfahrensführung"*[560] erzeugen, Konfliktpotentiale bereinigen und hierdurch (kostenträchtige) Reibungsverluste unterbinden. Es geht auch im Rahmen von Insolvenzverwaltungsverträgen darum, die vorhandenen Befriedigungspotenziale in der Unternehmensgruppe bestmöglich auszuschöpfen,[561] dh den verbundspezifischen Mehrwert durch koordiniertes Vorgehen zu realisieren.[562]

Auf der Kehrseite dieser vertraglichen Koordination in der Insolvenz ist ein möglicher **342** **Flexibilitätsverlust** hinsichtlich der Verwaltung und Verwertung der Masse in den jeweiligen Einzelverfahren zu gegenwärtigen, der den angestrebten Koordinationsvorteilen im Rahmen einer Gesamtabwägung gegenüberzustellen ist. Dieser Gesichtspunkt der Flexibilitätseinbuße kann insoweit verfahrensrechtlich erheblich sein, als er in einem Spannungsverhältnis mit der Systematik der InsO steht,[563] die den Unwägbarkeiten und der Dynamik der Insolvenzsituation gerade einen Insolvenzverwalter entgegensetzen möchte, der als Verwaltungsorgan beweglich und nach Zweckmäßigkeitsgesichtspunkten im Rahmen der Vorgaben von Gläubigerversammlung und Gläubigerausschuss agieren können soll. Da der Verlust an Handlungsfreiheit auf vertraglicher Grundlage jedoch insgesamt zu Vorteilen bei der Verwaltung und Verwertung des Vermögens führt und in Reichweite und Umfang genau festgelegt ist, dürfte der Insolvenzzweck (§ 1 S. 1 InsO) einer Selbstbindung des Insolvenzverwalters und der Schuldnerin in einem Insolvenzverwaltungsvertrag im Grundsatz nicht entgegenstehen.

Unter Bezugnahme auf die Praxis internationaler Insolvenzen sind im Schrifttum exem- **343** plarisch **Regelungsinhalte** von möglichen Insolvenzverwaltungsverträgen dargestellt worden, die sich auf die Art der Ausübung des Insolvenzverwalteramtes beziehen und an die Rechtsstellung des Insolvenzverwalters aus § 80 Abs. 1 InsO anknüpfen bzw diese einer vertraglichen Modifikation unterstellen.[564]

---

[559] Zur Möglichkeit, auch Insolvenzgerichte als Vertragspartner einzubinden vgl. *Eidenmüller* ZZP 114 (2001), 3, 11 ff; *Ehricke* FS 75 Jahre Max-Planck-Institut, 2001, S. 337, 356.
[560] Allgemein im Hinblick auf Koordinationsziele *Ehricke* WM 2005, 397, 399.
[561] So *Ehricke* WM 2005, 397, 399; vgl. auch *Piepenburg* NZI 2004, 231 ff.
[562] Umfassend zu den verwalterspezifischen Koordinationsmöglichkeiten *Hortig* Kooperation von Insolvenzverwaltern passim.
[563] Vgl. *Ehricke* FS 75 Jahre Max-Planck-Institut, 2001, S. 337, 357 ff.
[564] *Eidenmüller* ZZP 114 (2001), 3, 11; vgl. auch *Ehricke* FS 75 Jahre Max-Planck-Institut, 2001, S. 337, 356 mwN; *Göpfert* ZZP Int. 1 (1996), 269, 273 f.

344 Insbesondere *Eidenmüller* hat nachfolgende Handlungsbefugnisse des Insolvenzverwalters herausgearbeitet, die einer **vertraglichen Disposition** unterliegen sollen:

- die Vornahme von **Verwertungshandlungen** gemäß § 80 Abs. 1 InsO (zB die Veräußerung von Beteiligungen an verbundenen Unternehmen sowie die Ausübung von Stimmrechten auf der Grundlage dieser Beteiligungen),
- die Entscheidung über die Vorlage und den Inhalt eines **Insolvenzplans** gemäß §§ 217 ff InsO (insbesondere im Hinblick auf die Realisierung bestimmter Sanierungskonzepte und die dazu erforderlichen gestaltenden Regelungen),
- die Entscheidung über die Ausübung des **Wahlrechts** (§ 103 Abs. 1 InsO) bei gegenseitigen Verträgen und der Ausspruch von Kündigungen,
- die Entscheidung über die Geltendmachung von **Anfechtungsansprüchen** gemäß §§ 129 ff InsO,
- die Entscheidung über die Aufnahme von neuen **Krediten** ggf verbunden mit der Bestellung von Kreditsicherheiten,
- die Entscheidung über die Stellung weiterer **Insolvenzanträge** hinsichtlich verbundener Unternehmen.[565]

345 Diese Vertragsgegenstände setzen ein **Ermessen** des Insolvenzverwalters im Rahmen der Amtskompetenz voraus, welches dieser im Lichte des Verfahrenszwecks und in Abstimmung mit den Gläubigerorganen auszuüben hat. Mithin muss der Insolvenzverwalter hinsichtlich der konkreten Vertragsinhalte zur Disposition befugt sein. Der Insolvenzverwaltungsvertrag soll dann unzulässig sein, wenn über zwingende Verwalterpflichten eine Vertragsregelung gefunden oder entgegen dem Zweck des Insolvenzverfahrens gehandelt wird.[566]

346 Insolvenzverwaltungsverträge sind im Schrifttum dem öffentlichen Recht zugeordnet worden. Sie sind zunächst prozessrechtliche Verträge, weil ihre Regelungsgegenstände aus dem Verfahrensrecht der InsO entnommen sind. Die Vertragsparteien vereinbaren sich ausschließlich über insolvenzverfahrensrechtliche Rechte und Pflichten, die ihnen in ihrer Eigenschaft als gerichtlich bestellte Insolvenzverwalter zugewiesen sind. Diese persönliche Sonderqualifikation ist wiederum auf einen hoheitlichen Rechtsakt, nämlich die Bestellung durch das Insolvenzgericht gemäß § 56 Abs. 1 InsO, zurückzuführen, weshalb Insolvenzverwaltungsverträge im Schrifttum als *„Sonderrecht eines Hoheitsträgers (Gericht) bzw Sonderrecht eines durch einen Hoheitsakt bestellten Privaten (Verwalter)"* bezeichnet worden sind.[567] Schließlich hat man auf die große Reichweite der Gestaltungsfreiheit im allgemeinen Zivilrecht hingewiesen, die beim Insolvenzverwaltungsvertrag aufgrund seines spezifischen Vertragsinhalts als unangemessen empfunden wurde. Nach Ansicht der Literatur soll die Unterstellung des Insolvenzverwaltungsvertrag unter das öffentlich-rechtliche Regime des Verwaltungsverfahrensgesetzes (§§ 54 ff VwVfG) rechtlich geboten sein.[568] Adressat der Rechte und Pflichten aus dem Insolvenzverwaltungsvertrag sei grundsätzlich der Insolvenzverwalter und nicht die Insolvenzschuldnerin bzw die Insolvenzmasse, zumindest soweit über Verfahrensbefugnisse disponiert werde. Soweit es zu materiellen Vertragsinhalten käme, sei auch die Insolvenzschuldnerin bzw die Insolvenzmasse Adressatin der Vertragsregeln.

ee) Einbeziehung von Gläubigerausschuss und Gläubigerversammlung

347 Die Koordination auf Verwalterebene ist ohne die Zustimmung der Organe der **Gläubigerselbstverwaltung** grundsätzlich nicht zulässig. Dies verdeutlicht nunmehr § 269h

---

[565] *Eidenmüller* ZZP 114 (2001), 3, 11; vgl. auch *Ehricke* WM 2005, 397, 402 und *Wittinghofer* Insolvenzverwaltungsvertrag S. 207 ff.

[566] *Ehricke* WM 2005, 397, 402.

[567] *Eidenmüller* ZZP 114 (2001), 3, 13; ihm folgend *Schumann* FS Geimer, 2002, S. 1043, 1048 (Fn. 38); unentschieden *Ehricke* WM 2005, 397, 402 mwN auf das Schrifttum.

[568] *Eidenmüller* ZZP 114 (2001), 3, 14.

Abs. 1 InsO im Hinblick auf den Koordinationsplan, welcher der Zustimmung des Gruppen-Gläubigerausschusses bedarf (und dem Insolvenzgericht zur formalen Rechtmäßigkeitsprüfung vorzulegen ist).

Grundsätzlich dürfte anzuerkennen sein, dass der Insolvenzverwalter sich nicht durch den **348** Abschluss eines Insolvenzverwaltungsvertrags oder durch informelle Koordinationsmaßnahmen von seinen internen Bindungen gemäß §§ 158, 160 ff InsO entledigen kann. Die Grundlagenzuständigkeit von Gläubigerversammlung und Gläubigerausschuss bei besonders bedeutsamen Rechtshandlungen steht nicht zur Disposition des Insolvenzverwalters, auch wenn die Zustimmung nach § 164 InsO nicht Wirksamkeitsbedingung ist. Wird hiernach ein *international protocol*, ein Insolvenzverwaltungsvertrag oder eine sonstige (nicht formalisierte) Koordinationsmaßnahme in Betracht gezogen, deren Inhalt aufgrund der besonderen Bedeutung die Zustimmungserfordernisse der §§ 157 bis 164 InsO berührt, ist dieser ebenso zustimmungspflichtig wie die konkrete Verwaltungsmaßnahme selbst.

Dies betrifft insbesondere: **349**

- Grundstücksgeschäfte,
- Kreditaufnahmen,
- besonders bedeutsame Rechtshandlungen bei der Verwaltung und Verwertung,
- Unternehmensveräußerungen unter Wert,
- Unternehmensveräußerungen an besonders Interessierte.

Daneben ist fraglich, ob nicht der Beitritt zu einem *international protocol* oder der **350** Abschluss eines Insolvenzverwaltungsvertrages selbst und ungeachtet des konkreten Inhaltes eine besonders bedeutsame Rechtshandlung darstellen, die prinzipiell durch den Gläubigerausschuss genehmigt werden muss (§ 160 Abs. 1 S. 1 InsO). Im Schrifttum wird dies angenommen mit der Rechtsfolge, dass der ohne Zustimmung handelnde Insolvenzverwalter keine Abschlusskompetenz besitzt.[569] Der Abschluss des Insolvenzverwaltungsvertrags wird als eine besonders bedeutsame Rechtshandlung eingestuft, weil er zur Beschränkung der **Abwicklungsflexibilität** und zur rechtlichen Bindung des Insolvenzverwalters hinsichtlich seiner Verfahrenskompetenzen führt. Der Vertragsschluss reicht somit in seiner Wirkungsintensität an die Regelbeispiele aus § 160 Abs. 2 InsO heran.

Die erteilte Zustimmung des Gläubigerausschusses entfaltet eine rechtliche Bindungs- **351** wirkung; ein späterer „Sinneswandel"[570] der Gläubiger ist nur in Grenzen zu berücksichtigen. Die Zustimmung zum Insolvenzverwaltungsvertrag bewirkt eine Selbstbindung der Gläubigerschaft dergestalt, dass derjenige Insolvenzverwalter, der im weiteren Verlauf den Vertrag erfüllt und die darin versprochenen Verwertungshandlungen vornimmt, sich pflichtgemäß im Sinne von § 60 Abs. 1 InsO verhält, selbst wenn die Gläubigerschaft inzwischen ihre Entschließung abgeändert hat.[571] Der Insolvenzverwalter kann vom Gläubigerausschuss nicht angewiesen werden. Allenfalls im Rahmen der Zusammenarbeit gemäß § 69 InsO kann der Gläubigerausschuss antragen, den Vertrag nach Möglichkeit zu beenden, sofern und soweit dies rechtlich zulässig und im Einzelfall zweckmäßig ist.[572] Ist das Festhalten an einem Insolvenzverwaltungsvertrag unzweckmäßig, kann eine sanktionsfähige Pflichtverletzung des Verwalters gegeben sein, die zu einer persönlichen Haftung gemäß § 60 Abs. 1 InsO führen kann.[573]

---

[569] *Ehricke* FS 75 Jahre Max-Planck-Institut, 2001, S. 337, 359; *Ehricke* WM 2005, 397, 403; *Eidenmüller* ZZP 114 (2001), 3, 18; *Eidenmüller* ZHR 169 (2005), 528, 542 f; *Wittinghofer* Insolvenzverwaltungsvertrag S. 199 f.

[570] Vgl. *Eidenmüller* ZHR 169 (2005), 528, 543 unter Bezugnahme auf *Ehricke* WM 2005, 397, 402 f.

[571] *Eidenmüller* ZHR 169 (2005), 528, 543.

[572] *Eidenmüller* ZHR 169 (2005), 528, 543.

[573] *Ehricke* FS 75 Jahre Max-Planck-Institut, 2001, S. 337, 359, hält demgegenüber auch die spätere Anweisung des Insolvenzverwalters für möglich, den Insolvenzverwaltungsvertrag „nicht weiter zu befolgen". Hierdurch geriete der Insolvenzverwalter wiederum in eine Konfliktlage mit Haftungsrisiken in Bezug auf die Gläubiger oder auf den Vertragspartner.

ff) Zusammenarbeit mit dem Verfahrenskoordinator

352 Es besteht neben der Pflicht der (vorläufigen) Insolvenzverwalter im Konzern zur Zusammenarbeit und wechselseitigen Information (§ 269a InsO) die Verpflichtung, mit dem **Verfahrenskoordinator** zusammenzuarbeiten und diesen sachangemessen zu informieren (§ 269f Abs. 2 S. 1 InsO). Die Insolvenzverwalter der verbundenen Gesellschaften haben dem **Verfahrenskoordinator** die Informationen zu übermitteln, die dieser für die *„zweckentsprechende Ausübung seiner Tätigkeit benötigt"* (§ 269f Abs. 2 S. 2 InsO). Insoweit wird der Grundsatz der begrenzten Beteiligtenöffentlichkeit des Insolvenzverfahrens an dieser Stelle zugunsten einer **zentralen Informationssammlung** im Konzern durchbrochen. Hierdurch soll die Erstellung des Koordinationsplans ermöglicht werden, der zur Abstimmung der Einzelverfahren führen soll. Es liegt nahe, dass die Erfüllung der Pflicht der Insolvenzverwalter zur Unterstützung und Informationserteilung durch entsprechende Weisungen des Insolvenzgerichts gemäß § 58 Abs. 1 und Abs. 2 InsO durchgesetzt werden kann; die §§ 97 ff InsO sind dagegen nicht anzuwenden, da die Insolvenzverwalter im Konzern nicht die Schuldner sind. Es dürften insoweit die Rechtsprechungsgrundsätze zum Verhältnis zwischen Insolvenzverwalter und Sonderinsolvenzverwalter gelten.

gg) Bericht der Insolvenzverwalter gegenüber dem Insolvenzgericht über Koordinationshandlungen

353 Die am Insolvenzverwaltungsvertrag beteiligten Insolvenzverwalter haben neben der Zustimmung der jeweils beteiligten Gläubigerausschüsse und ggf der Gläubigerversammlungen auch jeweils die Zustimmung des Insolvenzgerichts einzuholen, denn die vertragliche Disposition der Insolvenzverwalter über ihre verfahrensrechtlichen Kompetenzen steht im Spannungsverhältnis zur laufenden **Aufsicht und Kontrolle des Insolvenzgerichts** gemäß § 58 Abs. 1 InsO. Das Gericht genügt seiner Aufsichtspflicht aus § 58 Abs. 1 S. 1 InsO im Fall der vertraglichen Disposition des Insolvenzverwalters über Teilaspekte seiner Verfahrensbefugnisse durch eine vorgezogene Kontrolle in Form eines **Zustimmungsbeschlusses** zum Insolvenzverwaltungsvertrag. Das Erfordernis der gerichtlichen Bestätigung resultiert letztlich aus dem gesetzlichen Kontrollauftrag des Insolvenzgerichts gemäß § 58 Abs. 1 InsO,[574] der sich auf sämtliche verfahrensbezogenen Pflichten des Insolvenzverwalters bezieht und das Insolvenzgericht von Amts wegen dazu verpflichtet, die Rechtmäßigkeit der Verwaltungstätigkeit zu gewährleisten. Zu den Kompetenzen des Insolvenzverwalters, auf die sich die Rechtsaufsicht bezieht, gehören unter anderem das Recht zur Aufnahme und Prüfung der Forderungen und ggf die Befugnis zum Bestreiten der Forderungen, die Ausübung des Verwalterwahlrechts gemäß § 103 InsO, die Ausübung der Insolvenzanfechtungsrechte,[575] die Verwaltung und Verwertung der Insolvenzmasse gemäß §§ 80 Abs. 1, 148 Abs. 1, 159 f InsO, mithin die Gegenstände der Tätigkeit des Insolvenzverwalters, die auch Regelungsinhalte des Insolvenzverwaltungsvertrages sein können. Insoweit begründet sich die Zustimmungspflicht, denn der Insolvenzverwalter darf sich durch den Abschluss eines Insolvenzverwaltungsvertrages der Aufsicht durch das Insolvenzgericht nicht entziehen. Selbstverständlich kann das Insolvenzgericht die Umsetzung und Durchführung des Insolvenzverwaltungsvertrages im Rahmen der Rechtsaufsicht kontrollieren, insbesondere anhand der Zwischenberichte des Insolvenzverwalters prüfen, ob der Insolvenzverwalter den Rahmen der Kompetenzdisposition einhält, der durch den Zustimmungsbeschluss des Insolvenzgerichts gezogen worden ist.

---

[574] Zum Inhalt und zur Ausübung der Aufsichtspflicht vgl. *Naumann* Kölner Schrift S. 431, 442 ff.
[575] MüKoInsO/*Graeber* § 58 Rn. 31.

c) Zusammenarbeit der beteiligten (vorläufigen) Gläubigerausschüsse

Die Verfahrenskoordination in der Konzerninsolvenz kann durch die Zusammenarbeit der 354
beteiligten Gläubigerausschüsse bzw durch die Abstimmung der Tätigkeiten in den beteiligten Gläubigerausschüssen erreicht werden. Insbesondere wenn gesetzliche **Zustimmungsvorbehalte** gemäß §§ 158, 160 ff InsO bestehen, ist es in der Konzerninsolvenz sinnvoll, Reibungsverluste durch eine Harmonisierung der Entscheidungsvorgänge abzubauen, zB wenn wesentliche Vermögensgegenstände verschiedener Konzerngesellschaften im Rahmen eines Gesamtübertragungsvorgangs veräußert werden sollen und diese Rechtshandlungen der Zustimmungspflicht gemäß § 160 Abs. 2 S. 1 InsO unterliegen. Für den reibungslosen und zügigen Ablauf der Transaktion ist es von Bedeutung, hier keine formalen Hindernisse entstehen zu lassen.

aa) Besetzung der Gläubigerausschüsse im Konzern

Die Arbeitsweise der Gläubigerausschüsse im Konzern wird erheblich vereinfacht, wenn 355
die Organe einheitlich besetzt sind, denn dies schafft regelmäßig ein **einheitliches Wissens- und Kenntnisniveau.** Aus der Rechtsprechung des BGH ergibt sich, dass die Gläubigerausschüsse in Parallelinsolvenzverfahren von verbundenen Unternehmen grundsätzlich identisch besetzt werden können, ohne dass hierin ein Verstoß gegen § 67 Abs. 2 InsO gesehen werden könnte. Soweit Interessenkonflikte analog § 181 BGB bei Rechtsgeschäften zwischen den beteiligten Insolvenzmassen zu befürchten sind, dürfte die Tauglichkeit der Ausschussmitglieder gleichwohl gegeben sein, zumindest wenn die erste Gläubigerversammlung im Berichtstermin gemäß §§ 29 Abs. 1 Nr. 1, 156 Abs. 1 InsO die Mitglieder des vom Insolvenzgericht zusammengestellten Gläubigerausschusses bestätigt (§ 68 Abs. 1 S. 2 InsO).

Insoweit wird bei der Vorbereitung der Antragstellung auch in der Konzerninsolvenz 356
darauf zu achten sein, dass im **Eröffnungsantrag** gemäß §§ 13 Abs. 1, 21 Abs. 2 S. 1 Nr. 1a, 22a Abs. 2 InsO die erforderlichen Angaben im Hinblick auf die Besetzung der Gläubigerausschüsse gemacht werden. Gemäß § 22a Abs. 2 InsO soll das Insolvenzgericht auf Antrag der Schuldnerin, des vorläufigen Insolvenzverwalters oder eines Gläubigers einen vorläufigen Gläubigerausschuss einsetzen und entsprechend den Angaben des Antragstellers besetzen, wenn Personen benannt werden, die als Mitglieder in Betracht kommen und entsprechende Einverständniserklärungen dieser Personen vorgelegt werden. Die Eröffnungsanträge der insolventen Konzerngesellschaften sind insoweit einheitlich auszugestalten.

bb) Koordination der Sitzungen der Gläubigerausschüsse

Soweit die Gläubigerausschüsse der insolventen verbundenen Unternehmen personenidentisch besetzt sind, ist die **gemeinsame Durchführung** der Sitzungen der Regelfall. Die 357
zeitliche und örtliche Trennung der Sitzungen würde dagegen künstlich wirken und auch die unter dem Gesichtspunkt der Prozessökonomie angestrebten Effizienzvorteile vorenthalten. Die gemeinsame Durchführung der Sitzungen verstößt bei einheitlicher Besetzung nicht gegen das Gesetz.

Bei (teilweiser) Personenverschiedenheit der Mitglieder der Gläubigerausschüsse verbundener Unternehmen ist die Pflicht der Ausschussmitglieder zur **Vertraulichkeit** und **Ver-** 358
schwiegenheit berührt. Zwar ist im Insolvenzrecht keine umfassende Pflicht zur Verschwiegenheit der Mitglieder des Gläubigerausschusses anerkannt,[576] dennoch sind die Ausschussmitglieder auch nicht frei hinsichtlich der Informationserteilung und Informationsverwendung. In einer Reihe von Entscheidungen hat sich der BGH auf den Standpunkt gestellt, dass die Mitglieder des Gläubigerausschusses zwar nicht uneingeschränkt zur Ver-

---

[576] Dafür aber *Frege/Nicht* InsVZ 2010, 407 ff = ZInsO 2012, 2217 ff.

schwiegenheit über Umstände verpflichtet sind, die ihnen in ihrer Funktion bekannt geworden sind, da es insoweit an einer Rechtsgrundlage fehle, wie sie zB § 116 Satz 2 AktG für Aufsichtsratsmitglieder vorsehe.[577] Jedoch unterliegen auch die Ausschussmitglieder gewissen Bindungen, da das Insolvenzverfahren im Grundsatz nicht öffentlich bzw lediglich für die Beteiligten öffentlich ist. Die Ausschussmitglieder dürften Informationen deshalb nicht zur Durchsetzung von **Sonderinteressen** an ihren Arbeitgeber oder Mandanten usw. herausgeben. Diese Kautelen sind in der Konzerninsolvenz insoweit zu beachten, als die unbeschränkte Informationsüberlassung an Mitglieder eines Gläubigerausschusses eines verbundenen Unternehmens regelmäßig unzulässig ist, mithin auch der gemeinsamen Durchführung von Sitzungen entgegensteht.

359   In derartigen Konzernkonstellationen ist es zweckmäßig, die Gläubigerausschüsse entweder gestaffelt nacheinander oder nach Möglichkeit parallel an einen zentralen Ort durchzuführen und entsprechende Beschlussvorlagen koordiniert abzuhandeln, um die zustimmungspflichtigen Rechtsgeschäfte möglichst effizient durchführen zu können.

cc) Umgang mit Interessenkonflikten

360   Soweit in Gläubigerausschüssen mit (teilweise) identischer Besetzung Tagesordnungspunkte zu behandeln sind, die zu **objektiven Interessenkonflikten** führen (zB Entscheidungen über die Geltendmachung von Anfechtungs- oder Haftungsansprüchen gegen das verbundene Unternehmen) sind die Stimmverbote im Rahmen von § 72 InsO zu beachten. Wenn das Beschlussthema den Rechtskreis eines Gläubigerausschussmitglieds betrifft, scheidet eine **Stimmabgabe in eigenen Angelegenheiten** in aller Regel aus.[578] Die Gläubigerausschussmitglieder üben ein Verfahrensamt aus und sind jeweils der von ihnen repräsentierten Insolvenzmasse verpflichtet, in deren wohlverstandenem Interesse sie die Entscheidungen zu treffen haben. Ein Konzern- oder Gruppeninteresse ist auch in der Konzerninsolvenz nicht anzuerkennen, weshalb die jeweilige Massebezogenheit der Tätigkeit zu Interessenkonflikten und damit zum Stimmrechtsausschluss führen kann.[579] Das Recht zur Teilnahme an den Sitzungen bleibt in der Regel bestehen.[580] In Abhängigkeit vom Beschlussgegenstand kann es jedoch geboten sein, das sich im Interessenkonflikt befindliche Mitglied von der Sitzungsteilnahme und der Informationserteilung **auszuschließen**.[581] Soweit die Interessenkonflikte nach Art, Umfang, Intensität und Dauer eine im Einzelfall zu ermittelnde Zumutbarkeitsschwelle überschreiten, kann die Entpflichtung des befangenen Ausschussmitglieds geboten sein.

dd) Auswechselung und Abberufung von Ausschussmitgliedern

361   Nach der Rechtsprechung des BGH kann ein eingetretener **Vertrauensverlust** kann die Entlassung eines Mitglieds zweier personenidentisch besetzter Ausschüsse rechtfertigen, wenn in einem Verfahren Verfehlungen begangen wurden.[582] Die Entlassung ist ferner möglich, wenn die Aufgabe des Gläubigerausschusses, die darin besteht, den Insolvenzverwalter zu beraten und zu überwachen (§ 69 InsO), nachhaltig erschwert oder unmöglich gemacht wird.[583] In der Parallelinsolvenz mit (teilweise) identisch besetzten Gläubigerausschüssen kann dies der Fall sein, wenn eine Interessengleichrichtung der Konzernunternehmen nicht (mehr) gegeben ist und wechselseitig Ansprüche der verbundenen Unternehmen geltend gemacht werden.

---

[577] Vgl. BGH ZIP 1981, 1001; BGH ZIP 2008, 652; BGH ZIP 2008, 655.
[578] Siehe HambKommInsO/*Frind* InsO § 72 Rn. 4.
[579] Zu den Fallgruppen siehe HambKommInsO/*Frind* InsO § 72 Rn. 4.
[580] HambKommInsO/*Frind* InsO § 72 Rn. 4.
[581] HambKommInsO/*Frind* InsO § 72 Rn. 4 unter Verweis auf *Uhlenbruck* ZIP 2002, 1378 ff und *Gundlach/Frenzel/Schmidt* ZInsO 2005, 976 ff.
[582] BGH ZIP 2008, 655; BGH ZIP 2008, 652 ff.
[583] BGH ZIP 2003, 1259 ff.

ee) Einfluss der vorläufigen Gläubigerausschüsse auf die Auswahl und Bestellung der/des Insolvenzverwalter(s)

Gemäß § 56a InsO nehmen die vorläufigen Gläubigerausschüsse Einfluss auf die Person des **362** jeweiligen Insolvenzverwalters, können mithin auch auf die einheitliche Verwalterbestellung in der Konzerninsolvenz hinwirken:

Im Rahmen der Erstellung des **Anforderungsprofils** gemäß § 56a Abs. 1 InsO kann **363** die Eignung des potenziellen Insolvenzverwalters zur Bewältigung einer Gruppeninsolvenz zur Voraussetzung gemacht werden. Auch die Erfahrung eines Insolvenzverwalters mit derartigen Konzernkonstellationen kann ein taugliches Abgrenzungskriterium sein, ebenso wie eine bestimmte Büroausstattung und Organisationsstruktur, die zur angemessenen Durchführung der Parallelverfahren in der Konzerninsolvenz Voraussetzung ist. Bei grenzüberschreitenden Unternehmensgruppen dürften Faktoren wie Mehrsprachigkeit, Erfahrungen im internationalen Recht und Einbindung in ein internationales Netzwerk von Bedeutung sein. Diese Kriterien hat das Insolvenzgericht gemäß § 56a Abs. 2 S. 2 InsO seiner Auswahlentscheidung zugrunde zu legen. Sie können dazu herangezogen werden, einen einheitlichen Insolvenzverwalter für die Unternehmensgruppe auszuwählen und zu bestellen, was grundsätzlich zulässig ist, sofern nicht ernstliche Zweifel an der Objektivität und Neutralität des Insolvenzverwalters bestehen bzw diese im Einzelfall durch die Bestellung eines Sonderinsolvenzverwalters ausgeräumt werden können.

Gemäß § 56a Abs. 2 InsO darf das Insolvenzgericht bei einem **einstimmigen Vor-** **364** **schlag** des vorläufigen Gläubigerausschusses von diesem Vorschlag nicht abweichen, mithin keinen anderen Insolvenzverwalter als den Vorgeschlagenen auswählen und bestellen. Unter Koordinationsgesichtspunkten kann es deshalb zweckmäßig sein, über die Vorschläge zur einheitlichen Besetzung der vorläufigen Gläubigerausschüsse (§ 22a Abs. 2 InsO) die einheitliche Verwalterbestellung durch einstimmige Vorschläge derselben Person anzustreben. Das Insolvenzgericht ist hieran gebunden, wenn der vorgeschlagene Insolvenzverwalter die Tauglichkeitskriterien des § 56 Abs. 1 InsO erfüllt, insbesondere die Gewähr der Objektivität und Neutralität bietet.

4. Koordinationsverfahren, Verfahrenskoordinator, Eigenkoordination durch den Schuldner

a) Einführung

Das Gesetz zur Erleichterung der Bewältigung von Konzerninsolvenzen (KIG), welches **365** nach seinem Art. 10 am 21. April 2018 in Kraft getreten ist,[584] führt als Novum ein sog. Koordinationsverfahren in die Insolvenzordnung ein, vgl hierzu §§ 269d bis 269i InsO n. F.[585] Im Rahmen dieses Koordinationsverfahrens soll der Verfahrenskoordinator für eine abgestimmte Abwicklung der Verfahren über die gruppenangehörigen Schuldner sorgen, wobei er hierfür insbesondere einen Koordinationsplan vorlegen kann. Dem Konzept liegt der Grundsatz der Pareto-Effizienz zugrunde: Es sollen solche Insolvenzbewältigungsstrategien ermöglicht und erleichtert werden, die den Gesamterlös für alle Gläubiger steigern, ohne dabei Gläubiger einzelner Konzerngesellschaften schlechter zu stellen.[586]

---

[584] Gesetz verkündet am 21. April 2017 (BGBl. I S. 866), online abrufbar unter www.bgbl.de; Regierungsentwurf, BT-Drs. 18/407, abrufbar auf *www.bmj.de;* der Gesetzesentwurf ist auch als Beilage 1 zu ZIP 37/2013 abgedruckt; zum neuen Konzerninsolvenzrecht *Pleister/Sturm* ZIP 2017, 2329 ff.

[585] Begrüßend zur Neuregelung *Wimmer* jurisPRInsR 8/2017, Anm. 1, sub. II. 8; III und *Harder* NJW-Spezial 2017, 469, 470. Zur Kritik an diesem neuen Verfahren s. MüKoInsO/*Brünkmans* Konzerninsolvenzrecht Rn. 118 ff; *Frind,* ZInsO 2014, 927, 936 f. Insgesamt zur Neuregelung NZI-Sonderbeilage 1/2018.

[586] *Pleister* ZIP 2013, 1013, 1014; *Eidenmüller* ZHR 169 (2005), 528, 550 f; *Brünkmans* ZIP 2013, 193, 195; *Brünkmans* Der Konzern 2013, 169, 172; MüKoInsO/*Brünkmans* Konzerninsolvenzrecht Rn. 102; Kübler/*Pleister*/*Theusinger* HRI § 50 Rn. 34; vgl. auch BT-Drs. 18/407 S. 37: „Eine Koordinationsmaßnahme

366 Zum Teil wurde das Koordinationsverfahren als entbehrlich angesehen. Es genüge, wenn der Gesetzgeber stattdessen eine eindeutige Zuständigkeitsregelung schaffen und alle Verfahren bei einem Gericht und mit demselben Insolvenzverwalter bündeln würde.[587] Dass an mehreren Gerichten Insolvenzverfahren anhängig gemacht und die Bestellung desselben (vorläufigen) Insolvenzverwalters nicht abgestimmt würden, sei dann eine absolute Ausnahme, die nicht geregelt werden müsse.[588] Wenn in echten Mischkonzernen unterschiedliche Insolvenzverwalter in den einzelnen Verfahren eingesetzt würden, sei der Koordinationsaufwand nicht so hoch, als dass ein besonderes Koordinationsverfahren erforderlich wäre. Hierzu genügten die allgemeinen (und jetzt in § 269a InsO n. F. klargestellten)[589] Kooperationspflichten der Insolvenzverwalter untereinander.[590]

367 Überzeugender ist es dagegen die Neuregelung zu begrüßen, die der Praxis mit dem Koordinationsverfahren eine zusätzliche Möglichkeit eröffnet mehrere Insolvenzverfahren miteinander zu koordinieren.[591] Das sollte die Insolvenzgerichte freilich nicht davon abhalten, gemäß § 56b InsO n. F. dieselbe Person zum Insolvenzverwalter zu bestellen, wenn etwaige Interessenkonflikte mithilfe von Sonderinsolvenzverwaltern vermieden werden können.[592] Für die Fälle, in denen Unternehmensgruppen nicht mit demselben Insolvenzverwalter abgewickelt oder saniert werden, insbesondere weil die Konzernverbindungen nicht eng genug sind, bietet das Koordinationsverfahren ein reizvolles Angebot für die Praxis.[593] Die nähere Ausgestaltung des Verfahrens soll hier behandelt werden.

b) Einleitung des Verfahrens durch das Koordinationsgericht

368 Das Koordinationsverfahren muss bei dem Gericht **beantragt** werden, bei dem der besondere Gerichtsstand des § 3a InsO-E für die Einzelverfahren besteht. § 3a Abs. 1 S. 3 InsO n. F. sieht ein **Prioritätsprinzip** vor, wonach der **Gruppen-Gerichtsstand** grundsätzlich bei dem Gericht begründet werden kann, bei dem zuerst ein zulässiger Antrag eines Schuldners der Unternehmensgruppe gestellt wird, der für die gesamte Unternehmensgruppe nicht offensichtlich von untergeordneter Bedeutung ist.[594] Für die nicht unterge-

---

kann deshalb auch dann dem von (§ 269f Abs. 1 InsO-E) geforderten Gläubigerinteresse genügen, wenn nicht jeder einzelne Gläubiger oder jedes einzelne Verfahren hierdurch eine bessere Rechtsstellung erfährt. Ausreichend muss es vielmehr sein, dass zumindest in einem Verfahren eine höhere Befriedigungsquote erreicht werden kann, ohne dass hierdurch in den anderen Verfahren Einbußen hinzunehmen sind. Wie im Insolvenzplanverfahren wird somit auch beim Gläubigerinteresse nach Absatz 1 die Pareto-Effizienz berücksichtigt."

[587] Stellungnahme des VID v. 15. Februar 2013, abrufbar auf *www.vid.de,* S. 6; *Fölsing* ZInsO 2013, 413, 419 f. (Koordinationsverfahren nur als „ultima ratio").

[588] Vgl. erneut die Stellungnahme des VID v. 15. Februar 2013; *Fölsing* ZInsO 2013, 413, 419 f.

[589] BT-Drs. 18/407, S. 21; vgl. hierzu *Wimmer* juris-PR 20/2013 Anm 1.

[590] Vgl. *Wimmer* juris-PR 20/2013 Anm 1; Stellungnahme des VID v. 15. Februar 2013 S. 6; Stellungnahme des DAV v. Februar 2013, S. 6 f, abrufbar auf *www.anwaltverein.de.*

[591] So auch *Wimmer,* jurisPRInsR 8/2017, Anm. 1, sub. II. 1. und III.; *Verhoeven* GmbH-StB, 113, 117; *Harder* NJW-Spezial 2017, 469, 470; wohl auch KPB/*Thole* InsO § 269a n. F. Rn. 1–3, § 269d n. F. Rn. 1 und *Flöther* Beilage NZI 2018, 6, 8.

[592] Vgl. hierzu Kübler/*Pleister*/*Theusinger* HRI § 50 Rn. 32 ff; *Wimmer* jurisPRInsR 8/2017, Anm. 1, sub. II. 4.; auch der Regierungsentwurf, BT-Drs. 18/407 S. 20 f, geht davon aus, dass die Bestellung eines einheitlichen Insolvenzverwalters für mehrere insolvente Gesellschaften eines Konzerns wünschenswert ist.

[593] So weist der Regierungsentwurf, BT-Drs. 18/407 S. 22 f. dem Koordinationsverfahren auch ausdrücklich die Aufgabe zu, in den Fällen Insolvenzverfahren über Gesellschaften einer Unternehmensgruppe zu koordinieren, in denen „*Bedarf für eine weitergehende Koordinierung*" besteht. So auch *Stahlschmidt*/*Bartelheimer* ZInsO 2017, 1010, 1017.

[594] *Pleister*/*Sturm* ZIP 2017, 2329, 2333; *Flöther* Beilage NZI 2018, 6, 7; *Birnbreier* Beilage NZI 2018, 11. 12; BT-Drs. 18/407 S. 19, 27; *Graf-Schlicker* AnwBl 2013, 620; *Lienau* Der Konzern 2013, 157, 160 mwN; zustimmend *Brünkmans* ZInsO 2013, 193, 197; *Commandeur*/*Knapp* NZG 2013, 174, 177; *Fölsing* ZInsO 2013, 413, 415; Stellungnahme des NIVD, ZInsO 2013, 434, 435; *Vallender* Der Konzern 2013, 162, 164; *Verhoeven* GmbH-StB 2016, 113, 116; zumindest grundsätzlich zustimmend ist auch die Stellungnahme des Gravenbrucher Kreises v. 15.2.2013 S. 3; vgl. zu den Voraussetzungen der „nicht untergeordneten Bedeutung" die Ausführungen von Kübler/*Pleister*/*Theusinger* HRI § 50 Rn. 13.

ordnete Bedeutung kommt es in erster Linie auf das anteilige Gewicht der Arbeitnehmer eines Schuldners sowie seiner Bilanzsumme oder Umsatzerlöse im Vergleich zur gesamten Unternehmensgruppe an.[595]

Damit haben der Diskussions- und der Regierungsentwurf der Forderung nach einem **369** ausschließlichen Gerichtsstand am Ort der (mit der operativen Konzernleitung betrauten) Konzernobergesellschaft eine Absage erteilt.[596] Das nationale „Forum Shopping" wird zwar durch die große Bedeutung der Zahl der Arbeitnehmer in § 3a Abs. 1 InsO n. F. erschwert, aber – auch bei einer Anhebung der Schwellenwerte – bestehen bleiben.[597] Dem könnte allenfalls durch eine zB sechs- oder zwölfmonatige Sperrfrist für die Sitzverlegung begegnet werden, vergleichbar mit der dreimonatigen Sperrfrist in Art. 3 Abs. 1 UAbs. 2 S. 2 EuInsVO.[598]

Zum Teil wird aber auch begrüßt, dass die Antragsteller mehrere Möglichkeiten hinsicht- **370** lich des Gerichtsstands haben, was zu einer Zentralisierung und Professionalisierung bestimmter Gerichte für Großverfahren führen könnte und zugegebenermaßen den Vorteil größerer Flexibilität hat.[599] Durch die große Bedeutung der Anzahl der Arbeitnehmer ist mit einem solchen Effizienzgewinn aber kaum zu rechnen.[600] *De lege ferenda* muss der Gesetzgeber sicherstellen, dass der Gruppen-Gerichtsstand nicht bewusst zu einem (kleineren) Gericht verlegt wird, das komplexe Konzerninsolvenzverfahren nicht angemessen begleiten kann. Dazu sollte die Verordnungsermächtigung des § 2 Abs. 3 InsO n. F. genutzt werden.

Das Koordinationsverfahren kann auf Antrag eröffnet werden, wenn über mindestens **371** zwei Unternehmen derselben Unternehmensgruppe[601] im Sinne des § 3e InsO n. F. ein Verfahren anhängig oder eröffnet worden ist.[602] Antragsberechtigt ist jeder gruppenangehörige, auch selbst nicht insolvente Schuldner, solange über sein Vermögen noch kein Insolvenzverfahren eröffnet und noch kein „starker" vorläufiger Insolvenzverwalter nach § 22 Abs. 1 InsO bestellt worden ist. Soweit ein Verfahren eröffnet oder ein „starker" vorläufiger Insolvenzverwalter bestellt worden ist, kommt dem jeweils bestellten (vorläufigen) Insolvenzverwalter das Antragsrecht zu. Auch ein (vorläufiger) Gläubigerausschuss ist aufgrund eines einstimmigen Beschlusses antragsberechtigt, § 269d Abs. 2 S. 3 InsO n. F.[603]

Liegen die Voraussetzungen zur Eröffnung des Koordinationsverfahrens vor, entscheidet **372** das Koordinationsgericht über die Einleitung des Koordinationsverfahrens. Maßgebliches Kriterium ist das Interesse der Gläubiger und damit die Frage, ob ein solches Verfahren nach den Umständen des jeweiligen Einzelfalls für zumindest ein Verfahren Vorteile erwarten lässt,

---

[595] Dazu ausführlich und kritisch *Pleister/Sturm* ZIP 2017, 2329, 2333; *Wimmer* jurisPRInsR 8/2017, Anm. 1, sub. II. 3.; *Verhoeven* GmbH-StB 2016, 113, 116; *Prosteder* Beilage – NZI 23018, 9 ff.

[596] Hierfür: *Andres/Möhlenkamp* BB 2013, 579, 585; *Frind* ZInsO 2014, 927, 937; *Verhoeven* ZInsO 2014, 217, 218; Stellungnahme des VID, S. 3; Stellungnahme des DAV, S. 4; *Römermann* ZRP 2013, 201, 203; dagegen *Graf-Schlicker* AnwBl 2013, 620 f.

[597] *Römermann* ZRP 2013, 201, 203; Stellungnahme des VID, S. 4 f; Stellungnahme Nr. 4/2012 der BRAK v. Februar 2013, S. 3, abrufbar auf *www.brak.de;* aA: *Lienau* Der Konzern 2013, 157, 160; *Wimmer* DB 2013, 1343, 1347, die Bedenken wegen der Gefahr des „Forum Shoppings" nicht für durchgreifend halten, weil – anders als im internationalen Kontext – die *lex fori concursus* dieselbe ist; dagegen ausdrücklich *Römermann* ZRP 2013, 201, 203; *Frind* ZInsO 2013, 429, 431; *Vallender* Der Konzern 2013, 162, 164, 168; vgl. zum Problem des „Forum Shopping" auch die Stellungnahme des Gravenbrucher Kreises, S. 3.

[598] Vgl. hierzu *Vallender* Der Konzern 2013, 162, 168; Stellungnahme des VID, S. 4 f; Stellungnahme der BRAK, aaO, S. 3 f.

[599] *Brünkmans* ZIP 2013, 193, 196; *Brinkmans* DB 39/2013, M 1; *Commandeur/Knapp* NZG 2013, 176, 177 f; *Möhlenkamp* BB 41/2013, Die Erste Seite; Stellungnahme der NIVD, ZInsO 2013, 434, 435; *Pleister/Sturm* ZIP 2017, 2329, 2334 f.

[600] *Pleister/Sturm* ZIP 2017, 2329, 2335; so wohl auch *Harder*, NJW-Spezial 2017, 469, 469.

[601] Zur Unternehmensgruppe: *Kübler/Pleister/Theusinger* HRI § 50, Rn. 6 und *Pleister/Sturm* ZIP 2017, 2329, 2332 ff.

[602] *Kübler/Pleister/Theusinger* HRI § 50 Rn. 42; *Pleister* ZIP 2013, 1013, 1014; KPB/*Thole* InsO § 269d n. F. Rn. 12 ff.

[603] *Kübler/Pleister/Theusinger* HRI § 50 Rn. 42; *Pleister* ZIP 2013, 1013, 1014; *Harder* NJW-Spezial 2017, 469, 470; KPB/*Thole* InsO § 269d n. F. Rn. 17 ff; Braun/*Esser* InsO § 269d n. F. Rn. 15 f.

die nicht in einem unangemessenen Verhältnis zu den zusätzlichen Kosten stehen und die anderen Verfahren nicht verschlechtern.[604] Das Gericht trifft also eine Ermessensentscheidung, indem es Vor- und Nachteile des Koordinationsverfahrens abwägt.[605]

c) Verfahrenskoordinator

373 Ein „Kernelement"[606] des Koordinationsverfahrens ist die Bestellung des Verfahrenskoordinators nach § 269e InsO n. F., der Vorschläge für eine abgestimmte Insolvenzabwicklung zu erarbeiten und vorzulegen hat, § 269f InsO n. F. Durch die Koordination sollen insbesondere Reibungsverluste zwischen den einzelnen Insolvenzverfahren der gruppenangehörigen Schuldner minimiert werden.[607] Das Aufgabenfeld des Verfahrenskoordinators geht aber weit darüber hinaus. Hier wird das neue Amt des Verfahrenskoordinators näher dargestellt.

aa) Bestellung

374 Das Koordinationsgericht **soll** eine von den gruppenangehörigen Schuldnern und deren Gläubigern **unabhängige Person** zum Verfahrenskoordinator **bestellen,** § 269e Abs. 1 S. 1 InsO n. F. Vor der Bestellung des Verfahrenskoordinators gibt das Koordinationsgericht einem bestellten Gruppen-Gläubigerausschuss Gelegenheit, sich zu der Person des Verfahrenskoordinators und den an ihn zu stellenden Anforderungen zu äußern, § 269e Abs. 2 InsO n. F. Das Gericht ist an einen einstimmigen Beschluss des Gruppen-Gläubigerausschusses grundsätzlich gebunden.[608] Es kann von einem einstimmigen Vorschlag wegen des Verweises[609] in § 269f Abs. 3 InsO n. F. auf § 56a Abs. 2 InsO nur abweichen, wenn die vorgeschlagene Person für die Übernahme des Amtes nicht geeignet ist. Dabei hat das Gericht die vom Gruppen-Gläubigerausschuss beschlossenen Anforderungen an die Person des Verwalters zugrunde zu legen.[610]

375 Erfreulicherweise hat der Gesetzgeber seit dem Diskussionsentwurf zum KIG eine Kehrtwende beschritten und nunmehr in § 269e Abs. 1 S. 2 InsO n. F. ausdrücklich vorgesehen, dass der Verfahrenskoordinator von den Insolvenzverwaltern und Sachwaltern unabhängig sein soll.[611] Insgesamt ausgeschlossen ist dagegen die Bestellung eines gruppenangehörigen

---

[604] *Pleister* ZIP 2013, 1013, 1014; *Verhoeven* ZInsO 2014, 217, 221; zum Merkmal der „Pareto-Effizienz" KPB/*Thole* InsO § 269d n. F. Rn. 20. Kritisch zu sehen ist die Sichtweise von *Stahlschmidt/Bartelheimer* ZInsO 2017, 1010, 1017 f, die wohl schon de lege lata eine Schlechterstellung einzelner Gläubiger im vermeintlichen Interesse von Lieferanten, Arbeitnehmern und Sozialstaat zulassen wollen.

[605] Braun/*Esser* InsO § 269d n. F. Rn. 17 ff; KPB/*Thole* InsO § 269d n. F. Rn. 20 f.

[606] BT-Drs. 18/407 S. 23.

[607] BT-Drs. 18/407 S. 35; *Breilmann/Fuchs* WM 2013, 1437, 1438; *Graf-Schlicker* AnwBl 2013, 620, 621; Stellungnahme des BDI v. 15. Februar 2013, S. 3, abrufbar auf *www.bdi.eu*.

[608] *Pleister/Sturm* ZIP 2017, 2329, 2336; KPB/*Thole* InsO § 269e n. F. Rn. 10; Braun/*Esser* InsO § 269e, Rn. 14. Vgl. zu dieser Forderung die Stellungnahme des Gravenbrucher Kreises v. 15.2.2013 S. 4 f, 8 und die Stellungnahme der NIVD, ZInsO 2013, 434, 438; außerdem dazu Kübler/*Pleister/Theusinger* HRI § 50 Rn. 45.

[609] ausgehend von einem Verweis auf § 56a Abs. 2 InsO: Vgl. BT-Drs. 18/407 S. 36; siehe auch *Pleister/ Sturm* ZIP 2017, 2329, 2336.

[610] Kübler/*Pleister/Theusinger* HRI § 50 Rn. 45; vgl. zu den Anforderungen im Rahmen von § 56a InsO Braun/*Blümle* InsO § 56a Rn. 18 ff; MüKoInsO/*Graeber* § 56a Rn. 34 ff; Nerlich/Römermann/*Römermann* InsO § 56a Rn. 7 ff.

[611] BT-Drs. 18/407 S. 35 f; *Pleister/Sturm* ZIP 2017, 2329, 2329; *Wimmer* jurisPRInsR 8/2017, Anm. 1, sub. II. 8. a); *Harder* NJW-Spezial 2017, 469, 470; *Brünkmans* DB 39/2013, M 1; vgl. zur Regelung im Diskussionsentwurf Disk-E InsO, S. 8; in diesem Sinne auch noch *Graf-Schlicker* AnwBl 2013, 620, 621 und *Lienau* Der Konzern 2013, 157, 161; *Wimmer* juris-PR 20/2013 Anm 1; vgl. hierzu auch die Stellungnahme des NIVD, ZInsO 2013, 434, 438; mit entsprechender Kritik am Diskussionsentwurf schon *Pleister* ZIP 2013, 1013, 1015; *Commandeur/Knapp* NZG 2013, 176, 178; Stellungnahme des DAV v. 15. Februar 2013 S. 7; Stellungnahme des GDV v. 13.2.2013, S. 5; Stellungnahme des Gravenbrucher Kreises, S. 4 f. (mit der Forderung, alternativ zur Bestellung aus dem Kreise der (vorläufigen) Insolvenzverwalter auch einen Dritten vorschlagen zu können), abrufbar auf www.gravenbrucherkreis.de.

Schuldners zum Verfahrenskoordinator (§ 269e Abs. 1 S. 3 InsO n. F.). In der Eigenverwaltung kommt damit nur ein neutraler Dritter als Verfahrenskoordinator in Betracht.[612] Zur Begründung der Abkehr von der Auswahl aus dem Kreis der Insolvenzverwalter bzw Sachwalter führt der Regierungsentwurf aus, dass der Verfahrenskoordinator nicht durch Eigeninteressen aus einem bestimmten Verfahren belastet sein und als Mediator zwischen den Verwaltern der einzelnen Insolvenzverfahren der gruppenangehörigen Schuldner vermitteln soll.[613] In entsprechenden Ausnahmefällen ermöglicht die „Soll"-Bestimmung allerdings weiterhin, einen Verfahrenskoordinator aus dem Kreis der Insolvenzverwalter in den Einzelverfahren zu bestellen.[614] Die Regelung ist auch insofern zu begrüßen.

bb) Aufgaben und Rechtsstellung

Gem. § 269f Abs. 1 S. 1 InsO n. F. hat der Verfahrenskoordinator für eine abgestimmte **376** Abwicklung der Verfahren über die gruppenangehörigen Schuldner zu sorgen, soweit dies im Interesse der Gläubiger der einzelnen Verfahren liegt. Ziel dieser Abstimmung soll insbesondere sein, Reibungsverluste zwischen den Einzelverfahren zu vermeiden.[615] Insofern gehören zu den Aufgaben des Verfahrenskoordinators **alle Maßnahmen,** die geeignet sind, die **abgestimmte Abwicklung der Einzelverfahren** im Interesse der Gläubiger zu fördern.[616]

Eine besondere Stellung nimmt dabei der vom Verfahrenskoordinator vorzulegende und **377** vom Koordinierungsgericht zu bestätigende **Koordinationsplan** ein, der als Referenzplan für die auf der Ebene der Einzelverfahren, insbesondere auf der Grundlage von Insolvenzplänen, zu ergreifenden Maßnahmen dient, vgl § 269f Abs. 1 S. 2, § 269h Abs. 1 S. 1 InsO n. F.[617] Den Koordinationsplan kann der Verfahrenskoordinator in den jeweiligen Gläubigerversammlungen selbst erläutern oder durch eine von ihm bevollmächtigte Person erläutern lassen, § 269f Abs. 1 S. 3 InsO n. F. Dieses Teilnahmerecht dient dem Verfahrenskoordinator entweder dazu, für die Umsetzung des Koordinationsplans zu werben oder für die weitere Ausarbeitung des Koordinationsplans in Erfahrung zu bringen, für welche Schritte sich die Verfahrensbeteiligten aussprechen.[618] Insgesamt ist der Koordinationsplan die Grundlage für eine einheitliche Strategie im Insolvenzverfahren; der Verfahrenskoordinator hat keine exekutive Funktion, sondern ist Vermittler und Moderator.[619]

Neben dem Koordinationsplan kann der Verfahrenskoordinator dazu eine Vielzahl **wei- 378 terer Koordinationsmaßnahmen** ergreifen. Diese milderen Koordinationsmittel sind im Gesetzesentwurf nicht abschließend normiert.[620] Beispielsweise schlägt der Regierungsentwurf vor, ein „informelles Forum zur multilateralen Erörterung und Lösung von Problemen" zu schaffen, im Rahmen dessen einheitliche Verfahrensweisen und Methoden festgelegt und Probleme, die in allen Einzelverfahren auftreten (zum Beispiel bei der Identifizierung, Bewertung und Behandlung von konzerninternen Transaktionen und Forderungssalden), einheitlich gelöst werden können.[621]

---

[612] *Wimmer* juris-PR 20/2013 Anm 1; *Wimmer* juris-PR 8/2017 Anm 1 sub. II. 8. a).
[613] BT-Drs. 18/407 S. 23; *Wimmer* juris-PR 20/2013 Anm 1; vgl. zu Fragen der Haftung des Verfahrenskoordinators und der Einzelverwalter bei der koordinierten Konzerninsolvenz *Thole* Der Konzern 2013, 182 ff.
[614] *Wimmer* juris-PR 20/2013 Anm 1; KPB/*Thole* InsO § 269e n. F. Rn. 6.
[615] BT-Drs. 18/407, S. 35; *Breilmann/Fuchs* WM 2013, 1437, 1438; *Graf-Schlicker* AnwBl 2013, 620, 621; Stellungnahme des BDI v. 15.2.2013 S. 3.
[616] BT-Drs. 18/407 S. 23, 36 f; *Flöther* Beilagen NZI 2018, 6, 8; *Berner/Zenker,* Beilage NZI 2018, 30 ff.
[617] Siehe *Madaus* § 5 Rn. 69; BT-Drs. 18/407 S. 23; *Breilmann/Fuchs* WM 2013, 1437, 1438; *Wimmer* juris-PR 20/2013 Anm 1; *Wimmer* jurisPRInsR 8/2017, Anm. 1, sub. II. 8. b); *Verhoeven* GmbH-StB 2016, 113, 117; *Harder* NJW-Spezial, 469, 470.
[618] BT-Drs. 18/407, S. 36; *Wimmer* juris-PR 20/2013 Anm 1; KPB/*Thole* InsO § 269e n. F. Rn. 5.
[619] *Pleister/Sturm* ZIP 2017, 2329, 2336 f; Braun/*Esser* InsO § 269f, Rn. 8; ausführlich zum Koordinationsplan siehe *Madaus* § 5 Rn. 68.
[620] BT-Drs. 18/407, S. 23; vgl. hierzu auch *Lienau* Der Konzern 2013, 157, 161 f.
[621] BT-Drs. 18/407, S. 23; kritisch hierzu *Römermann* ZRP 2013, 201, 204 f.

379 Die in den Einzelverfahren eingesetzten (vorläufigen) **Insolvenzverwalter** der gruppenangehörigen Schuldner sind **zur Zusammenarbeit** mit dem Koordinationsverwalter **verpflichtet.** Sie haben ihm bei entsprechender Aufforderung insbesondere die Informationen mitzuteilen, die er für eine zweckentsprechende Ausübung seiner Tätigkeit benötigt, § 269f Abs. 2 InsO n. F. Das geht soweit, dass dem Verfahrenskoordinator Zugang zum Unternehmen, zu Mitarbeitern und zu Unterlagen gewährt werden muss.[622] In der Praxis bleibt abzuwarten, in welchem Umfang die Insolvenzverwalter der Einzelverfahren tatsächlich mit dem Koordinationsverwalter zusammenarbeiten und welche Informationen sie ihm zur Verfügung stellen. Denn der Verfahrenskoordinator hat keine Befugnisse, um die Zusammenarbeit zu erzwingen. Insofern besteht nur die potenzielle Haftungssanktion des § 60 InsO, wenn die Insolvenzverwalter der Einzelverfahren sich nicht kooperativ verhalten.[623]

380 cc) Vergütung. Der Regierungsentwurf sieht – teilweise abweichend vom Diskussionsentwurf[624] – vor, dass der Verfahrenskoordinator einen Anspruch auf die Vergütung seiner Tätigkeit und auf Erstattung angemessener Auslagen haben soll, § 269g Abs. 1 S. 1 InsO n. F. Der Regelsatz der Vergütung soll gem § 269g Abs. 1 S. 2 InsO n. F. nach dem Wert der zusammengefassten Insolvenzmassen der in das Koordinationsverfahren einbezogenen Verfahren über die gruppenangehörigen Schuldner berechnet werden. Verfahren im Sinne von § 269g Abs. 1 S. 2 InsO n. F. sollen solche sein, die während der Dauer des Koordinationsverfahrens anhängig sind und auf die sich die im Rahmen des Koordinationsverfahrens ergriffenen Maßnahmen und unterbreiteten Vorschläge beziehen können.[625]

381 Dem Umfang und der Schwierigkeit der Koordinationsaufgabe soll durch Abweichungen vom Regelsatz Rechnung getragen werden, § 269g Abs. 1 S. 3 InsO n. F. Die §§ 64 und 65 InsO sollen entsprechend gelten, § 269g Abs. 1 S. 4 InsO n. F.[626] Wenn einzelne oder mehrere Schuldner vom Koordinationsverfahren nicht oder nur unwesentlich berührt werden, soll dies bei der Frage des Abschlags vom Regelsatz Berücksichtigung finden.[627]

382 Die Vergütung des Verfahrenskoordinators soll anteilig aus den Insolvenzmassen der gruppenangehörigen Schuldner berichtigt werden, wobei im Zweifel das Verhältnis des Werts der einzelnen Massen zueinander maßgebend sein soll, § 269g Abs. 2 InsO n. F.[628] Die Massen der einbezogenen Unternehmen sollen dabei zusammengefasst und insbesondere um Intragruppenforderungen bereinigt werden, auch wenn der Umgang mit Intragruppenforderungen zu den Kernaufgaben bei der Bewältigung von Konzerninsolvenzen gehört.[629] Aus der Sicht des Regierungsentwurfs lassen sich die auf diesem Feld erbrachten Koordinationsleistungen aber nicht angemessen durch pauschale Bruchteile der betroffenen Massen beziffern. Es sei deshalb zweckmäßig, auf die Koordinationsleistungen im Einzelfall abzustellen und diese im Rahmen der Bemessung eines Zu- oder Abschlags zum Regelsatz zu berücksichtigen.[630] Demgegenüber wird in der Literatur zum Teil gefordert, den Verfahrenskoordinator nach Arbeitsstunden zu vergüten, weil seine Tätigkeit rein administrati-

[622] KPB/*Thole* InsO § 269f n. F. Rn. 10 sowie Rn. 12 ff zu den Grenzen dieser Verpflichtung.
[623] *Lienau* Der Konzern 2013, 157, 161, 162; ausführlich hierzu auch *Thole* Der Konzern 2013, 182, 187 f; *Breilmann/Fuchs* WM 2013, 1437, 1438; vgl. ausdrücklich gegen eine Ausweitung der Haftungstatbestände die Stellungnahme des BDI v. 15.2.2013, S. 4.
[624] Disk-E InsO S. 8 f, 45 f; vgl. hierzu *Andres/Möhlenkamp* BB 2013, 579, 585 f.
[625] BT-Drs. 18/407, S. 38; *Wimmer* juris-PR 20/2013 Anm 1; zum Ganzen auch KPB/*Thole* InsO § 269g n. F. Rn. 1 ff; kritisch zur Neuregelung *Harder/Lojowsky* NZI 2013, 327, 329 f. (Masseschmälerung stehe nicht im Verhältnis zu der schwachen Rechtsposition des Verfahrenskoordinators).
[626] BT-Drs. 18/407 S. 38; *Wimmer* juris-PR 20/2013 Anm 1.
[627] BT-Drs. 18/407 S. 38; *Wimmer* juris-PR 20/2013 Anm 1.; KPB/*Thole* InsO § 269g n. F. Rn. 9 f.
[628] BT-Drs. 18/407 S. 38; zustimmend *Wimmer* jurisPRInsR 8/2017, Anm. 1, sub. II. 8. a); kritisch etwa *Holzer* NZI 2013, 1049, 1053: „Es erscheint nicht möglich, die Vergütung für diese rein administrative Tätigkeit nach den Regeln der InsVV an die Insolvenzmasse eines Konzernmitglieds oder gar des Gesamtkonzerns zu knüpfen."
[629] BT-Drs. 18/407 S. 38; *Wimmer* juris-PR 20/2013 Anm 1.
[630] BT-Drs. 18/407, S. 38; *Wimmer* juris-PR 20/2013 Anm 1; vgl. hierzu schon *Pleister* ZIP 2013, 1013, 1016.

ver Natur sei und keinen direkten Bezug zur Masse aufweise.[631] Zudem wird teilweise eine Deckelung der Vergütung des Verfahrenskoordinators der Höhe nach gefordert.[632]

d) Gruppen-Gläubigerausschuss

Auf Antrag eines Gläubigerausschusses, der in einem Verfahren über das Vermögen eines **383** gruppenangehörigen Schuldners bestellt ist, kann das Gericht des Gruppen-Gerichtsstands nach Anhörung der anderen Gläubigerausschüsse gem § 269c Abs. 1 InsO n. F. einen Gruppen-Gläubigerausschuss einsetzen, in dem die Gläubigerausschüsse der gruppenange-hörigen Schuldner, die nicht offensichtlich von untergeordneter Bedeutung für die gesamte Unternehmensgruppe sind, **durch jeweils eine Person vertreten** sind. In diesem Zu-sammenhang wird zum Teil gefordert, dass nicht nur eine Person aus den Gläubiger-ausschüssen der gruppenangehörigen Schuldner vertreten ist, sondern alle in den Einzel-ausschüssen vertretenen Gläubiger auch im Gruppenausschuss repräsentiert werden soll-ten.[633] Entscheidendes Kriterium des Gerichts über die Einsetzung eines Gruppen-Gläubigerausschusses ist der erwartete Nutzen für die effiziente Abwicklung.[634]

Im Gruppen-Gläubigerausschuss können sich die in den Einzelverfahren bestellten Gläu- **384** bigerausschüsse abstimmen.[635] **Aufgabe** des Gruppen-Gläubigerausschusses soll es zudem gem § 269c Abs. 2 InsO n. F. sein, die **Insolvenzverwalter** und die **Gläubigerausschüsse** in den einzelnen Verfahren zu **unterstützen,** um eine abgestimmte Abwicklung dieser Verfahren zu erleichtern. Dabei sollen die §§ 70 bis 73 InsO entsprechend gelten.[636] Dem Gläubigerausschuss steht in den Fällen des Abs. 1 und 2 ein vorläufiger Gläubigerausschuss gleich, § 269c Abs. 3 InsO n. F.[637] Das Koordinationsgericht muss einem Grup-pen-Gläubigerausschuss Gelegenheit geben, sich zu der Person des Verfahrenskoordinators und den an ihn zu stellenden Anforderungen zu äußern, § 269e Abs. 2 InsO n. F.[638] Ist ein Gruppen-Gläubigerausschuss bestellt, bedarf der Koordinationsplan gem § 269h Abs. 1 S. 2 InsO n. F. seiner Zustimmung.[639]

Hinsichtlich der **Vergütung** gilt die Tätigkeit als Mitglied im Gruppen-Gläubigeraus- **385** schuss als Tätigkeit in dem Gläubigerausschuss, den das Mitglied im Gruppen-Gläubiger-ausschuss vertritt, § 269c Abs. 2 S. 3 InsO n. F.

Schließlich ist darauf hinzuweisen, dass der Diskussions- und der Regierungsentwurf sich **386** ausdrücklich einer Stellungnahme zu der Frage enthalten haben, ob sich unter geltendem Recht eine Kooperationspflicht der Gläubiger unterschiedlicher Konzerngesellschaften begründen lässt. Die Klärung dieser Frage soll weiterhin der Rechtsprechung und der Wissenschaft überlassen bleiben.[640] Sie ist richtigerweise de lege lata zu verneinen. Denn nach der sog *Akkordstörer*-Rechtsprechung des Bundesgerichtshofs[641] bestehen Kooperati-onspflichten unter unverbundenen Gläubigern nur dort, wo sie gesetzlich vorgesehen sind. Das muss erst recht für das Verhältnis der Gläubiger verschiedener Insolvenzverfahren gelten.[642]

---

[631] *Holzer* NZI 2013, 1049, 1055.
[632] Stellungnahme des GDV v. 13.2.2013 S. 6.
[633] Stellungnahme des GDV v. 13.2.2013 S. 4 f. Kritisch zur fehlenden Representativität KPB/*Thole* InsO § 269c n. F. Rn. 10. Ausführlich zur Besetzung auch § 4 Rn. 89 ff; *Hoegen/Kranz* Beilage NZI 2018, 20, 22 f.
[634] *Wimmer* jurisPRInsR 8/2017, Anm. 1, sub. II. 7.
[635] *Hoegen/Kranz* Beilage NZI 2018, 20, 21; BT-Drs. 18/407 S. 21.
[636] BT-Drs. 18/407 S. 34.
[637] BT-Drs. 18/407 S. 34.
[638] *Verhoeven* GmbH-StB 2016, 113, 117.
[639] BT-Drs. 18/407 S. 39; *Commandeur/Knapp* NZG 2013, 176, 177; siehe hierzu auch *Hoffmann* § 4 Rn. 112.
[640] BT-Drs. 18/407, S. 22. Für solche Kooperationspflichten *Eidenmüller* ZHR 169 (2005), 528, 558 und wohl auch *Bitter* ZGR 2010, 147, 167 ff.
[641] BGH Urt. v. 12.12.1991 – IX ZR 178/91 = ZIP 1992, 191.
[642] KPB/*Thole* InsO § 269c n. F. Rn. 21 f; *Hoegen/Kranz* Beilage NZI 2018, 20, 21.

e) Abgestimmte Insolvenzverwaltung mittels Koordinationsplan

387 Das stärkste Instrument des Koordinationsverfahrens ist der in § 269h InsO n. F. normierte Koordinationsplan.[643] Mit seiner Hilfe kann die Insolvenzverwaltung mehrerer insolventer Gesellschaften eines Konzerns abgestimmt werden.[644]

aa) Aufstellung

388 Der Koordinationsplan kann durch den Verfahrenskoordinator und, wenn ein solcher noch nicht bestellt ist, durch die Insolvenzverwalter der gruppenangehörigen Schuldner gemeinsam dem Koordinationsgericht vorgelegt werden, § 269h Abs. 1 S. 1 InsO n. F.[645] Der Koordinationsplan bedarf der Zustimmung eines bestellten Gruppen-Gläubigerausschusses, § 269h Abs. 1 S. 2 InsO n. F.[646] Das Zustimmungserfordernis ist entbehrlich, wenn ein Gruppen-Gläubigerausschuss nicht bestellt worden ist.[647]

389 Das Insolvenzgericht des Gruppen-Gerichtsstandes weist den Koordinationsplan von Amts wegen zurück, wenn die Vorschriften über das Recht zur Vorlage, den Inhalt des Plans oder über die verfahrensmäßige Behandlung nicht beachtet worden sind und die Vorlegenden den Mangel nicht beheben können oder innerhalb einer angemessenen vom Gericht gesetzten Frist nicht beheben, § 269h Abs. 1 S. 3 InsO n. F. Die Vorschrift entspricht damit weitestgehend § 231 Abs. 1 S. 1 Nr. 1 InsO.[648] Allerdings kann die Prüfung des Gerichts großzügiger ausfallen, weil der Koordinationsplan nur einen darstellenden, aber keinen gestaltenden Teil hat und damit nicht unmittelbar in die Rechte der Beteiligten eingegriffen wird.[649] In der Regel dürfte sich die Prüfung daher auf die Fragen beschränken, ob ein Planinitiativrecht bestand, ein gebildeter Gruppen-Gläubigerausschuss beteiligt wurde und der Plan nur einen darstellenden Teil enthält.[650] Die fehlende Gestaltungswirkung ist auch der Grund, warum es kein mit dem Insolvenzplanverfahren vergleichbares Beschlussverfahren der Planbetroffenen gibt.[651] Gegen den Beschluss, durch den die Bestätigung des Koordinationsplans versagt wird, steht jedem Vorlegenden die sofortige Beschwerde zu, § 269h Abs. 3 S. 1 InsO n. F.

bb) Rechtsnatur und Inhalt

390 Gem. § 269h Abs. 2 S. 1 InsO n. F. können im Koordinationsplan alle Maßnahmen beschrieben werden, die für eine abgestimmte Abwicklung der Verfahren sachdienlich sind. Seiner Rechtsnatur nach handelt es sich bei dem Koordinationsplan um einen kupierten Insolvenzplan,[652] der keinen gestaltenden, sondern **nur einen darstellenden Teil** hat.[653]

---

[643] Ausführlich dazu *Madaus* → § 5 Rn. 68 ff; *Specovius* Beilage NZI 2018, 35 ff; vgl. hierzu auch *Wimmer* jurisPRInsR 8/2017, Anm. 1, sub. II. 8b), *Wimmer* DB 2013, 1343, 1349 f; *Wimmer* juris-PR 20/2013 Anm 1; *Verhoeven* GmbH-StB 2016, 113, 115; *Lienau* Der Konzern 2013, 157, 161; kritisch zum Institut des Koordinationsplans *Frind* ZInsO 2013, 429, 434: „Bürokratisierung ohne Not"; Kübler/*Pleister*/*Theusinger* HRI § 50 Rn. 47.

[644] Siehe hierzu auch *Madaus* → § 5 Rn. 69; *Wimmer* juris-PR 20/2013 Anm 1.

[645] *Wimmer* juris-PR 20/2013 Anm 1; KPB/*Thole* InsO § 269h n. F. Rn. 4; siehe hierzu auch *Madaus* → § 5 Rn. 86 f. Dort wird von einem „primären Initiativrecht" und einem „subsidiären Initiativrecht" gesprochen.

[646] BT-Drs. 18/407, S. 39; *Wimmer* juris-PR 20/2013 Anm 1; KPB/*Thole* InsO § 269h n. F. Rn. 6; siehe zur Kritik hieran erneut *Madaus* → § 5 Rn. 90.

[647] *Wimmer* juris-PR 20/2013 Anm 1; KPB/*Thole* InsO § 269h n. F. Rn. 6; *Specovius*, Beilage NZI 2018, 35, 36.

[648] Siehe hierzu auch *Madaus* → § 5 Rn. 91; KPB/*Thole* InsO § 269h n. F. Rn. 7 f. auch zu den Unterschieden.

[649] *Wimmer* juris-PR 20/2013 Anm 1.

[650] *Wimmer* juris-PR 20/2013 Anm 1.

[651] KPB/*Thole* InsO § 269h n. F. Rn. 2; *Pleister*/*Sturm* ZIP 2017, 2329, 2336 ff.

[652] Siehe zur Kritik an diesem Begriff *Madaus* → § 5 Rn. 110.

[653] *Pleister*/*Sturm* ZIP 2017, 2329, 2336; *Pleister* ZIP 2013, 1013, 1017; *Specovius* Beilage NZI 2018, 35, 35 f; *Wimmer* DB 2013, 1343, 1349; *ders*, juris-PR 20/2013 Anm 1; *Dellit* Der Konzern 2013, 190, 193; *Frind* ZInsO 2013, 429, 433; Stellungnahme der NIVD ZInsO 2013, 434, 439.

Im Idealfall dient der Koordinationsplan als Masterplan für die Einzelinsolvenzverfahren. Auf seiner Grundlage können dann die Insolvenzpläne in den Einzelinsolvenzverfahren entwickelt werden.[654]

Insbesondere kann der Plan Vorschläge zur Wiederherstellung der wirtschaftlichen Leis- 391
tungsfähigkeit der einzelnen gruppenangehörigen Schuldner und der Unternehmensgruppen (§ 269h Abs. 2 S. 2 Nr. 1 InsO n. F.), zur Beilegung gruppeninterner Streitigkeiten (Nr. 2) und zu vertraglichen Vereinbarungen zwischen den Insolvenzverwaltern (Nr. 3)[655] enthalten.[656]

Der Koordinationsplan dürfte **hauptsächlich in Reorganisationsszenarien** Anwen- 392
dung finden. In diesen Fällen wird die Hauptaufgabe des Verfahrenskoordinators darin bestehen, im Koordinationsplan zu beschreiben, wie der Konzern langfristig am Markt bestehen kann, wenn die erforderlichen Sanierungsmaßnahmen durchgeführt worden sind.[657] Es bietet sich an, bei einem solchen Plan von einem **Sanierungs-Koordinationsplan** zu sprechen.[658]

Auch wenn der Koordinationsplan für die Insolvenzverwalter der Einzelinsolvenzverfah- 393
ren nicht bindend ist,[659] dürfte seine Bedeutung für die Einzelverfahren groß sein. Insofern bietet der Koordinationsplan gegenüber aufeinander abgestimmten Einzelplänen zumindest den Vorteil, dass die Möglichkeiten der Konzernsanierung in einem einheitlichen Dokument aufgezeigt werden.[660]

Zudem besteht die Hoffnung, dass der Koordinationsplan eine „faktische Bindung" für 394
die Insolvenzverwalter der Einzelverfahren auslöst.[661] Neben der potenziellen Haftung eines jeden Einzelinsolvenzverwalters (§ 60 InsO) hat dieser den Koordinationsplan nach dem „comply or explain"-Grundsatz[662] im Berichtstermin zu erläutern und darzulegen, von welchen Vorschlägen er – im Interesse der Gläubiger des Einzelinsolvenzverfahrens – abweichen möchte, § 269i Abs. 1 InsO n. F.[663] Den Gläubigern des Einzelinsolvenzverfahrens bleibt es dabei unbenommen, den Insolvenzverwalter zu verpflichten, den Koordinationsplan bei der Ausarbeitung des Insolvenzplans zugrunde zu legen, § 269i Abs. 2 InsO n. F.[664] Zumindest dadurch können opponierende Insolvenzverwalter doch noch dazu gebracht werden, die einheitliche Konzernstrategie zu verfolgen.

Das muss aber nicht heißen, dass die Insolvenzverwalter in den Einzelverfahren nicht auch 395
die Möglichkeit haben, (einzelne) Regelungen des Koordinationsplans abzulehnen und den Verfahrenskoordinator darauf hinzuweisen, dass sie zwar grundsätzlich bereit sind, seine Vorschläge umzusetzen, aber teilweise Bedenken haben. Es ist dann Aufgabe des Verfahrenskoordinators, auf diese Änderungswünsche inhaltlich einzugehen und einen erneuten (Kompromiss-)Vorschlag zu unterbreiten. Der Verfahrenskoordinator muss dabei berücksichtigen, welche Auswirkungen die Änderungswünsche auf den gesamten Konzern haben.[665]

---

[654] Wimmer juris-PR 20/2013 Anm 1.

[655] Hierzu sogleich, → Rn. 398 ff.

[656] BT-Drs. 18/407, S. 40 f; vgl. zum Diskussionsentwurf schon Commandeur/Knapp NZG 2013, 176, 177; Pleister ZIP 2013, 1013, 1017; Höfer/Harig Beilage NZI 2018, 38, 39 f zu den denkbaren Regelungen in der Praxis.

[657] Wimmer juris-PR 20/2013 Anm 1; mögliche Sanierungsmaßnahmen zählt KPB/Thole InsO § 269h n. F. Rn. 13 auf.

[658] Siehe zum Begriff Madaus → § 5 Rn. 74.

[659] Kritisch zu dieser Rechtslage Pleister/Sturm ZIP 2017, 2329, 2337.

[660] Pleister/Sturm ZIP 2017, 2329, 2337; Pleister ZIP 2013, 1013, 1017; vgl. hierzu auch Wimmer juris-PR 20/2013 Anm 1; kritisch Commandeur/Knapp NZG 2013, 176, 178.

[661] Siehe hierzu auch BT-Drs. 18/407, S. 39; Madaus → § 5 Rn. 105 ff; so auch KPB/Thole InsO § 269h n. F. Rn. 24; Höfer/Harig, Beilage NZI 2018, 38, 38 f; kritisch aber die Stellungnahme des GDV v. 13.2.2013 S. 6.

[662] Römermann ZRP 2013, 201, 205.

[663] BT-Drs. 18/407, S. 41; vgl. hierzu auch Commandeur/Knapp NZG 2013, 176, 177.

[664] BT-Drs. 18/407, S. 41; vgl. hierzu auch Wimmer jurisPRInsR 8/2017, Anm. 1, sub. II. 8. b); Wimmer juris-PR 20/2013 Anm 1; kritisch dagegen Römermann ZRP 2013, 201, 204; Möhlenkamp BB 41/2013, Die Erste Seite; Brünkmans DB 39/2013, M 1.

[665] Madaus → § 5 Rn. 100.

396 Trotz alledem sollte nach wie vor darüber nachgedacht werden, ob es in Konzerninsolvenzen nicht doch angebracht ist, konzerninterne gestaltende Elemente in den Koordinationsplan einfließen zu lassen.⁶⁶⁶ Insofern sollte auch ein Obstruktionsverbot (vgl § 245
InsO) im Koordinationsverfahren geregelt werden.⁶⁶⁷ Zu erwägen ist schließlich, bzgl.
wesentlicher Planabweichungen eine gerichtliche Bestätigung oder eine Zustimmung des
Gruppen-Gläubigerausschusses, der gerade dazu dient, die Interessen des gesamten Konzerns zu vertreten, gesetzlich zu normieren.⁶⁶⁸

cc) Musterkoordinationsplan⁶⁶⁹

397 Grundsätzlich dürfte der Koordinationsplan in drei Varianten auftreten, nämlich als Sanierungs-Koordinationsplan, als Verwaltungskoordinationsplan und als Liquidations-Koordina-
tionsplan. Weil im Regelfall ein **Sanierungs-Koordinationsplan** erstellt werden dürfte (vgl
auch § 269h Abs. 2 S. 2 Nr. 1 InsO n. F.), wird hier ein Vorschlag für einen solchen Sanierungs-Koordinationsplan gemacht.⁶⁷⁰ Dabei ist darauf hinzuweisen, dass der Koordinationsplan von einer großen Flexibilität und Gestaltungsfreiheit lebt. Nur durch einen individuellen,
konzernbezogenen Koordinationsplan kann der Verfahrenskoordinator die Insolvenzverwalter der Einzelverfahren von seiner konzernübergreifenden Strategie überzeugen.⁶⁷¹

A. Auftrag
In dem Koordinationsverfahren der gruppenangehörigen Schuldner
Mustermann Mutter AG
[Anschrift]
Mustermann Tochter GmbH
[Anschrift]
Mustermann Schwester GmbH
[Anschrift]
macht der Verfahrenskoordinator, Herr Dr. N., von dem Recht zur Vorlage eines Koordinations-
plans nach § 269h Abs. 1 S. 1 InsO-E Gebrauch.
Den vorliegenden Koordinationsplan hat der Verfahrenskoordinator im *[Zeitraum]* erstellt.
Um die Interessen der gruppenangehörigen Schuldner und deren Gläubiger angemessen im Koor-
dinationsplan zu berücksichtigen, wurden zahlreiche Einzelgespräche mit Herrn X. als Insolvenzver-
walter der Mustermann Mutter AG, Herrn Y. als Insolvenzverwalter der Mustermann Tochter GmbH
und Herrn Z. als Insolvenzverwalter der Mustermann Schwester GmbH geführt.
Planungsgrundlagen waren *[…]*.
Bei der Erstellung des Koordinationsplans wurden die vom Institut der Wirtschaftsprüfer in
Deutschland e V formulierten Grundsätze hinsichtlich der Anforderungen an Insolvenzpläne (IDW S 2)
sowie an die Erstellung von Sanierungskonzepten (IDW ES 6) beachtet.⁶⁷²
Der vorliegende Koordinationsplan enthält die erforderlichen nachfolgend aufgeführten zwei Be-
standteile:
Teil B Darstellender Teil
Teil C Plananlagen
B. Darstellender Teil
1. Grundsätzliche Ziele und Regelungsstruktur
1.1 Informationen zu den Insolvenzverfahren der gruppenangehörigen Schuldner
1.1.1 Informationen zum Insolvenzverfahren der Mustermann Mutter AG

---

⁶⁶⁶ *Pleister/Sturm* ZIP 2017, 2329, 2337 f; *Pleister* ZIP 2013, 1013, 1017; aA: *Wimmer* DB 2013, 1343, 1349;
Stellungnahme der NIVD ZInsO 2013, 434, 439; *Lienau* Der Konzern 2013, 157, 161, 162; vgl. hierzu
auch Kübler/*Pleister*/*Theusinger* HRI § 50 Rn. 47, 49.
⁶⁶⁷ *Möhlenkamp* BB 41/2013, Die Erste Seite; *Brünkmans* DB 39/2013, M 1; *Eidenmüller/Frobenius* Beilage 3
zu 22/2013, S. 11; vgl. hierzu auch Kübler/*Pleister*/*Theusinger* HRI § 50 Rn. 49.
⁶⁶⁸ *Commandeur/Knapp* NZG 2013, 176, 178.
⁶⁶⁹ Der Musterkoordinationsplan orientiert sich an dem Formular eines Insolvenzplans zur Sanierung einer
GmbH & Co. KG von Kübler/*Rendels*/*Zabel* HRI § 52; vgl. aber auch *Breuer* Insolvenzrechts-Formularbuch, D. 2.
⁶⁷⁰ *Madaus* → § 5 Rn. 74 ff.
⁶⁷¹ *Madaus* → § 5 Rn. 71.
⁶⁷² Vgl. hierzu ausführlich *Denkhaus/Ziegenhagen* Unternehmenskauf in Krise und Insolvenz Rn.1119 ff,
1123 ff.

Mit Schreiben vom *[Datum]*, eingegangen beim Amtsgericht *[Ort]* – Insolvenzgericht – am gleichen Tag, hat der Vorstandsvorsitzende der Mustermann Mutter AG, Herr M., wegen drohender Zahlungsunfähigkeit Antrag auf Eröffnung des Insolvenzverfahrens über das Vermögen der Mustermann Mutter AG gestellt. Zeitgleich hat er einen Antrag gem § 3a Abs. 1 S. 1 InsO-E gestellt.

Das Amtsgericht *[Ort]* – Insolvenzgericht – hat sich mit Beschluss vom *[Datum]* für die Insolvenzverfahren über die anderen gruppenangehörigen Schuldner für zuständig erklärt.

[Weitere Erläuterungen zum Eröffnungs- und Insolvenzverfahren]

1.1.2 Informationen zum Insolvenzverfahren der Mustermann Tochter GmbH

[Erläuterungen entsprechend 1.1.1]

1.1.3 Informationen zum Insolvenzverfahren der Mustermann Schwester GmbH

[Erläuterungen entsprechend 1.1.1]

1.2 Ziele des Koordinationsplans

Nach § 1 S. 1 InsO besteht die Möglichkeit, neben der gemeinschaftlichen Gläubigerbefriedigung durch Verwertung des Schuldnervermögens in einem Insolvenzplan nach §§ 217 bis 269 InsO abweichende Regelungen insbesondere zum Erhalt des Unternehmens zu treffen.

[An dieser Stelle sollte vorgeschlagen werden, für welche Konzerngesellschaften eine Reorganisation, eine übertragende Sanierung, Liquidation oder Kombination aus diesen möglichen Zielen in Betracht kommt. Dieser Muster-Koordinationsplan zielt auf die Reorganisation ab.]

1.2.1 Mustermann Mutter AG

Für die Mustermann Mutter AG wird angeregt, einen leistungs- und finanzwirtschaftlich orientierten Reorganisationsplan zu beschließen, der sowohl leistungs- als auch finanzwirtschaftliche Maßnahmen enthält. Dabei sollten die nachfolgend aufgeführten Ziele verfolgt werden:

– Erhalt und Fortführung der Mustermann Mutter AG unter Berücksichtigung der Gläubigerinteressen und Sicherung der vorhandenen Arbeitsplätze,

– Finanzwirtschaftliche Reorganisation der Mustermann Mutter AG unter Zustimmung der Gläubiger bei einer quotalen Befriedigung,

– Schaffung der Voraussetzungen zur Umsetzung finanzwirtschaftlicher Sanierungsmaßnahmen.

[Es folgt eine genaue Darstellung der geplanten Maßnahmen sowie der möglichen Alternativen zu dem Vorschlag, insbesondere die Darstellung des alternativen Liquidationsszenarios.[673] Im Idealfall kann der Koordinationsplan ein detailliertes und sofort umsetzbares Sanierungskonzept enthalten, das in den Einzelverfahren zur Diskussion gestellt wird. Den Mindestanforderungen dürfte aber auch ein nur grob skizziertes Konzept genügen.[674]]

1.2.2 Mustermann Tochter GmbH

[Erläuterungen entsprechend 1.2.1]

1.2.3 Mustermann Schwester GmbH

[Erläuterungen entsprechend 1.2.1]

1.3. Regelungsstruktur

[Wenn ein Insolvenzplan als Maßnahme in den Einzelverfahren vorgeschlagen wird, sollte auch eine Gruppenbildung für jede betroffene Konzerngesellschaft vorgeschlagen werden.]

1.3.1 Regelungsstruktur der Mustermann MutterAG

[Hier ist insbesondere eine Gruppenbildung für den Insolvenzplan im Einzelverfahren vorzuschlagen.[675] Als mögliche Gruppen kommen insbesondere in Betracht: Absonderungsberechtigte Kreditinstitute, Arbeitnehmer und Bundesagentur für Arbeit, Pensions-Sicherungs-Verein und Betriebsrentner, Lieferanten, übrige Gläubiger, Gesellschafter und nahestehende Unternehmen. Zur letzten Gruppe gehören die anderen konzernverbundenen Unternehmen.]

1.3.2 Regelungsstruktur der Mustermann Tochter GmbH

[Erläuterungen entsprechend 1.3.1]

1.3.3 Regelungsstruktur der Mustermann Schwester GmbH

[Erläuterungen entsprechend 1.3.1]

2. Sanierungskonzept[676] für den gesamten Konzern

[Hier sollte rechtsträgerübergreifend beschrieben werden, wie der Konzern langfristig am Markt bestehen bleiben kann. Besonders wichtig ist es, ein Leitbild des sanierten Konzerns zu entwickeln, für das der Verfahrenskoordinator in den Einzelverfahren werben kann. Dabei lebt ein guter Koordinationsplan von Detailreichtum.[677]]

---

[673] *Madaus* → § 5 Rn. 77.

[674] *Madaus* → § 5 Rn. 77.

[675] Vgl. hierzu auch *Breuer* Insolvenzrechts-Formularbuch D. 2. C. I. (dort im gestaltenden Teil des Insolvenzplans, der bei einem Koordinationsplan nicht existiert); *Madaus* → § 5 Rn. 77.

[676] Vgl. zu den allgemeinen Vorgaben für ein erfolgreiches Sanierungskonzepte MAH Insolvenz/*Lachmann* § 8.

[677] *Madaus* → § 5 Rn. 77.

f) Koordinierung durch Insolvenzverwalterverträge

398 Eine Alternative zur Koordination der verschiedenen Insolvenzverfahren besteht im Abschluss von Insolvenzverwalterverträgen, die schon nach geltendem Recht in der nationalen und internationalen Praxis weit verbreitet und akzeptiert sind.[681] Diese auch als sog Protokolle bzw „protocols" bezeichneten Verträge bieten Insolvenzverwaltern die Möglichkeit, individuelle Vereinbarungen zur Koordinierung mehrerer Insolvenzverfahren zu treffen.[682] Der Regierungsentwurf zum KIG sieht bewusst davon ab, die gesetzlichen Anforderungen an Insolvenzverwalterverträge im Einzelnen zu regeln. Stattdessen weist er darauf hin, dass es Insolvenzverwaltern nach geltendem Recht freistehe, sich im Rahmen der durch § 1 InsO vorgegebenen Insolvenzzwecke und der insolvenzverfahrensrechtlichen Kompetenzordnung auch vertragsrechtlicher Mittel zu bedienen, um die Insolvenzmasse ihrer bestmöglichen Verwertung zuzuführen.[683] Damit ist ein weiteres Stück **Rechtssicherheit** gewonnen, ohne dass die erforderliche **Flexibilität und Gestaltungsfreiheit** bei der Koordination mittels Insolvenzverwalterverträgen verloren geht. Hier sollen Insolvenzverwalterverträge ins Verhältnis zum Koordinationsverfahren gesetzt werden.[684]

399 § 269h Abs. 2 S. 2 Nr. 3 InsO n. F. sieht ausdrücklich vor, dass der Koordinationsplan vertragliche Vereinbarungen zwischen den Insolvenzverwaltern vorsehen kann. In der Begründung des Regierungsentwurfs wird zugleich klargestellt, dass Protokolle auch außerhalb des Koordinationsplans zulässig sein sollen.[685] Potenzielle Koordinationsschwierigkei-

---

[678] Vgl. hierzu auch *Breuer* Insolvenzrechts-Formularbuch D. 2. I., II.
[679] Vgl. hierzu auch *Breuer* Insolvenzrechts-Formularbuch D. 2. IV.
[680] Vgl. hierzu auch *Breuer* Insolvenzrechts-Formularbuch D. 2. VII.
[681] BT-Drs. 18/407, S. 18; Haß/Huber/Gruber/Heiderhoff/*Haß*/*Herweg* EuInsVO Art. 3 Rn. 65; *Wittinghofer* Insolvenzverwaltungsvertrag S. 42 ff, 83 ff; MüKoInsO/*Reinhart* § 357 Rn. 17; *Wimmer* juris-PR 20/2013 Anm 1; *Rotstegge* Konzerninsolvenz S. 217 ff; MüKoInsO/*Eidenmüller* Vor §§ 217–269 Rn. 39; *Paulus* ZIP 1998, 977, 979 ff.
[682] Haß/Huber/Gruber/Heiderhoff/*Haß*/*Herweg* EuInsVO Art. 3 Rn. 65; *Eidenmüller* ZZP 114 (2001), 3, 10 ff; *Ehricke* WM 2005, 397, 402 ff; *Römermann* ZRP 2013, 201, 204 f; *Wimmer* juris-PR 20/2013 Anm 1.
[683] BT-Drs. 18/407, S. 18.
[684] Siehe zu Verwalterverträgen *Frege/Nicht* → § 4 Rn. 314, sowie *Gruber* → § 8 Rn. 180 ff. und KPB/*Thole* InsO § 269h n. F. Rn. 20.
[685] BT-Drs. 18/407, S. 18; die gesetzliche Klarstellung wird allgemein begrüßt, vgl. etwa die Stellungnahme des GDV v. 13.2.2013 S. 6.

ten und gruppeninterne Streitigkeiten lassen sich daher in Zukunft **entweder im Koordinationsplan oder** durch (zusätzliche) **vertragliche Vereinbarungen** zwischen den Insolvenzverwaltern lösen.[686]

Insolvenzverwalterverträge sind insbesondere deshalb ein probates Mittel zur Koordination mehrerer Insolvenzverfahren, weil mit ihrer Hilfe auf die praktischen Erfordernisse des jeweiligen Einzelfalls reagiert werden kann. Insofern könnten sie auch weiterhin zum Einsatz kommen, wenn bestimmte Regelungen nicht den gesamten Konzern, sondern nur zwei Konzerngesellschaften betreffen. Im Zweifel sollten aber alle konzernbezogenen Regelungen dem Koordinationsplan vorbehalten sein, weil die Dokumentation in einem Dokument einen wesentlichen Vorteil des Plans ausmacht.[687] **400**

Insofern wird die fortschreitende Entwicklung in der Praxis zeigen, ob die bisher üblichen Regelungen zur Zusammenarbeit und zur wechselseitigen Unterrichtung über Sachverhalte und Entwicklungen in diesem Umfang zumindest im nationalen Kontext in Zukunft entbehrlich werden, weil der Gesetzesentwurf die Zusammenarbeit der Insolvenzverwalter ausdrücklich vorsieht, vgl §§ 269a, 269f Abs. 2 InsO n. F.[688] Dabei wird zu berücksichtigen sein, dass die insolvenzspezifischen Pflichten des Verwalters vorrangig gegenüber den Gläubigern seines Verfahrens bestehen. In ihrem Interesse hat er primär für eine bestmögliche Verwertung des schuldnerischen Vermögens zu sorgen.[689] Daher dürfte trotz der Regelungen über die Zusammenarbeit der Insolvenzverwalter ein Bedürfnis bestehen, denkbaren **Pflichtenkollisionen** im Koordinationsplan oder durch Insolvenzverwalterverträge zu begegnen.[690] Ein weiteres Beispiel wäre etwa, ob und wie das **Wahlrecht nach § 103 InsO** bei einem gruppeninternen Geschäft ausgeübt werden soll. Daneben können auch Fragen der Kreditaufnahme und Sicherheitenbestellung in diesen Verträgen geregelt werden. Ist der Regelungsgegenstand des Insolvenzverwaltervertrages von erheblicher Bedeutung für das betroffene Verfahren, etwa wenn wesentliche Betriebsteile übertragen werden sollen, so ist nach § 160 InsO die Zustimmung des jeweiligen Gläubigerausschusses einzuholen.[691] **401**

VII. Insolvenzanfechtung im Konzern

1. Einführung

Ein eigenständiges *materielles* Konzerninsolvenzrecht, verstanden als ein Konglomerat von Regelungen, das ua die materiellen und wechselseitigen Haftungs- und Anfechtungsansprüche im Konzernverbund spezifisch adressiert, gibt es bisher nicht. Diese Lücke ist verkraftbar, weil die allgemeinen Regeln durchaus in der Lage sind, den mit der Eingliederung eines Insolvenzschuldners in eine Unternehmensgruppe verbundenen Besonderheiten hinreichend Rechnung zu tragen, auch wenn der konzerninterne Leistungsaustausch oft komplex ist und daher beispielsweise Anfechtungsansprüche überhaupt nur mit Schwierigkeiten ermittelt werden können. Das **Rechtsträgerprinzip** muss mangels einer ihrerseits problematischen *substantive consolidation*[692] unangetastet bleiben, so dass zum Beispiel **402**

---

[686] BT-Drs. 18/407, S. 18; *Dellit* Der Konzern 2013, 190, 193; *Pleister* ZIP 2013, 1013, 1017; *Wimmer* juris-PR 20/2013 Anm 1.
[687] Siehe schon → Rn. 393.
[688] Vgl. hierzu *Wimmer* juris-PR 20/2013 Anm. 1; neben Regelungen über die Insolvenzanfechtung und das Verwalterwahlrecht sind Kooperationspflichten der Hauptanwendungsfall von Insolvenzverwalterverträgen; KPB/*Thole* InsO § 269h n. F. Rn. 20.
[689] BT-Drs. 18/407 S. 32; *Wimmer* juris-PR 20/2013 Anm 1; *Wimmer* juris-PR 8/2017 Anm. 1, sub. II. 5.
[690] BT-Drs. 18/407 S. 32; zur Problematik der möglichen Bevorzugung einzelner Gläubiger KPB/*Thole* InsO § 269h n. F. Rn. 20.
[691] BT-Drs. 18/407 S. 40 f.
[692] → *Thole* § 2 Rn. 16.

Anfechtungsansprüche den Gläubigern und nur den Gläubigern der jeweils insolventen Konzerngesellschaft bzw dessen Insolvenzverwalter zustehen.[693] Ein **Konzernprivileg** darf es nicht geben. Bei einer erfolgreichen Anfechtung zwischen Konzerngesellschaften kommt es zwar letztlich nur zu einer Umverteilung zwischen den Massen, ohne dass damit (ex post betrachtet) zwingend ein Mehrwert für den Konzern in toto verbunden sein müsste. Gleichwohl darf nicht ohne weiteres mit Blick auf das übergeordnete Konzerninteresse auf die Geltendmachung von Anfechtungsansprüchen oder sonstigen Haftungsansprüchen verzichtet werden,[694] weil das Anfechtungsrecht sonst seine gläubigerschützende Wirkung ex ante einbüßte.[695]

403   Im Folgenden werden die **anfechtungsrelevanten Fallgestaltungen** im Konzernverbund erörtert. Der Konzeption dieses Buches folgend beschränken sich die Ausführungen im Wesentlichen auf die Besonderheiten der Konzerninsolvenz.

2. Anwendbare Regelungen

a) Anfechtungstatbestände

404   Potentiell kann sich der anfechtende Verwalter, oder, bei der Eigenverwaltung, der Sachwalter (§ 280 InsO), auf alle Anfechtungstatbestände der §§ 129 ff InsO stützen. Zu beachten ist, dass bei Tilgungen oder Besicherung eines Gesellschafterdarlehens auch § 135 InsO in Betracht kommt. Dies ist insbesondere bei einer Anfechtung gegenüber der Muttergesellschaft denkbar, aber auch auf nachgeordneten Konzernstufen im Verhältnis von Untergesellschaft und Obergesellschaft. Darüber hinaus kann in den Fällen des §§ 130, 131 InsO sowie bei § 133 Abs. 2 InsO eine **Beweiserleichterung** eingreifen. Gegenüber einer Person, die dem Schuldner zur Zeit der Handlung im Sinne des § 138 InsO nahestand, wird vermutet, dass sie die Zahlungsunfähigkeit oder den Eröffnungsantrag kannte, § 130 Abs. 3 InsO. Nach § 131 Abs. 2 S. 2 InsO wird vermutet, dass die nahestehende Person die Benachteiligung der Insolvenzgläubiger kannte. Auch § 132 Abs. 3 InsO verweist auf § 130 Abs. 3 InsO. Die Regel in § 133 Abs. 2 InsO gehört zur Vorsatzanfechtung. Sie enthält eine Beweislastumkehr in Bezug auf unmittelbar benachteiligende Verträge mit nahestehenden Personen.

b) Weitere Haftungsansprüche

405   Konkurrierend mit den Anfechtungstatbeständen können auch weitere Haftungsansprüche verfolgt werden. Sie sind kursorisch zu nennen, ohne an dieser Stelle vertieft werden zu können. Zu nennen sind insbesondere **Kapitalerhaltungsansprüche** nach §§ 30, 31 GmbHG, §§ 57, 62 AktG, ferner die **Haftung von Geschäftsführern** und Vorstand nach § 64 GmbHG, §§ 92 Abs. 3, 93 Abs. 2 AktG und die **Haftung wegen existenzvernichtenden Eingriffs** aus § 826 BGB.[696] Schließlich treten spezifisch konzernrechtliche Vorschriften auf den Plan, die im Verhältnis der Konzernunternehmen zueinander vorrangig zu berücksichtigen sein können. Dies gilt namentlich für den Vertragskonzern, weil § 30 Abs. 1 S. 2 GmbHG in diesem Fall die Anwendbarkeit des Kapitalerhaltungsrechts ausschließt.[697] Beim faktischen Konzern scheint der BGH der Auffassung zu sein, dass die §§ 311, 317 AktG Vorrang vor § 57 AktG und damit vor der Kapitalerhaltung genießen.

---

[693] Vgl. zu den Problemen auch Kübler HRI/*Kübler* § 18 Rn. 51 f.

[694] → Rn. 458.

[695] Freilich kann die Anfechtung im Konzern auch negative Dominoeffekte auslösen.

[696] Vgl. BGHZ 149, 10, 16 f; 150, 61, 67; 151, 181, 187; BGH ZIP 2005, 117; ZIP 2007, 1552 (Trihotel); ZIP 2008, 308; ZIP 2008, 1232; NJW 2009, 2127.

[697] Näher zu den Grenzen der Privilegierung *Thole* ZInsO 2011, 1425; vgl. auch *Altmeppen* ZIP 2009, 49, 50; *Habersack* FS Schaumburg, 2009, S. 1291, 1301.

Bei dem Nachteilsausgleich nach § 311 Abs. 2 AktG gilt aber womöglich eine bilanzielle Betrachtung wie bei § 57 AktG.[698] Die Frage ist nicht vollständig geklärt.[699]

3. Selbständigkeit der Anfechtungsansprüche

Bei der anfechtungsrechtlichen Beurteilung ist zu unterscheiden zwischen den Fällen, in **406** denen nur die leistende Gesellschaft insolvent ist, und solchen, in denen auch die jeweilige Gesellschaft, die als Anfechtungsgegner in Betracht kommt, insolvent ist. Regelmäßig dürfte im Fall der Konzerninsolvenz eine Situation eintreten, in der sich sämtliche oder doch eine Vielzahl von gruppenangehörigen Schuldner in einem Insolvenzverfahren befinden; davon wird auch im Folgenden ausgegangen. In diesem Fall der **Doppel- und Mehrfachinsolvenz** bestehen allerdings grundsätzlich keine Besonderheiten. So wäre etwa ein Anfechtungsanspruch gegen einen insolventen Anfechtungsgegner gegen dessen Insolvenzverwalter geltend zu machen. Auch die Frage der Aussonderungskraft des Anfechtungsrechts ist eine allgemeine Frage.[700] Eine Anfechtung kommt auch gleichzeitig gegen mehrere Gesellschaften in Betracht, die dann als **Gesamtschuldner** iSd § 421 BGB zu behandeln sind.[701]

Anfechtungsrechtlich kann allerdings der Umstand, dass in mehreren Verhältnissen An- **407** fechtungsansprüche bestehen, ggf schon auf der vorgelagerten Ebene des Tatbestands zu berücksichtigen seien. Dies betrifft namentlich § 134 InsO und die vom BGH als Fall der **Schenkungsanfechtung** anerkannte Situation der Tilgung einer fremden wertlosen Schuld. Veranlasst ein Schuldner einen Drittschuldner (zB andere Konzerngesellschaft), seine Leistung nicht an ihn, sondern an einen seiner Gläubiger zu erbringen, oder überträgt der Schuldner die zur Erfüllung seiner Verbindlichkeit erforderlichen Mittel in das Vermögen des Dritten, der sodann die Verbindlichkeit erfüllt, und fechten die Insolvenzverwalter beider Verfahren die Erfüllungshandlung an, schließt nach Auffassung des BGH die auf die mittelbare Zuwendung gestützte Deckungsanfechtung durch den Insolvenzverwalter des Schuldners eine Schenkungsanfechtung durch den Insolvenzverwalter des Dritten aus.[702] Wohlgemerkt gilt diese – fragwürdige[703] – **Einschränkung** nur für das **Verhältnis von § 134 InsO zu §§ 130, 131 InsO.**[704] Im Übrigen bleibt es dabei, dass **Anfechtungsansprüche nebeneinander** und wegen derselben Rechtshandlung auch gegen mehrere Personen oder (Konzern-)Gesellschaften bestehen können.

4. Anfechtung der Rechtshandlungen der Tochtergesellschaften durch den Verwalter der Mutter?

Wie eben angesprochen, bleibt das Rechtsträgerprinzip des Insolvenzrechts auch für das **408** Anfechtungsrecht zu berücksichtigen, trotz der im Anfechtungsrecht stets notwendigen wirtschaftlichen Betrachtungsweise bei der Ermittlung der relevanten Rechtshandlung und deren gläubigerbenachteiligender Wirkung. Daraus folgt im Ausgangspunkt, dass es auch hinsichtlich der **tatbestandlichen Voraussetzungen** des Anfechtungsrechts stets auf das jeweilige Insolvenzverfahren und die **jeweilige Gesellschaft** ankommt. Der Verwalter einer Konzerngesellschaft darf – im Ausgangspunkt – nicht die Anfechtung geltend

---

[698] BGH NJW 2009, 850, 852 Rn. 13 (MPS); aA *Altmeppen* NZG 2010, 401, 402; *Kropff* NJW 2009, 814, 815.

[699] *Thole* ZInsO 2011, 1425.

[700] Bejahend BGHZ 155, 199, 203; 156, 350, 359 ff; NZI 2009, 429 Rn. 42.

[701] BGHZ 174, 314 = NZI 2008, 167 Rn. 26; BGH NZI 2012, 453 Rn. 15 = ZIP 2012, 1038; NZI 2013, 145 Rn. 11.

[702] BGHZ 174, 228, 231 = BGH NJW 2008, 655, Rn. 8; näher K. Schmidt/*Ganter/Weinland* InsO § 134 Rn. 56 f.

[703] Teils kritisch *Thole* KTS 2011, 219, 227.

[704] Deutlich BGH NZI 2013, 145 Rn. 11.

machen, soweit es um die gläubigerbenachteiligenden Wirkungen zu Lasten des Vermögens einer anderen Konzerngesellschaft geht.

a) Zurechnung der Rechtshandlungen der Tochtergesellschaften an die Mutter?

409 Allerdings wird im Schrifttum vertreten, der Verwalter der Mutter dürfe Rechtshandlungen der Tochter anfechten. Diese Handlungen seien **der Mutter zuzurechnen** und sie führten ggf zu einer Minderung des Vermögens der Mutter, weil sich der Wert der gehaltenen Beteiligung vermindere. Daher seien Rechtshandlungen der Tochter – so Wenner/Schuster – als Rechtshandlungen auch der Mutter anzusehen, wenn sie im einverständlichen Zusammenwirken mit ihr oder auf seine Weisung hin erfolgt seien.[705] Die konzernrechtliche Weisung der Mutter an die jeweilige Tochter stelle diesen Zusammenhang dar.

410 Diese Auffassung überzeugt insbesondere in ihrer Pauschalität **nicht**. Vielmehr ist stärker zu differenzieren.

411 Richtig ist zunächst, dass bei denjenigen Anfechtungstatbeständen, die eine Rechtshandlung des Schuldners voraussetzen, durchweg großzügige Maßstäbe an die Feststellung einer Handlung des Schuldners gelten. Zu beachten ist ferner, dass §§ 130, 131 InsO und auch § 135 InsO überhaupt keine Rechtshandlung des Schuldners voraussetzen, sondern auch eine mittels Rechtshandlung des Gläubigers (Zwangsvollstreckung) bewirkte Deckung der Forderung genügen lassen. Dies führt jedoch gerade nicht dazu, dass andere Personen als der Insolvenzverwalter des jeweiligen Schuldners diese Rechtshandlungen als ihre eigenen anfechten könnten. Der an der Rechtshandlung des Schuldners beteiligte Dritte darf nicht die Rechtshandlung des Schuldners anfechten; der befriedigte Gläubiger nicht – Gläubigerbenachteiligung unterstellt – die von ihm im Zusammenwirken mit dem Schuldner erzielte Befriedigung seiner eigenen Forderung.

412 Richtig ist zwar, dass beispielsweise eine über eine Anweisung an die Tochter bewirkte Zuwendung an einen Gläubiger der Mutter als Umweg-Deckung vom Verwalter der Mutter gegenüber dem Gläubiger anfechtbar sein kann. Dies gilt allerdings gerade unabhängig von einer offenbar angedachten **„konzernrechtlichen Zurechnung"**. Richtig ist sodann auch noch, wie der BGH am 29.11.2007 entschieden hat, dass auch eine Anfechtung gegenüber dem Angewiesenen, hier also der Tochter, in Betracht kommt, wenn diese aus dem Vermögen der Mutter etwas erlangt hat, regelmäßig über die Vorsatzanfechtung.[706] Entschieden wurde dies für einen Fall, in dem der Insolvenzschuldner (das wäre hier die Mutter) seinen Schuldner (hier Tochter) anweist, an den Gläubiger (der Mutter) auszuzahlen. Angefochten wird dann nicht die Zahlung an sich, sondern die Verrechnungsabrede,[707] mit der die Zahlungsmöglichkeiten für den Schuldner (Tochter) erweitert werden, weil er auch an den Drittgläubiger leisten darf (§ 362 Abs. 2 BGB). Wird sie erfolgreich als unmittelbare Benachteiligung angefochten, müsste man wohl annehmen, dass die Zahlung an den Gläubiger den Schuldner (Tochter) haftungsrechtlich nicht befreit hat, so dass sich der Schuldner (Tochter) im Verhältnis zur Mutter nicht auf die Erfüllungswirkung berufen kann.

413 Auch für diesen Fall bleibt es aber dabei, dass **eine eigene Rechtshandlung der Mutter** angefochten wurde **(Verrechnungsabrede)**. Ferner bestand zugleich eine Verbindlichkeit der Tochter gegenüber der Mutter. Man kann zwar jetzt fragen, ob im Konzern die **Weisungsbefugnis** (jedenfalls im Vertragskonzern, § 308 AktG) das mögliche Fehlen einer echten Verbindlichkeit der Tochter gegenüber der anweisenden Mutter substituiert. Der Fall ist aber mit dem vom BGH entschiedenen normalen Anweisungsfall **nicht vergleichbar**. Denn jedenfalls für solche Fälle, in denen eine „echte" Verbindlichkeit der Tochter gegenüber der Mutter nicht bestand, liegt ja gerade für die angewiesene Tochter keine

---

[705] *Wenner/Schuster* ZIP 2012, 1512, 1518 unter Berufung auf BGH NJW 1999, 3046, 3047.
[706] BGHZ 174, 314 = NZI 2008, 167 = NJW 2008, 1067.
[707] BGHZ 174, 314 = NZI 2008, 167 = NJW 2008, 1067 Rn. 28.

Erweiterung der Handlungsbefugnisse, sondern eine Einschränkung vor, weil sie (allein aufgrund der Konzernierung) nunmehr einen Vermögenswert weggeben soll, obwohl sie dazu nicht a priori verpflichtet ist. Jedenfalls aber ist nicht an der Einsicht vorbeizukommen, dass es letztlich um die Anfechtung einer eigenen Rechtshandlung der Mutter ginge, nämlich um die erteilte Weisung. Eine Regel, dass der Verwalter der Mutter die Rechtshandlungen der Tochter anfechten darf, gibt es nicht, und man bedarf ihrer auch nicht, weil sich die wichtigsten Fälle, wie eben gesehen, als mittelbare Zuwendung oder als Anweisungsfall darstellen lassen.

b) Benachteiligung der Gläubiger der Mutter wegen Schmälerung des Beteiligungswerts

Auch der Begründungsansatz, nach dem der durch die Leistung der Tochter begründende **414** Nachteil für die Tochter auch den **Beteiligungserwerb der Mutter** schmälere,[708] ist fragwürdig. Jedenfalls im faktischen Konzern tritt bezogen auf die Tochter an die Stelle des Nachteils der Nachteilsausgleichsanspruch der Tochter, so dass die Beteiligung rein bilanziell-nominell nicht an Wert verliert, und Gleiches gilt für den Vertragskonzern und § 302 AktG. Natürlich kann es aus Sicht der Mutter und damit des Gesamtkonzerns mittelbar nachteilig sein, wenn Vermögenswerte der Tochter abfließen und die damit bewirkte Deckung einer Verbindlichkeit der Mutter gegenüber einem außenstehenden Dritten dies nicht kompensiert. Doch gerade diese Argumentation setzt bereits gedanklich voraus, dass man das Vermögen der Gesellschaften in einem Topf wirft. Dem sollte der Gedanke der **Rechtsträgerschaft** entgegenstehen. Daher ist die Möglichkeit, Rechtshandlungen der Tochter durch den Verwalter der Mutter anzufechten, zwar rechtskonstruktiv begründbar, aber nicht sachgerecht und zielführend.[709] Angefochten werden (bei §§ 132–134 InsO) jeweils nur die Rechtshandlungen der jeweiligen Gesellschaft, die dann zu einer Einbuße im Vermögen und zu einer Benachteiligung der eigenen Gläubiger geführt haben müssen. Schmälerungen des Beteiligung sind als **Reflexschäden,** soweit sie auf Rechtshandlungen anderer als der Mutter selbst zurückzuführen sind, auszuklammern.

5. Anfechtbare Rechtshandlungen im Insolvenzverfahren über das Vermögen der Tochtergesellschaft (upstream-Situation)

a) Tochter gewährt der Mutter ein Darlehen oder sonstige Leistungen[710]

Gewährt die Tochter der Mutter ein Darlehen, so gelten für dieses Zwei-Personen-Ver- **415** hältnis keine Besonderheiten. Es handelt sich grundsätzlich nicht um ein Gesellschafterdarlehen, es sei denn, wegen der konzernrechtlichen Verflechtungen hat die Tochter die Stellung als gesellschaftsgleicher Dritter.[711]

b) Tochter lässt das der Mutter gewährte Darlehen stehen

Lässt die Tochtergesellschaft das Darlehen stehen, obwohl es abziehbar wäre, kann dies zwar **416** wie eine Neugewährung des Darlehens zu bewerten und anfechtbar sein. Es bleibt aber wiederum nur die Vorsatzanfechtung. Soweit der BGH auch **das Stehenlassen eines Darlehens als unentgeltliche Leistung iSd § 134 InsO** eingeordnet hat,[712] betrifft dies den umgekehrten Fall eines Gesellschafterdarlehens. Im hiesigen Fall eines Gesellschaftsdarlehens an den Gesellschafter kann der Verwalter den Darlehensrückzahlungsanspruchs

---

[708] *Hirte* ZInsO 2004, 1161, 1165, 1167.
[709] Bork/*Brinkmann* Handbuch des Insolvenzanfechtungsrechts Kap. 18 Rn. 28 ff.
[710] Zu den finanzwirtschaftlichen Aspekten der Konzernfinanzierung siehe *Geiwitz* → § 4 Rn. 30 ff.
[711] BGH NJW 1989, 1037, 1038.
[712] BGH NZI 2009, 429 Rn. 14 ff.

wie gewöhnlich durchsetzen. § 134 InsO käme allenfalls dann zum Tragen, wenn das Stehenlassen ausnahmsweise wie eine Schenkung oder eine sonst unentgeltliche Zuwendung und damit als Verzicht auf den Rückzahlungsanspruch zu werten wäre; zu dieser Frage unten Rdnr. 436 ff.

c) Tochter gewährt anderen Konzerngesellschaften ein Darlehen oder eine sonstige Leistung auf Veranlassung der Mutter

417   Wird das Darlehen oder die sonstige Leistung nicht an die Mutter selbst ausgezahlt, sondern auf ihre Veranlassung und Anweisung an eine andere Konzerngesellschaft, so kommt neben der Geltendmachung des Rückforderungsanspruchs gegen die Darlehensnehmerin theoretisch gleichwohl eine Anfechtung gegenüber der Muttergesellschaft in Betracht, weil es sich gleichsam aus Sicht der das Darlehen empfangenden Gesellschaft um eine mittelbare Zuwendung durch die Mutter handelt und aus Sicht der darlehensgebenden Tochter zumindest auch um eine **Leistung an die Mutter.** Die Mutter erhält die Darlehensvaluta zwar nicht körperlich, erlangt aber faktisch die Bestimmungsmacht. Das gilt unabhängig davon, wer wessen Vertragspartner wird. Insofern gilt eine wirtschaftliche Betrachtungsweise. Die Schwierigkeiten dürften darin liegen, eine unmittelbare Benachteiligung darzulegen, wie es § 133 Abs. 2 InsO voraussetzt.

418   Daran dürfte es fehlen, wenn der Rückzahlungsanspruch bei Darlehensgewährung noch voll werthaltig ist, es sei denn, man wollte annehmen, der Anspruch auf Rückzahlung sei anfechtungsrechtlich niemals mit dem Haben der liquiden Mittel gleichwertig. Dies lässt sich jedenfalls dann nicht sagen, wenn zum Zeitpunkt der Darlehensgewährung die Schuldnerin noch genügend Mittel zur Befriedigung ihrer Gläubiger hatte,[713] und auch im Übrigen dürfte es daran richtigerweise fehlen, soweit das Darlehen zu marktgerechten Konditionen gewährt wird. Darlehen ist eben Gebrauchsüberlassung auf Zeit und die Gegenleistung muss gerade diesen Vorteil kompensieren.

419   Bei **sonstigen Leistungen,** die von der Mutter veranlasst an die andere Gesellschaft erbracht werden, gelten keine Besonderheiten. In Betracht kommt aus Sicht des Insolvenzverwalters der Tochter eine Anfechtung gegenüber dem Empfänger ebenso wie gegenüber der Mutter.

d) Tochter tilgt eine eigene Schuld gegenüber der Mutter (Tilgung eigener Schuld)

420   Tilgt die Tochtergesellschaft eine eigene Verbindlichkeit gegenüber der Mutter und leistet damit auf eine eigene Schuld, ergeben sich keine konzernrechtlichen Besonderheiten. Die Anfechtung der Befriedigung einer Forderung iSd § 39 Abs. 1 Nr. 5 InsO richtet sich nach § 135 Abs. 1 Nr. 2 InsO, bei sonstigen Forderungen kommt §§ 130, 131 InsO in Betracht und daneben insbesondere die Vorsatzanfechtung des § 133 InsO. Ein Benachteiligungsvorsatz wird bei einer kongruenten Deckung aber ggf nicht feststellbar sein. Ein Fall des § 133 Abs. 4 InsO liegt nicht vor, weil zwar die Erfüllung einer Forderung als entgeltlicher Vertrag eingeordnet werden kann, eine unmittelbare Benachteiligung aber kaum gegeben sein dürfte, wenn die Deckung zugleich die Passiva der Tochter vermindert.

e) Tochter tilgt eine Schuld der Mutter gegenüber Dritten (Tilgung fremder Schuld)

421   Praktisch größte Bedeutung dürfte die Tilgung der Schuld einer anderen Konzerngesellschaft und/oder der Muttergesellschaft haben. Hier ist die Rechtsprechung des IX. Zivilsenats des BGH zur Schenkungsanfechtung bei Tilgung fremder Schulden zu berück-

---

[713] Uhlenbruck/*Hirte*/*Ede* InsO § 129 Rn. 165.

sichtigen.[714] Tilgt danach eine Konzerngesellschaft eine Schuld der Mutter oder einer Schwestergesellschaft gegenüber dem Gläubiger, so handelt es sich in der Regel um eine entgeltliche Leistung an den Gläubiger, weil der Gläubiger damit seinen Zahlungsanspruch einbüßt. Anders ist es aber, wenn der Zahlungsanspruch schon **nicht mehr werthaltig** war, weil die Forderungsschuldnerin bereits insolvenzreif und die Forderung wertlos war.[715] Dann gibt der Gläubiger mit Verlust des Zahlungsanspruchs wirtschaftlich gesehen nichts auf. Daher greift die Schenkungsanfechtung ein. Entsprechendes gilt, wenn die Bank von der Mutter nach bereits erfolgter Darlehensvergabe eine Sicherheit verlangen kann und dieser Nachbesicherungsanspruch durch die Tochter befriedigt wird. War der Besicherungsanspruch nicht mehr werthaltig, so ist die Bestellung der Sicherheit für den Gläubiger diesem gegenüber eine unentgeltliche Leistung. Keine wirtschaftliche Wertlosigkeit liegt nach neuester Rechtsprechung vor, wenn sich der Forderungsgläubiger noch durch Aufrechnung gegen seinen Schuldner befriedigen konnte.[716] Der **Schenkungsanfechtung** soll aber nicht entgegenstehen, dass der Forderungsgläubiger vor der Tilgung eine Gegenleistung (an die Mutter oder sonst) erbracht hat.

Ficht der Verwalter der Tochter gegenüber dem Gläubiger die Tilgung an, kann es **422** allerdings an einer Gläubigerbenachteiligung fehlen, wenn und soweit der **Rückgriffsanspruch** gegen die befreite Schuldnerin (Mutter) werthaltig ist. Im Falle der Doppelinsolvenz ist dies jedoch gerade nicht mehr der Fall, so dass zumindest eine mittelbare Gläubigerbenachteiligung vorliegt.

Allerdings kann die Schenkungsanfechtung gegenüber dem Gläubiger auch aus einem **423** anderen Grund ausgeschlossen sein. Liegt nämlich eine Doppelinsolvenz aller Konzerngesellschaften und hier der beteiligten Mutter und der Tochter vor, so kann der Verwalter der Mutter die erfolgte Tilgungsleistung der Tochter als Deckung gegenüber dem Gläubiger anfechten, wenn die Tochter nicht freiwillig, sondern auf eine Schuld und auf Anweisung gehandelt hat. Dann nämlich ist die mittelbar über die Tochter bewirkte Zuwendung an den Gläubiger zugleich ggf im Wege der §§ 130, 131 oder auch § 133 InsO gegenüber dem Gläubiger anfechtbar. Dies ist nicht zu verwechseln mit der nicht statthaften Anfechtung von Rechtshandlungen anderer Konzerngesellschaften.[717] Die Leistung stammt insofern (auch) aus dem Vermögen der Mutter, weil sie mittels der Anweisung ihren gegen die Tochter bestehenden Anspruch einsetzt, um ihre Verbindlichkeit zu tilgen. Für diesen Fall nimmt der BGH an, dass der nunmehr potentiell sowohl vom Verwalter der Mutter als auch vom Verwalter der Tochter in Anspruch genommene Gläubiger die Schenkungsanfechtung mit der Darlegung abwehren kann, dass die Tilgung auch der Deckungsanfechtung durch den Verwalter der Mutter unterliegt.[718] Handelt dagegen die Tochter aufgrund einer **Anweisung auf Kredit,** so fehlt es für die Deckungsanfechtung gegenüber dem Gläubiger, aber auch für eine mögliche Vorsatzanfechtung gegenüber der angewiesenen Tochter an der Gläubigerbenachteiligung der Gläubiger der Mutter. Die Tochter wird Rückgriffsgläubiger und tritt lediglich an die Stelle des bisherigen Forderungsgläubigers.

f) Tochter besichert eine eigene Verbindlichkeit gegenüber der Mutter (Besicherung eigener Schuld)

Stellt die Tochter der Mutter für eine Verbindlichkeit, die sie gegenüber der Mutter hat, **424** eine Sicherheit zur Verfügung, so besichert sie eine eigene Verbindlichkeit. Dieser Fall mag

---

[714] BGHZ 141, 97, 100 = NJW 1999, 1549; BGHZ 162, 276, 279 f. = NJW 2005, 1867; BGH ZIP 1983, 32, 33; 2006, 957, 958; BGHZ 174, 228, 231 Rn. 8 f. = NJW 2008, 655.
[715] BGHZ 141, 97, 100 = NJW 1999, 1549; BGHZ 162, 276, 279 f. = NJW 2005, 1867; BGH ZIP 1983, 32, 33; 2006, 957, 958; BGHZ 174, 228, 231 Rn. 8 f. = NJW 2008, 655; NZI 2008, 173 Rn. 14; BGH NZI 2009, 891 = NJW-RR 2010, 477; NZI 2010, 145 Rn. 8; BGH NZI 2010, 678 Rn. 7.
[716] BGH NZI 2013, 592 Rn. 10; im Erg. schon ähnlich BGH NZI 2010, 145 Rn. 8. Vgl. weiterhin BGH ZIP 2014, 977.
[717] Siehe oben → Rn. 408 ff.
[718] BGHZ 174, 228, 231 = BGH NJW 2008, 655, Rn. 8.

selten sein. Die Stellung der Sicherheit für die bestehende Forderung kann nach §§ 130, 131 InsO sowie nach § 133 und § 135 Abs. 1 Nr. 1 InsO anfechtbar sein. Demgegenüber wird die Besicherung einer eigenen Schuld ebenso wenig wie die Zahlung auf eigene Schuld als unentgeltlich iSd § 134 InsO angesehen, sondern als entgeltliche Leistung, soweit eine entgeltlich begründete Forderung besichert wird,[719] und zwar auch dann nicht, wenn die Besicherung erst nach Begründung der Schuld erfolgt.[720] Das gilt selbst dann, wenn die Tochtergesellschaft bereits zahlungsunfähig war, so dass der Mutter gleichsam die Sicherheit für eine wirtschaftlich wertlose Forderung „geschenkt" wird, weil sonst §§ 130, 131 InsO gänzlich überflüssig wären, anders ist dies bei Tilgung oder Besicherungen fremder Schulden.

425 Für § 135 Abs. 1 InsO kommt es darauf an, ob eine bestehende Darlehensrückzahlungsforderung der Mutter oder eine gleichgestellte Forderung im Sinne des § 39 Abs. 1 Nr. 5 InsO besichert wird, was in der Praxis möglicherweise nicht häufig vorkommt. Dies richtet sich nach allgemeinen Regeln und erfasst beispielsweise auch gestundete Forderungen aus Kaufverträgen oder gewöhnlichen Umsatzgeschäften.[721] Ob der Nachrang etwas an der Durchsetzbarkeit des sich aus einem gewährten Darlehen ergebenden Rückzahlungsanspruchs ändert und eine aus dem Sicherungsvertrag abzuleitende Einrede gegenüber der Sicherheit begründet, ist nicht abschließend geklärt.[722] Daher kann es auf die **Anfechtung der Sicherheitenbestellung** ankommen. Ist die Sicherheitenbestellung insolvenzfest (Kern des Streits ist, ob das möglich ist) und besteht ein Absonderungsrecht, kann auch die erfolgte Befriedigung eines Darlehens durch die Tochter mangels Gläubigerbenachteiligung möglicherweise nicht oder nicht vollumfänglich nach § 135 Abs. 1 Nr. 2 InsO anfechtbar sein.

426 Zu beachten ist, dass die Bestellung von Sicherheiten ggf unter das Bargeschäftsprivileg fallen kann. § 142 InsO ist nach wohl vorzugswürdiger Auffassung auch bei § 135 InsO anwendbar.[723] Ein potentieller Anwendungsbereich des § 142 InsO ergibt sich hier aber nur bei den denkbaren und im Einzelnen sehr umstrittenen Erweiterungen über die wirtschaftlich entsprechenden Rechtshandlungen; etwa bei bestimmten Austauschgeschäften, Nutzungsüberlassungen, Sale- und Lease-Back-Geschäften oder bei Verrechnungen im Cash-Pool.[724] Ob Darlehen gegen Sicherheiten stets ein Bargeschäft sind, ist fraglich, entscheidend muss die Ausgestaltung im Einzelfall sein und welche Leistungen konkret in Frage stehen. Möglicherweise sind anfängliche Besicherungen unabhängig von § 142 InsO nicht anfechtbar: § 135 setzt eine bestehende Verbindlichkeit und damit wie §§ 130, 131 die Stellung als (prospektiver) Insolvenzgläubiger im Zeitpunkt der Rechtshandlung voraus.[725] Auch diese Frage ist offen.

g) Tochter besichert eine Verbindlichkeit der Mutter gegenüber Dritten (Besicherung fremder Schuld)

427 Problematisch sind Fälle, in denen die Tochtergesellschaft eine Verbindlichkeit der Mutter gegenüber Dritten oder (theoretisch) auch anderen Konzerngesellschaften besichert. Dann geht es aus Sicht der Tochter um die Besicherung einer fremden Schuld. Dies fällt weder unter § 135 Abs. 1 Nr. 1 InsO noch unter §§ 130, 131 InsO, weil der Dritte weder Insolvenzgläubiger noch Gesellschafter der Tochtergesellschaft ist. Zugleich kann es aber eine Befriedigung einer gegenüber der Mutter bestehenden Verbindlichkeit darstellen,

---

[719] BGH NZI 2006, 524; K. Schmidt/Ganter/Weinland InsO § 134 Rn. 50.
[720] BGHZ 58, 240, 243 = NJW 1972, 870; BGHZ 112, 136, 138 f. = NJW 1990, 2626; BGH NZI 2004, 623, 626.
[721] Statt vieler MüKoInsO/Ehricke § 39 Rn. 43.
[722] Dazu konrovers Altmeppen NZG 2013, 441; Hölzle ZIP 2013, 1992; Bitter ZIP 2013, 1502.
[723] Näher Thole Gläubigerschutz durch Insolvenzrecht, 2010, S. 407 f.
[724] Vgl. auch Thole ZInsO 2011, 1425, 1430.
[725] Für Differenzierung zwischen anfänglicher und nachträglicher Besicherung Bitter ZIP 2013, 1497, 1502 f.

wenn und soweit die Tochter gegenüber der Mutter (insolvenzfest) verpflichtet war, eine Sicherheit zu stellen. In diesem Fall kann auch die Vorsatzanfechtung gegenüber der Mutter in Betracht kommen, wenn die Deckung der Besicherungspflicht beispielsweise im Stadium drohender Zahlungsunfähigkeit der Tochter erfolgte. Darüber hinaus kann die Schenkungs-anfechtung in Betracht kommen, und zwar im Verhältnis sowohl zur Sicherungsnehmerin als auch im Verhältnis zur Mutter.

Besichert die Tochter beispielsweise die Darlehens- bzw Kontokorrentverpflichtung der **428** Mutter gegenüber der Bank, kann darin zunächst eine unentgeltliche Leistung iSd § 134 InsO an die Bank liegen. Allerdings kommt es nicht darauf an, ob eine etwaige Gegen-leistung der Bank an die Tochter selbst ausgereicht wird oder worden ist. Die Gegenleistung kann richtigerweise auch darin liegen, dass das Darlehen an die Mutter ausgezahlt wird. Das bloße Stehenlassen durch die Bank genügt nach der Rechtsprechung des BGH aber nicht.[726] Ebenso wenig genügt das bloß **wirtschaftliche Interesse** der Tochter an der Darlehensvergabe an die Mutter oder sonstige Konzerngesellschaften.[727] Der IX. Zivilsenat des BGH hat in seiner Cash-Pool-Entscheidung[728] das Merkmal des „wirtschaftlichen Interesses" aufgegeben. Ein eigenes wirtschaftliches Interesse bzw das **Konzerninteresse** der leistenden Gesellschaft reicht nicht, um Entgeltlichkeit zu begründen.[729] Auch die Verbindlichkeit der Weisung macht die Leistung gegenüber der Obergesellschaft nicht entgeltlich.[730] Demnach ist stets entscheidend, ob gerade der Empfänger ein Vermögens-opfer erbringt, das aber nicht notwendigerweise in das Vermögen des Leistenden zurück-fließen muss, sondern eben auch der Mutter zuteil werden kann.

Hinsichtlich der Sicherung (und Tilgung) einer fremden Schuld der Muttergesellschaft **429** durch die Tochter kann sich auch die Frage der **Anfechtung gegenüber der Mutter selbst** stellen, die dadurch von der Notwendigkeit enthoben wird, selbst Sicherheiten zu stellen. Insofern steht, wenn eine sodann gedeckte Verpflichtung zur Sicherheitenbestellung für die Tochter nicht bestand, ebenfalls die Anfechtung der Sicherheitengewährung nach § 134 und § 133 InsO im Vordergrund. Tatsächlich stellt sich die Sicherung einer für den Insolvenzschuldner fremden Schuld ohne rechtliche Verpflichtung und ohne Erlangung eines Gegenwerts als eine unentgeltliche Leistung dar.[731] Anders kann man das nur dann sehen, wenn beispielsweise der von der Mutter aufgenommene oder prolongierte **Kredit an die Tochter weitergereicht** werden soll, so dass eine Gegenleistung in das Vermögen der Tochter zurückfließt. § 133 Abs. 4 InsO kommt allerdings nicht zum Tragen, soweit man in der Besicherung zugunsten der Mutter keine entgeltliche, sondern eben eine unentgeltliche Leistung sieht.

Greift die Anfechtung gegenüber der Mutter tatbestandlich durch, so ist noch fraglich, **430** was die Mutter überhaupt erlangt hat und was mithin Gegenstand des Anfechtungs-anspruchs ist. Dabei kann man nicht allein auf eine marktübliche Avalprovision abstellen, weil dies aus Sicht der Insolvenzmasse der Tochter auf eine bloße „Zwangsbesicherung" hinausliefe. Insoweit ist richtigerweise auf die Sicherheit selbst abzustellen. Denn die Besicherung hätte – bei Realsicherheiten – auch in der Weise erfolgen können, dass die Tochter der Mutter die Sicherheit überträgt und sie dann von der Mutter dem Darlehens-geber selbst zur Verfügung gestellt wird. Der Rückgewähranspruch ist darauf gerichtet, die Sicherheit abzulösen bzw die Tochter von der Belastung freizustellen. Verweigert der Dritte dazu sein Einverständnis und droht weiter die Inanspruchnahme aus der Sicherheit, ist die Rückgewähr unmöglich und es greift die Rechtsfolge des § 143 Abs. 1 S. 2 InsO ein.

---

[726] BGH ZIP 2006, 1362 = NJW-RR 2006, 1281; NJW 2009, 2065 Rn. 10 = ZIP 2009, 1122.
[727] BGH ZIP 2006, 957.
[728] BGH ZIP 2006, 1362, 1363.
[729] BGH ZIP 2006, 1362, 1363.
[730] *Wenner/Schuster* ZIP 2008, 1512, 1516.
[731] BGHZ 12, 232, 236 f; BGH ZIP 1983, 32, 33; 1992, 1089, 1092; OLG Köln ZInsO 2000, 156, 157; WM 2005, 477.

6. Anfechtbare Rechtshandlungen im Insolvenzverfahren über das Vermögen der Muttergesellschaft (downstream-Situation)

431 Schaut man auf das Insolvenzverfahren über das Vermögen der Muttergesellschaft, so können möglicherweise Rechtshandlungen anfechtbar sein, die eine Wirkung downstream entfalten, also insbesondere einer Tochtergesellschaft oder einem Vertragspartner/Gläubiger der Tochter zugekommen sind.

a) Mutter gewährt der Tochter ein Darlehen oder sonstige Leistungen

432 Gewährt die Mutter der Tochter ein Darlehen, so gelten für dieses Zwei-Personen-Verhältnis keine Besonderheiten. Es handelt sich um ein Gesellschafterdarlehen. Der BGH hat in der Entscheidung vom 13.10.2016 ausgeführt, die **Gewährung des Gesellschafterdarlehens** sei in der Insolvenz des Gesellschafters **nicht als unentgeltliche Leistung** des Gesellschafters angefochten werden. Ist es bei Insolvenzeröffnung über das Vermögen der darlehensnehmenden Gesellschaft noch offen, so ist die Rückzahlungsforderung nachrangig nach § 39 Abs. 1 Nr. 5 InsO. Im Übrigen ist die Darlehens*vergabe* nur nach § 133 Abs. 2 iVm Abs. 1 InsO anfechtbar, ausnahmsweise auch nach § 132 Abs. 1 InsO. Die **unmittelbare Benachteiligung** lässt sich aber nur begründen, wenn die Darlehenskonditionen nicht marktüblich sind.[732] Bei sonstiger unentgeltlicher Übertragung von assets kommt § 134 InsO in Betracht; ob eine Sacheinlage als Kapitalerhöhung erfolgt oder in die freie Kapitalrücklage oder wie der Vermögenswert sonst handelsbilanziell erfasst wird, spielt für die Bestimmung der Unentgeltlichkeit keine Rolle.[733]

433 Fraglich sind die **Rechtsfolgen der Anfechtung,** wenn der Insolvenzverwalter der Mutter die Auszahlung des Darlehens an die Tochter anficht. Es taucht dann die Frage auf, welche Rechtsfolgen mit der Anfechtung der Auszahlung verbunden sind. Ein Problem könnte sich nämlich daraus ergeben, dass der Darlehensrückzahlungsanspruch nach § 488 Abs. 1 S. 2 BGB idR in der Insolvenz der Tochter gemäß § 39 Abs. 1 Nr. 5 InsO **nachrangig** wäre. Wird nun die Auszahlung selbst angefochten, ist fraglich, ob der Anfechtungsanspruch dieses Schicksal teilt und selbst ebenfalls nachrangig ist. Dieses Problem ist im Ergebnis allgemeiner Natur. Es gelten folgende Grundsätze:

434 Ist der Anfechtungsanspruch des § 143 Abs. 1 S. 2 InsO auf Rückgewähr von Geldstücken oder Geldscheinen gerichtet, kommt eine Aussonderung in Betracht, da der primäre Anfechtungsanspruch grundsätzlich Aussonderungskraft genießt. Dieser Fall liegt indes allenfalls dann vor, wenn tatsächlich Bargeld geflossen ist. Allerdings will das OLG Schleswig neuerdings die Aussonderungskraft auch bei Buchgeldern und Überweisungen bis zur Höhe des in der Zeit nach der Gutschrift eingetretenen niedrigsten Tagessaldos bejahen.[734] Der BGH hat dies aber in seiner Entscheidung vom 27.4.2017 mit Recht als „fragwürdig" eingestuft, ohne sich in der Sache festlegen zu müssen.[735]

435 Folgt man der Auffassung des OLG Schleswig nicht, kann man bei einer üblichen Überweisung in der Insolvenz der Tochter nicht das dadurch erhöhte Kontoguthaben aussondern (zu unterscheiden von der Ersatzaussonderung, wenn zB ein Entgelt bei Verkauf einer schuldnerfremden Sache auf ein Konto geflossen und dort noch identifizierbar ist). Daher ist der Anfechtungsanspruch grundsätzlich nach allgemeinen Regeln zu beurteilen. Das spräche nun prima facie dafür, ihn als gewöhnliche Insolvenzforderung iSd § 38 InsO einzustufen, da § 39 Abs. 1 Nr. 5 InsO nur von Forderungen aus Darlehen spricht. Die Zuweisung zu den Insolvenzforderungen gilt jedenfalls dann,

---

[732] BGH NJW 1989, 1037, 1038.
[733] Anders offenbar *Gleim* ZIP 2017, 1000.
[734] OLG Schleswig NZI 2017, 19, 21.
[735] BGH ZIP 2017, 1336 Rn. 16.

wenn man den Anfechtungsanspruch als im Zeitpunkt der Insolvenzeröffnung über das Vermögen der Tochter (als Anfechtungsgegnerin) bereits als „entstanden" iSd § 38 InsO einstuft (sonst wäre es eine Neuverbindlichkeit, die mangels Erfüllung der Voraussetzungen des § 55 InsO[736] in der Insolvenz der Tochter keine Masseverbindlichkeit wäre). Tatsächlich dürfte es jedoch näher liegen, auch den Anfechtungsanspruch der Mutter in der Insolvenz der Tochter mit dem **Nachrang** zu belegen, wenn die Anfechtung gerade darauf abzielt, die Wirkungen einer Auszahlung eines nachrangigen Darlehens zu beseitigen.[737] Der Wortlaut lässt dies zu, da der Begriff „Forderungen aus Gesellschafterdarlehen" auch Anfechtungs- und folglich Rückforderungsansprüche aufgrund des Gewährungsvorgangs einzuschließen vermag. Ginge es um Ansprüche des Darlehensgebers aufgrund einer Pflichtverletzung des Darlehensvertrags durch den Darlehensnehmer, wäre dieser Anspruch ebenso subordiniert wie der Darlehensrückzahlungsanspruch. Dann aber liegt es nahe, trotz der Eigenständigkeit und Besonderheit des Anfechtungsanspruchs von dessen Nachrangigkeit in der Insolvenz des Anfechtungsgegners auszugehen, soweit nicht nach den genannten Grundsätzen ausnahmsweise eine Aussonderung in Betracht kommt.

b) Mutter lässt das der Tochter gewährte Darlehen stehen

Lässt die Mutter das Darlehen stehen, ist fraglich, ob dieses Stehenlassen vom Verwalter der **436** Mutter angefochten werden kann. Das Stehenlassen ist wie eine Neugewährung des Darlehens zu werten. Davon ist auszugehen, wenn marktübliche Zahlungsziele überschritten werden.[738]

Fraglich ist, ob dieses Stehenlassen ggf nach § 134 InsO angefochten werden kann. Dies **437** ist zu unterscheiden von der Frage, ob das Stehenlassen eine taugliche Gegenleistung für eine andere unentgeltliche Leistung sein kann.[739] Der Argumentationsansatz besteht darin, dass das Stehenlassen zu einem endgültigen Verbleib der Darlehensvaluta bei der Tochter führen kann. Der BGH hat zum früheren Eigenkapitalersatzrecht in seiner Entscheidung vom 2.4.2009 formuliert, das Stehenlassen sei als **Unterlassungshandlung** eine unentgeltliche Leistung, wenn und weil es dazu führe, dass die Gesellschaft die Darlehensvaluta ohne weitere Gegenleistung behalten könne.[740] Dies geschah auf der Grundlage des Eigenkapitalersatzrechts, denn danach war die Durchsetzung des verstrickten Gesellschafterdarlehens schon wegen der Rechtsprechungsregeln (§§ 30, 31 GmbHG analog) im Verfahren gar nicht mehr möglich. Seit der Abschaffung des Eigenkapitalersatzrechts durch das MoMiG ist die Beurteilung unsicher geworden, weil die Durchsetzung des Rückzahlungsanspruchs rechtlich gesehen noch möglich ist, wenngleich mit dem Nachrang belastet (§ 39 Abs. 1 Nr. 5 InsO). Auf das Stehenlassen in der Krise kommt es ebenso wenig an wie auf den Zeitpunkt, zu dem das Darlehen ausgereicht wurde.

Wie eben ausgeführt, hat der BGH hat in der Entscheidung vom 13.10.2016 angenom- **437a** men, die **Gewährung des Gesellschafterdarlehens** sei in der Insolvenz des Gesellschafters **nicht als unentgeltliche Leistung** des Gesellschafters angefochten werden. Der Insolvenzverwalter über das Vermögen eines Gesellschafters, welcher der Gesellschaft ein Darlehen gewährt hat, kann dem Nachrangeinwand des Insolvenzverwalters über das Vermögen der Gesellschaft daher nicht den Gegeneinwand entgegenhalten, die Gewährung eines Gesellschafterdarlehens sei als unentgeltliche Leistung anfechtbar.[741] Das Darlehen sei

---

[736] § 55 Abs. 1 Nr. 3 InsO setzt nach hM eine Bereicherung nach Verfahrenseröffnung voraus, BGH NJW 2003, 3345, 3347. Daran dürfte es fehlen, weil ja die von der Mutter vorgenommene Auszahlung vor Verfahrenseröffnung (bezogen auf das Vermögen der Tochter) erfolgte.
[737] Anders *Jacoby* ZIP 2018, 505, 512.
[738] *Altmeppen* NJW 2008, 3601, 3604.
[739] Dazu soeben → Rn. 419.
[740] BGH NZI 2009, 429 Rn. 18 ff.
[741] BGH NJW 2017, 2035.

nachrangig, aber der Rückzahlungsanspruch sei grundsätzlich durchsetzbar, weil es entgegen dem früheren Eigenkapitalersatzrecht auf die Gewährung der in Krise nicht mehr ankomme.

438   Richtigerweise ist noch näher zu präzisieren, insbesondere was das Stehenlassen angeht: Geht es um ein Darlehen, das nicht abgezogen wird, so mag zwar das Stehenlassen wie eine erneute Darlehensgewährung zu beurteilen sein, doch wird man darin ja gerade keine rechtliche Änderung sehen können – das Darlehen war vorher nachrangig und ist es noch immer. Anders liegt der Fall, wenn die Mutter tatsächlich auf den Rückzahlungsanspruch verzichtet und die Tochter damit endgültig befreit ist. Davon abzugrenzen sind Fälle, in denen eine andere Forderung, zB aus einem Kaufvertrag, gestundet bzw stehengelassen wird. Denn dann ist erst in dieser Entscheidung die Darlehensgewährung zu sehen, weil es sich nunmehr um eine wirtschaftliche entsprechende Rechtshandlung handelt. Der kaufvertragliche Anspruch *wird* also dadurch erst nachrangig, wiederum vorausgesetzt, die Stundung erfolgte nicht schon ursprünglich. Dies kann eine unentgeltliche Leistung sein.[742]

439   Aber: Eine mittelbare Benachteiligung liegt insoweit nur vor, wenn man darauf abstellt, dass eben im Zeitpunkt des Stehenlassens der Zahlungsanspruch noch werthaltig war und er es nunmehr nach Eintritt der Insolvenz der Tochtergesellschaft nicht mehr oder nicht mehr in vollem Umfang ist.[743] Wäre allerdings bis zur Insolvenzeröffnung die Tilgung der Gesellschafterhilfe wegen § 135 Abs. 1 Nr. 2 InsO ohnehin nicht zurückzahlbar gewesen, weil dies anfechtbar gewesen wäre, stehen die Gläubiger des Gesellschafters durch dessen Stehenlassen nicht schlechter, weil sie ohnedies nicht hätten bedient werden können und dürfen, ohne dass im späteren Insolvenzverfahren eine Anfechtung begründet worden wäre. Freilich ist insofern fraglich, ob man sich dieses als hypothetisch hinzugedacht Ereignis – Rückzahlung – bei der Feststellung der Gläubigerbenachteiligung wirklich berücksichtigen darf.

440   Was die Unentgeltlichkeit der Leistung angeht, so macht das Stehenlassen in den hier erfassten Fällen, also bei einer echten Umqualifizierung zu einer gleichgestellten Forderung, die Forderung überhaupt erst zu einer Forderung im Sinne des § 39 Abs. 1 Nr. 5 InsO.[744] Der Nachrang ist zwar nur eine verfahrensrechtliche Einordnung und im Zeitpunkt des Stehenlassen noch nicht aktuell, belegt die Forderung aber immerhin mit dem Nachrangrisiko.[745] Damit wird – wenn auch bedingt durch die Insolvenzeröffnung – aus Sicht der Tochtergesellschaft die Forderung bei wirtschaftlicher Betrachtung weniger belastend.

441   Im Ergebnis wird man wohl das Stehenlassen *in diesen Fällen* als unentgeltliche Leistung anfechten können. Es bleibt aber die Frage, worauf eigentlich die **Rückgewähr** gerichtet ist. Sie muss darauf gerichtet sein, dass die beklagte Tochtergesellschaft den möglichen Nachrangeinwand beseitigt, zwar nicht rechtlich, wohl aber im wirtschaftlichen Ergebnis. Die Anfechtung ist also darauf gerichtet, dass die Tochter der Mutter die Durchsetzung der Forderung in einer Weise ermöglicht, wie sie möglich gewesen wäre, wenn nicht stehengelassen worden wäre, dh im Ergebnis ohne Nachrang. Demnach darf die Mutter die Forderung als **gewöhnliche Insolvenzforderung** anmelden. Demgegenüber darf nicht etwa volle Befriedigung verlangt werden mit dem Argument, die Tochter hätte ohne das Stehenlassen gezahlt, denn dies wäre bezogen auf den Rechtswirkungen der Anfechtung – Beseitigung des Nachrangs – ein rein hypothetischer Sachverhalt.

---

[742] *Thole* WuB 2017, 216. Anders in der Begründung *Jacoby* ZIP 2018, 505, 510 ff; Anfechtung nach § 133 Abs. 4 InsO möglich.

[743] *Thole* ZInsO 2011, 1425, 1433.

[744] Vgl. *Scholz/Bitter* GmbHG zu § 64 GmbHG Rn. 166. Differenzierend auch *Jacoby* ZIP 2018, 505, 508.

[745] Zur Beachtlichkeit des bloßen „Nachrangrisikos" siehe die „Karibik"-Entscheidung BGH NZI 2013, 308 Rn. 24.

c) Mutter tilgt eine eigene Schuld gegenüber der Tochter (Tilgung eigener Schuld)

Gleichfalls unproblematisch ist der Fall, dass die Muttergesellschaft das ihr von einer Tochter **442** gewährte Darlehen an diese zurückzahlt. Dies ist ein gewöhnlicher Deckungsvorgang, der nach §§ 130, 131 InsO und ggf nach § 133 Abs. 1 InsO anfechtbar ist.

d) Mutter tilgt eine Schuld der Tochter gegenüber Dritten

Spiegelbildlich problematisch sind Fälle der Tilgung einer fremden Schuld, in denen die **443** Mutter eine Verbindlichkeit der Tochter gegenüber dem Gläubiger tilgt. Hier gelten dieselben Grundsätze wie oben.[746] In Betracht kommt insbesondere eine Schenkungsanfechtung gegenüber dem Gläubiger, wenn dessen Forderung gegen die Tochter schon wirtschaftlich wertlos war.

e) Mutter besichert eine eigene Schuld gegenüber Tochter

Der Fall, dass die Mutter eine Verbindlichkeit gegenüber ihrer Tochter besichert, ist **444** jedenfalls im Subordinationskonzern unwahrscheinlich. Beim Vertragskonzern greift § 302 AktG, beim faktischen Konzern die §§ 311, 317 AktG, was eine Besicherung auch nicht zwingend erforderlich macht. Die Situation bleibt daher hier ausgeklammert.

f) Mutter besichert eine Schuld der Tochter gegenüber Dritten (Besicherung fremder Schuld)

Fälle, in denen die Mutter eine Verbindlichkeit der Tochter gegenüber Dritten, zB der **445** Bank der Tochtergesellschaft, besichert, sind insbesondere als sog **downstream guarantees** denkbar. Auch insofern kommt nicht nur eine Schenkungs- oder ggf auch Vorsatzanfechtung gegenüber dem Sicherungsnehmer, sondern möglicherweise auch eine Anfechtung gegenüber der begünstigten Tochter in Betracht.

7. Anfechtbare Rechtshandlungen im Verhältnis von Schwestergesellschaften (crossstream-Situation)

Auch im Verhältnis von Konzernuntergesellschaften zueinander kann eine Anfechtung in **446** Betracht kommen. Im Grundsatz gelten hierfür **keine Besonderheiten.** Wie eben bereits erörtert, werden insbesondere auch mittelbare Zuwendungen unter dem Anfechtungsrecht erfasst.[747] Leistungen an eine Konzerngesellschaft können zugleich eine Zuwendung an eine andere Konzerngesellschaft darstellen. Wenn eine Gesellschaft die Rückzahlung des von der Mutter gewährten Darlehens auf Weisung der darlehensgebenden Mutter nicht an diese selbst, sondern an eine Schwestergesellschaft vornimmt, liegt darin trotzdem eine Leistung an die Mutter. Die Schwestergesellschaft ist dann als Mittlerin und Geheißperson der Mutter gegenüber dem Insolvenzverwalter der zahlenden Gesellschaft idR nur nach § 133 InsO anfechtungsrechtlich haftbar. Unberührt bleibt, dass der Insolvenzverwalter die Zahlung an die Schwester bei entsprechender Verbindlichkeit der Mutter gegenüber der Schwester auch als Deckung nach §§ 130, 131 InsO anficht.

---

[746] Siehe → Rn. 424.
[747] Vgl. nur BGHZ 174, 314 = NZI 2008, 167.

a) Schwestergesellschaften als Dritte bei § 39 Abs. 1 Nr. 5 und § 135 InsO

447 Eine andere Frage ist, ob beispielsweise die Darlehensvergabe durch eine Schwestergesellschaft und deren Rückzahlung den Anwendungsbereich der §§ 135 Abs. 1, 39 Abs. 1 Nr. 5 InsO eröffnet. Dies berührt die Frage nach dem persönlichen Anwendungsbereich des Rechts der Gesellschafterdarlehen und insbesondere die Frage, inwieweit über das Merkmal der gleichgestellten Forderungen bzw wirtschaftlich entsprechenden Rechtshandlungen eine Einbeziehung von Personen möglich ist, die selbst keine Gesellschafter des jeweiligen Darlehensnehmers sind.

aa) Urteil des II. Zivilsenats vom 5.5.2008

448 Hinsichtlich des Anwendungsbereichs der §§ 39 Abs. 1 Nr. 5, 135 InsO wird ganz überwiegend die Auffassung vertreten, dass jedenfalls im Wesentlichen (vom Merkmal der Krise der Gesellschaft abgesehen) die Grundsätze fortgelten, die auch unter dem Eigenkapitalersatzrecht galten.[748] Insoweit hatte zuletzt der II. Zivilsenat in einem Urteil vom 5.5.2008[749] einige Eckpunkte aufgestellt, die auch nach dem MoMiG weiter beachtlich sein könnten: Eine Gleichstellung bei Darlehen Dritter könne insbesondere auf Unternehmen zutreffen, die mit einem Gesellschafter horizontal oder vertikal verbunden sind. Die Verbindung könne einmal in der Weise bestehen, dass der Dritte Gesellschafter-Gesellschafter der Schuldnerin ist und einen bestimmenden Einfluss auf den darlehensgebenden Gesellschafter ausüben kann. Sie könne aber auch so ausgestaltet sein, dass eine Beteiligung in diesem Sinn dadurch begründet werden, dass ein Gesellschafter an beiden Gesellschaften, der Darlehen nehmenden und der Darlehen gebenden Gesellschaft, und zwar an der letztgenannten „maßgeblich" beteiligt sei. Darunter versteht der BGH, dass der Gesellschafter auf die Entscheidungen des Kredit gebenden Unternehmens, nämlich auf die Gewährung oder auf den Abzug der Kredithilfe an das andere Unternehmen einen bestimmenden Einfluss ausüben kann. Im konkreten Fall ging es um die Darlehensvergabe durch eine als AG inkorporierte „Tante" der Darlehensnehmerin, aber der Fall wäre wohl bei direkter Darlehensvergabe durch die Schwester, also die Obergesellschaft der Darlehensnehmerin, nicht anders zu behandeln gewesen. Hier will der BGH die maßgebliche Eignung im Zweifel verneinen; die Einflussnahmemöglichkeit der Mutter auf die AG wurde vor allem mit Blick auf die aktienrechtliche Eigenverantwortlichkeit des Vorstands verneint.[750] Aus dem Urteil dürfte Folgendes abzuleiten sein: **Darlehen von Schwestergesellschaften der Insolvenzschuldnerin** sind nicht schon automatisch deshalb als Gesellschafterdarlehen zu behandeln, weil die Muttergesellschaft sowohl am Darlehensgeber als auch am Darlehensnehmer beteiligt ist. Bei maßgeblicher Beteiligung an der Darlehensgeberin reicht dies freilich aus. Allerdings kann die maßgebliche Beteiligung nur bei einer GmbH und einer Beteiligung über 50 % bestehen, bei der AG genügt dies für sich nicht. Die letztgenannte Einschränkung des BGH ist allerdings fragwürdig.[751]

bb) Urteil des IX. Zivilsenats vom 17.2.2011

449 Der IX. Zivilsenat hat in seinem Urteil vom 17.2.2011 ausgesprochen, die Forderung aus der Rechtshandlung eines Dritten entspreche einem Gesellschafterdarlehen nicht schon deshalb, weil es sich bei dem Dritten um eine nahestehende Person iS des § 138 InsO handelt; die Entscheidung betrifft ausdrücklich nur den Nachrang und nicht § 135 InsO.[752] Darlehen Dritter und nahestehender Personen werden deshalb nicht schon allein wegen dieses Um-

---

[748] BGHZ 188, 363 = NZI 2011, 257 Rn. 10; BGHZ 193, 378 = NJW 2012, 3443 Rn. 11 mwN; *Gehrlein* BB 2011, 3, 6.
[749] BGH NZI 2008, 767 Rn. 10 mAnm *Habersack* ZIP 2008, 2385.
[750] BGH NZI 2008, 767 Rn. 13.
[751] *Habersack* ZIP 2008, 2385.
[752] BGH NJW 2011, 1503, 1504 ff Rn. 12 ff.

stands in den Anwendungsbereich der §§ 39 Abs. 1 Nr. 5 InsO hineingezogen, was zweifellos richtig erscheint, aber eine indizielle Berücksichtigung nicht ausschließen sollte.[753]

b) Nahestehende Personen bei §§ 138 iVm § 130 Abs. 3, 131 Abs. 2 S. 2, 132 Abs. 2, 133 Abs. 2

Was die Anfechtung nach §§ 130, 131, 132 InsO angeht, wenn beispielsweise eine Kon- **450** zerngesellschaft die Forderung einer anderen tilgt, so ist fraglich, ob die Beweiserleichterung nach §§ 130 Abs. 3, 131 Abs. 2 S. 2, 132 Abs. 2 InsO eingreift. Entsprechendes gilt für die Anfechtung unmittelbar benachteiligender entgeltlicher Verträge bei § 133 Abs. 2 InsO. Insofern ist zu beachten, dass § 138 Abs. 2 InsO den Fall abhängiger Schwester- und Mitgesellschafter – bewusst[754] – nicht erfasst.

Diese Entscheidung ist jedenfalls für einen stark integrierten Konzern fragwürdig. Nicht **451** zuletzt die Kooperations- und Unterrichtungspflichten im neuen deutschen Konzerninsolvenzrecht nach §§ 269a ff InsO zeigen, dass auch der Insolvenzrechtsgesetzgeber eine gewisse **Nähebeziehung** anerkennt, wenngleich es dort naturgemäß nicht um das vorinsolvenzliche Stadium geht. In Teilen des Schrifttums hat sich die Auffassung herausgebildet, der Schwestergesellschaft könne die Eigenschaft als nahestehende Person der Schuldnergesellschaft „über das Dreieck", dh unter Berücksichtigung der beiderseitigen Nähebeziehung zur Muttergesellschaft, zugerechnet werden.[755] Weniger problematisch erscheint auch der Fall, dass eine Doppelorganschaft von Organpersonen in den beteiligten Konzerngesellschaften vorliegt, da das Organwissen unteilbar beiden Geschäftsherren zugerechnet werden muss.[756] Ebenso sollte man die Obergesellschaften im Gleichordnungskonzern wechselseitig als nahestehende Personen ansehen. Anknüpfungspunkt ist richtigerweise § 138 Abs. 2 Nr. 2 InsO.

8. Anfechtung bei Cash-Pooling

Das im Konzernverbund häufig anzutreffende Cash Pooling als Teil eines konzernweiten **452** Cash Managements wirft im Ausgangspunkt keine Besonderheiten auf. Anfechtungsrechtlich von Interesse sind hier ohnedies nur Fälle des realen, **physischen Cash Poolings,** nicht aber jene des notionalen, rein virtuellen Cash Poolings.[757] Anfechtungsrechtlich geht es im Ergebnis um zwei grundlegende Situationen, nämlich einerseits die Anfechtung der an außenstehende Dritte erfolgten Zahlungen über das (meist) von der Mutter gehaltene master account, sowie die Anfechtung von Zahlungsströmen und Verrechnungen innerhalb der am Pool beteiligten Konzernglieder.

a) Zahlung über das Zielkonto an Dritte

Wird von dem Inhaber des master accounts (Zielkontos), meist der Mutter, eine einer **453** anderen Konzerngesellschaft obliegende Schuld gegenüber dem Gläubiger getilgt, so stellt sich dies aus Sicht der schuldenden Konzerngesellschaft als Umweg-Deckung an den Gläubiger dar. Die Deckung kann in der Insolvenz der Schuldnerin nach allgemeinen Regeln angefochten werden. Zugleich handelt es sich aus Sicht der das Zielkonto führenden Gesellschaft um eine Leistung als Dritte auf fremde Schuld. Hier kommt neben § 133

---

[753] Näher *Thole* ZHR 176 (2012), 513, 537.
[754] Begr RegE zu § 154 Abs. 1 Nr. 3 InsO-RegE.
[755] *Ehricke* Konzernunternehmen S. 24 ff, 30; Bork/*Ehricke* Handbuch des Insolvenzanfechtungsrechts Kap. 2 Rn. 50; Bork/*Brinkmann* Handbuch des Insolvenzanfechtungsrechts Kap. 18 Rn. 20. Ablehnend Jaeger/ *Henckel* InsO § 138 Rn. 30.
[756] Zur Zurechnung in diesem Fall *Wackerbarth* Grenzen der Leitungsmacht in der internationalen Unternehmensgruppe, 2001, S. 140.
[757] Zur Unterscheidung *Willemsen/Reichel* BB 2009, 2215, 2216.

InsO gegenüber dem Gläubiger auch § 134 InsO in Betracht, wenn man trotz der Kritik des Schrifttums[758] der Rechtsprechung des BGH folgt, die für diesen Fall eine Schenkungsanfechtung annimmt, wenn die Forderung des Gläubiger gegen die jeweilige schuldende Konzerngesellschaft bereits wertlos war. Der Umstand, dass die Zahlung vom Cash Pool-Konto erfolgt, ändert an der Beurteilung im Verhältnis zum Gläubiger nichts.

b) Zahlungsströme im Konzernverbund

454 Wie Verrechnungen innerhalb der Konzerngesellschaften zu beurteilen sind, soweit sie im Rahmen des Cash-Pooling erfolgen, ist eine andere Frage. Verrechnungen sind anfechtungsrechtlich nicht ausschließlich nach den §§ 129 ff InsO, insbesondere auch § 135 InsO zu beurteilen, sondern betreffen zugleich die §§ 94 ff InsO. Die im Rahmen des Cash-Pooling vorgenommene Verrechnung kann nach § 96 Abs. 1 Nr. 3 eo ipso unwirksam sein. Nach den §§ 94 ff InsO sind Aufrechnungen zwar auch nach Verfahrenseröffnung zulässig, wenn die Aufrechnungslage schon vorher bestand. § 96 Abs. 1 Nr. 3 besagt aber, dass die Aufrechnung ohne weiteres, dh ohne Notwendigkeit einer Anfechtung durch den Verwalter unwirksam ist, wenn die Aufrechnungslage anfechtbar hergestellt wurde. Die wohl hM wendet die Vorschrift mit Recht auch **auf Aufrechnungen vor Eröffnung** an, die dann mit Eröffnung eo ipso unwirksam werden.[759]

455   Bei Verrechnungen zwischen der Muttergesellschaft und einer anderen Konzerngesellschaft ist fraglich, ob sich der Insolvenzverwalter der Tochter gegenüber der Muttergesellschaft auf die Unwirksamkeit einer Verrechnung nach § 96 Abs. 1 Nr. 3 InsO iVm § 135 InsO berufen kann. Im Grundsatz ist davon ohne weiteres auszugehen, offen ist aber, welcher Anfechtungstatbestand neben §§ 130, 131 und ggf § 133 InsO hier innerhalb des § 135 Abs. 1 InsO in Betracht kommt. Im Schrifttum wird angenommen, dass für den Fall, dass die Tochter zunächst Liquidität aus dem Cash-Pool erhalten hat (Darlehen an Tochter) und nunmehr die Mutter bei der Tochter Liquidität abziehe (Darlehen an Mutter), zunächst nach Maßgabe der Cash-Pool-Abrede noch keine Befriedigung der Ansprüche der Mutter eintrete, sondern dies eben erst über die von der Mutter vorgenommene Verrechnung erfolge. Wohl aber führe das Entstehen der Ansprüche der Tochter zu der Aufrechnungsbzw Verrechnungslage. Diese aber stelle sich aber wegen der Aufrechnungsmöglichkeit als Sicherheit zugunsten der Mutter dar, und damit eine Besicherung ihrer Rückzahlungsansprüche iSd § 135 Abs. 1 Nr. 1 InsO, wohlgemerkt mit zehnjähriger Suspektsperiode.[760] Die Aufrechnungslage sei damit anfechtbar hergestellt. Diese Auffassung ist jedoch zurückzuweisen. Denn dass die Aufrechnungsmöglichkeit wie eine Art Sicherheit behandelt wird, ergibt sich bereits aus § 94 InsO und sollte im Rahmen der Prüfung der Anfechtbarkeit ihrer Herstellung nicht erneut angesetzt werden. Es geht gerade darum, dass die Herstellung der Aufrechnungslage bereits wie eine **Befriedigung** behandelt wird, auch ohne dass die Aufrechnung noch erklärt werden muss. Auch sonst führt natürlich erst die Vornahme der Auf-/Verrechnung zur Erfüllung und trotzdem wird über § 96 Abs. 1 Nr. 3 die Herstellung der Aufrechnungslage bereits wie eine Deckung behandelt. Daher ist im Rahmen des § 135 InsO, wie andernorts ausgeführt,[761] nur § 135 Abs. 1 Nr. 2 InsO mit der kürzeren Jahresfrist anzuwenden.

456   Dies setzt freilich das Cash-Pooling noch immer einer erheblichen Anfechtungsgefahr aus. Es bleibt dann aber noch die allgemeine Frage, ob eine Gläubigerbenachteiligung

---

[758] Speziell auch zum Cash Pooling Bork/*Brinkmann* Handbuch des Insolvenzanfechtungsrechts Kap. 18 Rn. 45; ferner kritisch mit Bezug auf die Anwendung des § 135 InsO *Willemsen/Rechel* BB 2009, 2215, 2217; *Reuter* NZI 2011, 921 ff; vgl. auch *Rönnau/Krezer* ZIP 2010, 2269, 2271.
[759] BGH ZIP 2003, 2370, 2371; NJW 2007, 78 Rn. 11; Bork/*Jacoby* Handbuch des Insolvenzanfechtungsrechts Kap. 16 Rn. 7; aA *Gerhardt* KTS 2004, 195, 199 f; *Ries* ZInsO 2005, 848, 851 ff, 852; *Zenker* NZI 2006, 16, 18 ff.
[760] *Klinck/Gärtner* NZI 2008, 457, 459 f.
[761] *Thole* ZInsO 2011, 1425, 1430.

vorliegt, wenn hier eine einer **Kontokorrentsituation** ähnliche Situation oder sogar eine echte Kontokorrentsituation[762] vorliegt[763] und ferner, ob § 142 InsO eingreift. Bei einem echten Kontokorrent ist nur die „Verringerung des Schuldsaldos im Anfechtungszeitraums" maßgeblich und gläubigerbenachteiligend, nicht die Summe aller Rückführungen. Ob dies nunmehr auch für das Cash Pooling gilt, ist fraglich, weil die jeweiligen Zahlungsströme hier (anders als zB beim Staffelkredit nach Maßgabe der Entscheidung vom 7.3.2013)[764] nicht ohne weiteres zweckgebunden verknüpft sind.[765] Verneint man die – allerdings doch naheliegende – Ähnlichkeit zum Kontokorrentkredit für das Cash Pooling, und haben die Teilnehmer keine ausdrückliche Kontokorrentkreditvereinbarung mit Kreditobergrenze getroffen, besteht der Anfechtungsanspruch des Insolvenzverwalters der jeweiligen Gesellschaft nach § 135 Abs. 1 Nr. 2 InsO grundsätzlich in Höhe der Summe der Rückzahlungen der letzten zwölf Monate.[766] Die Frage ist nach wie vor umstritten.[767]

c) Anfechtung gegenüber der das Zielkonto führenden Kreditinstitut

Was die Anfechtungsmöglichkeiten gegenüber einer an dem Cash-Pool-Verfahren tech- **457** nisch beteiligten Bank angeht, bei der das master-Konto geführt wird, so handelt die Bank in der Regel nur als **Leistungsmittler.** In diesem Fall kann trotz möglicher Zahlungsunfähigkeit der jeweiligen Inhaberin des Zielkontos ggf eine Pflicht für die Bank zur Ausführung von Überweisungsaufträgen bestehen (§ 675o Abs. 2 BGB). In diesen Fällen kann die Vorsatzanfechtung gegenüber der leistungsmittelnden Bank aus normativen Gründen eingeschränkt sein.[768]

9. Verzicht auf Anfechtungsansprüche im Koordinationsplan nach § 269h Abs. 2 Nr. 2 InsO

Im Konzernverbund können sich bei Insolvenz aller Mitglieder im weitreichenden Maße **458** wechselseitige Anfechtungsansprüche ergeben. Sämtliche konzerninternen Leistungen nach §§ 129 ff InsO innerhalb der jeweiligen Suspektsperioden stehen auf dem Prüfstand der beteiligten Verfahren, etwa der Verkauf zu Konzernverrechnungspreisen, die Erbringung von Leistungen unterhalb des Marktpreises oder die unentgeltliche Überlassung von Produktionsmitteln oder Lizenzen.[769] Unter Umständen kann die Geltendmachung der Anfechtung nicht im „Gruppeninteresse" liegen. Die Entwurfsbegründung weist den Anfechtungsansprüchen daher eine besondere Brisanz zu und erkennt darin einen Störfaktor für eine Sanierung, aber auch die Liquidation der Gruppe.[770] Im Grundsatz bleibt es gleichwohl beim Rechtsträgerprinzip. Anfechtungsansprüche hat der jeweilige Verwalter durchzusetzen. Es stellt sich aber die Frage, ob gruppenschädliche Anfechtungsstreitigkeiten im Rahmen bzw im Gefolge eines Koordinationsplans beigelegt werden können.

§ 269h Abs. 2 Nr. 2 InsO sieht vor, dass der Koordinationsplan auch Vorschläge zur **459** Beilegung gruppeninterner Streitigkeiten enthalten kann. Die Entwurfsbegründung geht davon aus, es müsse etwa eine Kompensationszahlung des Anfechtungsgegners in den Plan aufgenommen werden zugunsten des Anfechtungsberechtigten, der sodann auf sein Anfechtungsrecht verzichtet.[771]

---

[762] *Willemsen/Reichel* BB 2009, 2215, 2218 f.
[763] Näher zur Anfechtung beim Kontokorrent und beim Staffelkredit BGH NZI 2013, 483 Rn. 14 ff mwN.
[764] BGH NZI 2013, 483 Rn. 14 ff.
[765] Die Übertragbarkeit verneinend daher *Bangha-Szabo* NZI 2013, 483.
[766] *Bangha-Szabo* NZI 2013, 483.
[767] Dazu HambKommInsO/*Schröder* InsO § 135 Rn. 33a.
[768] BGH ZIP 2012, 1038 Rn. 17 ff, 26; NZI 2013, 249 Rn. 32; NZI 2013, 583 Rn. 30 ff.
[769] Begr RegE KInsR zu § 269h, S. 40.
[770] Begr RegE KInsR zu § 269h, S. 40.
[771] Begr RegE KInsR zu § 269h, S. 40.

460   Was bedeutet dies konkret? Ein allgemeines Konzerninteresse reicht nicht als Begründung aus, um auf einen Anfechtungsanspruch kompensationslos zu verzichten, auch nicht der Umstand, dass man den Anfechtungsgegner noch als Lieferanten benötigt, soweit Alternativen vorhanden sind. Bei allem darf die koordinierte Insolvenz kein Freifahrtschein sein, um Anfechtungsansprüche kampflos „zu verschenken".[772] Die **Kompensation** muss wirtschaftlich dem Betrag entsprechen, den die Masse (als natürlich nicht immer genau ermittelbaren Erwartungswert) aus einer streitigen Durchsetzung des Anfechtungsanspruchs zu erwarten hätte. Dies darf auch nicht durch anderweitige Geschäfte umgangen werden.[773]

10. Anwendbares Anfechtungsrecht in der multinationalen Konzerninsolvenz, Art 7, 16 EuInsVO

461   Im Fall einer grenzüberschreitenden Konzerninsolvenz, die nicht innerhalb desselben Mitgliedstaats der EU abgewickelt wird, stellen sich auch Fragen des anwendbaren Rechts. Für Anfechtungsansprüche gilt über Art. 7 Abs. 2 S. 2 lit m) EuInsVO grundsätzlich die lex fori concursus. Wird zum Beispiel das Verfahren über das Vermögen der Mutter in England geführt, richten sich Anfechtungsansprüche gegen andere Konzernmitglieder oder auch Dritte nach englischem Recht. Für die Ansprüche der deutschen Tochter im deutschen Verfahren bleibt es dann bei dem deutschen Anfechtungsrecht. Im Falle eines Sekundärverfahrens in Deutschland bei Vorhandensein einer Niederlassung der jeweiligen Konzerngesellschaft in Deutschland und Hauptverfahren in einem anderen Mitgliedstaat gilt das deutsche Recht nur für die Anfechtungsansprüche, die sich auf die Masse des Sekundärverfahrens beziehen.[774]

462   Zu beachten ist, dass die Maßgeblichkeit der lex fori concursus über Art 16 EuInsVO eingeschränkt wird. Danach kann der Anfechtungsgegner beweisen, dass die Rechtshandlung nach dem sog Geschäftsstatut in keiner Weise angreifbar ist. Im Konzernverbund können sich hier ua schwierige kollisionsrechtliche Fragen stellen, wenn es um die Schenkungsanfechtung geht, beispielsweise eine ausländische Konzerngesellschaft die Schuld der deutschen Insolvenzschuldnerin tilgt, dh bei **Leistungen auf fremde Schuld.**[775]

VIII. Folgen der Insolvenz für den Konzern

1. Konzernverrechnungsklauseln und Konzern-Netting und Clearing

463   Mit einer Konzernverrechnungsklausel wird dem Schuldner einer massezugehörigen Forderung die Möglichkeit eröffnet, mit einer Forderung eines anderen Insolvenzgläubigers, dh einer anderen Konzerngesellschaft, aufzurechnen, oder es wird umgekehrt die Möglichkeit geschaffen, auch gegen die Forderung eines anderen als des Gläubigers aufzurechnen. Darin liegt eine Auflockerung des Erfordernisses wechselseitiger Forderungen in § 387 BGB. Die Erweiterung betrifft mithin entweder die Gegenforderung (Aufrechnung auch mit fremden Forderungen) und/oder die Hauptforderung (Aufrechnung auch gegen „fremde", dh nicht dem Gläubiger zustehende Forderungen). Die Klausel hat **Außenwirkung,** soweit sie auf Verkehr mit einem nicht konzernangehörigen Partner ausgerichtet ist, zB in Einkaufs- und Verkaufsbedingungen. Unter der KO wurde die Verrechnung mit fremden Gegenforderungen für unwirksam gehalten.[776] § 94 Alt 2 InsO erlaubt indes auch eine

---

[772] *Thole* Der Konzern 2013, 182, 187 f. Allgemein auch *Bork* ZIP 2006, 589, 593.
[773] Näher *Thole* Der Konzern 2013, 182, 187 f.
[774] Art. 35 iVm Art. 7 Abs. 2 S. 2 lit m) EuInsVO, zur Frage der Belegenheit des Anfechtungsanspruchs vgl. MüKoInsO/*Thole* Art. 18 EuInsO Rn. 14 ff.
[775] Dazu *Thole* NZI 2013, 113.
[776] BGHZ 81, 15, 18 f. = NJW 1981, 2257; OLG Köln BB 1995, 1870.

Aufrechnung aufgrund Vereinbarung. Trotzdem hat der BGH auch unter der InsO daran festgehalten, dass die erfolgte Verrechnung entsprechend § 96 Abs. 1 Nr. 2 InsO unwirksam sei.[777] Dafür spricht der Rechtsgedanke des § 449 Abs. 3 BGB und der Umstand, dass dem Insolvenzgläubiger eine künstliche Befriedigungsmöglichkeit für fremde, und nicht für eigene Forderungen eingeräumt wird; erst mit Erklärung der Aufrechnung wird die Aufrechnungslage definiert.[778] Technisch ließe sich das Ergebnis auch ohne Rückgriff auf § 96 Abs. 1 Nr. 2 InsO erzielen, indem man Modifizierungen der Gegenseitigkeit nicht als Fall der Vereinbarung im Sinne des § 94 Alt 2 einordnet.

Bei wechselseitiger stiller Zession im Konzern und Insolvenz des Geschäftspartners greift **464** § 96 Abs. 1 Nr. 2 entsprechend.[779] Geht es um den Fall, dass nicht die Gegenforderung, sondern die Hauptforderung, gegen die aufgerechnet werden soll, einem anderen als dem Gläubiger zusteht, so ist § 96 Abs. 1 Nr. 1 InsO analog anzuwenden.[780] Die Rechtsprechung betrifft zunächst nur Fälle der Aufrechnung nach Verfahrenseröffnung. Allerdings gilt § 96 Abs. 1 Nr. 3 InsO richtigerweise auch für die Aufrechnung vor Verfahrenseröffnung. Die Herstellung der Verrechnungslage ist hier nach § 96 Abs. 1 Nr. 3 iVm § 131 InsO anfechtbar erfolgt.[781]

Beim **Konzern-Netting und bei Clearing-Abreden** geht es allein um das Verhältnis **465** der **Konzerngesellschaften untereinander.** Diese Klauseln sind grundsätzlich ebenso wie die Konzernverrechnungsklauseln zu behandeln.[782] Es kann aber ggf an einer Gläubigerbenachteiligung fehlen, weil es nur lediglich zu einem Gläubiger- bzw Schuldnerwechsel kommt.[783]

2. Folgen der Insolvenz für die verschiedenen Konzerntypen

Der Konzern zeigt sich in der Unternehmenswirklichkeit in unterschiedlichen Formen als **466** Vertragskonzern und als sog faktischer Konzern. Im Vertragskonzern beruht die Leitungsmacht des herrschenden Unternehmens auf einem Beherrschungsvertrag, vgl § 308 Abs. 1 AktG. Beruht die Leitungsmacht auf einer Mehrheitsbeteiligung, spricht man vom faktischen Konzern, vgl § 311 AktG. Das Konzernrecht ist gesellschaftsrechtlich im Aktienrecht verankert. Die Regelungen des Vertragskonzerns gelten jedoch – anders als die des faktischen Konzerns – auch für einen GmbH-Konzern bzw die GmbH als abhängige Gesellschaft.[784] Bis zum Erlass des Gesetzes zur Erleichterung der Bewältigung von Konzerninsolvenzen (KIG) gab es kein speziell insolvenzrechtliches Verständnis des Konzerns. § 3e Abs. 1 InsO n. F. ändert dies und definiert die Unternehmensgruppe aus insolvenzrechtlicher Sicht, ohne auf die §§ 18 ff. AktG zurückzugreifen oder die Definition in Art. 2 Nr. 13 i. V. m. Nr. 14 EuInsVO 2017 heranzuziehen. Nach § 3e Abs. 1 InsO besteht eine "Unternehmensgruppe" aus rechtlich selbstständigen Unternehmen, die den Mittelpunkt ihrer hauptsächlichen Interessen im Inland haben und die unmittelbar oder mittelbar durch Ausübung beherrschenden Einflusses oder durch einheitliche Leitung miteinander verbunden sind. Gem. § 3e Abs. 2 InsO n. F. gelten als Unternehmensgruppe auch eine Gesellschaft und ihre persönlich haftenden Gesellschafter, wenn zu diesen weder eine natürliche

---

[777] BGHZ 160, 107, 109 = NZI 2004, 585; ZIP 2006, 1740, 1741 Rn. 12; *K. Schmidt* NZI 2005, 138, 140 ff; *K. Schmidt/Thole* InsO § 94 Rn. 27.
[778] *Häsemeyer* Insolvenzrecht Rn. 19.30.
[779] MüKoInsO/*Brandes* § 94 Rn. 40.
[780] Bork/*Brinkmann* Handbuch des Insolvenzanfechtungsrechts Kap. 18 Rn. 52.
[781] Bork/*Brinkmann* Handbuch des Insolvenzanfechtungsrechts Kap. 18 Rn. 57 f.
[782] Vgl. auch *Rendels* ZIP 2003, 1583 mit teils diff. Lösung; *Becker* DZWIR 2005, 221, 224.
[783] Bork/*Brinkmann* Handbuch des Insolvenzanfechtungsrechts Kap. 18 Rn. 58 f. (aber sehr weit für den Schuldnerwechsel, der eine Gläubigerbenachteiligung verneint, wenn beide Gesellschaften die gleiche Bonität besitzen. Dies im Zeitpunkt der Verrechnung muss aber eine zeitlich spätere mittelbare Benachteiligung nicht ausschließen)
[784] Siehe ausführlich zu den Erscheinungsformen des Konzerns in rechtlicher Hinsicht oben *Thole* → § 2 Rn. 20 ff.

Person zählt noch eine Gesellschaft, an der eine natürliche Person als persönlich haftender Gesellschafter beteiligt ist oder sich die Verbindung in Gesellschaften dieser Art fortsetzt. Dadurch soll insbesondere die GmbH & Co. KG vom Anwendungsbereich des Konzerninsolvenzrechts erfasst werden.[785] In der Insolvenz werden die rechtlich selbstständigen Unternehmen als sog. „gruppenangehörige Schuldner" behandelt.[786]

467   Dieser Abschnitt befasst sich mit den Auswirkungen der Insolvenz auf den Vertragskonzern (dazu unter a)) und den faktischen Konzern (dazu unter b)). Er geht dabei auf die Insolvenz der Ober- und Untergesellschaften ein, beleuchtet die Rechtslage im Eröffnungsverfahren und bei Anordnung der Eigenverwaltung. Jeweils vorangestellt ist ein kurzer Überblick über die Rechte und Pflichten, die die vertragliche und faktische Konzernierung auslösen, um darauf aufbauend auf die Veränderung der Situation durch die Insolvenz der herrschenden oder abhängigen Gesellschaft einzugehen.

a) Auswirkungen auf Vertragskonzerne

468   Der Beherrschungsvertrag begründet zu Gunsten des herrschenden Unternehmens das Recht, dem Vorstand der abhängigen Gesellschaft Weisungen hinsichtlich der Leitung dieser Gesellschaft zu erteilen. Die Weisungen können gem § 308 Abs. 1 Satz 2 AktG auch nachteilig sein, sofern sie den Belangen des herrschenden Unternehmens oder einem mit diesem oder der beherrschten Gesellschaft konzernverbundenen Unternehmen dienen. Mit diesem Weisungsrecht korrespondieren die besonderen Sorgfaltsanforderungen an die gesetzlichen Vertreter des herrschenden Unternehmens, die in § 309 Abs. 1 AktG geregelt sind. Das herrschende Unternehmen hat als Ausgleich für die weitreichenden Einflussmöglichkeiten gem § 302 Abs. 1 AktG den bei der abhängigen Gesellschaft entstehenden Jahresfehlbetrag auszugleichen. Wird der Beherrschungs- oder Gewinnabführungsvertrag während eines Geschäftsjahres beendet und besteht eine Verlustausgleichspflicht gem § 302 AktG, ist eine Stichtagsbilanz aufzustellen, mit der ein bis zum Beendigungszeitpunkt aufgelaufener Verlust zu ermitteln ist.

469   Zudem können Gläubiger der abhängigen Gesellschaft Sicherheitsleistung bzw in der Insolvenz Zahlung von der herrschenden Gesellschaft verlangen, wenn die Voraussetzungen gem § 303 AktG bzw der analogen Anwendung des § 303 AktG im GmbH-Konzern vorliegen. Ein derartiger Anspruch, bei dem es sich um eine Insolvenzforderung gem § 38 InsO handelt, entsteht mit Beendigung eines Beherrschungs- und Gewinnabführungsvertrags. Die Eintragung der Beendigung ins Handelsregister wirkt jedenfalls bei der AG lediglich deklaratorisch.[787]

470   Schließlich muss der Beherrschungsvertrag zu Gunsten der außenstehenden Aktionäre der beherrschten Gesellschaft einen angemessenen Ausgleich und eine Möglichkeit vorsehen, gegen eine Abfindung aus der Gesellschaft auszuscheiden, §§ 304, 305 AktG.[788] Dieses System von Einflussmöglichkeiten auf der einen und Ausgleichspflichten auf der anderen Seite dient dem Interessenausgleich aller beteiligten Parteien, die den Abschluss eines Beherrschungsvertrags wirtschaftlich häufig als „Fusion" von herrschender und abhängiger Gesellschaft verstehen.

471   Sind an einem Vertragskonzern ausländische Gesellschaften beteiligt, kommt es für die Frage, welches Recht anwendbar ist, entscheidend darauf an, ob sie als herrschende oder als

---

[785] BT-Drs. 18/11436 S. 20.

[786] Zum Begriff der „Unternehmensgruppe": *Pleister/Sturm* ZIP 2017, ZIP 2017, 2329, 2332 f..

[787] *Bürgers/Körber/Schenk* AktG § 297 Rn. 17; für die GmbH ist umstritten, ob die Eintragung konstitutiv oder deklaratorisch wirkt. Siehe hierzu ausführlich Emmerich/Habersack Aktien-/GmbH-KonzernR/ *Emmerich* § 296 Rn. 7c: Eintragung wirkt konstitutiv, aA OLG München NZG 2015, 311 Rn. 7; OLG München GmbHR 2011, 871, 872; OLG München GmbHR 2011, 489; DNotI-Report 2012, 42, 46; *Veith/Schmid* DB 2012, 728, 731; Baumbach/Hueck/*Beurskens* GmbH Anhang: im Unternehmensverbund Rn. 126; MüKoGmbHG/*Liebscher* Anh § 13, GmbH als Konzernbaustein Rn. 995 empfiehlt jedenfalls aus Vorsichtsgründen die Eintragung der Beendigung unverzüglich zu beantragen.

[788] Grundlegend zur Bemessung des Ausgleichs und der Abfindung BVerfG NJW 1999, 3769.

abhängige Gesellschaft beteiligt sind. Denn das Konzernrecht dient – wie gerade gezeigt – insbesondere auch dem Schutz der abhängigen Gesellschaft. Herrscht die ausländische Gesellschaft über eine deutsche Gesellschaft, sind die Regelungen des deutschen Aktienrechts zum Schutz der abhängigen AG oder GmbH, ihrer außenstehenden Gesellschafter und Gläubiger direkt[789] bzw analog anzuwenden.[790] Wird die ausländische Kapitalgesellschaft hingegen von einem deutschen Unternehmen beherrscht, gilt deutsches Konzernrecht grundsätzlich nicht,[791] selbst dann nicht, wenn die ausländische Gesellschaft ihren tatsächlichen Sitz in Deutschland hat.[792] Die praktische Relevanz solcher Fallgestaltungen ist für den Vertragskonzern eher gering, da ausländische Rechtsordnungen einen Vertragskonzern überwiegend nicht kennen.[793]

Wie sich der Antrag bzw die Eröffnung des Insolvenzverfahrens über das Vermögen einer **472** Partei eines Beherrschungsvertrags auf den Vertrag auswirkt, ist gesetzlich nicht geregelt. Zur Konkursordnung hatte der Bundesgerichtshof für das eröffnete Insolvenzverfahren Klarheit geschaffen: Beherrschungs- und Gewinnabführungsverträge endeten nach seiner Auffassung automatisch mit Eröffnung des Konkursverfahrens über das Vermögen der beherrschten oder der herrschenden Gesellschaft.[794] Dies ergebe sich aus einer an der Zielrichtung des Beherrschungs- und Gewinnabführungsvertrags ausgerichteten ergänzenden Vertragsauslegung (§§ 133, 157 BGB). Die Eröffnung des Insolvenzverfahrens führe bei der herrschenden Gesellschaft zu ihrer Auflösung und einer Änderung des Gesellschaftszwecks, der nicht mehr auf „*Gewinnerzielung durch Betrieb eines werbenden Unternehmens*", sondern auf Verwertung des Vermögens der Gesellschaft gerichtet sei. Daher sei die sich in Abwicklung befindende Gesellschaft auch nicht mehr in der Lage, eine auf Gewinnerzielung für den gesamten Konzern ausgerichtete Unternehmenspolitik zu betreiben. Zudem gehöre die Leitung eines Konzerns nicht zu den Aufgaben des Insolvenzverwalters. Ziel seiner Tätigkeit sei vielmehr, die Konkursmasse im Sinne der Gläubiger bestmöglich zu verwerten. Der BGH nahm ohne nähere Begründung an, dass im Konkurs der abhängigen Gesellschaft der Unternehmensvertrag ebenfalls ende.[795]

Nicht abschließend geklärt ist aber, ob dies auch unter Geltung der Insolvenzordnung **473** nach der Reform durch das ESUG gilt. Die gesellschafts- und insolvenzrechtlichen Auswirkungen auf den Bestand von Beherrschungs- und Gewinnabführungsverträgen bleiben daher umstritten. Im Kern geht es um die Frage, ob der Vertrag jeweils automatisch beendet wird oder ob er im Eröffnungsverfahren oder trotz einer Eröffnung des Insolvenzverfahrens – sei es im Regelverfahren oder in der Eigenverwaltung[796] – fortbesteht, aber von einer oder beiden Parteien außerordentlich gekündigt werden kann. Dabei ist jeweils zu unterscheiden zwischen der Insolvenz der Ober- und der der Untergesellschaft.

aa) Insolvenzverfahren

(1) Insolvenz der Obergesellschaft. Obergerichte und die wohl überwiegende Meinung **474** im juristischen Schrifttum folgen der Auffassung des BGH zur Konkursordnung auch unter

---

[789] Vgl. BGH Urt. v. 13.12.2004 – II ZR 256/02 NZG 2005, 214, 215; LG München I Beschl. v. 12.5.2011 – 5 HKO 14543/2010 WM 2012, 698, 699 f; Emmerich/Habersack Aktien-/GmbH-KonzernR/*Emmerich* § 291 Rn. 35; Bürgers/Körber/*Fett* AktG § 15 Rn. 4.

[790] Bürgers/Körber/*Schenk* AktG § 291 Rn. 5; Spindler/Stilz/*Veil* AktG Vor § 291 Rn. 47.

[791] MHdB GesR III/*Decher/Kiefner* § 67 Rn. 44; Spindler/Stilz/*Veil* AktG Vor § 291 Rn. 50; weitergehend Spindler/Stilz/*Schall* AktG Vor § 15 Rn. 37.

[792] So aber MüKoAktG/*Ego* Europäische Niederlassungsfreiheit Rn. 444 und 453, die für diesen Fall annehmen, dass das deutsche Konzernrecht neben das ausländische Recht tritt, soweit es den Schutz der Gläubiger betrifft. AA die hM, vgl. statt aller Spahlinger/Wegen/*Spahlinger/Wegen* Internationales Gesellschaftsrecht Rn. 393 f.

[793] Spindler/Stilz/*Veil*, AktG, Vor § 291 Rn. 50, von den Mitgliedsstaaten der Europäischen Union kennt nur Portugal einen Vertragskonzern.

[794] BGH Urt. v. 14.12.1987 – II ZR 170/87, DNotZ 1988, 621 ff.

[795] BGH Urt. v. 14.12.1987 – II ZR 170/87, DNotZ 1988, 621 ff.

[796] Zur Eigenverwaltung als Sonderfall *Pleister* → § 5 Rn. 19.

Geltung der Insolvenzordnung im eröffneten Verfahren.[797] Begründet wird dies unter anderem damit, dass sich mit Eröffnung des Insolvenzverfahrens der Gesellschaftszweck auf die Liquidation beschränkt (vgl § 262 Abs. 1 Nr. 3 AktG, § 60 Abs. 1 Nr. 4 GmbHG). Diese Zweckänderung sei mit dem Fortbestand von Gewinnabführungs- und Beherrschungsverträgen nicht vereinbar, was insbesondere für die weitere Umsetzung einer Regelung wie § 302 Abs. 1 AktG gelte, nach der ein herrschendes Unternehmen im Vertragskonzern dazu verpflichtet ist, eventuell anfallende Jahresfehlbeträge auszugleichen.[798] Letztlich könne die insolvent gewordene Muttergesellschaft die wirtschaftliche Existenz der Untergesellschaft nach Eröffnung des Insolvenzverfahrens nicht mehr garantieren.[799] Ferner sei ein Fortbestand des Beherrschungs- und Gewinnabführungsvertrags und der damit verbundenen Leitungsmacht mit dem Wesen des Insolvenzverfahrens unvereinbar. Hieran ändere auch die Verbesserung der Sanierungschancen durch die InsO nichts, da das Insolvenzverfahren jedenfalls regelmäßig auf die Zerschlagung des Unternehmens gerichtet sei.[800] Zudem könne der Insolvenzverwalter des herrschenden insolventen Unternehmens nicht einerseits den Gläubigerinteressen und andererseits den Konzerninteressen dienen.[801]

475   Nach anderer Auffassung endet ein Beherrschungs- und Gewinnabführungsvertrag nicht ipso iure mit Eröffnung des Insolvenzverfahrens über das Vermögen der herrschenden Gesellschaft. Der Vertrag bestehe fort, werde aber insolvenzrechtlich überlagert.[802] Die Rechte und Pflichten der Vertragsparteien sollen allerdings wieder aufleben können, wenn die Gesellschaften nach Beendigung ihrer Insolvenzverfahren fortgeführt werden.[803] So soll dem sanierungsfreundlicheren Grundgedanken der InsO Rechnung getragen werden. Uneinigkeit besteht allerdings darüber, in welcher Form der Vertrag fortbestehen soll.[804] Nach einer Auffassung wird die Wirkung in der Insolvenz eines Vertragsteils vollständig suspendiert.[805] Eine andere Ansicht unterscheidet zwischen der Insolvenz des herrschenden und des abhängigen Unternehmens. Befindet sich nur die herrschende Gesellschaft in der Insolvenz, soll der Insolvenzverwalter das beherrschungsvertragliche Weisungsrecht ausüben können, der Verlustausgleichsanspruch werde zur Masseverbindlichkeit.[806] Wieder andere gehen vom Fortbestand des Weisungsrechts auch in der Doppelinsolvenz aus.[807]

476   Angesichts der fehlenden höchstrichterlichen Klärung der Auswirkungen der Insolvenz der herrschenden Gesellschaft auf den Bestand eines Beherrschungs- und Gewinnabführungsvertrags verbleibt in der Praxis eine Restunsicherheit über die Wirksamkeit der Verträge. Rechtsklarheit würde eine Kündigung des Vertrags durch den Insolvenzverwalter der herrschenden Gesellschaft schaffen. Zu untersuchen ist, ob er dazu berechtigt ist. Gem. § 297 Abs. 1 AktG kann ein Beherrschungs- und Gewinnabführungsvertrag aus wichtigem Grund gekündigt werden. Ob ein solcher vorliegt, ist jeweils im Einzelfall zu prüfen. Nach wohl überwiegender Meinung steht der herrschenden Gesellschaft ein Kündigungsrecht

---

[797] OLG Hamburg Beschl. v. 31.7.2001 – 11 W 29/94, NZG 2002, 189 ff.; Hölters/*Deilmann* AktG § 297 Rn. 40; Emmerich/Habersack Aktien-/GmbH-KonzernR/*Emmerich* § 297 Rn. 52b; Gottwald InsO-HdB/*Specovius/Kuske* § 95 Rn. 10; Hüffer/Koch/*Koch* AktG § 297 Rn. 22a; Lutter/Hommelhoff/*Lutter/Hommelhoff* GmbHG Anh zu § 13 Rn. 88; Wachter/*Klaus J. Müller* AktG § 297 Rn. 35; Heidel/*Peres* AktG § 297 Rn. 35; Bürgers/Körber/*Schenk* AktG § 297 Rn. 20; Spindler/Stilz/*Veil* AktG § 297 Rn. 38.
[798] Emmerich/Habersack Aktien-/GmbH-KonzernR/*Emmerich* § 297 Rn. 52 ff.
[799] MüKoAktG/*Altmeppen* § 297 Rn. 108.
[800] Spindler/Stilz/*Veil* AktG § 297 Rn. 38.
[801] Anschaulich Gottwald InsO-HdB/*Specovius/Kuske* § 95 Rn. 10.
[802] *Bultmann* ZInsO 2007, 785 ff.; *Freudenberg* ZIP 2009, 2037, 2042, 2043; Uhlenbruck/*Hirte* InsO § 11 Rn. 398; KölnKommAktG/*Koppensteiner* § 297 Rn. 47; *Müller* ZIP 2008, 1701, 1702; *K. Schmidt* GesR § 31 III 5, S. 957; *Trendelenburg* NJW 2002, 647, 650; Beck MwStR 2014, 359, 365.
[803] *K. Schmidt/K. Schmidt* GesR § 31 III 5 S. 957 f.
[804] Eine ausführliche Darstellung dieser Auffassungen bei *Schmollinger* Der Konzern in der Insolvenz S. 198 ff.
[805] *K. Schmidt/K. Schmidt* GesR § 31 III 5, S. 957; *Philippi/Neveling* BB 2003, 1685, 1689 ff.
[806] *Zeidler* NZG 1999, 692, 697; *Bous* Konzernleitungsmacht S. 172 ff.; 198 ff.
[807] *Bous* Konzernleitungsmacht S. 182 ff.; *Böcker* GmbHR 2004, 1314, 1314 ff.; *Piepenburg* NZI 2004, 231, 235; Uhlenbruck/*Hirte* InsO § 11 Rn. 398.

jedenfalls dann zu, wenn sie auf Grund ihrer Zahlungspflichten aus dem Beherrschungs- und Gewinnabführungsvertrag in ihrer Existenz bedroht ist und diese wirtschaftliche Situation nicht allein von ihr zu vertreten ist.[808] Unabhängig von den rechtlichen Möglichkeiten der herrschenden Gesellschaft, einen Beherrschungs- und Gewinnabführungsvertrag durch Kündigung zu beenden, wird in der Praxis jedenfalls die abhängige Gesellschaft bei Insolvenz der herrschenden Gesellschaft versuchen, den Vertrag durch Kündigung zu beenden. Denn ihr steht ein Kündigungsrecht gem. § 297 Abs. 1 S. 2 AktG zu, weil die herrschende Gesellschaft ihrer Verlustausgleichspflicht in der Insolvenz regelmäßig nicht, jedenfalls nicht in vollem Umfang, nachkommen kann.[809] Die Kündigungserklärung bedarf der Schriftform und wird bei der AG vom Vorstand ausgesprochen, eine Mitwirkung der Hauptversammlung ist nicht erforderlich.[810] Die Anforderungen an die Kündigungserklärungen durch eine nicht insolvente GmbH sind umstritten. Nach engster Auffassung bedarf die Kündigung durch den Geschäftsführer der vorherigen Zustimmung der Gesellschafterversammlung mit qualifizierter Mehrheit (§ 53 GmbHG) sowie der konstitutiven Eintragung ins Handelsregister (§ 54 GmbHG).[811]

(2) Insolvenz der Untergesellschaft. Besteht zwischen der Obergesellschaft und der **477** Untergesellschaft ein Beherrschungs- und Gewinnabführungsvertrag nach § 291 AktG, so kann es nach verbreiteter Auffassung grundsätzlich nicht zur Insolvenz der Untergesellschaft kommen, da sich die herrschende Gesellschaft mit Abschluss des Vertrags gleichzeitig zur Verlustübernahme und damit de facto zur Existenzsicherung verpflichtet habe. Dies gelte zumindest, solange die Obergesellschaft solvent ist.[812]

Kommt es dennoch zur Insolvenz der Untergesellschaft, greifen ähnliche Überlegungen **478** wie bei der Insolvenz der Obergesellschaft: Im Anschluss an die Rechtsprechung des BGH zu den Auswirkungen des Konkurses der abhängigen Gesellschaft auf das Bestehen eines Beherrschungs- und Gewinnabführungsvertrags nimmt die wohl überwiegende Meinung auch unter Geltung der Insolvenzordnung an, dass der Vertrag automatisch mit der Eröffnung des Insolvenzverfahrens über das Vermögen der Untergesellschaft endet.[813] Auch hier sind manche Stimmen der Auffassung, dass auch bei der Insolvenz der Untergesellschaft der Beherrschungs- und Gewinnabführungsvertrag lediglich suspendiert ist.[814]

Auch zu dieser Konstellation fehlt höchstrichterliche Rechtsprechung, so dass eine **479** gewisse Rechtsunsicherheit hinsichtlich der Auswirkungen der Insolvenz der abhängigen Gesellschaft auf das Bestehen eines Beherrschungs- und Gewinnabführungsvertrags verbleibt. Daher stellt sich ebenfalls die Frage, ob der Insolvenzverwalter der abhängigen Gesellschaft durch Kündigung des Vertrags insofern Klarheit schaffen will und kann. Es kann in seinem Interesse liegen, dass jedenfalls die Verlustausgleichspflicht fortbesteht, so dass er von einer Kündigung unter Umständen absehen wird. Liegt ein wichtiger Grund zur Kündigung gem. § 297 AktG vor, ist er jedenfalls berechtigt zu kündigen. Unabhängig davon wird die herrschende Gesellschaft versuchen, hier Klarheit durch eine Kündigung zu erzielen. Ihr dürfte in der Insolvenz der abhängigen Gesellschaft auch ein Kündigungsgrund zustehen, da die abhängige Gesellschaft aufgrund ihrer Insolvenz die typischen Vertrags-

---

[808] Emmerich/Habersack Aktien-/GmbH-KonzernR/*Emmerich* § 297 Rn. 22; Hölters/*Deilmann* AktG § 297 Rn. 14.

[809] Emmerich/Habersack Aktien-/GmbH-KonzernR/*Emmerich* § 297 Rn. 21; Hölters/*Deilmann* AktG § 297 Rn. 13.

[810] Emmerich/Habersack Aktien-/GmbH-KonzernR/*Emmerich* § 297 Rn. 25.

[811] Dazu oben *Pleister/Theusinger* → § 4 Rn. 469.

[812] MüKoAktG/*Altmeppen* § 297 Rn. 118; Beck/Depré/*Kühne* § 32 Rn. 22.

[813] MüKoGmbHG/*Liebscher* GmbH-KonzernR Rn. 1042 f.; Hüffer/Koch/*Koch* AktG § 297 Rn. 22a; Emmerich/Habersack Aktien-/GmbH-KonzernR/*Emmerich* § 297 Rn. 52b; MüKoAktG/*Altmeppen* § 297 Rn. 122; Lutter/Hommelhoff/*Lutter/Hommelhoff* GmbHG Anh zu § 13 Rn. 88; Baumbauch/Hueck/*Beurskens* GmbHG Anhang Rn. 135.

[814] *Zeidler* NZG 1999, 692, 697; *Trendelenburg* NJW 2002, 647, 650; *Fichtelmann* GmbHR 2005, 1346, 1348; *Philippi/Neveling* BB 2003, 1685, 1689 f.

pflichten, wie die Pflicht, Weisungen grundsätzlich zu befolgen, nicht mehr erfüllen wird.[815]

bb) Eröffnungsverfahren

480 Ob ein Beherrschungs- und Gewinnabführungsvertrag bereits durch Antragstellung oder die Anordnung von (vorläufigen) Sicherungsmaßnahmen beendet wird, ist ebenfalls nicht höchstrichterlich geklärt. Die Auffassung, die bei der Eröffnung des Insolvenzverfahrens von einer automatischen Beendigung des Beherrschungsvertrags ausgeht, stützt sich wesentlich auf die Veränderung des Gesellschaftszwecks von der werbenden Gesellschaft hin zu einer in Auflösung befindlichen Gesellschaft. Diese Zweckänderung tritt jedenfalls gesellschaftsrechtlich erst ein, wenn das Insolvenzverfahren eröffnet oder seine Eröffnung mangels Masse abgelehnt wird, § 262 Abs. 1 Nr. 3 und 4 AktG.

481 Das Steuerrecht hingegen betrachtet die tatsächlichen Gegebenheiten. Der BFH stellt in der Insolvenz der Organgesellschaft darauf ab, dass der Organträger seinen Willen bei der Organgesellschaft jedenfalls dann nicht mehr durchsetzen kann, wenn das Insolvenzgericht gem. § 21 Abs. 2 S. 1 Nr. 2 2. Alt. InsO anordnet, dass Verfügungen nur noch mit Zustimmung des vorläufigen Insolvenzverwalters wirksam sind.[816] Gleiches gilt nach einer aktuellen Entscheidung des FG Münster auch für die vorläufige Eigenverwaltung, wenn das Gericht zugleich Vollstreckungsschutz nach § 21 Abs. 2 Nr. 3 InsO anordnet.[817] Entscheidendes Argument des Gerichts ist, dass schon in der vorläufigen Eigenverwaltung die eigenverwaltete Gesellschaft der Massesicherung verpflichtet ist und deshalb der Ausgleichsanspruch zwischen Organträger und Organgesellschaft aus § 426 BGB nicht mehr durchgeführt werden darf. Die organisatorische Eingliederung und damit die umsatzsteuerliche Organschaft ende in einem solchen Fall automatisch, weil ihre Voraussetzungen entfallen sind.

482 Das FG Münster führt in der genannten Entscheidung aus, dass sich das Insolvenzrecht in Konzernsachverhalten grundlegend von der steuerrechtlichen Betrachtung von Konzernsachverhalten unterscheidet. Das trifft zwar zu. Angesichts der überwiegenden Meinung in der Literatur und der Tendenzen in der Rechtsprechung spricht viel dafür, dass ein Beherrschungs- und Gewinnabführungsvertrag auch bereits bei Antragsstellung endet. Für die Praxis verbleibt angesichts der nicht völlig geklärten gesellschaftsrechtlichen Situation auch im Eröffnungsverfahren eine gewisse Restunsicherheit darüber, ob ein Beherrschungs- und Gewinnabführungsvertrag automatisch beendet ist. Rechtsklarheit kann in einer solchen Situation die Kündigung des Vertrags bringen, wenn die Voraussetzungen des § 297 Abs. 1 AktG vorliegen. Wichtige Kündigungsgründe können auch bereits im Eröffnungsverfahren vorliegen, denn ausweislich des § 297 Abs. 1 S. 2 AktG reicht es aus, wenn der andere Vertragsteil „voraussichtlich" nicht in der Lage sein wird, seine Verpflichtungen aus dem Beherrschungs- und Gewinnabführungsvertrag zu erfüllen. Mithin reicht eine Prognose über das Eingreifen eines Kündigungsgrunds aus.[818] Sollte die Eröffnung des Insolvenzverfahrens über das Vermögen der Obergesellschaft beantragt sein, deutet dies – abgesehen von ungerechtfertigten Anträgen – regelmäßig darauf hin, dass die Obergesellschaft entweder aufgrund der Eröffnung des Insolvenzverfahrens oder aber wegen der Ablehnung der Eröffnung mangels Masse nicht in der Lage sein wird, ihren Pflichten aus dem Beherrschungs- und Gewinnabführungsvertrag, insbesondere etwaigen Verlustausgleichspflichten, nachzukommen. Diese allgemeinen Erwägungen sind im jeweiligen Einzelfall auf ihre Belastbarkeit zu überprüfen. Entsprechendes gilt für das Eröffnungsverfahren, das sich auf

---

[815] Vgl. hierzu Emmerich/Habersack Aktien-/GmbH-KonzernR/*Emmerich* § 297 Rn. 22.

[816] BFH NZI 2013, 857 ff; grundlegend zur Organschaft in der Insolvenz BFH DStR 2017, 599 ff. Siehe zum Ganzen ausführlich *Kahlert* → § 6 Rn. 1 ff.

[817] FG Münster Urteil vom 7. September 2017 – 5 K 3123/15 U, juris.

[818] Emmerich/Habersack Aktien-/GmbH-KonzernR/*Emmerich* § 297 Rn. 21; Hüffer/*Koch* AktG § 297 Rn. 4; Bürgers/Körber/*Schenk* AktG § 297 Rn. 7.

die abhängige Gesellschaft bezieht. Auch hier ist im Rahmen einer Prognoseentscheidung zu ermitteln, ob ein Kündigungsgrund vorliegt. Dies wird häufig der Fall sein (beispielsweise wird die abhängige Gesellschaft bei Eröffnung des Insolvenzverfahrens wie auch bei einer Ablehnung mangels Masse ihren vertragstypischen Pflichten, wie zB der Befolgung von Weisungen, nicht mehr nachkommen können).

cc) Eigenverwaltung

Wird die Eigenverwaltung im Insolvenzverfahren über das Vermögen einer oder beider **483** Vertragsparteien angeordnet, werden die Auswirkungen auf den Beherrschungs- und Gewinnabführungsvertrag von einigen Stimmen in der Literatur differenzierter als im Regelinsolvenzverfahren beurteilt.[819]

Manche Autoren, die bei der Eröffnung des Insolvenzverfahrens über das Vermögen eines **484** Vertragsteils und der Bestellung eines Insolvenzverwalters von einer automatischen Beendigung eines Beherrschungs- und Gewinnabführungsvertrags ausgehen, nehmen bei der Anordnung der Eigenverwaltung in einem oder beiden Verfahren lediglich eine Suspendierung der vertraglichen Rechte und Pflichten an. Der Vertrag selbst solle jedenfalls dann fortbestehen, wenn mit einer Sanierung der abhängigen Gesellschaft zu rechnen sei.[820] Andere Stimmen lehnen es ab, zwischen Regelinsolvenzverfahren und Eigenverwaltung zu differenzieren und gehen auch nach der Anordnung der Eigenverwaltung von einer automatischen Beendigung eines Beherrschungs- und Gewinnabführungsvertrags oder seiner Überlagerung durch das Insolvenzrecht aus.[821] Denn das Kernargument, dass sich der Gesellschaftszweck ändere bzw insolvenzrechtlich überlagert werde, gelte sowohl im Regelinsolvenzverfahren als auch in der Eigenverwaltung. Denn auch in der Eigenverwaltung wird die Gesellschaft mit dem Ziel der gemeinschaftlichen Befriedigung der Gläubiger geführt.[822] Entscheidungen von zivilrechtlichen Obergerichten existieren zu dieser Frage nicht. Allerdings hat der BFH – wie oben erwähnt – entschieden, dass die Insolvenzeröffnung zur Beendigung der steuerrechtlichen Organschaft führt – unabhängig davon, ob Eigen- oder Regelinsolvenzverwaltung angeordnet ist.[823]

Für die Praxis ändert sich durch diesen Befund bei der Anordnung der Eigenverwaltung **485** aufgrund der fehlenden zivilrechtlichen obergerichtlichen Urteile nichts an der auch im Regelinsolvenzverfahren bestehenden Restunsicherheit über die Beendigung von Beherrschungs- und Gewinnabführungsverträgen. Auch das im April 2017 beschlossene Gesetz zur Erleichterung der Bewältigung von Konzerninsolvenzen greift dieses Thema nicht auf und trägt nicht zur Beseitigung der Unsicherheit bei. In § 270d InsO n. F. wird lediglich zu Kooperationspflichten von gruppenangehörigen Schuldnern und zu deren besonderen Antragsrechten nach § 3a InsO n. F. (Begründung eines Gruppen-Gerichtsstandes), § 3d Abs. 2 InsO n. F. (Verweisung an das Gericht des Gruppengerichtsstandes) und § 269d Abs. 2 InsO n. F. (Einleitung eines Koordinationsverfahrens) Stellung genommen. Daher kann für die entsprechenden Lösungsansätze auf die obigen Ausführungen verwiesen werden.[824]

dd) Exkurs:

Bestellung von Sonderinsolvenzverwaltern. Wie bereits an anderer Stelle erörtert, ist nicht **486** auszuschließen, dass der Insolvenzverwalter der herrschenden und der abhängigen Gesell-

---

[819] Spindler/Stilz/*Veil* § 297 Rn. 38; *Emmerich*/Habersack § 297 Rn. 52 b.
[820] Emmerich/Habersack Aktien-/GmbH-KonzernR/*Emmerich* § 297 Rn. 52b; Spindler/Stilz/*Veil* AktG § 297 Rn. 38; in diese Richtung tendierend offenbar auch Hüffer/*Koch* AktG § 297 Rn. 22a: „allenfalls bei Eigenverwaltung (§§ 270 ff InsO) ist andere Lösung diskutabel". Eine ausführliche Auseinandersetzung mit diesen Auffassungen findet sich bei *Schmollinger* Der Konzern in der Insolvenz S. 205 ff.
[821] Uhlenbruck/*Hirte* InsO § 11 Rn. 398; *Krieger* FS Metzeler, 2003, S. 139, 149; vgl. auch *Eidenmüller* ZHR 169 (2005), 528, 549 ff.
[822] *Krieger* FS Metzeler, 2003, S. 139, 149.
[823] BFH DStR 2017, 599 ff.
[824] Siehe oben → Rn. 473 ff.

schaft identisch ist. Obgleich sich die Verwalterbestellung stets nach der bestmöglichen und gleichmäßigen Gläubigerbefriedigung richten und im Einzelfall erfolgen soll, sprechen der Regierungsentwurf und seine Begründung tendenziell dafür, bei Konzerninsolvenzen dieselbe Person zu bestellen.[825] Kommt es zu einer Kündigung eines Beherrschungs- oder Gewinnabführungsvertrags, ist daher die Bestellung eines Sonderinsolvenzverwalters für diese Entscheidung zu erwägen. Ein Sonderinsolvenzverwalter soll bestellt werden, um Interessenkonflikte bei der Insolvenzverwaltung zu vermeiden, beispielsweise bei widerstreitenden Interessen zweier Insolvenzverwaltungen.[826] Ein Interessenkonflikt liegt bei der Kündigung des Beherrschungs- und Gewinnabführungsvertrags nicht unmittelbar auf der Hand. Es ist aber nicht auszuschließen, dass die beteiligten Gesellschaften von einem etwaigen Aufleben des Beherrschungs- und Gewinnabführungsvertrags nach der Insolvenz oder bei der Eröffnung eines Insolvenzplanverfahrens profitieren. Wird der Vertrag vorher beendet, wird ihnen diese Chance genommen. Man könnte also argumentieren, dass der Insolvenzverwalter einer Gesellschaft Entscheidungen getroffen hat, die wirtschaftlich zu Lasten anderer Gesellschaften gehen, deren Insolvenzverwalter er ebenfalls ist. Um insofern jegliche Zweifel am Vorliegen eines Interessenkonflikts zu vermeiden, kann die Bestellung eines Sonderinsolvenzverwalters erwogen werden.

b) Auswirkungen auf faktische Konzernverhältnisse

487 Der Abschluss eines Beherrschungsvertrags ist nicht zwingend erforderlich, um das abhängige Unternehmen zu steuern. Bereits die Mehrheitsbeteiligung kann dafür ausreichen. Man spricht von einer faktischen Konzernierung. Die rechtlichen Rahmenbedingungen eines faktischen Konzerns sind im Aktiengesetz nur unvollständig geregelt. Sie dienen dem Schutz der abhängigen AG vor nachteiligen Weisungen. Sie sind nicht – anders als die Regelungen über den Vertragskonzern – auf eine GmbH als abhängige Gesellschaft übertragbar.[827]

488 Der Vorstand einer Aktiengesellschaft leitet die Geschäfte in eigener Verantwortung, § 76 Abs. 1 AktG. Er ist daher außerhalb eines Beherrschungsvertrags nicht an Weisungen anderer Gesellschaftsorgane oder Aktionäre gebunden, wenngleich er mittelbar von den Aktionären abhängig ist, weil sie den Aufsichtsrat, mithin das Bestellungsorgan, wählen. Zudem hängen bestimmte, vom Aufsichtsrat definierte Arten von Geschäften von dessen Zustimmung ab, vgl. § 111 Abs. 4 AktG. Auf die Zustimmung der Aktionäre ist der Vorstand weiterhin angewiesen, wenn er satzungsändernde Maßnahmen (vgl. § 179 AktG) oder bestimmte Grundlagengeschäfte (§ 179a AktG, *„Holzmüller/Gelatine-Fälle"*) durchführen will. Die Einflussmöglichkeiten der Aktionäre sind mithin begrenzt. Hinzu treten die Vorschriften der §§ 311 ff AktG, die verhindern sollen, dass ein Mehrheitsgesellschafter faktischen Einfluss zum Nachteil der AG oder von Minderheitsgesellschaftern nutzt. Die §§ 311 ff AktG greifen grundsätzlich ein, wenn gem § 17 Abs. 2 AktG die unwiderlegte Vermutung einer Abhängigkeit der Gesellschaft vom herrschenden Unternehmen besteht. Auch sie ändern nichts daran, dass der Vorstand die Geschäfte der abhängigen Gesellschaft in eigener Verantwortung leitet. Er ist zwar berechtigt, Veranlassungen des herrschenden Unternehmens nachzukommen, nicht aber dazu verpflichtet.[828] Nachteilige Einflussnah-

---

[825] BT-Drs. 18/407 S. 30: „Eine bestmögliche Abstimmung der einzelnen Insolvenzverfahren bei geringen Kommunikationserfordernissen lässt sich am ehesten erreichen, wenn dieselbe Person zum Insolvenzverwalter für die gruppenangehörigen Schuldner bestellt wird.", vgl. hierzu auch: *Andres/Möhlenkamp* BB 2013, 579, 583; *Brünkmans* Der Konzern 2013, 169, 173 ff; *Dellit* Der Konzern 2013, 190, 195; *Lienau* Der Konzern 2013, 157, 160; *Zipperer* ZIP 2013, 1007, 1009, 1012; kritisch zum „Regel-Ausnahme-Prinzip": *Frind* ZInsO 2013, 429, 430, 433.

[826] Nerlich/Römermann/*Delhaes/Römermann* InsO § 56 Rn. 30.

[827] BGH Urt. v. 17.9.2001 – II ZR 178/99, NJW 2001, 3622 f. (Bremer Vulkan); MüKoGmbHG/*Liebscher* GmbH-KonzernR Rn. 365 ff; *Habersack* in Emmerich/Habersack, Aktien- und GmbH-Konzernrecht Anh zu § 318 Rn. 6; Baumbauch/Hueck/*Beurskens* GmbHG Schlussanhang Rn. 15.

[828] Hüffer/Koch/*Koch* AktG § 76 Rn. 47; Spindler/Stilz/*Fleischer* AktG § 76 Rn. 102; MüKoAktG/*Spindler* § 76 Rn. 47.

men sind gem § 311 Abs. 1 AktG nur zulässig, wenn der durch sie verursachte Nachteil bis zum Geschäftsjahresende ausgeglichen wird. Erfolgt dieser Ausgleich nicht, ist das herrschende Unternehmen gem § 317 Abs. 1 S. 1 AktG zum Ersatz des daraus entstehenden Schadens verpflichtet.

Anders verhält es sich bei der GmbH: Die Geschäftsführer sind gem § 37 Abs. 1 GmbHG **489** verpflichtet, bei der Ausübung ihrer Vertretungsbefugnis die Beschränkungen einzuhalten, die ihnen durch Beschlüsse der Gesellschafter gesetzt sind. Die Gesellschafterversammlung „prüft" und „überwacht" gem § 46 Nr. 6 GmbHG die Geschäftsführung und kann der Geschäftsführung Weisungen erteilen. Ein Mehrheitsgesellschafter kann daher in der GmbH umfassenden Einfluss auf die Geschäftsführung nehmen. Ausdrückliche gesetzliche Regelungen zur Begrenzung dieses Einflusses existieren nicht. Schranken setzen lediglich die gegenüber Gesellschaft und Minderheitsgesellschafter bestehende Treuepflicht,[829] die §§ 30, 31 GmbHG sowie der Schutz vor existenzvernichtenden Eingriffen.[830]

Herrschen ausländische Gesellschaften über eine deutsche GmbH,[831] AG, KGaA oder **490** SE,[832] sind die entsprechenden Schutzvorschriften des deutschen Rechts für die abhängige Gesellschaft anzuwenden. Herrschen hingegen deutsche Kapitalgesellschaften über ausländische Gesellschaften, gelten die jeweiligen ausländischen Normen.[833]

Gesetzliche Bestimmungen darüber, wie sich die Insolvenz des faktisch herrschenden **491** oder beherrschten Unternehmens auf die Rechte und Pflichten der beteiligten Unternehmen und ihrer Organe auswirkt, existieren nicht. Auch die Rechtsprechung hat sich mit diesem Themenkreis noch nicht eingehend beschäftigen müssen.

aa) Insolvenzverfahren

(1) Insolvenz der Obergesellschaft. Einigkeit besteht darüber, dass die von der herr- **492** schenden an der beherrschten Gesellschaft gehaltenen Gesellschaftsanteile in die Insolvenzmasse fallen, wenn über das Vermögen der herrschenden Gesellschaft das Insolvenzverfahren eröffnet wird.[834] Hingegen wird unterschiedlich beurteilt, ob der Insolvenzverwalter die Rechte aus diesen Beteiligungen uneingeschränkt wahrnehmen kann.

Nach Auffassung mancher Autoren müsse zwischen einem „Vermögensbereich" und **493** einem „gesellschaftsrechtlichen Bereich" unterschieden werden. Der Insolvenzverwalter könne die Rechte aus der Beteiligung jedenfalls insoweit ausüben, wie das von ihm verwaltete Vermögen betroffen sei.[835] Im Übrigen verblieben die Rechte, insbesondere das Stimmrecht, beim Gesellschafter.

Nach der überwiegenden und zutreffenden Auffassung in der Literatur kann der Insol- **494** venzverwalter die Rechte aus den Beteiligungen ohne spezifisch insolvenzrechtliche Beschränkungen ausüben.[836] Er hat allerdings die Schranken der Einflussmöglichkeiten zu beachten, denen auch jeder andere Gesellschafter unterliegt.[837] Angesichts dieses Befundes kann der Insolvenzverwalter der Obergesellschaft in den genannten Grenzen auf die beherrschte Gesellschaft Einfluss nehmen.

---

[829] BGHZ 65, 15, 18 f. = NJW 1976, 191 ff (ITT); BGH WM 2011, 1416, 1418; OLG Frankfurt aM NJW-RR 1997, 736 f; MüKoGmbHG/*Liebscher* GmbH-KonzernR Rn. 104 f; MHdB GesR III/*Decher/Kiefner* § 68 Rn. 17.

[830] Roth/Altmeppen/*Altmeppen* GmbHG § 37 Rn. 7; Lutter/Hommelhoff/*Kleindiek* GmbHG § 37 Rn. 18.

[831] Lutter/Hommelhoff/*Lutter/Hommelhoff* GmbHG Anh zu § 13 Rn. 96.

[832] *Habersack* in Emmerich/Habersack, Aktien- und GmbH-Konzernrecht, § 311 Rn. 21.

[833] Henssler/Strohn/*Servatius* GesR, Internationales Konzernrecht Rn. 429; BeckOK GmbHG/*Servatius* KonzernR Rn. 569.

[834] MüKoInsO/*Peters* § 35 Rn. 240 für GmbH-Anteile und Rn. 251 für Aktien; Uhlenbruck/*Hirte* InsO § 35 Rn. 160.

[835] Ulmer/Habersack/Löbbe/*Hüffer/Schürnbrand* GmbHG § 47 Rn. 119; der BGH NZG 2011, 902 ff. lässt diese Frage offen (Stimmrechtsausübung „*jedenfalls soweit der Beschlussgegenstand die Vermögenssphäre betrifft*").

[836] *Bergmann* ZInsO 2004, 225, 228 (für GmbH-Anteile); Hüffer/Koch/*Koch* AktG § 134 Rn. 31 (für die Stimmrechte aus den Aktie); Spindler/Stilz/*Rieckers* AktG § 134 Rn. 45; Baumbach/Hueck/*Zöllner/Noack* GmbHG § 47 Rn. 42 (für GmbH-Anteile).

[837] Vgl. *Bergmann* ZInsO 2004, 225, 228; *Schmollinger* Der Konzern in der Insolvenz S. 227.

495 Es überrascht, dass einige Stimmen in der Literatur diese Einflussmöglichkeit mit der Begründung zurückdrängen wollen, dass es nicht die Aufgabe des Insolvenzverwalters sei, Leitungsmacht über einen Konzern auszuüben.[838] Das überzeugt nicht und wird von der wohl überwiegenden Auffassung auch zu Recht aus praktischen und dogmatischen Gründen abgelehnt: Es erscheint kaum praktikabel, für die Zulässigkeit bzw Unzulässigkeit einer Stimmabgabe danach zu differenzieren, ob die Einflussnahme zu groß und damit als Leitungsausübung zu qualifizieren ist, die nicht zulässig sein soll.[839] Auch dürfte es unzutreffend sein, dass es nicht Aufgabe des Insolvenzverwalters sei, Konzernleitungsmacht auszuüben. Denn er hat das Unternehmen nicht zwingend zu zerschlagen, sondern bestmöglich zu verwerten bzw zu sanieren. In beiden Fällen kann es erforderlich sein, das Unternehmen zunächst fortzuführen und auch die von der Insolvenzschuldnerin beherrschten Gesellschaften weiter zu steuern.[840]

496 Mithin sprechen die besseren Gründe dafür, dass der Insolvenzverwalter der herrschenden Gesellschaft die Rechte aus der Beteiligung an der beherrschten Gesellschaft insolvenzrechtlich uneingeschränkt ausüben kann. Nutzt er diese Möglichkeit, bleiben die bereits dargelegten Schutzmechanismen für die abhängige Gesellschaft bestehen. Etwaige Schadensersatzansprüche der beherrschten Gesellschaft – sei es eine GmbH oder eine AG – sind gem § 55 Abs. 1 Nr. 1 InsO iVm § 31 BGB analog Masseverbindlichkeiten. Handelt es sich bei der beherrschten Gesellschaft um eine AG, wird der Vorstand allerdings besonders sorgfältig abwägen, ob ein Nachteilsausgleichsanspruch vollwertig ist. Kommt er zu dem Ergebnis, dass dies nicht der Fall ist, wird er einer nachteiligen Veranlassung ohne weitere Ausgleichsmaßnahmen regelmäßig nicht nachkommen.

497 **(2) Insolvenz der Untergesellschaft.** Die allein durch die Beteiligung vermittelte faktische Einflussmöglichkeit der herrschenden Gesellschaft endet, wenn das Insolvenzverfahren über das Vermögen der abhängigen Gesellschaft eröffnet wird.[841] Dies ist anders als für den Fall der Insolvenz der Obergesellschaft unstreitig. Denn aufgrund der Unabhängigkeit des Insolvenzverwalters aus § 56 Abs. 1 S. 1 InsO dürfen nach dessen Bestellung zulasten der Untergesellschaft Weisungs- und Kontrollbefugnisse nicht mehr ausgeübt werden.[842] Die Organe der insolventen Untergesellschaft bleiben zwar bestehen, können jedoch nur noch solche Maßnahmen durchführen, die die Insolvenzmasse unberührt lassen.[843] Sind bis zur Insolvenzeröffnung Schadensersatzansprüche gegen das herrschende Unternehmen angefallen, ist der Insolvenzverwalter dafür zuständig, diese geltend zu machen (vgl. §§ 317 Abs. 4, 318 Abs. 4 iVm §§ 309 Abs. 4 S. 5 AktG).

498 Nach Inkrafttreten des ESUG ist dem Gesellschafter auch die Möglichkeit genommen worden, maßgeblichen Einfluss auf eine Sanierung der ehemals beherrschten Gesellschaft zu nehmen. Denn § 225a InsO gestattet im Rahmen der Sanierung weitreichende Eingriffe in die Rechte der Gesellschafter. Im Ergebnis kann der herrschende Gesellschafter eine von den Gläubigern und dem Insolvenzverwalter gewünschte Sanierung nach Maßgabe eines Insolvenzplans nicht mehr verhindern.[844]

499 Dem Gesellschafter verbleiben allerdings seine Rechte im insolvenzfreien Schuldnerbereich. Das OLG Düsseldorf hat jüngst zu Recht entschieden, dass auch während eines Regelinsolvenzverfahrens eine Minderheit ermächtigt werden kann, eine Hauptversamm-

---

[838] Uhlenbruck/*Hirte* InsO § 11 Rn. 413; bereits zur KO: *Kort* ZIP 1988, 681, 687 f.
[839] So zu Recht *Schmollinger* Der Konzern in der Insolvenz S. 227.
[840] Vgl. *Bous* Konzernleitungsmacht im Insolvenzverfahren S. 312 f., dazu *Bitter* ZHR 166 (2002), 713, 718; außerdem Gottwald InsO-HdB/*Specovius/Kuske* § 95 Rn. 24 und *Schmollinger* Der Konzern in der Insolvenz S. 227.
[841] *Böcker* GmbHR 2004, 1257, 1259; *Schmollinger* Der Konzern in der Insolvenz S. 229.
[842] BayOLG Beschl. v. 8.4.2005 – 3 Z BR 246/04, NZI 2005, 631; *Haarmeyer/Wutzke/Förster* InsVerw-HdB § 14 Rn. 57.
[843] BGH Urt. v. 26.1.2006 – IX ZR 282/03, ZInsO 2006, 260.
[844] Zum Ganzen vgl. *Hirte/Knof/Mock* Das neue Insolvenzrecht nach dem ESUG S. 25 ff; Kübler/*Kübler* HRI § 1 Rn. 32 ff.

lung mit Tagesordnungspunkten einzuberufen, die in den insolvenzfreien Schuldnerbereich fallen. Hierzu zählt beispielsweise die Wahl von Aufsichtsratsmitgliedern.[845]

bb) Insolvenzeröffnungsverfahren

Im Eröffnungsverfahren gelten die vorstehenden Erwägungen zu den Rechten des Insol- **500** venzverwalters für den vorläufigen Insolvenzverwalter entsprechend.

cc) Eigenverwaltung

Entsprechendes gilt auch für die Anordnung der Eigenverwaltung über das Vermögen der **501** herrschenden oder der abhängigen Gesellschaft. In der Eigenverwaltung der herrschenden Gesellschaft kann die Insolvenzschuldnerin wie ein Insolvenzverwalter auch die Rechte aus der Beteiligung an der beherrschten Gesellschaft ausüben. Etwas anderes als oben zum Regelinsolvenzverfahren ausgeführt ergibt sich auch nicht, wenn Eigenverwaltung bei der beherrschten Gesellschaft angeordnet wurde. Auch auf sie sollen die Gesellschafter keinen Einfluss nehmen können. Dies wurde durch die Einführung des § 276a InsO klargestellt: Ist der Schuldner eine juristische Person, haben der Aufsichtsrat, die Gesellschafterversammlung oder entsprechende Organe keinen Einfluss auf die Geschäftsführung. Die Abberufung von Mitgliedern der Geschäftsführung bleibt zwar möglich, bedarf aber der Zustimmung des Sachwalters, die gem § 276a S. 3 InsO zu erteilen ist, wenn die Maßnahme nicht zu Nachteilen für die Gläubiger führt. In der Begründung der Bundesregierung zu dieser Norm wird deren Grundgedanke herausgearbeitet, *„dass die Überwachungsorgane bei Eigenverwaltung im Wesentlichen keine weiter gehenden Einflussmöglichkeiten auf die Geschäftsführung haben sollen als in dem Fall, dass ein Insolvenzverwalter bestellt ist."*[846]

Fraglich bleibt allerdings, welche Rechte den Gesellschaftern auch bei Anordnung der **502** Eigenverwaltung im „insolvenzfreien Schuldnerbereich" verbleiben. Nach Auffassung des AG Montabaur gehört dazu jedenfalls nicht das Recht auf Einberufung einer Hauptversammlung.[847] Das AG ist ausdrücklich der Auffassung, dass § 276a InsO auch der Wahl von Aufsichtsratsmitgliedern durch die Hauptversammlung, die auf Veranlassung des Mehrheitsaktionärs einberufen werden sollte, entgegensteht. Das überzeugt nicht, denn § 276a InsO verhält sich gerade nicht zur Wahl von Aufsichtsratsmitgliedern, sondern will den Einfluss auf die Geschäftsführungsorgane unterbinden. Daher wird die Wahl von Nicht-Geschäftsführungsorganen durch § 276a InsO nicht verhindert.[848] Die Obergesellschaft kann mithin im „insolvenzfreien Schuldnerbereich" ihre Rechte wie im Regelinsolvenzverfahren auch ausüben.

IX. Betriebswirtschaftliche Aspekte der Konzerninsolvenz

1. Leistungswirtschaftliche Aspekte

a) Wertschöpfungsorientierte Konzernbetrachtung

aa) Wertschöpfung

Die spezifischen leistungswirtschaftlichen Merkmale eines Konzerns bestehen darin, welche **503** Teile der Wertschöpfungskette auf Aktivitäten innerhalb oder außerhalb des Konzerns entfallen. Die Wertschöpfung eines Konzerns ist auf Grundlage der aus einer Insolvenz

---

[845] OLG Düsseldorf Beschl. v. 11.4.2013 – I-3 Wx 36/13 – NZI 2013, 504 ff.
[846] BT-Drs. 17/5712 S. 42.
[847] AG Montabaur Beschl. v. 19.6.2012 – HRB 20744, NJW-Spezial 2012, 630 ff.
[848] OLG Düsseldorf Beschl. v. 11.4.2013 – I-3 Wx 36/13, BeckRS 2013, 06973; *Klöhn* NZG 2013, 81, 84.

resultierenden rechtlichen und faktischen Einschränkungen und Verpflichtungen neu zu bewerten.

504   Einer wertschöpfungsorientierten Betrachtung liegt im betrieblichen Bereich – in Anlehnung an ein entsprechendes volkswirtschaftliches Verständnis – zunächst der Begriff der Wertschöpfung zugrunde.[849] Unter Wertschöpfung wird die Transformation von Gütern oder Dienstleistungen in Güter oder Dienstleistungen mit einem höheren Nutzen– und Geldwert verstanden. Bei produzierenden Unternehmen gilt dabei die Formel

Wertschöpfung = Leistung – Vorleistung

505   Für die konkrete Berechnung der Wertschöpfung hat sich zwar keine völlig einheitliche Auslegung gefestigt, diese lässt sich aber in etwa wie folgt aus den Daten der Konzernrechnungslegung[850] herleiten

Wertschöpfung = Umsatzerlöse + Sonstige Erträge – Materialaufwand – Abschreibungen – Sonstige Vorleistungen

506   Die derart generierte Wertschöpfung steht zur Verteilung an Gesellschafter/Aktionäre (Dividende), Mitarbeiter (Löhne und Gehälter), den Staat (Steuern), Kreditgeber (Zinsen) sowie das Unternehmen selbst (Rücklagenbildung) zur Verfügung. Ob in welcher Weise, in welcher Höhe und mit welchen Treibern künftig eine Wertschöpfung erbracht werden kann, hängt unmittelbar von den Folgen der Konzerninsolvenz ab.

bb) Wertschöpfungskette

507   Die durch eine Insolvenz eines oder mehrerer Konzernunternehmen initiierte erzwungene Umstrukturierung kann sich vor dem Hintergrund komplexer leistungswirtschaftlicher Prozesse nicht auf die finanzwirtschaftliche Sanierung der Passivseite beschränken. Zum Zeitpunkt der Insolvenz wird insbesondere in krisenanfälligen Branchen häufig bereits eine Überarbeitung des Geschäftsmodells, der Unternehmensstrategie sowie der Wertschöpfungskette angestoßen oder abgeschlossen worden sein. Ob die dabei erarbeiteten Ziele und Ergebnisse Bestand haben, muss allerdings angesichts insolvenzbedingter Rahmenbedingungen neu bewertet werden. Ausgangspunkt hierfür ist die Wert- bzw Wertschöpfungskette (Value Chain).[851] Diese ist wie folgt aufgebaut:

- Kern- oder Primäraktivitäten sind solche Tätigkeiten, die unmittelbar einen Beitrag zur Wertschöpfung leisten. Bei Produktionsunternehmen sind insbesondere Forschung und Entwicklung, Einkauf und Beschaffung, Produktion und Logistik sowie Vertrieb und Marketing zu nennen.
- Unterstützungsaktivitäten sind jene Tätigkeiten, die einen mittelbaren Beitrag zur Erstellung eines Produkts oder zur Erbringung einer Dienstleistung darstellen. Hierunter fallen Funktionen wie Leitung, Finanzen und Controlling, Personalwirtschaft sowie IT-Prozesse.
- Bei Konzernen kommt hinzu, dass die Kern- und Unterstützungstätigkeiten entsprechend der individuellen Organisationsmatrix verteilt sind und mit der gesellschaftsrechtlichen Struktur abgeglichen und in diese eingeordnet werden müssen.

508   Hinsichtlich der Wertschöpfungskette bestehen eine Reihe konzernspezifischer und insolvenzbedingter Besonderheiten und Fragestellungen:

509   Erstens ist zu bewerten, wie viele Wertschöpfungsprozesse innerhalb eines Konzerns verfolgt werden. Dies hängt unter anderem von der Anzahl der Segmente bzw „Business Units" ab. Besondere Herausforderungen stellen sich dann, wenn mehrere Wertschöpfungsketten vorliegen, aber die damit zusammenhängenden Kern- oder Unterstützungstätigkeiten organisatorisch in gemeinsamen Abteilungen gebündelt werden. Insbesondere sind hiervon die Unterstützungsprozesse betroffen, da diese unter dem Stichwort „Shared

---

[849] *Haller* Wertschöpfungsrechnung.
[850] Siehe hierzu beispielsweise die Geschäftsberichte börsennotierter Unternehmen wie der Volkswagen AG oder der Fresenius AG.
[851] Der Begriff *Value Chain* geht zurück auf Porter 1985.

Services" aus Kostengründen oft zentralisiert werden. Einige Unterstützungsprozesse lassen sich nötigenfalls verhältnismäßig einfach von den Kernprozessen entkoppeln. Hierzu zählen in der Regel Bereiche wie Finanzwesen und Personalwirtschaft. Als besonders kritisch erweisen sich hingegen die IT-Prozesse. Diese geben als sog ERP-Systeme (Enterprise-Ressource-Planning) meist den gesamten Wertschöpfungsprozess eines Konzerns wieder und sind auf die Integration verschiedener Business Units angelegt. Eine insolvenzbedingte Aufteilung der Wertschöpfungsprozesse, die beispielsweise aus dem Verkauf einzelner Segmente an unterschiedliche Investoren resultiert, setzt zwangsläufig weiterführende IT-Projekte voraus. Vor dem Hintergrund insolvenzbedingter Unsicherheiten in der Arbeitnehmerschaft besteht dabei die Herausforderung, entsprechende Leistungs- und Wissensträger in unternehmenskritischen Bereichen zu halten.

Zweitens sind im Rahmen einer Konzerninsolvenz die Kernprozesse zu überprüfen und **510** gegebenenfalls aufgrund geänderter Rahmenbedingungen neu zu gestalten. Dies ist vor dem Hintergrund zu sehen, dass die strategische Ausrichtung vieler Konzerne vor Insolvenz gerade darauf ausgelegt war, die Wertschöpfungstiefe zu erhöhen. Dadurch nehmen Anzahl und wertmäßiger Anteil innerhalb des Konzerns erbrachter Prozesse wie Beschaffung, Produktion und Vertrieb zu. Andererseits werden die daraus resultierenden positiven Effekte in einem Insolvenzszenario konterkariert, wenn einzelne Glieder der Wertschöpfungskette nicht mehr verfügbar sind. Dies kann beispielsweise daraus resultieren, dass einzelne leistungserbringende Gesellschaften aufgrund ihrer Insolvenz nicht mehr am Markt tätig sind, verlustbringende Geschäfte nicht mehr anbieten oder dass Investoren, die naturgemäß an die Integration in eine ihrerseits vorhandene Wertschöpfungskette denken, nur Teile einer insolventen Konzernstruktur nachfragen.

Drittens fügen sich Wertschöpfungsketten über die betrieblichen, konzernbezogenen **511** Aufgaben hinaus in eine Lieferkette (Supply Chain) von Lieferanten und Kunden ein. Eine vor Insolvenz erhöhte Wertschöpfung führt in der Regel zu einem Rückgang von Anzahl und Bedeutung externer Lieferanten und Abnehmer. Insolvenzbedingte Umstrukturierungen, die mit dem Wegfall einzelner Kern- und Unterstützungsaktivitäten verbunden sind, bedingen, dass die Lieferkette kurzfristig neu aufgebaut wird. Eine kurzfristige Substitution von Beschaffungs- oder Absatzkanälen ist insbesondere bei Produktionsbetrieben dadurch gefährdet, dass zahlreiche Anforderungen an die technische Spezifikation einzelner Bauteile und –gruppen erfüllt werden müssen, die im Rahmen des Qualitätsmanagement nachzuhalten sind.

In der Praxis ist auch der umgekehrte Fall anzutreffen, dass die Wertschöpfungskette in **512** den Monaten und Jahren vor einem Insolvenzantrag verringert wurde. Dies geschieht in solchen Fällen, in welchen durch Desinvestitionen stille Reserven gehoben und damit handelsrechtliche Verluste verringert werden müssen oder gar die Liquiditätssituation verbessert werden muss.

Bei einer sehr geringen Wertschöpfungskette steigt die Abhängigkeit von Lieferanten **513** und es ergibt sich grundsätzlich hieraus eine schlechtere Position für den Insolvenzverwalter, da gerade bei Herauslösen von Zulieferbetrieben aus dem Konzern an Dritte („Carve outs") meistens nur ein Lieferant in Schlüsselpositionen (Single-Sourcing) große Abhängigkeiten verursacht.

b) Innerbetriebliche Leistungsbeziehungen und Verrechnungspreise

aa) Verfahren zur Quantifizierung von Wertschöpfungsprozessen

In der Insolvenz kommt einer grundlegenden und erneuten Bewertung der Rentabilität **514** von Produkten und Prozessen eine erhebliche Bedeutung zu. Es besteht ein zu erfüllender Informationsbedarf für Entscheidungen, der auf Grundlage der Kosten- und Erlösrechnung strukturiert und beantwortet werden muss. Auf der Grundlage einer Bewertung durch die Insolvenzverwalter bzw die gesetzlichen Vertreter der Konzernunternehmen sind kurzfristige, aber nicht minder weitreichende Entscheidungen über die Fortführung einzelner Produkte zu treffen, die sich zu grundlegenden Standortentscheidungen ausweiten können. Für die Analyse der Leistungen eines Konzerns genügen die einfachen Verfahren der Kostenträgerrechnung wie Divisions– oder Zuschlagsrechnungen nur bedingt.[852]

515   Entsprechend dem leistungswirtschaftlichen Verständnis eines Konzerns als Summe ineinandergreifender Kern- und Unterstützungsaktivitäten kommt als Entscheidungsgrundlage vielfach die Prozesskostenrechnung zur Anwendung. Dabei treten einzelne Kostenstellen als Kostenverursacher in den Hintergrund, während kostenstellenübergreifende Prozesse als Ausgangspunkt der Betrachtung dienen. Den Kernaktivitäten werden die Gemeinkosten anhand sog Kostentreiber zugeordnet.[853] Das Augenmerk liegt darauf, auch die aus Unterstützungsaktivitäten resultierenden indirekten Kosten verursachungsgerecht im Sinne des Prozessverständnisses zu verteilen.[854]

516   Bei der Analyse der Aussagen aller Kostenrechnungssysteme muss allerdings insolvenzbedingt mit Einschränkungen gerechnet werden. Kostenrechnungssysteme gründen ihre Aussagen auf Kosten-Mengen-Relationen. In einem kurzfristigen Betrachtungszeitraum sind diese Relationen durch Insolvenzeffekte gestört, indem beispielsweise aufgrund einer Unterbeschäftigung Leerkosten entstehen.

bb) Verrechnungspreise

517 Die aus konzerninternen Absatz- und Beschaffungsmaßnahmen resultierenden Kosten bzw Erlöse werden maßgeblich durch Verrechnungspreise bestimmt. Vor der Insolvenz stehen für die Gestaltung von Verrechnungspreisen in der Regel die Anreizsetzung im Kreis der Konzernunternehmen und/oder die steuerliche Optimierung im Mittelpunkt der Betrachtung. Die Preispolitik für (bislang) rein konzerninterne Lieferungen und Leistungen ist im Rahmen von Konzerninsolvenzen aufgrund vieler möglicher Ursachen zu überarbeiten. So kann die gesellschaftsrechtliche Umstrukturierung bzw der Verkauf einzelner Konzernunternehmen zu einem Wegfall der einheitlichen Leitung führen, die andere Anreizsysteme in Form der Preisgestaltung nach sich zieht. Ferner kann sich die Notwendigkeit ergeben, neue Beschaffungs– und Absatzkanäle zu erschließen, für die in der Folge nicht zwingend die bisherige Preispolitik aufrechterhalten werden kann.

518 Gleichwohl können Verrechnungspreise als Anhaltspunkte der künftigen Preisgestaltung dienen. Eine maßgebliche Bedeutung kommt dabei dem Fremdvergleichsgrundsatz (sog Arm's Length Principle) zu.[855] Um Fremdvergleichspreise zu ermitteln, stehen verschiedene Methoden zur Verfügung.
- Bei der Preisvergleichsmethode (comparable uncontrolled price method) kommen jene Preise zum Ansatz, die mit fremden Dritten erzielt werden können. Sofern entsprechende Daten vorhanden sind, führt die Preisvergleichsmethode zu belastbaren Verrechnungspreisen.
- Die Wiederverkaufsmethode (resale price method) stellt eine retrograde Ermittlung des Preises dar. Dabei wird vom Wiederverkaufspreis eine ihrerseits marktübliche Gewinnspanne abgezogen, die für die Verwaltung und den Handel des Produkts entsteht. Die Wiederverkaufsmethode ist insbesondere für reine Handelsunternehmen geeignet. Die bei der Wiederverkaufsmethode für Konzerntransaktionen ermittelte Marge sollte jener bei Fremdtransaktionen entsprechen.
- Die Kostenaufschlagsmethode (cost plus method) begründet Verrechnungspreise zunächst auf den produktspezifischen Kosten, auf deren Grundlage durch einen angemessenen Gewinnaufschlag ein Verkaufspreis ermittelt wird. Der Gewinnaufschlag sollte insbeson-

---

[852] Siehe zu diesen Verfahren *Schweizer/Küpper* S. 166 ff.
[853] Siehe *Schweizer/Küpper* S. 321 ff.
[854] Siehe zur Abgrenzung der Prozesskostenrechnung vom Activity-Based-Costing *Schweizer/Küpper* S. 333 ff.
[855] Siehe hierzu zB die Verlautbarung der OECD (2011).

dere die durch die jeweilige Konzerngesellschaft ausgeübten Aufgaben und übernommenen Risiken angemessen berücksichtigen und vergüten.

Die Verrechnungspreisgestaltung spielt bei der Konzerninsolvenz eine besondere Rolle **519**
im Rahmen von mehreren insolventen Konzerngesellschaften. Allein schon aus haftungsrechtlichen Gründen sind die jeweiligen Insolvenzverwalter (auch wenn diese aus einer
Kanzlei kommen oder gar Personenidentität besteht) angehalten, fremdvergleichsfähige
Verrechnungspreise im Rahmen der Betriebsfortführung in der Insolvenz einzuhalten. Es
empfiehlt sich sowohl bei der Überprüfung bisheriger Preishöhen als auch bei einer
eventuellen Neugestaltung von Verrechnungspreisen im Konzern dieses nach den allgemein
anerkannten Methoden durchzuführen und zu dokumentieren. Hierzu eignen sich auch
die im Rahmen des Außensteuergesetzes kommentierten Methoden und Vorgehensweisen
insbesondere dann, wenn keine vergleichbaren Fremdvergleichswerte (zB im Spezial-
maschinenbau oder bei Monopolisten) vorhanden sind.[856]

2. Finanzwirtschaftliche Aspekte

a) Besonderheiten bei Cash-Pooling

Eine finanzwirtschaftliche Optimierung innerhalb einer Konzern- bzw Unternehmens- **520**
gruppe stellt das Cash-Pooling dar. Außerhalb eines Insolvenzverfahrens erfolgt dies
dadurch, dass eine Gesellschaft innerhalb der Gruppe zentral bei einem Kreditinstitut
Darlehen aufnimmt. Die dadurch erlangte Liquidität wird über gruppeninterne Darlehensverträge an die anderen Konzern-/Gruppengesellschaften weitergereicht. Umgekehrt
leiten die am Cash-Pool teilnehmenden Konzern-/Gruppengesellschaften die bei ihnen
eingehende Liquidität an die Cash-Pool führende Gesellschaft weiter. Diese saldiert als
Clearingstelle gegenüber dem Kreditinstitut Liquiditätsüberschüsse und -fehlbeträge, wo-
durch die Kreditverbindlichkeiten der Unternehmensgruppe zurückgeführt werden kann.
Der wirtschaftliche Vorteil besteht in dem dadurch erzielten Zinsvorteil[857] sowie in der
Optimierung der Verhandlungsposition gegenüber den finanzierenden Kreditinstituten.[858]
Risiken eines Cash-Poolverfahrens sind darin zu sehen, dass die einzelnen Gesellschaften
keinen Zugriff auf ihre Liquidität haben und abhängig von der Clearingstelle sind.[859]
Die Praxis kennt zwei gängige Modelle des Cash-Pool-Systems. Bei dem „physischen"
Cash-Pool-System (auch echtes Cash-Pool) erfolgt ein Liquiditätsausgleich durch Aus-
gleich aller Bankkonten in der Konzern-/Unternehmensgruppe über ein Zielkonto.
Beim „virtuellen" Cash-Pool-System (auch unechtes Cash-Pool) erfolgt kein Liquiditätsausgleich. Die angestrebte Zinsoptimierung wird durch rechnerische Ermittlung des
Saldos erzielt. Es erfolgt nur eine virtuelle Verrechnung ohne tatsächlichen Geldaus-
gleich.[860]

Erfolgt die Insolvenzantragstellung ist ein Cash-Pool-System zu beenden. Die einzelnen **521**
Vermögensmassen der jeweiligen Gesellschaften sind getrennt zu halten und nicht durch
ein Cash-Pool-System zu vermischen. Eine Konsolidierung der Massen erfolgt nicht und
jeder Insolvenzverwalter ist für die Verwaltung der durch in vereinnahmten Gelder verantwortlich. Eine Bündelung der Liquidität beim Koordinationsverwalter ist nicht möglich.

---

[856] *Mössner/Fuhrmann* Außensteuergesetz S. 261 ff; *Vögele/Borstell/Engler,* Handbuch der Verrechnungspreise;
einen guten Überblick gibt: *Kratzer/Blesge*n Transfer Pricing in Germany.
[857] *Reuter* NZI 2011, 921 ff.
[858] *Morsch* NZG 2003, 97 ff.
[859] Zu den weiteren Risiken vgl. *Specovius* → § 3 Rn. 135 f; sowie zu den Risiken *Kieth* DStR 2005,
S. 1573 ff.
[860] Zur Prüfung der Haftungsrisiken und der Anfechtung nach §§ 129 ff InsO vgl. *Balthasar* → § 3 Rn. 37
(„haftungsrechtliche Verbundeffekte"); *Thole* § 4 Abschnitt VII.

b) Integrierte Konzernplanungsrechnung

522 Der integrierten Planungsrechnung kommt in der Konzerninsolvenz eine herausragende Bedeutung zu. Als integrierte Planungsrechnung wird eine solche bezeichnet, in der die Plan-Gewinn- und Verlustrechnung, die Plan-Bilanz und die Liquiditätsplanung simultan und aufeinander abgestimmt aufgestellt werden.[861]

523 Die integrierte Planungsrechnung dient zunächst auf Ebene des Konzerns einer Gesamtdarstellung über die wesentlichen Erlöse und Aufwendungen, die wesentlichen Vermögens- und Schuldpositionen sowie die wesentlichen Finanzierungsquellen und Zahlungsmittelabflüsse in einem festgelegten Planungszeitraum. Auf Konzernebene ist dabei eine konsolidierte Betrachtung anzustellen, die der Fiktion des Konzerns als wirtschaftliche Einheit rechtlich selbstständiger Unternehmen entspricht. Dabei werden jene Ergebnisse und Zahlungsströme, die bei den Konzernunternehmen wechselseitig und in gleicher Höhe entstehen, herausgerechnet (konsolidiert).

524 Diese konzernweite Sichtweise der Erträge und der Finanzströme als Grundlage der Planungsrechnung ist insofern auch für die Koordination einer Konzerninsolvenz relevant. Als Grundlage der Konzernplanung und insbesondere für die Steuerung der einzelnen, gegebenenfalls selbst in Insolvenz befindlichen, rechtlich selbstständigen Konzernunternehmen ist das Augenmerk auf Einzelpläne zu richten:

• Die integrierte Planungsrechnung einzelner Gesellschaften ist nicht selten maßgeblich und unmittelbar durch die Konzernstruktur geprägt. Hierbei ist nicht nur zu berücksichtigen, dass ein erheblicher Teil der Wertschöpfung, der sich in Form von Eingangs- und Ausgangsrechnungen in der Finanzplanung niederschlägt, aus dem Konzern gesteuert wird. Vielmehr resultieren häufig wesentliche Teile der betrieblichen Finanzierung aus dem Unternehmensverbund. Hierzu zählen Darlehen, Forderungen und Verbindlichkeiten gegenüber verbundenen Unternehmen aus Lieferungen und Leistungen sowie gemeinsame Kreditlinien, Bürgschaften und Warenkreditversicherungen. Dabei sind mitunter Konzernunternehmen zu finden, die zwar operativ profitabel waren, deren Liquidität jedoch durch Ausschüttungen oder Intercompany-Darlehen zugunsten weniger profitabler Konzernunternehmen abgezogen wurde und die zudem noch mit einem Ausfall dieser Forderungen und/oder mit Anfechtungsansprüchen rechnen müssen. Dieses Problem wird durch die Reform des Konzerninsolvenzrechts, die grundsätzlich daran festhält, gegebenenfalls eigenständige Verfahren über die jeweiligen Konzernunternehmen zu führen, nicht gemildert.

• Auswirkungen einer Konzerninsolvenz können sich auf die Planungsrechnung einzelner Gesellschaften indes auch mittelbar zeigen. So führen Konzerninsolvenzen oft dazu, dass die Verhandlungsmacht gegenüber den Lieferanten sinkt. Als Folgen hiervon sind in der Regel ungünstigere Konditionen und Zahlungsziele zu beobachten, die ihrerseits zum Krisenfaktor bezüglich der Rentabilität und Liquidität für einzelne Gesellschaften werden können.

• Eine besondere Komplexität entsteht dann, wenn über mehrere Insolvenzplanverfahren ein Konzern restrukturiert werden soll, da nicht selten die Insolvenzpläne gegenseitige Bedingungen enthalten oder aber eine Beurteilung des Planinhaltes nur bei Kenntnis der Insolvenzpläne anderer Gesellschaften möglich ist, in welchen aber oftmals keine Gläubigerposition vorhanden ist. In diesem Fall empfiehlt sich in Abstimmung mit den jeweiligen Gläubigerausschüssen weitreichende Transparenzgrundsätze zu vereinbaren, da ansonsten ablehnende Haltungen von Gläubigern drohen.

c) Upstream- und Downstream-Finanzierungen

525 In der Konzern-/Unternehmensgruppe ist es gängige Praxis, dass Tochtergesellschaften ihre Muttergesellschaften mit Liquidität ausstatten (upstream-Finanzierung). Ebenso erfolgt die

---

[861] Siehe hierzu *Henning/Schreitmüller* S. 69 ff; IDW S 6, Tz. 6.

Finanzierung der Tochtergesellschaften über die Muttergesellschaft (downstream-Finanzierung).

Bei der upstream Finanzierung sind die sich daraus ergebenden Darlehensrückzahlungs- **526** ansprüche bei der Obergesellschaft zur Insolvenztabelle im Rang des § 38 InsO anzumelden.[862] Die handelnden Personen haben sich mit möglichen Haftungsansprüchen zu Gunsten der Insolvenzmasse auseinanderzusetzen. Wobei auch bei der Gewährung eines unbesicherten, kurzfristig rückforderbaren „upstream-Darlehens" durch eine abhängige Aktiengesellschaft an ihre Mehrheitsaktionärin ein nachteiliges Rechtsgeschäft iS von § 311 AktG vorliegen kann, sofern die Rückzahlungsforderung im Zeitpunkt der Darlehensausreichung nicht vollwertig ist.[863]

Im Fall der downstream-Finanzierung sind die Darlehensverbindlichkeiten im Insolvenz- **527** verfahren des Darlehensnehmers als Nachrangforderung nach § 39 InsO einzustufen. Ausgereichte Sicherheiten sind entsprechend § 135 InsO zu bewerten.[864]

d) Massedarlehen

In der Regel trifft der vorläufige Insolvenzverwalter nach seiner Bestellung durch das **528** Insolvenzgericht auf eine Unternehmensgruppe, welche über nahezu keine Liquidität mehr verfügt und das Vermögen der jeweiligen rechtlichen Einheit wertausschöpfend belastet ist. Die Forderungen sind zur Absicherung ausgereichter Darlehen zediert, das Vorratsvermögen ist sicherungsübereignet bzw mit vorrangigen Sicherungsrechten der Lieferanten aufgrund einfachem, verlängertem und erweiterten Eigentumsvorbehaltsrechten belastet.

Die den Unternehmen bis zur Krise eingeräumten Ermächtigungen zur Verfügung über **529** die Forderungen und die Vorratsbestände ist oft widerrufen. Die Unternehmen sind handlungsunfähig. Es erscheint bei dieser Lage eine Betriebsfortführung innerhalb der Unternehmensgruppe und damit der Erhalt der Vermögenswerte und des Geschäftsbetriebes des Gruppenverbundes als aussichtslos. Bei der Einstellung des Geschäftsbetriebs würde den Gläubigern und insbesondere den Sicherungsgläubigern ein höherer Verlust ihrer Forderungen drohen. Die vorhandenen Vermögensgegenstände könnten nur noch zu Zerschlagungswerten verwertet werden.

Um die in der Anfangsphase vorhandene Liquiditätslücke zu schließen, bietet sich die **530** Aufnahme eines sogenannten **echten Massedarlehens** an, nachdem die Finanzierung der Unternehmensfortführung durch Desinvestitionen grundsätzlich im Insolvenzeröffnungsverfahren nicht vorgesehen ist.[865] Alternativ oder auch ergänzend wird ein **unechtes Massedarlehen** mit den Hauptsicherungsgläubigern abgeschlossen.

aa) Echtes Massedarlehen

Echte Massedarlehen werden häufig von den Kreditinstituten zur Verfügung gestellt, die bis **531** zur Stellung des Insolvenzantrags die insolvente Konzernstruktur finanziert und begleitet haben. Es wird nach der Anordnung eines vorläufigen Insolvenzverfahrens der Unternehmensgruppe frische Liquidität zur Verfügung gestellt. Erfolgt die Ausreichung eines echten Massedarlehens durch ein oder mehrere Kreditinstitute, haben diese die bankenrechtlichen Vorschriften und Entscheidungsprozesse zu beachten;[866] insbesondere bankinterne Vorgaben und die Vorschriften des Kreditwirtschaftsgesetzes (KWG). Die insolvenzrechtlichen Besonderheiten und das wirtschaftliche Interesse der Beteiligten, insbesondere die Werterhaltung der ausgereichten Sicherheiten, sind jedoch für die Ent-

---

[862] Überwiegende Meinung, siehe nur Baumbach/Hueck/*Hueck/Fastrich* GmbHG Anhang nach § 30 Rn. 41; vgl. dazu auch Cranshaw/Paulus/Michel/*Zenker* Bankenkommentar zum Insolvenzrecht § 39.

[863] BGH 1.12.2008 – II ZR 102/07, ZIP 2009, 70.

[864] Zur Anfechtung von Sicherheiten nach § 135 InsO vgl. *Thole* → § 4 Rn. 427 ff, 447 ff.

[865] Vgl. hierzu unter anderem Cranshaw/Paulus/Michel/*Wahren* Bankenkommentar zum Insolvenzrecht Vor § 21 mwN.

[866] *Schönfelder* WM 2007, 490 ff.

scheidungsgrundlage und den Entscheidungsprozess heranzuziehen. Ungeachtet dessen hat sich der Massedarlehensgeber vor der Ausreichung des echten Massedarlehens ein Bild über den wirtschaftlichen Erfolg der Betriebsfortführung im Insolvenzverfahren sowie die Möglichkeit der Kreditrückführung zu machen.[867]

532   Eine maßgebliche Frage im Zusammenhang mit der Ausreichung des echten Massedarlehens stellt sich in einer Konzern- bzw Gruppeninsolvenz zunächst nach dem Darlehensnehmer. Außerhalb eines Insolvenzverfahrens kann die Finanzierung einer Konzern- bzw Unternehmensgruppe dadurch erfolgen, dass die Muttergesellschaft sich am freien Kapitalmarkt die benötigte Finanzierung beschafft. Durch interne Gruppenabsprachen oder Beherrschungs- und Ergebnisabführungsverträge wird die Liquidität innerhalb der Gruppe zu den operativen Einheiten verteilt. Alternativ zur Verteilung der Liquidität innerhalb der Gruppe kann die Muttergesellschaft die Zahlungsverpflichtungen der jeweiligen Gruppengesellschaften im Außenverhältnis regulieren. Der interne Ausgleich erfolgt durch Verrechnungskonten oder durch ein echtes Cash-Pooling. Erfolgt die Gruppenfinanzierung über die Muttergesellschaft, so können die einzelnen Konzerngesellschaften zur Absicherung der Finanzierung über die Muttergesellschaft Sicherheiten an den Darlehensgeber ausreichen (Up-Stream-Sicherheiten). Gleichzeitig können sie als Mitdarlehensnehmer bzw durch einen Schuldbeitritt auch eine schuldrechtliche Haftung gegenüber dem Darlehensgeber übernehmen.[868]

533   In einer Konzern- bzw Gruppeninsolvenz ist ein entsprechendes Finanzierungsmodell über die Muttergesellschaft bzw eine einzige Gesellschaft zwar grundsätzlich möglich, allerdings wird dies aufgrund der getrennten Vermögensmassen nur in Ausnahmefällen erfolgen können. Dies ergibt sich bereits aus dem Umstand, dass durch die Einführung des Konzerninsolvenzrechts in die Insolvenzordnung (InsO) keine Konsolidierung der Haftungsmassen erfolgen soll, sondern das Konzerninsolvenzrecht ist von dem Grundsatz der Haftungstrennung und der rechtlichen Selbständigkeit der einzelnen Konzerngesellschaften geprägt. Sollte eine entsprechende Finanzierung über die Muttergesellschaft erfolgen, muss den einzelnen Handelnden bewusst sein, dass ein erhebliches persönliches Haftungsrisiko für den Ausfall eines Beteiligten besteht. Sie werden sich nicht auf die Pflicht zur Zusammenarbeit nach § 269a InsO stützen können, da diese Pflicht durch den Grundsatz der Haftungstrennung und die rechtliche Selbständigkeit der einzelnen Konzerngesellschaften beschränkt ist.[869]

534   Aufgrund des Grundsatzes der getrennten Vermögensmassen sollte die Finanzierung einer Unternehmensgruppe im Insolvenzverfahren durch ein echtes Massedarlehen nicht über die Muttergesellschaft bzw eine einzige Gesellschaft erfolgen. Auch sollten die einzelnen Insolvenzverwalter der insolventen Gesellschaften nicht als Gesamtschuldner ein echtes Massedarlehen aufnehmen, da eine Konsolidierung der Vermögensmassen durch das Konzerninsolvenzrecht gerade nicht gewollt ist. Die einzelnen Verwalter sind angehalten, für die jeweils betroffenen Gesellschaften den benötigten Liquiditätsbedarf zu ermitteln und in dieser Höhe ein entsprechendes echtes Massedarlehen aufzunehmen. Dabei darf aber nicht übersehen werden, dass in der Praxis die Darlehensgeber weiterhin die Unternehmensgruppe als Einheit sehen und somit eine interne Abstimmung der jeweiligen Verwalter entsprechend der Regelung des § 269a InsO erwarten werden. Der Koordinationsverwalter wird dabei eine maßgebliche Rolle einnehmen.

535   Neben einer externen Finanzierung der Betriebsfortführung im Insolvenzverfahren können auch innerhalb der Konzerngruppe durch die einzelnen Insolvenzverwalter echte Massedarlehen ausgereicht werden. Dies kann beispielsweise dann sachdienlich sein, wenn

---

[867] Cranshaw/Paulus/Michel/*Wahren,* Bankenkommentar zum Insolvenzrecht, Vor § 21 Rn. 6.

[868] Eine solche Mitverpflichtung im Fall der Besicherung durch Tochtergesellschaft ist vorzunehmen, da im Fall der Insolvenz sonst mögliche insolvenzrechtliche Haftungsrisiken bestehen; insbesondere wenn im späteren Verlauf eine Umfinanzierung oder Stundung erfolgt und keine neue Liquidität zur Verfügung gestellt wird – zur Entgeltlichkeit von Up-Stream-Sicherheiten vgl. ua BGH 7.5.2009 – IX ZR 71/08, ZIP 2009, 1122.

[869] Diskussionsentwurf des BMJ vom 3.1.2013 S. 21.

über eine Konzerngesellschaft die externen Kundenbeziehungen abgewickelt werden und die anderen Gesellschaften die Leistung als Subunternehmer durchführen. Das Ausfallrisiko der darlehensgebenden Schuldnerin ist überschaubar, da aufgrund der Unterbeauftragung eine Verrechnungsmöglichkeit besteht. Bei dieser Fallkonstellation bietet sich neben dem Abschluss einer echten Massedarlehensvereinbarung auch die Sicherstellung der Liquidität durch Vorschussrechnungen an, welche im Einzelfall sachdienlicher ist.

Wird das echte Massedarlehen im vorläufigen Insolvenzverfahren bzw im Schutzschirm- **536** verfahren ausgereicht, hat der Darlehensgeber sicherzustellen, dass sein Rückforderungs- anspruch später nicht den Rang einer einfache Insolvenzforderung im Sinne des § 38 InsO, sondern den Rang einer Masseverbindlichkeit nach § 55 InsO hat.[870] Sofern ein Regelins- olvenzverfahren eingeleitet ist und kein allgemeines Verfügungsverbot angeordnet wurde (§ 22 InsO), ist eine Einzelermächtigung durch das Insolvenzgericht einzuholen. Im vor- läufigen Eigenverwaltungsverfahren nach § 270a InsO ist zu beachten, dass derzeit unklar ist, ob überhaupt Masseverbindlichkeiten begründet werden können.[871] Wird dies richtigerweise positiv beantwortet, stellt sich auf der nächsten Stufe die Frage, wer entsprechende Ver- bindlichkeiten zu Lasten der späteren Insolvenzmasse begründen kann. Die bisher veröffent- lichten Gerichtsentscheidungen umfassen die gesamte Facette der Möglichkeiten. So geht ein Teil der Gerichte davon aus, dass nur die Eigenverwaltung selbst ermächtigt werden kann.[872] Andere Gerichte gehen von der Ermächtigung des vorläufigen Sachwalters aus.[873] Bis zur Klarstellung durch den Gesetzgeber bzw Entscheidung des Bundesgerichtshofes (BGH) hat der Darlehensgeber das Risiko, dass im Verfahren nach § 270a InsO seine Forderung im Fall der Eröffnung des Insolvenzverfahrens nicht als Masseverbindlichkeit berücksichtigt wird.

Die Absicherung des echten Massedarlehens erfolgt – sofern möglich – durch freie **537** Sicherheiten. Hauptsicherungsinstrument sind die nach der Anordnung des vorläufigen Insolvenzverfahrens neu entstehenden Forderungen sowie das neu erworbene bzw gefer- tigte Vorratsvermögen.

bb) Unechtes Massedarlehen

Anders als bei dem echten Massedarlehen wird beim unechten Massedarlehen nicht neue **538** Liquidität von Dritten unmittelbar zur Verfügung gestellt, sondern der vorläufige Insol- venzverwalter wird durch den Sicherungsgläubiger ermächtigt, wirksam sicherungszedierte Forderungen auf sein Anderkonto einzuziehen und die so generierte Liquidität für die Betriebsfortführung zu nutzen[874] bzw das mit dem Absonderungsrecht belastete Vorrats- vermögen zu verwenden. Es handelt sich um eine Verwertungsvereinbarung zwischen dem Sicherungsgläubiger und dem vorläufigen Insolvenzverwalter.[875]

Die unechte Massekreditvereinbarung ist insbesondere nach der Anordnung eines vor- **539** läufigen Insolvenzverfahrens und vor der Eröffnung des Insolvenzverfahrens notwendig, nachdem der Gesetzgeber davon Abstand genommen hat, dem vorläufigen Insolvenzver- walter ein allgemeines Verwertungsrecht hinsichtlich Absonderungsgegenständen einzuräu- men. Der Versuch des Gesetzgebers, durch die Einführung des § 21 Abs. 2 Nr. 5 InsO diese Lücke zu schließen, findet in der Praxis nur eingeschränkte Anwendung. Dies ist insbesondere dem Umstand geschuldet, dass der Bundesgerichtshof (BGH) davon ausgeht, dass im Fall einer Anordnung nach § 21 Abs. 2 Nr. 5 InsO die eingezogenen Finanzmittel nicht zur Aufrechterhaltung des Geschäftsbetriebs verwendet werden dürfen, sondern zu separieren sind.[876]

---

[870] Beck/Depré/*Beck* § 5 Rn. 47.
[871] Ablehnend LG Fulda 10.4.2012 – 5 T 65/12, BeckRS 2013, 04327.
[872] Ua AG Köln 26.3.2012 – 73 IN 125/12, BeckRS 2012, 07366.
[873] Ua AG Hamburg 4.4.2012 – 67g IN 74/12, BeckRS 2012, 08676.
[874] *Undritz* NZI 2003, 136 ff.
[875] MüKoInsO/*Tetzlaff* Vor §§ 166 bis 173 Rn. 40.
[876] BGH, 21.1.2010 – IX ZR 65/09, BeckRS 2010, 07630; aA HambKommInsO/*Büchler* InsO, 3. Auflage 2009, § 48 Rn. 38a; Beck/Depré/*Beck* § 5 Rn. 107.

540   Wird ein unechtes Massedarlehen bezüglich der mit Absonderungsrechten belasteten Forderungen abgeschlossen, ist der vorläufige Insolvenzverwalter berechtigt, die Forderungen einzuziehen und den Erlös für die Aufrechterhaltung des Geschäftsbetriebs zu verwenden. Die Erlösauskehrung aus dem Forderungseinzug wird kreditiert.[877] Nach Beendigung der unechten Massekreditvereinbarung wird das unechte Massedarlehen abgerechnet. Die Abrechnung erfolgt dadurch, dass durch den Insolvenzverwalter offen gelegt wird, welche Altforderungen eingezogen wurden. Dabei ist zu beachten, dass im Fall des Forderungseinzugs der Bruttoerlös in Ansatz zu bringen ist, da die Umsatzsteuer aus dem Forderungseinzug nicht abgeführt wird.[878] Hinsichtlich des Forderungseinzugs nach Eröffnung des Insolvenzverfahrens nur der Nettoerlös, da die vereinnahmt Umsatzsteuer abzuführen ist.[879] Darüber hinaus sind entsprechend der Massedarlehensvereinbarung Kostenbeiträge zu Gunsten der Masse in Ansatz zu bringen.

541   Hinsichtlich des mit Absonderungsrechten belasteten Vorratsvermögens ist das unechte Massedarlehen dahingehend auszugestalten, dass nicht eine Ablösung zu Lasten der Insolvenzmasse erfolgt, sondern dass ein revolvierender Mechanismus gefunden wird. Ziel des unechten Massedarlehens bzgl. des drittrechtbelasteten Vorratsvermögens ist es nicht, dass der Sicherungsgeber durch die Verwendung im Insolvenzverfahren befriedigt wird, sondern der Verwertungszeitpunkt soll nach hinten verlegt werden. Um eine ausgewogene Lösung im Interesse der Absonderungsgläubiger und der Insolvenzmasse zu finden, ist das unechte Massedarlehen bezüglich des Vorratsvermögens als Sachdarlehen auszugestalten. Der (vorläufige) Insolvenzverwalter hat dabei lediglich die Verpflichtung abzugeben, den Bestand des Vorratsvermögens zu erhalten bzw im Fall eine Reduzierung finanziell auszugleichen. Darüber hinaus hat am Ende des unechten Massedarlehens keine Zahlung nach § 55 InsO zu erfolgen, sondern die Rückführung erfolgt durch Überlassung eines entsprechenden Bestandes des Vorratsvermögens. Geht es dann in die Zerschlagung, erhält der Darlehensgeber den Zerschlagungserlös. Erfolgt die übertragene Sanierung, erhält der Darlehensgeber den dann erzielten Kaufpreis für das Vorratsvermögen.[880]

542   Bei der Abwicklung eines unechten Massedarlehens darf nicht übersehen werden, dass diese nicht nur mit den finanzierenden Kreditinstituten aufgrund der klassischen Sicherheiten Globalzession und Raumsicherungsübereignung abgeschlossen werden, sondern auch mit beteiligten Lieferanten. Diese haben regelmäßig vorrangige Sicherungsrechte am Forderungsbestand aufgrund verlängertem Eigentumsvorbehalt sowie Sicherungsrechte am Vorratsvermögen aufgrund eines erweiterten Eigentumsvorbehalts. Um dabei nicht mit jedem einzelnen Lieferanten ein entsprechendes unechtes Massedarlehen zu verhandeln, erfolgt in der Praxis der Abschluss einer solchen Vereinbarung mit einem Lieferantenpool.

543   Die Absicherung des unechten Massedarlehens erfolgt regelmäßig dadurch, dass die neuen Forderungen abgetreten werden bzw dass neu gefertigtes Vorratsvermögen im Wege einer Raumsicherungsübereignung besichert wird. Sonstige freie Sicherheiten können zwar herangezogen werden, werden jedoch regelmäßig nicht vorhanden sein. Auch die Möglichkeit der Bestellungen von Drittsicherheiten ist möglich. Werden die Sicherheiten aus dem Konzernverbund gestellt, ist jedoch stets im Einzelfall zu prüfen, ob dies sachgerecht ist.[881]

544   In einem Konzern- bzw Gruppeninsolvenzverfahren ist das unechte Massedarlehen stets durch die Gesellschaft zu verhandeln und abzuschließen, welche die entsprechende Sicher-

---

[877] Vgl. auch *Schönfelder* WM 2007, 1490 ff.

[878] Der Darlehensgeber und gleichzeitigen Abtretungsempfänger hat das Haftungsrisiko aus § 13c UStG zu beachten. Dieses Haftungsrisiko kann nicht durch einen entsprechende Vereinbarung umgangen werden – BFH 20.3.2013 – XI R 11/12, BeckRS 2013, 95343.

[879] BFH 9.12.2010 – V R 22/10, BeckRS 2011, 95026; BFH 24.11.2011 – VR 13/11, BeckRS 2011, 96933; ausführlich auch *Sterzinger* NZI 2012, S. 63 ff.

[880] Einzelheiten ausführlich Cranshaw/Paulus/Michel/*Wahren* Bankenkommentar zum Insolvenzrecht Vor § 21 Rn. 1 ff.

[881] Es ist zu beachten, dass die Gewährung von entsprechenden Drittsicherheiten in dem betroffenen Insolvenzverfahren insolvenzzweckwidrig und somit unwirksam sein kann.

heit ausgereicht hat. Im Fall der Globalzession somit der Zedent, im Fall der Raumsicherungsübereignung der Sicherungsgeber. Eine Besonderheit ist in den Fällen gegeben, wenn eine Konzerngesellschaft den Zentraleinkauf für die gesamte Gruppe abwickelt bzw andere Gesellschaften einzelne Fertigungsschritte eigenständig durchführen. In diesen Fällen kann es vorkommen, dass zum Zeitpunkt der Insolvenzantragstellung das Sicherungsgut nicht beim schuldrechtlichen Vertragspartner ist, sondern bei einer anderen Gesellschaft innerhalb des Konzerns bzw der Unternehmensgruppe. Es bietet sich daher in diesen Fällen an, dass das unechte Massedarlehen mit allen beteiligten Gesellschaften geschlossen ist. Dabei sind aber stets die Besonderheiten des Einzelfalls zu berücksichtigen.

3. Organisatorische Aspekte

Die genaue Betrachtung der Organisation eines Unternehmens ist in einem Insolvenz- **545** verfahren von besonderer Bedeutung. Sie gibt Aufschluss über die Hierarchien und Entscheidungswege, den Zentralisations- und Dezentralisationsgrad eines Unternehmens und damit auch der Organisation für die Insolvenzverwaltung selbst, aber auch Anhaltspunkte für Compliance-Aspekte, Anfechtungsfelder und Risikostrukturen. Im Folgenden sollen (etwas vereinfacht) die unterschiedlichen Organisationsformen von Unternehmen in Bezug auf deren besondere Aspekte im Rahmen einer Konzerninsolvenz betrachtet werden. Grundsätzlich wird bei der Unternehmensorganisation zwischen funktionalen und divisionalen Organisationsstrukturen unterschieden. Die funktionale Organisation legt die funktionalen Verantwortungen über Einkauf, Produktion, Vertrieb etc über alle Geschäftsbereiche fest. Der Einkaufsvorstand verantwortet mit seiner Abteilung auf diese Weise den Einkauf aller Produkte in allen Betriebsstätten aller Länder. Die divisionale Organisationsstruktur (auch Spartenorganisation oder Geschäftsbereichsorganisation unterteilt nach Produkten und unterstellt dem Produktvorstand die Funktionsbereiche Einkauf, Produktion, Vertrieb etc Im Rahmen einer Konzernbetrachtung kann dann noch zwischen verschiedenen Selbständigkeitsgraden der Konzerngesellschaften unterschieden werden.

Die divisionale sehr dezentrale Konzernorganisation ist aus Sicht der Konzerninsolvenz **546** unkritisch, da der Konzern quasi aus einer Anhäufung vieler selbständiger Organisationseinheiten besteht und bei der Restrukturierung Verselbständigungen einfacher fallen.

Anders bei funktionalen Organisationsstrukturen mit Stabstellenfunktionen („Shared **547** Services"), die bei der Konzerninsolvenz eine besondere Betrachtung erfordern.

a) Die funktionale Organisation und Fragen der (De-) Zentralisation von Kernfunktionen in der Konzerninsolvenz

aa) Die dezentrale funktionale Organisation

In Konzernen mit dezentraler funktionaler Organisation besteht ein hoher Selbstständig- **548** keitsgrad der einzelnen Gesellschaften im Konzern was zu einem erhöhten Resourcenaufwand für die Insolvenzverwaltung führt, da dieser dezentralen Struktur auch eine entsprechende Überwachung durch die Insolvenzverwaltung beizustellen ist. Eine Verselbständigung einzelner Sparten und Geschäftsbereiche fällt einfacher und ähnelt der einer Spartenorganisation. Dies erleichtert die Verwertung des Konzerns über eine Zerschlagung und Teilverkäufe.

Bei der dezentralen funktionalen Organisation, die ihre Ursache oftmals in der man- **549** gelnden Integration von Zukäufen oder in der Wahrung regionaler Interessen („Regionalfürsten") hat, besteht andererseits oftmals ein höheres Restrukturierungspotential, da Synergien in Form einer Zentralisation der Bereiche gehoben werden können. Nicht selten sind zu dezentrale Strukturen für mangelnde Kommunikation und damit Reibungsverluste verantwortlich und vernichten so Vorteile von Konzernzusammenschlüssen. Im Rahmen des M&A-Prozesses sind die dezentralen Strukturen ebenfalls aufwendiger, weil sich ein Käufer mit mehr Managementgesprächen an mehreren Orten konfrontiert sieht, die darüber hinaus die Schaffung eines widerspruchsfreien Gesamtbildes erschweren. Auch ist bei größerer Zentralisierung mehr Due-Diligence-Aufwand (legal und tax) wahrscheinlich, da oftmals das Vertragswesen dezentral unterschiedlich gehandhabt wird.

b) Die zentrale funktionale Organisation

550 Die zentrale funktionale Organisation ist für die laufende Betriebsfortführung in der Konzerninsolvenz zuerst von Vorteil, weil sich zentrale Funktionen besser kontrollieren lassen. Die Entscheidungswege sind oftmals schneller und weitaus weniger komplex. Andererseits ergeben sich im Bereich einer notwendig werdenden Verselbständigung von Teilbereichen des Konzerns Herausforderungen, weil Funktionen in einigen Konzerngesellschaften erst geschaffen oder vom Käufer mit übernommen werden müssen.

551 Beispielhaft soll hier die oftmals zentral geführte IT-Abteilung genannt werden. Diese besteht nicht nur aus den Hardwarekomponenten in Form eines zentralen Serversystems und der Versorgung der oftmals auch rechtlich selbständigen Tochtergesellschaften über VPN-Leitungen, sondern auch aus Konzernlizenzen. Es liegt auf der Hand, dass eine Herauslösung einzelner Konzerngesellschaften einen hohen Aufwand bedeuten kann. Es empfiehlt sich, aus dem Care-Out-Prozess IT ein eigenes Projekt zu installieren, was neben den IT-Spezialisten auch rechtliche Unterstützung erfordert und sehr früh im Verfahren beginnen sollte, diesen Prozess zu planen.

4. Kaufpreisallokation in der Konzerninsolvenz

552 Im Rahmen der Veräußerung des insolventen Konzerns und der Existenz mehrerer insolventer Konzerngesellschaften stellt ein Investor nicht selten auf einen Gesamtkaufpreis für alle Konzerngesellschaften ab. In diesem Fall ist der Kaufpreis zwischen den verschiedenen Insolvenzverfahren aufzuteilen. Aufgrund der fast immer vorherrschenden unterschiedlichen Gläubigerzusammensetzungen hat diese Aufteilung in der Regel eine haftungsrechtliche Dimension, der man durch eine möglichst fundierte und nachvollziehbare Methodik einer Kaufpreisaufteilung entgegnen sollte.

553 In den letzten Jahren stellt die ganz herrschende Lehre im Rahmen der Unternehmensbewertung auf ertrags- oder cashorientierte Bewertungsmethoden ab. Selbst die Bilanzierung Deutscher Unternehmen orientiert sich durch den Einzug angelsächsischer Bilanzierungsgrundsätze zunehmend an zukünftigen Cash-Strömen (zB dem Impairment Test) und immer weniger an den deutschen handelsrechtlichen Grundsätzen von Anschaffungskosten, Niederstwert- und Vorsichtsprinzip.

554 Die Insolvenzrechtsbetrachtung hingegen stellt noch auf Substanzwerte, namentlich einen Fortführungs- und Zerschlagungswert ab. Daher werden die Vermögensgegenstände nach ihren Verkehrswerten, insbesondere ihren Veräußerungswerten im Unternehmensverbund oder einzeln bewertet.

555 Nachdem bei der Unternehmensbewertung rein auf zukünftige Erträge und Gewinnausschüttungspotentiale abgestellt wird, kann sich zwischen dem Fortführungswert nach Sachverständigengutachten und einem vom Investor unterstellten Ertragswert eine große Differenz ergeben. Darüber hinaus verkompliziert die Berechnung nur eines Gesamtkonzernertragswertes die Aufteilungsvorgehensweise noch zusätzlich.

556 Ein möglicher Weg der Aufteilung kann natürlich auch die Befragung des Investors nach seiner Wertfindung sein. Diese wird sich aber oftmals nicht nach der einzelnen Legaleinheit und darüber hinaus auch nicht auf das einzelne Sicherungsgut herunterbrechen lassen.

557 Daher bietet sich an, ein anerkanntes Bewertungsverfahren zu nehmen und quasi retrograd den Kaufpreis aufzuteilen. Ein vom Investor nicht auf die jeweiligen Konzerngesellschaften angebotener Gesamtkaufpreis kann so durch wissenschaftlich anerkannte Methoden aufgeteilt werden.

Als Methoden bieten sich folgende Verfahren an:
• Die Unternehmensbewertung nach IdW S 1 (a.)
• Steuerliche Bewertungsverfahren (b.)
• Vergleichswertverfahren (c.)

a) Unternehmensbewertung nach IdW S 1

Bei der Unternehmensbewertung nach dem IDW S 1 Standard („Grundsätze zur Durch- **558** führung von Unternehmensbewertungen") wird der Wert eines Unternehmens durch Diskontierung der den Unternehmenseignern künftig zufließenden finanziellen Überschüsse auf den Bewertungsstichtag ermittelt.[882] Beim Unternehmenswert handelt es sich folglich um einen Zukunftserfolgswert auf Basis eines unternehmerischen Fortführungskonzepts. Als Bewertungsverfahren kommen das Ertragswertverfahren und das Discounted Cash-Flow Verfahren in Betracht. Beide Verfahren beruhen auf dem Kapitalwertkalkül und führen bei gleichen Bewertungsannahmen zu vergleichbaren Unternehmenswerten.

Ausgangspunkt für die Prognose der zukünftigen Entwicklung bildet die Vergangenheits- **559** analyse. Hierfür werden regelmäßig die normalisierten, dh um Sondereffekte bereinigten, Gewinn- und Verlustrechnungen der vergangenen 3 Jahre herangezogen.

Aufbauend auf der Vergangenheitsanalyse sind die zukünftigen finanziellen Überschüsse **560** zu prognostizieren. Dabei wird grundsätzlich eine Planung in zwei Phasen vorgenommen. Für die nähere, erste Phase wird ein Planungshorizont von 3–5 Jahren herangezogen (Detailplanungsphase). Die Planungsjahre der ferneren zweiten Phase basieren – ausgehend von der Detailplanung – auf langfristigen Fortschreibungen von Trendentwicklungen. Bei Unterstellung einer unbegrenzten Lebensdauer des Unternehmens lässt sich die zweite Planungsphase mathematisch regelmäßig in Form einer ewigen Rente abbilden.[883]

Die aus den Planungen resultierenden finanziellen Überschüsse werden mit einem risiko- **561** adäquaten Zinssatz auf den Bewertungsstichtag abdiskontiert. Der Kapitalisierungszinssatz errechnet sich dabei aus einem risikolosen Basiszinssatz, der sich aus laufzeitadäquaten Zinsstrukturkurven börsennotierter Bundeswertpapiere (Zerobonds) ableitet. Dieser Zinssatz wird erhöht um eine sog Marktrisikoprämie und zusätzlich um einen unternehmensindividuellen Risikofaktor (sog Beta-Faktor).

b) Steuerliche Bewertungsverfahren

Das für die Bewertung von Unternehmen vorgesehene Verfahren für steuerliche Zwecke **562** ist seit 2009 das vereinfachte Ertragswertverfahren.[884]

Das vereinfachte Ertragswertverfahren kapitalisiert das durchschnittliche, um Sonder- **563** effekte bereinigte, Betriebsergebnis der letzten drei Jahre mit einem typisierten Kapitalisierungsfaktor.

Der wesentliche Unterschied zur Unternehmensbewertung nach IDW S 1 liegt in dem **564** ausschließlichen Vergangenheitsbezug der Zahlenbasis.

Das vereinfachte Ertragswertverfahren hat das sog Stuttgarter Verfahren ersetzt, welches **565** in der Vergangenheit für die Bewertung von Unternehmen, insbesondere für Zwecke der Erbschaft- und Schenkungsteuer, maßgebend war.

---

[882] IDW S 1, Tz. 102.
[883] IDW S 1, Tz. 75 ff.
[884] Vgl. §§ 199 ff BewG.

c) Vergleichswertverfahren

566 Bei den Vergleichsbewertungsverfahren wird der Wert eines Unternehmens aus den Marktpreisen anderer Unternehmen durch einen Analogieschluss abgeleitet. Das Vorgehen basiert auf der Annahme, dass an Unternehmen einer Branche gleiche Bewertungsmaßstäbe anzusetzen sind.[885]

567 Im Rahmen der Vergleichsbewertungsverfahren wird der Unternehmenswert durch Multiplikation einer Bezugsgröße mit einem Multiplikator ermittelt. Aufgrund dieser Vorgehensweise wird auch von „Multiple-Verfahren" gesprochen. In der Praxis weit verbreitet sind multiples, die aus der Gewinn- und Verlustrechnung abgeleitet sind, wie EBIT oder EBITDA. Bei der Bewertung von Unternehmen von Freiberuflern werden auch oftmals Umsatzmultiples als Bezugsgröße herangezogen. Finanzielle multiples werden regelmäßig nach Branchen und Unternehmensgröße (small/medium/large caps) veröffentlicht.[886]

X. Arbeitsrechtliche Aspekte der Konzerninsolvenz

1. Einführung

568 Fällt ein Konzernunternehmen oder fallen mehrere Konzernunternehmen in die Insolvenz, so ergibt sich bei strikt arbeitsvertragsbezogener Betrachtung keine Besonderheit gegenüber der Insolvenz eines nicht verbundenen Unternehmens, da die Arbeitsvertragsbeziehung als solche durch die Insolvenzeröffnung gemäß § 108 Abs. 1 Satz 1 InsO nicht berührt wird und das Arbeitsverhältnis insbesondere nur nach den allgemein geltenden Regeln – wenn auch mit begrenzter Frist (§ 113 Satz 1 InsO) – gekündigt werden kann. Indes unterliegen Arbeitsverhältnisse mit konzernverbundenen Unternehmen vielfältigen konzernbedingten Einflüssen, die den durch den Arbeitsvertrag geschaffenen Rechtsrahmen konkretisieren und dadurch das Arbeitsverhältnis tatsächlich ausgestalten. Endet mit der Insolvenzeröffnung die Konzernzugehörigkeit des vormals beherrschten Arbeitgebers,[887] so fallen diese Einflüsse weg, was für die tatsächliche Ausgestaltung der Arbeitsverhältnisse erhebliche Konsequenzen haben kann. Wird allerdings nur über das Vermögen der Konzernspitzengesellschaft das Insolvenzverfahren eröffnet, so wird die Konzernstruktur dadurch nicht berührt, so dass sich aus arbeitsrechtlicher Sicht keine konzernbedingten Sonderwirkungen der Insolvenz ergeben.

2. Individualarbeitsrecht

569 Arbeitsverhältnisse mit konzernverbundenen Unternehmen weisen mitunter Öffnungen für die Konzerndimension auf, beispielsweise in Gestalt von konzernbezogenen Versetzungsklauseln oder konzerntypischen Zusatzleistungen (Freiflugberechtigung bei Flugkonzernen, Haustrunk bei Brauereikonzernen, Werksbezug von Pkw bei Kraftfahrzeugherstellern, Belegschaftsaktien, etc). Durch den Wegfall der Konzernbindung des Vertragsarbeitgebers kann es insoweit zu spürbaren Veränderungen kommen.

---

[885] *Drukarczyk/Ernst* Branchenorientierte Unternehmensbewertung S. 528.
[886] ZB im Internet über www.finance-magazin.de.
[887] Siehe zur Frage, ob die Insolvenzeröffnung über das Vermögen einer abhängigen Konzerngesellschaft als solche zu einer Beendigung des Konzernverhältnisses führt, Gottwald InsO-HdB/*Haas* § 95 Rn. 5 ff.; vgl. auch *Mückl/Götte* ZInsO 2017, 623.

a) Konzernweites Direktionsrecht/konzerninterne Arbeitnehmerüberlassung

In Arbeitsverträgen konzernverbundener Unternehmen ist bisweilen vorgesehen, dass der **570** Arbeitnehmer nach Weisung des Arbeitgebers auch in anderen Unternehmen desselben Konzerns eingesetzt werden kann. Scheidet der Vertragsarbeitgeber infolge der Insolvenzeröffnung aus dem Konzern aus, verengt sich das arbeitsvertragliche Direktionsrecht ohne weiteres entsprechend dem Wegfall der Konzerndimension, so dass der Arbeitnehmer ohne seine Zustimmung nicht länger bei vormals konzernverbundenen dritten Unternehmen eingesetzt werden kann. Hat ein Arbeitnehmer sich im Arbeitsvertrag allerdings bereit erklärt, generell bei dritten – auch nicht konzernverbundenen – Unternehmen tätig zu werden und unmittelbar deren Weisungen entgegenzunehmen, so kann er von seinem Arbeitgeber arbeitsvertraglich auch dann zur Fortsetzung der Tätigkeit bei dem dritten Unternehmen angewiesen werden, wenn die ursprünglich bestehende Konzernverbindung mit diesem Unternehmen endet. Zu bedenken ist allerdings, dass es sich bei diesen Konstellationen typischerweise um **Arbeitnehmerüberlassung** handelt und mit der Beendigung der Konzernverbindung das Konzernprivileg gemäß § 1 Abs. 3 Nr. 2 AÜG[888] wegfällt. Eine bislang auf seiner Grundlage erlaubnisfrei durchgeführte Arbeitnehmerüberlassung darf deshalb nur aufrechterhalten werden, wenn eine Arbeitnehmerüberlassungserlaubnis gemäß § 1 Abs. 1 Satz 1 AÜG vorhanden ist.

b) Konzerndimensionaler Kündigungsschutz

Das Kündigungsschutzgesetz ist auch in der Insolvenz uneingeschränkt zu beachten. Im **571** Rahmen seines Anwendungsbereichs rechtfertigt die Insolvenzeröffnung als solche keine Kündigung von Arbeitsverhältnissen durch den Insolvenzverwalter, so dass auch während eines Insolvenzverfahrens Arbeitgeberkündigungen durch anerkannte Kündigungsgründe iSv § 1 KSchG getragen sein müssen. Allerdings schützt das Kündigungsschutzgesetz nur die jeweilige Arbeitsvertragsbeziehung und lässt die Einbindung des Arbeitgebers in Konzernbeziehungen deshalb außer Betracht. Demgemäß ist ein Arbeitgeber vor Ausspruch einer betriebsbedingten Kündigung grundsätzlich nicht verpflichtet, die betroffenen Arbeitnehmer in einem anderen Betrieb eines anderen Unternehmens zum Zwecke der Weiterbeschäftigung unterzubringen.[889] Etwas anderes gilt allerdings, wenn das Arbeitsverhältnis – insbesondere durch Vereinbarung einer **konzernweiten Versetzungsklausel** – für die Konzerndimension geöffnet wurde und der Vertragsarbeitgeber die Beschäftigung bei anderen Konzernunternehmen mit rechtlichen Mitteln – insbesondere durch Ausnutzung der Konzernleitungsmacht – durchsetzen kann. In einer solchen Konstellation kann der kündigungsbedrohte Arbeitnehmer nach Ansicht des BAG eine Weiterbeschäftigung auf freien Arbeitsplätzen auch bei anderen Konzernunternehmen verlangen, soweit die Konzerndimension des Arbeitsverhältnisses und die Durchsetzungsmacht des Vertragsarbeitgebers reichen.[890] Ein so begründeter konzerndimensionaler Kündigungsschutz endet indes spätestens mit Wegfall der Konzernierung des Vertragsarbeitgebers und damit insbesondere, soweit von dem Vertragsarbeitgeber abhängige Unternehmen in die Insolvenz fallen.

c) Konzerndimensionale Vergütungselemente

Für die rechtliche Behandlung konzerndimensionaler Vergütungselemente ist danach zu **572** unterscheiden, ob die Vergütungsbestandteile unmittelbar von einem dritten Konzernunternehmen (insbesondere der Konzernmutter) oder dem jeweiligen Vertragsarbeitgeber

---

[888] Dazu – auch zu möglichen europarechtlichen Bedenken – Schüren/*Hamann* AÜG § 1 Rn. 522.
[889] Siehe nur BAG 23.11.2004 – 2 AZR 24/04, NZA 2005, 929 mwN.
[890] BAG 23.11.2004 – 2 AZR 24/04, NZA 2005, 929.

gewährt werden. Während einkommensteuerlich beide Arten von Vergütungsbestandteilen zu Einkünften aus nichtselbständiger Arbeit (§ 19 EStG) zählen und den Vertragsarbeitgeber hinsichtlich beider gemäß § 38 Abs. 1 Satz 3 EStG die Pflicht zur Einbehaltung der Lohnsteuer trifft, bestehen zwischen ihnen nach Ansicht des Bundesarbeitsgerichts bei arbeitsrechtlicher Betrachtung erhebliche Unterschiede.

573   Das BAG hat in einem grundlegenden Urteil vom 12.2.2003[891] entschieden, dass eine Vereinbarung über die Gewährung von Aktienoptionen, die ein Arbeitnehmer nicht mit seinem Vertragsarbeitgeber, sondern mit einem **anderen Konzernunternehmen** abschließt, nicht Bestandteil des Arbeitsverhältnisses werde und demgemäß grundsätzlich nicht den Regeln des Arbeitsrechts unterliege.[892] Die Herausnahme aus dem Bereich des Arbeitsrechts ist nicht auf Aktienoptionen beschränkt, sondern gilt für alle Leistungen, die von einer anderen Konzerngesellschaft als dem Vertragsarbeitgeber im Hinblick auf die Konzernzugehörigkeit gewährt werden. In diesen Konstellationen steht die Gewährung der Leistung vielfach unter dem Vorbehalt, dass der begünstigte Arbeitnehmer zum Auszahlungszeitpunkt noch im Konzern beschäftigt ist. Scheidet ein Unternehmen vor dem maßgeblichen Stichtag aus dem Konzern aus, können dessen Arbeitnehmer die jeweilige Leistung deshalb nicht mehr beanspruchen. Nur ausnahmsweise kann auch nach dem Ausscheiden aus dem Konzernverbund ein inhaltlich gleicher Anspruch gegen den Vertragsarbeitgeber gerichtet werden, wenn dieser durch sein Verhalten eine entsprechende eigene arbeitsvertragliche Bindung begründet hat.[893] Ein anspruchshinderndes Ausscheiden in diesem Sinne liegt auch dann vor, wenn die Konzernzugehörigkeit infolge Insolvenzeröffnung über das Vermögen des Vertragsarbeitgebers endet.

574   Hat hingegen der **Vertragsarbeitgeber** selbst die Gewährung konzernspezifischer Leistungen versprochen, so unterliegt auch diese Zusage den allgemein für arbeitsvertragliche Vereinbarungen geltenden Regeln. Allerdings ist durch Auslegung zu ermitteln, ob die Leistung nur für den Fall versprochen ist, dass der Vertragsarbeitgeber mit dem Konzernunternehmen, das die versprochenen Dienste anbietet bzw Produkte herstellt, konzernverbunden ist. Ist das zu bejahen, kann es bei Auflösung der Konzernverbindung zu einem – gegebenenfalls auch ersatzlosen – Wegfall des Anspruchs kommen.[894] Allerdings bleibt angesichts der Rechtsprechung des BAG zu den Grenzen vorformulierter Widerrufsvorbehalte[895] abzuwarten, ob ein ersatzloser Entfall nur möglich ist, wenn die wegfallenden Leistungen weniger als 25 % des regelmäßigen Verdienstes ausmachen.

575   Knüpft eine mit dem Vertragsarbeitgeber getroffene Regelung – insbesondere für die Ermittlung variabler Vergütungsbestandteile – an konzernbezogene Parameter an, so ist für jede Regelung im Einzelfall zu entscheiden, ob sie nach insolvenzbedingtem Ausscheiden einzelner Unternehmen – insbesondere des Vertragsarbeitgebers – aus dem Konzern weiterhin Geltung beansprucht, ersatzlos wegfällt oder einer **Anpassung** nach den Grundsätzen des Wegfalls der Geschäftsgrundlage bedarf (§ 313 BGB).

d) Haftung der Konzernmutter

576   Ansprüche der Arbeitnehmer aus dem Arbeitsvertrag richten sich gegen den Vertragsarbeitgeber. Dies gilt auch in Konzernbeziehungen, so dass die Arbeitnehmer sich wegen ihrer Ansprüche aus dem Arbeitsvertrag auch bei Insolvenz des Vertragsarbeitgebers grundsätzlich nicht an die Konzernmutter wenden können. Eine Haftung der Konzernmutter kommt

---

[891] 10 AZR 299/02, NZA 2003, 487.

[892] BAG 12.2.2003 – 10 AZR 299/02, NZA 2003, 487; bestätigt BAG 3.5.2006 – 10 AZR 310/05, NZA-RR 2006, 582.

[893] Vgl. dazu *Willemsen* FS Wiedemann, 2002, S. 645; BAG 13.7.1973 – 3 AZR 385/72, AP Nr. 1 zu § 242 BGB Ruhegehalt.

[894] BAG 13.12.2006 – 10 AZR 792/05, NZA 2007, 325; BAG 7.9.2004 – 9 AZR 631/03, NZA 2005, 1223.

[895] Zuletzt BAG 21.3.2012 – 5 AZR 651/10, NZA 2012, 616.

auch für Verpflichtungen einer insolventen Tochtergesellschaft nur nach den allgemeinen Grundsätzen der **Durchgriffshaftung** in Betracht.[896] Ist allerdings die Konzernmutter gegenüber den Arbeitnehmern eigene Verpflichtungen eingegangen, die durch ein Ausscheiden des Arbeitnehmers aus dem Konzern nicht berührt werden, so bestehen sie gegenüber der Konzernmutter auch bei Wegfall der Konzernbindung des Vertragsarbeitgebers aus bzw wegen Eröffnung des Insolvenzverfahrens unverändert fort. Dies ist in der Praxis insbesondere bei kumulativen Schuldbeitritten anzutreffen, die im Zusammenhang mit einer konzerninternen Übertragung von Arbeitsverhältnissen durch den bisherigen Vertragsarbeitgeber oder die Konzernmutter erklärt werden. Darüber hinaus kommt eine unmittelbare Haftung von Konzernobergesellschaften auch aufgrund besonderer gesellschaftsrechtlicher Haftungsbestimmungen in Betracht, namentlich im Falle von Abspaltungen bzw Ausgliederungen nach dem Umwandlungsgesetz (vgl §§ 133 f UmwG).[897]

3. Betriebsverfassungsrecht

a) Der Konzernbegriff des BetrVG

Der Konzernbegriff des BetrVG erfasst ausweislich der Legaldefinition in § 54 Abs. 1 **577** BetrVG nur den Unterordnungskonzern iSv § 18 Abs. 1 AktG. Notwendig ist also, dass ein herrschendes und ein oder mehrere abhängige Unternehmen unter der einheitlichen Leitung des herrschenden Unternehmens zusammengefasst sind (§ 18 Abs. 1 Satz 1 AktG). Nach zutreffendem überkommenem Verständnis kann der beherrschende Einfluss iSv § 17 Abs. 1 nur durch **gesellschaftsrechtlich bedingte oder zumindest vermittelte Einwirkungsmöglichkeiten** begründet werden,[898] so dass lediglich schuldrechtliche Vertragsbeziehungen, wie insbesondere Lieferanten-, Kunden-, Lizenz-, Franchise- und Darlehensverträge, nicht genügen, auch wenn durch sie ein dichtes Geflecht tatsächlicher Abhängigkeiten geschaffen wird. Soweit das BAG in Lösung von dieser klaren Linie in jüngerer Zeit ausdrücklich offen gelassen hat, ob unter bestimmten Voraussetzungen auch eine andere als gesellschaftsrechtlich vermittelte Abhängigkeit für die Errichtung eines Konzernbetriebsrats nach § 54 Abs. 1 BetrVG ausreichen kann,[899] verdient das keine Zustimmung.

b) Betriebsverfassungsrechtliche Arbeitnehmervertretungen auf Konzernebene

Betriebsverfassungsrechtliche Arbeitnehmervertretungen auf Konzernebene sind primär der **578** Konzernbetriebsrat und der Konzernsprecherausschuss sowie sekundär die Konzern-Jugend- und Auszubildendenvertretung und die Konzernschwerbehindertenvertretung. Bei ihnen handelt es sich jeweils um Dauerorgane in dem Sinne, dass das Ausscheiden einzelner Unternehmen aus dem Konzernverbund nicht zu ihrem Wegfall führt, solange bei der Konzernobergesellschaft die Voraussetzungen für ihre Errichtung noch erfüllt sind. Mit Blick auf **Konzernbetriebsräte** ergibt sich daraus, dass sie bei insolvenzbedingtem Ausscheiden einzelner abhängiger Konzerngesellschaften bestehen bleiben, sofern in dem Konzern weiterhin mindestens zwei Gesamtbetriebsräte bzw funktional zuständige Betriebsräte iSv § 54 Abs. 2 BetrVG vorhanden sind.[900] Hingegen scheiden mit Verlust der Konzernbindung einer abhängigen Konzerngesellschaft die aus dieser entsandten Vertreter im Konzernbetriebsrat ohne weiteres aus und ist der Konzernbetriebsrat fortan nicht mehr für diese Gesellschaft zuständig. Zusammenfassend kann damit festgehalten werden, dass die

---

[896] Dazu BeckOKBGB/*Spindler* § 826 Rn. 55 ff.; vgl. auch BAG 21.10.2014 – 3 AZR 1027/12, NZA-RR 2015, 90.

[897] Vgl. BAG 15.3.2011 – 1 ABR 97/09, NZA 2011, 1112.

[898] BGH 26.3.1984 – II ZR 171/83, NJW 1984, 1893.

[899] BAG 9.2.2011 – 7 ABR 11/10, NZA 2011, 866.

[900] Zu den Voraussetzungen für die Bildung eines Konzernbetriebsrats im Einzelnen Richardi/*Annuß* BetrVG § 54 Rn. 3 ff.

Insolvenz nur der Konzernobergesellschaft die Existenz und die Zusammensetzung sowie den tatsächlichen Zuständigkeitsbereich des bei ihr gebildeten Konzernbetriebsrats nicht berührt, während die **Insolvenzeröffnung über ein abhängiges Konzernunternehmen** zu dessen Ausscheiden aus dem Zuständigkeitsbereich des Konzernbetriebsrats und damit zu einem Wegfall der aus ihm in den Konzernbetriebsrat entsandten Vertreter führt.

c) Fortbestand von Konzernbetriebsvereinbarungen

579   Das Betriebsverfassungsgesetz unterscheidet weder in § 77 BetrVG noch sonst zwischen lokalen Betriebsvereinbarungen und Gesamt- oder Konzernbetriebsvereinbarungen.[901] Darauf aufbauend entspricht es der Auffassung des BAG, dass Konzern- und Gesamtbetriebsvereinbarungen in den Betrieben nicht anders als lokale Betriebsvereinbarungen gelten.[902] Aus dieser Rechtsprechung dürfte sich weiterhin ergeben, dass Konzernbetriebsvereinbarungen bei Verlust der Konzernzugehörigkeit infolge Insolvenzeröffnung in dem betroffenen Unternehmen **kollektivrechtlich** als Gesamtbetriebsvereinbarungen **fortgelten,** soweit ihr Regelungsgegenstand eine betriebsübergreifend einheitliche Regelung iSv § 50 Abs. 1 BetrVG erfordert, und im Übrigen als lokale Betriebsvereinbarungen weiter bestehen.[903] In diesen Fällen sind sie nach den allgemein für Gesamt- bzw Betriebsvereinbarungen geltenden Regelungen künd- und änderbar, so dass sie bei massebelastender Wirkung jedenfalls nach § 120 InsO gekündigt werden können.

580   Etwas anderes gilt, soweit der Regelungsgegenstand seinem Wesen nach Konzernzugehörigkeit voraussetzt, wie das etwa bei der Zusage von Belegschaftsaktien oder Regelungen über den verbilligten Bezug von Produkten der Konzernmutter der Fall ist. Solche Regelungen in Konzernbetriebsvereinbarungen können ihrer Natur nach nicht für Arbeitnehmer anderer als konzernzugehöriger Gesellschaften gelten, weshalb sie für Arbeitnehmer insolventer vormaliger abhängiger Konzerngesellschaften ab Insolvenzeröffnung nicht mehr zu beachten sind.

581   Sind Mitbestimmungsrechte nicht durch Betriebsvereinbarung, sondern lediglich durch **Regelungsabsprache** zwischen Konzernmutter und Konzernbetriebsrat verwirklicht worden, so gilt diese für eine aus dem Konzernverbund ausscheidende abhängige Gesellschaft ab dem Ausscheidenszeitpunkt nicht mehr. In der ausgeschiedenen Gesellschaft können deshalb sowohl die Arbeitgeberseite als auch der Betriebsrat das Mitbestimmungsverfahren betreffend den jeweiligen Regelungsgegenstand jederzeit neu aktivieren. Allerdings wirkt die in der Regelungsabsprache liegende Einigung über den Mitbestimmungsgegenstand dergestalt tatsächlich fort, dass der Betriebsrat keinen Unterlassungsanspruch gegen die Gesellschaft hat, solange sie die bislang von der Regelungsabsprache gedeckte Praxis tatsächlich fortführt.

d) Betriebsrätliche Beteiligungsrechte in der Konzerninsolvenz

582   Abgesehen von den Sonderregelungen in §§ 120–127 InsO[904] sind alle Beteiligungsrechte des Betriebsrats nach dem BetrVG im Insolvenzverfahren unmodifiziert zu beachten. Demgemäß sind insbesondere bei Einstellungen oder Versetzungen die Vorgaben des § 99 BetrVG und bei Änderungen der Arbeitszeitregelung, sanierungsbedingten Veränderungen der Vergütungsordnung oder Änderungen technischer Anlagen die aus § 87 BetrVG resultierenden Anforderungen zu beachten. Die Beteiligungsrechte des Betriebsrats sind in der Insolvenz grundsätzlich auch dann nicht eingeschränkt, wenn wegen der wirtschaftli-

---

[901] Zu den Begrifflichkeiten Richardi/*Annuß* BetrVG § 50 Rn. 69.
[902] BAG 18.9.2002 – 1 ABR 54/01, NZA 2003, 670; BAG 24.1.2017 – 1 ABR 24/15, NZA-RR 2017, 413.
[903] BAG 18.9.2002 – 1 BR 54/01, NZA 2003, 670.
[904] Siehe dazu insbesondere Henssler/Willemsen/Kalb/*Annuß* Kommentierung zu §§ 120 bis 127 InsO.

chen Schieflage des Unternehmens ein besonders schnelles Handeln erforderlich ist und eine Sanierung durch die aus einer Beteiligung des Betriebsrats resultierende zeitliche Verzögerung gefährdet würde.[905]

Mit der Umsetzung einer Betriebsänderung iSv § 111 BetrVG darf deshalb erst begon- **583** nen werden, nachdem das **Interessenausgleichsverfahren** durch Unterzeichnung eines Interessenausgleichs oder durch ergebnislosen Abschluss des Einigungsstellenverfahrens beendet worden ist. Wird dies nicht beachtet, drohen nicht nur ein – ggf im Wege der einstweiligen Verfügung realisierbarer – Unterlassungsanspruch des zuständigen Betriebsrats gegen die Durchführung der Maßnahme,[906] sondern ggf auch eine Haftung des Insolvenzverwalters nach § 60 Abs. 1 InsO für dadurch möglicherweise geschaffene Masseforderungen in Form von Nachteilsausgleichsansprüchen gemäß § 113 BetrVG.[907] Ist in der Insolvenz der Konzernmutter eine über mehrere Konzernunternehmen hinweg einheitlich durchzuführende Betriebsänderung iSv § 111 BetrVG geplant, so ist nach der „gespaltenen Lösung" des BAG für das Interessenausgleichsverfahren der Konzernbetriebsrat gemäß § 58 Abs. 1 BetrVG zuständig (dies gilt auch für die Beteiligung im Rahmen eines etwaigen Massenentlassungsverfahrens gemäß § 17 Abs. 2 KSchG),[908] während die Zuständigkeit für den Sozialplan grundsätzlich bei den lokalen Betriebsräten der betroffenen Betriebe liegt.[909] Soweit es um Betriebe nicht insolventer Tochtergesellschaften geht, ist die Insolvenz der Konzernmutter bei der **Dotierung des Sozialplans** nicht zu beachten, da sie jeweils nur nach der wirtschaftlichen Vertretbarkeit der Sozialplanregelungen für das Unternehmen – und nicht auch für den Konzern – zu fragen hat (vgl § 112 Abs. 5 Satz 1 BetrVG).[910]

Fallen mehrere abhängige Konzerngesellschaften in die Insolvenz, so fehlt eine über- **584** greifende rechtliche Klammer, so dass jede dieser Gesellschaften (gegebenenfalls zuzüglich ihrer jeweiligen Tochtergesellschaften) betriebsverfassungsrechtlich selbständig zu betrachten ist. Selbst wenn sie deshalb die Planung und Durchführung einer Betriebsänderung eng miteinander abstimmen, ist in jeder betroffenen Gesellschaft für den von ihr beherrschten Bereich ein gesondertes Interessenausgleichsverfahren mit dem jeweils zuständigen Betriebsrat (bzw Gesamt- oder Konzernbetriebsrat) durchzuführen. Die Sozialpläne fallen auch in dieser Konstellation grundsätzlich in die Zuständigkeit der lokalen Betriebsräte jedes einzelnen betroffenen Betriebs.

Das Betriebsverfassungsgesetz kennt keinen Konzern-Wirtschaftsausschuss, sondern nur **585** den auf Unternehmensebene angesiedelten **Wirtschaftsausschuss** (§§ 106 ff BetrVG) in Unternehmen mit in der Regel mehr als 100 ständig beschäftigten Arbeitnehmern. In größeren Konzernen bestehen daher typischerweise Wirtschaftsausschüsse in mehreren Gesellschaften als Hilfsorgane der dort jeweils existierenden Gesamtbetriebsräte. Zu den umfangreichen Informationsrechten eines Wirtschaftsausschusses gehört auch das Recht, über einen betreffend das jeweilige Unternehmen vom Unternehmer beabsichtigten sowie einen – gleichgültig von welcher Seite – tatsächlich gestellten Insolvenzantrag informiert zu werden (§ 106 Abs. 2, 3 Nr. 1 BetrVG). Der Unternehmer kann ggf auch verpflichtet sein, den Wirtschaftsausschuss über ihm bekannte (beabsichtigte) Insolvenzanträge anderer Konzernunternehmen (oder sogar dritter Unternehmen) zu unterreichten, sofern durch die Insolvenz dieser Unternehmen wesentliche Auswirkungen auf die wirtschaftliche und finanzielle Lage des Unternehmens zu erwarten oder jedenfalls nicht auszuschließen sind.

---

[905] Beispielhaft dazu Richardi/*Richardi* BetrVG § 87 Rn. 55.
[906] Siehe dazu die Nachweise bei Richardi/*Annuß* BetrVG § 111 Rn. 166.
[907] Siehe dazu Richardi/*Annuß* BetrVG § 113 Rn. 56.
[908] Siehe dazu BAG 20.9.2012 – 6 AZR 155/11, NZA 2013, 32.
[909] BAG 3.5.2006 – 1 ABR 15/05, NZA 2007, 1245.
[910] Richardi/*Annuß* BetrVG § 112 Rn. 143 ff.

e) Schicksal und Beteiligung „europäischer" Arbeitnehmervertretungen

586 Gemäß §§ 1 Abs. 1, 3 EBRG können Europäische Betriebsräte oder Verfahren zu grenzübergreifenden Unterrichtung und Anhörung eingerichtet werden in (1.) gemeinschaftsweit tätigen Unternehmen mit Sitz im Inland, die mindestens 1.000 Arbeitnehmer in den Mitgliedstaaten und davon jeweils mindestens 150 in mindestens zwei Mitgliedstaaten beschäftigen, sowie (2.) in gemeinschaftsweit tätigen Unternehmensgruppen, die mindestens 1.000 Arbeitnehmer in den Mitgliedstaaten beschäftigen und denen mindestens zwei Unternehmen mit Sitz in verschiedenen Mitgliedstaaten angehören, die jeweils mindestens 150 Arbeitnehmer in verschiedenen Mitgliedstaaten beschäftigen. Ähnliche Vertretungen können nach dem SEBG und dem SCEBG gebildet werden, deren Bestimmungen die Anwendbarkeit des EBRG grundsätzlich ausschließen (§ 47 Abs. 1 Nr. 2 SEBG, § 49 Abs. 1 Nr. 2 SCEBG). Alle drei Gesetze folgen dem Grundsatz des Vorrangs der Verhandlungslösung vor der gesetzlichen Auffanglösung. Europäischer Betriebsrat bzw SE-/SCE-Betriebsrat sollen grundsätzlich auf Basis einer Vereinbarung zwischen Arbeitgeber- und Arbeitnehmerseite errichtet werden, in der auch die Beteiligungsrechte und Regelungen zum Schicksal des Europäischen Betriebsrats bzw des SE-/SCE-Betriebsrats geregelt werden sollen.[911] Werden diese Gremien allerdings etabliert, ohne dass jeweils eine Vereinbarung über die Beteiligungsrechte getroffen wurde, so finden insoweit die gesetzlichen Auffangregelungen Anwendung (vgl §§ 29 ff EBRG, §§ 27 ff SEBG, §§ 27 ff SCEBG).

587 Finden die gesetzlichen Auffangregelungen Anwendung, so sind der Europäische Betriebsrat bzw der SE-/SCE-Betriebsrat über unternehmensseitig geplante sowie über von dritter Seite gestellte Insolvenzanträge und über die Eröffnung des Insolvenzverfahrens zu unterrichten und dazu auf Verlangen anzuhören (§ 30 Abs. 1 EBRG, § 29 Abs. 1 SEBG, § 29 Abs. 1 SCEBG).

588 Wird über das Vermögen eines zu einer gemeinschaftsweit tätigen Unternehmensgruppe gehörenden Unternehmens das Insolvenzverfahren eröffnet, so kann eine **wesentliche Strukturänderung** im Sinne von § 37 Abs. 1 EBRG vorliegen, die – soweit nicht in der ggf bestehenden Beteiligungsvereinbarung für diesen Fall Vorsorge getroffen wurde – erneute Verhandlungen über die Beteiligungsvereinbarung auslösen kann. Auch dann steht allerdings dem bisherigen Europäischen Betriebsrat gemäß § 37 Abs. 3 Satz 1 EBRG für die Dauer der Verhandlungen ein Übergangsmandat zu; jedoch ist der Europäische Betriebsrat keinesfalls mehr für das infolge Insolvenz aus der Unternehmensgruppe ausgeschiedene Unternehmen zuständig und verlieren aus ihm in den Europäischen Betriebsrat entsandte Arbeitnehmer mit der Insolvenzeröffnung ihr Amt. Hingegen kann die Insolvenzeröffnung über das Vermögen der SE/SCE oder (einer) ihrer Tochtergesellschaften als solche keine Neuverhandlungspflicht gemäß § 18 SEBG/SCEBG begründen, so dass der Bestand des SE-/SCE-Betriebsrats – bei Fehlen anderweitiger Regelungen in der Beteiligungsvereinbarung – durch die Insolvenz der SE/SCE oder (einer) ihrer Tochtergesellschaften nicht berührt wird. Allerdings ist auch hier der SE-/SCE-Betriebsrat ab Eröffnung des Insolvenzverfahrens über das Vermögen einer Tochtergesellschaft nicht mehr für diese zuständig und scheiden aus dieser entsandte Arbeitnehmer mit Insolvenzeröffnung aus dem SE-/SCE-Betriebsrat aus.

4. Tarifrecht

589 Die Eröffnung des Insolvenzverfahrens über das Vermögen eines Unternehmens hat tarifrechtlich keine unmittelbare Bedeutung. War das Unternehmen vor Insolvenzeröffnung tarifgebunden, so besteht diese Tarifbindung auch nach Insolvenzeröffnung unverändert fort. Selbst wenn die Mitgliedschaft in der tarifschließenden Arbeitgebervereinigung ge-

---

[911] Vgl. dazu Annuß/Kühn/Rudolph/Rupp/*Rupp* EBRG § 17 Rn. 1 ff.

kündigt wird, bleibt die Tarifbindung nach Maßgabe des § 3 Abs. 3 TVG erhalten, und nach Auslaufen eines Tarifvertrags (gleichgültig ob Flächen- oder Hautarifvertrag) wirken seine Bestimmungen zur Vermeidung von Regelungslücken in bestehenden Arbeitsverhältnissen gemäß § 4 Abs. 5 TVG nach. Darüber hinaus finden auch allgemeinverbindliche Tarifverträge (§ 5 TVG) und gemäß § 7 oder § 11 AEntG geltungsverstärkte Tarifverträge in der Insolvenz gleichermaßen wie außerhalb der Insolvenz Anwendung.

In der Konzerninsolvenz ergeben sich insoweit keine Besonderheiten. Dies resultiert **590** insbesondere daraus, dass es keine „**Konzerntarifverträge**" gibt, da der Konzern kein rechtsfähiges Gebilde ist und die Tarifbindung daher allein durch Handlungen der einzelnen Konzernunternehmen – entweder durch Eintritt in einen tarifschließenden Verband oder durch Abschluss eines Hautarifvertrags – herbeigeführt werden kann.[912] Allerdings ist denkbar, dass innerhalb eines Konzerns gleichgerichtete Hautarifverträge abgeschlossen werden, in denen das Ausscheiden aus der Konzernverbindung jeweils als Beendigungstatbestand definiert ist; in solchen Konstellationen führt die Eröffnung des Insolvenzverfahrens über das Vermögen eines abhängigen Konzernunternehmens automatisch zum Entfall der Tarifbindung des betreffenden Unternehmens, so dass die Hautarifverträge fortan nur gemäß § 4 Abs. 5 TVG nachwirken. Entsprechendes gilt, wenn konzernbezogene Flächentarifverträge einen Verlust der Tarifbindung vorsehen, falls ein Unternehmen aus dem betreffenden Konzern ausscheidet.

In der Insolvenz haben **Sanierungstarifverträge** eine besondere Bedeutung, die den **591** Unternehmen (für begrenzte Zeit) eine Unterschreitung der in den Flächentarifverträgen vorgesehenen Mindestbedingungen gestatten. Sanierungstarifverträge können als firmenbezogene Verbandstarifverträge oder Hautarifverträge abgeschlossen werden. Vorsicht ist geboten, wenn – wie in der Praxis üblich – Sanierungsbeiträge mit Gewerkschaften und Betriebsräten gleichzeitig verhandelt werden und in einer einheitlichen Sanierungsvereinbarung zusammengefasst werden. Angesichts des vom BAG in diesem Zusammenhang vertretenen „**Gebots der Rechtsquellenklarheit**" ist darauf zu achten, dass für jede einzelne Bestimmung der Sanierungsvereinbarung klar erkennbar ist, ob es sich jeweils um eine tarifvertragliche oder eine betriebsverfassungsrechtliche Regelung handelt.[913] Wird diesem Gebot nicht Rechnung getragen, droht die Nichtigkeit der jeweiligen Bestimmung.

5. Besonderheiten der betrieblichen Altersversorgung

Zusagen auf betriebliche Altersversorgung werden durch die Insolvenzeröffnung grund- **592** sätzlich nicht berührt. Sie bestehen deshalb nach der Insolvenzeröffnung unverändert fort und können nur nach den für ihre jeweilige Rechtsform (insbesondere Arbeitsvertrag oder Betriebsvereinbarung) maßgeblichen Bestimmungen beendet oder geändert werden,[914] wobei die von der Rechtsprechung aus dem Vertrauensschutzgedanken entwickelten inhaltlichen Schranken der Abbänderbarkeit (sog „**Drei-Stufen-Theorie**")[915] im Insolvenzverfahren einer Beendigung oder Änderung der Versorgungszusage mit Wirkung für die Zukunft grundsätzlich nicht entgegenstehen. Werden die Versorgungszusagen allerdings über eine konzernweite Pensions- oder Unterstützungskasse oder einen Pensionsfonds durchgeführt, kann der Verlust der Konzernbindung – je nach Ausgestaltung der Satzung – zu einem Ausscheiden aus dem Kreis der Trägerunternehmen führen, was für die Zeit nach Insolvenzeröffnung Neuordnungsbedarf auslösen kann.

Soweit die Versorgungsansprüche der Arbeitnehmer durch den Pensionssicherungsverein **593** aG gesichert sind, bestehen die vor Insolvenzeröffnung erdienten Anwartschaften bzw

---

[912] Siehe Wiedemann/*Oetker* TVG § 2 Rn. 141 ff.
[913] BAG 15.4.2008 – 1 AZR 86/07, NZA 2008, 1074.
[914] Dabei sind einzelne insolvenzbedingte Besonderheiten zu beachten, wie beispielsweise § 120 InsO für Betriebsvereinbarungen.
[915] Vgl. nur BAG 12.2.2013 – 3 AZR 414/12; BAG 18.9.2012 – 3 AZR 405/10, NZA 2013, 210.

Ansprüche ab Insolvenzeröffnung innerhalb des durch § 7 BetrAVG definierten Rahmens nicht mehr gegen den Arbeitgeber, sondern richten sie sich gegen den Pensionssicherungsverein aG als Träger der Insolvenzsicherung. Hingegen erfasst die Insolvensicherung nicht solche Anwartschaften bzw Ansprüche, die erst nach Insolvenzeröffnung erdient werden; sie richten sich als Masseverbindlichkeiten gegen den Insolvenzschuldner. Wird eine Versorgungszusage von der Konzernmutter an die Arbeitnehmer von Tochtergesellschaften erteilt, so handelt es sich nach Ansicht des BAG nicht um betriebliche Altersversorgung, so dass für solche Zusagen auch kein Insolvenzschutz gemäß § 7 BetrAVG besteht.[916] Ansprüche gegen den Pensionssicherungsverein aG bestehen im Übrigen nur bis zur Höchstgrenze des § 7 Abs. 3 BetrAVG und vermindern sich gemäß § 7 Abs. 4 BetrAVG insbesondere in dem Umfang, in dem sonstige Träger der Versorgung die Leistungen der betrieblichen Altersversorgung erbringen. Korrespondierend mit der Begründung des Anspruchs nach § 7 BetrAVG sieht § 9 Abs. 2 BetrAVG vor, dass Anwartschaften bzw Ansprüche der Arbeitnehmer auf Leistungen der betrieblichen Altersversorgung mit der Insolvenzeröffnung auf den Pensionssicherungsverein aG übergehen.

594   In der Insolvenz eines abhängigen Konzernunternehmens stellt sich typischerweise die Frage, **inwieweit auch Dritte für die Pensionsverbindlichkeiten einzustehen haben.** Als Schuldner kommt insbesondere die Konzernobergesellschaft in Betracht, wenn sie – wie in der Unternehmenspraxis bisweilen anzutreffen – neben der Vertragsarbeitgeberin eine eigene Haftung für die Erfüllung der Versorgungszusage übernommen hat. Bei vorangegangenen Spaltungen oder Betriebsaufspaltungen nach dem UmwG ist an die besonderen Haftungsbestimmungen der §§ 133 f UmwG zu denken, und bei Personengesellschaften ist § 160 HGB zu beachten. Handelt es sich bei der insolventen Gesellschaft um eine sog **Rentnergesellschaft,** die durch Ausgliederung sämtlicher gegenüber ausgeschiedenen Anwartschafts-/Anspruchsberechtigten bestehenden Versorgungsverbindlichkeiten nach dem Umwandlungsgesetz aus einer aktiven Gesellschaft entstanden ist, so kommen bei unzureichender Kapitalausstattung der Rentnergesellschaft im Falle ihrer Insolvenz überdies Schadensersatzansprüche der Arbeitnehmer gegen die ausgliedernde Gesellschaft wegen Verletzung ihrer arbeitsvertraglichen Nebenpflichten im Zusammenhang mit der Ausgliederung in Betracht.[917]

---

[916] BAG 20.5.2014 – 3 AZR 1094/12, NZA 2015, 225.
[917] BAG 11.3.2008 – 3 AZR 358/06, NZA 2009, 790.

§ 5 Sanierung eines Konzerns

Übersicht

Schrifttum:

Andres/Leithaus, Insolvenzordnung: InsO, 3. Aufl. 2014; *Andres/Möhlenkamp,* Konzerne in der Insolvenz – Chance auf Sanierung?, BB 2013, 579 ff; *Ascheid/Preis/Schmidt,* Kündigungsrecht, 5. Aufl. 2017; *Bales,* Insolvenzplan und Eigenverwaltung – Chancen für einen Neustart im Rahmen der Sanierung und Insolvenz, NZI 2008, 216 ff; *Balz,* Sanierung von Unternehmen oder von Unternehmensträgern?: Zur Stellung der Eigentümer in einem künftigen Reorganisationsverfahren 1986; *Baumbach/Hueck,* GmbHG, 21. Aufl., 2017; *Baums,* Recht der Unternehmensfinanzierung, 2017; *Beck/Depré,* Praxis der Insolvenz, 3. Aufl., 2017; *Böcker,* Insolvenz im GmbH-Konzern (II), GmbHR 2004, 1314 ff; *Braun,* Insolvenzordnung, 7. Aufl. 2017; *Braun/ Uhlenbruck,* Unternehmensinsolvenz, 1999; *Breilmann/Fuchs,* Bankenregulierung, Insolvenzrecht, Kapitalanlagegesetzbuch, Honorarberatung, WM 2013, 1437 ff; *Brinkmann/Zipperer,* Die Eigenverwaltung nach dem ESUG aus Sicht von Wissenschaft und Praxis, ZIP 2011, 1337 ff; *Brünkmans,* Die koordinierte Verfahrensbewältigung in Insolvenzverfahren gruppenangehöriger Schuldner nach dem Diskussionsentwurf zur Konzerninsolvenz, Der Konzern 2013, 169 ff; *Brünkmans,* Entwurf eines Gesetzes zur Erleichterung der Bewältigung von Konzerninsolvenzen: Kritische Analyse und Anregungen aus der Praxis, ZIP 2013, 193 ff; *Brünkmans,* Regierungsentwurf zum Konzerninsolvenzrecht, DB 39/2013, M 1; *Bultmann,* Der Gewinnabführungsvertrag in der Insolvenz, ZInsO 2007, 785 ff; *Buth/Hermanns,* Restrukturierung, Sanierung, Insolvenz, 4. Aufl. 2014; *Bürgers/Körber,* Aktiengesetz, 3. Aufl. 2014; *Commandeur/Knapp,* Aktuelle Entwicklungen im Insolvenzrecht, NZG 2013, 176 ff; *Dellit,* Entwurf eines Gesetzes zur Erleichterung der Bewältigung von Konzerninsolvenzen: Der Konzerninsolvenzplan, Der Konzern, 2013, 190 ff; *Doliwa,* Die geplante Insolvenz, 2012; *Ehricke,* Zur gemeinschaftlichen Sanierung insolventer Unternehmen eines Konzerns, ZInsO 2002, 393 ff; *Ehricke,* Die Zusammenarbeit der Insolvenzverwalter bei grenzüberschreitenden Insolvenzen nach der EuInsVO, WM 2005, 397 ff; *Eidenmüller,* Unternehmenssanierung zwischen Markt und Gesetz, 1999; *Eidenmüller,* Der nationale und der internationale Insolvenzverwaltungsvertrag, ZZP 114 (2001), 3 ff; *Eidenmüller,* Verfahrenskoordination bei Konzerninsolvenzen, ZHR 169 (2005), 528 ff; *Eidenmüller,* Reformperspektiven im Restrukturierungsrecht, ZIP 2010, 649 ff; *Eidenmüller/Frobenius,* Ein Regulierungskonzept zur Bewältigung von Gruppeninsolvenzen: Verfahrenskonsolidierung im Kontext nationaler und internationaler Reformvorhaben, ZIP 2013, Beilage zu Heft 22, 1 ff; *Emmerich/Habersack,* Aktien- und GmbH-Konzernrecht, 8. Aufl. 2016; *Emmerich/Habersack,* Konzernrecht, 10. Aufl. 2013; *Fleischer/Goette:* Münchener Kommentar zum Gesetz betreffend die Gesellschaften mit beschränkter Haftung – GmbHG, 2. Aufl. 2015; *Fölsing,* Konzerninsolvenz: Gruppen-Gerichtsstand, Kooperation und Koordination, ZInsO 2013, 413 ff; *Freudenberg,* Der Fortbestand des Beherrschungs- und Gewinnabführungsvertrages in der Insolvenz der Konzernobergesellschaft, ZIP 2009, 2037 ff; *Frind,* Die Überregulierung der „Konzern"insolvenz, ZInsO 2013, 429 ff; *Goette/ Habersack,* Münchener Kommentar zum Aktiengesetz, 4. Aufl. 2015 und 2011; *Gogger,* Insolvenzgläubiger-Handbuch, 3. Aufl. 2010; *Gottwald,* Insolvenzrechts-Handbuch, 4. Aufl. 2010; *Graeber,* Der Konzerninsolvenzverwalter – Pragmatische Überlegungen zu Möglichkeiten eines Konzerninsolvenzverfahrens, NZI 2007, 265 ff; *Graeber,* Das Konzerninsolvenzverfahren des Diskussionsentwurfs 2013, ZInsO 2013, 409 ff; *Graf-Schlicker,* Mit Blick auf Europa: Ein Konzerninsolvenzrecht schaffen, Regelungen zum Konzerninsolvenzrecht – eine wirtschaftliche und rechtliche Notwendigkeit, AnwBl 2013, 620 ff; *Graf-Schlicker,* Die Entwicklung des ESUG und die Fortentwicklung des Insolvenzrechts, ZInsO 2013, 1765 ff; *Haarmeyer/Wutzke/Förster,* Handbuch der vorläufigen Insolvenzverwaltung, 2010; *Haarmeyer,* Zehn Grundsätze zur Reform des Vergütungsrechts in Insolvenzverfahren, ZInsO 2013, 2255 ff; *Harder/Lojowsky,* Der Diskussionsentwurf für ein Gesetz zur Erleichterung der Bewältigung von Konzerninsolvenzen – Verfahrensoptimierung zur Sanierung von Unternehmensverbänden?, NZI 2013, 327 ff; *Haß/Huber/Gruber/Heiderhoff,* EuInsVO, 1. Aufl. 2005; Heidel, Aktienrecht und Kapitalmarktrecht, 4. Aufl. 2014; *Hermanns/Buth,* Der Insolvenzplan als Sanierungsplan, DStR 1997, 1178 ff; *Hess,* Großkommentar Insolvenzrecht, 2. Aufl. 2013; *Hess/Ruppe,* Die Eigenverwaltung in der Insolvenz einer AG oder einer GmbH, NZI 2002, 577 ff; *Hill,* Das Eigenverwaltungsverfahren des Diskussionsentwurfs des BMJ im Spannungsfeld zwischen Sanierungsinteresse und Gläubigerschutz, ZInsO 2010, 1825 ff; *Hoffmann-Becking/Rawert,* Beck'sches Formularbuch Bürgerliches, Handels- und Wirtschaftsrecht, 11. Aufl. 2013; *Hofmann,* Die Vorschläge des DiskE-ESUG zur Eigenverwaltung und zur Auswahl des Sachwalters – Wege und Irrwege zur Erleichterung von Unternehmenssanierungen, NZI 2010, 798 ff; *Hölters,* Handbuch Unternehmenskauf, 7. Aufl. 2010; *Hölters,* Aktiengesetz: AktG, 3. Aufl. 2017; *Hölzle,* Zur Durchsetzbarkeit von Sicherheiten für Gesellschafterdarlehen in der Insolvenz, ZIP 2013, 1992 ff; *Hölzle,* Gesellschaftsrechtliche Veränderungssperre im Schutzschirmverfahren, ZIP 2012, 2427 ff; *Humbeck,* Plädoyer für ein materielles Konzerninsolvenzrecht, NZI 2013, 957 ff; *Hüffer/Koch,* Aktiengesetz: AktG, 12. Aufl. 2016; *Jaffé,*

Die Eigenverwaltung im System des Restrukturierungsrechts, ZHR 175 (2011), 38 ff; *Keller,* Insolvenzrecht, 2006; *Kindler/Nachmann,* Handbuch Insolvenzrecht in Europa, 4. Aufl. 2014; *Kirchhof/Eidenmüller/Stürner,* Münchener Kommentar zur Insolvenzordnung, Band 1 (3. Aufl. 2013), Band 3 (2. Aufl. 2008, 3. Aufl. 2014,); *Klöhn,* Gesellschaftsrecht in der Eigenverwaltung: Die Grenzen des Einflusses auf die Geschäftsführung gemäß § 267a Satz 1 InsO, NZG 2013, 81 ff; *Knops/Bamberger/Maier-Reimer,* Recht der Sanierungsfinanzierung, 2005; *Körner,* Die Eigenverwaltung in der Insolvenz als bestes Abwicklungsverfahren?, NZI 2007, 270 ff; *Kranzusch,* Sanierungen insolventer Unternehmen mittels Insolvenzplanverfahren, ZInsO 2007, 804 ff; *Kreft,* Heidelberger Kommentar zur Insolvenzordnung, 7. Aufl. 2014; *Kübler,* HRI – Handbuch Restrukturierung in der Insolvenz, 2. Auflage 2014; *Kübler/Prütting/Bork,* InsO – Kommentar zur Insolvenzordnung – Sonderband Gesellschaftsrecht (Noack); *Lang/Ossola-Haring,* Kauf Verkauf und Übertragung von Unternehmen, 2011; *Leonhardt/Smid/Zeuner,* Insolvenzordnung, 3. Aufl. 2010; *Lienau,* Der Diskussionsentwurf eines Gesetzes zur Erleichterung der Bewältigung von Konzerninsolvenzen, Der Konzern 2013, 157 ff; *Lorz/Pfisterer/Gerber,* Beck'sches Formularbuch GmbH-Recht, 2010; *Lutter/Hommelhoff,* GmbH-Gesetz, 19. Aufl. 2016; *Madaus,* Insolvenzplan, 2011; *Madaus/Heßel,* Die Verwaltervergütung in Reorganisationsfällen – Unzulänglichkeiten und Reformansätze, ZIP 2013, 2088 ff; *Möhlenkamp,* Konzernsanierung – konzentriert, koordiniert oder gar nicht?!, BB Die erste Seite 2013, Nr. 41; *Müller-Feldhammer,* Die übertragende Sanierung – ein ungelöstes Problem der Insolvenzrechtsreform, ZIP 2003, 2186 ff; *Nerlich/Kreplin,* Münchener Anwaltshandbuch Insolvenz und Sanierung, 2. Aufl. 2012; *Nerlich /Römermann,* Insolvenzordnung: InsO, 32. Aufl. 2017; *Noack,* Gesellschaftsrecht, 1999; *Noack,* „Holzmüller" in der Eigenverwaltung – Zur Stellung von Vorstand und Hauptversammlung im Insolvenzverfahren, ZIP 2002, 1873; *Pape/Uhlenbruck/Voigt-Salus,* Insolvenzrecht, 2. Aufl. 2010; *Paulus,* Überlegungen zu einem modernen Konzerninsolvenzrecht, ZIP 2005, 1948 ff; *Paulus,* Wege zu einem Konzerninsolvenzrecht, ZGR 2010, 270 ff; *Picot,* Unternehmenskauf und Restrukturierung, 4. Aufl. 2013; *Piepenburg,* in: FS Greiner (2005), 271 ff; *Piepenburg,* Faktisches Konzerninsolvenzrecht am Beispiel Babcock Borsig, NZI 2004, 231 ff; *Pleister,* Das besondere Koordinationsverfahren nach dem Diskussionsentwurf für ein Gesetz zur Erleichterung der Bewältigung von Konzerninsolvenzen, ZIP 2013, 1013 ff; *Rattunde,* Sanierung von Großunternehmen durch Insolvenzpläne – Der Fall Herlitz, ZIP 2003, 596 ff; *Rendels/Zabel,* Insolvenzplan, 2013; *Rixecker/Säcker/Oetker,* Münchener Kommentar zum BGB, Band 2 (7. Auflage 2015); *Rolfs/Giesen/Kreikebohm/Udsching,* Beck'scher Online-Kommentar, 2014; *Rotstegge,* Konzerninsolvenz. Die verfahrensrechtliche Behandlung von verbundenen Unternehmen nach der Insolvenzordnung, 2007; *Rödder/Hötzel/Mueller-Thuns,* Unternehmenskauf/-verkauf, 2003; *Römermann,* Münchener Anwaltshandbuch GmbH-Recht, 3. Aufl. 2014; *Römermann,* Die Konzerninsolvenz auf der Agenda des Gesetzgebers, ZRP 2013, 201 ff; *Scheel,* Konzerninsolvenzrecht, 1995; *Schmerbach/Staufenbiel,* Die übertragende Sanierung im Insolvenzverfahren, ZInsO 2009, 458 ff; *Schmollinger,* Der Konzern in der Insolvenz, 2013; *Schmidt,* Hamburger Kommentar zum Insolvenzrecht, 6. Aufl. 2017; *Schmidt,* Insolvenzordnung, 19. Aufl. 2015; *Schmidt,* Gesellschaftsrecht, 4. Aufl. 2002; *Schmidt,* Organverantwortlichkeit und Sanierung im Insolvenzrecht der Unternehmen, ZIP 1980, 328 ff; *Schmidt,* Gesellschaftsrecht und Insolvenzrecht im ESUG-Entwurf, BB 2011, 1603 ff; *Schneider/Höpfner,* Die Sanierung von Konzernen durch Eigenverwaltung und Insolvenzplan, BB 2012, 87 ff; *Siemon/Frind,* Der Konzern in der Insolvenz, NZI 2013, 1 ff; *Smid,* Zum Recht der Planinitiative gem § 218 InsO, WM 1996, 1249 ff; *Spindler/Stilz,* Kommentar zum Aktiengesetz: AktG, Band 2 (2. Aufl. 2010); *Strümpell,* Die übertragende Sanierung innerhalb und außerhalb der Insolvenz, 2004; *Thole,* Die Haftung des Koordinationsverwalters und der Einzelverwalter bei der koordinierten Konzerninsolvenz – zu den haftungsrechtlichen Auswirkungen des DiskE zur Konzerninsolvenz vom 3.1.2013 –, Der Konzern 2013, 182 ff; *Treffer,* Haftungsrisiken bei der Gründung einer GmbH-Auffanggesellschaft, GmbHR 2003, 166 ff; *Trendelenburg,* Der Gewinnabführungs- und Beherrschungsvertrag in der Krise der Obergesellschaft, NJW 2002, 647 ff; *Uhlenbruck,* Insolvenzordnung, 14. Aufl. 2016; *Uhlenbruck,* Konzerninsolvenzrecht über einen Insolvenzplan?, NZI 1999, 41 ff; *Uhlenbruck,* Fünf Jahre Insolvenzordnung – Meilensteine in der Praxis, Beilage Nr. 8 zu BB 2004, Heft 43, 2 ff; *Vallender,* Unternehmenskauf in der Insolvenz (II), GmbHR 2004, 642 ff; *Vallender,* Einführung eines Gruppen-Gerichtsstandes – ein sachgerechter Ansatz zur Bewältigung von Konzerninsolvenzen, Der Konzern 2013, 162 ff; *Verhoeven,* Konzerninsolvenz: Eine Lanze für ein modernes und wettbewerbsfähiges deutsches Insolvenzrecht, ZInsO 2012, 1689 ff; *Wachter,* AktG, 2. Aufl. 2014; *Wimmer,* FK-InsO – Frankfurter Kommentar zur Insolvenzordnung, 9. Aufl. 2017; *Wimmer,* Konzerninsolvenzen im Rahmen der EUInsVO – Ausblick auf die Schaffung eines deutschen Konzerninsolvenzrechts, DB 2013, 1343 ff; *Wimmer,* Vom Diskussionsentwurf zum Regierungsentwurf eines Gesetzes zur Erleichterung der Bewältigung von Konzerninsolvenzen, juris-PR 20/2013 Anm. 1; *Wimmer/Wagner/Dauernheim/Weidekind,* Handbuch des Fachanwalts Insolvenzrecht, 7. Aufl. 2015; *Denkhaus/Ziegenhagen,* Unternehmenskauf in Krise und Insolvenz, 3. Aufl. 2016; *Wittinghofer,* Der nationale und internationale Insolvenzverwaltungsvertrag, 2004; *Zeidler,* Ausgewählte Probleme des GmbH-Vertragskonzernrechts, NZG 1999, 692 ff; *Zöllner/Noack,* Kölner Kommentar zum Aktiengesetz, Band 6 (3. Aufl. 2004).

I. Sanierung im Rahmen der Eigenverwaltung

1 Die Eigenverwaltung nach §§ 270 ff InsO fristete in der deutschen Sanierungspraxis lange Zeit ein Schattendasein.[1] Wenngleich sie – gemessen an der Gesamtzahl der eröffneten Insolvenzverfahren – immer noch die Ausnahme bildet, hat die Eigenverwaltung jedoch in den vergangenen Jahren insbesondere im Rahmen von Konzerninsolvenzen an Bedeutung gewonnen.[2] Es hat sich gezeigt, dass die Eigenverwaltung ein geeignetes Mittel zur Verfahrensabwicklung bei Großunternehmen mit verschachtelten konzernrechtlichen Beziehungen darstellt.[3] Durch sie können – oftmals in Verbindung mit einem Insolvenzplan – Leistungsstrukturen innerhalb des Konzerns erhalten und komplexe Projekte mit mehreren beteiligten (insolventen) Gesellschaften weitergeführt werden.[4] Erforderliche konzerninterne Umstrukturierungsmaßnahmen können aufgrund der Kenntnisse des Managements und der ggf bestehenden Personenidentität leichter durchgeführt werden.[5] Das Instrumentarium der Eigenverwaltung ermöglicht eine **kooperative Sanierungsausrichtung** und entspricht somit am ehesten dem wirtschaftlichen Konzernverständnis.[6] Vor Inkrafttreten des neuen Konzerninsolvenzrechts am 21. April 2018 wurde sie als eine Art Ersatz für dieses angesehen,[7] nunmehr stehen das neue Konzerninsolvenzrecht und die Eigenverwaltung nebeneinander und bedürfen der Abstimmung.[8]

2 Angelehnt an das amerikanische Modell des *„debtor in possession"*[9] behält der Schuldner bei der Eigenverwaltung die Verfahrenshoheit. Durch die Vermeidung der Einarbeitungszeit eines Fremdverwalters und eine bessere Nutzbarmachung der unternehmerischen Kenntnisse und Erfahrungen der bisherigen Geschäftsleitung stellt die Eigenverwaltung eine praktiablere und kostengünstigere Alternative zum Regelinsolvenzverfahren dar.[10] Die mit der Eigenverwaltung verbundene Aussicht, auch nach der Verfahrenseröffnung nicht völlig aus der Geschäftsführung verdrängt zu werden, bietet einen erheblichen Anreiz zur rechtzeitigen Antragsstellung durch die Geschäftsleitung.[11] Nicht zu unterschätzen sind die mit der Eigenverwaltung verbundenen psychologischen Aspekte für Kunden, Lieferanten und die übrigen Marktteilnehmer: Die weiter agierende Geschäftsleitung demonstriert *„business as usual"* und die Eigenverwaltung wird als eine Art Moratorium begriffen, das auch in anderen Rechtsordnungen nicht fremd ist.[12] Dies führt zu einer Senkung der indirekten

---

[1] *Brinkmann/Zipperer* ZIP 2011, 1337; *Jaffé* ZHR 175 (2011), 38, 41; *Schneider/Höpfner* BB 2012, 87, 88; *Madaus* NZI 2017, 329, 332. Beispielhaft für die eher restriktive Haltung der Gerichte AG Freiburg NZI 2015, 604 f. sowie AG Freiburg NZI 2015, 605 f.

[2] *Jaffé* ZHR 175 (2011), 38, 41; Kübler/*Kübler* HRI § 19 Rn. 1.

[3] Uhlenbruck/*Zipperer* InsO § 270 Rn. 10; K. Schmidt/*Undritz* InsO Vor §§ 270 ff Rn. 10; *Harder/Lojowsky* NZI 2013, 327, 331.

[4] Gottwald InsO-HdB/*Haas/Kahlert* § 86 Rn. 15; *Harder/Lojowsky* NZI 2013, 327, 331; *Körner,* NZI 2007, 270, 273. Ein Beispiel ist die Insolvenz der *Babcock Borsig* – Unternehmensgruppe. Dabei ging es um 360 Gesellschaften eines Konzerns, die von wenigen Insolvenzverwaltern, koordiniert von einem Insolvenzverwalter in der Rolle des Vorstandsvorsitzenden, in Eigenverwaltung abgewickelt bzw. im Kern saniert werden konnten; dazu *Piepenburg,* NZI 2004, 231 ff.

[5] Kübler/*Pleister/Theusinger* HRI § 50 Rn. 21.

[6] *Rotstegge* Konzerninsolvenz S. 287.

[7] *Körner* NZI 2007, 270, 273.

[8] Kritisch zu Unstimmigkeiten und Regelungsbedarf zwischen der Eigenverwaltung und dem neuen Konzerninsolvenzrecht *Harder/Lojowsky* NZI 2013, 327, 330 ff.; *Andres/Möhlenkamp* BB 2013, 579, 587; *Brünkmans* ZIP 2013, 193, 199 f. Ausführlich unten → § 5 Rn. 32.

[9] USC Chapter 11, §§ 1104, 1107; Kommission für Insolvenzrecht, Erster Bericht, Begründung zu Leitsatz 1.3.1.1., S. 125.

[10] Begründung RegE InsO, BT-Drs. 12/2443 S. 223; *Rotstegge* Konzerninsolvenz S. 274; kritisch: *Jaffé* ZHR 175 (2011), 38, 42 ff, 45.

[11] Begründung RegE InsO, BT-Drs. 12/2443 S. 223; Kübler/*Kübler* HRI § 19 Rn. 1.

[12] So beispielsweise im U. S.-amerikanischen Recht der „Automatic Stay" nach USC Chapter 3, § 362 oder im Englischen Insolvenzrecht die Wirkung der „Administration Order" nach IA 1986, sec. 11. Zum Moratorium im ausländischen Recht *Ehricke* ZInsO 2002, 393, 395.

Insolvenzkosten, die das Unternehmen durch den mit einer Insolvenz verbundenen Image- und Vertrauensverlust erleidet.[13] Eine wirkliche Verfahrensoption stellt die Eigenverwaltung jedoch nur dann dar, wenn die Schuldnerin, insbesondere ihre organschaftlichen Vertreter, überhaupt noch das Vertrauen der Gläubiger genießt.[14]

Für die Sanierung eines Konzerns im Rahmen der Eigenverwaltung stehen im Wesentli- 3 chen zwei Möglichkeiten zur Verfügung: einerseits die Durchführung des insolvenzrechtlichen **Planverfahrens**,[15] andererseits die **Liquidation** einzelner Unternehmen oder Unternehmensteile durch eine übertragende Sanierung, insbesondere im Wege von *asset deals*.[16] Die Verbindung von koordinierter oder einheitlicher Durchführung der Eigenverwaltung mit **aufeinander abgestimmten Insolvenzplänen** wird als besonders praxisgerechtes und erfolgversprechendes Konzept zur konzernunternehmensspezifischen Sanierung angesehen, da sie eine verbesserte Verfahrenskoordination ermöglicht.[17] Hierzu ist in der Insolvenz der herrschenden Gesellschaft ein führender Insolvenzplan (sog. Masterplan) aufzustellen, in dem die zentralen Sanierungspunkte für das herrschende und die von ihm abhängigen Unternehmen festgelegt werden.[18] Für die insolventen Tochterunternehmen werden sodann korrespondierende Insolvenzpläne vorgelegt.[19] Unter Umständen kann eine kombinierte Anwendung von übertragender Sanierung und Insolvenzplanverfahren sinnvoll sein.[20]

1. Voraussetzungen der Sanierung in Eigenverwaltung

Aufgrund des insolvenz- und haftungsrechtlichen Rechtsträgerprinzips muss über jede 4 Konzerngesellschaft ein eigenständiges Insolvenzverfahren eröffnet werden.[21] Bevor das Insolvenzgericht in dem Eröffnungsbeschluss gemäß § 270 Abs. 1 Satz 1 InsO die Eigenverwaltung anordnet, muss es das Vorliegen der Voraussetzungen der §§ 270 ff InsO für jede insolvente Gesellschaft gesondert prüfen.[22] Anders als das US-amerikanische Reorganisationsrecht, steht das deutsche Insolvenzrecht einer Konzernsanierung entgegen, die etwa durch einen konsolidierten Insolvenzplan auch wirtschaftlich gesunde Unternehmen einbezieht *(„piercing the corporate veil“)*.[23] Aus der individuellen Anordnung in jedem Verfahren erwachsen für die Insolvenz konzernverbundener Unternehmen besondere Herausforderungen.

2. Auswirkungen auf die eigenverwaltende Konzerngesellschaft

Mit Anordnung der Eigenverwaltung erhält die Schuldnergesellschaft gemäß § 270 Abs. 1 5 Satz 1 InsO die **Verwaltungs- und Verfügungsbefugnis** über die Insolvenzmasse. Nach überwiegend vertretener Ansicht wird die Verwaltungs- und Verfügungsbefugnis von der Schuldnerin nicht in ihrer originären Gestalt beibehalten, sondern wird dieser durch das Gericht im Eröffnungsbeschluss in modifizierter Form neu zugewiesen.[24] Mit dem Eröff-

---

[13] *Eidenmüller* ZIP 2010, 649, 651; *Jaffé* ZHR 175 (2011), 38, 44.
[14] Uhlenbruck/*Zipperer* InsO § 270 Rn. 7.
[15] Vertiefend hierzu → Rn. 33 ff.
[16] Vertiefend hierzu → Rn. 117 ff; zum Ganzen auch *Jaffé* ZHR 175 (2011), 38, 40. Die Verbindung der Eigenverwaltung mit dem Planverfahren wurde im Gesetzgebungsverfahren zur InsO sogar noch als zwingend angesehen, vgl. Begründung DiskE InsO 1988, SB 299.
[17] *Ehricke* ZInsO 2002, 393, 394 f; Kübler/*Kübler* HRI § 19 Rn. 1; *Rotstegge* Konzerninsolvenz, S. 287; Braun/*Specovius* InsO § 270d Rn. 1.
[18] *Ehricke* ZInsO 2002, 393, 394; dazu unten → § 5 Rn. 61 ff.
[19] *Ehricke* ZInsO 2002, 393, 394.
[20] Zur Gestaltung bei Babcock Borsig *Piepenburg* NZI 2004, 231 ff.
[21] *Andres*/*Möhlenkamp* BB 2013, 579; *Graf-Schlicker* ZInsO 2013, 1765, 1768.
[22] Ausführlich zu den Besonderheiten der Anordnung der Eigenverwaltung im Konzern → *Pleister* § 4 Rn. 201 ff; s auch Kübler/*Kübler* HRI § 19 Rn. 3; *Rotstegge* Konzerninsolvenz S. 274.
[23] *Uhlenbruck* Beilage Nr. 8 zu BB 2004, Heft 43, 2, 5.
[24] HambKommInsO/*Fiebig* InsO § 270 Rn. 34; *Hess*/*Ruppe* NZI 2002, 577, 578; aA *Rotstegge* Konzerninsolvenz S. 291ff, 298.

nungsbeschluss tritt eine **Veränderung des Pflichtenkreises** des Schuldners ein. Die Verwaltungs- und Verfügungsbefugnis ist fortan durch den **Insolvenzzweck** der gemeinschaftlichen Befriedigung der Gläubiger nach § 1 Satz 1 InsO gebunden.[25] Die gesamte Abwicklung des Insolvenzverfahrens ist demnach ausschließlich an den Interessen der Gläubiger – der Maximierung der Haftungsmasse – auszurichten, wohingegen eigene Interessen des Insolvenzschuldners zurückzustellen sind.[26] Handlungen der Schuldnerin, die dem Insolvenzzweck offensichtlich zuwiderlaufen, sind unwirksam.[27] Die Rolle der Schuldnerin in der Eigenverwaltung ist der einer Amtswalterin in eigener Sache vergleichbar.[28] Dabei wird sie weiterhin durch ihre Organe vertreten.[29]

6   Der Schuldnerin sind im Grundsatz diejenigen Aufgaben übertragen, die im Regelverfahren dem Verwalter und die nicht ausschließlich nach §§ 270 ff InsO dem Sachwalter obliegen.[30] So verbleibt mit der Verwaltungs- und Verfügungsbefugnis auch die Arbeitgeberfunktion bei der Schuldnerin.[31] Diese unterliegt jedoch Einschränkungen. Die Rechte nach den § 120 (Kündigung von Betriebsvereinbarungen), § 122 (Antragsrecht auf gerichtliche Zustimmung zur Durchführung einer Betriebsänderung) und § 126 InsO (Antragsrecht auf Feststellung der Kündigung bestimmter Arbeitsverhältnisse) kann der Schuldner gemäß § 279 Satz 3 InsO wirksam nur mit Zustimmung des Sachwalters ausüben. Der Schuldnergesellschaft steht ferner das Widerspruchsrecht gegen angemeldete Forderungen nach § 283 Abs. 1 Satz 1 InsO zu, sowie das Wahlrecht nach §§ 103 ff InsO, um sich aus für sie nachteiligen Vertragsverbindungen zu lösen. Die Befugnisse des Schuldners können durch die Zustimmungsbedürftigkeit gewisser Rechtshandlungen und die Mitwirkung des Sachwalters und des Gläubigerausschusses beschnitten werden.

a) Geschäftsleitung

7   Die bestehende, mit den Konzernverbindungen vertraute Geschäftsleitung der Konzerngesellschaft, kann mit Insolvenzeröffnung unter der Aufsicht eines Sachwalters die Geschäfte fortführen und die durch die Eigenverwaltung zugewiesenen Aufgaben erfüllen. Die bisherige **Zusammensetzung der Geschäftsleitung** bleibt von der Verfahreneröffnung grundsätzlich **unberührt.** Kenntnisse und Erfahrungen des Managements sollen in der Schuldnergesellschaft gebunden bleiben.[32] Gerade in der Insolvenz eines Konzerns führt oftmals kein Weg daran vorbei, auf das unternehmerische Know-how der bisherigen Geschäftsführung zurückzugreifen: Für einen Insolvenzverwalter wird es schlichtweg nicht zu leisten sein, das operative Geschäft für möglicherweise hunderte von Tochtergesellschaften zu übernehmen.[33] Jedoch ist die personelle Kontinuität keineswegs zwingend.[34] Eine Auswechslung der Geschäftsleitung kann sinnvoll sein, um insolvenzrechtliche Kompetenzen zu gewinnen und um das Vertrauen der Gläubiger in die Sanierungsfähigkeit der Schuldnerin zu stärken.[35] Nach gängiger Praxis wird in großen Verfahren häufig ein

---

[25] HambKommInsO/*Fiebig* InsO § 270 Rn. 34; *Jaffé* ZHR 175 (2011), 38, 40; Kübler/*Pleister/Theusinger* HRI § 50 Rn. 20.

[26] BGH Beschl. v. 7.12.2006 – V ZB 93/06, NJW-RR 2007, 629; Kübler/*Pleister/Theusinger* HRI § 50 Rn. 20.

[27] HambKommInsO/*Fiebig* InsO § 270 Rn. 35; HKInsO/*Landfermann* § 270 Rn. 30; *Noack* ZIP 2002, 1873; MüKoInsO/*Tetzlaff* § 270 Rn. 141; K. Schmidt/*Undritz* InsO § 270 Rn. 17.

[28] *Noack* ZIP 2002, 1873; Uhlenbruck/*Zipperer* InsO § 270 Rn. 8; K. Schmidt/*Undritz* InsO § 270 Rn. 17; aA *Rotstegge* Konzerninsolvenz S. 291ff, 298.

[29] Kübler/*Kübler* HRI § 19 Rn. 21; *Rotstegge* Konzerninsolvenz S. 299.

[30] MüKoInsO/*Tetzlaff* § 270 Rn. 147.

[31] MüKoInsO/*Tetzlaff* § 270 Rn. 164.

[32] Begründung RegE InsO, BT-Drs. 12/2443 S. 223.

[33] *Jaffé* ZHR 175 (2011), 38, 47.

[34] *Jaffé* ZHR 175 (2011), 38, 43; Kübler/*Kübler* HRI § 19 Rn. 22; *Rotstegge* Konzerninsolvenz S. 299; *K. Schmidt* BB 2011, 1603, 1606; Uhlenbruck/*Zipperer* InsO § 270 Rn. 8.

[35] K. Schmidt/*Undritz* InsO Vor § 270 Rn. 22.

erfahrener **Restrukturierungsexperte** in die Geschäftsleitung berufen.[36] Dies bietet regelmäßig Gewähr dafür, dass die Verfahrensabwicklung nach Vorgaben der Insolvenzordnung und in Ausrichtung an dem Interesse der Gläubiger stattfindet.[37] Den übrigen Mitgliedern der Geschäftsleitung wird dadurch ermöglicht, sich voll auf das Kerngeschäft zu konzentrieren.[38] Trifft die bisherige Geschäftsleitung an der wirtschaftlichen Fehlentwicklung der Gesellschaft ein Verschulden, so dürfte die erfolgreiche Durchführung der Eigenverwaltung einen Personalwechsel voraussetzen.[39]

Die Pflicht der Geschäftsleitung zur Anwendung der Sorgfalt eines ordentlichen Ge- 8 schäftsmannes in den Angelegenheiten der Gesellschaft (§ 93 Abs. 1 Satz 1 AktG; § 43 Abs. 1 GmbHG) wird der insolvenzrechtlichen **Zielvorgabe bestmöglicher Haftungsverwirklichung** untergeordnet.[40] Das Management unterliegt der **Überwachung** durch den Sachwalter, § 274 Abs. 2 InsO, den Gläubigerausschuss und die Gläubigerversammlung.[41] Auf die bislang streitige Frage, in welchem Verhältnis die Eigenverwaltung zu den gesellschaftsrechtlichen Bindungen der Geschäftsleitung steht, soll die durch das ESUG neu eingefügte Vorschrift des § 276a InsO eine Antwort geben.[42] Demnach kommt es im Fall der Eigenverwaltung zu einer insolvenzrechtlichen Überlagerung der innergesellschaftlichen Kompetenzordnung, wodurch die gesellschaftsrechtlichen Möglichkeiten der Einflussnahme auf die Geschäftsleitung weitgehend verdrängt werden.[43]

Nach §§ 270 Abs. 1 Satz 2 iVm 108 Abs. 1 InsO bleiben die **Anstellungsverhältnisse** 9 der Vertretungsorgane bestehen. Die Vergütungspflicht der Geschäftsleitung stellt eine Masseverbindlichkeit gemäß § 55 Abs. 1 Nr. 2 InsO dar. Um nicht zuletzt das Vertrauen der Gläubiger in den Schuldner und dessen Management zu festigen, sollte eine Änderungskündigung des Anstellungsvertrags oder eine Vertragsanpassung erwogen werden, die auf eine entsprechend geringere Gehaltszahlung zielt.[44]

Eine Anpassung der **gesellschaftsrechtlichen Haftungstatbestände** bzw die Schaffung 10 eines eigenen insolvenzrechtlichen Haftungstatbestands für Mitglieder von Schuldnerorganen im Regelungssystem der Eigenverwaltung wurde im Rahmen des Gesetzgebungsverfahrens zum ESUG vorgeschlagen.[45] Entgegen einer verbreiteten, auch in der Vorauflage vertretenen Ansicht, wonach allein eine Innenhaftung der Geschäftsleitung in der Eigenverwaltung greift,[46] hat der BGH nunmehr entschieden, dass mit Eröffnung des Insolvenzverfahrens in Eigenverwaltung die gesellschaftsrechtliche Organinnenhaftung vertretungsberechtigter Geschäftsleiter durch eine insolvenzrechtliche Organaußenhaftung analog §§ 60, 61 InsO ergänzt wird.[47] Damit soll dem Umstand Rechnung getragen werden, dass die Eigenverwaltungsorgane jedenfalls mit Eröffnung des Insolvenzverfahrens primär den Gläubigern verpflichtet sind. Zudem werden die Geschäftsleiter aus der Insolvenzmasse vergütet – und damit aus Vermögen, das primär der Gläubigerbefriedigung dient. Die erhöhten Haftungsrisiken wird die Geschäftsleitung in der Eigenverwaltung künftig berücksichtigen müssen. Die wohl überwiegende Literatur ging bisher von der Anwendbar-

---

[36] So geschehen bei KirchMedia, Babcock Borsig (dazu *Piepenburg* NZI 2004, 231 ff) und Ihr Platz; *Jaffé* ZHR 175 (2011), 38, 43, 47; *Piepenburg* NZI 2004, 231, 234; *Kübler/Pleister/Theusinger* HRI § 50 Rn. 20; *Schneider/Höpfner* BB 2012, 87, 88; *Uhlenbruck/Zipperer* InsO § 270 Rn. 7; kritisch AG Duisburg Beschl. v. 1.9.2002 – 62 IN 167/02, ZInsO 2002, 1046 ff.
[37] *Uhlenbruck/Zipperer* InsO § 270 Rn. 25.
[38] *Jaffé* ZHR 175 (2011), 38, 47; *Piepenburg* NZI 2004, 231, 234.
[39] *Kübler/Kübler* HRI § 19 Rn. 18; *Rotstegge* Konzerninsolvenz S. 283 f.
[40] *Eidenmüller* ZHR 169 (2005), 528, 550; vgl. Begr RegE ESUG, BT-Drs. 17/5712 S. 42.
[41] Begr RegE ESUG, BT-Drs. 17/5712 S. 42.
[42] Begr RegE ESUG, BT-Drs. 17/5712 S. 42; vertiefend hierzu sogleich → Rn. 14 ff.
[43] HambKommInsO/*Fiebig* InsO § 276a Rn. 3.
[44] *Kübler/Kübler* HRI § 19 Rn. 17.
[45] So *Hill* ZInsO 2010, 1825, 1828 f; *Hofmann* NZI 2010, 798, 804 f.
[46] So auch K. Schmidt/*Undritz* InsO § 270 Rn. 20; *Uhlenbruck/Zipperer* InsO § 270 Rn. 21, 25; *Gottwald/Haas* § 90 Rn. 18, 56; a. A. schon zuvor *Hill* ZInsO 2010, 1825, 1829 und MüKoInsO/*Tetzlaff* § 270 Rn. 172–181.
[47] BGH Urt. v. 26.4.2018 – IX ZR 238/17, insb Rn. 13, 22 ff, 28 ff, 47, 53.

keit der Business Judgement Rule (vgl. § 93 Abs. 1 S. 2 AktG) auf die Eigenverwaltung aus – allerdings unter der Annahme, dass es grundsätzlich bei der Innenhaftung der Eigenverwaltung (§§ 43 GmbHG, 93 AktG) verbleibt und nur ausnahmsweise Außenhaftung nach § 311 Abs. 3 S. 2 BGB eintritt.[48] Allerdings soll auch dem Insolvenzverwalter nach der Rechtsprechung ein grundsätzlich weiter Ermessensspielraum „wegen der mit seinem Amt verbundenen vielfältigen und schwierigen Aufgaben"[49] zustehen. Daher wird auch für die Haftung nach den § 60 f InsO die Anwendbarkeit der Business Judgement Rule vertreten.[50] Im Ergebnis dürfte das mit dem vorgenannten BGH Urteil verbundene erhöhte Haftungsrisiko daher vor allem auf der Verbreiterung des potentiellen Gläubigerkreises liegen.

b) Sachwalter

11 Bei Anordnung der Eigenverwaltung bestellt das Gericht gem § 270c Satz 1 InsO anstelle eines Insolvenzverwalters einen Sachwalter. Die Anordnung der Eigenverwaltung und die Bestellung des Sachwalters werden in den Eröffnungsbeschluss mit aufgenommen.[51] Zum Sachwalter ist eine geeignete, geschäftskundige und von den Gläubigern und dem Schuldner unabhängige natürliche Person zu bestellen, vgl. § 274 Abs. 1, § 56 Abs. 1 Satz 1 InsO. In Konzernsachverhalten wird es sich häufig als sinnvoll erweisen, wenn das Insolvenzgericht einen Sachwalter für mehrere oder alle Konzerngesellschaften bestellt, über deren Vermögen es das Insolvenzverfahren in Eigenverwaltung eröffnet.[52] Ein solches Vorgehen schlägt die Begründung zum Gesetzentwurf der Bundesregierung KIG ausdrücklich auch für Fälle vor, in denen die einzelnen Insolvenzverfahren nicht bei dem gleichen Gericht anhängig sind.[53] Im Unterschied zum Insolvenzverwalter ist der Sachwalter nicht der gesetzliche Vertreter der Schuldnerin, sondern ein **„sachkundiger und unparteiischer Gehilfe des Insolvenzgerichts".**[54] Die Aufgaben und Befugnisse des Sachwalters ergeben sich aus den Vorschriften der §§ 274 ff InsO. Die Tätigkeit des Sachwalters erschöpft sich im Wesentlichen in der Wahrung der Gläubigerinteressen.[55]

12 In diesem Rahmen obliegt ihm die Prüfung der wirtschaftlichen Lage des Schuldners und die Überwachung der Geschäftsführung (§ 274 Abs. 2 Satz 1 InsO). Um diese Aufgabe ausüben zu können, werden ihm **Auskunfts- und Kontrollrechte** eingeräumt. Ferner stehen dem Sachwalter **Zustimmungs- und Mitwirkungsbefugnisse** zu. Ein Zustimmungsvorbehalt besteht nach § 275 Abs. 1 Satz 1 InsO bei der Eingehung von Verbindlichkeiten, die nicht zum gewöhnlichen Geschäftsbetrieb gehören, bei zustimmungsbedürftigen Rechtsgeschäften nach § 277 Abs. 1 Satz 1 InsO und bei Abberufung und Neubestellung der Geschäftsleitung nach § 276a Satz 2 InsO. Ein Widerspruchsrecht besteht gemäß § 275 Abs. 1 Satz 2 InsO bei Rechtsgeschäften der Schuldnerin, die zum gewöhnlichen Geschäftsbetrieb gehören. Den Sachwalter treffen ferner **Informationspflichten** gegenüber dem Insolvenzgericht und den Gläubigern. Ihm obliegt die unverzügliche Pflicht zur Anzeige von Umständen, die erwarten lassen, dass die Fortsetzung der

---

[48] Gottwald/*Haas* § 90 Rn. 54; *Brinkmann* DB 2012, 1369, 1369 f; *Buchta/Ott* ZInsO 2015, 288, 290 ff; a. A. *Jungmann* NZI 2009, 80, 85.

[49] BGH Urt. v. 25.4.2002 – IX ZR 313/99 = NJW 2002, 2783, 2785; zuletzt ebenso BGH Urt. v. 16.3.2017 – IX ZR 253/15; dazu *Leichtle/Theusinger* NZG 2018, 251 ff.

[50] Für das reguläre Insolvenzverfahren und die Eigenverwaltung bejahen *Theusinger/Leichtle* NZG 2018, 251, 252; *K. Schmidt* ZIP 2018, 854, 856; *Berger/Frege/Nicht* NZI 2010, 321, 323–328 deshalb die Übertragbarkeit der Business Judgement Rule auf § 60 InsO, A. A. *Jungmann* NZI 2009, 80, 83 (mit dem beachtlichen Argument, Gläubiger wollen anders als Gesellschafter riskoneutral agierende Geschäftsleitung) und BeckOKInsO/*Desch/Stranz* § 60 Rn. 63.

[51] Nerlich/Römermann/*Riggert* InsO § 270c Rn. 2.

[52] Dazu ausführlicher unten → § 5 Rn. 25 sowie Braun/*Specovius* InsO § 270d Rn. 12; *Harder/Lojowsky* NZI 2013, 327, 331 und *Stahlschmidt/Bartelheimer* ZInsO 2017, 1010, 1014 f.

[53] Begr RegE KIG, BT-Drucks. 18/407, S. 41 f., 30 f.

[54] *Hess* InsO § 274 Rn. 9; Braun/*Riggert* InsO § 274 Rn. 3.

[55] MüKoInsO/*Tetzlaff/Kern* § 274 Rn. 42.

Eigenverwaltung zu Nachteilen für die Gläubiger führen wird, an den Gläubigerausschuss und das Insolvenzgericht (§ 274 Abs. 3 InsO) sowie die Pflicht zur Anzeige von Masseunzulänglichkeit an das Gericht (§ 285 InsO). Er steht entsprechend § 58 Abs. 1 Satz 1 InsO unter der Aufsicht des Insolvenzgerichts. Nur der Sachwalter kann die Haftung nach den §§ 92 und 93 InsO für die Insolvenzmasse geltend machen und Rechtshandlungen nach den §§ 129 bis 147 InsO anfechten, vgl. § 280 InsO. Die Insolvenzgläubiger haben ihre Forderungen gemäß § 270c Satz 2 InsO beim Sachwalter anzumelden. Ihm obliegt damit auch die Tabellenführung nach § 175 InsO.[56] Er hat zudem nach § 283 Abs. 1 Satz 1 InsO das Recht, angemeldete Forderungen zu bestreiten.

Der Sachwalter haftet für die Verletzung insolvenzspezifischer Pflichten nach §§ 274 **13** Abs. 1, 60 Abs. 1 InsO persönlich. Gleiches gilt, wenn das Insolvenzgericht auf Antrag der Gläubigerversammlung die Zustimmungsbedürftigkeit bestimmter Rechtsgeschäfte anordnet, der Sachwalter der Begründung von Masseverbindlichkeiten zustimmt und diese Verbindlichkeiten nicht erfüllt werden, vgl. §§ 277 Abs. 1 Satz 3, 61 InsO. Der Sachwalter erhält 60 % der Regelvergütung (§ 12 Abs. 1 InsVV). Durch die dadurch gegebene Möglichkeit einer Kosteneinsparung wird die Durchführung des Verfahrens oftmals überhaupt erst ermöglicht.[57]

c) Gesellschafter und Aufsichtsrat

Die Befugnisse der Überwachungsorgane werden durch § 276a Satz 1 InsO weitgehend **14** zurückgedrängt.[58] Demnach haben Aufsichtsrat und Gesellschafterversammlung bzw. Hauptversammlung in der Eigenverwaltung der Schuldnergesellschaft **keinen Einfluss auf die Geschäftsführung.** Ausgeschlossen sind nicht nur Weisungs- und Kontrollrechte der betreffenden Organe, sondern auch allgemeine Prüfungs- und Auskunftsrechte.[59] Sofern die Hauptversammlung aufgrund der Regelung des § 276a Satz 1 InsO hinsichtlich der beantragten Tagesordnungspunkte keine Entscheidungskompetenz hat, sind die Aktionäre nicht berechtigt, die Einberufung der Hauptversammlung nach § 122 Abs. 1 AktG zum Zweck der Informationsbeschaffung zu verlangen.[60]

Der Regelung des § 276a Satz 1 InsO liegt der Gedanke zugrunde, dass die Über- **15** wachungsorgane bei der Eigenverwaltung im Wesentlichen keine weitergehenden Einflussmöglichkeiten auf die Geschäftsführung haben sollen als in dem Fall, dass ein Insolvenzverwalter bestellt ist.[61] Mit Eröffnung des Insolvenzverfahrens verlieren die Gesellschafter grundsätzlich ihr Residualinteresse an der Gesellschaft – diese gehört bei wirtschaftlicher Betrachtung nunmehr den Gläubigern.[62] Das Eigenverwaltungsverfahren wird insoweit dem Regelinsolvenzverfahren gleichgestellt. Daher beschränkt die Vorschrift des § 276a Satz 1 InsO die Einflussnahme der Überwachungsorgane nur, **soweit die Verwaltung und Verwertung der Insolvenzmasse berührt** ist; bei der Verwaltung und Verwertung insolvenzfreien Vermögens und der Vornahme insolvenzneutraler Maßnahmen bleiben die ursprüngliche gesellschaftsrechtliche Kompetenzordnung und damit etwaige Weisungsrechte der Überwachungsorgane bestehen.[63] Der Bereich der Geschäftsführung ist abzugrenzen von dem Bereich der Grundlagenentscheidungen: Die Entscheidungskompetenzen der Haupt- und Gesellschafterversammlung über Änderungen der Satzung bzw des Gesell-

---

56 HKInsO/*Landfermann* § 270 Rn. 32 f; K. Schmidt/*Undritz* InsO § 270c Rn. 2.
57 *Jaffé* ZHR 175 (2011), 38, 44.
58 Kritisch: *K. Schmidt* BB 2011, 1603, 1606 f; zur verbleibenden Einflussmöglichkeit *Westphalen* Beilage NZI 2018, 41, 43.
59 K. Schmidt/*Undritz* InsO § 276a Rn. 2.
60 AG Montabaur Beschl. v. 19.6.2012, HRB 20744, ZIP 2012, 1307 f.
61 Begr RegE ESUG, BT-Drs. 17/5712 S. 42.
62 Zum regulierungstheoretischen Hintergrund vertiefend *Klöhn* NZG 2013, 81, 82 f; abweichend *Hölzle* ZIP 2013, 2427, der eine Anwendbarkeit des § 276a InsO bereits im Eröffnungsverfahren annimmt.
63 *Klöhn* NZG 2013, 81, 84; Nerlich/Römermann/*Riggert* InsO § 276a Rn. 4; K. Schmidt/*Undritz* InsO § 276a Rn. 4.

schaftsvertrags werden durch § 276a Satz 1 InsO nicht eingeschränkt.[64] Etwas anderes gilt jedoch für die Veräußerung wesentlicher Teile der Insolvenzmasse gemäß § 179a AktG und nach den „Holzmüller/Gelatine"-Grundsätzen der Rechtsprechung: Da auch ein Insolvenzverwalter nicht an die Zustimmung der Hauptversammlung gebunden wäre, ist die Entscheidungskompetenz der Hauptversammlung gemäß § 276a Satz 1 InsO ausgeschlossen.[65]

16   Die Vorschrift des § 276a Satz 1 InsO steht einer Einflussnahme auf Nicht-Geschäftsführungsorgane nicht entgegen; daher ist die Hauptversammlung in der Eigenverwaltung der Aktiengesellschaft weiterhin befugt, gemäß § 101 Abs. 1 Fall 1 AktG die Mitglieder des Aufsichtsrats zu wählen.[66] Auch die Befugnis zur Abberufung und Neubestellung der Geschäftsleitung verbleibt bei den zuständigen Gesellschaftsorganen. Deren Einfluss wird aber dadurch beschnitten, dass die Neubesetzung der Geschäftsleitung nach § 276a Satz 2 InsO der Zustimmung des Sachwalters bedarf.[67] Die Zustimmung ist gemäß § 276a Satz 3 InsO zu erteilen, wenn die Maßnahme nicht zu Nachteilen für die Gläubiger führt.

d) Gläubiger

17   Der Schuldner hat in der Eigenverwaltung gemäß § 276 Satz 1 InsO die **Zustimmung** des Gläubigerausschusses einzuholen, wenn er **Rechtshandlungen** vornehmen will, die für das Insolvenzverfahren **von besonderer Bedeutung** sind. Ist ein Gläubigerausschuss nicht bestellt, so muss entsprechend § 160 Abs. 1 Satz 2 InsO die Zustimmung der Gläubigerversammlung eingeholt werden. Eine besonders bedeutsame Rechtshandlung ist nach § 160 Abs. 2 Nr. 1 InsO etwa dann gegeben, wenn die Veräußerung eines Unternehmens oder Betriebs, eines unbeweglichen Gegenstands oder einer Unternehmensbeteiligung betroffen ist. § 276 InsO wirkt allerdings gemäß §§ 276 S. 2, 164 InsO nur im Innenverhältnis.[68] Anders ist das bei § 277 Abs., 1 S. 1 InsO: Nach dieser Norm kann die Gläubigerversammlung beim Insolvenzgericht beantragen, dass bestimmte Rechtsgeschäfte des Schuldners nur wirksam sind, wenn der Sachwalter ihnen zustimmt. Fehlende Zustimmung führt hier zur Unwirksamkeit der Rechtshandlung im Außenverhältnis.[69] Ferner steht der Gläubigerversammlung ein Antragsrecht hinsichtlich der Aufhebung der Eigenverwaltung durch das Insolvenzgericht zu, § 272 Abs. 1 Satz 1 InsO.

3. Auswirkungen auf die Konzernstruktur

18   Wegen des regelmäßig eintretenden Dominoeffekts gelingt die Konzernsanierung nur, wenn der Konzernverbund im Wesentlichen erhalten bleibt.[70] Zwischen den Konzerngesellschaften besteht aufgrund des intensiven Leistungsaustauschs ein Geflecht aus gegenseitigen Abhängigkeiten und vertraglichen Bindungen.[71] Ohne Rückgriff auf die Leistungen der Muttergesellschaften wird die Tochtergesellschaft regelmäßig nicht fortzuführen sein.[72] Gleichermaßen ist die Muttergesellschaft auf die Leistungen ihrer Tochtergesellschaften angewiesen.

---

[64] *Klöhn* NZG 2013, 81, 85.
[65] *Klöhn* NZG 2013, 81, 85; vgl. *Noack* ZIP 2002, 1873, 1878 f.
[66] OLG Düsseldorf Beschl. v. 11.4.2013 – I-3 Wx 36/13, BeckRS 2013, 06973; *Klöhn* NZG 2013, 81, 84; aA (ohne Begründung) AG Montabaur Beschl. v. 19.6.2012, HRB 20744, ZIP 2012, 1307 f.
[67] Kritisch *K. Schmidt* BB 2011, 1603, 1606.
[68] MüKoInsO/*Tetzlaff/Kern* § 276 Rn. 13.
[69] MüKoInsO/*Tetzlaff/Kern* § 276 Rn. 14; § 277 Rn. 36.
[70] *Jaffé* ZHR 175 (2011), 38, 46 f; Kübler/*Kübler* HRI § 19 Rn. 7; der Erhalt der wirtschaftlichen Einheit des Konzerns ist auch Anliegen des Gesetzes zur Erleichterung der Bewältigung von Konzerninsolvenzen (KIG), RegE KInsR, BT-Drs. 18/407 S. 1, ausführlich zum Erhalt des Konzernverbundes bei einer Konzerninsolvenz *Pleister* → § 4 Rn. 204 ff.
[71] *Jaffé* ZHR 175 (2011), 38, 46.
[72] *Piepenburg* NZI 2004, 231, 235.

Die Frage, ob das herrschende Unternehmen in der Eigenverwaltung von Ober- und **19** Untergesellschaft weiterhin zur Ausübung der Konzernleitungsmacht befugt ist, wird unterschiedlich beurteilt.[73] Während nach einer Ansicht ein Beherrschungs- und Gewinnabführungsvertrag mit Verfahrenseröffnung automatisch beendet wird,[74] bleibt nach anderer Ansicht ein **Beherrschungs- und Gewinnabführungsvertrag** bestehen, vertragliche Rechte und Pflichten sollen allerdings suspendiert sein und beiden Gesellschaften soll ein Recht zur Kündigung nach § 297 Abs. 1 AktG zustehen.[75] Dies soll jedenfalls dann gelten, wenn in absehbarer Zeit mit einer Sanierung der abhängigen Gesellschaft zu rechnen ist. Im Hinblick auf die sanierungsfreundliche Ausrichtung des Insolvenzverfahrens erscheint die Kündigungsvariante vorzugswürdig, da sie flexibler und dogmatisch einfacher zu begründen ist.[76] Die Entscheidung, ob ein Unternehmensvertrag ohne Neuabschluss über eine Krise gerettet werden soll oder nicht, liegt nach dieser Ansicht bei den Vertragsparteien.[77] Jedenfalls für die Dauer des Insolvenzverfahrens bestehen nach beiden Auffassungen keine Weisungsbefugnisse der Muttergesellschaft gegenüber einer Tochtergesellschaft. Nach wiederum anderer Meinung bleiben ein Beherrschungs- und Gewinnabführungsvertrag und damit die vertragliche Leitungsmacht im Konzernverbund erhalten.[78] Diese soll allerdings insolvenzrechtlichen Beschränkungen unterliegen.[79]

Mit Einfügung des § 276a Satz 1 InsO durch das ESUG dürfte nunmehr unstreitig sein, **20** dass die auf der **faktischen Konzernierung** beruhende Konzernleitungsmacht mit Insolvenzeröffnung grundsätzlich endet.[80] Nach dieser Vorschrift findet eine Konzentration der Organfunktion auf die Geschäftsleitung statt; der Aufsichtsrat und die Hauptversammlung bzw die Gesellschafterversammlung sollen – bis auf Maßnahmen im insolvenzfreien und -neutralen Bereich – keine Möglichkeit der Einflussnahme auf die Geschäftsführung des Schuldners haben.

Ungeachtet der Frage nach dem Fortbestand rechtlicher Leitungsmacht, bestehen Ein- **21** flussmöglichkeiten auf die Geschäftsführung der Konzerntochterunternehmen durch die Konzernspitze jedoch regelmäßig faktisch fort. Die bestehende Geschäftsleitung der abhängigen Unternehmen wird in der Regel durch das mehrheitlich beteiligte herrschende Unternehmen als Gesellschafterin der Schuldnerin direkt oder indirekt bestimmt worden sein. Denkbar ist auch, dass eine Personenidentität in der Geschäftsleitung besteht. Die Befugnis zur Abberufung und Neubestellung von Mitgliedern der Geschäftsleitung verbleibt weiterhin bei den zuständigen Gesellschaftsorganen, wenngleich deren Einfluss dadurch eingeschränkt wird, dass nach § 276a Satz 2 InsO die Neubesetzung der Geschäftsleitungsorgane der Zustimmung des Sachwalters bedarf.

4. Koordinierung der Verfahren und Kooperation

Die Koordinierung der Verfahren über mehrere Konzerngesellschaften ist für die erfolg- **22** reiche Konzernsanierung von zentraler Bedeutung. Dazu bedarf es der Zusammenarbeit aller Beteiligter, um eine **Verfahrensabstimmung** zu erreichen. Durch Koordinierung

---

[73] S. hierzu bereits ausführlich *Pleister/Theusinger* → § 4 Rn. 466 ff.
[74] BGH Urt. v. 14.12.1987 – II ZR 170/87, NJW 1988, 1326 (zum früheren Konkursrecht); MüKoAktG/ *Altmeppen* § 297 Rn. 43; Gottwald InsO-HdB/*Haas* § 95 Rn. 6; Baumbach/Hueck/ *Beurskens* GmbHG Schlussanhang – Die GmbH im Unternehmensverbund Rn. 130, 135.
[75] *Böcker* GmbHR 2004, 1314; Emmerich/Habersack Aktien-/GmbH-KonzernR/*Emmerich* § 297 Rn. 52b; Uhlenbruck/*Hirte* InsO § 11 Rn. 398, 411, *Zeidler* NZG 1999, 692, 697; andeutungsweise AG Duisburg Beschl. v. 1.9.2002 – 62 IN 167/02, ZIP 2002, 1636, 1640.
[76] *Böcker* GmbHR 2004, 1314; Uhlenbruck/*Hirte* InsO § 11 Rn. 398.
[77] Uhlenbruck/*Hirte* InsO § 11 Rn. 398.
[78] Kübler/*Kübler* HRI § 19 Rn. 25 f; *Rotstegge*, Konzerninsolvenz, S. 318 ff.
[79] Kübler/*Kübler* HRI § 19 Rn. 25; *Rotstegge* Konzerninsolvenz S. 320; *Schmollinger* Der Konzern in der Insolvenz S. 205 f.
[80] *Brinkmans* ZIP 2013, 193, 199 f; *Möhlenkamp* BB 2013, Die erste Seite; Kübler/*Pleister/Theusinger* HRI § 50 Rn. 20.

und Kooperation können die aus der parallelen Verfahrensabwicklung erwachsenden Probleme vermieden werden. Ziel sollte sein, einen Sanierungsverbund zu schaffen, in dessen Rahmen weitreichende und rechtsträgerübergreifende Sanierungskonzepte entwickelt und umgesetzt werden können.[81] Dadurch können Synergieeffekte erreicht und die Kosten der Verfahrensabwicklung minimiert werden.[82]

a) Verfahrenskoordination

23 Der Nutzen einer Verfahrenskoordination liegt in der möglichen Maximierung der insgesamt – also über alle Konzerngesellschaften – verfügbaren Haftungsmasse.[83] Die Verfahrenskoordination ermöglicht es, Verwertungsentscheidungen an diesem Ziel auszurichten und somit zu optimieren.[84] Der Koordinationsmechanismus muss sich dabei an dem ökonomischen Prinzip der **Pareto-Superiorität** messen lassen.[85] Dies bedeutet, dass durch die Verfahrenskoordination bei keinem der einbezogenen Unternehmen die jeweilige Haftungsmasse gemindert werden darf und dass sie bei zumindest einem Unternehmen steigen muss.[86] Alle Gläubiger sind zumindest so zu stellen, wie sie bei einer *Stand-alone*-Lösung der Gesellschaft stünden.[87] Ein Anspruch einer Gesellschaft auf Beteiligung an dem Mehrwert, der in einer anderen Gesellschaft erzielt wurde, besteht nicht.[88] Die möglicherweise ungleiche Verteilung des dazu gewonnenen Haftungssubstrats im Konzern birgt naturgemäß Konfliktpotential. Koordinationsschwierigkeiten können sich zudem durch die im Konzernverbund regelmäßig auftretende Problematik der Insolvenzanfechtung ergeben.[89] Zur Vermeidung von Konflikten kann es sich – sofern die Beteiligten zur Kooperation bereit sind – anbieten, entsprechende auf Nachteilsausgleich zielende Sondervereinbarungen zugunsten der Gläubiger zu treffen.[90]

24 Anders als noch der Diskussionsentwurf[91] enthält das verabschiedete Gesetz zur Erleichterung der Bewältigung von Konzerninsolvenzen (KIG) mit § 270d InsO n. F. erstmals eine Vorschrift zur Eigenverwaltung bei gruppenangehörigen Schuldnern. Danach gilt die Kooperationspflicht der Insolvenzverwalter verschiedener Konzerngesellschaften auch für die eigenverwalteten gruppenangehörigen Schuldner, wenn in Bezug auf einen oder mehrere gruppenangehörige Schuldner die Eigenverwaltung angeordnet wird.[92] Ein besonderer Stellenwert wird dabei in Zukunft dem **Koordinationsverfahren** zukommen.[93] Ein Antrag auf Einleitung des Koordinationsverfahrens nach § 269d Abs. 2 InsO n. F. kann von der Schuldnergesellschaft gestellt werden. Die Bestellung eines gruppenangehörigen Schuldners zum Verfahrenskoordinator ist jedoch nach § 269e Abs. 1 Satz 3 InsO n. F. auch im Falle der Eigenverwaltung ausgeschlossen.[94] Dahinter steht die Erwägung, dass ansonsten die Bestellung eines „Koordinationssachwalters" erforderlich würde, der die Aufgabenwahrnehmung durch den „eigenverwaltenden Koordinationsverwalter" überwacht; das

---

[81] *Ehricke* ZInsO 2002, 393, 394.
[82] *Ehricke* ZInsO 2002, 393, 394; vertiefend *Eidenmüller* ZHR 169 (2005), 528, 533 f.
[83] *Eidenmüller* ZHR 169 (2005), 528, 533.
[84] Vertiefend *Eidenmüller* ZHR 169 (2005), 528, 533 f; Kübler/*Kübler* HRI § 19 Rn. 32.
[85] Dazu *Brünkmans* Der Konzern 2013, 169 ff; MüKoInsO/*Brünkmans* Konzerninsolvenzrecht Rn. 102; *Eidenmüller* ZHR 169 (2005), 528, 533 f.
[86] *Eidenmüller* ZHR 169 (2005), 528, 535 f; *Piepenburg* NZI 2004, 231, 235.
[87] *Piepenburg* NZI 2004, 231, 235.
[88] *Piepenburg* NZI 2004, 231, 235.
[89] Dazu *Böcker* GmbHR 2004, 1314, 1316 f; *Dellit* Der Konzern 2013, 190 ff; Kübler/*Kübler* HRI § 19 Rn. 54 ff; zur Dispositionsbefugnis über Insolvenzanfechtungsansprüche in der koordinierten Konzerninsolvenz s. *Thole* ZIP 2014, 1653, 1661.
[90] Kübler/*Kübler* HRI § 19 Rn. 27; *Rotstegge* Konzerninsolvenz S. 319.
[91] Kritisch gegenüber der „Regelungsabstinenz für die Eigenverwaltung" im Diskussionsentwurf *Brünkmans* ZIP 2013, 193, 199 f.
[92] BT-Drs. 18/407 S. 41; Braun/*Specovius* InsO § 270d Rn. 6; *Stahlschmidt/Bartelheimer* ZInsO 2017, 1010, 1015; *Harder* NJW-Spezial 2017, 469, 470.
[93] Hierzu vertiefend → *Pleister* § 4 Rn. 365 ff.
[94] BT-Drs. 18/407 S. 35.

damit ins Spiel kommende Erfordernis einer Abstimmung des „eigenverwaltenden Koordinationsverwalters" mit dem „Koordinationssachwalter" würde den zeitlichen und sachlichen Erfordernissen der Koordinationsaufgabe nicht gerecht werden und insbesondere die notwendige Flexibilität der Koordinationsverwaltung beschränken.[95] Einer Bestellung eines Sachwalters zum Verfahrenskoordinator steht demgegenüber grundsätzlich nichts entgegen, sofern hierdurch Nachteile, etwa aufgrund von Interessenkonflikten, nicht zu befürchten sind oder wenn solche Nachteile durch andere Vorteile, die etwa in der besonderen Expertise und Erfahrung des zu bestellenden Sachwalters begründet sein können, kompensiert werden.[96]

b) Koordinationsmechanismen

Als Koordinationsinstrument ist die Durchführung der Eigenverwaltung im Konzern im **25** Wesentlichen in zwei Gestaltungsvarianten denkbar: Zum einen können sämtliche Verfahren im Wege der Eigenverwaltung abgewickelt und dieselbe Person als Sachwalter für alle oder zumindest möglichst viele Verfahren bestellt werden; zum anderen kann bei der Muttergesellschaft ein Insolvenzverwalter eingesetzt werden, der gleichzeitig bei den eigenverwaltenden Tochtergesellschaften zum Sachwalter bestimmt wird.[97] Die Bestellung eines einheitlichen Sachwalters für mehrere oder alle Verfahren konzernverbundener Unternehmen ermöglicht es, Gesamtinteressen besser erkennen und umsetzen zu können. Eine **einheitliche Sachwalterbestellung** soll nach der Begründung zum Regierungsentwurf zum Gesetz zur Erleichterung der Bewältigung von Konzerninsolvenzen erst recht dann in Betracht kommen, wenn sämtliche Verfahren an einem Gericht anhängig sind, insbesondere weil dort nach § 3a Abs. 1 InsO n. F. ein Gruppen-Gerichtsstand begründet wurde.[98] Die befassten Gerichte haben sich in dieser Frage nach § 274 Abs. 1 InsO iVm § 56b InsO n. F. abzustimmen.[99]

Durch die Begründung eines Gruppen-Gerichtsstandes, wie er in § 3a InsO n. F. vor- **26** gesehen ist, und die damit einhergehende Verfahrenskonzentration ließe sich der Koordinationseffekt verstärken. Nach § 270d Satz 2 InsO-E stehen dem eigenverwaltenden gruppenangehörigen Schuldner das mit Verfahrenseröffnung an sich auf den Insolvenzverwalter übergehende Antragsrecht zur Begründung des Gruppengerichtsstands (§ 3a Abs. 1 InsO n. F.) bzw zur Verweisung an das Gericht des Gruppen-Gerichtsstands (§ 3d Abs. 2 InsO n. F.) zu.

Eine einheitliche Ausrichtung der Verfahrensabwicklung zur Umsetzung eines Sanie- **27** rungskonzepts für alle Konzerngesellschaften wird durch eine entsprechende Einflussnahme des Leitungsorgans ermöglicht. Dies setzt die **Aufrechterhaltung der Konzernstruktur** voraus. Bei der Eigenverwaltung im Eröffnungsverfahren kann die Konzernleitungsmacht bei Wahrung der Zwecke des Insolvenzverfahrens nach § 1 Satz 1 InsO weiter ausgeübt werden.[100] Zum einen kann dadurch gewährleistet werden, dass das operative Geschäft der Konzerngesellschaften zur Vermeidung weiterer Verluste aufrechterhalten wird.[101] Zum anderen können nun umfangreiche Sanierungskonzepte für den Konzern unter der Federführung der Konzernspitze entwickelt werden.

---

[95] BT-Drs. 18/407 S. 35.
[96] BT-Drs. 18/407 S. 35 f.
[97] *Eidenmüller* ZHR 169 (2005), 528, 544; *Jaffé* ZHR 175 (2011), 38, 47; Kübler/*Kübler* HRI § 19 Rn. 5 f.
[98] BT-Drs. 18/407 S. 42; Braun/*Specovius* InsO § 270d Rn. 9; *Harder/Lojowsky* NZI 2013, 327, 331.
[99] BT-Drs. 18/407 S. 42.
[100] Kübler/*Pleister/Theusinger* HRI § 50 Rn. 22.
[101] ZB der Kraftwerkbau in der Türkei durch den Babcock Borsig Konzern auch während des Eröffnungsverfahrens, siehe *Piepenburg* NZI 2004, 231, 235; FKInsO/*Jaffé* § 217 Rn. 108. Auch zur Sanierung des Centrotherm-Konzerns wurde für das Mutterunternehmen, die centrotherm photovoltaics AG, sowie die beiden Tochterunternehmen centrotherm thermal solutions GmbH & Co. KG und centrotherm SiTec GmbH die Eigenverwaltung (schon im Schutzschirmverfahren) angeordnet. Dadurch konnte der Geschäftsbetrieb während des gesamten Verfahrens in vollem Umfang konzernweit fortgeführt werden.

28   Die nach vorzugswürdiger Ansicht mit Verfahrenseröffnung eintretende Suspendierung der Konzernleitungsmacht steht einer freiwilligen Verfahrenskoordination nicht entgegen. Somit können die Einflussmöglichkeiten des herrschenden Unternehmens auf die abhängigen Konzernunternehmen faktisch fortbestehen, sofern die Zwecke des Insolvenzverfahrens nach § 1 Satz 1 InsO gewahrt werden.[102] Es erscheint nicht zwingend erforderlich, dem Einfluss des herrschenden Unternehmens Einhalt zu gebieten. Dies gilt jedenfalls dann, wenn durch Eingriffe der Konzernspitze ein Mehrwert für den Gesamtkonzern geschaffen und der Eingriff auf der Ebene der Tochtergesellschaften durch einen Verlustausgleich korreliert werden kann.[103] Der Verlustausgleichsanspruch stellt in der Insolvenz der herrschenden Gesellschaft eine Masseverbindlichkeit dar. Eine Verfahrenskoordination zwischen den konzernverbundenen Unternehmen ließe sich zudem durch den Abschluss von Kooperationsverträgen absichern, die der vorherigen Zustimmung durch den Gläubigerausschuss nach § 276 Satz 1 InsO bedürfen.[104] Insolvenzverwalterverträge können hier als Vorbild dienen.

29   Eine rechtliche Beherrschungsmöglichkeit des Mutterunternehmens als Grundlage für die Schaffung eines Sanierungsverbundes wird durch die **konzernübergreifende Insolvenzabwicklung über das Planverfahren** ermöglicht.[105] Der Erhalt der gesellschafts- und konzernrechtlichen Bindungen unter den eigenverwaltenden Gesellschaften bei einer Abwicklung über das Insolvenzplanverfahren wird als grundlegender Vorteil der Eigenverwaltung im Rahmen einer Konzerninsolvenz gesehen.[106] Das Gericht hat das Insolvenzverfahren nach rechtskräftiger Bestätigung des Insolvenzplans gemäß § 258 Abs. 1 InsO aufzuheben, sofern der Insolvenzplan nichts anderes vorsieht. Es kommt folglich zu einem Wiederaufleben der Konzernleitungsmacht, sodass die Muttergesellschaft mit Aufhebung der Insolvenzverfahren das Recht zurückerhält, an ihre Tochtergesellschaften wirksam Weisungen, etwa im Hinblick auf die Umsetzung eines konzernübergreifenden Sanierungskonzeptes, zu erteilen.[107]

30   Ein „Konzerninsolvenzplanverfahren" existiert aufgrund der **Rechtsträgerbezogenheit des Insolvenzplanverfahrens** nicht.[108] Das Planverfahren nach §§ 217 ff InsO muss demnach in jeder Gesellschaft gesondert durchlaufen werden. Die Schuldnergesellschaft ist nach § 218 Abs. 1 Satz 1 InsO zur **Vorlage** eines Insolvenzplans berechtigt. Einer Beauftragung hierzu bedarf es nicht.[109] Gleichwohl kann die Gläubigerversammlung einen Auftrag zur Erarbeitung eines Insolvenzplans an den Schuldner oder den Sachwalter richten, § 284 Abs. 1 Satz 1 InsO. Ein originäres Vorlagerecht auch ohne entsprechende Beauftragung steht dem Sachwalter indessen nicht zu.[110] Die Vorlage des Insolvenzplans und eine Einbindung der Gläubiger sollten möglichst frühzeitig erfolgen, da somit die Planakzeptanz und die Sanierungschancen erheblich verbessert werden dürften. Die Gesellschaften sollten die von ihnen vorgelegten Insolvenzpläne inhaltlich aufeinander abstimmen. Während der darstellende Teil regelmäßig die Insolvenzbewältigungsstrategie für den Konzern und die konzernverbundene Gesellschaft enthält, führt der gestaltende Teil die für die Umsetzung erforderlichen Rechtsänderungen im betroffenen Unternehmen auf.[111] Der Insolvenzplan der Muttergesellschaft wird dabei regelmäßig als **Masterplan** ausgestaltet sein. Das **koordinierte Inkrafttreten** der Insolvenzpläne kann nach Abschluss des Verfahrens über die Annahme und Bestätigung dadurch gewährleistet werden, dass in jedem der Insolvenzpläne

---

[102] Kübler/*Pleister*/*Theusinger* HRI § 50 Rn. 22.
[103] So auch *Piepenburg* NZI 2004, 231, 235 ff.
[104] *Eidenmüller* ZHR 169 (2005), 528, 542 f; Kübler/*Kübler* HRI § 19 Rn. 38.
[105] Hierzu *Ehricke* ZInsO 2002, 393, 394 ff.
[106] Kübler/*Kübler* HRI § 19 Rn. 25; *Rotstegge* Konzerninsolvenz S. 287.
[107] So iE auch *Ehricke* ZInsO 2002, 393, 395; *Schneider*/*Höpfner* BB 2012, 87, 88.
[108] MüKoInsO/*Eidenmüller* Vor §§ 217 bis 269 Rn. 37.
[109] Braun/*Riggert* InsO § 284 Rn. 2.
[110] HambKommInsO/*Fiebig*/*Streck* InsO § 284 Rn. 2; Braun/*Riggert* InsO § 284 Rn. 2; K. Schmidt/*Undritz* InsO § 284 Rn. 2.
[111] MüKoInsO/*Eidenmüller* Vor §§ 217 bis 269 Rn. 39.

eine Klausel aufgenommen wird, wonach das Inkrafttreten unter der aufschiebenden Bedingung der rechtskräftigen Bestätigung aller Pläne steht.[112] Der vom Verfahrenskoordinator vorzulegende und vom Koordinierungsgericht zu bestätigende **Koordinationsplan** nach § 269h InsO n. F. dürfte in diesem Zusammenhang zukünftig eine herausragende Rolle spielen.[113]

c) Kooperationspflichten

Soweit die Beteiligten ihr Verhalten nicht freiwillig koordinieren, kann sich eine Ver- **31** pflichtung zur Kooperation aus den **Treuewahrungspflichten** der jeweiligen Beteiligten ergeben, insbesondere wenn dadurch eine Vergrößerung der Haftungsmasse zu erwarten ist.[114] Auch die Gläubiger können Adressaten von Koordinationspflichten sein. Die Gläubiger verfügen über vielfältige Einfluss- und Blockademöglichkeiten, die ihnen eine Schlüsselposition im Hinblick auf Erfolg oder Misserfolg bestimmter Koordinationsstrategien verleihen.[115] Dies begründet unter den Gläubigern eine gesellschaftsähnliche Verbindung, aus der Treuepflichten in Form von Kooperationspflichten erwachsen können.[116] Eine Pflicht zur Kooperation kann auch gegenüber Gläubigern anderer Konzerngesellschaften entstehen, sofern die Abwicklungsstrategie auf die Maximierung der über alle Konzernunternehmen verfügbaren Haftungsmasse zielt.[117] Kooperationspflichten der Gläubiger dürften sich indes kaum durchsetzen lassen. Denkbar wäre daher, dass der Gesetzesentwurf in Anlehnung an § 245 InsO eine Regelung vorsähe, wonach das Gericht unter bestimmten Voraussetzungen obstruierende Entscheidungen der Gläubiger ersetzen könnte.[118]

Kooperationspflichten sind nach dem Regierungsentwurf zum Gesetz zur Erleichterung **32** der Bewältigung von Konzerninsolvenzen auch im Falle der Eigenverwaltung vorgesehen. Nach § 270d Satz 1 InsO n. F. sollen gruppenangehörige Schuldner in der Eigenverwaltung den **Kooperationspflichten nach § 269a InsO n. F.** unterliegen und zwar in dem Umfang, in dem auch ein Insolvenzverwalter gebunden wäre.[119]

Hinsichtlich der (vorläufigen) Eigenverwaltung sieht § 270d Abs. 1 InsO n. F. eine Kooperationspflicht der Schuldner anstelle der Kooperationspflicht der Insolvenzverwalter vor. Dem Schuldner stehen auch anstelle des (vorläufigen) Insolvenzverwalters die Antragsrechte nach §§ 3a Abs. 3, 3d Abs. 2, 269d Abs. 2 S. 2, 3a Abs. 3 InsO n. F., also auf Begründung und Verweisung an einen Gruppen-Gerichtsstand sowie auf Einleitung eines Koordinationsverfahrens, zu.[120] Nicht geregelt ist dagegen, ob auch die (vorläufigen) Sachwalter und die Organe der eigenverwalteten Gesellschaften eines Konzerns eine Kooperationspflicht trifft.[121] Ebenso fehlen Regelungen hinsichtlich der Kooperationspflicht des eigenverwaltenden Schuldners oder des Sachwalters mit dem Verfahrenskoordinator nach § 269f Abs. 2 InsO n. F. Schließlich fehlt eine mit § 269i Abs. 2 InsO n. F. vergleichbare Regelung über die Verbindlichkeit des Koordinationsplans. Man könnte argumentieren, dass § 270d InsO n. F. abschließend ist und die genannten Pflichten nicht bestehen. Das würde aber dem Ziel

---

[112] *Eidenmüller* ZHR 169 (2005), 528, 547; MüKoInsO/*Eidenmüller* Vor §§ 217 bis 269 Rn. 39.
[113] Vertiefend hierzu *Madaus* → § 5 Rn. 68 ff; *Dellit* Der Konzern 2013, 190 ff.; *Wimmer* juris-PR 8/2017, Anm. 1, sub. II. 8. b).
[114] *Eidenmüller* ZHR 169 (2005), 528, 549 ff; MüKoInsO/*Eidenmüller* Vor §§ 217 bis 269 Rn. 40; Uhlenbruck/*Hirte* InsO § 11 Rn. 394; Kübler/*Kübler* HRI § 19 Rn. 35 ff.
[115] *Eidenmüller* ZHR 169 (2005), 528, 555 f; Kübler/*Kübler* HRI § 19 Rn. 48.
[116] Vertiefend: *Eidenmüller* ZHR 169 (2005), 528, 556 und *Bitter* ZGR 2010, 147 ff.
[117] *Eidenmüller* ZHR 169 (2005), 528, 556; Kübler/*Kübler* HRI § 18 Rn. 49. Der Gesetzesentwurf zum KIG enthält sich einer Stellungnahme zu der Frage, ob zwischen den einzelnen Gläubigern Kooperationspflichten existieren, vgl. BT-Drs. 18/407 S. 22.
[118] *Brünkmans* Der Konzern 2013, 169, 178; *Brünkmans* ZIP 2013, 193, 200; MüKoInsO/*Brünkmans* Konzerninsolvenzrecht Rn. 88; ablehnend *Hoffmann* → § 4 Rn. 114.
[119] BT-Drs. 18/407 S. 41 f.
[120] So auch Begründung der Bundesregierung zum Gesetzesentwurf, BT-Drucks. 18/407 S. 41 f.
[121] Kritisch dazu schon VID, Stellungnahme zum Gesetzesentwurf KIG vom 28.3.2014, S. 1, 5 und 7 sowie *Harder/Lojowsky* NZI 2013, 327, 331 f.

der Sanierungsförderung in der Insolvenz eines Konzerns nicht gerecht. Insoweit ist die etwas lückenhafte Bezugnahme auf die Eigenverwaltung bedauerlich.

Bis zu einer gesetzlichen Klarstellung müssen die obigen Fragen durch Auslegung des Gesetzes gelöst werden. Besonders bedeutend ist dabei die Kooperationspflicht zwischen den Organen und zwischen den Sachwaltern eigenverwalteter Gesellschaften eines Konzerns. Das Schrifttum ist insoweit uneinheitlich.[122] Überzeugender scheint die Annahme unmittelbarer Kooperationspflichten. Für die Organe muss die Kooperationspflicht schon deshalb gelten, weil § 276a InsO die Konzernleitungsmacht der Eigentümer des Unternehmens über gesellschaftsrechtliche Bindungen aufgehoben hat, sodass eine Koordination durch die Eigentümer im eröffneten Verfahren ausscheidet.[123] Für die Sachwalter ist die Begründung schwieriger. Denn der Gesetzgeber hat die Kompetenzen zwischen Schuldner und Sachwalter aufgeteilt.[124] Das bedeutet aber nicht, dass § 270d InsO abschließend ist. Denn es handelt sich nicht um eine Kompetenzregelung. Vielmehr muss die gläubigerschützende Verfahrensüberwachung auch der Kooperation unterliegen, besonders weil es auch zwischen den Konzerngesellschaften ggf. zu klärende, dem Sachwalter obliegende Anfechtungsfragen gibt. Entsprechendes gilt hinsichtlich der Forderungsanmeldung (§ 270c S. 2 InsO). Diese Lücke dürfte in der Konzerninsolvenz in Eigenverwaltung umso mehr für die Bestellung des gleichen Sachwalters nach §§ 274 Abs. 1, 56b Abs. 1 InsO n. F. für alle konzernangehörigen Schuldner sprechen.[125] Für die Frage der Kooperationspflicht eines eigenverwalteten Schuldners mit dem Verfahrenskoordinator[126] sowie die Verbindlichkeit des Kooperationsplans auf Beschluss der Gläubigerversammlung sollten § 269f Abs. 2 InsO n. F. sowie § 269i Abs. 2 InsO n. F. entsprechend angewandt werden, da von einer planwidrigen Regelungslücke auszugehen ist.[127]

II. Insolvenzplan/Masterplan

33 Als das Konzerninsolvenzrecht die Fachgerichte und die Wissenschaft in Deutschland um die Jahrtausendwende zum ersten Mal intensiv beschäftigte, wurde überwiegend über die bestmögliche Koordination der Abwicklung des Konzerns gesprochen.[128] Erst in den Folgejahren wurde zunehmend über Möglichkeiten zur optimalen Koordination von Konzerninsolvenzverfahren mit dem Ziel der Sanierung diskutiert.[129] Flankiert wurde diese Diskussion von den Reformbestrebungen zum Gesetz zur weiteren Erleichterung der Sanierung von Unternehmen (ESUG) und dessen Umsetzung.[130] Nun ist die sog. „dritte Stufe" der Insolvenzrechtsreform[131] durch Neuregelungen des Konzerninsolvenzrechts

---

[122] Für Kooperationspflichten von Sachwaltern und Organen einzelner Konzerngesellschaften *Brünkmans* ZIP 2013, 193, 199 f.; nur für die Sachwalter von Konzerngesellschaften KPB/*Thole* InsO § 269a Rn. 16; aA für die Sachwalter dagegen *Stahlschmidt/Bartelheimer* ZInsO 2017, 1010, 1015. KPB/*Thole* InsO § 269a Rn. 14 und Braun/*Specovius* InsO § 270d Rn. 8 gehen von einer nur mittelbaren Pflichtenbindung der Organe über die Legalitätspflicht im Innenverhältnis aus.

[123] So auch *Brünkmans* ZIP 2013, 193, 199 f.

[124] MüKoInsO/*Tetzlaff/Kern*, 3. Aufl. 2014, § 274 Rn. 42.

[125] Vgl. dazu Flöther/*Pleister* Handbuch der Konzerninsolvenz, 2015, § 5 Rn. 25; Braun/*Specovius* InsO § 270d Rn. 12; *Harder/Lojowsky* NZI 2013, 327, 331; *Stahlschmidt/Bartelheimer* ZInsO 2017, 1010, 1014 f. sowie Begründung der Bundesregierung zum Gesetzesentwurf, BT-Drucks. 18/407 S. 42.

[126] Insoweit auch Braun/*Specovius* InsO § 270d Rn. 3 und KPB/*Thole* InsO § 269a Rn. 16, der aber eine Kooperationspflicht von Sachwalter und Verfahrenskoordinator ablehnt.

[127] Die Darstellung orientiert sich an der bei *Pleister/Sturm* ZIP 2017, 2329, 2335.

[128] Hierzu *Ehricke* ZInsO 2002, 393.

[129] *Rattunde* ZIP 2003, 596; *Piepenburg* NZI 2004, 231 ff; *Eidenmüller* ZHR 169 (2005), 528 ff; *Paulus* ZIP 2005, 1948 ff (mit weitergehenden Überlegungen); *Graeber* NZI 2007, 265; *Rotstegge* Konzerninsolvenz passim; vgl. aber auch schon *Ehricke* ZInsO 2002, 393 ff.

[130] Gesetz zur weiteren Erleichterung der Sanierung von Unternehmen vom 7. Dezember 2011, BGBl I S. 2582.

[131] Vgl. hierzu *Graf-Schlicker* ZInsO 2013, 1765 sowie *Leutheusser-Schnarrenberger* ZIP 2013, 97; kritisch zur Frage, ob es sich bei der Neuregelung tatsächlich um eine „dritte Stufe" einer einheitlichen Reform handelt, *Harder/Lojowsky* NZI 2013, 327, 330.

durch das Gesetz zur Erleichterung der Bewältigung von Konzerninsolvenzen (KIG) umgesetzt worden.[132] Diese Reformüberlegungen greifen eine in der Praxis durch „Innovationen und Improvisationen"[133] schon heute verbreitete Idee der koordinierten Sanierung von Konzernen auf. Die konzernübergreifende Insolvenzabwicklung über das Planverfahren wird dabei als besonders geeignetes Konzept zur Durchführung von konzernweiten Sanierungen angesehen.[134]

Voraussetzung einer koordinierten Konzernsanierung sind die **geschickte Gestaltung 34 und inhaltliche Abstimmung** zwischen den **Einzelverfahren** der Konzerngesellschaften.[135] Denn konzernverbundene Unternehmen sind allein aus ihrer Konzernverbundenheit heraus nicht an einem gemeinsamen „Konzerninsolvenzverfahren" beteiligt.[136] Gerade zur Sanierung eines Konzerns existiert (auch) ein „Konzerninsolvenzplanverfahren" nicht, weil sich das Insolvenzplanverfahren nicht am Konzern, sondern am jeweiligen Rechtsträger orientiert.[137] Das verkompliziert die Sanierungsbemühungen im Konzern.

In diesem Abschnitt sollen vorab die Gestaltungsmöglichkeiten aufgezeigt werden, mit 35 denen mehrere Konzerninsolvenzverfahren mit dem Ziel der Sanierung mithilfe von Insolvenzplänen koordiniert werden können. Im Anschluss sollen die Besonderheiten des Insolvenzplanverfahrens und des sog. Masterplans im Konzernzusammenhang dargestellt werden. Dabei soll insbesondere der Masterplan ins Verhältnis zum sog. Koordinationsplan gesetzt werden, der an anderen Stellen dieses Handbuchs ausführlich besprochen wird.[138]

1. Gestaltungsmöglichkeiten im Konzern

Für eine koordinierte Konzernsanierung bieten das geltende Recht und die Neuregelungen 36 durch das Gesetz zur Erleichterung der Bewältigung von Konzerninsolvenzen (KIG) mehrere Möglichkeiten, wobei sich die verschiedenen Lösungswege der koordinierten Konzernsanierung deutlich unterscheiden können.

a) Planerstellung aufgrund allgemeiner Koordinationspflichten

Die schwächste Form der Koordination mehrerer Konzerninsolvenzverfahren ist die all- 37 gemeine Verfahrensabstimmung der Beteiligten. Soweit die Beteiligten ihr Verhalten nicht freiwillig koordinieren, kann sich eine Verpflichtung zur Kooperation grundsätzlich und ohne nähere Vereinbarung aus entsprechenden Treuewahrungspflichten ergeben, insbesondere wenn dadurch eine Vergrößerung der (jeweiligen) Haftungsmasse zu erwarten ist.[139]

Das nun verabschiedete KIG sieht erstmals eine ausdrückliche gesetzliche Regelung der 38 Kooperationspflichten für Insolvenzverwalter vor. Gemäß **§ 269a InsO n. F.** sollen Insolvenzverwalter gruppenangehöriger Schuldner untereinander **zur Unterrichtung und Zusammenarbeit verpflichtet** sein, soweit hierdurch nicht die Interessen der Beteiligten

---

[132] Vgl. hierzu Begr RegE KIG, BT-Drs. 18/407.
[133] BT-Drs. 18/407 S. 16.
[134] *Dellit* Der Konzern 2013, 190, 192; *Ehricke* ZInsO 2002, 393, 394 f; Kübler/*Kübler* HRI § 19 Rn. 1; *Rotstegge* Konzerninsolvenz S. 287.
[135] *Dellit* Der Konzern 2013, 190, 192.
[136] Kübler/*Balthasar* HRI § 26 Rn. 43.
[137] BT-Drs. 18/407 S. 1, 15; *Dellit* Der Konzern 2013, 190, 192; MüKoInsO/*Eidenmüller* Vor §§ 217 bis 269 Rn. 37; MüKoGmbHG/*Liebscher* GmbH-Konzernrecht Rn. 1140; Beck/Depré/*Depré/Büteröwe* § 32 Rn. 1; Gottwald InsO-HdB/*Specovius/Kuske* § 95 Rn. 2; *Uhlenbruck* NZI 1999, 41, 44; *Rotstegge* Konzerninsolvenz S. 352; Uhlenbruck/*Hirte* InsO § 11 Rn. 414; *Graf-Schlicker* ZInsO 2013, 1765, 1768; FKInsO/*Jaffé* § 217 Rn. 100; für die materielle Zusammenfassung von Vermögensmassen mehrerer Schuldner (*substantive consolidation*) bei bestimmten Konzerntypen vor dem Hintergrund einer wirtschaftlichen Betrachtungsweise aber *Paulus* ZIP 2005, 1948, 1953 ff; neuerdings auch *Humbeck* NZI 2013, 957 ff.
[138] Der Koordinationsplan wird insbesondere in *Pleister* → § 4 Rn. 387 ff und *Madaus* → § 5 Rn. 68 ff behandelt.
[139] *Eidenmüller* ZHR 169 (2005), 528, 549 ff; MüKoInsO/*Eidenmüller* Vor §§ 217 bis 269 Rn. 40; Uhlenbruck/*Hirte* InsO § 11 Rn. 394.

des Verfahrens beeinträchtigt werden, für das sie bestellt sind.[140] Das gilt auch für die Schuldnergesellschaften in der Eigenverwaltung und zwar in dem Umfang, in dem auch ein Insolvenzverwalter gebunden wäre, § 270d Satz 1 InsOn. F.[141] Die Kooperationspflichten des § 269a InsO n. F. dürften gleichermaßen für den Sachwalter gelten.[142] Auch die Kooperationspflicht der Insolvenzgerichte untereinander ist seit April 2018 gesetzlich geregelt, vgl. § 269b InsO n. F.[143]

39   Bereits **auf der Grundlage allgemeiner Koordinationspflichten** können für mehrere oder alle Konzerngesellschaften **Insolvenzpläne** erstellt werden, die inhaltlich **aufeinander abgestimmt** werden, damit die Konzerneinheit nach der erfolgreichen Sanierung erhalten bleibt. Allerdings ist mit einem solchen Vorgehen die große Unsicherheit verbunden, dass die Reichweite der Koordinationspflichten sich nicht abschließend beurteilen lässt. Ohne eine entsprechende Absicherung bietet sich ein solches Vorgehen daher nur selten an.

b) Planerstellung durch denselben Insolvenzverwalter

40   Sind in den einzelnen Insolvenzverfahren eines Konzerns unterschiedliche Personen als Insolvenzverwalter bestellt, dann kann eine koordinierte Sanierung nur gelingen, wenn der stetige Kontakt zum Austausch von Informationen und zur Abstimmung des weiteren Vorgehens gewährleistet ist. Ungeachtet des damit einhergehenden erheblichen Aufwands werden sich Lücken im Informationsfluss und Ineffizienzen im Abstimmungsvorgang kaum vermeiden lassen.[144]

41   Gerade in straff geführten Konzernen kann es sich daher anbieten, denselben Insolvenzverwalter in mehreren oder allen Konzerngesellschaften einzusetzen, wenn Interessenkonflikte zwischen den Konzerngesellschaften nicht zu befürchten oder im Interesse der jeweiligen Gläubigergruppen vernachlässigenswert sind.[145] Dementsprechend sieht nunmehr § 56b Abs. 1 S. 1 InsO n. F. ausdrücklich die Abstimmung der Gerichte über die mögliche Bestellung desselben Insolvenzverwalters vor. Verbleibende Interessenkonflikte können durch einen Sonderinsolvenzverwalter bzw einen Sondersachwalter aufgefangen werden (vgl. auch § 56b Abs. 1 Satz 2 InsO n. F.).[146]

42   Der **personenidentische Insolvenzverwalter** kann zunächst für den gesamten Konzern bzw die zu sanierenden und/oder zu übertragenden Teile ein **einheitliches Restrukturierungskonzept** erarbeiten und die jeweils relevanten Elemente des Restrukturierungskonzepts dann in die **Insolvenzpläne** der **einzelnen Konzerngesellschaften aufnehmen.** Dabei ist der Insolvenzverwalter an das Interesse der Gläubiger der einzelnen Konzerngesellschaften gebunden und kann nicht jede Maßnahme ergreifen, die im „Konzerngesamtinteresse" oder im Interesse der Konzernmutter sinnvoll ist. Gleichwohl hat der einheitliche Insolvenzverwalter die Möglichkeit, alle Informationen des Konzerns bei der Verwaltung zu berücksichtigen und kann daher insbesondere Reibungsverluste zwischen den einzelnen Verfahren vermeiden.[147] Weil der personenidentische Insolvenzverwalter die internen Verflechtungen und Abläufe durchschaut und deshalb die einzelnen (Sanierungs-)

---

[140] BT-Drs. 18/407 S. 32; vgl. auch *Wimmer* juris-PR 20/2013 Anm 1.

[141] BT-Drs. 18/407 S. 41 f.

[142] Zur Diskussion dazu oben → § 5 Rn. 32.

[143] BT-Drs. 18/407 S. 33; vgl. ausführlich hierzu schon *Eidenmüller* Unternehmenssanierung S. 554 ff.

[144] BT-Drs. 18/407 S. 30.

[145] *Schneider/Höpfner* BB 2012, 87, 89; *Kübler/Pleister/Theusinger* HRI § 50 Rn. 20; *Leonhardt/Smid/Zeuner/Rechel* InsO § 56 Rn. 49 ff.; *Graeber* NZI 2007, 265, 269; *Fölsing* ZInsO 2013, 413.

[146] Vgl. hierzu BT-Drs. 18/407 S. 30; *MüKoGmbHG/Liebscher* GmbH-Konzernrecht Rn. 1285; *MüKoInsO/Graeber* § 56 Rn. 49 f.; dabei bietet sich eine frühzeitige Bestellung eines Sonderinsolvenzverwalters bzw eines Sondersachwalters „auf Vorrat" an, wenn Interessenkonflikte abstrakt zu befürchten sind, vgl. ausführlich (auch) hierzu *Pleister* → § 4 Rn. 213 mwN.

[147] Vgl. hierzu auch BT-Drs. 18/407 S. 2, 18; *Breilmann/Fuchs* WM 2013, 1437, 1438; *Graf-Schlicker* AnwBl 2013, 620, 621.

Maßnahmen schon bei der Planerstellung aufeinander abstimmen kann, wird die Koordination der Konzerninsolvenzverfahren erleichtert.[148]

Auch wenn die Praxis schon heute bemüht ist, denselben Insolvenzverwalter – in **43** geeigneten Fällen – in allen Konzerngesellschaften einzusetzen und dies auch oft gelingt,[149] dürfte die Einsetzung desselben Insolvenzverwalters in der Praxis noch häufiger werden, wenn die Neuregelungen des Gesetzes zur Erleichterung der Bewältigung von Konzerninsolvenzen (KIG) umgesetzt werden. Bei Konzerninsolvenzen kann derselbe Gruppen-Gerichtsstand (§ 3a InsO n. F.) begründet werden und dort **derselbe Insolvenzrichter** (§ 3c Abs. 1 InsO n. F.) über die **Einsetzung** desselben Insolvenzverwalters **entscheiden**.[150] Auch unterschiedliche Insolvenzgerichte haben sich nach der Umsetzung der KIG-Regelungen in der Frage der **einheitlichen Verwalterbestellung abzustimmen** (§ 56b Abs. 1 Satz 1 InsO n. F.).

Wird diese Regelung konsequent angewandt und derselbe Insolvenzrichter denselben **44** Insolvenzverwalter in allen Konzerngesellschaften bestellen, steigt auch die Chance, dass der Insolvenzverwalter wirtschaftlich vernünftige Sanierungschancen wahrnimmt und aufeinander abgestimmte Insolvenzpläne erstellt.[151]

c) Planerstellung auf Grundlage von Verwaltervereinbarungen („protocols")

Die Koordinationspflichten der Insolvenzverwalter untereinander sollten in der Praxis **45** konkretisiert werden, um Klarheit und Sicherheit über die wechselseitigen Pflichten und Verpflichtungen zu schaffen. Dazu können Verwalter untereinander sog. Insolvenzverwalterverträge abschließen, die schon nach geltendem Recht anerkannt und insbesondere in der internationalen Praxis weit verbreitet sind.[152]

Diese auch als sog. Protokolle bzw. *„protocols"* bezeichneten Verträge bieten Insolvenz- **46** verwaltern die Möglichkeit, **individuelle Vereinbarungen zur Koordinierung** mehrerer Insolvenzverfahren zu treffen.[153] Im Zusammenhang mit dem Insolvenzplanverfahren kann mithilfe von konzernübergreifenden Insolvenzverwalterverträgen ein Grundkonsens gefunden werden, der als Ausgangspunkt für die Erstellung koordinierter Insolvenzpläne dienen kann.[154] Insofern sollen Insolvenzverwalterverträge auch in den Koordinationsplan und die an ihm orientierten Insolvenzpläne integriert werden können, § 269h Abs. 2 Satz 2 Nr. 3 InsO n. F., beispielsweise für eine abgestimmte Liquiditätssteuerung oder Sicherheitenbestellung.[155] Zugleich sind Insolvenzverwalterverträge neben einem Master- oder Koordinationsplan denkbar.[156]

d) Ausrichtung der untergeordneten Insolvenzpläne am Masterplan

Schon nach geltendem Recht, besteht darüber hinaus die Möglichkeit, mehrere Konzern- **47** unternehmen gemeinsam zu sanieren bzw (einzelne Unternehmensteile) zu liquidieren,[157]

---

[148] MüKoInsO/*Eidenmüller* Vor §§ 217 bis 269 Rn. 39.
[149] So eröffnete beispielsweise im Fall der Insolvenz der Quelle-Gruppe das Amtsgericht Essen (ZIP 2009, 1826 ff. = NZI 2009, 810 ff.) das Insolvenzverfahren am Sitz der Muttergesellschaft und bestellte dort einen gemeinsamen Insolvenzverwalter für alle gruppenangehörigen Schuldner.
[150] BT-Drs. 18/407 S. 30 f.
[151] BT-Drs. 18/407 S. 30.
[152] BT-Drs. 18/407 S. 18; Haß/Huber/Gruber/Heiderhoff-*Haß*/*Herweg* EuInsVO Art. 3 Rn. 65; *Wittinghofer* Insolvenzverwaltungsvertrag S. 42 ff, 83 ff; MüKoInsO/*Reinhart* § 357 Rn. 17; *Wimmer* juris-PR 20/2013 Anm 1; *Rotstegge* Konzerninsolvenz S. 217 ff; MüKoInsO/*Eidenmüller* Vor §§ 217–269 Rn. 39.
[153] Haß/Huber/Gruber/Heiderhoff-*Haß*/*Herweg* EuInsVO Art. 3 Rn. 65; *Eidenmüller* ZZP 114 (2001), 3, 10 ff; *Ehricke* WM 2005, 397, 402 f; *Römermann* ZRP 2013, 201, 204 f; *Wimmer* juris-PR 20/2013 Anm 1.
[154] MüKoInsO/*Eidenmüller* Vor §§ 217 bis 269 Rn. 39.
[155] *Wimmer* jurisPRInsR 8/2017, Anm. 1, sub. II. 8.b).
[156] Siehe zum Verhältnis von Insolvenzverwalterverträgen und einem Koordinationsplan *Pleister* → § 4 Rn. 398 ff.
[157] Siehe zur übertragenden Sanierung *Pleister* → § 5 Rn. 117 ff.

indem inhaltlich **aufeinander abgestimmte Insolvenzpläne** vorgelegt werden, deren darstellender Teil sich zu den Sanierungsoptionen für den Konzern und die konzernverbundenen Gesellschaften verhält und deren gestaltender Teil die zur Umsetzung für das betroffene Einzelunternehmen erforderlichen Rechtsänderungen aufführt.[158]

48   Zur Koordination der einzelnen Konzerninsolvenzverfahren kann – neben der „bloßen" Abstimmung der Insolvenzpläne der Einzelverfahren – ein sog. **Masterplan**[159] erstellt werden. Wenn (auch) die Muttergesellschaft/Holding des Konzerns insolvent ist, dann wird ihr Insolvenzplan als führender Insolvenzplan ausgestaltet. Dieser Insolvenzplan der Muttergesellschaft enthält dann einen übergeordneten Plan, der alle Gesellschaften und Geschäftsfelder des Konzerns mit einbezieht und deshalb als „Masterplan" bezeichnet wird. Dort sollen die zentralen Sanierungspunkte für das herrschende und die von ihm abhängigen Unternehmen festgelegt werden.[160] Für die insolventen **Tochterunternehmen** werden dann **korrespondierende** bzw daran anknüpfende **Insolvenzpläne** vorgelegt.[161]

e) Koordinationsplan im Koordinationsverfahren

49   Mit dem Gesetz zur Erleichterung der Bewältigung von Konzerninsolvenzen (KIG) wird ein neues Koordinationsverfahren in der Insolvenzordnung eingeführt werden (§§ 269d bis 269i InsO n. F.), dessen „Kernelement" der Verfahrenskoordinator sein soll, der einen sog. Koordinationsplan nach § 269h InsO n. F. zur Abwicklung oder zur (teilweisen) Sanierung der konzernzugehörigen Schuldner vorlegen kann.[162] Der Koordinationsplan ist eine Art „institutionalisierter Masterplan"[163] oder „Beispielplan".[164] Insbesondere zur Vermeidung von Konflikten, zB bezüglich konzerninterner Insolvenzanfechtungen,[165] kann der vom Koordinationsgericht zu bestätigende **Koordinationsplan** zukünftig eine maßgebliche Rolle spielen.

50   Der **Verfahrenskoordinator** hat bei der Planerstellung einen **großen Spielraum.** In dem Koordinationsplan können grundsätzlich alle Maßnahmen beschrieben werden, die für eine abgestimmte Abwicklung der Verfahren sachdienlich sind, vgl. § 269h Abs. 2 Satz 1 InsO n. F.[166] Insbesondere kann der Koordinationsplan Vorschläge zur Wiederherstellung der wirtschaftlichen Leistungsfähigkeit der einzelnen Konzerngesellschaften und des Gesamtkonzerns (§ 269h Abs. 2 Satz 2 Nr. 1 InsO n. F.), zur Beilegung gruppeninterner Streitigkeiten (Nr. 2) und/oder zu vertraglichen Vereinbarungen zwischen den Insolvenzverwaltern (Nr. 3) enthalten, wobei diese Aufzählung bei Weitem nicht abschließend ist.

51   Der Verfahrenskoordinator hat die Interessen des gesamten Konzerns bei seiner Tätigkeit im Koordinationsverfahren, insbesondere bei der Planerstellung, im Blick zu haben und ist in aller Regel eine von den übrigen Insolvenzverwaltern unabhängige Person (vgl. § 269e Abs. 1 Satz 2 InsO n. F.).[167]

---

[158] BT-Drs. 18/407 S. 38; MüKoInsO/*Eidenmüller* Vor §§ 217 bis 269 Rn. 39; vgl. zum darstellenden Teil eines Insolvenzplans allgemein *Rendels/Zabel* Insolvenzplan Rn. 111 ff.

[159] Zum Teil wird auch von einem sog. Rahmenplan gesprochen, vgl. hierzu *Paulus* ZGR 2010, 270, 287.

[160] *Dellit* Der Konzern 2013, 190, 192; *Ehricke* ZInsO 2002, 393, 394; *Rotstegge* Konzerninsolvenz S. 354 ff; *Braun/Uhlenbruck* Unternehmensinsolvenz, S. 522. Ein solcher „Masterplan" wurde zB für die Holding-Gesellschaft *Lehman Brothers Holdings Inc.* beschlossen.

[161] *Ehricke* ZInsO 2002, 393, 394; vgl. hierzu auch MüKoGmbHG/*Liebscher* GmbH-Konzernrecht Rn. 1286; siehe ausführlich zum Masterplan → Rn. 61 ff.

[162] BT-Drs. 18/407 S. 23; vgl. auch *Breilmann/Fuchs* WM 2013, 1437, 1438; *Graf-Schlicker* AnwBl 2013, 620, 621.

[163] KPB/*Thole* InsO § 269h Rn. 1.

[164] *Verhoeven* GmbH-StB 2016, 113, 115.

[165] Dazu *Böcker* GmbHR 2004, 1314, 1316 f; *Dellit* Der Konzern 2013, 190 ff; *Kübler/Kübler* HRI § 19 Rn. 54 ff; *Thole* ZIP 2014, 1653, 1661.

[166] Vgl. hierzu auch *Wimmer* juris-PR 8/2017, Anm. 1, sub. II. 8. b) und *Verhoeven* GmbH-StB 2016, 113, 115 und *Dellit* Der Konzern 2013, 190, 193.

[167] *Pleister/Sturm* ZIP 2017, 2329, 2336; *Brünkmans* DB 39/2013, M 1; *Brünkmans* Der Konzern 2013, 169 ff; vgl. zur Regelung im Diskussionsentwurf Disk-E InsO, S. 8; in diesem Sinne auch noch *Graf-Schlicker* AnwBl 2013, 620, 621 und *Lienau* Der Konzern 2013, 157, 161; *Wimmer* juris-PR 20/2013 Anm 1; mit entsprechender Kritik am Diskussionsentwurf schon *Pleister* ZIP 2013, 1013, 1015; *Commandeur/Knapp* NZG 2013, 176, 178.

Auch wenn die Idee eines einheitlichen „Konzernleitplans" sowohl durch den Master- 52
plan als auch den Koordinationsplan umgesetzt werden kann, unterscheiden sich die beiden
Vorgehen zumindest verfahrensrechtlich ganz deutlich voneinander. Im Unterschied zum
Masterplan wird der **Koordinationsplan in einem eigenständigen (Koordinations-)**
Verfahren erstellt und ist damit – anders als der Masterplan – zumindest verfahrensrecht-
lich vom Insolvenzplan der Konzernmutter/Holding zu unterscheiden. Anders als der
Masterplan hat der Koordinationsplan keinen gestaltenden, sondern nur einen darstellenden
Teil, weil er losgelöst von einem bestimmten Rechtsträger erstellt wird und (auch) für die
Konzerngesellschaften nicht verbindlich ist.[168] Inhaltlich soll der Koordinationsplan aber für
die Einzelverfahren als eine Art Masterplan dienen.[169]

f) Keine Konsolidierung der Insolvenzmassen oder -verfahren

Eine noch weitergehende Koordinationsmöglichkeit gibt es nach geltendem Recht in 53
Deutschland nicht.[170] Insbesondere besteht keine Möglichkeit, mehrere Konzerngesellschaften in einem einheitlichen Insolvenzverfahren zu liquidieren bzw – mittels eines „Einheits-
plans"[171] – zu sanieren (verfahrensrechtliche Konsolidierung) oder – noch weitergehend – alle
Insolvenzmassen der Konzerngesellschaften materiell zusammenzufassen, um die Konzerngläubiger als einheitliche Gläubigergemeinschaft zu befriedigen (Massekonsolidierung).[172]
Auch aus der Begründung zum Gesetzesentwurf der Bundesregierung KIG geht hervor, dass
der Gesetzgeber noch nicht einmal die erste Möglichkeit in Betracht zieht, die Konzerngesellschaften bei Trennung der Insolvenzmassen in einem Verfahren zusammenzufassen.[173]

2. Insolvenzplan

Wie eingangs bereits ausgeführt worden ist, kann das Insolvenzplanverfahren im Konzern- 54
zusammenhang nur dann erfolgreich ablaufen, wenn die einzelnen Insolvenzpläne durch
geschickte Gestaltung inhaltlich aufeinander abgestimmt werden.[174] Hintergrund dieser
umständlichen Verfahrenskoordination ist, dass es ein „Konzerninsolvenzplanverfahren"
nicht gibt.[175] Hier sollen in aller Kürze die Besonderheiten des Insolvenzplans im Konzernzusammenhang dargestellt werden.

---

[168] BT-Drs. 18/407 S. 39; *Dellit* Der Konzern 2013, 190, 193; *Pleister* ZIP 2013, 1013, 1017; *Wimmer* DB
2013, 1343, 1349; *Wimmer* juris-PR 20/2013 Anm 1; *Dellit* Der Konzern 2013, 190, 193; *Frind* ZInsO
2013, 429, 433. Kritisch zur fehlenden Verbindlichkeit *Pleister/Sturm* ZIP 2017, 2329, 2337 f.
[169] *Wimmer* juris-PR 20/2013 Anm 1; *Wimmer* juris-PR 8/2017, Anm. 1, sub. II. 8. b); KPB/*Thole* InsO
§ 269h Rn. 1.
[170] So ausdrücklich Begr RegE KIG, BT-Drucks. 18/407 S. 2. Demgegenüber besteht im US-amerikanischen Insolvenzrecht die Möglichkeit, mehrere Konzerninsolvenzverfahren verfahrensrechtlich zu verbinden *(joint administration)*, vgl. Bankruptcy Rule 1015 (b) (4). Darüber hinaus kann auch eine –
richterrechtlich entwickelte – Massekonsolidierung *(substantive consolidation)* stattfinden, vgl. hierzu *Scheel*
Konzerninsolvenzrecht 1995, S. 241 ff; *Rotstegge* Konzerninsolvenz S. 352 f.
[171] Vgl. hierzu *Rotstegge* Konzerninsolvenz S. 352 f.
[172] BT-Drs. 18/407 S. 2, 16 f.; *Dellit* Der Konzern 2013, 190, 192; MüKoInsO/*Eidenmüller* Vor §§ 217 bis
269 Rn. 39; MüKoGmbHG/*Liebscher* GmbH-Konzernrecht Rn. 1286; MüKoInsO/*Brünkmans* Konzerninsolvenzrecht Rn. 17; Beck/Depré/*Depré/Büteröwe* § 32 Rn. 1; Gottwald InsO-HdB/*Haas* § 95
Rn. 2; *Uhlenbruck* NZI 1999, 41, 44; *Rotstegge* Konzerninsolvenz S. 352; Uhlenbruck/*Hirte* InsO § 11
Rn. 414; *Graf-Schlicker* ZInsO 2013, 1765, 1768; FKInsO/*Jaffé* § 217 Rn. 100; für die materielle Zusammenfassung von Vermögensmassen mehrerer Schuldner bei bestimmten Konzerntypen vor dem Hintergrund einer wirtschaftlichen Betrachtungsweise aber *Paulus* ZIP 2005, 1948, 1953 ff; neuerdings auch
Humbeck NZI 2013, 957 ff.
[173] BT-Drs. 18/407 S. 17; *Dellit* Der Konzern 2013, 190, 192; MüKoInsO/*Brünkmans* Konzerninsolvenzrecht Rn. 19; MüKoGmbHG/*Liebscher* GmbH-Konzernrecht Rn. 1286.
[174] *Dellit* Der Konzern 2013, 190, 192. Zum Verbesserungsbedarf im neuen nationalen Konzerninsolvenzrecht *Pleister/Sturm* ZIP 2017, 2329, 2336 f.
[175] *Dellit* Der Konzern 2013, 190, 192; MüKoInsO/*Eidenmüller* Vor §§ 217 bis 269 Rn. 37; MüKoGmbHG/
Liebscher GmbH-Konzernrecht Rn. 1286; Beck/Depré/*Depré/Büteröwe* § 32 Rn. 1; Kübler/*Balthasar*
HRI § 26 Rn. 42; Gottwald InsO-HdB/*Haas* § 95 Rn. 2; *Graf-Schlicker* ZInsO 2013, 1765, 1768;
FKInsO/*Jaffé* § 217 Rn. 100.

a) Aufstellung des Insolvenzplans/Vorlagerecht

55 Das Planverfahren nach §§ 217 ff InsO muss für jede Konzerngesellschaft gesondert durchgeführt werden. Nach § 218 Abs. 1 Satz 1 InsO sind zur Vorlage eines Insolvenzplans an das Insolvenzgericht sowohl der jeweilige **Insolvenzverwalter** als auch der jeweilige **Schuldner,** also die einzelne Konzerngesellschaft, berechtigt. Daneben kann die Gläubigerversammlung den Insolvenzverwalter gemäß § 157 Satz 2 InsO beauftragen, einen Insolvenzplan vorzulegen. Ein eigenes Planvorlagerecht steht ihr nicht zu.[176] Ist ein entsprechender Auftrag zur Planausarbeitung ergangen, besteht nach § 218 Abs. 2 InsO die Pflicht des jeweiligen Verwalters, einen Plan binnen angemessener Frist vorzulegen. Dem im Rahmen der Eigenverwaltung eingesetzten Sachwalter steht kein originäres Vorlagerecht zu.[177] Er muss zur Erarbeitung eines Insolvenzplans durch die Gläubigerversammlung gemäß § 284 Abs. 1 Satz 1 InsO beauftragt worden sein.

56   Weil in der Konzerninsolvenz nicht nur ein einzelner Insolvenzplan vorzulegen ist, sondern der Insolvenzplan jeder Konzerngesellschaft mit den anderen Konzepten und Plänen der konzernzugehörigen Gesellschaften abgestimmt werden muss, sollten sich die Beteiligten schon während der Krise darauf einstellen. Die Vorlage des jeweiligen Insolvenzplans und eine **Einbindung** der **Gläubiger** sollten möglichst **frühzeitig** erfolgen, weil hierdurch die Planakzeptanz und die Sanierungschancen erheblich verbessert werden können. Dabei sieht § 218 Abs. 1 Satz 2 InsO die Möglichkeit vor, dass der Schuldnerplan mit dem Antrag auf Insolvenzeröffnung verbunden wird (sog. *Pre-Packaged-Plan*). Eine weitere Möglichkeit besteht darin, für die insolventen Konzerngesellschaften ein Schutzschirmverfahren gemäß § 270b InsO zu beantragen und innerhalb einer vom Gericht festgesetzten Frist einen Insolvenzplan zu erarbeiten.

b) Ausgestaltung des Insolvenzplans

57 Bei der Ausgestaltung des Insolvenzplans muss den Besonderheiten der Konzerninsolvenz Rechnung getragen werden. Wenn die Sanierung des Konzerns mithilfe des Insolvenzplanverfahrens in Angriff genommen wird, bietet es sich an, für die beteiligten Konzerngesellschaften **aufeinander abgestimmte Insolvenzpläne** zu entwickeln.[178] Dieses Vorgehen setzt in tatsächlicher Hinsicht voraus, dass die wirtschaftliche Neuausrichtung des gesamten Konzerns bereits in einem groben (Restrukturierungs-)Konzept beschrieben worden ist und sich die Insolvenzverwalter der Einzelverfahren hieran orientieren können. Im Idealfall und je nach Konzernstruktur sollten die einzelnen Insolvenzpläne durch denselben Insolvenzverwalter erstellt werden. Solche eine personelle Konzentration wird nun auch durch das KIG mit § 56b Abs. 1 S. 1 InsO n. F. angeregt, aber nicht verpflichtend vorgeschrieben.[179] Denn die Koordination wird – ganz abgesehen von der ohnehin hohen Komplexität von Konzerninsolvenzverfahren – umso schwieriger, je mehr Insolvenzverwalter „an einen Tisch" gebracht werden müssen.[180]

58   Über die inhaltlichen und wirtschaftlichen Schwierigkeiten hinaus, ist die rechtliche Abstimmung der Insolvenzpläne sicherzustellen. Zu erwägen ist deshalb, welche Insolvenzpläne und/oder Maßnahmen miteinander verknüpft werden sollen. Im Regelfall wird es sich anbieten, eine **Bedingung** nach § 249 InsO bzw § 158 Abs. 1 BGB in die Insolvenzpläne aufzunehmen, nach der die Wirksamkeit der einzelnen Pläne vom Zeitpunkt der

---

[176] Braun/*Braun/Frank* InsO § 218 Rn. 4.

[177] HambKommInsO/*Streck* § 286 Rn. 2; Kübler/*Rendels* HRI § 24 Rn. 2; Braun/*Braun/Frank* InsO § 284 Rn. 2; K. Schmidt/*Undritz* InsO § 284 Rn. 2.

[178] MüKoInsO/*Eidenmüller* Vor §§ 217–269 Rn. 39; *Eidenmüller* ZHR 169 (2005), 528, 546 f; *Rattunde* ZIP 2003, 596; *Uhlenbruck* NZI 1999, 41, 43.

[179] Für eine grundsätzliche Pflicht der Gerichte in einem Konzernsachverhalt denselben Insolvenzverwalter zu bestellen *Hirte* ZIP 2008, 444, 446; dagegen Gesetzesbegründung KIG BT-Drs. 18/407 S. 20 f.

[180] Anschaulich zu den möglichen Grenzen der Kooperation verschiedener Insolvenzverwalter *Andres/Möhlenkamp* BB 2013, 579, 587.

rechtskräftigen Bestätigung aller anderen Pläne abhängig ist.[181] Eine solche Kombination von Insolvenzplänen kann zudem durch die Mittel der übertragenden Sanierung einzelner Tochtergesellschaften sowie durch Anteilsübertragungen ergänzt werden.[182] Dieses Instrumentarium wurde mit den Änderungen des ESUG erheblich erweitert. Denn seitdem sind auch gesellschaftsrechtliche Maßnahmen im Insolvenzplan möglich, so dass die Zustimmung der Gesellschafter durch die Planbestätigung ersetzt werden kann, vgl. § 225a Abs. 2 und 3 InsO.

aa) Darstellender Teil

Im darstellenden Teil des jeweiligen Insolvenzplans, der mit den übrigen Plänen abzustimmen ist, sollten Aussagen über den gesamten Konzern sowie über das jeweilige Konzernunternehmen getroffen werden. Es ist zunächst, zusätzlich zu den üblichen Beschreibungen, eine Übersicht über die Konzernstruktur zu geben. Detaillierte Darstellungen sind dem Plan als Anlage beizufügen. Im Rahmen der Darstellung der steuerlichen Verhältnisse ist auf körperschaftliche und gewerbesteuerliche Organschaften zwischen der Muttergesellschaft als Organträgerin und den Tochtergesellschaften als Organgesellschaften einzugehen.[183] **59**

bb) Gestaltender Teil

Im Gegensatz dazu sind im gestaltenden Teil der einzelnen Insolvenzpläne gesonderte Regelungen für die jeweilige Konzerngesellschaft zu treffen. Insbesondere ist hier die Regelung der Rechte der jeweils anderen Konzernunternehmen als eigene Gläubigergruppe zu beachten. Dabei kommen als nicht nachrangige Insolvenzgläubiger in der Regel zunächst die abhängigen Unternehmen, aber auch die Gesellschafter und deren verbundene Unternehmen in Betracht.[184] Es kann vorgesehen werden, dass die abgestimmten Pläne im Konzern nur unter der aufschiebenden Bedingung in Kraft treten, dass die Insolvenzpläne der anderen Konzernunternehmen ebenfalls angenommen werden.[185] **60**

3. Masterplan

Der Masterplan verschriftlicht ein umfassendes Restrukturierungskonzept für den gesamten Konzern.[186] Er ist ein Grobkonzept, das Grundlage für die weitere Sanierung sein kann.[187] An dem Masterplan, der in der Praxis in aller Regel der Insolvenzplan der Mutter- bzw Betriebsgesellschaft ist, können sich die Insolvenzverwalter der Tochtergesellschaften dann orientieren bzw die konkreten Vorschläge des Masterplans übernehmen.[188] Der Masterplan kommt vornehmlich in Konstellationen in Betracht, in denen ein bestimmtes Kerngeschäft den gesamten Konzern bestimmt. Demgegenüber wird ein Masterplan zumindest rein praktisch nicht erfolgversprechend sein, wenn der Konzern auf mehreren Geschäftsfeldern tätig ist und in diesen „Säulen" jeweils isoliert reorganisiert werden soll.[189] **61**

Bei der Erstellung eines leitenden Insolvenzplans ist dann im Rahmen der Darstellung des Sanierungskonzepts auf die Möglichkeiten der Fortführung des Gesamtkonzerns bzw **62**

---

[181] *Eidenmüller* ZHR 169 (2005), 528, 547; MüKoInsO/*Eidenmüller* Vor §§ 217–269 Rn. 39, § 217 Rn. 42 ff, § 221 Rn. 25 ff.
[182] *Rattunde* ZIP 2003, 596, 598.
[183] Vgl. hierzu auch Kübler/*Pleister/Theusinger* HRI § 50 Rn. 39.
[184] Kübler/*Pleister/Theusinger* HRI § 50 Rn. 40.
[185] Vgl. hierzu auch Kübler/*Pleister/Theusinger* HRI § 50 Rn. 40; siehe schon → Rn. 58.
[186] Vgl. auch Buth/Hermanns Restrukturierung/*Kraus* § 4 Rn. 11.
[187] Buth/Hermanns Restrukturierung/*Kraus* § 4 Rn. 14.
[188] MüKoGmbHG/*Liebscher* GmbH-Konzernrecht Rn. 1286; *Noack* Gesellschaftsrecht Rn. 740; *Rotstegge* Konzerninsolvenz S. 354.
[189] *Ehricke* ZInsO 2002, 393, 394; *Rotstegge* Konzerninsolvenz S. 355 f.

einzelner Teilbereiche einzugehen. Die geplanten Maßnahmen und erforderlichen Rechtsänderungen sind für die einzelnen Tochterunternehmen gesondert darzustellen. Aber auch
im darstellenden Teil einer abhängigen Konzerngesellschaft wird aus vorstehend genannten
Gründen umfangreich auf die Konzernstrukturen einzugehen sein.[190]

63   Wie erwähnt, ist der Masterplan zugleich der Insolvenzplan einer Konzerngesellschaft, in
aller Regel der Konzernmutter/Holding.[191] Anders als der Koordinationsplan enthält der
Masterplan daher nicht nur einen darstellenden, sondern auch einen gestaltenden Teil,
wobei sich die Regelungen des gestaltenden Teils auf die Rechtsveränderungen bei der
Gesellschaft beschränken, für die der Masterplan erstellt wird und (auch) als Insolvenzplan
dient.[192] Die **Elemente des Masterplans,** die den Gesamtkonzern bzw andere Konzerngesellschaften betreffen, finden sich daher im darstellenden Teil des Masterplans, wo – wie
im Rahmen des Koordinationsplans – „Vorschläge" für die anderen Konzerngesellschaften
gemacht werden. Die individuelle Ausgestaltung des Masterplans kann dabei ganz unterschiedlich sein: Während der Masterplan in einigen Fällen nur das zukünftige Unterneh-
menskonzept des Konzerns enthält und die Ausgestaltung der Maßnahmen zur Umsetzung
des Unternehmenskonzepts den Einzelinsolvenzplänen überlässt, kann der Masterplan in
anderen Fällen alle Insolvenzpläne der Konzerngesellschaften enthalten.[193] Im zweiten Fall
übernimmt der (personenidentische) Insolvenzverwalter des jeweiligen Verfahrens den
Insolvenzplan aus dem Masterplan und stellt ihn den Gläubigern zur Abstimmung.[194] Die
Insolvenzverwalter können zur Umsetzung verpflichtet sein, wenn sich dies aus den allgemeinen Koordinationspflichten bzw aus den in diesem Zusammenhang geschlossenen
Insolvenzverwalterverträgen ergibt.

64   Zudem sind die Tochtergesellschaften typischerweise als eigene Gläubigergruppe auf-
zuführen. Auch bei der Gegenüberstellung der zu erwartenden Quote im Fall der
Liquidation der Gesellschaft und der Lage bei Planerfüllung ist im Rahmen des Masterplans insoweit vom Gesamtkonzern auszugehen, als die Werte der Beteiligungen an
Tochterunternehmen berücksichtigt werden. Der darstellende Teil des Insolvenzplans der
Muttergesellschaft muss also faktisch eine Schilderung der gesamten Konzernstruktur
enthalten.[195]

65   In der Praxis stößt der Konzern-Masterplan an gewisse **tatsächliche Grenzen.** Insofern
ist zur Umsetzung des im Masterplan beschriebenen Konzepts erforderlich, dass sich die
unterschiedlichen Gläubigergruppen der Einzelgesellschaften von den Vorteilen des Masterplans für ihre Insolvenzmasse überzeugen lassen.[196] Wenn die Gläubiger in allen Verfahren
überwiegend dieselben sind, erleichtert das die Umsetzung. Im Übrigen ist zwingend
erforderlich, dass zumindest unter den Großgläubigern der einzelnen Verfahren ein Konsens
hergestellt und die Gruppenbildung in den Einzelverfahren sorgfältig gestaltet wird. Außerdem lassen sich komplexe Konzernstrukturen durch einen Masterplan oft nur mit dem
Know-how des (jeweiligen) Managements reorganisieren,[197] sodass sich der Masterplan im
Konzerninsolvenzrecht in erster Linie im Zusammenspiel mit der Eigenverwaltung anbietet.[198] In Fällen, in denen die Gläubiger der bisherigen (Konzern-)Leitung kritisch gegenüberstehen (was im Fall der Insolvenz verständlich ist),[199] müssen diese Gläubiger von

---

[190] Vgl. hierzu auch Kübler/*Pleister/Theusinger* HRI § 50 Rn. 39.
[191] *Dellit* Der Konzern 2013, 190, 192; *Ehricke* ZInsO 2002, 393, 394.
[192] *Eidenmüller* ZHR 169 (2005), 528, 546 f; *Noack* Gesellschaftsrecht Rn. 740; Kübler/*Pleister/Theusinger*
HRI § 50 Rn. 40.
[193] *Rotstegge* Konzerninsolvenz S. 354; Uhlenbruck/*Hirte* InsO § 11 Rn. 415.
[194] *Rotstegge* Konzerninsolvenz S. 354.
[195] Vgl. hierzu auch Kübler/*Pleister/Theusinger* HRI § 50 Rn. 39.
[196] *Rotstegge* Konzerninsolvenz S. 355; zur gleichen Problematik beim Koordinationsplan *Pleister/Sturm* ZIP
2017, 2329, 2337.
[197] Vgl. hierzu auch BT-Drs. 12/2443 S. 223; *Jaffé* ZHR 175 (2011), 38, 47; *Gogger* Insolvenzgläubiger-HdB
§ 2 Rn. 599; Gottwald InsO-HdB/*Haas/Kahlert* § 86 Rn. 13; *Piepenburg* NZI 2004, 231 ff; *Doliwa* Die
geplante Insolvenz S. 150 f.
[198] *Rotstegge* Konzerninsolvenz S. 354 f.
[199] Vgl. auch zu dieser Schwäche des Masterplans *Rotstegge* Konzerninsolvenz S. 354 f.

einem mit dem Management erstellten Masterplan in besonderem Maße überzeugt werden.

Es ist bereits angedeutet worden, dass der darstellende Teil des Masterplans mit dem 66 Koordinationsplan weitestgehend deckungsgleich sein dürfte. Insofern könnte sich in der Praxis die Frage stellen, **ob der Koordinationsplan den Masterplan ablösen wird.**[200] Schon jetzt lässt sich hierzu feststellen, dass der Koordinationsplan den Masterplan jedenfalls in den Konzerninsolvenzverfahren verdrängen wird, in denen ein Koordinationsverfahren beantragt und eröffnet wird.[201] In diesen Fällen wäre ein (zusätzlicher) Masterplan im Insolvenzverfahren der Konzernmutter/Holding kontraproduktiv, wenn er – im darstellenden Teil – nicht mit dem Koordinationsplan übereinstimmt. Es kann aber nicht schaden, den Koordinationsplan als darstellenden Teil im Insolvenzplanverfahren der Konzernmutter zu übernehmen.

Daneben sollten die Beteiligten, insbesondere wenn nur wenige Insolvenzverwalter 67 eingesetzt worden sind, überlegen, ob ein Koordinationsverfahren überhaupt sinnvoll ist.[202] Es kann dann durchaus effizienter sein, den Insolvenzplan der Konzernmutter als Masterplan auszugestalten, anstatt ein zusätzliches (Koordinations-)Verfahren zur Restrukturierung bzw Abwicklung des Konzerns durchzuführen. Auch aus dem Bundesministerium der Justiz ist insofern geäußert worden, dass das **Koordinationsverfahren nur ein „Angebot"** darstellt.[203] In der Praxis sollten die Beteiligten daher im Rahmen einer Konzerninsolvenz sorgfältig prüfen, welche Vor- und Nachteile das Koordinationsverfahren gegenüber der Koordination der Einzelverfahren mit sich bringt und ob es nicht ausreichend ist, die Insolvenzplanverfahren über einen Masterplan bzw die weiteren, hier aufgezeigten Möglichkeiten zu koordinieren.

III. Koordinationsplan

Der Koordinationsplan (§ 269h) ist das **„Herzstück" des Koordinationsverfahrens.**[204] 68 Er bildet das Instrument, mit dem der Verfahrenskoordinator die Insolvenzverfahren der Gruppenunternehmen auf eine einheitliche Strategie ausrichten soll. Ob sich dies in der Praxis als hinreichend schlagkräftig erweisen wird, bleibt abzuwarten.

1. Funktion

Der Koordinationsplan ist kein echter Konzerninsolvenzplan,[205] sondern der „Referenzplan 69 für die Maßnahmen der Insolvenzverwaltungen auf der Ebene der Einzelgesellschaften."[206] Wie das Koordinationsverfahren, in das er eingebettet ist, hat auch der Koordinationsplan das Ziel, besondere Unternehmenswerte, die nicht auf der Ebene der einzelnen Konzerngesellschaften greifbar sind, da sie sich erst aus der konzernrechtlichen Verflechtung des Unternehmens ergeben, auch noch im Stadium der Konzerninsolvenz nutzbar zu machen. Ist im Einzelfall ein solcher Zugewinn nicht realisierbar, so sollen zumindest Wertverluste,

---

[200] So spricht KPB/*Thole* InsO § 269h Rn. 1 von einem „institutionalisierten Masterplan"; dazu auch Kübler/*Pleister*/*Theusinger* HRI § 50 Rn. 47.

[201] Vgl. hierzu auch *Wimmer* juris-PR 20/2013 Anm 1: *„Der in § 269h InsO-E geregelte Koordinationsplan ist idealiter der Masterplan, aus dem sich die Insolvenzpläne in den einzelnen Verfahren über die konzernangehörigen Gesellschaften entwickeln."* Ähnlich *Wimmer* juris-PR 8/2017 Anm 1 sub. II. 8. b).

[202] Wenn nur ein Insolvenzverwalter in allen Verfahren eingesetzt ist, dann ist ein Koordinationsverfahren nicht durchzuführen.

[203] Vgl. hierzu *Römermann* ZRP 2013, 201, 203. Auch der Nationale Normenkontrollrat spricht in seiner Stellungnahme zum KIG von „Angebots-Regelungen"; BT-Drs. 18/407 S. 45.

[204] *Wimmer* DB 2013, 1343, 1349.

[205] → Rn. 112.

[206] BT-Drs. 18/407 S. 23.

die aus einer unkoordinierten Liquidation des Konzernverbunds resultieren, vermieden werden. Die für beide Zwecke notwendige Überwindung der rein rechtsträgerbezogenen Ausrichtung der Einzelinsolvenzverfahren im Interesse einer konzernweiten Insolvenzlösung will das neue deutsche Konzerninsolvenzrecht leider allein mit dem Mittel der Koordination, nicht aber über eine Konsolidierung der Einzelverfahren erreichen. Dem Verfahrenskoordinator wird dazu vor allem das Mittel des Koordinationsplans an die Hand gegeben, der nach dem Wunsch des Gesetzgebers – wie ein Magnet, den man auf eine unsortierte Menge Eisenspäne wirken lässt – kraft „unsichtbarer" Vorbildwirkung die Ausrichtung aller Einzelverfahren auf eine gemeinsame konzernweite Insolvenzlösung bewirken soll.

2. Zulässiger Inhalt

70 Die bloße Vorbildwirkung eines Koordinationsplans ergibt sich bereits aus der gesetzlichen Beschränkung seines Regelungsinhalts. Gemäß § 269h Abs. 2 Satz 1 können in einem Koordinationsplan „alle Maßnahmen beschrieben werden, die für eine abgestimmte Abwicklung der Verfahren sachdienlich sind." Der Plan hat mithin allein beschreibenden Charakter; verbindlich regeln darf er nichts. Folgerichtig begreift der Gesetzgeber ihn als einen „kupierten Insolvenzplan, bei dem der gestaltende Teil weggelassen wurde."[207] Ein Koordinationsplan beinhaltet also nur einen darstellenden Teil iSd § 220.

71 Die Vorbildwirkung eines Koordinationsplans folgt allein aus seiner Überzeugungskraft. Der Inhalt des Koordinationsplans muss somit darauf ausgerichtet werden, alle Beteiligten in den Einzelinsolvenzverfahren davon zu überzeugen, dass bzw inwieweit es eine vorzugswürdige konzernweite Insolvenzlösung überhaupt gibt und wie diese aussehen soll. Der Koordinationsplan ist aus Sicht seines Gestalters mithin vor allem ein Informationsinstrument, ja ein „Verkaufsprospekt".

a) Darstellung und Analyse der Konzernlage

72 Wie jeder darstellende Teil eines Insolvenzplans hat auch der Koordinationsplan zunächst in chronologischer Reihenfolge den Ist-Zustand des Konzerns zu entwickeln. Diese historische Darstellung wird begleitet von einer Analyse der Ursachen der Insolvenz (Krisenanalyse). Der Ist-Zustand des Konzerns ist dann ebenfalls ausführlich offenzulegen, um insbesondere für die Beantwortung der Frage nach der Sanierungsfähigkeit des Konzerns oder einzelner Konzernteile eine Grundlage zu schaffen. Hier hat insbesondere eine Analyse der Liquiditäts- und Ertragslage, der konzerninternen Arbeits- und Produktionsprozesse sowie der Position des Unternehmens im Markt zu erfolgen.

73 Die für diese Berichterstattung notwendigen Informationen muss der Verfahrenskoordinator aus konzerninternen Informationssystemen (etwa einer zentralisierten EDV) oder aber von den Konzerntöchtern erhalten. Hierzu hat er sein **Informationsrecht** aus § 269f Abs. 2 Satz 2 geltend zu machen.[208]

b) Sanierungs-Koordinationsplan (§ 269h Abs. 2 Satz 2 Nr. 1)

74 Der Koordinationsplan soll im Regelfall ein **Sanierungskonzept** für den Konzernverbund entwickeln und als Referenz vorgeben. Dies folgt nicht nur aus der hervorgehobenen Normierung dieses Planinhalts in Nr. 1 des § 269h Abs. 2 Satz 2, sondern auch aus dem propagierten Ziel des Gesetzgebers, im Anschluss an das ESUG auch die Sanierung von Unternehmen im Konzernkontext zu verbessern.[209]

---

[207] BT-Drs. 18/407 S. 39.
[208] *Frege/Nicht* → § 4 Rn. 379.
[209] BT-Drs. 18/407 S. 16.

aa) Entwicklung eines neuen Konzernleitbilds

In einem Sanierungs-Koordinationsplan ist auf der Grundlage der Unternehmensanalyse 75
zunächst ein **Leitbild des sanierten Konzerns** zu entwickeln, das auf die Krisenursachen
reagiert und die Ertragspotenziale des Unternehmens herausstellt. Eine strategische Neuausrichtung des Konzerns wie die Beschränkung auf Kerngeschäftsfelder ist hier ebenso
möglich wie die (bloße) interne Restrukturierung ineffizient gewordener Konzernstrukturen.

bb) Beschreibung der notwendigen Sanierungsmaßnahmen

Schließlich können und sollen im Koordinationsplan gemäß § 269h Abs. 2 Satz 1 auch 76
„alle" Maßnahmen beschrieben werden, die für eine konzernweite Insolvenzlösung sach-
dienlich sind. Der Plan darf also bereits die **Umsetzungshandlungen** darstellen, die aus
Sicht des Verfahrenskoordinators notwendig sind, um ausgehend vom beschriebenen Ist-
Zustand das propagierte Konzernleitbild zu erreichen. Der Koordinationsplan kann daher
im Einzelfall bereits ein sofort umsetzungsfähiges Sanierungskonzept, also eine **detaillierte
Bestimmung** der konzernweiten Sanierungsbeiträge und -opfer, beinhalten. Ein solches
Idealbild lässt sich auch der Gesetzesbegründung entnehmen, die eine Darstellung aller
Umsetzungshandlungen in den Einzelplänen vorsieht.[210] Zwingend ist diese Vorgabe allerdings nicht. Der Koordinationsplan kann sich ebenso darauf beschränken, ein Sanie-
rungsleitbild zu entwickeln und ein Umsetzungsszenario nur grob zu skizzieren, wenn dies
im Einzelfall notwendig erscheint, um eine einvernehmliche Konzernlösung durch Verhandlungen unter den Verwaltern und Gläubigerausschüssen der Einzelverfahren zu ini-
tiieren. Die Koordinationsinstrumente der §§ 269a ff sind insofern **sehr flexibel** hand-
habbar. Vor allem aber ist daran zu erinnern, dass auch ein detaillierter Koordinationsplan
trotz seiner Bestätigung keine unmittelbare Bindungswirkung für Einzelverfahren entfaltet.[211] Das in ihm dargelegte Sanierungskonzept ist stets nur eine Referenz für die Einzelinsolvenzverfahren, eben ein „Vorschlag" zur Wiederherstellung der wirtschaftlichen Leistungsfähigkeit der Unternehmensgruppe.[212]

Ein Koordinationsplan ermöglicht damit keine verbindliche, konzernweite Vereinbarung 77
eines Sanierungskonzepts wie ein echter Konzerninsolvenzplan.[213] Beide Pläne unterscheiden sich mithin zentral in ihrer unmittelbaren Bindungswirkung (und dementsprechend in
ihrem verfahrensrechtlichen Zustandekommen), nicht aber unbedingt in ihrem **Inhalt.**
Auch der Koordinationsplan darf (und sollte) schon alle Umsetzungshandlungen und damit
das gesamte Sanierungskonzept beinhalten. Ihm ist es daher insbesondere erlaubt, für die
jeweiligen Einzelverfahren die Einteilung der Gläubiger in Gruppen und deren Planquote
aufzulisten und Vergleichsrechnungen zur Gläubigerbefriedigung im Liquidationsfall (inklusive der Berücksichtigung hypothetischer Anfechtungsansprüche zwischen Konzernunternehmen) vorzunehmen. Schon aus dem Koordinationsplan wird dann deutlich, ob
einzelne Gläubigergruppen in den Planverfahren bei Töchterunternehmen durch die koordinierte Planlösung schlechter gestellt werden und daher zustimmen bzw kompensiert[214]
(§ 251 Abs. 3 – Ausgleichsmittel) werden müssen. Nur eine solch detaillierte Darstellung
der beabsichtigten Planlösung macht die Vor- und Nachteile einer konzernweiten Insolvenzbewältigung konkret deutlich und erlaubt jedem einzelnen Betroffenen eine Einschätzung seines Zugewinns. Es ist mithin gerade die Überzeugungskraft des Koordinationsplans,
die von dessen **Detailreichtum** lebt.

Kann das Sanierungskonzept des Koordinationsplans einen Mehrwert gegenüber der 78
Zerschlagung des Konzerns ausweisen, so soll sich dieser Mehrwert nach dem Willen des

---

[210] BT-Drs. 18/407 S. 40.
[211] → Rn. 94.
[212] So treffend § 269h Abs. 2 Satz 2 Nr. 1.
[213] → Rn. 112.
[214] Zutreffend *Brünkmans* Der Konzern 2013, 169, 180; *Dellit* Der Konzern 2013, 190, 193.

Gesetzgebers in einer höheren Befriedigungsquote widerspiegeln, die allerdings nicht gleichmäßig verteilt allen Gläubigern von Konzernunternehmen zugesprochen werden muss. Stattdessen würde es ausreichen, dass zumindest in einem Verfahren eine höhere Befriedigungsquote erreicht werden kann, ohne dass hierdurch in den anderen Verfahren Einbußen gegenüber einem Liquidationsszenario hinzunehmen sind (Pareto-Effizienz).[215] Das Gesetz gibt damit für die Konzernsanierung **keine Verteilungsregel** vor, sondern überlässt die Verteilung von Vorteilen und Opfern allein den Verhandlungen der betroffenen Insolvenz- bzw Eigenverwalter.[216]

cc) Verwaltungskoordinationsplan (§ 269h Abs. 2 Satz 2 Nr. 2 und 3)

79 Der Koordinationsplan ist nicht zwingend ein umfassender konzernweiter Sanierungsplan. Er kann eine **Sanierung** auch lediglich **vorbereiten,** indem er Sanierungshindernisse, die sich aus Streitigkeiten zwischen den Gruppenunternehmen ergeben, adressiert. Insoweit ist es vorteilhaft, dass ein Koordinationsplan auch nach dem Willen des Gesetzgebers inhaltsoffen verwendet werden kann, weshalb man seine Koordinationswirkung auch darauf beschränken darf, unnötige Wertverluste zu vermeiden und eine Sanierung durch die **Beseitigung von Konfliktpotenzial** vorzubereiten.[217] Der Gesetzgeber hat hier insbesondere die verzögerungs- und kostenträchtige Verfolgung von konzerninternen Anfechtungsansprüchen im Visier.[218] Koordinationsbedarf kann aber auch bei anderen konzerninternen Ansprüchen (**„intercompany claims"**) entstehen, die der Verwalter/Eigenverwalter eines Gruppenunternehmens durchsetzen muss. Und auch die **Ausübung des Wahlrechts** aus § 103 Abs. 1 wird nicht selten in Abstimmung mit anderen Konzernunternehmen erfolgen müssen. Werden infolgedessen etwa zentrale Dienstleistungen nicht mehr erbracht, so kann insbesondere in integrierten Konzernen mit zentralisierten Funktionseinheiten (cash management, Einkauf, Vertrieb, Informationsverwaltung) im Einzelfall durch eine einzelne Wahlrechtsausübung die Fortführung eines oder gar aller anderen Gruppenunternehmen vereitelt werden. Auch in weniger integrierten Konzernen kann die Entscheidung zur Belastung/Verwertung von Massegegenständen Sanierungen vereiteln, wenn diese zwar einem Tochterunternehmen rechtlich zustehen, aber von einem anderen primär genutzt werden. In derartigen Fällen sollten Lösungen im beiderseitigen Interesse (Pareto-Effizienz) verhandelt werden, wobei in der Regel die Zurückhaltung der einen Seite durch die Kompensationsleistung der anderen vergütet wird.

80 Die Koordination von Verwaltungs- aber auch Sanierungs- und Liquidationsmaßnahmen der einzelnen Insolvenzverwalter in den Einzelverfahren soll nach dem gesetzlichen Regelungskonzept allerdings primär nicht auf der (zweiten) Ebene des Koordinationsplans erfolgen, sondern grundsätzlich bereits durch die **Kooperationspflicht des § 269a** befördert werden.[219] Diese beinhaltet nicht nur eine Pflicht der Verwalter zur gegenseitigen Unterrichtung über derartige Maßnahmen, sondern auch die Pflicht zur Verhandlung und Rücksichtnahme, soweit dies nicht die Interessen der Beteiligten im eigenen Verfahren benachteiligt.[220] Durch die Verhandlungspflicht werden idealerweise Lösungen erarbeitet, die masseschädliche gruppeninterne Streitigkeiten vergleichsweise beilegen, indem der durch die streitige Maßnahme erwartete Massezufluss, aber auch die zu erwartende Masseaufzehrung durch Rechtsverfolgungskosten zu seiner Durchsetzung bewertet und durch eine Kompensationszahlung oder eine Zuweisung des Mehrerlöses aus der konzernweiten Sanierung befriedigt werden.

---

[215] BT-Drs. 18/407 S. 37.
[216] Kritisch *Brünkmans* ZIP 2013, 193, 195; *Brünkmans* Der Konzern 2013, 169, 172 f, der insofern einen ineffizienten „Verteilungskampf" befürchtet.
[217] BT-Drs. 18/407 S. 40.
[218] BT-Drs. 18/407 S. 40.
[219] BT-Drs. 18/407 S. 32.
[220] *Frege/Nicht* → § 4 Rn. 331 f.

Gelingt eine vergleichsweise Einigung zwischen den beteiligten Verwaltern, so kann 81 dieser Vergleich durch eine vertragliche Vereinbarung unmittelbar fixiert werden.[221] Die Befugnis zum Abschluss solcher **(Insolvenz-)Verwalterverträge**[222] folgt aus der Verwertungsmacht des Verwalters (§ 159), kann aber im Einzelfall wegen § 160 der Zustimmung des Gläubigerorgans bedürfen.[223] Die Koordinationsleistung derartiger Absprachen ist – insbesondere bei internationalen Konzerninsolvenzen – unbestritten und geht thematisch weit über den Bereich der Bereinigung konzerninterner Ansprüche hinaus.[224]

Der Koordinationsplan wird folgerichtig nur als **Auffanglösung** ins Spiel kommen, 82 wenn den Verwaltern bis zu seiner Vorlage keine eigenständige Verhandlungslösung gelungen ist. Dann kann der Verfahrenskoordinator seine Rolle als Mediator wahrnehmen und im Koordinationsplan den beteiligten Verwaltern eine Einigung (etwa eine Entflechtung von Sicherheiten und Anfechtungsrechten gegen eine Kompensationssumme) vorschlagen. Dieser Lösungsvorschlag kann entweder die Form des **Entwurfs eines Verwaltervertrags** annehmen (§ 269h Abs. 2 Satz 2 **Nr. 3**). Die Auflösung gruppeninterner Streitigkeiten kann alternativ auch zum **Gegenstand eines Referenzinsolvenzplans** gemacht werden (§ 269h Abs. 2 Satz 2 **Nr. 2**), was sich insbesondere dann anbietet, wenn die Kompensationsleistung in Form der Zuweisung des Mehrwertes aus der Gesamtverwertung des Konzerns oder seiner Sanierung erfolgen soll.

dd) Liquidations-Koordinationsplan

Der Vermeidung unnötiger Wertverluste dient auch ein Koordinationsplan, der ein Liqui- 83 dationskonzept für den Konzernverbund beinhaltet. Wenngleich ein derartiger Planinhalt in § 269h Abs. 2 Satz 2 nicht ausdrücklich benannt ist, ergibt sich dessen Zulässigkeit aus der Aufgabendefinition in § 269h Abs. 2 Satz 1. Der Koordinationsplan darf daher auch die **Veräußerung werthaltiger Konzernstrukturen** an einen Investor vorsehen und für den Erlös eine Verteilung unter den Konzernunternehmen aufschlüsseln.[225] Auch eine **langfristig angelegte Liquidation** (insbes über die Nutzung eines Asset Management Vehicle wie im Fall der *Lehman Brothers Holdings Inc.*) kann angesichts einer Vielzahl illiquider Massegegenstände Erlössteigerungen versprechen und daher durch einen Koordinationsplan vorgedacht werden. Einen Maßstab für die Verteilung des Mehrerlöses (etwa die Zuweisung zu den Gläubigern der zusammenhängend veräußerten Konzernunternehmen, zu bestimmten konzernweiten Masseforderungen wie dem Vergütungsanspruch des Verfahrenskoordinators oder aber zur Muttergesellschaft) beinhaltet das Gesetz nicht; die Wertbeanspruchung durch die einzelnen Konzerngesellschaften ist im Verhandlungswege aufzulösen.

ee) Vergütungsregelung?

Die Vergütung des Verfahrenskoordinators ist abschließend in § 269g geregelt. Der Gesetz- 84 geber behält insofern das bekannte Vergütungssystem aus Zu- und Abschlägen mit all seiner **Unkalkulierbarkeit** bei. Die hieraus folgende Unplanbarkeit wird in der Konzerninsolvenz noch dadurch erhöht, dass die Kostenlast des Vergütungsanspruchs gerecht auf die einzelnen Insolvenzmassen der beteiligten Konzernunternehmen verteilt werden muss.

---

[221] So auch die BT-Drs. 18/407, S. 32.
[222] Im Fall der Eigenverwaltung wird der Eigenverwalter die Vereinbarung abschließen, weshalb man angesichts der steigenden Bedeutung der Eigenverwaltung in Zukunft eher von „Verwalterverträgen" bzw idealerweise von „Insolvenzvereinbarungen" (angelehnt an den englisches Terminus „insolvency agreements") sprechen sollte. Auch die Formulierung in § 269h Abs. 2 Satz 2 Nr. 3 („Vereinbarung [nur] zwischen Insolvenzverwaltern") ist daher zu eng.
[223] Wegen der Einzelheiten siehe dazu *Frege/Nicht* → § 4 Rn. 348 ff.
[224] Siehe die ausführliche Darstellung von derartigen „insolvency agreements" (historisch bedingt auch „protocols" genannt) im UNCITRAL Practice Guide on Cross-Border Insolvency Cooperation, 2010, S. 27 ff. *Frege* → § 4 Rn. 336 ff.
[225] *Brinkmans* Der Konzern 2013, 169, 180.

Einmal mehr hätte es sich angeboten, das Vergütungsrecht zu reformieren und die Frage der Verwaltervergütung in Planfällen primär den Beteiligten zur **privatautonomen Verhandlung** zu überlassen.[226] Die Konzerninsolvenzrechtsreform hat diese Chance nicht genutzt. Die Zweifelsregelung des § 269g Abs. 2 sollte es nun immerhin ermöglichen, die **Kostenverteilung** unter den beteiligten Insolvenzmassen privatautonom zu regeln und daher zum Gegenstand des Koordinationsplans zu machen. Die Gläubiger bestimmen dann über eine Kostenverteilung, die sich nicht aus dem Wert der einzelnen Insolvenzmassen, sondern aus dem jeweils zugeflossenen Koordinationsmehrwert ergeben kann,[227] ohne dass zusätzliche Kosten entstehen. Verbindlich würde eine solche Kostenregelung allerdings erst durch ihre nachfolgende Übernahme in die Einzelinsolvenzpläne der Gruppenunternehmen.[228]

3. Planverfahren

85 Die fehlende unmittelbare Bindungswirkung des Koordinationsplans bedingt, dass durch dessen Zustandekommen allein **noch keine Nachteile** für Gläubiger, Konzerngesellschaften und -gesellschafter entstehen. Folgerichtig konnte der Gesetzgeber das Verfahren über einen Koordinationsplan schlicht gestalten.

a) Planinitiative

86 Das Recht zur Vorlage eines Koordinationsplans steht nach § 269h Abs. 1 Satz 1 allein dem **Verfahrenskoordinator** zu (**primäres Initiativrecht**), zu dessen Aufgaben nach § 269f Abs. 1 Satz 2 insbesondere auch die Koordination der Einzelverfahren durch einen Koordinationsplan gehört. Die Reduzierung des Initiativrechts auf eine Person ist insofern konsequent als nur der Verfahrenskoordinator auf der Konzernebene eigenverantwortlich koordinierend tätig wird. Gerade ein Gruppen-Gläubigerausschuss, dem man ein eigenes Initiativrecht hätte zuweisen können, handelt demgegenüber gemäß § 269c Abs. 2 Satz 1 nicht selbständig, sondern nur unterstützend; mit ihm ist ein Koordinationsplan daher auch nur abzustimmen (vgl § 269h Abs. 1 Satz 2).[229]

87 Nur in Konstellationen, in denen ein Verfahrenskoordinator (noch) nicht bestellt ist, dürfen die **Insolvenzverwalter der gruppenangehörigen Schuldner** gemeinsam einen Koordinationsplan vorlegen (**subsidiäres Initiativrecht**). Gerade in kleineren Verfahren, in denen nur wenige Gesellschaften eine Gruppe bilden, kann schon der von Sachzwängen und ggf auch der Kooperationspflicht (§ 269a) erzeugte Kooperationswille genügen, damit sich die beteiligten Insolvenzverwalter auf ein gemeinsames Sanierungskonzept verständigen und daraufhin einen einheitlichen Insolvenzplan erarbeiten.[230] Auch in Verfahren mit einem einheitlichen Insolvenzverwalter (§ 56b) oder einer konzernweiten Eigenverwaltung ist eine Verfahrenskoordination im Regelfall gesichert. Einer zusätzlichen (und kostenträchtigen) Koordination auf Konzernebene bedarf es dann nicht, sodass kein Verfahrenskoordinator bestellt werden wird. Auch ein Koordinationsplan wird in solchen Fällen solange nicht benötigt, wie alle Beteiligten das gemeinsame Sanierungskonzept in ihren Einzelinsolvenzplänen umsetzen. Sollte ausnahmsweise dennoch die Signalwirkung eines Koordinationsplans gewünscht sein, so eröffnet das subsidiäre Initiativrecht allen beteiligten Verwaltern die Option, gemeinsam einen einheitlichen Insolvenzplan als Koordinationsplan

---

[226] *Madaus/Heßel* ZIP 2013, 2088, 2092 f; auch *Haarmeyer* ZInsO 2013, 2255, 2257.
[227] Diesen Verteilungsmaßstab befürwortet etwa *Pleister* ZIP 2013, 1013, 1016. Auch der Gesetzgeber ist für ihn offen; vgl. BT-Drs. 18/407 S. 38.
[228] Ebenso KPB/*Thole* § 269h Rn. 21.
[229] → Rn. 89.
[230] Siehe das Beispiel bei *Dellit* Der Konzern 2013, 190, 192.

einzureichen und bestätigen zu lassen. Hierzu bedarf es des einstimmigen Vorgehens aller beteiligten Insolvenzverwalter.[231]

Wurde in einem Gruppenunternehmen die **Eigenverwaltung** angeordnet, so findet sich **88** weder in § 269h Abs. 1 Satz 1 noch in § 270d eine gesetzliche Regelung der Frage, ob auch dessen Eigenverwalter (also dessen Management) oder aber der Sachwalter der Ausübung des subsidiären Initiativrechts zustimmen müssen. Es bleibt angesichts dieser **Regelungslücke** nur der Rückgriff auf die Verteilung des Planinitiativrechts in den **§§ 218 Abs. 1 Satz 1, 284 Abs. 1 Satz 1 und 2,** wonach der Sachwalter nur ein Planinitiativrecht im Auftrag der Gläubigerversammlung hat (§ 284 Abs. 1 Satz 1), während der Schuldner in Eigenverwaltung auch ohne den Auftrag der Gläubiger einen Insolvenzplan vorlegen darf (§ 218 Abs. 1 Satz 1). Hinsichtlich einer Planvorlage wird das eigenverwaltete Unternehmen also durch den **Schuldner** repräsentiert, sodass auch (nur) dessen Zustimmung zur Vorlage eines Koordinationsplans einzuholen ist.

b) Planannahme durch den Gruppen-Gläubigerausschuss

Der Koordinationsplan bedarf gemäß § 269h Abs. 1 Satz 2 der Zustimmung des Gruppen- **89** Gläubigerausschusses (§ 269c), soweit ein solcher **bereits bestellt** ist. Ob daneben auch ein Verfahrenskoordinator eingesetzt wurde, ist unerheblich.[232] Maßgeblicher Zeitpunkt für die Frage nach dem Vorhandensein eines Gruppen-Gläubigerausschusses ist der **Zeitpunkt der Planvorlage.** Dies folgt aus der Regelungssystematik. Das Zurückweisungsrecht des Koordinationsgerichts kann sich gemäß § 269h Abs. 1 Satz 3 allein aus einer Nichtbeachtung der Vorschriften über die Planvorlage, den Planinhalt und die verfahrensmäßige Behandlung des Plans ergeben. Da im Moment der gerichtlichen Zurückweisungsprüfung als einziger Verfahrensschritt außerhalb der gesondert erwähnten Planvorlage nur die Zustimmung des Gruppen-Gläubigerausschusses denkbar ist, muss das Koordinationsgericht diese prüfen können. Folglich muss der Beschluss des Gruppen-Gläubigerausschusses über die Zustimmung schon gemeinsam mit dem Koordinationsplan eingereicht werden. Wird der Gruppen-Gläubigerausschuss erst später bestellt, so ist seine Zustimmung entbehrlich, selbst wenn die Bestellung noch vor oder zeitgleich mit der Entscheidung des Insolvenzgerichts über die Zurückweisung bzw Bestätigung des Koordinationsplans erfolgt. Seine Konstituierung und Beschlussfassung muss daher nicht abgewartet werden.

Die **Sinnhaftigkeit** der Beteiligung des Gruppen-Gläubigerausschusses darf mit guten **90** Gründen bezweifelt werden. Die Gesetzesbegründung verweist insofern darauf, dass im Koordinationsverfahren der Gruppen-Gläubigerausschuss das Gesamtgläubigerinteresse im Konzernkontext wahrnimmt, so dass er das berufene Organ sei, um zu entscheiden, ob die vom Verfahrenskoordinator vorgeschlagenen Maßnahmen zur Neuausrichtung des Konzerns geeignet sind, der bestmöglichen Gläubigerbefriedigung zu dienen.[233] Diese Aussage korrespondiert allerdings zum einen kaum mit dem in § 269c Abs. 2 definierten Aufgabenbereich des Ausschusses, wonach dieser allein unterstützend, nicht aber gestaltend oder gar verhindernd tätig werden soll. Sind die Gläubiger in ihrer Gesamtheit mit dem Konzept des Koordinationsplans nicht einverstanden, so können sie dieses Missfallen im jeweiligen Verfahren durch ihre Ablehnung von Einzelplänen kundtun, die auf dem Koordinationsplan beruhen. Durch die Bestätigung eines Koordinationsplans droht ihnen also noch kein Nachteil, den es schon im Keim durch ihre Repräsentation im Koordinationsverfahren zu verhindern gilt.[234] Vor allem aber ist das Votum des Gruppen-Gläubigerausschusses eine

---

[231] So ausdrücklich die Gesetzesbegründung – siehe BT-Drs. 18/407 S. 39.
[232] BT-Drs. 18/407 S. 39.
[233] BT-Drs. 18/407 S. 39; auch *Wimmer* DB 2013, 1343, 1350.
[234] Daher ist etwa auch ein Konzernbetriebsrat nicht schon analog § 218 Abs. 3 InsO an der Erstellung des Koordinationsplans zu beteiligen (so aber etwa *Mückl/Götte* ZInsO 2017, 623, 629) und ggf. nur aus diesem Zweck aufrechtzuerhalten. Die Beteiligungsrechte aus § 218 Abs. 3 InsO werden in den Einzelverfahren bei der Umsetzung des Koordinationsplans gewahrt.

höchst unsichere Legitimationsgrundlage, sind doch die Gläubiger des insolventen Konzerns in ihm **nicht hinreichend repräsentiert,** da in ihm nur ein Gläubigervertreter je Konzerngesellschaft auftritt. Dieser Rest an Repräsentation wird dann noch zusätzlich geschmälert, da der Ausschuss mit Mehrheitsmacht entscheiden darf (§ 269c Abs. 2 Satz 2 iVm § 72). Insgesamt kann die Zustimmung des Gruppen-Gläubigerausschusses zu einem Koordinationsplan daher kaum als Zustimmung der Konzerngläubiger gewertet werden. De lege ferenda sollte insgesamt auf die Zustimmung dieses Gremiums zu einem Koordinationsplan verzichtet werden.[235] Stattdessen dürfte ein Recht zur Stellungnahme genügen, um im nachfolgenden Prozess der Umsetzung des Koordinationsplans durch die Einzelinsolvenzpläne die Willensbildung der Gläubiger zu beeinflussen.

c) Planbestätigung oder -zurückweisung durch das Koordinationsgericht

91 Wird dem Koordinationsgericht (§ 269d Abs. 1) ein Koordinationsplan vorgelegt, so hat es gemäß § 269h Abs. 1 Satz 3 die Beachtung der Vorschriften über die **Planvorlage, den Planinhalt und die verfahrensmäßige Behandlung des Plans** (also die Zustimmung eines vorhandenen Gruppen-Gläubigerausschusses) von Amts wegen zu prüfen. Andere Zurückweisungsgründe, insbesondere die in § 231 Abs. 1 Satz 1 Nr. 2 und 3 (offensichtlich fehlende Erfolgsaussicht bzw Unerfüllbarkeit), sind nicht zu erörtern.[236] Die insofern eher formale Prüfung soll analog § 231 Abs. 1 Satz 2 grundsätzlich **binnen zweier Wochen** abgeschlossen sein.[237] Stellt das Gericht einen Mangel fest, so muss es dem Vorlegenden die Gelegenheit geben, diesen Mangel binnen einer angemessenen Frist durch die Vorlage eines korrigierten Koordinationsplans zu beheben.

92 Liegt dem Koordinationsgericht bis zum Ablauf der Nachbesserungsfrist kein mangelfreier Koordinationsplan vor, so weist es den eingereichten mangelhaften Plan gemäß § 269h Abs. 1 Satz 3 zurück. Das kurze Koordinationsplanverfahren endet dann ergebnislos. Der **Zurückweisungsbeschluss** ist aufgrund der vom Gesetzgeber gewollten Zusammenfassung der gerichtlichen Zurückweisungs- und Bestätigungsprüfung[238] zugleich der Beschluss, durch den die **Bestätigung** des Koordinationsplans **versagt** wird. Er unterliegt daher der **sofortigen Beschwerde** nach § 269h Abs. 3, die jedem Vorlegenden aufgrund seiner formellen Beschwer zugestanden wird. Über diesen kleinen Personenkreis hinaus – idR ist allein der Verfahrenskoordinator als Vorlegender formell beschwert und daher beschwerdeberechtigt – war die Beschwerdeberechtigung nicht zu erweitern, da die Ablehnung des Koordinationsplans die Rechte der Gläubiger oder Gesellschafter ebenso wenig betrifft wie dessen Bestätigung; eine materielle Beschwer ist nicht festzustellen. Wurde der gescheiterte Koordinationsplan von allen Insolvenzverwaltern gemeinsam vorgelegt, so ist jeder von ihnen aufgrund seiner formellen Beschwer beschwerdeberechtigt. Da über die Beschwerde nur einheitlich gegenüber allen entschieden werden kann, ordnet § 269h Abs. 3 Satz 2 in diesem Fall die Zuziehung derjenigen Verwalter an, die sich an der sofortigen Beschwerde nicht aktiv beteiligt haben.[239]

93 Erfüllt der Koordinationsplan die (wenigen) formalen Vorgaben des § 269h Abs. 1, so hat das Koordinationsgericht ihn zu bestätigen. Einer gesonderten Anhörung, Erörterung oder Abstimmung bedarf es (mangels Bindungswirkung) nicht; das Koordinationsgericht entscheidet daher grundsätzlich **ohne mündliche Verhandlung** (§ 5 Abs. 3 Satz 1). Gegen den **Bestätigungsbeschluss** sind keine Rechtsmittel statthaft (vgl § 6 Abs. 1 Satz 1).

---

[235] *Eidenmüller/Frobenius* ZIP 2013, Beilage zu Heft 22, 1, 10 halten das Instrument eines Gruppen-Gläubigerausschusses sogar für entbehrlich.
[236] BT-Drs. 18/407 S. 39 f.
[237] BT-Drs. 18/407 S. 40.
[238] BT-Drs. 18/407 S. 39.
[239] BT-Drs. 18/407 S. 41.

4. Planwirkungen

a) unmittelbare

Dem Koordinationsplan **fehlt** jede unmittelbare Regelungswirkung. Er soll nach dem 94
Willen des Gesetzgebers lediglich ein „Referenzplan"[240] für die auf der Ebene der Einzelverfahren zu ergreifenden Maßnahmen sein und muss sich folglich auf die Darstellung von
Umsetzungsmaßnahmen beschränken.[241] Rechtlich relevante Veränderungen entstehen
daher erst durch die Umsetzungsakte, also insbesondere durch die Einbringung, Annahme
und Bestätigung entsprechender Einzelinsolvenzpläne in den relevanten Konzerngesellschaften, den Abschluss des vorgeschlagenen Verwaltervertrags oder die koordinierte Umsetzung von Liquidations-/Verkaufsmaßnahmen. Für diese Handlungen bietet der Koordinationsplan **nur eine Referenz,** also ein Muster. Er begründet nicht einmal eine
(schuld-)rechtliche Verpflichtung, aus der heraus ein Insolvenzverwalter oder andere Verfahrensbeteiligte zur Umsetzung seines Inhalts gezwungen werden können.[242]

b) mittelbare

Der Koordinationsplan kann allerdings durch das **Hinzutreten weiterer Umstände** recht- 95
liche Relevanz **für die Insolvenzverwalter** bzw den eigenverwaltenden Schuldner in den
insolventen Konzerngesellschaften entfalten.

aa) Berichts- und Erläuterungspflicht

Das im Koordinationsplan formulierte Konzept für die konzernweite Bewältigung der 96
Insolvenz wird nur umgesetzt, wenn es in jedem relevanten Konzernunternehmen durch
einen konformen Insolvenzplan (§§ 217 ff) rechtlich verankert wird. Hierzu bedarf es im
Hinblick auf die Planabstimmung (§§ 243 f) vor allem der **Unterstützung der Insolvenzgläubiger.** Um deren Stimmen zu gewinnen und abweichende Verwertungsentscheidungen möglichst zu unterbinden, hat jeder Insolvenzverwalter in seinem Einzelinsolvenzverfahren die Pflicht, schon im Berichtstermin den **Koordinationsplan zu
erläutern** (§ 269i Abs. 1 Satz 1). Ist ein Verfahrenskoordinator bestellt und will dieser die
Erläuterung des Koordinationsplans selbst oder durch eine von ihm bevollmächtigte
Person übernehmen, so hat jeder Insolvenzverwalter stattdessen diesen Personen die
Erläuterung zu überlassen (§ 269i Abs. 1 Satz 1 letzter Hs). Wird der Koordinationsplan
erst nach dem Berichtstermin bestätigt, so hat das Insolvenzgericht gemäß § 269i Abs. 1
Satz 3 (in Abweichung von § 75 Abs. 1 Satz 1 von Amts wegen) eine Gläubigerversamm-
lung einzuberufen, um die Insolvenzgläubiger über den Koordinationsplan zu informieren;
im Fall einer bereits angesetzten Gläubigerversammlung ist die Tagesordnung um diesen
Punkt zu ergänzen.[243]
   Wurde für ein Gruppenunternehmen die **Eigenverwaltung** angeordnet, so obliegt dem 97
Schuldner die Berichterstattung anstelle des Insolvenzverwalters (§ 281 Abs. 2 Satz 1).
Folgerichtig können die Pflichten zur Erläuterung des Koordinationsplans im Berichtstermin (§ 269i Abs. 1) schon aus allgemeinen Regelungen heraus nur den eigenverwaltenden Schuldner treffen. Das Fehlen einer dies explizit anordnenden gesetzlichen Regelung
in § 269i oder § 270d ist unschädlich.

---

[240] BT-Drs. 18/407 S. 2.
[241] → Rn. 70.
[242] BT-Drs. 18/407 S. 39.
[243] BT-Drs. 18/407 S. 41.

bb) Pflicht zur begründeten Stellungnahme

98 Die Bestätigung eines Koordinationsplans zwingt jeden einzelnen Insolvenzverwalter im Konzernverbund zu einer inhaltlichen Auseinandersetzung mit dem darin dargestellten (Sanierungs-)Konzept und dessen Auswirkungen auf das verwaltete Unternehmen. Selbst in den Fällen, in denen die Pflicht zur Erläuterung des Koordinationsplans vom Verfahrenskoordinator erfüllt wird, bleibt der Insolvenzverwalter für sein Einzelverfahren in der Berichtspflicht nach § 156 Abs. 1,[244] sodass er nicht nur seinen Bericht über die Unternehmenslage und -aussichten erstatten, sondern auch zu den Chancen der vorgeschlagenen Planlösung **Stellung nehmen** muss.[245] Dies bedeutet vor allem, dass er die voraussichtlichen Auswirkungen des Konzepts des Koordinationsplans auf die Befriedigungsaussichten der Gläubiger in seinem Einzelverfahren hinterfragen und **selbst einschätzen** muss.[246] An die Prognosen des Verfahrenskoordinators im Koordinationsplan (und dessen Vergleichsrechnungen) ist er nicht gebunden. Kommt er zu einer pessimistischeren Bewertung, so muss er diese berichten, um den Gläubigern eine umfassende Entscheidungsgrundlage zu bieten. Konkrete Verwertungsalternativen (Zerschlagung, Veräußerung, Alternativplan) muss er hingegen bis zum Berichtstermin nicht entwickeln, wenngleich er hieran auch nicht gehindert ist.[247] Auch § 269i Abs. 1 Satz 2 verpflichtet den Insolvenzverwalter nur, die **Gründe offenzulegen,** aus denen er das Konzept des Koordinationsplans nicht unterstützt.[248] Hierzu genügt etwa das Aufzeigen begründeter Zweifel an der im Koordinationsplan prognostizierten Planquote für die eigenen Gläubiger, aber auch Zweifel hinsichtlich einer hinreichenden Kompensation von möglichen Anfechtungsansprüchen (etwa bei der Bestimmung des Liquidationshorizonts in der Vergleichsrechnung des Plankonzepts oder beim Vorschlag einer Kompensationsregelung für einen Verwaltervertrag). Es ist dann die Aufgabe der betroffenen Gläubiger, über die Berechtigung dieser Zweifel zu entscheiden, indem sie über die von ihnen bevorzugte Verwertungsart entscheiden (§ 157 Satz 1) oder aber dem Insolvenzverwalter bzw dem eigenverwaltenden Schuldner oder seinem Sachwalter (§ 284 Abs. 1 Satz 1) die Umsetzung des Koordinationsplans auferlegen (§ 269i Abs. 2).

99   Hält ein Insolvenzverwalter das Konzept des Koordinationsplans für nachteilig, da **alternative** Handlungsoptionen seinen Gläubigern **bessere Befriedigungsaussichten** versprechen, so endet − vorbehaltlich eines Beschlusses der Gläubigerversammlung nach § 269i Abs. 2 − seine Kooperationspflicht (vgl § 269a Satz 1 letzter Hs). Er darf dem Koordinationsplan seine Unterstützung entziehen, muss es aber hinnehmen, dass in den relevanten Gläubigerversammlungen (insbesondere im Berichtstermin, aber auch noch im Erörterungs- und Abstimmungstermin über seinen alternativen Verwalterplan) der Verfahrenskoordinator oder eine von ihm bevollmächtigten Person auftritt und für die Umsetzung des Koordinationsplans wirbt (§ 269f Abs. 1 Satz 3). Entsprechendes gilt im Fall der Eigenverwaltung (vgl §§ 270d Satz 1, 281 Abs. 2 Satz 1).

100   Ist dem Insolvenz-/Eigenverwalter jedes Einzelverfahrens mithin ein Abweichen vom Koordinationsvorschlag des Koordinationsplans erlaubt, wenn er dies im Interesse seiner Verfahrensbeteiligten für notwendig erachtet, so muss der Verfahrenskoordinator auf diesen Widerstand nicht zwingend durch ein Festhalten am Koordinationsplan und ein Fortsetzen der „Werbekampagne" reagieren. Obwohl dem Gesetz eine ausdrückliche Regelung fehlt, dürfte es dem Zweck des Koordinationsinstruments entsprechen, dass der Verfahrenskoordinator „seinen" Koordinationsplan in Reaktion auf begründete Einwände einzelner Insol-

---

[244] Entsprechendes gilt über § 281 Abs. 2 Satz 1 für den eigenverwaltenden Schuldner.
[245] Siehe MüKoInsO/*Görg/Janssen* § 156 Rn. 33: „konkrete Stellungnahme".
[246] *Thole* Der Konzern 2013, 182, 187 plädiert hier angesichts des Prognosecharakters des Verwalterhandelns für eine Anwendung der business judgement rule analog § 93 Abs. 1 Satz 2 AktG.
[247] Siehe MüKoInsO/*Görg/Janssen* § 156 Rn. 36.
[248] Siehe BT-Drs. 18/407 S. 41: „Wollen sie [die Insolvenzverwalter der Einzelverfahren] den Vorgaben des Koordinationsplans nicht Folge leisten, so haben sie in der Gläubigerversammlung die Gründe für ihr Abweichen darzulegen."

venzverwalter oder Gläubigergruppen überarbeitet, um dessen Umsetzung nicht zu gefährden. Da eine „Erörterung" des Koordinationsplans nach dem gesetzlichen Regelungssystem erst nach dessen Bestätigung im Rahmen der Umsetzung durch die Einzelpläne stattfindet, wird man das notwendige **Änderungsrecht des Verfahrenskoordinators** aus einer Analogie zu § 240 herleiten können. Dies bedeutet natürlich auch, dass der geänderte Koordinationsplan erneut das (kurze) Verfahren nach § 269h Abs. 1 (Zustimmung des Gruppen-Gläubigerausschusses; Bestätigung durch das Koordinationsgericht) durchlaufen muss, um erneut die Pflichten des § 269i zu erzeugen.

cc) Unterstützungspflicht bei Auftrag der Gläubiger

Jeder Insolvenzverwalter wird allein zum Schutz der Interessen der Gläubiger seines Ver- **101** fahrens von der Pflicht zur Kooperation auf Konzernebene befreit (vgl § 269a Satz 1 letzter Hs).[249] Folgerichtig bleibt die **Kooperationspflicht** gemäß **§ 269i Abs. 2** bestehen, wenn diese Gläubiger im Berichtstermin (oder einer nachfolgenden Gläubigerversammlung) nach der Erläuterung des Koordinationsplans (und ggf der gegenteiligen Stellungnahme des Insolvenzverwalters) beschließen, den Insolvenzverwalter mit der **Erarbeitung eines Insolvenzplans** zu beauftragen, der das Konzept des Koordinationsplans umsetzt. § 269i Abs. 2 enthält dabei eine doppelte Erweiterung der ohnehin bestehenden Befugnis der Gläubigerversammlung zum Planauftrag aus § 157 Satz 2. Zum einen erlaubt sie zeitlich den Auftrag zur Erstellung und Vorlage eines Verwalterplans nicht nur im Berichtstermin, sondern auch in einer späteren Gläubigerversammlung. Vor allem aber stellt sie klar, dass dem Insolvenzverwalter durch den Beschluss nicht nur das Ziel des Verwalterplans, sondern auch sein **Inhalt konkret vorgegeben** werden kann, da dieser dem Inhalt des Koordinationsplans zu folgen hat. Der zu § 157 Satz 2 geführte Streit, ob der Insolvenzverwalter an konkrete inhaltliche Vorgaben im Beschluss der Gläubigerversammlung gebunden ist,[250] wird im Anwendungsbereich des § 269i Abs. 2 folglich durch den Gesetzgeber positiv entschieden. Das Fortbestehen der Kooperationspflicht bewirkt zudem, dass jedenfalls bei einem Beschluss der Gläubigerversammlung nach § 269i Abs. 2 das Recht des Insolvenzverwalters zur Entwicklung und Vorlage eines eigenen, dem Konzept des Koordinationsplans widersprechenden Insolvenzplans erlischt.[251]

Ist für ein Gruppenunternehmen die **Eigenverwaltung** angeordnet worden, so fehlt **102** eine dem § 269i Abs. 2 entsprechende Regelung; auch § 270d ermöglicht dessen Anwendung nicht. Es gelten damit die allgemeinen Regelungen zur Kompetenzverteilung in der Eigenverwaltung. Hier erlaubt § 284 Abs. 1 Satz 1, dass die Gläubigerversammlung einen Auftrag iSd § 157 Satz 2 (Zielvorgabe) an den Schuldner, aber auch an den Sachwalter richten darf. Wollen die Gläubiger über § 157 Satz 2 hinaus die Umsetzung des konkreten Koordinationsplans anordnen, so ist ihr Auftrag an den Adressaten zu richten, der auch der Kooperationspflicht des § 269a unterliegt, die durch einen Auftrag nach § 269i Abs. 2 konserviert wird. Dies ist gemäß § 270d Satz 1 **nur der Schuldner.**

Der Beschluss der Gläubigerversammlung nach § 269i Abs. 2 bedeutet nicht, dass der **103** danach vom gebundenen Verwalter aufgestellte **Insolvenzplan** auch angenommen wird. Über den Insolvenzplan entscheiden die Gläubiger durch **Abstimmung in Gruppen** (§§ 243, 244), nicht aber die Gläubigerversammlung durch einfache Summenmehrheit (§ 76 Abs. 2). Das Stimmgewicht eines einzelnen oder weniger Großgläubiger kann daher auch über § 269i Abs. 2 nicht dazu führen, eine Planlösung zwangsweise durchzusetzen.

---

[249] Die Norm spricht zwar von den Interessen der „Beteiligten", meint aber nach der Gesetzesbegründung allein die Befriedigungsinteressen der Gläubiger – vgl. BT-Drs. 18/407 S. 32.
[250] Vgl. *Smid* WM 1996, 1249, 1253; Braun/*Braun/Frank* InsO § 218 Rn. 4; aA MüKoInsO/*Görg/Janssen* § 157 Rn. 19; Uhlenbruck/*Lüer* InsO § 218 Rn. 16.
[251] Für den Fall eines Beschlusses nach § 157 Satz 2 ist das Erlöschen des originären Verwalterinitiativrechts streitig – vgl. MüKoInsO/*Görg/Janssen* § 157 Rn. 24 mwN.

104 **Scheitert der Koordinationsplan,** dessen Umsetzung die Gläubigerversammlung beschlossen hatte, am Widerstand im eigenen Verfahren oder aber an der Ablehnung in Planverfahren anderer Gruppenunternehmen, so ist der **Beschluss funktionslos** geworden. Als verfahrensleitender Beschluss hat er sich damit erledigt; einer besonderen Aufhebung durch einen erneuten Beschluss der Gläubigerversammlung bedarf es nicht.[252] Der Insolvenz- oder Eigenverwalter ist folglich wieder frei und kann wieder das für sein Verfahren unter den neuen Umständen beste Verwertungskonzept entwerfen und verfolgen.

c) Verwalterhaftung bei Verletzung der konkretisierten Kooperationspflicht

105 Das aufgezeigte System von Berichts-, Erläuterungs-, Stellungnahme- und Unterstützungspflichten, dem jeder Insolvenzverwalter in den einzelnen Insolvenzverfahren unterliegt, konkretisiert bei Vorliegen eines Koordinationsplans den Inhalt und die Grenzen der allgemeinen Kooperationspflicht. Missachtet ein Insolvenzverwalter diese Vorgaben, so soll dies nach der Vorstellung der Gesetzesbegründung eine **Schadensersatzpflicht** für ihn „gegenüber den Beteiligten" begründen können, wenn er „seine Pflicht zur bestmöglichen Erhaltung und Verwertung der Masse dadurch verletzt, dass er eine abgestimmte Sanierung des Konzerns vereitelt."[253] Gerade diese Haftungsandrohung soll nach dem Wunsch des Gesetzgebers eine gewisse Bindungswirkung des Koordinationsplans erzeugen.[254] Richtig hieran ist, dass jede Verletzung der soeben aufgezeigten Kooperationspflichten als **Pflichtverletzung** nach **§ 60 Abs. 1 Satz 1** zu qualifizieren ist.

106 Diese Pflichtverletzung müsste dann **kausal und zurechenbar** das „**Vereiteln" einer konzernweiten Sanierung** nach Maßgabe des Koordinationsplans zur Folge gehabt haben. Dies ist schon nur denkbar, wenn konzernweit allein am betreffenden Einzelverfahren die Umsetzung des Koordinationsplans scheiterte. Haben hingegen mehrere Einzelverfahren dem Konzept des Koordinationsplans die Gefolgschaft verweigert, so kann das Scheitern der abgestimmten Sanierung des Konzerns nicht mehr allein dem pflichtwidrig handelnden Verwalter zugerechnet werden (Einwand des rechtmäßigen Alternativverhaltens).[255] Eine Zurechnung kommt allerdings in Betracht, wenn diese Pflichtwidrigkeit als „Initialzündung" das Scheitern der Umsetzung in den anderen Verfahren verursacht hat.

107 Des Weiteren setzt eine Haftung voraus, dass die kausal und zurechenbar vereitelte Konzernsanierung eine hypothetische Vermögenslage bei den Gläubigern (und Gesellschaftern) im Insolvenzverfahren des pflichtwidrig handelnden Verwalters geschaffen hätte, die dem konkreten Verfahrensergebnis überlegen ist. Es muss also eine **Massekürzung** und damit ein **Quotenschaden** eingetreten sein. Sah der Koordinationsplan für die betreffenden Gläubiger oder Gesellschafter des Einzelverfahrens hingegen auch nur eine Abfindung zu Liquidationswerten oder einen werterhaltenden Forderungstausch (etwa im Rahmen von Umwandlungsmaßnahmen) vor, so fehlt es an einem entgangenen Vermögensvorteil und damit an einem Schaden.[256]

108 Ist ein Haftungsfall eingetreten, so schuldet der Insolvenzverwalter nur den **Beteiligten in seinem Einzelverfahren** Schadensersatz aus § 60 Abs. 1 (Gläubiger, Schuldner, Gesellschafter). Beteiligten **in anderen Verfahren des Konzernverbundes** ist er aus dieser Norm heraus nicht verpflichtet.[257] Erleiden diese Personen einen Nachteil aus dem Scheitern der Konzernsanierung, so haftet der unkooperative Verwalter allenfalls nach allgemeinen deliktischen Haftungsregeln (§§ 823, 826 BGB). Dabei ist zu beachten, dass die

---

[252] So aber *Dellit* Der Konzern 2013, 190, 194.

[253] BT-Drs. 18/407 S. 39.

[254] BT-Drs. 18/407 S. 39; siehe auch die Äußerungen aus dem BMJ durch *Wimmer* DB 2013, 1343, 1349 oder *Lienau* Der Konzern 2013, 157, 162.

[255] Die Beachtlichkeit dieses Einwands ist im Haftungsrecht immer noch umstritten – vgl. MüKoBGB/*Oetker* § 249 Rn. 207 ff mwN.

[256] Ebenso *Brinkmans* Der Konzern 2013, 169, 176.

[257] *Brinkmans* Der Konzern 2013, 169, 176; *Kübler* FS Vallender, 2015, 291, 308; *Thole* Der Konzern 2013, 182, 189.

konkretisierten Kooperationspflichten aus § 269i allein der Information und damit der Willensbildung der Beteiligten im betreffenden Einzelverfahren dienen und eben nur mittelbar auf die Umsetzung des Koordinationsplans zum Vorteil des Konzernverbundes gerichtet sind. Eine Pflichtbindung des Verwalters zugunsten der Beteiligten in anderen Einzelverfahren sollen sie gerade nicht entstehen lassen. § 269i ist daher kein Schutzgesetz iSd § 823 Abs. 2 BGB. Eine Haftung des Verwalters gegenüber Verfahrensfremden kommt daher im Kern nur aus vorsätzlichem und sittenwidrigem Verhalten nach **§ 826 BGB** in Betracht.

Ist für ein Gruppenunternehmen kein Insolvenzverwalter bestellt, sondern die **Eigen-** 109 **verwaltung** angeordnet worden, so kann eine Verletzung der aufgezeigten Berichts-, Erläuterungs-, Stellungnahme- und Unterstützungspflichten durch den Schuldner allenfalls dann zu einer Haftung der Geschäftsleitung analog § 60 führen, wenn man denn eine solche Haftung grundsätzlich für begründbar hält,[258] da eine direkte Anwendung dieses Haftungstatbestands allein für den Sachwalter, nicht aber für den Schuldner selbst möglich ist (vgl § 274 Abs. 1).

5. Rechtsnatur des Koordinationsplans

Der Koordinationsplan entfaltet **keine eigene Wirkung** auf die Rechtspositionen irgend- 110 eines Verfahrensbeteiligten und teilt schon aus diesem Gesichtspunkt heraus nicht die vertragsrechtliche Natur eines gewöhnlichen Insolvenzplans.[259] Das Bild vom „kupierten Insolvenzplan", wie es in der Gesetzesbegründung auftaucht,[260] ist insofern irreführend; dem Hund fehlt nicht nur der Schwanz – er ist nicht einmal ein Hund. Seiner Funktion nach handelt es sich vielmehr um ein **bloßes Informationspapier,** das im Idealfall zur Referenz der nachfolgenden Einzelinsolvenzpläne wird, welche dann erst in ihrer Summe die Konzerninsolvenzlösung rechtlich verankern und tragen. Der Koordinationsplan muss daher als bloße Darstellung einer möglichen Konzernlösung der Insolvenz begriffen werden. Mit ihm lebt insofern die aus dem US amerikanischen Chapter 11-Verfahren bekannte Trennung von Reorganisationsplan und „disclosure statement" wieder auf, die das Planverfahren der §§ 217 ff durch die Inkorporation der Informationspflicht in den darstellenden Teil des Insolvenzplans überwunden hatte. Der Koordinationsplan kann insofern schlicht als eine Art von „disclosure statement" qualifiziert werden, als ein Informationsprospekt, der eine Planlösung für die Konzerninsolvenz illustrieren und „verkaufen" soll.

6. Alternativen zur Sanierung mittels Koordinationsplans

Der Koordinationsplan ist ein Koordinationsinstrument ohne invasiven Charakter. Er dient 111 primär dazu, dem Verfahrenskoordinator ein Instrument an die Hand zu geben, durch das er seinem Lösungsvorschlag für eine konzernweite Insolvenzbewältigung Ausdruck verleihen kann (vgl § 269f Abs. 1 Satz 2). Er kann insofern einen **Verhandlungsanker** setzen, mit dem sich die Beteiligten in der Folge inhaltlich auseinandersetzen müssen, sodass eine konzernweite Diskussion initiiert wird. Dieser dem Koordinationsplan nachfolgende Verhandlungsprozess ist leider nur unzureichend normiert, da der Gesetzgeber von einer bloßen Umsetzung eines fertigen Koordinationsvorschlags auszugehen scheint.[261] An sei-

---

[258] Diese Frage ist höchstrichterlich noch nicht geklärt; befürwortend etwa *Thole/Brünkmans* ZIP 2013, 1097, 1102; MüKoInsO/*Tetzlaff* InsO § 270 Rn. 179; dagegen aber (zugunsten gesellschaftsrechtlicher Haftungstatbestände) etwa *Bachmann* ZIP 2015, 101, 108 f.; Uhlenbruck/*Zipperer* InsO § 270 Rn. 19.

[259] AllgA, siehe etwa Braun/*Esser* InsO § 269h Rn. 10; *Mock* DB 2017, 951, 956. Ausführlich zur Vertragsnatur des Insolvenzplans der §§ 217 ff *Madaus* Insolvenzplan S. 173 ff mwN.

[260] BT-Drs. 18/407 S. 39.

[261] Insofern erfüllt die Reform nicht die Vorgaben des UNCITRAL Legislative Guide on Insolvency Law, Part three: Treatment of enterprise groups in insolvency, 2010, Recommandation 237, wo eben nicht nur eine koordinierter Planvorschlag, sondern auch koordinierte Verhandlungen empfohlen werden.

nem Ende kann im Einzelfall natürlich tatsächlich eine konzernweit abgestimmte Sanierung nach dem Vorschlag des (ursprünglichen oder geänderten) Koordinationsplans erfolgen; es ist aber auch eine abgestimmte Sanierung denkbar, bei der die Einzelpläne nur Einzelaspekte aus dem Koordinationsplan übernehmen und im Übrigen mit guten Gründen eigene Wege einschlagen. Der Koordinationsplan diktiert also keine konzernweite Sanierungslösung. Den Verfahrensbeteiligten bleiben bei Einhaltung aller Berichts- und Stellungnahmepflichten des § 269i Abs. 1 **weite (Ver-)Handlungsspielräume.** Eine Absicherung dieser Verhandlungsphase gegen voreilige Zerschlagungstendenzen analog § 233 sieht das neue Konzerninsolvenzrecht leider nicht vor.[262]

a) Kein Konzerninsolvenzplan

112 Will der Verfahrenskoordinator seinem Lösungsvorschlag Bindungswirkung verleihen, so stellt sich die Frage nach der Zulässigkeit eines echten **„Konzerninsolvenzplans",** die leider zu verneinen ist. Der Gesetzgeber hat sich anlässlich der Verabschiedung des Konzerninsolvenzgesetzes ausdrücklich gegen die Idee einer echten verfahrensrechtlichen Konsolidierung gewandt und dabei explizit auch eine Zusammenfassung der Einzelinsolvenzpläne bei einer angestrebten Konzernsanierung zu einem einzigen Konzerninsolvenzplan[263] **abgelehnt,** da der rechtsträgerbezogene Ansatz des geltenden Insolvenzrechts dem widersprechen würde.[264] In der Literatur bleibt diese Auffassung zu Recht nicht unwidersprochen.[265] Gerade infolge einer prozessualen Konsolidierung wäre es möglich, auch einen einheitlichen Konzerninsolvenzplan zum Verfahrensgegenstand zu machen und obstruierende Gläubiger in einzelnen Konzerngesellschaften zwangsweise an ihn zu binden, wenn ihnen der Liquidationswert ihrer Forderungen garantiert wird und sie an den Planerlösen angemessen beteiligt werden (vgl § 245). Erfolgreiche US-Chapter 11-Verfahren können hier als Beispiel dienen (etwa der Liquidationsplan im Verfahren über die *Lehman Brothers Holdings Inc.* und ihre US-Tochtergesellschaften oder der Insolvenzplan der *CIT Group Inc.*), erlaubt doch das US Insolvenzrecht in Rule 1015(b) der Federal Rules of Bankruptcy Procedure eine „joint administration" von Konzerninsolvenzverfahren und damit einen Konzerninsolvenzplan, in dem die Gläubiger und Gesellschafter der einzelnen Konzerngesellschaften lediglich als unterschiedliche Gruppen erfasst und bedient werden. Eine derartige Verfahrensverbindung ist zwar auch im deutschen Insolvenzverfahren denkbar (§ 147 ZPO iVm § 4), wird derzeit aber nicht durchgeführt, da es einen Mehraufwand bedeutet, der sich ohne den Effekt eines echten Konzerninsolvenzplans nicht lohnt.[266]

113 De lege lata ist ein Konzerninsolvenzplan nicht zulässig. Der gegenteilige Wille des Gesetzgebers verhindert eine weite Auslegung der §§ 217 ff sowie eine Verankerung des Konzerninsolvenzplanverfahrens beim Koordinationsgericht (§ 269d). Der Gesetzgeber gab der bloßen Koordination ausdrücklich den Vorzug vor einer echten Verfahrenskonsolidierung. Es bleibt damit im Kern auch bei den Defiziten der alten Rechtslage, die sich aus der weiterhin notwendigen Koordination der Einzelpläne mit allen **Obstruktionsrisiken** ergeben. Der sich daraus ergebende **Aufwand** und die Notwendigkeit einer **hohen Verständigungsbereitschaft** aller Beteiligten, die der Gesetzgeber ja durchaus als Hindernisse einer Konzernsanierung erkannt hatte,[267] werden durch das neu geschaffene Konzerninsolvenzrecht mithin kaum verringert, da auch die Umsetzung des bestätigten Koordinationsplans weiter die Aufstellung von Einzelplänen und die Kooperationsbereitschaft aller Betei-

---

[262] Dies bedauert auch *Dellit* Der Konzern 2013, 190, 194.

[263] So etwa der Vorschlag von *Uhlenbruck* NZI 1999, 41, 43 f.

[264] BT-Drs. 18/407 S. 38.

[265] Siehe etwa *Eidenmüller/Frobenius* ZIP 2013, Beilage zu Heft 22, 1, 6 f. und 11; *Verhoeven* ZInsO 2013, 1689, 1693 ff.

[266] Die Bedenken von Seiten der Richterschaft hinsichtlich einer möglichen Haftung für Verfahrensverzögerungen und der daher gewünschten Zustimmung der Beteiligten zur Verbindung – siehe etwa *Vallender* Der Konzern 2013, 162, 166 f. – ließen sich hingegen überwinden.

[267] BT-Drs. 18/407 S. 38.

ligten erfordert.[268] Die Kooperationspflichten der §§ 269a, 269i Abs. 1 schreiben im Regelfall nur Verhandlungen über den Koordinationsvorschlag vor, nicht aber dessen Umsetzung. Die Einbindung neuer Beteiligter (Verfahrenskoordinator und seine Beauftragten) erhöht zudem noch den Aufwand und damit die Kosten der Insolvenzverfahren.[269]

b) Sanierung ohne Koordinationsverfahren

Bietet ein formelles Koordinationsverfahren (§§ 269d ff) den Beteiligten im Einzelfall im **114** Gegenzug zu seinen Mehrkosten keine effektive Durchsetzungshilfe für ein gewünschtes Sanierungskonzept, so kann es sich anbieten, auf dessen **kostenträchtige strukturierte Koordination** in der Konzerninsolvenz **zu verzichten.** Insbesondere bei der Insolvenz kleiner Unternehmensgruppen und vor allem in Verfahren, in denen bereits die Bestellung eines **einheitlichen Insolvenzverwalters** nach § 56b gelingt, dürfte der Bedarf für eine zusätzliche Koordination in der Regel fehlen, zumal die Kooperationspflichten der §§ 269a–269c ohnehin gelten. Können sich die Verfahrensbeteiligten in gemeinsamen Verhandlungen auf ein Sanierungskonzept einigen, das mehrere Konzernunternehmen umfasst, die Interessenkonflikte zwischen ihnen adressiert und in der Folge zu einem besseren Verfahrensergebnis für alle Beteiligten führt, so bedarf es zur Umsetzung dieser Lösung weder der kostenträchtigen Bestellung eines Verfahrenskoordinators noch der Vorlage eines Koordinationsplans. Stattdessen ist das Konzept schlicht unmittelbar durch Insolvenzpläne in den teilnehmenden Einzelunternehmen rechtlich zu fixieren. Die bisherige Praxis der Konzernsanierung, die ja durchaus erfolgreich war,[270] kann also fortgeführt werden.

Das neue Konzerninsolvenzrecht schließt es auch nicht aus, eine Konzerninsolvenz **115** alternativ wie bisher dadurch zu koordinieren, dass die Konzernstruktur in Form der Anordnung einer **konzernweiten Eigenverwaltung** zumindest personell erhalten wird; eine Erhaltung der gesellschaftsrechtlichen Konzernleitungsmacht erlaubt auch die Anordnung der Eigenverwaltung nicht (vgl § 276a).[271] Etwaige Sonderinteressen der Gläubiger einzelner Konzernunternehmen können in einer konzernweiten Eigenverwaltung von den jeweiligen Sachwaltern wahrgenommen werden. Sind Interessenkonflikte nicht zu befürchten, so erlaubt die Gesetzesbegründung ausdrücklich die Bestellung eines **einheitlichen konzernweiten Sachwalters** (§§ 274 Abs. 1, 56b).[272]

Im Fall einer konzernweiten Eigenverwaltung unterliegt das Restrukturierungsmanage- **116** ment der Konzernunternehmen gemäß § 270d Satz 1 der Kooperationspflicht des § 269a. Der Sachwalter ist demgegenüber zur Aufsicht, nicht aber zur Kooperation verpflichtet.[273] Ein Koordinationsverfahren ist weiterhin als Option (dh auf Antrag) möglich, aber weder zwingend noch effizient. Häufig wird es zur Koordination der Verfahren ausreichen, die eigenverwalteten Insolvenzverfahren aller Gruppenunternehmen am Gruppen-Gerichtsstand bei einem Richter (§ 3c Abs. 1) oder zumindest bei einem Sachwalter (§§ 274 Abs. 1, 56b Abs. 1) zusammenzuführen. Der **Konzernverbund** kann schon auf diesem Wege weitestgehend **erhalten** werden, während eine konzernweite Insolvenzlösung durch das Restrukturierungsmanagement erarbeitet wird.[274] Die Umsetzung der gefundenen

---

[268] Vgl. die diesbezüglichen Zweifel am grundsätzlichen Sinn des Koordinationsverfahrens bei *Eidenmüller/Frobenius* ZIP 2013, Beilage zu Heft 22, 1, 7; *Frind* ZInsO 2013, 429, 433 f; *Harder/Lojowski* NZI 2013, 327, 329 f; *Siemon/Frind* NZI 2013, 1, 3; *Verhoeven* ZInsO 2013, 1689, 1694 f; auch *Graeber* ZInsO 2013 409, 413.

[269] *Eidenmüller/Frobenius* ZIP 2013, Beilage zu Heft 22, 1, 7: „doppelstöckiges" Koordinationsinstrumentarium unter Inkaufnahme hoher Transaktionskosten.

[270] So auch *Dellit* Der Konzern 2013, 190, 192; *Vallender* Der Konzern 2013, 162, 163. *Pleister* → § 5 Rn. 33 ff.

[271] *Brünkmans* Der Konzern 2013, 169, 177; *Brünkmans* ZIP 2013, 193, 199 f; *Dellit* Der Konzern 2013, 190, 197.

[272] BT-Drs. 18/407 S. 42. Hierfür plädiert etwa *Verhoeven* ZInsO 2013, 1689, 1697.

[273] BT-Drs. 18/407 S. 41 f. Siehe dazu etwa *Stahlschmidt/Bartelheimer* ZInsO 2017, 1010, 1014.

[274] Wegen der Einzelheiten *Pleister* → § 5 Rn. 34 ff.

Lösung muss nachfolgend ohnehin durch Insolvenzpläne erfolgen, die in jedem einzelnen Gruppenunternehmen angenommen und vom gemeinsamen Insolvenzgericht bestätigt werden.

IV. Übertragende Sanierung

1. Begriffsbestimmung „sanierende Übertragung"

a) „Sanierende Übertragung" im Wege eines asset deals

117 Die „sanierende Übertragung"[275] bzw „übertragende Sanierung"[276] beschreibt die möglichst geschlossene Veräußerung eines bereits insolventen Unternehmensbetriebs, in aller Regel im Wege eines *asset deals* an eine Auffanggesellschaft oder einen Dritten.[277] Der wesentliche Vorteil der übertragenden Sanierung im Wege eines *asset deals* ist vereinfacht gesagt, nur die wertvollen Aktiva des Unternehmens zu übertragen (*„cherry picking"*)[278] und die Passiva bei dem insolventen Unternehmensträger zu belassen.[279] Der Unternehmensträger wird nach der Veräußerung der wesentlichen Aktiva liquidiert und die Gläubigergesamtheit aus dem Verkaufserlös quotal befriedigt.[280]

b) „Sanierende Übertragung" im Wege eines share deals

118 Eine sanierende Übertragung im Wege eines *share deals,* bei dem die Anteile an dem Unternehmen erworben werden, ist demgegenüber unüblich, da der Vorteil, die Aktiva von den Passiva zu trennen, verloren geht.[281] Deshalb wird der Unternehmensverkauf im Wege eines *share deals* überwiegend nicht als „übertragende Sanierung" im eigentlichen Sinne verstanden.[282] Ein *share deal* kann in der Insolvenz aber auch vorteilhaft sein, weil er die rechtliche Struktur des Unternehmens unberührt lässt und rechtsträgerspezifische Rechtspositionen (zB Lizenzen oder Konzessionen) erhalten bleiben.[283] Der Insolvenzverwalter kann über die Geschäftsanteile aber nicht verfügen, da sie Gesellschafter- und kein Gesellschaftsvermögen darstellen, sodass die Gesellschafter der Veräußerung zustimmen oder im Insolvenzplanverfahren zur Veräußerung gezwungen werden müssen.[284]

---

[275] *Denkhaus/Ziegenhagen* Unternehmenskauf in Krise und Insolvenz Rn. 1060.

[276] Der Begriff geht zurück auf *K. Schmidt* ZIP 1980, 328, 337.

[277] *Haarmeyer/Wutzke/Förster* InsVerw-HdB § 14 Rn. 12; MAH GmbHR/*Römermann* § 23 Rn. 70; Nerlich/Kreplin/*Nerlich* Anwaltshandbuch Insolvenz und Sanierung § 24 Rn. 77, 93; Nerlich/Kreplin/*Tautorus/Janner* Anwaltshandbuch Insolvenz und Sanierung § 20 Rn. 11; Beck/Depré/*Beck* § 1 Rn. 13; *Baums* Recht der Unternehmensfinanzierung S. 627, 698; *Bales* NZI 2008, 216, 218; Kindler/Nachmann InsR-HdB/*Mintzlaff* Deutschland Rn. 187; *Picot/Sinhart* Unternehmenskauf und Restrukturierung § 16 Rn. 16; *Rotstegge* Konzerninsolvenz S. 428; *Schmerbach/Staufenbiel* ZInsO 2009, 458, 459; Rödder/Hötzel/Mueller-Thuns/*Mueller-Thuns* Unternehmenskauf § 17 Rn. 37 f.

[278] *Denkhaus/Ziegenhagen* Unternehmenskauf in Krise und Insolvenz Rn. 1060.

[279] *Schmerbach/Staufenbiel* ZInsO 2009, 458, 459; Wimmer/Wagner/Dauernheim/Weidekind/*Thiele*, Handbuch des Fachanwalts Insolvenzrecht, Kap. 13 Rn. 1; *Rotstegge* Konzerninsolvenz S. 431. Der Erwerber haftet auch nicht nach § 25 HGB, weil die Vorschrift beim Erwerb vom Insolvenzverwalter teleologisch reduziert wird, BGH v. 11.4.1988 – II ZR 313/87, BGHZ 104, 151, 153; vgl. auch *Rotstegge* Konzerninsolvenz S. 432 f; *Müller-Feldhammer* ZIP 2003, 2186, 2188; *Piepenburg* FS Greiner, 2005, S. 271; MüKoInsO/*Ganter/Lohmann* § 1 Rn. 93.

[280] *Haarmeyer/Wutzke/Förster* InsVerw-HdB § 14 Rn. 12.

[281] *Schmerbach/Staufenbiel* ZInsO 2009, 458, 459.

[282] *Strümpell* Die übertragende Sanierung S. 6 mwN; *Rotstegge* Konzerninsolvenz S. 428; vgl. dagegen aber zB MüKoInsO/*Ganter/Lohmann* § 1 Rn. 90a.

[283] *Denkhaus/Ziegenhagen* Unternehmenskauf in Krise und Insolvenz Rn.6, 1084 ff; BeckFormB BHW/*Meyer-Sparenberg* III. A. 22. Anm. 1.

[284] *Denkhaus/Ziegenhagen* Unternehmenskauf in Krise und Insolvenz Rn. 1087; BeckFormB BHW/*Meyer-Sparenberg* III. A. 22. Anm. 1.

c) Bedeutung und Vorteile der „sanierenden Übertragung"

Die „sanierende Übertragung" ist in der Praxis ein wichtiges Sanierungsinstrument.[285] Sie **119** bietet sich an, wenn die Fortführungswerte des Unternehmens die Liquidationswerte übersteigen, sodass ein höherer Kaufpreis durch die Übertragung erzielt wird als im Fall der Zerschlagung der betrieblichen Einheit, ferner dann, wenn der Unternehmensträger in einer so schlechten finanziellen Verfassung ist, dass sich die Insolvenz nicht mehr vermeiden lässt, das Unternehmen leistungswirtschaftlich betrachtet aber dennoch überlebensfähig ist.[286] Die sanierende Übertragung kann auf der Grundlage eines Insolvenzplans oder im Wege eines Verkaufs durch den Insolvenzverwalter erfolgen.[287]

Gerade bei Konzerninsolvenzen ist die übertragende Sanierung ein geeignetes Mittel, um **120** einzelne, selbstständig überlebensfähige Betriebseinheiten oder ganze Sparten des insolventen Konzerns zu erhalten, indem sie aus der Insolvenzmasse veräußert und bei einem neuen Rechtsträger fortgeführt werden.[288] Aber auch in Fällen, in denen der Konzern insgesamt erhalten, aber umstrukturiert werden soll, kann die übertragende Sanierung – auch in Kombination mit einem Insolvenzplan – die beste Option darstellen, wenn der Konzern aus ökonomischer Sicht sanierungsfähig ist, aber nicht in der bisherigen Rechtsträgerstruktur fortgeführt werden soll.[289]

2. Beendigung des Konzernverbundes

Nach herrschender Ansicht endet der Konzernverbund mit der Eröffnung des Insolvenz- **121** verfahrens über das Vermögen der Mutter- oder Tochtergesellschaft.[290] Der Insolvenzverwalter im jeweiligen Insolvenzverfahren über das Vermögen einer konzernangehörigen (Tochter-)Gesellschaft unterliegt weder der Konzernleitungsmacht noch sonstigen konzernspezifischen Bindungen.[291] Der Insolvenzverwalter der Untergesellschaften kann nicht Adressat von Weisungen aus § 308 AktG oder § 37 GmbHG sein. Wegen § 276a InsO besteht seit dem ESUG wohl kein Raum mehr für Konzernleitungsmacht. Die jeweilige Konzerngesellschaft ist nicht mehr gewinnabführungspflichtig. Beherrschungs- und Gewinnabführungsverträge werden durch die Insolvenzeröffnung vielmehr aufgehoben.[292]

Eine beachtenswerte Gegenansicht spricht sich dafür aus, dass der Beherrschungs- und **122** Gewinnabführungsvertrag mit der Eröffnung des Insolvenzverfahrens nicht automatisch

---

[285] *Denkhaus/Ziegenhagen* Unternehmenskauf in Krise und Insolvenz Rn. 5, 1059; Wimmer/Wagner/Dauernheim/Weidekind/*Thiele* Handbuch des Fachanwalts Insolvenzrecht Kap. 13 Rn. 1; Kübler/Prütting/*Noack* Gesellschaftsrecht Rn. 168 ff; *Rotstegge* Konzerninsolvenz S. 428.

[286] MAH GmbHR/*Römermann* § 23 Rn. 70.

[287] Uhlenbruck/*Zipperer* InsO § 157 Rn. 7; *Denkhaus/Ziegenhagen* Unternehmenskauf in Krise und Insolvenz Rn. 1073 ff.

[288] *Rotstegge* Konzerninsolvenz S. 429, 431; vgl. auch *Denkhaus/Ziegenhagen* Unternehmenskauf in Krise und Insolvenz Rn. 1060, 1062; *Schmerbach/Staufenbiel* ZInsO 2009, 458, 459.

[289] *Rotstegge* Konzerninsolvenz S. 429 f; Kübler/Prütting/*Noack* Gesellschaftsrecht Rn. 168; vgl. auch schon *Balz* Sanierung von Unternehmen S. 71.

[290] OLG Hamburg Beschl. v. 13.7.2001 – 11 W 29/94, NZG 2002, 189 ff; Hölters/*Deilmann* AktG § 297 Rn. 13; Emmerich/Habersack Aktien-/GmbH-KonzernR/*Emmerich* § 297 Rn. 52b; Gottwald InsO-HdB/*Haas* § 95 Rn. 6; Hüffer/*Hüffer* AktG § 297 Rn. 22a; Lutter/Hommelhoff/*Lutter/Hommelhoff* GmbHG Anh. zu § 13 Rn. 88; Wachter/*Müller* AktG § 297 Rn. 35; Heidel/*Peres* AktG § 297 Rn. 35; Bürgers/Körber-*Schenk* AktG § 297 Rn. 20; Spindler/Stilz/*Veil* AktG § 297 Rn. 38; ausführlich hierzu *Pleister/Theusinger* → § 4 Rn. 466 ff.

[291] *Haarmeyer/Wutzke/Förster* InsVerw-HdB § 14 Rn. 57; *Rotstegge* Konzerninsolvenz S. 92; Uhlenbruck/*Hirte* InsO § 11 Rn. 398; Emmerich/Habersack Aktien-/GmbH-KonzernR/*Emmerich* § 297 Rn. 52 ff; Kübler/Prütting/*Noack* Gesellschaftsrecht Rn. 725; *Schmollinger* Der Konzern in der Insolvenz S. 205 f.

[292] *Rotstegge* Konzerninsolvenz S. 92; Uhlenbruck/*Hirte* InsO § 11 Rn. 398; Emmerich/Habersack Aktien-/GmbH-KonzernR/*Emmerich* § 297 Rn. 52 ff; Kübler/Prütting/*Noack* Gesellschaftsrecht Rn. 725; vgl. auch das Formular zum Gewinnabführungs- und Beherrschungsvertrag bei BeckFormB GmbHR/*Messerschmidt* L. I. 1.

ende, sondern fortbestehe und „nur" durch das Insolvenzrecht überlagert werde.[293] Konsequenz dieser Ansicht ist, dass die Rechte und Pflichten aus dem Beherrschungs- und Gewinnabführungsvertrag wieder aufleben können, wenn die Gesellschaften im Anschluss an das Insolvenzverfahren fortgeführt werden.[294] Hierfür spricht insbesondere, dass diese Lösung die Sanierung fördert und die Ziele des ESUG damit umzusetzen versucht.[295]

123 Unabhängig davon dürfte sowohl der Ober- und der Untergesellschaft ein Kündigungsrecht aus wichtigem Grund zustehen, das der Insolvenzverwalter ausüben kann, vgl. § 297 Abs. 1 AktG. Bis zur rechtlichen Klärung der Frage, wie Beherrschungs- und Gewinnabführungsverträge in der Konzerninsolvenz zu behandeln sind, dürfte der Insolvenzverwalter diese Möglichkeit zumindest nutzen, um Klarheit über die rechtlichen Beziehungen zwischen den Konzerngesellschaften zu erzielen.[296]

3. Neukonstituierung des Konzerns in der Hand des Investors

124 Geht man davon aus, dass der Konzernverbund mit der herrschenden Ansicht endet, muss der Konzern im Rahmen der sanierenden Übertragung neu konstituiert werden. Die typische Form der übertragenden Sanierung ist der Verkauf des Unternehmens an einen strategischen Investor oder an einen Finanzinvestor.[297] Hierbei handelt es sich um eine konzernexterne Strukturveränderung, die von der konzerninternen Strukturveränderung zu unterscheiden ist.[298]

a) Keine Auflösung des alten Konzernverbundes beim asset deal

125 Werden Teile eines Konzerns an einen Investor veräußert, muss sich der Konzernverbund in der Hand des Investors neu konstituieren. Hier zeigt sich, dass die übertragende Sanierung keine Sanierung des Insolvenzschuldners selbst ist, sondern zu dessen Liquidation führt und nur seine wesentlichen *assets* übertragen werden.[299] Da der Konzernverbund mit der Eröffnung des Insolvenzverfahrens beendet worden ist, bedarf es keiner Auflösung der alten Konzernstrukturen, zumal sich die übergegangenen Betriebsteile und Vermögensgegenstände von ihrem ursprünglichen Rechtsträger gelöst haben. Insofern können die erworbenen Unternehmen(-steile) aber zu einem neuen Konzern zusammengefasst oder in einen bestehenden Konzern integriert werden.[300] Dazu bietet die übertragende Sanierung eine flexible Möglichkeit, um den Konzern für die Zukunft neu auszurichten.[301]

b) Neukonstituierung vor der Unternehmensübertragung

126 Die Überlegung, in welche gesellschaftsrechtliche Struktur die Betriebsteile der insolventen Konzerngesellschaften eingebettet werden sollen, muss der übertragenden Sanierung im Idealfall vorausgehen, um die zu erwerbenden Unternehmensteile ohne weitere Über-

---

[293] *Bultmann* ZInsO 2007, 785 ff.; *Freudenberg* ZIP 2009, 2037, 2042, 2043; Uhlenbruck/*Hirte* InsO § 11 Rn. 398; KölnKommAktG/*Koppensteiner* § 297 Rn. 47; *H.-F. Müller* ZIP 2008, 1701, 1702; *K. Schmidt* GesR S. 957; *Trendelenburg* NJW 2002, 647, 650; *Beck* HwStR 2014, 359, 365.
[294] *K. Schmidt* GesR S. 957.
[295] *Pleister/Theusinger* → § 4 Rn. 475.
[296] *Pleister/Theusinger* → § 4 Rn. 476.
[297] Nerlich/Kreplin/*Lachmann* Anwaltshandbuch Insolvenz und Sanierung § 8 Rn. 110.
[298] Vgl. auch *Rotstegge* Konzerninsolvenz S. 443.
[299] Knops/Bamberger/Maier-Reimer/*Riegel* Recht der Sanierungsfinanzierung § 2 Rn. 52; *Rotstegge* Konzerninsolvenz S. 430 f.; *Eidenmüller* Unternehmenssanierung S. 32 ff.; vgl. auch *Schmerbach/Staufenbiel* ZInsO 2009, 458, 459; Wimmer/Wagner/Dauernheim/Weidekind/*Thiele* Handbuch des Fachanwalts Insolvenzrecht Kap. 13 Rn. 1; Kübler/Prütting/*Noack* Gesellschaftsrecht Rn. 168 ff.
[300] *Rotstegge* Konzerninsolvenz S. 431; vgl. zu steuerrechtlichen Aspekten bei der Integration in Konzernstrukturen Hölters/*Gröger* Handbuch Unternehmenskauf Teil IV Rn. 287 ff.
[301] *Rotstegge* Konzerninsolvenz S. 431.

tragungsvorgänge unmittelbar dem „richtigen" Rechtsträger zuzuordnen.[302] Soll ein Konzern neu konstituiert werden, wäre die bloße Übertragung der *assets* an eine einzige Auffanggesellschaft verfehlt.[303] Eine solche Übertragung von *assets* von mehreren insolventen Konzerngesellschaften auf mehrere Auffanggesellschaften, ließe sich wegen der offenen Formulierung des § 269h Abs. 2 S. 1 InsO n. F. auch in einen Koordinationsplan aufnehmen.[304]

c) Umstrukturierung der Personalstruktur

Insgesamt kann die übertragende Sanierung gerade bei Konzernsachverhalten dazu dienen, **127** die Personalstruktur des Konzerns unter Beachtung der §§ 25 ff., 28 HGB und § 613a BGB zu verschlanken, um die erhaltungswürdigen Unternehmensteile nach der übertragenden Sanierung wirtschaftsfähig zu gestalten.[305] Dabei wird gerade die Vorschrift des § 613a BGB oft als Sanierungshindernis angesehen, weil die Arbeitsverhältnisse mit der Übertragung der wesentlichen Betriebsteile übergehen und eine übergangsbezogene Kündigung ausgeschlossen ist.[306]

Für eine bessere Planungssicherheit kann es insofern hilfreich sein, dass der Insolvenz- **128** verwalter die notwendigen Maßnahmen in Bezug auf die Personalstruktur trifft, bevor die wesentlichen Betriebsteile im Wege der übertragenden Sanierung veräußert werden.[307] Zu beachten ist dabei, dass die Geschäftsleitung der Gesellschaft der Bestimmung des § 613a BGB nicht unterfällt, weil es sich bei diesen Personen mangels Weisungsabhängigkeit nicht um Arbeitnehmer handelt.[308] Dadurch ist es ohne Weiteres möglich und in aller Regel auch sinnvoll, auch die Führungsstruktur im Anschluss an die übertragende Sanierung zu verändern und das Management auszuwechseln.[309] Eine Ausnahme gilt für den Fall der vorausgegangenen Eigenverwaltung, bei der es sinnvoll sein kann die Vorteile eines sachkundigen Managements auch nach der übertragenden Sanierung zu nutzen.[310]

d) Besonderheit: Übertragung einer Tochtergesellschaft als asset

In der Insolvenz der Konzernmutter (Holding) kann der Insolvenzverwalter statt einer **129** übertragenden Sanierung auch die Beteiligungen der Konzernmutter an einer nicht insolventen Tochtergesellschaft als *assets* veräußern, was immer dann von Vorteil ist, wenn Vertragsverhältnisse und sonstige rechtsträgerspezifische Rechtspositionen erhalten bleiben sollen.[311] Weil der Insolvenzverwalter in der Praxis faktisch immer auf einen Haftungsausschluss bestehen wird, ist eine noch umfassendere Due Diligence-Prüfung für den Investor erforderlich als bei einer übertragenden Sanierung.[312]

---

[302] Vgl. hierzu auch *Müller-Feldhammer* ZIP 2003, 2186 ff.; *Treffer* GmbHR 2003, 166 ff.; *Rotstegge* Konzerninsolvenz S. 431.

[303] *Rotstegge* Konzerninsolvenz S. 431; *Treffer* GmbHR 2003, 166.

[304] Zur inhaltlichen Freiheit des Koordinationsplans *Pleister* ZIP 2013, 1013, 1017; KPB/*Thole* InsO § 269h Rn. 10.

[305] Ausführlich hierzu *Rotstegge* Konzerninsolvenz S. 433 ff., 437.

[306] Ausführlich hierzu *Rotstegge* Konzerninsolvenz S. 433 ff., 437, 453; vgl. auch Gottwald InsO-HdB/*Bertram* § 106 Rn. 73 ff. sowie Nerlich/Kreplin/*Althaus* Anwaltshandbuch Insolvenz und Sanierung § 19 Rn. 3, 6 ff.

[307] Knops/Bamberger/Maier-Reimer/*Dauner-Lieb* Recht der Sanierungsfinanzierung § 14 Rn. 1 ff.

[308] BAG v. 13.2.2003 – 8 AZR 654/01, NZA 2003, 552 ff (auch keine analoge Anwendung von § 613a BGB); BAG v. 8.6.2000 – 2 AZR 207/99, NZA 2000, 1013 ff; BAG v. 12.3.1987 – AZR 336/86, GmbHR 1988, 179 ff; OLG Hamm v. 18.6.1990 – 8 U 146/89, DStR 1991, 884, 885; Ascheid/Preis/Schmidt/*Steffan* Kündigungsrecht § 613a Rn. 81 aE; BeckOK ArbR/*Gussen* § 613a Rn. 87.

[309] Vgl. hierzu Hölters/*Hölters* Handbuch Unternehmenskauf Teil I Rn. 71 ff.

[310] Zu diesem Vorteil der Eigenverwaltung *Pleister* → § 4 Rn. 2.

[311] Lang/Ossola-Haring/*Elsässujer* Kauf, Verkauf und Übertragung von Unternehmen S. 583; *Denkhaus/Ziegenhagen* Unternehmenskauf in Krise und Insolvenz Rn. 1069.

[312] *Denkhaus/Ziegenhagen* Unternehmenskauf in Krise und Insolvenz Rn. 1071; generell hierzu auch Nerlich/Kreplin/*Tautorus/Janner* Anwaltshandbuch Insolvenz und Sanierung § 20 Rn. 13; BeckFormB BHW/*Meyer-Sparenberg* III. A. 22. Anm 1.

e) Exkurs: Konzerninterne Neukonstituierung

130 Denkbar ist darüber hinaus, dass eine insolvente Konzerngesellschaft – in der Regel die Konzernmutter – die werthaltigen *assets* einer ebenfalls insolventen Konzerntochter übernimmt, ohne für die Verbindlichkeiten einstehen zu müssen.[313] Der aus der Insolvenzmasse zu zahlende Kaufpreis dient zur Befriedigung der Gläubiger der Tochtergesellschaft, die sodann liquidiert wird, während die Konzernmutter mit den werthaltigen *assets* der Tochter saniert werden kann. Ein solches Vorgehen bietet sich an, wenn der sanierungsfähigen Konzernmutter ein über den Kaufpreis hinausgehender Vorteil aus den Unternehmensgegenständen der Tochtergesellschaft erwächst.

4. Kombination von übertragender Sanierung und Insolvenzplan bei Verkauf des Konzernunternehmens

131 Der Insolvenzplan kann als Sanierungsplan, als (reiner) Liquidationsplan oder als Übertragungsplan ausgestaltet sein.[314] Bei einem Übertragungsplan erfolgt die übertragende Sanierung nicht durch den Insolvenzverwalter, sondern auf der Grundlage eines Insolvenzplans, der durch die Gläubigergruppen beschlossen wird, vgl. § 229 S. 1 InsO.[315]

132 Es ist insbesondere denkbar, dass ein Konzern mit unterschiedlichen Geschäftszweigen oder Produktsparten insolvent ist, wobei einzelne Bereiche überlebensfähig sind und andere Bereiche – zumindest in dieser Form – nicht fortgeführt werden können. In diesen Fällen ist in den entsprechenden Insolvenzplänen der Konzerngesellschaften eine teilweise übertragende Sanierung der *assets* vorzusehen, die veräußert werden sollen. Im Übrigen sind die für die Reorganisation erforderlichen Maßnahmen zu beschließen.[316] Wenn für alle Konzerngesellschaften ein Koordinationsplan erarbeitet wird, sind die konzernübergreifenden Überlegungen dort selbstverständlich darzustellen.[317]

a) Vorteile der übertragenden Sanierung im Insolvenzplanverfahren

133 Eine übertragende Sanierung kann auf der Grundlage eines Insolvenzplans aus Gläubigersicht vorteilhafter als eine übertragende Sanierung ohne einen Insolvenzplan sein.[318] Denn der Insolvenzplan besitzt grundsätzlich eine höhere Legitimationskraft als die übertragende Sanierung ohne Insolvenzplan, weil die verschiedenen Gläubigergruppen bei der Gestaltung und Abstimmung über den Plan beteiligt werden. Außerdem können bestimmte Regelungen, insbesondere Eingriffe in Absonderungsrechte (§ 223 Abs. 2 InsO) oder eine Entschuldung des Unternehmensträgers im Falle einer Teilbetriebsveräußerung (§ 227 Abs. 1 InsO), nur im Rahmen eines Insolvenzplans getroffen werden.[319] Eine übertragende Sanierung im Planverfahren kann sich zudem anbieten, wenn gesunde Unternehmensteile oder nicht insolvente Tochtergesellschaften vom Insolvenzverwalter in einer Auffanggesell-

---

[313] *Rotstegge* Konzerninsolvenz S. 433.

[314] *Pape/Uhlenbruck/Voigt-Salus* Insolvenzrecht Kap. 38 Rn. 9; MüKoInsO/*Eilenberger* § 220 Rn. 18; Nerlich/Kreplin/*Nerlich* Anwaltshandbuch Insolvenz und Sanierung § 24 Rn. 93; Beck/Depré/*Exner/Beck,* § 43 Rn. 5; etwa 90 % der Insolvenzpläne sind Sanierungspläne, der übrige Teil entfällt auf Übertragungspläne, während Liquidationspläne die absolute Ausnahme bilden, vgl. hierzu die Erhebung von *Kranzusch* ZInsO 2007, 804.

[315] Uhlenbruck/*Zipperer* InsO § 157 Rn. 7; Uhlenbruck/*Lüer/Streit* InsO § 220 Rn. 2; Beck/Depré/*Exner/Beck* § 43 Rn. 5; Andres/Leithaus/*Andres* InsO § 217 Rn. 14; MüKoInsO/*Eidenmüller* § 217 Rn. 174; *Denkhaus/Ziegenhagen* Unternehmenskauf in Krise und Insolvenz Rn. 1073 ff.

[316] Vgl. etwa das Beispiel bei *Keller* Insolvenzrecht Rn. 1641 f.

[317] Ausführlich zum Koordinationsverfahren *Pleister* → § 4 Rn. 365 ff.; zum Koordinationsplan *Madaus* → § 5 Rn. 68 ff.

[318] MüKoInsO/*Eidenmüller* § 217 Rn. 175.

[319] MüKoInsO/*Eidenmüller* § 217 Rn. 175; *Vallender* GmbHR 2004, 642, 646; *Denkhaus/Ziegenhagen* Unternehmenskauf in Krise und Insolvenz Rn. 1075.

schaft gebündelt werden und der Plan ein Angebot an alle oder bestimmte Gläubiger (-gruppen) enthält, mit Anteilen an der Auffanggesellschaft abgefunden zu werden.[320] Schließlich können durch einen geordneten Übergang des Unternehmens bzw des Betriebes im Wege der übertragenden Sanierung mittels Insolvenzplan Vermögensverluste und andere Missbräuche vermieden sowie eine konkrete Preisbildung für das Unternehmen eher sichergestellt werden.[321]

b) Nachteile der übertragenden Sanierung im Insolvenzplanverfahren

Den Vorteilen der übertragenden Sanierung im Insolvenzplanverfahren steht entgegen, dass **134** das Insolvenzplanverfahren im Vergleich zur übertragenden Sanierung außerhalb des Planverfahrens, bei der „nur" die §§ 160 ff InsO zu beachten sind,[322] verfahrenstechnisch aufwändiger ist, weil insbesondere die §§ 244 ff, 248 ff InsO beachtet werden müssen.[323] Zudem kann die Bestätigungsentscheidung des Insolvenzplans mit Rechtsmitteln angegriffen werden, wobei die damit verbundenen Verzögerungen durch das ESUG zumindest entschärft werden konnten.[324]

5. Vertragsgestaltung

Bei den Verhandlungen über eine sanierende Übertragung von Konzernteilen werden die **135** *essentialia negotii* vom Insolvenzverwalter und dem bzw den Investoren festgelegt. In der Praxis wird der Insolvenzverwalter auf der Grundlage dieser Verhandlungen einen Unternehmenskaufvertrag erstellen, der in der Regel nur noch eingeschränkt abgeändert wird.[325] Ein Unternehmenskaufvertrag mit dem Verwalter des insolventen Konzernunternehmens enthält bei einer übertragenden Sanierung im Wege eines *asset deals* im Wesentlichen folgende Punkte,[326] über die zwischen den Vertragsparteien Einigkeit herrschen sollte:

- Kaufgegenstand inklusive Auftragsbestand
- Kaufpreis inklusive etwaiger Regelungen zur Umsatzsteuer, Einlageleistung durch den Käufer
- Kaufpreiszahlung inklusive Verzugsregelung und Verzicht auf Aufrechnung, Minderungsoder Zurückbehaltungsrechte
- Gewährleistungsausschluss (und ggf Einredeverzicht des Käufers)[327]
- Eigentumsübergang/Eigentumsvorbehalt/Abtretung von Rechten
- Weitere Mitwirkungspflichten des Insolvenzverwalters, insbesondere bei der Übertragung von IP
- Betriebsübergang/arbeitsrechtliche Gestaltung

---

[320] Vgl. hierzu *Denkhaus/Ziegenhagen* Unternehmenskauf in Krise und Insolvenz Rn. 1079; *Rotstegge* Konzerninsolvenz S. 453.

[321] *Buth* DStR 1997, 1178.

[322] Schon der Umstand, dass nicht nur ein Gläubigerausschuss bzw eine Gläubigerversammlung der Veräußerung des Unternehmens bzw der Unternehmensteile zustimmen muss (§ 160 Abs. 1 und 2 Nr. 1 InsO), sondern unter Umständen zahlreiche Übertragungen von verschiedenen Konzerngesellschaften auch Zustimmungen mehrerer Gläubigerorgane fordern, kann die übertragende Sanierung in Konzernsachverhalten verhindern. Zumindest dürfte dieser Umstand bewirken, dass der Kaufpreis durch das faktische Druckpotenzial der Gläubigergruppen höher ausfallen wird, vgl. zum Ganzen auch *Rotstegge* Konzerninsolvenz S. 440; Nerlich/Kreplin/*Nerlich* Anwaltshandbuch Insolvenz und Sanierung § 24 Rn. 93 f.

[323] MüKoInsO/*Eidenmüller* § 217 Rn. 175.

[324] MüKoInsO/*Eidenmüller* § 217 Rn. 175.

[325] *Denkhaus/Ziegenhagen* Unternehmenskauf in Krise und Insolvenz Rn. 1111.

[326] Vgl. hierzu *Denkhaus/Ziegenhagen* Unternehmenskauf in Krise und Insolvenz Rn. 1113; vgl. auch BeckFormB BHW/*Meyer-Sparenberg* III. A. 22. (dort in Kombination mit einem Insolvenzplan).

[327] *Denkhaus/Ziegenhagen* Unternehmenskauf in Krise und Insolvenz Rn. 1113.

- Übergabestichtag/Abgrenzung von Rechtsverhältnissen/Übernahme sonstiger Dauer-schuldverhältnisse und vom Insolvenzverwalter ausgelöster Bestellungen
- Rücktritts-/Rückabwicklungsregelungen bei Zahlungsverzug
- Haftungsbeschränkung, Verjährung
- Mitwirkungspflichten des Käufers bei der Abwicklung des Insolvenzverfahrens, insbesondere Zurverfügungstellung von Personal zu Selbstkosten, unentgeltliche Akteneinlagerung mit Zutrittsrecht
- Kosten des Vertrages
- Schlussbestimmungen, insbesondere anwendbares Recht und Gerichtsstand.

§ 6 Steuerliche Aspekte der Konzerninsolvenz

Übersicht

Schrifttum:

Blümich, Gewerbesteuergesetz GewStG, März 2016; *Blümich,* Einkommensteuergesetz EStG, November 2017; *Brünkmans/Thole,* Handbuch Insolvenzplan, 2016; *Böing,* Rechtsprechungsänderung: Die umsatzsteuerliche Organschaft endet bereits, wenn bei der Organgesellschaft ein („halbstarker") vorläufiger Insolvenzverwalter mit Zustimmungsvorbehalt bestellt wird, BB 2013, 2600 ff; *Bunjes,* Umsatzsteuergesetz: UStG, 16. Aufl. 2017; *Dötsch/Pung/Möhlenbrock,* Die Körperschaftsteuer: KSt, 8/2016; *Dusch,* Aufrechnung und § 74 AO Möglichkeit zur Regulierung geplatzter Organschaften?, DStR 2012, 1537 ff; *Frind,* Insolvenzliche Eigenverwaltung und öffentlich-rechtliche Forderungen: Zahlen oder nicht?, GmbHR 2015, 128 ff; *Frotscher,* Besteuerung bei Insolvenz, 8. Aufl. 2014; *Gosch,* Körperschaftsteuergesetz: KStG, 3. Aufl. 2015; *Hasbach,* Ende der umsatzsteuerlichen Organschaft mit Eröffnung des Insolvenzverfahrens, ZInsO 2017, 914 ff.; *Hengeler/Hoffmann-Becking,* Insolvenz im Vertragskonzern, FS Hefermehl (1976), 283 ff; *Herzig,* Organschaft, 2003; *Hey,* Steuerbefreiung für Sanierungsgewinne und EU-Beihilferecht, FR 2017, 453; *Hobelsberger,* Umsatzsteuerpflicht und haftung in der vorläufigen Eigenverwaltung, DStR 2013, 2545 ff; *Hofmann,* Eigenverwaltung, 2014; *Hölzle,* Steuerliche Haftung im Konzern – Organschaftskaskade als Sanierungshemmnis?, ZIP 2016, 103 ff.; *Hölzle,* Umsatzsteuerliche Organschaft und Insolvenz der Organgesellschaft, DStR 2006, 1210 ff; *Kahlert,* Der vorläufige Sachwalter mit Kassenführungsbefugnis unterliegt nicht der Steuerhaftung gemäß § 60 AO, in FS Pannen, 2017, S. 409 ff.; *Kahlert,* Der Sanierungserlas ist keine Beihilfe, ZIP 2016, 2107 ff.; *Kahlert,* Ein neuer Schöpfungsakt des V. BFH-Senats zur Umsatzsteuer im Insolvenzverfahren und seine Entschlüsselung, ZIP 2015, 11 ff; *Kahlert,* Erhebung der Umsatzsteuer im Insolvenzverfahren – Rechtsvergleich und Vorlagepflicht, DStR 2015, 1485 ff.; *Kahlert,* Anwendbarkeit des § 176 Abs. 2 AO auf das alte BMF-Schreiben zu § 55 Abs. 4 InsO, DStR 2015, 2004 ff.; *Kahlert,* Ertragsbesteuerung in Krise und Insolvenz, FR 2014, 731 ff; *Kahlert,* Insolvenzrecht und Steuerrecht – Gemeinsam für ein wettbewerbsfähiges Insolvenzrecht, ZIP 2014, 1101 ff; *Kahlert* Beendigung der ertragsteuerlichen Organschaft mit dem vorläufigen Insolvenzverfahren, DStR 2014, 73 ff; *Kahlert,* Umsatzsteuerliche Organschaft und (vorläufige) Eigenverwaltung, ZIP 2013, 2348 ff; *Kahlert,* Steuerzahlungspflicht im Eröffnungsverfahren der Eigenverwaltung?, ZIP 2012, 2089 ff; *Kahlert/Rühland,* Sanierungs- und Insolvenzsteuerrecht, 2. Aufl. 2011; *Kahlert/Schmidt,* Die neue Steuerfreiheit des Sanierungsertrags – Fragen und Antworten, DStR 2017, 1897 ff., *Kanzler,* Steuerbefreiung von Sanierungsgewinnen –Überblick zu den gesetzlichen Neuregelungen in § 3a und § 3c

Abs. 4 EStG, NWB 2017, 2260 ff.; *Kußmaul/Licht,* Zur Notifizierung des § 3a EStG – Aussicht auf Erfolg? –, DB 2017, 1797 ff.; *Kübler,* Handbuch Restrukturierung in der Insolvenz, 2. Aufl. 2015; *Mielke/Sedlitz,* Die Aporie des Geschäftsführers in der vorläufigen Eigenverwaltung wegen (nicht) abzuführender Steuerverbindlichkeiten, ZIP 2017, 1646 ff.; *Prinz/Witt,* Steuerliche Organschaft, 2015; *Sistermann/Beutel,* Unternehmenssanierungen nach der Grundsatzentscheidung des Großen Senats des BFH – Erste Gedanken zur gesetzlichen Neuregelung und zur Übergangsregelung des BMF v. 27.4.2017, DStR 2017, 1065 ff.; *Seer,* Abstimmungsprobleme zwischen Umsatzsteuer- und Insolvenzrecht, DStR 2016, 1289 ff.; *Seer,* Abschlussbericht der Kommission jnzur Harmonisierung von Insolvenz- und Steuerrecht, Beihefteer zu DStR 42/2014; *Sonnleitner,* Insolvenzsteuerrecht, 2017; *Suchanek/Schaaf/Hannweber,* Interpersoneller Verlustuntergang gemäß der Neuregelung der Sanierungsgewinnbesteuerung, WPg 2017, 909 ff.; *Tipke/Lang,* Steuerrecht, 22. Auflage 2015; *Uhlenbruck,* Insolvenzordnung: InsO, 14. Aufl. 2015; *Undritz,* Vorläufige Eigenverwaltung? Der Weg des Schuldners zur Eigenverwaltung zwischen Skylla und Charybdis, FS Wehr (2012) 1 ff; *Wagner/Marchal,* BMF-Schreiben v. 26.5.2017 zur umsatzsteuerlichen Organschaft und zum Vorsteuerabzug bei gesellschaftsrechtlichen Beteiligungen, DStR 2017, 2150 ff.; *Wäger,* Rechtsprechungsauslese 2013, UR 2014, 81 ff.; *Weiss,* Die gesetzliche Neuregelung des Sanierungssteuerrechts – Einführung des § 3a EStG und § 7b GewStG sowie diverser flankierender Regelungen, StuB 2017, 581 ff.; *Wimmer,* Das Gesetz zur Erleichterung der Bewältigung von Konzerninsolvenzen, jurisPR-InsR 8/2018 Anm. 1.

I. Einleitung

1 Dem deutschen Steuerrecht liegt das Prinzip zugrunde, den einzelnen Rechtsträger eigenständig zu besteuern (sog. Subjektbesteuerung).[1] Denn Steuerschuldner gemäß § 43 AO ist hinsichtlich

– der Einkommensteuer die natürliche Person, § 1 EStG,
– der Körperschaftsteuer die Körperschaft, § 1 KStG,
– der Gewerbesteuer der stehende Gewerbebetrieb, § 2 GewStG,
– der Umsatzsteuer der Unternehmer, § 1 UStG.

2 Hieraus wird ein weiteres Prinzip des deutschen Steuerrechts erkennbar, nämlich dass die Besteuerung nicht rechtsformneutral erfolgt.

3 Auf Grundlage dieser Prinzipien erfolgt grundsätzlich auch die Besteuerung von Konzerngesellschaften. Allerdings gelten steuerliche Besonderheiten für Konzernsachverhalte, auch wenn dahinter kein in sich geschlossenes Konzept steht. Nach der Tiefe der Konzernierung kann zwischen dem Beteiligungskonzern und dem Organschaftskonzern unterschieden werden.[2]

4 Der Beteiligungskonzern zeichnet sich dadurch aus, dass bestimmte steuerliche Vorschriften an die Beteiligung anknüpfen, wodurch Konzernsachverhalte besonders geregelt werden. So werden Beteiligungserträge in Form von Dividenden und Veräußerungsgewinnen dann, wenn eine Kapitalgesellschaft an einer anderen Kapitalgesellschaft beteiligt ist, nach § 8b KStG unter bestimmten Voraussetzungen von der Besteuerung ausgenommen.

5 Das Wesen des Organschaftskonzerns besteht darin, dass die Subjektbesteuerung durchbrochen wird. Dies erfolgt durch die körperschaftsteuerliche Organschaft (§§ 14 ff KStG), die gewerbesteuerliche Organschaft (§ 2 Abs. 2 Satz 2 GewStG) und die umsatzsteuerliche Organschaft (§ 2 Abs. 2 Nr. 2 UStG). Denn Rechtsfolge der Organschaft ist die Zurechnung der Einkünfte bzw. der Umsätze solcher Organgesellschaft zum Organträger, der Steuerschuldner wird.[3]

6 Der Gesetzgeber hat Steuerrecht und Insolvenzrecht bislang nicht im Sinne eines einheitlichen und interessengerechten Konzepts miteinander verzahnt.[4] Zu Recht hat der Bundestagsabgeordnete Prof. Dr. Hirte in seiner Rede am 14.2.2014 iR der 1. Lesung zu

---

[1] Dazu Tipke/Lang/*Seer* Steuerrecht § 6 Rn. 19, 30.
[2] Dazu Kessler/Kröner/Köhler/*Kessler* Konzernsteuerrecht, 2. Auflage 2008, § 1 Rn. 1 ff.
[3] Zur ertragsteuerlichen Organschaft Gosch/*Neumann* KStG § 14 Rn. 1, zur gewerbesteuerlichen Organschaft Blümich/*Drüen* § 2 GewStG, Rn. 157 und zur umsatzsteuerlichen Organschaft Bunjes/*Korn* UStG § 2 Rn. 138.
[4] Dazu Kahlert/Rühland/*Kahlert* Sanierungs- und Insolvenzsteuerrecht, Rn. 7.102 ff.

dem Regierungsentwurf zur Erleichterung der Bewältigung von Konzerninsolvenzen im Deutschen Bundestag für eine Verzahnung des Insolvenzrechts mit dem Steuerrecht plädiert.[5] Auch iR der Anhörung am 2.4.2014 haben die Sachverständigen eine bessere gesetzliche Verzahnung des Insolvenzrechts mit dem Steuerrecht gefordert.[6] Leider hat der Gesetzgeber diese Anregungen nicht aufgenommen. Das Gesetz zur Erleichterung der Bewältigung von Konzerninsolvenzen vom 13.4.2017[7] enthält keine flankierenden steuerlichen Regelungen. Deshalb sind weiter regelmäßig Finanzverwaltung und Finanzgerichte im Wege der Auslegung der insolvenzrechtlichen und steuerrechtlichen Vorschriften zur Verzahnung berufen. Diese Auslegung ist für die insolventen Unternehmen nicht nur mit erheblichen Rechtsunsicherheiten verbunden, sie führt auch regelmäßig zum asymmetrischen Abzug von Liquidität in Form von Steuerzahlungen zugunsten des Fiskus und zulasten der weiteren Gläubiger.[8]

Ziel der nachfolgenden Ausführungen ist es, die Besonderheiten der Besteuerung von **7** Konzerngesellschaften in der Insolvenz darzustellen, und zwar grundsätzlich beschränkt auf den Konzern zwischen Kapitalgesellschaften. Eine umfassende Darstellung des aktuellen Sanierungs– und Insolvenzsteuerrechts würde den Rahmen dieses Werkes sprengen. Die Schwerpunkte liegen hierbei auf dem Einfluss der Insolvenz auf die umsatzsteuerliche (→ Rn. 8 ff.) und ertragsteuerliche (→ Rn. 42 ff.) Organschaft, auf die Steuerhaftung (→ Rn. 59 ff.) und die Besteuerung von Sanierungsgewinnen (→ Rn. 86 ff.).

II. Umsatzsteuerliche Organschaft

1. Das Wesen der umsatzsteuerlichen Organschaft

Die umsatzsteuerliche Organschaft ist in § 2 Abs. 2 Nr. 2 UStG geregelt. Sie liegt vor, **8** wenn eine juristische Person nach dem Gesamtbild der tatsächlichen Verhältnisse finanziell, wirtschaftlich und organisatorisch in das Unternehmen des Organträgers eingegliedert ist. Unionsrechtlich beruht dies auf Art. 11 MwStSystRL. Danach können die Mitgliedstaaten im Inland ansässige Personen, die zwar rechtlich unabhängig, jedoch durch gegenseitige finanzielle, wirtschaftliche und organisatorische Beziehungen eng miteinander verbunden sind, zusammen als einen Steuerpflichtigen behandeln.

Nach dem BFH ist die Voraussetzung der **finanziellen** Eingliederung gegeben, wenn **9** der Organträger seinen Willen durch Mehrheitsbeschluss durchsetzen könnte.[9]

Die **organisatorische** Eingliederung erfordert nach dem BFH die Wahrnehmung dieser **10** Mehrheitsmacht in der laufenden Geschäftsführung, und zwar in einer Art Weise, dass die Geschäftsführung beherrscht werde. Hiervon sei grundsätzlich bei einer Personenidentität in den Geschäftsführungsorganen auszugehen.[10] Für die organisatorische Eingliederung war nach dem BFH bislang ausreichend, wenn zumindest durch die Gestaltung der Beziehungen zwischen Organträger und Organgesellschaft sichergestellt war, dass eine vom Willen des Organträgers abweichende Willensbildung bei der Organgesellschaft nicht möglich sei.[11] Insoweit hat der BFH seine Rechtsprechung mit Urteil vom 8.8.2013 geändert. Nunmehr

---

5 Plenarprotokoll 18/15, S. 1145. Dazu auch das Interview mit *Hirte* im INDat-Report 1/2014, 18, 21 f.
6 ZIP 2014, A 30 Nr. 110. Siehe dazu die Stellungnahme des Verfassers zum Gesetzentwurf der Bundesregierung zur Erleichterung der Bewältigung von Konzerninsolvenzen vom 30.1.2014, BT-Drs. 18/407, die er zur Vorbereitung auf die Anhörung im Ausschuss für Recht und Verbraucherschutz am 2.4.2014 abgegeben hat, *Kahlert* ZIP 2014, 1101.
7 BGBl I 2017, 866.
8 Dazu im Einzelnen *Kahlert* ZIP 2014, 1101.
9 BFH, Urt. v. 1.12.2010 – XI R 43/08, BStBl II 2011, 600.
10 BFH, Urt. v. 8.8.2013 – V R 18/13, BStBl II 2017, 543 Rn. 25 f.
11 BFH, Urt. v. 28.10.2010 – V R 7/10, BStBl II 2011, 391 Rn. 22. Der V. Senat des BFH hatte allerdings bereits mit Urt. v. 7.7.2011 – V R 53/10, BFH/NV 2011, 2195 Rn. 32, offen gelassen, ob er hieran festhalten werde.

setzt die organisatorische Eingliederung nach dem BFH voraus, dass der Organträger seinen Willen in der Organgesellschaft positiv – insbesondere auch in rechtlicher Hinsicht – durchsetzen kann. Denn nur in diesem Fall könne die umsatzsteuerliche Organschaft durchgeführt werden und der Organträger seine Rolle als „Steuereinnehmer" wahrnehmen.[12]

11   Eine **wirtschaftliche** Eingliederung liegt nach dem BFH vor, wenn die Organgesellschaft nach dem Willen des Organträgers in engem wirtschaftlichen Zusammenhang im Rahmen des Gesamtunternehmens wirtschaftlich tätig wird.[13]

12   Rechtsfolge der umsatzsteuerlichen Organschaft ist, dass die durch und die an die Organgesellschaft ausgeführten Lieferungen und sonstigen Leistungen dem Organträger zugerechnet werden. Kraft dieser Zurechnung verwirklicht der Organträger die Umsatzsteuertatbestände und hat die Berechtigung zum Vorsteuerabzug. Die Organgesellschaft ist mangels Selbständigkeit kein Unternehmen. Vielmehr ist sie Teil des Unternehmens des Organträgers. Der Leistungsaustausch zwischen Organgesellschaft und Organträger ist aus umsatzsteuerrechtlicher Sicht als unbeachtlicher Innenumsatz zu beurteilen.[14]

13   Weitere Rechtsfolge der umsatzsteuerlichen Organschaft ist, dass die Organgesellschaft für solche Steuern des Organträgers haftet, für welche die Organschaft zwischen ihnen von Bedeutung ist. Organträger als Steuerschuldner und Organgesellschaft als Haftungsschuldner sind nach § 44 Abs. 1 AO Gesamtschuldner. Auf dieser Grundlage hat der Organträger nach § 426 Abs. 1 BGB gegen die Organgesellschaft einen Anspruch auf Zahlung eines Betrages in Höhe der durch die Organgesellschaft verursachten Umsatzsteuer.[15] Umgekehrt hat die Organgesellschaft einen Anspruch gegen den Organträger auf Zahlung eines Betrages in Höhe eines ihm zugerechneten Vorsteuerüberhangs.[16]

2. Beendigung der umsatzsteuerlichen Organschaft mit dem (vorläufigen) Insolvenzverfahren.

14   Auf Grundlage aktueller Entscheidungen des BFH hat das BMF mit seinem Schreiben vom 26.5.2017[17] auch Abschnitt 2.8 Abs. 12 des Umsatzsteuer-Anwendungserlasses („UStAE") neugefasst, der das Schicksal der umsatzsteuerlichen Organschaft in der Insolvenz aus Sicht der Finanzverwaltung behandelt. Zum besseren Verständnis werden unter Buchstabe a) zunächst die Eröffnung des Insolvenzverfahrens und unter Buchstabe b) die Anordnung von Sicherungsmaßnahmen im vorläufigen Insolvenzverfahren dargestellt, um sodann unter Buchstabe c) die Anwendung der Rechtsprechungsgrundsätze auf das vorläufige Eigenverwaltungsverfahren darzustellen. Unter Buchstabe d) werden schließlich die Folgen der Beendigung der umsatzsteuerlichen Organschaft dargestellt.

a) Eröffnung des Regel- oder Eigenverwaltungsverfahrens

15   Mit Abschnitt 2.8 Abs. 12 Sätze 1 und 2 UStAE folgt das BMF der Rechtsprechung des BFH[18] für die Fälle der Eröffnung des Insolvenzverfahrens. Danach endet die umsatz-

---

12 BFH Urt. v. 8.8.2013 – V R 18/13, BStBl II 2017, 543 Rn. 28 und 30. Hieran hat der V. Senat des BFH nach EuGH Urt. v. 16.7.2015 – C-108/14, C-109/14, Beteiligungsgesellschaft Larentia + Minerva und Marenave Schiffahrts AG, DStR 2015, 1673, festgehalten, BFH Urt. 2.12.2015 – V R 25/13, BStBl II 2017, 547 und BFH Urt. v. 2.12.2015 – V R 15/14, BStBl II 2017, 553. Der XI. Senat schließt sich dem V. Senat jedenfalls für den Fall an, dass der Insolvenzverwalter (neben dem Zustimmungsvorbehalt) auch zum Forderungseinzug ermächtigt wird; denn dann könne der Organträger eine abweichende Willensbildung bei der Organgesellschaft insoweit nicht mehr verhindern, BFH Urt. v. 28.6.2017 – XI R 23/14, DStR 2017, 1987.
13 UStAE 2.8 Abs. 6 mwN aus der Rechtsprechung des BFH.
14 Dazu Bunjes/*Korn* UStG § 2 Rn. 138.
15 BGH Urt. v. 19.1.2012 – IX R 2/11, ZIP 2012, 280 Rn. 28.
16 BGH Urt. v. 29.1.2013 – II ZR 91/11, ZIP 2013, 409 Rn. 10.
17 BStBl I 2017, 790.
18 BFH Urt. v. 15.12.2016 – V R 14/16, BStBl II 2017, 600.

steuerliche Organschaft stets mit der Eröffnung des Insolvenzverfahrens, und zwar unabhängig davon, ob (1) das Insolvenzverfahren über das Vermögen des Organträgers und/oder über das Vermögen der Organgesellschaft eröffnet wird und (2) dies in Form des Regelinsolvenzverfahrens (Bestellung eines Insolvenzverwalters) oder in Form der Eigenverwaltung (Bestellung eines Sachwalters) erfolgt. Der BFH hat zum Ausgangspunkt seiner Überlegungen den Unterschied gemacht, dass die umsatzsteuerliche Organschaft die Zusammenfassung mehrerer eigenständiger Unternehmen zu einem einheitlichen Unternehmen mit dem Organträger als Steuerschuldner begründet, wohingegen das Insolvenzrecht die Insolvenzverfahren, insbesondere auch die Vermögensmassen, eines jeden Insolvenzschuldners eigenständig beurteile. Hieran hat das Gesetz zur Erleichterung der Bewältigung von Konzerninsolvenzen vom 13.4.2017[19] nichts geändert.[20]

Im Falle der Eröffnung des Insolvenzverfahrens über das Vermögen des **Organträgers** 16 endet die umsatzsteuerliche Organschaft nach Ansicht des BFH, weil die Umsätze der Organgesellschaft auf Ebene des Organträgers nicht als vorrangig aus der Insolvenzmasse zu berichtigende Masseverbindlichkeiten beurteilt werden könnten und der Organträger somit nicht die Rolle als „*Steuereinnehmer zugunsten des Staates*" wahrnehmen könne. Dies beruhe darauf, dass zu der Insolvenzmasse des Organträgers, die durch den Insolvenzverwalter oder den eigenverwaltenden Schuldner verwaltet werde, nur die Beteiligung an der Organgesellschaft, aber nicht deren Vermögen gehöre.

Wird über das Vermögen der **Organgesellschaft** das Insolvenzverfahren eröffnet, so 17 endet die umsatzsteuerliche Organschaft nach Meinung des BFH mangels *finanzieller* Eingliederung. Die finanzielle Eingliederung stellt nach dem BFH sicher, dass eine Person nur dann Organträger sein kann, wenn sie die gesellschaftsrechtlichen Beteiligungsrechte gegenüber den Geschäftsführungs- oder Aufsichtsorganen der Organgesellschaft ausüben und damit die ihm nach § 2 Abs. 2 Nr. 2 UStG zugeordnete Verantwortung für die Besteuerung der Umsatztätigkeit des gesamten Organkreises übernehmen könne. Diese Verantwortung als Grundlage der umsatzsteuerlichen Organscahft könne der Organträger wegen § 276a Satz 1 InsO allerdings nicht mehr übernehmen. Denn nach dieser Vorschrift haben der Aufsichtsrat, die Gesellschafterversammlung oder entsprechende Organe keinen Einfluss auf die Geschäftsführung des Schuldners, wenn es sich bei ihm um eine juristische Person oder eine Gesellschaft ohne Rechtspersönlichkeit handelt.

Nach Abschnitt 2.8 Abs. 12 Satz 5 UStAE gilt das Vorstehende auch in den Fällen, in 18 denen für den Organträger und die Organgesellschaft ein personenidentischer Insolvenzverwalter oder Sachwalter bestellt worden ist. Dies hat der BFH in seiner vorzitierten Entscheidung[21] ausdrücklich entschieden.

b) Vorläufiges Regelinsolvenzverfahren

Abschnitt 2.8 Abs. 12 Sätze 3 und 4 UStAE behandeln die Fälle der Anordnung von 19 Sicherungsmaßnahmen im vorläufigen Insolvenzverfahren über das Vermögen des Organträgers oder über das Vermögen der Organgesellschaft. Die Regelungen sind allerdings beschränkt auf die Bestellung eines vorläufigen Insolvenzverwalters (Regelinsolvenzverfahren) und erfassen nach dem Wortlaut (es heißt dort „Sachwalter" und nicht „vorläufiger Sachwalter") nicht die Bestellung eines vorläufigen Sachwalters (Eigenverwaltung).[22] Die umsatzsteuerliche Organschaft soll nach Ansicht des BMF enden, „wenn der **vorläufige Insolvenzverwalter** den maßgeblichen Einfluss auf den Schuldner erhält und eine Beherrschung der Organgesellschaft durch den Organträger nicht mehr möglich ist." (Hervor-

---

[19] BGBl I 2017, 866.
[20] Dazu *Wimmer* jurisPR-InsR 8/2017 Anm. 1.
[21] BFH Urt. v. 15.12.2016 – V R 14/16, BStBl II 2017, 600 Rn. 39.
[22] Das übersehen m. E. *Wagner/Marchal*, DStR 2017, 2150, 2155 unter 1.5.3 a.E., die unter Bezugnahme auf Abschnitt 2.8 Abs. 12 Sätze 5 UStAE anderer Meinung sind; dort heißt es allerdings „Sachwalter" und nicht „vorläufiger Sachwalter".

hebung durch den Verfasser) Dies soll auf Grundlage des BFH[23] „insbesondere dann der Fall sein, wenn der vorläufige Insolvenzverwalter wirksame rechtsgeschäftliche Verfügungen des Schuldners aufgrund eines Zustimmungsvorbehalts nach § 21 Abs. 2 Nr. 2 Alt. 2 InsO verhindern kann."

20 In der Tat endet nach der vorzitierten BFH-Entscheidung im Falle der Bestellung eines vorläufigen Insolvenzverwalters mit Zustimmungsvorbehalt bei der **Organgesellschaft** die umsatzsteuerliche Organschaft mangels *organisatorischer* Eingliederung, weil der Organträger seine Mehrheitsmacht in der Organgesellschaft nicht mehr durchsetzen kann. Der BFH hat dies damit begründet, dass der vorläufige Insolvenzverwalter mit Zustimmungsvorbehalt nach der BGH-Rechtsprechung einer Massesicherungspflicht unterliegt und somit berechtigt und verpflichtet ist, seine Zustimmung zur Weiterleitung einer von der Organgesellschaft für Ausgangleistungen vereinnahmten Umsatzsteuer an den Organträger zu verweigern. Nach Abschnitt 2.8 Abs. 12 Satz 5 UStAE gilt das Vorstehende auch in den Fällen, in denen für den Organträger und die Organgesellschaft ein personenidentischer vorläufiger Insolvenzverwalter bestellt worden ist. Dies hat der BFH in seiner vorzitierten Entscheidung zwar nicht ausdrücklich entschieden, liegt jedoch auf der Linie seiner Begründung.

21 Unklar erscheint, ob nach Meinung des BMF die alleinige Bestellung eines vorläufigen Insolvenzverwalters auf Ebene des **Organträgers** die umsatzsteuerliche Organschaft beendet. Dies deshalb, weil es darauf abstellt, dass eine Beherrschung der Organgesellschaft durch den Organträger nicht mehr möglich ist. Demgegenüber löst sich der BFH – wie vorstehend dargestellt – im Falle der Insolvenzeröffnung über das Vermögen des Organträgers von einem solchen Beherrschungskonzept (im Rahmen der organisatorischen Eingliederung) und hält für maßgeblich, dass die Umsätze der Organgesellschaft auf Ebene des Organträgers (mangels Verwaltung des Vermögens des Organträgers) keine Masseverbindlichkeiten begründen können. Diese Sichtweise dürfte im vorläufigen Insolvenzverfahren auch auf § 55 Abs. 2 InsO (Bestellung eines vorläufigen Insolvenzverwalters, auf den die Verwaltungs- und Verfügungsbefugnis übergegangen ist) und auf § 55 Abs. 4 InsO (Bestellung eines vorläufigen Insolvenzverwalters mit Zustimmungsvorbehalt) zutreffen, welche die Begründung von Masseverbindlichkeiten im vorläufigen Insolvenzverfahren regeln. Der BFH hat diese Frage – soweit ersichtlich – noch nicht entschieden.

c) Vorläufiges Eigenverwaltungsverfahren

22 Das BMF-Schreiben behandelt – wie bereits vorstehend unter Buchstabe b) gesagt – nicht die vorläufige Eigenverwaltung über das Vermögen des Organträgers oder über das Vermögen der Organgesellschaft und die damit verbundene Bestellung eines vorläufigen Sachwalters. Der BFH hat diese Fallgruppen – soweit ersichtlich – noch nicht entschieden.

23 Die umsatzsteuerliche Organschaft scheitert auch in diesen Fällen an der insolvenzrechtlichen Massesicherungspflicht der jeweils eigenverwaltenden Schuldner und ihrer gesetzlichen Vertreter.[24]

24 Auf Grundlage der vorstehend unter Buchstabe a) dargestellten Rechtsprechung des BFH im Falle der Eröffnung des Insolvenzverfahrens wird dieses Ergebnis weitergehend durch die folgenden Argumente gestützt:

25 Erstens könnte die Zurechnung der Umsätze der Organgesellschaft beim Organträger im Falle der vorläufigen Eigenverwaltung über das Vermögen des Organträgers keine Masseverbindlichkeit auf Ebene des Organträgers begründen. Denn der Organträger würde im

---

[23] BFH Urt. v. 8.8.2013 – V R 18/13, BStBl II 2017, 543.
[24] So auch unter Bezugnahme auf *Kahlert* ZIP 2013, 2348 das FG Münster Urt. v. 7.9.2017 – 5 K 3123/15 U, juris, Rev. zugelassen, 2348. AA *Wäger* UR 2014, 81, 91f. Er meint, die insolvenzrechtliche Pflichtenbindung der personell unverändert weiter tätigen Geschäftsführung sei als nicht ausreichend angesehen werden, um von einer Beendigung der organisatorischen Eingliederung auszugehen; dem folgend Meyer, EFG 2014, 607. AA auch *Böing* BB 2013, 2600 und OFD Niedersachsen Verfügung v. 27.7.2017 – S 7105 – 49 St 186, juris.

Sinne der Rechtsprechung des BFH kein eigenes Vermögens verwalten, weshalb die Begründung von Masseverbindlichkeiten ausscheiden würde. Er könnte somit nicht die Rolle als Steuereinnehmer zugunsten des Staates wahrnehmen. Deshalb ist es auch unerheblich, ob das Amtsgericht den Organträger und/oder die Organgesellschaft befugt hat, Masseverbindlichkeiten zu begründen.

Zweitens findet bei der vorläufigen Eigenverwaltung über das Vermögen der Organgesell- **26** schaft m. E. § 276a InsO Anwendung.[25] Damit entfällt auch die finanzielle Eingliederung.

d) Folgen der Beendigung der umsatzsteuerlichen Organschaft

Nach dem Gesagten sind der ehemalige Organträger und die ehemalige Organgesellschaft **27** mit dem vorläufigen Insolvenzverfahren jeweils als selbstständige Unternehmen zu beurteilen.

aa) (Vorläufiges) Regelinsolvenzverfahren

Hinsichtlich der sog. 1. und 2. Berichtigung[26] der **Umsatzsteuer** gilt: Die Beendigung der **28** umsatzsteuerlichen Organschaft erfolgt nach dem V. Senat des BFH eine logische Sekunde **vor** der Bestellung des vorläufigen Insolvenzverwalters mit Zustimmungsvorbehalt bei der Organgesellschaft.[27] Danach trifft die sog. 1. Berichtigung der Umsatzsteuer (noch) den Organträger. Die sog. 2. Berichtigung der Umsatzsteuer trifft die ehemalige Organgesellschaft, da sie den Berichtigungstatbestand materiell-rechtlich verwirklicht.[28]

Die Bestellung eines vorläufigen Insolvenzverwalter mit Zustimmungsvorbehalt bei der **29** Organgesellschaft hat nach dem BFH zur Folge, dass ein Gläubiger seinen Entgeltanspruch zumindest für die Dauer des Eröffnungsverfahrens und damit für einen längeren Zeitraum von ungewisser Dauer nicht mehr durchsetzen kann – unabhängig davon, ob es zur Verfahrenseröffnung kommt –, so dass Uneinbringlichkeit eintritt. Deshalb ist gemäß § 17 Abs. 2 Nr. 1 Satz 1 InsO die **Vorsteuer** zu berichtigen, und zwar – da die Beendigung der umsatzsteuerlichen Organschaft nach dem V. Senat des BFH eine logische Sekunde vor der Bestellung des vorläufigen Insolvenzverwalters mit Zustimmungsvorbehalt erfolgt – beim Organträger.[29]

Im Übrigen ist für die Zurechnung von Umsätzen, Vorsteueransprüchen oder von **30** Berichtigungen von Umsatzsteuer und Vorsteuer zum ehemaligen Organträger oder zur ehemaligen Organgesellschaft grundsätzlich der Zeitpunkt maßgeblich, in dem der entsprechende Steuertatbestand vollständig verwirklicht wird.[30]

Liegt der Zeitpunkt vollständigen Verwirklichung des Umsatzsteuertatbestands nach **31** Anordnung des vorläufigen Insolvenzverfahrens, so handelt es sich regelmäßig zum eine Masseverbindlichkeit. Zur insolvenzrechtlichen Qualifikation der Umsteueransprüche als Insolvenzforderungen oder Masseverbindlichkeiten siehe im Einzelnen die nachfolgenden Ausführungen unter cc).

bb) (Vorläufiges) Eigenverwaltungserfahren

Nach AEAO zu § 251 Nr. 9.2, 13.2 gelten die Grundsätze der sog. 1. und 2. Berichtigung **32** der Umsatzsteuer auch in den Fällen der **Eröffnung** des Insolvenzverfahrens unter An-

---

[25] Diese Frage ist streitig; wie hier auch *Hasbach* ZInsO 2017, 914, 917 ff. mit einem Überlick und Nachweisen über den Meinungsstand.

[26] BFH Urt. v. 24.9.2014 – V R 48/13, BStBl II 2015, 506. Dazu *Kahlert* ZIP 2015, 11.

[27] BFH Urt. v. 8.8.2013 – V R 18/13, BStBl II 2017, 543, Rn. 39 ff. betreffend die Vorsteuerberichtigung. So auch OFD Frankfurt am Main, Verfügung v. 12.7.2017 – S 7105 A-21-St 110, juris.

[28] Vgl. BFH Urt. v. 7.12.2006 – V R 2/05, BStBl II 2007, 848. So auch OFD Frankfurt am Main, Verfügung v. 12.7.2017 – S 7105 A-21-St 110, juris.

[29] BFH Urt. v. 8.8.2013 – V R 18/13, BStBl II 2017, 543, Rn. 39 ff. So auch OFD Frankfurt am Main, Verfügung v. 12.7.2017 – S 7105 A-21-St 110, juris.

[30] Dazu OFD Frankfurt am Main Verfügung v. 12.7.2017 – S 7105 A-21-St 110, juris mN aus der Rechtsprechung und Sonnleitner/*Witfeld* Insolvenzsteuerrecht Rn. 406 ff.

ordnung der Eigenverwaltung. Das FG Baden-Württemberg hat diese Auffassung zwar geteilt, über die Revision gegen diese Entscheidung hat der BFH allerdings nocht nicht entschieden.[31] Im Übrigen gelten die vorstehenden Ausführungen unter aa) entsprechend.

cc) Insolvenzrechtliche Qualifikation der Umsatzsteuer

33 **(aaa) Bis zur (vorläufigen) Insolvenz ausgeführte oder bezogene Leistungen.** Der BFH knüpft im Umsatzsteuerrecht für die insolvenzrechtliche Qualifikation, ob die Umsatzsteuer gemäß § 38 InsO vor Insolvenzeröffnung begründet und somit als Insolvenzforderung zu beurteilen ist, an die vollständige Verwirklichung des Umsatzsteuertatbestandes. Auf diese Weise gelangt der BFH in Fällen, in denen der Insolvenzschuldner die Leistungen zwar vor Insolvenzeröffnung ausführt, das Entgelt aber nach Insolvenzeröffnung vereinnahmt, im Rahmen der Ist-Besteuerung zu dem Ergebnis, dass die Umsatzsteuer nicht als Insolvenzforderung zu beurteilen ist. Er hat dies damit begründet, dass die Vereinnahmung bei der Ist-Besteuerung zum Umsatzsteuertatbestand gehört und diese nach Insolvenzeröffnung erfolgt. Da es sich bei der Vereinnahmung der Forderung um eine Verwertung oder Verwaltung der Insolvenzmasse handele, sei die Umsatzsteuer als Masseverbindlichkeit gemäß § 55 Abs. 1 Nr. 1 InsO zu beurteilen.[32]

34 Nach dieser Auslegung wäre die Umsatzsteuer im Rahmen der Soll-Besteuerung als Insolvenzforderung zu beurteilen, weil der Umsatzsteuertatbestand bereits mit der Ausführung der Leistung vor Insolvenzeröffnung vollständig verwirklicht wird. Deshalb bemüht der BFH bei der Soll-Besteuerung die Denkfigur einer sog. rechtlichen Uneinbringlichkeit mit Blick auf § 17 Abs. 2 Nr. 1 UStG, die eine 1. Berichtigung der offenen Forderung vor Insolvenzeröffnung (Insolvenzforderung) und eine 2. Berichtigung bei Vereinnahmung der Forderung nach Insolvenzeröffnung (Masseverbindlichkeit) bewirkt.[33] Auf den Vorsteuerabzug beim Leistungsempfänger soll die 1. Berichtigung keinen Einfluss haben, weil sie mit Umständen beim Leistungsempfänger nichts zu tun habe.[34]

35 Aus verfahrensrechtlicher Sicht hat der BFH in 2011 klargestellt, dass vom Beginn des Jahres der Insolvenzeröffnung bis zur Insolvenzeröffnung eine sog. abgekürzte Jahressteuerberechnung zu erfolgen hat, in der sämtliche Umsatzsteuer und Vorsteuer zu erfassen und zu saldieren ist, und deren Ergebnis die Grundlage zur Anmeldung zur Insolvenztabelle durch das Finanzamt ist.[35] In 2013 hat der BFH präzisiert, dass sich die Umsatzsteuervoranmeldungen durch die Eintragung der Umsatzsteuer in die Insolvenztabelle erledigen.[36]

36 Parallel zu dem vorstehend dargestellten Konzept des BFH zur Umsatzbesteuerung in der Insolvenz führte der Gesetzgeber mit Art. 3 Haushaltsbegleitgesetz 2011 § 55 Abs. 4 InsO ein. Nach Art. 103e EGInsO (Art. 4 Haushaltsbegleitgesetz 2011) findet diese Vorschrift auf Insolvenzverfahren Anwendung, die ab dem 1.1.2011 beantragt werden.[37] Anlass für die Schaffung des § 55 Abs. 4 InsO war der Umstand, dass in der Praxis regelmäßig vorläufige Insolvenzverwalter mit Zustimmungsvorbehalt bestellt wurden. Führte der Insolvenzschuldner im vorläufigen Insolvenzverfahren Leistungen aus und vereinnahmte er vom Leistungsempfänger auch den gesondert in Rechnung gestellten Umsatzsteueranteil, so erteilte der vorläufige Insolvenzverwalter regelmäßig – zu Recht[38] – nicht seine Zustim-

---

31 FG Baden-Württemberg Urt. v. 15.6.2016 – 9 K 2564/16, Rev. BFH Az. V R 45/16.
32 BFH Urt. v. 29.1.2009 – V R 64/07, BStBl. II 2009, 682.
33 BFH Urt. v. 9.12.2010 – V R 22/10, BStBl II 2011, 996. Der XI. Senat des BFH hat sich dieser Rechtsprechung angeschlossen, BFH, Urt. v. 1.3.2016 – XI R 21/14, BStBl II 2016, 756. Zur Kritik siehe *Seer* DStR-Beih 2014, 117 m. w. N. Entgegen der geäußerten Kritik überschreitet diese Rechtsprechung nach Ansicht des V. Senats des BFH nicht die Grenzen richterlicher Rechtsfortbildung, Beschl. v. 6.9.2016 – V B 52/16, BFH/NV 2017, 67.
34 17.1 Abs. 15 UStAE. So auch Sölch/Ringleb/*Wäger* UStG Stand 6/2016, § 17 Rn. 211.
35 BFH Urteil v. 24.11.2011 – V R 13/11, BStBl II 2012, 298.
36 BFH Urteil v. 21.11.2013 – V R 21/12, BStBl II 2016, 74 Rn. 20.
37 BGBl. I 2010, 1885.
38 Siehe dazu BGH Urt. v. 4.11.2004 – IX ZR 22/03, ZIP 2004, 2442; AG Hamburg, Beschl. v. 14.7.2014 – 676 IN 196/14, ZIP 2014, 2101; *Frind*, GmbHR 2015, 128.

mung zur Einrichtung der Umsatzsteuer. Nach der Rechtsprechung des BFH konnten regelmäßig – zu Recht – weder der Geschäftsführer[39] noch der vorläufige Insolvenzverwalter mit Zustimmungsvorbehalt[40] in die Steuerhaftung gemäß § 69 AO genommen werden. Danach konnte der Fiskus aus seiner Sicht hinsichtlich der Umsatzsteuer „nur" eine Insolvenzforderung zur Tabelle anmelden, obwohl der Umsatzsteueranteil zur Insolvenzmasse gelangt war. Bei der Anwendung des § 55 Abs. 4 InsO haben sich zahlreiche offene Fragen gestellt.[41] In 2011 hat das BMF sein erstes Schreiben zu § 55 Abs. 4 InsO veröffentlicht.[42]

In 2014 hat der BFH[43] sein Konzept zur Umsatzbesteuerung in der Insolvenz mit § 55 **37** Abs. 4 InsO verzahnt. Zu diesem Zweck hat er § 55 Abs. 4 InsO zunächst ein mit seiner Rechtsprechung vergleichbares Leben eingehaucht. Denn für die Begründung einer Masseverbindlichkeit gemäß § 55 Abs. 4 InsO ist nach Ansicht des BFH entgegen dem Wortlaut der Vorschrift nicht die Zustimmung des vorläufigen Insolvenzverwalters maßgeblich. Vielmehr sei entscheidend, ob der vorläufige Insolvenzverwalter die Umsatzsteuer – vergleichbar mit § 55 Abs. 1 Nr. 1 InsO – im Rahmen seiner rechtlichen Befugnisse begründet. Nachdem der BFH die Vergleichbarkeit der beiden Konzepte hergestellt hatte, war der Weg zur Verzahnung geebnet. Der BFH hat diese Verzahnung genutzt, sein Konzept zur Umsatzbesteuerung in der Insolvenz fortzuentwickeln. Es bewirkt nunmehr im Ergebnis bereits mit dem vorläufigen Insolvenzverfahren eine Umstellung auf Ist-Besteuerung in der Soll-Besteuerung.

Der BFH erreicht dies dadurch, dass der Insolvenzschuldner die Umsatzsteuer oder die **38** Vorsteuer für die vor oder für die nach der Bestellung des vorläufigen Insolvenzverwalters mit Zustimmungsvorbehalt und Recht zum Forderungsauszug ausgeführten (Umsatzsteuer) oder bezogenen (Vorsteuer) Leistungen im jeweiligen Zeitraum zu berichtigen hat, soweit er das Entgelt nicht vereinnahmt (Umsatzsteuer) oder bezahlt (Vorsteuer) hat. Vereinnahmt oder bezahlt der Insolvenzschuldner später das Entgelt, so hat eine 2. Berichtigung der Umsatzsteuer oder der Vorsteuer zu erfolgen, die unter § 55 Abs. 2 oder Abs. 4 InsO (Vereinnahmung oder Bezahlung im vorläufigen Insolvenzverfahren) oder unter § 55 Abs. 1 Nr. 1 InsO (Vereinnahmung oder Bezahlung nach Insolvenzeröffnung) fällt. Ausdrücklich erklärtes Ziel des BFH ist es, die Erhebung der Umsatzsteuer im Insolvenzverfahren sicherzustellen, was unionsrechtlich geboten sei.[44] Der BFH begründet dies mit dem Umstand, dass die Umsatzsteuer auch der Finanzierung des EU-Haushaltes dient.[45]

Das BMF hat auf die vorstehend dargestellte Verzahnung des § 55 Abs. 4 InsO mit der **39** BFH-Rechtsprechung zur Umsatzsteuerbesteuerung in der Insolvenz mit einem zweiten Schreiben zu § 55 Abs. 4 InsO vom 20.5.2015[46] und einem dritten Schreiben zu § 55 Abs. 4 InsO vom 18.11.2015[47] reagiert.

Ob und unter welchen Voraussetzungen im vorläufigen Eigenverwaltungsverfahren Steu- **40** ern als Masseverbindlichkeiten zu beurteilen sind, erscheint noch nicht abschließend

---

[39] BFH Beschl. v. 19.2.2010 – VII B 190/09, BFH/NV 2010, 1120.
[40] BFH Beschl. v. 27.5.2009 – VII B 156/08, BFH/NV 2009, 1591.
[41] Siehe im Einzelnen Kahlert/Rühland/*Kahlert* Sanierungs- und Insolvenzsteuerrecht Rn. 7.57 ff. m. w. N.
[42] BMF Schreiben v. 17.1.2012, BStBl I 2012, 120.
[43] BFH Urteil v. 24.9.2014 – V R 48/13, BStBl II 2015, 506. Dazu *Kahlert* ZIP 2015, 11.
[44] BFH Urteil v. 24.9.2014 – V R 48/13, BStBl II 2015, 506 Rn. 38. Siehe zu den europarechtlichen Aspekten *Kahlert*, DStR 2015, 1485 und *Seer* DStR 2016, 1289. Der XI. Senat des BFH ist dem V. Senat des BFH darin gefolgt, dass keine Vorlagepflicht an den EuGH besteht, BFH Urt. v. 1.3.2016 – XI R 21/14, BStBl II 2016, 756.
[45] Siehe dazu auch EuGH Urt. v. 7.4.2016 – C-546/14, MwStR 2016, 379 mit Anmerkung *Grube* – Degano Trasporti. Dazu auch die Anmerkung von *Buge* EU-StB 2016, 28. Nach dem EuGH ergeben sich aus dem Umstand, dass die Umsatzsteuer auch der Finanzierung des EU-Haushaltes dient, besondere Voraussetzungen für einen Erlass von Umsatzsteuern in einem vorinsolvenzlichen Vergleichsverfahren.
[46] BMF Schreiben v. 20.5.2015, BStBl I 2015, 476.
[47] BMF Schreiben v. 18.11.2015, BStBl I 2015, 886. Dazu *Kahlert* DStR 2015, 2004.

geklärt. Insbesondere erscheint ungeklärt, ob (1) § 55 Abs. 4 InsO Anwendung findet,[48] (2) im Verfahren nach § 270b InsO die Ermächtigung des Gerichts zur Begründung von Masseverbindlichkeiten auch Steuern erfasst,[49] und (3) im Verfahren nach § 270a InsO stets Masseverbindlichkeiten begründet werden uns somit auch Steuern erfasst werden.[50]

41   **(bbb) Nach Insolvenzeröffnung ausgeführte oder bezogene Leistungen.** Führt der Insolvenzschuldner nach Insolvenzeröffnung Leistungen aus oder bezieht er Leistungen nach Insolvenzeröffnung, so gelten die „normalen" Regelungen der Soll-Besteuerung. Eine 1. und 2. Berichtigung und damit eine Umstellung auf Ist-Besteuerung in der Soll-Besteuerung ist anders als bei Leistungen bis zur (vorläufigen) Insolvenz nicht erforderlich, weil die Umsatzsteuer und die Vorsteuer bereits ohne diese Denkfigur dem Massebereich zuzuordnen sind. Denn nach dem BFH ist – wie dargestellt – entscheidend, ob der Umsatzsteuertatbestand vollständig nach Insolvenzeröffnung verwirklicht worden ist. Das ist bei nach Insolvenzeröffnung ausgeführten oder bezogenen Leistungen stets der Fall. Diese Leistungen sind in dem Besteuerungszeitraum ab Insolvenzeröffnung bis zum Ende des Jahres der Insolvenzeröffnung zu erfassen.

III. Ertragsteuerliche Organschaft

1. Das Wesen der ertragsteuerlichen Organschaft

42   Verpflichtet sich eine Europäische Gesellschaft, Aktiengesellschaft oder Kommanditgesellschaft auf Aktien mit Geschäftsleitung im Inland und Sitz in einem Mitgliedstaat der Europäischen Union oder in einem Vertragsstaat des EWR-Abkommens (Organgesellschaft) durch einen Gewinnabführungsvertrag im Sinne des § 291 Abs. 1 AktG ihren ganzen Gewinn an ein einziges gewerbliches Unternehmen abzuführen, so ist das Einkommen der Organgesellschaft dem Träger des Unternehmens (Organträger) zuzurechnen, soweit sich aus § 16 KStG nichts anderes ergibt, wenn die weiteren in § 14 Abs. 1 Satz 1 Nr. 1 bis Nr. 5 KStG geregelten Voraussetzungen erfüllt sind.

43   Nach § 17 KStG gelten die §§ 14 und 16 KStG entsprechend, wenn eine andere als die in § 14 Absatz 1 Satz 1 KStG bezeichnete Kapitalgesellschaft mit Geschäftsleitung im Inland und Sitz in einem Mitgliedstaat der Europäischen Union oder in einem Vertragsstaat des EWR-Abkommens sich wirksam verpflichtet, ihren ganzen Gewinn an ein anderes Unternehmen im Sinne des § 14 KStG abzuführen. Voraussetzung ist nach § 17 KStG, dass eine Gewinnabführung den in § 301 des Aktiengesetzes genannten Betrag nicht überschreitet und eine Verlustübernahme durch Verweis auf die Vorschriften des § 302 AktG in seiner jeweils gültigen Fassung vereinbart wird.

44   Da die ertragsteuerliche Organschaft im Gegensatz zur umsatzsteuerlichen Organschaft einen Gewinnabführungsvertrag voraussetzt, handelt es sich um eine sog vertragliche Organschaft. Mit Abschluss des Gewinnabführungsvertrages hat der Organträger nicht nur einen Anspruch gegen die Organgesellschaft auf Gewinnabführung, sondern ist nach § 302 AktG (analog) auch zum Verlustausgleich gegenüber der Organgesellschaft verpflichtet.

45   Anders als die umsatzsteuerliche Organschaft setzt die ertragsteuerliche Organschaft weder eine organisatorische noch eine wirtschaftliche Eingliederung voraus. Nach § 14 Abs. 1 Nr. 1 KStG ist nur eine finanzielle Eingliederung erforderlich. Danach muss der Organträger an der Organgesellschaft vom Beginn ihres Wirtschaftsjahrs an ununterbrochen

---

[48] So LG Erfurt Urt. v. 16.10.2015 – 8 O 196/15, ZIP 2015, 2181, dazu *Kahlert* EWiR 2015, 709. Aufgehoben durch OLG Thüringen Urt. v. 21.6.2016 – 7 U 753/15, ZIP 2016, 1741, Az. BGH IX ZR 167/16.

[49] Dazu BGH Beschl. v. 24.3.2016 – ZR 157/14, ZIP 2016, 831, mit Anm. *Hofmann* EWiR 2016, 501.

[50] So AG Hannover Beschl. v. 30.4.2015 – 909 IN 294/15, 909 IN 294/15 – 4, ZIP 2015, 1843 mwN., aA nunmehr Beschl. v. 1.7.2016 – 908 IN 460/16, 908 IN 460/16-2, juris.

in einem solchen Maße beteiligt sein, dass ihm die Mehrheit der Stimmrechte aus den Anteilen an der Organgesellschaft zusteht (finanzielle Eingliederung, Satz 1), wobei mittelbare Beteiligungen zu berücksichtigen sind, wenn die Beteiligung an jeder vermittelnden Gesellschaft die Mehrheit der Stimmrechte gewährt (Satz 2).

Für die hier zu beurteilenden Konzerninsolvenzrechtsfälle ist auch § 14 Abs. 1 Satz 1 **46** Nr. 3 KStG von Bedeutung. Danach muss der Gewinnabführungsvertrag auf mindestens fünf Jahre abgeschlossen und während seiner gesamten Dauer durchgeführt werden (Satz 1). Weiter ist eine vorzeitige Beendigung des Vertrages unschädlich, wenn ein wichtiger Grund die Kündigung rechtfertigt (Satz 2). Schließlich wirkt die Kündigung oder Aufhebung des Gewinnabführungsvertrages auf einen Zeitpunkt während des Wirtschaftsjahres der Organgesellschaft auf den Beginn dieses Wirtschaftsjahres zurück (Satz 3).

Nach § 2 Abs. 2 Satz 2 GewStG gilt: „Ist eine Kapitalgesellschaft Organgesellschaft im **47** Sinne der § 14 oder § 17 des Körperschaftsteuergesetzes, so gilt sie als Betriebsstätte des Organträgers." Damit sind die Voraussetzungen und die Rechtsfolgen der gewerbesteuerlichen Organschaft an diejenigen der körperschaftsteuerlichen Organschaft angepasst.[51]

2. Beendigung der ertragsteuerlichen Organschaft mit dem (vorläufigen) Insolvenzverfahren

Die ertragsteuerliche Organschaft findet m. E. bereits deshalb mit dem vorläufigen Insol- **48** venzverfahren ihr Ende, weil es ab diesem Zeitpunkt an dem erforderlichen **Gewinnabführungsvertrag** mangelt. Das beruht auf den folgenden Überlegungen: Im vorläufigen Insolvenzverfahren können Organgesellschaft und Organträger ihre Ansprüche auf Verlustausgleich gemäß § 302 AktG (analog) bzw. auf Gewinnabführung gemäß § 291 AktG (analog) – wie die Ansprüche nach § 426 Abs. 1 BGB im Falle der umsatzsteuerlichen Organschaft – wegen der vorrangigen Massesicherungspflicht nicht (mehr) durchsetzen. Im Insolvenzverfahren widerspricht das insolvenzrechtliche Pflichtenprogramm – wie bei der umsatzsteuerlichen Organschaft – jedweder Beherrschung, weshalb auch in diesem Fall eine Durchsetzung der Ansprüche auf Verlustausgleich bzw. Gewinnabführung nicht durchsetzbar ist. Können die Rechte und Pflichten aus einem Unternehmensvertrag nicht mehr erfüllt werden, so findet dieser unabhängig von seiner Wirksamkeit oder Unwirksamkeit sein Ende.[52] Nach § 14 Abs. 1 Satz 1 Nr. 3 Satz 3 KStG wirkt dies auf den Beginn des Wirtschaftsjahres des vorläufigen Insolvenzverfahrens zurück. Darüber hinaus findet m. E. die ertragsteuerliche Organschaft aus den nachfolgenden Erwägungen heraus zu diesem Zeitpunkt ihr Ende:

Die **finanzielle Eingliederung** im Sinne des § 14 Abs. 1 Nr. 1 KStG setzt voraus, dass **49** der Organträger seine durch die Mehrheitsbeteiligung vermittelte Mehrheitsmacht (positiv) durchsetzen kann.[53] Damit entspricht die finanzielle Eingliederung dem vorstehend unter II. 2 dargestellten (geänderten) Beherrschungskonzept des V. Senats des BFH im Rahmen der umsatzsteuerlichen Organschaft. Die vorstehend gefundenen Ergebnisse für die umsatz-

---

[51] Dazu Blümich/*Drüen* § 2 GewStG Rn. 129.

[52] Zu dieser Argumentation für den Fall der Konkurseröffnung *Hengeler/Hoffmann-Becking* FS Hefermehl, 1976, 283, 296. Im Ergebnis so auch BGH, Urt. v. 14.12.1987 – II ZR 170/87, NJW 1988, 1326 (allerdings für den Fall eines kombinierten Gewinnabführungs- und Beherrschungsvertrags), wonach es nicht Aufgabe des Konkursverwalters ist, Konzernleitungsmacht auszuüben. AA Gosch/*Neumann* KStG § 14 Rn. 296, der die automatische Beendigung mit dem vorläufigen Insolvenzverfahren ablehnt; er plädiert für ein Kündigungsrecht aus wichtigem Grund sowie für ein Leistungsverweigerungsrecht bis zur Insolvenzveröffnung. Im Übrigen reicht das Meinungsspektrum in der Literatur (in der Regel jedoch erst ab Insolvenzeröffnung) von der Suspendierung der Rechte und Pflichten, dem Recht zur Kündigung aus wichtigem Grund und der Erfüllungswahl nach § 103 InsO, vgl. dazu den Überblick von Uhlenbruck/ *Hirte* InsO § 11 Rn. 397 ff mwN. und von Prinz/Witt/*Wagner* Steuerliche Organschaft Rn. 24.55 ff. mwN.

[53] Gosch/*Neumann* KStG § 14 Rn. 131; Dötsch/Pung/Möhlenbrock/*Dötsch* KStG § 14 Rn. 255; Herzig/ *Eversberg* Organschaft S. 79.

steuerliche Organschaft gelten somit für die ertragsteuerliche Organschaft entsprechend. Danach findet die ertragsteuerliche Organschaft mit dem vorläufigen Insolvenzverfahren (sei es in Form der Eigenverwaltung oder sei es in Form der Bestellung eines vorläufigen Insolvenzverwalters mit Zustimmungsvorbehalt) auch mangels finanzieller Eingliederung ihr Ende und wird durch die Insolvenzeröffnung auch nicht (wieder) begründet.[54]

50 Fraglich ist, ob die ertragsteuerliche Organschaft für die Vergangenheit anzuerkennen ist. Zwar erfordert § 14 Abs. 1 Satz 1 Nr. 1 Satz 1 KStG nicht ausdrücklich, dass neben dem Gewinnabführungsvertrag auch die finanzielle Eingliederung mindestens fünf Jahre bestanden hat. Die herrschende Meinung in der Literatur folgert dies allerdings aus dem gesetzgeberischen Willen, dass die Entscheidung für die Organschaft die Unternehmen fünf Jahre binden soll.[55] Besteht die Organschaft bei Wegfall der finanziellen Eingliederung noch keine fünf Jahre, so soll die Anerkennung der Organschaft nach der Literatur erfolgen, wenn die Organschaft trotz des Wegfalls der finanziellen Eingliederung durchgeführt wird, bis die fünf Jahre erreicht sind.[56] Eine solche weitere Durchführung der ertragsteuerlichen Organschaft ist m. E. mit dem veränderten Pflichtenprogramm im (vorläufigen) Insolvenzverfahren nicht vereinbar.

51 Allerdings muss auf Grundlage der Ansicht, dass die finanzielle Eingliederung fünf Jahre zu bestehen hat, auch die entsprechende Ausnahme Anwendung finden. Hierbei handelt es sich um § 14 Abs. 1 Satz 1 Nr. 3 Satz 2 KStG. Danach ist eine vorzeitige Beendigung des Vertrages – auch dieser Fall liegt hier ja vor – unschädlich, wenn ein wichtiger Grund die Kündigung rechtfertigt. Die Vorschrift bezieht den wichtigen Grund zwar ausdrücklich nur auf eine Beendigung des Vertrages durch Kündigung, wird von der Finanzverwaltung jedoch zu Recht auf jegliche Beendigung des Vertrages wegen eines wichtigen Grundes angewendet. Insbesondere sollen hierunter die Liquidation des Organträgers oder der Organgesellschaft fallen.[57] Danach ist die ertragsteuerliche Organschaft auch dann, wenn die finanzielle Eingliederung bzw. der Gewinnabführungsvertrag noch keine fünf Jahre bestanden hat, für die Vergangenheit steuerlich anzuerkennen.[58]

52 Fraglich ist weiter, ob die ertragsteuerliche Organschaft auch dann für die Vergangenheit anzuerkennen ist, wenn das vorläufige Insolvenzverfahren zur Folge hat, dass der Gewinnabführungsvertrag nicht durchgeführt wird.[59] Das ist zB dann der Fall, wenn der Organträger den Verlustausgleich oder die Organgesellschaft die Gewinnabführung im (vorläufigen) Insolvenzverfahren nicht vornehmen, weil es sich bei den Verbindlichkeiten um Insolvenzforderungen handeln würde. Nach dem Wortlaut des § 14 Abs. 1 Satz 1 Nr. 3 Satz 1 KStG („während seiner gesamten Dauer durchgeführt") würde die ertragsteuerliche Organschaft auch für die Vergangenheit wegfallen, und zwar unabhängig davon, ob der Gewinnabführungsvertrag bereits fünf Jahre durchgeführt wurde oder nicht.[60] Zu Recht vertritt die Finanzverwaltung jedoch die Meinung, dass der Gewinnabführungsvertrag für die Vergangenheit anzuerkennen ist, wenn er fünf Jahre durchgeführt worden ist.[61] Ebenso wird in der Literatur zu Recht die Meinung vertreten, der Gewinnabführungsvertrag sei für die Vergangenheit auch dann anzuerkennen, wenn er zwar noch keine fünf Jahre durchgeführt worden ist, die Beendigung jedoch auf einem wichtigen Grund im Sinne des § 14 Abs. 1 Satz 1 Nr. 3 Satz 2 KStG beruhe.[62] Das ist – wie vorstehend ausgeführt – wegen der Insolvenz der Fall. Deshalb ist die ertragsteuerliche Organschaft auch dann

---

[54] *Kahlert* DStR 2014, 73. So auch im Anschluss Dötsch/Pung/Möhlenbrock/*Dötsch* KStG § 14 Rn. 623 ff. AAGosch/ *Neumann* KStG § 14 Rn. 297.
[55] Dötsch/Pung/Möhlenbrock/*Dötsch* KStG § 14 Rn. 631 ff. mwN.
[56] Dötsch/Pung/Möhlenbrock/*Dötsch* KStG § 14 Rn. 631 mwN.
[57] 14.5 Abs. 6 KStR 2015.
[58] So auch Prinz/Witt/*Wagner* Steuerliche Organschaft Rn. 24.62.
[59] Zur tatsächlichen Durchführung im Einzelnen: Dötsch/Pung/Möhlenbrock/*Dötsch* KStG § 14 Rn. 310 ff.
[60] Dötsch/Pung/Möhlenbrock/*Dötsch* KStG 8/2016, § 14 Rn. 532.
[61] R 14.5 Abs. 8 KStR 2015
[62] Dötsch/Pung/Möhlenbrock/*Dötsch* KStG 8/2016, § 14 Rn. 532.

anzuerkennen, wenn das vorläufige Insolvenzverfahren zur Folge hat, dass sie noch keine fünf Jahre durchgeführt worden ist.[63]

Angesichts der aufgezeigten Rechtsunsicherheiten hinsichtlich der Beendigung der er- 53 tragsteuerlichen Organschaft ist zu erwägen, die ertragsteuerliche Organschaft mit dem vorläufigen Insolvenzverfahren aus wichtigem Grund zu beenden.

3. Folgen der Beendigung der ertragsteuerlichen Organschaft

Nach dem Gesagten sind der ehemalige Organträger und die ehemalige Organgesellschaft 54 mit dem vorläufigen Insolvenzverfahren jeweils als selbstständige Unternehmen zu beurteilen, und zwar vom Beginn des betreffenden Jahres an.

Da der Steuertatbestand bei der Ertragsteuer anders als bei der Umsatzsteuer (1) erst mit 55 Ablauf des Jahres und nicht unterjährig mit Ablauf des jeweiligen Voranmeldungszeitraumes entsteht und (2) das Unternehmen nicht die Rolle des Steuereinnehmers zugunsten des Staates hat, ist allein die Abgrenzung zwischen Insolvenzforderung und Masseverbindlichkeit maßgeblich.

Der IV. Senat des BFH[64] und der X. Senat des BFH[65] haben sich der Rechtsprechung des 56 V. Senats des BFH im Umsatzsteuerrecht für das Ertragsteuerrecht angeschlossen.[66] Danach ist eine Ertragsteuerforderung insolvenzrechtlich gemäß § 38 InsO in dem Zeitpunkt begründet, zu dem der Besteuerungstatbestand vollständig verwirklicht ist. Entscheidend ist nach dem X. Senat des BFH bei der Ertragsteuer (auch) die Art der Gewinnermittlung. Bei der Einnahme-Überschussrechnung nach § 4 Abs. 3 EStG sei das Zuflussprinzip gemäß § 11 Abs. 1 Satz 1 EStG und beim Betriebsvermögensvergleich nach § 4 Abs. 1 EStG, ggf. i. V. m. § 5 EStG sei das Realisationsprinzip nach § 252 Abs. 1 Nr. 4 HS 2 HGB maßgeblich.

§ 55 Abs. 1 Nr. 1 InsO sei in einer seiner beiden Alternativen erfüllt und die Einkom- 57 mensteuer als Masseverbindlichkeit zu beurteilen, wenn der Insolvenzverwalter nach Insolvenzeröffnung den Besteuerungstatbestand auslöst. Danach erfolgt eine Besteuerung bei der Aufdeckung von stillen Reserven auch dann, wenn die Gegenleistung nicht der Insolvenzmasse zufließt, sondern den absonderungsberechtigten Grundpfandgläubigern.[67]

Nach dem BFH sind gemäß § 11 Abs. 7 KStG die Regelungen der Liquidationsbesteue- 58 rung gemäß § 11 Abs. 1 bis 6 KStG anzuwenden, wenn der Insolvenzverwalter unmittelbar nach der Insolvenzeröffnung die Abwicklung in Gang setzt. Führt der Insolvenzverwalter das Unternehmen nach Insolvenzeröffnung fort, so soll der Betriebsvermögensvergleich nach § 4 Abs. 1 EStG, § 5 Abs. 1 EStG Anwendung finden.[68]

IV. Steuerhaftung

Nach dem Gesagten wird die umsatzsteuerliche Organschaft mit dem vorläufigen Insol- 59 venzverfahren beendet und ab diesem Zeitpunkt sind Organgesellschaft und Organträger als selbständige Unternehmer zu beurteilen. In Insolvenzfällen spielt die Steuerhaftung, insbesondere für die Zeit des vorläufigen Insolvenzverfahrens, eine bedeutene Rolle.

---

63 So auch Prinz/Witt/*Wagner* Steuerliche Organschaft Rn. 24.59.
64 BFH Urt. v. 16.5.2013 – IV R 23/11, BStBl II 2013, 759.
65 BFH Urt. v. 9.12.2014 – X R 12/12, BFH/NV 2015, 988.
66 Kritisch *Kahlert* FR 2014, 731, 740 ff.
67 BFH Urt. v. 16.5.2013 – IV R 23/11, BStBl II 2013, 759 Rn. 23 ff.
68 BFH, Urt. v. 23.1.2013 – I R 35/12, BStBl II 2013, Rn 9. Hierbei ist zu beachten, dass nach § 155, Abs. 1 Satz 1 InsO mit der Eröffnung des Insolvenzverfahrens ein neues Geschäftsjahr beginnt. Für die Änderung dieses Geschäftsjahres ist der Insolvenzverwalter zuständig, der dem Handelsregister eine Änderung bis zum Ablauf des neuen Geschäftsjahres mitzuteilen hat, BGH, Beschl. v. 21.2.2017 – II ZB 1/15, ZIP 2017, 732.

1. Steuerhaftung gemäß § 69 AO im vorläufigen Insolvenzverfahren

60 § 69 AO lautet: *„Die in den §§ 34 und 35 bezeichneten Personen haften, soweit Ansprüche aus dem Steuerschuldverhältnis (§ 37) infolge vorsätzlicher oder grob fahrlässiger Verletzung der ihnen auferlegten Pflichten nicht oder nicht rechtzeitig festgesetzt oder erfüllt oder soweit infolgedessen Steuervergütungen oder Steuererstattungen ohne rechtlichen Grund gezahlt werden. Die Haftung umfasst auch die infolge der Pflichtverletzung zu zahlenden Säumniszuschläge."*

a) Vorläufiges Regelinsolvenzverfahren

61 M. E. ist die Steuerzahlungspflicht im vorläufigen Insolvenzverfahren wegen der vorrangigen Massesicherungspflicht suspendiert.[69] Der VII. Senat des BFH sieht das in ständiger Rechtsprechung anders. Nach ihm enden die steuerlichen Pflichten des **Geschäftsführers** nicht bereits mit der Bestellung des vorläufigen Insolvenzverwalters mit Zustimmungsvorbehalt, sondern erst mit der Bestellung eines sog. vorläufigen starken Insolvenzverwalters (§ 21 Abs. 2 Satz 1 Nr. 2 Alt. 1 InsO) oder der Bestellung eines Insolvenzverwalters (§ 80 Abs. 1 InsO), auf den die Verwaltungs- und Verfügungsbefugnis übergeht.[70] Allerdings haftet der Geschäftsführer nach dem VII. Senat des BFH mangels Verschulden nicht gemäß § 69 AO, wenn der vorläufige Insolvenzverwalter seine Zustimmung zur Steuerzahlung verweigert und der Geschäftsführer die ihm im Einzelfall zumutbaren Schritte gegen den vorläufigen Insolvenzverwalter unternommen hat.[71]

62 Stimmt der vorläufige Insolvenzverwalter mit Zustimmungsvorbehalt zwar der Lohnzahlung, nicht jedoch der Lohnsteuerzahlung zu, so haftet der Geschäftsführer nach Ansicht des FG Köln, wenn er zwar den Lohn, nicht jedoch die Lohnsteuer bezahlt. Er hätte die Lohnzahlung nicht vornehmen dürfen.[72]

63 Nach dem VII. des BFH entfällt die Steuerhaftung des Geschäftsführer nicht deshalb, weil der spätere Insolvenzverwalter die Zahlung angefochten hätte.[73]

64 Der **vorläufige Insolvenzverwalter** mit Zustimmungsvorbehalt ist nach der Rechtsprechung des VII. Senats des BFH weder als Vermögensverwalter im Sinne des § 34 Abs. 3 AO noch als Verfügungsberechtigter im Sinne des § 35 AO zu beurteilen. Deshalb treffen ihn weder Steuererklärungs- noch Steuerzahlungspflichten.[74]

b) Vorläufiges Eigenverwaltungsverfahren

65 Der eigenverwaltende Schuldner hat sein Verhalten – vergleichbar einem vorläufigen Insolvenzverwalter mit Zustimmungsvorbehalt – an der Sicherung der künftigen Masse auszurichten.[75] Deshalb ist m. E. auch im Eröffnungsverfahren der Eigenverwaltung die Steuerzahlungspflicht des **Geschäftsführers** suspendiert.[76]

66 Der BFH hat dies allerdings noch nicht entscheiden und sieht dies – wie vorstehend gesagt – im vorläufigen Regelinsolvenzverfahren anders. Auf Grundlage der Rechtsprechung des VII. Senats des BFH hat das FG Münster in einem Steuerhaftungsverfahren

---

[69]   Dazu im Einzelnen *Kahlert* Steuerliche Aspekte der GmbH-Sanierung Rn. 428 ff.
[70]   BFH Beschl. v. 19.2.2010 – VII B 190/09, BFH/NV 2010, 1120.
[71]   BFH Beschl. v. 19.2.2010 – VII B 190/09, BFH/NV 2010, 1120.
[72]   FG Köln Urt. v. 25.2.2014 – 10 K 295/10, NZI 2014, 627 (rechtskräftig).
[73]   BFH Urt. v. 4.12.2007 – VII R 18/06, BFH/NV 2008, 521. Bestätigt durch BFH Urt. v. 26.1.2016, VII R 3/15, BFH/NV 2016, 893. Differenzierend FG Niedersachsen, Beschl. v. 19.9.2017 – 14 V 161/17, NZI 2018, 228.
[74]   BFH Beschl. v. 27.5.2009 – VII B 156/08, BFH/NV 2009, 1591.
[75]   *Undritz* FS Wehr, 2012, Rn. 43, sieht den eigenverwaltenden Schuldner einerseits „in der Pflicht, die künftige Insolvenzmasse zu sichern" und meint andererseits, ihn treffe „eine verfahrensrechtliche Obliegenheit zur Sicherung der künftigen Masse".
[76]   *Kahlert* ZIP 2012, 2089; so im Anschluss auch *Hobelsberger* DStR 2013, 2545.

gemäß § 69 AO entschieden, dass die Massesicherungspflicht in der vorläufigen Eigenverwaltung nicht suspendiert sei.[77] Deshalb ist dem gesetzlichen Vertreter des eigenverwaltenden Schuldner zu empfehlen, die Steuerzahlungspflicht (in Abstimmung mit dem Insolvenzgericht und dem vorläufigen Sachwalter) zu erfüllen, nachdem er die Finanzverwaltung von dem Insolvenzantrag in Kenntnis gesetzt hat. Im eröffneten Verfahren kann sodann eine Anfechtung der Steuerzahlung durch den Sachwalter gemäß §§ 129, 130 Abs. 1 Nr. 2 InsO, 280 erfolgen.[78] Nach dem VII. Senat des BFH findet § 69 AO bei einer erfolgreichen Insolvenzanfechtung auf den Geschäftsführer zwar Anwendung, wenn die Steuer **nicht fristgerecht** abgeführt worden ist und bei fristgerechter Abführung eine Anfechtung nicht möglich gewesen wäre.[79] Im Umkehrschluss ist § 69 AO danach ausgeschlossen, wenn die Steuer **fristgerecht** gezahlt und später durch den Insolvenzverwalter angefochten wird.

Fraglich ist, ob kein Anfechtungsanspruch besteht, weil **67–70**
• § 55 Abs. 4 InsO Anwendung findet?[80]
• im Verfahren nach § 270b InsO die Ermächtigung des Gerichts zur Begründung von Masseverbindlichkeiten Steuern erfasst?[81]
• im Verfahren nach § 270a InsO stets Masseverbindlichkeiten begründet werden?[82]

Nach dem FG Münster soll eine Steuerhaftung nach § 69 AO mangels Verschulden auch **71** dann entfallen, wenn der vorläufige Sachwalter die nach dem Beschluss des Insolvenzgerichts erforderliche Zustimmung zur Steuerzahlung nicht erteilt hat.[83] Höchstrichterlich ist diese Frage – soweit ersichtlich – noch nicht entschieden worden.

Da die Verwaltungs- und Verfügungsbefugnis nach §§ 270a, 270b, 274 und 275 InsO **72** nicht auf den vorläufigen Sachwalter übergeht, ist der **vorläufige Sachwalter** nicht als Vermögensverwalter iSd § 34 Abs. 3 AO zu beurteilen, weshalb insoweit eine Steuerhaftung nach § 69 AO ausscheidet.[84] Fraglich ist, ob § 35 AO Anwendung findet, wenn der vorläufige Sachwalter die Kassenführung übernimmt. M.E. ist diese Frage zu verneinen.[85]

---

[77] FG Münster Urt. v. 6.2.2017 – 7 V 3973/16, EFG 2017, 452. Die vom FG Münster herangezogene Rechtsprechung des BFH, wonach die Massesicherungspflicht nach der gesellschaftsrechtlichen Rechtsprechung des BGH zu § 64 GmbHG keinen Vorrang hat, hat keine Grundlage mehr. Denn der BGH hat entschieden, dass den Geschäftsführer im eröffneten Eigenverwaltungsverfahren die insolvenzrechtlichen Pflichten eines Insolvenzverwalters gemäß §§ 60, 61 InsO analog treffen, BGH, Urt. v. 26.4.2018 – IX ZR 238/17, juris. Im vorläufigen Eigenverwaltungsverfahren kann nichts anderes gelten, weil §§ 60, 61 InsO im vorläufigen Regelinsolvenzverfahren nach § 21 Abs. 2 Nr. 1 InsO entsprechend gelten. Die Pflichtenkollision zwischen Steuerzahlungspflicht und Massesicherungspflicht im vorläufigen Eigenverwaltungsverfahren ist dahingehend aufzulösen, dass die speziellere Pflicht, hier die Massesicherungspflicht, Vorrang hat.
[78] AA AG Hamburg Beschl. v. 14.7.2014 – 676 IN 196/14, ZIP 2014, 2101. Danach sind Zahlungen an Sozialversicherungsträger und Finanzkassen nicht zulässig.
[79] BFH Urt. v. 11.11.2008 – VII R 19/08, BStBl II 2009, 342 (Lohnsteuer) und Beschl. v. 15.6.2009 – VII B 196/08, BFH/NV 2009, 1605 (Stromsteuer).
[80] So LG Erfurt Urt. v. 16.10.2015 – 8 O 196/15, ZIP 2015, 2181, dazu *Kahlert* EWiR 2015, 709. Aufgehoben durch OLG Thüringen Urt. v. 21.6.2016 – 7 U 753/15, ZIP 2016, 1741, Az. BGH IX ZR 167/16.
[81] Dazu BGH Beschl. v. 24.3.2016 – ZR 157/14, ZIP 2016, 831, mit Anm. *Hofmann* EWiR 2016, 501.
[82] So AG Hannover Beschl. v. 30.4.2015 – 909 IN 294/15, 909 IN 294/15 – 4, ZIP 2015, 1843 mwN., aA nunmehr Beschl. v. 1.7.2016 – 908 IN 460/16, 908 IN 460/16-2, juris.
[83] FG Münster Beschl. v. 3.4.2017 – 7 V 492/17 U, EFG 2017, 883. Dazu *Mielke/Sedlitz* ZIP 2017, 1646. Nach dem FG Münster Urt. v. 23.6.2017, 3 K 1539/14 L, EFG 2017, 1329, entfällt eine Steuerhaftung gemäß § 69 AO mangels Verschulden auch dann, wenn die Nichtzahlung der Steuer in der vorläufigen Eigenverwaltung auf anwaltlichem Rat erfolgt und wenn kein Anlass bestand, diesen Rat in Zweifel zu ziehen.
[84] So auch AEAO zu § 251 Nr. 13.2 betreffend den Sachwalter.
[85] Dazu im Einzelnen *Kahlert* FS Pannen, 2017, S. 409 mwN.

2. § 73 AO

73 Nach § 73 AO gilt: „*Eine Organgesellschaft haftet für solche Steuern des Organträgers, für welche die Organschaft zwischen ihnen steuerlich von Bedeutung ist. Den Steuern stehen die Ansprüche auf Erstattung von Steuervergütungen gleich.* "

74   Nach dem Wortlaut des § 73 AO haftet die Organgesellschaft – ohne Verschulden – nicht nur für die von ihr verursachten Steuern, für welche die Organschaft von Bedeutung ist, sondern auch, soweit die Organschaft zwischen dem Organträger und der Organgesellschaft dafür von Bedeutung ist, für (1) die von dem Organträger verursachten Steuern und (2) für Steuern, welche dem Organträger von anderen Organgesellschaften zugerechnet werden. Hat ein Organträger zwei Organgesellschaften und mit beiden sowohl eine ertragsteuerliche als auch eine umsatzsteuerliche Organschaft begründet, so haftet jede Organgesellschaft nach § 73 AO für die von ihr, von dem Organträger und von der weiteren Organgesellschaft verursachten Körperschaftsteuern (einschließlich Solidaritätszuschlag), Gewerbesteuern und Umsatzsteuern.

75   Nach Ansicht des BFH ist die Haftung der Organgesellschaft auf die gegen den Organträger gerichteten Steueransprüche beschränkt. Deshalb haftet sie nicht für die Steueransprüche gegen den Gesellschafter ihres Organträgers.[86] Das FG Münster hat den Standpunkt eingenommen, dass eine Steuerhaftung der Organgesellschaft für ihren Organträger eine verdeckte Gewinnausschüttung bewirkt.[87]

76   Allerdings soll nach der Finanzverwaltung (AEAO zu § 73 Nr. 3) eine Beschränkung der Haftung der Organgesellschaft auf die durch sie verursachten Steuern in Betracht kommen. Voraussetzung sei, dass (1) die Organgesellschaft keinen Vorteil gehabt habe, (2) keine Vermögensverschiebungen auf Organschaft vorgenommen worden seien und (3) eine Trennung der Vermögenssphären möglich ist.

77   Gleichwohl ist es dem insolventen Organträger in der Praxis entweder nur sehr schwer oder gar nicht möglich, die Anteile an einer „gesunden" Organgesellschaft im Rahmen der Sanierung an einen Investor zu verkaufen. Im Einzelnen:

78   Die Finanzverwaltung lehnt eine verbindliche Auskunft nach § 89 AO darüber, ob die vorgenannten Voraussetzungen für eine Beschränkung der Steuerhaftung nach § 73 AO vorliegen, regelmäßig ab. Sie begründet das damit, dass der Haftungstatbestand gemäß § 73 AO bereits verwirklicht worden sei und eine verbindliche Auskunft deshalb nicht mehr erteilt werden dürfe. Zwar ist die Finanzverwaltung in der Praxis in Einzelfällen bereit, unverbindliche Auskünfte zu erteilen. Da diese jedoch keine Rechtssicherheit begründen, bieten diese nicht für jeden Investor die erforderliche Sicherheit für den geplanten Anteilserwerb. Auch die Bereitschaft der Finanzverwaltung zu einer Betriebsprüfung hilft nicht stets weiter, weil oftmals nicht ausreichend Zeit vorhanden ist, die Ergebnisse abzuwarten. Im Einzelfall kann es in Betracht kommen, statt eines Erwerbs der Anteile das Unternehmen im Wege eines sog. Asset Deals verkaufen. Ein solcher Weg scheidet allerdings aus, wenn es wesentliche rechtsträgerbezogene Positionen gibt, die nicht oder nur mit großen Schwierigkeiten durch einen Asset Deal übertragen werden können. Ein Asset Deal könnte zwar die Haftung nach § 75 Abs. 1 AO auslösen. Die daraus folgenden Steuerrisiken könnten wegen der zeitlichen und gegenständlichen Beschränkung der in § 75 Abs. 1 AO geregelten Steuerhaftung[88] jedoch geringer sein als die mit § 73 AO verbundenen Steuerrisiken. Im Einzelfall kann zwar erwogen werden, die Steuerhaftung nach § 75 Abs. 1 AO dadurch auszuschließen, dass auch über das Vermögen der Organgesellschaft das Insolvenzverfahren eröffnet wird; denn in diesem Fall entfällt die Steuerhaftung nach § 75 Abs. 2 AO. Oftmals ist allerdings ein solcher Weg aus wirtschaftlichen Gründen verschlossen.

---

[86]   BFH, Urt. v. 31.5.2017 – I R 54/15, juris. So auch *Hölzle* ZIP 2016, 103 m. w. N.
[87]   FG Münster Urt. v. 4.8.2016 – 9 K 3999/13 K G, 9 K 3999/13 K, G, EFG 2017, 149.
[88]   Dazu Klein/*Rüsken* AO § 75 Rn. 36 ff.

Schließlich dürfte es wegen der Insolvenz des Organträgers in der Regel ausscheiden, den Verkauf der Anteile dadurch zu ermöglichen, dass dem Erwerber für die aus § 73 AO folgenden Risiken durch den Organträger Sicherheiten bestellt werden.

3. § 74 AO

Nach § 74 Abs. 1 AO gilt: *„Gehören Gegenstände, die einem Unternehmen dienen, nicht dem* **79** *Unternehmer, sondern einer an dem Unternehmen wesentlich beteiligten Person, so haftet der Eigentümer der Gegenstände mit diesen für diejenigen Steuern des Unternehmens, bei denen sich die Steuerpflicht auf den Betrieb des Unternehmens gründet. Die Haftung erstreckt sich jedoch nur auf die Steuern, die während des Bestehens der wesentlichen Beteiligung entstanden sind. Den Steuern stehen die Ansprüche auf Erstattung von Steuervergütungen gleich".*

§ 74 Abs. 2 AO bestimmt weiter: *„Eine Person ist an dem Unternehmen wesentlich beteiligt,* **80** *wenn sie unmittelbar oder mittelbar zu mehr als einem Viertel am Grund- oder Stammkapital oder am Vermögen des Unternehmens beteiligt ist. Als wesentlich beteiligt gilt auch, wer auf das Unternehmen einen beherrschenden Einfluss ausübt und durch sein Verhalten dazu beiträgt, dass fällige Steuern im Sinne des Absatzes 1 Satz 1 nicht entrichtet werden."*

§ 74 AO regelt eine persönliche und verschuldensunabhängige Haftung des wesentlich **81** beteiligten Gesellschafters für Betriebssteuern, gegenständlich beschränkt auf solche dem Unternehmen dienende Gegenstände, die vom Gesellschafter zur Verfügung gestellt wurden. Der VII. Senat des BFH hat den Anwendungsbereich des § 74 AO in Fällen, in denen über das Vermögen des Unternehmens das Insolvenzverfahren eröffnet wurde, zugunsten des Fiskus stetig erweitert:

Der VII. Senat des BFH hat in seinem Urteil vom 22.11.2011[89] entschieden, dass es **82** dem Gesellschafter nach dem Sinn und Zweck des § 74 AO nicht gestattet sein könne, eine Haftung durch Veräußerung der Haftungsgegenstände zu umgehen.[90] Hieraus ergebe sich, dass das Haftungsobjekt nicht beschränkt sei auf den im Zeitpunkt der Inanspruchnahme noch im Eigentum des Beteiligten stehenden Gegenstandes, sondern jedenfalls ein dafür ggf. erhaltenes Surrogat. Der BFH hat – weil im Urteilsfall nicht entscheidungserheblich – offen gelassen, was gilt, wenn das Surrogat nicht mehr vorhanden ist oder zur Rückführung von Krediten, mit denen der Gegenstand finanziert wurde, verwendet worden ist.

In seinem Urteil vom 23.5.2012[91] hat der VII. Senat des BFH zum einen entschieden, **83** dass es sich bei einem Erbbaurecht als grundstücksgleiches Recht um einen Gegenstand i. S. d. § 74 AO handelt. Zum anderen steht nach Meinung des VII. Senats des BFH der Umstand, dass nicht der Kläger, sondern die Besitzgesellschaft (GmbH & Co. KG) Inhaberin des Erbbaurechts ist, einer Haftungsinanspruchnahme nicht entgegen.

Mit Urteil vom 28.1.2014[92] hat der VII. Senat des BFH zwar entschieden, dass der **84** Fiskus nicht berechtigt ist, Umsatzsteuererstattungsansprüche mit Haftungsansprüchen nach § 74 AO aufzurechnen, insbesondere in Fällen der verunglückten umsatzsteuerlichen Organschaft. Er hat jedoch offen gelassen, ob die Aufrechnung auch dann unzulässig ist, wenn an die Stelle des Grundstücks ein Surrogat getreten ist.

Nach dem VII. Senat des BFH kann eine wesentliche Beteiligung i. S. d. § 74 Abs. 2 **85** Satz 1 AO nicht durch die Anwendung der Personengruppentheorie fingiert werden.[93]

---

89 BFH Urt. v. 22.11.2011 – VII R 63/10, BStBl II 2012, 223.
90 *Haritz* DStR 2012, 883 hält diese Auslegung des § 74 AO wegen eines Verstoßes gegen Art. 20 Abs. 2 i. V. m. Abs. 3 GG (Gesetzgebungskompetenz der Legislative) für verfassungswidrig.
91 BFH Urt. v. 23.5.2012 – VII R 28/10, BFH/NV 2012, 1509; inhaltsgleich BFH Urt. v. 23.5.2012 – VII R 29/10, BFH/NV 2012, 1924. Bestätigt durch BVerfG Beschl. v. 17.9.2013 – 1 BvR 1928/12, ZIP 2013, 2105 = ZfIR 2013, 826 (LS).
92 BFH Urt. v. 28.1.2014 – VII R 34/12, DStR 2014, 1100.
93 BFH Urt. v. 1.12.2015 – VII R 34/14, BStBl II 2016, 357.

V. Besteuerung des Sanierungsertrags

1. Allgemeines

86 Nachdem der Große Senat des BFH Anfang Februar 2017 den sog. Sanierungserlass[94] mangels gesetzlicher Grundlage für verfassungswidrig erklärt hatte,[95] war der Gesetzgeber gefordert. Sanierungen drohten an einer fehlenden gesetzlichen Regelung zu scheitern. Es ist zu begrüßen, dass sich der Gesetzgeber (mit Unterstützung der Finanzverwaltung) beeilt und noch vor Ablauf der Legislaturperiode in 2017 eine gesetzliche Neuregelung für Schuldenerlasse nach dem 8.2.2017 geschaffen hat: Am 2.6.2017 hat der Bundesrat dem Gesetzentwurf des Bundestags, der auf dem Entwurf einer BMF-Arbeitsgruppe beruht, zugestimmt.[96] Allerdings ist das Inkrafttreten davon abhängig, dass die EU-Kommission die Neuregelung nicht als Beihilfe oder eine mit dem Binnenmarkt vereinbare Beihilfe beurteilt. Ebenso ist es zu begrüßen, dass das BMF mit Schreiben vom 27.4.2017[97] flankierend entschieden hat, dass für Altfälle Vertrauensschutz und für Neufälle die abweichende Steuerfestsetzung und Stundung unter Widerrufsvorbehalt bis zum Inkrafttreten einer gesetzlichen Regelung (allerdings längstens bis zum 31.12.2018) zu gewähren sind.

2. Grundstruktur der gesetzlichen Neuregelung[98]

87 Anders als der sog. Sanierungserlass[99] sieht die Neuregelung[100] nicht den *Erlass* von Einkommen- und Körperschaftsteuern vor, sondern stellt (bereits) den durch den Schuldenerlass bewirkten Sanierungsertrag *steuerfrei* und kehrt damit zur Rechtstechnik der Steuerfreiheit – wie nach § 3 Nr. 66 EStG 1977 – zurück. § 3a Abs. 1 Satz 1 EStG, der nach § 8 Abs. 1 KStG auch im Körperschaftsteuerrecht gilt, lautet:

„Betriebsvermögensmehrungen oder Betriebseinnahmen aus einem Schuldenerlass zum Zwecke einer unternehmensbezogenen Sanierung im Sinne des Absatzes 2 (Sanierungsertrag) sind steuerfrei."

88 Da § 3a Abs. 1 Satz 1 EStG Betriebsvermögensmehrungen und Betriebseinnahmen erfasst, ist nunmehr geklärt, dass es unerheblich ist, ob der Steuerpflichtige seinen Gewinn nach § 4 Abs. 1 (Betriebsvermögensvergleich) oder § 4 Abs. 3 EStG (Einnahmenüberschussrechnung) ermittelt. Die Anwendung des sog. Sanierungserlasses auf die Gewinnermittlung nach § 4 Abs. 3 EStG war nicht zweifelsfrei.[101]

89 Die Nichtbesteuerung hängt weder, wie es noch in dem Gesetzentwurf des Bundesrats vorgesehen war,[102] von einem Antrag des Steuerpflichtigen, noch, wie es vom sog. Sanierungserlass vorgesehen war, von einer Ermessensausübung des Finanzamts ab. Denn die in § 3a Abs. 1 EStG bestimmten Betriebsvermögensmehrungen oder Betriebseinnahmen „sind" steuerfrei.

---

[94] BMF Schreiben v. 27.3.2003, BStBl I 2003, 240 und BMF Schreiben v. 22.12.2009, BStBl I 2010, 18.

[95] BFH Beschl. v. 28.11.2016 – GrS 1/15, am 8.2.2017 auf der Internetseite des BFH veröffentlicht.

[96] BR-Drs. 366/17 (B).

[97] BStBl I 2017, 741. Dagegen BFH, Urt. v. 23.8.2017 – I R 52/14, NZI 2018, 936 und BFH, Urt. v. 23.8.2017 – X R 38/15, NZI 2017, 934. Dagegen wiederum der Nichtanwendungserlass des BMF, Schreiben v. 29.3.2018, BStBl II 2018, 588

[98] Vertiefend Blümich/*Krumm* § 3a EStG; *Kahlert/Schmidt* DStR 2017, 1897; *Suchanek/Schaaf/Hannweber* WPg 2017, 909; *Kanzler* NWB 2017, 2260; *Förster/Hechtner* DB 2017, 1536; *Sistermann/Beutel* DStR 2017, 1065; *Weiss* StuB 2017, 581.

[99] BMF Schreiben v. 27.3.2003, BStBl I 2003, 240 und BMF Schreiben v. 22.12.2009, BStBl I 2010, 18.

[100] Art. 2 bis 6 des Gesetzes gegen schädliche Steuerpraktiken im Zusammenhang mit Rechteüberlassungen vom 24.6.2017, BGBl I 2017, 2074.

[101] Dazu Brünkmans/Thole/*Kahlert* in Handbuch Insolvenzplan § 36 Rn. 114.

[102] Vgl. § 3a Abs. 1 Satz 1 EStG-E, BR-Drs. 59/17 (B), S. 12.

Mit dem Verweis auf § 3a Abs. 2 EStG knüpft die Neuregelung zur Bestimmung einer 90
unternehmensbezogenen Sanierung an Kriterien an, welche bereits der RFH entwickelt
hatte und die seitdem, ungeachtet der rechtstechnischen Umsetzung der Nichtbesteuerung
von Sanierungsgewinnen, vom BFH und auch im sog. Sanierungserlass zugrunde gelegt
wurden.[103] Aufgrund dieser Rechtskontinuität kann die Rechtsprechung des RFH und des
BFH grundsätzlich weiter herangezogen werden. § 3a Abs. 2 EStG lautet wie folgt:

„Eine unternehmensbezogene Sanierung liegt vor, wenn der Steuerpflichtige für den Zeitpunkt des Schuldenerlasses
die Sanierungsbedürftigkeit und die Sanierungsfähigkeit des Unternehmens, die Sanierungseignung des betrieblich
begründeten Schuldenerlasses und die Sanierungsabsicht der Gläubiger nachweist.“

Allerdings sieht § 3a Abs. 2 EStG drei Konkretisierungen vor. Zum einen ist klargestellt, 91
dass es sich um eine Prognoseentscheidung handelt, weil es für die Beurteilung der Voraussetzungen auf den Zeitpunkt des Schuldenerlasses ankommt.[104] Zum anderen ist nunmehr
ausdrücklich geregelt, dass den Steuerpflichtigen die Feststellungslast trifft, denn er hat die
Voraussetzungen „nachzuweisen“. Drittens ist eingefügt, dass es sich um einen „betrieblich
begründeten" Schuldenerlass handeln muss.

Aus verfassungsrechtlichen Gründen hat der Steuerpflichtige, soweit er dazu in der Lage 92
ist, an seiner Sanierung mitzuwirken.[105] Aus diesem Grunde sieht § 3a Abs. 3 EStG vor,
dass bis zur Höhe des dort näher definierten (geminderten) Sanierungsertrags die dort
aufgeführten Steuerminderungspotentiale des Steuerpflichtigen (ausnahmsweise auch von
nahestehenden Dritten) – insbesondere auch Verluste und Verlustvorträge –, in der dort
aufgeführten Reihenfolge entfallen. Zudem sind nach § 3a Abs. 1 Satz 2 EStG steuerliche
Wahlrechte im Sanierungsjahr und im Folgejahr gewinnmindernd auszuüben.

§ 3a Abs. 5 EStG erweitert den Anwendungsbereich des § 3a EStG, der – wie dargestellt 93
– grundsätzlich nur unternehmensbezogene Sanierungen regelt, um Restschuldbefreiungen
nach §§ 286 ff. InsO, Schuldenerlasse auf Grund eines außergerichtlichen Schuldenbereinigungsplans gem. §§ 304 ff. InsO oder aufgrund eines Schuldenbereinigungsplans im
Rahmen eines Verbraucherinsolvenzverfahrens. Auch der sog. Sanierungserlass erfasste
solche unternehmerbezogenen Sanierungen.[106] Die Gesetzesbegründung[107] macht sich in
diesem Zusammenhang die jüngste Rechtsprechung des BFH zu eigen, wonach der
Gewinn aus einer Restschuldbefreiung grundsätzlich erst im Jahr der Restschuldbefreiung
zu berücksichtigen ist, sie in Fällen der Betriebsaufgabe vor Eröffnung des Insolvenzverfahrens jedoch als rückwirkendes Ereignis zu einer Erhöhung des Aufgabegewinns führt.[108]

§ 3c Abs. 4 EStG regelt schließlich als Folge der Steuerfreiheit des Sanierungsertrags, dass 94
Betriebsvermögensminderungen oder Betriebsausgaben, die mit einem Sanierungsertrag in
unmittelbaren wirtschaftlichen Zusammenhang stehen, grundsätzlich unabhängig davon, in
welchem Veranlagungszeitraum der Sanierungsertrag entsteht, nicht abgezogen werden
dürfen. Die weiteren Sätze dieser Vorschrift regeln Ausnahmen, Konkretisierungen und
Verfahrensfragen. Hervorzuheben ist, dass solche Sanierungskosten nach § 3c Abs. 4 Satz 2
EStG abziehbar sind, die zu einer Erhöhung von Verlustvorträgen geführt haben, wiederum
durch den Sanierungsertrag nach den Regelungen des § 3a Abs. 3 EStG gemindert wurden.
Soweit kein Sanierungsertrag mehr vorhanden ist, die Steuerminderungsbeträge i. S. d. § 3a
Abs. 3 Sätze 2 und 3 EStG den geminderten Sanierungsertrag also überstiegen haben, sind
Sanierungskosten, die nach dem Sanierungsjahr entstehen, ebenso nach § 3c Abs. 4 Satz 4
EStG abziehbar. Die vom Gesetzgeber befürchtete Doppelbegünstigung droht dann nicht.[109]

---

[103] So auch Krumm in Blümich, 11/2017, § 3a EStG Rn. 22. Dazu *Kahlert* ZIP 2016, 2107.
[104] Dazu Brünkmans/Thole/*Kahlert* in Handbuch Insolvenzplan § 36 Rn. 128.
[105] Dazu *Kahlert* ZIP 2016, 2107; sowie die Gesetzesbegründung des Finanzausschusses des Bundestags, BT-
Drs. 18/12128, S. 31 f.
[106] BMF, Schreiben v. 22.12.2009, BStBl I 2010, 52 Tz. 2.
[107] BT-Drs. 18/12128, S. 33.
[108] BFH Urt. v. 3.2.2016 – X R 25/12, BStBl II 2016, 391 = DStRE 2016, 660; BFH Urt. v. 13.12.2016 –
X R 4/15, DStR 2017, 1156.
[109] Vgl. Gesetzesbegründung des Bundestags, BT-Drs. 18/12128, S. 33.

95   Während die Ergänzungen in §§ 8, 8c, 8d und 15 KStG körperschaftsteuerliche Besonderheiten behandeln, findet sich in § 7b GewStG gegenüber dem sog. Sanierungserlass etwas Neues, nämlich korrespondierende Regelungen zu § 3a EStG und § 3c Abs. 4 EStG für die Ermittlung des Gewerbeertrags. Anders als der sog. Sanierungserlass[110] gilt die Neuregelung somit auch im Gewerbesteuerrecht. Das ist zu begrüßen. Denn es ist umstritten, in welchem Umfang der sog. Sanierungserlass auch für die Gewerbesteuer zu berücksichtigen war.[111]

96   Nach §§ 52a Abs. 4a EStG, 52 Abs. 5 letzter Satz EStG und § 36 Abs. 2c GewStG ist die Neuregelung grundsätzlich erstmals in Fällen anzuwenden, in denen die Schulden ganz oder teilweise nach dem 8.2.2017 – das ist der Tag der Veröffentlichung des Beschlusses des Großen Senats des vom 28.11.2015 – GrS 1/15 auf der Internetseite des BFH – erlassen worden sind.

97   Die Neuregelung tritt an dem Tag in Kraft, an dem die EU-Kommission durch Beschluss feststellt, dass die Neuregelung keine Beihilfe oder eine mit dem Binnenmarkt vereinbare Beihilfe darstellt.[112] Es ist zu begrüßen, dass durch die Anrufung der EU-Kommission Rechtssicherheit geschaffen wird. Hinsichtlich des sog. Sanierungserlasses hat sich der Große Senat des BFH zur Vereinbarkeit mit dem Beihilferecht ausdrücklich nicht geäußert.[113]

3. Besonderheiten bei ertragsteuerlichen Organschaften

98   Nach § 15 Satz 1 Nr. 1a Satz 1 KStG ist auf einen sich nach § 3a Satz 4 EStG verbleibenden Sanierungsertrag einer Organgesellschaft § 3a Abs. 3 Satz 2, 3 und 5 EStG beim Organträger anzuwenden. Damit erfolgt, wenn die Voraussetzungen der ertragsteuerlichen Organgesellschaft im Zeitpunkt der Sanierung durch Forderungsverzichte vorliegen, der Verbrauch der Steuerminderungspotentiale beim Organträger. Das gilt nach § 15 Satz 1 Nr. 1a Satz 3 KStG auch dann, wenn die Voraussetzungen für eine ertragsteuerliche Organschaft nach § 14 Abs. 1 KStG im Zeitpunkt des Forderungsverzichts zwar nicht vorliegen, das Einkommen der Organgesellschaft aber in einem innerhalb der letzten 5 Jahre vor dem Sanierungsjahr liegenden Veranlagungszeitraum dem Organträger zugerechnet worden ist. Nach dem Wortlaut des § 15 Satz 1 Nr. 1a Satz 3 KStG sind auch Fälle erfasst, in denen die Organschaft mangels finanzieller Eingliederung dadurch beendet wird, dass der Organträger seine Anteile an der Organgesellschaft an einen Dritten veräußert hat und die Organgesellschaft – außerhalb der Einflussmöglichkeiten des Organträgers – in der Folgezeit durch Forderungsverzichte saniert wird.[114]

99   In der Literatur wird die Verfassungswidrigkeit des § 15 Satz 1 Nr. 1a Satz 3 KStG wegen eines Verstoßes gegen das objektive Nettoprinzip geltend gemacht. Dies insbesondere deshalb, weil der Verlust des Steuerminderungspotentials auf Ebene des Organträgers unabhängig davon sein soll, ob die der Organgesellschaft erlassenen Schulden oder die

---

[110] BMF Schreiben v. 27.3.2003, BStBl I 2003, 240 Tz. 15.
[111] Dazu Brünkmans/Thole/*Kahlert* Handbuch Insolvenzplan § 36 Rn. 143 ff. m. w. N.
[112] Art. 6 des Gesetzes gegen schädliche Steuerpraktiken im Zusammenhang mit Rechteüberlassungen vom 24.6.2017, BGBl I 2017, 2074. Siehe dazu *Hey* FR 2017, 453 und *Kußmaul/Licht* DB 2017, 1797.
[113] BFH Beschl. v. 28.11.2016 – Grs 1/15 Rn. 150. M. E. ist die Neuregelung nicht als Beihilfe zu beurteilen, siehe dazu *Kahlert* ZIP 2016, 2017 zum sog. Sanierungserlass und die danach veröffentlichte Entscheidung EuGH Urt. v. 21.12.2016 – verb. Rs. C-20/15 P und C-21/15 P, World Duty Free Group u. a. So auch Blümich/*Krumm* § 3a EStG Rn. 10; *Hey* FR 2017, 453, 455 ff; *Kußmaul/Licht* DB 2017, 1797.
[114] So auch *Suchanek/Schaaf/Hannweber* WPg 2017, 909, 916; *Sistermann/Beutel*, DStR 2017, 1065, 1068 f. unter Bezugnahme auf die Gesetzesbegründung BT-Drs. 18/12128, S. 36. Dort ist neben der Kündigung des Gewinnabführungsvertrages aus wichtigem Grund und der Nichtdurchführung des Gewinnabführung nach 5 Jahren Mindestvertragslaufzeit auch der Fall genannt, dass die Organschaft nicht mehr besteht, weil die Organgesellschaft nach 5 Jahren Mindestvertragslaufzeit nicht mehr finanziell in den Organträger eingegliedert ist.

Steuerminderungspotentiale des Organträgers während des Bestehens der Organschaft oder danach entstanden sind.[115]

Die Besonderheit, dass gemäß § 15 Satz 1 Nr. 1a Satz 3 KStG nach Beendigung der **100** Organschaft dem einen Rechtsträger (Organgesellschaft) der steuerfreie Sanierungsertrag und dem anderen Rechtsträger (Organträger) der Verlust der Steuerminderungspotentiale zugeordnet wird, ist bei der Sanierung einer Organgesellschaft oder eines Organträgers im Insolvenzverfahren zu berücksichtigen. Dies insbesondere auch deshalb, weil nach der hier vertretenen Ansicht die ertragsteuerliche Organschaft mit dem vorläufigen Insolvenzververfahren über das Vermögen des Organträgers und/oder über das Vermögen der Organgesellschaft beendet wird.

---

[115] *Sistermann/Beutel* DStR 2017, 1065, 1068 f.

§ 7 Strafrechtliche Aspekte der Konzerninsolvenz

Übersicht

Schrifttum:

Arens, Untreue des Gesellschafters bei Errichtung eines Cash-Pools, GmbHR 2010, 905 ff; *Dannecker,* Die Folgen der strafrechtlichen Geschäftsherrenhaftung der Unternehmensleitung für die Haftungsverfassung juristischer Personen, NZWiSt 2012, 441 ff; *Dannecker/Dannecker,* Die „Verteilung" der strafrechtlichen Geschäftsherrenhaftung im Unternehmen, JZ 2010, 981 ff; *Dannecker/Knierim/Hagemeier,* Insolvenzstrafrecht, 2. Aufl. 2012; *Dierlamm,* Der faktische Geschäftsführer im Strafrecht – ein Phantom?, NStZ 1996, 153; *Fischer,* Strafgesetzbuch, 61. Aufl. 2014; *Kindhäuser/Neumann/Paeffgen,* StGB, 4. Aufl. 2013; *Mahler,* Verstoß gegen § 64 S. 3 GmbHG bei „upstream-securities", GmbHR 2012, 504; *Mansdörfer/Trüg,* Umfang und Grenzen der strafrechtlichen Geschäftsherrenhaftung, StV 2012, 432; *Maurer/Wolf,* Zur Strafbarkeit der Rückzahlung von Gesellschafterdarlehen in und außerhalb der insolvenzrechtlichen „Krise" einer GmbH, wistra 2011, 327 ff; *Ogiermann/Weber,* Insolvenzstrafrecht in Deutschland – Status Quo und Perspektiven, wistra 2011, 206 ff; *Pelz,* Strafrecht in Krise und Insolvenz, 2. Aufl. 2011; *Rönnau/Krezer,* Darlehensverrechnungen im Cash-Pool – nach Inkrafttreten des MoMiG auch ein Untreuerisiko (§ 266 StGB)?, ZIP 2010, 2269 ff; *Schramm,* Untreue durch Insolvenzverwalter, NStZ 2000, 398 ff; *Ransiek,* Untreue zum Nachteil einer abhängigen GmbH – „Bremer Vulkan", wistra 2005, 121 ff; *Schönke/Schröder,* Strafgesetzbuch, 28. Aufl. 2010; *Strohn,* Faktische Organe – Rechte, Pflichten, Haftung, DB 2011, 158 ff; *Wabnitz/Janovsky,* Handbuch des Wirtschafts- und Steuerstrafrechts, 4. Aufl. 2014; *Wessing/Krawczyk,* Untreue zum Nachteil einer Konzernabhängigen GmbH, NZG 200, 1176 ff.

I. Strafrechtliche Verantwortlichkeit im Konzern

1. Die strafrechtliche Verantwortlichkeit

a) Aktives Tun und Zurechnung

1 Das deutsche Strafrecht geht vom Grundsatz der Individualverantwortlichkeit aus. Danach ist jede Person für ihr eigenes Handeln verantwortlich. Dies gilt uneingeschränkt für den Fall des aktiven Tätigwerdens. Danach ist in Konzernkonstellation derjenige, der eine Handlung vornimmt, dafür auch dann strafrechtlich verantwortlich, wenn er außerhalb seines satzungsmäßigen oder sonst zugewiesenen Aufgabenkreises tätig wird. Oftmals knüpft die strafrechtliche Verantwortlichkeit an das Vorliegen bestimmter Eigenschaften an, zB an ein Handeln als Schuldner, als Arbeitgeber, als Anlagenbetreiber, etc. Handelt es sich dabei um ein Unternehmen, trifft die strafrechtliche Verantwortlichkeit jeden, der die Stellung als vertretungsberechtigtes Organ einer juristischen Person innehat (§ 14 Abs. 1 Nr. 1 StGB) bzw der vertretungsberechtigter Gesellschafter einer rechtsfähigen Personengesellschaft (§ 14 Abs. 1 Nr. 2 StGB) oder der sonst gesetzlicher Vertreter einer anderen Person[1] (§ 14 Abs. 1 Nr. 3 StGB) ist. Voraussetzung ist dabei aber stets ein Handeln in einer der vorgenannten Eigenschaften. Bei einem rechtsgeschäftlichem Handeln ist dies der Fall, wenn die Tätigkeit im Namen des Vertretenen oder in sonstiger Weise als Vertreter erfolgt. Bei nur faktischen Handeln soll es nach einer Auffassung genügen, wenn das Handeln mit dem Aufgaben- und Pflichtenkreis in einem funktionalem Zusammenhang steht,[2] während eine andere Auffassung eine Zustimmung der Gesellschafter verlangt.[3] Ob dies einen wirksamen Gesellschafterbeschluss erfordert[4] oder eine bloße Duldung ausreicht, ist noch nicht geklärt. Darüber hinaus trifft eine strafrechtliche Verantwortlichkeit nach § 14 Abs. 2 StGB auch denjenigen, der beauftragt ist, einen Betrieb oder Betriebsteil ganz oder teilweise zu leiten oder der mit der eigenverantwortlichen Wahrnehmung einzelner betriebsbezogener Aufgaben betraut ist.[5]

b) Verantwortlichkeit bei Unterlassen

2 Im Fall des Unterlassens besteht eine strafrechtliche Verantwortung regelmäßig nur dann, wenn den untätig Bleibenden eine Garantenpflicht zum Handeln trifft. Derartige Garantenpflichten[6] können entstehen aufgrund Gesetzes oder Vertrages. So sind Vorstände und Geschäftsführer nach §§ 76, 93 AktG, § 43 GmbHG verpflichtet, alles zu unternehmen, um Schaden vom Unternehmen abzuwenden. Handlungspflichten können sich darüber hinaus ergeben durch Übernahme, insbesondere von Überwachungspflichten,[7] aus einem objektiv pflichtwidrigem Vorverhalten (Ingerenz),[8] aus der Sachherrschaft über eine Gefahrenquelle[9] oder – was in den Einzelheiten heftig umstritten ist – als Geschäftsherr zur Verhinderung betriebsbezogener Straftaten untergeordneter Mitarbeiter.[10]

---

[1]   Hieraus ergibt sich auch die strafrechtliche Verantwortlichkeit des Insolvenzverwalters oder Abwicklers, vgl. *Fischer,* StGB, § 14 Rn. 3.
[2]   MüKoStGB/*Radtke* § 14 Rn. 65; Schönke/Schröder/*Perron* § 14 Rn. 26.
[3]   BGH NStZ 2009, 437, 439; 2012, 630, 632.
[4]   MüKoStGB/*Radtke* § 14 Rn. 67; *Radtke/Hoffmann* NStZ 2012, 91, (93); *Valerius* NZWiSt 2012, 65, 66.
[5]   BGH ZWH 2013, 125, 126.
[6]   Umfassend dazu vgl. Schönke/Schröder/*Stree/Bosch* § 13 Rn. 8 ff; *Dannecker/Dannecker* JZ 2010, 981; *Dannecker* NZWiSt 2012, 441.
[7]   BGHSt 54, 44, 49 (Compliance-Officer).
[8]   BGHSt 34, 82, 84; 37, 106, 115.
[9]   BGHSt 53, 38, 41.
[10]   BGHSt 57, 42; *Mansdörfer/Trüg* StV 2012, 432; *Dannecker/Dannecker* JZ 2010, 981.

c) Verantwortlichkeit im Konzern

Eine strafrechtliche Verantwortlichkeit kann sich auch innerhalb des Konzernverbundes **3** ergeben, wobei Einzelheiten, insbesondere beim mehrstufigen Konzern, dogmatisch noch nicht geklärt sind. Die Rechtsprechung erkennt jedenfalls in Fällen existenzgefährdender Eingriffe eine Verantwortung der Konzernspitze für Eingriffe bei Tochterunternehmen an.[11] Unklar ist allerdings, woher diese Verantwortung herrührt. Zum Teil nimmt die Rechtsprechung eine Zurechnung über alle Konzernebenen hinweg aus dem Rechtsgedanken des § 14 Abs. 1 Nr. 1 StGB vor.[12] Dies ist jedoch nicht überzeugend, da im mehrstufigen Konzern der Vorstand bzw Geschäftsführer der Obergesellschaft nicht Organ der Untergesellschaft ist.[13] Zum Teil kann sich eine Verantwortung in Einzelfällen aus den Grundsätzen einer mittelbaren Täterschaft kraft Organisationsherrschaft[14] ergeben. Tatsächlich dürfte für die Rechtsprechung die faktische Lenkungsmacht der entscheidende Gesichtspunkt sein.[15]

2. Geschäftsverteilung und Delegation

Eine Zuweisung einzelner Kompetenzen und Verantwortungsbereiche durch eine Ge- **4** schäftsverteilung innerhalb eines mehrköpfigen Organs (Geschäftsverteilungsplan) ist strafrechtlich auch insoweit von Bedeutung, als es die konkreten Handlungspflichten des jeweiligen Organmitglieds beschreibt und damit eine Primärverantwortung festlegt. Im Grundsatz trifft die ressortmäßig nicht zuständigen Organwalter keine strafrechtliche Verantwortlichkeit für in den Zuständigkeitsbereich eines anderen Mitglieds fallende Aufgaben.[16] Dies gilt allerdings dann nicht, wenn den ressortmäßig nicht zuständigen Organmitgliedern Missstände bekannt sind oder sie Zweifel an der ordnungsgemäßen Pflichterfüllung durch das zuständige Mitglied haben müssen.[17] Bei Eintritt einer krisenhaften Situation, namentlich einer Liquiditäts- oder Existenzkrise für die Gesellschaft, nimmt die Rechtsprechung ungeachtet einer Zuständigkeitsverteilung eine Gesamtverantwortung aller Organmitglieder für alle mit der Krise im Zusammenhang stehenden Angelegenheiten an.[18]

Vergleichbare Grundsätze gelten bei einer Aufgabendelegation an hierarchisch nach- **5** geordnete Personen. Eine derartige Delegation führt ebenfalls zu einer Primärverantwortung des Beauftragten für die auf ihn übertragenen Angelegenheiten, aber nur für diese. Voraussetzung ist hierbei jedoch, dass die Beauftragung hinreichend klar erfolgt und der Beauftragte den Umfang seiner Verantwortung klar erkennen kann.[19] Allerdings wird der Beauftragende von seiner Verantwortlichkeit durch die Delegation nicht frei, sondern die ihm ursprünglich obliegenden Handlungspflichten wandeln sich in Aufsichts- und Kontrollpflichten. Er hat den Beauftragten zu überwachen oder überwachen zu lassen,[20] um sicherzustellen, dass dieser die ihm übertragenen Aufgaben auch hinreichend zuverlässig ausführt.[21]

---

[11] BGH NStZ 2004, 559, 561; 2010, 89, 91.
[12] BGH NStZ 2010, 89, 91.
[13] *Ransiek* wistra 2005, 121, 124 f; Kindhäuser/Neumann/Paeffgen/*Böse* § 14 Rn. 24.
[14] BGHSt 40, 218, 236; 45, 270, 296; BGH NJW 2004, 375, 378.
[15] *Ransiek* wistra 2005, 121, 125.
[16] OLG Namburg NZV 1998, 41, 42; Schönke/Schröder/*Perron* § 14 Rn. 19.
[17] Schönke/Schröder/*Perron* § 14 Rn. 19.
[18] BGHSt 37, 106, 127 ff; Schönke/Schröder/*Perron* § 14 Rn. 19; MüKoStGB/*Radtke* § 14 Rn. 68.
[19] BGH NStZ 2016, 460, 462; 213, 408, 409,
[20] Zur Delegation von Überwachungspflichten vgl. BayObLG NJW 2002, 766.
[21] Schönke/Schröder/*Perron* § 14 Rn. 40.

3. Faktische Betrachtungsweise

6 Die Rechtsprechung verfolgt seit jeher für die strafrechtliche Beurteilung eine faktische Betrachtungsweise. Auch Personen, die formell keine Organe sind, weil entweder der Bestellungsakt unwirksam ist oder sie nicht formell zu Organen bestellt wurden, können Organverantwortlichkeiten treffen, wenn sie rein tatsächlich wie solche auftreten (sog faktische Organe).[22] Dies sogar dann, wenn sie neben einem satzungsmäßigen bestellten Organ tätig werden. Die strafrechtliche Rechtsprechung verlangt hierbei jedoch zum einen ein Tätigwerden des faktischen Organs nach außen und zum anderen, dass der satzungs-mäßig bestellte Organwalter durch den faktischen „verdrängt" wird bzw das faktische Organ „ein Übergewicht" hat.[23] Kennzeichen faktischer Organstellung sind: Bestimmung der Unternehmenspolitik, Unternehmensorganisation, Einstellung von Mitarbeitern, Gestaltung der Geschäftsbeziehungen zu Vertragspartnern, Verhandlungen mit Kreditgebern, Höhe des Gehalts, Entscheidung in Steuerangelegenheiten, Steuerung der Buchhaltung.[24] Faktische Organe können beispielsweise Sanierungsberater oder auch Mitarbeiter finanzie-render Banken sein, sofern Maßnahmen der Geschäftsführung deren Zustimmung bedür-fen. Auch Gesellschafter können bei beherrschendem Einfluss faktische Geschäftsführer sein. Richtigerweise wird jedoch die Ausübung von Gesellschafterrechten im Rahmen des gesetzlichen oder satzungsmäßigen Umfangs noch keine faktische Geschäftsführung dar-stellen, da der Gesellschafter insoweit nur eigene Rechte wahr-, nicht aber die Geschäfts-führung übernimmt.[25]

II. Die Untreuestrafbarkeit im Konzern

7 Unternehmerische Fehlentscheidungen können nicht nur zivilrechtliche, sondern auch strafrechtliche Folgen nach sich ziehen, insbesondere unter dem Blickwinkel der Untreue (§ 266 StGB). Nach dem weiten Wortlaut der Vorschrift führt nämlich jede vorsätzlich begangene Pflichtverletzung, die einen Nachteil für das Unternehmen zur Folge hat, zu einer Strafbarkeit.[26]

1. Vermögensbetreuungspflicht

8 Grundsätzlich erfordert die Untreue das Bestehen einer sogenannten qualifizierten Ver-mögensbetreuungspflicht. Hierfür reichen normale Vertragspflichten nicht aus, sondern der Schutz des betreuten Vermögens muss eine Hauptpflicht darstellen.[27] Derartige Vermögens-betreuungspflichten liegen in der Regel lediglich bei Rechtsverhältnissen mit Geschäfts-besorgungscharakter vor.[28] Vermögensbetreuungspflichten können sich im Einzelfall aus der faktischen Herrschaft über Vermögensinteressen eines anderen ergeben.[29] Vermögens-betreuungspflichten treffen Geschäftsführer oder Vorstände bzw Aufsichtsräte im Verhältnis zur Gesellschaft, nicht aber Gesellschafter im Verhältnis zum Unternehmen oder zu anderen Mitgesellschaftern.[30] Auch in Konzernverhältnissen gilt grundsätzlich, dass Gesellschafter

---

[22] Ausführlich *Strohn* DB 2011, 158.
[23] BGH NStZ 1998, 568; 1993, 240; StV 1984, 461; *Ogiermann/Weber* wistra 2011,206, 208.
[24] BayObLG NJW 1997, 1936; *Dierlamm* NStZ 1996, 153, 156.
[25] BGH NStZ 2013, 529, 530; *Ogiermann/Weber* wistra 2011, 206, 208.
[26] *Ransiek* ZStW 116 (2004), 634 „Untreue passt immer".
[27] BGHSt 55, 288; 56, 203; NStZ 2013, 164.
[28] BGH NJW 1991, 2574; 2004, 2488.
[29] *Fischer* StGB § 266 Rn. 41 ff, insbesondere in Fällen faktischer Geschäftsführung.
[30] Schönke/Schröder/*Perron* § 266 Rn. 25 f.

gegenüber der Gesellschaft keine Vermögensbetreuungspflicht besitzen, sie vielmehr ausschließlich in Wahrnehmung eigener Rechte und Angelegenheiten tätig werden.[31] Da die Gesellschaft keinen absoluten Bestandsschutz genießt und die Gesellschafter jederzeit die Tätigkeit der Gesellschaft beenden und die Ausschüttung des Gesellschaftsvermögens verfügen können, bleibt für eine Vermögensbetreuungspflicht kein Raum. Eine beschränkte Vermögensbetreuungspflicht des Gesellschafters wird nur insoweit angenommen, als es ihm untersagt ist, der beherrschten Gesellschaft Vermögenswerte in einem solchen Umfang zu entziehen, dass dadurch außerhalb eines ordentlichen Liquidationsverfahrens die Existenzfähigkeit des Unternehmens gefährdet und es in eine Insolvenzsituation gebracht wird.[32] Zu weit geht es jedoch, alleine aufgrund der Konzernangehörigkeit eine qualifizierte Vermögensbetreuungspflicht der Obergesellschaft dahingehend annehmen zu wollen, das Vermögen des abhängigen Unternehmen pfleglich zu behandeln.[33]

2. Pflichtverletzung

a) Verletzung einer Vermögensbetreuungspflicht

Wann eine Pflichtverletzung vorliegt, bestimmt sich nach außerstrafrechtlichen, meist nach **9** zivilrechtlichen Kriterien. Erforderlich ist der Verstoß gegen eine gesetzliche oder vertragliche Verpflichtung. Dass die bewusste Herbeiführung eines Vermögensschadens stets eine Pflichtverletzung darstellt,[34] trifft hingegen in dieser Allgemeinheit nicht zu. So ist auch die Vergabe von Spenden oder Sponsoringleistungen, bei denen keine oder eine kaum wirtschaftlich messbare Gegenleistung besteht, idR nicht als Untreue strafbar.[35] Um den Straftatbestand hinreichend einzugrenzen, wird zunehmend gefordert, dass die Pflichtverletzung klar und evident[36] sein müsse bzw nur gravierende Verstöße[37] erfasst werden. Allerdings nimmt die Rechtsprechung bei einem Verstoß gegen die Grenzen der Business Judgment Rule des § 93 Abs. 1 AktG stets eine gravierende Pflichtverletzung an.[38] Eine Untreue liegt dabei nicht schon dann vor, wenn gegen eine gesetzliche Vorschrift verstoßen wird, selbst wenn es sich um eine Straf- oder Bußgeldnorm handelt. Erforderlich ist vielmehr, dass die verletzte Norm gerade vermögensschützenden Charakter hat.[39]

b) Einwilligung des Vermögensträgers

Eine Einwilligung des Vermögensinhabers in vermögensschädigende Maßnahmen lässt **10** nach allgemeinen Grundsätzen eine Strafbarkeit entfallen.[40] Voraussetzung hierfür ist eine zivilrechtlich wirksame Zustimmung, die nicht auf Willensmängeln beruht und die nicht erschlichen ist. Erforderlich ist die Zustimmung des Vermögensträgers. Bei Personengesellschaften ist das Einverständnis aller Gesellschafter notwendig,[41] bei der GmbH die Zustimmung aller Gesellschafter[42] oder ein Mehrheitsbeschluss des die Gesamtheit der Gesellschafter repräsentierenden Gesellschaftsorgans.[43] Eine Entscheidung alleine des Mehrheitsgesellschafters ohne Beteiligung der anderen Minderheitsgesellschafter genügt

---

31 Offengelassen in BGH NStZ 2004, 559, 561 (Bremer Vulkan).
32 BGH NStZ 2004, 559, 561; 2010, 89, 91.
33 So aber BGH NStZ 1996, 540, 541; offen gelassen BGH NStZ 2010, 89, 90.
34 So BGHSt 50, 331 (Mannesmann/Vodafone).
35 BGH NStZ 2002, 322.
36 BVerfGE 126, 170, 210.
37 BGHSt 47, 148, 150; 47, 187; 49, 147, 155; aA BGHSt 50, 331, 336.
38 BGH NStZ 2017, 227, 230.
39 BGH NStZ 2011, 37, 38.
40 BGHSt 50, 331, 342; 55, 266, 278.
41 BGH NJW 2013, 3590, 3593; NStZ 2013, 38, 39.
42 *Fischer* StGB § 266 Rn. 95.
43 BGH NStZ 2010, 700, 703; 2012, 630, 633.

nicht.[44] Ebensowenig schließt im Insolvenzfall die Zustimmung der Hauptgläubiger zu einer Maßnahme eine Untreustrafbarkeit des Insolvenzverwalters aus.[45] Umstritten ist, ob bei Aktiengesellschaften aufgrund der unterschiedlichen Kompetenzen von Vorstand, Aufsichtsrat und Aktionären überhaupt eine Einwilligung möglich ist.[46]

11   Zwar können die Gesellschafter der Gesellschaft Vermögenswerte entziehen, da die Gesellschaft keinen Anspruch auf ungeschmälerten Fortbestand besitzt. Ein Einverständnis der Gesellschafter ist allerdings unwirksam und die Vermögensverfügung des Geschäftsführers deshalb missbräuchlich, wenn dieses auf Wissens- oder Willensmängel beruht, gegen gesetzliche Vorschriften verstößt oder Gesellschaftsrecht verletzt bzw in sonstiger Weise missbräuchlich[47] ist, weil die wirtschaftliche Existenz der Gesellschaft gefährdet wird, etwa durch Beeinträchtigung des Stammkapitals entgegen § 30 GmbHG, Entzug der Produktionsgrundlagen, durch Herbeiführung oder Vertiefung einer Überschuldung[48] oder durch Gefährdung der Liquidität.[49] An diesen Beschränkungen hält die strafrechtliche Rechtsprechung ungeachtet der gesellschaftsrechtlichen Neuausrichtung des Haftungsregimes der Gesellschafter für existenzvernichtende Eingriffe durch die Trihotel-Entscheidung[50] unter Hinweis auf die fehlende Deckungsgleichheit zwischen dem Umfang der strafrechtlichen Vermögensbetreuungspflicht und der zivilrechtlichen Dispositionsbefugnis des Vermögensinhabers weiterhin fest.[51]

3. Nachteil

12   Erforderlich ist zudem der Eintritt eines Vermögensschadens. Dieser ist durch einen Vergleich der Vermögenslage vor und nach der Pflichtverletzung festzustellen bzw im Fall der Unterlassung einer gebotenen Handlung durch den Vergleich der Vermögenslage infolge der Unterlassung mit derjenigen, wie er sich bei Vornahme der pflichtgemäßen Handlung dargestellt hätte.[52] Einem bereits vollständig realisierten Schaden strafrechtlich gleichzustellen sind Fälle der schadensgleichen Vermögensgefährdung. Dies ist dann anzunehmen, wenn das Vermögen durch die pflichtwidrige Handlung bereits derart beeinträchtigt ist, dass die Gefahrensituation jederzeit unmittelbar in die vollständige Realisierung des Schadens umschlagen kann.[53] Keinen Schaden stellt daher die im Einvernehmen mit dem Gesellschafter durchgeführte Entnahme von Gewinnen oder die Zahlung von Gewinnvorschüssen dar, selbst wenn diese zu Täuschungszwecken falsch verbucht sind.[54] Dies jedoch nur solange die Zahlung keine über die bloße Entnahme bewirkte Vermögensminderung hinausreichende Folgen hat, insbesondere sie nicht zu einer Existenzgefahr für das Unternehmen führt. Grundsätzlich kann auch die Vertiefung einer ohnehin bestehenden Insolvenzsituation, insbesondere die Erhöhung der Verbindlichkeiten bei Überschuldung, einen strafrechtlich relevanten Vermögensschaden darstellen.[55]

13   Im Rahmen mehrerer Handlungen ist dabei für jedes einzelne Geschehen gesondert zu prüfen, ob ein Schaden eingetreten ist.[56] Eine Gesamtbetrachtung ist nur zulässig, wenn nach einem wirtschaftlich vernünftigen Gesamtplan ein Handlungsbündel auf einen einheitlichen Erfolg so angelegt ist, dass dieser nicht anders als über zunächst nachteilige

---

[44] BGH NStZ 2010, 700, 703.
[45] BGH BeckRS 2016, 20475.
[46] *Fischer* StGB § 266 Rn. 102 ff; offen gelassen BGH NStZ 2010, 700, 703.
[47] OLG Thüringen wistra 2011, 315; BGH NStZ 2013, 715, 717.
[48] BGHSt 35, 333, 337; BGH NStZ-RR 2005, 86.
[49] BGH NStZ 1995, 185, 186; NStZ-RR 2012, 80; OLG Stuttgart wistra 2010, 34.
[50] BGH NJW 2007, 2689.
[51] BGH NStZ 2010, 89, 91; OLG Stuttgart wistra 2010, 34.
[52] *Fischer* StGB § 66 Rn. 115a; BGH NStZ 2013, 711, 712.
[53] *Fischer* StGB § 266 Rn. 150; *Hinrichs* wistra 2013, 161; *Peglau* wistra 2012, 368; *Fischer* StV 2010, 95.
[54] BGH NStZ-RR 2013, 345, 346.
[55] BGH NStZ 1991, 432, 433.
[56] BGH NStZ 1986, 455, 456; Kindhäuser/Neumann/Paeffgen/*Kindhäuser* StGB § 266 Rn. 112.

Maßnahmen erreicht werden kann und sich ein aus mehreren Einzelhandlungen bestehendes Verhalten bei natürlicher Betrachtung derart als äußere und innere Einheit darstellt, dass es unzulässig wäre, aus diesem Gesamtverhalten bestimmte Einzelhandlungen willkürlich herauszugreifen und unabhängig von den anderen zu beurteilen.[57] Hierzu zählen insbesondere kaufmännische und industrielle Investitionen, die Umstellung eines Betriebs auf eine andere Art oder Methode der Bewirtschaftung und ähnliche Fälle eines eingerechneten Vorausnachteils, in denen dieser nur Durchgangsstadium zum Erfolgsziel ist. Unter diesen Voraussetzungen können auch zunächst mit Vermögensschmälerungen verbundene Sanierungs- und Restrukturierungspläne noch zulässig sein.

Noch ungeklärt ist, inwieweit – von Fällen der Existenzgefährdung einer Untergesellschaft abgesehen – eine Gesamtvermögensbetrachtung auf Konzernebene zulässig ist. Grundsätzlich ist für die Frage des Schadens auf die Vermögenssituation jeder einzelnen Gesellschaft abzustellen[58] und ein Nachteil kann nicht deshalb verneint werden, weil ein Vorteil bei einem Dritten eingetreten ist, mag dieser mit dem geschädigten Unternehmen auch wirtschaftlich verflochten sein.[59] Jedoch steht dem eine Berücksichtigung von einen Nachteil kompensierenden Vorteilen auf Konzernebene nicht gänzlich entgegen.[60] Hier wird es stets auf die Verhältnisse des jeweiligen Einzelfalles ankommen. **14**

4. Besondere Risikosituationen

a) Cash Pool

Durch die Teilnahme an Cash-Pools können gerade in Insolvenzsituationen besondere Haftungsrisiken entstehen,[61] denn ein Ausgleich der bestehenden Darlehensverhältnisse wird dann zweifelhaft, zudem droht auch die Rückabwicklung sämtlicher Darlehensrückzahlungen an Gesellschafter im letzten Jahr vor Insolvenzeröffnungsantrag gemäß § 135 Abs. 1 Nr. 2 InsO. Ungeachtet aller unterschiedlichen Gestaltungen im Einzelnen wird der Beitritt zu einem Cash-Pool regelmäßig noch keine untreuerelevante Pflichtverletzung darstellen, sofern zum Zeitpunkt des Beitritts sich die darlehensaufnehmenden Gesellschaften nicht schon in einer Krisensituation befunden haben.[62] Bei einer normalen Geschäftssituation dürfte nämlich der Anspruch auf Rückzahlung der in den Cash Pool geleisteten Einzahlungen nicht gefährdet sein, so dass kein Nachteil vorliegt.[63] Dies unabhängig davon, ob ein hinreichend effektives Informations- und Frühwarnsystem vorhanden ist.[64] Liegt bei Beitritt zu einem Cash Pool keine Pflichtverletzung vor, führt auch eine Verschlechterung der wirtschaftlichen Situation nicht per se zu einer Strafbarkeit. Eine solche kann sich aber dann ergeben, wenn die Teilnahme am Cash Pool weiter fortgeführt wird, obgleich die Rückzahlungsansprüche wegen verschlechterter Liquiditätssituation der aufnehmenden Gesellschaften gefährdet werden und keine werthaltigen Sicherheiten vorhanden sind. Der (Gefährdungs-)Schaden kann sich daraus ergeben, dass Rückzahlungsansprüche weniger werthaltig werden und wertberichtigt werden müssen. Ein Nachteil setzt aber immer voraus, dass bei Nichtweiterführung des Cash Pools die bestehenden Rückzahlungsansprüche noch ganz oder jedenfalls teilweise realisiert werden können. Zulässig kann die Weiterführung aber dann sein, wenn dadurch der Verlust weiterer Gelder verhindert wird oder **15**

---

[57] LeipzigerKommStGB/*Schünemann* § 266 Rn. 169.
[58] *Lesch/Hüttemann/Reschke* NStZ 2015, 609, 611
[59] Schönke/Schröder/*Perron* § 266 Rn. 41.
[60] So in der Tendenz BGH NStZ 2006, 221, 222 Tz. 6, 13 sowie NStZ 2013, 715, 716 f.
[61] *Wessing/Krawczyk* NZG 2009, 1176; *Rönnau/Krezer* ZIP 2010, 2269; *Arens* GmbHR 2010, 905.
[62] *Rönnau/Krezer* ZIP 2010, 2269, 2273; *Arens* GmbHR 2010, 905 (910).
[63] *Arens* GmbHR 2010, 905, 910.
[64] Eine Pflichtverletzung bei Fehlen eines solchen bejahend *Rönnau/Krezer* ZIP 2010, 2269 (2273), jedoch wird es insoweit an einem Nachteil fehlen. Ein solcher kann aber bei sich verschlechternder wirtschaftlicher Situation der teilnehmenden Gesellschaften auftreten, so dass die strafbare Pflichtverletzung in der Weiterführung des Cash Pools ohne hinreichende Informationsmöglichkeit liegen kann.

durch einen Austritt aus dem Cash Pool dringend notwendige Liquidität abgeschnitten und dadurch erst eine Insolvenzsituation herbeigeführt wird.[65] Es bedarf daher stets einer genauen Abwägung der Vor- und Nachteile des Beitritts bzw Verbleibens in einem Cash Pool, um Strafbarkeitsrisiken beurteilen zu können.

b) Gewährung von Sicherheiten

16 Vergleichbare Risiken wie beim Cash Pool können bei der Gewährung von Sicherheiten zugunsten von Konzerngesellschaften bestehen.[66] Auch insoweit kann bereits die Eingehung von Haftungsrisiken zugunsten einer dritten Gesellschaft eine Pflichtverletzung darstellen, insbesondere wenn schon bei Einräumung mit der Inanspruchnahme gerechnet werden muss[67]. Keine Pflichtverletzung liegt vor, wenn der Vermögensträger eine wirksame Zustimmung erklärt hat.[68] Dabei ist eine Unwirksamkeit der Zustimmung wegen einer im Fall der Verwirklichung des Haftungsrisikos drohenden Insolvenzgefahr nur dann anzunehmen, wenn bereits bei Gewährung die Haftungsrisiken so hoch sind, dass eine zur Existenzgefahr führende Rückstellung gebildet werden müsste.[69] Kein Vermögensnachteil besteht auch dann, wenn zum Zeitpunkt der Sicherheitenbestellung mit einer Inanspruchnahme nicht und nur in solcher Höhe gerechnet werden muss, dass eine Existenzgefahr nicht besteht.

c) Rückzahlung von Gesellschafterforderungen und eigenkapitalersetzende Leistungen

17 Die Rückzahlung von Gesellschafterdarlehen führt in Folge der Änderung von § 30 Abs. 1 S. 3 GmbHG durch das MoMiG grundsätzlich nicht mehr zur Untreuestrafbarkeit.[70] Dies gilt allerdings nur solange als die Rückzahlung von Gesellschafterdarlehen nicht zu einer Existenzgefahr für die Gesellschaft führt.

18 Sonstige Leistungen dürfen an Gesellschafter oder diesen nahestehende Personen nach § 30 Abs. 1 S. 2 GmbHG erbracht werden, wenn diese durch einen vollwertigen Gegenleistungs- oder Rückzahlungsanspruch gedeckt sind. Stellt sich heraus, dass die Gegenleistungs- oder Rückzahlungsansprüche infolge einer geänderten wirtschaftlichen Lage nicht mehr in vollem Umfang werthaltig sind, müssen bestehende Ansprüche zur Vermeidung einer Strafbarkeit geltend gemacht bzw Verpflichtungen ggf gekündigt werden.

d) Sanierungskredite

19 Die Gewährung von Krediten an konzernangehörige Unternehmen oder an Dritte kann eine Untreuestrafbarkeit dann begründen, wenn nicht mehr von einer Gleichwertigkeit von Leistungs- und Gegenleistungsanspruch auszugehen ist, dh die vereinbarten Darlehenskonditionen das Risiko des Ausfalls des Rückzahlungsanspruchs nicht mehr abdecken. Gleiches gilt umgekehrt für den Fall, dass trotz verschlechterter wirtschaftlicher Lage des Schuldners auf die mögliche Kündigung ausgereichter Darlehen verzichtet wird; in diesem Fall liegt ein Nachteil dann vor, wenn bei rechtzeitiger Kündigung die Darlehensrückzahlungsansprüche ganz oder teilweise hätten realisiert werden können. Für die Beurteilung der Pflichtwidrigkeit und des Nachteils ist darauf abzustellen, wie die Vermögenslage aussähe, wenn das Darlehen nicht ausgereicht bzw gekündigt würde. Damit im Zusammenhang stehende Nachteile bzw Vorteile sind gegeneinander abzuwägen. Anerkannt ist, dass

---

[65] *Rönnau/Krezer* ZIP 2010, 2269, 2273.
[66] *Mahler* GmbHR 2012, 504.
[67] BGH NJW 2016, 2585, 2596.
[68] Vgl. oben → Rn. 10.
[69] *Mahler* GmbHR 2012, 506, 507.
[70] OLG Stuttgart wistra 2010, 34; *Maurer/Wolf* wistra 2011, 327.

eine Untreue bei hochriskanten Sanierungskrediten zur Vermeidung eines endgültigen Forderungsausfalls nicht vorliegt.[71] Für Sanierungsmaßnahmen muss daher das Gleiche gelten, jedenfalls dann, wenn nicht nur eine vage Chance auf Sanierung, sondern eine begründete Aussicht hierfür besteht.[72]

III. Insolvenzdelikte im Konzern

1. Insolvenzverschleppung

Eine „Konzerninsolvenz" im eigentlichen Sinne ist dem deutschen Recht fremd. Die **20** Pflicht zur Insolvenzantragstellung nach § 15a InsO ist auch in Konzernkonstellationen für jedes Unternehmen gesondert zu betrachten. Faktisch wird jedoch die wirtschaftliche Krise einer Konzerngesellschaft häufig auf andere Konzerngesellschaften ausstrahlen. Oftmals werden andere Konzerngesellschaften zur Bewältigung der Krise bereits umfangreiche Mithaftgarantien oder Sicherheiten gestellt haben, sodass es zu einem Domino-Effekt kommen kann und sie unmittelbar von einer Insolvenz mitbetroffen werden.[73] Bei Eintritt einer Krise auch nur einer Konzerngesellschaft ist stets eine besonders sorgfältige Prüfung der Auswirkungen auf andere Konzerngesellschaften erforderlich, sei es wegen der geschäftlichen Verflechtungen und deren Auswirkung auf die Geschäftstätigkeit, sei es infolge von Haftungsfolgen.[74] In derartigen Haftungskonstellationen werden nämlich für die Gefahr der Haftungsinanspruchnahme Rückstellungen zu bilden sein,[75] die zu einer Überschuldung führen können. Insbesondere bei der Niederlegung von Organfunktionen bei einzelnen Konzerngesellschaften kann die Verpflichtung zur Insolvenzantragstellung nach § 15a Abs. 3 InsO auf den Gesellschafter einer GmbH bzw den Aufsichtsrat einer AG oder Genossenschaft und damit auf andere Konzerngesellschaften übergehen. Im Übrigen ist zur Insolvenzantragstellung nicht nur das satzungsmäßige, sondern auch das faktische Organ verpflichtet.[76]

2. Bankrott

Stellen Konzerngesellschaften zur Überwindung der Krise innerhalb eines Konzerns Geld- **21** mittel oder Sicherheiten zur Verfügung, bestehen Haftungsrisiken über die Untreue hinaus auch wegen Bankrotts nach §§ 283 Abs. 1 Nr. 1, Nr. 2 oder Nr. 8, Abs. 2 StGB. Dies jedenfalls dann, wenn entsprechende Unterstützungsmaßnahmen dazu führen, dass die unterstützende Gesellschaft zahlungsunfähig oder überschuldet wird. Umgekehrt kann auch die kompensationslose Überleitung vermögenswerter Geschäftschancen von einem insolvenzbedrohten auf ein anderes Konzernunternehmen, aber auch die Rückzahlung von Gesellschafterdarlehen entgegen einem gesellschaftsrechtlichen Zahlungsverbot eine Bankrotthandlung darstellen.[77] Voraussetzung einer Strafbarkeit ist zwar stets ein Handeln, das den Anforderungen einer ordnungsgemäßen Wirtschaft widerspricht. Insoweit ist es nicht ausgeschlossen, im Einzelfall bei einer Maßnahme auch Interessen des Gesamtkonzerns zu berücksichtigen, wenngleich diese Eigeninteressen des Schuldnerunternehmens nicht überwiegen können.

---

[71] BGH NStZ 2002, 262, 264.
[72] LG Braunschweig CCZ 2008, 32, 33 (zu Schmiergeldzahlungen).
[73] *Simon/Frind* NZI 2013, 1, 4 ff.
[74] Zum gleichgelagerten Problem der Insolvenzantragspflicht bei der GmbH & Co. KG vgl. Wabnitz/Janowsky/*Pelz* Handbuch des Wirtschaftsstrafrechts § 16 Rn. 28.
[75] BGH Urt. v. 11.2.10 – 4 StR 433/09 = BeckRS 2010, 05100.
[76] BGHSt 31, 118, 123; NJW 2014, 164, 166.
[77] BGH NZI 2017, 542, 544.

3. Gläubigerbegünstigung

22 In Insolvenzsituation bei Konzernen besteht oftmals die Neigung, Verbindlichkeiten gegenüber anderen Konzernunternehmen vor Stellung des Insolvenzantrags noch zu begleichen oder diesen jedenfalls Sicherheiten für bestehende Verbindlichkeiten zu gewähren. Besteht auf die Befriedigung oder Sicherheit entweder überhaupt kein Anspruch oder jedenfalls nicht in der konkreten Form bzw ist ein solcher Anspruch noch nicht fällig, bestehen Strafbarkeitsrisiken wegen Gläubigerbegünstigung oder Teilnahme hieran nach §§ 283c, 26, 27 StGB. Dies besonders dann, wenn – wie in Konzernkonstellationen nicht selten – hinreichende und detaillierte vertragliche Vereinbarungen fehlen. Inkongruent soll nämlich schon die Gewährung einer Sicherheit sein, wenn zwar eine Sicherheitenbestellung als solche vereinbart war, nicht aber die konkrete Art der Sicherheit.[78]

IV. Strafbarkeitsrisiken des Insolvenz- und Koordinierungsverwalters

23 Der Insolvenzverwalter kann nach ganz hM tauglicher Täter sowohl einer Untreue nach § 266 StGB[79] als auch eines Bankrotts nach § 283 StGB[80] sein. Aufgrund des Übergangs der Verwaltungs- und Verfügungsbefugnis nach § 80 Abs. 1 InsO trifft den Insolvenzverwalter eine Vermögensbetreuungspflicht zu Gunsten des Schuldnervermögens, darüber hinaus nach § 92 InsO auch gegenüber der Gesamtheit aller Insolvenzgläubiger. Daneben obliegen dem Insolvenzverwalter auch öffentlich-rechtliche Pflichten gegenüber dem Staat;[81] bei letzterem handelt es sich aber nicht um qualifizierte Vermögensbetreuungspflichten iSd § 266 StGB.

24 Wird derselbe Insolvenzverwalter bei verschiedenen gruppenangehörigen Unternehmen eingesetzt, können Interessenkonflikte bestehen, sofern die beteiligten Schuldner wechselseitige Ansprüche haben oder widerstreitende Strategien verfolgen. Es können Situationen eintreten, bei denen die Wahrnehmung der Interessen des einen Schuldners zwangsläufig die Interessen des anderen beeinträchtigt. Ein Strafausschluss nach den Grundsätzen der Pflichtenkollision dürfte deshalb nicht in Betracht kommen, weil es dem Insolvenzverwalter möglich gewesen wäre, eine derartige Pflichtenkollision zu vermeiden. Strafrechtliche Risiken können nur dann ausgeschlossen werden, wenn für derartige Konstellationen die Zustimmung der beteiligten Gläubigerausschüsse am Insolvenzgericht einholt wird, sonst ist auf die Bestellung eines Sonderinsolvenzverwalters hinwirken.

25 Um Zielkonflikte bei der Insolvenz von Unternehmensgruppen zu vermeiden, besteht nunmehr die Möglichkeit, für verschiedene gruppenangehörige Schuldner denselben Insolvenzverwalter zu bestellen (§ 56b Abs. 1 InsO). Da bei Bestellung nur eines Insolvenzverwalters aufgrund des erheblich geringeren Aufwands und der niedrigeren Insolvenzverwaltervergütung regelmäßig eine höhere Quote für die Gläubiger verbunden sein wird, sollen auch geringfügige Interessenkonflikte zwischen gruppenangehörigen Schuldnern der Bestellung desselben Insolvenzverwalters nicht entgegen stehen.[82] Ggf. kann vereinzelten Interessenkonflikten durch Bestellung eines Sonderinsolvenzverwalters (§ 56b Abs. 1 Satz 2 InsO) Rechnung getragen werden. Bestehen umfangreichere Interessenkonflikte, werden stets verschiedene Insolvenzverwalter bestellt werden, jedoch mit der Möglichkeit, die

---

[78] BGH MDR 1979, 457; *Pelz* Strafrecht in Krise und Insolvenz Rn. 438.
[79] *Schramm* NStZ 2000, 398; *Richter* NZI 2002, 121; LG Magdeburg, wistra 2002, 156; LG Frankfurt ZInsO 2014, 1811.
[80] *Pelz* Strafrecht in Krise und Insolvenz Rn. 671; Dannecker/Knierim/Hagemeier/*Knierim* Insolvenzstrafrecht Rn. 1194.
[81] Uhlenbruck/*Uhlenbruck* InsO § 80 Rn. 165.
[82] *Mock* DB 2017, 951, 952.

verschiedenen Insolvenzverfahren durch einen Verfahrenskoordinationator nach § 269e InsO zu koordinieren. Dieser hat für eine Abstimmung der verschiedenen Insolvenzverfahren zu sorgen, hat aber selbst keine eigenen Eingriffs- und Verwertungsrechte, so dass er auch nicht Täter einer Untreue sein kann. Die Einzelinsolvenzverwalter bleiben auch bei einer Verfahrenskoordination ihren jeweiligen eigenen Verfahrensinteressen verpflichtet, so dass sie nach § 269i Abs. 1 InsO von dem Koordinationsplan abweichen dürfen und ggf. auch müssen. Auch wenn bei einem Gruppeninsolvenzverwahren die Insolvenzverwalter der einzelnen Gruppenunternehmen zusammenzuarbeiten haben, gilt dies nur insoweit, als dem nicht die Interessen ihrer eigenen Schuldnerunternehmen entgegenstehen.[83] Weiterhin hat jeder Insolvenzverwalter zunächst danach zu trachten, die beste Befriedigung der Gläubiger seines Schuldners zu erreichen, während dem Erhalt des Konzern Bedeutung nur dann zukommt, wenn er einen Mehrwert auch für Gläubiger des jeweiligen insolvenzen Gruppenunternehmens mit sich bringt.[84]

Aufgabe des Koordinationsverwalters ist es nach § 269f Abs. 1 InsO für eine abgestimm- **26** te Abwicklung der verschiedenen Insolvenzverfahren über die gruppenangehörigen Schuldner zu sorgen, sofern und soweit dies im Interesse der Gläubiger liegt. Zu seinen Aufgaben gehört auch die Entwicklung eines Koordinationsplans nach § 269h InsO. Aus diesen Vorschriften ergibt sich, dass der Koordinationsverwalter ausschließlich Gläubigerinteressen wahrnimmt.[85] Insoweit kann der Koordinationsverwalter Täter einer Untreue allenfalls zum Nachteil der Gläubiger sein. Da sich seine Aufgaben auf die Koordination der verschiedenen Insolvenzverfahren und die Aufstellung eines Koordinationsplanes beschränken, sind dessen Haftungsrisiken deutlich niedriger als diejenigen der Insolvenzverwalter der Einzelinsolvenzverfahren.

Täter der Bankrottdelikte der §§ 283 ff StGB kann der Koordinationsverwalter nicht **27** werden, da er keine Befugnisse nach § 80 InsO besitzt und nicht für den Schuldner tätig wird. Insoweit kommt allenfalls eine Anstiftung oder Beihilfe zu Straftaten der Insolvenzverwalter der Einzelinsolvenzverfahren in Betracht.

---

[83] *Mock* DB 2017, 951, 952; *Wimmer* JurisPR-InsR 8/2017, Anm. 1.
[84] *Stahlschmidt/Bartelheimer* ZInsO 2017, 1010, 1015.
[85] § 269f Abs. 1 Satz 1 InsO-E regelt die Koordinierungsaufgabe „... *soweit dies im Interesse der Gläubiger liegt*".

§ 8 Internationales Konzerninsolvenzrecht

Übersicht

Schrifttum:

Adam/Poertzgen, Überlegungen zum Europäischen Konzerninsolvenzrecht (Teil 1), ZInsO 2008, 281 ff; *Adam/Poertzgen,* Überlegungen zum Europäischen Konzerninsolvenzrecht (Teil 2), ZInsO 2008, 347 ff; *Andres/Leithaus,* Insolvenzordnung: InsO Kommentar, 3. Auflage 2014; *Amera/Kolod,* Substantive consolidation: Getting back to basics, 14 American Bankruptcy Institute Law Review 1; *Balz,* Das neue Europäische Insolvenzübereinkommen, ZIP 1996, 948 ff; *Becker,* Insolvenz in der Europäischen Union Zur Verordnung des Rates über Insolvenzverfahren, ZEuP 2002, 287 ff; *Beck,* Verwertungsfragen im Verhältnis von Haupt- und Sekundärinsolvenzverfahren nach der EuInsVO; NZI 2006, 609 ff; *Bismarck/Schümann-Kleber,* Insolvenz eines ausländischen Sicherungsgebers – Anwendung deutscher Vorschriften auf die Verwertung in Deutschland belegener Kreditsicherheiten, NZI 2005, 147 ff; *Brinkmann,* Die Auswirkungen der Eröffnung eines Verfahrens nach Chapter 11 U. S. Bankruptcy Code auf im Inland anhängige Prozesse, IPRax 2011, 143 ff; *Brinkmann,* Der Aussonderungsstreit im internationalen Insolvenzrecht – Zur Abgrenzung zwischen EuGVVO und EuInsVO, IPRax 2010, 324 ff; *Busch/Remmert/Rüntz/Vallender,* NZI 2010, 417 ff; *Carstens,* Die internationale Zuständigkeit im Insolvenzrecht, 2005; *Dammann/Podeur,* L'affaire Eurotunnel, première application du règlement CE n° 1346–2000 à la procédure de sauvegarde, Recueil Dalloz 2006, Jurisprudence, 2329 f; *Duursma-Kepplinger/Duursma/Chalupsky,* Europäische Insolvenzverordnung: Kommentar, 2002; *Duursma/Duursma-Kepplinge,* Gegensteuerungsmaßnahmen bei ungerechtfertigter Inanspruchnahme der internationalen Zuständigkeit gemäß Art 3 Abs. 1 EuInsVO, DZWIR 2003, 447 ff; *Duursma-Kepplinger/Duursma,* Der Anwendungsbereich der Insolvenzverordnung, IPRax 2003, 505 ff; *Ehricke,* Verfahrenskoordination bei grenzüberschreitenden Unternehmensinsolvenzen, FS 75 Jahre Max Planck Institut für Privatrecht (2001), 337 ff; *Ehricke,* Zur Kooperation von Insolvenzgerichten bei grenzüberschreitenden Insolvenzverfahren im Anwendungsbereich der EuInsVO, ZIP 2007, 2395 ff; *Ehricke,* Die Zusammenarbeit der Insolvenzverwalter bei grenzüberschreitenden Insolvenzen nach der EuInsVO, WM 2005, 397 ff; *Ehricke,* Das Verhältnis des Hauptinsolvenzverwalters zum Sekundärinsolvenzverwalter bei grenzüberschreitenden Insolvenzen nach der EuInsVO, ZIP 2005, 1104 ff; *Eidenmüller,* Wettbewerb der Insolvenzrechte?, ZGR 2006, 467 ff; *Eidenmüller,* Verfahrenskoordination bei Konzerninsolvenzen, ZHR 2005, 528 ff; *Eidenmüller,* Der Markt für internationale Konzerninsolvenzen: Zuständigkeitskonflikte unter der EuInsVO, NJW 2004, 3455 ff; *Eidenmüller,* Europäische Verordnung über Insolvenzverfahren und zukünftiges deutsches internationales Insolvenzrecht, IPRax 2001, 2 ff; *Eidenmüller,* Der nationale und der internationale Insolvenzverwaltungsvertrag, ZZP 114 (2001), 3 ff; *Fehrenbach,* Anmerkung zur Entscheidung des EuGH vom 15.12.2011 (C-191/10; NZG 2012, 150) – Zur Frage der internationalen Zuständigkeit zur Eröffnung eins Insolvenzverfahrens bei Vermögensvermischung, LMK 2012, 328570 ff; *Fleischer,* Europäisches Konzernrecht: Eine akteurzentrierte Annäherung, ZGR 2017, 1; *Fletcher/Wessels,* Global Principles for Cooparation in International Insolvency Cases, IILR 2013, 2 ff; *Frind,* Forum PINning?, ZInsO 2008, 263 ff; *Frind,* Ein letzter PIN: Zur Ökonomisierung des Prinzip des gesetzlichen Richters, ZInsO 2008, 614 ff; *Fritz,* Die Neufassung der Europäischen Insolvenzverordnung: Erleichterung bei der Restrukturierung in grenzüberschreitenden Fällen?, DB 2015, 1882 (Teil 1), 1945 (Teil 2); *Göpfert,* In re Maxwell Communications – ein Beispiel einer „koordinierten" Insolvenzverwaltung in parallelen Verfahren, ZZPInt 1 (1996), 269 ff; *Graeber,* Die Aufgaben des Insolvenzverwalters im Spannungsfeld zwischen Delegationsbedürfnis und Höchstpersönlichkeit, NZI 2003, 569 ff; *Grell,* Gestaltungsmöglichkeiten bezüglich des Gerichtsstands bei der nationalen Konzerninsolvenz, DB 2017, 1497 ff; *Grundmann,* Europäisches Gesellschaftsrecht, 2004; *Haas,* Die Verwertung der im Ausland belegenen Insolvenzmasse durch den Insolvenzverwalter im Anwendungsbereich der EuInsVO, FS Gerhardt (2004), 319 ff; *Haas,* Insolvenzrechtliche Annexverfahren und internationale Zuständigkeit, ZIP 2013, 2381 ff; *Harder,* Das neue deutsche Konzerninsolvenzrecht im Überblick, NJW-Spezial 2017, 469; *Haubold,* Mitgliedstaatenbezug, Zuständigkeitsverschleichung und Vermögensgerichtsstand im internationalen Insolvenzrecht, IPRax 2003, 34 ff; *Herchen,* Internationalinsolvenzrechtliche Kompetenzkonflikte in der Europäischen Gemeinschaft, ZInsO 2004, 61 ff; *Herchen,* Scheinauslandsgesellschaften im Anwendungsbereich der Europäischen Insolvenzverordnung, ZInsO 2003, 742 ff; *Herchen,* Die Befugnisse des deutschen Insolvenzverwalters hinsichtlich der Auslandsmasse nach In-Kraft-Treten der EG-Insolvenzverordnung (Verordnung des Rates Nr. 1346/2000), ZInsO 2002, 345 ff; *Hergenröder,* Internationales Verbraucherinsolvenzrecht, ZVI 2005, 233 ff; *Hergenröder/Gotzen,* Insolvenzrechtliche Anerkennung des US-Chapter 11-Verfahrens, DZWIR 2010, 273 ff; *Hess,* Europäisches Zivilprozessrecht, 2008; *Hirte,* Sechs Thesen zur Kodifikation der Konzerninsolvenz in der EuInsVO, ZInsO 2011, 1788 ff; *Hirte,* Towards a Framework for the Regulation of Corporate Groups' Insolvencies, ECFR 2008, 213 ff; *Hirte,* Vorschläge für die Kodifikation eines Konzerninsolvenzrechts, ZIP 2008, 444 ff; *Huber,* Internationales Insolvenzrecht in Europa, ZZP 114 (2001), 133 ff; *Khairallah,* Revue critique de droit international privé, 101 (2012), 442 ff; *Kirchhof/Stürner/Eidenmüller,* Münchener Kommentar zur Insolvenzordnung, Band 2 (3. Aufl. 2013); *Klöhn,* Zur internationalen Zuständigkeit bei Abwicklungstätigkeiten nach Einstellung der werbenden Tätigkeit einer GmbH, NZI 2006, 653 ff; *Knof/Mock,* Innerstaatliches Forum Shopping in der Konzerninsolvenz – Cologne Calling?, ZInsO 2008, 253 ff; *Knof/Mock,* Noch einmal: Forumshopping in der Konzerninsolvenz, ZInsO 2008, 499 ff; *Kreft,* Heidelberger Kommentar Insolvenzordnung, 6. Aufl. 2011; *Leible/Reichert,* Münchener Handbuch des Gesellschaftsrechts Band 6: Internationales Gesellschaftsrecht, Grenzüberschreitende Umwandlungen, 4. Aufl. 2013; *Leible/Staudinger,* Die europäische Verordnung über Insolvenzverfahren, KTS 2000, 533 ff; *Leonhardt/Smid/Zeuner,* Internationales Insolvenzrecht, 2. Aufl. 2012; *Liersch,* Deutsches Internationales Insolvenzrecht, NZI 2003, 302 ff; *Mankowski,* Anmerkung zu einer Entscheidung des BGH (Urteil vom 15.12.2011, C-191/10, NZI 2012, 147) – Zur gerichtlichen Zuständigkeit bei Erweiterung des Insolvenzverfahrens auf eine in einem anderen EU-Mitgliedstaat ansässige Gesellschaft –, NZI 2012, 150 ff; *Mankowski,* Anerkennung englischer Solvent Schemes of Arrangement in Deutschland, WM 2011, 1201 ff; *Mankowski,* Klärung von Grundfragen des europäischen Internationalen Insolvenzrechts durch die Eurofood-Entscheidung?, BB 2006, 1753 ff; *Mankowski,* Zur Frage der Bestimmung des Insolvenzgerichtsstandes bei internationalen Konzernen,

NZI 2004, 450 ff; *Mankowski,* Anm. zu EuGH, Urt. v 15.12.2011 – C-191/10 („Rastelli"), NZI 2012, 148; *Marquette/Barbé,* Les procédures d'insolvabilité extracommunautaires. Articulation des dispositions du règlement (CE) n° 1346/2000 et du droit commun des Etats membres, Clunet 133 (2006), 511 ff; *Meyer-Löwy/Poertzgen,* Eigenverwaltung (§§ 270 ff. InsO) löst Kompetenzkonflikt nach der EuInsVO, ZInsO 2004, 195 ff; *Mock/Schildt,* Insolvenz ausländischer Kapitalgesellschaften mit Sitz in Deutschland, ZInsO 2003, 396 ff; *Moss* Asking the Right Questions – Highs and Lows in the ECJ Judgment in Eurofood, (2006) 19 Insolvency Intelligence 97 ff; *Moss/Fletcher/Isaacs* EC Regulation on Insolvency Proceedings, 2002; *Mönning,* Betriebsfortführung in der Insolvenz, 2. Aufl. 2014; *Nerlich/Römermann,* Insolvenzordnung: InsO, 26. Auflage, 2014; *Pannen,* Europäische Insolvenzordnung, 2007; *Pannen/Riedemann,* Der Begriff des centre of main interests iS des Art. 3 I 1 EuInsVO im Spiegel der aktuellen Rechtsprechung, NZI 2004, 646 ff; *Paulus,* Europäische Insolvenzverordnung: EuInsVO, 4. Aufl. 2013; *Paulus,* Anmerkung zum Urteil des EuGH vom 15.12.2011, Az C-191/10 – Zur grenzüberschreitenden Konzerninsolvenz, EWiR 2012, 87 ff; *Paulus,* Die ersten Jahre mit der Europäischen Insolvenzverordnung, RabelsZ 2006, 458 ff; *Paulus,* Überlegungen zu einem modernen Konzerninsolvenzrecht, ZIP 2005, 1948 ff; *Paulus,* Zuständigkeitsfragen nach der Europäischen Insolvenzordnung, ZIP 2003, 1725 ff; *Paulus,* Das inländische Parallelverfahren nach der Europäischen Insolvenzverordnung, EWS 2002, 497 ff; *Paulus,* Die europäische Insolvenzordnung und der deutsche Insolvenzverwalter, NZI 2001, 505 ff; *Paulus,* „Protokolle" – ein anderer Zugang zur Abwicklung grenzüberschreitender Insolvenzen, ZIP 1998, 977 ff; *Piekenbrock,* Zum Anwendungsausschluss nach EGV 44/2001 Art 1 Abs. 2 Buchst b im Zusammenhang einem in Schweden durchgeführten Insolvenzverfahren mit einer Anteilsübertragung an einer österreichischen Gesellschaft, KTS 2009, 539 ff; *Podewils,* Zur Anerkennung von Chapter 11 in Deutschland, ZInsO 2010, 209 ff; *Prager/Keller,* Der Vorschlag der Europäischen Kommission zur Reform der EuInsVO, NZI 2013, 57 ff; *Rixecker/Säcker/Oetker,* Münchener Kommentar zum BGB, Band 10 (5. Auflage 2010), Band 11 (5. Aufl. 2010); *Schack,* Internationales Zivilverfahrensrecht, 6. Auflage 2014; *Scheel,* Konzerninsolvenzrecht, Eine vergleichende Darstellung des US-amerikanischen und des deutschen Rechts, Diss. Konstanz 1993; *Schmidt,* Hamburger Kommentar zum Insolvenzrecht, 4. Aufl. 2012; *Schmidt,* Insolvenzordnung: InsO, 18. Auflage 2013; *Schulte,* EuGH: Gerichtliche Zuständigkeit bei Erweiterung des Insolvenzverfahrens auf eine in einem anderen Mitgliedstaat ansässige Gesellschaft, GWR 2012, 95 ff; *Schuster,* Die Abgabe der Zusicherung nach Art. 36 I 2 EuInsVO durch den Hauptinsolvenzverwalter – Inhalt, Beschränkungs- und Erweiterungsmöglichkeiten, Formulierung und Haftung für Fehler bei der Abgabe der Zusicherung, NZI 2017, 873 ff.; *Smid,* Vier Entscheidungen englischer und deutscher Gerichte zur europäischen internationalen Zuständigkeit zur Eröffnung von Hauptinsolvenzverfahren, DZWIR 2003, 397 ff; *Staak,* Mögliche Probleme im Rahmen der Koordination von Haupt- und Sekundärinsolvenzverfahren nach der Europäischen Insolvenzverordnung (EuInsVO), NZI 2004, 480 ff; *Taylor* Further Into the Fog – Some Thoughts on the European Court of Justice Decision in the Eurofood Case, EIR Case Law-Alert No. 10 III/2006, 25 ff; *Taupitz,* Das (zukünftige) europäische Internationale Insolvenzrecht – insbesondere aus international-privatrechtlicher Sicht, ZZP 111 (1998), 315 ff; *Tucker,* Substantive consolidation: The cacophony continues, 18 American Bankruptcy Institute Law Review; *Uhlenbruck,* Insolvenzordnung, 13. Aufl. 2010; *Undritz,* Sekundärinsolvenzverfahren nach der EuInsVO – eine Geschichte von „loyalen Dienern", „Störenfrieden" und „virtuellen Welten", in: Festschrift für Heinz Vallender, 2015, S. 745 ff.; *Vallender,* Die Zusammenarbeit der Gerichte in grenzüberschreitenden Insolvenzverfahren FS Lüer (2008), 479 ff; *Vallender,* Judicial cooperation within the European Insolvency Regulation, IILR 2011, 309 ff; *Vallender,* Gerichtliche Kommunikation und Kooperation bei grenzüberschreitenden Insolvenzverfahren im Anwendungsbereich der EuInsVO – eine neue Herausforderung für Insolvenzgerichte –, KTS 2008, 59 ff; *Vallens* Bull. Joly sociétés 2010, 572; *Weller,* Inländische Gläubigerinteressen bei internationalen Konzerninsolvenzen, ZHR (169) 2005, 570 ff; *Weller,* Forum Shopping im Internationalen Insolvenzrecht?, IPRax 2004, 412 ff; *Westbrook,* The Lessons of Maxwell Communication, Fordham L. Rev. 64 (1996), 2531 ff; *Westpfahl/Janjuah,* Zur Modernisierung des deutschen Sanierungsrechts Ein Beitrag zur aktuellen Diskussion über die Reformbedürftigkeit des deutschen Insolvenzrechts, ZIP 2008, Beilage zu Heft 3, 1 ff; *Widen,* Corporate Form and Substantive Consolidation, 75 George Washington Law Review 237 (2007); *Wimmer,* Frankfurter Kommentar zur Insolvenzordnung: FK-InsO, 6. Auflage 2011; *Wittinghofer,* Der nationale und internationale Insolvenzverwaltungsvertrag, 2004.

I. Der internationale Konzern

Der Konzern ist zunächst ein wirtschaftliches Phänomen, also eine rechtstatsächliche Be- **1** obachtung: Es geht um ein arbeitsteiliges Wirtschaften, das nach funktionalen Gesichtspunkten (etwa Produktions-, Vertriebs-, Service-, Finanzierungs- und Besitzgesellschaften) oder nach regionalen Gesichtspunkten (Organisation des Wirtschaftens in unterschiedlichen Ländern) auf mehrere Gesellschaften als Rechtsträger aufgeteilt sein kann.[1]

---

[1] Zum Begriff des Konzerns ausf *Thole* § 2.

2   Das Recht ist bemüht, dieses Phänomen des Konzerns „abzubilden" und die besonderen Fragen, die sich aus der Konzernbildung ergeben, zu beantworten.[2] Diese Aufgabe ist nicht selten ein Unterfangen, weil das Recht in vielen Bereichen darauf verzichtet hat, sich mit dem Phänomen des Konzerns zu beschäftigen. Auch das deutsche Insolvenzrecht hat bis zur jüngsten Reform der Insolvenzordnung durch das „Gesetz zur Erleichterung der Bewältigung von Konzerninsolvenzen" die Existenz des Konzerns unter dem Aspekt der Insolvenz weitgehend ignoriert.[3]

3   Das europäische Insolvenzrecht hat ebenfalls bis zur Novellierung der EuInsVO 2000 durch die EuInsVO 2015 vom 20.5.2015 (in ihren wesentlichen Teilen anwendbar auf Verfahren ab dem 26.6.2017) lang darauf verzichtet, sich der Vielzahl konzernrechtlicher Fragen anzunehmen.[4] Den Konzern und folgerichtig ein Insolvenzverfahren über mehrere rechtlich eigenständige, aber konzernangehörige Gesellschaften kannte auch die EuInsVO 2000 bis dahin also nicht,[5] obwohl die Insolvenz gruppengebundener Unternehmen nachgerade der Prototyp der grenzüberschreitenden Insolvenz ist.[6] Die Neufassung der EuInsVO 2000 reagiert auf das zutreffend erkannte dringende praktische Bedürfnis nach einer gesetzlichen Regelung der Koordination der grenzüberschreitenden Insolvenzverfahren konzernangehöriger Gesellschaften.[7] Die Zurückhaltung bei der Regelung der Konzerninsolvenz nimmt freilich nicht Wunder, weil schon das Europäische Gesellschaftsrecht „den Konzern" als Regelungsgegenstand nicht kennt.[8] Die Regelung des Konzerninsolvenzrechts bereitet schon deshalb Schwierigkeiten, weil es in Europa keine einheitliche Begriffsbildung mit Blick auf den „Konzern" gibt. Die neugefasste EuInsVO 2015 hat entsprechende Begriffsbestimmungen in ihrem Art. 2 aufgenommen (siehe zu den Begriffen „Unternehmensgruppe" und „Mutterunternehmen" unten → Rn. 10).

4–5   Wie im Folgenden *Westpfahl* noch näher darstellen wird,[9] enthält seit dem Jahre 2012 der Legislative Guide on Insolvency Law in seinem dritten Teil Ausführungen zur Konzerninsolvenz (Treatment of enterprise groups in insolvency). Nach der dort vorgenommenen Begriffsbildung liegt ein Konzern (enterprise group) vor bei zwei oder mehr Gesellschaften, die durch Kontrolle oder eine zumindest eigentümerähnliche Stellung miteinander verbunden sind. Danach kommt es also nicht allein auf eine gesellschaftsrechtliche Verbindung in Form einer Beteiligung der Gesellschaften an, sondern es werden hiernach die verschiedensten Formen wirtschaftlicher Konzernorganisation erfasst, wie zB auch Sachverhalte einer faktischen Konzernierung.

---

[2]   → *Thole* § 2.

[3]   Am 9.3.2017 hat der Deutsche Bundestag das „Gesetz zur Erleichterung der Bewältigung von Konzerninsolvenzen" verabschiedet (BT-Drs. 204/17), siehe dazu etwa den Überblick von *Harder* NJW-Spezial 2017, 469.

[4]   Schließlich lag seit dem 12.12.2012 der Vorschlag der Kommission zur Reform der EuInsVO auf dem Tisch, siehe Vorschlag der Europäischen Kommission für eine Verordnung des Europäischen Parlaments und des Rates zur Änderung der Verordnung (EG) Nr. 1346/2000 des Rates über Insolvenzverfahren vom 12.12.2012, COM(2012) 744.

[5]   Zu frühen Überlegungen zum Europäischen Konzerninsolvenzrecht siehe *Adam/Poertzgen* ZInsO 2008, 281 (Teil 1), 347 (Teil 2); siehe für konkret formulierte Änderungsvorschläge zur EuInsVO *Hirte* ZInsO 2011, 1788; *Hirte* ECFR 2008, 213 ff; zur parallelen Reformdiskussion in Deutschland ebenfalls *Hirte* ZIP 2008, 444.

[6]   *Mankowski* NZI 2004, 450, 452; *Eidenmüller* ZHR 2005, 528; zum Ganzen auch HambKommInsO/ *Undritz* InsO Art. 1 Rn. 5.

[7]   Die Vorschläge der Kommission für eine Neufassung der EuInsVO 2000 unter Berücksichtigung des Konzerns hatten dabei im Wesentlichen Vorüberlegungen von INSOL Europe aufgegriffen, siehe *Revision of the European Insolvency Regulation – Proposals by INSOL Europe,* abrufbar unter www.insol-europe.org.

[8]   Vgl. dazu *Grundmann* Europäisches Gesellschaftsrecht Rn. 978 ff.; siehe *Fleischer* ZGR 2017, 1.

[9]   → Rn. 194 ff.

II. Probleme grenzüberschreitender Konzerninsolvenzen

Der Umstand, dass „der Konzern" wirtschaftlich eine Einheit bildet, führt im Fall der **6** Insolvenz wegen der dann geltenden rechtlichen Vielheit („eine Konzerngesellschaft, ein Vermögen, eine Insolvenz") bisweilen zu erheblichen Verwerfungen. Diese Verwerfungen zeigen sich in den allermeisten Fällen genauso auch im Fall rein nationaler Konzerninsolvenzen, also unabhängig von einem grenzüberschreitenden Bezug. Die Probleme sind mithin im Ausgangspunkt zumindest teilweise dieselben. Ist etwa der Geschäftsbetrieb des Unternehmens nach funktionalen Gesichtspunkten auf einzelne Gesellschaften verteilt, droht eine Störung der Leistungsbeziehungen im Konzern, die im *worst case* eine (grenzüberschreitende) Betriebsfortführung sogar unmöglich macht. So muss im Fall der Insolvenz eines oder mehrerer gruppengebundenen Unternehmen spätestens mit Verfahrenseröffnung eine Abgrenzung der Aktiv- und Passivmassen erfolgen. Betroffen sein kann ein bislang üblicher konzerninterner Leistungsaustausch im Übrigen nicht nur für die Zukunft, sondern auch „rückwirkend", wenn es zur Geltendmachung von Insolvenzanfechtungsansprüchen kommt.[10] Eine im Regelfall bislang übliche zentrale Finanzierung der gesamten Unternehmensgruppe, flankiert durch ein gruppenweites Cash Pooling, steht dann nicht mehr zur Verfügung.[11] Besondere Rechtsfragen wirft die Eröffnung des Insolvenzverfahrens im Konzern auch mit Blick auf etwaige Unternehmensverträge auf, denn der durch solche Unternehmensverträge regelmäßig vermittelten Leitungsmacht werden im Fall der Eröffnung des Insolvenzverfahrens (oder ggf auch schon früher im Eröffnungsverfahren) durch den Übergang der Verwaltungs- und Verfügungsbefugnis auf den Insolvenzverwalter Grenzen gesetzt.[12] Von Bedeutung sind die Auswirkungen der Eröffnung des Insolvenzverfahrens auf Unternehmensverträge vor allem aus steuerlicher Sicht.

Der grenzüberschreitende Bezug der Konzerninsolvenz macht die Ausgangslage gleich- **7** wohl insoweit komplexer, als stets die Frage danach hinzukommt, welches Recht zur Beantwortung der auch aus dem rein nationalen Kontext bekannten Fragen berufen ist. Regelmäßig wird man auf ein und dieselbe Frage unterschiedliche Rechtsordnungen anzuwenden haben.

Im Tatsächlichen stellt die Sanierung in der grenzüberschreitenden Konzerninsolvenz **8** selbstverständlich eine besondere Herausforderung dar. Die Koordination grenzüberschreitender Betriebsfortführungen unter Beachtung unterschiedlicher rechtlicher Rahmenbedingungen ist nur mit erheblichen Anstrengungen zu bewerkstelligen und setzt regelmäßig eine gute Vorbereitung und ein belastbares Netzwerk „vor Ort" in den Ländern voraus, in denen gruppenzugehörige Gesellschaften ihren Sitz haben, über deren Vermögen ein Insolvenzverfahren eröffnet worden ist (der Sitzstaat muss nicht auch der Staat der Verfahrenseröffnung sein).[13] Dasselbe gilt für die Koordination grenzüberschreitender Verwertung und Verteilung des Verwertungserlöses.[14]

III. Konzerninsolvenz im Geltungsbereich der EuInsVO 2000/2015

Besondere Regelungen für Konzerninsolvenzen sucht man in der EuInsVO 2000 (noch) **9** vergebens.[15] Allerdings hat der europäische Normgeber das Großthema Konzerninsolvenz

---

[10]   *Thole* → § 4 Rn. 402 ff.
[11]   *Thole* → § 4 Rn. 452 ff.
[12]   *Pleister/Theusinger* → § 4 Rn. 468 ff.
[13]   Zu diesen Zusammenhängen unten → Rn. 30 ff.
[14]   Zur Koordination grenzüberschreitender Betriebsfortführung und Verwertung → Rn. 61 ff.
[15]   Statt vieler HambKommInsO/*Undritz* InsO Art. 3 EuInsVO Rn. 7; vgl. HambKommInsO/*Undritz* auch Art. 1 Rn. 5, Art. 2 Rn. 7.

auch auf europäischer Ebene aufgegriffen und mit der neugefassten EuInsVO 2015 einen Verfahrensrahmen für grenzüberschreitende Konzerninsolvenzen zur Verfügung gestellt. Soweit die Änderungen und Ergänzungen der EuInsVO ausdrücklich die Konzerninsolvenz betreffen, verdienen sie hier eine genauere Darstellung (dazu unten → Rn. 81 ff.).[16] Im Übrigen sollen die Änderungen und Ergänzungen der EuInsVO 2000 im Folgenden in ihrem jeweiligen Regelungszusammenhang berücksichtigt werden. Die neuen Regelungen der EuInsVO 2015 zur Konzerninsolvenz gelten für Insolvenzverfahren, die nach dem 26.6.2017 eröffnet worden sind bzw. werden.[17]

1. Rechtsrahmen der Europäischen Konzerninsolvenz

a) Anwendungsbereich der EuInsVO 2000/2015

aa) Persönlich

10   Wie eingang bereits betont, blendet die EuInsVO 2000 das Phänomen „Konzern" bewusst aus,[18] genauso wie die meisten nationalen Insolvenzrechte, einschließlich des deutschen Insolvenzrechts bis zur Umsetzung des Reformvorhabens zur Schaffung eines Konzerninsolvenzrecht mit dem „Gesetz zur Erleichterung der Bewältigung von Konzerninsolvenzen".[19] Bei der Lösung konzernspezifischer Probleme nach Maßgabe der EuInsVO 2000 ist demnach mit Blick auf jeden einzelnen Rechtsträger von dem Grundsatz „eine Person, ein Vermögen, ein Verfahren" auszugehen. Im Ergebnis muss das Phänomen Konzern auf Basis dieser Grundannahme dann mit den allgemeinen Regelungen gelöst werden.Dabei bleibt es auch nach der EuInsVO 2015: Die EuInsVO 2015 kennt zwar die „Unternehmesngruppe" (vgl. die Begriffsbestimmung in Art. 2 Nr. 13 EuInsVO 2015) und auch das „Mutterunternehmen" (vgl. die Begriffsbestimmung in Art. 2 Nr. 14 EuInsVO 2015). Allerdings ist die „Unternehmensgruppe" nicht Verfahrenssubjekt. Auch nach Maßgabe der EuInsVO 2015 ist im Ausgangspunkt bei der Lösung konzernspezifischer Probleme mit Blick auf jeden einzelnen Rechtsträger von dem Grundsatz „eine Person, ein Vermögen, ein Verfahren" auszugehen. Die „Unternehmensgruppe" ist sodann allerdings Anknüpfungspunkt für besondere Maßgaben für die Zusammenarbeit und Kommunikation der Verwalter und Gerichte (vgl. Art. 56 ff. EuInsVO 2015; dazu auch unten → Rn. 92 ff.) und für das neue Gruppen-Koordinationsverfahren (vgl. Art. 61 ff. EuInsVO 2015; dazu auch unten → Rn. 103 ff.).

11, 12   Der EuGH[20] hat diesen strikten Ausgangspunkt der Beurteilung von Konzernsachverhalten in der Rechtssache „Rastelli" nach Maßgabe der EuInsVO 2000 bestätigt, in der es um die Erstreckung der Wirkungen eines bereits eröffneten Insolvenzverfahrens auf eine andere Gesellschaft wegen Vermögensvermischung nach einer nationalen Vorschrift ging. Der EuGH entschied, dass eine solche nationale Regelung nur dann zur Anwendung gelangen kann, wenn beide Gesellschaften ihren Mittelpunkt der hauptsächlichen Interessen in dem Mitgliedstaat haben, dessen nationales Recht eine solche Konsolidierung wegen Vermögensvermischung vorsieht. Ansonsten drohe das europäische System des Zuständigkeits- und Kollisionsrechts durch nationale Regelungen umgangen zu werden.

---

[16] → Rn. 81 ff.

[17] Zur intertemporalen Anwendung der EuInsVO 2015 siehe *Fritz* DB 2015, 1882. Nach Art. 9 Abs. 1 tritt der überwiegende Teil des Gesetzes am 26.6.2017 in Kraft. Am 27.4.2017 hat der Deutsche Bundestag das Gesetz zur Durchführung der EuInsVO 2015 in der Fassung der BT-Drs. 18/12154 verabschiedet. Die nationalen Durchführungsvorschriften, die der Harmonisierung mit dem Konzerninsolvenzrecht der EuInsVO 2015 dienen, werden nach Art. 9 Abs. 2 dieses Gesetzes mit dem deutschen Konzerninsolvenzrecht, also am 13.4.2018, in Kraft treten.

[18] Vgl. *Virgós/Schmit* Erläuternder Bericht, Nr. 61.

[19] Am 9.3.2017 hat der Deutsche Bundestag das „Gesetz zur Erleichterung der Bewältigung von Konzerninsolvenzen" verabschiedet (BT-Drs. 204/17).

[20] EuGH Urt. v. 15.12.2011 – C-191/10 (Rastelli), NZI 2012, 148 mAnm *Mankowski*.

bb) Räumlich

Räumlich sind sowohl die EuInsVO 2000 als auch die EuInsVO 2015 auf grenzüber- 13 schreitende Insolvenzen anwendbar, bei denen sich der Mittelpunkt des hauptsächlichen Interesses des Schuldners in einem Mitgliedstaat befindet und ein Bezug zu mindestens einem weiteren Mitgliedstaat gegeben ist.[21] Dazu genügt bereits die Belegenheit einer Forderung oder das Vorhandensein eines Gläubigers in einem anderen Mitgliedstaat.[22] In Konzernsachverhalten mit grenzüberschreitenden gesellschaftsrechtlichen Beteiligungen und wechselseitigen Ansprüchen der Konzerngesellschaften untereinander ist der räumliche Anwendungsbereich regelmäßig unproblematisch eröffnet.

Besteht der Auslandsbezug nur zu einem Drittstaat ohne einen weiteren innergemein- 14 schaftlichen Bezug, war bereits in der EuInsVO 2000 und ist unverändert auch in der EuInsVO 2015 nicht klar geregelt, ob solche „Drittstaatensachverhalte" unter Anwendung der EuInsVO zu beurteilen sind oder ob nicht vielmehr das nationale autonome Insolvenzrecht anzuwenden ist.[23] Mit der EuInsVO 2000 sollten ausweislich ihres Erwägungsgrunds Nr. 4 nur **Binnenmarktsachverhalte** geregelt werden.[24] Bei **reinen Drittstaatensachverhalten** wäre daher regelmäßig das jeweilige autonome internationale Insolvenzrecht anwendbar, in Deutschland die §§ 335 ff InsO (die aber der EuInsVO 2000 bzw. EuInsVO 2015 – im Wesentlichen – vergleichbare Regelungen enthalten).[25] Allerdings darf von dem Fehlen eines innergemeinschaftlichen Bezugs nicht kategorisch auf eine Unanwendbarkeit der EuInsVO 2000 bzw. der EuInsVO 2015 geschlossen werden. Für Art 3 EuInsVO 2000 hat der EuGH[26] in der Rechtssache Schmid/Hertel z. B. auf einen „qualifizierten Binnenmarktbezug" verzichtet und legt Art 3 EuInsVO 2000 dahin aus, dass die Gerichte des Mitgliedstaats, in dessen Gebiet das Insolvenzverfahren eröffnet worden ist, für eine Insolvenzanfechtungsklage gegen einen Anfechtungsgegner zuständig sind, der seinen Wohnsitz nicht im Gebiet eines Mitgliedstaats hat (sondern im der Entscheidung konkret zugrunde liegenden Sachverhalt in der Schweiz). Auch mit Blick auf die Anwendung der Zuständigkeitsregelung in Art 3 EuInsVO 2015 ist kein „qualifizierter Binnenmarktbezug" zu verlangen.[27] Die Zuständigkeit für sog. Annexverfahren ist jetzt ausdrücklich in Art 6 EuInsVO 2015 geregelt. Auch in diesem Zusammenhang gilt die Linie des EuGH in der Rechtssache Schmid/Hertel fort und ist entsprechend für die Anwendung des Art. 6 EuInsVO 2015 kein „qualifizierter Binnenmarktbezug" zu verlangen.[28] Dagegen sind die Art 5 EuInsVO 2000 bzw. Art 8 EuInsVO 2015, Art 7 EuInsVO 2000 bzw. Art 10 EuInsVO 2015, Art 8 EuInsVO 2000 bzw. Art 11 EuInsVO 2015, Art 9 EuInsVO 2000 bzw. Art 12 EuInsVO 2015, Art 10 EuInsVO 2000 bzw. Art 13 EuInsVO 2015, Art 11 EuInsVO 2000 bzw. Art 14 EuInsVO 2015, Art 12 EuInsVO 2000 bzw. Art 15 EuInsVO 2015, Art 13 EuInsVO 2000 bzw. Art 16 EuInsVO 2015 sowie Art 15 EuInsVO 2000 bzw. Art 18 EuInsVO 2015 nur anwendbar, wenn ein spezifischer grenzüberschreitender Bezug zu einem anderen Mitgliedstaat besteht.[29] Die Grundkollisionsnorm Art 4 EuInsVO 2000 bzw. Art 7 EuInsVO 2015 verlangt in demselben Umfang wie die Sonderkollisionsnormen einen qualifizierten Binnenmarktbezug. Auch die Art 16 ff EuInsVO 2000 bzw. Art 19 ff EuInsVO 2015 regeln nur die Frage, wann ein Mitgliedstaat ein Insolvenzverfahren an-

---

[21] Ausnahme ist Dänemark, für das die EuInsVO gem Art. 69 EGV aufgrund des von Dänemark erklärten Vorbehalts nicht gilt.

[22] Vgl. AG Hamburg ZInsO 2006, 1006 = NZI 2006, 652 mAnm *Klöhn; Herchen,* ZInsO 2003, 742, 743.

[23] Dazu und zum Folgenden HambKommInsO/*Undritz* InsO Art. 1 EuInsVO Rn. 7 mwN.

[24] *Balz,* ZIP 1996, 948; *Herchen,* ZnsO 2003, 742; *Carstens* Die internationale Zuständigkeit im Insolvenzrecht S. 28 ff; *Eidenmüller* IPRax 2001, 2, 5; *Pannen/Riedemann* NZI 2004, 646, 651: „Qualifizierter Auslandsbezug"; MüKoHGB/*Kindler* Art. 1 EuInsVO Rn. 28.

[25] So auch der Hinweis von *Paulus* EuInsVO, Einl. Rn. 34.

[26] EuGH Urt. v. 16.1.2014 – C-328/12 (Ralph Schmid/Lilly Hertel), NJW 2014, 610.

[27] Mankowski/Müller/*J. Schmidt* EuInsVO Art. 1 Rn. 59.

[28] *Mankowski*/Müller/J. Schmidt EuInsVO Art. 6 Rn. 1.

[29] Dazu und zum Folgenden K. Schmidt/*Brinkmann* InsO Art. 1 EuInsVO Rn. 12 ff; *Brinkmann* LMK 2014, 356291.

erkennen muss, das in einem anderen Mitgliedstaat eröffnet wurde. Entsprechendes gilt für die Regeln über Sekundärverfahren Art 27 ff EuInsVO 2000 bzw. Art 34 ff EuInsVO 2015.

cc) Sachlich

15 Die EuInsVO 2000 ist nach Art 1 Abs. 1 EuInsVO 2000 auf „Gesamtverfahren" anwendbar. Darunter sind **„Insolvenzverfahren" und „Liquidationsverfahren"** gem Art 2 Buchst a) S. 2 und Art 2 Buchst c) EuInsVO 2000 zu verstehen. Diese Verfahren sind in den der EuInsVO 2000 beigefügten Anhängen A und B aufgeführt. Neben der Enumeration der einzelnen Verfahren in Anhang A der Verordnung hat der EuGH mit Blick auf Art 1 EuInsVO 2000 einen autonomen Systembegriff „Insolvenzverfahren" ausgeformt, der insb. in Zweifelsfragen und bei der Erweiterung der Anhänge Beachtung finden sollte.[30] Das vom EuGH entwickelte autonome Begriffsverständnis ist größtenteils in die Neufassung des Art 1 EuInsVO 2015 eingeflossen, der den Anwendungsbereich der EuInsVO 2015 nunmehr (auch) abstrakt formuliert. Im Ergebnis weicht aber auch die EuInsVO 2015 nicht von der bisherigen Regelungstechnik ab, indem die „Insolvenzverfahren", auf welche die EuInsVO 2015 Anwendung findet, in Anhang A der Verordnung aufgelistet werden.

16 Gerade Konzernsachverhalte verlangen angesichts der zuvor beschriebenen besonderen Herausforderungen bei der Koordination grenzüberschreitender Betriebsfortführung und Verwertung nach einer möglichst frühzeitigen Insolvenzantragstellung. Nur solange die einzelnen Gesellschaften finanziell nicht bereits vollständig ausgezehrt sind, sind noch die Spielräume vorhanden, die für eine grenzüberschreitende Betriebsfortführung und letztlich für eine erfolgreiche Sanierung einer ganzen Unternehmensgruppe erforderlich sind. Sinnvoll ist es in vielen Fällen grenzüberschreitender Insolvenzen gruppengebundener Unternehmen auch, an der Leitungsstruktur festzuhalten und eine Koordination der Einzelverfahren mit Hilfe des Instituts der Eigenverwaltung („debtor in possession") zu bewerkstelligen. Nicht zuletzt vor diesem Hintergrund ist es deshalb zu begrüßen, dass der Anwendungsbereich der EuInsVO 2015 für **vorinsolvenzliche Sanierungsverfahren und Verfahren in Eigenverwaltung** ausdrücklich weiter geöffnet wurde. So heißt es in dem neu eingefügten Erwägungsgrund 10 zum sachlichen Anwendungsbereich der EuInsVO:

„In den Anwendungsbereich dieser Verordnung sollten Verfahren einbezogen werden, die die Rettung wirtschaftlich bestandsfähiger Unternehmen, die sich jedoch in finanziellen Schwierigkeiten befinden, begünstigen und Unternehmern eine zweite Chance bieten. Einbezogen werden sollten vor allem Verfahren, die auf eine Sanierung des Schuldners in einer Situation gerichtet sind, in der lediglich die Wahrscheinlichkeit einer Insolvenz besteht, und Verfahren, bei denen der Schuldner ganz oder teilweise die Kontrolle über seine Vermögenswerte und Geschäfte behält. Der Anwendungsbereich sollte sich auch auf Verfahren erstrecken, die eine Schuldbefreiung oder eine Schuldenanpassung in Bezug auf Verbraucher und Selbständige zum Ziel haben, indem z. B. der vom Schuldner zu zahlende Betrag verringert oder die dem Schuldner gewährte Zahlungsfrist verlängert wird. Da in solchen Verfahren nicht unbedingt ein Verwalter bestellt werden muss, sollten sie unter diese Verordnung fallen, wenn sie der Kontrolle oder Aufsicht eines Gerichts unterliegen. In diesem Zusammenhang sollte der Ausdruck „Kontrolle" auch Sachverhalte einschließen, in denen ein Gericht nur aufgrund des Rechtsbehelfs eines Gläubigers oder anderer Verfahrensbeteiligter tätig wird."

17 Diese Erwägungen des Vorschlags führte konsequenterweise zu einer Anpassung auch des Art 1 EuInsVO, nach dem die EuInsVO 2015 sachlich

„für öffentliche Gesamtverfahren einschließlich vorläufiger Verfahren [gelten soll], die auf der Grundlage gesetzlicher Regelungen zur Insolvenz stattfinden und in denen zu Zwecken der Rettung, Schuldenanpassung, Reorganisation oder Liquidation
a) dem Schuldner die Verfügungsgewalt über sein Vermögen ganz oder teilweise entzogen und ein Verwalter bestellt wird, [oder]
b) das Vermögen und die Geschäfte des Schuldners der Kontrolle oder Aufsicht durch ein Gericht unterstellt werden [...]."

---

[30] EuGH Urt. v. 2.5.2006 – C-341/04 (Eurofood), Slg. 2006, I-3813 = ZInsO 2006, 484.

Angesichts der Öffnung ist die Liste der Verfahren in Anhang A der EuInsVO 2015 **18** entsprechend angepasst worden.

Mit Blick auf Einzelfragen, wie zB die Frage nach der Anerkennung von Wirkungen **19** eines Scheme of Arrangements englischen Rechts in Deutschland,[31] kann ua die **Abgrenzung von Internationalem Insolvenzrecht und Internationalem Zivilprozessrecht** relevant werden. Die Abgrenzungsaufgabe kann mit Hilfe der sog Gourdain/Nadler-Formel des EuGH (Slg. 1979, 733 – Gourdain/Nadler) gelöst werden, an die auch schon Erwägungsgrund Nr. 6 der EuInsVO 2000 angelehnt ist.[32]

dd) Zeitlich

Der wesentliche Teil der neuen Regelungen der EuInsVO 2015 gelten für Insolvenzver- **19a** fahren, die nach dem 26.6.2017 eröffnet worden sind bzw. werden.[33]

b) Grundsatz der (modifizierten) Universalität nach der EuInsVO 2000/2015

Die grenzüberschreitende Insolvenz ist im Anwendungsbereich der EuInsVO 2000 ebenso **20** wie im Anwendungsbereich der EuInsVO 2015 vom Grundsatz der Universalität geprägt. Dieser Grundsatz beantwortet die für die grenzüberschreitende Konzerninsolvenz wichtige

- **verfahrensrechtliche Frage** der „grenzüberschreitenden" Anerkennung und Wirkung von gerichtlichen Entscheidungen[34] und
- **kollisionsrechtliche Frage** nach dem auf einzelne Sachverhalte anzuwendende Recht.[35]

Der Grundsatz der Universalität wird freilich durch zahlreiche Regelungen modifiziert,[36] **21** weswegen mit Blick auf die EuInsVO auch von Grundsatz der „modifizierten" oder „kontrollierten" Universalität gesprochen wird.[37]

Dreh und Angelpunkt der grenzüberschreitenden Insolvenz gruppengebundener Unter- **22** nehmen ist zudem die Antwort auf die Frage nach der internationalen Zuständigkeit für die Verfahrenseröffnung,[38] nicht zuletzt weil die Grundkollisionsnorm des Art 4 EuInsVO 2000 bzw. des Art. 7 EuInsVO 2015 an das Recht des Staates der Verfahrenseröffnung anknüpft.[39]

aa) Automatische Anerkennung und Wirkungserstreckung

Nach diesem Grundsatz gilt zunächst, dass jedes Insolvenzverfahren im Anwendungsbereich **23** der EuInsVO 2000/2015 einen **universellen Geltungsanspruch** hat, dh keine territoriale Begrenzung ihrer Wirkungen kennt.[40] Das Insolvenzverfahren erfasst demnach vor allem

---

[31] *Mankowski* WM 2011, 1201; siehe auch HambKommInsO/*Undritz* InsO Art. 3 EuInsVO Rn. 41a.

[32] Ganz in diesem Sinne rekurriert auch der EuGH in nunmehr schon mehreren Entscheidungen auf diese Formel, siehe etwa Entscheidung in der Rechtssache „Deko Marty" (ZInsO 2009, 493; dazu EWiR Art. 3 EuInsVO 2/09, 411 [Karsten Müller]), „Alpenblume" (ZInsO 2009, 1509; dazu Anm *Piekenbrock* KTS 2009, 539) und „German Graphics" (ZIP 2009, 2345; dazu *Brinkmann* IPRax 2010, 324).

[33] Zur intertemporalen Anwendung der EuInsVO 2015 siehe *Fritz* DB 2015, 1882. Nach Art. 9 Abs. 1 tritt der überwiegende Teil des Gesetzes am 26.6.2017 in Kraft. Am 27.4.2017 hat der Deutsche Bundestag das Gesetz zur Durchführung der EuInsVO 2015 in der Fassung der BT-Drs. 18/12154 verabschiedet. Die nationalen Durchführungsvorschriften, die der Harmonisierung mit dem Konzerninsolvenzrecht der EuInsVO 2015 dienen, werden nach Art. 9 Abs. 2 dieses Gesetzes mit dem deutschen Konzerninsolvenzrecht, also am 13.4.2018, in Kraft treten.

[34] → Rn. 23 f.

[35] → Rn. 25 ff.

[36] → Rn. 50 ff.

[37] Statt vieler Leonhardt/Smid/Zeuner/*Smid* Internationales Insolvenzrecht, Art. 3 EuInsVO Rn. 5; MüKoHGB/*Kindler,* 5. Aufl 2010, Art. 3 EuInsVO Rn. 6: „kontrollierte Universalität".

[38] → Rn. 30 ff.

[39] ausf → Rn. 25 ff.

[40] Derselbe universelle Geltungsanspruch wird im Übrigen regelmäßig außerhalb des Anwendungsbereichs der EuInsVO 2000/2015 erhoben, so etwa auch von dem deutschen Insolvenzrecht.

auch das ausländische Vermögen des Schuldners, das der Verwalter zu der *einen* Insolvenzmasse zu ziehen hat.[41]

24   Die Durchsetzung dieses universellen Geltungsanspruchs im Ausland hängt dann freilich davon ab, ob das deutsche Insolvenzverfahren „grenzüberschreitend" anerkannt wird oder nicht. Diese Frage ist für grenzüberschreitende Insolvenzsachverhalte im räumlichen Anwendungsbereich der EuInsVO[42] mit Blick auf die Art 16, 17 EuInsVO 2000 bzw. Art 19, 20 EuInsVO 2015 zu bejahen, die im Schrifttum – zu Recht – regelmäßig als Herzstück der EuInsVO bezeichnet werden:[43]

- Nach Art 16 Abs. 1 EuInsO 2000 bzw. Art 19 EuInsVO 2015 wird die Eröffnung eines Hauptinsolvenzverfahrens in allen übrigen Mitgliedstaaten anerkannt, sobald die Entscheidung im Staat der Verfahrenseröffnung wirksam ist. Neben der **automatischen Anerkennung** der Eröffnungsentscheidung, bestimmen Art 25 EuInsVO 2000 bzw. Art 32 EuInsVo 2015 die Anerkennung und Vollstreckung weiterer gerichtlicher Entscheidungen, die im Zusammenhang mit einem Insolvenzverfahren ergehen.[44]
- Über die automatische Anerkennung der Verfahrenseröffnung hinaus gilt im Anwendungsbereich der EuInsVO 2000/2015 auch der **Grundsatz der Wirkungserstreckung**.[45] Hiernach entfaltet die Eröffnung eines Hauptinsolvenzverfahrens nach Art 17 Abs. 1 EuInsVO 2000 bzw. Art 20 EuInsVO 2015 in jedem anderen Mitgliedstaat die Wirkungen, die das Recht des Staates der Verfahrenseröffnung dem Verfahren beilegt, ohne dass es hierfür irgendwelcher Förmlichkeiten oder „Transformationsakte" bedürfte.

bb) Einheitliche europäische Kollisionsnorm für das Insolvenzrecht

25   Aber nicht nur die verfahrensrechtlichen Fragen der „grenzüberschreitenden" Anerkennung und Wirkungen von gerichtlichen Entscheidungen, insbesondere die Frage nach den Wirkungen eines inländischen Insolvenzverfahrens in einem anderen Mitgliedstaat und – umgekehrt – die Wirkungen von ausländischen Insolvenzverfahren im Inland, sind für die grenzüberschreitende Konzerninsolvenz von Bedeutung, sondern auch die **kollisionsrechtliche Frage** nach dem auf einzelne Sachverhalte anzuwendenden Recht:[46]

26   Für das Insolvenzverfahren und seine materiell-rechtlichen Wirkungen gilt nach Art 4 EuInsVO 2000 bzw. Art 7 EuInsVO 2015 das Insolvenzrecht des Mitgliedstaats, in dem das Verfahren eröffnet wird *(lex fori concursus)*. Die Art 4 EuInsVO 2000 bzw. Art 7 EuInsVO 2015 statuieren eine **einheitliche europäische Kollisionsnorm** für das Insolvenzrecht, die als Sachnormverweisung das jeweilige Internationale Privatrecht der Mitgliedstaaten verdrängt.[47]

27   Die Frage, welche Regelungsgegenstände ganz konkret unter den Anknüpfungsgegenstand der Grundkollisionsnorm des Art 4 Abs. 1 EuInsVO bzw. des Art 7 EuInsVO 2015 (= „das Insolvenzverfahren und seine Wirkungen") zu subsumieren sind, ist im Wege der

---

41 Das ergibt sich in den allermeisten Insolvenzrechten an sich bereits daraus, dass der mit der Verfahrenseröffnung einhergehende Vermögensbeschlag keine räumliche Beschränkung der Insolvenzmasse auf das im Inland belegene Vermögen vorsieht, sondern schlicht das gesamte schuldnerische Vermögen erfasst (vgl. für das deutsche Insolvenzverfahren etwa § 35 InsO). Hier wird freilich nicht die Universalität im Sinne des internationalen Insolvenzrechts mit der Universalität der Beschlagwirkung eins gesetzt, vgl. auch den Hinweis zur Verwendung des Begriffes bei Leonhardt/Smid/Zeuner/*Smid* Internationales Insolvenzrecht Art. 16 EuInsVO Rn. 2.
42 → Rn. 13 ff.
43 HambKommInsO/*Undritz* Art. 16 EuInsVO Rn. 1; Leonhardt/Smid/Zeuner/*Smid* Internationales Insolvenzrecht Art. 16 EuInsVO Rn. 1.
44 Dazu statt vieler HambKommInsO/*Undritz* InsO Art. 16 EuInsVO Rn. 1.
45 Dazu statt vieler HambKommInsO/*Undritz* InsO Art. 17 EuInsVO Rn. 2.
46 Dazu und zum Folgenden auch Mönning/*Undritz*/*Meyer-Sommer* Betriebsfortführung in der Insolvenz § 27 Rn. 5 ff.
47 Zum Charakter des Art. 4 EuInsVO als Sachnormverweisung siehe Leonhardt/Smid/Zeuner/*Smid* Internationales Insolvenzrecht Art. 4 EuInsVO Rn. 1.

Qualifikation zu beantworten.[48] Dabei geht es häufig um die Abgrenzung von Insolvenzrecht und Gesellschaftsrecht.[49] Im Ausgangspunkt hilft hier die Auflistung in Abs. 2 des Art 4 EuInsVO 2000 bzw. des Art 7 EuInsVO 2015. Hiernach regelt das Recht des Staates der Verfahrenseröffnung, unter welchen Voraussetzungen das Insolvenzverfahren eröffnet wird und wie es durchzuführen und zu beenden ist.

Es regelt „insbesondere":   **28**

a) *bei welcher Art von Schuldnern ein Insolvenzverfahren zulässig ist;*

b) *welche Vermögenswerte zur Masse gehören und wie die nach der Verfahrenseröffnung vom Schuldner erworbenen Vermögenswerte zu behandeln sind;*

c) *die jeweiligen Befugnisse des Schuldners und des Verwalters;*

d) *die Voraussetzungen für die Wirksamkeit einer Aufrechnung;*

e) *wie sich das Insolvenzverfahren auf laufende Verträge des Schuldners auswirkt;*

f) *wie sich die Eröffnung eines Insolvenzverfahrens auf Rechtsverfolgungsmaßnahmen einzelner Gläubiger auswirkt; ausgenommen sind die Wirkungen auf anhängige Rechtsstreitigkeiten;*

g) *welche Forderungen als Insolvenzforderungen anzumelden sind und wie Forderungen zu behandeln sind, die nach der Eröffnung des Insolvenzverfahrens entstehen;*

h) *die Anmeldung, die Prüfung und die Feststellung der Forderungen;*

i) *die Verteilung des Erlöses aus der Verwertung des Vermögens, den Rang der Forderungen und die Rechte der Gläubiger, die nach der Eröffnung des Insolvenzverfahrens aufgrund eines dinglichen Rechts oder infolge einer Aufrechnung teilweise befriedigt wurden;*

j) *die Voraussetzungen und die Wirkungen der Beendigung des Insolvenzverfahrens, insbesondere durch Vergleich;*

k) *die Rechte der Gläubiger nach der Beendigung des Insolvenzverfahrens;*

l) *wer die Kosten des Insolvenzverfahrens einschließlich der Auslagen zu tragen hat;*

m) *welche Rechtshandlungen nichtig, anfechtbar oder relativ unwirksam sind, weil sie die Gesamtheit der Gläubiger benachteiligen.*

Die *lex fori concursus* kommt nach der Grundkollisionsnorm des Art 4 Abs. 1 EuInsVO **29** 2000 bzw. des Art 7 EuInsVO 2015 aber nur zur Anwendung, soweit die EuInsVO nichts anderes bestimmt. Solche „anderen Bestimmungen" finden sich vor allem in den Art 5 bis 15 EuInsVO 2000 bzw. Art 8 bis 18 EuInsVO 2015.[50]

cc) Einheitliche Zuständigkeitsregel („COMI-Konzept")

Nicht zuletzt wegen der Anknüpfung der Grundkollisionsnorm des Art 4 EuInsVO 2000 **30** bzw. des Art 7 EuInsVO 2015 an das Recht des Staates der Verfahrenseröffnung steht die Frage der internationalen Zuständigkeit für die Eröffnung des Hauptinsolvenzverfahrens im Zentrum der grenzüberschreitenden Insolvenz. Im Ausgangspunkt gilt nach Art 3 Abs. 1 EuInsVO sowohl in der Fassung aus 2000 als auch in der Neufassung aus 2015: Für die Eröffnung des Insolvenzverfahrens sind die Gerichte des Mitgliedstaats zuständig, in dessen Gebiet der Schuldner den Mittelpunkt seiner hauptsächlichen Interessen hat. Die Konkretisierung des unbestimmten Rechtsbegriffs des **„Mittelpunkts der hauptsächlichen Interessen"** – oder in der englischen Fassung „center of main interests" (kurz: **COMI**) – beschäftigt die Rechtsprechung und das Schrifttum seit Inkrafttreten der Verordnung am 31.5.2002 bis heute. Die zahlreichen Veröffentlichungen legen von dieser europaweit geführten Diskussion beredt Zeugnis ab.[51] Die Neufassung der EuInsVO 2015 hat zahlreiche Konkretisierungen der Rechtsprechung, insbesondere des EuGH, hinsichtlich der

---

[48] Zu den „Leitlinien" der Qualifikation siehe Mankowski/Müller/J.Schmidt/*Müller* EuInsVO 2015, Art. 7 Rn. 80 ff.

[49] Ausf dazu HambKommInsO/*Undritz* Art. 4 EuInsVO Rn. 9 ff; zur Reichweite des Insolvenzstatuts siehe auch MüKoInsO/*Reinhart*, 2. Aufl 2008, Art. 4 EuInsVO Rn. 2 ff.

[50] Zu diesen Ausnahmen von der Grundkollisionsnorm sogleich → Rn. 54 ff.

[51] Vgl. etwa die Zusammenstellung des Schrifttums vor der Kommentierung des Art. 3 EuInsVO: MüKoHGB/*Kindler*, 5. Aufl 2010; siehe auch die Hinweise bei MHdbB GesR VI/*Leible* § 35.

Auslegung und Bestimmung des Mittelpunkts der hauptsächlichen Interessen des Schuldners in den Wortlaut der einschlägigen Artikel oder doch wenigstens in die vorangestellten Erwägungsgründe der EuInsVO 2015 aufgenommen. Für das Verständnis dieser Konkretisierungen und Ergänzungen der einschägigen Artikel der EuInsVO 2015 ist es hilfreich, den „historischen Diskurs" zu kennen, auf den die jeweiligen Konkretisierungen und Ergänzungen zurückgehen. Für die Verfahren, auf die noch die EuInsVO 2000 Anwendung findet,[52] gilt umgekehrt, dass die Neufassung der EuInsVO 2015 auf das Verständnis auch der EuInsVO 2000 ausstrahlt. Es ist damit (auch) bei der Frage nach der Auslegung und Bestimmung des Mittelpunkts der hauptsächlichen Interessen des Schuldners unabhängig von der Anwendung der EuInsVO 2000 oder der EuInsVO 2015 auf den konkret zu entscheidenden Fall empfehlenswert, sich in jedem Fall die jeweils andere Rechtslage unter Anwendung der EuInsVO 2000 oder der EuInsVO 2015 anzusehen.

31   Die Bestimmung des Mittelpunkts der hauptsächlichen Interessen des Schuldners bereitet in **Konzernsachverhalten** besondere Schwierigkeiten.[53] Wie eingangs bereits betont gilt in beiden Fassungen der EuInsVO 2000/2015 der Grundsatz „Eine Person, eine Insolvenz, ein Verfahren", sodass für jede Konzerngesellschaft der Mittelpunkt der hauptsächlichen Interessen eigenständig bestimmt werden muss.[54]

32   Bei Gesellschaften und juristischen Personen gilt im Ausgangspunkt ebenfalls in beiden Fassungen der EuInsVO 2000/2015 die **Vermutungsregel**, dass bis zum Beweis des Gegenteils vermutet wird, dass der Mittelpunkt ihrer hauptsächlichen Interessen der Ort ihres satzungsmäßigen Sitzes ist. Damit gilt im Ausgangspunkt für jede einzelne Konzerngesellschaft die Vermutungsregel, wonach bis zum Beweis des Gegenteils vermutet wird, dass der Mittelpunkt ihrer hauptsächlichen Interessen der Ort des satzungsmäßigen Sitzes ist (vgl. Satzes 2 von Art 3 Abs. 1 EuInsVO 2000 bzw. Satz 3 von Art. 3 Abs. 1 EuInsVO 2015). Um zu vermeiden, dass der Satzungssitz einer Gesellschaft aus strategischen Gründen nur deshalb kurz vor Antragstellung verlegt wird, um eine von dem bisherigen Mittelpunkt der hauptsächlichen Interessen des Schuldners abweichende Zuständigkeit zu begründen und damit auch ein abweichendes Insolvenzrecht zur Anwendung zu beringen (sog. Forum Shopping) hat der Normgeber der neu gefassten EuInsVO 2015 eine „Sperrfristen" von drei Monaten angeordnet (bei natürlichen Personen beträgt der Umfang der „Sperrfrist" sogar sechs Monate). Diese „Sperrfrist" schränkt zumindest kurzfristige Gestaltungen über eine Verlegung des Satzungssitzes ein. So soll nach Satz 4 des Abs. 1 von Art 3 EuInsVO 2015 die Vermutungsregel für Gesellschaften oder juristischen Personen, dass bis zum Beweis des Gegenteils vermutet wird, dass der Mittelpunkt ihrer hauptsächlichen Interessen der Ort ihres Sitzes ist, nur gelten,

„wenn der Sitz nicht in einem Zeitraum von drei Monaten vor dem Antrag auf Eröffnung des Insolvenzverfahrens in einen anderen Mitgliedstaat verlegt wurde."

Setzt sich bei der Bestimmung des Mittelpunkts der hauptsächlichen Interessen der Vermutungstatbestand durch, droht eine **„territoriale Zersplitterung" der Konzerninsolvenz,** wenn und soweit jeder Mitgliedstaat das Hauptinsolvenzverfahren über das Vermögen derjenigen Konzerngesellschaften eröffnet und einen Insolvenzverwalter bestellt, die ihren satzungsmäßigen Sitz in dem jeweiligen Mitgliedstaat haben. Es stellt sich dann die Aufgabe der grenzüberschreitenden Koordination mehrerer Hauptinsolvenzverfahren in unterschiedlichen Mitgliedstaaten. Diese Aufgabe ist nur lösbar, wenn schon die Initiierung der Verfahrenseröffnung und Verwalterbestellung koordiniert abgelaufen ist und klar geregelt ist, dass und wie sich die mehreren Hauptinsolvenzverwalter bei der Betriebsfortführung und Verwertung der Unternehmensgruppe abstimmen (zB in Protocols).[55] Ob

---

[52] Zum zeitlichen Anwendungsbereich der EuInsVO 2000 siehe oben → Rn. 19a.
[53] Dazu und zum Folgenden auch HambKommInsO/*Undritz* InsO Art. 3 EuInsVO Rn. 7.
[54] Vgl. zu diesem Grundsatz EuGH Urt. v. 15.12.2011 – C-191/10 (Rastelli), NZI 2012, 148 mAnm *Mankowski.*
[55] Zu diesem Instrument später noch → Rn. 79 f.

und inwieweit das neue Gruppen-Koordinationsverfahrens gemäß Art 61 ff EuInsVO 2015 diese Koordinierungsaufgabe wird erfüllen können, muss derzeit noch als offen bezeichnet werden (dazu unten Rn. 103 ff.).

Die erfolgreiche **Widerlegung der Vermutungsregel** des Art 3 Abs. 1 EuInsVO 33 2000/2015 mit Blick auf gruppenzugehörige Gesellschaften, die ihren satzungsmäßigen Sitz in unterschiedlichen Mitgliedstaaten haben, hängt davon ab, welche Umstände herangezogen werden dürfen, um dazulegen, dass entgegen des satzungsmäßigen Sitzes der Mittelpunkt der hauptsächlichen Interessen tatsächlich an einem anderen Ort und sogar in einem anderen Mitgliedstaat zu finden ist. Ziel dieser Widerlegung ist, die Zuständigkeit eines Insolvenzgerichts für alle Gesellschaften des Konzerns zu begründen (regelmäßig, aber nicht zwingend, die Zuständigkeit des Insolvenzgerichts am Sitz der „Muttergesellschaft").

Die Vermutungsregel zugunsten des satzungsmäßigen Sitzes wurde in den Anfangsjahren 34 der EuInsVO 2000 insbesondere im englischen Schrifttum[56] und von englischen Gerichten als nicht allzu hohe Hürde hin zu einem Konzerninsolvenzgerichtsstand verstanden. Nach ihrer Auffassung konnte bei der Bestimmung des Mittelpunkts der hauptsächlichen Interessen der einzelnen Konzerngesellschaft auf den Ort der zentralen Verwaltungsfunktionen (*„head office functions"*) oder der strategischen Unternehmensleitung (*„mind of management"*) abgestellt werden, der im Fall der Konzerninsolvenz häufig einheitlich am Sitz der Muttergesellschaft zu finden ist.[57] Unter Zuhilfenahme dieses Ansatzes hatten zwischenzeitlich auch kontinentaleuropäische Gerichte nachgezogen und ihre Zuständigkeit für gruppengebundene Unternehmen mit satzungsmäßigem Sitz in einem anderen Mitgliedstaat bejaht.[58]

Dieser Ansatz befindet sich seit der **Entscheidung des EuGH in der Rechtssache 35 „Eurofood"** – zumindest in seiner „Reinform" – auf dem Rückzug.[59] In der Rechtssache Eurofood hat der EuGH[60] die Leitlinien für die Konkretisierung des unbestimmten Rechtsbegriffs des „Mittelpunkts der hauptsächlichen Interessen" in Art 3 Abs. 1 EuInsVO 2000 festgelegt, die immer noch uneingeschränkt gelten. Der EuGH hob bei der Auslegung vor allem die 13. Begründungserwägung der EuInsVO 2000 hervor, wo es heißt:[61]

„Als Mittelpunkt der hauptsächlichen Interessen sollte der Ort gelten, an dem der Schuldner gewöhnlich der Verwaltung seiner Interessen nachgeht und damit für Dritte feststellbar ist."

Aus dieser Definition ginge hervor, dass der Mittelpunkt der hauptsächlichen Interessen 36 nach objektiven und zugleich für Dritte feststellbaren Kriterien zu bestimmen ist.[62] Diese Objektivität und diese Möglichkeit der Feststellung durch Dritte seien erforderlich, um Rechtssicherheit und Vorhersehbarkeit bei der Bestimmung des für die Eröffnung eines Hauptinsolvenzverfahrens zuständigen Gerichts zu garantieren. Diese Rechtssicherheit und Vorhersehbarkeit seien umso wichtiger, als die Bestimmung des zuständigen Gerichts nach der Grundkollisionsnorm die des anwendbaren Rechts nach sich ziehe (zu dieser Grundkollisionsnorm bereits → Rn. 26).

Mit der Entscheidung des EuGH in der Rechtssache „Eurofood" sahen sich die Stimmen 37 bestätigt, die zuvor bereits den Ort der zentralen Verwaltungsfunktionen (*„head office functions"*) oder der strategischen Unternehmensleitung (*„mind of management"*) als ungeeignet erachteten, um mit ihnen (allein) die Vermutungsregel des Satzes 2 von Art 3 Abs. 1

---

[56] Vgl. etwa *Moss/Fletcher/Isaacs* EC Regulation on Insolvency Proceedings S. 169.
[57] Ausf dazu (mit einer umfassenden Rechtssprechungsübersicht) siehe HambKommInsO/*Undritz* InsO Art. 3 EuInsVO Rn. 9.
[58] Vgl. die Kurzdarstellung der Entscheidungen „Parmalat Deutschland", „Hettlage I", „HUKLA" bei HambKommInsO/*Undritz* InsO Art. 3 EuInsVO Rn. 80, 83, 84.
[59] Vgl. zu dieser Tendenz (auch) englischer Gerichte High Court (2009) EWHC 1441 (Ch) = ZIP 2009, 1776; dazu EWiR Art. 3 EuInsVO 4/09, 571 (*J. Schmidt*).
[60] EuGH Urt. v. 2.5.2006 – C-341/04 (Eurofood), NZI 2006, 360.
[61] EuGH Urt. v. 2.5.2006 – C-341/04 (Eurofood), NZI 2006, 360, bei Tz. 32.
[62] Dazu und zum Folgenden EuGH Urt. v. 2.5.2006 – C-341/04 (Eurofood), NZI 2006, 360, bei Tz. 33.

EuInsVO zu widerlegen. Diese Stimmen hatten bereits vor der Entscheidung des EuGH in der Rechtssache „Eurofood" betont, dass stärker auf das operative Geschäft geschaut werden müsse („*business activity*"). Diese Auffassung stellte mithin schon vor der Entscheidung des EuGH in der Rechtssache „Eurofood" ganz in ihrem Sinne nicht auf gesellschafts- bzw konzerninterne Gegebenheiten, sondern auf für die Gläubiger erkennbare, äußere Umstände ab.[63]

38   Die Entscheidung des EuGH in der Rechtssache „Eurofood" muss ohne Frage als Zäsur in der Debatte um die Art und Weise der Bestimmung des COMI verstanden werden, weil eine Widerlegung der Vermutungsregel des Satzes 2 von Art 3 Abs. 1 EuInsVO 2000 ohne „objektive und für Dritte feststellbare Elemente" seitdem nicht (mehr) gelingen sollte.

Die neue Fassung der EuInsVO 2015 hat diese Grundsatzentscheidung des EuGH in der Rechtssache „Eurofood" bestätigt und die bisher in der 13. Begründungserwägung der EuInsVO 2000 enthaltene Maßgabe aufgewertet, indem sie die Maßgabe in Art. 3 Abs. 1 EuInsVO 2015 als neuen Satz 2 wortgleich eingefügt hat, wo es jetzt ebenfalls heißt:

„Mittelpunkt der hauptsächlichen Interessen ist der Ort, an dem der Schuldner gewöhnlich der Verwaltung seiner Interessen nachgeht und der für Dritte feststellbar ist."

Da diese Ergänzung auf die Formulierung in der 13. Begründungserwägung der EuInsVO 2000 zurückgeht, so wie sie auch in der Rechtsprechung des EuGH bereits mehrfach nach der Rechtssache „Eurofood" zur Konkretisierung des Mittelpunkts der hauptsächlichen Interessen herangezogen wurde, ist mit der Ergänzung des Wortlauts keine Neuerung verbunden, nicht einmal ein Gewinn an Rechtssicherheit. Allerdings konkretisiert der Verordnungsgeber in den Erwägungsgründen der EuInsVO 2015, wann der Mittelpunkt der hauptsächlichen Interessen des Schuldners für Dritte feststellbar ist. So gibt er in der 28. Begründungserwägung der EuInsVO 2015 den weitergehenden Hinweis:

„Bei der Beantwortung der Frage, ob der Mittelpunkt der hauptsächlichen Interessen des Schuldners für Dritte feststellbar ist, sollte besonders berücksichtigt werden, welchen Ort die Gläubiger als denjenigen wahrnehmen, an dem der Schuldner der Verwaltung seiner Interessen nachgeht. Hierfür kann es erforderlich sein, die Gläubiger im Fall einer Verlegung des Mittelpunkts der hauptsächlichen Interessen zeitnah über den neuen Ort zu unterrichten, an dem der Schuldner seine Tätigkeiten ausübt, z. B. durch Hervorhebung der Adressänderung in der Geschäftskorrespondenz, oder indem der neue Ort in einer anderen geeigneten Weise veröffentlicht wird."

Diese Hinweise deuten an, dass die Hürde für die Annahme, dass der Mittelpunkt der hauptsächlichen Interessen des Schuldners für Dritte auch feststellbar war, nicht allzu hoch ist. Die Aussagekraft der Entscheidung des EuGH in der Rechtssache „Eurofood" und auch nicht die Bestätigung durch den Verordnungsgeber in dem neu eingefügten Satz 2 des neu gefassten Art. 3 Abs. 1 EuInsVO 2015 dürfen ohnehin nicht insoweit überspannt werden, als ihr eine deutliche Absage an den „mind of management"-Ansatz entnommen wird.[64] In den Gründen heißt es nämlich mit Blick auf eine Gesellschaft, die ihrer Tätigkeit im Gebiet des Mitgliedstaates, in dem sie ihren satzungsmäßigen Sitz hat, nachgeht, dass

„die Tatsache allein, dass ihre wirtschaftlichen Entscheidungen von einer Muttergesellschaft mit Sitz in einem anderen Mitgliedstaat kontrolliert werden oder kontrolliert werden können, nicht aus[reicht], um die mit der Verordnung aufgestellte Vermutung zu entkräften".[65]

39   Im Umkehrschluss heißt das aber, dass in dem Fall, in dem für Dritte erkennbare Umstände hinzukommen, die internen Anknüpfungsmomente mithin nicht mehr „allein"

---

[63] Sie wird von der ganz herrschenden Meinung im deutschen Schrifttum getragen, vgl. MüKoInsO/ *Reinhart*, 2. Aufl 2008, Art. 3 EuInsVO Rn. 31 ff mwN; *Weller* ZHR (169) 2005, 570, 581, und hat auch in einigen Entscheidungen Zuspruch gefunden, zur Rechtsprechungsentwicklung ausf MüKoInsO/*Reinhart*, 2. Aufl 2008, Art. 3 EuInsVO Rn. 21 ff.

[64] So etwa MüKoInsO/*Reinhart*, 2. Aufl 2008, Art. 3 EuInsVO Rn. 30 (freilich allein mit Blick auf die Rechtsprechung des EuGH, nicht auch schon mit Blick auf den neu gefassten Art. 3 EuInsVO 2015).

[65] EuGH Urt. v. 2.5.2006 – C-341/04 (Eurofood), NZI 2006, 360, bei Tz. 36.

stehen, die Vermutungswirkung sehr wohl noch widerlegt werden kann.[66] Im Ergebnis dürfte daher nur ein ausschließliches Abstellen auf gesellschafts- bzw konzerninterne Indizien unzulässig sein.[67]

Ganz in diesem Sinne präzisierte im Folgenden dann auch der EuGH[68] in der **Rechts-** 40 **sache Interedil** ebenfalls zur Rechtslage unter der EuInsVO 2000 die Vorgaben aus seiner Eurofood-Entscheidung dahin gehend, dass er eine „Gesamtbetrachtung" für maßgeblich erachtet.[69] Der EuGH stärkt aber die Vermutungswirkung des satzungsmäßigen Sitzes nach Abs. 1 Satz 2 des Art 3 EuInsVO 2000:

„*Wenn sich die Verwaltungs- und Kontrollorgane einer Gesellschaft am Ort ihres satzungsmäßigen Sitzes befinden und die Verwaltungsentscheidungen der Gesellschaft in durch Dritte feststellbarer Weise an diesem Ort getroffen werden, lässt sich die in dieser Vorschrift aufgestellte Vermutung nicht widerlegen.*"

Die Vermutung kann nach Auffassung des EuGH indessen widerlegt werden, wenn sich 41 der Ort der Hauptverwaltung einer Gesellschaft aus der Sicht von Dritten nicht am Ort des satzungsmäßigen Sitzes befindet. Zu den für die Bestimmung des Ortes des Mittelpunkts der hauptsächlichen Interessen des Schuldners maßgeblichen Umstände gehören dann vor allem alle Umstände, die mit der Entfaltung einer operativen Tätigkeit des Schuldners an einem bestimmten Ort zusammenhängen, wie zB der Ort der Belegenheit von Geschäftsräumen, Produktionsstätten oder Warenlagern, der Einsatzort von Arbeitnehmern sowie der Ort der Einrichtung von Geschäftskonten für den Zahlungsverkehr mit Gläubigern.[70]

Auch diese Leitlinien der Rechtsprechung des EuGH hat der Verordnungsgeber in den 42 Erwägungsgründen der EuInsVO 2015 aufgegriffen und bestätigt. So gibt er in der 30. Begründungserwägung der EuInsVO 2015 den weitergehenden Hinweis:

„*Bei einer Gesellschaft sollte diese Vermutung [gemeint: die Vermutung, dass der Mittelpunkt der hauptsächlichen Interessen des Schuldners am Satzungssitz der Gesellschaft zu finden ist] widerlegt werden können, wenn sich die Hauptverwaltung der Gesellschaft in einem anderen Mitgliedstaat befindet als in dem Mitgliedstaat, in dem sich der Sitz der Gesellschaft befindet, und wenn eine Gesamtbetrachtung aller relevanten Faktoren die von Dritten überprüfbare Feststellung zulässt, dass sich der tatsächliche Mittelpunkt der Verwaltung und der Kontrolle der Gesellschaft sowie der Verwaltung ihrer Interessen in diesem anderen Mitgliedstaat befindet.*"

In der Praxis wird der Umstand, dass der Schuldner Teil eines Konzernverbundes ist, damit selbstverständlich nicht völlig ausgeblendet. Der Konzernverbund kann mit allen seinen Ausprägungen bei der Widerlegung der Vermutungsregel des Art 3 Abs. 1 EuInsVO 2000/2015 in die Waagschale geworfen werden. Im Ergebnis wird man daher in zahlreichen Fällen vor wie nach der Neufassung des EuInsVO in Konzernsachverhalten zu einer schnellen Widerlegung der Vermutung in Abs. 1 des Art 3 EuInsVO 2000/2015 und damit im Ergebnis zu einem „Konzerngerichtsstands" für Mutter- und Tochtergesellschaften an ein und demselben Ort gelangen.[71] Insofern gilt nichts anderes als mit Blick auf die nationale Insolvenzrechtspraxis, in der unter extensiver Auslegung des § 3 InsO bei na-

---

66 *Paulus*, NZI 2006, 609, 612; vgl. auch *Taylor*, Further Into the Fog – Some Thoughts on the European Court of Justice Decision in the Eurofood Case, EIR Case Law-Alert No. 10 III/2006, S. 25, 29; *Moss* Asking the Right Questions – Highs and Lows in the ECJ Judgment in Eurofood, (2006) 19 Insolvency Intelligence 97, 100.

67 Prägnant fasst *Mankowski* BB 2006, 1755 zusammen: „Den mind of management-Ansatz in seiner reinen Form zu verwerfen ist nicht gleichbedeutend damit, einen echten business activities-Ansatz zu verwirklichen" und kommt zu dem Schluss: „Rover hätte auch nach Eurofood Bestand".

68 EuGH Urt. v. 20.10.2011 – Rs. C-396/09 (Interedil), NZI 2011, 990 mAnm *Mankowski*.

69 Dazu auch HambKommInsO/*Undritz* InsO Art. 3 EuInsVO Rn. 6.

70 Zu den unterschiedlichen Kriterien siehe auch HambKommInsO/*Undritz* InsO Art. 3 EuInsVO Rn. 14.

71 Dazu HambKommInsO/*Undritz* InsO Art. 3 EuInsVO Rn. 16 f. Ebenso wie in Deutschland unter extensiver Auslegung des § 3 InsO bei nationalen Konzerninsolvenzen *de facto* ein „Konzerngerichtsstand" für Mutter- und Tochtergesellschaften begründet wird, siehe an einem rein Binnensachverhalt vor allem AG Köln ZInsO 2008, 215 (PIN); dazu EWiR § 3 InsO 2/08, 595 (*K. Müller*); ferner die Kontroverse zwischen *Knof/Mock* ZInsO 2008, 253; *Knof/Mock* ZInsO 2008, 499 und *Frind* ZInsO 2008, 263; *Frind* ZInsO 2008, 614; mit Auslandsbezug dagegen AG Köln ZInsO 2008, 388 (PIN II); dazu EWiR Art. 3 EuInsVO 1/08, 531 (*Paulus*).

tionalen Konzerninsolvenzen nicht selten *de facto* ein „Konzerngerichtsstand" für Mutter-
und Tochtergesellschaften begründet wird.[72] Zum neuen „Gruppen-Gerichtsstand" nach
den nationalen Sondervorschriften für die Konzerninsolvenz (§§ 3a bis 3e InsO n. F.) → § 1
Rn. 7 ff. sowie → § 4 Rn. 30 ff.

43   Ob in der europäischen Praxis *de lege lata* ein solcher „Konzerngerichtsstand" faktisch
erreicht werden kann, indem Art 3 in der Weise ausgelegt wird, dass auch eine konzernweite Sanierungstätigkeit an einem Ort das hauptsächliche Interesse aller von der Sanierung
erfassten Gesellschaften an diesem Ort begründen kann, ist fraglich. Dies würde jedenfalls
voraussetzen, dass es bei der Beurteilung des Mittelpunkts der hauptsächlichen Interessen
weniger auf eine Erkennbarkeit bestimmter Umstände in der Vergangenheit ankommt (also
der bisherigen Geschäftstätigkeit und Tätigkeit der Verwaltungs- und Kontrollorgane) als
auf eine Erkennbarkeit bestimmter Umstände in der Gegenwart (also vor allem der Sanie-
rungsverhandlungen).[73] Das Tribunal de commerce de Paris[74] hat zur Begründung eines
Konzerngerichtsstands für Mutter- und Tochtergesellschaften ähnlich argumentiert und
darauf abgehoben, dass alle Konzerngesellschaften für ein „Owning Group Guarantee
Agreement" solidarisch haften und die Verhandlungen über die Umstrukturierung der
Schulden, von welcher die Fortführung jedes einzelnen Unternehmens der Unternehmensgruppe abhängt, im Wesentlichen in Paris geführt werden. Die Gesamtsanierung des
Konzerns entspreche dabei einer *best practice* der Insolvenzverwaltung *(»bonne administration
de la justice«)* und Maßnahmen, welche die Voraussetzungen für eine solche Gesamtsanierung schaffen, stünden zudem im Einklang mit dem Ziel der EuInsVO, effiziente, grenzüberschreitende Insolvenzverfahren zu ermöglichen, selbst wenn sie keine ausdrücklichen
Regelungen für die Konzerninsolvenz vorsehe.[75] Dass eine derart **koordinierte Abwicklung einer Konzerninsolvenz** im Einzelfall zu erheblichen Vorteilen für die Gläubiger
führen kann, dürfte unstreitig sein. Die dringend erforderliche Rechtssicherheit dürfte sich
jedoch wohl erst dann einstellen, „wenn europäische Rechtsvorschriften für Unterneh-
menszusammenschlüsse ausgearbeitet werden."[76]

44–46   Diese Arbeiten hat der europäische Normgeber mit der Neufassung der EuInsVO 2015
erst einmal abgeschlossen. Die Neufassung der EuInsVO 2015 hält indes – wie eingangs
bereits betont – an dem Grundsatz „Eine Person, eine Insolvenz, ein Verfahren" auch für
Konzernsachverhalte fest. Er sieht auch keine Ergänzung des Art 3 EuInsVO 2000 um einen
einheitlichen Konzerngerichtsstand vor. Vielmehr konzentriert sich die Neufassung der
EuInsVO 2015 auf die Ausgestaltung von grenzüberschreitenden Insolvenzverfahren ver-
mittels umfassender Maßgaben zur Kooperation und Koordination (dazu unten → Rn. 71).

47   Allerdings betont die Begründung der EuInsVO 2015, dass zwar die Koordinierung der
einzelnen Insolvenzverfahren gegen Mitglieder derselben Unternehmensgruppe vorgesehen
sei, doch würde das nicht heißen, dass die vorgeschlagenen Änderungen die bei stark
integrierten Unternehmensgruppen bisher übliche Praxis unterbinden wolle, den Mittelpunkt der hauptsächlichen Interessen aller Mitglieder der Gruppe an ein und demselben
Ort anzunehmen und die Verfahren demzufolge nur an einem Ort zu eröffnen.

---

[72] Zu den Gestaltungsmöglichkeiten bezüglich des Gerichtsstands bei der nationalen Konzerninsolvenz nach
geltendem Recht und nach dem Inkrafttreten des neuen deutschen Konzerninsolvenzrechts im Jahr 2018,
siehe *Grell,* DB 2017, 1497.
(FD-InsR 2017, 393083, beck-online)

[73] Vgl. AG Köln ZInsO 2008, 215 (PIN) freilich ein reiner Binnensachverhalt; dazu EWiR § 3 InsO 2/08,
595 *(K. Müller);* AG Köln ZInsO 2008, 388 (PIN II), mit Auslandsbezug; dazu EWiR Art. 3 EuInsVO 1/
08, 531 *(Paulus).*

[74] Recueil Dalloz 2006 Jurisprudence S. 2329 (Eurotunnel).

[75] »Que, si le règlement européen ne traite pas des groupes de sociétés présentes dans plusieurs Etats
membres, désormais nombreux dans l'espace unifié européen, il vise à une administration efficace et
homogène de la justice partout où il s'applique.«; zust. *Dammann/Podeur* L'affaire Eurotunnel, première
application du règlement CE n° 1346–2000 à la procédure de sauvegarde, Recueil Dalloz 2006, Jurisprudence S. 2329.

[76] Vgl. *Virgós/Schmit,* Erläuternder Bericht, Nr. 76; vgl. hierzu auch *Paulus,* ZIP 2005, 1948; *Adam/Poertzgen*
ZInsO 2008, 281 (Teil 1), 347 (Teil 2).

Ganz in diesem Sinne wurde der Erwägungsgrund 53 eingefügt: **48**

„(53) Durch die Einführung von Vorschriften über die Insolvenzverfahren von Unternehmensgruppen sollte ein Gericht nicht in seiner Möglichkeit eingeschränkt werden, Insolvenzverfahren über das Vermögen mehrerer Gesellschaften, die derselben Unternehmensgruppe angehören, nur an einem Gerichtsstand zu eröffnen, wenn es feststellt, dass der Mittelpunkt der hauptsächlichen Interessen dieser Gesellschaften in einem einzigen Mitgliedstaat liegt. In diesen Fällen sollte das Gericht für alle Verfahren gegebenenfalls dieselbe Person als Verwalter bestellen können, sofern dies mit den dafür geltenden Vorschriften vereinbar ist.".„

Die besonderen Schwierigkeiten bei der Bestimmung des Mittelpunkts der hauptsächli- **49** chen Interessen des Schuldners in Konzernsachverhalten bleiben im Ergebnis auch durch die neu gefasste EuInsVO 2015 ungelöst, mögen die zuletzt genannten Hinweise des europäischen Normgebers auch in die richtige Richtung weisen und bei der Auslegung und Argumentation hilfreich sein.[77] Anders als der deutsche Gesetzgeber, der mit § 3a InsO n. F. einen „Gruppen-Gerichtsstand" für Mutter- und Tochtergesellschaften an ein und demselben Ort begründet hat, bleibt es auf europäischer Ebene aber dabei, dass sich ein „Konzerngerichtsstand" allenfalls im Ergebnis aus der Anwendung der allgemeinen Regelungen ergeben kann.[78] Neu hinzugekommen ist nunmehr nach Art 4 EuInsVO, dass die Anwendung der allgemeinen Regelungen, insbesondere also die Zuständigkeitsbestimmung nach Art 3 EuInsVO 2015, durch die nationalen Gerichte zwingend vorgeschrieben wird (Prüfung der Zuständigkeit von Amts wegen) und auch begründet werden muss. Im Ergebnis muss eine gerichtliche Nachprüfung der Entscheidung zur Eröffnung des Hauptinsolvenzverfahrens auf Antrag des Schuldners und der Gläubiger möglich sein (vgl. Art 5 EuInsVO 2015).

dd) Modifikationen der Universalität des Hauptverfahrens

Die automatische Anerkennung und Wirkungserstreckung erfährt nun in zweifacher Weise **50** eine Modifikation: Zum einen durch die Möglichkeit nach Art 3 Abs. 2, 27 ff. EuInsVO 2000 bzw. Art 3 Abs. 2, 34 ff. EuInsVO 2015 neben dem bereits eröffneten Hauptinsolvenzverfahren in einem anderen Mitgliedstaat ein sog Sekundärinsolvenzverfahren zu eröffnen.[79] Zum anderen durch Sonderkollisionsnormen und Sachnormen des europäischen Rechts, insbesondere in den Art 5 bis 15 EuInsVO 2000 bzw. Art 8 bis 18 EuInsVO 2015.[80]

(1) Sekundärinsolvenzverfahren. Im Falle der Eröffnung eines Sekundärinsolvenzver- **51** fahrens wird zum Schutz der Interessen der „lokalen Gläubiger" eine territorial begrenzte Ausnahme zur Universalität des Hauptinsolvenzverfahrens gemacht. Die Anwendung des Rechts des Staates der Eröffnung des Hauptinsolvenzverfahrens wird insoweit zurückgedrängt, als auf das Sekundärinsolvenzverfahren nach Art 28 EuInsVO 2000 bzw. Art 35 EuInsVO 2015 sowohl in verfahrensrechtlicher als auch in materiell-rechtlicher Hinsicht das Recht des Mitgliedstaates Anwendung findet, in dessen Gebiet das Sekundärinsolvenzverfahren eröffnet worden ist *(lex fori concursus secundarii)*. Letztlich gilt auch für das Sekundärinsolvenzverfahren die Aussage der Grundkollisionsnorm nach Art 4 Abs. 1 EuInsVO 2000 bzw. Art 7 EuInsVO 2015, dass nämlich für das Insolvenzverfahren und

---

[77] Dazu und zum Folgenden auch HambKommInsO/*Undritz* InsO Art. 3 EuInsVO Rn. 7.
[78] Dazu HambKommInsO/*Undritz* InsO Art. 3 EuInsVO Rn. 16 f. Ebenso wie in Deutschland unter extensiver Auslegung des § 3 InsO bei nationalen Konzerninsolvenzen *de facto* ein „Konzerngerichtsstand" für Mutter- und Tochtergesellschaften begründet wird, siehe zu einem reinen Binnensachverhalt vor allem AG Köln ZInsO 2008, 215 (PIN); dazu EWiR § 3 InsO 2/08, 595 *(K. Müller);* ferner die Kontroverse zwischen *Knof/Mock* ZInsO 2008, 253; *Knof/Mock* ZInsO 2008, 499 und *Frind* ZInsO 2008, 263; *Frind* ZInsO 2008, 614; mit Auslandsbezug dagegen AG Köln ZInsO 2008, 388 (PIN II); dazu EWiR Art. 3 EuInsVO 1/08, 531 *(Paulus).*
[79] → Rn. 51 ff.
[80] → Rn. 54 ff.

seine Wirkungen das Insolvenzrecht des „Staates der Verfahrenseröffnung" anzuwenden ist.[81]

52   Die Wirkungen dieses Sekundärinsolvenzverfahrens sind auf das im Gebiet dieses anderen Mitgliedstaats belegene Vermögen des Schuldners beschränkt. Die universelle Wirkungserstreckung des Hauptinsolvenzverfahrens wird mithin nicht schlechterdings in Frage gestellt, sondern lediglich territorial begrenzt. Der grundsätzlich das gesamte schuldnerische Vermögen erfassende Insolvenzbeschlag des Hauptinsolvenzverfahrens wird hinsichtlich der im Mitgliedstaat des Sekundärinsolvenzverfahrens belegenen Gegenstände überlagert. Dass die Wirkungen des Hauptinsolvenzverfahrens nicht ganz entfallen, zeigt auch der in Art 35 EuInsVO 2000 bzw. Art 49 EuInsVO 2015 statuierte Anspruch der Hauptverfahrensmasse gegen die Sekundärverfahrensmasse auf Herausgabe eines eventuellen Überschusses im Sekundärinsolvenzverfahren, der dort verbleibt, nachdem alle festgestellten Forderungen befriedigt sind.

53   Auch die territorial begrenzten Wirkungen eines Sekundärinsolvenzverfahrens werden nach Art 17 Abs. 2 EuInsVO 2000 bzw. Art 20 Abs. 2 EuInsVO 2015 in den anderen Mitgliedstaaten automatisch anerkannt. Deshalb wirkt nach Art 17 Abs. 2 Satz 2 EuInsVO 2000 bzw. Art 20 Abs. 2 Satz 2 EuInsVO 2015 jegliche Beschränkung der Rechte der Gläubiger, insbesondere eine Stundung oder eine Schuldbefreiung infolge des Hauptinsolvenzverfahrens, hinsichtlich des im Gebiet des Sekundärinsolvenzverfahrens belegenen Vermögens nur gegenüber den Gläubigern, die ihre Zustimmung hierzu erteilt haben. Die Eröffnung eines Sekundärinsolvenzverfahrens stellt mithin eine ganz zentrale Weichenstellung für die Koordination grenzüberschreitender Konzerninsolvenzverfahren dar.

54   **(2) Sonderkollisionsnormen und Sachnormen.** Eine weitere Modifikation der Universalität des Hauptverfahrens ergibt sich aus verschiedenen Einzelregelungen der EuInsVO, zB Art 5 bis 15 EuInsVO 2000 bzw. Art 8 bis 18 EuInsVO 2015. Hier wird in unterschiedlichen **Sonderkollisionsnormen und Sachnormen des europäischen Rechts** die grundlegende Kollisionsnorm des Art 4 Abs. 1 EuInsVO 2000 bzw. Art 7 Abs. 1 EuInsVO 2015 modifiziert. Diese Modifikationen gelten unabhängig von der Eröffnung eines Sekundärinsolvenzverfahrens.

55   Im Einzelnen sind folgende **Regelungsgegenstände** betroffen:
- Dingliche Rechte Dritter (Art 5 EuInsVO 2000 / Art 8 EuInsVO 2015)
- Aufrechnung (Art 6 EuInsVO 2000 / Art 9 EuInsVO 2015)
- Eigentumsvorbehalt (Art 7 EuInsVO 2000 / Art 10 EuInsVO 2015)
- Vertrag über einen unbeweglichen Gegenstand (Art 8 EuInsVO 2000 / Art 11 EuInsVO 2015)
- Zahlungssysteme und Finanzmärkte (Art 9 EuInsVO 2000 / Art 12 EuInsVO 2015)
- Arbeitsvertrag (Art 10 EuInsVO 2000 / Art 13 EuInsVO 2015)
- Wirkung auf eintragungspflichtige Rechte (Art 11 EuInsVO 2000 / Art 14 EuInsVO 2015)
- Gemeinschaftspatente und -marken (Art 12 EuInsVO 2000 / Art 15 EuInsVO 2015)
- Benachteiligende Handlungen (Art 13 EuInsVO 2000 / Art 16 EuInsVO 2015)
- Schutz des Dritterwerbers (Art 14 EuInsVO 2000 / Art 17 EuInsVO 2015)
- Wirkungen des Insolvenzverfahrens auf anhängige Rechtsstreitigkeiten (Art 15 EuInsVO 2000 / Art 18 EuInsVO 2015)

56   Besonders weitgehend ist der **Schutz dinglicher Rechte,** insbesondere der Kreditsicherheiten, dem Art 5 EuInsVO 2000 bzw. Art 8 EuInsVO 2015 dienen. Hiernach werden die Wirkungen der Eröffnung des Insolvenzverfahrens in einem Mitgliedstaat im Hinblick auf dingliche Rechte eines Gläubigers oder eines Dritten an körperlichen oder unkörperlichen, beweglichen oder unbeweglichen Gegenständen des Schuldners suspendiert

---

[81] Vgl. etwa MüKoHGB/*Kindler,* 5. Aufl 2010, Art. 28 EuInsVO Rn. 2: „Art. 28 der VO ist daher an sich überflüssig. Fehlte er, so ergäben sich die dort angeordneten Rechtsfolgen aus Art. 4 EuInsVO."

("von der Eröffnung des Verfahrens nicht berührt"), wenn sich der Gegenstand zum Zeitpunkt der Eröffnung des Insolvenzverfahrens im Gebiet eines anderen Mitgliedstaats befindet. Der Belegenheitsort ist nach Art 2 lit g) EuInsVO 2000 bzw. Art 2 Nr. 9 EuInsVO 2015 zu bestimmen.[82]

Für die grenzüberschreitende Betriebsfortführung in der Konzerninsolvenz ferner von **57** erheblicher Bedeutung sind vor allem Art 10 EuInsVO 2000 bzw. Art 13 EuInsVO 2015. Hiernach gilt für die Wirkungen des Insolvenzverfahrens auf einen Arbeitsvertrag und auf das Arbeitsverhältnis ausschließlich das Recht des Mitgliedstaats, das auf den Arbeitsvertrag anzuwenden ist. Die Sonderkollisionsnorm bezweckt den **Schutz des Arbeitnehmers und des Arbeitsverhältnisses** vor der Anwendung fremder Rechtsvorschriften.[83]

Zu der Reichweite des kollisionsrechtlichen Schutzes für die Rechte und Pflichten aus **58** dem Arbeitsvertrag und auf das Arbeitsverhältnis enthält Erwägungsgrund 28 der EuInsVO 2000 wichtige Hinweise:

„Zum Schutz der Arbeitnehmer und der Arbeitsverhältnisse müssen die Wirkungen der Insolvenzverfahren auf die Fortsetzung oder Beendigung von Arbeitsverhältnissen sowie auf die Rechte und Pflichten aller an einem solchen Arbeitsverhältnis beteiligten Parteien durch das gemäß den allgemeinen Kollisionsnormen für den Vertrag maßgebliche Recht bestimmt werden. Sonstige insolvenzrechtliche Fragen, wie etwa, ob die Forderungen der Arbeitnehmer durch ein Vorrecht geschützt sind und welchen Rang dieses Vorrecht gegebenenfalls erhalten soll, sollten sich nach dem Recht des Eröffnungsstaats bestimmen."

Auch die Erwägungsgründe der EuInsVO 2015 greifen den kollisionsrechtlichen Schutz für die Rechte und Pflichten aus dem Arbeitsvertrag nahezu unverändert auf:

„Zum Schutz der Arbeitnehmer und der Arbeitsverhältnisse sollten die Wirkungen der Insolvenzverfahren auf die Fortsetzung oder Beendigung von Arbeitsverhältnissen sowie auf die Rechte und Pflichten aller an einem solchen Arbeitsverhältnis beteiligten Parteien durch das gemäß den allgemeinen Kollisionsnormen für den jeweiligen Arbeitsvertrag maßgebliche Recht bestimmt werden. […] Für sonstige insolvenzrechtliche Fragen, wie etwa, ob die Forderungen der Arbeitnehmer durch ein Vorrecht geschützt sind und welchen Rang dieses Vorrecht gegebenenfalls erhalten soll, sollte das Recht des Mitgliedstaats maßgeblich sein, in dem das Insolvenzverfahren (Haupt- oder Sekundärverfahren) eröffnet wurde, […]."

Für die zuletzt genannte „Rangfrage" mit Blick auf Lohnforderungen gelten mithin **59** unverändert Art 4 Abs. 2 lit g) und lit i) EuInsVO 2000 bzw. Art 7 Abs. 2 lit g) und lit i) EuInsVO.

Der **Schutz der Arbeitnehmer vor Arbeitsentgeltausfall** bei Insolvenz des Arbeit- **60** gebers wird hingegen weder von der Sonderkollisionsnorm des Art 10 EuInsVO 2000 bzw. Art 13 EuInsVO 2015 noch von der Grundkollisionsnorm des Art 4 EuInsVO 2000 bzw. Art 7 EuInsVO 2015 gewährt.[84] Die Frage, ob dem Arbeitnehmer ein Anspruch auf Insolvenzgeld zusteht, ist im Ergebnis nach Maßgabe der §§ 165 ff SGB III zu beantworten. Ein Anspruch auf Insolvenzgeld besteht gemäß § 165 Abs. 1 Satz 1 SGB III grundsätzlich, wenn der Arbeitnehmer im Inland beschäftigt war. Satz 3 des § 165 Abs. 1 SGB III stellt klar, dass im Inland beschäftigte Arbeitnehmerinnen und Arbeitnehmer auch bei einem ausländischen Insolvenzereignis einen Anspruch auf Insolvenzgeld haben.[85] Ein im Ausland eröffnetes Partikularinsolvenzverfahren soll kein solches Insolvenzereignis sein, weil ein

---

82 Zur Bestimmung des Belegenheitsortes siehe etwa MüKoInsO/*Reinhart*, 2. Aufl 2008, Art. 2 EuInsVO Rn. 21 ff. Die Reichweite der Rechtsfolge des Art. 5 Abs. 1 EuInsVO 2000 bzw. Art. 7 Abs. 1 EuInsVO 2015 („nicht berührt") ist umstritten, insbesondere ist fraglich, ob bei der Verwertung dinglicher Rechte wenigstens auch die Beschränkungen des jeweiligen Insolvenzrechts des Belegenheitsstaates zu beachten sind, so etwa *Bismarck/Schümann-Kleber* NZI 2005, 147, 148; *Haas* FS Gerhardt, 2004, S. 329; noch weiter gehend *Herchen*, ZInsO 2002, 345, 347. Nach hier vertretener Ansicht ist die Frage zu verneinen, siehe HambKommInsO/*Undritz* InsO Art. 5 EuInsVO Rn. 7 f; zum Ganzen auch Pannen/*Ingelmann* EuInsVO Art. 5 Rn. 9 ff.

83 Dazu und zum Folgenden auch Mönning-*Undritz/Meyer-Sommer* Betriebsfortführung in der Insolvenz § 27 Rn. 29 ff.

84 Dazu und zum Folgenden auch Mönning/*Undritz/Meyer-Sommer* Betriebsfortführung in der Insolvenz § 27 Rn. 32 ff.

85 Vgl. auch Durchführungsanweisungen zum Insolvenzgeld, dazu § 165 SGB III Tz. 3.7.

solches Verfahren nur territoriale Wirkungen entfaltet und gerade nicht universelle Geltung für sich beansprucht.[86]

2. Koordination grenzüberschreitender Betriebsfortführung und Verwertung

61 Im Hinblick auf die Koordination der grenzüberschreitenden Betriebsfortführung und Verwertung in der Konzerninsolvenz ist stets zwischen folgenden drei Szenarien zu unterscheiden:[87]

- grenzüberschreitende Betriebsfortführung und Verwertung in einem einheitlichen Insolvenzverfahren
- grenzüberschreitende Betriebsfortführung und Verwertung in einem Haupt- und einem bzw mehreren Sekundärinsolvenzverfahren (paradigmatischer Fall der grenzüberschreitenden Insolvenz nach EuInsVO)
- grenzüberschreitende Betriebsfortführung und Verwertung in mehreren Hauptinsolvenzverfahren (klassischer Fall der „Konzerninsolvenz")

62 Nicht übersehen werden darf jedoch, dass der klassische Fall der Konzerninsolvenz, also die zuletzt genannte grenzüberschreitende Betriebsfortführung und Verwertung in mehreren Hauptinsolvenzverfahren, immer dann in Kombination mit der grenzüberschreitende Betriebsfortführung und Verwertung in einem Haupt- und einem bzw mehreren Sekundärinsolvenzverfahren zusammentrifft, wenn es den Beteiligten gelungen ist, die Hauptinsolvenzverfahren über das Vermögen aller gruppenzugehöriger Personen an einem gemeinsamen Gerichtsstand zu eröffnen, dann aber im Folgenden in den jeweiligen Mitgliedstaaten, in denen auch die Eröffnung eines Hauptinsolvenzverfahrens in Betracht gekommen wäre, nunmehr (wenigstens) ein Sekundärinsolvenzverfahren eröffnet wurde.

a) Haupt- und Sekundärinsolvenzverfahren

63 Die Koordination der grenzüberschreitenden Betriebsfortführung in einem Hauptinsolvenzverfahren und einem bzw mehreren territorial begrenzten Sekundärinsolvenzverfahren ist der paradigmatische Fall der Koordination nach der EuInsVO. Nach Art 3 Abs. 3 Satz 2 EuInsVO 2000 musste es sich bei den Sekundärinsolvenzverfahren noch um ein Liquidationsverfahren handeln.[88] Diese Begrenzung des Verfahrenszwecks eines Sekundärinsolvenzverfahrens auf die Liquidation enthält die EuInsVO 2015 nicht mehr. Die Begrenzung der Sekundärinsolvenzverfahren auf Liquidationsverfahren war sanierungsfeindlich. Allerdings kann es nun zur Inkohärenz zwischen Haupt- und Sekundärinsolvenzverfahren kommen. Nach Art 51 EuInsVO 2015 hat das Gericht deshalb auf Antrag des Hauptinsolvenzverwalters den Verfahrenszweck bzw. Verfahrenstyp des Sekundärinsolvenzverfahrens in ein anderes in Anhang A der EuInsVO 2015 aufgeführtes Verfahren umzuwandeln,

„sofern die Voraussetzungen nach nationalem Recht für die Eröffnung dieses anderen Verfahrens erfüllt sind und dieses Verfahren im Hinblick auf die Interessen der lokalen Gläubiger und die Kohärenz zwischen Haupt- und Sekundärinsolvenzverfahren am geeignetsten ist."

aa) Eröffnung eines Sekundärinsolvenzverfahrens

64 In beiden Fassungen des Art 3 Abs. 2 EuInsVO 2000/2015 setzt die Möglichkeit der Eröffnung eines Sekundärinsolvenzverfahrens voraus, dass der Schuldner in dem jeweiligen

---

[86] Mankowski/Müller/*J. Schmidt*/*Mankowski* EuInsVO 2015, 2016, Art. 13 Rn. 31 a. E.
[87] Ausf dazu und zum Folgenden Mönning/*Undritz*/*Meyer-Sommer* Betriebsfortführung in der Insolvenz § 27 Rn. 35 ff.
[88] Krit. *Paulus* EWS 2002, 497, 502.

Mitgliedstaat über eine **Niederlassung** im Sinne von Art 2 Buchst h) EuInsVO 2000 bzw. Art 2 Nr. 10 EuInsVO 2015 verfügt.

Die Begriffsbestimmung der „Niederlassung" ist in den Fassungen der EuInsVO 2000 **65** und der EuInsVO 2015 nahezu identisch. Allerdings ist in der EuInsVO 2015 mit Blick auf die „Niederlassung" als das eine Zuständigkeit begründende wesentliche Merkmal festgelegt worden, dass auch die letzten drei Monate vor dem Antrag auf Eröffnung des Hauptinsolvenzverfahrens durchaus Relevanz haben. Damit wird vermieden, dass ein Sekundärinsolvenzverfahren nicht deshalb ausgeschlossen ist, weil die Niederlassung kurz vor Antragstellung (unter Umständen auch aus strategischen Gründen) geschlossen wurde. Demnach bezeichnet der Ausdruck „Niederlassung" für Zwecke der EuInsVO 2015

„jeden Tätigkeitsort, an dem der Schuldner einer wirtschaftlichen Aktivität von nicht vorübergehender Art nachgeht oder in den drei Monaten vor dem Antrag auf Eröffnung des Hauptinsolvenzverfahrens nachgegangen ist, die den Einsatz von Personal und Vermögenswerten voraussetzt".

Der **Begriff der Niederlassung** ist vom EuGH[89] mit Blick auf die EuInsVO 2000 dahingehend ausgelegt worden, dass er

„die Existenz einer auf die Ausübung einer wirtschaftlichen Tätigkeit ausgerichteten Struktur mit einem Mindestmaß an Organisation und einer gewissen Stabilität erfordert. Das bloße Vorhandensein einzelner Vermögenswerte oder von Bankkonten genügt dieser Definition grundsätzlich nicht. "

Dieses Auslegung gilt auch mit Blick auf die EuInsVO 2015 fort.

Neben einer Niederlassung ist ein **Insolvenzantrag** weitere Voraussetzung der Eröff- **66** nung eines Sekundärinsolvenzverfahrens. Antragsberechtigt sind die nach nationalem Recht antragsberechtigten Personen sowie stets der ausländische Hauptinsolvenzverwalter. Dies geben Art 29 EuInsVO 2000 bzw. Art 37 EuInsVO 2015 vor.[90] Die Insolvenz des Schuldners wird allerdings nach Art 27 Satz 1 EuInsVO 2000 bzw. Art 34 Satz 2 EuInsVO 2015 nicht (noch einmal) geprüft. Entsprechend ist ein **Insolvenzgrund** für das Sekundärinsolvenzverfahren nicht darzulegen oder zu beweisen. Insofern ersetzt die Eröffnung des Hauptinsolvenzverfahrens den Insolvenzgrund für das Sekundärinsolvenzverfahren.[91]

bb) Wirkung der Eröffnung des Sekundärinsolvenzverfahrens

Die Wirkungen des Sekundärinsolvenzverfahrens beschränken sich nach Art 27 Satz 3 **67** EuInsVO bzw Art 34 Satz 3 EuInsVO 2015 auf das im Gebiet des „Niederlassungsstaates" belegene Vermögen des Schuldners.

Die **Abgrenzung der Aktivmasse** des Sekundärinsolvenzverfahrens vollzieht sich dem- **68** nach rein territorial. Entscheidend ist allein der Ort, an dem sich ein Vermögensgegenstand befindet im Sinne von Art 2 Buchst g) EuInsVO 2000 bzw. Art 2 Nr. 9 EuInsVO 2015. Befindet sich der Vermögengegenstand in dem Mitgliedstaat der Eröffnung des Sekundärinsolvenzverfahrens, fällt er in die Insolvenzmasse des Sekundärinsolvenzverfahrens.

Die Niederlassung erfüllt mit Blick auf die **Abgrenzung der Passivmassen** keine **69** Funktion. Hier kommt es nicht etwa auf einen Bezug der im Sekundärinsolvenzverfahren angemeldeten Forderungen zur Niederlassung an. Vielmehr kann hier jeder Gläubiger nach Maßgabe der Art 32 EuInsVO 2000 bzw. Art 45 EuInsVO 2015 seine Forderung im Hauptinsolvenzverfahren und in jedem Sekundärinsolvenzverfahren anmelden. Damit der

---

89 EuGH Urt. v. 20.10.2011 – Rs. C-396/09 (Interedil), NZI 2011, 990 mAnm *Mankowski*.
90 Umstritten ist, ob das Antragsrecht auch dem Schuldner selbst zusteht. Zweifel an einem Antragsrecht des Schuldners selbst sind begründet, weil mit Eröffnung des Hauptinsolvenzverfahrens nach dem jeweiligen nationalen Recht regelmäßig die Verwaltungs- und Verfügungsbefugnis des Schuldners auf den Hauptinsolvenzverwalter überwechselt.
91 Dies kann zur Folge haben, dass auf der Grundlage der Feststellung der Insolvenz nach Maßgabe des Rechtes des Staates der Eröffnung des Hauptinsolvenzverfahrens anschließend ein Insolvenzverfahren über das Vermögen einer Niederlassung in einem anderen Mitgliedstaat eröffnet wird, der den Insolvenzgrund des Hauptinsolvenzverfahrens nicht kennt, siehe HambKommInsO/*Undritz*, InsO, Art. 27 EuInsVO Rn. 5.

Gläubiger im Wege der Doppel- oder sogar Mehrfachanmeldung keine Sondervorteile erzielt, sehen Art 20 Abs. 2 EuInsVO 2000 bzw. Art 23 EuInsVO 2015 eine Quotenanrechnung und einen Ausschüttungsstopp vor.[92]

70   Das Sekundärinsolvenzverfahren ist dem Hauptinsolvenzverfahren als „Hilfsverfahren" untergeordnet.[93] In den meisten Fällen wird bei näherem Hinsehen erkennbar, dass weniger die „Hilfsfunktion" des Sekundärinsolvenzverfahrens aus Sicht des Hauptinsolvenzverfahrens im Mittelpunkt steht als seine **„Schutzfunktion" aus Sicht der inländischen Gläubiger.** Das Sekundärinsolvenzverfahren bezweckt nämlich den Schutz der inländischen Gläubiger, indem sie von den Wirkungen eines ausländischen Insolvenzverfahrens ausgenommen werden. Ohne heimisches Sekundärinsolvenzverfahren müssten die inländischen Gläubiger die Befriedigung ihrer Forderungen in einem fernen Verfahren unter Geltung eines anderen materiellen Insolvenzrechts in einer fremden Sprache suchen.[94]

cc) Vermeidung eines Sekundärinsolvenzverfahrens durch „Zusicherung" nach Art 36 EuInsVO 2015

70a   Die Notwendigkeit von Sekundärinsolvenzverfahren bestreitet auch die neu gefasste EuInsVO 2015 nicht, insbesondere seine „Schutzfunktion" aus Sicht der inländischen Gläubiger. Es wurde jedoch auch nach Mitteln und Wegen gesucht, die Eröffnung von Sekundärinsolvenzverfahren hintanzustellen, wenn die Eröffnung eines Sekundärinsolvenzverfahrens die Vorteile eines Sanierungsversuchs im Hauptinsolvenzverfahren zunichtezumachen droht und die anerkannten Schutzinteressen der inländichen Gläubiger nicht verletzt werden. Das Ergebnis ist das neue Instrument der „Zusicherung" nach Art 36 EuInsVO 2015.[95] Der Insolvenzverwalter des Hauptinsolvenzverfahrens erhält nach Maßgabe des neu eingefügten Art. 36 EuInsVO 2015 die Möglichkeit, den lokalen Gläubigern zur Vermeidung eines Sekundärinsolvenzverfahrens eine Zusicherung zu geben. Der Inhalt der Zusicherung ist das Versprechen des Hauptinsolvenzverwalters, dass er bei der Verteilung dieser Vermögen oder des bei ihrer Verwertung erzielten Erlöses die Verteilungs- und Vorzugsrechte nach nationalem Recht wahrt, die lokale Gläubiger hätten, wenn ein Sekundärinsolvenzverfahren in diesem Mitgliedstaat eröffnet worden wäre. Die Zusicherung wird nur in Bezug auf Gegenstände der Masse gegeben, die in dem Mitgliedstaat belegen sind, in dem ein Sekundärinsolvenzverfahren eröffnet werden könnte. Damit soll den Gläubigern ein denkbares Erpressungspotential genommen werden.

Dieser Regelungsansatz geht erkennbar zurück auf die Praxis in dem Fall der grenzüberschreitenden Insolvenz der Rover-Gruppe.[96] So hatte der englische High Court of Justice Birmingham nicht nur das Hauptinsolvenzverfahren über die englische Muttergesellschaft in England eröffnet, sondern unter anderem auch für die nationale Vertriebsgesellschaft in Frankreich.[97] Den französischen Arbeitnehmern drohte in dem englischen Hauptinsolvenzverfahren das Recht auf vorrangige Befriedigung ihrer Lohnforderungen nach französischem Recht *(superprivilège)* verloren zu gehen. Die Eröffnung eines Sekundärinsolvenzverfahrens in Frankreich wäre grundsätzlich geeignet gewesen die nationale Verteilungsordnung zur Anwendung zu bringen und den Arbeitnehmern ihr Privileg zu sichern. Letztlich konnte die Eröffnung von Sekundärinsolvenzverfahren abgewendet werden, weil das englische Gericht den Hauptinsolvenzverwalter nach englischen Recht als befugt angesehen hatte, die Forderungen der französischen Arbeitnehmer in dem englischen

---

[92] Zu den Einzelheiten dieses Modus der Quotenanrechnung siehe etwa HambKommInsO/*Undritz* InsO Art. 20 EuInsVO Rn. 8 ff mit Beispiel.

[93] HambKommInsO/*Undritz* InsO Art. 27 EuInsVO Rn. 9.

[94] So auch die Beschreibung von MüKoHGB/*Kindler,* 5. Aufl 2010, Art. 27 EuInsVO Rn. 4.

[95] Zu diesem Instrument der Zusicherung siehe *Undritz* FS Vallender, 2015, S. 745, 772 f.; *Schuster* NZI 2017, 873 ff.

[96] Dazu und zum Folgenden *Undritz* FS Vallender, 2015, S. 745, 750 ff.

[97] Vgl. High Court of Justice Birmingham Beschl. v. 11.5.2005 – 2375 bis 2382/05, NZI 2005, 515 m. Anm. *Penzlin/Riedemann.*

Hauptinsolvenzverfahren so zu behandeln, als ob in dem jeweiligen Mitgliedstaat ein Sekundärinsolvenzverfahren eröffnet worden sei. Der Schutz des Vertrauens der französischen Arbeitnehmer auf die Anwendung der nationalen Verteilungsordnung konnte so auf Umwegen auch ohne Eröffnung eines Sekundärinsolvenzverfahrens gewährt werden. Diese Praxis liefert auf Basis des englischen Rechts nunmehr also die Vorüberlegungen für das Konzept der „Zusicherung" durch den Hauptinsolvenzverwalter, dass die inländischen Gläubiger in dem Niederlassungsstaat im Vergleich zum wirtschaftlichen Ergebnis bei Eröffnung eines Sekundärinsolvenzverfahrens keine Nachteile erleiden. Im Ergebnis läuft das Konzept der „Zusicherung" nach Art 36 EuInsVO 2015 auf „virtuelle Sekundärinsolvenzverfahren" im europäischen Recht hinaus.

Allerdings vermag die Zusicherung die Eröffnung eines Sekundärinsolvenzverfahrens nur dann auszuschließen, wenn die in Art. 36 EuInsVO 2015 aufgestellten zahlreichen Voraussetzungen erfüllt sind, insbesondere muss die Zusicherung von den bekannten lokalen Gläubigern gebilligt werden (vgl Abs. 5). Die Regeln über die qualifizierte Mehrheit und über die Abstimmung, die für die Billigung von Restrukturierungsplänen gemäß dem Recht des Mitgliedstaats, in dem ein Sekundärinsolvenzverfahren hätte eröffnet werden können, gelten, sollen auch für die Billigung der Zusicherung gelten. Die Zustimmungspflicht dürfte in der Praxis ein nicht zu unterschätzendes Hindernis darstellen.

Aus Sicht des deutschen Insolvenzverfahrens stellt sich etwa die Frage, ob und inwieweit eine **Feststellung des Stimmrechts** (vgl. § 77 InsO) in dem regelmäßig frühen Stadium des Verfahrens, in dem die Zustimmung eingeholt werden würde, praktikabel ist. In dem Verordnungstext selbst findet sich hierfür keine Abhilfe. Für die in Deutschland anhängigen Insolvenzverfahren ergeben sich die Maßgaben zum Stimmrecht bei der Abstimmung über die Zusicherung aus Art 102c § 18 EGInsO.

Ferner ist nach Art 102c § 17 EGInsO eine **Gruppenbildung nach § 222 InsO** erforderlich. Ferner finden die §§ 243, 244 Abs. 1 und 2 InsO sowie die §§ 245 und 246 InsO entsprechend Anwendung. Es bleibt abzuwarten, ob das neue Instrument der „Zusicherung" in der Praxis zum Einsatz kommen wird oder ob sich die praktischen Hürden als zu hoch erweisen.

Soll in einem in Deutschland anhängigen Insolvenzverfahren eine Zusicherung nach Art 36 EuInsVO 2015 abgegeben werden, hat der deutsche Insolvenzverwalter nach Art 102c § 11 EGInsO zuvor die **Zustimmung des Gläubigerausschusses** oder des vorläufigen Gläubigerausschusses nach § 21 Abs. 2 Satz 1 Nr. 1a InsO einzuholen, sofern ein solcher bestellt ist.

Ferner hat der deutsche Insolvenzverwalter nach Art 102c § 11 EGInsO die **Zusicherung** im Sinne des Art 36 EuInsVO 2015 **öffentlich bekannt zu machen**.

Die Maßgaben zum **Rechtsbehelf** gegen Entscheidungen über die Eröffnung eines Sekundärinsolvenzverfahrens enthält aus deutscher Sicht Art 102c § 20 EGInsO: Wird unter Hinweis auf die Zusicherung die Eröffnung eines Sekundärinsolvenzverfahrens nach Art 38 Abs. 2 EuInsVO 2015 im Ergebnis abgelehnt, so steht dem Antragsteller die sofortige Beschwerde zu. Wird in Deutschland ein Sekundärinsolvenzverfahren eröffnet, ist der Rechtsbehelf nach Art 39 EuInsVO 2015 ebenfalls als sofortige Beschwerde zu behandeln. In beiden Fällen gelten die §§ 574 bis 577 ZPO entsprechend.

Für die **Haftung des Insolvenzverwalters** nach Artikel 36 Abs. 10 EuInsVO 2015 in einem in der Bundesrepublik Deutschland anhängigen Insolvenzverfahren gilt nach Art 102c § 14 EGInsO § 92 InsO entsprechend. Das Haftungsprivileg nach § 60 Abs. 2 InsO, das greift, wenn sich der Insolvenzverwalter Angestellter des Schuldners bedient, soll im Zusammenhang mit der Zusicherung entsprechend gelten.[98]

---

[98] Vgl. BT-Drs. 18/12154, S. 15, 31.

dd) Koordination von Haupt- und Sekundärinsolvenzverfahren

71 Bereits Erwägungsgrund Nr. 20 der EuInsVO 2000 betonte mit Recht, dass Hauptinsolvenzverfahren und Sekundärinsolvenzverfahren nur dann zu einer effizienten Verwertung der Insolvenzmasse beitragen können, wenn die parallel anhängigen Verfahren koordiniert werden. Allerdings enthält die EuInsVO selbst nur Regelungen zur Kooperations- und Unterrichtungspflicht zwischen den Insolvenzverwaltern und Einwirkungsmöglichkeiten der Insolvenzverwalter. Das Verhältnis der Insolvenzverwalter zu den Gerichten und das Verhältnis der Gerichte untereinander bleiben ungeregelt. Die EuInsVO 2015 räumt dem Thema der Koordination von Haupt- und Sekundärinsolvenzverfahren mehr Raum ein. Die Leitlinien hierzu geben die Erwägungsgründe Nr. 48 bis 50 vor. Die Verordnung selbst deckt nunmehr das gesamte „Beziehungsgeflecht" einer grenzüberschreitenden Insolvenz mit Haupt- und Sekundärinsolvenzverfahren ab:

- Zusammenarbeit und Kommunikation der Verwalter untereinander, Art 41 EuInsVO 2015;
- Zusammenarbeit und Kommunikation der Gerichte untereinander, Art 42 EuInsVO 2015;
- Zusammenarbeit und Kommunikation zwischen Verwaltern und Gerichten, Art 43 EuInsVO 2015.

72   Die **Koordination der Verfahren,** insbesondere die Zusammenarbeit der verschiedenen Insolvenzverwalter, erfolgt dabei insbesondere durch eine wechselseitige Informations- und Kooperationspflicht:[99]

- Nach Art 31 Abs. 1 EuInsVO 2000 bzw. Art 41 Abs. 1 und Abs. 2 EuInsVO 2015 besteht für den Verwalter des Hauptinsolvenzverfahrens und für die Verwalter der Sekundärinsolvenzverfahren die **Pflicht zur gegenseitigen Unterrichtung.** Sie haben einander „unverzüglich" alle Informationen mitzuteilen, die für das jeweilige andere Verfahren von Bedeutung sein können, insbesondere den Stand der Anmeldung und der Prüfung der Forderungen sowie alle Maßnahmen zur Beendigung eines Insolvenzverfahrens. Die neu gefasste EuInsVO 2015 betont zudem das Sanierungsziel, in dem sich nach Art 41 EuInsVO die gegenseitige Unterrichtungspflicht ausdrücklich auch auf alle Maßnahmen zur Rettung oder Sanierung des Schuldners und die Koordinationspflicht auch auf die Ausarbeitung und Umsetzung eines Sanierungsplans beziehen. Die Folgen einer Nichtbeachtung der Pflicht aus Art 31 Abs. 1 EuInsVO 2000 bzw. Art 41 Abs. 1 und Abs. 2 EuInsVO 2015 ist in der Verordnung indes nicht normiert. Maßgeblich ist folglich das nach Art 4 Abs. 1 EuInsVO 2000 bzw. Art 7 Abs. 1 EuInsVO 2015 und Art 28 EuInsVO 2000 bzw. Art 35 EuInsVO 2015 anzuwendende Recht des Staates der Verfahrenseröffnung. Nach deutschem Insolvenzrecht dürfte die Pflicht zur wechselseitigen Information eine Pflicht im Sinne des § 60 InsO sein, deren schuldhafte Verletzung zur persönlichen Haftung des Insolvenzverwalters führt.[100] Eine europarechtskonforme Auslegung des § 60 InsO führt aber zu dem Ergebnis, dass § 60 InsO auch auf Verletzung von Pflichten anzuwenden ist, die ihren Ursprung in der EuInsVO 2000/2015 haben, die in jedem Mitgliedstaat unmittelbar anwendbares Recht darstellt.
- Über die Pflicht zur wechselseitigen Information hinaus ist die Grundordnung der Koordination der Hauptinsolvenzverfahren und Sekundärinsolvenzverfahren aber durch ein Über-/Unterordnungsverhältnis gekennzeichnet. Die dominierende Rolle des Hauptinsolvenzverfahrens wird vor allem durch mehrere **Einwirkungsmöglichkeiten des Hauptinsolvenzverwalters** auf gleichzeitig anhängige Sekundärinsolvenzverfahren sichergestellt.[101] Der Verwalter eines Sekundärinsolvenzverfahrens hat nach Art 31 Abs. 3

---

[99]   Dazu und zum Folgenden siehe auch *Ehricke* WM 2005, 397; *Staak* NZI 2004, 480.
[100]   Das ist nicht zweifelsfrei, weil § 60 InsO von der Verletzung einer Pflicht „nach diesem Gesetz" spricht und damit die InsO meint, zu dieser Problematik siehe HambKommInsO/*Undritz* InsO Art. 31 EuInsVO Rn. 5.
[101]   Vgl. Erwägungsgrund Nr. 20 der EuInsVO.

EuInsVO 2000 dem Verwalter des Hauptinsolvenzverfahrens zu gegebener Zeit Gelegenheit zu geben, Vorschläge für die Verwertung oder Verwendung der Masse des Sekundärinsolvenzverfahrens zu unterbreiten.[102] Die Vorschläge des Hauptinsolvenzverwalters für die Verwertung oder Verwendung der Masse des Sekundärinsolvenzverfahrens haben keinen Weisungscharakter, insbesondere ein Weisungsrecht des Hauptinsolvenzverwalters kann dem Abs. 3 des Art 31 EuInsVO 2000 nicht entnommen werden. Dieselbe Pflicht enthält Art 41 Abs. 2 lit c EuInsVO 2015, nur dass hier dem Hauptsinsolvenzverwalter „frühzeitig" Gelegenheit zu geben ist, seine Vorschläge für die Verwertung oder Verwendung der Masse des Sekundärinsolvenzverfahrens zu unterbreiten.

- In den Fällen, in denen der Sekundärinsolvenzverwalter einen Gegenstand verwerten möchte, der für die Betriebsfortführung dringend erforderlich ist, kann der Hauptinsolvenzverwalter die avisierte Verwertung auf Antrag sogar nach Art 33 EuInsVO 2000 bzw. Art 46 EuInsVO 2015 aussetzen lassen. Der Antrag des Hauptinsolvenzverwalters kann vom Gericht nur abgelehnt werden, wenn die Aussetzung offensichtlich für die Gläubiger des Hauptinsolvenzverfahrens nicht von Interesse ist.[103] Die **Aussetzung der Verwertung** von Gegenständen der Insolvenzmasse des Sekundärinsolvenzverfahrens soll den drohenden „Zerschlagungsmechanismus"[104] dieses Verfahrens stoppen. Die Aussetzung gewährt dem Hauptinsolvenzverwalter gemäß Art 33 Abs. 1 Satz 3 EuInsVO 2000 bzw. Art 46 Abs. 1 Satz 4 EuInsVO 2015 bis zu drei Monate Zeit, um alternative Verwertungsszenarien zu entwickeln, insbesondere den Betrieb bis zu einer sog übertragenden Sanierung des schuldnerischen Unternehmens als Ganzes fortzuführen. In dem zuletzt genannten Fall richtet sich die Aussetzung nach Art 33 Abs. 1 EuInsVO dann gegen Stilllegungsmaßnahmen des Geschäftsbetriebs durch den Sekundärinsolvenzverwalter. Die Aussetzung der Verwertung kann über den initialen Aussetzungszeitraum von bis zu drei Monaten für nochmals bis zu drei Monate verlängert oder erneuert werden (Art 33 Abs. 1 Satz 4 EuInsVO 2000 bzw. Art 46 Abs. 1 Satz 5 EuInsVO 2015). Wird auf Antrag des Verwalters des Hauptinsolvenzverfahrens nach Art 46 EuInsVO 2015 in einem in Deutschland eröffneten Sekundärinsolvenzverfahren die Verwertung eines Gegenstandes ausgesetzt, an dem ein Absonderungsrecht besteht, so sind dem Gläubiger nach Art 102c § 16 EGInsO laufend die geschuldeten Zinsen aus der Insolvenzmasse zu zahlen.
- Zu der Frage der **Kooperation der Insolvenzgerichte** in grenzüberschreitenden Insolvenzverfahren enthielt sich die **EuInsVO 2000**.[105] Eine analoge Anwendung der Pflicht der Insolvenzverwalter zur Kooperation und Unterrichtung nach Art 31 EuInsVO 2000 auf die Insolvenzgerichte kommt nicht in Betracht.[106] Die fehlende *Pflicht* zur Kommunikation schließt das *Recht* bzw die Möglichkeit zur Kommunikation selbstverständlich nicht aus.[107] Nicht bindende Maßgaben für die Kooperation der Insolvenzgerichte hat INSOL Europe unter Federführung von *Miguel Virgos* und *Bob Wessels* entworfen und in einer entsprechenden „Guideline" veröffentlicht, den European Communication und Cooperation Guidelines for Cross-Border Insolvency (kurz: **CoCo-Guidelines**). Hier konkretisiert Guideline 16 im Sinne einer nicht bindenden „best practice" den Rahmen der Kooperation und Kommunikation der Gerichte in grenzüberschreitenden Insolvenzverfahren.[108]

---

[102] Allerdings ist der Grad der Verbindlichkeit der Vorschläge des Hauptinsolvenzverwalters unklar, ausf dazu HambKommInsO/*Undritz* InsO Art. 31 EuInsVO Rn. 9 f.

[103] MüKoInsO/*Reinhart*, 2. Aufl 2008, Art. 33 EuInsVO Rn. 5.

[104] MüKoInsO/*Reinhart*, 2. Aufl 2008, Art. 33 EuInsVO Rn. 1.

[105] Eingehend zur Problematik der Kooperationspflicht zwischen Insolvenzgerichten *Ehricke* ZIP 2007, 2395; *Vallender* FS Lüer, 2008, S. 479, 480.

[106] MüKoHGB/*Kindler*, 5. Aufl 2010, Art. 31 EuInsVO Rn. 8.

[107] *Eidenmüller* IPRax 2001, 2, 9; *Ehricke* FS 75 Jahre Max-Planck-Institut für Privatrecht, 2001, S. 337, 348. Erste Ansätze der Aufnahme der Kommunikation zwischen den Gerichten finden sich etwa in dem Insolvenzverfahren in der Rechtssache Nortel, vgl. High Court of Justice London Beschl. v. 11.2.2009 – (2009) EWHC 206 (Ch), NZI 2009, 450m krit Anm *Mankowski*.

[108] Siehe auch *Vallender* IILR 2011, 309; *Fletcher/Wessels* IILR 2013, 2.

73   Nach dem neuen **Art 42 EuInsVO 2015** sollen auch die Gerichte zum Zwecke der Koordinierung von Haupt- und Sekundärinsolvenzverfahren über das Vermögen desselben Schuldners zusammenarbeiten. Die Zusammenarbeit soll bereits dann einsetzen, wenn ein Gericht mit einem Antrag auf Eröffnung eines Insolvenzverfahrens befasst ist. Der Schwerpunkt der **Zusammenarbeit der Gerichte** liegt in einer gegenseitigen Unterrichtung. Sie sollen direkt miteinander kommunizieren oder einander direkt um Informationen und Unterstützung ersuchen können (ggf. unter Einschaltung einer von ihnen bestellten bzw. bestimmten und in ihrem Auftrag tätige Person oder Stelle). Die Zusammenarbeit stößt an Grenzen, wenn die Verfahrensrechte der Verfahrensbeteiligten sowie die Vertraulichkeit der Informationen nicht gewahrt sein sollten (man wird aber davon ausgehen dürfen, dass die Gerichte im Zweifel eine Form der Zusammenarbeit finden sollten, welche keine Rechtsverletzungen begründet). Ferner nennt Art 42 Abs. 3 EuInsVO 2015 beispielhaft („insbesondere") Gegenstände der Zusammenarbeit:

„a) die Koordinierung bei der Bestellung von Verwaltern,

b) die Mitteilung von Informationen auf jedem von dem betreffenden Gericht als geeignet erachteten Weg,

c) die Koordinierung der Verwaltung und Überwachung des Vermögens und der Geschäfte des Schuldners,

d) die Koordinierung der Verhandlungen,

e) soweit erforderlich die Koordinierung der Zustimmung zu einer Verständigung der Verwalter. "

74   • Schließlich hält die EuInsVO 2015 auch Maßgaben für die **grenzüberschreitende Zusammenarbeit und Kommunikation zwischen Verwaltern und Gerichten** bereit. Nach dem neuen Art 43 EuInsVO 2015 sollen auch die Verwalter der Haupt- und Sekundärinsolvenzverfahren mit den Gerichten, die mit einem Antrag auf Eröffnung eines Haupt- und Sekundärinsolvenzverfahrens befasst sind oder die ein solches Verfahren eröffnet haben, zum Zwecke der Koordinierung von Haupt- und Sekundärinsolvenzverfahren über das Vermögen desselben Schuldners zusammenarbeiten.

ee) Koordination durch Eigenverwaltung im Sekundärinsolvenzverfahren?

75   Die Möglichkeit der **Anordnung der Eigenverwaltung** nach §§ 270 ff InsO besteht grundsätzlich auch im grenzüberschreitenden Kontext.[109] Mit Blick auf ein Sekundärinsolvenzverfahren stellt sich allerdings die Frage, ob der Insolvenzverwalter des Hauptinsolvenzverfahrens als „eigenverwaltender Schuldner" des Sekundärinsolvenzverfahrens angesehen werden kann. Bejaht man die Frage, wird der Hauptinsolvenzverwalter zum Träger einer „Doppelrolle", die für die einheitliche Verfahrensabwicklung im Einzelfall erhebliche Vorteile mit sich bringen kann.[110] Das AG Köln ging in der Rechtssache Automold von der Zulässigkeit der Anordnung der Eigenverwaltung im Sekundärinsolvenzverfahren aus und hat den englischen *Joint Administrators* des Hauptinsolvenzverfahrens auf diesem Wege auch eine Verwaltung der „Sekundärmasse" ermöglicht.[111] Das AG Köln begründete diesen Weg ausdrücklich mit dem Bestreben „die Schwierigkeiten, die sich aus der unterschiedlichen Ausrichtung eines Haupt- und Sekundärinsolvenzverfahrens ergeben können, zu reduzieren".

76   Diese Konstruktion kann jedoch ohne Frage Interessenkonflikte mit sich bringen, die dem Sinn und Zweck der Sekundärinsolvenzverfahren, die ja gerade dem Schutz der „lokalen" Interessen dienen sollen, zuwiderlaufen. Überdies deuten die Vorschriften der Art 31 ff EuInsVO 2000 bzw. der Art 41 ff EuInsVO 2015 darauf hin, dass die EuInsVO 2000/2015 von einer jeweils eigenständigen Tätigkeit der Insolvenzverwalter in jedem

---

[109] Zum Ganzen statt vieler MüKoInsO/*Reinhart,* 2. Aufl 2008, Art. 27 EuInsVO Rn. 30; ausf auch *Beck* NZI 2006, 609, 616 ff.

[110] Für die Zulässigkeit der Anordnung einer Eigenverwaltung im Sekundärinsolvenzverfahren etwa; *Meyer-Löwy/Poertzgen* ZInsO 2004, 195; *Smid* DZWIR 2004, 397, 406 ff.

[111] AG Köln Beschl. v. 23.1.2004 – 71 IN 1/04 (Automold), NZI 2004, 151.

grenzüberschreitendem Insolvenzverfahren ausgeht. Diese Grenzziehung zwischen „lokalen" Interessen und Interessen des Hauptinsolvenzverfahrens droht durch eine Anordnung der Eigenverwaltung im Sekundärinsolvenzverfahren verwischt zu werden. Vor diesem Hintergrund lehnen es einige Stimmen auch ab, dass der Hauptinsolvenzverwalter durch die Anordnung der Eigenverwaltung im Sekundärinsolvenzverfahren eine „Doppelrolle" einnimmt.[112]

Die Kritik an der Zulässigkeit der Eigenverwaltung darf nicht übersehen, dass die Eigen- **77** verwaltung nach nationalem Insolvenzrecht nicht voraussetzungslos angeordnet wird. Sie scheidet vielmehr aus, wenn Nachteile für die Gläubiger drohen (vgl § 270 InsO). Auch nach der Anordnung sind die Interessen der lokalen Gläubiger noch hinreichend geschützt, weil zum einen ein Sachwalter den eigenverwaltenden Hauptinsolvenzverwalter überwacht und zum anderen das Insolvenzgericht auf Antrag auch einzelner Gläubiger anordnen kann, dass bestimmte Rechtsgeschäfte nur mit Zustimmung des Sachwalters abgeschlossen werden dürfen. Schließlich kann das Insolvenzgericht nach Maßgabe des § 272 InsO die Eigenverwaltung auch wieder aufheben.

b) Mehrere Hauptinsolvenzverfahren

Für die Koordination der grenzüberschreitenden Betriebsfortführung in mehreren parallel **78** eröffneten Hauptinsolvenzverfahren hält die EuInsVO 2000 keinen Regelungsrahmen bereit.[113] Die oben → Rn. 71 ff. genannten Kooperations- und Unterrichtungspflichten sind allein an den (einen) Hauptinsolvenzverwalter und den (einen) bzw die (mehreren) Sekundärinsolvenzverwalter desselben Schuldner adressiert. Mehrere Hauptinsolvenzverfahren betreffen jedoch nicht denselben Schulder, sondern entsprechend mehrere Schuldner. Die EuInsVO 2015 hält hingegen auch für diese Konstellation der mehrere Hauptinsolvenzverfahren in ihren Art 56 ff Maßgaben für die Zusammenarbeit und Kommunikation bereit (→ Rn. 92 ff.).

Die Koordination mehrerer Hauptinsolvenzverfahren hatte unter der EuInsVO 2000 **79** bislang auf privatautonomer Grundlage zu erfolgen. Die neu eingefügten Maßgaben für die Zusammenarbeit und Kommunikation in den Art 56 ff EuInsVO 2015 schließen solche Regelungen über die Zusammenarbeit auf privatautonomer Grundlage auch zukünftig nicht aus.

In sog Drittstaatensachverhalten wurde zuletzt zum Zwecke der Koordination mehrerer Insolvenzverfahren auf das **Instrument der Insolvenzverwalterverträge**[114] zurückgegriffen, die im anglo-amerikanischen Rechtsraum als *„protocols"* bekannt sind. Bekanntester Fall ist hier das Verfahren Maxwell Communication Corporation plc, über deren Vermögen sowohl in den USA als auch in England das Insolvenzverfahren eröffnet wurde.[115]

Verträge des Insolvenzverwalters sind im Grundsatz nicht hoheitlicher oder öffentlich- **80** rechtlicher,[116] sondern privatrechtlicher Natur. Dasselbe gilt auch für Insolvenzverwalterverträge. Das auf den materiellen Inhalt anwendbare Recht richtet sich deshalb nach dem Vertragsstatut. Jedenfalls sollte eine Konkretisierung der in Art 56 ff EuInsVO 2015 enthaltenen Kooperationspflichten zulässig sein.[117] Allerdings ist stets darauf zu achten, dass ein

---

[112] *Beck* NZI 2006, 609, 616 f; *Eidenmüller* NJW 2004, 3455, 3458.

[113] Eingehend dazu und zum Folgenden Mönning/*Undritz*/*Meyer-Sommer* Betriebsfortführung in der Insolvenz § 27 Rn. 50 ff.

[114] *Eidenmüller* ZZP 114 (2001), 3, 5; *Ehricke* WM 2005, 397, 403; *Ehricke* ZIP 2005, 1104, 1111; siehe auch *Wittinghofer* Insolvenzverwaltungsvertrag *passim*; für eine Bezeichnung als Kooperationsübereinkommen, siehe MüKoInsO/*Reinhart,* 2. Aufl 2008, Art. 31 EuInsVO Rn. 38.

[115] Zu diesem Fall siehe etwa *Göpfert* ZZPInt 1 (1996), S. 269 ff; *Westbrook* Fordham L. Rev 64 (1996), 2531; siehe auch *Paulus* ZIP 1998, 977, 979 ff sowie *Paulus,* RabelsZ 2006, 458, 460 f; weitere Beispiele für Protocols aus der Praxis stellt das International Insolvency Institute zur Verfügung, abrufbar unter http://www.iiiglobal.org.

[116] So aber etwa *Eidenmüller* ZZP 114 (2001), 3, 18.

[117] MüKoInsO/*Reinhart,* 2. Aufl 2008, Art. 31 EuInsVO Rn. 40 mwN.

nicht disponibles Mindestmaß für die Zusammenarbeit und Kommunikation nicht unterschritten wird. Die Maßgaben für die Zusammenarbeit und Kommunikation in den Art 56 ff EuInsVO 2015 lassen aber durchaus weiten Spielraum für eine detailliertere Ausgestaltung der Zusammenarbeit und Kommunikation auf privatautonomer Grundlage. Die Frage danach, wer zum Abschluss solcher Insolvenzverwalterverträge befugt ist, beantwortet sich nach dem Recht des Staates der Verfahrenseröffnung.[118] Der deutsche Insolvenzverwalter hat je nach Inhalt des Insolvenzverwaltervertrages die Zustimmung des Gläubigerausschusses nach § 160 InsO einzuholen.

3. Das neue Europäische Konzerninsolvenzrecht der EuInsVO 2015

a) Historie der EuInsVO 2015

81 Zehn Jahre nach ihrem Inkrafttreten hat die Kommission die Anwendung der EuInsVO 2000 überprüft und eine Änderung der Verordnung für nötig befunden. Seit dem 12.12.2012 lag der **Vorschlag der Kommission zur Reform der EuInsVO**[119] auf dem Tisch. Dem Reformvorschlag ging eine Konsultation der interessierten Öffentlichkeit, der Mitgliedstaaten sowie von anderen Institutionen und Sachverständigen zu den Problemen der Insolvenzverordnung und möglichen Lösungen im Zeitraum 30.3. bis 21.6.2012 voraus. Zur Insolvenz multinationaler Unternehmensgruppen merkte dabei nahezu die Hälfte der Konsultationsteilnehmer an, dass die Insolvenzverordnung in solchen Fällen keine effiziente Lösung für die Mitglieder der Gruppe biete.[120]

82 Die Kommission gelangte vor diesem Hintergrund zu folgendem Befund: Zunächst könne festgehalten werden, dass die Insolvenz multinationaler Unternehmensgruppen in der EuInsVO 2000 nicht behandelt wird, obwohl – worauf hier auch bereits eingangs hingewiesen wurde[121] – in der Praxis viele grenzüberschreitenden Insolvenzen Unternehmensgruppen betreffen. Die EuInsVO 2000 gehe vielmehr davon aus, dass für jedes Mitglied einer Unternehmensgruppe ein eigenes Verfahren eröffnet werden muss und dass die jeweiligen Verfahren völlig unabhängig voneinander geführt werden. Die Aussichten auf eine erfolgreiche Restrukturierung der Unternehmensgruppe insgesamt werden häufig durch fehlende Vorschriften für eine Gruppeninsolvenz geschmälert, was dazu führen kann, dass die Unternehmensgruppe auseinanderbricht.

83 Bereits der **Vorschlag der Kommission zur Reform der EuInsVO**[122] reagierte auf das zutreffend erkannte dringende praktische Bedürfnis nach einer gesetzlichen Regelung der Koordination der Insolvenzverfahren konzernangehöriger Gesellschaften.[123] Der Vorschlag sah vor, dass ein ganz neues Kapital IVa („Insolvenz von Mitgliedern einer Unternehmensgruppe") in die Verordnung eingefügt wird, das in seinen Art 42a bis 42d EuInsVO Maßgaben für die Kooperation und Kommunikation zwischen Verwaltern, den Gerichten und den Verwaltern und den Gerichten als Kernregelungen eines neuen europäischen Konzerninsolvenzrechts enthalten sollte. Diese Vorschläge für Pflichten zur

---

[118] MüKoInsO/*Reinhart*, 2. Aufl 2008, Art. 31 EuInsVO Rn. 40.

[119] Vorschlag der Europäischen Kommission für eine Verordnung des Europäischen Parlaments und des Rates zur Änderung der Verordnung (EG) Nr. 1346/2000 des Rates über Insolvenzverfahren vom 12.12.2012, COM(2012) 744.

[120] Begründung S. 5 zum Vorschlag der Europäischen Kommission für eine Verordnung des Europäischen Parlaments und des Rates zur Änderung der Verordnung (EG) Nr. 1346/2000 des Rates über Insolvenzverfahren vom 12.12.2012, COM(2012) 744.

[121] → Rn. 3.

[122] Vorschlag der Europäischen Kommission für eine Verordnung des Europäischen Parlaments und des Rates zur Änderung der Verordnung (EG) Nr. 1346/2000 des Rates über Insolvenzverfahren vom 12.12.2012, COM(2012) 744.

[123] Die Vorschläge der Kommission greifen dabei im Wesentlichen Vorüberlegungen von INSOL Europe auf, siehe *Revision of the European Insolvency Regulation – Proposals by INSOL Europe*, abrufbar unter www.insol-europe.org.

Kooperation und Kommunikation unter den Insolvenzverwaltern (vgl. Art 56 EuInsVO 2015), aber auch eine Kommunikation und Zusammenarbeit unter den Gerichten (vgl. Art 57 EuInsVO 2015) und auch zwischen den Insolvenzverwaltern und den Gerichten (vgl. Art 58 EuInsVO 2015) sind weitgehend unverändert in die neu gefasste EuInsVO 2015 übernommen worden (ausführlich dazu unten → Rn. 92 ff.).[124] Diese neuen Regelungen zur Kooperation und Kommunikation in der Konstellation mehrerer Hauptinsolvenzverfahren sind im Zusammenhang mit den neuen allgemeinen Regelungen der Kooperation und Kommunikation in Art 41 bis 43 EuInsVO 2015 zu sehen, die einen weitgehend identischen Ansatz der Kooperation und Kommunikation im Verhältnis der Insolvenzverwalter und Gerichte zwischen Haupt- und Sekundärinsolvenzverfahren verfolgen. Für Konzerninsolvenzen in parallelen Hauptinsolvenzverfahren sind die Art 41 bis 43 EuInsVO 2015 indes nicht anwendbar, weil sie lediglich die Koordination von Insolvenzverfahren betreffend denselben Schuldner zum Gegenstand haben.

Schließlich erhalten die Insolvenzverwalter die Möglichkeit der Einwirkung auf die 84 jeweiligen Insolvenzverfahren der Unternehmensgruppe (Art 60 EuInsVO 2015; ausführlich dazu unten → Rn. 100 ff.).

Flankiert wurde dieses vorgeschlagene neue Kapitel durch eine Ergänzung der Begriffsbestimmungen in Art 2 EuInsVO um die Definitionen der „Unternehmensgruppe" und der „Muttergesellschaft" und „Tochtergesellschaft" sowie durch die Erwägungsgründe 20a und 20b. Auch diese Ergänzungen der Begriffsbestimmungen sind (allerdings mit einigen Änderungen) in die neu gefasste EuInsVO 2015 übernommen worden (ausführlich dazu unten → Rn. 88 ff.)

Der Bericht des Rechtsausschusses des Europäischen Parlaments vom 20.12.2013 zum 85 Vorschlag der Europäischen Kommission (Berichterstatter *Lehne*) hatte zudem durchaus mutiger über den Ansatz einer Reform hinaus, der sich mit den Schlagworten „Koordination und Kommunikation" zusammenfassen lassen konnte, ein **Vorschlag für ein Gruppen-Koordinationsverfahren** unterbreitet (so auch übernommen vom Europäischen Parlament in 1. Lesung am 5.2.2014).[125] Es wurde vorgeschlagen, ein Gruppen-Koordinationsverfahren zu ermöglichen, in dem ein Koordinationsverwalter zu bestellen ist, der nicht nur Empfehlungen für die koordinierte Durchführung der Insolvenzverfahren erarbeitet und darstellt, sondern auch einen Gruppen-Koordinationsplan, der ein Paket von Maßnahmen zur Bewältigung der Insolvenz der Gruppenmitglieder ermittelt, beschreibt und empfiehlt. Dieser Koordinationsplan sollte von einem Gericht bestätigt werden müssen. Insolvenzverwalter sollten zu dem Plan vor seiner Bestätigung Anmerkungen machen können. Der Gruppen-Koordinationsplan sollte jedoch nicht verbindlich für die Insolvenzverwalter sein. Es sollte nach dem Vorschlag insoweit das Prinzip „Comply or Explain" gelten. Das Gruppen-Koordinationsverfahren fand sich sodann auch in dem interinstitutionellen Dossier des Europäischen Rates vom 3.6.2014 (2012/0360 (COD)), und zwar in dem Entwurf der neuen Art 42d1 bis 17 E-EuInsVO.[126] Der Vorschlag eines Gruppen-Koordinationsverfahren wurde vom europäischen Normgeber ebenfalls in die EuInsVO 2015 übernommen und findet sich dort in den Art 61 bis 77 EuInsVO 2015 (ausführlich → Rn. 103 ff.).

Insgesamt behält die EuInsVO 2015 mit Blick auf Konzerninsolvenzen aber den **Grund-** 86 **satz der Einzelinsolvenz („Eine Person, ein Vermögen, eine Insolvenz")** bei.[127] Das Ziel, im Interesse bestmöglicher Gläubigerbefriedigung, aber auch im Interesse des Erhalts von Unternehmen und Arbeitsplätzen, bessere und effizientere grenzüberschreitende Insolvenzverfahren über das Vermögen mehrerer Gesellschaften einer Unternehmensgruppe zu

---

[124] Allein die Zählung der Artikel ist wegen der umfangreichen Ergänzungen nicht zuletzt im Hinblick auf die Regelungen für die Konzerninsolvenz neu vorgenommen worden.
[125] Bericht des Rechtsausschusses des Europäischen Parlaments vom 20.12.2013 zum Vorschlag der Europäischen Kommission vom 12.12.2012, COM(2012) 744 (Berichterstatter *Lehne*).
[126] Vgl. interinstitutionelles Dossier des Europäischen Rates vom 3.6.2014 (2012/0360 (COD)).
[127] → Rn. 6; siehe auch *Frege/Nicht* → § 4 Rn. 222 ff.

ermöglichen, versucht die EuInsVO 2015 mithin unverändert über eine bessere und effizientere Koordinierung der einzelnen Insolvenzverfahren zu erreichen, nicht etwa durch eine Konsolidierung der Insolvenzmassen.

87   Die neuen Regelungen für die Insolvenz von Mitgliedern einer Unternehmensgruppe sind zwar sehr zu begrüßen. Es darf aber nicht übersehen werden, dass die Regelungen der Konzerninsolvenz in der EuInsVO 2015 nur einen **verfahrensmäßigen Rahmen für die Koordination der mehreren Hauptinsolvenzverfahren** bilden und die inhaltliche Ausgestaltung der so koordinierten Insolvenzverfahren weitgehend offen lassen. So bleibt es eine enorme Herausforderung für die Beteiligten, ein „konzernweites" Sanierungskonzept unter Beachtung der verschiedenen einschlägigen nationalen Insolvenzrechte aufzustellen, zB einen einheitlichen, konzernweiten Insolvenzplan zu erarbeiten.

b) Die Unternehmensgruppe als Regelungsgegenstand der EuInsVO 2015

88   Die EuInsVO beantwortet mit Blick auf den von ihr neu aufgenommenen Regelungsgegenstand der „Konzerninsolvenz" auch die naheliegende Frage, was der Rechtsanwender unter einem Konzern bzw unter einer Unternehmensgruppe zu verstehen hat.

89   Nach Art 2 Nr. 13 EuInsVO 2015 bezeichnet der Ausdruck „Unternehmensgruppe" eine Anzahl von Unternehmen bestehend aus Mutter- und Tochterunternehmen (es genügen mithin zwei Gesellschaften für eine „Unternehmensgruppe").

90   Die **Definition des „Mutter-Tochter-Verhältnisses"** übernimmt Art 2 Nr. 14 EuInsVO 2015. Hiernach ist ein „Mutterunternehmen" ein Unternehmen,

„das ein oder mehrere Tochterunternehmen entweder unmittelbar oder mittelbar kontrolliert. Ein Unternehmen, das einen konsolidierten Abschluss gemäß der Richtlinie 2013/34/EU des Europäischen Parlaments und des Rates[128] *erstellt, wird als Mutterunternehmen angesehen. "*

Der Begriff des „Tochterunternehmens" ist in der zuvor wiedergegebenen Bestimmung des Begriffs des „Mutterunternehmens" spiegelbildlich ebenfalls legal definiert.

91   Zentraler Begriff der Definition des „Mutter-Tochter-Verhältnisses" der EuInsVO 2015 ist der der „Kontrolle". Da den Tatbeständen der EuInsVO stets eine **autonome Begriffsbildung** zugrunde liegt, konnte die EuInsVO auf Begriffe wie „beherrschender Einfluss" und „einheitliche Leitung", die dem deutschen Gesetzgeber zur Verfügung standen, nur schwer zurückgreifen. Die Anknüpfung an das Bilanzrecht und die Pflicht, einen konsolidierten Abschluss zu erstellen, dürfte in der Praxis bei der Auslegung des „Kontrollbegriffs" und der Bestimmung der „Konzernsachverhalte" im Insolvenzrecht hilfreich sein. Der EU-Bilanzrichtlinie liegt ein bereits etabliertes Konzept zugrunde, sodass anfängliche Rechtsunsicherheiten vermieden werden (was freilich angesichts der durchaus komplexen Regelungsmaterie nicht ausschließt, dass es Unklarheiten in den Details gibt). Ferner ist die Konsistenz im Europäischen Unternehmensrecht gewahrt. In Deutschland sind die nationalen Umsetzungnormen in den §§ 290 ff. HGB heranzuziehen. Bilanziert ein Unternehmen nach IFRS, greift die unwiderlegliche Vermutung des Art 2 Nr. 14 EuInsVO 2015 entsprechen.[129]

c) Zusammenarbeit und Kommunikation der Verwalter (Art 56 EuInsVO 2015)

92   Die Pflicht zur Kooperation und Unterrichtung ist für Insolvenzverwalter im grenzüberschreitenden Kontext kein Neuland. Denn Art 31 EuInsVO 2000 sah schon bisher eine

---

[128] Richtlinie 2013/34/EU des Europäischen Parlaments und des Rates vom 26. Juni 2013 über den Jahresabschluss, den konsolidierten Abschluss und damit verbundene Berichte von Unternehmen bestimmter Rechtsformen und zur Änderung der Richtlinie 2006/43/EG des Europäischen Parlaments und des Rates und zur Aufhebung der Richtlinien 78/660/EWG und 83/349/EWG des Rates (ABl. L 182 vom 29.6.2013, S. 19).

[129] Ebenso in Mankowski/Müller/*J. Schmidt*/*J. Schmidt* EuInsVO 2015, 2016, Art. 2 Rn. 80.

solche Pflicht zum Zwecke der besseren Koordinierung von Haupt- und Sekundärinsolvenzverfahren vor. Diese Pflicht wird nun auf den Sachverhalt der grenzüberschreitenden Insolvenz gruppengebundener Unternehmen ausgeweitet, also auch auf die Sachverhalte der Koordination zweier oder mehrerer Hauptinsolvenzverfahren. Nach Art 56 EuInsVO 2015 werden die Insolvenzverwalter der unterschiedlichen und im Grundsatz unverändert eigenständigen Hauptinsolvenzverfahren über das Vermögen der jeweiligen Gesellschaften einer Unternehmensgruppe zur Kooperation und Kommunikation verpflichtet. Art 56 Abs. 1 EuInsVO 2015 legt die Eckpfeiler der Zusammenarbeit fest; dort heißt es wörtlich:

„Bei Insolvenzverfahren über das Vermögen von zwei oder mehr Mitgliedern derselben Unternehmensgruppe arbeiten die Verwalter dieser Verfahren zusammen, soweit diese Zusammenarbeit die wirksame Abwicklung der Verfahren erleichtern kann, mit den für die einzelnen Verfahren geltenden Vorschriften vereinbar ist und keine Interessenkonflikte nach sich zieht. Diese Zusammenarbeit kann in beliebiger Form, einschließlich durch den Abschluss von Vereinbarungen oder Verständigungen, erfolgen.“

Der ergänzende Hinweis, dass die **Zusammenarbeit auch in Form von Verein-** **93** **barungen oder Protokollen** erfolgen kann, vermeidet eine unklare Rechtslage mit Blick auf das im grenzüberschreitenden Kontext wichtige Instrument der Protocols.[130] Diese werden ausdrücklich als zulässig erachtet.

Bei der Zusammenarbeit obliegen den Verwaltern nach Art 56 Abs. 2 EuInsVO 2015 **94** folgende Pflichten:

„a) einander so bald wie möglich alle Informationen mitzuteilen, die für das jeweilige andere Verfahren von Bedeutung sein können, vorausgesetzt, es bestehen geeignete Vorkehrungen zum Schutz vertraulicher Informationen;

b) zu prüfen, ob Möglichkeiten einer Koordinierung der Verwaltung und Überwachung der Geschäfte der Gruppenmitglieder, über deren Vermögen ein Insolvenzverfahren eröffnet wurde, bestehen; falls eine solche Möglichkeit besteht, koordinieren sie die Verwaltung und Überwachung dieser Geschäfte;

c) zu prüfen, ob Möglichkeiten einer Sanierung von Gruppenmitgliedern, über deren Vermögen ein Insolvenzverfahren eröffnet wurde, bestehen und, falls eine solche Möglichkeit besteht, sich über den Vorschlag für einen koordinierten Sanierungsplan und dazu, wie er ausgehandelt werden soll, abzustimmen.“

Zusätzlich können die Insolvenzverwalter vereinbaren, einem Insolvenzverwalter aus **95** ihrer Mitte zusätzliche Befugnisse zu übertragen, wenn eine solche Vereinbarung nach den für die einzelnen Verfahren geltenden Vorschriften zulässig ist. Bei dieser **Übertragung** **von Befugnissen** dürfte es vor allem um die Prüfung der Möglichkeiten für eine Restrukturierung der Gruppe und die Ausarbeitung eines Vorschlags für einen koordinierten Sanierungsplan im Sinne des Art 56 Abs. 2 lit c EuInsVO 2015 und dessen Aushandlung gehen. Hier ist es in der Regel effizienter, wenn ein koordinierter Prozess abläuft der durch *einen* Insolvenzverwalter als Ansprechpartner aufgesetzt wird. Die Übertragung von Befugnissen nach Art 56 Abs. 2 EuInsVO 2015 kann dabei im deutschen Recht schnell in Konflikt mit dem Grundsatz der Höchstpersönlichkeit der Aufgabenerfüllung durch den Insolvenzverwalter geraten.[131] Soweit eine Übertragung bestimmter Aufgaben auf einen Insolvenzverwalter im grenzüberschreitenden Kontext in Betracht kommt, muss der deutsche Insolvenzverwalter die Erfüllung der Aufgaben kontrollieren und sich ggf eine ausreichende Kontrollmöglichkeit vorbehalten.

d) Zusammenarbeit und Kommunikation der Gerichte (Art 57 EuInsVO 2015)

Nach dem neuen Art 57 EuInsVO 2015 sollen bei Insolvenzverfahren gegen zwei oder **96** mehr Mitglieder derselben Unternehmensgruppe die Gerichte, die mit einem Antrag auf Eröffnung eines Insolvenzverfahrens gegen ein Mitglied der Unternehmensgruppe befasst sind oder die ein solches Verfahren eröffnet haben, zusammenarbeiten, soweit diese Zu-

---

[130] → Rn. 78 f.
[131] Zu dem Grundsatz der Höchstpersönlichkeit der Aufgabenerfüllung durch den Insolvenzverwalter siehe etwa *Graeber* NZI 2003, 569.

sammenarbeit die effiziente Abwicklung der Verfahren erleichtern kann und mit den für die einzelnen Verfahren geltenden Vorschriften vereinbar ist. Die Gerichte können direkt miteinander kommunizieren oder einander direkt um Informationen oder Unterstützung ersuchen. Bei Bedarf können sie eine Person oder Stelle bestimmen, die auf ihre Weisungen hin tätig wird. Jedenfalls muss demnach nicht der zuständige Richter persönlich kommunizieren, ob insoweit aber auch eine „gerichtsexterne" Person oder Stelle in Betracht kommt, ist unklar, aber im Ergebnis zuzulassen.[132]

97   Art 57 EuInsVO 2015 stellt klar, dass die **Zusammenarbeit der Gerichte auf jedem geeigneten Weg** erfolgen kann, und nennt beispielhaft („insbesondere"):

„a) die Koordinierung bei der Bestellung von Verwaltern,
   b) die Mitteilung von Informationen auf jedem von dem betreffenden Gericht als geeignet erachteten Weg,
   c) die Koordinierung der Verwaltung und Überwachung der Insolvenzmasse und Geschäfte der Mitglieder der Unternehmensgruppe,
   d) die Koordinierung der Verhandlungen,
   e) soweit erforderlich die Koordinierung der Zustimmung zu einer Verständigung der Verwalter."

98   Der neue Art 57 EuInsVO 2015 zur **Kommunikation und Kooperation der Gerichte ist in der EuInsVO ein Novum** (anders etwa im deutschen autonomen internationalen Insolvenzrecht in § 348 Abs. 2 InsO), weil dort bislang das Verhältnis der Gerichte untereinander nicht thematisiert wurde (im Zusammenhang der Koordination von Haupt- und Sekundärinsolvenzverfahren hätte das nahe gelegen; jetzt geregelt in Art 42 EuInsVO 2015, dazu oben → Rn. 71). Er beantwortet zwar nicht alle Fragen, welche die Kommunikation zwischen Gerichten in grenzüberschreitenden Insolvenzen aufwirft, ist aber hilfreich, weil er die Weichen hin zu einer grenzüberschreitenden Kultur der Kommunikation und Kooperation auch der Gerichte stellt.[133] Bislang war diese Initiative allein der freiwilligen Zusammenarbeit der Insolvenzgerichte überantwortet, die zwar vorbildliche, aber **unverbindliche «guidelines»** herzubringen vermocht hat (zum Beispiel die „European Communication and Cooperation Guidelines for Cross-Border Insolvency").[134, 135]

e) Zusammenarbeit und Kommunikation zwischen Verwaltern und Gerichten (Art 58 EuInsVO 2015)

99   Ebenfalls Neuland ist die durch Art 58 EuInsVO 2015 angeordnete **Kooperation und Kommunikation zwischen Insolvenzverwaltern und Gerichten.** Ein Verwalter, der in einem Insolvenzverfahren gegen ein Mitglied einer Unternehmensgruppe bestellt worden ist, soll hiernach mit den Gerichten, die mit einem Antrag auf Eröffnung eines Insolvenzverfahrens gegen ein anderes Mitglied derselben Unternehmensgruppe befasst sind oder die ein solches Verfahren eröffnet haben, kooperieren und kommunizieren, soweit diese Zusammenarbeit die Koordinierung der Verfahren erleichtern kann und mit den für die einzelnen Verfahren geltenden Vorschriften vereinbar ist. Der Verwalter kann diese Gerichte insbesondere um Informationen über die Verfahren gegen andere Mitglieder der Unternehmensgruppe oder um Unterstützung in dem Verfahren ersuchen, für das er bestellt worden ist.

f) Befugnisse der Verwalter und Aussetzung der Verfahren (Art 60 EuInsVO 2015)

100   Die Pflichten zur Kommunikation und Kooperation zwischen Insolvenzverwaltern, zwischen Gerichten und schließlich auch zwischen Insolvenzverwalter und Gerichten sind

---

[132] Dazu *Paulus* EuInsVO Art. 31 Rn. 6a.
[133] Siehe dazu die instruktive Darstellung der Fragen (und Antworten) rund um die Kommunikation zwischen Gerichten in grenzüberschreitenden Insolvenzen von *Busch/Remmert/Rüntz/Vallender* NZI 2010, 417 ff.
[134] → Rn. 76 a. E.
[135] Dazu ausf *Vallender* KTS 2008, 59 ff; siehe auch *Paulus* EuInsVO Art. 31 Rn. 6a mwN.

freilich kein Selbstzweck, sondern dienen der bestmöglichen Gläubigerbefriedigung sowie dem Erhalt von Unternehmen und Arbeitsplätzen, indem sie die Voraussetzung für bessere und effizientere grenzüberschreitende Insolvenzverfahren über das Vermögen mehrerer Gesellschaften einer Unternehmensgruppe schaffen. Vor diesem Hintergrund ist es konsequent, wenn die EuInsVO 2015 bei den Pflichten zur Kommunikation und Kooperation nicht halt macht, sondern in Art 60 EuInsVO 2015 weitergehende **Einwirkungsmöglichkeiten** zugunsten der Insolvenzverwalter eines der Insolvenzverfahren, das gegen ein Mitglied einer Unternehmensgruppe eröffnet worden ist, schafft.

Die Einwirkungsmöglichkeiten dienen dem **Erhalt des Unternehmensverbundes** und   101
sollen vor allem eine „konzernweite Sanierung" ermöglichen. Zu diesem Zweck soll nach Art 60 Abs. 1 lit a EuInsVO 2015 jeder Insolvenzverwalter gehört werden, wenn ein weiteres Insolvenzverfahren über das Vermögen eines anderen Mitglieds derselben Unternehmensgruppe eröffnet worden ist. Nach Maßgabe des Art 60 EuInsVO 2015 können die Insolvenzverwalter bei Gericht sogar Aussetzung jeder Maßnahme im Zusammenhang mit der Verwertung der Masse in jedem Verfahren über das Vermögen eines anderen Mitglieds derselben Unternehmensgruppe beantragen.[136]

Die **Aussetzung von Maßnahme im Zusammenhang mit der Verwertung der**   102
Masse in jedem Verfahren über das Vermögen eines anderen Mitglieds derselben Unternehmensgruppe soll nicht zuletzt dazu dienen, die Zeit zu gewinnen, die für die Integration des neu eröffneten Insolvenzverfahrens in ein „konzernweites" Sanierungskonzept erforderlich ist. Jeder Insolvenzverwalter hat nämlich das Recht, einen Sanierungsplan, einen Vergleich oder eine andere vergleichbare Maßnahme für alle oder einige Mitglieder der Unternehmensgruppe vorzuschlagen und in den Verfahren, die gegen andere Mitglieder derselben Unternehmensgruppe eröffnet worden sind, im Einklang mit dem für diese Verfahren geltenden Recht vorzulegen und zusätzliche verfahrensleitende Maßnahmen zu beantragen, die für eine Sanierung erforderlich sein können.

Schließlich kann jeder Verwalter auch die **Eröffnung eines Gruppen-Koordinations-**
verfahrens gemäß Art 61 EuInsVO 2015 beantragen (dazu sogleich unten → Rn. 103 ff.).

g) „Gruppen-Koordinationsverfahren"

Die neu in die EuInsVO 2015 eingefügten Maßgaben für die Kooperation und Kommuni-   103–105
kation unter den Insolvenzverwaltern (Art 56 EuInsVO 2015), für die Kooperation und Kommunikation unter den Gerichten (Art 57 EuInsVO 2015) und auch für die Kooperation und Kommunikation zwischen den Insolvenzverwaltern und den Gerichten (Art 58 EuInsVO 2015) bilden die eine „Säule" des neuen europäischen Konzerninsolvenzrechts, die zweite bildet das ebenfalls neu in die EuInsVO 2015 eingefügte Gruppen-Koordinationsverfahren.

Im Einzelnen:

aa) Ziel des Gruppen-Koordinationsverfahren

Das Ziel einer Durchführung eines Gruppen-Koordinationsverfahrens ist in Erwägungs-   106
grund Nr. 57 der EuInsVO 2015 zusammengefasst:
„Gruppen-Koordinationsverfahren sollten stets zum Ziel haben, dass die wirksame Verwaltung in den Insolvenzverfahren über das Vermögen der Gruppenmitglieder erleichtert wird, und sie sollten sich allgemein positiv für die Gläubiger auswirken. […]"
Der Weg zur Erreichung dieses Ziels lässt sich gut am Katalog der Aufgaben und Pflichten des Koordinationsverwalters gem Art 72 EuInsVO ablesen. Hiernach
• legt der Koordinationsverwalter Empfehlungen für die koordinierte Durchführung der Insolvenzverfahren fest und entwirft diese und

---

[136] Siehe auch *Frege/Nicht* → § 4 Rn. 300.

- schlägt der Koordinationsverwalter einen Gruppen-Koordinationsplan vor, der ein umfassendes Paket von Maßnahmen für einen integrierten Ansatz zur Bewältigung der Insolvenz der Gruppenmitglieder festlegt, beschreibt und empfiehlt.

107 Der Gruppen-Koordinationsplan ist das „Herzstück" des Gruppen-Koordinationsverfahren und seine Erstellung der wesentliche Zweck des Gruppen-Koordinationsverfahrens. Der Gruppen-Koordinationsplan kann nach Art 72 Abs. 1 lit b EuInsVO 2015 insbesondere Vorschläge enthalten zu

- den Maßnahmen, die zur Wiederherstellung der wirtschaftlichen Leistungsfähigkeit und der Solvenz der Gruppe oder einzelner Mitglieder zu ergreifen sind,
- der Beilegung gruppeninterner Streitigkeiten in Bezug auf gruppeninterne Transaktionen und Anfechtungsklagen,
- Vereinbarungen zwischen den Insolvenzverwaltern der insolventen Gruppenmitglieder.

108 Die Empfehlungen für die koordinierte Durchführung der Insolvenzverfahren dürfen jedoch nach Art 72 Abs. 3 EuInsVO 2015 keine Empfehlungen bezüglich der Konsolidierung von Verfahren oder Insolvenzmassen umfassen. Das Gruppen-Koordinationsverfahren bleibt mithin auf eine verfahrensmäßige Koordination beschränkt und bewirkt nicht etwa eine „Substantive Consolidation" wie man sie etwa in dem US-amerikanischen Insolvenzrecht finden kann.[137]

109 Nach Art 70 EuInsVO 2015 berücksichtigen die Insolvenzverwalter bei der Durchführung ihrer Insolvenzverfahren die Empfehlungen des Koordinationsverwalters und den Inhalt des in Art 72 Abs. 1 EuInsVO 2015 genannten Gruppen-Koordinationsplans. Zum Zwecke der Durchsetzung der Ziele des Gruppen-Koordinationsverfahrens werden dem Koordinationsverwalter nach Art 72 Abs. 2 EuInsVO 2015 flankierend verfahrensmäßige Rechte in den jeweiligen Verfahren zugestanden, insbesondere Informationsrechte, aber etwa auch das Recht in jedem Insolvenzverfahren über das Vermögen eines Mitglieds der Unternehmensgruppe gehört zu werden und daran mitzuwirken, insbesondere durch Teilnahme an der Gläubigerversammlung.

Ferner kann der Koordinationsverwalter eine **Aussetzung von Verfahren** über das Vermögen jedes Mitglieds der Gruppe für bis zu sechs Monate beantragen, sofern die Aussetzung notwendig ist, um die ordnungsgemäße Durchführung des Gruppen-Koordinationsplans sicherzustellen, oder die Aufhebung jeder bestehenden Aussetzung zu beantragen. Ein derartiger Antrag ist bei dem Gericht zu stellen, das das Verfahren eröffnet hat, für das die Aussetzung beantragt wird.

bb) Antrag auf Durchführung eines Gruppen-Koordinationsverfahrens

110 Ein Gruppen-Koordinationsverfahren kann nach Art 61 EuInsVO 2015 von einem Insolvenzverwalter, der in einem Insolvenzverfahren über das Vermögen eines Mitglieds der Gruppe bestellt worden ist, bei jedem Gericht, das für das Insolvenzverfahren eines Mitglieds der Gruppe zuständig ist, beantragt werden.

111 Dem Antrag auf Durchführung eines Gruppen-Koordinationsverfahrens ist beizufügen:

- ein Vorschlag bezüglich der Person, die als Koordinationsverwalter ernannt werden soll, Einzelheiten zu ihrer Eignung nach Art 71 EuInsVO 2015, Einzelheiten zu ihren Qualifikationen und ihre schriftliche Zustimmung zur Tätigkeit als Koordinationsverwalter (siehe dazu auch unten cc));
- eine Darlegung der vorgeschlagenen Gruppen-Koordination, insbesondere der Gründe, weshalb die Bestimmungen nach Art 63 Abs. 1 EuInsVO 2015 als erfüllt anzusehen sind (zu den weiteren Voraussetzungen nach Art 63 Abs. 1 EuInsVO 2015 siehe auch unten dd));

---

[137] Siege dazu etwa *van Galen* International groups of insolvent companies in the European Community IILR 2012, 376, 378 f. und 384 ff.

- eine Liste der für die Mitglieder der Gruppe bestellten Insolvenzverwalter und, sofern zutreffend, die Gerichte und zuständigen Behörden, die an den Insolvenzverfahren über das Vermögen der Mitglieder der Gruppe beteiligt sind;
- eine Darlegung der geschätzten Kosten der vorgeschlagenen Gruppen-Koordination und eine Schätzung des von jedem Mitglied der Gruppe zu tragenden Anteils.

cc) Der Koordinationsverwalter

Als Koordinationsverwalter kann jede Person vorgeschlagen werden, die nach dem Recht **112** eines Mitgliedstaats befugt ist, als Insolvenzverwalter tätig zu werden (vgl Art 71 Abs. 1 EuInsVO 2015). Allerdings darf der Koordinationsverwalter gemäß Art 71 Abs. 2 EuInsVO 2015 nicht aus dem Kreise der Insolvenzverwalter gewählt werden, die bereits für eines der Mitglieder der Unternehmensgruppe bestellt wurden, und es darf kein Interessenkonflikt hinsichtlich der Mitglieder der Gruppe, ihrer Gläubiger und der für Mitglieder der Gruppe bestellten Insolvenzverwalter vorliegen. Bestellt wird der Koordinationsverwalter letztlich nach Art 68 Abs. 1 lit a EuInsVO 2015 vom Gericht. Offen bleiben die Regeln, nach denen zu verfahren ist, wenn das Gericht dem Vorschlag zur Person des Koordinations-verwalters nicht folgen will. Die Regelung in Art 68 Abs. 1 lit a EuInsVO 2015 geht offenbar davon aus, dass der Vorschlag hinsichtlich der Person des Koordinationsverwalters binden ist, wenn der vorgeschlagene Koordinationsverwalter die Anforderungen nach Art 71 Abs. 1 EuInsVO 2015 erfüllt.[138]

Das Gericht ruft den Koordinationsverwalter nach Maßgabe des Art 75 EuInsVO 2015 **113** von sich aus oder auf Antrag des Insolvenzverwalters eines beteiligten Gruppenmitglieds ab, wenn der Koordinationsverwalter

- zum Schaden der Gläubiger eines beteiligten Gruppenmitglieds handelt oder
- nicht seinen Verpflichtungen im Rahmen dieses Kapitels nachkommt.

Die Frage der Vergütung ist in Art 77 Abs. 1 EuInsVO 2015 nur sehr rudimentär **114** geregelt. Die Vergütung des Koordinationsverwalters soll „angemessen" sein und vor allem im Verhältnis zu den wahrgenommenen Aufgaben stehen und den angemessenen Aufwendungen Rechnung tragen. Die Präzisierung des Maßstabes der Angemessenheit wird im Einklang mit den nationalen Rechtsvorschriften des Mitgliedstaats, in dem das Gruppen-Koordinationsverfahren eröffnet wurde, zu erfolgen haben. Sehr viel ist mit diesem Hinweis indes nicht gewonnen, wenn das einschlägige nationale Recht ein Amt, das dem des Koordinationsverwalters vergleichbar wäre, nicht kennt. Im deutschen Recht wird man die Maßgaben für die Vergütung des Verfahrenskoordinators nach § 269g InsO n. F. (in Kraft ab 21.4.2018) entsprechend anwenden.

dd) Eintritt in das Gruppen-Koordinationsverfahren

Das mit einem Antrag auf Eröffnung eines Gruppen-Koordinationsverfahrens befasste **115** Gericht unterrichtet so bald als möglich die für die Mitglieder der Gruppe bestellten Insolvenzverwalter, die im Antrag gemäß Art 61 Abs. 3 lit c EuInsVO 2015 angegeben sind, über den Antrag auf Eröffnung eines Gruppen-Koordinationsverfahrens und den vorgeschlagenen Koordinationsverwalter, wenn es sich davon überzeugt hat, dass

- die Eröffnung eines solchen Verfahrens die Durchführung der Insolvenzverfahren über das Vermögen der verschiedenen Mitglieder der Gruppe erleichtern kann;
- nicht zu erwarten ist, dass ein Gläubiger eines Mitglieds der Unternehmensgruppe, das voraussichtlich am Verfahren teilnehmen wird, durch die Einbeziehung dieses Mitglieds in das Verfahren finanziell benachteiligt wird, und
- der vorgeschlagene Koordinationsverwalter die Anforderungen gemäß Art 71 EuInsVO 2015 erfüllt.

---

[138] Ebenso in Mankowski/Müller/*J. Schmidt*/*J. Schmidt* EuInsVO 2015, 2016, Art. 68 Rn. 13.

116   Nach Maßgabe des Art 64 EuInsVO 2015 kann sodann jeder Insolvenzverwalter, der in einem Insolvenzverfahren über das Vermögen einer der betroffenen Gruppen-Gesellschaften bestellt wurde, Einwände erheben gegen die Einbeziehung „seines" Insolvenzverfahrens in das avisierte Gruppen-Koordinationsverfahren oder die als Koordinationsverwalter vorgeschlagene Person. Einwände sind innerhalb von 30 Tagen nach Eingang der Mitteilung über den Antrag auf Eröffnung eines Gruppen-Koordinationsverfahrens bei dem Gericht einzulegen, das nach Art 63 EuInsVO 2015 über den Antrag auf Eröffnung eines Gruppen-Koordinationsverfahrens informiert hat. Für einen solchen Einwand ist die Verwendung eines Standardformulars vorgesehen (vgl Art 88 EuInsVO 2015).

117   Hat ein Insolvenzverwalter gegen die Einbeziehung „seines" Verfahrens, für das er bestellt wurde, in ein Gruppen-Koordinationsverfahren Einwand erhoben, so ist dieses Verfahren nicht in das Gruppen-Koordinationsverfahren einzubeziehen (vgl Art 65 EuInsVO 2015). Da der Einwand nach Art 64 EuInsVO 2015 an keine weiteren materiellen Voraussetzungen geknüpft ist, steht die Entscheidung über die Einbeziehung letztlich im pflichtgemäßen Ermessen der einzelnen Insolvenzverwalter der Verfahren über das Vermögen der Gruppen-Gesellschaften. Hiernach kann sich allenfalls mittelbar eine Pflicht zur Einbeziehung nach dem jeweils anwendbaren nationalen Insolvenzrecht ergeben, wenn die Einbeziehung Vorteile für das Verfahren verspricht, sodass sich eine Verweigerung gegenüber der Einbeziehung als pflichtwidrig erweisen würde (aus Sicht des deutschen Insolvenzrechts wäre insoweit § 60 InsO Anknüpfungspunkt für eine denkbare Haftung im Falle einer pflichtwidrigen Verweigerung).

118   Nicht übersehen werden darf aber, dass die Kosten des Koordinationsverfahrens auf alle Mitglieder der Unternehmensgruppe umgelegt werden (vgl Art 77 EuInsVO 2015). Der Antrag auf Eröffnung eines Koordinationsverfahrens muss eine entsprechende Schätzung der Kostenlast für jedes einzelne Mitglied der Unternehmensgruppe enthalten (vgl Art 61 Abs. 3 lit d EuInsVO 2015). Die zu erwartenden Vorteile müssen also jedenfalls die geschätzten Kosten übersteigen, bevor überhaupt ein Beitritt zum Gruppen-Koordinationsverfahren in Betracht gezogen werden kann.

119   Die Befugnisse des Gerichts oder des Koordinationsverwalters, die sich aus dem Gruppen-Koordinationsverfahren ergeben, haben keine Wirkung hinsichtlich des betreffenden Mitglieds der Unternehmensgruppe, das sich einer Einbeziehung verweigert hat, und ziehen entsprechend auch keine Kosten für dieses Mitglied nach sich (vgl Art 65 Abs. 2 EuInsVO 2015).

120   Schließlich eröffnet Art 69 EuInsVO 2015 die Möglichkeit eines nachträglichen Opt-in in das Gruppen-Koordinationsverfahren. Die Möglichkeit besteht in dem Fall, in dem zunächst ein Einwand gegen die Einbeziehung des Insolvenzverfahrens in das Gruppen-Koordinationsverfahren erhoben wurde, aber auch in dem Fall, in dem ein Insolvenzverfahren über das Vermögen eines Mitglieds der Gruppe eröffnet wurde, nachdem das Gericht ein Gruppen-Koordinationsverfahren eröffnet hat.

ee) Positiver Kompetenzkonflikt und Zuständigkeitswahl

121   In dem Fall, dass mehrere Anträge auf Durchführung eines Gruppen-Koordinationsverfahrens bei mehreren Gerichten in unterschiedlichen Mitgliedstaaten gestellt werden, werden drohende positive Kompetenzkonflikte durch ein striktes Prioritätsprinzip nach Art 62 EuInsVO 2015 vermieden: Wird die Eröffnung eines Gruppen-Koordinationsverfahrens bei Gerichten verschiedener Mitgliedstaaten beantragt, so erklären sich die später angerufenen Gerichte zugunsten des zuerst angerufenen Gerichts für unzuständig.

122   Allerdings besteht nach Art 66 EuInsVO 2015 die Möglichkeit der vorrangigen Zuständigkeitswahl einer qualifizierten Mehrheit aller Insolvenzverwalter, die für Insolvenzverfahren über das Vermögen der Mitglieder der Gruppe bestellt wurden: Sind sich mindestens zwei Drittel aller Insolvenzverwalter, die für Insolvenzverfahren über das Vermögen der Mitglieder der Gruppe bestellt wurden, darüber einig, dass ein zuständiges Gericht eines anderen Mit-

gliedstaats am besten für die Eröffnung eines Gruppen-Koordinationsverfahrens geeignet ist, so ist dieses Gericht ausschließlich zuständig. Diese Möglichkeit der Zuständigkeitswahl eröffnet Spielraum für strategische Überlegungen und Steuerungen, unabhängig davon, wer den „Wettlauf" zu den Gerichten für sich entscheiden konnte. Jedes andere als das „Gericht der Wahl" erklärt sich dann zugunsten des gewählten Gerichts für unzuständig. Die Wahl des Gerichts erfolgt als gemeinsame Vereinbarung in Schriftform oder wird schriftlich festgehalten. Sie kann nach Art 66 Abs. 2 EuInsVO 2015 bis zum Zeitpunkt der Eröffnung des Gruppen-Koordinationsverfahrens gemäß Artikel 68 EuInsVO 2015 erfolgen.

IV. Internationale Konzerninsolvenzen im Verhältnis zu Drittstaaten

1. Überblick

Internationale Konzerninsolvenzen treten nicht nur im Verhältnis Deutschlands zu anderen **123** EU-Mitgliedstaaten auf; häufig betreffen sie auch das Verhältnis zu Staaten außerhalb der EU. Denkbar ist etwa, dass die Muttergesellschaft ihren Sitz in Deutschland hat und sich eine Tochtergesellschaft in einem Drittstaat befindet; ebenso kann es sein, dass sich zB die Muttergesellschaft in den Vereinigten Staaten und eine Tochtergesellschaft in Deutschland befinden.

Die internationale Zuständigkeit deutscher Gerichte für die Eröffnung eines Insolvenz- **124** verfahrens über eine Konzerngesellschaft bestimmt sich auch in diesen Fällen ganz überwiegend nach der EuInsVO. Denn die EuInsVO ist immer anwendbar, wenn sich der „centre of main interests" (COMI) einer Konzerngesellschaft in der EU befindet. Das autonome deutsche Zuständigkeitsrecht spielt damit auch bei Konzerninsolvenzen mit Drittstaatenbezug nur eine untergeordnete Rolle.

Gänzlich anders verhält es sich im Bereich der Anerkennung eines im Ausland eröffneten **125** Insolvenzverfahrens. Die EuInsVO regelt nur die Anerkennung von Insolvenzverfahren, die in einem EU-Mitgliedstaat eröffnet worden sind.[139] Soweit ein Drittstaat ein Insolvenzverfahren eröffnet, richtet sich die Anerkennung dieser Eröffnungsentscheidung in Deutschland demgegenüber nach dem autonomen deutschen Recht, also insbesondere nach § 343 InsO.

Diese Vorschrift ist in einem entscheidenden Punkt restriktiver ausgestaltet als die An- **126** erkennungsregeln der EuInsVO: Der ausländischen Eröffnungsentscheidung wird nämlich die Anerkennung dann versagt, wenn das ausländische Gericht – gemessen an den Maßstäben des deutschen Rechts – für die Eröffnung des Insolvenzverfahrens nicht zuständig gewesen wäre (Anerkennungshindernis der fehlenden „Anerkennungszuständigkeit"). Gerade in den Fällen der Konzerninsolvenz können sich Konstellationen ergeben, in denen einer ausländischen Eröffnungsentscheidung wegen der fehlenden Anerkennungszuständigkeit die Anerkennung zu versagen ist. Ferner ist auch umgekehrt keineswegs sicher, dass deutsche Eröffnungsentscheidungen in Drittstaaten anerkannt werden. Denn insoweit sind die autonomen Anerkennungsvorschriften des Drittstaats anzuwenden; und diese können durchaus vergleichsweise restriktiv ausgestaltet sein.

Soweit in Deutschland ein Verfahren über eine Konzerngesellschaft und parallel dazu ein **127** weiteres über eine Gesellschaft desselben Konzerns in einem Drittstaat geführt werden – und beide Verfahren nach dem soeben Gesagten wechselseitig anerkannt werden –, stellt sich die Frage nach der Koordination dieser Verfahren. Das nationale Recht kennt, wenn

---

[139] Die EuInsVO gilt räumlich in allen Mitgliedstaaten der EU mit Ausnahme von Dänemark (vgl. dazu Erwägungsgrund 33). Dänemark ist daher bei der Anwendung der EuInsVO wie ein Drittstaat zu behandeln. Damit werden dänische Beschlüsse über die Eröffnung eines Insolvenzverfahrens nicht nach Art. 16 EuInsVO, sondern nach dem (idR weniger anerkennungsfreundlichen) autonomen Recht der Mitgliedstaaten (in Deutschland also nach § 343 InsO) anerkannt.

überhaupt, regelmäßig nur eine Koordination derartiger Verfahren in einem nationalen Kontext; auf der internationalen Ebene lässt sich eine solche Koordination mit den Mitteln des (nationalen) Gesetzesrechts kaum herstellen. Eine gewisse Koordinierung von Verfahren kann hier regelmäßig durch Vereinbarungen zwischen den beteiligten Insolvenzverwaltern herbeigeführt werden; diese Vereinbarungen werfen allerdings ihrerseits weitgehend ungelöste kollisionsrechtliche Fragen auf.

2. Zuständigkeitsfragen

a) Überblick

128 Für Zuständigkeitsfragen ist aus deutscher Sicht vorrangig Art 3 EuInsVO anzuwenden; dies gilt auch dann, wenn es sich um eine Konzerninsolvenz mit Drittstaatenbezug handelt. Soweit die internationale Zuständigkeit von Art 3 EuInsVO geregelt ist, sind – nach dem Grundsatz des Anwendungsvorrangs von Unionsrecht – die Zuständigkeitsvorschriften des autonomen Rechts der Mitgliedstaaten nicht anwendbar.

129 Auch in den hier interessierenden Fällen, in denen es um Konzerninsolvenzen mit (überwiegendem) Drittstaatenbezug geht, richtet sich die internationale Zuständigkeit deutscher Gerichte regelmäßig nach Art 3 EuInsVO. Das autonome deutsche Zuständigkeitsrecht ist daher auch in diesen Fällen regelmäßig nicht anwendbar.

130 Art 3 Abs. 1 EuInsVO stellt für die Eröffnung eines Hauptinsolvenzverfahrens auf den „centre of main interests" (COMI) des Schuldners ab. Die EuInsVO regelt grds nicht, wer als Schuldner in einem Insolvenzverfahren in Betracht kommt, sondern überlässt diese Frage der *lex fori concursus* (siehe Art 4 EuInsVO). Allerdings ist der EuInsVO zu entnehmen, dass es sich bei dem Schuldner um eine natürliche oder juristische Person oder um eine sonstige (teil-)rechtsfähige Gesellschaft handeln muss. Damit ist der Konzern nicht „Schuldner" iSd Art 3 Abs. 1 EuInsVO; „Schuldner" können daher nur die einzelnen Konzerngesellschaften sein, für die in der Konsequenz die internationale Zuständigkeit gesondert zu beurteilen ist. Dies hat insbesondere zur Folge, dass die internationale Zuständigkeit für das Insolvenzverfahren über die Muttergesellschaft und die Tochterunternehmen jeweils getrennt nach Art 3 Abs. 1 EuInsVO zu beurteilen ist und der COMI der Tochtergesellschaft nicht automatisch in demselben Staat liegt wie der COMI der Muttergesellschaft.[140]

b) Vorrangige Anwendung der EuInsVO

aa) Anwendungsbereich der EuInsVO

131 In sachlicher Hinsicht wird der Anwendungsbereich der EuInsVO von Art 1 iVm Art 2 lit a EuInsVO und dem Anhang A zur EuInsVO festgelegt. Maßgeblich für die Beurteilung des sachlichen Anwendungsbereichs ist hiernach letztlich Anhang A zur EuInsVO.[141] Dieser listet schlagwortartig diejenigen Verfahren auf, die in den sachlichen Anwendungsbereich der EuInsVO fallen. Aus deutscher Sicht fallen hierbei alle Verfahren nach der InsO unter den sachlichen Anwendungsbereich der EuInsVO.[142] Art 1 Abs. 2 EuInsVO nimmt bestimmte Verfahren vom Anwendungsbereich der Verordnung aus; es handelt sich hierbei namentlich um Insolvenzverfahren über das Vermögen von Kreditinstituten, Versicherungsunternehmen, Wertpapierinstituten oder Organismen für gemeinsame Anlagen internationaler Bezüge (Fonds).

---

[140] Zum COMI nach der EuInsVO ausf *Undritz* → § 8 Rn. 30 ff.

[141] Soweit bestimmte Verfahren nicht im Anhang A genannt sind, ist die EuInsVO nicht anwendbar (siehe EuGH EuZW 2013, 72, Rn. 24 [Ulf Kazimierz Radziejewski]).

[142] Siehe etwa *Leible/Staudinger* KTS 2000, 533, 538; *Eidenmüller* IPRax 2001, 1, 5; *Huber* ZZP 114 (2001), 133, 137.

In räumlicher Hinsicht ist die EuInsVO bei Fragen der internationalen Zuständigkeit **132** immer dann anwendbar, wenn sich der sog centre of main interests (COMI) des Schuldners iSv Art 3 Abs. 1 EuInsVO in der EU befindet. Art 3 Abs. 1 EuInsVO hat damit eine Doppelfunktion. Die Vorschrift legt nicht nur die internationale Zuständigkeit für Hauptinsolvenzverfahren fest, sondern bestimmt zugleich auch den räumlichen Anwendungsbereich der EuInsVO.

Nach ganz herrschender Meinung ist die EuInsVO nur anwendbar, wenn es sich nicht **133** um einen reinen Binnensachverhalt handelt.[143] Darüber hinaus wurde die Anwendbarkeit der EuInsVO von der bislang hL für den Fall abgelehnt, dass ein Auslandsbezug (nur) zu einem Drittstaat, nicht aber zu einem weiteren Mitgliedstaat besteht.[144] Fälle mit ausschließlichem Drittstaatenbezug seien nicht nach der EuInsVO, sondern dem nationalen (Zuständigkeits-)Recht der Mitgliedstaaten zu beurteilen. Der BGH hat diese Frage dem EuGH zur Vorabentscheidung vorgelegt.[145]

Der EuGH hat die räumliche Anwendbarkeit der EuInsVO auch für diesen Fall bejaht.[146] **134** Dem ist zuzustimmen. Weder die Verordnung selbst noch das Primärrecht schreiben einen Bezug zu mehreren Mitgliedstaaten als Anwendungsvoraussetzung für die EuInsVO vor; eine derartige Anwendungsvoraussetzung würde die Praxis mit einem weiteren Unsicherheitsfaktor belasten.[147]

bb) Internationale Zuständigkeit nach der EuInsVO

Nach dem EuGH kommt es bei der Konkretisierung des generalklauselartig gefassten **135** „centre of main interests" (COMI) iSd Art 3 Abs. 1 EuInsVO (internationale Zuständigkeit für die Eröffnung eines Hauptinsolvenzverfahrens) im Ausgangspunkt auf den **„Sitz der Hauptverwaltung"** der jeweiligen Gesellschaft an.[148] Einzelheiten zum COMI sind aber nach wie vor umstritten.[149]

Aus der speziellen Perspektive des Konzerninsolvenzrechts ist die sog „Eurofood"-Ent- **136** scheidung des EuGH von besonderer Bedeutung. Hier hat der EuGH klargestellt, dass die internationale Zuständigkeit für Insolvenzverfahren über das Vermögen eines konzernabhängigen Tochterunternehmens nicht automatisch am Sitz der Muttergesellschaft liegt.[150] International zuständig für die Eröffnung eines Insolvenzverfahrens über ein Tochterunternehmen sind idR die Gerichte des Mitgliedstaates, in dem das Tochterunternehmen den (faktischen) Sitz seiner eigenen Hauptverwaltung hat. Ein COMI der Tochtergesellschaft am (hiervon abweichenden) Sitz der Muttergesellschaft ergibt sich auch nicht daraus, dass ihre wirtschaftlichen Entscheidungen von der Muttergesellschaft kontrolliert werden oder kontrolliert werden können.[151]

In derartigen Konstellationen kann ferner auch nicht bereits aus der Vermischung der **137** Vermögensmassen zwangsläufig auf einen einzigen übereinstimmenden COMI von Mutter- und Tochtergesellschaft geschlossen werden. Es kann nämlich nach der Entscheidung

---

[143] Siehe etwa *Hergenröder* ZVI 2005, 233, 235; *Huber* ZZP 114 (2001), 133, 136; *Mock/Schildt* ZInsO 2003, 396, 397.

[144] Aus der Lit. siehe etwa *Liersch* NZI 2003, 302, 303; *Eidenmüller* IPRax 2001, 2, 5; *Smid* DZWIR 2003, 397, 402 ff; *Becker* ZEuP 2002, 287, 292; *Taupitz* ZZP 111 (1998), 315, 320; *Duursma-Kepplinger/ Duursma/Chalupsky* Art. 1 EuInsVO Rn. 3; *Duursma-Kepplinger/Duursma* IPRax 2003, 505, 506, 508; abw. *Huber* ZZP 114 (2001), 133, 138 f; *Schack* IZVR, Rn. 1056; *Haubold* IPRax 2003, 34, 35; Ahrens/ Gehrlein/Ringstmeier/*Gruber* Fachanwaltskommentar Art. 1 EuInsVO Rn. 47 ff.

[145] BGH ZIP 2012, 1467. Die Vorlage betraf den Fall einer auf Art. 3 Abs. 1 EuInsVO (analog) gestützten Insolvenzanfechtungsklage gegen einen Anfechtungsgegner mit Wohnsitz bzw Sitz außerhalb der EU.

[146] EuGH Urt. v. 16.1.2014 – C-328/12 (Ralph Schmid) NJW 2014, 610m Anm *Schulz* EuZW 2014, 264.

[147] Zur Argumentation im Einzelnen siehe bereits Ahrens/Gehrlein/Ringstmeier/*Gruber* Fachanwaltskommentar Art. 1 EuInsVO Rn. 47 ff.

[148] EuGH, Slg 2011, I-9915 = ZIP 2011, 2153 (Interedil).

[149] *Undritz* → § 8 Rn. 30 ff.

[150] EuGH Slg. 2006, I-3813, Rn. 26 ff = ZIP 2006, 907 (Eurofood).

[151] EuGH Slg. 2006, I-3813, Rn. 36 = ZIP 2006, 907 (Eurofood). *Undritz* → § 8 Rn. 11.

des EuGH in der Rs. *Rastelli Davide* nicht ausgeschlossen werden, dass eine solche Vermischung von zwei Verwaltungs- und Kontrollzentren organisiert wird, die sich in verschiedenen Mitgliedstaaten befinden.[152]

138 Daraus folgt, dass bei Anwendung der EuInsVO – auch in Fällen mit Drittstaatenbezug – kein einheitlicher internationaler „Konzerngerichtsstand" gegeben ist; vielmehr ist, je nach dem „Sitz" der betreffenden Gesellschaft, häufig nur eine internationale Zuständigkeit für die Eröffnung von Insolvenzverfahren über das Vermögen einzelner konzernangehöriger Gesellschaften gegeben. Liegt zwar der COMI der Muttergesellschaft in Deutschland, aber der COMI von Tochtergesellschaften außerhalb der EU, führt Art 3 Abs. 1 EuInsVO nur zu einer internationalen Zuständigkeit deutscher Gerichte für das Verfahren über das Vermögen der Muttergesellschaft; was ein Verfahren betr. die Tochtergesellschaft anbelangt, ist die EuInsVO – da der COMI dieser Gesellschaft außerhalb der EU liegt – räumlich nicht anwendbar.

c) Internationale Zuständigkeit nach dem autonomen deutschen Recht

aa) Internationale Zuständigkeit für Hauptinsolvenzverfahren

139 Für das autonome deutsche Zuständigkeitsrecht bleibt – aufgrund des dargestellten Anwendungsvorrangs der EuInsVO – nur ein geringer Anwendungsbereich. Das deutsche Zuständigkeitsrecht kommt nur (ersatzweise) zum Zuge, wenn die EuInsVO sachlich oder – weil der COMI des Schuldners außerhalb der EU liegt – räumlich nicht anwendbar ist.

140 Sachlich ist die EuInsVO insbesondere nicht anwendbar, wenn der Ausnahmetatbestand des Art 1 Abs. 2 erfüllt ist. Das deutsche Recht sieht hier z'l' besondere Zuständigkeitsregeln vor. Zuständig für die Eröffnung eines Insolvenzverfahrens über das Vermögen eines Einlagenkreditinstituts oder E-Geld-Instituts sind nach § 46e Abs. 1 Satz 1 KWG im Bereich des Europäischen Wirtschaftsraums allein die jeweiligen Behörden oder Gerichte des Herkunftsstaates (Sitzland). Entsprechend formuliert § 88 Abs. 1a Satz 1 VAG, dass für die Eröffnung eines Insolvenzverfahrens über das Vermögen eines Versicherungsunternehmens im Bereich des Europäischen Wirtschaftsraumes allein die jeweiligen Behörden des Herkunftsstaates zuständig sind. Herkunftsstaat ist der Staat, in dem die Hauptniederlassung zugelassen ist.

141 In den übrigen Fällen ist auf die allgemeine Regel des deutschen internationalen Verfahrensrechts zurückzugreifen. Nach dieser sind bei Fehlen einer ausdrücklichen Regelung über die internationale Zuständigkeit die Vorschriften zur örtlichen Zuständigkeit (entsprechend) anzuwenden. Hiervon ist bei Schaffung der InsO auch der deutsche Gesetzgeber ausgegangen.[153] Damit ist die Regelung zur örtlichen Zuständigkeit in § 3 InsO entsprechend auch auf die internationale Zuständigkeit anzuwenden.[154]

142 Eine örtliche und damit eine internationale Zuständigkeit deutscher Gerichte ist gem § 3 Abs. 1 S. 2 InsO dann gegeben, wenn der Mittelpunkt einer vom Schuldner ausgeübten selbständigen wirtschaftlichen Tätigkeit in Deutschland liegt. § 3 Abs. 1 S. 2 InsO verwendet damit, soweit es um einen wirtschaftlich selbständig tätigen Schuldner geht, ein dem COMI iSv Art 3 Abs. 1 EuInsVO ähnliches Merkmal; im Einzelfall können sich aber durchaus Unterschiede ergeben. Übt der Schuldner keine selbständige wirtschaftliche Tätigkeit aus, kommt es nach § 3 Abs. 1 S. 1 InsO darauf an, ob sein allgemeiner Gerichtsstand im Inland liegt.

---

[152] EuGH NZI 2012, 147, Rn. 38 (Rastelli Davide), mit auch insoweit zust. Anm *Mankowski*. Die Formulierung des EuGH lässt allerdings die Möglichkeit offen, dass ein Gericht die Vermögensbelegenheit und -vermischung bei der Lokalisierung des COMI, wenn auch nur ergänzend, als Indiz im Rahmen der notwendigen tatsächlichen Feststellungen berücksichtigt.
[153] BT-Drs. 12/2443, 241, 245.
[154] Etwa *Liersch* NZI 2003, 302, 304; MüKoInsO/*Ganter/Lohmann* § 3 Rn. 24; Nerlich/Römermann/*Becker* InsO § 3 InsO Rn. 5.

Praktisch bedeutet dies: Soweit der COMI iSd Art 3 Abs. 1 EuInsVO außerhalb der EU **143** liegt und damit autonomes deutsches Zuständigkeitsrecht aus dem Grund fehlender räumlicher Anwendbarkeit der EuInsVO zum Zuge kommt, ist der Mittelpunkt der selbständigen wirtschaftlichen Tätigkeit iSv § 3 Abs. 1 S. 2 InsO im Regelfall (wenn auch nicht zwangsläufig) außerhalb Deutschlands in einem Drittstaat zu lokalisieren. Deutschen Gerichten fehlt es daher in diesen Fällen regelmäßig an der internationalen Zuständigkeit.

Auch aus dem ins deutsche Recht neu eingeführten Gruppen-Gerichtsstand (§ 3a InsO) **144** ergibt sich keine Erweiterung der *internationalen* Zuständigkeit deutscher Insolvenzgerichte: Denn nach der in § 3e InsO enthaltenen Definition setzt das Bestehen einer „Unternehmensgruppe" iSv § 3a InsO voraus, dass die in der Unternehmensgruppe verbundenen Unternehmen „den Mittelpunkt ihrer hauptsächlichen Interessen im Inland haben". § 3a des InsO ist hiernach gerade nicht einschlägig, wenn eines der Unternehmen seinen COMI außerhalb Deutschlands hat; eine Differenzierung danach, ob das Unternehmen seinen COMI in einem anderen EU-Mitgliedstaat oder aber in einem Drittstaat hat, nimmt die Vorschrift nicht vor.

bb) Internationale Zuständigkeit für Partikularverfahren

Bedeutung kommt dem deutschen Zuständigkeitsrecht allerdings in den Fällen zu, in denen **145** der COMI des Schuldners außerhalb der EU liegt und in Deutschland kein Hauptinsolvenzverfahren, sondern (nur) ein Partikularverfahren durchgeführt werden soll. Ein derartiges Partikularverfahren strebt keine weltweite Wirkung an, sondern beschränkt sich von vornherein auf das im Inland belegene Vermögen. § 354 InsO legt fest, dass ein solches Partikularverfahren in Deutschland bereits dann eröffnet werden kann, wenn sich eine Niederlassung des Schuldners oder ggf sogar nur Vermögen des Schuldners im Inland befinden.[155]

Bei dem Partikularverfahren iSv § 354 InsO kann es sich um ein sog „isoliertes Partikularverfahren" oder um ein Sekundärinsolvenzverfahren handeln. Ein isoliertes Partikularverfahren ist gegeben, wenn parallel kein Hauptinsolvenzverfahren betrieben wird. Ein inländisches sog Sekundärinsolvenzverfahren ist gegeben, wenn in einem Drittstaat ein – weltweite Wirkung beanspruchendes – Hauptinsolvenzverfahren eröffnet worden ist und dieses Verfahren in Deutschland nach Maßgabe von § 343 InsO anerkannt wird. Das ausländische Hauptverfahren und das inländische Sekundärinsolvenzverfahren werden in diesem Fall nebeneinander betrieben; die §§ 356–358 InsO stellen sicher, dass die beiden Verfahren miteinander koordiniert werden.

Im Zusammenhang mit der Konzerninsolvenz ist darauf hinzuweisen, dass eine rechtlich **147** selbstständige Tochtergesellschaft nicht als „Niederlassung" einer Muttergesellschaft angesehen werden kann. Zwar ist in der Literatur umstritten, ob sich der Begriff der „Niederlassung" iSv § 354 InsO nach Maßgabe § 21 ZPO beurteilt oder ob die in Art 2 Nr. 10 EuInsVO enthaltene Definition der Niederlassung (analog) heranzuziehen ist;[156] im Ergebnis ist jedenfalls eindeutig, dass Tochtergesellschaften im Falle von § 354 InsO nicht unter den Begriff der „Niederlassung" subsumiert werden können.[157] Damit entfällt auch die Möglichkeit, aus den §§ 356–358 InsO Regeln für die Koordinierung eines in einem Drittstaat eröffneten Verfahrens über eine Muttergesellschaft und einem in Deutschland eröffneten Verfahren über eine Tochtergesellschaft zu gewinnen.

---

[155] Näher dazu Ahrens/Gehrlein/Ringstmeier/*Gruber* Fachanwaltskommentar § 354 Rn. 7 ff.

[156] Ausf (eine Begriffsbestimmung nach Art. 2 Nr. 10 EuInsVO Art. 2 lit h EuInsVO a. F. bevorzugend) Ahrens/Gehrlein/Ringstmeier/*Gruber* § 354 Rn. 8 ff; Andres/Leithaus/*Dahl* InsO § 354 Rn. 6; MüKoBGB/*Kindler* § 354 InsO Rn. 3; HKInsO/*Stephan* § 354 InsO Rn. 12; Uhlenbruck/*Lüer* InsO § 354 InsO Rn. 9; für eine Anlehnung an die § 21 ZPO entwickelten Kriterien MüKoInsO/*Reinhart* § 354 Rn. 7; FKInsO/*Wenner/Schuster* § 354 InsO Rn. 5; K. Schmidt/*Brinkmann* InsO § 354 InsO Rn. 5.

[157] Ahrens/Gehrlein/Ringstmeier/*Gruber* Fachanwaltskommentar § 354 Rn. 10; MüKoBGB/*Kindler* § 354 InsO Rn. 4. Zur entspr. Beurteilung der Frage in der EuInsVO siehe etwa *Huber* ZZP 114 (2001), 133, 142 f; *Paulus* NZI 2001, 505, 510; *Duursma-Kepplinger/Duursma* IPRax 2003, 505, 509.

3. Anerkennung ausländischer Verfahren

a) Überblick

148 Dreh- und Angelpunkt des internationalen Insolvenzrechts ist die Frage, ob ein im Ausland eröffnetes Insolvenzverfahren im Inland anerkannt wird bzw ob umgekehrt ein Verfahren, das in Deutschland eröffnet worden ist, im Ausland anerkannt wird. Wird dem in einem Staat ergangenen Eröffnungsbeschluss in einem anderen Staat die Anerkennung versagt, so wird der eingesetzte Insolvenzverwalter von den dortigen Gerichten und Behörden nicht als verwaltungs- und verfügungsbefugt angesehen. Er kann dort auch nicht mit Wirkung für und gegen den Schuldner Prozesse führen bzw Registereintragungen vornehmen. Das Vermögen des Schuldners, das sich in diesem Staat befindet, ist damit seinem Zugriff praktisch entzogen. In diesem Fall steht folglich zu befürchten, dass einzelne Gläubiger im Wege der Einzelzwangsvollstreckung die Befriedigung aus diesem Vermögen suchen; damit wird der auch in internationalen Insolvenzverfahren geltende Grundsatz der gleichmäßigen anteilsgemäßen Befriedigung der Gläubiger ausgehebelt.

149 Die EuInsVO betrifft nur die Anerkennung von Eröffnungsbeschlüssen aus anderen Mitgliedstaaten. Soweit es um die Anerkennung von Eröffnungsbeschlüssen aus Drittstaaten geht, gilt das nationale (Anerkennungs-)Recht. In Deutschland ist für die Anerkennung von Hauptinsolvenzverfahren aus Drittstaaten § 343 InsO anzuwenden.[158]

150 Bei Anwendung des § 343 InsO ist – nicht anders als im Bereich der internationalen Zuständigkeit – eine auf die jeweiligen konzernangehörigen Gesellschaften ausgerichtete Betrachtung anzustellen. Es ist mit anderen Worten zu fragen, ob die Anerkennungsvoraussetzungen im Hinblick auf die jeweiligen konzernangehörigen Gesellschaften gegeben sind. Dies gilt auch dann, wenn in dem ausländischen Recht ein Insolvenzverfahren über den Konzern als Ganzes vorgesehen ist oder die Möglichkeit besteht, das Verfahren von einer konzernangehörigen Gesellschaft auf das Vermögen anderer konzernangehöriger Gesellschaften zu erstrecken. Dass eine auf die einzelnen Gesellschaften bezogene Prüfung anzustellen ist, ist vor allem im Hinblick auf das wichtige Merkmal der internationalen „Anerkennungszuständigkeit" (§ 343 Abs. 1 Nr. 1 InsO) von praktischer Bedeutung.

151 Eine fehlende Anerkennung eines ausländischen Verfahrens in Deutschland – oder umgekehrt eines deutschen Verfahrens im Ausland – kann bei der Insolvenz konzernangehöriger Unternehmen besonders nachteilige Konsequenzen haben. Denn die Nachteile der fehlenden Anerkennung sind nicht nur auf diese Verfahren beschränkt; vielmehr hat die fehlende Anerkennung des Einzelverfahrens (negative) Auswirkungen auf den gesamten Konzern. Denkbar ist insbesondere, dass es Sanierungsbemühungen im Konzern erschwert oder gar faktisch ganz ausschließt.

b) Anerkennung von ausländischen Hauptinsolvenzverfahren nach Maßgabe von § 343 InsO

aa) Inhalt und der Gegenstand Anerkennung

152 Abs. 1 statuiert den Grundsatz, dass der Beschluss über die Eröffnung eines ausländischen Insolvenzverfahrens im Inland anerkannt wird. Die Anerkennung eines im Ausland eröff-

---

[158] § 343 InsO gilt grundsätzlich auch für die Anerkennung Insolvenzverfahren, die nach Art. 1 Abs. 2 EuInsVO außerhalb des sachlichen Anwendungsbereichs der Verordnung liegen. Hier sind Sonderregeln für die Anerkennung zu beachten, die § 343 InsO vorgehen. So bestimmt § 46e Abs. 1 Satz 2 KWG, dass in den Fällen, in denen ein anderer Staat des Europäischen Wirtschaftsraums Herkunftsstaat eines Einlagenkreditinstituts ist und dort ein Insolvenzverfahren über das Vermögen dieses Instituts eröffnet wird, das Verfahren ohne Rücksicht auf die Voraussetzungen des § 343 Abs. 1 InsO anerkannt wird. Parallel dazu bestimmt § 88 Abs. 1a Satz 2 VAG, dass dann, wenn in einem Mitglied- oder Vertragsstaat ein Insolvenzverfahren über das Vermögen eines Versicherungsunternehmens eröffnet wird, das Verfahren ohne Rücksicht auf die Voraussetzungen des § 343 I Abs. 1 InsO anerkannt wird.

neten Insolvenzverfahrens im Inland ist also der Regelfall; die Nichtanerkennung die Ausnahme.

Aus dem Wortlaut der Vorschrift geht hervor, dass die Anerkennung automatisch kraft **153** Gesetzes geschieht. Es bedarf maW für die Anerkennung keiner konstitutiven inländischen Entscheidung. Ob eine ausländische Entscheidung über die Eröffnung eines Insolvenzverfahrens im Inland anzuerkennen ist oder nicht, ist von inländischen Gerichten und Behörden inzident zu überprüfen.[159]

Im Ausgangspunkt besteht eine Anerkennung darin, dass die Wirkungen, die dem **154** Eröffnungsbeschluss im Staat der Verfahrenseröffnung zukommen, auf das Inland erstreckt werden (sog **Theorie der Wirkungserstreckung**).[160] Gehen diese Wirkungen weiter als die Wirkungen einer entsprechenden inländischen Entscheidung, werden sie nach verbreiteter Ansicht allerdings nur insoweit anerkannt, als sie ihrer Art nach dem inländischen (deutschen) Recht bekannt sind (Kumulationstheorie).[161]

bb) Vorliegen eines „Insolvenzverfahrens"

Grundvoraussetzung für die Anerkennung eines Verfahrens nach Maßgabe von § 343 **155** Abs. 1 InsO ist zunächst, dass es sich um ein „Insolvenzverfahren" iSd genannten Vorschrift handelt. § 343 InsO sagt selbst nicht, welche ausländischen Verfahren im Einzelnen als „Insolvenzverfahren" qualifiziert werden können. Näheren Aufschluss bietet die Begründung zum Gesetzentwurf. Nach dieser ist darauf abzustellen, ob das Verfahren in etwa die gleichen Ziele wie die Verfahren der InsO verfolgt. Als Orientierung könnten dabei die in den Anhängen A und B der EuInsVO aufgezählten Verfahren herangezogen werden.[162]

Hieraus lässt sich ableiten, dass auch Verfahren, die neben der Gläubigerbefriedung die **156** Sanierung des Schuldners bezwecken – bzw die Sanierung sogar als vordringlich ansehen – als Insolvenzverfahren iSv § 343 Abs. 1 InsO angesehen werden können. Denn zum einen dient auch das Verfahren nach InsO Sanierungszwecken; und zum anderen werden verschiedene Sanierungsverfahren auch von der EuInsVO erfasst.[163]

BGH und BAG haben entschieden, dass das Verfahren nach Kapitel 11 des **US–ame-** **157** **rikanischen Bankruptcy Code als Insolvenzverfahren iSv** § 343 InsO zu qualifizieren und daher nach dieser Vorschrift anerkennungsfähig ist.[164] Der Qualifikation als Insolvenzverfahren stehe nicht entgegen, dass der Schuldner im US-amerikanischen Reorganisationsverfahren prinzipiell die Verwaltungs- und Verfügungsbefugnis behalte und nur ausnahmsweise ein Verwalter bestellt werde; denn schließlich sei auch im deutschen Recht mit der Eigenverwaltung ein verwalterloses Verfahren vorgesehen.[165]

cc) Fälle der Nichtanerkennung

(1) Fehlende Anerkennungszuständigkeit. Nach § 343 Abs. 1 S. 2 InsO gibt es nur **158** zwei Gründe, aus denen ein ausländisches Verfahren im Einzelfall nicht anzuerkennen ist. Die Eröffnung eines ausländischen Insolvenzverfahrens ist nicht anzuerkennen, wenn die Gerichte des Staats der Verfahrenseröffnung nach deutschem Recht nicht zuständig sind

---

[159] Abs. 2 formuliert den Grundsatz der automatischen Anerkennung gleichsam für Sicherungsmaßnahmen, die nach dem Antrag auf Eröffnung des Insolvenzverfahrens getroffen worden sind, sowie für Nebenentscheidungen zur Durchführung und Beendigung des Insolvenzverfahrens. Von der Anerkennung derartiger Sicherungsmaßnahmen und Nebenentscheidungen abzugrenzen ist jedoch deren Vollstreckung im Inland; hierfür gilt § 353 InsO, der die Vollstreckung im Inland an den vorherigen Erlass eines inländischen Vollstreckungsurteils knüpft.

[160] MüKoInsO/*Thole* Art. 17 EuInsVO Rn. 3 ff.

[161] Dazu *Schack*, IZVR, Rn. 886.

[162] BT-Drs. 15/16, 21; krit dazu allerdings *Brinkmann* IPRax 2011, 143, 144 f.

[163] Ahrens/Gehrlein/Ringstmeier/*Gruber* Fachanwaltskommentar § 343 Rn. 8.

[164] BGH NZI 2009, 859 = ZZP 123 (2010), 243 m zust. Anm *Paulus* und zust. Bespr. *Podewils* ZInsO 2010, 209 und Bespr. *Hergenröder/Gotzen* DZWIR 2010, 273; BAG, NZI 2008, 122, 123; ebenso OLG Frankfurt 20.2.2007, 5 U 24/05, ZIP 2007, 932.

[165] BAG NZI 2008, 122, 123; OLG Frankfurt ZIP 2007, 932.

(fehlende Anerkennungszuständigkeit; Nr. 1); sie ist ferner nicht anzuerkennen, soweit die Anerkennung zu einem Ergebnis führt, das mit wesentlichen Grundsätzen des deutschen Rechts offensichtlich unvereinbar ist (ordre public-Verstoß; Nr. 2).

159   Der Zweck der Nr. 1 besteht darin, der Inanspruchnahme einer übermäßigen („exorbitanten") Zuständigkeit durch den ausländischen Drittstaat entgegenzuwirken. Es ist vollständig zu überprüfen, ob das ausländische Gericht auch bei Anwendung der deutschen Vorschriften über die internationale Zuständigkeit seine Zuständigkeit bejaht hätte (sog Spiegelbildprinzip).[166]

160   Fraglich ist, ob im Rahmen der Nr. 1 die Anerkennungszuständigkeit nach Maßgabe von Art 3 Abs. 1 EuInsVO zu beurteilen ist – eine Anerkennungszuständigkeit läge damit immer dann vor, wenn sich der nach Art 3 Abs. 1 zu bestimmende COMI der insolventen Gesellschaft in dem Drittstaat befindet –, oder ob das autonome deutsche Zuständigkeitsrecht und damit insbesondere § 3 InsO heranzuziehen ist. Ähnlich wie im Falle der für die allgemeine Urteilsanerkennung maßgeblichen § 328 Abs. 1 Nr. 1 ZPO spricht mehr dafür, dass § 343 InsO (nur) auf das eigene nationale Zuständigkeitsrecht – hier also § 3 InsO – Bezug nimmt.[167] Da sich zwischen § 3 InsO und Art 3 EuInsVO aber ohnehin keine allzu großen inhaltlichen Unterschiede feststellen lassen, kommt der Frage nur eine eher geringe Bedeutung zu.

161   Auch bei der Anerkennungszuständigkeit ist – nicht anders als bei der direkten Anwendung von Art 3 Abs. 1 EuInsVO bzw § 3 InsO im Falle der Prüfung einer internationalen Zuständigkeit deutscher Gerichte – eine schuldnerbezogene, keine konzernbezogene Betrachtung vorzunehmen. Dies gilt auch dann, wenn sich das ausländische Insolvenzverfahren auf mehrere Konzerngesellschaften erstreckt oder das ausländische Zuständigkeitsrecht nicht an der einzelnen Konzerngesellschaft, sondern dem Konzern ansetzt (indem es etwa einen Konzerngerichtsstand vorsieht).

162   Nach der Entscheidung des EuGH in der Rs Rastelli Davide ist Art 3 Abs. 1 EuInsVO auch anzuwenden, wenn das nationale Recht die Möglichkeit vorsieht, das eröffnete Verfahren über einen Schuldner **auf andere Personen zu erstrecken.** Nach dem EuGH ist damit die Erstreckung des eröffneten Verfahrens auf andere Personen einer Eröffnung iSd Art 3 Abs. 1 gleichzustellen.[168] Im konkreten Fall ging es um das französische Recht, das im Fall der Vermögensvermischung eine derartige Erstreckung anordnet.[169] Innerhalb der EuInsVO ist eine derartige Erstreckung des bereits eröffneten Insolvenzverfahrens auf eine andere Person gemäß der lex fori concursus des Eröffnungsstaates nur zulässig, wenn auch im Hinblick auf diese andere Person eine internationale Zuständigkeit des Eröffnungsstaates nach Maßgabe der EuInsVO gegeben ist.[170]

163   Diese Entscheidung des EuGH ist auch im Rahmen der Anerkennungszuständigkeit von besonderer Relevanz, und dies auch dann, wenn man – mit der herrschenden Meinung – hier nicht Art 3 Abs. 1 EuInsVO, sondern § 3 Abs. 1 InsO heranzieht. Denn auch in dieser Hinsicht dürfte § 3 InsO nicht anders auszulegen sein als Art 3 Abs. 1 EuInsVO.

164   Konkret folgt aus alledem, dass eine derartige Erstreckung des Verfahrens auf andere Personen zu einer teilweisen Nichtanerkennung des ausländischen Verfahrens führt, wenn das ausländische Gericht – gemessen an den Maßstäben von Art 3 Abs. 1 EuInsVO bzw (nach der hM) nach § 3 InsO – für ein Verfahren über diese Personen nicht international

---

[166] Ahrens/Gehrlein/Ringstmeier/*Gruber* Fachanwaltskommentar § 343 Rn. 14.
[167] So auch (inzident) BT-Drs. 15/16, 21; aus der Lit. etwa K. Schmidt/*Brinkmann* InsO § 343 Rn. 11; MüKoInsO/*Thole* § 343 Rn. 28.
[168] EuGH NZI 2012, 147 (Rastelli Davide) mit Anm *Mankowski*; *Schulte* GWR 2012, 95; *Paulus* EWiR 2012, 87; *Fehrenbach* LMK 2012, 328570 und aus der frz. Lit. *Khairallah* Rev crit. dr. int. pr. 101 (2012), 442 ff. In der französischen Rechtsprechung und Literatur wurde dies bislang anders gesehen; vgl. nur CA Aix, Rev crit. dr. int. pr. 98 (2009), 766 mit Anm *Bureau*; *Vallens* Bull. Joly sociétés 2010, 572 ff; *Vallens* Bull. Joly sociétés 2010, 572, 574; *Marquette/Barbé* Clunet 133 (2006), 511, 547.
[169] Siehe dazu *Mankowski* NZI 2012, 150, 151.
[170] Denkbar ist auch die Eröffnung eines isolierten Partikularverfahrens (EuGH NZI 2012, 147, Rn. 18 [Rastelli Davide]); *Mankowski* NZI 2012, 150, 151).

zuständig ist. Erstreckt etwa das ausländische Gericht ein Verfahren über die Muttergesellschaft auch auf die Tochtergesellschaft, so ist bei Anwendung von § 343 Abs. 1 S. 2 Nr. 1 InsO zunächst zu prüfen, ob das ausländische Gericht nach den Maßstäben des Art 3 Abs. 1 EuInsVO bzw des § 3 InsO international zuständig gewesen wäre. Selbst wenn dies der Fall ist, bedeutet dies aber noch nicht, dass das ausländische Verfahren auch insoweit anerkannt wird, als es sich auf das Vermögen der Tochtergesellschaft erstreckt; vielmehr ist das Verfahren im Hinblick auf die Tochter nur anzuerkennen, wenn das ausländische Gericht auch in Bezug auf diese Tochtergesellschaft, gemessen an den Maßstäben des Art 3 Abs. 1 EuInsVO bzw des § 3 InsO, international zuständig ist. Praktisch sind folglich auch im Rahmen der Anerkennungszuständigkeit die Fälle, in denen das ausländische Gericht das Verfahren auf das Vermögen anderer Personen erstreckt, der Eröffnung eines Insolvenzverfahrens über diese Personen gleichzustellen; eine Anerkennung kommt nur in Betracht, wenn auch in Bezug auf diese Personen eine Anerkennungszuständigkeit nach Maßgabe von § 343 Abs. 1 S. 2 Nr. 1 InsO iVm Art 3 Abs. 1 EuInsVO bzw § 3 Abs. 1 InsO besteht.

Fälle einer Erstreckung des Verfahrens auf andere Personen sind gerade bei der Konzer- **165** ninsolvenz denkbar. Dies gilt etwa für die (richterrechtlich entwickelte) substantive consolidation des US-amerikanischen Rechts. Nach dieser können ursprünglich getrennte Fälle von Unternehmensinsolvenzen ausnahmsweise als einheitliches Insolvenzverfahren mit einheitlicher Insolvenzmasse und einer einheitlichen Gläubigerschaft behandelt werden.[171] Aus deutscher Sicht kann es daher zu einer teilweisen Nichtanerkennung eines derartigen US-amerikanischen Verfahrens kommen, wenn es den US-amerikanischen Gerichten im Hinblick auf eine der Gesellschaften, die von der substantive consolidation betroffen sind, an der Anerkennungszuständigkeit fehlt.

Von Bedeutung ist ferner noch der Hinweis, dass aus der Einführung eines Gruppen- **166** gerichtsstands in § 3a InsO keine Erweiterung der internationalen Zuständigkeit[172] und damit auch keine Erweiterung der internationalen Anerkennungszuständigkeit folgt. Erstreckt also das Recht eines Drittstaats das Insolvenzverfahren über das Vermögen einer Konzernmutter, die den Mittelpunkt ihrer ausgeübten selbständigen wirtschaftlichen Tätigkeit in diesem Drittstaat hat, auf das Vermögen einer Tochtergesellschaft, die den Mittelpunkt ihrer ausgeübten selbständigen wirtschaftlichen Tätigkeit in Deutschland hat, scheidet eine Anerkennung dieses Verfahrens in Deutschland insoweit aus. Es fehlt, was die Erstreckung des Verfahrens auf das Vermögen der Tochtergesellschaft anbelangt, dem ausländischen Gericht an der von § 343 Abs. 1 S. 2 Nr. 1 InsO verlangten Anerkennungszuständigkeit; aus § 3a InsO sich nichts anderes ergibt, da – bei spiegelbildlicher Anwendung deutschen Zuständigkeitsrechts, insbesondere des § 3e InsO – zu verlangen wäre, dass der COMI dieser Tochtergesellschaft in diesem Drittstaat liegt.

Im Rahmen von § 343 Abs. 1 S. 2 Nr. 1 InsO wird nur die internationale Zuständigkeit **167** geprüft; nicht relevant ist, ob das ausländische Gericht bei Anwendung der deutschen Normen auch örtlich zuständig gewesen wäre. Bei der Anerkennung eines in den USA eröffneten Verfahrens kommt es daher nur darauf an, ob bei Anwendung von § 3 InsO eine

---

[171] Ausf zur *substantive consolidation* aus der deutschen Literatur *Scheel* Konzerninsolvenzrecht S. 241 ff und insbesondere S. 261 ff; siehe auch Haß/Huber/Gruber/Heiderhoff/*Haß/Herweg* EuInsVO Art. 3 Rn. 73. Voraussetzung für eine substantive consolidation ist, dass die Gläubiger des Konzerns mit den einzelnen Konzerngesellschaften einen Vertrag abgeschlossen haben, als handele es sich um eine einzige Gesellschaft; sie durften hierbei nicht darauf vertrauen, jeweils mit einer eigenständigen Gesellschaft abgeschlossen zu haben. Ferner wird vorausgesetzt, dass die Gesellschafts- und Geschäftsverhältnisse verschränkt sind und eine Konsolidierung zu einem fairen und angemessenen Ergebnis führt. Die Voraussetzungen sind aber im Einzelnen sehr umstritten (siehe etwa aus der US-amerikanischen Literatur *Tucker*, Substantive consolidation: The cacophony continues, 18 Am. Bankr. Inst. L. Rev 89; *Amera/Kolod*, Substantive consolidation: Getting back to basics, 14 Am. Bankr. Inst. L. Rev 1; *Widen*, Corporate Form and Substantive Consolidation, 75 Geo. Wash. L. Rev 237, 238–39 (2007): „... the current state of substantive consolidation doctrine is a mess, leaving courts and reorganization participants adrift").

[172] → Rn. 124.

Zuständigkeit in den USA gegeben war; nicht maßgeblich ist, ob bei Anwendung von § 3 InsO auch die örtliche Zuständigkeit bei dem Bundesstaat lag, in dem das Verfahren eröffnet worden ist.[173]

168   **(2) ordre public-Vorbehalt.** Nach § 343 Abs. 1 S. 2 Nr. 2 InsO scheidet eine Anerkennung ferner dann aus, wenn diese zu einem Ergebnis führt, das mit wesentlichen Grundsätzen des deutschen Rechts offensichtlich unvereinbar ist (sog *ordre public-Verstoß*). Insoweit stimmt § 343 Abs. 1 S. 2 Nr. 2 InsO mit Art 26 EuInsVO a. F. bzw. Art. 33 EuInsVO n. F. überein; die zu Art 26 EuInsVOa. F./Art. 33 EuInsVO n. F. gefundenen Ergebnisse können grundsätzlich auf die Auslegung von § 343 Abs. 1 S. 2 Nr. 2 InsO übertragen werden.

169   Ein ordre public-Verstoß kann aufgrund von materiellrechtlichen oder auch verfahrensrechtlichen Umständen begründet sein. In verfahrensrechtlicher Hinsicht kommen ordre public-Verstöße vor allem dann in Betracht, wenn dem Schuldner bzw den vertretungsberechtigten Organmitgliedern kein **rechtliches Gehör** gewährt wurde.[174] Ein ordre public-Verstoß ist etwa dann anzunehmen, wenn eine Anhörung nur der Muttergesellschaft, nicht aber der ebenfalls in das Verfahren einbezogenen Tochtergesellschaft erfolgt ist.[175] Nicht ausreichend für einen ordre public-Verstoß ist, dass das ausländische Verfahren bei Schuldnerantrag ohne den Nachweis der hiesigen Insolvenzgründe eröffnet werden kann.[176] Dass die Gläubiger geringere Beteiligungsrechte haben als im deutschen Verfahren – oder durch bestimmte Verfahrensorgane vertreten werden –, begründet regelmäßig keinen ordre public-Verstoß.[177] Ein ordre public-Verstoß liegt allerdings dann vor, wenn das ausländische Recht den Gläubigern, die ihren Sitz usw. außerhalb des Eröffnungsstaates haben, die Teilnahme an dem Verfahren verweigert oder sie sonst gegenüber inländischen Gläubigern diskriminiert.[178]

c) Anerkennung von deutschen Insolvenzverfahren in Drittstaaten

170   Die Anerkennung deutscher Insolvenzverfahren in Drittstaaten richtet sich nach den dort geltenden Anerkennungsregeln. Diese können im Einzelfall deutlich weniger anerkennungsfreundlich sein als § 343 InsO. Der in Deutschland eingesetzte Insolvenzverwalter kann im Falle der Nichtanerkennung grds. nicht auf das im Ausland belegene Vermögen zugreifen; es besteht die Gefahr, dass einzelne Gläubiger auf dieses Vermögen privilegiert zugreifen und damit die angestrebte Gleichbehandlung aller Gläubiger verfehlt wird.[179]

171   § 342 Abs. 1 InsO schafft in diesem Zusammenhang eine (begrenzte) Abhilfe: Erlangt ein Insolvenzgläubiger durch Zwangsvollstreckung, durch eine Leistung des Schuldners oder in sonstiger Weise etwas auf Kosten der Insolvenzmasse aus dem Vermögen, das nicht im Staat der Verfahrenseröffnung belegen ist, so hat er das Erlangte dem in Deutschland bestellten Insolvenzverwalter herauszugeben.

172   Die Herausgabepflicht nach § 342 Abs. 1 InsO ist aber nicht immer geeignet, die Gläubigergleichbehandlung wieder herzustellen. Dies gilt jedenfalls dann, wenn der Insolvenzverwalter eine entsprechende Klage nicht im Inland, sondern nur im Ausland erheben könnte, er aber – da das deutsche Verfahren und seine Bestellung zum Verwalter in dem betreffenden Staat nicht anerkannt werden – dort nicht als prozessführungsbefugt angesehen wird.

---

[173] BAG NZI 2008, 122, 124; zur Parallelsituation bei § 328 Abs. 1 Nr. 1 ZPO siehe BGHZ 141, 286.

[174] Vgl. (zur EuInsVO) AG Düsseldorf ZIP 2004, 866; *Herchen* ZInsO 2004, 61, 64 f; *Paulus* ZIP 2003, 1725, 1728 f; ferner *Weller* IPRax 2004, 412, 417; *Duursma/Duursma-Kepplinger* DZWIR 2003, 447, 450.

[175] Vgl. AG Düsseldorf ZIP 2004, 866: Eine Verletzung des Grundrechts auf Gewährung rechtlichen Gehörs liegt nicht vor, wenn der alleinige Geschäftsführer der deutschen Tochtergesellschaft den gesetzlichen Vertreter der englischen Muttergesellschaft mit der Insolvenzantragstellung im Ausland beauftragt hat.

[176] OLG Frankfurt ZIP 2007, 934.

[177] Andres/Leithaus/*Dahl* InsO § 343 Rn. 18.

[178] Vgl. MüKoBGB/*Kindler* § 343 InsO Rn. 26.

[179] → Rn. 128.

4. Koordination von Verfahren

a) Überblick

Eine besondere Problematik stellt sich bei Konzerninsolvenzen mit Drittstaatenbezug im **173** Hinblick auf die Koordination von Verfahren, die in verschiedenen Staaten betrieben werden. Zunächst ist Voraussetzung, dass die Verfahren wechselseitig anerkannt werden. Fehlt es an der wechselseitigen Anerkennung im konkreten Fall – wird also dem Verfahren, das in dem einen Staat eröffnet worden ist, in dem anderen Staat keine Wirkung zugesprochen –, scheidet eine Zusammenarbeit von vornherein aus.

Ist eine wechselseitige Anerkennung der Verfahren gegeben, so stellt sich die Frage, nach **174** welchem Recht eine derartige Zusammenarbeit zu beurteilen ist. Im Ausgangspunkt gilt weltweit, so auch in Deutschland, der Grundsatz der *„lex fori concursus"*; dies bedeutet, dass sich das Verfahren über eine Konzerngesellschaft jeweils nach dem Recht des Staates bestimmt, in dem es eröffnet worden ist. Im Ausgangspunkt richten sich die Pflichten zur Zusammenarbeit daher nach verschiedenen Insolvenzrechtsordnungen, die aber im konkreten Fall sinnvoll miteinander in Einklang gebracht werden müssen. Ein kompliziertes „Puzzle" an Rechtsordnungen entsteht schließlich auch bei einem Insolvenzplan, der nicht nur für eine Konzerngesellschaft, sondern den gesamten Konzern gelten soll.

b) Keine Verfahrenskoordination ohne wechselseitige Anerkennung

Im Ausgangspunkt ist zu betonen, dass eine Koordinierung von Verfahren – sei es auf der **175** Ebene der Insolvenzgerichte oder der beteiligten Insolvenzverwalter – nur dann möglich und überhaupt zulässig ist, wenn die Verfahren wechselseitig anerkannt werden. Ist ein Insolvenzverfahren aus deutscher Sicht nicht anzuerkennen – etwa deshalb, weil es dem Gericht des Drittstaats an der notwendigen „Anerkennungszuständigkeit" gefehlt hat –,[180] so entfaltet dieses Verfahren im Inland keinerlei Wirkung.[181] Es gibt daher kein (anzuerkennendes) ausländisches Verfahren, mit dem eine Koordinierung überhaupt anzustreben wäre. Gleiches gilt, wenn die Eröffnung des deutschen Verfahrens in dem betreffenden Drittstaat, aus welchen Gründen auch immer, nicht anerkannt wird; denn dann hat wiederum das deutsche Verfahren dort keinerlei Wirkung. Im Ergebnis ist also vorrangig zu prüfen, ob die jeweiligen Verfahren wechselseitig anerkannt werden; nur unter dieser Voraussetzung kommen eine Koordinierung dieser Verfahren und eine Pflicht zur Zusammenarbeit von Gerichten, Insolvenzverwaltern etc. überhaupt in Betracht.

c) Rechtsregeln für die grenzüberschreitende Koordinierung von Verfahren

aa) Anwendbares Recht

(1) Geltung der lex fori concursus. Nach dem erwähnten Grundsatz der *lex fori concursus* **176** bestimmt sich das anwendbare Insolvenzrecht danach, in welchem Staat das betreffende Insolvenzverfahren eröffnet worden ist. Auch das deutsche Recht folgt diesem Grundsatz. Nach § 335 InsO unterliegen das Insolvenzverfahren und seine Wirkungen, soweit nicht ausnahmsweise etwas anderes bestimmt ist, dem Recht des Staats, in dem das Verfahren eröffnet worden ist. Ist also ein Verfahren über eine Konzerngesellschaft in Deutschland eröffnet worden, so gilt für dieses Verfahren deutsches Recht; ist in einem Drittstaat ein – in Deutschland anzuerkennendes[182] – Verfahren über eine andere Gesellschaft desselben Konzerns eröffnet worden, unterliegt dieses Verfahren dem Recht dieses Drittstaats.

Daraus folgt, dass zwei Insolvenzrechte nebeneinander zur Anwendung gelangen. Auch **177** Pflichten zur Kooperation und Zusammenarbeit – sowohl der Gerichte als auch der

---

[180] → Rn. 138 ff.
[181] → Rn. 128.
[182] → Rn. 128 ff.

Insolvenzverwalter – sind zum Insolvenzrecht zu zählen; auch sie unterliegen damit der – jeweiligen – *lex fori concursus.*

178 **(2) Anpassung (Angleichung).** Das jeweils anwendbare nationale Insolvenzrecht kann aber, was Pflichten zur Kooperation und Zusammenarbeit anbelangt, einen gänzlich unterschiedlichen Standpunkt einnehmen. Da es um Pflichten zur *wechselseitigen* Zusammenarbeit und Kooperation geht, können diese inhaltlich divergierenden Rechtsordnungen nicht schlicht nebeneinander angewendet werden. Vielmehr ist nach der hier vertretenen Auffassung auf das flexible internationalprivatrechtliche Instrumentarium der **Anpassung (Angleichung)** zu rekurrieren.[183] Eine wechselseitige Pflicht zur Zusammenarbeit und Kooperation dürfte nur in dem Umfang bestehen, in dem sie von sämtlichen beteiligten Rechtsordnungen vorgesehen ist; praktisch bleibt damit wohl keine andere Lösung als die, nach dem „kleinsten gemeinsamen Nenner" der beteiligten Rechtsordnungen zu suchen.

bb) Insolvenzpläne; Eigenverwaltung

179 Eine Möglichkeit der Koordination von Verfahren kann auch darin bestehen, abgestimmte Insolvenzpläne zu entwickeln oder aber in sämtlichen Verfahren eine Eigenverwaltung anzuordnen. Ob Insolvenzpläne mit einem derart abgestimmten Inhalt möglich sind – und unter welchen Voraussetzungen sie zustande kommen –, richtet sich, für jedes Verfahren gesondert, nach der dort maßgeblichen *lex fori concursus.* Ebenso bestimmt die jeweilige *lex fori concursus,* inwieweit eine Eigenverwaltung in dem jeweiligen Verfahren möglich ist.

cc) Insolvenzverwalterverträge und *protocols*

180 Ein gerade in der Praxis häufig genanntes Mittel zur Koordinierung der Insolvenzverfahren über das Vermögen einzelner Konzerngesellschaften stellen Insolvenzverwalterverträge bzw *protocols* dar.[184] Diese Vereinbarungen können unter anderem Regelungen zum Informationsaustausch und bestimmte Zustimmungserfordernisse erhalten und hierbei praktisch sämtliche Gebiete der Insolvenzverwaltung betreffen; hierzu zählen etwa die Prüfung von Forderungsanmeldungen, die Verwertung von Vermögen, die Ausübung des Wahlrechts bei gegenseitigen Verträgen sowie die Geltendmachung von Anfechtungsansprüchen. Denkbar ist auch, dass derartige Vereinbarungen eine Aufteilung der Zuständigkeit für bestimmte Vermögenswerte vorsehen.[185] Inwieweit der Abschluss solcher Verträge zu empfehlen ist, wird unterschiedlich beurteilt.[186] Die einen sehen in diesen Verträgen ein adäquates Mittel, eine dringend notwendige Koordination zwischen den Verfahren herzustellen;[187] andere äußern die Befürchtung, dass ein in Deutschland bestellter Verwalter Bindungen eingehen könnte, die mit seinen Pflichten nach der InsO unvereinbar sind und ihn allzu sehr in seiner Handlungsfreiheit beschränken.[188]

181 Im internationalen Kontext stellt sich die Frage, nach welchem Recht sich derartige Vereinbarungen richten. Nach *Eidenmüller* handelt es sich bei Insolvenzverwalterverträgen um Prozessverträge;[189] er folgert hieraus, dass derartige Verträge grundsätzlich nach dem Recht des Staates beurteilt werden, „dessen Gerichte mit entsprechenden Verträgen befasst werden".[190]

---

[183] Zur Angleichung siehe allgemein MüKoBGB/*Sonnenberger* Einl. Band 10 Rn. 581 ff.
[184] Zu den Begriffen siehe näher → *Frege* § 4 Rn. 336 ff.
[185] Siehe ausführlich zu den möglichen Inhalten von Insolvenzverwalterverträgen *Frege,* → § 4 Rn. 341 ff.
[186] *Frege* → § 4 Rn. 341 ff.
[187] *Eidenmüller* ZZP 114 (2001), 3, 35 („… ökonomisch sinnvolles, rechtlich zulässiges und unter Umständen sogar rechtlich gebotenes Instrumentarium …").
[188] Siehe *Ehricke* WM 2005, 397, 402 ff; *Hess* Europäisches Zivilprozessrecht, § 9 Rn. 61 ff; Ahrens/Gehrlein/Ringstmeier/*Gruber* Fachanwaltskommentar Art. 31 EuInsVO Rn. 12.
[189] *Eidenmüller* ZZP 114 (2001), 3, 12 ff.
[190] *Eidenmüller* ZZP 114 (2001), 3, 30; ihm folgend Haß/Huber/Gruber/Heiderhoff/*Haß/Herweg* EuInsVO Art. 3 EuInsVO Rn. 69.

Nach der hier vertretenen Auffassung ist demgegenüber eine andere Lösung zu bevor- **182** zugen. Wie *Eidenmüller* an anderer Stelle zutreffend feststellt, haben Insolvenzverwalter- verträge naturgemäß Fragen zum Gegenstand, die Teil der Insolvenzverwaltung sind.[191] Tatsächlich geht es bei der Beurteilung von Insolvenzverwalterverträgen im Kern darum, inwieweit der Insolvenzverwalter die Möglichkeit hat, über seine gesetzlichen Befugnisse verpflichtend oder verfügend zu disponieren.[192] Daher kann letztlich kein Zweifel daran bestehen, dass diese Verträge – unabhängig davon, ob man sie dem Prozessrecht oder dem materiellen Recht zuordnet oder ihnen eine öffentlichrechtliche oder eher doch eine privatrechtliche Natur zuschreibt – im Ausgangspunkt **insolvenzrechtlich** zu qualifizieren sind.[193] Aus deutscher Sicht gilt also gemäß § 335 InsO die jeweilige *lex fori concursus*: Ob und inwieweit ein Insolvenzverwalter dazu berechtigt und befugt – oder im Einzelfall sogar verpflichtet – ist, Insolvenzverwalterverträge abzuschließen, richtet sich nach dem Recht des Staats, in dem das Verfahren, in dem er zum Insolvenzverwalter bestellt wurde, eröffnet worden ist.[194] Für den in Deutschland bestellten Insolvenzverwalter gilt also insoweit deutsches Recht; für den in einem Drittstaat bestellten Verwalter gilt – auch aus der Sicht deutscher Gerichte und Behörden[195] – das Recht des dortigen Drittstaats.[196] Die *lex fori concursus* gilt in diesem Zusammenhang auch für die Frage, ob der Insolvenzverwalter, bevor er einen derartigen Vertrag schließt, die Gläubigerversammlung oder sonstige Betroffene beteiligen oder deren Zustimmung einholen muss.[197] Die *lex fori concursus* legt ferner fest, über welche Gegenstände im Einzelnen der Insolvenzverwalter Verträge abschließen kann.

Die Lösung *Eidenmüllers* führt demgegenüber offenkundig dazu, dass deutsche Gerichte, **183** wenn sie mit einem Insolvenzverwaltervertrag befasst werden, diesen nach deutschem Recht beurteilen müssen – und dies auch im Hinblick auf die Befugnisse eines Insolvenz- verwalters, der nicht in Deutschland, sondern in einem Drittstaat bestellt worden ist und sich naturgemäß an dem Recht dieses Drittstaats ausgerichtet hat. In der Konsequenz der Lösung *Eidenmüllers* läge es auch, dass Gerichte dieses Drittstaats, soweit sie mit demselben Insolvenzverwaltervertrag befasst würden, umfassend ihr eigenes Drittstaatenrecht an- zuwenden hätten – und dies auch dann, wenn an diesem Vertrag ein in Deutschland bestellter Insolvenzverwalter beteiligt wäre.

Nach der Lösung *Eidenmüllers* bliebe das anwendbare Recht überdies solange in der **184** Schwebe, bis ein Gericht mit diesem Vertrag befasst würde; und eine Partei könnte – durch Anrufung des einen oder anderen Gerichts – zugleich das anwendbare Recht festlegen. Stellt man demgegenüber, wie hier vertreten, auf die jeweilige *lex fori concursus* ab, bleibt der Zusammenhang mit dem maßgeblichen Insolvenzrecht erhalten. Da die *lex fori concursus* jeweils feststeht, ist Rechtssicherheit gewährleistet; Manipulationsmöglichkeiten durch die eine oder andere Partei sind ausgeschlossen.[198]

---

[191] *Eidenmüller* ZZP 114 (2001), 3, 13.

[192] So zutreffend *Wittinghofer* Insolvenzverwaltungsvertrag S. 355 f.

[193] Auch beim Insolvenzrecht kann man die Frage stellen, ob es (überwiegend) verfahrensrechtlicher oder nicht auch materiellrechtlicher Natur ist; es gilt aber ungeachtet dessen einheitlich die Anknüpfung an die *lex fori concursus*. Nichts anderes ist im Ausgangspunkt für Verträge von Insolvenzverwaltern auf dem Gebiet der Insolvenzverwaltung anzunehmen.

[194] So auch *Wittinghofer* Insolvenzverwaltungsvertrag S. 356; *Hess* Europäisches Zivilprozessrecht § 9 Rn. 62.

[195] Bei § 335 InsO handelt es sich um eine allseitig anwendbare Kollisionsnorm; siehe Ahrens/Gehrlein/ Ringstmeier/*Gruber*, Fachanwaltskommentar, § 335 Rn. 25.

[196] Es sind also, was die Fehleranfälligkeit eines solchen Vertrags erhöht, zwei Insolvenzrechtsordnungen zu beachten (*Hess* Europäisches Zivilprozessrecht § 9 Rn. 62).

[197] Ausführlich zur Qualifikation *Wittinghofer* Insolvenzverwaltungsvertrag, S. 342 ff und (zusammenfassend) S. 370.

[198] Dem Recht des Staates, dessen Gerichte evtl. mit dem Vertrag befasst werden, kommt grundsätzlich nur insoweit Bedeutung zu, als es die Verfahrensregeln für den konkreten Rechtsstreit festlegt. Weitergehend möchte *Wittinghofer,* Insolvenzverwaltungsvertrag (zusammenfassend S. 370), noch die folgenden Aspekte nach der *lex fori* beurteilen: Die Charakterisierung einer Abrede als prozessual oder materiell, die formellen Anforderungen an prozessuale Vereinbarungen innerhalb eines Insolvenzverwaltervertrages als Voraussetzung für eine etwaige prozessuale Wirkung sowie die sich ergebenden prozessualen und außer- prozessualen Wirkungen.

185   *Eidenmüller* und *Wittinghofer* haben allerdings zutreffend darauf hingewiesen, dass nicht
sämtliche rechtlichen Fragen, die sich im Zusammenhang mit Insolvenzverwalterverträgen
bzw *protocols* stellen, insolvenzrechtlicher Natur sind.[199] Zu nennen ist vor allem das wirksame Zustandekommen dieser Verträge (ua das Vorliegen zweier übereinstimmender Willenserklärungen mit Rechtsbindungswillen, Zugangsfragen, aber zB auch der Problemkreis
der Willensmängel) sowie die Behandlung von Auslegungsfragen. Insoweit ist nach der hier
vertretenen Auffassung, soweit es sich um Verpflichtungsverträge handelt, das anwendbare
Recht mithilfe der Verordnung (EG) Nr. 593/2008 des Europäischen Parlaments und des
Rates vom 17.6.2008 über das auf vertragliche Schuldverhältnisse anzuwendende Recht
(Rom I) zu ermitteln.[200] Soweit es in den Insolvenzverwalterverträgen im Einzelfall darum
geht, die dinglichen Rechtsverhältnisse an einer Sache zu verändern (etwa eine Eigentums-
übertragung vorzunehmen), sind allgemein sachenrechtlich zu qualifizierende Fragen nach
dem Recht am Belegenheitsort der Sache *(lex rei sitae)* zu beurteilen (Art 43 Abs. 1
EGBGB); die Befugnis des Insolvenzverwalters zur Vornahme entsprechender Rechtsgeschäfte ist aber wiederum nach der für ihn einschlägigen *lex fori concursus* zu beurteilen.

V. UNCITRAL

186   Die UN-Kommission für Handelsrecht *(United Nations Commission on International Trade
Law* – UNCITRAL) ist eine Unterorganisation der UNO und erstellt als solche Empfehlungen für die Gestaltung von Gesetzen auf dem Gebiet des Handels- und Wirtschafts-
rechts. Dadurch sollen die Angleichung der nationalen Rechtsvorschriften gefördert und
der Welthandel erleichtert werden. Außerdem soll ärmeren Ländern die Möglichkeit
gegeben werden moderne und leistungsfähige Gesetze zu schaffen. Das Insolvenzrecht
gehört zum Wirtschaftsrecht und wird in der Arbeitsgruppe V beraten. Weithin bekannt
auf dem Gebiet des Insolvenzrechts ist das *UNCITRAL Model Law on Cross-Border Insolvency*
(nachfolgend auch **„Modell-Gesetz"**). Um die praktische Anwendbarkeit des Modell-
Gesetzes zu erleichtern, hat die Arbeitsgruppe V außerdem den *UNCITRAL Practice Guide
on Cross-Border Insolvency Cooperation* (nachfolgend auch **„Practice Guide"**) entwickelt.
Von dem Modell-Gesetz und dem Practice Guide unterscheidet sich der *UNCITRAL
Legislative Guide on Insolvency Law* (nachfolgend auch **„Legislative Guide"**),[201] der wieder-
um den nationalen Gesetzgebern bei der Abfassung von Insolvenzgesetzen Gestaltungs-
optionen aufzeigen soll, ohne konkrete Formulierungsvorschläge zu enthalten. Spezifische
Empfehlungen zum internationalen Konzerninsolvenzrecht enthält Teil 3 des Legislative
Guide (dazu sogleich unter 4.). Dieser muss allerdings in Verbindung mit dem Modell-
Gesetz (dazu sogleich unter 1.), dem Practice Guide (dazu sogleich unter 2.) sowie dem
Legislative Guide (dazu sogleich unter 3.) gelesen werden.

1. Model Law on Cross-Border Insolvency

187   Das Modell-Gesetz wurde im Jahre 1997 von der Vollversammlung der UNO angenommen und ist in der Folge von einer Vielzahl von Staaten, darunter Großbritannien und die
Vereinigten Staaten,[202] umgesetzt worden. Es zielt darauf ab, die Staaten dabei zu unterstützen, ihr nationales Insolvenzrecht mit modernen, harmonisierten und fairen Rechts-

---

[199] *Eidenmüller*, ZZP 114 (2001), 3, 30 f; *Wittinghofer* Insolvenzverwaltungsvertrag S. 357 ff.
[200] Für vertragsrechtliche Qualifikation auch *Eidenmüller* ZZP 114 (2001), 3, 30 f; *Wittinghofer* Insolvenzverwaltungsvertrag S. 357 ff.
[201] Zugang zu den hier in Bezug genommenen Dokumenten besteht über die Website der UNCITRAL
(www.uncitral.org).
[202] Außerdem Argentinien, Eritrea, Griechenland, Japan, Mexiko, Montenegro, Neuseeland, Pakistan, Polen,
Rumänien, Serbien, Spanien, Südafrika, Südkorea, Uganda.

vorschriften auszurüsten, um die Fälle grenzüberschreitender Insolvenz effizient behandeln zu können. Dabei musste die UNCITRAL von vornherein auf ein Konzept der materiellen Vereinheitlichung des Insolvenzrechts verzichten und entschied sich stattdessen für eine pragmatische Lösung: ein flexibles System, mit dem der jeweilige Staat, ohne etwas von seiner Souveränität in einem gegenseitigen Übereinkommen aufzugeben, nicht nur die Existenz ausländischer Insolvenzregeln, sondern auch die Anerkennung bestimmter Auswirkungen eines ausländischen Insolvenzverfahrens im eigenen Staat bestätigt. Das Modell-Gesetz konzentriert sich mithin auf die Konzepte des Zugangs, der Anerkennung, der Zusammenarbeit und der Abstimmung. In grenzüberschreitenden Konzernsachverhalten können dabei insbesondere die Frage der Anerkennung ausländischer Insolvenzverfahren und die Zusammenarbeit zwischen Gerichten und Insolvenzverwaltern von Bedeutung sein.

Das Modell-Gesetz unterscheidet zwischen einem ausländischen Hauptinsolvenzverfahren einerseits und einem ausländischen Territorialinsolvenzverfahren andererseits. Bei der Legaldefinition eines ausländischen Hauptinsolvenzverfahrens stellt das Modell-Gesetz ebenso wie die EuInsVO (Art 3) auf den Mittelpunkt der hauptsächlichen Interessen des Schuldners (*Centre of Main Interests* – COMI) (Art 2b Modell-Gesetz) ab. Demgegenüber liegt ein ausländisches Territorialinsolvenzverfahren vor, wenn ein Verfahren kein Hauptinsolvenzverfahren ist, sich in dem betreffenden Staat aber eine Niederlassung befindet (Art 2c Modell-Gesetz). **188**

Für die Anerkennung eines ausländischen Verfahrens bedarf es eines entsprechenden Antrages (Art 15 Modell-Gesetz) und daraufhin eines Beschlusses durch das inländische Gericht (Art 17 Modell-Gesetz). **189**

Ein Kernelement des Modell-Gesetzes findet sich in den Art 25–27. Dort ist die Zusammenarbeit zwischen ausländischen Gerichten und ausländischen Verwaltern geregelt. Gemäß Art 25 des Modell-Gesetzes soll das betreffende Insolvenzgericht nicht nur so eng wie möglich mit den ausländischen Gerichten oder ausländischen Verwaltern zusammenarbeiten. Es wird sogar befugt, mit ausländischen Gerichten oder ausländischen Verwaltern unmittelbar zu kommunizieren und unmittelbar Informationen oder Unterstützung von ihnen anzufordern. Art 26 des Modell-Gesetzes ermöglicht sodann die direkte Kooperation zwischen in- und ausländischen Insolvenzverwaltern. Art 27 des Modell-Gesetzes nennt schließlich unterschiedliche Formen der Zusammenarbeit, die von einem Informationsaustausch (lit b), über die gerichtliche Billigung von Vereinbarungen (lit d), sog Protocols, bis hin zur Bestimmung einer Person oder Stelle, die auf Anweisung des Gerichts tätig wird (lit a), reichen. **190**

Die vorstehenden Regelungen beziehen sich aber eben nicht konkret auf Konzerninsolvenzsachverhalte, sondern haben vielmehr eine Gesellschaft mit grenzüberschreitendem Bezug vor Augen, etwa durch Vermögen im Ausland.[203] **191**

2. Practice Guide on Cross-Border Insolvency Cooperation

Es folgt schon aus dem Charakter als Modell-Gesetz, dass Praktiker bei der Anwendung von einzelnen Vorschriften weniger als sonst auf ihre nationalen Auslegungsregeln zurückgreifen können. Nicht zuletzt deshalb hat die Arbeitsgruppe V nach eingehenden Beratungen in dem Practice Guide Hinweise für den praktischen Umgang mit dem Modell-Gesetz erarbeitet. Insbesondere gestaltet der Practice Guide die in den Art 25–27 des Modell-Gesetzes niedergelegten Regeln für die grenzüberschreitende Zusammenarbeit zwischen Gerichten und Insolvenzverwaltern weiter aus und präzisiert diese. Für das Konzerninsolvenzrecht besonders relevant sind die vielfältigen Anregungen für mögliche Formen der Kooperation nach Art 27 Modell-Gesetz. Außerdem gibt der Practice Guide wertvolle **192**

---

[203] Vgl. zum Modell-Gesetz auch *Pannen/Hollander/Graham* Europäische Insolvenzverordnung S. 705 ff.

Hinweise zu grenzüberschreitenden insolvenzrechtlichen Vereinbarungen (zB den sog Protocols) und enthält eine Zusammenstellung jener Fälle, in denen diese zur Anwendung gekommen sind.

3. Legislative Guide on Insolvency Law

193 Weniger um die praktische Anwendung des Modell-Gesetzes, als um dessen Umsetzung in nationales Recht, geht es in dem Legislative Guide aus dem Jahre 2004. Er richtet sich daher auch nicht an die Rechtsanwender, sondern vielmehr an die nationalen Behörden und gesetzgebenden Organe. Neben Hinweisen zur Vorbereitung und Überarbeitung von Gesetzen enthält der Legislative Guide aber auch Ausführungen zu grundlegenden insolvenzrechtlichen Fragestellungen einschließlich der Konzerninsolvenz.[204] Allerdings werden diese Ausführungen der besonderen Komplexität der Konzerninsolvenz nicht gerecht, weshalb sich die Arbeitsgruppe V entschloss, zusätzlich besondere Empfehlungen für diesen Fragenkreis zu erarbeiten und in den Legislative Guide zu integrieren.

4. Legislative Guide on Insolvency Law – Part three: Treatment of enterprise groups in insolvency

194 Demzufolge gibt es seit dem Jahre 2012 in dem dritten Teil des Legislative Guide Ausführungen zur Konzerninsolvenz *(Treatment of enterprise groups in insolvency)* (nachfolgend auch **„Legislative Guide Teil 3"**).[205] Dem Legislative Guide Teil 3 vorangestellt ist ein Glossar *(Glossary)*, das die für ein Verständnis der Empfehlungen maßgeblichen Definitionsbestimmungen enthält. Sodann folgen allgemeine Hinweise *(general features of enterprise groups)*, Hinweise zu nationalen Themen *(domestic issues)* sowie Hinweise zu internationalen Themen *(international issues)*.

a) Glossar

195 Nach der Definition des Legislative Guide Teil 3 liegt ein Konzern *(enterprise group)* vor bei zwei oder mehr Gesellschaften, die durch Kontrolle oder eine zumindest eigentümerähnliche Stellung miteinander verbunden sind. Danach kommt es also nicht auf rechtliche Verflechtungen an, weshalb die verschiedensten Formen wirtschaftlicher Konzernorganisation unabhängig von der Komplexität ihrer Struktur (eben auch faktische Konzerne und quasi-staatliche Organisationen) erfasst werden können.

b) Empfehlungen

196 Von diesem sehr weiten Konzernbegriff ausgehend, beschäftigt sich der Legislative Guide Teil 3 mit den für die grenzüberschreitende Konzerninsolvenz maßgeblichen Themenbereichen. Dabei werden verschiedene Ansätze für die Einführung von Normen bzw für die Änderung bestehender Regelungen erörtert und schließlich Empfehlungen *(recommendations)* an die nationalen Gesetzgeber ausgesprochen.

197 Der Legislative Guide enthält derzeit insgesamt 266 derartige Empfehlungen. Davon entfallen auf das Konzerninsolvenzrecht jene 56 Empfehlungen (Nr. 199 bis 254), die im Legislative Guide Teil 3 enthalten sind. Im Einzelnen:

---

[204] Siehe dazu die S. 45 ff, 147 ff, 209 ff, 276 ff des Legislative Guide.
[205] Vgl. zu dem Legislative Guide Teil 3 auch *Holzer* ZIP 2011, 1894 ff und *Paulus* ZGR 2010, 270 ff.

aa) Gemeinsamer Insolvenzantrag

Die UNCITRAL empfiehlt zur Einsparung von Kosten und zur Vereinfachung der Koor- **198** dination der einzelnen Verfahren einen gemeinsamen Insolvenzantrag *(joint application)* für oder gegen mehrere bzw alle Konzerngesellschaften, bei denen ein Insolvenzgrund vorliegt.[206] Antragsberechtigt sollen zwei oder mehr Konzerngesellschaften oder die Gläubiger aller von dem Antrag betroffenen Konzerngesellschaften sein.[207] Eine korrespondierende gerichtliche Zuständigkeitsregelung enthalten die diesbezüglichen Empfehlungen indes nicht.

bb) Koordination der Insolvenzverfahren

Der Erfolg einer Konzerninsolvenz steht und fällt mit der Koordination der verschiedenen **199** Verfahren. Eine gute Abstimmung zwischen den einzelnen Verfahren vermeidet nicht nur Mehrarbeit und reduziert Kosten, sondern ermöglicht im Zweifel überhaupt erst die Sanierung der sanierungswürdigen Konzernstruktur bzw ermöglicht die effiziente Abwicklung des Unternehmens und dient damit der bestmöglichen Befriedigung der Gläubiger. Der Legislative Guide Teil 3 überlässt die konkrete Ausgestaltung der Koordination der Entscheidung des jeweiligen Gerichts. Hierzu werden eine Reihe von Optionen genannt, die von der gemeinsamen Bekanntmachung über die Koordination der Gläubigerausschüsse, Insolvenzverwalter und Gerichte bis zur Einsetzung eines gemeinsamen Gläubigerausschusses oder ein und desselben Insolvenzverwalters für die verschiedenen Verfahren reichen.[208] Auch die Koordination von Anfechtungsprozessen ist angesprochen. Ebenfalls erwähnt ist, dass nicht nur die Anordnung derartiger Entscheidungen dem Gericht überantwortet werden soll, sondern auch die inhaltliche Ausgestaltung. Da jedoch eine derartige Koordination der verschiedenen Insolvenzverfahren nur dann zielführend ist, wenn sie möglichst früh beginnt, soll schon der Insolvenzantrag entsprechende Hinweise und Informationen zur Ausgestaltung der Koordination enthalten.

cc) Finanzierungsmöglichkeiten in der Insolvenz

Unternehmen können in der Insolvenz nur dann fortbetrieben werden, wenn eine aus- **200** reichende Finanzierung zur Verfügung steht. Das gilt auch für Konzernunternehmen. Nicht selten ist im Konzern Liquidität oder sind im Konzern Vermögensgegenstände vorhanden, die liquidiert werden könnten, um Finanzierungsmittel zu beschaffen, ohne den Geschäftsbetrieb zu beeinträchtigen. So sinnvoll eine Querfinanzierung zwischen den insolventen Konzerngesellschaften durch derartige Mittel sein kann, befindet sich der Insolvenzverwalter der finanzierenden Konzerngesellschaft doch in einem Dilemma: Sofern sich die Insolvenz anders als erwartet entwickelt, kann er an einer Verringerung der Haftungsmasse zu Lasten der Gläubiger mitgewirkt haben, ohne dass dem ein Gegenwert gegenüber steht. Hier setzt der Legislative Guide Teil 3 an, und empfiehlt, dass die Möglichkeit geschaffen wird, einer Konzerngesellschaft im Rahmen des Insolvenzverfahrens die Befugnis einzuräumen, andere Konzerngesellschaften durch die Gewährung von Darlehen, die Verpfändung von Vermögenswerten oder durch sonstige Sicherheitsleistungen zu unterstützen.[209] Voraussetzung soll lediglich sein, dass eine derartige Querfinanzierung aus Sicht des Insolvenzverwalters für den Fortbestand „seiner" Konzerngesellschaft notwendig ist.[210] Dabei soll entweder das Gericht selbst die Möglichkeit haben, diese Querfinanzierung zu bestätigen oder aber sie von der Zustimmung der Gläubiger abhängig

---

[206] Empfehlung 199.
[207] Empfehlung 200.
[208] Empfehlung 204.
[209] Empfehlung 211.
[210] Empfehlung 212.

machen können.[211] Außerdem soll das Gericht den Rang einer derart gegebenen Sicherheit bestimmen können, sofern dieser nicht schon von Gesetzes wegen feststeht.[212]

dd) Insolvenzanfechtung

201 Des Weiteren stellt die UNCITRAL Richtlinien für eine Insolvenzanfechtung in Konzernfällen auf. Hierfür wird größtenteils auf die allgemeinen Empfehlungen 87 bis 99 des zweiten Teils des Legislative Guide (*Core provisions for an effective and efficient insolvency law*) (nachfolgend auch „**Legislative Guide Teil 2**") verwiesen, die sich allgemein mit der Insolvenzanfechtung beschäftigen.[213] Ergänzend wird für den Fall einer Konzerninsolvenz empfohlen, dass hinsichtlich eines Anfechtungsrechts, durch das hierüber zu befindende Gericht, besondere Rücksicht auf die Einbindung der betreffenden Gesellschaft in einen Konzern genommen wird. So soll das Gericht flexibler entscheiden dürfen und etwa den Konzernierungsgrad und den Zweck des Geschäfts für die Feststellung eines Anfechtungsrechts besonders berücksichtigen können.[214]

ee) Materielle Zusammenfassung der Insolvenzverfahren

202 Von den grundsätzlichen Modellen der Abwicklung einer Konzerninsolvenz ist die materielle Zusammenfassung der Haftungsmassen das Weitestgehendste, denn durch sie wird die wirtschaftliche Einheit des Konzerns in rechtlicher Hinsicht fortgeschrieben. Die rechtliche Betrachtung ist mithin nicht mehr an der einzelnen Gesellschaft, sondern am Konzern als Gesamtheit ausgerichtet, womit die insolvenzrechtliche Selbständigkeit der einzelnen Konzerngesellschaften durchbrochen ist. Während es bei einer nur formellen Zusammenfassung vor allem um eine Verfahrensvereinfachung geht, zielt die materielle Zusammenfassung auf Rechtsveränderung ab.

203 Der Legislative Guide Teil 3 sieht zwar grundsätzlich die Möglichkeit einer materiellen Zusammenfassung (*substantive consolidation*) vor, versteht sie jedoch als Ausnahme zur Regel. Dies ist vor allem verfassungsrechtlichen Bedenken verschiedener EU-Staaten geschuldet.[215] Demnach soll eine materielle Zusammenfassung nur in den Fällen angeordnet werden können, in denen keine wirkliche Trennung zwischen den Vermögen der einzelnen Konzerngesellschaften möglich ist. Das soll ausdrücklich dann der Fall sein, wenn die Aktiva und Passiva der einzelnen Konzerngesellschaften nicht mehr oder nur mit großen Schwierigkeiten und Kosten unterscheidbar sind[216] oder wenn Konzernmitglieder betrügerisch zu Lasten der Gläubiger gehandelt haben,[217] etwa wenn sie Scheinfirmen betrieben haben. Sofern es das nationale Insolvenzrecht gestattet, und demzufolge verfassungsrechtliche Bedenken nicht entgegenstehen, soll die Ausdehnung der materiellen Zusammenfassung auch auf das Vermögen solventer Konzerngesellschaften nicht ausgeschlossen sein.[218]

204 Aufgrund der sehr weit gehenden materiellrechtlichen Auswirkungen wird eine gerichtliche Anordnung empfohlen, vor der die Beteiligten die Möglichkeit gehabt haben, der Anordnung zu widersprechen. Allerdings soll die Anordnung nicht von Amts wegen erfolgen, sondern von einem entsprechenden Antrag abhängig sein.[219] Materiellrechtlich

---

[211] Empfehlung 213.
[212] Empfehlung 215.
[213] Legislative Guide Teil 2, S. 141 ff, 152 f, nach den Empfehlungen der UNCITRAL soll die Insolvenzanfechtung im Falle der vorsätzlichen Gläubigerbenachteiligung, bei Unentgeltlichkeit oder Nichterhalt einer adäquaten Gegenleistung sowie bei Leistungen, durch die ein Gläubiger bevorzugt wird, zulässig sein; zusätzlich soll eine Anfechtungsfrist festgesetzt und sollen Ausnahmetatbestände geregelt werden.
[214] Empfehlung 217, Legislative Guide Teil 3, S. 51; vgl. auch *Paulus* ZGR 2010, 270, 276.
[215] Selbst in den USA, wo vor allem die *(partial) substantive consolidation* praktiziert wird, gibt es keine gesetzliche Regelung, sondern handelt es sich um ein Institut des Richterrechts, das auch nur ausnahmsweise angewendet wird. Vgl. dazu etwa *Westpfahl* FS Görg, 2010, S. 569, 571 f. mwN.
[216] Empfehlung 220 (a).
[217] Empfehlung 220 (b).
[218] Legislative Guide Teil 3, S. 61.
[219] Empfehlungen 222 und 223.

bewirkt die materielle Zusammenfassung das Erlöschen von Ansprüchen innerhalb des Konzerns. Ansprüche Dritter gegen einzelne Konzerngesellschaften werden so behandelt, als wenn sie Ansprüche gegen die konsolidierte Insolvenzmasse darstellten.[220] Das Gericht soll allerdings bestimmte Vermögenswerte oder Ansprüche von den Wirkungen der materiellen Zusammenfassung ausnehmen dürfen.[221] Dies soll auch sukzessive möglich sein, wie überhaupt die einmal erfolgte materielle Zusammenfassung jederzeit wieder modifiziert werden können soll, ohne dabei allerdings Rückwirkungen zu entfalten.[222]

ff) Koordination der Insolvenzverwaltung

Den Gegenentwurf zur materiellen Zusammenfassung bildet ein Modell, das auf der **205** Maxime „eine juristische Person, eine Insolvenz, ein Verfahren" basiert. Die Nachteile dieses Modells liegen indes auf der Hand: je größer der Konzern, desto mehr unterschiedliche Insolvenzverwalter und Insolvenzgerichte sind involviert. Dadurch ist die Verfügbarkeit von Informationen erheblich eingeschränkt und gleichzeitig eine effektive Handhabung der einzelnen Verfahren zumindest beeinträchtigt. Eine längere Dauer der Verfahren und höhere Kosten sind die zwangsläufige Folge. Ein Modell, das der wirtschaftlichen Einheit eines Konzerns besser Rechnung trägt, besteht deshalb in einer zumindest formellen Zusammenfassung der verschiedenen Insolvenzverfahren über das Vermögen der Konzerngesellschaften. Eine nahe liegende Form der (formellen) Zusammenfassung von verschiedenen Insolvenzverfahren in einem Konzern, besteht darin, für alle betroffenen Konzerngesellschaften ein und denselben Insolvenzverwalter einzusetzen. Dementsprechend empfiehlt der Legislative Guide Teil 3, für alle Konzerngesellschaften einen einzigen oder denselben Insolvenzverwalter zu bestellen.[223] Interessanterweise ist in dieser Empfehlung der Maßstab für die gerichtliche Entscheidung nicht die bestmögliche Befriedigung der Gläubiger, sondern das „beste Interesse der Verwaltung" *(best interests of the administration).*[224] Sofern es Interessenkonflikte für den einen Insolvenzverwalter mehrerer Verfahren gibt, kann dadurch Abhilfe geschaffen werden, dass einer oder mehrere zusätzliche Insolvenzverwalter eingesetzt werden.[225] In der deutschen Terminologie würde es sich insoweit um Sonderinsolvenzverwalter handeln.

Für den Fall, dass zwei oder mehr Insolvenzverwalter bestellt werden, wird empfohlen, **206** dass diese soweit wie möglich kooperieren. In diesem Zusammenhang werden der Austausch von Informationen, der Abschluss von Insolvenzverwaltungsvereinbarungen, etwa über die Allokation von Verantwortlichkeiten, die Abstimmung über die Durchführung der Insolvenzverwaltung einschließlich etwa der Finanzierung oder der Ausübung von Anfechtungsrechten sowie die Koordination von Insolvenzplänen genannt.[226] Insoweit gibt es Überschneidungen zu den Artikeln 25–27 des Modell-Gesetzes, die auch für die Konzerninsolvenz relevant sind, wenn sie auch als paradigmatischen Fall eine Gesellschaft mit grenzüberschreitendem Bezug vor Augen haben.

gg) Insolvenzplan

Der Legislative Guide Teil 3 schlägt als ein Mittel zur Sanierung von Konzernen abge- **207** stimmte Insolvenzpläne vor.[227] Den Erläuterungen kann entnommen werden, dass der Arbeitsgruppe V als Idealfall ein konzernübergreifender Insolvenzplan vorgeschwebt hat. Allerdings hat man auch dort erkannt, dass jenseits des Ausnahmefalles einer materiellen

---

[220] Empfehlung 224.
[221] Empfehlung 221.
[222] Empfehlung 229.
[223] Empfehlung 232.
[224] Vgl. dazu *Paulus* ZGR 2010, 270, 278.
[225] Empfehlung 233.
[226] Empfehlung 236.
[227] Empfehlung 237.

Zusammenfassung von Insolvenzverfahren über Konzerngesellschaften *(substantive consolida-tion)*, zunächst in jeder einzelnen Konzerngesellschaft über einen Insolvenzplan abgestimmt werden muss. Es ist deshalb von verschiedenen identischen Insolvenzplänen die Rede, die nach positiver Abstimmung in den einzelnen Konzerngesellschaften in einem einzigen Insolvenzplan zusammengefasst werden.[228] Realistischerweise dürften sich die einzelnen Insolvenzpläne jedoch voneinander unterscheiden. Konzerngesellschaften, über die kein Insolvenzverfahren eröffnet worden ist, können in die Insolvenzpläne einbezogen werden, allerdings nur auf freiwilliger Basis.[229] Einer unfreiwilligen Einbeziehung stünden in vielen Staaten verfassungsrechtliche Bedenken entgegen.

hh) Internationales Konzerninsolvenzrecht

208 Das Phänomen Konzerninsolvenz erhält eine weitere Dimension, wenn nicht alle Konzern-gesellschaften in derselben Jurisdiktion ansässig sind. Nachdem das internationale Konzern-insolvenzrecht bei den Beratungen zu allen früheren Projekten der UNCITRAL als zu schwierig ausgeklammert wurde, hat sich die Arbeitsgruppe V im Zusammenhang mit dem Legislative Guide Teil 3 diskutiert mit diesem Themenkreis befasst. Dabei ist auch erwogen worden, ob eine Lösung über die Bestimmung des COMI gefunden werden kann. Al-lerdings geht es dabei nicht um den COMI für eine einzelne Konzerngesellschaft, der sich nach den allgemeinen Regelungen des Modell-Gesetzes (Art 2) bestimmt. Es geht vielmehr darum, ob in kollisionsrechtlichen Fällen ein COMI für den Gesamtkonzern gefunden werden kann. In Ermangelung einer universellen Geltung der jeweils in dem anderen Staat getroffenen Entscheidung über den COMI des Gesamtkonzerns ist dieser Ansatz jedoch verworfen worden. In einem ersten Schritt beschränkt sich der Legislative Guide Teil 3 deshalb darauf, den Zugang ausländischer Insolvenzverwalter und Gläubiger zu inländi-schen Verfahren und die Anerkennung ausländischer Verfahren sicherzustellen.[230]

209 Ausführlicher befasst sich der Legislative Guide Teil 3 sodann mit der Koordination bzw Kooperation zwischen Insolvenzverwaltern und Gerichten. Insbesondere soll das nationale Recht den zuständigen Gerichten erlauben, direkt mit den ausländischen Gerichten oder speziellen Repräsentanten des Gerichts zu kommunizieren und mitunter sogar „mit den ausländischen Gerichten" koordinierte Gerichtsverhandlungen durchzuführen.[231] Die Ko-ordination bzw Kooperation zwischen den jeweiligen Insolvenzverwaltern lehnt sich dem-gegenüber eng an die Empfehlungen zur Koordination der Insolvenzverwaltung in den Empfehlungen 234–236 an.[232] Schließlich empfiehlt der Legislative Guide Teil 3, dass es den Insolvenzverwaltern erlaubt sein soll, Insolvenzverwaltungsvereinbarungen abzuschlie-ßen.

---

[228] Legislative Guide Teil 3, S. 80.
[229] Empfehlung 238.
[230] Empfehlung 239.
[231] Empfehlungen 240–245. Direkte Kommunikation zwischen Gerichten verschiedener Jurisdiktionen stellt bis heute in der Praxis die Ausnahme dar. Vgl. dazu *Holzer* ZIP 2011, 1894, 1900.
[232] Empfehlungen 246–250.

§ 9 Die Insolvenz von Konzernen ausgewählter regulierter Branchen

Schrifttum:

Alonso, On avoiding bank runs, 37 Journal of Monetary Economics (1996), 73 ff.; *Bauer/Hildner,* DZWir 2015, 251; *Beck/Samm/Kokemoor,* Gesetz über das Kreditwesen (KWG), 172. EGL 2014; *Beckmann,* Auswirkungen des EG-Rechts auf das Versicherungsvertragsrecht, ZEuP 1999, 809 ff.; *Binder,* Bankeninsolvenzen im Spannungsfeld zwischen Bankaufsichts- und Insolvenzrecht – Regelungsziele, Anwendungsprobleme und Reformansätze, dargestellt am Beispiel des deutschen und des englischen Rechts, 2005; *Binder,* Bankenintervention und Bankenabwicklung in Deutschland, Arbeitspapier 05/2009 des Sachverständigenrates zur Begutachtung der gesamtwirtschaftlichen Lage; *Binder,* Staatshaftung für fehlerhafte Bankenaufsicht gegenüber Bankeinlegern? – Verfassungs- und aufsichtsrechtliche Überlegungen nach der Entscheidung des Bundesgerichtshofs vom 20.1.2005 (WM 2005, 369), WM 2005, 1783 ff.; *Binder/Singh,* Bank Resolution – The European Regime, 2016; *Boos/Fischer/Schulte-Mattler,* Kreditwesengesetz: KWG, 4. Aufl. 2012; *Brogl,* Handbuch Banken-Restrukturierung, 2011; *Bürkle,* Die neue Staatsaufsicht über Versicherungs-Holdinggesellschaften, VersR 2005, 458 ff.; *De Bandt/Hartmann,* Systemic Risk: A Survey; *Diamond/Dybvig,* Bank Runs, Deposit Insurance, and Liquidity, 91 Journal of Political Economy (1983), 401 ff.; *Fahr/Kaulbach/Bähr/Pohlmann,* Versicherungsaufsichtsgesetz – VAG –, 5. Aufl. 2012; *Fricke,* Die VAG-Novelle 2004, VersR 2005, 161 ff.; *Galanti,* The new EC law on bank crisis, International Insolvency Review 2002, Volume 11, 49 ff.; *Geier/Schmitt/Petrowsky,* Der Anwendungsbereich des „Moratoriums" nach Inkrafttreten des Restrukturierungsgesetzes, BKR 2011, 497 ff.; *Grünewald,* The Resolution of Cross-Border Banking Crises in the European Union – A Legal Study from the Perspective of Burden Sharing, 2014; *Haentjens,* Bank Recovery and Resolution: An Overview of Institutional Initiatives, International Insolvency Law Review 3/2014, S. 255–270; *Heiss/Gölz,* Zur deutschen Umsetzung der Richtlinie 2001/17/EG des Europäischen Parlaments und des Rates vom 19.3.2001 über die Sanierung und Liquidation von Versicherungsunternehmen, NZI 2006, 1 ff.; *Herring/Fiedler,* WM 2011, 1311; *Hopt,* Der Kapitalanlegerschutz im Recht der Banken, 1975; *Hopt/Wohlmannstetter,* Handbuch Corporate Governance von Banken, 2011; *Hüpkes,* Form Follows Function – A New Architecture for Regulating and Resolving Global Financial Institutions' (2009) 10 European Business Organization Law Review (EBOR) 369, 377; *Hüpkes,* 'Rivalry in Resolution. How to Reconcile Local Responsibilities and Global Interests?' (2010) 7 European Company and Financial Law Review (Eur. Company & Fin. L. Rev.) 216, 235; *Kämmerer,* Rechtsschutz in der Bankenunion (SSM, SRM), WM 2016, 1; *Laars,* Versicherungsaufsichtsgesetz, 2. Aufl. 2013; *Langheid/Wandt,* Münchener Kommentar Versicherungsvertragsgesetz: VVG, Band 1 (2010); *Lehmann,* Bail-in and Private International Law: How to Make Bank Resolution Measures Effective Across Borders, 66 (2017) International and Comparative Law Quarterly, S. 107–142; *Lehmann/Hoffmann,* Bankenrestrukturierung mit Hindernissen: Die Übertragung im Ausland belegener systemrelevanter Funktionen, WM 2013, 1389 ff.; *Moss/Wessels,* EU Banking and Insurance Insolvency, 2006; *Pannen,* Krise und Insolvenz bei Kreditinstituten, 2. Aufl. 2005; *Reischauer/Kleinhans,* Kreditwesengesetz (KWG); *Ruzik,* Finanzmarktintegration durch Insolvenzrechtsharmonisierung, 2009; *Ruzik,* Bankenkrisen und -insolvenzen – Ein besonderes Phänomen, BKR 2009, 133 ff.; *Schefold,* IPRax 2012, 66; *Schimansky/Bunte/Lwowski,* Bankrechts-Handbuch, 4. Aufl. 2011; *Schulze/Zuleeg/Kadelbach,* Europarecht, 2. Aufl. 2010; *Schwennicke/Auerbach,* Kreditwesengesetz (KWG) mit Zahlungsdiensteaufsichtsgesetz (ZAG), 2. Aufl. 2013; *Schwintowski/Brömmelmeyer,* Praxiskommentar zum Versicherungsvertragsrecht, 2. Aufl. 2010; *Seagon,* Christopher, *Burkert,* Michael, Das Sanierungs- und Abwicklungsgesetz für Banken – Vorbild für die Insolvenzordnung?, Audit Committee Quarterly IV /2014; *Thole,* Bankenabwicklung nach dem SAG, ZBB 2016, 57; *Tröger,* Konzernverantwortung in der aufsichtsunterworfenen Finanzbranche, ZHR 177 (2013), 475 ff.; *Uhlenbruck,* Insolvenzordnung: InsO, 13. Aufl. 2010; *Waldo,* Bank runs, the deposit-currency ratio and the interest rate, 15 Journal of Monetary Economics (1985), 269 ff.; *Wojcik/Ceyssens,* RIW 2014, 893; *Wolf,* Wer ist Versicherungsholdinggesellschaft i. S. d. § 1b VAG?, VersR 2006, 465 ff.

I. Einleitung

Kredit- und Finanzdienstleistungsinstitute stellen aus insolvenzrechtlicher Sicht ein beson- **1** deres Phänomen dar. Sie unterstehen speziellen Bestimmungen im Falle einer wirtschaftlichen Schieflage.[1] Mit diesen Regelungen will der Gesetzgeber besonderen systemischen

---

[1] → Rn. 46 ff.

Risiken vorsorgen.[2] So kann die Eröffnung eines Insolvenzverfahrens über das Vermögen einer Bank oder eines Finanzdienstleistungsinstituts zu einem allgemeinen Vertrauensverlust in die Stabilität und Funktionstüchtigkeit anderer Institute führen. Ein hierdurch vermittelter *bank run* könnte selbst gesunde Institute in eine Schieflage bringen.[3] Systemische Risiken können darüber hinaus auch aus Ansteckungen eines gesunden Instituts durch ein anderes, kriselndes Institut folgen, beispielsweise wenn diese durch wirtschaftliche Leistungsbeziehungen miteinander verbunden sind.[4] Der Zusammenbruch nur eines einzelnen Akteurs geht aus diesem Grunde häufig mit der Gefahr systemweiter Friktionen einher.

2   Gerade mit Blick auf Bankkonzerne ist die Gefahr systemischer Ansteckungseffekte dabei besonders groß. Banken sind häufig mit anderen Unternehmen verbunden. Zum Beispiel können sie 100%ige Tochtergesellschaft einer anderen, rechtlich selbständigen Gesellschaft sein. Dabei muss es sich nicht notwendig um eine Bank handeln. Vielmehr ist auch möglich, dass dieses Unternehmen nicht in der Finanzbranche tätig ist. Ein Beispiel für eine solche Kombination sind etwa die *Volkswagen AG* und die zugehörige *Volkswagen Financial Services AG*. Selbstverständlich können die anderen Gesellschaften auch Kredit- oder Finanzdienstleistungsinstitute sein, so wie die meisten Unternehmen der *Deutsche Bank Gruppe*. Denkbar ist schließlich, dass sich Mutter- oder Tochterunternehmen im Ausland befinden.

3   In allen diesen Fällen stellt sich das Problem der Konzerngefahr. Der Begriff beschreibt Abhängigkeiten zwischen rechtlich selbständigen Unternehmen, die gerade aufgrund ihrer konzernrechtlichen Verbundenheit entstehen können. So können etwa Kredite von einer Gesellschaft an die andere gewährt oder Unternehmensverträge geschlossen worden sein. Diese Verbundenheit kann Korrelations- oder Dominoeffekte zur Folge haben. Aus der Schieflage einzelner Konzernmitglieder kann so leicht eine Schieflage des gesamten Konzerns werden.

4   Da Konzerne überdies im Regelfall auf vielfältige Weise mit gruppenexternen Akteuren und den Finanzmärkten vernetzt sind, gefährdet die Insolvenz eines ganzen Bankkonzerns nicht selten die Stabilität des gesamten Finanzsystems eines Landes, wenn nicht sogar noch größerer Einheiten. Finanzkrisen können zu Auswirkungen auf die Realwirtschaft und zu großen sozialen wie politischen Verwerfungen führen.

5   Der Gesetzgeber reagiert auf die besonderen Konzerngefahren zum einen mit erhöhten Anforderungen an die Kapitalausstattung. Für verschiedene Formen von Bankengruppen ist z. B. vorgeschrieben, dass die Eigenmittelausstattung auf konsolidierter Basis zu ermitteln ist.[5] Auch die Krisenmechanismen des KWG berücksichtigen die Konzerngefahr.

6   Eine systematische Darstellung der aufsichtsbehördlichen Verfahren zur Bewältigung der Krise von Kredit- und Finanzdienstleistungsinstituten, die auch den konzernrechtlichen Kontext einschließt, fehlt bislang. Ziel der folgenden Ausführungen ist es deshalb, diese Lücke unter Einbeziehung der wichtigsten internationalen Bezüge zu schließen.

---

[2]   Zu den systemischen Risiken im Einzelnen: *De Bandt/ Hartmann*, Systemic Risk: A Survey, abrufbar im Internet; http://papers.ssrn.com/sol3/papers.cfm?abstract_id=258430.

[3]   *Diamond/Dybvig*, 91 Journal of Political Economy 401 (1983); *Waldo*, 15 Journal of Monetary Economics 269 (1985); *Alonso*, 37 Journal of Monetary Economics 73 (1996).

[4]   *Sogenannte „contagion"*, siehe *De Bandt/Hartmann*, Systemic Risk: A Survey, abrufbar im Internet; http://papers.ssrn.com/sol3/papers.cfm?abstract_id=258430.

[5]   Siehe die Capital Requirements Directive (CRD) und die Capital Requirements Regulation (CRR) sowie § 10a KWG, → Rn. 16 ff.; zu den verschiedenen Arten von Bankkonzernen → Rn. 27 ff.

II. Der Begriff des Bankkonzerns

1. Eigenständigkeit der Begriffsbildung gegenüber dem Konzernrecht

Bislang wurde recht unbedarft vom „Bankkonzern" gesprochen. Das Bankrecht verwendet **7** jedoch nicht den Begriff des „Konzerns", sondern die Begriffe „Gruppe"[6] und „Konglomerat"[7]. Inhaltlich scheinen diese nicht sehr verschieden von den gesellschaftsrechtlichen Kategorien. Vielmehr handelt es sich bei den Mitgliedern einer Gruppe oder eines Konglomerats meist um verbundene Unternehmen im Sinne des Aktienrechts.[8]

Zwischen den bankrechtlichen Konzepten und den aktienrechtlichen Begriffen ist je- **8** doch strikt zu trennen. Zum einen beruhen diese auf völlig verschiedenen Rechtsgrundlagen. Die aktienrechtlichen Begriffe zählen zum autonomen deutschen Recht. Dagegen sind die bankrechtlichen Begriffe durch EU-Recht vorgegeben und damit für den deutschen Gesetzgeber nicht disponibel. Zum anderen werden die aktienrechtlichen und die bankrechtlichen Konzepte im Zusammenhang mit unterschiedlichen Zielen eingesetzt. Während das Recht der verbundenen Unternehmen im Aktienrecht vor allem auf den Schutz der Minderheitsaktionäre und der Gläubiger der beteiligten Unternehmen abzielt, dient das Bankaufsichtsrecht dem Schutz der Anleger und der Funktionsfähigkeit des Finanzsystems.[9]

Der unterschiedliche Wortlaut – „Gruppe" und „Konglomerat" (KWG) einerseits sowie **9** „verbundene Unternehmen" und „Konzern" (AktG) andererseits – ist also kein Zufall. Er ist vielmehr der äußerliche Ausdruck einer grundsätzlichen inhaltlichen Verschiedenheit. Er sollte als Warnsignal dienen, dass beide nicht miteinander verwechselt werden dürfen.

Ganz ähnlich verhält es sich mit Blick auf den Begriff des Konzerns im Rahmen der **10** aktuellen Reform der Insolvenzordnung[10]. Der hiernach eingeführte Begriff der Unternehmensgruppe[11] ist an die handelsrechtliche Begriffsbildung in § 290 HGB angelehnt.[12] Auch insoweit muss strikt von der aufsichtsrechtlichen Terminologie abgegrenzt werden. Grund dafür ist wiederum in erster Linie das verschiedene Regelungsziel von Aufsichts- und Insolvenzrecht. Das Aufsichtsrecht dient vorrangig dem Anleger-, Funktions- und Systemschutz, während dem Insolvenzrecht funktions- und systemschützende Regelungsziele grundsätzlich fremd sind.

2. Zusammenhang mit dem Aufsichtsrecht

Zwischen den besonderen Mechanismen der Krisenbewältigung von Bankkonzernen und **11** dem übrigen Aufsichtsrecht besteht ein enger Zusammenhang. Diese Mechanismen sind nichts anderes als die Verlängerung des Aufsichtsrechts in die Krise. Aus regulatorischer Sicht an erster Stelle stehen die besonderen Anforderungen an die Eigenmittelausstattung, weil sie als präventive Maßnahme verhindern sollen, dass es überhaupt zu Bankeninsolvenzen kommen kann.[13] Grundsätzlich erfolgt diese in Bankengruppen und -konglomeraten

---

[6] *Siehe z. B.* § 10a Abs. 1 S. 1 KWG.
[7] Gesetz v. 28.8.2013 zur Umsetzung der Richtlinie 2013/36/EU über den Zugang zur Tätigkeit von Kreditinstituten und die Beaufsichtigung von Kreditinstituten und Wertpapierfirmen und zur Anpassung des Aufsichtsrechts an die Verordnung (EU) Nr. 575/2013 über Aufsichtsanforderungen an Kreditinstitute und Wertpapierfirmen (CRD IV-Umsetzungsgesetz), BGBl. I, S. 3395.
[8] Vgl. die Definition des Begriffs verbundene Unternehmen in § 15 AktG.
[9] Siehe *Hopt*, Der Kapitalanlegerschutz im Recht der Banken, 1975, S. 51.
[10] Gesetz zur Erleichterung der Bewältigung von Konzerninsolvenzen vom 13.4.2017, BGBl. I, 866.
[11] Vgl. § 3e InsO n. F.
[12] Zum insolvenzrechtlichen Begriff der Unternehmensgruppe insb. → *Thole* § 2 Rn. 1–53.
[13] Siehe Auerbach/*Fischer*, in: Schwennicke/Auerbach, KWG, 2. Aufl. 2012, § 10, Rn. 29; *Kokemoor*, in: Beck/Samm/Kokemoor, KWG, § 10, Rn. 19 (128. Aktualisierung).

auf konsolidierter Basis, das heißt bei der Ermittlung der angemessenen Eigenmittelausstattung eines Instituts werden die übrigen Mitglieder der Gruppe oder des Finanzkonglomerats einbezogen. In diesem Zusammenhang werden die Begriffe „Gruppe" und „Finanzkonglomerat" als Anknüpfungspunkte einer besonderen Aufsicht über die Eigenmittel definiert.[14] Die Sonderbestimmungen über Krisenmechanismen in §§ 45 ff. KWG nehmen auf diese Begriffsbestimmungen Bezug. Das insolvenzrechtliche Konzept des Bankkonzerns ist daher sowohl seinem Ursprung als auch seinem Inhalt nach aufsichtsrechtlicher Natur. Infolgedessen erfordert sein Verständnis eine nähere Beschäftigung mit den aufsichtsrechtlichen Begriffen und Prinzipien.

a) Prinzip der Konsolidierung

12 Die aufsichtsrechtlichen Begriffe der Gruppe und des Konglomerats erklären sich vor dem Hintergrund des Prinzips der Konsolidierung. Diese trägt der Tatsache Rechnung, dass sich Risiken eines Unternehmens auf alle anderen konzernangehörigen Unternehmen auswirken können. Sie soll dem Aufbau von Kredit- und Risikopyramiden durch Mehrfachnutzung von Eigenkapital vorbeugen.[15] Eine Konsolidierung findet auf mehreren Ebenen statt.

13 Die Konsolidierung erfolgt zum einen auf materiellrechtlicher Ebene. Vor allem ist sie von unmittelbarer Bedeutung für die Eigenmittelausstattung. An die Stelle der Berechnung für jedes einzelne gruppenangehörige Unternehmen tritt die Berechnung für die gesamte Gruppe.[16] Außer für die Eigenmittelausstattung hat die Konsolidierung in weiteren Bereichen des materiellen Rechts Bedeutung. So wird die Gruppe auch für andere Zwecke als Einheit betrachtet, z. B. bei der Berechnung von qualifizierten Beteiligungen außerhalb des Finanzsektors,[17] bei der Ermittlung von Kreditrisiken,[18] bei der Beschränkung von Großkrediten,[19] bei der Ermittlung der zulässigen Verschuldensquote (*leverage*)[20] und in gewissen Fällen bei der Liquiditätsausstattung.[21] Daneben hat die Konsolidierung auch für die Organisationsverantwortung im Konzern Bedeutung. Das konsolidierende Unternehmen ist Adressat besonderer organisatorischer Pflichten, welche sich auf die gesamte Gruppe beziehen.[22]

14 Außer auf materiellrechtlicher Ebene findet die Konsolidierung auch in prozeduraler Hinsicht statt. Die Aufsicht über die gesamte Gruppe oder das Konglomerat wird bei einer Aufsichtsbehörde konzentriert, die für eines der zugehörigen Unternehmen zuständig ist. Befinden sich Unternehmensteile im Ausland, so bleiben verschiedene nationale Aufsichtsbehörden zuständig. Diese unterliegen allerdings weitgehenden Pflichten zur Koordination, Kooperation und Information.[23] Zur engeren Abstimmung werden sogenannte Aufsichtskollegien (*colleges of supervisors*) gebildet, in welchen die Behörden gemeinsam beraten.[24]

15 Nicht zuletzt ist die Konsolidierung auch für die insolvenzrechtliche Behandlung der Gruppe oder des Finanzkonglomerats von Bedeutung. Zum einen entscheidet sie aufgrund ihrer Relevanz für die Ermittlung der erforderlichen Eigenmittelausstattung mittelbar über die Feststellung einer „Krise". Zum anderen folgt aus ihr, an welches Institut oder Unternehmen Aufsichtsmaßnahmen gerichtet werden können.

---

14 Siehe § 10a Abs. 1 S. 1 KWG.
15 *Schulte-Mattler*, in: Boos/Fischer/Schulte-Mattler, KWG, 4. Aufl. 2012, § 3 SolvV, Rn. 1. Zu einem Beispiel einer solchen Pyramide siehe *Kolossa*, in: Schimansky/Bunte/Lwowski, § 137, Rn. 37.
16 Art. 11 Abs. 1 i. V. m. Teil 2 Titel 1 und 2 (Art. 25 ff. und 81 ff.) CRR. Zur früheren Regelung im KWG siehe *Fischer*, in: Schimansky/Bunte/Lwowski, § 129, Rn. 91 ff.
17 Art. 11 Abs. 1 i. V. m. Teil 2 Titel 3 (Art. 89 ff.) CRR.
18 Art. 11 Abs. 1 i. V. m. Teil 3 Titel 2 (Art. 107 ff.) CRR.
19 Art. 11 Abs. 1 i. V. m. Teil 4 (Art. 387 ff.) CRR.
20 Art. 11 Abs. 1 i. V. m. Teil 7 (Art. 429 ff.) CRR.
21 Art. 11 Abs. 3 i. V. m. Teil 6 der CRR.
22 § 25a Abs. 1a KWG. Dazu *Binder*, in: Hopt/Wohlmannstetter (Hrsg.), Handbuch Corporate Governance von Banken, 2011, S. 685 ff.; *Tröger*, ZHR 177 (2013), 475.
23 Art. 112–115 CRD.
24 Art. 116 CRD.

b) Rechtsgrundlagen der Konsolidierung

Die Konsolidierung ergibt sich aus einem komplexen Zusammenspiel von europäischem **16** und nationalem Bankaufsichtsrecht. Die Oberhand hat dabei wegen seines supranationalen Charakters das Erstere. Dieses wird durch das deutsche Recht nur ergänzt.

Bis zum 1. Januar 2014 war das europäische Bankaufsichtsrecht hauptsächlich in zwei **17** Richtlinien niedergelegt.[25] Diese waren in §§ 10 und 10a KWG a. F. i. V. m. der Solvabilitätsverordnung (SolvV)[26] in deutsches Recht umgesetzt. Nunmehr sind die beiden Bankenrichtlinien durch ein Gesetzgebungspaket ersetzt worden, das man meist mit dem Namen „CRD IV" bezeichnet. Tatsächlich setzt sich dieses aus einer Richtlinie (der *Capital Requirements Directive* – im Folgenden: CRD)[27] und einer Verordnung (der *Capital Requirements Regulation* – im Folgenden: CRR)[28] zusammen. Beide sind am 13. Juli 2013 in Kraft getreten. Daneben gilt die sogenannte Konglomerate-Richtlinie aus dem Jahr 2002[29] fort, die im Jahre 2011 reformiert wurde.[30]

Die CRD ist mit Wirkung vom 1.1.2014 in deutsches Recht umgesetzt worden.[31] Die **18** maßgebenden Vorschriften finden sich in § 10a KWG. Die Vorschriften zur Umsetzung der geänderten Konglomerate-Richtlinie befinden sich nunmehr im „Gesetz zur zusätzlichen Aufsicht über beaufsichtigte Unternehmen eines Finanzkonglomerats (Finanzkonglomerate-Aufsichtsgesetz – FKAG)".[32] Die CRR bedarf keiner Umsetzung, sondern gilt wie jede Verordnung unmittelbar in den Mitgliedstaaten. Sie ersetzt seit ihrem Inkrafttreten maßgebliche Elemente des deutschen Bankaufsichtsrechts, insbesondere den früheren § 10 KWG und weite Teile der Solvabilitätsverordnung. Dem KWG kommt insoweit fortan nur noch ergänzende Funktion zu.[33]

Aus dem komplexen Zusammenspiel der Rechtsgrundlagen folgen terminologische Be- **19** sonderheiten. Die CRR und das KWG verwenden die Begriffe „Kreditinstitut", „Institut"

---

[25] Siehe Richtlinie 2006/48/EG des Europäischen Parlaments und des Rates vom 14. Juni 2006 über die Aufnahme und Ausübung der Tätigkeit der Kreditinstitute, ABl. L 177 vom 30.6.2006, S. 1; Richtlinie 2006/49/EG des Europäischen Parlaments und des Rates vom 14. Juni 2006 über die angemessene Eigenkapitalausstattung von Wertpapierfirmen und Kreditinstituten, ABl. L 177 vom 30.6.2006, S. 201.

[26] Verordnung über die angemessene Eigenmittelausstattung von Instituten, Institutsgruppen und Finanzholding-Gruppen vom 14. Dezember 2006 (BGBl. I S. 2926); abgedruckt und kommentiert u. a. in: Beck/Samm/Kokemoor, KWG, § 11, Rn. 53 ff. (145. Aktualisierung).

[27] Richtlinie 2013/36/EU des Europäischen Parlaments und des Rates vom 26. Juni 2013 über den Zugang zur Tätigkeit von Kreditinstituten und die Beaufsichtigung von Kreditinstituten und Wertpapierfirmen, zur Änderung der Richtlinie 2002/87/EG und zur Aufhebung der Richtlinien 2006/48/EG und 2006/49/EG, ABl. L 176 vom 27.6.2013, S. 338.

[28] Verordnung (EU) Nr. 575/2013 des Europäischen Parlaments und des Rates vom 26. Juni 2013 über Aufsichtsanforderungen an Kreditinstitute und Wertpapierfirmen und zur Änderung der Verordnung (EU) Nr. 646/2012, ABl. L 176 vom 27.6.2013, S. 1.

[29] Richtlinie 2002/87/EG des Europäischen Parlaments und des Rates vom 16. Dezember 2002 über die zusätzliche Beaufsichtigung der Kreditinstitute, Versicherungsunternehmen und Wertpapierfirmen eines Finanzkonglomerats und zur Änderung der Richtlinien 73/239/EWG, 79/267/EWG, 92/49/EWG, 92/96/EWG, 93/6/EWG und 93/22/EWG des Rates und der Richtlinien 98/78/EG und 2000/12/EG des Europäischen Parlaments und des Rates, ABl. L 35 vom 11.2.2003, S. 1.

[30] Richtlinie 2011/89/EU des Europäischen Parlaments und des Rates vom 16. November 2011 zur Änderung der Richtlinien 98/78/EG, 2002/87/EG, 2006/48/EG und 2009/138/EG hinsichtlich der zusätzlichen Beaufsichtigung der Finanzunternehmen eines Finanzkonglomerats Text von Bedeutung für den EWR, ABl. L 326 vom 8.12.2011, S. 113.

[31] Gesetz v. 28.8.2013 zur Umsetzung der Richtlinie 2013/36/EU über den Zugang zur Tätigkeit von Kreditinstituten und die Beaufsichtigung von Kreditinstituten und Wertpapierfirmen und zur Anpassung des Aufsichtsrechts an die Verordnung (EU) Nr. 575/2013 über Aufsichtsanforderungen an Kreditinstitute und Wertpapierfirmen (CRD IV-Umsetzungsgesetz), BGBl. I, S. 3395.

[32] Vgl. Art. 1 des Gesetzes zur Umsetzung der Richtlinie 2011/89/EU des Europäischen Parlaments und des Rates vom 16. November 2011 zur Änderung der Richtlinien 98/78/EG, 2002/87/EG, 2006/48/EG und 2009/138/EG hinsichtlich der zusätzlichen Beaufsichtigung der Finanzunternehmen eines Finanzkonglomerats vom 27.6.2013, BGBl I S. 1862; vgl. auch die Gesetzesbegründung BT-Drs. 17/12602.

[33] Vgl. beispielsweise die Bestimmungen in §§ 10 Abs. 1 S, 1, Abs. 3 KWG, insbesondere auch die ergänzenden Bestimmungen gem. § 10c KWG (Kapitalerhaltungspuffer), § 10d KWG (antizyklischer Kapitalpuffer), etc.

und „Finanzinstitut" in einem unterschiedlichen Sinn. Der deutsche Gesetzgeber löst dieses Problem auf folgende Weise: Ein Kredit- und Finanzdienstleistungsinstitut im Sinne des deutschen Rechts bezeichnet er schlicht als „Institut".[34] Wann immer ein „Institut" im engeren europäischen Sinne gemeint ist, spricht er vom „CRR-Institut".[35] Dies darf nicht zu dem Missverständnis verleiten, dass es sich hierbei um etwas anderes als um das Kreditinstitut im Sinne des KWG handele. Alle CRR-Institute sind vielmehr Institute im Sinne des KWG. Umgekehrt gilt dies allerdings nicht: Nicht jedes Institut im Sinne des KWG ist auch ein CRR-Institut. Daher ist ein besonderer Sprachgebrauch notwendig.

c) Durchführung der Konsolidierung

20 Die Konsolidierung führt dazu, dass die zu konsolidierende Gruppe als Einheit betrachtet wird. Alle vorhandenen Aktiva und Passiva werden ebenso wie Risiken zusammengerechnet. Nach dem Prinzip der Vollkonsolidierung kommt es nicht auf die Größe der Beteiligung eines Unternehmens an dem anderen an; hält ein Unternehmen mehr als 50 % der Anteile an einem anderen, so werden Aktiva und Passiva insgesamt und nicht nur in Höhe der Beteiligung einander zugerechnet.[36] Die Behörden können allerdings im Einzelfall auch eine anteilsmäßige Konsolidierung vorsehen.[37]

21 Die Konsolidierung bezieht sich auf den Europäischen Wirtschaftsraum (EWR). Grundsätzlich erstreckt sich die EU-Finanzmarktregulierung nicht nur auf die Mitgliedstaaten der Union, sondern darüber hinaus auch auf Island, Liechtenstein und Norwegen als weitere Mitglieder des EWR. Die Konsolidierung erfasst alle zu einer Gruppe zugehörigen Unternehmen samt ihrer Zweigstellen innerhalb des EWR. Gehören einer Gruppe allerdings rechtlich selbständige Gesellschaften mit Sitz in verschiedenen Staaten des EWR an, so findet die Konsolidierung auf nationaler Ebene statt.[38] Eine Konsolidierung auf EWR-Ebene, d. h. eine Gesamtbetrachtung aller innerhalb des EWR ansässigen Unternehmen, ist nur ausnahmsweise vorgesehen.[39]

22 Konsolidiert wird immer bei einem Unternehmen der Gruppe, das seinen Sitz im selben Staat wie andere gruppenangehörige Unternehmen hat. Dieses Unternehmen wird für die Zwecke des Aufsichtsrechts als „höchste Ebene" angesehen. In wenigen, gesondert angeordneten Fällen wird eine „Unterkonsolidierung" vorgeschrieben, das heißt innerhalb der konsolidierten Gruppe wird ein weiterer Konsolidierungskreis gebildet, der nur bestimmte Unternehmen umfasst.[40]

d) Fortbestehen der Aufsicht auf Einzelbasis und Freistellung

23 Grundsätzlich müssen die gruppenangehörigen Institute trotz der konsolidierten Aufsicht die aufsichtsrechtlichen Kriterien nicht nur als Gruppe, sondern auch auf Einzelbasis erfüllen.[41] Die Zugehörigkeit zur Gruppe allein rechtfertigt es nicht, von den strengen Anforderungen an Eigenmittel und Liquidität – den sogenannten prudenziellen Standards – jedes einzelnen Instituts abzurücken, denn ob dieses von seinem Mutterunternehmen in einer Krise finanziell unterstützt werden kann, ist alles andere als sicher. Allerdings sieht die CRR vor, dass die Aufsichtsbehörden eine Freistellung (sog. „waiver"[42]) von der Erfüllung

---

[34] § 1 Abs. 1b KWG.
[35] Siehe etwa § 10a Abs. 1 S. 1 KWG.
[36] Siehe Art. 18 Abs. 1 CRR. Zur Vollkonsolidierung *Fischer*, in: Schimansky/Bunte/Lwowski, § 129, Rn. 91; *Auerbach/Kempers/Klotzbach*, in: Schwennicke/Auerbach, KWG, 2. Aufl. 2012, § 10a, Rn. 81 f.
[37] Siehe Art. 18 Abs. 2 CRR.
[38] Siehe Art. 11 Abs. 1 und 2 CRR.
[39] Siehe Art. 11 Abs. 3 CRR.
[40] Siehe Art. 11 Abs. 5 sowie Art. 22 CRR. → Rn. 35.
[41] Art. 6 Abs. 1 CRR. Die in Art. 6 Abs. 2 und 3 CRR vorgesehenen Ausnahmen gelten nur für spezielle Fragen.
[42] *Lindemann*, in: Boos/Fischer/Schulte-Mattler, KWG, 4. Aufl. 2012, § 2a, Rn. 1.

der Anforderungen auf Einzelbasis erteilen können.[43] In Deutschland wird diese gemäß § 2a KWG durch die Bundesanstalt für Finanzdienstleistungsaufsicht (BaFin) als zuständige Aufsichtsbehörde erteilt. Für eine solche Freistellung müssen gewisse Voraussetzungen vorliegen. Die wichtigste ist, dass der unverzüglichen Übertragung von Eigenmitteln oder der Rückzahlung von Verbindlichkeiten keine wesentlichen tatsächlichen oder rechtlichen Hindernisse entgegenstehen. Wird die Freistellung erteilt, so muss nur das Mutterunternehmen die aufsichtsrechtlichen Anforderungen erfüllen; das Tochterunternehmen wird lediglich im Rahmen der konsolidierten Aufsicht einbezogen.

e) Die Bestimmung des übergeordneten Unternehmens

Die Konsolidierung wird stets bei einem bestimmten Unternehmen durchgeführt. Diesem **24** Unternehmen werden die Eigenmittel, Verbindlichkeiten und Risiken anderer Mitglieder der Gruppe oder des Konglomerats zugerechnet. Die Behörde, welche für die Beaufsichtigung dieses Unternehmens zuständig ist, kontrolliert zugleich die Einhaltung der prudenziellen Standards durch die gesamte Gruppe.

Jede beaufsichtigte Gruppe besteht danach aus einem „übergeordneten" Unternehmen und **25** einem oder mehreren „nachgeordneten" Unternehmen.[44] Als „übergeordnetes Unternehmen" wird dabei dasjenige Unternehmen bezeichnet, bei dem die Konsolidierung stattfindet. Dieses trägt beispielsweise die Verantwortung für die Einhaltung der Eigenmittelanforderungen, § 10a Abs. 8 S. 1 KWG. Dabei handelt es sich beim „übergeordneten Unternehmen" nicht notwendig um das Unternehmen an der Konzernspitze. Möglich ist vielmehr auch, dass die Konsolidierung bei einem Unternehmen stattfindet, das auf einer unteren Ebene der Konzernhierarchie angesiedelt ist. Wiederum zeigt sich insoweit die Eigenständigkeit der aufsichtsrechtlichen gegenüber der gesellschaftsrechtlichen Terminologie.[45]

Zur Bestimmung des übergeordneten Unternehmens verweist das KWG auf die CRR.[46] **26** Deren Artikel 11 regelt, bei welchem Unternehmen die Konsolidierung durchzuführen ist. Zu diesem Zweck wird zwischen verschiedenen Arten von Bankkonzernen unterschieden.

3. Die verschiedenen Arten von Bankkonzernen

Das Bankrecht kennt verschiedene Arten von Unternehmensmehrheiten. Zunächst sieht es **27** die Oberkategorie der „Gruppe" vor.[47] Innerhalb der Kategorie „Gruppe" ist zwischen Institutsgruppen, Finanzholding-Gruppen und gemischten Finanzholding-Gruppen zu unterscheiden.[48] Dazu tritt noch der Begriff des Finanzkonglomerats.[49] Diese Unterscheidungen sind kein Selbstzweck. Vielmehr entscheidet die Einordnung in die eine oder andere Kategorie darüber, bei welchem Unternehmen der Gruppe oder des Konglomerats konsolidiert wird. Da die Sonderbestimmungen für den Krisenfall an diese Begriffe und Zuständigkeitsverteilungen anknüpfen, sind diese näher zu erläutern.

a) Institutsgruppen

Institutsgruppen sind reine Finanzgruppen. Sie setzen sich ausschließlich aus Kredit- und **28** Finanzdienstleistungsinstituten und anderen Finanzintermediären zusammen.[50] Letztere

---

[43] Art. 7 und 8 CRR.
[44] § 10a Abs. 1 S. 1 KWG.
[45] → Rn. 7 ff.
[46] § 10a Abs. 1 S. 1 KWG.
[47] § 10a Abs. 1 S. 1 KWG.
[48] Siehe § 10a Abs. 1 S. 1 KWG.
[49] Siehe Gesetz zur zusätzlichen Aufsicht über beaufsichtigte Unternehmen eines Finanzkonglomerats (Finanzkonglomerate-Aufsichtsgesetz – FKAG) vom 27. Juni 2013, BGBl. I, 1862.
[50] Vgl. § 10a Abs. 1 S. 1, 2 KWG a. F. Diese Vorschrift ist zwar mittlerweile aufgehoben, jedoch ist in der Neufassung des KWG keine Definition des Begriffs der Institutsgruppe enthalten. Der Sache nach gilt daher die alte Definition fort.

können z. B. Verwaltungsgesellschaften sein, die Investmentfonds aufsetzen,[51] oder Finanzunternehmen wie etwa Leasing-Objektgesellschaften.[52] Die konsolidierte Aufsicht wird bei einer Institutsgruppe durch die Behörde wahrgenommen, die das Mutterinstitut beaufsichtigt, vgl. Art. 111 Abs. 1 CRD (Richtlinie 2013/36/EU). Dieses hat die konsolidierten materiellrechtlichen Anforderungen für die gesamte Gruppe zu erfüllen, siehe Art. 11 Abs. 1 CRR. Es ist das „übergeordnete Unternehmen" im Sinne des § 10a Abs. 1 S. 2 KWG. Ein Mutterinstitut ist ein Institut, das ein Kredit- oder Finanzinstitut als Tochter hat oder eine Beteiligung an einem solchen Institut hält. Ein Institut ist allerdings kein Mutterinstitut, wenn es selbst Tochterunternehmen eines anderen Unternehmens ist; in diesem Fall ist letzteres das Mutterinstitut. Ist ein Institut außerhalb des EWR ansässig, so kann es nie Mutterinstitut sein, weil es nicht der Aufsicht eines Mitgliedstaats unterliegt.

b) Finanzholding-Gruppen

29 Finanzholding-Gruppen bestehen aus einem Finanzunternehmen und Tochterunternehmen, die ausschließlich oder hauptsächlich Finanzunternehmen sind und von denen mindestens eines ein beaufsichtigtes Institut im Sinne der CRR (Verordnung 575/2013) – ein sogenanntes CRR-Institut[53] – ist. Die an der Spitze stehende Finanzholding-Gesellschaft selbst ist kein beaufsichtigtes CRR-Institut, vgl. Art. 4 Abs. 1 Nr. 20 CRR (Verordnung 575/2013). Daraus erklärt sich, dass bei Finanzholding-Gruppen nicht bei dem an der Konzernspitze stehenden Unternehmen konsolidiert wird, sondern gemäß Art. 111 Abs. 2 CRD (Richtlinie 2013/36/EU) bei dem Tochterunternehmen, welches Kreditinstitut im Sinne der CRR ist. Dieses untersteht als solches ohnehin einer Aufsicht und hat daher die Konsolidierungspflichten zu erfüllen. Es ist das „übergeordnete Unternehmen" im Sinne des § 10a Abs. 1 S. 2 KWG.

30 Ein besonderes Problem tritt auf, soweit nicht nur ein, sondern mehrere beaufsichtigte CRR-Institute zur Finanzholding-Gruppe gehören. In diesem Fall kommt der Finanzholding-Gesellschaft entscheidende Bedeutung zu. Für die Beaufsichtigung der gesamten Gruppe zuständig sind die Behörden des Mitgliedstaats, in welchem diese ihren Sitz hat, vorausgesetzt, dass dort ebenfalls ein beaufsichtigtes CRR-Institut ansässig ist, vgl. Art. 111 Abs. 3 Unterabs. 1 CRD (Richtlinie 2013/36/EU). Soweit dies nicht der Fall ist, also die Holding ihren Sitz in einem anderen Staat als alle ihre Tochtergesellschaften hat, liegt die Gesamtaufsicht bei der Behörde, welche für das Institut mit der größten Bilanzsumme zuständig ist, siehe Art. 111 Abs. 4 CRD (Richtlinie 2013/36/EU). Hat eine in Deutschland ansässige Holding mehrere Tochterinstitute im Inland, kann die BaFin gemäß § 10a Abs. 2 S. 2 und 3 KWG eines von ihnen oder die Holding selbst als übergeordnetes Unternehmen bezeichnen. Bei diesem ist dann die Konsolidierung vorzunehmen, d. h. es muss die die gesamte Gruppe betreffenden Pflichten erfüllen. Weiter ist denkbar, dass beaufsichtigte Institute mehrere Mutterunternehmen haben. Z. B. könnten sich zwei Holdings zu jeweils 50 % an mehreren Instituten beteiligen. In diesem Fall liegt die Aufsicht bei der Behörde, welche für das Institut mit der größten Bilanzsumme zuständig ist, Art. 111 Abs. 3 Unterabs. 2 CRD (Richtlinie 2013/36/EU).

c) Finanzkonglomerate

31 Finanzkonglomerate sind ein Phänomen, das in den vergangenen Jahrzehnten an den Finanzmärkten aufgetreten ist. In ihnen mischen sich Unternehmen über Branchengrenzen hinweg, z. B. Banken mit Versicherungen. Für sie wurde die Finanzkonglomerate-Richt-

---

[51] Siehe § 1 Abs. 14 KAGB.
[52] Zum Begriff des Finanzunternehmens siehe § 1 Abs. 3 KWG.
[53] Siehe dazu § 1 Abs. 3d S. 3 KWG.

linie (Richtlinie 2002/87/EG) erlassen,[54] die der deutsche Gesetzgeber mit dem (FKAG umgesetzt hat. Hauptsächliches Kennzeichen des Finanzkonglomerats ist, dass ihm mindestens ein Institut der Versicherungsbranche und ein Institut der Bank- oder der Wertpapierdienstleistungsbranche angehört (Art. 2 Nr. 14 lit. d Finanzkonglomerate-Richtlinie (Richtlinie 2002/87/EG)). Die Tätigkeit in diesen Branchen muss jeweils erheblich sein (Art. 2 Nr. 14 lit. e der Richtlinie).[55] Außerdem ist Voraussetzung für die Existenz eines Konglomerats, dass entweder das Mutter- oder ein Tochterunternehmen einer Aufsicht untersteht (Art. 2 Nr. 14 lit. a der Richtlinie). An dieses werden in Art. 2 Nr. 14 lit. b und c der Richtlinie weitere Anforderungen gestellt.

Für Finanzkonglomerate ist eine zusätzliche Aufsicht vorgesehen, die zur sektoralen **32** Aufsicht über die Einzelunternehmen in den unterschiedlichen Branchen hinzukommt. Die Konsolidierung beschränkt sich auf die dem Finanzbereich angehörigen Unternehmen. Andere Unternehmen, wie z. B. ein zum Konglomerat gehöriger Automobilhersteller, sind nicht einzubeziehen.[56] Die zusätzliche Aufsicht wird durch eine Behörde als sogenannter Koordinator durchgeführt. Hinsichtlich der Bestimmung des Koordinators muss nach Art. 10 Abs. 2 der Finanzkonglomerate-Richtlinie (Richtlinie 2002/87/EG) unterschieden werden:

Steht an der Spitze des Konglomerats ein beaufsichtigtes Kreditinstitut, so ist die für dieses **33** Unternehmen zuständige Aufsichtsbehörde der Koordinator. Das beaufsichtigte Kreditinstitut ist mit anderen Worten übergeordnetes Unternehmen im Sinne des deutschen Rechts. Steht an der Konzernspitze dagegen kein beaufsichtigtes Institut, so liegt eine gemischte Finanzholding-Gruppe vor. Die Bestimmung des Koordinators erfolgt in diesem Fall nach sogleich darzustellenden Regeln.

d) Gemischte Finanzholding-Gruppen

Gemischte Finanzholding-Gruppen sind Unterformen der Konglomerate. Ihre Besonder- **34** heit besteht darin, dass das an der Spitze des Konglomerats stehende Unternehmen keiner bankrechtlichen Aufsicht unterliegt. Dieses Mutterunternehmen nennt der Gesetzgeber „gemischte Finanzholding-Gesellschaft", siehe Art. 2 Nr. 15 Finanzkonglomerate-Richtlinie (Richtlinie 2002/87/EG). Bislang unterstanden gemischte Finanzholding-Gesellschaften nur der zusätzlichen Aufsicht als Konglomerate, aber nicht einer eigenen sektoralen Aufsicht, weil sie keine Kredit- und Finanzdienstleistungsinstitute sind. Mit der Umsetzung der CRD in ihrer vierten Version (Richtlinie 2013/36/EU) hat sich dies geändert. Nunmehr werden auch die gemischten Finanzholding-Gesellschaften selbst in die sektorale Gruppenaufsicht nach dem KWG einbezogen. Das bedeutet, dass etwa eine Versicherungsholdinggesellschaft, die eine Bank als Tochterunternehmen hinzukauft, der Bankaufsicht unterliegen kann. Zur Vermeidung der Doppelung von Pflichten können die Aufsichtsbehörden allerdings gemäß Art. 120 CRD von der sektoralen Aufsicht absehen. Die sektorale Aufsicht wird bei dem Konzernunternehmen, welches als Bankinstitut zugelassen ist, konsolidiert, Art. 111 Abs. 2 CRD. Dieses ist das „übergeordnete Unternehmen" im Sinne des § 10a Abs. 1 S. 2 KWG. Die Bestimmung erfolgt also ebenso wie bei Finanzholding-Gruppen. Das gilt auch, soweit mehrere beaufsichtigte CRR-Institute zur gemischten Finanzholding-Gruppe gehören, siehe Art. 111 Abs. 3, 4 CRD.

---

54 Richtlinie 2002/87/EG des Europäischen Parlaments und des Rates vom 16. Dezember 2002 über die zusätzliche Beaufsichtigung der Kreditinstitute, Versicherungsunternehmen und Wertpapierfirmen eines Finanzkonglomerats und zur Änderung der Richtlinien 73/239/EWG, 79/267/EWG, 92/49/EWG, 92/96/EWG, 93/6/EWG und 93/22/EWG des Rates und der Richtlinien 98/78/EG und 2000/12/EG des Europäischen Parlaments und des Rates, ABl. L 35 v. 11.2.2003, S. 1 (im Folgenden: Finanzkonglomerate-Richtlinie).
55 Zur näheren Bestimmung des Begriffs „erheblich" siehe Art. 3 Abs. 2 und 3 Finanzkonglomerate-Richtlinie.
56 *Kolassa*, in: Schimansky/Bunte/Lwowski, Bankrechts-Handbuch, 4. Aufl. 2011, § 137, Rn. 43.

e) Unterkonsolidierte Unternehmen

35 Unterkonsolidierte Unternehmen bilden einen Sonderfall. Bei ihnen wird überprüft, ob sie zusammen mit einem bestimmten Mutter- oder Tochterunternehmen die aufsichtsrechtlichen Anforderungen unabhängig vom Rest der Gruppe erfüllen. Ein Beispielsfall ist Art. 22 CRR (Verordnung 575/2013). Hat ein gruppenangehöriges Institut oder Unternehmen eine Tochtergesellschaft mit Sitz außerhalb des EWR, so ist es gemäß dieser Vorschrift verpflichtet, für die Tochtergesellschaft eine Unterkonsolidierung vorzunehmen. Eine Unterkonsolidierung kann auch von den Behörden angeordnet werden, siehe Art. 11 Abs. 5 CRR.

4. Sonderfälle

36 Unter Umständen kann die Anwendung der genannten Kriterien zur Verteilung der Aufsicht unangemessen sein. Das ist z. B. dann der Fall, wenn eine Finanzholding sich nicht auf das Halten der Anteile beschränkt, sondern die Gruppe operativ steuert und Einfluss auf die Geschäftspolitik der Tochterunternehmen ausübt.[57] Für diese Ausnahmefälle sieht das europäische Recht vor, dass die zuständigen Behörden einvernehmlich von ihnen abweichen und für die Aufsicht auf konsolidierter Basis eine andere Behörde als die vorgesehene benennen können (Art. 111 Abs. 5 CRD).

37 Es kann auch vorkommen, dass einer Finanzholding oder einer gemischten Finanzholdinggesellschaft ausschließlich Banken nachgeordnet sind, deren Sitz sich in Deutschland befindet. In diesem Fall ist die BaFin als Aufsichtsbehörde für die Gruppe zuständig. In materiell-rechtlicher Hinsicht muss allerdings geklärt werden, bei welchem der inländischen Institute die Konsolidierung vorzunehmen ist, insbesondere welches von ihnen die entsprechenden Pflichten zu erfüllen hat. Mit dieser Frage beschäftigt sich § 10a Abs. 2 KWG. Er sieht vor, dass die Konsolidierung grundsätzlich bei dem Unternehmen mit der höchsten Bilanzsumme erfolgt.[58] Allerdings kann die BaFin auf Antrag des übergeordneten Unternehmens einseitig ein anderes gruppenangehöriges Institut als übergeordnetes Institut bestimmen.[59] Sie darf sogar eine Finanzholding-Gesellschaft oder eine gemischte Finanzholding-Gesellschaft als übergeordnetes Institut auswählen – obwohl ihnen diese Funktion sonst nicht zukommt –, soweit sie über die zur Einhaltung der gruppenbezogenen Pflichten erforderliche Struktur und Organisation verfügen.[60] Dieses hat dann alle Pflichten eines übergeordneten Unternehmens zu erfüllen, § 10a Abs. 2 S. 6 KWG. Eine solche einseitige Bestimmung durch die BaFin ist aber nur möglich, als es sich um rein nationale Gruppen handelt und daher die Zustimmung von Aufsichtsbehörden anderer Mitgliedstaaten nicht notwendig ist.

38 Unternehmen können wechselseitig so aneinander beteiligt sein, dass sich nicht bestimmen lässt, welches von ihnen über- und welches untergeordnet ist. Insoweit gilt grundsätzlich das mit der höchsten Bilanzsumme als übergeordnet; die BaFin kann davon abweichen.[61] Auch diese Regelungen beziehen sich allerdings nur auf rein nationale Gruppen.

39 Hat das Mutterunternehmen eines in Deutschland zugelassenen Kredit- oder Finanzdienstleistungsinstituts oder einer Gruppe solcher Institute seinen Sitz im Ausland, gestaltet sich eine konsolidierte Beaufsichtigung schwierig. Dennoch ist es sinnvoll, auch in diesem Fall die Gruppe als Einheit zu erfassen, da dessen Unternehmen eine Einheit bilden. Soweit im Sitzland des Mutterunternehmens eine gleichwertige Aufsicht wie in Deutschland vor-

---

[57] *Boos*, in: Boos/Fischer/Schulte-Mattler, KWG, 4. Aufl. 2012, § 10a Rn. 31.
[58] § 10a Abs. 2 S. 1 Halbs. 1 KWG.
[59] § 10a Abs. 2 S. 1 Halbs. 2 KWG.
[60] § 10a Abs. 2 S. 2, 3 KWG.
[61] § 10a Abs. 2 S. 7 KWG.

handen ist, kann man die Gruppenaufsicht den dortige Behörden überlassen. Soweit dies nicht der Fall ist, erlaubt daher § 53d KWG der BaFin, ein inländisches Institut als übergeordnetes Unternehmen zu bestimmen. Dabei handelt es sich um eine „Kann"-Vorschrift. Im Einklang mit dem Zweck der Vorschrift ist regelmäßig ein inländisches, beaufsichtigtes Institut als übergeordnetes Institut zu bestimmen.[62]

5. Besonderer Anwendungsbereich des deutschen Rechts

a) Einschränkungen

Es hat sich bereits gezeigt, dass die deutsche Begrifflichkeit des KWG nicht ganz reibungs- **40** frei mit der europäischen zusammenspielt.[63] Auch bei den hier definierten Begriffen zeigen sich Spannungspunkte, die zu erörtern sind, weil sie für das Sonderinsolvenzrecht besondere Bedeutung haben. Zur Verwirrung tragen insbesondere die Begriffe „Institutsgruppe", „Finanzholding-Gruppe" und „gemischte Finanzholding-Gruppe" bei. Diese wurden oben verwandt. Genau besehen verwenden die CRD und die CRR diese Begriffe jedoch nicht. Stattdessen sprechen sie von „Mutterunternehmen", „Finanzholding-Gesellschaften" und „gemischten Finanzholding-Gesellschaften".[64] Die europäischen Regeln stellen daher nur auf das an der Spitze der Unternehmensmehrheit stehende Unternehmen ab und nehmen dieses zum Anknüpfungspunkt der Regelungen über die Aufsichtszuständigkeit.[65]

Der deutsche Gesetzgeber benutzt hingegen den Begriff der „Gruppe", um alle der **41** Unternehmensmehrheit angehörigen Gesellschaften zu bezeichnen. Der Unterschied zu den oben genannten europäischen Konzepten mag gering erscheinen, er ist es aber nicht. Denn da die genannten Begriffe Schöpfungen des deutschen Gesetzgebers sind, nimmt er sich auch das Recht, sie für seine eigenen Zwecke und abweichend von den ähnlichen europäische Termini zu definieren. Insbesondere benutzt er sie zur Abgrenzung des Anwendungsbereichs der deutschen Gruppenaufsicht gegenüber der Zuständigkeit ausländischer Aufsichtsbehörden.

So liegt eine „Finanzholding-Gruppe" nach der speziellen Nomenklatur des KWG nicht **42** vor, wenn die Finanzholding-Gesellschaft ihren Sitz in einem anderen Staat des EWR hat, in dem auch der Sitz eines CRR-Instituts liegt.[66] Dasselbe gilt auch dann, wenn im Sitzstaat der Holding kein CRR-Institut ansässig ist, aber in einem anderen Mitgliedstaat ein Institut mit einer höheren Bilanzsumme existiert.[67] Ebenso liegt es, wenn an Instituten mehr als eine Finanzholding-Gesellschaft oder gemischte Finanzholding-Gesellschaft beteiligt ist, und ein Institut im EWR-Ausland eine höhere Bilanzsumme hat als das in Deutschland ansässige.[68]

Hinter diesen Definitionen erkennt man sofort die Kriterien der CRD zur Verteilung **43** der Aufsichtszuständigkeit wieder.[69] Der deutsche Gesetzgeber verwendet sie allerdings in einem anderen Sinn. Nach seiner Auffassung ist eine Finanzholding-Gruppe mit einer Holding außerhalb Deutschlands keine Finanzholding-Gruppe. Aus europäischer Sicht liegt in diesen Fällen dagegen selbstverständlich eine zu beaufsichtigende Unternehmensmehrheit mit einer Finanzholding-Gesellschaft an der Spitze vor. Die Aufsicht liegt nur nach den europäischen Kriterien nicht bei der BaFin, sondern bei den Behörden eines anderen Mitgliedstaats. Den deutschen Gesetzgeber interessiert diese Finanzholding-Gesellschaft

---

62 *Vahldiek*, in: Boos/Fischer/Schulte-Mattler, KWG, 4. Aufl. 2012, § 53d, Rn. 2.
63 Siehe oben, B. II.2., zum Begriff „CRR-Institut".
64 Siehe Art. 4 Abs. 1 Nr. 20 f., 26 CRR.
65 Siehe Art. 111 Abs. 1 – 4 CRD.
66 § 10a Abs. 3 S. 1 Nr. 1 KWG.
67 § 10a Abs. 3 S. 1 Nr. 2 KWG.
68 § 10a Abs. 3 S. 2 KWG.
69 Siehe Art. 111 Abs. 3 Unterabs. 1 CRD (für § 10a Abs. 3 S. 1 Nr. 1), Art. 111 Abs. 4 CRD (für § 10a Abs. 3 S. 1 Nr. 2) und Art. 111 Abs. 4 CRD (für § 10a Abs. 3 S. 2).

nicht; daher negiert er einfach die Existenz einer Gruppe. Aus Sicht des EU-Rechts erklärt sich dies aus einer etwas verengten Sichtweise des nationalen Rechts. Für das deutsche Sonderinsolvenzrecht ist die deutsche Begrifflichkeit allerdings vorrangig, da dieses den Gruppenbegriff im auch sonst im KWG gebrauchten Sinn verwendet.

b) Ausweitung

44 Die Vorschriften über die Konsolidierung der europäischen Aufsicht sind auf Institute im Sinne der CRR begrenzt. Kreditinstitute nach der CRR sind nur solche Institute, welche Einlagen von Kunden entgegennehmen und Kredite vergeben.[70] Der Begriff des Kreditinstituts nach dem KWG ist dagegen weiter. So ist nach deutschem Recht ein Unternehmen z.B. auch dann Kreditinstitut, wenn es nur das Pfandbriefgeschäft oder das Diskontgeschäft betreibt.[71] Daher gibt es zahlreiche Kredit- und Finanzdienstleistungsinstitute im Sinne des KWG, die keine CRR-Institute sind. Soweit diese in Gruppen oder Konglomeraten beteiligt sind, ordnet das deutsche Recht allerdings an, dass die Vorgaben der CRR über die konsolidierte Aufsicht entsprechend gelten.[72] Nur soweit es sich bei dem übergeordneten Institut um ein Finanzdienstleistungsinstitut – und nicht um ein Kreditinstitut – gemäß den Kriterien des KWG handelt, gilt eine Einschränkung. In diesem Fall besteht nur dann eine Institutsgruppe im Sinne des deutschen Rechts, wenn mindestens ein CRR-Institut seinen Sitz in Deutschland hat.[73]

45 Man sollte die dem § 1a KWG unterliegenden Unternehmensgruppen als „KWG-Gruppen" bezeichnen, um diese von den unmittelbar der CRR unterliegenden Gruppe zu unterscheiden. Das übergeordnete Institut wird bei ihnen analog zu den Vorschriften der CRR bestimmt.[74] Kreditinstitute im Sinne des KWG, die keine CRR-Institute sind, können daher übergeordnetes Institut sein. Die BaFin kann allerdings ein anderes Institut bestimmen.[75] Im übrigen gelten ähnliche Vorschriften wie bei reinen Inlandsgruppen.[76]

III. Rechtsrahmen für die Krisenbewältigung von Bankkonzernen

1. Allgemeines: Ziel und Rechtsgrundlagen

46 Insolvenzverfahren im klassischen Sinn sind für systemisch bedeutsame Kredit- oder Wertpapierdienstleistungsinstitute ungeeignet. Die Eröffnung eines solchen Verfahrens kann das Vertrauen der Bevölkerung in die Funktionsfähigkeit des Finanzsystems erschüttern und zu einem *bank run* führen. Um die daraus folgenden Verwerfungen zu vermeiden, sahen sich während der Finanzkrise 2007/2008 Regierungen rund um den Globus gezwungen, systemrelevante Institute zu retten. Der dafür eingebürgerte Begriff „too big to fail" zeigt das Dilemma an, in dem sich Politiker und Banker befanden: Entweder sie unterstützenden fallierende Institute mit Steuergeldern, oder sie riskieren den Ausbruch oder die Vergrößerung der Krise mit allen negativen Folgen für die Realwirtschaft und die politische und soziale Stabilität. Meist wurde der erste Weg gewählt, d.h. die Institute wurden mit öffentlichen Mitteln gestützt. Dieser „bail-out" hat jedoch neue Probleme heraufbeschworen. Zum einen wurde in der Bevölkerung der Eindruck erweckt, Banker könnten mit Spareinlagen spekulieren und dabei entstehende Gewinne privatisieren, während sie eventuelle

---

[70] Art. 4 Abs. 1 Nr. 1 CRR.
[71] § 1 Abs. 1 Nr. 1a, 3 KWG.
[72] § 1a KWG.
[73] § 10a Abs. 1 S. 8 KWG.
[74] Siehe § 10a Abs. 1 S. 2 KWG.
[75] Siehe § 10a Abs. 1 S. 5 KWG.
[76] Siehe § 10a Abs. 1 S. 6f. KWG.

Verluste auf die Allgemeinheit abwälzen. Zum anderen entstand bei den systemisch relevanten Banken selbst ebenso wie bei ihren Vertragspartnern die Gewissheit, dass es für sie ein staatliches Sicherheitsnetz gäbe, das eine Insolvenz praktisch ausschließt. Dies führte zu *moral hazard,* das heißt der Eingehung besonders riskanter Geschäfte durch die Banken.

Zum Ausschluss des „too big to fail"-Dilemmas muss die Eröffnung und Durchführung   **47** von Insolvenzverfahren über regulierte Bank- und Finanzdienstleister so weit wie möglich ausgeschlossen werden. Dazu sieht der Gesetzgeber ein aufsichtliches Maßnahmenbündel vor, die im Vorfeld der Insolvenz einschließlich der vorläufigen Insolvenzverwaltung eingreifen. Sie sollen zum einen die drohende Zahlungsunfähigkeit oder Überschuldung durch Maßnahmen wie die Schuldenreduzierung abwenden. Falls dies nicht möglich ist, soll die Abwicklung so durchgeführt werden, dass sie keine Auswirkungen auf die Stabilität des Finanzsystems hat, zum Beispiel durch die Übertragung systemrelevanter Funktionen auf ein Brückeninstitut. Das Insolvenzverfahren wird damit zur praktischen Ausnahme. Es greift nur noch ein, falls die anderen Mittel versagen. Den allgemeinen Bestimmungen der InsO und den insolvenzgerichtlichen Sicherungsmaßnahmen gemäß §§ 21 ff. InsO kommt daher bei Banken und Finanzdienstleistern kaum praktische Bedeutung zu.[77] Sie werden durch aufsichtsrechtliche Spezialvorschriften verdrängt.

Die relevanten aufsichtsrechtlichen Grundlagen sind auf verschiedene Gesetze und Verordnungen verstreut. Sie unterscheiden sich hinsichtlich des Zeitpunkts des Eingreifens,   **48** ihres Zwecks und ihres Anwendungsbereichs. Ein weiterer Grund für die Fragmentierung der Rechtsgrundlagen liegt in der Überschneidung zwischen europäischer und nationaler Gesetzgebung. Einige Texte sind unmittelbar anwendbare EU-Verordnungen, v. a. die SSM-VO[78] und die SRM-VO[79]. Andere beruhen auf Richtlinien, vor allem der Bankenliquidationsrichtlinie[80] und der BRRD[81]. Auch das Beihilfenrecht hat praktisch großen Einfluss, weil jede mit staatlicher Hilfe durchgeführte Restrukturierung sich am Beihilfenverbot (Art. 107 AEUV) messen lassen muss. Schließlich hat der deutsche Gesetzgeber noch einige nationale Eigengewächse hinzugefügt v. a. das Kreditinstitute-Reorganisationsgesetzes (KredReorgG)[82] und einige Sonderbestimmungen im KWG.

In der Praxis wichtig ist auch der Einfluss der Einlagensicherung.[83] Diese soll die sozialen   **49** Folgen der Insolvenz von Kreditinstituten für Einleger weitgehend abfangen und dadurch die Gefahr des *bank run* vermindern. Da sie jedoch nur in dem seltenen Fall der Insolvenz greift und zudem ein Sondergebiet mit eigenen Rechtsproblemen bildet, das mit der eigentlichen Abwicklung wenig gemein hat, soll sie hier nicht näher dargestellt werden.[84]

Das Verhältnis der fragmentierten Rechtsakte und Rechtsgrundsätze zur Gefahren-   **50** abwehr, Sanierung und Abwicklung bereitet Schwierigkeiten.[85] Zum Teil überschneiden sich die in ihnen vorgesehenen Maßnahmen in zeitlicher Hinsicht. Daraus entstehende Konflikte müssen aufgelöst werden. Leitlinie ist dabei der primärrechtlich abgesicherte

---

[77]   *Binder,* Bankeninsolvenzen im Spannungsfeld, Berlin 2005, S. 255.

[78]   Verordnung (EU) Nr. 1024/2013 des Rates vom 15. Oktober 2013 zur Übertragung besonderer Aufgaben im Zusammenhang mit der Aufsicht über Kreditinstitute auf die Europäische Zentralbank, ABl.EU v. *29.10.2013, L 287/63.*

[79]   Verordnung (EU) Nr. 806/2014 des Europäischen Parlaments und des Rates vom 15. Juli 2014 zur Festlegung einheitlicher Vorschriften und eines einheitlichen Verfahrens für die Abwicklung von Kreditinstituten und bestimmten Wertpapierfirmen im Rahmen eines einheitlichen Abwicklungsmechanismus und eines einheitlichen Abwicklungsfonds, ABl.EU v. 30.7.2014, L 225/1.

[80]   Richtlinie 2001/24/EG des Europäischen Parlaments und des Rates vom 4. April 2001 über die Sanierung und Liquidation von Kreditinstituten, ABl. EG L125/15 v. 5.5.2001.

[81]   Richtlinie 2014/59/EU des Europäischen Parlaments und des Rates vom 15. Mai 2014 zur Festlegung eines Rahmens für die Sanierung und Abwicklung von Kreditinstituten und Wertpapierfirmen, ABl.EU v. 12.6.2014, L 173, S. 90.

[82]   Kreditinstitute-Reorganisationsgesetz vom 9. Dezember 2010 (BGBl. I S. 1900), zuletzt geändert durch Artikel 9 des Gesetzes vom 22. Dezember 2015 (BGBl. I S. 2565).

[83]   Siehe Einlagensicherungsgesetz vom 28. Mai 2015, BGBl. I S. 786.

[84]   Siehe die Darstellung bei *Sethe,* in Assmann/Schütze (Hrsg.), Einlagensicherung und Anlegerentschädigung, 4 Auflage, München 2015, § 26, S. 1159–1230.

[85]   Siehe dazu *Bauer/Hildner,* DZWiR 2015, 251.

Vorrang des EU-Rechts.[86] Dieses wirkt über den Grundsatz der richtlinienkonformen Auslegung auch in das nationale Recht hinein. Nur soweit der EU-Gesetzgeber keine eigenen Maßnahmen vorsieht und nationale nicht ausschließt, können die nicht auf europäischen Vorgaben beruhenden deutschen Regeln angewandt werden.

51 Die folgende Darstellung richtet sich statt an diesem Rangverhältnis an der zeitlichen Abfolge aus. Diese ist allerdings wegen der zeitlichen Überschneidungen der verschiedenen Maßnahmenpakete nicht ganz eindeutig. Außerdem erfassen sie wegen der unterschiedlichen Anwendungsbereiche zT abweichende Typen von Instituten. Die gewählte Reihenfolge ist daher eher als Richtschnur denn als strikte Zeitlinie zu verstehen.

2. Sanierungs- und Reorganisationsverfahren nach dem KredReorgG

52 Im Falle der ersten Anzeichen einer Krise, also sehr frühzeitig und in der Regel weit vor einer Insolvenz, greifen die Regeln des Reorganisationsgesetzes (KredReorgG) ein.[87] Sie sehen ein spezielles, außerinsolvenzrechtliches Verfahren vor.[88] Dieses greift nur für Kreditinstitute iSd § 1 Abs. 1 KWG, dagegen nicht für Finanzdienstleistungsinstitute iSd § 1 Abs. 1a KWG.[89] Die Einleitung eines Verfahrens nach dem KredReorgG ist freiwillig[90]; das Institut kann einen Antrag nach § 2 Abs. 1 KredReorgG stellen, doch trifft es dazu nach dem Gesetz keine Verpflichtung. Stellt es den Antrag, so genügt es einer Insolvenzantragspflicht gemäß § 46b Abs. 1 KWG, die in Ausnahmefällen bereits bestehen mag.

53 Der Antrag kann gestellt werden, sobald die Voraussetzungen des § 45 Abs. 1 S. 2 KWG erfüllt sind, d. h. die Vermögens-, Finanz- oder Ertragsentwicklung oder andere Umstände die Annahme rechtfertigen, dass das Institut den Anforderungen nach der CRR[91] und anderen Texten über die adäquate Kapitalausstattung nicht mehr erfüllen kann.[92] Weitere Voraussetzung ist, dass eine Gefährdung der Stabilität des Finanzsystems vorliegt.[93]

54 Folge der Antragstellung nach dem KredReorgG ist die Durchführung eines Sanierungs- oder eines Reorganisationsverfahrens. Beide werden unter der Aufsicht der BaFin und des OLG Köln geführt[94] und dienen der Stabilisierung des Finanzmarkts.[95] Das Sanierungsverfahren genießt dabei inhaltlichen Vorrang; ein Reorganisationsverfahren kann das Institut nur dann beantragen, wenn das Sanierungsverfahren seiner Ansicht nach keine Aussicht auf Erfolg hat.[96] Das Sanierungsverfahren besteht in der Festlegung eines Sanierungsplans durch das Institut selbst und dem Vorschlag eines Sanierungsberaters durch dieses.[97] Es findet ohne Eingriffe in Rechte Dritter statt; es kann z.B. in der Einigung auf einen Nachrang bestimmter Insolvenzgläubiger bestehen.[98] Das Reorganisationsverfahren kann dagegen sehr wohl in Rechte Dritter eingreifen; der Reorganisationsplan kann zB einen *debt-equity swap* vorsehen.[99]

55 Das reine Sanierungsverfahren wird kaum praktische Bedeutung gewinnen. Ein kriselndes Finanzunternehmen wird in der Regel eigene Anstrengungen zur Wiederherstellung

---

[86] EuGH, Rs. 26/62, Slg. Slg. 1963, 1 – Van Gend & Loos.
[87] Kreditinstitute-Reorganisationsgesetz vom 9. Dezember 2010 (BGBl. I S. 1900), zuletzt geändert durch Artikel 9 des Gesetzes vom 22. Dezember 2015 (BGBl. I S. 2565).
[88] *Bauer/Hildner*, DZWiR 2015, 251, 254.
[89] § 1 Abs. 1 S. 1 KredReorgG.
[90] *Bauer/Hildner*, DZWiR 2015, 251, 252.
[91] Verordnung (EU) Nr. 575/2013 des Europäischen Parlaments und des Rates vom 26. Juni 2013 über Aufsichtsanforderungen an Kreditinstitute und Wertpapierfirmen und zur Änderung der Verordnung (EU) Nr. 646/2012, ABl.EU v. 27.6.2013, L 176, S. 1.
[92] § 2 Abs. 1 S. 1 KredReorgG.
[93] § 1 Abs. 1 S. 2 KredReorgG.
[94] Siehe § 2 Abs. 3 S. 2; § 7 Abs. 3 KredReorgG.
[95] § 1 Abs. 1 S. 1 KredReorgG.
[96] § 7 Abs. 1 KredReorgG.
[97] § 2 Abs. 2 S. KredReorgG.
[98] § 2 Abs. 2 S. 2, 3 KredReorgG.
[99] Siehe § 9 KredReorgG.

der gesetzlich vorgeschriebenen Kapitalausstattung vornehmen, wie etwa die Aufnahme neuen Eigenkapitals. Durch die Beantragung eines Sanierungsverfahrens unter Aufsicht des OLG und der BaFin verbessert sich seine Situation kaum. Anders dagegen beim Reorganisationsverfahren: Da dieses Eingriffe in die Rechte Dritter gegen deren Willen erlaubt, kann es ein attraktiver Weg aus der Krise sein.

3. Aufsichtliche Gefahrenabwehr

a) Gefahrenabwehr nach dem KWG

Selbständig neben das KredReorgG treten besondere Regeln nach dem KWG. Sie ent- **56** halten Befugnisse der BaFin zur Anordnung vorinsolvenzlicher Sicherungsmaßnahmen. Zu ihnen zählen vor allem die sogenannten „*Maßnahmen in besonderen Fällen*" nach Abschnitt 4, „*Maßnahmen zur Vorbereitung und Durchführung der Abwicklung und Sanierung*" nach Abschnitt 4a sowie die „*Maßnahmen bei Gefahren für die Stabilität des Finanzsystems*" nach Abschnitt 4b des KWG. Ungeachtet der Verschiedenheiten im Einzelnen ist sämtlichen dieser Bestimmungen das Ziel der Gefahrenabwehr gemein. Sie sind damit in das klassische Verwaltungsrecht einzuordnen.

Im Gegensatz zu den Verfahren nach dem KredReorgG stehen die Maßnahmen nach **57** dem KWG nicht im Belieben des Kreditinstituts, sondern sind verpflichtend. Soweit sie sich in zeitlicher Hinsicht überschneiden, werden sie wegen des bindenden Charakters nicht parallel zu diesem, sondern nur alternativ stattfinden. Außerdem ist ihr Anwendungsbereich weiter: Sie greifen nicht nur bei einer Gefährdung der Finanzsystemstabilität, sondern ganz allgemein, wenn ein Institut die Kapitalanforderungen nach der CRR und anderen Texten voraussichtlich nicht mehr erfüllen kann. Zudem erfassen sie neben Kreditinstituten auch Finanzdienstleistungsinstitute: Jede kleine Sparkasse und jede Wertpapierfirma kann daher betroffen sein.[100]

Die Befugnisse der BaFin sind ausgesprochen vielgestaltig und weitreichend. Sie greifen **58** zB auch bei organisatorischen Mängeln, siehe § 45b KWG. An dieser Stelle interessieren wegen ihrer Insolvenzähnlichkeit nur diejenigen, die bei unzureichender Eigenmittelausstattung oder mangelnder Liquidität eingreifen.

aa) Berichtspflichten

Eine erste Gruppe von Maßnahmen ist die Auferlegung von Berichtspflichten gegenüber **59** dem Kriseninstitut nach § 45 Abs. 1 KWG. Sie können angeordnet werden, sobald anzunehmen ist, dass das Institut die ihm obliegenden Eigenmittel- und Liquiditätsanforderungen dauerhaft nicht mehr erfüllen wird. Die zeitlichen Voraussetzungen decken sich mit denen des Sanierungsverfahrens nach dem KredReorgG, außer dass diese objektiv und nicht subjektiv aus Sicht des betroffenen Instituts formuliert sind. Die BaFin kann das Institut verpflichten, über seine Geschäftsentwicklung, eine bessere Abschirmung gegenüber Risiken und geeignete Maßnahmen zur Erhöhung des Kernkapitals zu berichten und ein Konzept zur Abwendung der Gefahrenlage zu entwickeln.[101] Da es sich lediglich um Berichtspflichten handelt, stehen diese der Durchführung eines freiwilligen Sanierungsverfahrens nach dem KredReorgG nicht entgegen.

bb) Maßnahmen bei Nichteinhaltung der Kapitalanforderungen

Sobald ein Institut die Kapitalanforderungen tatsächlich nicht mehr erfüllt, ist die BaFin **60** nach § 45 Abs. 2 KWG zu weitergehenden Maßnahmen befugt. Sie kann u. a. Gewinnentnahmen der Gesellschafter oder Ausschüttungen an diese ebenso untersagen wie gewisse

---

[100] Siehe § 45 Abs. 1 S. 1 KWG: „Institute". Zur Bestimmung des Institutsbegriffs siehe § 1 Abs. 1b KWG.
[101] Vgl. im Einzelnen § 45 Abs. 1 S. 1 Nr. 1–4 KWG.

bilanzielle Maßnahmen, die Zahlung von Dividenden auf Vorzugsaktien oder die Vergabe von Krediten; sie kann Maßnahmen zur Risikoreduzierung anordnen; sie darf auch variable Vergütungsbestandteile des Managements (boni) beschränken oder streichen.[102] Außerdem kann sie vom Institut verlangen, dass es einen Restrukturierugsplan entwickelt oder Maßnahmen aus dem gem. dem SAG zu erstellenden Sanierungsplan umsetzt (dazu noch unten IV 1).[103] Vor diesen Anordnungen muss sie dem Institut eine Frist zur Behebung der festgestellten Mängel setzen.[104]

cc) Bestellung eines Sonderbeauftragten

61   Die BaFin kann zudem gem. § 45c KWG einen Sonderbeauftragten bestellen, der innerhalb eines Kredit- oder Finanzdienstleistungsinstituts von der Behörde bestimmte Aufgaben wahrnimmt.[105] Er kann zB Aufgaben und Befugnisse der Geschäftsleitung oder Organe des Instituts wahrnehmen, Maßnahmen zur Herstellung einer geeigneten Geschäftsleitung oder eines angemessenen Risikomanagements erlassen, die Einhaltung von Anordnungen der BaFin züberwachen, einen Restrukturierungsplan für das Institut erstellen, einen Sanierungs- und Abwicklungsplan vorbereiten oder Schadensersatzansprüche gegen Organe prüfen.[106] Dieser tiefe Eingriff in die gesellschaftsrechtliche Organisation des Unternehmens erklärt sich aus dem besonderen öffentlichen Interesse an der Funktionsfähigkeit von Kredit- und Finanzdienstleistungsinstituten. Die Befugnis der BaFin zur Bestellung eines Sonderbeauftragten ist nach dem Wortlaut des § 45c KWG an keine Voraussetzungen gebunden. Allerdings folgt aus dem Grundsatz des Vorbehalts des Gesetzes und der systematischen Zusammenschau mit den anderen Vorschriften des Dritten Abschnitts des KWG, dass die Vorschrift einschränkend auszulegen ist.[107]

dd) Befugnisse bei Gefahr der Nichterfüllung von Verpflichtungen

62, 63   Noch robuster sind die Eingriffsmöglichkeiten der BaFin, sobald die Gefahr besteht, dass das Institut seine Pflichten – insbesondere die zur Rückzahlung der Einlagen – nicht mehr erfüllen wird. In diesem Fall kann die Aufsichtsbehörde gemäß § 46 KWG direkte Anweisungen an die Geschäftsführung erlassen, die Annahme von Einlagen und Geldern sowie die Vergabe von Krediten verbieten, die Tätigkeit von Inhabern und Geschäftsleitern untersagen, ein vorübergehendes Veräußerungs- und Zahlungsverbot erlassen, sog. Schaltererschließungen anordnen und die Entgegennahme von Zahlungen verbieten, soweit diese nicht zur Erfüllung von Verbindlichkeiten dienen.[108] Nach dem Erlass eines Veräußerungs- und Zahlungsverbots darf das Institut Geschäfte nur noch in Abstimmung mit der Entschädigungseinrichtung abwickeln und eingehen.[109]

ee) Anwendung auf Konzerne

64   Besonders wichtig im Kontext der Konzerninsolvenz ist, dass die Maßnahmen nach § 45 Abs. 1 und 2 KWG auch an übergeordnete Unternehmen des fallierenden Instituts iSd § 10a KWG sowie Institute gerichtet werden können, die zu deren Unterkonsolidierung verpflichtet sind.[110] Sie dürfen zudem erlassen werden, soweit das übergeordnete Unternehmen selbst die Anforderungen an Kapital und Liquidität nicht einhält.[111] Ein Sonderbeauf-

---

[102] Siehe § 45 Abs. 2 S. 1 Nr. 1–6 KWG.
[103] § 45 Abs. 2 S. 1 Nr. 7 und 8 KWG.
[104] § 45 Abs. 5 S. 1 KWG.
[105] Zu ihm *Herring/Fiedler*, WM 2011, 1311 ff.
[106] Vgl. im Einzelnen § 45 Abs. 2 KWG.
[107] *Lindemann*, in: Boos/Fischer/Schulte-Mattler, KWG, CRR-VO, 5. Aufl. 2016, § 45c KWG, Rn. 2.
[108] Vgl. § 46 Abs. 1 S. 1 KWG.
[109] § 46 Abs. 2 S. 2 KWG.
[110] § 45 Abs. 3 KWG.
[111] § 45 Abs. 6 KWG.

tragter kann auch für Finanzholding-Gesellschaften und gemischte Finanzholding-Gesellschaften bestellt werden, die als übergeordnete Unternehmen gelten.[112] Im Rahmen der Gefahrenabwehr nach § 46 KWG kann die BaFin auch nachteilige Zahlungen an andere konzernangehörige Gesellschaften untersagen.[113]

b) Maßnahmen nach der SSM-VO

Seit der Einführung der Bankenunion im Jahre 2014 unterstehen signifikante Kreditinstitute nicht länger der kombinierten Aufsicht von BaFin und Deutscher Bundesbank, sondern der unmittelbaren Aufsicht durch die EZB. Dies ist Teil des Einheitlichen Aufsichtsmechanismus (Single Supervisory Mechanism – SSM).[114] Die sog. SSM-VO[115] stattet die EZB mit den notwendigen Befugnissen aus. Dazu gehört u.a. die Befugnis zum frühzeitigen Eingreifen, sollte eine Bank die einschlägigen Unionsrechtsakte und nationalen Rechtsgrundlagen nicht beachten, wie die CRR oder das die CRD IV umsetzende KWG.[116] Es genügt jedoch auch die Kenntnis der EZB, dass das Institut gegen diese Anforderungen innerhalb der nächsten 12 Monate verstoßen wird.[117] Eingriffsbefugnisse werden ebenfalls ausgelöst, wenn die Bank kein solides Risikomanagement und keine solide Risikoabdeckung aufweist.[118] **65**

Liegen die Voraussetzungen für ein frühzeitiges Eingreifen vor, hat die EZB eine ganze Bandbreite von Eingriffsbefugnissen.[119] Sie kann vom betroffenen Institut u.a. die Vorhaltung zusätzlicher Eigenmittel verlangen, ebenso die Vorlage eines Plans zur Rückkehr zur Erfüllung der Aufsichtsanforderungen und eine bestimmte Rückstellungspolitik. Sie kann ebenso die Geschäftsbereiche und Tätigkeiten der Bank einschränken, die variable Vergütung der Beschäftigten begrenzen, Ausschüttungen einschränken oder untersagen, und Mitglieder des Leitungsorgans abberufen. Viele dieser Kompetenzen ähneln denen der BaFin gemäß § 46 KWG. **66**

Durch das frühzeitige Eingreifen der EZB soll verhindert werden, dass Kreditinstitute in eine Schieflage gelangen, in denen weitergehende Maßnahmen wie Sanierung und Abwicklung nötig werden. Es ist mit anderen Worten Aufgabe der Aufsichtsbehörde, vor den besonderen Abwicklungsbehörden eine Krise des Instituts zu beseitigen. **67**

Um eine Koordination mit der Abwicklungsbehörde zu erreichen, muss sie diese über alle Maßnahmen unterrichten.[120] In vielen Fällen wird die Krise allerdings plötzlich auftreten und sich rasant ausweiten. Dann bleiben nur Sanierung und Abwicklung. **68**

4. Gefahrenabwehr nach SRM-VO und SAG: Sanierung- und Frühintervention

Parallel zu den rechtlichen Grundlagen des Aufsichtsrechts existiert ein eigenständiger rechtlicher Komplex der Sanierung und Abwicklung, der in der SRM-VO und im SAG geregelt wird. Die dort vorgesehenen Entscheidungen, Prozedere und Maßnahmen überschneiden sich z.T. zeitlich als auch inhaltlich mit denen nach KredReorgG, KWG und SSM-VO. Sie sind von diesen jedoch durch ihre Herkunft strikt zu unterscheiden. Das **69**

---

[112] § 45c Abs. 8 KWG.
[113] § 46 Abs. 1 S. 2 KWG.
[114] Dazu *Lehmann/Manger-Nestler*, ZBB 2011, S. 2–24.
[115] VO (EU) Verordnung (EU) Nr. 1024/2013 des Europäischen Parlaments und des Rates vom 15. Oktober 2013 zur Übertragung besonderer Aufgaben im Zusammenhang mit der Aufsicht über Kreditinstitute auf die Europäische Zentralbank („SSM-VO"), ABlEU v. 29.10.2013, L 287/63.
[116] Art. 16 Abs. 1 Nr. 1 lit. a i.V.m. Art. 4 Abs. 3 SSM-VO.
[117] Art. 16 Abs. 1 Nr. 2 SSM-VO.
[118] Art. 16 Abs. 1 Nr. 3 SSM-VO.
[119] Siehe Art. 9 i.V.m. Art. 16 Abs. 2 SSM-VO.
[120] Art. 13 Abs. 1 SRM-VO.

Sanierungs- und Abwicklungsverfahren ist in einen internationalen Kontext eingebettet. Das Financial Stability Board (FSB) hat im Oktober 2011 eine allgemeine Beschreibung der Merkmale effektiver Abwicklungsregelungen entwickelt.[121] Diese wurden einen Monat später von den Staats- und Regierungschefs der G20 auf ihrem Gipfel in Cannes gebilligt.[122] Die in der Union geltenden Rechtsgrundlagen der SRM-VO und der BRRD richten sich an diesen internationalen Vorgaben aus und konkretisieren diese. Die von nationalen Behörden durchgeführten Verfahren sind nach der Bankenliquidationsrichtlinie von anderen Mitgliedstaaten anzuerkennen, die zu diesem Zweck auf Abwicklungsverfahren nach der BRRD erweitert wurde.[123] Auf deutscher Ebene setzt das Sanierungs- und Abwicklungsgesetz (SAG) die Vorgaben der BRRD um.

70   Die europäische Herkunft der SRM-VO und der europarechtliche Hintergrund der Normen des SAG haben praktische Auswirkungen. Anders als bei KredReorgG und KWG dürfen keine nationalen Maßstäbe für die Interpretation verwandt werden. Vielmehr gelten das Gebot der autonomen sowie der richtlinienkonformen Auslegung. Sollten dadurch Widersprüche zu KredReorgG auftreten, so sind diese zugunsten des EU-Rechts aufzulösen.

a) Sanierungsplanung

71   Die Regelungen zur Krisenintervention sind von dem Bemühen getragen, die Sanierung möglichst weitgehend im Voraus zu planen. Damit soll dem enormen Zeitdruck, unter dem Krisenmanagementmaßnahmen bei Banken stehen, Rechnung getragen werden.

72   Aus diesem Grund werden Kredit- und Finanzdienstleistungsinstitute verpflichtet, selbst Pläne für ihre eigene Sanierung zu erstellen.[124] Diese Pläne bedürfen der Prüfung und Bewertung seitens der zuständigen Aufsichtsbehörde (EZB und BaFin), die bei Mängeln Abhilfe verlangen kann.[125] Der Sanierungsplan kann sowohl im Rahmen der Eingriffsbefugnisse nach KWG als auch für ein frühzeitiges Eingreifen nach dem SAG relevant werden.[126] Sobald die Eingriffsvoraussetzungen vorliegen, kann die Aufsichtsbehörde verlangen, dass der Sanierungsplan implementiert wird. Um eine Koordination mit der Abwicklungsbehörde zu erreichen, muss sie diese von allen Maßnahmen unterrichten.[127]

b) Frühintervention einschließlich Sanierung und gruppeninterne Unterstützung

aa) Relevanter Zeitpunkt und zuständige Behörde

73   Vor das Abwicklungsverfahren hat der Gesetzgeber Frühinterventionsmaßnahmen gesetzt, siehe § 36 SAG und Art. 13 SRM-VO. Die Maßnahmen treten laut ausdrücklicher gesetzlicher Anordnung neben die des Aufsichtsrechts,[128] auch wenn sie diesen teilweise sehr ähnlich sind. Ebenso wie diese greifen sie zu einem sehr frühen Zeitpunkt ein, nämlich bereits dann, wenn dem Institut eine Verschlechterung der Finanzsituation „in naher Zukunft ... droht".[129]

74   Aus dem Eingreifen vor dem Zeitpunkt der Abwicklung erklärt sich, dass diese Maßnahmen nicht von der Abwicklungs-, sondern von der Aufsichtsbehörde durchzuführen sind, d. h. durch die EZB oder die BaFin.

---

[121] FSB, Key Attributes of Effective Resolution Regimes, Oktober 2011. Eine neue Version wurde 2014 veröffentlicht.
[122] Siehe G20, Cannes Summit Final Declaration, 4. November 2011, S. 6, Nr. 28.
[123] Siehe Art. 2 Spiegelstrich 7 Richtlinie 2001/24/EG in der Fassung durch Art. 117 Nr. 2 BRRD.
[124] Art. § 12 Abs. 1 SAG.
[125] §§ 15 f. SAG.
[126] Siehe § 45 Abs. 2 S. 1 Nr. 8 KWG; § 36 Abs. 1 S. 3 Nr. 1 lit. b SAG.
[127] Art. 13 Abs. 1 SRM-VO.
[128] Siehe § 36 Abs. 1 S. 1 SAG, Art. 16 Abs. 2 SRM-VO.
[129] § 36 Abs. 1 S. 2 SAG.

bb) Inhalt

Inhaltlich gleichen die im SAG vorgesehenen Eingriffsbefugnisse denen des § 45 Abs. 2 **75** KWG. Inbesondere kann auch hier vom Kriseninstitut verlangt werden, dass es Sanierungspläne anwendet, Pläne zur Überwindung der Krise erstellt und seine Geschäftsstrategie ändert.[130] Hinzu kommt – neben der ohnehin bestehenden Pflicht zur Informationsgewährung – die Möglichkeit der Einberufung einer Hauptversammlung sowie die Abberufung einzelner oder mehrerer ungeeigneter Geschäftsleiter.[131] Anders als nach dem KWG ist die Liste jedoch nicht beschränkt, sondern erstreckt sich auf alle Maßnahmen, *„die geeignet und erforderlich sind, um die signifikant verschlechterte wirtschaftliche Situation des Instituts zu verbessern"*.[132] Es können also auch nicht spezifisch genannte Maßnahmen getroffen werden. Reichen die Maßnahmen nicht aus, kann die Abbestellung aller Geschäftsleiter und die Ernennung eines vorläufigen Verwalters angeordnet werden, vgl. §§ 37 f. SAG.

cc) Sanierung

Zu den Frühinterventionsmaßnahmen gehört auch die Möglichkeit, zu verlangen, dass das **76** Institut einzelne im Sanierungsplan vorgesehene Maßnahmen umsetzt.[133] Dieses Verfahren ist nicht mit der oben erörterten freiwilligen Sanierung nach dem KredReorgG zu verwechseln. Vielmehr handelt es sich um ein zwingendes, von öffentlichen Stellen initiiertes und durchgeführtes Verfahren.

dd) Gruppeninterne finanzielle Unterstützung

Besonders relevant für den Konzernkontext ist die Vereinbarung über die gruppeninterne **77** finanzielle Unterstützung. Diese kann zwischen übergeordneten und gruppenangehörigen Instituten oder in die Konsolidierung einbezogenen Instituten einer internationalen Gruppe für den Fall geschlossen werden, dass bei einem beteiligten Institut die Voraussetzungen für ein frühzeitiges Eingreifen vorliegen, siehe § 22 Abs. 1 SAG. Als Unterstützungsleistungen kommen Darlehen oder Sicherheiten in Betracht; für diese muss zwingend eine Gegenleistung vereinbart werden, § 23 Abs. 3 und 4 SAG. Die Vereinbarung bedarf der Genehmigung durch die zuständige Aufsichtsbehörde, § 25 Abs. 1 SAG. Es entscheiden die für die Gruppenmitglieder zuständigen Behörden im Einvernehmen, §§ 26 f. SAG; bei Fehlen eines Einvernehmens kann die Europäische Bankenaufsichtsbehörde EBA um Streitschlichtung ersucht werden, § 26 Abs. 4, § 27 Abs. 2 SAG. Die Vereinbarung über eine gruppeninterne finanzielle Unterstützung bedarf zudem der Zustimmung der Anteilsinhaber, in der Regel der Hauptversammlung, der beteiligten Institute, § 29 SAG. Sie muss der Abwicklungsbehörde mitgeteilt werden, 28 SAG. Die finanzielle Unterstützung darf nur unter engen, in § 30 SAG beschriebenen Voraussetzungen gewährt werden. Namentlich muss sie nicht nur bezwecken, die finanzielle Stabilität der Gruppe als Ganzes oder eines Unternehmens der Gruppe zu erhalten, sondern sie muss auch im Interesse des die Unterstützung gewährenden Unternehmens liegen; sie darf auch nicht dessen Solvabilität, Liquidität oder Abwicklungsfähigkeit gefährden. Die Entscheidung über die Gewährung ist durch Beschluss der Geschäftsleitung zu treffen, welcher der Zustimmung der Aufsichtsbehörde bedarf, § 31 Abs. 1, § 33 Abs. 1 SAG. Es handelt sich um eine Form der privaten gruppeninternen Sanierung unter öffentlicher Aufsicht.

---

[130] § 36 Abs. 1 S. 3 Nr. 1 lit. a, c – e SAG.
[131] § 36 Abs. 1 S. 3 Nr. 1 lit. g, 2 SAG.
[132] § 36 Abs. 1 S. 1 KWG. Siehe auch den Ausdruck „insbesondere" in § 36 Abs. 1 S. 3 KWG.
[133] § 36 Abs. 1 S. 3 Nr. 1 lit. b SAG.

5. Rolle des Abwicklungsrechts

78 Soweit die frühe Intervention einschließlich von Sanierungsmaßnahmen fehlgeschlagen ist oder keine Aussicht auf Erfolgt hat, beginnt das Abwicklungsverfahren. Es handelt sich um ein Sonderinsolvenzrecht (*special resolution regime*) für Kredit- und Finanzdienstleistungsinstitute sowie Finanzgruppen und –konglomerate. Es weicht vom normalen Insolvenzrecht in mehrerer Hinsicht ab. Sein Ziel ist nicht die Verteilung von Vermögenswerten des fallierenden Unternehmens, sondern die Erhaltung der Finanzsystemstabilität unter Ausschluss möglicher Belastungen des Steuerzahlers. Diese Zwecksetzung wird in der Abwicklungsgesetzgebung durch fünf sogenannte Abwicklungsziele konkretisiert, nämlich[134]:

- die Sicherstellung der Kontinuität kritischer Funktionen,
- die Vermeidung erheblicher negativer Auswirkungen auf die Finanzstabilität, vor allem durch die Verhinderung einer Ansteckung, beispielsweise von Marktinfrastrukturen, und durch die Erhaltung der Marktdisziplin,
- den Schutz öffentlicher Mittel durch geringere Inanspruchnahme außerordentlicher finanzieller Unterstützung aus öffentlichen Mitteln,
- den Schutz der unter die Richtlinie 2014/49/EU fallenden Einleger und der unter die Richtlinie 97/9/EG fallenden Anleger,
- der Schutz der Gelder und Vermögenswerte der Kunden.

79   Damit werden die Lehren aus der Finanzkrise gezogen. Insbesondere soll dem „too big to fail"-Dilemma vorgebeugt werden.

80   Die Abwicklung greift, sofern drei Voraussetzungen kumulativ erfüllt sind: (1) Das betroffene Unternehmen fällt aus oder fällt wahrscheinlich aus, (2) es besteht keine Aussicht, dass der Ausfall des Unternehmens durch alternative Maßnahmen verhindert werden kann, und (3) eine Abwicklung ist im öffentlichen Interesse erforderlich.[135] Mit ihrer Vorbereitung kann die Abwicklungsbehörde schon vorher beginnen, nämlich sobald ihr Frühinterventionsmaßnahmen der Aufsichtsbehörde mitgeteilt werden.[136] Bereits zu diesem Zeitpunkt kann die Abwicklungsbehörde vom Kriseninstitut verlangen, an potentielle Erwerber heranzutreten.[137] Bei allen Maßnahmen haben die beteiligten Behörden auf die Kohärenz der Maßnahmen zu achten.[138]

81   Das praktisch wichtigste Werkzeug der Abwicklung ist der *bail-in*: Gesellschafter und Gläubiger werden an den Verlusten beteiligt, in dem ihre Beteiligungen und Forderungen gekürzt, auf Null herabgeschrieben oder umgewandelt (debt-equity-swap) werden. Ein weiteres Abwicklungsinstrument ist die Übertragung des Instituts oder nur einzelner systemrelevanter Teile dessen auf ein anderes, wirtschaftlich gesundes Institut oder eine Brückenbank; nur die nicht systemrelevanten Teile werden dem allgemeinen Insolvenzverfahren unterworfen.[139] Häufig werden beide nebeneinander angewandt, z. B. im ersten Fall der Anwendung der BRRD, der Abwicklung der spanischen Banco Popular, bei der zuerst die Anteile der Gesellschafter und Tier 1- und Tier 2-Kapital auf Null herabgeschrieben und danach das Unternehmen für einen Euro an die Bank Santander veräußert wurde.

---

[134] Art. 14 SRM-VO.
[135] *Wojcik/Ceyssens*, RIW 2014, 893, 895.
[136] Art. 13 Abs. 2 SRM-VO.
[137] Art. 13 Abs. 3 SRM-VO.
[138] Art. 13 Abs. 5 SRM-VO.
[139] Siehe zum sogenannten sale of business tool, bridge institution tool und asset separation tool unten Rn. 111 ff.

6. Abwicklung nach europäischen Regeln (SRM-VO)

a) Institutionell-organisatorische Aspekte, Rechtsgrundlagen und Zuständigkeiten im SRM

Die Abwicklung nach der SRM-VO gilt nur für die Staaten des Eurogebiets. Sie ist die **82** zweite Säule der Bankenunion, zu der daneben noch der Einheitliche Aufsichtsmechanismus (Single Supervisory Mechanism – SSM) und das bislang nicht in Kraft getretene Europäische Einlagensicherungssystem (European Deposit Insurance System – EDIS) zählt. Mit der Bankenunion reagiert die EU auf die Staatsschuldenkrise, die auf die globale Finanzkrise folgte und vor allem die Staaten des Eurogebiets betroffen hat. Mit der in der SRM-VO vorgesehenen Bündelung der Abwicklungsentscheidung auf europäischer Ebene sollen die innerhalb des einheitlichen Währungsgebiets bestehenden Unterschiede überwunden werden, die zu mangelndem Vertrauen der Finanzmärkte und zu Instabilitäten geführt haben.[140] Irland, Portugal und Griechenland sind Beispiele dafür, wie eine Bankkrise sich negativ auf die Refinanzierung des Staats auswirken kann, wenn diesem die Rettung der Krisenbank nicht zugetraut wird; der Einbruch der Banken und der Wegfall staatlicher Finanzierung hat wiederrum Nachteile für die Industrie und das Dienstleistungsgewerbe zur Folge. Mit der SRM-VO soll dieser verhängnisvolle Zusammenhang zwischen Bankenkrisen, Staatsschuldenkrisen und Krisen der Realwirtschaft überwunden werden.[141]

Nach der SSM-VO wird die unmittelbare Aufsicht über signifikante Institute von den **83** Mitgliedstaaten auf die EZB übertragen. Die SRM-VO sieht eine vergleichbare Zentralisierung der Entscheidung über die Abwicklung vor. Zentrales Koordinierungs- und Entscheidungsgremium des SRM ist der Einheitliche Abwicklungsausschuss (Single Resolution Board, im Folgenden kurz SRB). Der SRB wurde mit der SRM-VO als Agentur der Union errichtet. Er besitzt eigene Rechtspersönlichkeit und genießt in jedem Mitgliedstaat die weitestgehende Rechts- und Geschäftsfähigkeit, die juristischen Personen nach nationalem Recht zuerkannt ist.[142] Sitz des SRB ist Brüssel.

b) Aufgabenverteilung im SRM

Die Logik der Aufgabenverteilung im SRM ist derjenigen des SSM vergleichbar, wenn- **84** gleich sie infolge der Beteiligung einer Vielzahl verschiedener Entscheidungs- und Interessenträger auch wesentlich komplexer ist; sie schließt verschiedene Zuständigkeiten und Rechtsquellen auf nationaler ebenso wie auf supranationaler, europäischer Ebene ein.

Im Kern kann die Verteilung dieser Zuständigkeiten wie folgt beschrieben werden: **85** Gemäß Art. 7 Abs. 2 SRM-VO ist der SRB grundsätzlich (i) für die Erstellung der sogenannten Abwicklungspläne sowie (ii) sämtliche Beschlüsse im Zusammenhang mit einer Abwicklung – hierzu zählen beispielsweise auch Beschlüsse zur Beseitigung von Abwicklungshindernissen sowie die Festsetzung der sogenannten MREL-Quote – zuständig. Das so umrissene Aufgabenspektrum bezieht sich dabei grundsätzlich auf:

a) sämtliche durch die EZB beaufsichtigte Unternehmen[143] und Unternemensgruppen[144] **86** sowie

---

[140] Ewgr. 2 SRM-VO.
[141] Ewgr. 6 SRM-VO.
[142] Art. 42 SRM-VO.
[143] Erfasst werden Unternehmen im Sinne von Art. 2 der SRM-VO. Hierzu zählen (i) in einem teilnehmenden Mitgliedstaat niedergelassene Kreditinstitute, (ii) Mutterunternehmen, einschließlich Finanzholdinggesellschaften und gemischter Finanzholdinggesellschaften, die in einem teilnehmenden Mitgliedstaat niedergelassen sind und der konsolidierten Aufsicht der EZB unterliegen sowie (iii) in einem teilnehmenden Mitgliedstaat niedergelassene Wertpapierfirmen und Finanzinstitute, wenn sie gemäß in die Beaufsichtigung ihres Mutterunternehmens auf konsolidierter Basis durch die EZB einbezogen sind.
[144] Siehe Art. 3 Abs. 1 Nr. 23 SRM-VO. Hiernach handelt es sich bei einer Gruppe um ein Mutterunternehmen und seine Tochterunternehmen, bei denen es sich um Unternehmen im Sinne von Art. 2 SRM-VO handelt.

87 b) sogenannte „grenzüberschreitende Gruppen"[145], die, ohne der Zuständigkeit der EZB zu unterliegen, in mehreren Mitgliedstaaten der Bankenunion niedergelassen sind. Hierzu zählt beispielsweise die Gruppe der MM Warburg.

88 Unterstützung erhält der SRB von den zuständigen nationalen Abwicklungsbehörden (NAB), deren Aufgaben in Deutschland von der Bundesanstalt für Finanzmarktstabilisierung (FMSA) wahrgenommen wird.[146] Die NAB sind gegenüber dem SRB in hohem Maße weisungsgebunden, sie agieren gewissermaßen als verlängerter Arm des SRB.

89 Ergänzend sei auf zwei Besonderheiten hingewiesen: Vergleichbar der Situation im SSM hat auch der SRB unter gewissen Voraussetzungen, insbesondere wenn dies für die kohärente Anwendung hoher Abwicklungsstandards notwendig ist, das Recht des Selbsteintritts. In diesem Fall kann der SRB die in der SRM-VO enthaltenen Befugnisse auch mit Bezug zu solchen Bankengruppen wahrnehmen, die nicht die oben beschriebenen Charakteristika erfüllen.[147] Gemeint sind damit insbesondere nicht-signifikante Einheiten, sog. less systemically important institutions (LSI). Möglich ist auch, dass die nationalen Abwicklungsbehörden ihre Entscheidungsbefugnisse auf den SRB übertragen.[148]

c) Vollzug

90 Das Unionsrecht wird im SRM grundsätzlich indirekt vollzogen. Das bedeutet, dass Entscheidungen im SRM-VO vom Ausschuss auf der Grundlage des einschlägigen Unionsrechts, insbesondere der SRM-VO, getroffen werden. Die Umsetzung der Entscheidung erfolgt durch die NAB auf der Grundlage und in Überstimmung mit den nationalen Rechtvorschriften.[149] Im Mittelpunkt hierbei stehen jene Regelungen, die im Zuge der BRRD in nationales Recht umzusetzen waren und die in der SRM-VO enthaltenen Kompetenzen nachzeichnen sollen. In Deutschland wurde die BRRD durch das SAG umgesetzt.[150] Ziel ist ein möglichst reibungsfreies Miteinander der europäischen und der nationalen Bestimmungen.[151]

91 Besonders interessant sind die regelungstechnischen Unterschiede zum SSM. Anders als der EZB, ist dem SRB der Rückgriff auf nationale Rechtsvorschriften versperrt. Die Anwendung nationaler Vorschriften erfolgt also nicht als Anwendung nationalen Rechts. Zwar ist die Anwendung nationalen Rechts im SSM nicht der Regelfall, im Einzelfall ist dieser Rückgriff aber möglich, so beispielsweise beim Entzug der Bankerlaubnis. Im Rahmen der SRM-VO ist dies anders. Hier annektiert das Unionsrecht die nationalen Bestimmungen zu eigenen Zwecken und widmet sie so, allein anlässlich ihrer Anwendung, in europäisches Recht um.[152] Das hat Auswirkungen auf den Rechtsschutz. Er ist im Falle der Anwendung nationaler Vorschriften durch den SRB vor den Unionsgerichten zu suchen.

92 Als Folge der Meroni-Judikatur des EuGH[153] erfordern diverse Entscheidungen im SRM überdies die Einbindung weiterer vertraglich vorgesehener Einrichtungen der EU, namentlich der Europäischen Kommission und des Rates. Aus der Perspektive des SRM ist Folge dieser Judikatur beispielsweise die in Art. 18 (7) SRM-VO enthaltene Regelung, wonach

---

[145] Art. 3 Abs. 1 Nr. 24 SRM-VO.
[146] Mit Wirkung zum 1. Januar 2018 geht diese Aufgabe auf die Bundesanstalt für Finanzdienstleistungsaufsicht über und bildet dort einen eigenständigen Geschäftsbereich.
[147] Art. 7 Abs. 4 lit. b) SRM-VO.
[148] Art. 7 Abs. 5 SRM-VO.
[149] Siehe zur Umsetzung des sog. Abwicklungskonzepts (dazu noch unten Rn. 109) Art. 19 Abs. 8 SRM-VO.
[150] Zur Abwicklung nach dem SAG → Rn. 127.
[151] Da die SRM-VO unmittelbar in den unter der Bankenunion zusammengeschlossenen Mitgliedstaaten unmittelbar gilt, beschränkt sich die nachfolgende Darstellung grundsätzlich auf die dort enthaltenen Regelungen.
[152] Hierzu sowie ausführlich zu Fragen des Rechtsschutzes in SSM und SRM *Kämmerer*, WM 2016, 9.
[153] EuGH, Urt. v. 13.6.1958 C956 C-9/56 – Meroni; bestätigend EuGH, Urt. v. 22.1.2014 C27012 C-270/12 – ESMA.

sowohl der Europäischen Kommission als auch dem Rat unter gewissen Voraussetzungen Mitspracherechte in Abwicklungsentscheidungen eingeräumt werden.

d) Vorbereitung der Abwicklung

Die Abwicklung eines Kreditinstituts oder eines ganzen Bankkonzerns ist ohne eine **93** intensive Vorbereitung und eine fortlaufende Überwachung nicht denkbar. Um diese ambitionierte Aufgabe bewältigen zu können, stehen im SRM im Wesentlichen zwei Instrumente zur Verfügung: Die Abwicklungsplanung sowie die Befugnis, Hindernisse für die Abwicklung zu beseitigen.

aa) Abwicklungsplanung

Die Abwicklungsplanung ist von der schon oben beschriebenen Sanierungsplanung zu **94** unterscheiden.[154] Zuständig ist insoweit die Abwicklungsbehörde (SRB oder Bundesanstalt für Finanzmarktstabilisierung).[155] Sie muss die Abwicklungspläne selbst erstellen, kann sich dabei aber auf die Unterstützung durch das Institut verlassen, das die notwendigen Informationen liefern muss.[156] Der Abwicklungsplan ist gewissermaßen als Drehbuch für die Bewältigung einer Krisensituation zu verstehen. Die Abwicklung soll sich an den im Plan vorgesehenen Maßnahmen und Schritten orientieren. Allerdings ist dies in praktischer Hinsicht oft schwierig, da die Umstände des Einzelfalls ein Abweichen gebieten können.

Der Abwicklungsplan schließt beispielsweise die Analyse der Konzernstrategie, der in- **95** ternen und externen Vernetzung einer Gruppe, eine Analyse möglicher Abwicklungsstrategien sowie derjenigen Maßnahmen ein, die zur Aufrechterhaltung der operativen Geschäftstätigkeit erforderlich sind. Ein besonderes Augenmerk gilt den sogenannten kritischen Funktionen, also jenen Beziehungen, die für die Funktionsfähigkeit und die Stabilität des Finanzsystems von besonderer Wichtigkeit sind.

Für Bankengruppen sind sogenannte Gruppenabwicklungspläne auf der Ebene des Uni- **96** onsmutterunternehmens zu erstellen.[157] Diese sehen ein Zusammenwirken der Abwicklungsbehörden aller Gruppenmitglieder unter Einbeziehung der für diese zuständigen Aufsichtsbehörden vor. Sie umfassen einen Plan für die Abwicklung der Gruppe unter der Führung des in einem teilnehmenden Mitgliedstaat niedergelassenen Unionsmutterunternehmens, entweder durch Abwicklung auf der Ebene des Unionsmutterunternehmens (sog. *Single Point of Entry*) oder durch Abspaltung und Abwicklung der Verfahren für Tochterunternehmen (sog. *Multiple Point of Entry*).[158] Der Gruppenabwicklungsplan bezieht sich nicht nur auf Tochtergesellschaften der Gruppe oder deren Zweigstellen in der Europäischen Union. Vielmehr schließt er auch Drittstaaten ein. Schon daran wird deutlich, dass eine enge Kooperation und Abstimmung mit den zuständigen Stellen derjenigen Staaten erforderlich ist, die potentiell von einer Krise des Konzerns und damit auch einer Abwicklung betroffen sein könnten.[159] Anderenfalls besteht die Gefahr, dass das im Abwicklungsplan vorgeschlagene Konzept nicht effektiv umgesetzt werden kann.

bb) Abwicklungsfähigkeit

Ein Kernanliegen der Abwicklungsplanung ist insbesondere die Herstellung der *Abwick-* **97** *lungsfähigkeit*. Allein die Analyse der Unternehmensstruktur und die Festlegung der Abwicklungsstrategie ist hierzu im seltensten Fall hinreichend. Stattdessen wird sich im Regelfall die Beseitigung von Abwicklungshindernissen – eine weitere Kernkompetenz der

---

[154] → Rn. 71 f.
[155] § 40 SAG.
[156] § 42 Abs. 1 SAG.
[157] Art. 8, 9 SRM-VO.
[158] Siehe hierzu *Binder/Singh*, 14.09 ff.
[159] → Rn. 150 ff.

Abwicklungsbehörden – anschließen. Wenn immer die im Rahmen der Abwicklungsplanung durchgeführten Untersuchungen zu dem Ergebnis gelangen, dass die bevorzugte
Abwicklungsstrategie praktisch nicht umsetzbar ist, sind die Abwicklungsbehörden aufgefordert, auf die Beseitigung dieser Umstände hinzuwirken. Die Abwicklungsbehörden
haben hier dem Grunde nach alle Freiheiten, die geeigneten Maßnahmen zur Beseitigung
von Abwicklungshindernissen zu treffen. Dies kann im äußersten Fall auch Änderungen in
der Organisationsstruktur des Konzerns umfassen, um beispielsweise die Separierbarkeit
kritischer Bankfunktionen im Abwicklungsfall sicherzustellen.

98   Nicht immer liegt die Beseitigung von Abwicklungshindernissen im Einflussbereich der
Bank. Ein Beispiel hierfür sind Vertragsbeziehungen und in diesem Zusammenhang die in
§ 60a SAG enthaltene Regelung. Hiernach sind in sogenannte Finanzkontrakte[160], die dem
Recht eines Drittstaats unterliegen oder für welche ein Gerichtsstand in einem Drittstaat
besteht vertragliche Bestimmungen aufzunehmen, durch welche die Gegenpartei anerkennt, dass die Regelungen zur vorübergehenden Aussetzung von Beendigungs- oder
Kündigungsrechten anzuerkennen.[161] Ohne das Einverständnis der Vertragsgegenseite kann
dieser Verpflichtung freilich nicht nachgekommen werden. Es handelt sich hierbei um ein
industrieweites Problem. Für Verträge über Finanzinstrumente, insbesondere Derivate, ist
der *International Swaps and Derivatives Association* (ISDA) in den vergangenen Jahren hier ein
bedeutender Vorstoß gelungen. Die Rahmenvertragswerke der ISDA gelten für den Handel
mit OTC-Derivaten als Industriestandard. Kernbestandteil dieser Verträge ist das sogenannte *close-out netting*, das beim Eintritt bestimmter Ereignisse – insbesondere der Insolvenz,
aber auch der Abwicklung – zu einer automatischen Beendigung und Verrechnung der
unter dem Rahmenvertrag geschlossenen Einzelkontrakte führt. Für die Institute ist dieser
Mechanismus von entscheidender Bedeutung für die Risikosteuerung und damit auch für
die Eigenkapitalpflichten denen das Institut oder die Gruppe unterliegt. In einem Abwicklungsfall kann sich dieser Mechanismus aber als nachteilig erweisen. Einmal deshalb, weil
mit der Verrechnung eine weitere Forderung zur Entstehung gelangen kann, die die im
Regelfall ohnehin angespannte Finanzsituation weiter unter Druck setzt. Andererseits kann
ein in Abwicklung befindliches Institut – wenn es beispielsweise im Wege eines *share deal*
auf eine Brückenbank übertragen werden soll, auf die aus Risikosicht günstigen Effekte des
netting angewiesen sein. Die Einzelheiten dessen sind zur Verdeutlichung des Problems
nicht von Bedeutung und auch nicht weiter zu vertiefen. In Zusammenarbeit mit verschiedenen Abwicklungs- und Aufsichtsbehörden ist es der ISDA gelungen, den Anforderungen
der BRRD und anderer ähnlicher Bestimmungen, so beispielsweise unter der US-amerikanischen *Orderly Liquidation Authority*, durch die Einführung verschiedener Zusatzprotokolle
Rechnung zu tragen. Durch Unterzeichnung eines solchen Protokolls verpflichten sich die
Vertragsparteien dazu, die Anordnung des sogenannten „Stay", gemeint ist die kurzzeitige
Aussetzung von Kündigungs- und Beendigungsrechten, anzuerkennen.

e) Voraussetzungen für die Abwicklung

aa) Bestandsgefährdung/ bestandsgefährdungsgleiche Lage

99   Voraussetzung für die Abwicklung ist die Bestandsgefährdung,[162] also eine Situation, in der
die Gruppe oder das Institut als ausfallend oder wahrscheinlich ausfallend („failing or likely

---

[160] Siehe auch das Gemeinsames Verständnis von FMSA und Deutscher Kreditwirtschaft zur Umsetzung der
Pflichten aus § 55 und § 60a SAG durch die Institute (Institute im Sinne des SAG).
[161] Siehe §§ 82 bis 84, 144 Abs. 3 und nach § 169 Abs. 5 Nr. 3 und 4 SAG.
[162] Art. 18 Abs. 1 lit. a) SRM-VO; Zur Festellung der Bestandsgefährdung durch die EZB (sog. Failing or Likely
to Fail Assessment, FOLTF) bei den beiden italienischen Banken Veneto Banca Società per Azioni sowie
Banca Popolare di Vicenza Società per Azioni siehe: https://www.bankingsupervision.europa.eu/ecb/pub/
pdf/ssm.2017_FOLTF_ITVEN.en.pdf und https://www.bankingsupervision.europa.eu/ecb/pub/pdf/
ssm.2017_FOLTF_ITPVI.en.pdf (zuletzt besucht am 7.9.2017). Auffällig und interessant ist insbesondere
wie lange die wiederholte Verletzung von Kapital und Liquiditätsanforderungen toleriert wurden.

to fail, häufig „FOLTF", im Folgenden jedoch als „Bestandsgefährdung" bezeichnet) betrachtet werden kann. Dies wird im Regelfall durch die EZB im Rahmen ihrer Aufsichtsfunktion beurteilt.[163]

Art. 18 Abs. 4 SRM-VO regelt die näheren Voraussetzungen der Bestandsgefährdung. **100** Anknüpfungspunkt können hierbei die Kapitalposition, die Liquiditätsposition oder die weiteren regulatorischen Zulassungsbedingungen sein. Konkret werden drei Tatbestände unterschieden, die ihrerseits durch Leitlinien der EBA weiter konkretisiert werden.[164]

(a) Verstoß gegen Zulassungsanforderungen. Art. 18 Abs. 4 lit. a) SRM-VO ver- **101** knüpft den Begriff der Bestandsgefährdung mit denjenigen Bedingungen, die an eine dauerhafte Zulassung der Banklizenz geknüpft sind. Zentrale Bedeutung erlangen hier die aufsichtsrechtlichen Anforderungen an die Kapital- und Liquiditätsausstattung von Kreditinstituten[165] und die in § 35 Abs. 2 Nr. 8 KWG enthaltene Bestimmung, die zum Entzug der Bankerlaubnis bei einer Unterschreitung der jeweiligen Schwellenwerte berechtigt. Für den Bankkonzern ist dabei stets dasjenige Unternehmen maßgeblich, auf dessen Ebene die Konsolidierung stattfindet, auf dessen Ebene also die Bestimmung der für die Gruppe maßgeblichen Anforderungen erfolgt.

(b) Überschuldung und Zahlungsunfähigkeit. Schließlich treten mit der Überschul- **102** dung[166] und der Zahlungsunfähigkeit[167] zwei weitere Tatbestände hinzu, die eine Bestandsgefährdung rechtfertigen können. Zwar spricht die SRM-VO selbst weder von Überschuldung noch von Zahlungsunfähigkeit, beide Tatbestände werden aber umschrieben. Beide Fallgruppen sind den auch in Deutschland geläufigen allgemeinen Insolvenztatbeständen entlehnt. Sie sind indes nicht identisch. Anders als beispielsweise im Anwendungsbereich von § 17 InsO ist eine bloße Zahlungsstockung nicht unbeachtlich. Hintergrund ist der Folgende: Selbst eine nur kurzfristige Zahlungsverzögerung kann wegen der besonderen Vertrauenssensitivität der Finanzmärkte und seiner Akteure eine Schockwelle auslösen, die über das einzelne Institut hinaus auf den gesamten Sektor übergreift und dessen Funktionsfähigkeit bedroht.

(c) Sonderfall: Außerordentliche finanzielle Unterstützung aus öffentlichen Mit- 103 teln. Auch außerordentliche finanzielle Unterstützungen, also die Gewährung staatlicher Finanzierungshilfen können zur Annahme einer Bestandsgefährdung führen.

Dieser Grundsatz wird indes durch eine überaus wichtige und jüngst erneut – diesmal im **104** Zusammenhang mit der Schieflage italienischer Kreditinstitute – auch medial kontrovers diskutierte Ausnahme durchbrochen. Gemeint ist die sogenannte vorbeugende Rekapitalisierung (*precautionary recapitalization*). Abweichend vom Grundatz soll eine Bestandsgefährdung dann nicht angenommen werden, wenn die Zuwendung aus öffentlichen Mitteln erfolgt, um eine schwere Störung der Volkswirtschaft eines Mitgliedstaats und zur Wahrung der Finanzstabilität abzuwenden. An dieser Stelle werden Parallelen zum EU-Beihilfenrecht und dem Wechselspiel zwischen Abwicklungs-, Regulierungs- und Wettbewerbsrecht deutlich. Insofern bestimmt Art. 107 Abs. 3 lit. b) AEUV, dass staatliche Beihilfen im

---

[163] Sogenannter Supervisory Review and Evaluation Process, kurz SREP.
[164] Siehe Leitlinien zur Interpretation der Umstände, unter denen ein Institut gemäß Artikel 32 Absatz 6 der Richtlinie 2014/59/EU als ausfallend oder wahrscheinlich ausfallend zu betrachten ist, EBA/GL/2015/07 vom 6.8.2015. Zur Bedeutung der Handlungsinstrumente der EBA → Rn. 77.
[165] Siehe Art. 92 bis 403 VO (EU) Nr. 575/2013, Art. 104 CRD IV zu Eigenmittelanforderungen sowie Art. 411 bis 428 VO (EU) Nr. 575/2013, Art. 104 CRD IV zu Liquidität. Aus diesem Wechselspiel zwischen nationalem Recht und europäischer Gesetzgebung werden nochmals die schon oben beschriebenen rechtstechnischen Unterschiede zwischen SSM und SRM deutlich (→ Rn. 90 f.) – die Erlaubnis wird auf der Grundlage nationalen Rechts, das als nationales Recht auch zur Anwendung gelangt durch die EZB vollzogen. Grundlage einer solchen Anordnung durch die EZB dürfte in aller Regel eine entsprechende Vorlage der nationalen Aufsichtsbehörde im Rahmen der Arbeit im sogenannten Joint Supervisory Team, kurz JST, sein, vgl. Art. 4 Abs. 1 lit. a) SSM-VO.
[166] Art. 18 Abs. 4 lit. b) SRM-VO.
[167] Art. 18 Abs. 4 lit. c) SRM-VO.

Einzelfall als mit dem Binnenmarkt vereinbar angesehen werden können, wenn sie der *„Behebung einer beträchtlichen Störung im Wirtschaftsleben eines Mitgliedstaats"* dienen.

105 Augenscheinlich handelt es sich bei den Regelungen zur vorbeugenden Rekapitalisierung um einen politisch errungenen Kompromiss, der zugleich, und hierin wird von Kritikern auch ein wesentlicher Schwachpunkt des neuen Abwicklungsregimes gesehen, Anlass zu der Vermutung gibt, dass noch eine gewisse Überzeugungsarbeit geleistet werden muss, um das Vertrauen der Mitgliedstaaten in die Belastbarkeit der neuen Regelungen zu stärken. Bei aller hiermit verbundener Kritik sollte jedoch eines nicht außer Acht gelassen werden: Der SRM hat seine vollen Kompetenzen erst mit Beginn des vergangenen Jahres 2016 erlangt. Seitdem sind mit Einreichung des Manuskripts zu diesem Handbuch etwas mehr als 1,5 Jahre vergangen. Gemessen an der Komplexität der Aufgabe, die nicht zuletzt ihre Ursache in verschiedenen Defiziten der vergangenen Jahrzehnte findet, ein vergleichsweise kurzer Zeitraum innerhalb dessen mit dem Fall der Übertragung der *Banco Popular Español S. A.* auf die *Banco Santander, S. A.*[168] sogar ein bedeutender Erfolg verzeichnet werden konnte.

bb) Keine anderweitige Abwendung der Bestandsgefährdung möglich

106 Weiter wird vorausgesetzt, dass unter Berücksichtigung zeitlicher Zwänge keine Aussicht darauf besteht, dass die Krise durch alternative Maßnahmen abgewendet werden kann.[169] Dies können einmal aufsichtliche Krisenbefugnisse sein. Darüber hinaus sind aber auch (private) Stützungsleistungen zu berücksichtigen. Ein Beispiel hierfür sind Hilfestellungen sogenannter institutsbezogener Sicherungssysteme, wie sie beispielsweise durch den Sparkassensektor oder das genossenschaftlich organisierte Bankwesen anlässlich der Einlagensicherung vorgehalten werden. Anders als im Einlagensicherungssystem der privaten Banken bezwecken diese Systeme nicht lediglich die Absicherung der Einlagengelder. Dieser wird vielmehr mittelbar, nämlich durch einen umfassenden Bestandsschutz der den Systemen angeschlossenen Mitgliedsbanken erzielt. Institutssichernden Systemen dürfte vor dem Hintergrund der in Art. 113 Abs. 7 CRR enthaltenen Regelung besondere Bedeutung in einer Abwicklungssituation zukommen. Hier gilt es zu wissen, dass sich aus der Zugehörigkeit zu einem solchen System gewisse Privilegien bei der Bestimmung der Mindestanforderungen an das Eigenkapital ergeben können, so vor allem bei der Risikobemessung von Darlehen, die sich die Mitglieder des Sicherungssystems gegenseitig zur Refinanzierung gewähren. Hintergrund dessen ist, dass die Zugehörigkeit zu einem Sicherungssystem unter den in der CRR genannten Voraussetzungen als besonders belastbar angesehen wird.

cc) Vorliegen eines besonderen öffentlichen Interesses an der Abwicklung

107 Art. 18 Abs. 1 lit. c), 5 SRM-VO kodifiziert schließlich das sogenannte *Public Interest Assessment*, also die Prüfung des öffentlichen Interesses an der Durchführung von Abwicklungsmaßnahmen. Sie bildet zugleich den Schwerpunkt bei der Frage, ob die Voraussetzungen für die Vorlage eines Abwicklungskonzepts erfüllt sind. Erforderlich ist zweierlei: Die Abwicklung muss mit Blick auf die Erreichung der Abwicklungsziele[170] verhältnismäßig sein und einem Vergleich mit der Durchführung eines regulären Insolvenzverfahrens standhalten. Letzteres erlangt im System des SRM besondere Bedeutung. Im Kern gilt es danach zu fragen, ob die Erreichung der Abwicklungsziele in nicht mindestens gleicher Weise im Wege der Liquidation auf Basis eines regulären Insolvenzverfahrens möglich ist. Hierin kommt ein wirtschaftspolitisch interessanter Gedanke zum Ausdruck. Der Durchführung eines regulären Insolvenzverfahrens mit der Folge der Liquidiation wird grund-

---

[168] Siehe zur Abwicklungsentscheidung (resolution decision) und der nationalen Abwicklungsanordnung des spanischen Fondo de Reestructuración Ordenada Bancaria (FROB) unter: https://srb.europa.eu/en/node/315 (zuletzt besucht am 31. August 2017).
[169] Art. 18 Abs. 1 lit. b) SRM-VO.
[170] → Rn. 78.

sätzlich Vorrang vor der Durchführung von Abwicklungsmaßnahmen eingeräumt. Denn nur wenn das Abwicklungsverfahren die Abwicklungsziele besser zu erreichen im Stande ist, wird die insolvenzförmige Liquidation nach Maßgabe der allgemeinen Bestimmungen verdrängt. Hintergrund scheint der folgende zu sein: Eine Sonderbehandlung von Kreditinstituten in der Krise kann mit Blick auf das sogenannte Marktaustrittsprinzip einer Wettbewerbsordnung, die als solche auch Grundlage des gemeinsamen Marktes in der Europäischen Union ist, nur dann nachvollziehbar und widerspruchsfrei gerechtfertigt werden, wenn sie aus zwingenden Gründen des Allgemeinwohls notwendig erscheint. Mit dem Ziel, die Stabilität der europäischen Finanzmärkte zu schützen, ist ein solcher Grund betroffen.

Für das deutsche Insolvenzrecht dürfte sich bei dieser Gegenüberstellung aber ohnehin **108** ein eher ernüchternder Befund ergeben. Die Finanzkrise 2007 hat gezeigt, dass die Bestimmungen des allgemeinen Insolvenzrecht nicht geeignet sind, die Krise einer (systemrelevanten) Bank ohne Gefahren für die Stabilität des Finanzsystems zu bewältigen. Das hat unterschiedliche Ursachen. Besonders gewichtig ist der Umstand, dass der Schutz des Finanzsystems im geltenden System des nationalen Insolvenzrechts keinen Niederschlag gefunden hat. Überdies dauern Verfahren nach der Insolvenzordnung im Regelfall sehr lange. Diese Tatsache ebenso wie der Umstand, dass der Insolvenzverwalter mit weitreichenden Befugnissen bei der Fortführung von Vertragsverhältnissen ausgestattet ist, führen zu großen Unsicherheiten. Ein besonderes Problem kann sich aus vertraglichen Kündigungsklauseln ergeben. So führt die Eröffnung des Insolvenzverfahrens im Regelfall zur automatischen Kündigung und Beendigung insbesondere bei Verträgen über Derivate, die für die Risikosteuerung einer Bank aber regelmäßig von fundamentaler Bedeutung sind. Ähnliche Probleme ergeben sich für den Zugang zu Finanzmarktinfrastrukturen, die ebenfalls Kernbestandteil des operativen Bankgeschäfts sind.

dd) Vorlage eines Abwicklungskonzepts

Sobald die Voraussetzungen für die Durchführung des Abwicklungsverfahrens vorliegen, **109** hat die Abwicklungsbehörde das sogenannte Abwicklungskonzept (*resolution scheme*) zu erstellen. Es enthält genaue Vorgaben für die Durchführung des Abwicklungsverfahrens, insbesondere zur Anwendung der Abwicklungsinstrumente[171] oder zur Inanspruchnahme des Restrukturierungsfonds. Das Abwicklungskonzept bildet die Grundlage für die nationale Abwicklungsanordnung, die die im Abwicklungskonzept enthaltenen Bestimmungen in das nationale Recht übersetzt.[172] Basis des Abwicklungskonzepts ist der Abwicklungsplan, der unter anderem eine Beschreibung der für das Institut oder die Gruppe vorgesehenen Abwicklungsstrategie enthält.

ee) Anwendung auf Bank- und Finanzkonzerne

Besondere Aufmerksamkeit widmen die europäischen Bestimmungen dem Bank- und **110** Finanzkonzern, dem praktisch wichtigsten Anwendungsfall der SRM-VO. Art. 16 SRM-VO überträgt das grundsätzlich auf Einzelunternehmen zugeschnittene Konzept der SRM-VO auf verschiedene Gruppenstrukturen. Die Regelung bestimmt die Voraussetzungen unter denen Abwicklungsmaßnahmen für die verschiedenen Rechtsträger innerhalb eines Konzerns eingeleitet werden können. So regelt Art. 16 Abs. 1 SRM-VO beispielsweise, dass eine Abwicklungsmaßnahme für sogenannte Finanzinstitute[173] – dies schließt beispielsweise Finanzholdinggesellschaften oder gemischte Finanzholdinggesellschaften ein – dann ergriffen werden darf, wenn die Abwicklungsvoraussetzungen sowohl in Bezug auf das Finanzinstitut selbst als auch in Bezug auf das Mutterunternehmen, auf dessen Ebene die

---

[171] → Rn. 111 ff.
[172] → Rn. 90 ff.
[173] Siehe Art. 2 Abs. 1 Nr. 15 SRM-VO. Siehe im deutschen Recht § 64 SAG, der Art. 33 der BRRD umsetzt.

Konsolidierung stattfindet, erfüllt sind. Einen besonders wichtigen Anwendungsfall regelt Art. 16 Abs. 3 SRM-VO, der den Erlass von Abwicklungsmaßnahmen gegenüber Mutterunternehmen erlaubt, wenn im Hinblick auf ein nachgeordnetes Unternehmen der Gruppe, nicht aber bezüglich des Mutterunternehmens selbst die Abwicklungsvoraussetzungen gegeben sind. Voraussetzung hierfür ist nur, dass aus der Schieflage des nachgeordneten Unternehmens eine Gefahr für den Bestand der Gruppe hervorgeht. Erfasst werden damit Fälle der sogenannten Konzerngefahr.

f) Abwicklungsinstrumente

aa) Überblick

111   Zur Verwirklichung der Abwicklungsziele stehen insgesamt vier Abwicklungsinstrumente[174] zur Verfügung. Das Instrument der Unternehmensveräußerung (sog. *sale of business tool*)[175], das Instrument des Brückeninstituts (sog. *bridge institution tool*)[176], sowie das Instrument der Ausgliederung von Vermögenswerten auf eine Vermögensverwaltungsgesellschaft (sog. *asset separation tool*)[177] zählen zu den sogenannten strukturellen Abwicklungsmaßnahmen. Sie sind auf die Übertragung bestimmter Rechtsverhältnisse (Eigentumstitel, Vermögenswerte, sonstige Rechten und Verbindlichkeiten) auf andere Rechtsträger gerichtet. Ihnen steht das Instrument des Bail-in gegenüber,[178] das auf eine Verlustragung durch die Gläubiger und mithin eine vor allem finanzielle Restrukturierung gerichtet ist. Mit Ausnahme des *asset separation tool* sind diese Instrumente grundsätzlich isoliert voneinander anwendbar. Sie sind stets frei kombinierbar. Ein festes Rangverhältnis existiert nicht.

112   Eine Sonderrolle nimmt die Befugnis zur Herabschreibung und Umwandlung von Kapitalinstrumenten ein.[179] In der Terminologie des Gesetzes handelt es sich nicht um ein echtes Abwicklungsinstrument. Vielmehr ist sie der Anwendung der Abwicklungsbefugnisse im Regelfall vorgeschaltet. Sie trägt dem Grundsatz Rechnung, dass Verluste zuerst von den Anteilseignern des in Abwicklung befindlichen Instituts getragen werden müssen – ein wirtschafts- und sozialpolitisches Kernanliegen des europäischen Gesetzgebers.[180] Erleidet eine Gruppe also Verluste, die zum Entzug der Bankerlaubnis und zur Einleitung der Abwicklung berechtigen sind die relevanten Kapitaltitel im Verhältnis des entstandenen Verlustes und in Entsprechung ihres Ranges – CET 1-, gefolgt von AT1- und T2-Instrumenten – herabzuschreiben oder vereinfacht ausgedrückt, zur Verlustdeckung zu entwerten.

bb) Instrument des Bail-in

113   Im Kanon der Abwicklungsinstrumente sticht das Instrument des *Bail-in* hervor. Im Kern zielt der *Bail-in*, ähnlich wie ein *debt-equity-swap*, auf die Wandlung von Fremd- in Eigenkapital zum Zwecke der Rekapitalisierung ab. Vergleichbar mit § 225a InsO geht es also um die Zuweisung von Verlusten oder die Erbringung eines Sanierungsbeitrages.[181]

114, 115   Der Bail-in darf nicht mit der in Art. 22 SRM-VO enthaltenen Herabschreibungs- und Umwandlungsbefugnis verwechselt werden, bei der es sich formal nicht um ein Abwicklungsinstrument handelt. Wenngleich auch die Wirkungen nahezu identisch sind, betrifft die in Art. 22 SRM-VO enthaltene Befugnis ausschließlich sogenannte „relevante Kapitalinstrumente", also solche Positionen, die als aufsichtsrechtliches Kapital anerkannt sind. Gemeint sind die Instrumente des CET1, AT1 sowie T2.

---

[174] Art. 22 Abs. 2 SRM-VO.
[175] Art. 24 SRM-VO.
[176] Art. 25 SRM-VO.
[177] Art. 26 SRM-VO.
[178] Art. 27 SRM-VO.
[179] Art. 21 SRM-VO.
[180] Vgl. Art. 15 Abs. 1 lit. a) SRM-VO.
[181] Ebda.

Die Herabschreibungs- und Wandlungskaskade folgt einer strengen Hierarchie. Nachdem **116** die Instrumente der regulatorischen Eigenmittel zur Verlustdeckung und Rekapitalisierung herangezogen wurden, haften die Verbindlichkeiten, die der Herabschreibung und Umwandlung in Eigenkapital unterliegen in Anlehnung an die geltenden insolvenrechtlichen Rangbestimmungen der InsO und des KWG[182] – allerdings in umgekehrter Reihenfolge zum regulären Insolvenzverfahren.[183] Dies soll ausdrücklich der Einhaltung des Grundsatzes dienen, dass die von den Kapitalgebern zu tragenden Verluste im Rahmen der Abwicklung nicht höher sein dürfen, als sie nach der Rangfolge im regulären Insolvenzverfahren wären (sog. *no creditor worse off* – Prinzip).[184] Maßvolles Vorgehen ist vor diesem Hintergrund für die Abwicklungsbehörden also dann geboten, wenn einzelne Verbindlichkeiten aus den gesetzlich genannten Gründen – beispielsweise, wenn aufgrund von Strukturierungen ein Bail-in nicht oder nur bedingt möglich ist – vom Anwendungsbereich des Bail-in ausgeklammert werden.[185] Abgesehen von diesen Ausnahmen sind gleichrangige Verbindlichkeiten auch mit gleichem Anteil am Bail-in zu beteiligen. Eine Verletzung des *no creditor worse off*-Prinzips führt unmittelbar zu einem Ausgleichsanspruch der betroffenen Gläubiger.

Um dieser Gefahr möglichst aus dem Weg zu gehen, hat der deutsche Gesetzgeber § 46f **117** KWG geschaffen und so die Rangfolge von Verbindlichkeiten in der Insolvenz von Banken den Bedürfnissen des Abwicklungsverfahrens angepasst. Danach werden zunächst gedeckte und entschädigungslose Einlageforderungen befriedigt.[186] In der Klasse des § 38 InsO werden als erstes die Verbindlichkeiten bedient, die für einen Bail-in nicht geeignet sind.[187] Dem schließen sich Produkte an, bei denen die Schuldumwandlung weniger großen Schwierigkeiten unterworfen ist. Am Verhältnis zu den Forderungen gemäß § 39 InsO ändert sich nichts. In der (umgekehrten) Logik der Abwicklungsgesetzgebung bedeutet das, dass diejenigen Verbindlichkeiten vorrangig an den erlittenen Verlusten oder an der Schuldumwandlung partizipieren, die besonders einfach dem Bail-in unterworfen werden können. Hierzu zählen insbesondere unstrukturierte und unbesicherte Schuldtitel.

Das Gesetz unterscheidet zwei Spielformen des Bail-in: Denkbar ist die Anordnung eines **118** Bail-in beispielsweise zur Rekapitalisierung der in Abwicklung befindlichen Einheit. Man spricht in diesem Fall vom sogenannten „Open Bank Bail-in".[188] Leitgedanke dieser Strategie ist, dass das Kriseninstitut nach Umsetzung des Bail-in mit einer bereinigten Bilanz sein Geschäft unter Einhaltung sämtlicher regulatorischer Kapitalanforderungen fortführen kann. Voraussetzung hierfür ist jedoch, dass über die Verwirklichung der Abwicklungsziele hinaus die langfristige Existenzfähigkeit wiederhergestellt werden kann. Kernbestandteil dieser Prüfung ist der gemäß Art. 27 Abs. 2, 16 SRM-VO zu erstellende und der Abwicklungsbehörde vorzulegende Reorganisationsplan[189]. Es handelt sich hierbei um den Fahrplan, der vorgibt, wie die langfristige Existenzfähigkeit wiederhergestellt werden kann.

Die zweite Fallgruppe umfasst die Herabschreibung und Schuldumwandlungsbefugnisse **119** nach Durchführung struktureller Abwicklungsmaßnahmen, also beispielsweise, um Kapital für ein Brückeninstitut oder aber eine Vermögensverwaltungsgesellschaft zu generieren.

Um ungeachtet dieser verschiedenen Varianten die Anordnung des Bail-in jederzeit zu **120** ermöglichen, sind die Institute verpflichtet, über hinreichend Verlusttragungspotential (sogenannte *loss absorbing capacity*) zu verfügen. Dies wird durch die sogenannte Mindest-

---

[182] Siehe insbesondere § 46f KWG.
[183] Art. 15 Abs. 1 lit. a), b), 17 SRM-VO, Art. 47f. BRRD. Siehe auch die Übersicht der Bundesanstalt für Finanzmarktstabilisierung: https://www.fmsa.de/export/sites/standard/downloads/V3_20160621_final_Haftungskaskade.pdf (zuletzt besucht am 25.8.2017).
[184] Art. 15 Abs. 1 lit. g) SRM-VO.
[185] Siehe Art. 27 Abs. 5 SRM-VO.
[186] *Lindemann*, in: *Boos*/Fischer/Schulte-Mattler, KWG, CRR-VO, 5. Aufl. 2016, § 46f KWG Rn. 12ff.
[187] § 46f Abs. 5 KWG.
[188] Art. 27 Abs. 1 lit a) SRM-VO.
[189] In den §§ 102f. SAG als „Restrukturierungsplan" bezeichnet.

anforderung an Eigenmittel und berücksichtigungsfähige Verbindlichkeiten sichergestellt (sogenannte MREL-Quote). Sie wird in Anlehnung an die regulatorischen Kapitalanforderungen bestimmt, auch wenn sie von diesen unabhängig festzusetzen und einzuhalten ist. Grundsätzlich setzt sich MREL aus einen Verlusttragungs- und Rekapitalisierungsbetrag zusammen. Kennzeichen der für MREL anrechenbaren Positionen ist, dass diese mit Blick auf ihre Rechtsnatur oder Laufzeit besonders sicher zur Verlusttragung herangezogen werden können.

cc) Übertragung zugunsten von Brückeninstituten oder privaten Investoren

121   Mit dem Instrument des *Brückeninstituts*[190] wird den Abwicklungsbehörden die Möglichkeit einegeräumt, die Anteile und sonstigen Rechtsverhältnisse eines in Abwicklung befindlichen Instituts auf einen anderen Rechtsträger zu übertragen. Dieser übernehmende Rechtsträger ist eine eigens zu Übertragungszwecken eingerichtete staatliche Einheit. Das neue Recht lehnt sich hier sehr stark an Bestimmungen an, die vor Inkrafttreten der BRRD und der SRM-VO in den §§ 48a ff. KWG a. F. oder beispielsweise im Banking Act 2009 des Vereinigten Königreich schon frühzeitg nach Ausbruch der Finanz- und Wirtschaftkrise 2007 verankert waren. Das marktnahe Pendant zur Übertragung auf ein Brückeninstitut ist im *Instrument der Unternehmensveräußerung* zu sehen,[191] das eine entsprechende Übertragung auf einen privaten Investor vorsieht und jüngst im Zusammenhang mit der Schieflage der *Banco Popular* und ihrer Übernahme durch die *Banco Santander*[192] zur Anwendung gelangt ist. Rechtskonstruktiv erfolgt der Übergang im Wege der (partiellen) Gesamtrechtsnachfolge, wobei entweder die Gesamtheit der Rechtsverhältnisse oder nur ein Teil dessen Gegenstand der Übertragungsanordnung sein kann.

122   Für beide Abwicklungsinstrumente kommt die Übertragung im Wege eines *share deal*[193] oder durch sogenannten *asset deal* in Betracht. Die Auswahl zwischen beiden Gestaltungen dürfte stark von den Gegebenheiten des Einzelfalls abhängen, unter anderem von der Frage, ob einzelne Geschäftsbereiche hinreichend sicher separiert werden können und ob ein potenzieller Rechtsnachfolger willens und in der Lage ist, beispielsweise ganze Konzerngesellschaften *en bloc* zu übernehmen.

123   Konsequenz einer lediglich partiellen Übertragung ist die Liquidation des zurückbleibenden Unternehmensrests nach den allgemeinen Vorschriften des Insolvenz- oder Gesellschaftsrechts.[194]

dd) Übertragung auf eine Vermögensverwaltungsgesellschaft

124   Vervollständigt wird das Inventar struktureller Abwicklungsinstrumente durch das sogenannte *Instrument der Ausgliederung von Vermögenswerten*. Dieses kann nur in Kombination mit anderen Abwicklungsinstrumenten eingesetzt werden.[195] Praktisch relevant ist die Ausgliederung von Vermögenswerten beispielsweise dann, wenn ein Portfolio notleidender Kredite die Kapitalposition einer Bank belastet.

125   Hintergrund für den restriktiven Einsatz des Ausgliederungsinstruments ist, dass der Gesetzgeber ein Auseinanderfallen von wirtschaftlicher Entscheidungsmacht und Verantwortung vermeiden will, denn im Gegensatz zur Ausgliederung ist die Konsequenz der übrigen Abwicklungsinstrumente entweder eine umfassende Beteiligung der Anteilseigner mit anschließender Restrukturierung oder die verfahrensförmige Liquidation des Unter-

---

[190] Art. 25 SRM-VO.
[191] Art. 24 SRM-VO.
[192] Siehe zur Abwicklungsentscheidung (resolution decision) und der nationalen Abwicklungsanordnung des spanischen Fondo de Reestructuración Ordenada Bancaria (FROB) unter: https://srb.europa.eu/en/node/315 (zuletzt besucht am 31. August 2017).
[193] Art. 24 Abs. 1 lit. a), 25 Abs. 1 lit a) SRM-VO.
[194] Art. 22 Abs. 5 SRM-VO.
[195] Art. 22 Abs. 4 SRM-VO.

nehmens. Die Eigentümer der krisengefährdeten Einheit sollen nicht darauf vertrauen dürfen, dass Positionen aus defizitären Geschäften bei Gefahren für die Finanzsystemstabilität ohne Weiteres abgestoßen werden dürfen.

ee) Schutz von Rechtsverhältnissen

Aufmerksamkeit widmet der Gesetzgeber besonderen Rechtsverhältnissen, insbesondere **126** solchen, die in eine Sicherungsvereinbarung einbezogen sind und bei denen die gesicherten Gläubiger des Schutzes gegen Abwicklungsmaßnahmen bedürfen. Dies hat zur Folge, dass die Übertragungsgegenstände nur zusammen mit den für sie bestellten Sicherheiten und die Sicherheiten nur zusammen mit den Übertragungsgegenständen, für welche sie bestellt sind, übertragen werden können.[196] Um den besonderen Gegebenheiten auf den Finanzmärkten hinreichend Rechnung zu tragen, erstreckt der europäische Gesetzgeber diesen Schutz auf eine Reihe weiterer Rechtsbeziehungen. Dazu gehören Zentralbanksicherheiten und in Finanzmarktinfrastrukturen wie etwa CCPs eingebrachte Vermögensgegenstände. Ebenso dazu zählen Saldierungsvereinbarungen, z. B. „close-out netting"-Klauseln in Rahmenverträgen für den Abschluss von OTC-Derivaten. Ihre Wirksamkeit werden vom Bail-in nicht berührt. Der Schutz dieser besonderen Rechtsverhältnisse ist wiederum Ausdruck des *no creditor worse off*-Prinzips. Um gleichzeitig die Effektivität des Bail-in Instruments nicht zu gefährden, wird die Beendiguggsklausel in Derivateverträgen laut ausdrücklicher gesetzlicher Regelung durch die Abwicklungsanordnung nicht herbeigeführt.[197] Außerdem kann die Abwicklungsbehörde bestehende Sicherheiten und Beendigungsrechte vorübergehend aussetzen.[198]

7. Abwicklung nach dem SAG

a) Abwicklung einzelner Institute

Die Abwicklung von Bank- und Finanzinstituten innerhalb des SRM ist durch ein kom- **127** pliziertes Miteinander verschiedener Rechtsquellen und Zuständigkeiten gekennzeichnet. Wegen seines supranationalen Charakters behält das europäische Recht die Oberhand; entsprechendes gilt für die Zuständigkeit in Abwicklungsfragen, die für EZB-beaufsichtigte und grenzüberschreitend tätige Institute und Gruppen innerhalb der Bankenunion auf den SRB übertragen ist.

Außerhalb des Anwendungsbereichs der SRM-VO ist grundsätzlich die nationale Ab- **128** wicklungsbehörde zuständig. Es gilt das nationale Recht, in Deutschland das SAG, das die Bestimmungen der BRRD in nationales Recht umsetzt. Zuständig für Abwicklungsfragen im Anwendungsbereich des SAG ist die FMSA, die mit Wirkung zum 1. Januar 2018 in die BaFin integriert wird.

Einige wichtige Regelungen und Instrumente, die die BRRD und ihr folgend das SAG **129** vorsehen, hatte der deutsche Gesetzgeber bereits frühzeitig nach Ausbruch der Finanz- und Wirtschaftskrise 2007 im nationalen Recht verankert. Hierzu zählen vor allem die Regelungen zur Übertragungsanordnung in den §§ 48a ff. KWG a. F., denen im heutigen Recht funktional das Instrument des Brückeninstituts entspricht. Im Jahre 2013 sind mit dem Abschirmungsgesetz Regelungen zur Sanierungsplanung, zur Abwicklungsplanung, zur Prüfung der Abwicklungsfähigkeit und zur Beseitigung von Hindernissen für die Abwicklungsfähigkeit hinzugetreten. All diese Bestimmungen dienten als Vorbild für die später folgenden europäischen Regelungsvorstöße für die Bankenunion. Diese waren jedoch entsprechend den EU-rechtlichen Verpflichtungen besonders umzusetzen. Daraus erklärt sich die Doppelung vieler Vorschriften des SAG mit solchen z. B. im KWG.

---

[196] Art. 76 BRRD, umgesetzt in § 110 SAG.
[197] Art. 68 BRRD, umgesetzt in § 79 Abs. 6 SAG.
[198] Art. 70 f. BRRD, umgesetzt in §§ 83 f. SAG.

130   Für die Grundentscheidungen im Rahmen einer Abwicklungssituation, so beispielsweise
was die Abwicklungsziele, die Voraussetzungen der Bestandsgefährdung oder die zur Verfügung stehenden Abwicklungsinstrumente anbelangt, ergeben sich keine wesentlichen
Regelungsunterschiede zwischen SAG und SRM-VO. Die Ursache liegt im Zusammenspiel zwischen europäischen und nationalen Bestimmungen: Innerhalb der Bankenunion
werden Abwicklungsmaßnahmen nach der SRM-VO grundsätzlich unter Rückgriff auf
das nationale Recht vollzogen, das seinerseits auf der BRRD beruht. Daraus resultiert ein
weithin inhaltsgleiches Nebeneinander der nationalen und der europäischen Bestimmungen. Dieses gilt auch dann, wenn die SRM-VO nicht anwendbar und der SRB unzuständig
ist.

131   Viele der in Deutschland ansässigen Kredit- und Finanzinstitute sind auch im Ausland
tätig. Es verwundert daher nicht, dass das SAG neben entsprechenden Bestimmungen zur
Abwicklungsplanung, den Abwicklungsvoraussetzungen, Abwicklungsmaßnahmen auch
Regelungen zur grenzüberschreitenden Zusammenarbeit enthält.[199]

b) Abwicklung von Banken- und Finanzgruppen

132   Ebenso wie die SRM-VO widmet auch das SAG der (grenzüberschreitenden) Abwicklung
von Gruppen besondere Aufmerksamkeit. Hervorzuheben ist § 64 SAG, der Art. 33 der
BRRD umsetzt und das auf einzelne Institute zugeschnittene Regelungskonzept des SAG
auf Bank- und Finanzgruppen überträgt. Es gilt im Grundsatz das oben zur SRM-VO
Gesagte. Der Zugriff auf nachgeordnete Unternehmen wird dadurch eröffnet, dass an die
Erfüllung der in § 62 Abs. 1 SAG genannten Voraussetzungen auf konsolidierter Basis durch
das Mutterunternehmen und das nachgeordnete Unternehmen angeknüpft wird. Durch
den Verweis auf die konsolidierten Mindestanforderungen wird zudem die Möglichkeit
eröffnet, Abwicklungsmaßnahmen auch gegenüber übergeordneten Holding-Gesellschaften
anzuwenden. Dies gilt selbst dann, wenn bezüglich gruppenangehöriger Institute, nicht aber
bezüglich der übergeordneten Holdinggesellschaft, die Voraussetzungen für den Erlass einer
Abwicklungsmaßnahme gegeben sind. Voraussetzung hierfür ist, dass aus der Schieflage des
einzelnen Gruppenunternehmens zugleich eine Bestandsgefahr für die gesamte Gruppe
resultiert. Vorausgesetzt wird also auch hier die sogenannte „Gruppengefahr".

133   Den Fällen der grenzüberschreitenden Gruppenabwicklung begegnet das SAG mit einer
Vielzahl von Bestimmungen, die jeweils an die Frage anknüpfen, ob es sich bei dem von
der nationalen Abwicklungsbehörde beaufsichtigten Unternehmen um ein EU-Mutterneh-
men oder ein Tochterunternehmen handelt. So enthält § 161 SAG beispielsweise Vorgaben
zu der Frage, unter welchen Voraussetzungen die nationale Abwicklungsbehörde für Tochterunternehmen eingriffsbefugt ist. Sie ist in diesem Fall nicht als Gruppenabwicklungsbehörde anzusehen; ihr Eingreifen unterliegt daher strengeren Regelungen als das der
Gruppenabwicklungsbehörde.

134   Für die Fälle der grenzüberschreitenden Gruppenabwicklung erlangt das sogenannte
Gruppenabwicklungskonzept besondere Bedeutung.[200] Dieses resultiert aus der Abstimmung der in einem Abwicklungsfall betroffenen nationalen Abwicklungsbehörden. Es ist
dem schon oben zur SRM-VO beschriebenen Abwicklungskonzept (*resolution scheme*) vergleichbar. Es beschreibt den genauen Fahrplan für die grenzüberschreitende Krisenbewältigung, darunter insbesondere die Abwicklungsmaßnahmen, die von den betroffenen Abwicklungsbehörden ergriffen werden sollten sowie die Koordinierung des Abwicklungs-
prozesses. Basis des Abwicklungskonzepts ist grundsätzlich der Abwicklungsplan.

135   Zentrales Gremium für die Koordinierung der Krisenbewältigung und ihrer Vorbereitung
ist wiederum das sogenannte (europäische) Abwicklungskollegium,[201] dessen Mitglieder ins-

---

[199] Siehe §§ 154 ff. SAG.
[200] § 164 SAG.
[201] §§ 156 ff. SAG.

besondere die Abwicklungsbehörden all derjenigen Mitgliedstaaten sind, in denen gruppenangehörige Gesellschaften oder bedeutende Zweigstellen niedergelassen sind.

8. Krisenbewältigung durch Insolvenzverfahren

Außerhalb der zuvor beschriebenen Sonderregelungen für Banken und Bankkonzerne **136** zeichnet sich die Krisenbewältigung durch die Koexistenz kreditwesenrechtlicher und insolvenzrechtlicher Bestimmungen aus. Dabei gilt im Grundsatz, dass sich die Liquidation einer Bank oder eines Bankkonzerns auf der Grundlage des auch für andere Unternehmen und Unternehmensgruppen geltenden Insolvenzrechts vollzieht. Diese allgemeinen Bestimmungen werden für Banken und banknahe Unternehmen nur vereinzelt durch Sonderbestimmungen innerhalb der Insolvenzordnung selbst ergänzt. Beispielhaft sei hier nur § 96 Abs. 2 InsO genannt, der Ausnahmen vom Aufrechnungsverbot etwa bei der Verfügung über Finanzsicherheiten im Sinne von § 1 Abs. 17 KWG vorsieht.

Wie gezeigt, existieren im Vorfeld des Verwertungsprozesses aber Sonderregelungen, die **137** sowohl in faktischer als auch in rechtlicher Hinsicht in Konkurrenz zu den allgemeinen Bestimmungen der Insolvenzordnung treten. Ungeachtet der Verschiedenheiten dieser Maßnahmen im Einzelnen ist ihnen gemein, dass sie weit im Vorfeld der eigentlichen Insolvenz eingreifen und gerade deren Verhinderung dienen. Kann die Bestandsgefährdung des Instituts trotz der in ihnen vorgesehenen Sonderbefugnisse nicht abgewendet werden, wurden im Regelfall schon sämtliche Maßnahmen ergriffen, um die Kapital- und Liquiditätsbasis der Bank zu sichern. Dies führt dazu, dass der Sanierung im Rahmen der allgemeinen Bestimmungen, vgl. § 1 InsO, kaum praktische Bedeutung zukommt. Entsprechendes gilt auch für die insolvenzgerichtlichen Sicherungsmaßnahmen bei Insolvenzeröffnung gemäß §§ 21 ff. InsO.[202] Insoweit sind die aufsichtsrechtlichen Eingriffe im Verhältnis zur Insolvenz „*vorgezogene Sicherungsmaßnahme(n)*"[203].

Eine echte spezialgesetzliche Regelung enthält demgegenüber § 46b KWG. Abweichend **138** von den allgemeinen Bestimmungen der InsO überträgt diese Vorschrift das alleinige Insolvenzantragsrecht der BaFin. Weitere Sonderbestimmungen finden sich in § 46c KWG.[204]

a) Eröffnung des Insolvenzverfahrens, § 46b KWG

Gemäß § 46b Abs. 1 S. 4 KWG kommt das Recht zur Stellung eines Insolvenzantrags **139** ausschließlich der BaFin zu. Hintergrund ist die besondere Expertise und Erfahrung der Bundesanstalt, die sie aus der laufenden Überwachung der aufsichtspflichtigen Institute gewinnt. Aus diesem Grund ist sie am besten in der Lage darüber zu entscheiden, ob die Einleitung und Fortführung aufsichtsrechtlicher Sonderverfahren Erfolg versprechen oder ob das Kriseninstitut nach den allgemeinen insolvenzrechtlichen Bestimmungen abgewickelt werden sollte. Nicht zuletzt soll so die unter Umständen übereilte Stellung eines Insolvenzverfahrensantrags durch die Gläubiger verhindert werden.[205] Dieser könnte verheerende Folgen für die Finanzsystemstabilität haben.

Das Antragsmonopol besteht bezüglich von Instituten, die über eine Bankerlaubnis **140** verfügen.[206] Es erstreckt sich auch auf Finanzholding-Gesellschaften sowie gemischte Fi-

---

[202] *Binder*, Bankeninsolvenzen im Spannungsfeld, Berlin 2005, S. 255.

[203] *Binder*, Bankenintervention und Bankenabwicklung in Deutschland, S. 24, Arbeitspapier 05/2009 des Sachverständigenrates zur Begutachtung der gesamtwirtschaftlichen Lage, abrufbar im Internet: http://www.sachverstaendigenrat-wirtschaft.de/fileadmin/dateiablage/Arbeitspapiere/Bankenintervention_und_Bankenabwicklung_in_Deutschland.pdf.

[204] Dazu unten Rn. 144 ff.

[205] Vgl. *Lindemann*, in: Boos/Fischer/Schulte-Mattler, KWG, 4. Aufl. 2012, § 46b, Rn. 1; *Reischauer/Kleinhans*, Kreditwesengesetz, § 46b, Rn. 2. Bericht und Antrag des Finanzausschusses zur 2. KWG-Novelle, BT-Drs. 7/4631, S. 11; *Binder*, WM 2005, S. 1783; *Ruzik*, BKR 2009, S. 137.

[206] Vgl. zum Erfordernis und zur Erteilung der Bankerlaubnis §§ 32 ff. KWG.

nanzholding-Gesellschaften, die zwar keine Institute sind und als solche keine Bankerlaubnis benötigen, aber von der BaFin gemäß § 10a Abs. 2 S. 3 KWG als übergeordnete Unternehmen bestimmt worden sind. Das Antragsrecht entsteht im Falle der Zahlungsunfähigkeit, der Überschuldung und – nach Zustimmung des Instituts bzw. der (gemischten) Finanzholding-Gesellschaft – der drohenden Zahlungsunfähigkeit, § 46b Abs. 1 S. 3, S. 5 KWG. Dies entspricht den Bestimmungen der §§ 17 bis 19 InsO. Auf die hier geltenden Kriterien kann insoweit auch im Rahmen von § 46b KWG grundsätzlich zurückgegriffen werden.[207]

141   Wie an anderer Stelle beschrieben,[208] sieht das neue Konzerninsolvenzrecht die Bündelung von Verfahren über konzernangehörige Gesellschaften an einem Konzerngerichtsstand vor. Diese Regelung könnte zu Konflikten mit dem Bankaufsichtsrecht führen, da von solchen Konzerninsolvenzverfahren auch Institute betroffen sein könnten, die einem Mischkonzern angehören. Deren Lösung dient § 46b KWG.[209] Die darin enthaltenen Ergänzungen beziehen sich auf die besonderen Antragsrechte. Diese werden durch § 46b Abs. 1a S. 1 KWG für Institute und als übergeordnete Unternehmen bestimmte Finanzholding-Gesellschaften der BaFin übertragen. Ihr Antragsmonopol wird somit ausgeweitet.[210] Es sollen so Konflikte mit der Antragshoheit der BaFin vermieden werden.[211] So ist beispielsweise vorstellbar, dass die Entscheidung der BaFin, das Verfahren an einem anderen als dem Gruppen-Gerichtsstand zu führen, durch einen Verweisungsantrag des Schuldners oder des Insolvenzverwalters durchkreuzt wird. Auch insoweit durchbrechen die besonderen kreditwesenrechtlichen Bestimmungen die Geltung des allgemeinen Insolvenzrechts.

142   Von den vorstehend beschriebenen Fällen abzugrenzen sind die durch § 46b Abs. 1a S. 2 KWG geregelten Konstellationen. Danach entfalten Koordinationsverfahren[212] für Institute und Finanzholding-Gesellschaften, die ihrerseits wiederum zum übergeordneten Unternehmen bestimmt wurden, nur dann Wirkung, wenn die BaFin die Einleitung des Koordinationsverfahrens selbst beantragt oder dessen Durchführung zugestimmt hat. Hintergrund dieser Regelung ist, dass die BaFin nicht für jedes gruppenangehörige Unternehmen ein Antragsrecht besitzt. § 46b Abs. 1a S. 2 KWG-E verhindert damit, dass Unternehmen, für die das Antragsrecht bei der BaFin gemäß § 46b Abs. 1a S. 1 KWG monopolisiert ist, gegen den Willen der BaFin in ein beantragtes Koordinationsverfahren hineingezogen werden.

143   Darüber hinaus ist die BaFin im Rahmen eines Koordinationsverfahrens zur Eignung des sogenannten Koordinationsverwalters anzuhören, vgl. § 46b Abs. 1a S. 3 KWG-E i. V. m. Abs. 1 S. 6 KWG.

b) Weitere Abweichungen vom allgemeinen Insolvenzrecht

144   Für die Durchführung des Insolvenzverfahrens gilt wie gesehen die InsO. Neben dem Antragsmonopol der BaFin gibt es nur wenige Abweichungen vom allgemeinen Insolvenzregime. Diese sind in § 46c KWG vorgesehen.

145   § 46c Abs. 1 KWG betrifft die Berechnung von Fristen im Rahmen der Insolvenzanfechtung nach §§ 130 ff. InsO. Soweit diese vom Tag des Antrags auf Eröffnung des

---

[207] *Kokemoor*, in: Beck/Samm/Kokemoor, KWG, § 46b, Rn. 14 (141. Aktualisierung); vgl. *Pannen*, Krise und Insolvenz bei Kreditinstituten, 2. Aufl. 2005, 66 ff.; *Binder*, Bankeninsolvenzen im Spannungsfeld zwischen Bankaufsichts- und Insolvenzrecht, 2005, 157 ff., siehe dort auch zu den notwendigen Modifikationen mit Blick auf den Eröffnungsgrund der Zahlungsunfähigkeit.

[208] → § 4 Rn. 30 ff.

[209] Eingeführt durch Art. 5 des Gesetzes zur Erleichterung der Bewältigung von Konzerninsolvenzen.

[210] Im Einzelnen hiervon erfasst ist das Antragsrecht zur Begründung eines Gruppengerichtsstandes (§ 3a Abs. 1 InsO), das Antragsrecht zur Verweisung eines an einem anderen Gericht beantragten Insolvenzverfahrens an den Gruppengerichtsstand (§ 3d Abs. 2 InsO) sowie das Antragsrecht auf Durchführung eines sogenannten Koordinationsverfahrens (§ 269d Abs. 2 InsO).

[211] Vgl. BT-Dr. 18/407, S, 43.

[212] Vgl. §§ 269d bis 269i InsO; siehe hierzu *Pleister*, → § 5 Rn. 24.

Insolvenzverfahrens zu berechnen sind, tritt an dessen Stelle im Anwendungsbereich des KWG der Tag, an dem die BaFin eine besondere Gefahrenabwehrmaßnahme nach § 46 KWG ergriffen hat. Die Gläubiger von Instituten und von der BaFin zum übergeordneten Unternehmen bestimmten (gemischten) Finanzholding-Gesellschaften werden schon durch diese Maßnahmen und nicht erst durch die formelle Insolvenzeröffnung bösgläubig.

§ 46c Abs. 2 KWG betrifft Leistungen, die aufgrund von Gefahrenabwehrmaßnahmen **146** gemäß § 46 KWG erfolgen, wie z. B. die Auszahlung von Kontenguthaben an Kunden. Gemäß § 46c Abs. 2 S. 1 KWG wird vermutet, dass diese Leistungen die Gläubiger des Instituts nicht benachteiligen; dadurch werden sie insolvenzfest, denn eine Insolvenzanfechtung setzt stets eine Gläubigerbenachteiligung voraus (vgl. § 129 Abs. 1 InsO). Darüber hinaus ist gemäß derselben Vorschrift zu vermuten, dass Leistungen aufgrund von Gefahrenabwehrmaßnahmen mit der Sorgfalt ordentlicher Kaufleute vereinbar sind. Durch diese Bestimmung wird eine Haftung der Geschäftsleiter nach gesellschaftsrechtlichen Vorschriften ausgeschlossen (siehe z. B. § 93 Abs. 2 S. 2 AktG). Schließlich wird nach § 46c Abs. 2 S. 2 KWG vermutet, dass die BaFin bei ihrer Tätigkeit pflichtgemäß handelt. Auf diese Weise wird die Bundesrepublik Deutschland vor einer Haftung bewahrt.[213]

IV. Internationale Sachverhalte

Kredit- und Finanzdienstleistungsinstitute sind häufig Teil einer internationalen Gruppe; **147** außerdem verfügen sie häufig über Vermögenswerte im Ausland oder sind dort geschäftlich aktiv. Daher kommt der Sanierung und Abwicklung in grenzüberschreitenden Situationen eine besondere Bedeutung zu.

1. Konflikt mit dem Internationalen Privatrecht

a) Problembeschreibung

Das Internationale Privatrecht stellt dabei eine wesentliche Hürde dar. Dieses legt das auf **148** Rechtsverhältnisse oder Vermögenswerte anzuwendende Recht fest. Es folgt dabei eigenen Regeln, wie etwa dem Grundsatz der freien Rechtswahl für Verträge oder der Anknüpfung an die Belegenheit bei Vermögenswerten.[214] Diese stehen häufig im Konflikt mit den Prinzipien der Sanierung und Abwicklung, welche die Beachtung einer einheitlichen Abwicklungsentscheidung durch die Behörde des Sitzstaats des fallierenden Instituts verlangen.[215]

b) Ausweichen durch vertragliche Klauseln

Bail-in Anordnungen kann im Rahmen von Verträgen Wirksamkeit dadurch verschafft **149** werden, dass die Vertragsparteien sich gegenseitig verpflichten, die Anordnungen der für die Gegenpartei zuständigen Abwicklungsbehörde anzuerkennen. Letztere wirken dann nicht kraft ihres hoheitlichen Ursprungs, sondern kraft vertraglicher Vereinbarung. Die BRRD verlangt von den Mitgliedstaaten, in zukünftig begebene Schuldinstrumente eine entsprechende Anerkennungsklausel aufzunehmen.[216] Dieser Weg ist allerdings für bereits bestehende Verträge oder für andere Vermögenswerte als Verträge nicht gangbar.

---

[213] Zum Ganzen *Lindemann*, in: Boos/Fischer/Schulte-Mattler, KWG, 4. Aufl. 2012, § 46c, Rn. 7 ff.
[214] Siehe Art. 3 Abs. 1 Rom I-VO; Art. 43 Abs. 1 EGBGB.
[215] Dazu *Lehmann/Hoffmann*, WM 2013, 1389, 1391 ff.; *Lehmann*, in: Jahn/Schmitt (Hrsg.), Handbuch Bankensanierung und –abwicklung 2016, S. 459; *ders.* ICLQ 66 (2017), 107, 110 ff.
[216] Art. 55 BRRD, umgesetzt in § 55 SAG.

2. Lösungen des geltenden Rechts

a) Innereuropäische Sachverhalte

aa) Bankenliquidationsrichtlinie

150 Eine teilweise Lösung des Konflikts zwischen Internationalem Privatrecht und Abwicklung enthält die Bankenliquidationsrichtlinie. Sie verlangt von den Mitgliedstaaten des EWR die Anerkennung von Sanierungsmaßnahmen und Liquidationsverfahren, die durch die zuständige Behörde im Herkunftsstaat des Instituts durchgeführt werden.[217] Die Richtlinie ist kraft ausdrücklicher Anordnung auch auf die Anwendung der Abwicklungsinstrumente und die Ausübung von Abwicklungsbefugnissen nach der BRRD anwendbar.[218] In Deutschland ist sie in § 46e KWG umgesetzt. Allerdings enthält die Bankenliquidationsrichtlinie eine Reihe von Ausnahmen, die ihre Wirksamkeit in anderen Mitgliedstaaten als Deutschland weitgehend einschränken. Sie ergreift z. B. nicht dingliche Rechte Dritter an Gegenständen in einem anderen Mitgliedstaat; Eigentumsvorbehalte der Gläubiger und Aufrechnungen; in einem in einem ausländischen Register eingetragene Eigentumsrechte; Saldierungsvereinbarungen (*netting*-Klauseln), Wertpapierpensionsgeschäfte (*repos*) und Transaktionen über geregelte Märkte wie der Erwerb von Wertpapieren an der Börse.[219] Diesen Ausnahmen kommt gerade im Restrukturierungs- und Abwicklungsbereich überragende Bedeutung zu, so dass die Effektivität der Richtlinie in diesem Bereich stark eingeschränkt ist.

bb) BRRD und SAG

151 Die Lösung des Problems hält BRRD bereit. Sie verpflichtet die Mitgliedstaaten dafür zu sorgen, dass die von einem Mitgliedstaat getroffenen Abwicklungsmaßnahmen „nach dem Recht [des] anderen Mitgliedstaats wirksam" werden, in dem die Anteile, anderen Eigentumstitel oder Vermögenswerte, Rechte oder Verbindlichkeiten belegen sind.[220] Außerdem haben die anderen Mitgliedstaaten sicherzustellen, dass die Abwicklungsbehörde „jede angemessene Unterstützung" erhält, damit die Übertragung im Einklang mit allen geltenden Bestimmungen des nationalen Rechts gewährleistet ist.[221] Weiter gehen die Anerkennungspflichten hinsichtlich des Bail-in Instruments. Die BRRD verpflichtet den Zielmitgliedstaat (genannt „Mitgliedstaat B"), dafür zu sorgen, dass die Herabschreibung und Umwandlung von Schuldforderungen durch den Abwicklungsstaat (genannt „Mitgliedstaat A") wirksam erfolgt.[222]

152 Der deutsche Gesetzgeber ist bei der Umsetzung der Richtlinienvorgaben einen Schritt weitergegangen.[223] Er hat die Anordnungen der Abwicklungsbehörden anderer Mitgliedstaaten mit transnationaler Wirkung in Deutschland ausgestattet. Das SAG stattet nicht nur den Bail-in, sondern in § 153 auch die Übertragungsanordnung mit denselben Wirkungen wie eine inländische Übertragungsanordnung aus. Das bedeutet insbesondere, dass der Übergang der betroffenen Vermögensgegenstände ohne eine Änderung des Grundbuchs, Handelsregisters oder eines anderen Registers erfolgt, dass inländische Formvorschriften nicht eingehalten werden müssen, und dass sogar Globalurkunden, die die Inhaberschaft an Finanzinstrumenten verbriefen, ausgetauscht oder berichtigt werden.[224] Die Bundesrepu-

---

[217] Art. 3 Abs. 2 UAbs. 2, Art. 9 Abs. 1 UAbs. 2 Richtlinie 2011/24/EG.
[218] Art. 2 Spiegelstrich 7 S. 2 Richtlinie 2001/24/EG in der Fassung durch Art. 117 Nr. 2 BRRD.
[219] Art. 21–27 Bankenliquidations-Richtlinie.
[220] Art. 66 Abs. 1 BRRD.
[221] Art. 66 Abs. 2 BRRD.
[222] Art. 66 Abs. 4 BRRD.
[223] Siehe dazu *Lehmann*, in: Jahn/Schmitt (Hrsg.), Handbuch Bankensanierung und –abwicklung 2016, S. 459.
[224] Art. 114 Abs. 2 Nr. 2 BRRD.

blik hat die BRRD damit überschießend umgesetzt und öffnet das deutsche Schuld-, Sachen- und Gesellschaftsrecht für die Abwicklungsanordnungen ausländischer Behörden. Von anderen Mitgliedstaaten kann eine vergleichbare Großzügigkeit nicht ohne weiteres erwartet werden.

b) Sachverhalte mit Drittstaatenbezug

Die Durchsetzung der Abwicklungsanordnung gegenüber nicht zur EU und zum EWR **153** gehörigen Drittstaaten gestaltet sich schwieriger. Der Union fehlt es an Rechtsmacht, die Behörden dieser Staaten zur Anerkennung europäischer Verwaltungsrechtsakte zu zwingen. Stattdessen muss sie auf andere Instrumente vertrauen, wie Kooperationsvereinbarungen, das einseitige Entgegenkommen des Drittstaats oder eine Auffanglösung.[225] Für den Ernstfall ist der BaFin als Abwicklungsbehörde das Recht zur Verweigerung der Anerkennung drittstaatlicher Verfahren und zur eigenen Abwicklung inländischer Zweigstellen und Tochtergesellschaften vorbehalten.[226]

c) Internationale Gruppensanierung und –abwicklung

Besonders problematisch ist die Restrukturierung internationaler Banken- und Finanz- **154** gruppen. Wie bereits im Fall der Aufsicht stellt die Beteiligung einer Reihe verschiedener Behörden aus unterschiedlichen Staaten mit teilweise abweichenden Kulturen eine große Herausforderung dar. Bei der Abwicklung kommen erschwerend Interessenkonflikte hinzu. So wird jeder der betroffenen Staaten versuchen, möglichst große Teile der Tätigkeit auf seinem Territorium zu erhalten und möglichst viele der in seinem Gebiet belegenen Vermögenswerte für die Befriedigung eigener Gläubiger zu verwenden („asset grabbing").[227]

aa) Planungsphase

Die BRRD und ihr folgend das SAG versuchen diese Konflikte mittels Kooperation der **155** beteiligten Behörden zu überwinden. Diese Kooperation beginnt bereits bei der Planung. Für Banken- und Finanzgruppen sind Gruppensanierungs- und abwicklungspläne zu erstellen.[228] Das übergeordnete Unternehmen entwickelt diese und legt sie den anderen betroffenen Behörden vor.[229] Diese sind Gegenstand einer gemeinsamen Entscheidung der beteiligten Behörden. Nur wenn diese innerhalb einer Frist von vier Monaten kein Einvernehmen erreichen, dürfen die nationalen Behörden eigene Sanierungs- und Abwicklungspläne für einzelne Tochtergesellschaften entwickeln.[230]

bb) Zuständigkeit

Für die Planung und Durchführung der Sanierung von Bank- und Finanzgruppen sind die **156** Aufsichtskollegien zuständig, die aus der Gruppenaufsicht bekannt sind.[231] Im Fall der Abwicklung erweitern sich diese zu sogenannten Abwicklungskollegien (*resolution colleges*[232]). Zu den Aufsichtsbehörden hinzu kommen die Abwicklungsbehörden sowie die zuständigen Ministerien und Zentralbanken, die EBA und gegebenenfalls die für die

---

[225] Vgl. §§ 166–169 SAG. Siehe dazu *Lehmann*, in: Jahn/Schmitt (Hrsg.), Handbuch Bankensanierung und –abwicklung 2016, S. 459.
[226] §§ 170 f. SAG.
[227] Siehe dazu *Hüpkes*, (2009) 10 EBOR 369, 377; *dies.*, (2010) 7 ECFR 216, 235; *Lehmann*, ICLQ 66 (2017), 107.
[228] Art. 7, 12 BRRD, umgesetzt in §§ 14, 46 SAG.
[229] Siehe im Einzelnen §§ 14–17 SAG.
[230] Art. 13 Abs. 4, 6 BRRD; umgesetzt in § 17 Abs. 2–4, § 18 Abs. 2 SAG.
[231] → Rn. 14.
[232] Art. 88, 89 BRRD.

Einlagensicherungssysteme zuständigen Behörden.[233] Die Aufsichtsbehörden drittstaatlicher Unternehmen mit Tochterunternehmen oder bedeutenden Zweigstellen in der EU können als Beobachter eingeladen werden.[234] Verfügt ein drittstaatliches Unternehmen über mehrere Töchter oder bedeutende Zweigstellen in verschiedenen EU-Mitgliedstaaten, ist ein sogenanntes europäisches Abwicklungskollegium einzurichten.[235] Verfügt die Gruppe über eine Finanzholding in der EU, führt die für die Aufsicht auf konsolidierter Basis zuständige Behörde des Mitgliedstaats den Vorsitz; andernfalls bestimmen die Mitglieder des europäischen Abwicklungskollegiums die den Vorsitz führende Behörde.[236]

157   Als Arbeitsgruppen sind zwischen dem SRM und den beteiligten mitgliedstaatlichen Abwicklungsbehörden *Internal Resolution Teams*[237] zu bilden; für global systemrelevante Banken werden *Crisis Management Groups* unter Beteiligung von Behörden aus verschiedenen Ländern der Welt formiert[238].

158, 159   Aufgabe all dieser Gremien ist, die allem voran in einer Abwicklungssituation verschiedenartigen und bisweilen durchaus gegensätzlichen Interessen angemessen abbilden und einfangen zu können.

cc) Verfahren

160   Für die Tätigkeit des Abwicklungskollegiums gelten allgemeine Grundsätze, zu denen u. a. die Berücksichtigung der Interessen anderer Mitgliedstaaten gehört.[239] Das Abwicklungskollegium spielt eine bedeutsame Rolle bei der Erstellung der Gruppenabwicklungspläne, die grundsätzlich im Einvernehmen aller Mitglieder festgelegt werden. Es ist allerdings kein allgemeines Entscheidungsgremium, sondern eine Plattform, die die Entscheidungsfindung der für die Abwicklung zuständigen Behörden erleichtern soll.[240] Es dient lediglich dem Austausch von Informationen und der Koordinierung zwischen den Behörden. Die Abwicklungsmaßnahmen werden von den zuständigen nationalen Behörden jeweils einzeln getroffen.

161   Kommt es zur Abwicklung, legt die Gruppenabwicklungsbehörde ein Gruppenabwicklungskonzept vor.[241] Zuständig ist insoweit die Aufsichtsbehörde, welche die konsolidierende Aufsicht über die in der EU belegenen Teile der Gruppe ausübt.[242] Die für die einzelnen Gruppenmitglieder zuständigen nationalen Behörden können vom Gruppenabwicklungskonzept abweichen, müssen die Gründe dafür aber dem Abwicklungskolleg darlegen.[243] Dieser comply or explain-Mechanismus soll der Rationalisierung der Entscheidungsfindung dienen. Er schließt jedoch nationale Sonderwege nicht aus. Sollte eine nationale Abwicklungsbehörde vom Gruppenabwicklungskonzept abweichen, können die Behörden der anderen Mitgliedstaaten eine eigene Entscheidung für die ihrer Rechtshoheit unterliegenden Institute und Unternehmen der Gruppe treffen.[244]

162   Die BaFin kann Abwicklungsmaßnahmen für Tochterunternehmen treffen, soweit die Gruppenabwicklungsbehörde entweder die Notwendigkeit einer Gruppenabwicklung verneint oder nicht innerhalb von einer Frist von 24 Stunden agiert.[245] Ein Ermessen, von

---

[233] Ewgr. 96 BRRD. Zur Zusammensetzung eines Abwicklungskollegiums mit der BaFin als zuständiger Gruppenabwicklungsbehörde siehe § 157 SAG.
[234] § 157 Abs. 3 SAG.
[235] § 159 Abs. 1 SAG.
[236] § 159 Abs. 3 SAG.
[237] Siehe Art. 83 Abs. 3 sowie Ewgr. 37 S RM-VO.
[238] Financial Stability Board, Key Attributes of Effective Resolution Regimes for Financial Institutions, Principle 8.
[239] Siehe im Einzelnen § 154 SAG. Zum Verfahren siehe § 157 SAG.
[240] Ewgr. 98 BRRD. Siehe zu den einzelnen Aufgaben § 156 SAG.
[241] § 164 SAG.
[242] § 155 SAG.
[243] Ewgr. 99 BRRD.
[244] § 166 Abs. 3 S. 2 SAG.
[245] § 162 SAG.

einem beschlossenen Gruppenabwicklungsplan abzuweichen, hat ihr der deutsche Gesetzgeber nicht eingeräumt. Ist die BaFin selbst die Gruppenabwicklungsbehörde, muss sie
innerhalb der 24-Stunden-Frist handeln und den anderen Mitgliedern des Abwicklungskollegiums ein Gruppenabwicklungskonzept vorlegen.[246]

dd) Bewertung

Die sehr ausführlichen Vorschriften über die Gruppensanierung und –abwicklung ver- **163**
deutlichen den schwierigen Spagat zwischen nationaler Souveränität einerseits und effizienter Restrukturierung transnationaler Bank- und Finanzkonzerne andererseits. Das vom
europäischen Gesetzgeber für die EU geschaffene Kooperationssystem ist fragil. Die Letzt-
entscheidung über eine Abwicklung verbleibt in der Hand mitgliedstaatlicher Behörden.
Enger ist die Zusammenarbeit innerhalb des Eurogebiets. Im SRM werden die Abwicklungsentscheidungen für die wichtigsten Institute und Institutsgruppen einheitlich durch
eine zentrale Behörde in Brüssel getroffen und sind von den Mitgliedstaaten nur noch zu
vollziehen. Der Unterschied illustriert die verschiedene Tiefe der Integration innerhalb der
EU einerseits und des Eurogebiets andererseits.

V. Ergebnis

Das Insolvenzverfahren eines Kredit- oder Finanzdienstleistungsinstituts unterscheidet sich **164**
grundlegend vom allgemeinen Insolvenzverfahren für andere Unternehmen. Es sind zahlreiche regulatorische Sonderregeln zu beachten. Diese haben ihren Grund sowohl im
europäischen als auch im nationalen Recht. Sie gelten sowohl vor Insolvenzeröffnung als
auch innerhalb des eigentlichen Insolvenzverfahrens. Diese Besonderheiten haben sich
derart verdichtet, dass man von einem eigenen Bankinsolvenzrecht sprechen kann und
muss.

Ein besonderes Bank*konzern*insolvenzrecht im Sinne eines eigenständigen Rechtsregimes **165**
existiert dagegen bislang nicht. Insbesondere wird die aus dem Recht der Eigenmittelausstattung bekannte Konsolidierung nicht vollumfänglich in das Insolvenzrecht weitergeführt. Vielmehr beziehen sich die Regelungen des Bankinsolvenzrechts punktuell auf
Finanzgruppen und -konglomerate. Sie ordnen z. B. an, dass im Fall der Gruppenabwicklung ein besonderes Abwicklungskollegium gebildet werden muss oder dass die Einsetzung
eines Sonderbeauftragten auch gegenüber Finanzholding-Gesellschaften als übergeord-
netem Unternehmen verfügt werden kann. Ein allgemeines Schema lässt sich insoweit
jedenfalls *de lege lata* nicht erkennen. Dies kann nicht weiter erstaunen, da diese Maßnahmen der Erhaltung der Stabilität des Finanzsystems dienen. Der Gesetzgeber nimmt die
Konzernrealität nur insoweit zum Anlass für gruppenbezogene Regelungen, als ihm dies
zur Abwehr oder Reduzierung systemischer Risiken notwendig erscheint. Ansonsten bleibt
die rechtliche Eigenständigkeit der Mitglieder der Unternehmensgruppe soweit wie möglich unangetastet.

Im Verhältnis zum Konzerninsolvenzrecht für allgemeine Unternehmensgruppen gilt das **166**
Prinzip: Vorfahrt für die besondere Bankensanierung und -abwicklung! Aus diesem Grund
sind den Aufsichts- und Abwicklungsbehörden zahlreiche Sonderrechte eingeräumt. Deren
Ausübung geht der Überschuldung oder Zahlungsunfähigkeit zeitlich meist voraus und soll
diese in der Regel verhindern. Die Eröffnung eines klassischen Insolvenzverfahrens über
eine Banken- oder Finanzgruppe wird damit zum seltenen Ausnahmefall.

---

[246] Siehe § 163 SAG.

VI. Versicherungskonzerninsolvenzrecht

1. Grundlagen

a) Die Notwendigkeit besonderer Regelungen für Versicherungskonzerne

167 Neben Banken unterstehen auch Versicherungsunternehmen einer besonderen Regulierung. Diese dient einem Dreiklang von Zielen: 1. der Beseitigung von Missständen im Versicherungswesen, 2. dem Schutz der Interessen der Versicherungsnehmer und 3. der Erhaltung der Funktionsfähigkeit der Versicherungswirtschaft.[247] Alle drei Ziele stehen in engem Zusammenhang und bedingen einander.

168   Befindet sich die Versicherung innerhalb eines Konzerns, dem auch andere Versicherungsgesellschaften angehören, sind die entsprechenden Interessen zumindest nicht geringer. Aus der Gruppenkonstellation können sich zusätzliche Risiken ergeben. Insofern ist eine spezielle Aufsicht notwendig.

b) Rechtsgrundlagen

169 Das Versicherungsrecht wird durch eine schier unübersehbare Vielfalt europäischer Richtlinien überformt.[248] Für die Regulierung und Überwachung von Versicherungsunternehmen ist das Versicherungsaufsichtsgesetz (VAG) die wichtigste Rechtsgrundlage. Das VAG sieht neben Regelungen für den Versicherungsverein auf Gegenseitigkeit[249] auch allgemeine Vorschriften für die Geschäftsführung vor, die alle Versicherungsunternehmen betreffen.[250] Seinen Kern bilden die Vorschriften über die Anforderungen an die Eigenmittelausstattung. Schließlich enthält das VAG auch Vorschriften über die Beaufsichtigung von Versicherungsunternehmen.[251] Dazu zählen auch Sondervorschriften für die Krise und Insolvenz, die im Einzelnen näher darzustellen sind.

c) Beaufsichtigung von Versicherungskonzernen

aa) Solo-Plus-Aufsicht

170 Versicherungen unterstehen herkömmlich einer Einzelaufsicht (sogenannte Solo-Aufsicht).[252] Eine Gruppenaufsicht ist nur ansatzweise für bestimmte Aspekte vorgesehen. Sie wurde aufgrund der sogenannten Gruppenrichtlinie (Richtlinie 98/78/EG) eingeführt.[253] Diese ist in §§ 104a ff VAG in deutsches Recht umgesetzt worden. Die Gruppenrichtlinie wird zukünftig durch Bestimmungen der Solvency II-Richtlinie ersetzt.[254] Die dadurch notwendigen Änderungen am nationalen Recht sind von den Mitgliedstaten bis 31. März

---

[247] Vgl. MünchKommVVG/*Schradin*, Betriebswirtschaftslehre der Versicherung (Versicherungsbetriebslehre), Rn. 25.

[248] Überblick bei *Beckmann*, ZEuP 1999, 809 ff.; Schwintowski/Brömmelmeyer/*Ebers*, Praxiskommentar zum VVG, Einführung, Rn. 9–11.

[249] §§ 15 ff. VAG.

[250] §§ 53c ff. VAG.

[251] §§ 81 ff. VAG.

[252] *Laars*, VAG, Vor §§ 104a bis i Rn. 1.

[253] Richtlinie 98/78/EG des Europäischen Parlaments und des Rates vom 27. Oktober 1998 über die zusätzliche Beaufsichtigung der einer Versicherungsgruppe angehörenden Versicherungsunternehmen, ABl L 330 v. 5.12.1998, S. 1.

[254] Richtlinie 2009/138/EG des Europäischen Parlaments und des Rates vom 25. November 2009 betreffend die Aufnahme und Ausübung der Versicherungs- und der Rückversicherungstätigkeit (Solvabilität II), ABl L 138 v. 19. Dezember 2013, S. 1. Zur Aufhebung der Richtlinie 98/78/EG siehe Art 310 der Richtlinie. Die neuen Bestimmungen über die Gruppenaufsicht befinden sich in Art 212 ff.

2015 zu verabschieden; die nationalen Rechts- und Verwaltungsvorschriften treten am 1.1.2016 in Kraft.[255]

Kennzeichen der Aufsicht über Versicherungsgruppen ist, dass keine Konsolidierung bei **171** einer Behörde vorgesehen wurde. Das unterscheidet die Versicherungen namentlich vom Bankenbereich.[256] Die Aufsicht über die Versicherungsgruppe tritt nicht an die Stelle der individuellen Aufsicht, sondern ergänzt diese. Sie soll der Aufsichtsbehörde lediglich eine fundiertere Beurteilung der Finanzlage der Versicherung ermöglichen.[257] Zusätzlich zu den schon von der individuellen Aufsicht umfassten Fragen werden insbesondere gruppeninterne Geschäfte, die bereinigte Solvabilität der Gruppe und Risikokonzentrationen innerhalb dieser kontrolliert.[258] Man spricht daher auch von der „Solo-Plus-Aufsicht".[259]

Zuständig für die Aufsicht ist, ebenso wie für Banken, grundsätzlich die BaFin.[260] Auf **172** Antrag des Bundesministeriums der Finanzen kann diese bei Versicherungsunternehmen von geringer wirtschaftlicher Bedeutung auf eine Landesbehörde übertragen werden.[261] Die jeweiligen Aufsichtsmaßnahmen richten sich immer an das jeweilige Versicherungsunternehmen, bei dem ein Mangel festgestellt wird.[262] Eine Ausdehnung auf andere, nicht der Versicherungsaufsicht unterfallende Unternehmen ist nicht vorgesehen.

bb) Konglomerats-Aufsicht

Neben der Solo-Plus-Aufsicht schreibt das europäische Recht eine weitere zusätzliche **173** Aufsicht für den Fall vor, dass ein Versicherungsunternehmen und ein Kredit- oder Finanzdienstleistungsinstitut in einer Unternehmensgruppe zusammengefasst sind.[263] Der deutsche Gesetzgeber hat diese Vorgaben mit dem Finanzkonglomerate-Aufsichtsgesetz (FKAG) umgesetzt.[264] Die Aufsicht über Finanzkonglomerate wurde bereits im Zusammenhang mit der Bankenaufsicht erörtert.[265] An dieser Stelle ist lediglich daran zu erinnern, dass die Konglomeratsaufsicht der zunehmenden Vermischung beider Sektoren Rechnung tragen und einem Überspringen von Risiken von einer Bank auf eine Versicherung oder umgekehrt vorsorgen soll. Außerdem ist nochmals hervorzuheben, dass es sich auch hier lediglich um eine zusätzliche Aufsicht handelt. Diese tritt also ebenfalls neben die Aufsicht über das individuelle Versicherungsunternehmen.

cc) Aufsicht über Versicherungholding-Gesellschaften

Den beiden zuvor genannten Arten der Aufsicht über Versicherungsgruppen, die auf **174** europäischen Vorgaben beruhen, hat der deutsche Gesetzgeber noch ein nationales „Eigengewächs" hinzugefügt. Seit dem Jahre 2005 sieht § 1b VAG spezielle Anforderungen an

---

[255] Der Zeitpunkt des Inkrafttretens der Solvency II-Richtlinie und die nationale Umsetzungsfrist sind mehrmals hiausgeschoben worden. Siehe zuletzt Richtlinie 2013/58/EU des Europäischen Parlaments und des Rates vom 11. Dezember 2013 zur Änderung der Richtlinie 2009/138/EG (Solvabilität II) hinsichtlich des Zeitpunkts ihrer Umsetzung und des Zeitpunktes ihrer Anwendung sowie des Zeitpunkts der Aufhebung bestimmter Richtlinien (Solvabilität I) Text von Bedeutung für den EWR, ABl L 341 vom 18/12/2013, S. 1, Art 1 Abs. 1 Nr. 1.

[256] → Rn. 7.

[257] *Laars*, VAG, Vor §§ 104a bis i Rn. 2.

[258] Siehe § 104c Abs. 1 iVm §§ 104e–i VAG.

[259] Schulze/Zuleeg/Kadelbach/*Jung*, Europarecht, § 20 Rn. 70; *Laars*, VAG, Vor §§ 104a bis i Rn. 1.

[260] § 146 VAG.

[261] § 147 VAG.

[262] Siehe zB § 104h VAG.

[263] Richtlinie 2002/87/EG des Europäischen Parlaments und des Rates vom 16. Dezember 2002 über die zusätzliche Beaufsichtigung der Kreditinstitute, Versicherungsunternehmen und Wertpapierfirmen eines Finanzkonglomerats und zur Änderung der Richtlinien 73/239/EWG, 79/267/EWG, 92/49/EWG, 92/96/EWG, 93/6/EWG und 93/22/EWG des Rates und der Richtlinien 98/78/EG und 2000/12/EG des Europäischen Parlaments und des Rates, ABl L 35 v. 11.2.2003, S. 1 (im Folgenden: Finanzkonglomerate-Richtlinie).

[264] → Rn. 29.

[265] → Rn. 31.

Versicherungs-Holdinggesellschaften vor.[266] Sie müssen unter anderem die Vorschriften über die Zuverlässigkeit von Geschäftsleitern und die Beschränkungen für bedeutende Beteiligungen einhalten.[267] Das ist dann bedeutsam, wenn es sich bei ihnen nicht um Versicherungsunternehmen handelt, die ohnehin den Vorschriften des VAG unterliegen. Die Regelung des § 1b VAG greift also über Versicherungsunternehmen hinaus. Sie erfasst reine Holding-Gesellschaften, die selbst keine Versicherungsgeschäfte anbieten, und unterstellt sie einem Teil der Vorschriften, die für Versicherungsunternehmen vorgesehen sind. Zweck ist es, eine Umgehung des Versicherungsaufsichtsrechts mittels Ausnutzens gesellschaftsrechtlicher Gestaltungsmöglichkeiten zu verhindern.[268]

175   Der BaFin werden zu diesem Zweck spezielle aufsichtliche Befugnisse gegenüber der Holdinggesellschaft eingeräumt. Anders als bei der Solo-Plus-Aufsicht kann sie Maßnahmen nach § 104h VAG gegen die Holdinggesellschaft selbst richten.[269] Sie kann einen Sonderbeauftragten an die Stelle der Organe der Holdinggesellschaft setzen.[270] Sie kann auch verlangen, dass deren Geschäftsleiter oder Mitglieder des Aufsichtsrats abberufen werden.[271]

d) Begriff des Versicherungskonzerns

176, 177   Der Begriff des Versicherungskonzerns ist nicht einfach zu bestimmen. Zunächst ist festzustellen, dass das Gesetz ebenso wie im Bankenbereich nicht auf den „Konzern" im gesellschaftsrechtlichen Sinn abstellt, sondern eine abweichende aufsichtsrechtliche Terminologie verwendet.[272] Sie ist für die verschiedenen Mechanismen zur Beaufsichtigung von Versicherungsgruppen unterschiedlich. Innerhalb des FKAG verwendet der Gesetzgeber den Begriff „Finanzkonglomerat".[273] Für die Solo-Plus-Aufsicht nach §§ 104a ff VAG und für die Aufsicht nach § 1b VAG knüpft er dagegen an den Terminus „Versicherungs-Holdinggesellschaft" an. Leider versteht er den Begriff in beiden Zusammenhängen unterschiedlich. Die Legaldefinition der „Versicherungs-Holdinggesellschaft" in § 1b Abs. 1 S. 1 VAG weicht von der in § 104a Abs. 2 Nr. 4 VAG ab. Das ist in der Literatur zu Recht als „höchst unglücklich" bezeichnet worden.[274] Zudem ist die in § 1b Abs. 1 S. 1 VAG vorgesehene Definition mit zahlreichen Auslegungsproblemen belastet.[275] Detailfragen sind an dieser Stelle jedoch nicht von Interesse. Grundsätzlich sind Holdinggesellschaften nach beiden Normen solche, deren Haupttätigkeit der Erwerb oder das Halten von Beteiligungen an Versicherungsunternehmen ist. Die Definition in § 1b Abs. 1 S. 1 VAG verlangt zusätzlich einen Sitz im Inland.[276]

2. Rechtsrahmen für die Krisenbewältung von Versicherungsunternehmen

a) Allgemeine Regeln für individuelle Unternehmen

178   Ähnlich wie das Bankaufsichtsrecht wartet man auch im Versicherungsrecht nicht ab, bis es zur Eröffnung eines Insolvenzverfahrens kommt. Vielmehr hat der Gesetzgeber Vorschriften vorgesehen, welche schon vor der Überschuldung oder Zahlungsunfähigkeit des Versicherungsunternehmens eingreifen.

---

[266] Dazu *Bürkle,* VersR 2005, 458 ff.; *Fricke,* VersR 2005, 161 ff.
[267] Siehe § 1b Abs. 2 iVm § 7a Abs. 1 und 2 VAG.
[268] *Bürkle,* VersR 2005, 458.
[269] § 1b Abs. 3 VAG.
[270] § 1b Abs. 4 VAG.
[271] § 1b Abs. 5 und 6 VAG.
[272] Siehe dazu auch oben Rn. 27 ff.
[273] § 1 Abs. 2 FKAG. → Rn. 33 f.
[274] *Fricke,* VersR 2005, 161, 165.
[275] *Bürkle,* VersR 2005, 458, 459 f.; *Wolf,* VersR 2006, 465 ff.
[276] Siehe ausdrücklich § 1b Abs. 1 S. 1 VAG. Das Gleiche gilt der Sache nach auch für die §§ 104a ff. VAG.

Hervorzuheben sind die allgemeinen Eingriffsbefugnisse des § 81 VAG. Besonders wich- **179** tig und zugleich aus rechtsstaatlicher Sicht umstritten ist dabei die sogenannte Missbrauchsaufsicht nach § 81 Abs. 2 VAG, die ein Einschreiten gegen jedes Verhalten erlaubt, das den Zielen des Versicherungsrechts und der Versicherungsaufsicht widerspricht.

Im Fall nicht ausreichender Eigenmittel kann die Aufsichtsbehörde außerdem die Auf- **180** stellung verschiedener Pläne verlangen (§§ 81b, 104h VAG). Diese eskalieren je nach Schwere des Fehlbestands vom sogenannten Solvabilitätsplan zum Finanzierungsplan bis zum finanziellen Sanierungsplan (§ 81b Abs. 1, 2, 2a VAG).

Ebenso wie im Bankrecht kann die BaFin einen Sonderbeauftragten bestellen (§ 83a **181** VAG). Daneben hat sie die Befugnis, einen Zahlungsstopp anzuordnen (§ 89 VAG). Außerdem kann die Behörde auch die Auszahlung variabler Vergütungsbestandteile untersagen oder beschränken (§ 81b Abs. 1a VAG). In der Praxis dürfte letztere Maßnahme vor allem das Management treffen.

Auch hinsichtlich der Insolvenz bestehen Sonderregelungen. Insbesondere kann wie bei **182** Banken nur die BaFin den Insolvenzantrag stellen.[277] Der Ablauf richtet sich grundsätzlich nach den allgemeinen Vorschriften der InsO. Allerdings wird auch von diesen z. T. durch besondere Vorschriften abgewichen. Insbesondere bedeutsam ist, dass die Versicherungsnehmer und Versicherten eine privilegierte Stellung erhalten, da ihre Forderungen vorrangig aus dem Sicherungsvermögen befriedigt werden (§ 77a VAG). Reicht dieses nicht aus, werden die Forderungen wie gewöhnliche Insolvenzforderungen behandelt.[278]

b) Besondere Regelungen für Versicherungskonzerne

Die besonderen Vorschriften für finanzielle Engpässe von Versicherungsunternehmen be- **183** ziehen sich in der Regel auf einzelne Unternehmen. Versicherungskonzerne betreffen die meisten von ihnen nicht. Das kann vor dem Hintergrund der Tatsache, dass in der Versicherungsaufsicht nach wie vor der Grundsatz der Solo-Aufsicht vorherrscht, kaum erstaunen.

Eine speziell konzernbezogene Regelung enthält § 81b Abs. 8 VAG. Dieser erlaubt der **184** BaFin, Zahlungen an konzernangehörige Unternehmen zu untersagen oder zu beschränken, wenn die dauernde Erfüllbarkeit der Verpflichtungen des Versicherungsunternehmens gefährdet ist oder der begründete Verdacht besteht, dass eine wirksame Aufsicht über das Versicherungsunternehmen nicht möglich ist. Eine ähnliche Regelung für Bankkonzerne ist in § 46 Abs. 1 S. 3 KWG enthalten. Tatsächlich betreffen diese Vorschriften jedoch nicht Konzerninsolvenzen im echten Sinne, sondern erlauben nur eine besondere Anordnung an ein in einen Konzern eingebundenes Krisenunternehmen.

Weitere konzernbezogene Sonderregelungen finden sich auch in dem bereits erwähnten **185** § 1b VAG. Die Vorschrift erlaubt der BaFin, Maßnahmen an eine reine Holdinggesellschaft zu richten, die selbst keine Versicherungsgeschäfte betreibt. Sie kann Maßnahmen nach § 104h VAG treffen, z. B. allgemeine Maßnahmen der Missbrauchsaufsicht anordnen oder die Aufstellung eines Solvabilitäts- oder eines Finanzierungsplans verlangen.[279] Sie kann auch einen Sonderbeauftragten entsenden sowie die Abberufung der Geschäftsleiter oder der Mitglieder des Aufsichtsrats verlangen. Gleichzeitig bleibt das Tochterunternehmen, welches ohnehin der Versicherungsaufsicht untersteht, ebenfalls möglicher Adressat solcher Maßnahmen. Insoweit muss die BaFin eine Ermessensentscheidung treffen, an wen sie sich

---

[277] § 88 Abs. 1 VAG.
[278] *Heiss/Gölz*, NZI 2006, 1, 5.
[279] § 1b Abs. 3 iVm § 104h sowie § 81 Abs. 2, § 81b Abs. 1 und 2 VAG. Zusätzlich sieht auch § 81 Abs. 2 S. 7 VAG die Möglichkeit vor, Maßnahmen der Missbrauchsaufsicht gegenüber Versicherungs-Holdinggesellschaften zu treffen (hier sind diejenigen allerdings im Sinne des § 104h VAG gemeint). Die Tatsache, dass § 1b Abs. 2 VAG nicht auf § 81 Abs. 2 VAG verweist, in dem die Missbrauchsaufsicht vorgesehen ist, ist also letztlich ohne Belang. Vgl. auch Fahr et al./*Bähr*, VAG Kommentar, § 1b Rn. 12.

wendet.[280] Genau genommen handelt es sich auch hier wieder nur um eine Entscheidung gegenüber einem einzelnen Unternehmen, nicht gegenüber der Gruppe als solcher.

186   Obwohl das Versicherungsaufsichtsrecht keine speziell auf Konzerne selbst bezogene Regelungen kennt, ist zu beachten, dass Versicherungen von Maßnahmen der Bankaufsicht betroffen sein können. Dies ist dann der Fall, wenn sie Mitglied einer Unternehmensmehrheit ist, dem auch ein Kredit- oder Finanzdienstleistungsinstitut angehört, und beispielsweise Restrukturierungsmaßnahmen nach den §§ 48a ff KWG ergriffen werden. So ist die BaFin gemäß § 46o KWG ermächtigt, eine Übertragungsanordnung gegenüber einer gemischten Finanzholding-Gesellschaft zu erlassen, die eine dieser zustehende Beteiligung an einem Versicherungsunternehmen zum Gegenstand haben kann. Steht die Versicherungsgesellschaft selbst an der Spitze eines Finanzkonglomerats, so kann die BaFin gemäß § 48p KWG die Übertragungsanordnung sogar an die Versicherung selbst adressieren.

3. Grenzüberschreitende Versicherungsinsolvenzen

187   Für die Sanierung und Liquidation von Versicherungen schreibt das EU-Recht besondere Regeln vor. Diese sind in der Richtlinie 2001/17/EG festgehalten.[281] Sie ist parallel zur Liquidationsrichtlinie für Kredit- und Finanzdienstleistungsinstitute ausgestaltet.[282] Ebenso wie dort ist eine unionsweite Geltung von Sanierungsmaßnahmen des Herkunftsstaats angeordnet, die ohne weitere Formalitäten durch andere Mitgliedstaaten zu beachten sind.[283] Für Liquidationsmaßnahmen wird wie dort das Recht des Herkunftslands berufen.[284]

188   In deutsches Recht umgesetzt sind diese Vorschriften in §§ 88 ff. VAG.[285] Nach § 88 Abs. 1a VAG kommt der Behörde des Herkunftsstaats der Versicherung das Monopol für die Eröffnung des Insolvenzverfahrens zu. Hat sie ein solches Verfahren eröffnet, ist dieses unabhängig von den Bestimmungen des deutschen Internationalen Insolvenzrechts anzuerkennen. Sekundär- und sonstige Partikularinsolvenzverfahren sind gemäß § 88 Abs. 1b VAG unzulässig.

189   Die Wirkung des in Deutschland eröffneten Insolvenzverfahrens betrifft auch ausländische Gläubiger. Diese sind daher zu unterrichten (§ 88a VAG). Eine entsprechende Regelung findet sich auch im Bankrecht.[286] Außerdem sind vor allen Sanierungsmaßnahmen die Aufsichtsbehörden anderer Mitgliedstaaten zu informieren (§ 89b VAG). Auch dies entspricht den Erfordernissen im Bankrecht.

---

[280] *Bürkle,* VersR 2005, 458, 462.
[281] Richtlinie 2001/17/EG des Europäischen Parlaments und des Rates vom 19. März 2001 über die Sanierung und Liquidation von Versicherungsunternehmen, ABl L 110 vom 20.4.2001, S. 28.
[282] Siehe dazu oben Rn. 109 ff.
[283] Art. 4 Abs. 3, 4 RL 2001/17/EG.
[284] Art. 9 RL 2001/17/EG.
[285] Siehe dazu *Heiss/Gölz,* NZI 2006, 1.
[286] Vgl. § 46f KWG.

Sachregister

Halbfette Zahlen bezeichnen Paragraphen; magere Zahlen bezeichnen Randnummern